Le développement de la personne

3e ÉDITION

DIANE E. PAPALIA
SALLY W. OLDS

Traduction: FRANÇOISE FOREST
Adaptation québécoise: LUCIE GOULET
       Professeure de psychologie au
       Collège de Limoilou
Consultation: RÉJEAN BELLEY

Éditions Études Vivantes

Le développement de la personne, 3ᵉ édition

Traduction de: Human Development, third edition de Diane E. Papalia et Sally W. Olds
Copyright © 1986, 1981, 1978 by McGraw-Hill, Inc.

Production: **Les Éditions de la Chenelière inc.**
  Relecture: Murielle Belley
  Mise en pages: Michel Bérard graphiste inc.
  Réalisation de la couverture: Norman Lavoie

Éditions Études Vivantes
8023, rue Jarry est
Montréal (Québec)
H1J 1H6   Canada

ISBN 2-7607-0445-9

Dépôt légal 1ᵉʳ trimestre 1989
Bibliothèque nationale du Québec
Bibliothèque nationale du Canada

Imprimé au Canada
1 2 3 4 5   93 92 91 90 89

Composition: Les Ateliers C.M. Inc.
Impression: Interglobe Inc.

TABLE DES MATIÈRES

PRÉFACE

Dans la première édition du *Développement de la personne*, nous parlions du changement comme du principe directeur de nos vies. Chaque jour, chaque instant, disions-nous, nous changeons, nous croissons, nous nous développons. La deuxième édition était différente de la première et cette troisième édition est elle-même très différente des deux précédentes. Nous insistons encore davantage sur les interrelations qui existent entre les différentes étapes de l'existence et entre les influences physiques, intellectuelles, sociales et de la personnalité sur le développement. Les changements que nous avons apportés à cette édition reflètent l'évolution et le développement de notre pensée dans notre façon de traiter le cycle du développement humain, des premiers jours de la conception jusqu'à la mort, qui vient mettre fin à ce processus d'évolution continu.

Les objectifs de la présente édition

Les objectifs de cette troisième édition restent les mêmes que ceux des deux éditions précédentes: mettre l'accent sur la continuité du développement à travers les grandes étapes de l'existence, expliquer comment les expériences que nous vivons à un moment de notre existence influent sur notre développement futur et permettre au lecteur de mieux comprendre l'influence des gènes, de la famille et du milieu sur celle-ci. Ici encore, nous examinons les récentes découvertes scientifiques et les différentes conceptions des théoriciens, nous les appliquons à la connaissance de l'être humain et nous posons toujours les mêmes questions fondamentales: Quelles influences ont contribué à faire de nous ce que nous sommes? Quels facteurs nous transformeront à l'avenir? Jusqu'à quel point sommes-nous les maîtres de nos vies? Jusqu'à quel point ressemblons-nous aux autres? Jusqu'à quel point sommes-nous différents? Qu'est-ce qui est normal? De quoi devons-nous nous inquiéter?

Nous posons aussi de nouvelles questions et nous proposons de nouvelles réponses. Par cette révision majeure, nous voulons rendre compte des recherches et des théories les plus récentes. Nous avons abordé de façon plus approfondie les questions qui portent sur la santé et sur le mode de vie à différentes étapes du cycle du développement humain.

Nous pouvons dire qu'environ les trois-quarts du livre présentent des informations et des interprétations nouvelles; chaque thème, en fait, a été remis à jour. Nous nous sommes attachées plus particulièrement à faire la synthèse des découvertes scientifiques, afin d'en faciliter l'interprétation par les étudiants et de les amener à développer un sens critique dans leur réflexion sur les questions controversées.

L'organisation

Qu'il s'agisse d'écrire sur le développement humain ou d'enseigner les notions nécessaires à sa compréhension, il existe principalement deux approches: l'*approche chronologique* (examiner le fonctionnement de tous les aspects du développement aux différentes étapes de l'existence, par exemple au cours de l'enfance ou de l'âge adulte) et l'*approche thématique* (isoler et étudier un aspect du développement tout au long du cycle de l'existence). Nous avons opté pour l'approche chronologique qui rend bien compte de la progression des multiples facettes de l'être humain au cours de son développement. Nous débutons par l'étude du nourrisson et du trottineur, nous poursuivons par celle du petit enfant, de l'enfant, de l'adolescent, du jeune adulte, de l'adulte d'âge mûr et nous terminons par celle de la personne âgée.

Grâce à cette nouvelle édition, nous espérons contribuer à la poursuite de votre cheminement dans la compréhension du processus de changement comme pierre angulaire du développement de la personne.

Les auteures

PARTIE I

INTRODUCTION

L'étude du développement de la personne dans laquelle vous vous engagez maintenant vous amènera à examiner d'innombrables processus et changements étalés à travers tout le cycle de la vie. La première partie de cet ouvrage vous donnera une vue d'ensemble de l'étude même du développement humain, ainsi que des processus et des changements qui entrent en jeu avant la naissance d'un être humain.

Dans le chapitre 1, vous prendrez connaissance de la façon dont nous percevons et présentons plusieurs éléments du développement de la personne. Vous y trouverez une description générale des périodes du cycle de la vie et des différents types de développement qui le caractérisent. Les théories les plus importantes du développement humain, qui réapparaîtront à maintes reprises tout au long du volume, vous y seront esquissées. Enfin, vous y apprendrez la façon dont les spécialistes des sciences humaines étudient la personne, ce que les diverses méthodes qu'ils utilisent leur permettent de découvrir et les normes éthiques qui guident leurs recherches.

Le chapitre 2 entreprend la merveilleuse odyssée humaine et décrit les phénomènes qui précèdent la naissance: la conception d'un être humain et les éléments de développement qui s'y manifestent déjà, l'évolution de l'être embryonnaire dans le sein maternel et les influences qui s'exercent sur lui au cours de la gestation et enfin, la façon dont les techniques modernes sont en train de révolutionner les processus qui interviennent tant dans la conception que dans le développement prénatal.

Grâce à ces chapitres d'introduction, vous serez prêt à faire la connaissance de l'enfant qui arrive au monde doté d'un éventail impressionnant de capacités déjà fonctionnelles et d'un potentiel de développement encore plus étonnant.

CHAPITRE 1

Introduction

Les conceptions et les théories du développement de la personne

Qu'est ce qui a fait de vous l'enfant que vous avez été et l'adulte que vous êtes maintenant? Comment vos parents, vos amis, vos professeurs, les chefs d'État sont-ils devenus ce qu'ils sont? Quels sont les facteurs qui vont déterminer le genre de personnes que deviendront vos enfants? Qu'est-ce qui amène telle personne à devenir un meurtrier et telle autre un philanthrope? Qu'est-ce qui a fait de vous un être différent de votre voisin immédiat, et même de vos propres frères et sœurs? C'est dans l'espoir de trouver des réponses à ces questions que nous étudions le développement de l'être humain à travers tout le cycle de sa vie.

En examinant comment l'être humain évolue, à partir du moment de la conception jusqu'à la vieillesse, nous acquérons une meilleure connaissance de nous-même et de nos compagnons sur cette terre. Ce n'est qu'en sachant qui nous sommes et comment nous en sommes arrivés là que nous pouvons aspirer à l'édification d'un monde meilleur. C'est en découvrant comment l'individu réagit aux influences de son entourage que nous pouvons satisfaire nos propres besoins et ceux des autres. Grâce à ce type d'étude, plus de gens seront mieux en mesure de travailler à leur épanouissement et à celui de la société.

Qu'est-ce que le développement et pourquoi l'étudier?

L'étude du développement humain est l'étude scientifique des aspects *quantitatifs* et *qualitatifs* de l'évolution d'une personne dans le temps. Le **changement quantitatif** est assez simple et relativement facile à mesurer. Lorsqu'une personne grandit ou prend du poids, on constate un changement quantitatif. De même, l'extension du vocabulaire, l'accroissement des aptitudes physiques, l'augmentation ou la diminution du nombre de rapports avec les autres sont des exemples de changements quantitatifs. Les **changements qualitatifs** sont plus complexes à étudier, en ce sens que leur fonctionnement comporte des «sauts», c'est-à-dire des changements de nature; on distingue ainsi l'enfant qui parle d'un bébé qui est encore au stade non verbal par exemple, ou bien l'adolescent centré sur lui-même de l'adulte qui a atteint la maturité. Ces transformations marquent par exemple la croissance de l'intelligence, de la créativité, de la sociabilité et du sens moral.

Mais ces sauts eux-mêmes sont le résultat d'une succession de petites étapes. Personne ne se réveille le jour de ses 21 ans en pensant et en agissant soudainement d'une manière très différente de la veille. Qu'il se manifeste quantitativement ou qualitativement, le développement humain est un processus continu, irréversible et complexe.

Le développement ne s'arrête ni à l'adolescence ni à l'âge adulte. Il se poursuit tout au long de la vie, sous l'influence constante de nos caractéristiques innées et acquises. Nous verrons que même les très vieilles personnes continuent d'évoluer et que bien souvent, leur personnalité ne cesse de s'épanouir. Nous considérons même l'expérience de la mort comme la suprême tentative de l'individu pour résoudre sa crise d'identité et pour connaître l'harmonie intérieure, bref pour se développer.

La science moderne du développement humain s'intéresse avant tout aux modifications du comportement, aux phénomènes que l'on peut observer. Si nous mettons l'accent sur les aspects du développement qui sont directement observables, c'est pour tenter d'appliquer des critères scientifiques rigoureux à notre étude de la personne en cours de développement. Ainsi, nous pouvons mesurer la croissance physique des sujets étudiés et reporter les résultats sur un graphique. Nous suivons les progrès qu'ils font dans l'expression de leurs émotions. Nous étudions également le développement du langage, à partir du babillage du nourrisson jusqu'au langage plus structuré et conforme aux règles grammaticales.

L'étude du développement humain a elle-même connu une évolution en tant que discipline scientifique. À l'origine, elle s'attachait à enregistrer des comportements observables et à élaborer des normes chronologiques de la croissance et du développement. Aujourd'hui, les spécialistes du développement tentent de remonter à la *cause* des comportements. Conformément à la tradition de la démarche scientifique, l'étape suivante consiste à *prédire* le comportement — une tâche difficile mais passionnante.

Quelles sont les conséquences pratiques de l'étude du développement humain? Il y en a plusieurs. L'étude du déroulement normal du développement nous permet de découvrir les différents facteurs qui influencent la vie d'un individu et d'essayer de prédire son comportement futur. Si nos prédictions permettent de déceler des problèmes à venir, nous pourrons alors tenter de *modifier* le développement en offrant une formation ou une thérapie appropriée.

Par exemple, si Suzie semble retardée dans son développement, on peut selon le cas rassurer ses parents en leur disant qu'elle est normale, ou bien leur fournir des conseils sur la manière de l'aider à remédier à ses déficiences. Si Marco fait systématiquement l'école buissonnière, on peut offrir à ses parents des conseils psychologiques judicieux qui les aideront à détourner leur fils d'un chemin qui semble inévitablement mener à des ennuis. Si les éducateurs connaissent les conditions idéales d'apprentissage qui correspondent aux différents âges des enfants, ils pourront élaborer des programmes d'enseignement plus adaptés.

Le fait de comprendre le développement et les crises prévisibles de l'âge adulte aidera le professionnel comme le profane à affronter différentes situations de la vie: la mère qui réintègre le marché du travail au moment où son petit dernier part pour la maternelle, l'homme de 50 ans qui réalise qu'il ne sera jamais président de sa compagnie, la personne qui prend sa retraite, le veuf ou la veuve, le malade à l'article de la mort.

Dans cet ouvrage, il est question tant de l'individu en général que de chaque personne en particulier. Dans notre étude du développement, nous nous intéressons aux modèles qui décrivent le développement de tous les représentants de *l'espèce humaine*. Mais comme chaque membre de l'espèce est unique, nous voulons connaître les facteurs qui font qu'une personne devient un être différent des autres.

Pour identifier ces facteurs, celui qui étudie le développement de la personne fait appel à un large éventail de disciplines dont la psychologie, la sociologie, l'anthropologie, la biologie, l'éducation et la médecine. Pour préparer le contenu du présent ouvrage, nous nous sommes servi d'ouvrages de recherche publiés dans toutes ces disciplines.

En observant comment l'être humain évolue, à partir du moment de la conception jusqu'à la vieillesse, nous acquérons une meilleure connaissance de nous-mêmes et de nos compagnons sur cette terre. (Charles Gatewood/The Image Works)

Comment cet ouvrage présente l'étude du développement humain

Même lorsque nous décrivons les nombreux modèles universels du développement humain, nous insistons également sur le caractère unique de chaque personne. Le présent ouvrage est unique lui aussi. Bien qu'il possède plusieurs traits communs avec les autres volumes sur le développement humain quant à la nature et à l'organisation des sujets abordés, il s'en distingue entre autres choses par l'importance et l'attention accordées aux questions étudiées, par la précision des termes utilisés et par les illustrations. Une grande part de son originalité découle de la façon dont il reflète les points de vue de ses auteures. Voici les grandes perspectives que nous avons adoptées dans la rédaction de ce volume.

Nous croyons en l'être humain

Dans un ouvrage qui traite du développement humain, il n'est pas étonnant que l'accent soit mis sur ce que les recherches et les théories ont à nous dire sur l'être humain. Chaque fois que c'est possible, nous citons des recherches qui ont porté sur des personnes plutôt que sur des animaux. Parfois, bien sûr, nous devons nous référer à des études menées sur des animaux: quand il s'agit de recherches classiques, par exemple, ou de recherches contemporaines dans lesquelles les normes éthiques empêchent de recourir à des sujets humains (comme l'étude des effets sur le bébé de médicaments absorbés par la mère au cours de la grossesse). Lorsque nous devons présenter des conclusions fondées sur la recherche animale, nous le faisons avec prudence. Comme les animaux inférieurs diffèrent de l'être humain, nous ne pouvons présumer que les découvertes faites dans le domaine de la recherche animale s'appliquent à l'espèce humaine.

Nous respectons tous les stades de la vie

Nous rejetons la croyance traditionnelle selon laquelle le développement est en plein essor durant l'enfance, s'arrête brusquement à la fin de l'adolescence, demeure stationnaire au début de l'âge adulte pour amorcer à l'âge mûr un déclin qui se poursuit au cours de la vieillesse. Nous sommes convaincues que l'individu continue à changer, souvent de façon fort positive, tant qu'il est en vie.

Les changements qui surviennent durant la petite enfance et l'enfance sont particulièrement spectaculaires: le nourrisson se transforme en un trottineur capable de marcher et de parler; sa pensée, d'abord égocentrique, devient de plus en plus logique et structurée; relativement impuissant à ses débuts, l'enfant devient vite un être capable d'agir et d'explorer. Mais les changements qui surviennent au cours de l'âge adulte sont également importants. Il est de moins en moins rare de voir des gens d'âge mûr entreprendre des programmes d'exercices physiques qui les rendent plus alertes et plus forts que durant leur jeunesse. Nous voyons aussi des personnes âgées modifier leurs réactions émotives grâce à une psychothérapie qui leur permet de mener une vie plus riche et plus pleine. De telles métamorphoses prouvent d'une façon spectaculaire qu'une évolution importante peut survenir à n'importe quel point du cycle de la vie.

Nous considérons que les changements sont multidirectionnels

Alors que durant l'enfance, on observe surtout un accroissement quantitatif ou qualitatif des habiletés, les changements qui se produisent à l'âge adulte prennent plusieurs directions. Certains changements continuent à se présenter sous la forme d'un accroissement (comme chez l'adulte qui augmente son vocabulaire, par exemple). D'autres modifications se manifestent plutôt sous la forme d'une décroissance, comme le ralentissement du temps de réaction ou la diminution de la force physique. D'autres encore prendront la forme de l'apparition d'une habileté qui n'était pas présente durant l'enfance, comme la transformation des connaissances et de l'expérience en sagesse. Un événement heureux permettra à une personne de développer une facette jusque là inexploitée de son potentiel, alors qu'un choc majeur pourra bouleverser la vie physique, intellectuelle ou émotive d'un autre individu qui menait jusqu'alors une vie exempte de difficultés importantes.

Nous croyons en la capacité d'adaptation de l'être humain

Nous rejetons la croyance selon laquelle ce qui nous arrive durant l'enfance nous marque invariablement pour le reste de notre vie. Bien sûr, les expériences vécues en bas âge sont importantes, et leurs effets sont parfois profondément ancrés. Il se peut fort bien qu'un incident très traumatisant ou des carences majeures vécues au cours de l'enfance aient de graves conséquences. Mais l'expérience d'innombrables individus, dont certains ont été observés à partir de leur enfance jusqu'à l'âge mûr ou à la vieillesse, nous apprend que des événements survenus ultérieurement modifient souvent les résultats d'expériences passées et que dans le plupart des cas, il est peu probable qu'une seule expérience cause des torts irréversibles. Ainsi, un milieu chaleureux aidera souvent un enfant à surmonter les effets de carences passées.

Pour la plupart, il semble que nous soyons dotés d'une bonne capacité d'adaptation aux circonstances de la vie quand nous évoluons dans un environnement favorable (Kagan, 1979).

Chaque personne contribue à façonner son propre développement

Nous ne sommes pas des récepteurs passifs des influences extérieures qui nous façonnent; nous contribuons à créer notre environnement et réagissons en retour aux forces que nous avons contribué à mettre en œuvre. À la naissance, le bébé possède divers traits qui influencent la façon dont ses parents et les autres gens se comportent avec lui. On ne traitera pas de la même façon un enfant enjoué et un enfant maussade, un enfant actif et un enfant apathique, un enfant en santé et un enfant malade. Le degré de «bien-être» que les parents ressentent auprès de leur enfant influence les sentiments qu'ils éprouvent à son égard. Des parents énergiques et entreprenants risquent de s'impatienter avec un enfant lent et docile alors que des parents plus calmes se réjouiront d'une telle personnalité (Thomas et Chess, 1977).

Plus tard, les parents d'âge mûr sont souvent influencés par leurs enfants. L'éclosion de la sexualité de l'adolescent rappelle au parent qu'il vieillit et lui donne souvent l'envie de revivre sa propre jeunesse. Les sentiments que celui-ci éprouve alors auront un impact sur sa propre vie et sur celle de l'enfant.

En parcourant cet ouvrage, vous verrez à maintes reprises s'exprimer les éléments de philosophie décrits ci-dessus.

Les divers aspects du développement

Le développement de l'être humain est un phénomène complexe, car la croissance et le changement touchent différents aspects du moi. Pour en simplifier l'étude dans cet ouvrage, nous aborderons séparément le développement *physique*, le développement *intellectuel* et le développement de la *personnalité*. Mais ces distinctions sont souvent arbitraires et rarement précises, car chaque aspect du développement influence les deux autres.

Le moi physique, par exemple, influe considérablement sur la personnalité de même que sur le développement intellectuel d'une personne. Si une fillette est en bonne santé, si elle a une stature normale et une apparence conforme aux canons culturels, ses parents et les autres personnes importantes dans sa vie auront des réactions particulières à son endroit dès sa naissance. Si elle est acceptée par son entourage, peut-être au début à cause de ses traits physiques, cela contribuera à lui donner un sentiment de confiance personnelle et d'estime de soi. Si, par ailleurs, ses parents sont déçus par son apparence ou par la lenteur de son développement physique, cela pourra avoir une influence néfaste sur son développement mental. Ainsi, la combinaison de plusieurs facteurs, tels que son moi, ses aptitudes physiques et la manière dont les autres réagissent à ces aspects, influe fortement sur sa personnalité. Un développement physique anormal entraîne de nombreuses conséquences sur le plan émotif.

Le moi physique influe également sur le moi intellectuel puisque le développement intellectuel normal dépend en grande partie d'un bon état de santé physique. La malnutrition peut entraver le développement du cerveau et certaines incapacités physiques, comme le syndrome de Down («mongolisme»), freinent les processus mentaux autant ou même davantage que les fonctions physiques. Si l'état de santé physique est à ce point mauvais qu'il nécessite une longue hospitalisation, il peut affecter le développement intellectuel et celui de la personnalité.

Nous verrons que les personnes âgées qui ont été placées en institution, souvent à cause de leur état de santé précaire, ont un fonctionnement intellectuel inférieur à celui des vieillards qui vivent au sein de la communauté.

Les capacités intellectuelles sont étroitement reliées au développement moteur et émotif de la personne. En pratique, dans la petite enfance, la seule façon de mesurer l'intelligence est d'étudier le développement moteur du bébé. Quand, à un âge donné, un enfant est capable de tenir sa tête droite, d'essayer d'atteindre un jouet, de s'asseoir, il y a lieu de croire qu'il a un développement mental et physique normal. Un retard dans ces activités est souvent le premier signe de l'arriération mentale.

Les aspects social et émotif de la personnalité affectent les aspects physique et intellectuel du développement. Une carence affective dans la petite enfance, par exemple, peut avoir un effet désastreux sur le développement mental et moteur d'un enfant, de même que sur sa personnalité.

Au cours de notre étude des modes de développement de la personne, nous aborderons séparément les aspects *physique* et *intellectuel* du développement ainsi que celui de la *personnalité*. Pour étudier la personnalité, nous grouperons divers aspects relatifs à l'interaction interpersonnelle: nos émotions affectent notre personnalité qui, à son tour, influe sur notre comportement social. Ainsi, on peut, à partir de certains aspects interpersonnels du développement, expliquer ce qui pousse un individu à réagir de telle manière à telle situation qui implique telle autre personne. Mais bien que, pour les besoins de notre étude, nous envisagions les personnes comme constituées de trois entités distinctes, nous devons toujours nous rappeler que ces aspects sont indissociables chez l'être humain. Nous ne pouvons pas «connaître» une personne avant de la comprendre dans tous ces aspects.

Les périodes de la vie humaine

La méthode utilisée dans le présent ouvrage suit un ordre chronologique plutôt qu'une approche thématique. Si nous adoptions l'approche thématique, nous aborderions l'étude des divers aspects du développement séparément. Par exemple, nous étudierions le développement physique à travers tout le cycle de la vie, puis le développement intellectuel, le développement social, le développement sexuel, et ainsi de suite. Une étude basée sur un ordre chronologique aborde l'être humain dans sa totalité et examine les divers aspects du développement à différents moments de la vie d'une personne. Chacune des deux méthodes a sa valeur, de même que ses faiblesses. Par exemple, étudier le phénomène de la croissance en suivant l'ordre chronologique nous oblige à diviser le cycle de la vie en différentes périodes ou niveaux de développement.

Pour les besoins de notre étude, nous avons établi les stades chronologiques suivants: la période prénatale (du moment de la conception au moment de la naissance); le nourrisson et le trottineur (de la naissance à 3 ans); le petit enfant (de 3 à 6 ans); l'enfant (de 6 à 12 ans); l'adolescent (de 12 à 18 ans); le jeune adulte (de 18 à 40 ans); l'adulte (de 40 à 65 ans) et l'adulte vieillissant (à partir de 65 ans). Toutes ces divisions sont quelque peu arbitraires, principalement en ce qui concerne l'âge adulte où ce sont surtout des critères d'ordre sociologique (autonomie financière, statut marital, etc.) qui définissent les âges de passage aux statuts de jeune adulte, d'adulte et d'adulte vieillissant. Aussi devons-nous nous rappeler que ce classement par groupes d'âge est quelque peu subjectif; les âges donnés pour indiquer le début et la fin d'une période ne sont qu'approximatifs, car la vie d'un individu n'est pas réglée de manière aussi précise. Quand nous étudierons les théories sur les stades du développement, comme celles de Freud, d'Erikson et de Piaget, nous adopterons le classement par âges proposé par ces théoriciens et les mêmes réserves s'appliqueront à leurs classifications.

De plus, il arrive souvent qu'une personne se situe à un certain stade chronologique quant à un aspect de son développement et à un autre stade quant à un autre aspect. Par exemple, une fillette de 10 ans peut avoir ses premières règles — un phénomène qui indique que sur le plan physique, elle passe de l'enfance à la puberté — sans pour cela avoir abandonné tous ses sentiments et ses pensées d'enfant. De même, un homme de 45 ans qui a entrepris sa carrière tardivement, qui s'est marié dans la trentaine et est devenu père dans la quarantaine peut, sur bien des plans psychologiques importants, s'apparenter aux jeunes adultes; de son côté, son voisin du même âge qui s'est établi jeune dans une carrière et dans la vie familiale, peut déjà être grand-père, se comporter et se sentir plutôt comme un homme d'âge mûr.

En outre, les différences individuelles sont telles que les gens atteignent et quittent ces stades à des âges différents. À 2 ans, Anne peut avoir franchi des étapes du développement physique que Michel ne franchira qu'un an plus tard. Par ailleurs, Michel peut être plus avancé sur le plan social ou intellectuel. Si Michel passe la majeure partie de son temps avec des parents qui l'entourent de leur amour, de leurs soins et de leur attention stimulante, et peu de temps avec des enfants de son âge, il y a toutes les chances pour qu'il parle couramment, mais qu'il ne sache pas trop comment aborder les autres enfants et jouer avec eux.

La plupart des adultes savent à quel moment de la vie certaines activités sont considérées comme acceptables (Neugarten, Moore et Lowe, 1965). Les gens sont conscients de leur propre rythme et disent spontanément qu'ils ont été «en avance», «en retard», ou «dans la moyenne» pour ce qui est du moment où ils se sont mariés, où ils ont entrepris une carrière, où ils ont eu des enfants, où ils ont pris leur retraite. Même si ce sont souvent les différentes circonstances de la vie qui décident du moment où ils vivront ces événements, ils ont néanmoins le sens du moment «propice» pour les vivre.

Ces normes «idéales» appliquées à divers types de comportement varient aussi selon les groupes de personnes. Toute la vie d'une personne de la classe ouvrière se déroule à un rythme plus rapide: elle quitte l'école plus vite qu'une personne de la classe moyenne, commence à travailler plus jeune, se marie, a des enfants, atteint le sommet de sa carrière et devient grand-parent plus jeune (Neugarten, 1968). L'ouvrier non spécialisé considère qu'un homme est dans la fleur de l'âge à 35 ans, qu'il est d'âge mûr à 40 ans, vieux à 60 ans; alors que le cadre et le professionnel de classe moyenne supérieure considèrent qu'un homme est dans la fleur de l'âge à 40 ans, d'âge mûr à 50 ans et vieux à 70 ans (Neugarten, 1968). Ces différences sont attribuables aux besoins financiers qui obligent l'individu de la classe ouvrière à gagner sa vie plus tôt. Les gens de milieux plus aisés peuvent poursuivre leurs études plus longtemps, profiter des débuts de l'âge adulte pour explorer différents champs d'activités, retarder le moment d'atteindre l'indépendance financière et de commencer une famille. Il est important

de tenir compte de ces différences socio-économiques et d'éviter de caser les gens dans des classes d'âge rigides. Il faut plutôt comprendre le développement humain dans le contexte des expériences globales de la vie.

Les principes de développement

Certains principes s'appliquent à tous les aspects du développement et peuvent nous guider dans l'interprétation de l'information brute. Au cours de votre étude des différents types de développement qui se produisent à divers moments de la vie, souvenez-vous des principes suivants.

Les différences individuelles

Bien que les gens traversent les stades du développement selon le même ordre et la même chronologie générale, nous verrons comment le vaste domaine du développement normal peut englober de nombreuses **différences individuelles.** Tout au long du présent ouvrage, nous parlons de moyennes d'âge caractérisées par l'apparition de certains comportements: le premier sourire, le premier mot, les premiers pas. Dans tous les cas, les âges donnés ne représentent que des moyennes. Le champ normal du comportement englobe un large éventail de différences individuelles comme la taille et le poids, la capacité de parler, de marcher, de saisir divers concepts, et ainsi de suite. Il faut considérer toutes les moyennes d'âge données dans notre ouvrage comme variables. Ce n'est que lorsqu'une personne s'écarte de ces normes de façon extrême qu'il faut considérer qu'elle est exceptionnellement avancée ou retardée. Le point important à retenir, c'est qu'en pratique tout le monde traverse les mêmes étapes, même si chacun le fait à son propre rythme.

Chez les personnes âgées, les différences individuelles sont particulièrement importantes. Certains se considèrent vieux, se sentent et agissent comme des vieux à 60 ans; alors que pour d'autres, la vieillesse n'est ressentie qu'à 80 ans ou même plus tard. Certains demeurent actifs, s'attachent à remplacer les rôles perdus (en tant qu'époux, parents ou employés) par de nouveaux rôles (comme ceux d'amis, de grand-parents d'adoption, de travailleurs bénévoles, etc.). D'autres préfèrent se retirer du monde et des événements qui les entourent et mener une vie plus solitaire. Lorsque vous lirez les derniers chapitres de ce volume, il vous apparaîtra clairement que l'âge chronologique à lui seul ne révèle pas grand-chose sur les gens, surtout lorsqu'ils prennent de l'âge. Il est important de se rappeler que les personnes âgées ont des personnalités aussi différentes que les jeunes.

L'éventail des différences individuelles s'élargit avec l'âge. Chez un enfant normal, il est passablement restreint, car plusieurs jalons développementaux sont liés chez celui-ci aux processus de maturation fondamentaux du corps et particulièrement du cerveau. Avec les années, cependant, les expériences d'une personne et le monde dans lequel elle vit exercent une influence plus importante. Comme chaque être vit des expériences différentes, il est tout à fait logique qu'il reflète ces différences.

Voici certains des facteurs importants qui exercent une influence sur chacun de nous:

- le genre de travail que nous exerçons, notre degré de réussite, la satisfaction que nous en tirons et les relations que nous entretenons avec nos collègues de travail;
- l'endroit où nous vivons, la qualité de vie dans notre environnement, nos relations avec notre voisinage et le degré de fierté éprouvé à l'égard de notre foyer;
- les gens que nous rencontrons, par choix ou par nécessité, et les relations que nous entretenons avec eux;
- des facteurs constitutionnels, comme l'état de santé et le niveau d'énergie d'une personne; les événements fortuits de notre vie: l'héritage inattendu qui nous permet de réaliser nos rêves ou l'accident qui entraîne un handicap permanent.

À l'âge adulte, l'âge chronologique seul nous dit très peu de choses sur une personne.

Les périodes critiques

Si une femme enceinte est exposée à des radiations, absorbe certaines drogues ou contracte certaines maladies à des moments précis au cours des trois premiers mois de sa grossesse, certains effets pourront se faire sentir sur le bébé qu'elle porte. L'importance du dommage et les conséquences subies par le fœtus dépendront de la nature du traumatisme et du moment où il est déclenché. Des souris enceintes exposées à des rayons X sept ou huit jours après la conception

auront vraisemblablement des rejetons qui souffrent d'une hernie cervicale, alors que celles qui ont été exposées aux mêmes rayons neuf jours et demi après la conception risquent plutôt d'avoir des rejetons qui souffrent de spina bifida, une maladie du système nerveux (Russel et Russel, 1952). Des mécanismes similaires se produisent chez les êtres humains.

Une **période critique** du développement est un moment où un phénomène donné risque d'avoir le plus de répercussions. Le même phénomène, comme les radiations par exemple, n'aurait pas un effet aussi important s'il survenait à un autre moment du développement. Ce concept de période critique fait partie d'un ensemble de théories relatives à divers aspects du comportement humain, y compris l'intelligence et les liens émotifs entre le bébé et sa mère.

Les psychanalystes, en particulier, ont adopté le concept de période critique. Comme nous le verrons, Freud soutenait que certaines expériences vécues par un bébé ou un jeune enfant peuvent marquer la personnalité de cet être pour la vie. De son côté, Erikson a divisé la vie humaine en huit groupes d'âge, dont chacun représente une période critique du développement social et émotif.

Certaines preuves à l'appui du concept de période critique du développement physique sont irréfutables (dans le cas du développement physique du fœtus, par exemple). Dans d'autres sphères du développement, cependant, l'idée d'une période critique irréversible apparaît généralement limitative. Bien que l'organisme humain puisse être particulièrement sensible à certaines expériences à divers moments du cycle de la vie, des événements ultérieurs annuleront souvent les effets d'expériences passées. Nous étudions dans l'encadré 1.1 certains des arguments qui nous amènent à admettre ou à réfuter l'idée d'une période critique dans l'acquisition du langage. Les preuves de l'existence d'une période critique pour l'établissement des liens d'attachement entre la mère et son bébé seront étudiées au chapitre 5.

L'ordre préétabli et non fortuit du développement

Le développement n'a rien de fortuit. Il suit un chemin bien jalonné.

Le développement procède toujours du simple au complexe. Dans l'acquisition du langage,

Encadré 1.1

Existe-t-il une période critique dans l'acquisition du langage?

Vous connaissez peut-être une personne âgée qui est venue s'établir au Québec il y a 30 ans ou même davantage, et qui parle encore le français avec un fort accent étranger. Par ailleurs, si vous connaissez quelqu'un qui est arrivé ici durant sa petite enfance, vous ne pouvez probablement pas dire en vous basant sur sa façon de parler qu'il n'est pas né ici. Certains croient que de telles différences sont attribuables à l'existence d'une période critique dans l'acquisition du langage: le cerveau de l'enfant serait organisé de façon à favoriser l'acquisition du langage, et quelque chose viendrait modifier cette aptitude linguistique à la préadolescence.

D'autres faits viennent appuyer ce point de vue. Les habiletés linguistiques de l'enfant semblent être davantage reliées au niveau de son développement moteur (un indice important du développement) qu'à son âge chronologique. De plus, les enfants qui subissent une lésion à l'hémisphère gauche du cerveau avant la puberté peuvent perdre temporairement certaines de leurs habiletés linguistiques, mais ils recouvrent rapidement celles-ci si l'hémisphère droit est demeuré intact. Par contre, si le traumatisme survient après la puberté, toute perte d'habiletés linguistiques risque fort d'être irréversible. Jusqu'à la puberté, donc, l'hémisphère droit du cerveau peut apparemment prendre la relève de l'hémisphère gauche; mais après celle-ci, le cerveau se spécialise, et les fonctions du langage se localisent dans l'hémisphère gauche (Lenneberg, 1969).

L'histoire tragique d'une jeune Américaine nommée «Genie» peut servir à la fois à appuyer et à réfuter cette hypothèse. À partir de l'âge de 20 mois jusqu'à l'âge de 13 1/2 ans , Genie a été séquestrée dans une pièce exiguë où personne ne lui adressait la parole. Au moment où elle fut transportée dans un hôpital situé en Californie, elle ne pouvait pas parler. Elle ne reconnaissait que son nom et le mot «sorry». Au cours des neuf années qui suivirent, elle fut prise en charge par une équipe de professionnels, dont des psycholinguistes, qui travaillèrent étroitement avec elle au développement de son langage (Curtiss, 1977). La jeune fille réussit à apprendre plusieurs mots et à relier ceux-ci pour former des phrases grammaticales rudimentaires. Mais elle ne parvint jamais à parler normalement: elle ne posait jamais de questions et quatre ans après qu'elle eut commencé à faire des phrases, ses énoncés ressemblaient encore en grande partie à ceux d'un télégramme difficile à déchiffrer (Pines, 1981, p. 29).

Le fait que Genie manifestait à peine les premiers signes de la puberté au moment où on la découvrit indique peut-être qu'elle se situait encore dans la période critique de l'acquisition du langage, bien qu'à la fin de celle-ci. Comme elle avait apparemment prononcé quelques mots avant d'être séquestrée (à l'âge de 20 mois), il se peut que ses mécanismes d'apprentissage linguistique aient été déclenchés au début de la période critique, ce qui lui permit de faire d'autres apprentissages plus tard. Le fait que la jeune fille ait été maltraitée et négligée pendant de nombreuses années peut aussi avoir causé chez elle un tel retard que son cas ne peut être considéré comme une preuve véritable de l'existence d'une période critique dans l'acquisition du langage. Ainsi, notre question demeure sans réponse.

par exemple, les bébés vont du cri au balbutiement, puis aux mots, et enfin aux phrases de plus en plus complexes.

Le développement procède du général au particulier. Chez le nouveau-né, les émotions expriment d'abord un état global d'excitation, puis se différencient peu à peu selon un vaste répertoire de sentiments, tels que l'amour, la haine, la peur, la colère, la jalousie, et ainsi de suite.

Le développement physique suit la règle du développement céphalo-caudal (de la tête aux pieds) selon laquelle les parties supérieures du corps se développent avant les parties inférieures, et celle du *développement proximo-distal* (du rapproché à l'éloigné) selon laquelle les parties centrales du corps se développent avant les extrémités.

Le développement cognitif (le développement de la pensée logique) *suit un cheminement ordonné*. Piaget soutient que, dans son développement, la pensée humaine passe par les stades sensori-moteur, préopératoire, opératoire concret et formel, qui seront expliqués plus loin.

Même si la chronologie exacte de tous ces aspects du développement varie d'une personne à l'autre, les étapes sont toujours franchies dans le même ordre.

Lorsque des changements qualitatifs caractérisent le passage d'une étape de développement à une autre, nous parlons alors de stades. Plusieurs théories expliquent le développement de la personne en fonction d'une succession de stades. Une théorie des stades doit répondre aux critères suivants:

1 l'ordre dans lequel les stades sont franchis est invariable;
2 il n'arrive jamais non plus qu'un stade soit sauté, puisque chaque stade englobe le précédent (en quelque sorte) et sert de base pour le suivant;
3 chaque stade comporte de nombreuses facettes;
4 l'individu franchit chacun des stades selon un rythme qui lui est propre (ce qui explique, en partie, les différences individuelles). Pour cette raison, et aussi parce qu'il arrive souvent que les stades du développement se chevauchent ou que certains traits se maintiennent d'un stade à l'autre, toutes les normes d'âge ne sont qu'approximatives.

Les variations de l'importance des différents aspects du développement selon les périodes de la vie

Le développement moteur et physique est très rapide au cours de la petite enfance. Le langage se développe surtout au cours des années préscolaires. Le développement de la pensée logique et de la sociabilité s'accélère à l'école primaire. Le système reproducteur se développe d'une façon spectaculaire à l'adolescence. La capacité d'entreprendre et d'entretenir des rapports intimes (en tant que conjoints ou parents, par exemple) s'accroît au début de l'âge adulte. La capacité d'un retour sur soi et d'une évaluation de sa vie prend une importance particulière à l'âge mûr. L'acceptation de la mort ne survient enfin qu'au cours de la vieillesse. À chaque période de sa vie, l'être humain semble se con-

centrer avec ardeur sur les aspects du développement qui surgissent à ce moment-là. Les aptitudes acquises antérieurement peuvent même sembler subir une régression.

Les influences qui s'exercent sur le développement humain

Comme nous l'avons souligné dans la section sur les différences individuelles, l'être humain subit un nombre incalculable d'influences depuis sa conception jusqu'à sa mort. Comme nous le verrons au chapitre 2, il est d'abord influencé par les gènes transmis par ses parents. Cette influence fondamentale sera modulée par une multitude d'influences que nous pouvons classer dans trois catégories: les événements normatifs liés à l'âge, les événements normatifs liés à la génération et les événements non normatifs (Baltes, Reese et Lipsitt, 1980).

Les influences normatives liées à l'âge

Lorsque nous disons qu'un événement est «normatif», nous voulons dire que celui-ci se produit

La «révolution informatique» influe nécessairement sur l'enfant d'aujourd'hui. Elle est un bon exemple d'influence normative liée à une génération. (Pascale/Adinatory — Explorer/Publiphoto)

d'une façon très semblable chez tous les individus d'un groupe donné. Parmi toutes les influences qui vont faire d'un événement quelconque un événement «normatif», il y a celles qui sont étroitement reliées à l'âge chronologique. Les **influences normatives liées à l'âge** incluent des repères biologiques, tels que la puberté et la ménopause, aussi bien que des repères culturels comme l'entrée à l'école (qui se fait vers l'âge de 6 ans dans la plupart des sociétés) et la retraite (qui survient entre 50 et 70 ans, selon les normes individuelles et sociales).

Les influences normatives liées à la génération

Les influences biologiques et environnementales appelées **influences normatives liées à la génération** (ou «effets de cohorte»[1]) touchent toutes les personnes d'une **génération** particulière, c'est-à-dire tous ceux qui grandissent à la même époque et au même endroit. La crise économique mondiale des années 1930, les troubles politiques vécus aux États-Unis dans les années 1960 et 1970 en raison de la Guerre du Viêt-Nam et les famines massives dont sont actuellement victimes plusieurs pays africains font partie de ce type d'influences. Celles-ci incluent également des facteurs culturels, tels que le changement des rôles de la femme, le recours à l'anesthésie au moment de l'accouchement, l'apparition et la prolifération de l'ordinateur et la mise sur pied d'un ensemble de programmes sociaux destinés à des groupes particuliers.

Les événements non normatifs

Les **événements non normatifs** sont des événements qui ne surviennent qu'à une minorité d'individus, mais qui ont un impact important sur ceux-ci. Parmi ces événements, il y a la perte d'un parent chez l'enfant en bas âge, une maladie grave, un accident qui entraîne un handicap permanent ou la naissance d'un enfant victime d'une anomalie congénitale. Le divorce représente également pour plusieurs un événement imprévu qui vient bouleverser leur existence.

Bien sûr, les événements non normatifs peuvent aussi être heureux, comme un héritage inattendu, un séjour enrichissant à l'étranger ou une promotion particulièrement avantageuse. Qu'il soit positif ou négatif, ce type d'événement risque d'être plus stressant qu'un événement normatif, parce que la personne qui le vit ne s'y attend pas et peut avoir besoin d'une aide spéciale pour s'y adapter.

Nous contribuons souvent à déclencher les événements extraordinaires qui surviennent au cours de notre vie, démontrant ainsi notre capacité de participer activement à notre propre développement. En outre, la façon dont nous réagissons aux influences externes peut changer le monde qui nous entoure en même temps que celui-ci nous change.

Les perspectives théoriques sur le développement humain

Toute explication du développement repose à la base sur une conception de la nature humaine. Des philosophes nous ont vus à travers différents prismes, et leurs idées sur notre nature fondamentale ont donné naissance à différentes explications ou théories des causes de notre comportement. Une **théorie** est une tentative d'organiser des **données** ou des informations en vue d'expliquer les causes de certains événements; c'est un ensemble d'énoncés reliés entre eux concernant un phénomène.

Pourquoi avons-nous besoin de théories si nous possédons des faits? Une théorie procure un cadre qui aide à comprendre les données obtenues grâce à une étude scientifique. Elle permet de dépasser les observations isolées et de formuler des énoncés généraux sur un comportement donné. Une bonne théorie guide la recherche en fournissant une source abondante d'hypothèses à vérifier. Les **hypothèses** sont des explications possibles d'un phénomène; nous cherchons à les vérifier grâce à la recherche. Parfois, la recherche confirme nos hypothèses et supporte ainsi nos théories; dans bien des cas cependant, elle produit des données nouvelles

---

1 À strictement parler, la notion de cohorte, initialement introduite par Manheim (1928), est plus complexe que celle de génération. À cause de sa définition, une cohorte peut couvrir une longue période historique et regrouper plusieurs générations. Comme ces notions demeurent malgré tout voisines, nous ne parlerons que de génération pour faciliter la compréhension des concepts.

qui nous obligent à modifier nos théories. Par exemple, une théorie de l'apprentissage social soutient que les comportements découlent de l'observation et de l'imitation de modèles. Une des hypothèses engendrées par cette théorie pourrait se formuler comme suit: «Les enfants exposés à des modèles agressifs se comportent plus agressivement que ceux qui ne le sont pas.»

Les théories vont des simples «idées» sur les raisons d'un phénomène à des interprétations plus complexes (comme l'analyse cognitivo-développementale du développement moral de Kohlberg), à des explications élaborées qui tentent d'intégrer une bonne quantité d'informations sur un grand nombre d'événements reliés entre eux (comme la théorie cognitive de Piaget ou la théorie psychosexuelle de Freud). Des exemples d'apports théoriques précis seront étudiés plus loin au cours de ce chapitre et tout le long du présent ouvrage.

Aucune théorie n'est universellement acceptée par tous les spécialistes du développement ni n'explique à elle seule toutes les facettes du développement. Selon les théoriciens, les façons de voir le développement de la personne seront différentes. Ces points de vue dicteront les questions qu'ils poseront, les méthodes de recherche qu'ils utiliseront et la façon dont ils interpréteront leurs données. Par conséquent, il est extrêmement important de tenir compte de la perspective adoptée par un chercheur.

Dans le présent ouvrage, nous étudierons et évaluerons quatre perspectives majeures sur le développement humain: la perspective mécaniste, la perspective organismique, la perspective psychanalytique et la perspective humaniste. Chacune de ces perspectives comporte ses propres théories et chacune a ses fervents adeptes et ses critiques non moins passionnés. Alors que certains spécialistes du développement se rallient fermement à un système philosophique unique, la plupart de ceux qui abordent avec sérieux l'étude du développement humain peuvent trouver dans chacune de ces théories assez d'éléments de vérité pour expliquer une partie du comportement humain dans le temps, sans rechercher dans un seul système l'explication à tout. Dans le bref aperçu qui suit, nous ne pouvons évidemment pas analyser chacune des théories que nous présentons. Nous soulignerons cependant certains de leurs points forts et de leurs points faibles. De plus, ces théories et leurs écoles seront étudiées plus en profondeur aux endroits pertinents tout au long de cet ouvrage.

La perspective mécaniste

La **perspective mécaniste**, aussi appelée *modèle mécanique*, assimile l'être humain à la machine et le perçoit comme un être qui réagit plutôt qu'il n'agit. Selon cette théorie, nous sommes modelés par notre environnement. Ainsi, si on peut analyser toutes les composantes de l'environnement d'une personne, on peut aussi prédire ses réactions.

Les tenants de la perspective mécaniste considèrent que le changement est quantitatif et le développement continu. La recherche psychologique entreprise dans le cadre de cette théorie s'attache à identifier et à isoler tous les facteurs environnementaux qui font que telle personne se comporte de telle manière. Elle étudie l'influence des expériences antérieures sur le comportement d'une personne. Elle tente de comprendre les effets de l'expérience en décomposant les stimuli et les comportements complexes en éléments plus simples. Les théoriciens de l'apprentissage social et les behavioristes partagent ce point de vue.

Les **behavioristes** croient que les êtres humains apprennent à connaître le monde de la même manière que les animaux inférieurs, et qu'ils réagissent aux récompenses et aux punitions de leur environnement. Selon eux, le conditionnement est le mécanisme fondamental qui détermine la conduite humaine. Les deux types de conditionnement sont le *conditionnement répondant* ou *classique* et le *conditionnement opérant* ou *instrumental*. Dans le **conditionnement classique**, initialement décrit par *Ivan Pavlov* (1839-1946), un stimulus antérieurement neutre devient capable de déclencher une réponse qui ne lui est ordinairement pas associée. Pavlov, un physiologue russe, apprenait à des chiens à saliver au son d'une cloche en leur offrant de la nourriture tout de suite après avoir fait sonner la cloche. Bientôt, la simple vue de la cloche (le stimulus neutre) en vint à déclencher la salivation, même en l'absence de nourriture. Dans le **conditionnement opérant**, tel que décrit par *B.F. Skinner* (né en 1904), un système de récompenses et de punitions modèle une réponse. Les nouveaux comportements sont acquis de cette manière. Skinner, un behavioriste américain, a appris à des pigeons à distinguer des barres de couleurs différentes en les récompensant par de la nourriture quand ils appuyaient sur la bonne barre.

Le behaviorisme insiste sur le rôle de l'environnement dans l'expression du comportement.

Psychologue américain, Burrhus Frederic Skinner a grandement contribué aux progrès de la pensée scientifique moderne, autant par ses recherches sur l'apprentissage que par ses réflexions sur le concept de liberté. (Gracieuseté de B.F. Skinner)

Comme il considère que tout changement est une modification *quantitative* du comportement, il rejette la possibilité d'un changement *qualitatif*. Ce n'est pas une théorie du développement à proprement parler, car le behaviorisme se sert des mêmes principes fondamentaux de l'apprentissage pour expliquer le comportement à tous les âges. Malgré cela, le behaviorisme représente dans bien des cas un outil puissant pour améliorer le développement de la personne. Il a servi à concevoir des programmes de modification du comportement ou d'enseignement programmé. Les parents et les enseignants qui appliquent (souvent sans le savoir) certains principes behavioristes façonnent la conduite de l'enfant en récompensant les actions dignes d'être encouragées et en punissant ou en ignorant celles qui ne le sont pas.

John B. Watson (1878-1958) a été le premier behavioriste à appliquer la théorie de l'apprentissage basée sur le schéma stimulus-réponse. Nous verrons au chapitre 4 comment il parvint à conditionner le «petit Albert» à avoir peur des objets à poil.

Les **théoriciens de l'apprentissage social** comme *Albert Bandura*, (né en 1925) partagent le point de vue mécaniste des behavioristes, sans toutefois admettre l'idée suivant laquelle toute conduite se réduit aux simples principes du con-

ditionnement et du renforcement. Ces théoriciens soutiennent que le comportement des enfants s'acquiert en grande partie, sinon totalement, par l'imitation de modèles, tels que les parents. Selon eux, l'identification de l'enfant à ses parents est le facteur le plus important dans l'acquisition du langage, et dans la manière dont l'enfant apprend à contrôler son instinct d'agression et à développer son sens moral.

La théorie de l'apprentissage social s'appuie aussi sur des concepts bien définis. Elle a généré une quantité importante de recherches et ses applications pratiques sont nombreuses dans le domaine de l'éducation de l'enfant. Ses applications sont d'ailleurs d'autant plus directes que la recherche porte sur des enfants plutôt que sur des animaux. La théorie de l'apprentissage social demeure cependant incomplète parce qu'elle ignore les influences héréditaires et qu'elle néglige les différences qualitatives de fonctionnement liées aux différents stades de leur développement. En outre, les psychanalystes considèrent que la grande lacune de cette théorie provient du fait qu'elle néglige les problèmes sous-jacents qui poussent l'enfant à adopter un comportement indésirable. Ainsi, les psychanalystes soutiennent que tenter d'éliminer par la punition une conduite inacceptable (voler, par exemple) entraînera l'apparition d'un autre type de conduite négative (comme mouiller son lit), ce qui laisse le véritable problème non résolu.

La perspective organismique

Directement opposée à la conception mécaniste, la **perspective organismique** considère les gens comme des organismes actifs qui, par leurs propres actions, mettent en mouvement leur propre développement. Ils sont à l'origine des gestes qu'ils posent. Le changement est inhérent à la vie; il est interne plutôt qu'externe, comme le croient les mécanistes. Le comportement humain dans son ensemble est plus que la somme de ses parties. C'est pourquoi nous ne pouvons décomposer la conduite en éléments distincts pour prédire des relations de cause à effet.

Les tenants de la conception organismique s'intéressent plutôt au processus qu'au produit, à ce qui amène un individu à croire telle chose et à agir de telle façon plutôt qu'aux particularités de la pensée ou de la conduite d'une personne. Ils s'intéressent davantage au changement qualitatif, c'est-à-dire aux sauts qui se produisent d'un stade du développement à l'autre, qu'au changement quantitatif. Ils voient les expériences de la vie non pas comme la cause fondamentale du développement, mais comme des facteurs qui peuvent l'accélérer ou le ralentir. Ils décrivent souvent le développement comme un processus discontinu qui se produit selon un ordre fixe de stades qualitativement différents. À la différence des adeptes du mécanicisme, les partisans de l'approche organismique ne tentent pas de déterminer la façon dont l'environnement façonne les réponses de la personne. Contrairement aussi aux psychanalystes, ils ne mettent pas l'accent sur les motivations inconscientes de l'enfant. Ils voient plutôt l'enfant comme un acteur, comme un être qui construit activement son univers.

Jean Piaget (1896-1980) fut le défenseur le plus éminent de la conception organismique du monde. Nous devons une bonne partie de nos connaissances sur l'apprentissage chez l'enfant au travail créateur de ce psychologue suisse. Il a appliqué ses vastes connaissances des domaines de la biologie, de la philosophie, de la logique et de la psychologie à des observations minutieuses des enfants, et a élaboré des théories complexes sur le développement *cognitif*, c'est-à-dire sur l'acquisition des connaissances.

Piaget a expliqué plusieurs aspects de la pensée et du comportement de l'enfant en soutenant que celui-ci traverse des stades bien définis. Chacun de ces stades représente un changement qualitatif d'un type de pensée ou de comportement à un autre.

Selon Piaget, à chaque stade du développement, la représentation du monde ou, pour utiliser la terminologie piagétienne, les **schèmes** qu'élabore un enfant deviendront plus complexes, plus abstraits et plus adaptés. Cette croissance cognitive résulte de l'action conjuguée de deux processus complémentaires qui consistent à recevoir une nouvelle information de l'environnement (*l'assimilation*) et à modifier ses idées de façon à inclure cette nouvelle connaissance (*l'accommodation*). Ainsi, le développement humain de la connaissance s'effectue en quatre stades majeurs; chacun de ces stades se caractérise par sa propre conception du monde, qui résulte de l'interaction de la maturation et de l'environnement. Puisque Piaget définit le comportement intelligent comme la capacité de s'adapter, même le comportement préverbal est intelligent. À chaque stade, l'organisation et la structure de la pensée d'un enfant changent qualitativement, et le passage, souvent imperceptible, d'un stade à un autre implique un saut en avant dans la capacité qu'a l'enfant d'utiliser de nouveaux concepts.

Voici, selon Piaget, les quatre principaux stades du développement cognitif:

Le stade sensori-moteur (de la naissance à 2 ans). Durant le *stade sensori-moteur*, le bébé apprend à connaître le monde grâce à ses sens et à son activité motrice. Le jeune enfant qui, au début, réagit surtout par réflexes, devient capable d'organiser ses activités par rapport à son environnement. Grâce à la manipulation active des objets, il passe des réflexes à l'apprentissage

Jean Piaget a appliqué ses vastes connaissances des domaines de la biologie, de la philosophie, de la logique et de la psychologie à l'étude des enfants et a élaboré des théories novatrices sur le développement cognitif de ceux-ci. (Yves DeBraine/Black Star)

par tâtonnements, puis à la résolution de problèmes simples. L'acquisition cognitive majeure de l'enfant à ce stade est la capacité de concevoir le monde comme une réalité permanente; les personnes, les lieux et les objets qu'il renferme continuent d'exister même quand ils ne sont plus directement perceptibles.

Le **stade préopératoire** (de 2 à 7 ans). Durant le *stade préopératoire*, l'enfant commence à pouvoir utiliser des symboles (comme les mots) pour représenter les gens, les lieux, les objets et les événements. Sa pensée demeure malgré tout rudimentaire. En raison de son égocentrisme, l'enfant a du mal à tenir compte du point de vue de l'autre. L'ampleur de cet égocentrisme fait cependant l'objet d'une controverse.

Le **stade des opérations concrètes** (de 7 à 11 ans). Durant le *stade des opérations concrètes*, l'enfant commence à comprendre et à utiliser des concepts qui l'aident à se comporter dans son environnement immédiat. Il peut résoudre des problèmes d'une façon logique si ceux-ci portent sur des objets ou des événements concrets qui sont directement perceptibles. L'habileté cognitive la plus importante acquise à ce stade est la **conservation**, c'est-à-dire la capacité de comprendre que deux objets comparables au départ restent comparables même si leur apparence est modifiée, pourvu que rien ne leur soit enlevé ou ajouté. Par exemple, la quantité de liquide contenue dans une petite bouteille de cola ne change pas quand elle est transvidée dans un verre même si le niveau atteint, lui, a changé.

Le **stade des opérations formelles** (pas avant l'âge de 12 à 15 ans). Au *stade des opérations formelles*, l'individu peut penser en termes abstraits et comprendre des situations hypothétiques. Il devient capable d'envisager plusieurs possibilités et de résoudre des problèmes complexes d'une façon systématique.

Nous étudierons plus loin ces stades en détail dans les chapitres qui traitent du développement cognitif de l'enfant.

Après s'être consacré pendant des décennies à l'étude du développement cognitif de la naissance à l'adolescence et avoir écrit sur ce sujet, Piaget a été reconnu comme le spécialiste mondial dans l'étude de la pensée de l'enfant. Ce brillant chercheur doué d'un esprit novateur et rigoureux sut, au fil des années, mûrir et enrichir son schéma du développement intellectuel. Il a ouvert la porte à une nouvelle manière d'évaluer le développement de la pensée logique. Plus que tout autre théoricien au cours des dernières décennies, il a inspiré une quantité importante de recherches. De plus, il est à l'origine de nombreuses innovations pratiques dans le domaine de l'éducation des enfants.

Plusieurs points de la théorie de Piaget ont cependant fait l'objet de critiques sérieuses. Piaget parle essentiellement des aptitudes de l'enfant «moyen» et accorde peu d'importance aux facteurs culturels et éducatifs qui affectent le rendement. Il ne s'intéresse au développement émotif ou au développement de la personnalité que dans la mesure où ces aspects sont reliés au développement cognitif. On l'a également critiqué pour avoir développé plusieurs de ses idées à partir d'observations très personnelles de ses trois enfants. On lui a aussi reproché une utilisation nettement particulière de la méthode clinique[2].

Inspiré par Piaget, le psychologue *Lawrence Kohlberg* (né en 1927), a développé une théorie des stades du développement moral. Au début, les enfants traversent un stade *prémoral*, au cours duquel ils observent les normes des autres dans l'unique but d'obtenir des récompenses ou d'éviter des punitions. Puis, vient le stade *conventionnel*, où ils agissent conformément aux normes extérieures et pensent à ce qu'ils peuvent faire pour passer pour de «bons enfants» aux yeux des autres. Enfin, au niveau le plus avancé du raisonnement moral, c'est-à-dire au stade *postconventionnel*, les individus développent une conscience personnelle et agissent selon leur propre conception du bien et du mal.

La théorie de Kohlberg représente la tentative la plus sérieuse et la plus intéressante d'appliquer le concept de Piaget selon lequel le développement moral, relié au développement cognitif, suit un modèle séquentiel précis. En examinant les raisons qui poussent les enfants à faire leurs choix, Kohlberg a fait de nombreuses découvertes sur les processus de pensée qui

---

2 Toutefois, des recherches, menées depuis plusieurs années à la section de génétique du département de psychologie de l'Université de Montréal, valident sur un échantillon plus large la théorie de Piaget du développement cognitif et en démontrent la pertinence, notamment en relation avec le développement affectif de l'enfant (voir à ce sujet les publications de Thérèse Gouin-Décarie).

sous-tendent le jugement moral. Il a aussi été l'instigateur de nombreuses études entreprises par d'autres chercheurs et a inspiré plusieurs programmes scolaires sur l'enseignement moral.

Le schéma de Kohlberg présente cependant de nombreuses lacunes. Il s'intéresse uniquement à la *pensée* morale, par opposition à la *conduite* morale, ce qui implique qu'un individu peut penser d'une certaine façon à propos d'une question morale et avoir un comportement totalement opposé. En outre, la conception que se fait Kohlberg du jugement moral est étroite en ce sens qu'elle se fonde uniquement sur le développement du sens de la justice et qu'elle laisse de côté d'autres aspects de la moralité, tels que la compassion et l'intégrité. Le fait qu'il soit difficile de déterminer à quel stade se situe une personne soulève d'autres problèmes. Comme cette évaluation est relativement subjective, il est difficile pour d'autres chercheurs de confirmer les découvertes de Kohlberg. Le principe d'une séquence fixe de stades allant d'un niveau inférieur de pensée morale à un niveau supérieur est aussi remis en question du fait qu'il arrive parfois qu'un individu connaisse une régression dans son raisonnement moral.

La perspective psychanalytique

Sigmund Freud (1856-1939), le médecin viennois considéré comme le père de la psychanalyse, a élaboré une conception de l'être humain qui ne correspond parfaitement à aucun des deux modèles décrits plus haut. Selon la **perspective psychanalytique**, les gens ne sont ni actifs ni passifs, mais sont toujours en mouvement entre les deux états, mouvement qui résulte d'un perpétuel conflit entre leurs pulsions et les contraintes que la société leur impose. La nature de ces conflits varie selon le stade du développement auquel une personne se situe. Les partisans de l'approche psychanalytique s'intéressent aux pulsions et aux motivations inconscientes qui sous-tendent le comportement.

Pour les psychanalystes, l'enfant est un organisme qui réagit, et son développement s'effectue par stades.

Selon la pensée freudienne, l'organisme humain traverse plusieurs stades différents de développement psychosexuel nommés d'après les parties du corps qui sont les principales sources de plaisir à chaque phase du développement.

Les idées originales et novatrices de Sigmund Freud ont marqué de façon irréversible notre façon de percevoir tant les enfants que les adultes, et elles ont eu une répercussion considérable sur l'éducation des enfants dans le monde occidental. *(National Library of Medicine)*

L'ordre selon lequel l'énergie pulsionnelle passe d'une zone du corps à une autre est toujours le même, mais le niveau de maturation d'un enfant détermine le moment où les passages s'effectueront. Voici, selon Freud, les différents stades qui caractérisent le développement psychosexuel[3]:

Le stade oral (de la naissance à 12-18 mois). Durant le *stade oral*, le plaisir de l'enfant est lié aux activités buccales (comme l'action de téter, de manger ou de mordre). La *zone érogène*, ou zone du plaisir, est la bouche. Selon Freud, le bébé tète non seulement pour obtenir sa nourriture, mais aussi parce qu'il en retire un plaisir sensuel.

Le stade anal (de 12-18 mois à 3 ans). Au cours de la deuxième année, la zone érogène passe de la bouche à la région anale, d'où le nom de *stade*

---

3   Ici aussi les âges ne sont qu'approximatifs.

anal. L'enfant trouve un plaisir sensuel à retenir et à expulser ses selles. L'entraînement à la propreté est un aspect important de ce stade.

Le stade phallique (de 3 à 5-6 ans). Le *stade phallique*[4] est la période de l'«idylle familiale», c'est-à-dire de l'apparition du complexe d'Œdipe[5]. L'enfant «tombe en amour» avec le parent du sexe opposé, mais il en vient à trouver cette situation trop anxiogène et finit par réprimer ses sentiments et par s'identifier au parent du même sexe. La zone du plaisir se déplace pour se centrer sur la *région génitale*, bien que la sexualité n'ait pas encore atteint sa maturité. C'est la période où se forme le *surmoi*, c'est-à-dire la conscience.

La phase de latence (de 5-6 ans à la puberté). La *phase de latence* est une période sexuelle d'accalmie dans le développement psychosexuel. Elle s'intercale entre les stades phallique et génital.

Le stade génital (à partir de la puberté). Durant le *stade génital*, les changements hormonaux qui s'opèrent dans le corps donnent naissance à la sexualité adulte. Les désirs sexuels se réveillent et s'expriment dans des rapports hétérosexuels avec des personnes extérieures à la famille.

Les expériences vécues au cours de ces stades déterminent les modes d'ajustement et les traits de personnalité qu'une personne aura à l'âge adulte. Il arrive qu'un être reste *fixé* à un stade du développement, si ses besoins n'ont pas été satisfaits à ce moment, ou s'ils l'ont été de manière excessive. **La fixation** est donc un arrêt du développement normal. Freud est vague lorsqu'il décrit la manière dont la fixation se produit; lui aussi ne peut que spéculer sur ce qui se passe dans l'esprit d'un enfant.

Freud a également élaboré une théorie selon laquelle la personnalité humaine est constituée de trois composantes: le *ça*, le *moi* et le *surmoi*. Le **ça** est la source inconsciente des motivations et des désirs; il obéit au «principe de plaisir», c'est-à-dire à la recherche de la gratification immédiate. Le **moi**, qui représente la raison ou le sens commun, fait le pont entre le ça et, éventuellement, le surmoi. Le moi se développe lorsque la gratification est retardée; il obéit au «principe de réalité» et cherche à trouver une manière acceptable d'obtenir la gratification. Le **surmoi**, ou la conscience morale, intègre les principes moraux de la société, en grande partie par l'identification au parent du même sexe.

Le ça est présent à la naissance. Les bébés sont égocentriques dans la mesure où ils n'établissent pas de distinction entre leur personne propre et le monde extérieur. Tout est là pour satisfaire leurs besoins et ce n'est que lorsque la gratification est retardée (par exemple, lorsqu'ils doivent attendre pour recevoir leur nourriture) qu'ils développent leur moi et commencent à se différencier de ce qui les entoure. C'est ainsi que le moi se développe peu après la naissance. Le surmoi n'apparaît que vers l'âge de 4 ou 5 ans.

Freud a également décrit plusieurs **mécanismes de défense**, processus psychologiques inconscients qui déforment la réalité dans le but de protéger le moi. Chacun de nous utilise des mécanismes de défense à l'occasion. Ce n'est que lorsque ceux-ci sont utilisés au point de nuire à un développement émotif sain qu'ils deviennent pathologiques. Parmi les mécanismes de défense les plus courants, on trouve:

La régression. Dans les moments difficiles, les gens *régressent* souvent; ils manifestent des comportements d'un âge antérieur dans un effort pour recouvrer la sécurité dont ils jouissaient antérieurement. Par exemple, l'enfant qui vient juste de commencer l'école ou celui dont les parents se sont séparés peuvent en revenir à l'habitude de sucer leur pouce ou à celle de mouiller leur lit. Ce comportement infantile disparaît généralement une fois la crise passée.

Le refoulement. Dans les situations anxiogènes, une personne peut *refouler* ou bloquer des sentiments qu'elle aurait probablement exprimés librement auparavant. Ces émotions deviennent si vives et si gênantes qu'elle ne peut pas les laisser remonter à la surface de la conscience.

La sublimation. La *sublimation* permet aux gens de canaliser une énergie conflictuelle (comme une impulsion sexuelle ou agressive) vers des activités acceptables, comme l'étude, le travail, les sports et des passe-temps.

---

4 Chez Freud, le mot «phallus» est employé métaphoriquement. Il fait référence non pas au pénis mais plutôt au symbole de puissance que représentent les figures parentales.

5 Jung nomme «complexe d'Électre» l'équivalent féminin du complexe d'Œdipe. Cette équivalence n'a cependant jamais été acceptée par Freud pour qui il n'y a pas de symétrie entre les situations vécues par le garçon et par la fille vers 4-5 ans.

Dans les moments difficiles les enfants régressent souvent, manifestant alors des comportements d'un âge antérieur. (Victor Friedman/Photo Researchers, Inc.)

La projection.   Une façon de se défaire de ses pensées et de ses motivations jugées inacceptables consiste à les attribuer aux autres; c'est ce qu'on appelle la *projection*. Ainsi, un enfant parlera de la malhonnêteté de son frère, de la mesquinerie de sa sœur ou de la jalousie du nouveau bébé.

La formation réactionnelle.   Il arrive que les gens disent le contraire de ce qu'ils pensent réellement de crainte d'être «blessés» s'ils laissent paraître leurs véritables émotions. Ainsi, Benoît déclare qu'il ne veut pas jouer avec Antoine parce qu'il n'aime pas ce dernier; en réalité, il aime beaucoup Antoine, mais il craint que celui-ci ne veuille pas jouer avec lui.

Les idées originales et novatrices de Freud ont marqué de façon irréversible notre façon de percevoir tant les enfants que les adultes. Elles ont eu un impact considérable sur l'éducation des enfants dans le monde occidental. Il a mis à jour l'existence d'une sexualité enfantine et d'un ensemble de pensées, d'affects et de mécanismes de défense inconscients. Il a aussi proposé une grille d'analyse des rêves et il a mis en évidence l'importance et l'ambivalence de la relation parent-enfant au cours des premières années. Plusieurs autres aspects du fonctionnement émotif sont maintenant mieux compris suite aux travaux de Freud.

Sous bien des aspects, la théorie freudienne porte la marque de l'époque et de la société où elle est née. Par exemple, dans une bonne partie de sa théorie, Freud semble traiter les femmes avec condescendance et même les déprécier. Cette dépréciation n'est probablement pas étrangère à la situation des femmes dans la société viennoise. De plus, la théorie s'est développée à partir des observations faites sur une clientèle en thérapie qui était triée sur le volet et composée d'adultes névrosés issus de la classe moyenne supérieure. Considérer la résolution du conflit psychosexuel comme l'unique clé du développement normal semble relever d'une vision trop étroite. Enfin, le niveau de généralité des concepts freudiens rend difficile l'évaluation de la théorie parce qu'il laisse trop de place à l'interprétation des comportements observables.

Erik H. Erikson (né en 1902), un psychanalyste qui a étendu le concept freudien du moi, s'intéresse à l'influence que peut avoir la société sur le développement de la personnalité. Il a décrit huit stades du développement psychosocial qui correspondent chacun à un point tournant, ou crise de cette ligne de développement. L'évolution équilibrée d'un individu dépend du succès avec lequel ces crises sont résolues. Dans le tableau 1.1 où l'on retrouve ces huit crises psychosociales, les âges approximatifs qui sont donnés représentent les moments critiques pour le développement des traits de personnalité en cause.

Selon la théorie eriksonienne, l'enfant traverse une crise importante différente à chaque stade. La façon dont chacun de ces conflits *est ou n'est pas* résolu influence le développement de la personnalité d'un individu.

La théorie d'Erikson met l'accent sur les influences sociales et culturelles qui s'exercent sur le développement, alors que celle de Freud insiste surtout sur les facteurs biologiques et de maturation. Un autre point fort de la théorie d'Erikson est qu'elle couvre toute la vie, alors que celle de Freud s'arrête à l'adolescence. Erikson, cependant, a lui aussi été critiqué pour une tendance antiféministe qui lui fait négliger

Erik H. Erikson s'est intéressé à l'influence que peut avoir la société sur le développement de la personnalité et a décrit huit stades du développement psychosocial. (UPI/Bettmann Archive)

l'analyse de l'influence des facteurs sociaux et culturels sur les attitudes et sur les comportements des personnes des deux sexes. En outre, certains de ses concepts sont difficiles à cerner objectivement de telle sorte qu'ils ne peuvent servir de base à un programme de recherche suivi.

La perspective humaniste

En 1962, un groupe de psychologues fonda l'Association de psychologie humaniste en réaction contre les croyances mécanistes et essentiellement négatives qui sous-tendent selon eux les théories behavioristes et psychanalytiques.

Tableau 1.1   Les stades du développement selon diverses théories

Âges	Freud	Erikson		Piaget
	Stades psychosexuels	Stades psychosociaux	Événements importants	Stades cognitifs
De 0 à 18 mois	oral	confiance ou méfiance	nourriture	sensori-moteur
De 18 mois à 3 ans	anal	autonomie ou honte et doute	propreté	sensori-moteur/ préopératoire
De 3 à 5 ans	phallique	initiative ou culpabilité	locomotion	préopératoire
De 6 à 11 ans	latence	compétence ou infériorité	école	opérations concrètes
De 12 à 17 ans	génital	identité ou confusion d'identité	liens avec les pairs	opérations formelles (débutants à ce moment chez certains)
Début de l'âge adulte	*	intimité ou isolement	liens amoureux	*
Maturité	*	générativité ou stagnation	procréation et création	*
Vieillesse	*	intégrité ou désespoir	acceptation de sa vie	*

* Aucun stade décrit pour ces âges.

Comme les organicistes, les **humanistes** insistent sur l'idée que chaque personne a la capacité de prendre sa vie en charge et de voir sainement et positivement à son propre développement grâce à des attributs typiquement humains: le libre arbitre, la créativité, l'estime et la réalisation de soi. Cette théorie repose sur le credo suivant lequel la nature humaine est fondamentalement neutre ou bonne, et que tous ses aspects indésirables résultent d'un dommage infligé au soi en cours de développement.

L'humanisme, la philosophie derrière la psychologie humaniste, possède une saveur moins développementale que les approches organismique et psychanalytique, puisque ses défenseurs ne divisent pas le cycle de la vie en stades bien définis; ils ne font qu'une distinction générale entre la période qui précède et celle qui suit l'adolescence. Cependant, deux importants chefs de file de l'humanisme, Abraham Maslow et Charlotte Bühler, parlent des stades séquentiels dans le développement de la personne. En ce sens, la théorie décrit de fait le développement psychologique de la personne.

Abraham Maslow (1908-1970) a identifié toute une hiérarchie de besoins qui motivent le comportement humain. Quand une personne a comblé ses besoins les plus élémentaires, elle cherche à répondre aux besoins du niveau suivant, et ainsi de suite jusqu'à ce que les besoins du niveau le plus élevé soient atteints. La personne qui réussit à combler ses besoins les plus nobles correspond à l'idéal de Maslow: elle s'est «pleinement actualisée», un niveau de réalisation possiblement atteint par 1 % de la population (Thomas, 1979).

La personne pleinement développée et actualisée possède à un haut degré toutes les caractéristiques suivantes: une perception aiguë de la réalité, l'acceptation de soi, des autres ainsi que de la nature, la spontanéité, la capacité de résolution de problèmes, l'autonomie, le détachement et le désir d'intimité, la liberté de pensée et la richesse émotive, des exhaltations fréquentes; la sollicitude humaine, des relations interpersonnelles satisfaisantes et dynamiques, une attitude démocratique, la créativité et le sens des valeurs (Maslow, 1968). Personne n'atteint jamais pleinement l'actualisation de soi, mais l'individu qui se développe de manière saine évolue constamment vers des niveaux de réalisation supérieurs.

Charlotte Bühler (1893-1974) a analysé plus de 200 études biographiques et mené des interviews psychothérapeutiques en profondeur pendant plusieurs années. Ce travail lui a permis d'élaborer sa théorie des cinq phases du développement humain, laquelle est axée sur l'émergence, la poursuite et l'atteinte d'un objectif personnel.

Bühler soutient que la *réalisation de soi* est la clé d'un développement sain et que si les gens sont malheureux ou inadaptés, c'est que, d'une certaine manière, ils n'arrivent pas à se réaliser. Elle insiste sur le caractère intentionnel de la nature humaine et s'intéresse spécialement aux activités que les gens entreprennent de leur propre initiative. Elle soutient que ceux qui mènent une vie satisfaisante sont ceux qui connaissent une forme de continuité dans la poursuite de leurs objectifs, même si, au début, ces objectifs sont inconscients. Parfois, ce n'est qu'en jetant un regard rétrospectif sur leur vie que les gens en ont une vision globale, qu'ils reconnaissent la nature des diverses attentes qui en ont marqué le cours, et qu'ils peuvent évaluer jusqu'à quel point ces attentes ont été satisfaites.

Selon la théorie de Bühler, d'abord esquissée en 1933, puis développée en 1968, cinq phases marquent la poursuite de l'idéal d'une personne:

Abraham Maslow a contribué à l'essor de la psychologie humaniste en proposant un modèle de développement basé sur une hiérarchisation des besoins de la personne. (Archives of the History of American Psychology)

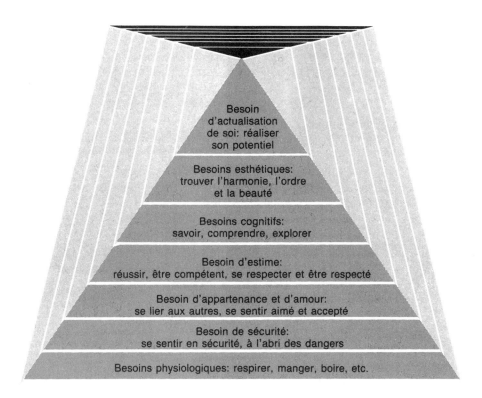

Figure 1.1   **La hiérarchie des besoins de Maslow**

Maslow (1954) a établi une hiérarchie des besoins humains. Vient en premier lieu la survivance, laquelle est représentée par les besoins décrits à la base de la pyramide. Une personne affamée prendra des risques importants pour trouver de la nourriture; une fois assurée de vivre, elle aura le loisir de se préoccuper de sa propre sécurité. Son besoin de sécurité doit donc être satisfait, du moins en partie, avant qu'elle puisse penser à répondre à son besoin d'affection. Quand les besoins d'un niveau sont satisfaits, l'individu est poussé à s'occuper des besoins du niveau supérieur. Bien que de nombreux faits nous incitent à admettre cette progression, celle-ci n'est toutefois pas invariable. L'histoire est remplie d'exemples d'abnégation dans lesquels des personnes ont passé outre à leur besoin de survie pour permettre à un autre être (aimé ou non) de vivre.

1 **L'enfance** (jusqu'à 15 ans). Les gens n'ont pas encore précisé les objectifs qu'ils visent dans la vie: ils pensent à l'avenir en termes vagues.
2 **L'adolescence et les débuts de l'âge adulte** (de 15 à 25 ans). Les individus commencent à se rendre compte que leur vie leur appartient; ils analysent leurs expériences passées et réfléchissent à leurs besoins et à leurs capacités.
3 **Les débuts et le milieu de l'âge adulte** (de 25 à 45-50 ans). Les gens poursuivent des objectifs plus précis, mieux définis.
4 **L'âge adulte** (de 45 à 65 ans). Les gens font le point sur leur passé et révisent leurs plans pour l'avenir.
5 **La vieillesse** (après 65 ou 70 ans). Les gens se détournent et se détachent des buts poursuivis jusqu'alors.

Les théories humanistes ont contribué de manière appréciable à promouvoir des méthodes d'éducation qui respectent le caractère unique de l'enfant. L'humanisme propose un modèle optimiste et positif du genre humain, contrairement au point de vue freudien qui est plus négatif. Par l'attention qu'il porte aux réalités intimes de la personne, telles que les sentiments, les valeurs et les espoirs, il va plus loin que le behaviorisme, qui se limite au comportement observable. Ses limites en tant que théorie scientifique sont dues en grande partie à son caractère subjectif. Comme les termes utilisés ne sont pas définis clairement, ils sont difficiles à communiquer et à utiliser dans des plans de recherche.

L'histoire de l'étude du développement humain

L'étude des enfants

Comment le développement de l'enfant, autrefois considéré comme un simple fait de la vie, est-il devenu une discipline entérinée par des doctorats, qui engloutit des millions de dollars en projets de recherche, qui exerce une influence sur l'éducation de milliards d'enfants? Le développement de l'enfant est maintenant devenu une discipline qui étudie comment s'opère dans le temps l'évolution de l'enfant dans son ensemble. Il s'intéresse au développement physique, intellectuel, émotif et social de l'enfant. Dans l'histoire de la science, cette discipline en est encore au stade de l'enfance.

Toutes sortes de conceptions ont longtemps circulé au sujet des enfants et de la manière de les élever pour qu'ils causent le moins d'ennuis possible à leurs parents et à la société, et pour qu'ils deviennent des adultes respectables et serviables. Mais le concept d'enfance tel que nous le connaissons maintenant et auquel nous nous intéressons est très récent. Pendant des siècles, les enfants étaient considérés comme de simples copies des adultes, copies plus petites, plus faibles et moins intelligentes (Looft, 1971).

Les adultes ne percevaient pas les enfants comme des êtres qualitativement différents d'eux, qui ont des besoins spécifiques et qui peuvent contribuer de manière importante à leur propre développement (Aries, 1962). Même les artistes semblaient incapables de voir que les enfants présentent une *apparence* différente de celle des adultes, qu'ils ont des proportions et des traits faciaux différents. À l'exception des anciens Grecs, les peintres et les sculpteurs primitifs représentaient les enfants comme des adultes en miniature. Ce n'est qu'au XIIIe siècle que les artistes se mirent à représenter des enfants qui ressemblaient effectivement à des enfants. Et ce n'est qu'au XVIIe siècle qu'on commença à célébrer le concept d'enfance dans l'art aussi bien que dans la vie. C'est vers cette époque que les parents se mirent à remarquer la nature «gentille, simple et amusante» des enfants. Ils commencèrent à les vêtir différemment, ne se contentant plus de leur tailler des vêtements d'adultes en plus petit, et à exprimer la joie qu'ils ressentaient à jouer avec eux.

Au cours du XVIe siècle, les premiers livres de conseils à l'intention des parents commencèrent à paraître, la plupart écrits par des médecins. Ces traités se caractérisaient par leur manque à peu près total de fondements scientifiques et par les partis pris, les préjugés et les marottes de leurs auteurs qui dispensaient des

Jusqu'au XVIIe siècle, les enfants étaient considérés comme des adultes en miniature. (The Bettmann Archive, Inc.)

conseils aux mères, tels que: ne pas allaiter leurs bébés tout de suite après s'être mises en colère, de peur que leur lait ne soit mortel; apprendre aux bébés à être propres dès l'âge de trois semaines; attacher les mains des bébés pendant plusieurs mois après la naissance pour les empêcher de se sucer le pouce (Ryerson, 1961).

Au cours du XVIIIᵉ siècle, une conjonction de courants scientifiques, religieux, économiques et sociaux prépara un terrain propice à la naissance de la nouvelle discipline du développement de l'enfant. Les hommes de science avaient alors éclairci les mystères de base de la conception et se trouvaient maintenant mêlés à la controverse «nature *versus* milieu» sur l'importance respective de l'hérédité et de l'environnement, dont nous traitons plus loin dans ce chapitre. La découverte de l'existence des microbes avait ouvert de tout nouveaux horizons aux masses populaires; il devenait désormais possible de contrer les vagues de peste et de fièvres qui leur avaient arraché tant d'enfants en bas âge. Les parents pouvaient dorénavant se permettre d'aimer et de chérir leurs enfants.

La montée du protestantisme mit l'accent sur le libre arbitre, l'indépendance et la responsabilité de chacun. Les adultes commencèrent à se sentir plus responsables du destin de leurs enfants plutôt que d'accepter le malheur ou l'inconduite comme une simple expression de la fatalité. Avec la révolution industrielle, la famille passa du clan à la famille nucléaire. Dans la famille nucléaire, la présence des enfants est plus tangible, leur individualité plus en évidence et l'intérêt de leurs parents pour eux, plus profond.

La tendance à procurer une meilleure instruction aux enfants se fit également jour à cette époque. Comme il fallait désormais les tenir occupés à l'école pendant de plus longues périodes, les professeurs ont dû apprendre à mieux les comprendre. L'esprit de la démocratie s'infiltrait dans les foyers, car les parents commençaient à se sentir mal à l'aise dans leurs vieilles attitudes autocratiques et faisaient des efforts pour mieux élever leurs enfants, et mieux les comprendre. Enfin, grâce à cette science nouvelle qu'était la psychologie, ou l'étude du comportement humain, les gens commençaient à saisir qu'ils pourraient mieux se comprendre eux-mêmes s'ils découvraient pourquoi certains enfants évoluent différemment des autres.

Au XIXᵉ siècle, on assista à une fusion de tous ces courants et les hommes de science mirent au point plusieurs méthodes pour aborder l'étude des enfants. (Voir: «Les méthodes de recherche pour l'étude de la personne» plus loin dans ce chapitre.)

Autrefois, les enfants étaient des êtres qui devenaient adultes du jour au lendemain. Ce n'est qu'au XXᵉ siècle qu'on se mit à considérer la période de transition de l'adolescence comme un stade du développement humain. Auparavant, les enfants entraient dans le monde adulte en devenant apprentis aussitôt après avoir traversé la puberté. En 1904, G. Stanley Hall, un pionnier de l'étude de l'enfant et le premier psychologue à formuler une théorie de l'adolescence, publia un ouvrage en deux volumes intitulé *Adolescence*. Même si cet ouvrage connut une grande popularité, son fondement scientifique était très mince. Il servit cependant de tribune aux théories de Hall qui stimulèrent la réflexion sur cette période de la vie. Hall croyait, par exemple, que ce n'est qu'à partir de l'adolescence qu'un individu peut être modelé par la société.

L'étude des adultes

Le XIXᵉ siècle marqua également le début d'un intérêt pour l'étude de ceux qui ont atteint l'autre extrémité de la vie, la vieillesse. On situe généralement le début de l'étude de la vieillesse au moment de la publication, en 1835, d'un livre de Quetelet, un mathématicien français intéressé à la sociologie, à la psychologie et plus particulièrement aux rapports entre l'âge et la créativité. Sous l'influence de Quetelet, Sir Francis Galton, scientifique anglais cousin de Charles Darwin, se mit à étudier les différences individuelles par rapport à l'âge. Il publia en 1883 un ouvrage intitulé *Inquiries into Human Faculty and its Development*.

Près d'un demi-siècle plus tard, G. Stanley Hall joua encore ici un rôle de précurseur. On le reconnaît généralement comme le pionnier aux États-Unis de l'étude de la psychologie du vieillissement. En 1922, alors qu'il avait lui-même 78 ans, Hall publia un ouvrage intitulé *Senescence: The Last Half of Life*. Au cours des années qui suivirent la Première Guerre mondiale, l'étude scientifique de la vieillesse fit ses débuts. Le premier service de recherche important consacré à l'étude de la vieillesse fut inauguré en 1928 à l'Université de Stanford. Ce n'est qu'une génération plus tard cependant, après la Seconde Guerre mondiale, que l'étude de la vieillesse connut son épanouissement. En 1946, l'Institut national pour la santé inaugura aux États-Unis un service de recherche sur une grande échelle. Des institutions et des revues spécialisées étaient consacrées à la promotion de la recherche et à la diffusion des dernières découvertes. Au début, on mit l'accent surtout sur l'intelligence, les temps de réaction, les aptitudes et la performance de la personne âgée. Plus tard, les chercheurs approfondirent les aspects émotifs de la vieillesse.

Au cours de cette période, cependant, pratiquement personne ne montrait d'intérêt pour la *continuité* qui marque tout le cours de la vie humaine. Alors que les chercheurs faisaient des découvertes fascinantes au sujet des enfants et des personnes âgées, ils ne prêtaient aucune attention aux années cruciales de l'âge adulte entre l'adolescence et la vieillesse.

Les études du cycle complet de la vie

De nos jours, un nombre croissant de psychologues reconnaissent que le développement de la personne est un processus continu qui se poursuit tout au long de la vie. Chaque phase de la vie d'une personne subit l'influence des années antérieures et exerce une influence sur les années qui suivent. Les chercheurs qui explorent les changements vécus par un être humain «du berceau au tombeau», s'attachent à décrire et à expliquer différents changements de comportement en fonction de l'âge.

L'étude du cycle de la vie est né des programmes élaborés dans le but de suivre pendant un certain nombre d'années des groupes d'enfants sélectionnés. Quand ces enfants eurent grandi, les chercheurs qui les avaient suivis furent intéressés à les étudier à l'âge adulte. Depuis lors, la perspective qui veut embrasser tout le cycle de la vie s'est étendue jusqu'aux moments limites de l'existence; elle veut couvrir la période allant de la vie prénatale à la vieillesse. Jusqu'à présent, aucune étude n'a encore couvert l'ensemble de la vie. Certaines périodes seulement du cycle complet ont pu être étudiées.

De nombreuses et importantes études à long terme nous ont donné une grande quantité d'informations sur les enfants en cours de croissance. Le Centre d'études de Stanford pour les enfants doués (inauguré en 1921 sous la direction de Lewis Terman) continue d'étudier l'évo-

lution de personnes qu'on avait identifiées au cours de leur enfance comme des individus doués d'une intelligence exceptionnelle. Le Centre d'études du développement de Berkeley (inauguré en 1928) et le Centre d'études du développement d'Oakland (inauguré en 1982) ont fourni des informations importantes sur le développement physique, intellectuel et moteur. De son côté, l'Institut de recherches de Fels (inauguré en 1929) a exploré le développement de l'intelligence et de la personnalité ainsi que les interactions parent-enfant.

Un peu plus tard, on entreprit des recherches à long terme sur des adultes. Parmi les plus célèbres, il y a celle de Grant. En 1938, Grant entreprit de suivre des étudiants de l'Université Harvard âgés de 18 ans; il les suivit jusqu'à l'âge mûr. Dans les années 1950, des études sur les personnes d'âge mûr furent entreprises par Bernice Neugarten et ses associés à l'Université de Chicago, et K. Warner Schaie entreprit une étude toujours en cours sur l'intelligence chez les adultes et les personnes vieillissantes.

Enfin, avec l'explosion d'intérêt pour le développement adulte vers la fin des années 1960, un grand nombre de chercheurs menèrent des études à court terme durant lesquelles ils interviewèrent des adultes parvenus à divers stades du cycle de la vie; leur objectif était d'identifier les facteurs qui ont eu un impact important sur le développement de ces adultes. À l'Université de Yale, Daniel Levinson et ses collègues interviewèrent des hommes d'âge mûr et reconstituèrent leur évolution à partir du début de l'âge adulte. À l'Université de Californie, Roger Gould étudia environ 1000 personnes, hommes et femmes, depuis l'âge de 16 ans jusqu'à 60 ans et plus. Au collège Wellesley également, en 1979 et en 1980, les psychologues Grace Baruch et Rosalind Barnett étudièrent la vie de 300 femmes âgées de 35 à 55 ans. À mesure que ces explorations de la vie adulte se poursuivent, elles élargissent notre compréhension de notre propre vie.

Les méthodes de cueillette des données

Pour effectuer une étude, les chercheurs doivent recueillir des données. Il existe trois façons d'obtenir des données relatives au développement: des études *longitudinales*, des études *transversales* et des études *séquentielles*.

L'étude longitudinale

Dans une **étude longitudinale**, nous évaluons les mêmes gens plus d'une fois, pour voir les changements qui s'opèrent avec l'âge. Nous pouvons mesurer la constance ou le changement en ce qui concerne un trait précis, comme l'étendue du vocabulaire, le quotient intellectuel, la taille, ou l'agressivité. Nous pouvons aussi étudier les individus globalement et mesurer le plus grand nombre possible d'éléments, tout en cherchant à dégager les relations variables mesurées. Cette méthode de recherche fournit une description relativement fidèle du *processus* développemental, plutôt que de l'*état* dans lequel se trouve une personne à tel ou tel moment de son développement.

L'étude transversale

L'**étude transversale** consiste à comparer entre eux des gens de différents groupes d'âge. Contrairement à la méthode longitudinale, ce type d'étude fournit des informations sur des différences de comportements entre des personnes d'âges différents, plutôt que sur les changements qui surviennent avec l'âge chez un même individu. Supposons que nous voulions mesurer l'effet de plusieurs variables indépendantes sur une seule variable dépendante, comme l'étendue du vocabulaire. Nous pouvons observer plusieurs personnes qui diffèrent par l'âge, le sexe, le statut socio-économique, le niveau de quotient intellectuel (Q.I.), et ainsi de suite. Il se peut que nous découvrions que le vocabulaire est plus étendu chez les filles dont le quotient intellectuel est élevé et qui sont issues de familles de classe moyenne. Cela peut aussi nous permettre de comparer le vocabulaire de l'enfant moyen de 2 ans à celui de l'enfant moyen de 3 ans issu d'un même milieu, ou bien le vocabulaire de l'enfant moyen de 2 ans qui vit au Québec à celui de l'enfant moyen du même âge qui vit en Tanzanie.

La comparaison des études longitudinale et transversale

L'étude longitudinale évalue les changements vécus par un ou plusieurs individus observés à plus d'une occasion alors que l'étude transversale étudie les différences qui existent entre des groupes d'individus. Chaque méthode comporte des avantages et des inconvénients. À cause de leurs manières différentes d'aborder les faits, ces deux approches du développement mènent parfois à des résultats contradictoires.

Les études longitudinales sont plus sensibles que les transversales aux changements observables dans le comportement de l'individu, mais elles sont aussi plus difficiles à mener. Il n'est pas facile de suivre un groupe important de sujets pendant une période de 20 ou 30 ans, de conserver les données et de préserver l'unité de l'étude en dépit du roulement inévitable du personnel de recherche. Un des inconvénients méthodologiques des études longitudinales réside dans la difficulté de constituer un échantillon représentatif. Les gens qui se proposent spontanément comme sujets dans ces études appartiennent plus souvent qu'autrement à une classe socio-économique favorisée, et leur quotient intellectuel est plus élevé que la moyenne. Par ailleurs, ce n'est souvent pas par hasard si certains d'entre eux abandonnent ou doivent être exclus de la recherche. De plus, il faut aussi tenir compte de l'effet de répétition. En effet, certaines personnes ont tendance à mieux se débrouiller quand ce n'est pas la première fois qu'on leur fait subir certains tests, uniquement à cause de «l'effet d'entraînement». Jusqu'à quel point ce facteur n'a-t-il pas influencé les résultats d'une recherche comme celle sur la croissance menée à Berkeley et dans laquelle on a évalué la plupart des sujets au moins 38 fois sur une période de 18 ans (Bayley, 1949)?

La méthode transversale présente également des inconvénients. Elle dissimule les différences individuelles en fournissant des mesures moyennes des différents sous-groupes d'une recherche; elle peut donner une image trompeuse des changements vécus par un individu particulier dans le temps. Le principal inconvénient de cette méthode demeure cependant son incapacité d'éliminer l'influence de la variable «génération» qui apparaît quand on compare des gens nés à des époques différentes.

On appelle *effet de génération* les différences de comportements, d'attitudes, de valeurs, etc., attribuables au fait que les individus des groupes comparés ont été exposés à des contextes socio-historiques qualitativement différents. Plus concrètement, lorsque nous constatons des différences physiques, intellectuelles ou de personnalité entre un groupe de sujets de 60 ans et un groupe de sujets de 30 ans, ces différences ne sont pas nécessairement attribuables à la différence d'âge. Si, par exemple, les gens de 60 ans réussissent moins bien une épreuve scientifique que ceux de 30 ans, nous serons peut-être portés à attribuer ceci à une perte de mémoire chez les sujets plus âgés. Une explication tout aussi valable pourrait cependant résider dans le fait que les gens de 30 ans ont reçu une formation scientifique beaucoup plus élaborée que ceux plus âgés, lesquels ont fréquenté l'école à une époque où les humanités dominaient dans les programmes scolaires. De même, dans un test de personnalité, un groupe de gens dans la cinquantaine peut accorder plus d'importance à la sécurité financière qu'un groupe dans la vingtaine. Cette insécurité financière accrue chez les plus âgés serait un effet de génération si elle était attribuable, par exemple, au fait qu'ils ont vécu leur jeunesse à une époque de crise économique grave, ce que les jeunes de 20 ans n'ont pas connu.

L'étude séquentielle

Pour tenter de contourner certains inconvénients des études longitudinales et transversales, on a élaboré plusieurs stratégies séquentielles, dont l'**étude séquentielle croisée** du développement. Cette *méthode séquentielle* fusionne les deux autres types de recherche: les sujets d'une étude transversale sont évalués *plus d'une fois*, et l'analyse des résultats permet de déterminer les différences qui se manifestent dans le temps chez les différents groupes de sujets. Certains travaux récents portant sur le fonctionnement intellectuel à l'âge adulte emploient la méthode séquentielle. Comparativement aux deux autres méthodes, l'analyse séquentielle croisée semble fournir une évaluation plus réaliste du rendement intellectuel en fonction de l'âge. La méthode transversale tend pour sa part à surestimer la diminution des capacités intellectuelles observée chez les personnes âgées, alors que la méthode longitudinale tend à la sous-estimer pour des raisons que nous verrons plus loin au chapitre 16.

Hélas! La méthode séquentielle n'est pas sans présenter d'inconvénients: la technique est compliquée et onéreuse. Si elle avait été utilisée dans l'étude sur la croissance entreprise à Berkeley en 1928, qui a examiné un total de 74 personnes à des intervalles d'un an, à partir de l'âge de 1 an jusqu'à 36 ans, cette étude aurait nécessité, selon McCall (1977), la collaboration de 5500 sujets, hormis ceux qui auraient abandonné en route. En outre, McCall soutient que cette recherche, qui s'est terminée en fait en 1964, aurait dû être poursuivie jusqu'en l'an 2008 si on y avait utilisée la méthode séquentielle.

Toujours selon McCall (1977), l'examen attentif d'un bon nombre d'études longitudinales montre que les chercheurs se sont trop inquiétés à propos des deux problèmes suivants: l'effet de répétition et la persistance des différences individuelles. L'effet de répétition, c'est-à-dire l'amélioration de la performance due au simple fait qu'on administre plusieurs fois le même test à une même personne, se fait surtout sentir entre la première et la deuxième évaluation; par la suite, l'effet semble devenir négligeable. La seconde inquiétude, qui touche à la stabilité des différences observées entre les sujets, ne semble pas justifiée non plus puisque ces différences persistent d'un niveau d'âge à l'autre.

Les chercheurs ne doivent pas sous-estimer l'importance du facteur «génération» quand les sujets étudiés sont d'âges très disparates. Quand l'influence de ce facteur ne peut être écartée au départ, la méthode longitudinale constitue un outil plus approprié que la méthode séquentielle.

Les méthodes de recherche pour l'étude de la personne

Une même méthode de cueillette de données, par exemple la méthode transversale, peut s'utiliser dans plusieurs environnements de recherche, que ce soit en milieu naturel, en situation d'entrevue ou encore en laboratoire. On nomme génériquement *méthode de recherche* l'ensemble des environnements dans lesquels s'effectue la cueillette des données.

Avant d'examiner les différences entre les diverses méthodes de recherche pour l'étude de la personne, jetons un coup d'œil sur ce qu'elles ont en commun. Elle visent toutes à parvenir à des conclusions d'une façon scientifique. Qu'est-ce que cela signifie? Il n'existe pas de méthode unique qui s'applique systématiquement à toutes les branches des sciences physiques et sociales. Il y a toutefois certains principes dont l'ensemble est appelé **méthode scientifique**, qui caractérisent toute recherche scientifique. Plus les spécialistes du développement respectent ces principes, plus les informations qu'ils nous transmettent seront solidement fondées.

Observons d'abord une manière non scientifique de tirer des conclusions sur le développement de la personne. Supposons que nous ayons devant nous un ermite qui, malgré le fait qu'il vive en retrait de la société et qu'il ait observé peu d'enfants au cours de sa vie, explique à partir de sa seule imagination la façon dont évoluent les enfants. Il écrit ses théories en termes vagues et abstraits sur des parchemins qu'il conserve dans sa retraite. Ce penseur n'aura rien ajouté à notre connaissance du développement humain.

Au contraire, l'étude scientifique de la personne tient compte de plusieurs facteurs: l'observation attentive, l'élaboration et la vérification d'hypothèses, la formulation de conclusions fondées sur des données et la publication des résultats, laquelle permet aux autres chercheurs de se renseigner, d'analyser, de *vérifier*, de reprendre et de poursuivre le travail accompli. C'est là la seule façon satisfaisante d'expliquer et de prédire le comportement humain.

Comment pouvons-nous savoir ce que sont les gens à différents stades du développement? Les spécialistes du développement utilisent diverses méthodes de recherche pour observer ceux-ci, que ce soit dans leur contexte quotidien ou dans des situations expérimentales contrôlées. Les chercheurs inventent sans cesse de nouvelles techniques pour nous étudier et pour enregistrer l'information obtenue.

Les trois principaux types de méthodes de recherche sont: la méthode de l'observation sur le terrain, la méthode de l'observation interactive et la méthode expérimentale. Chacune de ces approches recourt à des techniques particulières, lesquelles seront décrites dans les pages suivantes.

La méthode de l'observation sur le terrain

Certaines études se basent sur l'observation pure et simple. Les chercheurs étudient les individus dans leur habitat naturel, ne tentant en aucune façon de modifier leur conduite. Ces études, dites naturalistes, nous fournissent normalement de l'information *normative*, c'est-à-dire des données sur certaines périodes du cycle de la vie où l'on note l'apparition de différents comportements chez les gens normaux. Ces données peuvent être basées sur des moyennes de groupes de gens ou être tirées d'études de cas indivi-

duels. Les principaux types d'études qui utilisent la **méthode de l'observation sur le terrain** sont: les *biographies de bébés*, l'*observation naturaliste* et l'*échantillonnage temporel*.

Les biographies de bébés

L'information la plus ancienne que nous ayons au sujet du développement des jeunes enfants provient de journaux tenus pour suivre le développement d'un bébé. Le premier journal que nous connaissions date de 1601, l'année de la naissance du fils de Henri IV, où Heroard se mit à consigner l'évolution de l'héritier du trône de France. Presque deux siècles plus tard, en 1787, en Allemagne, Dietrich Tiedemann publia ses observations sur le développement sensori-moteur, verbal et intellectuel de son fils, depuis la naissance jusqu'à l'âge de 2 1/2 ans. Son ouvrage, truffé de commentaires, comprenait des passages comme celui-ci:

> «Le jour suivant sa naissance, quand la nurse mettait son doigt dans la bouche du bébé, il le suçait mais de façon discontinue, en émettant des claquements de la bouche. Cependant, lorsqu'on lui mettait une friandise enveloppée dans un morceau de drap dans la bouche, il la suçait de façon continue; ce qui prouve, à mon avis, que la succion n'est pas instinctive mais acquise.» (Murchison et Langer, 1927, p. 206)

La plus ancienne biographie de bébé à être publiée en anglais a été écrite par une éducatrice américaine, Emma Willard, qui, en 1835, consigna ses observations sur la première année de son fils. Ce n'est qu'en 1877 que les biographies de bébé gagnèrent la considération de la science, alors que l'évolutionniste Charles Darwin publia des notes sur les premières années de son fils et émit l'opinion que nous pourrions mieux comprendre les origines de l'espèce humaine en étudiant attentivement les bébés et les enfants. Environ 30 études de cette nature furent publiées au cours des 30 années qui suivirent (Dennis, 1936). Plus récemment, Piaget a élaboré des théories d'une grande originalité sur l'apprentissage chez l'enfant à partir d'observations minutieuses, menées au jour le jour, sur ses trois enfants (1952).

Les **biographies de bébés** fou ʳˢˢⁿᵗ des informations approfondies et fort ʳ dans le domaine du développem ʳ Elles donnent des instantanés de ¹ d'un seul enfant que rien d'auᶠ nous offrir, comme l'illustre cet journal contemporain:

«Le jour de l'Action de grâces, Debbie aperçut la dinde toute farcie et prête à être mise au four et, je ne sais trop comment, reconnut cette forme chauve, sans tête ni pattes, couchée sur le dos et s'écria: «Un oiseau, oh! le pauvre petit oiseau!» Au souper, elle était tellement préoccupée par l'oiseau, répétant «Oh! mon pauvre petit oiseau!» et ne cessant de le flatter et de le rassurer, que manger n'avait plus aucune importance.» (Church, 1966)

Mais d'un point de vue scientifique, les biographies de bébés comportent de nombreuses lacunes. Souvent, elles ne font qu'enregistrer le comportement, sans l'expliquer. Comme elles sont souvent écrites par des parents affectueux elles risquent d'être «biaisées», c'est-à-dire d'insister sur les aspects positifs du développement d'un enfant et de passer vite sur les aspects négatifs. En outre, les biographies isolées nous apprennent beaucoup sur un enfant en particulier, mais comme chaque individu est unique nous ne pouvons appliquer de telles informations aux enfants en général.

L'observation naturaliste

Quand ils se livrent à l'**observation naturaliste**, les chercheurs observent un grand nombre d'enfants à différents âges et enregistrent l'information obtenue sur leur développement, de façon à établir des moyennes d'âges pour l'apparition d'aptitudes, de comportements et de divers signes de croissance. Les études de Bridge (1932) sur le développement émotif, celles de Shirley (1933) sur le développement moteur et celles de Gesell (1929) sur le développement de la motricité et du comportement représentent de bons exemples de l'utilisation de cette méthode. Dans ce type d'études, les chercheurs ne font pas de manipulations expérimentales ni ne s'attachent à expliquer le comportement.

L'échantillonnage temporel

Quand les chercheurs utilisent la méthode de l'**échantillonnage temporel**, ils enregistrent pendant une période de temps donnée le nombre de fois que se manifeste un certain type de conduite, tel que les comportements violents, les gazouillis, les pleurs, etc. Rebelsky et Hanks (1972), par exemple, se sont présentés dans 10 ~~vers~~ à six occasions différentes pour enregis- ~~les~~ bandes de 24 heures. Ils ont analysé ces ~~pour~~ compter, dans chaque tranche de

24 heures, le nombre de minutes qu'un père consacre à parler à son bébé. À partir de l'étude de ces bandes, les chercheurs ont tiré différentes conclusions sur les relations père-enfant.

La méthode de l'observation interactive

Il y a deux types de méthodes d'**observation interactive**: la *méthode clinique* et la *méthode de l'interview*.

La méthode clinique

Piaget a débuté son travail avec les enfants en leur posant toutes sortes de questions de façon à déterminer l'âge à partir duquel les enfants pouvaient répondre à ses questions, et à pouvoir ainsi construire un test d'intelligence standardisé. Il en vint à s'intéresser davantage aux mauvaises réponses qu'aux bonnes, sentant que les mauvaises réponses contenaient des indices de la manière de raisonner des enfants. Lorsqu'il décida d'étudier le contenu de la pensée des enfants, Piaget mit au point la **méthode clinique** qui consiste à observer le sujet pendant qu'on le questionne. Cette manière souple d'évaluer la pensée permet d'adapter les conditions d'examen à l'individu interrogé, de sorte qu'il n'y a pas deux personnes qui soient questionnées exactement de la même manière. Cette méthode flexible et individualisée est passablement différente de la technique d'évaluation standardisée, qui vise à uniformiser le plus possible les conditions d'examen pour tous les sujets. Grâce à la méthode clinique, un expérimentateur peut examiner attentivement les réponses qui lui semblent particulièrement intéressantes, utiliser un langage familier au sujet et même adopter les expressions qu'un enfant utilise spontanément.

Même s'il pose à chaque sujet quelques questions de base identiques, l'expérimentateur peut adapter son questionnaire à chacun, lorsqu'il le juge utile. La réponse donnée dicte la question suivante. Ainsi, l'expérimentateur peut tenter de trouver le sens sous-jacent aux paroles d'un sujet. Des exemples de cette méthode appliquée à des enfants seront donnés au chapitre 8.

La méthode clinique comporte toutefois certains inconvénients. À cause de son caractère souple, elle nécessite une grande confiance en l'aptitude de l'intervieweur à poser les bonnes questions et à tirer les conclusions appropriées. La seule manière de contrôler cette méthode est de la soumettre à un grand nombre de chercheurs qui ont des points de vue différents et de vérifier ensuite si leurs résultats concordent.

La méthode de l'interview

En interviewant un grand nombre d'individus au sujet d'un ou de plusieurs aspects de leur vie, les chercheurs obtiennent une vue d'ensemble, au moins de ce que ces individus disent penser, faire ou avoir fait. Les études basées sur la **technique de l'interview** ont porté, entre autres, sur les relations parent-enfant, sur les mœurs sexuelles, sur les aspirations face au travail, et sur la vie en général. Très souvent, les interviews sont accompagnées d'examens médicaux, de tests d'intelligence et de tests de personnalité. Il n'est pas bon de se fier à la seule technique de l'interview pour obtenir de l'information, car la mémoire des personnes interviewées fait souvent défaut et leurs réponses manquent souvent d'exactitude. Certains sujets oublient quand et comment se sont réellement déroulés certains événements, et d'autres déforment leurs réponses pour les rendre plus plausibles aux yeux de l'intervieweur ou à leurs propres yeux.

La méthode expérimentale

La **méthode expérimentale** est surtout utilisée dans les trois contextes suivants: *les expériences en laboratoire, les expériences sur le terrain*, c'est-à-dire dans le contexte quotidien du sujet, et *l'expérimentation naturelle* ou les expériences utilisant des événements de la vie, comme l'hospitalisation. Dans toute étude expérimentale, le chercheur étudie un facteur qui intervient dans la vie d'une personne pour déterminer l'effet qu'il exerce sur un autre facteur chez la même personne.

Par exemple, si nous voulions étudier l'influence de la télévision sur le comportement altruiste de l'enfant, nous pourrions comparer deux groupes d'enfants: un groupe d'enfants de 5 ans qui ont été exposés à une émission éducative, comme «Passe-Partout», et un groupe d'enfants du même âge qui n'y ont pas été exposés. Nous évaluerions les enfants des deux groupes en les soumettant à des échelles de comportement altruiste (comme la mesure dans laquelle l'enfant partage ses choses à la maison ou à l'école). Nous pourrions ensuite tirer nos conclusions sur l'impact de l'écoute d'une émission à caractère éducatif comme «Passe-Partout» sur le comportement altruiste de l'enfant.

Dans l'expérience précédente, l'écoute de l'émission «Passe-Partout» serait la variable indépendante et le comportement altruiste la variable dépendante. La **variable indépendante** est donc la variable manipulée par l'expérimentateur. La **variable dépendante** est la caractéristique étudiée; elle varie en fonction des manipulations effectuées au niveau de la variable indépendante. Prenons un autre exemple. Si nous voulions connaître l'effet d'un programme d'enrichissement particulier (variable indépendante) sur les résultats obtenus par des personnes âgées lors de tests d'intelligence (variable dépendante), nous formerions deux groupes de personnes âgées et nous offririons le programme en question à un groupe (groupe expérimental) mais pas à l'autre (groupe témoin); nous mesurerions ensuite tout le monde avant et après le traitement. Si les deux groupes sont effectivement comparables au départ, les différences constatées après l'expérience peuvent raisonnablement être attribuées à l'effet du programme.

Pour mener une expérience, il nous faut deux types de groupes de sujets: un ou plusieurs groupes expérimentaux et un ou plusieurs groupes témoins. Le **groupe expérimental** se compose d'individus qui seront soumis à une manipulation expérimentale (ou **traitement**) comme l'exposition à une émission éducative ou la présentation d'un programme d'enrichissement. Après l'exposition, l'effet du traitement est mesuré une ou plusieurs fois. Le **groupe témoin** se compose d'individus qui sont comparables à ceux du groupe expérimental mais qui n'ont pas reçu le traitement dont nous voulons mesurer les effets; la performance des sujets du groupe témoin sera comparée à celle des sujets du groupe expérimental.

Il est nécessaire de choisir soigneusement le groupe expérimental et le groupe témoin pour pouvoir tirer des conclusions sur les relations de cause à effet. Nous sélectionnons des sujets à partir d'une population particulière. L'**échantillon** est un sous-groupe de la population qui nous intéresse. La **population** est l'ensemble, ou le groupe plus important, que nous désirons étudier. Ce peut être tous ceux qui ont terminé leurs études collégiales en 1986, ou tous les enfants nés à la maison en 1984. Comme nous ne pouvons généralement pas étudier une population entière parce que ce serait trop long et coûteux nous utilisons plutôt un échantillon représentatif de l'ensemble visé.

Il existe deux modes fondamentaux de sélection des échantillons. L'un d'eux s'appelle l'**appariement**. Supposons que des chercheurs veulent étudier l'utilité d'un programme d'enrichissement pour des enfants en garderie. Ils constituent deux groupes d'enfants qui se comparent sur tous les plans: âge, sexe, race, statut socio-économique, fréquentation scolaire, quotient intellectuel, etc. Ils offrent ensuite le programme d'enrichissement en question aux enfants d'un seul de ces deux groupes. Au bout d'un certain temps, ces chercheurs tenteront de mesurer les effets du programme en soumettant les enfants des deux groupes à des tests (de quotient intellectuel, par exemple). Si le groupe expérimental obtient des scores plus élevés que le groupe témoin, les chercheurs concluront que le programme présenté contribue effectivement à hausser le quotient intellectuel des enfants. S'il n'y a pas de différence entre les deux groupes de sujets, ils concluront que le programme n'a pas eu d'impact.

Dans l'appariement, donc, nous tentons de contrôler les effets de certaines variables, comme l'âge, le sexe, la race ou le statut socio-économique, en nous assurant que les deux groupes se comparent quant à ces caractéristiques. Idéalement, les deux groupes ne devraient différer qu'au niveau du traitement. Cependant, en appariant les deux groupes de sujets quant à certains traits, d'autres nous échappent parfois, lesquels peuvent s'avérer tout aussi importants que le traitement donné au groupe expérimental, ce qui biaise les résultats.

La meilleure manière de constituer un groupe expérimental et un groupe témoin est d'affecter au hasard des individus à l'un ou l'autre groupe. Un **échantillon** est **aléatoire** (ou formé au hasard) si chaque membre d'une population donnée a des chances égales d'être choisi. Ce mode d'échantillonnage constitue la meilleure façon de s'assurer que l'échantillon soit représentatif de la population qui nous intéresse. Ce n'est qu'à cette condition que nous pourrons appliquer les résultats expérimentaux à l'ensemble d'une population. Voici une façon de constituer un échantillon en utilisant cette méthode: nous mettons les noms de tous les étudiants d'un cours de psychologie dans un chapeau; nous les mélangeons et nous en pigeons le nombre voulu en assignant la moitié des noms pigés au groupe expérimental et l'autre moitié au groupe témoin.

Les expériences en laboratoire.   Actuellement, une bonne partie de la recherche sur le développement de la personne dépend d'**expériences menées en laboratoire**. Dans ce type d'expériences, le sujet est amené en laboratoire et soumis à certaines conditions contrôlées. Ses réactions à celles-ci sont ensuite enregistrées pour être comparées soit à ses propres réactions quand on le soumet à une condition expérimentale différente, soit à celles d'un autre sujet soumis à un traitement différent. Voici un exemple du premier type d'expérience faite en laboratoire: des parents et leurs enfants sont placés ensemble dans un laboratoire pour permettre à des chercheurs de mesurer l'importance de l'attachement parent-enfant. Les chercheurs observent ce qui se produit quand la mère, le père ou un étranger quitte un jeune enfant. Voici un exemple du deuxième type d'expérience en laboratoire: des enfants sont exposés à une personne qui se comporte d'une façon agressive; d'autres, non. Les deux groupes d'enfants sont ensuite évalués quant à leur propre comportement agressif.

Les expériences sur le terrain.   Dans les **expériences menées sur le terrain**, le chercheur introduit un changement dans un contexte familier, comme la maison ou l'école. Une expérience qui consiste à offrir, dans un foyer, un programme d'enrichissement à un groupe de personnes âgées, mais pas aux autres résidents, est une expérience de ce type, à la condition que le programme en question soit offert dans la résidence même des sujets observés.

L'expérimentation naturelle.   Les études qui appartiennent à cette catégorie *ne sont pas* à proprement parler *expérimentales*, car elles ne tentent pas de manipuler le comportement. Nous les incluons cependant ici, car elles comparent effectivement deux groupes de sujets: le premier est constitué d'individus qui ont vécu certaines expériences et l'autre, de personnes qui ne les ont pas vécues.

Grâce à ce type d'études, nous pouvons examiner les effets de plusieurs événements que les normes éthiques empêcheraient de provoquer, comme l'hospitalisation, la malnutrition ou le divorce.

L'étude des effets de la malnutrition prénatale sur le quotient intellectuel d'un individu parvenu à l'âge adulte est un exemple de ce type de recherche. Après avoir comparé les Q.I. de jeunes Hollandais qui avaient été conçus ou por-

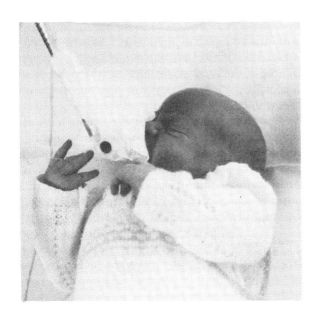

tés durant une grave famine et ceux de jeunes gens qui n'avaient pas été exposés à de telles conditions, des chercheurs ont conclu que la malnutrition prénatale n'avait pas eu d'effets nocifs observables sur le Q.I. des sujets portés durant la famine (Stein, Susser, Saenger et Marolla, 1972).

Comparaison de la méthode expérimentale et de la méthode naturaliste

Les études expérimentales ont plusieurs avantages sur les études naturalistes. Ces dernières, étant généralement **corrélationnelles**, ne peuvent nous renseigner sur les relations de cause à effet entre les variables étudiées. Les **études corrélationnelles** ne peuvent nous donner que

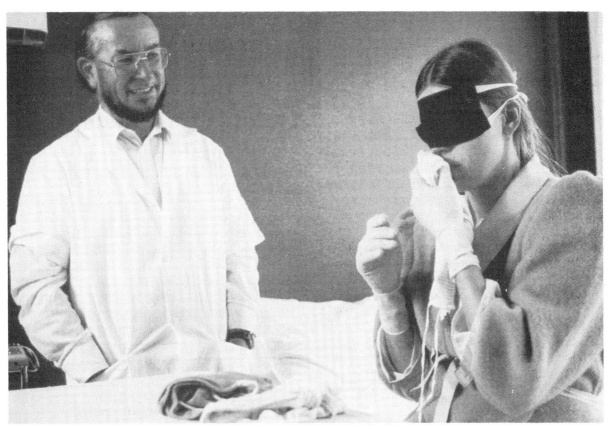

Ces photos ont été prises lors d'expériences en laboratoire sur la relation entre les facteurs biologiques et le comportement. Des nouveau-nés de trois jours, comme celui qui apparaît ici, se sont montrés plus paisibles quand on leur fit sentir des morceaux de gaze qui avaient été portés par leur mère que lorsqu'on leur fit sentir un tissu porté par d'autres femmes. En même temps, des mères aux yeux bandés durent distinguer à l'odeur les vêtements de leurs bébés de ceux des autres enfants. (J. Guichard, Sygma)

la direction et la magnitude de la relation entre deux variables. Quand la relation est positive, les deux variables augmentent ou décroissent ensemble; quand elle est négative, alors l'une augmente et l'autre décroît. La magnitude de la corrélation reflète l'importance de la relation entre les variables étudiées. Les corrélations sont exprimées en nombres allant de -1,0 (une relation négative parfaite) à + 1,0 (une relation positive parfaite). Plus le nombre est élevé (positif ou négatif), plus les variables sont reliées; une corrélation de 0 signifie l'absence de relation.

Si nous découvrons qu'il y a une corrélation positive entre le degré de violence dont l'enfant est témoin à la télévision et le degré de violence exprimé au jeu, nous ne pouvons pas conclure que l'exposition à des émissions violentes télévisées *cause* le comportement agressif au jeu. Nous pouvons conclure uniquement que ces deux variables sont en corrélation positive. Il nous faut une *étude expérimentale*, qui contrôle l'exposition à des émissions télévisées violentes pour pouvoir conclure à une relation de cause à effet.

Les **études expérimentales** obéissent à des lois tellement strictes et décrites avec un tel soin qu'elles peuvent être *reproduites*, c'est-à-dire reprises par d'autres chercheurs exactement de la même manière. En reprenant les mêmes études avec des groupes de sujets différents, on peut vérifier la validité des résultats. Cependant, plusieurs études expérimentales ne peuvent étudier qu'une ou deux facettes du développement à la fois. En se concentrant à ce point sur un aspect, elles passent parfois à côté d'une compréhension plus étendue et plus générale de la vie des gens.

Certains spécialistes du développement critiquent la grande importance accordée à l'utilisation des études expérimentales au cours des dernières années et le manque d'intérêt des chercheurs contemporains pour la description naturaliste (basée sur l'observation). McCall (1977, p. 5) cite Bronfenbrenner (1974) qui accuse la psychologie du développement d'être devenue:

«la science de l'influence d'un facteur environnemental insolite ou d'une personne bizarre sur un comportement isolé d'un enfant placé dans un contexte en grande partie artificiel».

Il prétend donc:

«qu'on n'a pas tenu grand compte du processus de développement tel qu'il se déroule naturellement chez les enfants grandissant dans les circonstances de la vie normale» (p. 5).

Les conclusions tirées des études expérimentales sont donc moins facilement applicables aux situations quotidiennes que celles tirées des études d'observation. La manipulation expérimentale montre ce qui peut se produire dans certaines conditions, par exemple des enfants qui regardent des spectacles télévisés violents en laboratoire *peuvent* devenir plus agressifs en laboratoire. Cela ne dit cependant pas ce qui se passe en *fait* dans un contexte plus naturel, comme la maison: est-ce que les enfants qui y regardent beaucoup d'émissions violentes ponctuées de phrases comme «Tue-le! Tue-le!» sont plus portés à frapper leurs petits frères que les enfants qui suivent d'autres types d'émissions? On peut le penser mais la chose reste à vérifier.

Il se peut bien que la voie vers une meilleure compréhension du développement humain se trouve dans la synthèse des méthodes naturaliste et expérimentale. Les chercheurs peuvent d'abord observer les gens qui évoluent dans leur vie quotidienne, déterminer les corrélations qui existent et ensuite, munis de cette information, élaborer des études expérimentales qui pourront se concentrer sur certains de ces rapports apparents.

Des questions d'éthique relatives à l'étude de l'être humain

La prolifération des projets de recherche qui portent sur l'être humain a soulevé un éventail déconcertant de questions d'éthique. Le problème fondamental consiste à trouver un équilibre entre le besoin de connaître les gens en général et le respect de l'intégrité intellectuelle, émotive et physique de l'individu. Dans tout travail de recherche, il faut peser les risques et les bénéfices éventuels: est-ce que les bénéfices éventuels de cette recherche (pour les individus directement concernés ou pour l'humanité en général) suffisent à justifier les risques encourus par les sujets de l'étude? Si oui, jusqu'à quel point ces risques sont-ils justifiables?

Nous avons appris les dangers de certaines expériences. Au XIIIᵉ siècle, Frédéric II voulut savoir s'il existait un langage universel que les bébés parleraient s'ils n'étaient pas exposés au langage de leur propre culture:

«Il ordonna donc aux nourrices et aux nurses d'allaiter les bébés, de leur donner leur bain et de les laver, mais de ne jamais leur faire de gazouillis ni leur parler, car il voulait savoir s'ils parleraient l'hébreu, qui est la langue la plus ancienne, ou le grec, ou le latin ou l'arabe, ou peut-être la langue de leurs parents naturels. Mais ses efforts furent vains, car tous les enfants moururent. Ils ne purent en effet survivre sans les cajoleries, les visages souriants et les petits mots tendres de leurs nourrices.» (Ross et McLaughin, 1949, p. 366)

Aujourd'hui, il ne pourrait nous venir à l'esprit de priver les enfants de l'affection dont ils ont besoin en bas âge. Ni de faire avec les êtres humains ce que les chercheurs se permettent quand ils étudient les animaux. Étant donné notre connaissance des effets à long terme des premières expériences vécues par l'enfant, plusieurs expériences qui ont été menées dans le passé nous répugnent aujourd'hui.

Pour nous aider à trouver des solutions à ces questions épineuses, plusieurs instituts de recherches ont mis sur pied leurs propres comités de révision pour déterminer si les projets de recherches proposés se conforment aux critères éthiques. Les deux organismes les plus prestigieux qui ont publié des directives sur ce sujet aux États-Unis sont la Commission nationale pour la protection des sujets humains dans la recherche biomédicale et comportementale, et le Comité de l'association américaine de psychologie sur les normes éthiques dans la recherche en psychologie. Au Québec, les normes de l'Association américaine de psychologie (A.P.A.) sont généralement utilisées dans les recherches en psychologie.

Quelques problèmes fondamentaux

Le droit à l'intimité

En 1965, la Commission des Écoles Catholiques de Montréal (C.É.C.M.) mettait sur pied le projet d'établissement d'un dossier cumulatif par élève. L'objectif de cette opération était d'enregistrer différentes informations au sujet des tests objectifs de rendement (français, mathématique, fonctionnement intellectuel) et du comportement socio-affectif de l'enfant (adaptation au travail scolaire, adaptation sociale, émotive et sensori-motrice). Le professeur pouvait aussi ajouter à ce dossier des commentaires et des informations diverses. Il s'agissait de recueillir tous les renseignements capables d'influencer de manière notoire la vie scolaire de l'élève et de

favoriser sa réussite scolaire. L'élaboration d'un tel instrument scientifique visait donc à permettre aux professeurs d'être en mesure de mieux comprendre le cas de chaque individu.

Malgré ces objectifs louables, de nombreux groupes se sont élevés contre les faiblesses de ce projet de dossier scolaire cumulatif (Ligue des droits de l'homme, la Maîtresse d'école, etc.), notamment pour des raisons d'éthique, afin de préserver le caractère confidentiel des informations en cause et de parer aux dangers que pourrait entraîner l'accessibilité à la notation et aux informations contenues dans la fiche d'observation du comportement socio-affectif (celle-ci incluait, entre autres, les jugements des professeurs sur le sens des responsabilités de l'enfant, sur son acceptation de soi, sur ses qualités de meneur et sa confiance en soi, etc.). En plus d'être critiqué pour son manque de respect du droit de l'enfant à l'intimité, ce projet fut également contesté pour sa tendance à accoler des «étiquettes» aux sujets étudiés (bon ou faible meneur; très ou peu confiant en soi, etc.). Des études sur le principe de la prédiction, aussi appelé effet Pygmalion ou effet Rosenthal, ont démontré à quel point il est possible de modeler le comportement et d'obtenir effectivement des comportements conformes à nos attentes. Ainsi, considérés comme bons meneurs et traités comme tels, des enfants pourraient manifester de telles habiletés, peu importe qu'ils aient été ou non de bons meneurs auparavant. Finalement, à la suite de ces pressions, la fiche de comportement socio-affectif est devenue facultative au cours de l'année 1973-1974.

Les miroirs sans tain, les caméras et les enregistreuses cachées permettent aux psychologues d'observer et d'enregistrer la conduite des sujets à leur insu. De plus, il arrive souvent que des informations à caractère personnel ressortent à l'occasion des interviews de personne à personne (des données sur le revenu, l'éducation, la façon d'élever les enfants, les relations parent-enfant). Quel est le devoir de l'expérimentateur face à la cueillette et à la conservation de ces renseignements? Le chercheur doit prendre des mesures afin de préserver le caractère confidentiel des résultats et d'assurer l'anonymat des personnes qui ont accepté de participer à une expérience.

Sachant que l'activité de recherche n'est pas assujettie au secret professionnel, le sujet devrait s'assurer des mesures prises par les chercheurs en ce qui concerne le respect de son droit à l'intimité, puisque les renseignements confidentiels qu'il peut être amené à livrer peuvent avoir une incidence judiciaire (exemples: consommation de drogues, vols à l'étalage, etc.).

Le droit à la vérité

Pour mener certaines expériences, les chercheurs doivent parfois induire leurs sujets en erreur. On dira à des enfants qu'ils sont là pour essayer un nouveau jeu, alors qu'en fait on les a convoqués pour examiner leurs réactions vis-à-vis du succès ou de l'échec. On réunit des adultes en leur disant qu'ils sont là pour participer à une étude sur l'apprentissage, alors qu'en réalité, on veut étudier leur consentement à maltraiter une autre personne. Si on légitime ce genre de «tromperie», comment le droit de la personne à la vérité et à l'intégrité personnelle sera-t-il protégé? Une façon de résoudre ce problème d'éthique consiste à prévoir une ou plusieurs entrevues postexpérimentales où ces questions seront débattues et clarifiées.

Le droit au consentement éclairé

On ne peut s'attendre à ce que les enfants consentent à participer à des expériences scientifiques et, même s'ils le faisaient, nous ne pourrions reconnaître leur aptitude à porter des jugements réfléchis. Nous devons compter sur le souci des parents du bien-être de leurs enfants ou sur le jugement du personnel de l'école dans les cas où l'on permet aux étudiants de participer à des programmes de recherche. Quelles sont les conséquences de tout cela pour les enfants? Comme les chercheurs n'ont pas à justifier aux enfants leurs manières de procéder, comment pouvons-nous être assurés qu'ils prennent les intérêts de l'enfant en considération autant que ceux de l'étude des enfants en général? Quand et à quelles conditions le tuteur d'un adulte qui souffre d'incapacité est-il moralement autorisé à prendre pour le malade la décision de participer à un projet de recherche? Cette question acquiert une grande importance si l'on pense à l'intérêt croissant pour la recherche sur les personnes âgées. À quel moment peut-on dire d'un adulte qu'il est suffisamment «informé» pour prendre une bonne décision? Quand on cache à un sujet l'objectif véritable d'une expérience, est-ce qu'on peut considérer que son consentement est éclairé?

Le droit à l'estime de soi

Plusieurs chercheurs tentent de découvrir à quel moment les gens deviennent aptes à acquérir certaines aptitudes ou certaines formes de raisonnement. Ils étudient des enfants qui sont reconnus comme étant trop jeunes pour réussir la tâche étudiée. Pour découvrir où s'arrêtent les connaissances d'un enfant, d'autres chercheurs poseront des questions à l'enfant jusqu'au moment où il n'est plus capable de répondre. La certitude qu'a le chercheur de surprendre le moment où l'enfant va échouer fait partie intégrante de ce type de recherche. Comment l'enfant vit-il ce sentiment d'échec? Même si l'expérimentateur s'efforce de donner à l'enfant, à la fin de l'expérience, le sentiment d'avoir réussi, est-ce que cela compense pour les échecs artificiellement causés? Quels sont les effets à long terme de tels échecs? Est-ce que la quête de la vérité scientifique vaut le risque de détériorer le sentiment d'estime de soi d'un seul enfant?

Si un sujet est troublé par son propre comportement lors d'une expérience — s'il découvre, par exemple, qu'il est plus agressif, plus timide, ou plus enclin à faire mal à un autre qu'il ne l'aurait cru — l'expérimentateur est-il obligé de donner au sujet la possibilité d'explorer ces sentiments avec un psychothérapeute?

La recherche sur le fœtus

Depuis la légalisation de l'avortement, la recherche sur le fœtus s'est accrue de façon considérable, entraînant une foule de problèmes éthiques complexes, tels que la difficulté d'en arriver à une décision sur la nature fondamentale du fœtus. Fait-il partie du corps de la mère, comme la vésicule biliaire? Si oui, celle-ci peut donner son autorisation pour qu'il serve à des fins de recherche. Doit-on le considérer comme un animal qui ne possède pas plus de traits humains qu'un cochon d'Inde? Si c'est le cas, on peut le traiter comme un animal de laboratoire. Est-il plutôt un être à l'article de la mort? S'il en est ainsi, il faut imposer des restrictions beaucoup plus sévères aux travaux de recherche portant sur le fœtus après l'avortement.

Certaines expériences sur le fœtus consistent à injecter une drogue à une femme enceinte qui a décidé de se faire avorter pour déterminer l'effet de cette drogue sur le fœtus. D'autres expériences consistent à prendre des mesures de la capacité du fœtus d'avaler, de respirer, d'éliminer, de dormir, afin de déterminer son degré de maturité et de viabilité. Des chercheurs expérimentent aussi de nouvelles façons d'empêcher une fausse-couche imminente. Certaines de ces expériences sont menées dans le but de sauver la vie du fœtus étudié. D'autres sont entreprises dans l'espoir de sauver la vie d'autres bébés.

Scarf (1975) a abordé certains problèmes de moralité très épineux auxquels se trouvent confrontés les scientifiques qui font de la recherche sur le fœtus:

> «Nous entrons maintenant dans une période où des choix décisifs s'imposent. D'une part, c'est une de nos convictions profondes qu'il ne faut pas utiliser les personnes à l'agonie à des fins de recherche et que la vie humaine doit être traitée avec respect. D'autre part, plusieurs d'entre nous doutent qu'il faille traiter le fœtus comme une «personne» et réalisent qu'en nous préoccupant de son bien-être, nous négligeons peut-être celui d'un nombre incalculable de bébés qui feront partie de la communauté humaine et qui pourraient tirer un profit énorme de la recherche en ce domaine. D'un côté, il y a nos scrupules à laisser la recherche médicale utiliser des cobayes humains; d'un autre côté, il y a la promesse. Cette situation particulière nous pose un grave cas de conscience.» (p. 102)

La recherche sur les personnes âgées

La recherche sur l'autre extrémité de la vie soulève des questions morales tout aussi troublantes. À une période de la vie où l'un des plus grands désirs des gens est d'avoir la paix, est-ce que les chercheurs n'abusent pas dans leur étude des gens âgés sous prétexte qu'ils veulent étudier les conditions qui les font souffrir? Si un vieillard malade se fait solliciter par son médecin pour participer à un projet de recherche, ne se sent-il pas forcé d'accepter de peur de contrarier son médecin et de compromettre ainsi les soins qu'il reçoit de lui? La plupart des personnes âgées qui participent à des recherches sur la vieillesse font partie de la faible minorité des gens âgés qui vivent dans des foyers. Ces personnes institutionnalisées ne se sentent-elles pas obligées de devenir des sujets de recherche pour plaire aux médecins et au personnel, ou encore pour obtenir des privilèges à l'intérieur de l'institution?

Reich (1978) propose des règles à suivre pour éviter l'exploitation des personnes âgées. Parmi les mesures proposées, il y a celle qui consiste à assurer la présence sur les comités de révision d'une ou de plusieurs personnes âgées qui n'ont pas d'intérêt professionnel dans le projet de recherche; une autre mesure consiste à véri-

La plupart des personnes âgées qui participent à des recherches sur la vieillesse font partie de la faible minorité des gens âgés qui vivent dans des foyers. Sont-elles vraiment représentatives de leur groupe d'âge? N'y a-t-il pas aussi un risque qu'elles se sentent obligées de devenir des sujets de recherches?
(Guy Gillette 1981/Photo Researchers, Inc.)

fier si les personnes qui participent à la recherche sont en mesure de donner leur consentement; une autre, enfin, consiste à exiger de la part des chercheurs la preuve qu'ils doivent utiliser des personnes institutionnalisées plutôt que des personnes qui vivent chez elles.

Les préoccupations sociales

Les recherches qui ont été entreprises pour étudier les enfants issus de minorités ou de milieux défavorisés comportent un autre type de danger. Si les résultats montrent avec consistance que les enfants qui appartiennent à tel groupe minoritaire ne réussissent pas intellectuellement aussi bien que les autres enfants — et que ces résultats sont publiés — quelles seront les véritables conséquences de ces travaux?

> «On a dit que sans le vouloir, les recherches entreprises depuis des années sur la communauté noire ont eu pour effet, à la longue, de nuire à la perception qu'ont d'eux-mêmes les jeunes Noirs.» (Reinhold, 1973, p. E13.)

Cette influence néfaste est peut-être une conséquence de la publication de travaux qui démontrent que les enfants issus de classes moyennes ont de meilleurs résultats académiques que ceux des milieux défavorisés. Ces données peuvent influencer l'attitude des enseignants. Si, se basant sur les travaux publiés, ils «savent» que les enfants des quartiers populeux de la ville ne réussissent pas aussi bien en classe que les enfants de la banlieue, ils réduiront peut-être leurs exigences face à ces enfants, ce qui est une manière à peu près certaine de diminuer leur rendement (effet Rosenthal).

Un autre problème important auquel doit faire face notre société est celui de la recherche qui vise à prolonger la durée de la vie humaine (Reich, 1978). Notre société doit déjà tenir compte d'une population croissante d'êtres humains à qui les progrès récents de la science médicale ont permis de vivre plus longtemps. Il arrive souvent, cependant, que la médecine prolonge la vie sans redonner la santé et la vigueur. C'est ainsi que beaucoup de gens âgés sont malades et invalides; ils ne peuvent ni subvenir à leurs propres besoins ni prendre soin d'eux-mêmes. Leur situation pénible a de nombreuses répercussions, non seulement sur eux-mêmes, mais sur la société en général. Quelles sont les retombées politiques et économiques de ce problème? En quoi les obligations qu'ils ont face à leurs parents et à leurs grands-parents parvenus à la vieillesse touchent-elles les jeunes et les personnes d'âge mûr? Dans quelle mesure le gouvernement doit-il voir à loger, à nourrir et à soigner ces gens? Voilà des questions difficiles, mais que ne peut négliger aucun chercheur travaillant dans un domaine qui comporte des problèmes d'une portée aussi considérable.

Les chercheurs sont très conscients de l'importance de ces problèmes. Les spécialistes du développement ne veulent pas nuire aux sujets qui leur permettent de faire avancer leurs connaissances. Par ailleurs, des restrictions trop sévères pourraient mettre un frein à plusieurs études en cours et limiter ainsi notre compréhension de l'individu. Où trouver la solution à ces questions sinon dans l'attitude intègre de chaque chercheur, dans l'imposition de normes professionnelles qui assurent la protection des droits de l'individu, dans la prise de conscience et la compréhension de chaque citoyen? Il incombe à chaque personne œuvrant dans le domaine du développement humain d'assumer la responsabilité de faire du bien ou, au moins, de ne pas faire de mal.

Avertissement aux étudiants

Rappelons ici que ce volume est loin de mettre le point final aux questions abordées. Notre connaissance de l'être humain s'approfondit constamment. Certaines de nos découvertes ont mis de vieilles conceptions définitivement au rancart. D'autres problèmes demeurent sans solution et doivent encore être attentivement étudiés. Certaines théories semblent valables mais demeurent difficiles à vérifier.

La lecture de cet ouvrage soulèvera sans doute de nombreuses interrogations qui vous obligeront à porter vos propres jugements de valeur. S'il vous est donné de continuer à vous intéresser à ces questions par la recherche et la réflexion, peut-être pourrez-vous un jour, vous qui n'êtes aujourd'hui que des débutants dans l'étude du développement humain, faire progresser ce domaine de connaissances pour le plus grand bien de tous.

Résumé

1   L'étude du développement humain est l'étude scientifique des changements quan-

titatifs et qualitatifs que connaissent les gens avec le temps. Les changements quantitatifs sont assez simples et relativement faciles à mesurer. Les changements qualitatifs sont plus complexes à étudier, en ce sens que leur fonctionnement comporte des «sauts», c'est-à-dire des changements de nature.

2   Voici les grandes perspectives adoptées dans cet ouvrage: l'accent est mis sur la recherche humaine; la capacité qu'a la personne de se changer à toutes les étapes de sa vie doit être reconnue; le développement est multidirectionnel; l'être humain a un grand pouvoir d'adaptation; les gens exercent une influence sur leur propre développement.

3   Même si en étudiant les différentes périodes de la vie humaine, nous pouvons mettre l'accent sur différents aspects du développement (par exemple, sur le développement physique, socio-émotif ou intellectuel), nous devons nous rappeler que ces aspects ne se manifestent pas de façon indépendante mais que chacun d'eux influe sur les autres.

4   Même si nous divisons le cycle de la vie en huit périodes, les étendues d'âge indiquées sont souvent subjectives. Il faut tenir compte des différences individuelles.

5   Certains principes de développement, tels que les différences individuelles, les périodes critiques, le cheminement ordonné du développement (par stades) et l'importance variable des différents aspects du développement selon les périodes de la vie, s'appliquent à tous les individus et fournissent de précieuses règles pour l'interprétation des comportements.

6   Il y a trois types d'influences qui s'exercent sur le développement: les événements normatifs liés à l'âge, les événements normatifs liés à une génération et les événements non normatifs.

7   Une théorie est un ensemble d'énoncés organisés appliqué à un phénomène. Dans le présent ouvrage, nous examinerons quatre perspectives (regroupant plusieurs théories du développement): la perspective mécaniste, la perspective organismique, la perspective psychanalytique et la perspective humaniste.

a   Selon la perspective mécaniste, l'être humain réagit plus qu'il n'agit et les changements sont d'ordre quantitatif. L'accent est mis sur les changements observables. Les behavioristes et les théoriciens de l'apprentissage social reflètent cette perspective.

b   Selon la perspective organismique, les gens contribuent activement à leur propre développement. Le développement se manifeste dans une suite de stades qualitativement différents. Jean Piaget et Lawrence Kohlberg représentent cette approche.

c   Les adeptes de la perspective psychanalytique s'intéressent aux forces sous-jacentes qui motivent un comportement. Bien que leurs théories diffèrent d'une façon sensible quant à certains détails, Sigmund Freud et Erik Erikson reflètent cette approche.

d   Selon la perspective humaniste, représentée par Abraham Maslow et Charlotte Bühler, l'individu est capable de favoriser son propre développement et de le faire d'une façon positive grâce à des caractéristiques humaines telles que la capacité de choisir, la créativité et l'actualisation de soi.

8   L'enfance est un concept relativement récent. Par le passé, les attitudes à l'égard des enfants étaient très différentes de celles d'aujourd'hui et elles influençaient la manière d'aborder l'étude de l'enfant. Lorsque les chercheurs se mirent à suivre le développement des enfants jusqu'à l'âge adulte, le développement humain dans sa totalité prit de l'importance en tant que sujet de recherche.

9   Les deux principales techniques de cueillette des données sont la méthode longitudinale et la méthode transversale. Chacune comporte des avantages et des inconvénients. La méthode séquentielle tente de combler les lacunes des deux autres méthodes.

10   Il y a trois grandes méthodes pour approfondir nos connaissances sur les êtres humains: la méthode d'observation sur le

terrain, la méthode d'observation interactive et la méthode expérimentale. Chaque méthode comporte des avantages et des inconvénients dont nous devons tenir compte dans notre interprétation des travaux sur le développement humain.

11   L'étude des sujets humains doit se conformer à une certaine éthique. Une recherche bien conçue tient compte des effets qu'elle peut avoir sur les êtres étudiés, de même que des bénéfices dont elle peut éventuellement faire profiter notre connaissance du développement humain.

CHAPITRE 2

Introduction

La période prénatale

Le miracle de l'origine de la vie a toujours fasciné tant le scientifique que le profane. Même si notre connaissance du début d'une nouvelle vie s'est grandement élargie, un élément de mystère persiste aujourd'hui. Il est difficile de croire certaines des notions soutenues par le passé. Au cours des XVIIᵉ et XVIIIᵉ siècles, par exemple, une longue controverse opposa deux écoles de pensée sur cette question. D'une part, les Ovistes étaient convaincus que les ovaires de la femme contiennent de minuscules embryons dont le développement est en quelque sorte déclenché par le spermatozoïde. D'autre part, les Homonculistes soutenaient une thèse opposée: selon eux, les embryons préformés, contenus dans la tête du spermatozoïde, ne peuvent se développer que lorsqu'ils sont déposés dans le milieu nourricier de l'utérus.

Bien sûr, ces deux thèses étaient erronées et reflétaient un manque de compréhension et d'appréciation des découvertes fondamentales de deux scientifiques des Pays-Bas: Regnier de Graaf, qui fut le premier à observer des cellules embryonnaires prélevées dans les cornes utérines d'une lapine et Anton van Leenwenhoek qui, en 1677, put examiner des spermatozoïdes vivants grâce au microscope nouvellement inventé. Au milieu du XVIIIᵉ siècle, les travaux de l'anatomiste allemand Kaspar Friedrich Wolff ont clairement démontré au milieu scientifique que les deux parents contribuent également à la création d'un nouvel être humain et que ce dernier n'est pas préformé, mais provient de l'union de deux cellules distinctes, dont l'une est mâle et l'autre femelle.

La vie de chaque être humain débute bien avant le moment où il a quitté le sein maternel et poussé son premier cri. Elle commence à l'instant précis où un spermatozoïde s'unit à un ovule pour former un nouvel être. La spécificité du spermatozoïde et de l'ovule a d'énormes conséquences dans la détermination des caractéristiques de l'être qui naîtra: Quel sexe aura-t-il? À qui ressemblera-t-il? À quelles maladies sera-t-il prédisposé? Et même, (quoiqu'on soit loin de s'entendre sur cette question), quelle personnalité aura-t-il? Voyons maintenant comment s'opère cette fusion si importante et ce qui se passe au cours des neuf mois de la vie intra-utérine.

Figure 2.1

Voici un homoncule, c'est-à-dire un embryon humain tel qu'imaginé par un scientifique du XVIIᵉ siècle qui croyait que l'embryon préformé, contenu dans la tête du spermatozoïde, ne pouvait se développer qu'une fois déposé dans le milieu nourricier de l'utérus. (Bibliothèque nationale américaine des sciences médicales)

La fécondation

Environ 14 jours après le début de la menstruation, l'ovulation se produit et la **fécondation** est susceptible de se produire. Elle a lieu au moment où un spermatozoïde (cellule reproductrice mâle) s'unit à un ovule (cellule reproductrice femelle) pour former une cellule unique appelée **zygote**. Cette cellule, produite par l'union des cellules reproductrices (**gamètes**) se développe ensuite en subissant une série de divisions.

À sa naissance, une fille possède environ 400 000 *ovules* (ovocytes primaires) immatures dans ses deux ovaires, et chaque ovocyte est contenu dans un petit sac appelé **follicule.** L'ovule, qui mesure environ un demi-millimètre et qui est tout juste visible à l'œil nu, est la plus grosse cellule du corps humain. L'*ovulation* se

produit environ tous les 28 jours chez la femme qui a atteint la maturité sexuelle; à ce moment, un follicule parvenu à maturité dans l'un des deux ovaires se rompt et libère un ovule. Celui-ci se dirige vers l'**utérus** (matrice) en passant par la **trompe de Fallope,** où a normalement lieu la fécondation.

Le spermatozoïde a la forme d'un têtard et mesure moins d'un dizième de millimètre de la tête à la queue; c'est l'une des plus petites cellules du corps humain et il démontre une grande motilité au moment d'approcher et de féconder l'ovule. Les spermatozoïdes sont produits dans les *testicules* d'un homme parvenu à maturité à un rythme de plusieurs centaines de millions par jour; ils sont expulsés dans le sperme au moment de l'orgasme. Une éjaculation libère environ 500 millions de spermatozoïdes; pour qu'il y ait fécondation, il

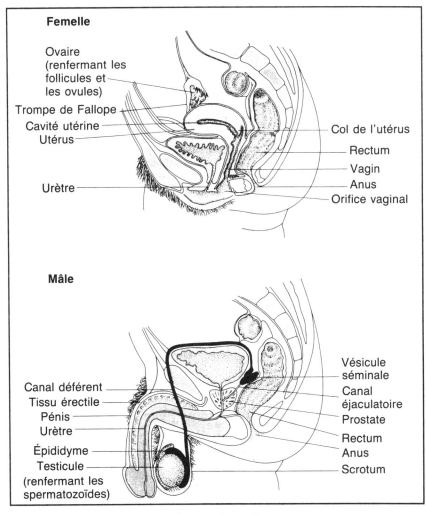

Figure 2.2   Le système reproducteur humain

faut qu'au moins 20 millions de spermatozoïdes pénètrent dans le corps de la femme en une seule fois. Ils pénètrent dans le vagin, nagent vers le col de l'utérus et tentent de rejoindre les trompes de Fallope. Cependant, une infime fraction de ces millions de spermatozoïdes y parvient. Même si plusieurs spermatozoïdes «travaillent» à dissoudre l'enveloppe de l'ovule, un seul peut y pénétrer et se fusionner au noyau.

Les spermatozoïdes gardent leur capacité de féconder un ovule pendant une durée de 24 à 72 heures, alors que l'ovule ne demeure fécond que pendant 24 heures environ. Il n'existe donc que quelques jours à chaque cycle pendant lesquels la conception peut se produire. Si elle n'a pas lieu, les spermatozoïdes sont phagocytés par les globules blancs du sang de la femme, tandis que l'ovule rejoint l'utérus pour sortir par le vagin au cours de la menstruation.

Les mécanismes de l'hérédité

Lorsqu'un spermatozoïde et un ovule s'unissent pour former un zygote, ils dotent la première cellule du futur organisme d'un riche héritage. Le spermatozoïde et l'ovule contiennent chacun 23 corpuscules en forme de bâtonnets, appelés **chromosomes.** Le zygote, résultant de la fusion du spermatozoïde et de l'ovule, contient donc 46 chromosomes, comme toutes les autres cellules du corps humain (à l'exception des gamètes qui ne possèdent que 23 chromosomes chacun, puisque le nombre de leurs chromosomes a été réduit de moitié au moment de la méïose) (voir figure 2.3). À mesure que l'œuf fécondé se développe pour former un être humain complexe, il se transforme graduellement en milliards de cellules différenciées qui se spécialisent dans des centaines de fonctions différentes. Chacune de ces cellules possède cependant la même information génétique portée sur ses 46 chromosomes. Chaque chromosome contient environ 20 000 segments enfilés longitudinalement appelés *gènes.* Ces derniers déterminent les caractères dont héritera l'individu en formation.

Tous les gènes sont constitués d'**ADN (acide désoxyribonucléique).** L'ADN est porteur de l'information qui définit la composition de chaque cellule de notre corps. Cette information caractérise la cellule et dirige ses fonctions de telle sorte qu'elle puisse les remplir d'une façon qui soit propre à l'individu. Les milliers de gènes jouent un rôle important dans la fixation

Chaque cellule de la femme et de l'homme contient 23 paires de chromosomes.

Chaque cellule reproductrice parvenue à maturité ne possède que 23 chromosomes uniques. Lors de la méïose, un chromosome de chaque paire de chromosomes initiale est retenu au hasard.

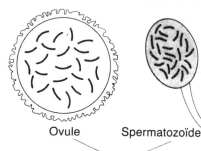

Ovule   Spermatozoïde

Zygote

À la fécondation, les chromosomes de chaque parent s'unissent pour former le zygote, qui contient 23 paires de chromosomes, dont la moitié provient de la mère et la moitié du père.

Figure 2.3   Répartition des chromosomes au moment de la fécondation

de tous nos caractères héréditaires. Les **autosomes** (22 paires) sont des **chromosomes** qui n'interviennent pas dans la détermination du sexe, alors que les **hétérosomes** (X et Y) de la vingt-troisième paire déterminent si l'individu sera mâle (XY) ou femelle (XX).

La détermination du sexe

Le roi Henri VIII divorça d'avec Catherine d'Aragon parce qu'elle avait donné naissance à une fille plutôt qu'au garçon qu'il attendait désespérément. Que ce motif de divorce ait été valable dans plusieurs sociétés différentes a quelque chose d'ironique, car nous savons maintenant que ce sont en fait les chromosomes du père qui déterminent le sexe de l'enfant. (Il faudrait ajouter que les conditions du milieu vaginal peuvent aussi agir dans la détermination du sexe de l'enfant).

Comme nous l'avons souligné, au moment de la conception chaque être humain reçoit un total de 46 *chromosomes*, dont 23 proviennent du spermatozoïde et 23 de l'ovule. Ces chromosomes venant du père et de la mère s'unissent pour former des paires de chromosomes. Vingt-deux de ces paires sont *autosomes* (identiques chez le mâle et la femelle), alors que la vingt-troisième paire (hétérosomes) constitue les chromosomes sexuels et détermine le sexe de l'enfant. Le chromosome sexuel provenant de l'ovule est un chromosome X; le spermatozoïde peut être porteur soit d'un chromosome X, soit d'un chromosome Y, qui est plus court. Quand l'ovule (porteur de X) s'unit à un spermatozoïde porteur d'un X, (appelé *gynospermatozoïde*), le zygote est XX, c'est-à-dire femelle. Si l'ovule est fécondé par un spermatozoïde porteur d'un Y, (appelé *androspermatozoïde*), le zygote est XY, donc mâle.

Certaines différences entre les sexes se manifestent dès le moment de la conception. Pour 100 filles, il y a de 120 à 170 garçons qui sont conçus (d'après les données américaines); mais comme les risques d'un avortement spontané ou d'une mort à la naissance sont plus élevés chez les garçons, il n'y a actuellement que 106 bébés garçons qui naissent pour 100 bébés filles (Département de la santé et des services humains, 1982). De plus, la mort en bas âge ainsi que plusieurs maladies frappent davantage les garçons que les filles; en 1983, le taux de mortalité infantile était de 8,3 bébés garçons pour 100 naissances vivantes, comparativement à 6,8 chez les bébés filles (Bureau de la statistique du Québec, 1985).

En outre, le mâle se développe plus lentement que la femelle, à partir du début de la vie fœtale jusqu'à l'âge adulte. Vingt semaines après la conception, le fœtus mâle a un retard de deux semaines sur le fœtus femelle; après 40 semaines de gestation, le retard est de quatre semaines et ce décalage persiste jusqu'à l'âge adulte (Hutt, 1972).

Diverses hypothèses ont été émises en vue d'expliquer la plus grande vulnérabilité des mâles. Certaines laissent entendre que le chromosome X contiendrait des gènes qui protègent la femelle contre divers traumatismes; d'autres soutiennent plutôt que le chromosome Y comporterait des gènes nocifs; d'autres enfin sont à l'effet que les mécanismes chargés de protéger l'individu contre diverses infections ou maladies sont différents chez le mâle et chez la femelle.

Les naissances multiples

Il arrive parfois que dans un intervalle très bref, deux ovules soient libérés; s'ils sont tous les deux fécondés, la mère donnera naissance à des **jumeaux non identiques, faux-jumeaux** ou **jumeaux** appelés aussi **hétérozygotes.** Puisqu'ils sont le résultat de l'union de deux ovules différents et de deux spermatozoïdes différents, le patrimoine héréditaire de ces jumeaux ou jumelles ne se ressemble pas plus que celui des autres enfants nés des mêmes parents. Les jumeaux hétérozygotes peuvent être du même sexe ou de sexe différent. Par ailleurs, si l'ovule se divise en deux après la fécondation et que chaque moitié se développe indépendamment de l'autre, il y aura naissance de **jumeaux identiques,** également appelés **vrais jumeaux** ou **jumeaux homozygotes.** Ces derniers possèdent exactement le même patrimoine héréditaire, et toutes les différences qui se manifesteront entre

Le phénomène des naissances multiples est devenu plus fréquent au cours des récentes années à cause de l'administration d'hormones de fertilisation, qui stimulent l'ovulation et provoquent souvent la libération de plus d'un ovule. (Zimbel/Publiphoto)

Encadré 2.1

La technologie au secours de l'infertilité

Il y a en fait neuf «autres» façons de fabriquer un bébé. Neuf techniques qui permettent de remplacer les pièces manquantes de l'échiquier de la reproduction.

Prenons le cas où c'est le mari qui a des problèmes. S'il est stérile, on inséminera artificiellement à sa femme le sperme d'un donneur. Technique simple et depuis longtemps utilisée. Par ailleurs, l'homme peut ne pas être stérile, mais produire un sperme inefficace. Dans ce cas, on ira porter, par insémination, le sperme du mari directement dans le col de l'utérus de la femme. C'est la deuxième recette.

La femme, quant à elle, peut avoir un problème au niveau des trompes, empêchant l'ovule arrivé à maturité de descendre dans l'utérus pour y être fécondé. Le chirurgien peut cependant (par laparascopie) prélever l'ovule de la femme et le féconder dans un milieu de culture extérieur en y ajoutant le sperme du mari. S'il y a fécondation, on réimplante ensuite le zygote dans l'utérus de la mère. C'est de cette façon que Louise Brown est née. Le premier bébé-éprouvette fécondé en laboratoire (in vitro) a maintenant 4 ans et demi*. Depuis ce temps, 120 bébés ont vu le jour grâce à cette technique de pointe.

Jusqu'à ce jour, par contre, le seul recours d'une femme hystérectomisée était l'adoption. Maintenant, une femme fertile peut être le chaînon manquant du couple. En effet, la mère d'emprunt s'engage par contrat à être inséminée avec le sperme du mari du couple infertile et à porter le bébé pendant neuf mois en lieu et place de la femme du couple, ce dernier adoptant l'enfant à sa naissance. Dans ce cas, le père «adoptif» est aussi le père biologique de l'enfant. Technique simple au niveau médical, mais explosive au niveau légal, moral et social.

On pourrait même raffiner cette pratique en s'inspirant du savoir-faire acquis dans la fabrication de bébés-éprouvettes. C'est-à-dire féconder in vitro l'ovule de la femme avec le sperme de son mari et transférer l'embryon ainsi obtenu dans l'utérus d'une mère-porteuse. Dans cette cinquième recette, le bébé reçoit ainsi tout son héritage génétique de ses parents géniteurs et la mère porteuse assume ici la grossesse...

Comme il existe des donneurs de sperme, pourquoi pas des donneuses d'ovules? Certaines femmes qui présentent une anovulation rebelle à tout traitement ou d'autres qui ne voudraient pas risquer de transmettre une maladie héréditaire à leur enfant, vu leur profil génétique, pourraient en tirer profit. Des recherches se poursuivent sur ces transferts d'ovules. En principe, c'est un procédé équivalent à l'insémination artificielle, quand l'homme est infertile. Mais, en pratique, l'opération est beaucoup plus complexe.

Il semble qu'actuellement, il serait plus simple de prélever un ovule d'une donneuse, de le féconder in vitro avec le sperme du mari et de réimplanter ensuite l'embryon dans l'utérus de la mère pour qu'il s'y développe. À condition, bien sûr, qu'on trouve une solution aux problèmes de rejet de compatibilité immunologique qui se posent. Ce qui permettra un jour de combiner dans un milieu de culture l'ovule d'une donneuse X avec le sperme d'un donneur Y et de transférer l'embryon dans un utérus Z! Dans cette combinaison, pas facile de déterminer qui est le père et qui est la mère... mais c'est une question qu'on peut laisser aux avocats qui devront un jour s'y retrouver dans tous ces «ménages biologiques à trois»!

Et les médecins voient déjà les possibilités de transférer un embryon issu d'un accouplement naturel dans l'utérus d'une mère porteuse ou encore... dans un utérus artificiel. Une équipe de chercheurs italiens affirmait l'an dernier avoir réussi à maintenir en vie pendant plusieurs semaines des fœtus issus d'avortements thérapeutiques. Mais l'incubateur d'embryons est encore loin du stade de mise ne marché...

* Note de l'éditeur: L'article a été publié en 1983. Louise Brown est donc maintenant plus âgée.

Source: Québec Science, février 1983, vol. 21, n° 6, p. 28-35.

Encadré 2.1

9 recettes pour fabriquer un bébé

	Couple initial		Causes de l'infertilité	Mode de fertilisation	Contribution extérieure	
	Contribution de l'homme	Contribution de la femme				
1	Insémination artificielle par l'homme			Homme: sperme non performant	In vivo au-delà du col, dans le fond de l'utérus		
2	Insémination artificielle par donneur			Homme: stérilité	In vivo		Sperme du donneur
3	Bébé-éprouvette			Femme: trompes bloquées	In vitro		
4	Mère-porteuse			Femmes: absence d'utérus ou absence d'ovulation	In vivo par insémination artificielle		Ovule et grossesse par mère-porteuse
5	Transfert d'embryon A			Femme: absence d'utérus trompes bloquées	In vitro		Grossesse par mère-porteuse
6	Transfert d'embryon B			Femme: absence d'ovulation	In vitro ou In vivo chez la femme		Ovule de la donneuse
7	Transfert d'embryon C			Homme: stérilité Femme: absence d'ovulation	In vitro		Ovule de la donneuse et sperme du donneur
8	Transfert d'embryon D			Femme: absence d'utérus	In vivo chez la femme		Grossesse par mère-porteuse
9	Utérus artificiel			Femme: absence d'utérus	In vitro		Utérus artificiel

Québec Science, février 1983

Contribution du couple initial   Contribution extérieure (donneur, donneuse, mère-porteuse)

eux devront être attribuées aux influences de l'environnement, soit avant, soit après la naissance. Les autres naissances multiples (triplets, quadruplés, etc.) résultent de l'un de ces deux processus ou d'une combinaison des deux.

Comment pouvons-nous dire si des jumeaux sont identiques ou non? Si ceux-ci n'ont pas le même sexe, ils sont naturellement de faux-jumeaux. S'il s'agit de deux filles ou de deux garçons, la question est plus difficile à résoudre. Pour déterminer le type de jumeaux auquel on a affaire, on peut examiner le placenta (l'organe qui fournit nourriture et oxygène au fœtus et qui en élimine les déchets), comparer diverses caractéristiques physiques (comme la forme des oreilles ou la circonférence de la tête) ou encore déterminer le groupe sanguin de chaque bébé.

S'il s'avère essentiel de savoir si des jumeaux sont identiques, on pourra tenter de transplanter un tissu d'un enfant à l'autre. Si la transplantation réussit, les jumeaux sont identiques.

La naissance de jumeaux identiques semble résulter d'un accident de la vie prénatale et n'être reliée à aucun facteur génétique ou environnemental. Ceux-ci représentent entre un quart et un tiers de tous les jumeaux.

D'autre part, la naissance de faux-jumeaux se rencontre plus fréquemment dans certaines circonstances. Au cours des dernières années, ce type de naissance est devenu plus fréquent à cause de l'administration d'hormones de fertilisation qui stimulent l'ovulation et provoquent souvent la libération de plus d'un ovule. Ces hormones ont aussi donné lieu à une augmentation du nombre des autres naissances multiples (triplets, quadruplés, etc.) De plus, les faux-jumeaux se rencontrent plus souvent après une deuxième grossesse ou lors d'une grossesse tardive, dans les familles où il y a déjà eu des jumeaux non identiques et ce, chez divers groupes ethniques (Vaughn, McKay et Behrman, 1979).

Les influences de l'hérédité et de l'environnement

Notre avenir est-il fixé dès la naissance par les nombreux caractères qui nous sont transmis? Ou bien chacun de nous fait-il figure d'une *table rase* sur laquelle viennent s'inscrire les expériences de la vie? L'histoire de la science du développement humain retrace diverses conceptions concernant l'importance respective de l'hérédité et du milieu. La **controverse de l'inné et de l'acquis** a souvent opposé ceux qui soutiennent que la *nature* (l'hérédité et les facteurs innés) explique tout le développement, à ceux qui croient que le *milieu* (l'environnement et les facteurs acquis) est l'unique facteur déterminant de notre développement. Aujourd'hui, nous nous rendons compte que ces deux facteurs importants interviennent tous les deux. Nous savons également que les individus réagissent différemment à une même hérédité

(dans le cas des jumeaux identiques, par exemple) et aux mêmes sortes d'environnements, et que chacun définit son propre scénario de vie. Ainsi, la nature, le milieu et l'individu lui-même interviennent pour influencer le développement.

L'intelligence d'une jeune fille, par exemple, peut dépendre en partie de son patrimoine héréditaire, mais le type de foyer dans lequel elle grandit, l'encouragement qu'elle reçoit à cultiver son goût de l'étude, son état de santé, le type d'instruction qu'elle reçoit et les choix qu'elle effectue dans sa vie agiront sur la manière dont son intelligence s'exprimera. De même, un jeune garçon que son hérédité prédispose à rester petit ne deviendra sans doute jamais grand, mais s'il reçoit de bons soins et s'il s'occupe bien de sa santé, il deviendra plus grand que s'il avait été privé de nourriture, d'exercice et d'affection.

Tout au long de cet ouvrage, nous étudierons les nombreux facteurs qui peuvent influencer la croissance et le développement d'un être humain. Ces facteurs entrent en jeu, quel que soit le milieu culturel auquel un individu appartient. La race, le sexe, le milieu ethnique et le statut socio-économique sont tous des facteurs qui influencent le développement au même titre que les facteurs héréditaires. Ignorer l'influence de l'environnement sur un individu limite notre compréhension de cette personne et nous empêche de nous servir des moyens qui sont à notre disposition pour l'aider à atteindre son plein épanouissement.

La nature, le milieu et l'individu interviennent pour influencer le développement. (Erika Stone/Peter Arnold, Inc.)

Personne ne grandit dans le vide. Lorsque nous décrivons le développement normal de personnes qui vivent dans un environnement favorable, nous ne pouvons étendre nos conclusions aux individus qui ont connu des conditions difficiles: ceux qui sont nés d'une mère adolescente sous-alimentée ou qui ont été eux-mêmes sous-alimentés, ceux qui ont été élevés dans un taudis, ceux qui n'ont connu ni leur père ni leur mère, ceux qui ont dû se débrouiller tout seuls la plupart du temps ou à qui on a adressé rarement plus que quelques mots, ceux qui ont reçu une instruction insuffisante, ceux qui n'ont pas d'emploi ou qui manquent souvent de travail. Ces conditions de vie ne correspondent pas toujours à la situation typique des personnes étudiées par les spécialistes du développement. Souvent ce que nous disons d'une personne ne s'applique pas à telle autre personne. Nous ne pourrons jamais connaître toute l'histoire du développement humain parce qu'il y a tellement de facteurs qui y entrent en jeu qu'il est difficile de tirer des conclusions nettes et précises. Notre connaissance de certains aspects du développement s'est cependant beaucoup élargie, et nous pouvons en dégager certaines conclusions, que nous présenterons tout au long de ce volume. La plupart des études sur le développement humain se sont intéressées à la personne de race blanche et de classe moyenne, bien qu'un intérêt croissant pour les groupes minoritaires se fasse sentir dans le monde de la recherche.

L'opposition nature-milieu

Que savons-nous des influences respectives de l'hérédité et du milieu? Nous savons, par exemple, que les activités motrices telles que se traîner, ramper, marcher et courir se développent selon une séquence déterminée par l'âge, ce qui démontre l'importance du processus de **maturation.** Les forces du milieu n'interviennent dans ce programme héréditaire que lorsqu'elles ont un caractère extrême, comme dans le cas d'une longue carence affective. Cela s'est rencontré chez les enfants d'un orphelinat iranien qui recevaient très peu d'attention et étaient privés d'exercice. Ces bébés ont appris à s'asseoir et à marcher très tard, comparativement à d'autres enfants iraniens qui avaient reçu de bons soins (Dennis, 1960). Les comportements qui dépendent en

grande partie de la maturation apparaissent donc quand l'organisme y est prêt.

En ce qui a trait au développement de l'intelligence et de la personnalité, l'interaction nature-milieu prend beaucoup plus d'importance. Prenons le cas du langage. Son

Figure 2.4 **Différentes façons d'expliquer l'arriération mentale à partir du rapport nature-milieu** *(d'après Anastasi, 1957)*

développement est lié au processus de maturation. Avant de pouvoir parler, les enfants doivent atteindre un certain niveau de développement neurologique et musculaire. Même s'ils jouissent d'un milieu familial très propice, les enfants ne peuvent dire, lire ou écrire la présente phrase à l'âge d'un an. Mais le milieu joue un rôle encore plus déterminant dans le développement du langage. Si les parents encouragent les premiers efforts de leurs enfants en répondant à leur babillage, ceux-ci vont apprendre à parler plus tôt que si l'on ne tient aucun compte de leurs premiers sons. Ainsi, la maturation jette la base et l'environnement aide à construire la structure.

Les interactions de l'hérédité et de l'environnement

Les influences de la nature et du milieu peuvent être représentées sur un axe, comme à la figure 2.4, qui illustre la façon dont ces deux forces peuvent se combiner pour causer l'arriération mentale. La couleur des yeux et le groupe sanguin sont des caractères héréditaires relativement simples. Mais les traits plus complexes, tels que l'état de santé, l'intelligence et la personnalité sont soumis aux interactions de l'hérédité et de l'environnement. Quelle est la part respective de l'hérédité et de l'environnement dans la détermination de ces caractères?

Quelle est l'importance de cette question? Si nous découvrons qu'un caractère, comme une intelligence vive, peut être influencé par le milieu, nous pouvons travailler à rendre l'environnement le plus favorable possible à son développement. D'autre part, si nous découvrons que le caractère actif d'un enfant est en grande partie héréditaire, nous serons plus réalistes dans notre façon de l'élever. Si nous savons que telle anomalie congénitale est héréditaire, nous serons plus aptes à conseiller judicieusement les futurs parents.

Comment étudier l'interaction de l'hérédité et du milieu

Afin d'étudier les façons dont l'hérédité et l'environnement interviennent pour créer des différences entre les individus, un nouveau domaine d'étude interdisciplinaire, appelé **génétique du développement comportemental,**

a vu le jour. Parmi les méthodes élaborées pour étudier l'action de l'hérédité et du milieu sur le développement de l'individu, on trouve:

Les croisements (chez les animaux). Si nous parvenons à assurer la transmission de certains caractères (comme la capacité de sortir d'un labyrinthe ou la tendance à l'obésité) en sélectionnant et en croisant certains animaux, nous en concluons que ces caractères sont héréditaires, du moins en partie. Dans certains cas, mais pas toujours, les résultats obtenus peuvent se généraliser à l'espèce humaine.

L'étude des jumeaux. Lorsqu'il y a plus de **concordance** entre les caractères de jumeaux identiques (qui ont exactement le même patrimoine génétique) qu'entre ceux de faux-jumeaux (lesquels ne se ressemblent pas plus que les autres enfants d'une famille), c'est l'influence de l'hérédité qui ressort. Les jumeaux identiques qui ont été élevés séparément sont tout particulièrement recherchés, mais ceux-ci se rencontrent plutôt rarement. Même lorsqu'il est possible de trouver de tels sujets, leurs milieux culturels s'avèrent habituellement très semblables.

L'étude des enfants adoptés. Lorsque des enfants adoptés ressemblent davantage à leurs parents biologiques qu'à leurs parents adoptifs, nous constatons l'influence de l'hérédité; quand ils tiennent plutôt de leur famille adoptive, c'est l'influence de l'environnement qui se manifeste.

L'étude des liens de consanguinité. En examinant le plus grand nombre possible des membres d'une même famille, nous pouvons voir si certains traits leur sont communs et si le degré de consanguinité influence leur degré de ressemblance.

D'autres types de recherches tentent de mettre en évidence les causes environnementales à l'origine de traits particuliers. Parmi ces recherches, nous trouvons:

Les études du milieu prénatal. En étudiant divers troubles chez des individus à la lumière des expériences vécues par leur mère au cours de la grossesse, nous pouvons souvent cerner la cause précise d'une affection particulière. Ce genre de dépistage médical a permis de découvrir au cours des années 1960 les dangers d'absorber de la thalidomide, calmant apparemment inoffensif, au cours des premiers mois de la grossesse.

La manipulation de l'environnement.   Si nous modifions le régime alimentaire, les possibilités de faire de l'exercice, la stimulation intellectuelle ou sensorielle d'un groupe d'animaux ou de personnes que nous comparons ensuite à un groupe témoin, nous pouvons tirer des conclusions sur les effets de ces différences environnementales.

La manipulation de l'hérédité et de l'environnement de l'être humain est, bien sûr, limitée par des considérations d'ordre éthique et d'ordre pratique. Nous ne pouvons, par exemple, pratiquer des croisements chez les humains pour obtenir des caractéristiques particulières, séparer des jumeaux identiques, faire adopter des enfants ou les placer en institution, ni prescrire des drogues douteuses à des femmes enceintes à des fins expérimentales. Il nous faut donc nous baser sur des recherches sur les animaux ou sur l'observation de phénomènes qui se sont produits naturellement.

La comparaison de cas vécus.   En interviewant des parents sur leurs méthodes d'éducation (sans oublier de tenir compte des failles ou des déformations de la mémoire!) et en comparant d'autres facteurs liés aux expériences vécues, des chercheurs parviennent parfois à isoler les influences environnementales précises qui s'exercent sur des traits particuliers.

Nous verrons des exemples de toutes ces influences de l'hérédité et du milieu à mesure que nous avancerons dans notre étude du développement.

Les caractères influencés par l'hérédité et par l'environnement

Les traits physiques et physiologiques

Le 3 septembre 1980, un jeune homme de 19 ans nommé Robert Shafran arriva dans un collège de New York pour y entreprendre sa première année d'études collégiales. Les deux premiers jours, des étudiants qu'il n'avait jamais rencontrés le saluaient comme une vieille connaissance et l'appelaient «Eddy».

Finalement, l'un d'eux lui montra une photo de Eddy Galland, qui avait fréquenté la même école l'année précédente. Robert Shafran affirma plus tard: «Ce que je vis là était une photo de moi-même». Cette histoire devint encore plus étonnante lorsqu'un troisième sosie, David Kellman, apparut dans le décor. Les trois jeunes hommes apprirent qu'ils étaient des triplets identiques qui avaient été séparés à la naissance et adoptés par des familles différentes (Batella, 1981).

Les nombreux exemples d'erreurs par lesquelles on confond l'identité de deux jumeaux identiques sont la meilleure preuve de leur ressemblance physique. Les jumeaux identiques ont aussi certains autres traits physiologiques en commun, ce qui porte à croire que ces traits sont héréditaires. Par exemple, il y a plus de *concordance*, c'est-à-dire de similitude, entre les jumeaux identiques qu'entre les faux-jumeaux en ce qui a trait au rythme respiratoire ainsi qu'aux taux de transpiration, de pulsations cardiaques et de pression sanguine (Jost et Sontag, 1944).

On a mesuré le réflexe psychogalvanique des jumeaux (RPG; ce test enregistre les changements de conductance de la peau): les jumeaux identiques ont présenté une plus grande concordance entre eux que les jumeaux non identiques (Lehtovaara, Saarinin et Jarvinen, 1965). Les jumelles identiques ont tendance à avoir leur première menstruation à quelques mois d'intervalle, alors qu'un an, en moyenne, sépare le moment d'apparition des premières règles chez les jumelles non identiques (Petri, 1934).

La taille et le poids peuvent tous deux être influencés par le milieu, mais semblent être déterminés d'abord par l'hérédité puisque les jumeaux identiques, qu'ils soient élevés ensemble ou séparément, se ressemblent plus sur ces points que les jumeaux non identiques élevés ensemble. La correspondance n'est pas aussi nette pour le poids que pour la taille (Newman, Freeman et Holzingen, 1937; Mittler, 1969). Les fonctions de sensation et de perception visuelle sont grandement influencées par l'hérédité (Mittler, 1971). Il se peut même que le nombre de jours que nous passons sur cette terre soit déterminé par nos gènes, puisque les phénomènes du vieillissement et de la mort frappent les jumeaux identiques à des âges plus rapprochés que les jumeaux non identiques (Jarvik, Kallman et Klaber, 1957).

L'intelligence

Les chercheurs en génétique du comportement ont probablement accordé plus d'attention à l'intelligence qu'à tous les autres traits réunis (Plomin, 1983). Les résultats de leurs recherches (menées pour la plupart sur les jumeaux ou sur les enfants adoptés) font ressortir l'influence considérable de l'hérédité sur l'intelligence, influence qui semble s'accroître avec l'âge.

Dans une recherche effectuée au Minnesota, Scarr et Weinberg (1983) ont comparé les quotients intellectuels d'enfants adoptés à ceux des membres de leurs familles adoptives ainsi qu'au niveau de scolarité de leurs mères biologiques (dont les quotients intellectuels étaient inconnus). Les jeunes enfants obtinrent des résultats comparables à ceux de leurs sœurs et frères (biologiques ou adoptifs), mais il y eut une corrélation nulle entre les scores des adolescents et ceux de leurs frères et sœurs adoptifs. En outre, il y eut une corrélation plus élevée entre les quotients intellectuels de ces adolescents et le niveau de scolarité de leurs mères biologiques qu'entre leurs quotients intellectuels et ceux de leurs parents adoptifs. Les auteurs de cette recherche en conclurent que le milieu familial exerce une influence importante chez le jeune enfant, mais que les adolescents «mènent leur barque» en s'appuyant sur leurs capacités innées et sur leurs intérêts.

Pour Albert Jacquard (1980), l'intelligence est une fonction du patrimoine génétique et culturel. Chercher à évaluer en termes de proportions l'apport de l'hérédité et du milieu «est une façon de fourvoyer le raisonnement» (p. 42), car cette formulation sous-entend une opération d'addition de la part des facteurs innés et de celle des facteurs du milieu. «Or, la réalité, ce n'est pas l'addition, la réalité c'est l'interaction... De sorte qu'il est absurde de poser la question: quelle est la part de l'un, quelle est la part de l'autre? En ce qui concerne l'intelligence, on a un plus grave problème encore. De quoi parle-t-on? Qu'est-ce que l'intelligence? Mon intelligence, c'est mon activité intellectuelle, c'est ma capacité à quoi?» (p. 42).

Nos conclusions dépendent de la définition de l'intelligence que nous adoptons. Ordinairement, l'**intelligence** désigne la faculté cognitive générale, innée, ou la capacité fondamentale d'apprentissage. En pratique, cependant, il est impossible d'évaluer cette aptitude innée sans mesurer également les connaissances réelles qu'une personne a acquises, dont une bonne partie lui a été enseignée à la maison, à l'école ou dans son milieu de vie. Par conséquent, l'intelligence de base est difficile à cerner et à mesurer. Il semble que ce que nous appelons l'intelligence, c'est-à-dire la facilité avec laquelle une personne se comporte à l'école et dans la vie, soit le produit de facteurs liés à l'hérédité et à l'environnement, lesquels interviennent dans des proportions encore inconnues. En prenant ces faits en considération, jetons un coup d'œil sur certaines études menées sur le caractère héréditaire de l'intelligence.

Newman, Freeman et Holzinger (1937) ont fait une étude de variables mentales et physiques chez des jumeaux identiques élevés ensemble, chez des jumeaux identiques élevés séparément et chez des jumeaux non identiques élevés ensemble. Ils ont découvert que les jumeaux identiques élevés ensemble ou séparément avaient des traits physiques très semblables, que le fait d'avoir été élevés séparément influençait davantage leur rendement intellectuel que leurs traits physiques et, qu'en général, les résultats obtenus à un test d'intelligence concordent davantage chez les jumeaux identiques élevés séparément que chez les faux-jumeaux élevés ensemble. Au plan de la performance, cependant, les résultats étaient plus rapprochés chez les jumeaux élevés ensemble, qu'ils aient été des jumeaux identiques ou non, que chez les jumeaux identiques élevés séparément. Plus les milieux familiaux étaient différents, plus ils risquaient d'avoir influencé les rendements de l'intelligence ou les résultats de la performance.

Un nombre plus restreint d'études (Vandenberg, 1966) ont permis d'isoler des comportements cognitifs spécifiques et de découvrir l'influence déterminante des facteurs génétiques sur l'acquisition de connaissances liées au langage, à l'espace, aux nombres et à la fréquence des mots.

Malgré que le potentiel intellectuel soit grandement influencé par l'hérédité, son développement dépend aussi de facteurs environnementaux. En 1976, Fish, Bileck, Deinard et Chang ont fait une étude sur 144 enfants adoptés, qui provenaient de milieux défavorisés mais étaient éduqués dans un milieu socio-économique favorisé. Ils les ont comparés à un groupe de 288 enfants éduqués par leurs parents biologiques dans un milieu socio-économiquement défavorisé. Après avoir souligné le fait que les enfants adoptés étaient plus motivés et intéressés à apprendre, Fisch et ses collègues affirment: «Les enfants de milieux socio-économiques défavorisés ont souvent de piètres résultats académiques à cause de l'absence de conditions préalables essentielles à l'apprentissage.» (p. 499)

L'intelligence est influencée par la maturation et la maturation est influencée par l'hérédité. Les fonctions intellectuelles mesurables au cours des premières années changent rapidement avec l'apparition et l'épanouissement de nouvelles capacités, qui causent des poussées ou des ralentissements dans le développement. Chaque enfant semble avoir son propre rythme de développement. Antoine, par exemple, peut être précoce à l'âge de 6 mois en ce qui concerne certains traits de son développement, puis ralentir le pas au cours des six mois qui suivent et se retrouver derrière l'enfant moyen à l'âge d'un an. De son côté, Julie peut démarrer lentement, mais se retrouver en avance sur l'enfant moyen à l'âge de 2 ans.

La plupart des recherches portant sur l'intelligence étudient un groupe d'individus qui proviennent de milieux sociaux relativement favorisés. Les différences entre ces personnes sont plutôt attribuables à l'hérédité, alors que dans un milieu défavorisé, l'environnement peut prendre plus d'importance. Nous pouvons illustrer ceci en comparant la taille des gens. Dans les meilleures conditions, nos gènes déterminent la taille que nous atteindrons. Mais la maladie, la sous-alimentation ou le manque de soins peuvent intervenir pour altérer l'influence des gènes et empêcher une personne d'atteindre sa taille potentielle. Le même mécanisme peut se produire dans le cas de l'intelligence.

Scarr et Weinberg (1978) ont découvert, par exemple, que dans un milieu fondamentalement favorisé, des petites différences de classe sociale ou de méthodes d'éducation des enfants ont une influence moins grande que les gènes sur le développement de l'intelligence. Ils ont comparé des jeunes gens de 16 à 22 ans qui avaient été adoptés en bas âge à des adolescents élevés par leurs parents biologiques. Même si les familles se situaient entre la classe ouvrière et la classe moyenne supérieure, les chercheurs ont constaté que les différences de Q.I. (quotient intellectuel) chez les jeunes gens semblaient davantage attribuables au Q.I. de leurs parents

naturels qu'à la manière dont ils avaient été éduqués. Il semble donc injustifié de considérer l'éducation donnée aux enfants issus de milieux favorisés comme le facteur déterminant de leur fonctionnement intellectuel. Que les parents amènent ou non leurs enfants à des pièces de théâtre et à des concerts, cela ne semble pas entraîner de grandes différences en ce qui concerne le développement intellectuel de l'enfant. La chose la plus importante est sans doute l'intérêt manifesté à l'enfant, quelle que soit la forme qu'il prenne.

Scarr et Weinberg insistent sur le fait que les conclusions de leur recherche ne s'appliquent pas aux enfants qui grandissent dans un milieu pauvre, qui sont maltraités ou négligés par leurs parents, ou qui vivent d'autres expériences traumatisantes durant leurs premières années de vie. Ils soulignent que «le niveau moyen de notre environnement est le facteur qui influe le plus sur le niveau moyen du développement comportemental» (p. 690). Si vous êtes d'accord avec cette affirmation, comme le sont les auteures du présent ouvrage, vous reconnaîtrez qu'il est important que notre société continue à faire de grands efforts pour améliorer le niveau de scolarité et de santé physique et mentale, ainsi que les conditions de vie pour toutes les classes de la population. Notre société ne pourra que bénéficier de ce progrès.

La personnalité

S'inspirant de Warren et Allport, Sheldon nous donne la définition suivante de la personnalité: «La personnalité [...] est l'organisation dynamique des aspects cognitifs, affectifs, conatifs, physiologiques et morphologiques de l'individu.» (Vocabulaire de la psychologie, H. Piéron, 1979, p. 331). Nous constatons que nous abordons ici une réalité si complexe qu'il serait impossible de l'attribuer à une seule influence majeure, qu'elle provienne de l'hérédité ou du milieu. Mais si nous isolons des aspects particuliers de la personnalité, nous pouvons trouver plusieurs preuves de leur caractère héréditaire.

En 1956, deux psychiatres et un pédiatre (Thomas, Chess et Birch, 1968) ont entrepris «l'Étude longitudinale de New York», qui a pour but de découvrir les aspects de la personnalité qui semblent innés et qui persistent à travers les années. En suivant de près 231 enfants de la petite enfance jusqu'à l'adolescence, et en étudiant plusieurs de leurs traits de personnalité, les chercheurs en sont arrivés à la conclusion que le **tempérament** ou le style de comportement fondamental d'une personne semble être inné.

Ils ont étudié certains caractères particuliers, comme le niveau d'activité du bébé, la régularité du fonctionnement biologique (pour la faim, le sommeil et les selles), la facilité à accepter de nouvelles personnes et de nouvelles situations, la capacité de s'adapter aux changements dans leur horaire quotidien, la sensibilité au bruit, aux lumières vives et à d'autres stimuli sensoriels, la tendance à être heureux ou malheureux (l'humeur), l'intensité des réponses, la tendance à se laisser distraire et le niveau de persévérance.

Ils ont constaté que les bébés diffèrent énormément les uns des autres en ce qui concerne tous ces traits, presque depuis la naissance, et qu'ils ont tendance à rester fidèles à leur style de comportement initial. Cependant, ils ont également découvert que plusieurs enfants manifestent des changements dans leur style de comportement, apparemment en réaction à des expériences particulières ou selon la manière dont les parents se comportent avec eux.

Grâce à l'utilisation de la méthode de recherche sur les jumeaux, d'autres chercheurs ont démontré qu'il y a une plus grande *concordance*, ou similitude, entre les jumeaux identiques qu'entre les faux-jumeaux pour ce qui est d'un grand nombre de traits de personnalité, attestant ainsi de l'influence de l'hérédité sur certains traits de caractère tels que l'extroversion ou l'introversion, l'émotivité et l'activité (Vandenberg, 1967); la dépression, les comportements psychopathiques et l'introversion sociale (Gottesman, 1963, 1965); l'anxiété, la dépression et l'obsession (Gottesman, 1962; Inouye, 1965) de même que la névrose (Eysenck et Prell, 1951; Slater, 1953, 1958). On a aussi constaté que les jumeaux identiques répondent de manière plus semblable que les faux-jumeaux au test de Rorschach, un test projectif utilisé pour évaluer la personnalité (Basit, 1972). L'hyperactivité (voir le chapitre 9) et des traits de comportement comme le somnambulisme, l'énurésie, l'habitude de se ronger les ongles et le mal de la route (Bakwin, 1970a, b, c, d) auraient également un fondement génétique.

La schizophrénie

La **schizophrénie** est un terme général qui désigne un ensemble de troubles mentaux qui se caractérise par une perte de contact avec la réalité et par l'apparition de divers symptômes, tels que des hallucinations, des fantasmes et d'autres types de perturbations de la pensée. Plusieurs études entreprises pour en découvrir les causes ont démontré la présence d'une forte composante héréditaire. Les enfants biologiques de mères schizophrènes sont plus susceptibles d'être victimes de cette maladie que l'ensemble de la population; il y a plus de concordance chez les jumeaux identiques quant à ce syndrome que chez les jumeaux non identiques, et plus le lien biologique d'un individu avec une personne atteinte de schizophrénie est étroit, plus celui-ci est susceptible d'en être lui-même victime (Heston, 1966; Kallman, 1953; Gottesman et Shields, 1966; Mittler, 1971).

Même s'il y a de nombreuses évidences de la transmission biologique de la schizophrénie, nous devons nous demander pourquoi tous les jumeaux identiques ne sont pas concordants sur ce caractère. Une des réponses à cette question serait que ce n'est pas la maladie elle-même qui est transmise, mais la prédisposition à celle-ci. Si certains stress environnementaux surviennent durant la vie d'une personne qui a hérité de cette prédisposition, celle-ci pourra y réagir par la schizophrénie. À ce jour, nous ne connaissons pas encore les mécanismes génétiques qui interviennent dans la transmission d'une telle prédisposition, ni les stress précis qui agissent comme déclencheurs.

Les modèles de transmission génétique

La science de la génétique doit beaucoup à Gregor Mendel, un moine autrichien méconnu de son temps qui, durant la décennie de 1860, fit sur les plantes des expériences qui ont servi de fondement aux théories modernes de l'hérédité. L'étude de la transmission des traits héréditaires permet de mieux comprendre les anomalies congénitales et les maladies héréditaires.

L'hérédité dominante

Mendel croisa une variété de pois qui produisait uniquement des graines jaunes avec une autre variété pure qui ne produisait que des graines vertes. Lorsqu'il croisa deux plantes à graines jaunes, 75 % des hybrides portaient des graines jaunes, alors que les autres 25 % produisaient

Tableau 2.1   Le développement du fœtus mois après mois[1]

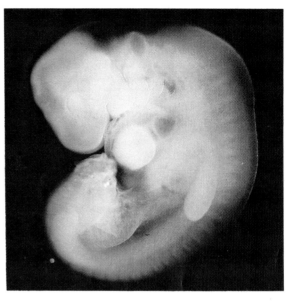

1 mois

Au cours du premier mois, le nouvel être s'est développé plus rapidement qu'en toute autre période de sa vie, atteignant une taille 10 000 fois plus grande que le zygote. L'embryon mesure maintenant de 6,3 mm à 7,2 mm de longueur.

    Le sang circule dans ses veines et ses artères minuscules. Son petit cœur bat 65 fois à la minute. Son cerveau, ses reins, son foie et son système digestif commencent déjà à se former. Le cordon ombilical, lien vital avec sa mère, fonctionne. En l'observant attentivement au microscope, il est possible d'apercevoir sur la tête les tumescences qui deviendront les yeux, les oreilles, la bouche et le nez. Sur la photo ci-contre, nous pouvons voir le début de formation d'un bras et d'une jambe sur le côté du tronc de l'embryon. On ne peut pas encore déterminer son sexe.

Embryon âgé de 4 semaines (Lennart Nilsson, 1977)

2 mois

L'embryon ressemble maintenant à un bébé miniature bien proportionné. Il mesure environ 2,54 cm et pèse seulement 2,18 g. Sa tête mesure la moitié de la longueur totale de son corps. Les différentes parties de son visage sont bien formées, ainsi que sa langue et les bourgeons dentaires. Ses bras ont des mains, des doigts et des pouces, et ses jambes ont des genoux, des chevilles et des orteils. Il est recouvert d'une peau mince; ses mains et ses pieds peuvent même laisser leurs empreintes.

    Les impulsions du cerveau de l'embryon coordonnent les fonctions de ses systèmes organiques. Les organes sexuels se développent; les battements du cœur sont réguliers. L'estomac sécrète des sucs digestifs et le foie produit des cellules sanguines. Les reins filtrent l'acide urique du sang. La peau est maintenant suffisamment sensible pour réagir à la stimulation tactile. Si l'on caresse un embryon avorté de 8 semaines, il réagit en fléchissant le tronc, en étirant la tête et en repliant les bras.

---

1 Des différences individuelles apparaissent dès les premiers stades de la vie. Les mesures et les descriptions que nous donnons ici représentent des moyennes.

3 mois

C'est maintenant un fœtus. Il pèse 28,35 g et mesure environ 7,62 cm de long. Il a des ongles aux doigts et aux orteils, des paupières (encore fermées), des cordes vocales, des lèvres et un nez proéminent. Sa tête est encore grosse (elle représente environ le tiers de la longueur totale de son corps) et son front est large. On peut facilement déterminer son sexe.

Les systèmes organiques fonctionnent et le fœtus peut maintenant respirer, faire descendre du liquide amniotique dans ses poumons et l'en expulser; il peut même uriner de temps en temps. Ses côtes et ses vertèbres se sont transformées en cartilage, et ses organes reproducteurs internes contiennent des cellules primitives d'ovules ou de spermatozoïdes.

Une variété de réactions spécialisées caractérisent déjà le fœtus à ce stade: il peut bouger les jambes, les pieds, les pouces et la tête; sa bouche peut s'ouvrir, se fermer et avaler. Si on touche à ses paupières, il grimace; si on touche à ses paumes, ses mains se referment à moitié; si on touche à ses lèvres, il suce; si on touche à la plante de ses pieds, ses orteils se déploient. Ces comportements réflexes sont encore présents à la naissance, mais disparaîtront au cours des premiers mois de la vie.

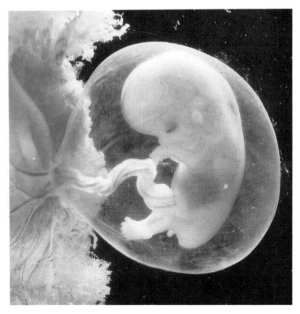

Fœtus âgé de 3 mois (Lennart Nilsson, 1977)

4 mois

Le corps a maintenant les proportions qu'il aura à la naissance, car la tête ne représente plus que le quart de la longueur totale du fœtus et continuera à croître avec lui. Le placenta est maintenant complètement développé.

La mère peut sentir les coups de pied du fœtus, qui sont considérés comme *ses premiers mouvements perceptibles,* et qui représentent pour certaines sociétés et religions le début de la vie humaine. Grâce au développement du système musculaire, les réflexes apparus au troisième mois sont maintenant plus rapides.

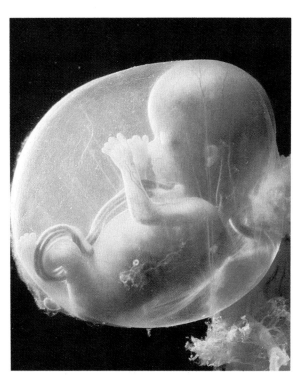

Fœtus âgé de 4 mois (Lennart Nilsson, 1977)

5 mois

Le fœtus pèse maintenant entre 340 g et 450 g, mesure environ 30,4 cm et commence à manifester des signes de personnalité individuelle. Il a un cycle sommeil-éveil défini, adopte une position préférée dans l'utérus et devient plus actif, donnant des coups de pied, s'étirant, se tortillant et hoquetant même. Si on appuie l'oreille sur le ventre de la mère, il est possible d'entendre les battements du cœur fœtal. Les glandes sudoripares et sébacées fonctionnent. Le système respiratoire n'est pas encore suffisamment développé pour fonctionner en dehors de l'utérus; un bébé qui naît à ce stade n'a aucune chance de survie.

Des sourcils et des cils rudes ont commencé à pousser, de fins cheveux couvrent la tête et un duvet laineux appelé lanugo recouvre le corps et disparaîtra à la naissance, ou peu après.

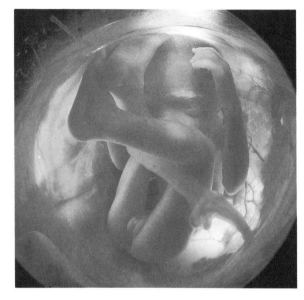

Fœtus âgé de 5 mois (Lennart Nilsson, 1977)

6 mois

Le rythme de croissance du fœtus s'est un peu ralenti. Le fœtus mesure maintenant 35,56 cm et pèse 570 g. Des coussins adipeux se forment sous sa peau; les yeux sont complets: le fœtus peut maintenant ouvrir ses yeux, les fermer et regarder dans toutes les directions. Il peut maintenir une respiration régulière pendant 24 heures; il est capable de pleurer et de serrer les poings fermement.

S'il naissait maintenant, le fœtus aurait de très minces chances de survie, car son appareil respiratoire n'est pas encore suffisamment développé. Il y a cependant des cas où des fœtus de cet âge survivent hors de l'utérus.

7 mois

Le fœtus, qui mesure 40,6 cm et pèse entre 1360 g et 2270 g, a maintenant des réflexes complètement développés. Il pleure, il respire, il avale et peut même sucer son pouce. La lanugo peut disparaître autour de cette période, mais se maintient parfois jusqu'après la naissance. Les cheveux continuent parfois de pousser. Si le fœtus pèse au moins 1590 g, il a de bonnes chances de survivre hors de l'utérus, pourvu qu'il reçoive des soins médicaux intensifs. Il devra probablement vivre dans un incubateur jusqu'à ce qu'il atteigne un poids de 2270 g.

---

8 mois

Le fœtus, qui mesure entre 45,72 cm et 50,8 cm et pèse entre 2270 et 3180 g est maintenant à l'étroit dans l'utérus. C'est pourquoi ses mouvements sont réduits. Au cours du huitième et du neuvième mois, une couche adipeuse recouvre tout le corps du fœtus, lui permettant de s'adapter aux variations de température à l'extérieur de l'utérus.

---

9 mois

Environ une semaine avant la naissance, le bébé cesse de grandir, ayant atteint un poids moyen de 3180 g et une grandeur de 50,8 cm; les garçons ont tendance à être un peu plus grands et plus lourds que les filles. Des coussins adipeux continuent de se former, les organes fonctionnent mieux, le rythme cardiaque s'accélère et plus de déchets sont éliminés. La couleur rougeâtre de la peau s'estompe. Le jour de sa naissance, le fœtus aura séjourné environ 266 jours dans l'utérus, même si l'âge de gestation est normalement fixé à 280 jours par les médecins qui situent le début de la grossesse à la dernière menstruation de la mère.

Encadré 2.2

L'adoption: quelques informations

Au Québec, ce sont les Centres de services sociaux (CSS) qui s'occupent de l'adoption et plus particulièrement des questions concernant la postadoption (conservation des dossiers et respect de l'anonymat des personnes ayant laissé leur enfant pour adoption). Le Secrétariat à l'adoption se charge prioritairement de la question des adoptions internationales. Le Mouvement Retrouvailles, qui n'est pas une organisation gouvernementale, réclame quant à lui le droit à peu près illimité de la personne à la connaissance de ses origines.

Actuellement, la position des C.S.S. est la suivante: avant qu'un enfant atteigne 14 ans, les parents adoptifs peuvent obtenir divers renseignements sur le ou les parents biologiques; entre 14 et 18 ans, l'enfant peut demander et recevoir lui-même les renseignements accessibles sur ses antécédents sociaux et médicaux, à l'exception de ceux qui permettent d'identifier le ou les parents biologiques. À partir de 18 ans, toute personne peut demander de rencontrer ses parents biologiques. Le C.S.S. exige la concordance entre le désir de l'enfant et celui du parent biologique; ce n'est qu'avec l'assentiment écrit du parent biologique (obtenu sans qu'il n'y ait eu de pression exercée sur lui) que le C.S.S. organisera une rencontre de retrouvailles.

---

des graines vertes. Ce rapport s'explique par la *loi de la dominance.*

Les gènes qui déterminent les différentes formes d'un même trait (comme la couleur des graines ou celle des yeux d'une personne) se nomment **allèles.** Étant distribués sur des paires de chromosomes, les gènes se présentent aussi par paires; un plant de pois peut posséder deux allèles identiques (deux jaunes ou deux verts) ou deux allèles différents (un vert et un jaune) pour déterminer la couleur de ses graines. Si les deux allèles sont identiques, on dit que le plant est **homozygote** quant à ce trait particulier; s'il sont différents, on dit qu'il est **hétérozygote.**

Dans le cas d'un individu hétérozygote, un des deux allèles est dominant (c'est-à-dire que le trait qu'il véhicule sera celui qui se manifestera) et l'autre, récessif (le trait véhiculé ne se manifestant pas). Un caractère récessif ne peut donc apparaître que chez les individus homozygotes quant à cette paire d'allèles. Mendel découvrit donc que l'allèle produisant des graines jaunes dominait celui qui donnait des graines vertes. Le rapport de trois pour un qu'il observa quant à la couleur des graines produites (**modèle de l'hérédité dominante**) se révèle identique pour d'autres caractères, comme le caractère lisse ou ridé des graines ou encore, la taille des plants. Ce modèle se retrouve dans toute la nature (avec plusieurs nuances, cependant). Ainsi, il s'applique à la couleur des yeux (le brun est dominant par rapport au bleu), à la forme des cheveux (le cheveu crépu est dominant par rapport au cheveu raide) et à certaines maladies (décrites plus loin) transmises soit par ses gènes dominants, soit par des gènes récessifs.

La loi de la dominance a un impact important sur l'être humain. Au moment de la fécondation, un zygote reçoit deux allèles de chaque gène, l'un provenant de la mère, l'autre du père. La composition de ces paires d'allèles détermine plusieurs caractères de l'enfant. Les traits observables (comme la couleur des yeux ou de la peau, ou le groupe sanguin) représentent le **phénotype** de l'individu, alors que le modèle génétique sous-jacent représente son **génotype** (voir figures 2.5 et 2.6).

Les individus manifestant les mêmes phénotypes n'ont pas nécessairement le même génotype, car des traits apparents identiques peuvent provenir de plusieurs modèles génétiques différents. Par exemple, Luc a reçu des allèles identiques (brun, brun) de ses deux parents qui ont les yeux bruns; il a lui-même les yeux bruns et est considéré comme *homozygote* quant à la couleur des yeux. Brigitte, de son côté, a hérité de deux allèles différents (brun, bleu).

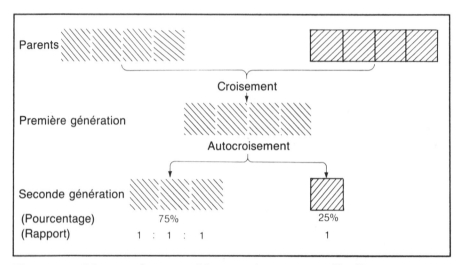

Figure 2.5   Génotype: la composition génétique responsable d'un caractère

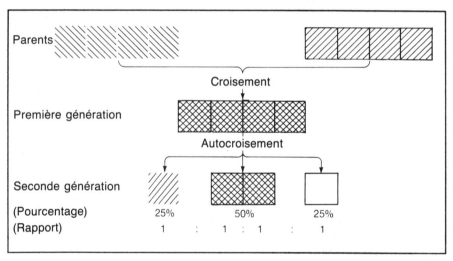

Figure 2.6   Phénotype: la manifestation d'un caractère

On dit qu'elle est *hétérozygote* quant à ce caractère. Dans ce cas, un allèle est dominant, l'autre *récessif*. L'allèle dominant (celui des yeux bruns dans cet exemple) va annuler ou supprimer la manifestation phénotypique de l'allèle récessif (celui des yeux bleus). Brigitte, qui est hétérozygote, a elle aussi les yeux bruns, mais son génotype est différent de celui de Luc. La différence de génotype signifie que Luc, qui est homozygote, ne peut transmettre que le caractère des yeux bruns à ses enfants alors que Brigitte, qui est hétérozygote, peut transmettre les gènes des yeux bruns ou des yeux bleus. Le gène récessif — ici celui des yeux bleus — *peut* être transmis. Il se manifestera dans les générations futures *uniquement* si un enfant reçoit le même allèle récessif de son autre parent. Divers facteurs peuvent modifier un phénotype.

Par exemple, une personne porteuse d'un génotype la prédisposant à devenir grande peut, si elle souffre d'une maladie ou de sous-alimentation, ne pas atteindre la taille prévue par son génotype.

Le processus de transmission héréditaire de certains caractères est très complexe. Un enfant hétérozygote peut manifester un phénotype intermédiaire entre ceux de ses parents (pour la grandeur ou la couleur de la peau, par exemple); ceci indique que ces traits sont transmis par plusieurs paires de gènes. Un trait peut aussi combiner les caractéristiques des deux allèles (cas de dominance incomplète) comme c'est le cas pour certaines substances chimiques dans le sang. Certains gènes, comme ceux qui déterminent les groupes sanguins, existent sous trois formes alléliques ou davantage, et se nomment **allèles multiples** (Boston Children's Medical Center, 1972). Selon Hetherington et Parke (1979), «On compte aujourd'hui environ 3,8 milliards d'individus vivants, mais il existe environ 70 billions de génotypes humains possibles.» (p. 29)

La plupart du temps, les gènes normaux sont dominants par rapport à ceux qui portent des traits anormaux. Mais il arrive parfois que la situation soit inversée et qu'un trait anormal soit véhiculé par un gène dominant. Lorsque l'un des parents, la mère par exemple, possède un gène normal (récessif) et un gène anormal (dominant), et que l'autre parent, le père, possède deux gènes normaux, chacun de leurs enfants aura 50 % de risques d'hériter du gène anormal de la mère et d'être atteint de la même anomalie qu'elle (voir figure 2.7). Chaque individu porteur de ce gène dominant anormal souffre de l'anomalie en question. Celle-ci ne tue pas l'individu atteint avant l'âge de la reproduction car si tel était le cas, l'anomalie ne pourrait être transmise d'une génération à l'autre. Parmi les maladies transmises de cette manière, on trouve l'achondroplasie (une forme de nanisme) et la chorée de Huntington (une maladie conduisant à la dégénérescence progressive du système nerveux).

C'est la chorée de Huntington qui a emporté Woody Guthrie, le chanteur folk américain. Son fils, le chanteur Arlo Guthrie, ne sait pas encore s'il a hérité ou non de la maladie de son père, car les symptômes n'apparaissent chez une personne que vers la trentaine ou la quarantaine. S'il a été chanceux, Arlo a hérité d'un des deux gènes normaux de sa mère quant à ce caractère et du gène normal de son père; s'il a plutôt hérité du gène anormal de ce dernier, il sera voué au même sort que lui.

L'hérédité récessive

Les personnes aux yeux bleus et les plants de pois à graines vertes suivent le **modèle de l'hérédité récessive.** Les caractères récessifs n'apparaissent que si un enfant a reçu le même gène récessif de chacun de ses parents.

Quand l'un des parents (la mère, par exemple) porte deux gènes dominants (ceux des yeux bruns, par exemple) et l'autre parent (le père) un gène qui donne des yeux bruns (dominant) et un gène qui donne des yeux bleus (récessif), aucun de leurs enfants ne peut avoir les yeux bleus. Chaque enfant, par ailleurs, a 50 % de chances d'être *porteur* de l'allèle des yeux bleus, comme le père, et de pouvoir à son tour transmettre ce gène récessif à ses enfants.

Lorsqu'un porteur de gène récessif s'unit à un porteur du même gène récessif, chacun de

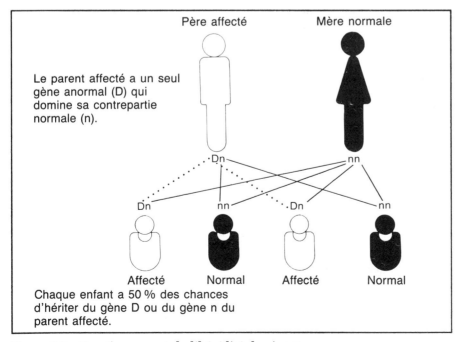

Figure 2.7   Fonctionnement de l'hérédité dominante

leurs enfants a 50 % de chances de recevoir un gène dominant et un gène récessif, et d'être lui-même porteur du gène récessif. Chaque enfant a une chance sur quatre d'hériter du gène dominant (yeux bruns) de chaque parent; dans ce cas, non seulement il n'a pas les yeux bleus lui-même, mais il ne peut transmettre ce caractère à ses enfants. Chaque enfant a aussi une chance sur quatre de recevoir le gène récessif (yeux bleus) de chacun de ses parents. Ce n'est que dans ce dernier cas que l'enfant aura les yeux bleus.

Si le bleu des yeux est un caractère récessif apprécié, plusieurs autres caractères récessifs, par lesquels se transmettent plus de 700 maladies ou anomalies congénitales, ne le sont pas. Si l'union entre deux personnes qui ont des liens de parenté est parfois déconseillée, c'est en partie pour réduire la possibilité que les enfants héritent d'une maladie transmise par les gènes récessifs que les deux parents peuvent avoir hérité d'un ancêtre commun.

Les maladies transmises par des gènes récessifs sont souvent des causes de mortalité infantile. Parmi ces maladies, on trouve l'anémie à hématies falciformes, une anomalie sanguine le plus souvent rencontrée chez les personnes de race noire, et la maladie de Tay-Sachs, qui se manifeste par la détérioration du système nerveux central et frappe surtout les Juifs dont les ancêtres viennent d'Europe de l'Est.

L'hérédité liée au chromosome X

L'absence de perception du rouge et du vert (daltonisme) fait partie des quelque 150 anomalies connues qui peuvent être transmises par des gènes récessifs. Portés par le chromosome X, ces caractères récessifs liés au sexe se manifestent presque uniquement chez les enfants de sexe mâle. C'est également ainsi que se transmet l'hémophilie, une perturbation de la coagulation sanguine connue sous le nom de «maladie royale» parce qu'elle a touché plusieurs membres de la famille royale d'Angleterre. Les fils d'un homme normal et d'une femme porteuse d'un gène anormal ont 50 % des chances d'hériter du chromosome X anormal de leur mère et de manifester l'anomalie; ils ont également 50 % des chances de recevoir le chromosome X normal de leur mère et de ne pas être affectés. Les filles, de leur côté, auront 50 % des chances d'être porteuses du gène récessif (voir figure 2.9). Un père atteint

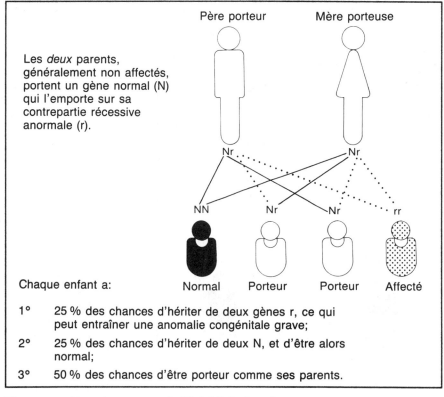

Père porteur　　　Mère porteuse

Les *deux* parents, généralement non affectés, portent un gène normal (N) qui l'emporte sur sa contrepartie récessive anormale (r).

Nr　　　Nr

NN　　　Nr　　　Nr　　　rr

Chaque enfant a:　　Normal　Porteur　Porteur　Affecté

1°　25 % des chances d'hériter de deux gènes r, ce qui peut entraîner une anomalie congénitale grave;

2°　25 % des chances d'hériter de deux N, et d'être alors normal;

3°　50 % des chances d'être porteur comme ses parents.

Figure 2.8　Fonctionnement de l'hérédité récessive

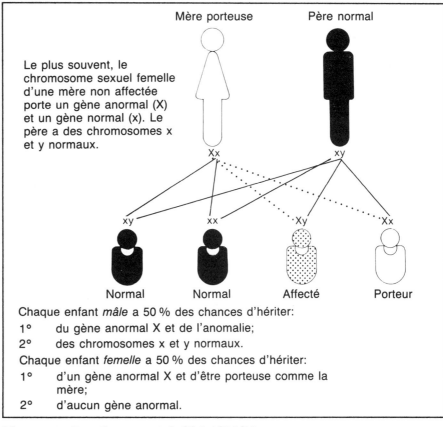

Le plus souvent, le chromosome sexuel femelle d'une mère non affectée porte un gène anormal (X) et un gène normal (x). Le père a des chromosomes x et y normaux.

Mère porteuse   Père normal

Xx   xy

xy   xx   Xy   Xx

Normal   Normal   Affecté   Porteur

Chaque enfant *mâle* a 50 % des chances d'hériter:
1°   du gène anormal X et de l'anomalie;
2°   des chromosomes x et y normaux.

Chaque enfant *femelle* a 50 % des chances d'hériter:
1°   d'un gène anormal X et d'être porteuse comme la mère;
2°   d'aucun gène anormal.

Figure 2.9   Fonctionnement de l'hérédité liée au sexe

de l'anomalie ne peut jamais transmettre le gène récessif à ses fils, puisqu'il leur donne un chromosome Y; il peut cependant le transmettre à ses filles qui en deviennent alors porteuses.

Dans de rares cas, une fille peut hériter d'une de ces anomalies liées au chromosome X. La fille d'un homme hémophile et d'une femme porteuse de cette maladie a 50 % des chances d'hériter du chromosome X anormal de chaque parent. Si cela se produit, elle sera atteinte de cette maladie.

La disjonction des caractères

Mendel a étudié la transmission simultanée de deux caractères relatifs à la couleur et à la forme des graines chez les pois. Pour ce faire, il a croisé des plants produisant des graines jaunes (dominant) et ridées (récessif) à des plants produisant des graines vertes (récessif) de forme ronde (dominant). Les résultats de ce croisement lui ont prouvé que les gènes de la couleur et de la forme des graines étaient transmis séparément. Ainsi, la plupart des graines issues

de ce croisement étaient jaunes et rondes, ces deux caractères étant dominants; les graines jaunes et ridées ainsi que les graines vertes et rondes (portant chacune un caractère dominant et un récessif) étaient en nombre égal, mais moins abondantes que les graines jaunes et rondes; enfin les graines portant les deux caractères récessifs (soit les graines vertes et ridées) étaient les moins nombreuses. C'est grâce à ce type de croisement que Mendel a démontré que chaque trait héréditaire est transmis comme une unité séparée.

L'hérédité multifactorielle

Un grand nombre de traits normaux et certains traits anormaux semblent être transmis de façon beaucoup plus complexe, soit par certaines combinaisons de gènes, soit par l'interaction de facteurs du milieu et de prédispositions héréditaires. La taille, le poids, certains aspects de l'intelligence et d'autres caractères généraux semblent déterminés non pas par un ou deux gènes, mais par plusieurs. Parmi les anomalies humaines attribuées à l'interaction de divers facteurs, il y a le spina-bifida (une malformation qui consiste en une fissure d'une ou de plusieurs vertèbres) et le bec-de-lièvre (fusion incomplète de la voûte palatine ou de la lèvre supérieure). La schizophrénie qui est une maladie mentale et l'hyperactivité qui est un trouble du comportement, sont peut-être aussi transmises de façon multifactorielle.

Les anomalies chromosomiques

Chaque cellule du corps humain porte tous nos chromosomes. Chacune reflète donc notre patrimoine génétique. Une fois établis, le nombre et le type de chromosomes demeurent stables toute la vie durant. Lorsqu'il y a une perturbation dans la formation des chromosomes, des anomalies graves peuvent apparaître. Certaines anomalies chromosomiques sont héréditaires, alors que d'autres résultent d'accidents qui surviennent au cours du développement de l'organisme. Il est peu probable que les anomalies accidentelles se répètent dans une même famille.

Le syndrome de Down

L'anomalie chromosomique la plus fréquente est le **syndrome de Down**, également appelé «mongolisme» en raison du fait que les individus qui en sont atteints ont les yeux bridés. Le mongolisme se caractérise également par une petite tête, un nez aplati, une langue protubérante, une malformation du cœur, des yeux et des oreilles, ainsi que par une arriération mentale et motrice.

Cette affection est due à la présence d'un chromosome 21 supplémentaire ou encore au transfert d'un segment du vingt-et-unième chromosome sur un autre chromosome (translocation); elle touche environ un nouveau-né sur 700. Le risque de donner naissance à un bébé mongolien augmente de façon sensible avec l'âge des parents. L'incidence de la maladie chez les enfants nés de mères âgées de 25 ans est de 2 sur 2000; chez les enfants nés de mères âgées de 40 ans, elle est de 1 sur 100; chez les enfants nés de mères âgées de 45 ans et plus, elle est de 1 sur 40. Le risque croît également avec l'âge du père: il augmente doucement jusqu'à l'âge de 49 ans et plus sensiblement à partir de 55 ans (Abroms et Bennett, 1979). Des analyses récentes des caryotypes des parents d'enfants atteints du syndrome de Down ont démontré que dans plus d'un cas sur quatre, celui-ci peut être attribué au père (Abroms et Bennett, 1981).

Cette maladie est héréditaire dans seulement 3 % des cas environ, et risque davantage de se manifester si les parents sont jeunes; lorsque les parents sont plus vieux, la maladie résulte plutôt d'un *accident chromosomique*. L'erreur de distribution chromosomique peut se produire au cours du développement de l'ovule, du spermatozoïde ou du zygote (Smith et Wilson, 1973).

Jusqu'à présent, la plupart des recherches portant sur les causes du syndrome ont surtout tenu compte du rôle joué par la mère. Des chercheurs ont émis l'hypothèse selon laquelle le vieillissement provoquerait une détérioration des ovules chez certaines femmes. En outre, il semble qu'il soit possible que les femmes plus jeunes qui donnent naissance à des bébés mongoliens souffrent d'un vieillissement biologique précoce. La naissance de ces bébés connaît des variations saisonnières qui pourraient être attribuées aux fluctuations hormonales saisonnières chez les femmes (Emanuel, Sever, Milham et Thuline, 1972; Robinson et Coll., 1974; Janerick et Jacobson, 1977; Holmes, 1978). Maintenant que de nouvelles techniques ont permis d'identifier les chromosomes parentaux et de démontrer que le père joue un rôle plus important qu'on ne le croyait dans la transmission du syndrome, les chercheurs s'intéresseront sans doute davantage au rôle joué par le père dans le mécanisme de transmission du mongolisme.

Les enfants atteints du syndrome de Down ont des capacités intellectuelles limitées qui se situent généralement entre la débilité légère et la débilité moyenne inférieure. Alors qu'autrefois la plupart des professionnels conseillaient de confier ces enfants à des institutions, ils recommandent plutôt maintenant de les garder à la maison. Il y a même un nombre de plus en plus important de familles qui adoptent des enfants mongoliens lorsque les parents ne se sentent pas capables de s'en occuper eux-mêmes (Oelsner, 1979). Les enfants mongoliens, qui sont généralement gais, sociables et très expressifs, sont souvent des compagnons agréables et heureux. Plusieurs développent leur dextérité manuelle et, parvenus à l'adolescence ou à l'âge adulte, peuvent aider à subvenir à leurs besoins.

Les enfants atteints du syndrome de Down ont des capacités intellectuelles limitées, mais font souvent preuve de beaucoup de gaieté et de sociabilité. De récents programmes ont permis à plusieurs de ces enfants de réaliser des performances qu'on croyait impossibles auparavant.

Des programmes récents destinés aux enfants atteints du syndrome de Down ont permis à ceux-ci de faire des progrès étonnants et ont incité les éducateurs à réviser leurs attentes face à eux (Hayden et Haring, 1976). En outre, des groupes de soutien aident les parents des enfants mongoliens à surmonter leurs sentiments d'isolement et de culpabilité et à s'informer sur cette maladie (Abroms et Bennett, 1981).

La consultation génétique

Cinq ans après s'être mariés, Jean et Suzanne Lafleur décidèrent qu'ils étaient prêts à commencer leur famille. Suzanne ne tarda pas à devenir enceinte. Ils transformèrent leur salle de travail en chambre d'enfant et étaient impatients d'y installer leur bébé. Mais ce bébé ne vit jamais la belle chambre qu'on lui avait préparée. Il était mort-né, victime d'*anencéphalie*, une anomalie congénitale caractérisée par l'absence d'encéphale et la malformation de certains organes internes.

Jean et Suzanne étaient bouleversés d'avoir perdu l'enfant qu'ils avaient si ardemment désiré. Bien plus, ils craignaient d'avoir un autre enfant. Ils avaient peur de ne pas pouvoir mettre au monde un être normal. Ils voulaient encore avoir un enfant, mais ne se sentaient pas prêts à vivre une autre déception aussi douloureuse.

Des services de **consultation génétique** ont été créés au cours des dernières années afin d'aider les couples qui, comme Suzanne et Jean, ont des raisons de croire qu'ils risquent de concevoir un enfant atteint d'une anomalie congénitale. Les couples qui ont déjà eu un enfant handicapé et dont l'histoire de famille révèle la présence d'une maladie héréditaire, de même que les personnes qui souffrent d'une anomalie qu'elles soupçonnent être héréditaire peuvent obtenir des renseignements qui leur permettront d'évaluer les risques d'avoir des enfants infirmes. Les objectifs de la consultation génétique sont de découvrir les causes d'une anomalie qui affecte un enfant, d'établir des modèles de transmission héréditaire et d'évaluer les possibilités pour un couple d'avoir des enfants normaux.

Le conseiller en génétique peut être un pédiatre, un gynécologue, un médecin de famille ou un spécialiste en génétique. Il doit prendre connaissance de toute l'histoire de la famille; il doit également obtenir des renseignements relatifs aux maladies et aux facteurs qui sont à l'origine de la mort des enfants de la même famille, des parents, des oncles et tantes du même sang, et des grands-parents; il doit aussi se renseigner sur les mariages consanguins, les fausses-couches, les mises au monde d'enfants mort-nés et rassembler toutes les données pertinentes. Il fait ensuite passer un examen médical à chacun des parents et aux enfants de la famille, car un tel contrôle sert à déceler des indices de la présence d'une anomalie héréditaire.

Le conseiller peut également avoir recours à des analyses de laboratoire sophistiquées du sang, de la peau, de l'urine et des empreintes digitales des patients. Il peut également faire analyser puis photographier les chromosomes qui proviennent d'un tissu des patients. Les photographies des chromosomes sont ensuite découpées, et disposées de façon qu'on puisse apparier les chromosomes selon leur taille et leur structure; cette opération permet d'obtenir un **caryotype** qui illustre toutes les anomalies chromosomiques du patient. Grâce à l'utilisation de techniques perfectionnées d'examen des caryotypes, on peut savoir si un individu apparemment normal peut transmettre des anomalies génétiques à ses enfants.

À partir des résultats de tous ces examens, le conseiller en génétique peut évaluer mathématiquement les risques pour un couple d'avoir un enfant anormal. Si le couple juge que ces risques sont trop élevés, il peut choisir la stérilisation ou envisager d'autres solutions, comme l'insémination ou l'adoption.

Le conseiller en génétique ne peut inciter un couple à risquer de mettre au monde un enfant handicapé. Son rôle consiste plutôt à évaluer mathématiquement les risques encourus, à éclairer le couple sur les conséquences des anomalies et à le renseigner sur les solutions de rechange possibles.

Certaines personnes croient que la probabilité de 25 % de transmettre une maladie liée à un gène récessif, par exemple, signifie que si le premier enfant est affecté, les trois enfants qui suivront ne le seront pas. Mais le dicton qui veut que «la chance n'a pas de mémoire» s'applique ici. Une probabilité de 25 % signifie que chaque enfant issu d'une telle union a une chance sur quatre d'hériter de la maladie en question. Si cette maladie n'est pas trop grave ou si elle est curable, le couple peut choisir de prendre le risque. Dans d'autres cas, les résultats de la consultation pourront rassurer les parents en leur démontrant que le risque qu'ils craignent tant est en fait très mince ou même inexistant. Les généticiens espèrent pouvoir aider encore beaucoup plus les parents dans l'avenir; ils pensent même arriver à modifier certaines structures génétiques anormales et à pouvoir guérir ainsi certaines anomalies génétiques héréditaires.

Au Québec, les conseillers en génétique des centres hospitaliers universitaires peuvent généralement répondre aux questions relatives à la génétique et aux maladies génétiques. Ces centres sont dotés d'un service de documentation et offrent des services de consultation génétique.

Le diagnostic prénatal des anomalies congénitales

Au cours des dernières années, les chercheurs ont perfectionné la technologie médicale et ont mis au point un éventail toujours grandissant d'outils révolutionnaires qui permettent d'évaluer l'état de santé des enfants même avant leur naissance. L'apparition de ces nouvelles techniques et la légalisation de l'avortement ont encouragé plusieurs couples dont l'histoire familiale ou personnelle est préoccupante à prendre le risque de concevoir un enfant.

Plusieurs couples qui n'auraient jamais osé laisser une grossesse se poursuivre ont été rassurés par des examens intra-utérins. Les résultats leur ont permis de savoir que leur bébé ne naîtrait pas avec les anomalies redoutées. Dans d'autres cas, en apprenant que leur bébé naîtrait handicapé, certains parents ont choisi de mettre fin à la grossesse; en réitérant leur tentative, ils ont mis au monde des enfants exempts d'anomalie. Il existe également des parents qui ont décidé de ne pas interrompre la grossesse. En connaissant par le diagnostic prénatal les handicaps que leur enfant aurait à la naissance, ils ont eu le temps de se préparer à sa maladie et de prévoir les soins spéciaux que son état exigerait.

Selon une communication de Jean-Marie Bernard (1978), les groupes de grossesses qui présentent les plus hauts taux de risque au Québec sont les suivants: d'abord le groupe des femmes âgées de 35 ans et plus qui n'ont jamais accouché ou qui accouchent pour la cinquième fois ou plus; puis, les femmes de cet âge, peu importe le nombre d'enfants qu'elles ont mis au monde; ensuite, toutes celles qui accouchent pour la cinquième fois ou plus; et finalement, le groupe des femmes de moins de 20 ans, peu importe qu'elles aient déjà accouché ou non. Bernard note de plus que l'on retrouve dans le groupe des mères de moins de 20 ans (surtout constitué en fait de mères de moins de 18 ans) un nombre élevé de nouveau-nés de poids insuffisant. À cet égard, il rapporte les études de Jacqueline Fabia qui démontrent l'influence de la consommation de cigarettes sur le poids à la naissance. Alors que Fabia estimait à 43,2 % en 1970-1971 le pourcentage de l'ensemble des femmes qui fumaient durant leur grossesse, ce pourcentage était de 55,3 % pour les futures mères de moins de 20 ans; en 1972, le pourcentage des femmes enceintes de moins de 20 ans qui fumaient était passé à 60 %, ce qui expliquerait le nombre élevé de naissances de bébés de poids insuffisant dans ce groupe d'âge.

Pour Bernard (1978), «l'étroite relation qui existe entre les facteurs démographiques, principalement l'âge et la parité, et la mortalité périnatale et infantile, permet d'envisager des mesures qui, au moins à titre informatif, inciteraient les parents à avoir leurs enfants au cours d'une période considérée comme optimale, soit entre 20 et 30 ans, ou à prendre conscience des risques accrus et à accepter les mesures qui s'imposent alors» (p. 18).

Voyons maintenant quelques-unes des techniques de diagnostic prénatal.

L'amniocentèse

Cette technique consiste à prélever et à analyser un échantillon du liquide amniotique (liquide utérin dans lequel baigne le fœtus). L'**amniocentèse** sert à dépister un nombre de plus en plus important d'anomalies congénitales et à signaler aux médecins la nécessité de recourir à des traitements spéciaux, même avant la naissance, comme dans le cas d'une incompatibilité des facteurs rhésus, qui peut nécessiter des transfusions sanguines «in utero».

L'amniocentèse est recommandée aux femmes qui ont plus de 35 ans ou à celles dont l'histoire familiale présente des cas de syndrome de Down, de spina-bifida, d'anémie à hématies falciformes, d'incompatibilité sanguine ou de dystrophie musculaire. En 1986, au Québec, 2558 amniocentèses ont été pratiquées (source: RAMQ[1]).

Les résultats d'une enquête menée auprès de 3000 femmes qui ont fait l'expérience de l'amniocentèse entre 1970 et 1978 à l'Université de Californie (à San Francisco) ont révélé qu'il s'agit d'une technique «sûre, très fiable et extrêmement juste» (Golbus, Loughman, Epstein, Halbasch, Stephens et Hall, 1979, p. 157). De ce nombre, seulement 14 erreurs portant sur l'analyse ou sur le rapport des résultats ont été rapportées. Six de ces erreurs seulement avaient une incidence sur le processus de la grossesse; deux de ces femmes se sont fait avorter, alors qu'elles portaient un fœtus normal, et quatre anomalies graves nont pas été décelées.

Autres techniques de diagnostic prénatal

La biopsie des villosités chorioniques

Cette nouvelle technique, qui en est encore au stade expérimental, remplacera probablement l'amniocentèse d'ici quelques années; elle peut

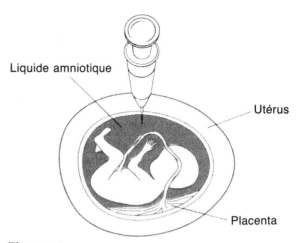

Liquide amniotique

Utérus

Placenta

Figure 2.10
L'amniocentèse est une technique qui consiste à prélever et analyser un échantillon du liquide amniotique en vue de dépister diverses malformations congénitales.

se pratiquer plus tôt (c'est-à-dire durant les premiers mois de la gestation, où il est plus facile de mettre un terme à une grossesse à risques) et on peut en obtenir les résultats plus rapidement (en moins d'un jour, parfois). **La biopsie des villosités chorioniques** consiste à prélever un fragment de tissu provenant d'une ou de plusieurs **villosités chorioniques** (saillies filiformes du chorion, membrane extérieure de l'embryon); ces **villosités** sont constituées de cellules fœtales qui se divisent rapidement, et qu'on examine en vue de dépister diverses anomalies.

L'analyse du sang maternel

Entre la quatorzième et la vingtième semaine de grossesse, on peut analyser le sang maternel en vue d'évaluer la quantité d'alphafœtoprotéines (AFP) contenue dans le sang. Ce test n'est pas recommandé à toutes les femmes enceintes, mais seulement à celles chez qui on a décelé un risque d'avoir un enfant qui souffre d'anomalies du tube neural. De graves malformations surviennent parfois lors du développement du cerveau et de la moelle épinière, comme dans le cas de spina-bifida ou d'anencéphalie.

Un taux trop élevé d'AFP peut signaler la présence de ces anomalies. Les analyses ne

---

1 Régie de l'assurance-maladie du Québec. Lorsque la source des informations fournies tout au long de cet ouvrage est la RAMQ, les lecteurs devront se rappeler que cet organisme fournit des données suite aux demandes de remboursement de médecins rémunérés à l'acte. Ces données constituent donc une description minimale des faits.

permettent cependant pas de déceler tous ces troubles et, dans environ 1 cas sur 1000, un test positif, qui indique la présence d'une anomalie, peut être erroné. C'est pourquoi lorsqu'une analyse de sang révèle un taux élevé d'AFP, on a recours aux ultra-sons ou à l'amniocentèse pour confirmer ou contredire le diagnostic (ce qui permet d'évaluer le taux d'AFP contenu dans le liquide amniotique (Ferguson-Smith et coll., 1978). Si le liquide amniotique contient un taux élevé d'AFP, on examinera le foetus au foetoscope.

Les ultra-sons

Les ondes sonores à haute fréquence dirigées sur l'abdomen de la femme enceinte produisent une image (échographie) de l'utérus, du foetus et du placenta. L'utilisation des **ultra-sons** est considérée comme une technique douce (non envahissante) parce qu'elle ne nécessite pas la pénétration d'instruments dans le corps de la patiente. Les médecins utilisent les ultra-sons pour mesurer la tête du bébé et déterminer son âge de gestation, pour détecter la présence de foetus multiples et pour faciliter la pratique de l'amniocentèse, puisque les ultra-sons permettent de localiser les structures foetales, le cordon ombilical et le placenta. Ils permettent aussi de déceler les anomalies utérines susceptibles d'entraîner des complications lors de l'accouchement, et de voir si le foetus est mort dans l'utérus.

Même si l'on n'a pas encore constaté d'effets néfastes des ultra-sons sur le développement de l'être humain, leur usage est tellement récent que ce n'est pas avant plusieurs années que l'on pourra connaître ses effets à long terme. Pour le moment, il semble donc plus prudent de ne les utiliser qu'en cas de nécessité.

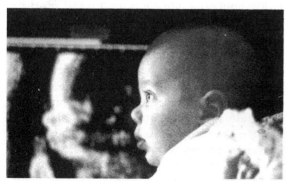

Ce bébé de 6 mois est photographié près de son image obtenue par ultra-sons (échographie) au cours du quatrième mois de gestation.

Le foetoscope

Grâce aux ultra-sons qui lui permettent d'examiner l'utérus et de localiser la silhouette du foetus, le médecin peut introduire un téléscope minuscule directement dans l'utérus. Muni d'une lumière, ce téléscope permet d'examiner directement une partie du foetus et de détecter certaines anomalies, comme l'anencéphalie, le spina-bifida ou le placenta praevia. Cette dernière anomalie entraîne l'obturation de la sortie de l'utérus par le placenta; des complications graves peuvent survenir lors de l'accouchement si elle n'est pas décelée à temps.

L'utilisation du **foetoscope** permet également de prélever un échantillon du sang foetal à l'aide d'une petite aiguille, ce qui permettra ensuite de diagnostiquer certaines anomalies comme l'anémie à hématies falciformes, l'hémophilie «classique», la dystrophie musculaire de Duchenne et parfois, la maladie de Tay-Sachs (Rodeck et Campbell, 1978; Mennut, 1977; Perry, Hechtman et Chow, 1979).

Même si les résultats de la foetoscopie sont d'une très grande précision (98 %), cette technique comporte un plus grand risque pour le foetus que l'amniocentèse, de sorte que la foetoscopie est encore relativement peu utilisée.

Le moniteur foetal électronique

Au cours des années 1960, on a commencé à utiliser couramment des moniteurs qui permettent d'enregistrer les battements cardiaques du foetus pendant le travail et l'accouchement. L'utilisation de plus en plus répandue de ce type d'appareil soulève à l'heure actuelle de nombreuses critiques.

Banta et Thacker (1979) ont analysé près de 300 rapports médicaux qui portaient sur l'utilisation du **moniteur foetal** électronique et sur ses effets. Or, ils soutiennent qu'il s'agit d'un procédé coûteux qui entraîne un plus grand nombre d'accouchements par césarienne, lesquels comportent de plus grands risques que l'accouchement par voie naturelle. De plus, ce procédé peut parfois blesser la mère ou l'enfant.

Le traitement médical «in utero»

Les techniques de diagnostic décrites ci-dessus peuvent être utilisées pour déceler puis corriger diverses anomalies congénitales. Bien que la plupart des troubles se traitent plus facilement après la naissance, certains peuvent être corrigés dans le sein maternel (Harrison, Golbus, Filly, Nakayama et Delorimier, 1982). Des fœtus ont pu avaler et absorber des médicaments, des éléments nutritifs, des vitamines ou des hormones qu'on avait injectés dans le liquide amniotique.

Certaines expériences effectuées sur des animaux laissent entrevoir la possibilité de pratiquer diverses formes de chirurgie fœtale pour corriger bon nombre d'anomalies, dont les hernies et l'hydrocéphalie (Harrison et coll., 1982; Conseil des affaires scientifiques de l'association médicale américaine, 1983). On a réussi à introduire une sonde dans la vessie d'un fœtus humain souffrant d'une obstruction des voies urinaires (Harrison et coll., 1982). Cependant, même si ce genre d'interventions prénatales comporte certains avantages, comme un rétablissement post-opératoire rapide et la possibilité de prévenir des dommages irréversibles, ils doivent cependant être évalués en regard des risques encourus tant par la mère que par le fœtus.

Les trois phases du développement prénatal

Le développement intra-utérin s'effectue selon un schéma génétique qui régit la croissance et la formation du nouvel être à travers trois phases: la phase *germinale*, la phase *embryonnaire* et la phase *fœtale*.

Il est difficile de déterminer avec précision l'âge prénatal, car on ne peut jamais connaître le moment exact de la fécondation. Normalement, les médecins établissent le début de la grossesse soit au moment de la dernière menstruation (*âge menstruel* ou 280 jours), soit deux semaines après la dernière menstruation (*âge de la fécondation* ou 266 jours). L'ovulation se produit généralement 14 jours avant la fin du cycle menstruel, mais le moment précis varie d'une femme à l'autre et même d'un cycle à l'autre chez la même femme. C'est pourquoi il est difficile d'établir la chronologie exacte de chaque phase du développement de l'embryon, même si tous les embryons passent par les mêmes étapes. Il existe cependant des moyens de déterminer l'âge de gestation d'un bébé à sa naissance:

par exemple, on peut évaluer certains signes neurologiques comme les réflexes, ou examiner le développement physique du bébé (couleur de la peau, présence de poils sur le corps, état de formation des mamelons, des oreilles, etc.).

Une description du développement prénatal apparaît au tableau 2.1.

La phase germinale (période de deux semaines suivant la fécondation)

Au cours de la **phase germinale,** le zygote se divise, se complexifie et s'implante dans la paroi de l'utérus.

Dans les 36 heures qui suivent la fécondation, le zygote unicellulaire (issu de l'union de l'ovule et du spermatozoïde) entre dans une période de division rapide. Soixante-douze heures après la fécondation, il s'est divisé en 32 cellules; une journée plus tard, il compte 70 cellules. Cette division se poursuit jusqu'à ce que la cellule unique originale ait produit les quelque 800 milliards de cellules spécialisées qui composent l'être humain.

Tout en se divisant, l'œuf fécondé descend la trompe de Fallope pour atteindre l'utérus trois ou quatre jours plus tard. À ce stade, il adopte la forme d'une sphère remplie de fluide, le **blastocyste,** qui flotte librement dans l'utérus pendant une journée ou deux. Certaines cellules à la périphérie du blastocyste s'agglomèrent d'un côté pour former le **bouton embryonnaire,** masse cellulaire épaisse à partir de laquelle le bébé se développe. Cette masse s'est déjà différenciée pour former deux feuillets. Le feuillet supérieur ou **ectoderme** est à l'origine de la couche externe de la peau, des ongles, des cheveux, des dents, des organes sensoriels et du système nerveux, y compris le cerveau et la moelle épinière. Le feuillet inférieur ou **endoderme** déclenchera la formation du système digestif, du foie, du pancréas, des glandes salivaires et du système respiratoire. Plus tard, un feuillet intermédiaire ou **mésoderme** se développera pour former la couche interne de la peau, les muscles, le squelette, le système excréteur et le système circulatoire.

Au cours de la phase germinale, d'autres parties du blastocyste se développent pour former les organes nourriciers et protecteurs: le **placenta,** le **cordon ombilical** et le **sac amniotique.** Le placenta, dont les fonctions sont

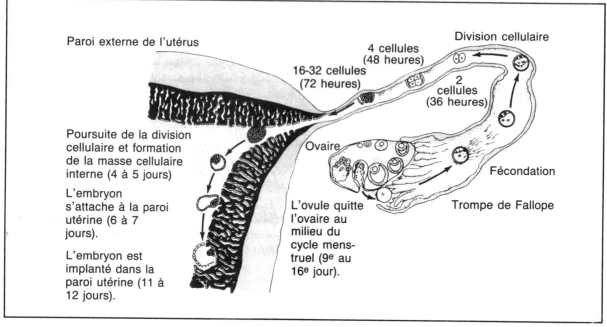

Paroi externe de l'utérus

Division cellulaire

4 cellules
(48 heures)

16-32 cellules
(72 heures)

2 cellules
(36 heures)

Poursuite de la division cellulaire et formation de la masse cellulaire interne (4 à 5 jours)

L'embryon s'attache à la paroi utérine (6 à 7 jours).

L'embryon est implanté dans la paroi utérine (11 à 12 jours).

Ovaire

L'ovule quitte l'ovaire au milieu du cycle menstruel (9e au 16e jour).

Fécondation

Trompe de Fallope

Figure 2.11   Le développement de l'œuf fécondé et de l'embryon

très diversifiées, est relié à l'embryon par le cordon ombilical qui lui permet de transmettre l'oxygène et les substances nutritives au fœtus, et d'éliminer les déchets. Le placenta contribue également à combattre les infections internes, à immuniser le fœtus contre diverses maladies et à produire les hormones spécifiques de la grossesse. Ces hormones préparent les seins de la mère pour la lactation et stimulent les contractions utérines qui permettront d'expulser le bébé au moment de l'accouchement. Le sac amniotique est formé d'une membrane renfermant un liquide dans lequel baigne le bébé en gestation; il protège le bébé tout en lui laissant assez d'espace pour bouger.

Le **trophoblaste,** enveloppe externe du blastocyste, produit de minuscules filaments qui pénètrent dans le revêtement de la paroi utérine. C'est ainsi que le blastocyste s'enfouit et s'implante dans un nid chaud et nourricier. Au moment de la nidation, le blastocyste contient environ 150 cellules; lorsque cette masse cellulaire est bien implantée dans l'utérus, elle porte le nom d'**embryon.**

La phase embryonnaire (de la deuxième à la douzième semaine)

C'est au cours de la **phase embryonnaire** que les principaux organes et systèmes (respiratoire, digestif, nerveux) du corps humain se développent. À cause de la croissance et du développement rapides qui s'effectuent alors, l'embryon est très vulnérable aux influences du milieu prénatal. Presque toutes les anomalies congénitales (bec-de-lièvre, surdité, etc.) apparaissent durant la période critique du premier *trimestre* (période de trois mois) de la grossesse. En général, les embryons les plus gravement atteints ne survivent pas au-delà de cette période; c'est ce qui donne lieu à des avortements spontanés, dits «fausses couches» (Garn, 1966).

La phase fœtale (de la douzième semaine à la naissance)

Vers la huitième semaine, les premières cellules osseuses apparaissent et l'embryon devient fœtus. Vers la douzième semaine, c'est la **phase fœtale** qui commence. Au cours de cette longue période qui aboutira à la naissance, la touche finale est donnée pour parachever les diverses parties du corps. L'organisme changera de forme et grandira pour atteindre environ 20 fois la longueur qu'il avait au début de la douzième semaine.

L'avortement

L'avortement spontané

Une fausse couche, ou **avortement spontané**, consiste en l'expulsion hors de l'utérus d'un embryon ou d'un fœtus qui ne peut survivre à l'extérieur du sein maternel. Trois fausses couches sur quatre se produisent au cours du premier trimestre, et l'on estime que de 30 % à 50 % de toutes les grossesses se terminent par un avortement spontané (Gordon, 1975; Garn, 1966).

Autrefois, les gens croyaient qu'une fausse couche pouvait être causée entre autres par la peur provoquée par un coup de tonnerre ou encore par la secousse d'une voiture qui dévie de la route et tombe dans une ornière. Mais nous savons aujourd'hui que le fœtus est à l'abri de presque tous les chocs. Selon Guttmacher (1973), «Il est aussi difficile de détacher un œuf humain en santé que de faire tomber d'un pommier une pomme qui n'est pas mûre.» La plupart des fausses couches résultent de grossesses anormales.

Ash, Vennart et Carter (1977) estiment qu'environ la moitié des avortements spontanés sont dus à une aberration chromosomique. Une anomalie dans l'ovule ou le spermatozoïde, un endroit peu propice à la nidation, une interruption dans l'approvisionnement en oxygène ou en substances nutritives due à un développement anormal du cordon ombilical, une anomalie physiologique de la mère sont autant de causes possibles d'avortement spontané.

L'avortement provoqué

L'interruption délibérée d'une grossesse présente des problèmes d'ordre médical, psychologique, social et moral. Une femme peut décider de se faire avorter si le fait de mener la grossesse à terme comporte un danger pour sa santé, si elle apprend qu'elle risque d'avoir un enfant handicapé, si la grossesse résulte d'un viol ou d'un inceste, ou pour toute autre raison d'ordre personnel, que ce soit parce qu'elle veut poursuivre ses études, parce qu'elle est pauvre ou encore parce que ses relations avec son conjoint se sont détériorées.

L'avortement a été pratiqué de tout temps comme moyen de contrôler les naissances. Le droit civil anglais d'avant 1803 et les colonies américaines considéraient l'avortement comme légal s'il était provoqué avant que les premiers mouvements du fœtus soient perceptibles. Ce n'est qu'en 1869 que la doctrine catholique commença à le considérer comme un péché même s'il était provoqué avant le moment où, croyait-on, l'âme du fœtus devenait raisonnable, soit 40 jours après la conception chez le garçon et de 80 à 90 jours chez la fille! (Pilpel, Zuckerman et Ogg, 1975)

Au Canada, à partir de 1968, l'avortement thérapeutique a été permis dans les cas d'absolue nécessité, c'est-à-dire «lorsque la continuation de la grossesse d'une personne de sexe féminin mettrait ou mettrait probablement en danger la vie ou la santé de cette personne» (alinéa 4, article 251 du Code criminel du Canada; cité par Guay, Chayer et coll, 1978, p. 6).

Par ailleurs, la situation vécue à l'Hôpital Notre-Dame de Montréal révèle «que dans 90 % des cas, les femmes demandent et obtiennent un avortement thérapeutique pour des raisons d'ordre psycho-sociales liées à leur équilibre personnel, à la relation avec leur milieu, à leur situation socio-économique, etc.» (Guay, Chayer et coll., 1978, p. 3). On observe donc certains écarts dans l'application de la loi: ils proviennent d'une interprétation différente du terme «santé» et d'une définition de celle-ci qui se rapproche plus ou moins de celle de l'Organisation mondiale de la santé (O.M.S.): «La santé est un état global de bien-être physique, moral et social, et ne consiste pas seulement en une absence de maladie ou d'infirmité.» (Guay, Chayer et coll., 1978, p. 7)

Au Québec, en 1983, on a enregistré 15 200 avortements (B.S.Q., 1985). Si on compare le nombre d'avortements qui ont lieu pour 100 naissances vivantes (taux d'avortement), on obtient alors un indice de 17,3 pour l'année 1983; cet indice était de 17,0 en 1982 et progresse constamment depuis 1971 où il était de 1,4 (RAMQ). Ce taux est considéré comme assez modéré en comparaison de celui qu'on observe chez nos voisins: en 1982, il était de 23,2 en Ontario et de 43,2 aux États-Unis.

Le tableau 2.2 présente la répartition du taux d'avortements en 1982 au Québec en fonction de l'âge de la femme.

Le Canada détient toutefois le triste record d'être le deuxième pays (après l'Inde) quant au nombre d'avortements pratiqués durant le deuxième trimestre de la grossesse (source: O.N.F., *L'avortement, histoire secrète*). Cette

Tableau 2.2 Taux d'avortements par groupe d'âge

Groupe d'âge	Taux d'avortements
moins de 20 ans:	45,2
10 — 24 ans:	10,9
25 — 29 ans:	6,1
30 — 34 ans:	8,4
35 — 39 ans:	17,2
40 — 44 ans:	50,2

Source: Bureau de la statistique du Québec, 1985

situation est susceptible de changer suite à une décision récente du plus haut tribunal canadien: le 28 janvier 1988, la Cour suprême du Canada a décriminalisé l'avortement. Après de nombreuses années de luttes entre les groupes «pro-vie» et «pro-choix», la Charte canadienne des droits et libertés aura finalement eu le dernier mot: l'article 251 du Code criminel qui condamne l'avortement a été jugé inconstitutionnel, puisqu'il viole le droit à l'intégrité physique et émotionnelle des femmes (droit à la sécurité).

Lorsqu'il était pratiqué dans l'illégalité et dans de mauvaises conditions sanitaires dues à la clandestinité, l'avortement était extrêmement dangereux. Souvent, les femmes qui y avaient recours compromettaient leur santé, devenaient stériles ou même en mouraient. Maintenant qu'il est un acte légal, l'avortement est une intervention simple et très sûre, surtout lorsqu'il est pratiqué dans les premiers temps de la grossesse (Tietze et Lewit, 1977).

Une grossesse non désirée représente toujours une épreuve psychologique, quelle que soit la façon dont la femme résout son problème. Aucun des choix qui se présentent à elle n'est exempt de difficultés, qu'il s'agisse de mettre fin à la grossesse, de faire adopter son enfant ou de le garder en dépit de tous les problèmes que cette décision comporte.

Le milieu prénatal

À partir du moment de la conception et durant toute notre vie, nous sommes modelés par notre environnement. Même avant de naître, nous sommes assujettis à une foule d'influences du milieu, dont plusieurs n'ont été reconnues que très récemment. Le rôle du père, par exemple, était pratiquement ignoré par le passé. Aujourd'hui, nous savons que divers facteurs environnementaux peuvent affecter, comme nous le verrons plus loin dans ce chapitre, le sperme d'un homme et donc les enfants qu'il conçoit. Bien que le rôle de la mère ait été reconnu depuis beaucoup plus longtemps, nous découvrons encore de nombreux éléments qui affectent l'enfant qu'elle porte dans son sein.

La plupart de nos informations sur les risques prénataux proviennent de la recherche sur des animaux ou d'études dans lesquelles on a interrogé des mères après la naissance de leurs bébés sur des facteurs tels que leur alimentation, les médicaments et les drogues absorbés, les radiations auxquelles elles ont été exposées et les maladies dont elles ont souffert au cours de leur grossesse.

Ces deux méthodes sont toutefois limitées. D'une part, il n'est pas toujours pertinent à l'être humain d'appliquer les résultats de recherches faites sur des animaux; d'autre part, les mères ne se souviennent pas toujours clairement de ce qu'elles ont fait au cours de leur grossesse.

Certaines influences qui s'exercent sur le milieu prénatal n'affecteront pas tous les foetus de la même façon. Tels facteurs environnementaux seront **tératogènes** (causant des malformations congénitales) dans certains cas et auront un effet nul ou mineur dans d'autres cas. Nous ignorons encore les raisons de cet état de choses, mais selon certaines études le moment où se produit un stress environnemental, son intensité et son interaction avec d'autres facteurs sont déterminants.

Jetons maintenant un coup d'œil sur quelques-uns des principaux facteurs d'influence prénatale.

L'alimentation maternelle

Le régime alimentaire d'une femme avant et durant la grossesse peut avoir de multiples effets sur la santé future de son enfant. Examinons quelques aspects de la relation entre l'alimentation de la mère et le développement de son bébé.

L'importance d'une bonne alimentation durant la grossesse

Le bébé se développe mieux lorsque la mère s'alimente bien. L'augmentation de poids optimale au cours de la grossesse est de 10 à 12 kilos chez la femme qui a un poids normal, de huit kilos chez la femme qui a des kilos en trop et de 14 à 15 kilos chez celle qui a un poids inférieur à la normale (Winick, 1981; Naeye, 1979). Des études récentes menées sur une grande échelle ont révélé que la femme dont l'augmentation de poids est de beaucoup supérieure ou inférieure à cette moyenne présente plus de risques de perdre son bébé avant ou peu après la naissance. D'autres recherches récentes ont démontré l'importance du petit déjeuner au cours de la grossesse. En effet, chez les femmes enceintes qui sautent le repas du matin, on a constaté des modifications dans le taux de diverses substances contenues dans le sang; ces modifications ne se manifestent pas chez les femmes qui ne sont pas enceintes (Metzger, Ravnikar, Vileisis et Feinkel, 1982). (Voir à la figure 2.12 le diagramme de la distribution du gain de poids moyen au cours d'une grossesse.)

Un régime alimentaire équilibré comporte une consommation quotidienne de produits appartenant aux sept groupes d'aliments suivants: produits laitiers, viandes et substituts, fruits et légumes contenant de la vitamine A, fruits et légumes contenant de la vitamine C, autres fruits et légumes, pain et céréales, matières grasses et huiles. La femme enceinte typique doit absorber quotidiennement de 300 à 500 calories de plus qu'en temps normal et 30 grammes de protéines additionnelles (Winick, 1981). Parmi les femmes enceintes qui ont besoin de suppléments alimentaires, il y a les adolescentes, les femmes malades ou sous-alimentées, celles qui ont pris des contraceptifs oraux peu de temps avant leur grossesse et celles qui souffrent d'un stress considérable (Brown, 1983).

La malnutrition et le développement du foetus

Plusieurs études ont prouvé que les mères qui s'alimentent bien connaissent moins de complications lors de la grossesse et de l'accouchement, et qu'elles ont des bébés en meilleure santé que les mères qui ont une alimentation inadéquate. Ces dernières risquent davantage d'avoir un bébé prématuré ou de poids insuffisant, un bébé mort-né ou un bébé qui mourra peu après la naissance (Burke, Beal, Kirkwood et Stuart, 1943; Read, Habicht, Lechtig et Klein, 1973).

Les effets de la malnutrition sur le développement du cerveau ont été démontrés par une équipe de chercheurs qui ont examiné des foetus provenant d'avortements thérapeutiques de femmes sous-alimentées et des bébés morts accidentellement ou à la suite d'une grave sous-alimentation au cours de la première année de vie. Leurs résultats indiquent que le nombre de cellules du cerveau humain augmente de façon linéaire jusqu'à la naissance, et ensuite plus lentement jusqu'à l'âge de 6 mois. Par la suite, le nombre de cellules du cerveau reste fixe; ce n'est que leur poids qui augmente. Or, comme le nombre de cellules du cerveau des enfants sous-alimentés était inférieur à la normale (ne représentant parfois que 60 % de la quantité normale), il semble que ces enfants aient souffert de sous-alimentation «in utero» (Winick, Brasel et Rosso, 1972).

Plusieurs études ont démontré que divers types d'interventions peuvent aider les enfants dont les mères ont une alimentation insuffisante. En donnant des suppléments alimentaires à des femmes enceintes sous-alimentées, on a constaté diverses améliorations de l'état général de leurs enfants, comparativement à ceux d'un groupe témoin: augmentation du poids à la naissance, amélioration de l'état de santé générale, accroissement de l'acuité visuelle et du niveau d'activité (Read et coll., 1973; Vuori et coll., 1979). De plus, les mères mieux nourries allaitent plus longtemps leurs bébés, ce qui confère à ceux-ci un avantage sur les autres enfants comme nous le verrons au chapitre 3 (Read et coll., 1973).

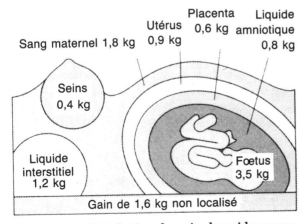

Figure 2.12 Distribution du gain de poids moyen au cours d'une grossesse

Comme l'alimentation maternelle affecte le développement du fœtus, tant sur le plan physique que sur le plan intellectuel, la société doit veiller à améliorer l'alimentation des femmes au cours de la grossesse et de l'allaitement, surtout dans les quartiers défavorisés où d'autres facteurs environnementaux peuvent aggraver les effets d'une mauvaise alimentation maternelle sur le bébé.

L'ingestion de médicaments et de drogues par la mère

Autrefois, on croyait que la placenta protégeait le bébé en gestation contre les éléments nocifs provenant du corps de la mère. Nous savons maintenant que tout ce que la mère absorbe se transmet d'une manière ou d'une autre au nouvel être qu'elle porte. Les médicaments peuvent traverser le placenta, tout comme l'oxygène, le gaz carbonique, le chlorure de sodium, l'eau et l'urée. Les effets des médicaments sont plus puissants s'ils sont absorbés au début de la grossesse. Comme nous l'avons vu, c'est durant les premiers mois que le fœtus se développe le plus rapidement. Il n'est donc pas surprenant que cette période donne particulièrement prise aux maladies et aux accidents.

Parmi les médicaments nocifs connus se trouvent la streptomycine et la tétracycline, qui sont des antibiotiques, les sulfamides, les quantités excessives de vitamines A, B_6, D et K, certains barbituriques, les opiacés ainsi que les autres dépresseurs du système nerveux central, et enfin plusieurs hormones, dont la progestérone, le diethylstilbestrol, l'androgène et l'oestrogène synthétique. Récemment, l'Accutane, un médicament souvent prescrit dans les cas graves d'acné, a été relié à l'apparition de diverses malformations congénitales.

Même l'aspirine ordinaire peut avoir des effets nocifs. Lorsqu'une femme prend de l'aspirine moins de cinq jours avant d'accoucher, les risques d'hémorragie (tant chez la mère que chez l'enfant) sont plus élevés (Stuart, Gross, Elrad et Graeber, 1982). Bien qu'il n'ait pas de conséquences graves chez le bébé de poids normal né à terme, ce saignement pourrait nuire aux bébés de poids insuffisant. Par mesure de sécurité, l'aspirine doit être ajoutée à la liste des substances médicamenteuses à éviter au cours de la grossesse. En fait, le

Comité de l'académie de pédiatrie américaine sur l'usage des médicaments et drogues (1982) recommande de ne prescrire aucun médicament à la femme enceinte ou à celle qui allaite, à moins que ce ne soit absolument essentiel pour sa santé ou pour celle de son enfant.

L'attitude la plus prudente qu'une femme puisse adopter au cours de la grossesse est de prendre le moins de médicaments possible. Elle devrait éviter les médicaments vendus en pharmacie sans ordonnance et interroger son médecin sur les dangers d'absorber tout médicament qui lui serait prescrit au cours de la grossesse. L'ennui causé par certains malaises mineurs est souvent bien mince en comparaison du risque de provoquer des effets à long terme sur le fœtus.

Les hormones

Les hormones peuvent aussi avoir un effet nocif sur le fœtus, tel qu'indiqué dans les paragraphes suivants.

Les contraceptifs oraux. Des études indiquent que chez le bébé dont la mère a pris des contraceptifs oraux au début de la grossesse, les risques d'anomalies congénitales sont plus élevés. Le problème le plus fréquent est une légère augmentation de l'incidence de certaines anomalies cardio-vasculaires; les femmes qui fument plus d'un paquet de cigarettes par jour et qui prennent «la pilule» sont plus susceptibles d'avoir des bébés atteints d'anomalies congénitales (Bracken, Holford, White et Kelsen, 1980).

Le DES (diethylstilbestrol). Les effets de l'ingestion de drogues durant la grossesse ne sont pas toujours immédiats. Vers la fin des années 1940 et le début des années 1950, le *DES* (oestrogène de synthèse) était fréquemment prescrit (inefficacement d'ailleurs) pour prévenir les fausses-couches. Plusieurs années plus tard, quand les filles des patientes qui avaient pris du DES durant leur grossesse atteignirent la puberté, certaines d'entre elles furent atteintes d'une forme rare de cancer du vagin. Au début, les médecins craignirent que 4 de ces jeunes filles sur 1000 ne soient atteintes de ce type de cancer ou ne présentent des anomalies vaginales microscopiques (Herbst, Kurman, Scully et Poskanzer, 1971; Sherman et coll., 1974). Des analyses plus récentes laissent toutefois entendre que la proportion de victimes se situerait plutôt entre 1 sur 700 et 1 sur 7000 (Orenkerb, 1981).

Plusieurs autres problèmes liés à l'ingestion du DES ont fait leur apparition. Les filles dont les mères ont pris du DES ont plus de difficultés à porter leurs propres enfants et présentent des risques plus élevés de fausse-couche ou d'accouchement prématuré (Barnes et coll., 1980). De leur côté, les fils de ces mêmes patientes présentent un taux plus élevé d'infertilité et d'anomalies au niveau du système reproducteur (Stenchever et coll., 1981). À la lumière de toutes ces données, on recommande à tous les enfants dont les mères ont pris du DES au cours de leur grossesse de se soumettre à des examens médicaux réguliers.

La caféine

La caféine absorbée par la femme enceinte qui consomme du café, des boissons à base de cola, du chocolat ou du thé peut-elle avoir des effets nocifs sur le fœtus? Bien que des rats dont les mères avaient ingéré des doses massives de caféine aient présenté des anomalies congénitales, aucune relation n'a été établie entre la consommation de caféine chez la femme enceinte et un problème quelconque chez l'enfant (Linn, Schenbaum, Monson, Rosner, Stubblefield et Ryan, 1982). Mais comme certaines questions demeurent sans réponse, le FDA (Food and Drug Administration) américain recommande aux femmes enceintes d'éviter ou de consommer avec modération tout produit contenant de la caféine (Pediatric Alert, 1980).

La nicotine

Le femme enceinte qui savoure sa cigarette après le souper ne sait peut-être pas qu'elle absorbe une drogue puissante. Mais c'est un fait que la nicotine pénètre dans son système et qu'elle affecte le fœtus. Chez les femmes qui fument, on observe un taux plus élevé d'avortements spontanés et de morts de bébés avant ou peu après la naissance.

L'effet le plus évident du tabac chez les femmes qui fument au cours de la grossesse est la tendance à avoir des bébés plus petits. En moyenne, la femme qui fume a deux fois plus de chances que la non-fumeuse d'avoir un bébé anormalement petit par rapport à son âge de gestation (Fabia, 1973). Le tabagisme semble affecter l'approvisionnement du fœtus en oxygène, probablement à cause du monoxyde de carbone contenu dans la fumée du tabac (Lancet, 1979). La réduction du poids du fœtus n'est pas due, comme certains le croyaient, à une tendance des fumeurs à manger moins ou à certains traits de personnalité propres aux fumeurs. Il est encourageant d'apprendre que la femme qui cesse de fumer avant le quatrième mois de sa grossesse ne risque pas plus de donner naissance à un bébé de poids insuffisant que celle qui ne fume pas (Buthler et coll., 1972).

La consommation de tabac chez la femme enceinte a aussi été reliée à d'autres anomalies, comme le bec-de-lièvre (Ericson, Kallen et Westerholm, 1979). Une étude a démontré que la fréquence des pulsations cardiaques du fœtus augmente et que son rythme respiratoire diminue pendant une durée moyenne de 90 minutes après que la mère a fumé une cigarette; cette situation serait due à la pénétration de la nicotine dans le système de la mère et dans celui du bébé (Manning et Feyerabend, 1976). En outre, il semble exister une interaction entre la cigarette et l'alcool. Des nouveau-nés dont les mères avaient fumé et consommé de l'alcool durant la grossesse ont obtenu des résultats sensiblement inférieurs à ceux de bébés n'ayant pas été exposés à ces substances lors de tests d'apprentissage en bas âge (Martin et coll., 1977); par ailleurs, les effets de l'alcool sur le

poids à la naissance sont plus marqués lorsque la mère fume (Wright et coll., 1983).

La consommation de tabac par la mère au cours de la grossesse peut affecter son enfant beaucoup plus longtemps qu'on ne l'avait d'abord imaginé. Des enfants normaux de 4 ans dont les mères fumaient en moyenne 15 cigarettes par jour au milieu de leur grossesse ont eu un rendement inférieur à celui d'enfants de non-fumeuses lors de tests destinés à évaluer la capacité d'attention (Streissguth et coll., 1984). De plus, trois études longitudinales au cours desquelles on a observé des enfants jusqu'à l'âge de 6 ans et demi, 7 ans et 11 ans ont démontré que les enfants d'âge scolaire dont les mères avaient fumé durant la grossesse avaient plus de difficultés que les enfants de non-fumeuses en ce qui a trait à la lecture, aux mathématiques, aux habiletés motrices et perceptives, de même qu'aux habiletés linguistiques et à l'adaptation sociale. Leurs résultats académiques et leurs quotients intellectuels étaient inférieurs à ceux des enfants des non-fumeuses et ils étaient plus susceptibles de souffrir d'hyperactivité, d'instabilité psycho-motrice et de dysfonctions cérébrales légères (Landesman-Duryer et Emanuel, 1979).

L'alcool

Les médecins se préoccupent depuis longtemps des effets de l'alcool sur le fœtus humain. Les études sur les animaux ont démontré que l'alcool traverse le placenta et qu'il se concentre pendant longtemps dans l'organisme du fœtus.

En 1973, Jones, Smith, Ulleland et Streissguth ont identifié le **syndrome alcoolique fœtal;** ce syndrome affecte les enfants de femmes qui consomment des quantités excessives d'alcool au cours de leur grossesse. Une étude faite en 1978 par Clarren et Smith indique que ce syndrome est très répandu. Il se manifeste par un mauvais fonctionnement du système nerveux central, un retard de la croissance et du développement moteur, des anomalies au niveau du visage, une intelligence inférieure à la normale et des malformations variées. Du tiers à la moitié des enfants de mères alcooliques en sont affectés à divers degrés, et il est également possible que l'alcoolisme chez le père ait un effet nocif sur le fœtus (Corrigan, 1976).

Même une consommation modérée d'alcool durant la grossesse peut affecter le fœtus. Des bébés dont les mères affirment avoir consommé quotidiennement un verre ou plus d'alcool, tout

particulièrement au début de la grossesse étaient, à l'âge de 8 mois, plus petits que les enfants dont les mères ne consommaient pas d'alcool (Barr, Streissguth, Martin et Herman, 1984). On a établi une relation entre la consommation d'alcool de la mère au milieu de sa grossesse et un faible niveau d'*accoutumance* (type d'apprentissage primitif dont nous parlerons au chapitre 3) et d'éveil chez le nouveau-né (Streissguth, Barr et Martin, 1983). Une seule «cuite» vers la fin de la grossesse ou durant la période d'allaitement peut affecter le développement cérébral et moteur du bébé et l'exposer à connaître des troubles d'apprentissage (Leichter, 1984).

En outre, la consommation d'alcool durant la grossesse risque d'avoir des effets à long terme. Des enfants normaux de 4 ans dont les mères avaient consommé en moyenne de trois à cinq verres d'alcool par semaine vers le milieu de leur grossesse firent plus d'erreurs lors de tests destinés à mesurer la capacité d'attention et manifestèrent un temps de réaction plus long que des enfants dont les mères n'avaient pas consommé d'alcool durant leur grossesse (Streissguth et coll., 1984).

Comme les recherches les plus récentes laissent entendre que la consommation d'alcool peut avoir des effets plus subtils que le syndrome alcoolique fœtal, qu'elle comporte des risques tout au long de la grossesse et qu'on ne connaît pas le taux d'alcool auquel le fœtus peut être exposé sans risque, la fondation américaine *March of Dimes* (consacrée aux anomalies congénitales, 1983a) recommande aux femmes d'éviter complètement l'alcool pendant la grossesse.

La marijuana

La recherche n'a encore fourni aucune preuve à l'effet que la consommation de marijuana ait des effets nocifs sur le fœtus humain. Mais des études faites sur des animaux ont démontré qu'il est possible de produire expérimentalement des malformations chez le fœtus. Dans un rapport sur la consommation de marijuana publié en 1972, l'Institut national américain de santé mentale recommande aux femmes en âge d'enfanter d'éviter la marijuana puisque les risques auxquels cette drogue expose le fœtus sont inconnus.

Lors d'une étude effectuée à Boston auprès de 1690 mères et enfants, les femmes qui fumaient de la marijuana étaient cinq fois plus susceptibles que les non-consommatrices de mettre au monde un enfant présentant des caractéristiques qui rappellent celles du syndrome alcoolique fœtal (Hingson et coll., 1982). Une des constatations importantes de cette étude fut l'impact du mode de vie général de la mère. Les auteurs y soulignent la difficulté d'isoler les variables et d'obtenir des informations justes de la part des mères sur leur consommation de drogues. De plus, bien que l'impact de tel ou tel autre comportement de la mère soit plutôt mineur quand on le prend isolément, ils ont constaté qu'un mode de vie global combinant des comportements tels que la consommation de tabac, d'alcool et de marijuana, une mauvaise alimentation et d'autres habitudes du genre a un impact important sur le développement du foetus et de l'enfant.

Les drogues créant l'accoutumance

Les femmes qui s'adonnent à la morphine, à l'héroïne et à la codéine sont susceptibles d'avoir des bébés prématurés. Leurs bébés deviennent dépendants de ces drogues dans l'utérus. On peut guérir l'enfant de sa dépendance en lui administrant certaines autres drogues, en diminuant graduellement la dose, mais cette cure est souvent difficile.

Même si on réussit parfois à guérir les bébés de leur dépendance, celle-ci a souvent des effets à long terme. Des études ont permis de constater que certains effets persistent au moins jusqu'à l'âge de 6 ans. À la naissance, les bébés intoxiqués sont agités et irritables, et souffrent souvent de tremblements, de convulsions, de fièvres, de vomissements et de difficultés respiratoires; le taux de mortalité peu après la naissance est deux fois plus élevé chez ces bébés (Cobrinik, Hood et Chused, 1959; Henly et Fitch, 1966; Ostrea et Chavez, 1979). Au cours de leurs premières années, ces enfants pleurent souvent, sont moins éveillés et réagissent moins aux stimuli que les bébés normaux (Strauss, Lessen-Firestone, Starr et Ostrea, 1975). Durant la petite enfance (entre 3 et 6 ans), ils ont un poids inférieur, sont moins grands, ont une capacité d'adaptation inférieure et réussissent moins bien les tests de perception et d'apprentissage que la moyenne des enfants (Wilson, McCreary, Kean et Baxter, 1979). Dans cette dernière recherche, on a remarqué que les enfants exposés à

l'héroïne différaient des autres enfants sur un autre point: ils avaient moins de contacts avec leur mère, ce qui peut également avoir influencé leur développement. Les auteurs de cette étude concluent que les enfants qui ont été exposés «in utero» à l'héroïne «doivent être considérés comme plus vulnérables aux conditions défavorables du milieu» (p. 141).

Les relations sexuelles

La plupart des recherches n'ont révélé aucun effet nocif des relations sexuelles sur le fœtus, sauf si elles ont lieu dans les heures qui précèdent immédiatement l'accouchement où l'on recommande généralement à la femme de s'abstenir (Pugh et Fermandez, 1953; Mills, Harlap et Harley, 1981; Perkins, 1979; Rayburn et Wilson, 1980). Des analyses récentes de données portant sur 26 886 grossesses ont toutefois indiqué qu'il est possible que des rapports sexuels survenus au cours des deux derniers trimestres de la grossesse soient à l'origine, dans certains cas, d'infections, de naissances prématurées et même de morts infantiles (Waeye, 1979; 1983).

Comme les données de cette dernière recherche ont été recueillies entre 1959 et 1966, au moment où le taux de mortalité néonatale était plus élevé qu'actuellement, il se peut que les analyses surestiment les dangers des relations sexuelles durant la grossesse. En attendant des résultats de recherches plus probants, Naeye (1979) souligne que puisque certains problèmes peuvent provenir d'infections causées par le sperme, il est possible d'éviter celles-ci en utilisant des condoms.

Autres facteurs liés à la mère

Les maladies

Plusieurs maladies contractées durant la grossesse peuvent avoir de graves effets sur le développement du fœtus selon le moment où la mère en a été atteinte. Alors qu'une rubéole contractée avant la onzième semaine de grossesse entraînera presque à coup sûr la surdité et des anomalies cardiaques chez le bébé, la probabilité de tels effets est réduite à une sur trois si la maladie a été contractée entre la treizième et la seizième semaine de la grossesse et elle est presque nulle si le virus atteint la mère après la seizième semaine (Miller, Cradock-Watson et

Pollock, 1982). On a également imputé au diabète, à la tuberculose et à la syphilis certaines anomalies du développement fœtal. De plus, la blennoragie et l'herpès génital peuvent avoir des effets nocifs sur le bébé à l'accouchement.

L'augmentation des cas déclarés d'herpès génital depuis le milieu des années 1960 s'est également manifestée chez les nouveau-nés qui contractent cette affection d'un de leurs parents, soit à la naissance, ou peu de temps après. Entre 1966 et 1981, des chercheurs ont constaté que l'incidence de l'herpès génital chez les nouveau-nés a presque quadruplé dans un comté de l'État de Washington (Sullivan-Bolyai, Hull, Wilson et Cory, 1983). Le virus de l'herpès simplex (VHS) a des effets graves chez le nouveau-né, pouvant causer la cécité ou d'autres anomalies, et pouvant même entraîner la mort.

Le poids de la mère à sa naissance

Le passé médical de femmes apparemment en bonne santé peut aussi avoir des effets néfastes sur leurs enfants, notamment si ces mères avaient un poids insuffisant à la naissance. La mère qui pesait moins de 2,3 kg à la naissance est plus susceptible que d'autres femmes d'avoir un bébé qui aura besoin de soins intensifs à la naissance (Hackman, Emanuel, van Belle et Daling, 1983). Il se peut qu'un poids insuffisant à la naissance ait nui au développement des organes de ces femmes, y compris à ceux des systèmes reproducteur et endocrinien, affectant ainsi la génération suivante.

L'incompatibilité des groupes sanguins

Parmi les problèmes causés par l'interaction du milieu prénatal et de l'hérédité, il y a l'*incompatibilité sanguine* de la mère et du bébé, généralement attribuable au **facteur rhésus (Rh)**. Lorsque le sang du fœtus contient cette substance protéique (Rh positif) et que le sang de la mère ne le contient pas (Rh négatif), celle-ci peut fabriquer des anticorps qui peuvent attaquer le fœtus et causer un avortement spontané, la naissance d'un bébé mort-né, la jaunisse, l'anémie, des anomalies cardiaques, l'arriération mentale ou même la mort de l'enfant. Habituellement, le premier bébé dont le sang est Rh positif n'est pas affecté, mais le risque s'accroît avec chaque grossesse ultérieure. La mère ayant un sang Rh négatif peut maintenant recevoir un vaccin qui, s'il est administré dans les trois jours suivant la naissance ou l'avortement, empêchera son organisme de produire des anticorps. Les bébés qui sont déjà affectés par une incompatibilité du facteur Rh peuvent être guéris grâce à une série de transfusions sanguines qui sont parfois données avant même la naissance.

Autres influences sur le milieu prénatal

Pendant six années consécutives, le taux de fausses couches enregistré durant le mois de juin a été de 130 pour 1000 naissances vivantes à Alsea, Oregon, aux États-Unis, comparativement à 45 pour 1000 naissances vivantes dans une région avoisinante. Attribuant le taux élevé de fausses couches aux pulvérisations de deux herbicides pratiquées chaque printemps à Alsea pour détruire des arbres et des mauvaises herbes, l'Agence fédérale américaine de protection de l'environnement a interdit presque complètement l'utilisation du 2-4, 5-T et du Silvex (McFadden, 1979).

Lorsqu'elle constata des taux anormalement élevés de malformations congénitales, de fausses couches et d'enfants anormalement petits dans le voisinage du Love Canal aux Chutes Niagara, près d'un emplacement où un manufacturier de l'endroit avait déversé des quantités importantes de produits chimiques toxiques, la Commission de la santé de l'état de New York recommanda à toutes les familles qui comptaient des femmes enceintes ou des enfants de moins de 2 ans de ne pas habiter à moins de 20 rues du canal (McNeil, 1979).

Lors de l'incident nucléaire de Three Miles Island en Pennsylvanie, aux États-Unis, on évacua d'abord les femmes enceintes et les jeunes enfants, car on sait que l'embryon, le fœtus et l'enfant sont très vulnérables aux émissions radioactives (Altman, 1979).

Une connaissance de plus en plus approfondie de la nature tératogène de plusieurs produits chimiques, des radiations, des conditions extrêmes de chaleur et d'humidité, et d'autres produits de la vie industrielle moderne a conduit les scientifiques à faire de nouveaux efforts pour préserver la santé des femmes enceintes et des bébés encore dans le sein maternel. De nombreuses études portant sur les conditions de travail dans les manufactures, dans les usines et dans les bureaux ont aussi donné lieu à de nouvelles normes et recommandations en vue de protéger la femme au travail.

Nous savons depuis plus de 50 ans, par exemple, que les radiations peuvent causer des *mutations* géniques, c'est-à-dire des modifications minimes qui affectent certains gènes et qui produisent de nouveaux caractères souvent indésirables (Murphy, 1929). Les rayons X peuvent également causer des ruptures de chromosomes. Il semble exister des périodes critiques où les effets nocifs des radiations se font davantage sentir, car certaines anomalies bien spécifiques résultent de l'exposition aux radiations à des moments précis de la grossesse. C'est au cours des cinq premières semaines de la gestation, période importante pour le développement des organes, que les effets des radiations sont les plus nocifs.

Nous ne connaissons pas encore à quelle quantité de radiations la femme enceinte peut s'exposer sans risquer de provoquer des anomalies chez son bébé. La prudence est donc de rigueur dans ce domaine.

Les recommandations récentes du Collège américain de radiologie (ACR) à l'effet que les femmes enceintes ne devraient pas s'abstenir de passer des examens radiologiques abdominaux ont engendré une controverse importante, surtout chez les gynécologues et les pédiatres (Marano, 1977). Cet organisme américain soutient que les femmes enceintes ne devraient pas attendre la naissance de leurs bébés pour subir des rayons X abdominaux, et qu'il n'est pas justifié de mettre fin à une grossesse à cause des risques encourus par l'exposition aux rayons X. D'autre part, le *National Council on Radiation Protection and Measurements* recommande de faire subir les examens radiologiques durant les deux premières semaines (10 à 14 jours) seulement du cycle menstruel chez toutes les femmes en âge d'avoir un enfant, pour éviter d'affecter l'embryon au moment où il est le plus vulnérable.

De son côté, l'Association des radiologistes du Québec (A.R.Q.) incite ses membres à vérifier l'existence d'une grossesse possible chez leur cliente et à éviter de pratiquer un examen radiologique si c'est le cas (même si la grossesse n'est que présumée). Des affiches destinées à porter à la connaissance du public cette position de l'A.R.Q. sont placardées dans les salles de radiologie des centres hospitaliers du Québec.

Les anomalies congénitales transmises par le père

Nous avons déjà vu comment les gènes de la mère et du père, de même que différents facteurs liés au milieu prénatal maternel peuvent être à l'origine d'anomalies congénitales. Au cours des années dernières, le rôle du père dans la transmission des anomalies a été étudié plus attentivement.

Selon le docteur John MacLeod (cité par Brody, 1981), «Les testicules sont très sensibles aux substances toxiques. Presque tous les types de produits chimiques nocifs les affecteront s'ils sont absorbés en quantité suffisante» (p. C1). Une exposition au plomb, à la marijuana, au tabac, à des quantités importantes d'alcool ou de radiations, au diéthylstilbestrol (DES) et à certains pesticides peut entraîner des anomalies au niveau du nombre, de la forme ou de la motilité des spermatozoïdes, et provoquer des mutations génétiques (Brody, 1981). Des chercheurs ont décelé des traces de Tris (produit ignifuge contenu dans la peinture) dans le sperme du quart des hommes de leur échantillon (Hudec et coll., 1981). Le Tris est susceptible de produire des mutations dans le matériel génétique des cellules.

La fréquence des mutations augmente à mesure que l'homme vieillit, et on peut leur imputer l'apparition de certains troubles congénitaux. On attribue à l'âge avancé du père l'augmentation de l'incidence de plusieurs maladies rares, telles que l'achondroplasie (forme de nanisme), le syndrome de Marfan (qui se manifeste par une très grande taille, la maigreur et des anomalies cardiaques), le syndrome d'Apert (difformités de la tête et des membres) et la dysplasie fibreuse prossessive des os (malformations des os). En étudiant les sujets atteints de ces diverses maladies, on a constaté que l'âge moyen de leur père au moment de leur conception se situait dans la trentaine avancée. Comme nous l'avons vu précédemment, l'âge avancé du père serait l'un des facteurs à l'origine d'un cas de syndrome de Down sur quatre (Abroms et Bennett, 1979).

Nous voyons donc qu'une impressionnante multitude d'influences liées à l'hérédité et à l'environnement affectent chacune de nos vies bien avant notre naissance. Dans les trois prochains chapitres, nous examinerons certains des facteurs importants qui affectent le développement d'une personne à la naissance et durant les trois premières années de la vie.

Encadré 2.3

Un jugement important!

Février 1988. Une décision importante a été rendue par le plus haut tribunal du New Jersey. Il s'agissait de mettre un terme au procès de la cause «Whitehead contre Stern».

L'histoire peut se résumer ainsi. Mary B. Whitehead et le couple Stern signent un contrat par lequel Mary Whitehead s'engage à céder contre dix mille dollars (10 000 $ US), le bébé qu'elle va porter et qui a été conçu à partir de la semence de William Stern. Toutefois, après l'accouchement, Mary Whitehead veut garder la petite fille qu'elle a mise au monde et qui a été surnommée «baby M». Le couple Stern exige qu'elle respecte le contrat et Madame Stern veut être la mère adoptive du bébé.

Jugements, appels... Finalement les juges estiment qu'il n'est pas question de monnayer les bébés ou les utérus! Oui aux mères porteuses, pourvu qu'elles conservent leurs droits parentaux, si c'est ce qu'elles désirent.

Et «baby M»? Les juges ont estimé que le couple Stern était plus qualifié que Mary Whitehead pour l'éduquer. Le père biologique obtient donc la garde de son enfant (bien que son épouse ne puisse pas l'adopter). Quant à la mère biologique, elle conserve ses droits parentaux, qui prennent la forme d'un droit de visite!

Résumé

1   Au moment de la conception, chaque être humain normal reçoit 23 chromosomes de sa mère et 23 de son père. Ces chromosomes s'unissent pour former 23 paires de chromosomes: 22 paires d'autosomes et une paire de chromosomes sexuels appelés «hétérosomes». L'enfant qui reçoit un chromosome X de chaque parent, sera une fille. L'enfant qui reçoit un chromosome Y de son père sera un garçon.

2   Même si la conception aboutit habituellement à une naissance unique, il en résulte parfois une naissance multiple. Lorsque deux ovules sont fécondés, la mère donne naissance à des jumeaux non identiques (faux jumeaux), qui ont des patrimoines héréditaires différents. Lorsqu'un seul ovule est fécondé et se divise en deux cellules qui se développent ensuite de façon indépendante, il y a formation de jumeaux identiques (vrais jumeaux), qui ont le même patrimoine héréditaire et qui sont donc toujours du même sexe. Les autres naissances multiples résultent de l'un de ces deux processus, ou de la combinaison des deux.

3   Il est difficile de distinguer les contributions de l'hérédité et celles du milieu dans le développement. De nos jours, les spécialistes du développement étudient l'interaction de ces deux facteurs, plutôt que d'attribuer l'issu du développement à l'un d'eux seulement. Certains aspects de notre développement subissent surtout l'influence de notre hérédité, d'autres subissent surtout celle du milieu où nous sommes nés et où nous vivons.

4   Les modèles de transmission génétique sont (a) l'hérédité dominante; (b) l'hérédité récessive; (c) l'hérédité liée au sexe et (d) l'hérédité multifactorielle. Différentes anomalies et maladies congénitales peuvent être transmises par l'un ou l'autre de ces modèles. Les aberrations chromosomiques peuvent également causer des anomalies congénitales, notamment le syndrome de Down. On a attribué certains types d'anomalies congénitales à des mutations génétiques au niveau du spermatozoïde paternel.

5   Grâce à la consultation génétique, les parents qui attendent un enfant peuvent se renseigner sur les risques mathématiques de mettre

au monde un enfant atteint d'une anomalie congénitale particulière. L'amniocentèse, la biopsie des villosités chorioniques, l'analyse du sang maternel, les ultra-sons, la fœtoscopie et la surveillance fœtale électronique sont des techniques utilisées pour voir si le fœtus est atteint d'une anomalie ou s'il se développe normalement. Des progrès ont également été réalisés dans le domaine des traitements médicaux «in utero».

6 Le développement du fœtus comporte trois phases: (a) le phase germinale, qui se caractérise par une division cellulaire accélérée et par une complexification progressive de l'organisme; (b) la phase embryonnaire, qui se caractérise par une croissance et une différenciation rapides des principaux systèmes et organes du corps humain et (c) la phase fœtale, qui se caractérise par une croissance rapide et des changements au niveau de la forme du corps.

7 Presque toutes les anomalies congénitales et les trois quarts de tous les avortements spontanés se produisent au cours du premier trimestre de la grossesse, qu'on peut considérer comme une période critique du développement.

8 Au cours de son développement, l'organisme est grandement influencé par l'environnement prénatal. Parmi les facteurs d'influence importants, il y a l'alimentation maternelle, l'ingestion de médicaments et de drogues par la mère, les relations sexuelles pratiquées peu avant l'accouchement et certains autres facteurs propres à la mère, au père et à l'environnement.

9 On dispose aujourd'hui d'un bon nombre de méthodes révolutionnaires telles que l'insémination artificielle, la fécondation «in vitro» et les banques d'ovules et de spermes pour venir en aide aux couples infertiles désireux d'avoir des enfants.

PARTIE II

LE NOURRISSON
ET LE TROTTINEUR

V ous allez maintenant rencontrer un être fascinant, qui vit des changements
dont l'éventail et le rythme sont plus spectaculaires qu'à toute autre période
de la vie. Il s'agit, bien sûr, de l'enfant qui traverse les trois premières années
de sa vie. Nous ferons d'abord la connaissance du *nourrisson* (de la naissance à 18-24 mois),
puis du *trottineur*, qui acquiert rapidement des habiletés étonnantes, tout particulièrement
au niveau du langage et de la marche.

Comme nous le verrons dans les trois prochains chapitres, notre connaissance des capacités extraordinaires du nourrisson et du trottineur s'est considérablement élargie grâce
à l'apparition de nouvelles techniques ingénieuses destinées à observer le bébé qui n'est
pas encore en mesure d'exprimer ce qu'il sait ou pense. Dans le chapitre 3, nous observerons d'abord le nouveau-né et la transition que vit celui-ci entre la vie intra-utérine et le
monde extérieur; nous décrirons ensuite les changements physiques et quelques aspects
importants de la santé de l'enfant au cours de ses trois premières années. Au chapitre 4,
nous étudierons le développement intellectuel que connaît l'enfant au cours de cette même
période; nous accorderons une attention particulière à l'acquisition du langage et aux façons
de mesurer l'intelligence du tout jeune enfant. Au chapitre 5, nous aborderons la personnalité et le développement social du bébé: la façon dont celui-ci exprime ses émotions,
ce que disent d'éminents théoriciens de l'évolution de sa personnalité et, enfin, la manière
dont la vie familiale contribue à façonner la personnalité et la capacité d'adaptation du
nourrisson et du trottineur.

CHAPITRE 3

Le nourrisson
et le trottineur

La naissance et
le développement du bébé

L'enfant qui naît est un véritable émigrant qui aborde une terre inconnue. La mission qui attend ce jeune voyageur qui vient de sortir avec difficulté du sein maternel dépasse de beaucoup l'apprentissage d'une langue et de coutumes nouvelles. À la naissance, le bébé doit se mettre à respirer, à manger, à s'adapter au climat et à réagir à un environnement déroutant. Cela représente un défi considérable pour un être qui ne pèse que quelques kilos et dont les organes n'ont pas encore atteint leur pleine maturité. Heureusement, comme nous le verrons, l'enfant qui vient au monde est doté de capacités remarquables ainsi que de systèmes corporels et de sens qui fonctionnent tous jusqu'à un certain point. Avant d'examiner la façon dont le bébé accomplit les tâches considérables qui l'attendent, nous observerons la façon dont il vient au monde. Nous étudierons le processus de la naissance, différentes méthodes d'accouchement et quelques complications qui peuvent survenir à l'accouchement.

La naissance

Le mécanisme précis qui déclenche les contractions de l'utérus et entraîne l'expulsion du fœtus hors du sein maternel demeure encore inconnu. Bien que la recherche ait fourni certains indices, nous ne possédons pas encore de réponses définitives à nos interrogations dans ce domaine. On a récemment découvert que l'urine d'un fœtus humain stimule l'action de la *prostaglandine* (substance hormonale exerçant des effets biologiques multiples), ce qui suggère qu'il existe peut-être une substance spécifique relâchée dans l'urine du fœtus et, de là, dans le liquide amniotique, et que cette substance peut déclencher le processus de l'accouchement (Strickland, Saeed, Casey et Mitchell, 1983).

Un autre indice nous est fourni par une découverte récente. On a en effet constaté que le jeûne de 24 heures pratiqué lors du Yom Kippur déclencherait souvent prématurément les contractions utérines chez les femmes juives enceintes qui s'y soumettent; il se peut que l'utérus se contracte en réaction à une diminution du flux sanguin due au jeûne (Kaplan, Eidelman et Aboulafia, 1983). Le volume du fœtus et de l'utérus sont des facteurs certains de déclenchement de l'accouchement, puisque les jumeaux naissent normalement environ trois semaines avant terme et que les autres naissances multiples (triplets, quadruplés, etc.) se produisent encore plus tôt. Selon certains chercheurs, il se peut également que le placenta soit génétiquement programmé.

Les trois phases de l'accouchement

L'accouchement se déroule en trois phases qui se chevauchent. La *première phase* de l'accouchement, appelée le *travail*, est la plus longue, puisqu'elle dure en moyenne de 12 à 24 heures chez la femme qui a son premier enfant. Au cours de cette étape, les contractions utérines aident le **col de l'utérus** à se dilater jusqu'à ce qu'il soit assez élargi pour laisser passer la tête du bébé. Au début de cette phase, les contractions sont habituellement plutôt légères. Vers la fin, elles deviennent plus fortes et incommodantes. Plus la dilatation du col de l'utérus se fait rapidement, moins la mère ressentira de douleur (Timiras, 1972).

La *deuxième phase*, qui dure typiquement environ une heure et demie, débute au moment où la tête du bébé commence à s'engager dans le col et le vagin, pour se terminer lorsque le bébé est complètement sorti du corps de la mère. Durant cette deuxième phase, la mère qui s'est bien préparée à l'accouchement peut pousser énergiquement avec ses muscles abdominaux à chaque contraction, aidant ainsi le bébé à sortir. À la fin de cette phase, le bébé est né, mais il est encore relié par le cordon ombilical au placenta, qui est encore à l'intérieur du corps de la mère.

Durant la *troisième phase*, qui ne dure normalement que quelques minutes, le cordon ombilical et le placenta sont expulsés.

Plus loin dans ce chapitre, nous verrons comment le nouveau-né fait face aux changements physiques importants qui l'attendent. Mais étudions d'abord quelques-unes des méthodes d'accouchement et des complications qui peuvent survenir à la naissance.

Les méthodes d'accouchement

L'accouchement avec médicaments

La plupart des sociétés ont inventé des techniques pour accélérer l'accouchement, pour faciliter le travail de la mère et pour atténuer son malaise. En 1974, l'anesthésie était utilisée dans 95 % de tous les accouchements pratiqués dans 18 centres hospitaliers universitaires américains. Ce pourcentage traduit une augmentation générale de l'utilisation des médicaments à des fins obstétricales par rapport à la décennie précédente (Brackbill et Broman, 1979).

Certaines femmes accouchent sous anesthésie générale, ce qui les rend complètement inconscientes; d'autres sont sous anesthésie locale (comme l'épidurale ou le bloc honteux), laquelle insensibilise les voies nerveuses qui achemineraient la sensation de la douleur au cerveau; d'autres femmes encore prennent des analgésiques qui les aident à se détendre.

Toutes ces drogues traversent le placenta et pénètrent dans les réserves sanguines et dans les tissus du fœtus. Certains attribuent le taux relativement élevé de mortalité infantile américain à l'utilisation courante de la médication obstétricale (Haire, 1972).

L'anesthésie locale semble avoir moins d'effets nocifs sur le bébé. Pourtant, les bébés dont les mères se sont fait administrer de la bupivacaïne lors d'une épidurale ne semblent pas se porter aussi bien que ceux dont les mères n'ont recouru qu'à une légère médication ou qui ont accouché sans médicaments. En comparant deux groupes de nouveau-nés appartenant à ces deux catégories, les bébés qui sont nés d'un accouchement fortement médicamenté ont présenté des réactions motrices et physiologiques plus faibles que ceux du deuxième groupe. C'est au premier jour que l'effet s'est avéré le plus fort; le cinquième jour, les différences étaient moins spectaculaires, mais toujours présentes (Murray, Dolby, Nation et Thomas, 1981).

À 1 mois, les bébés des deux groupes se comportaient de la même façon, mais les mères réagissaient différemment à leur égard. Les mères qui avaient reçu de la bupivacaïne semblaient avoir une perception moins favorable de leur bébé, et trouver plus difficiles les soins à lui apporter. Il n'existe pas chez les êtres humains d'«instinct maternel». Les sentiments maternels d'une femme se manifestent en grande partie à la suite des réactions positives de son enfant à son égard. Un nouveau-né qui tète avidement et qui se montre éveillé inspire des sentiments positifs à sa mère. Quand le premier contact entre la mère et le nouveau-né ne suscite pas de réaction marquée de la part de ce dernier, il se peut bien que l'impact des premières impressions de la mère face à son bébé persiste, même après que les effets des médicaments aient disparu. Il se peut également que les mères qui optent pour un accouchement sans médicament aient à l'égard de l'expérience parentale une attitude différente de celle des autres mères, et que cette attitude influence la façon dont elles se comportent avec leur bébé.

Une étude importante a récemment révélé que les effets de plusieurs médicaments utilisés à l'accouchement se font sentir pendant toute la première année de la vie, et peut-être même davantage. Lors d'une recherche qui portait sur 3500 bébés en bonne santé et nés à terme, on a découvert que les enfants dont les mères n'avaient pris aucun médicament à l'accouchement apprenaient plus rapidement que les autres à s'asseoir, à se tenir debout et à se déplacer; le développement des bébés dont les mères avaient opté pour une anesthésie locale était un peu plus lent; enfin ce sont les bébés dont les mères avaient recouru à une anesthésie générale qui connurent les moins bons rendements (Brackbill et Broman, 1979).

Les pédiatres américains s'inquiètent des effets nocifs des médicaments administrés à l'accouchement et recommandent d'éviter les médicaments qui entraînent des changements importants dans le développement neurologique du bébé.

> «Cette déclaration ne signifie pas qu'il faille refuser à la patiente un usage raisonnable d'un produit analgésique ou anesthésique, mais plutôt qu'on devrait lui administrer la dose minimale nécessaire. En outre, le comité recommande au médecin de discuter avec sa patiente, avant le début du travail, des avantages et des effets secondaires potentiels sur la mère et l'enfant des analgésiques et des anesthésiques maternels.» (American Academy of Pediatrics' Committee on Drugs, 1978, p. 405)

Ces recommandations prennent une importance particulière si l'on se reporte aux conclusions de Brackbill et Broman (1979) qui signalent que «les femmes n'ont pas grand-chose à dire quand il s'agit de décider si elles vont prendre des médicaments, et lesquels» (p. 48). Comme elle est la seule personne qui peut évaluer l'intensité de sa douleur, et comme elle est personnellement intéressée au bien-être de son enfant, la femme devrait être la première à donner son avis lorsqu'il s'agit de prendre une décision concernant la médication obstétricale.

L'accouchement sans médicaments

En 1914, un médecin, nommé Grantly Dick-Read, remit en question le caractère inévitable de la douleur de l'accouchement et proposa sa théorie de l'**accouchement naturel.** Pour éliminer la peur qui, selon lui, est la principale cause de douleur lors de l'accouchement, il instruisit les femmes sur la physiologie de la reproduction et de l'accouchement, et leur enseigna des techniques de respiration, de relaxation et d'assouplissement physique. Vers le milieu du siècle, Fernand Lamaze mit au point la méthode obstétricale psychoprophylactique ou méthode de la **préparation à l'accouchement.** Cette méthode consiste à remplacer les traditionnels réflexes de peur et de douleur associés aux sensations des contractions utérines par de nouveaux réflexes respiratoires et musculaires.

La popularité grandissante de l'accouchement sans médicament au cours des dernières années peut être attribuée à deux facteurs. D'abord, aux avantages psychologiques qu'il comporte pour les parents: la mère éveillée peut participer activement à l'enfantement, et le père peut assister au travail et à l'accouchement, et connaître lui aussi la joie de participer à la naissance de son enfant. L'autre facteur décisif est évidemment l'avantage qu'il comporte pour l'enfant lui-même.

La «naissance sans violence»

Une approche nouvelle et controversée de la naissance, appelée **naissance sans violence,** consiste à mettre l'enfant au monde dans une pièce faiblement éclairée, à le poser doucement sur le ventre de la mère, à le masser, à s'abstenir de le taper pour amorcer sa respiration, et à le baigner dès sa naissance dans de l'eau tiède stérile. Frédéric Le Boyer (1975) soutient que ces manières douces de traiter l'enfant éliminent une grande part du traumatisme de la naissance, car

elles amenuisent les différences entre les milieux intra-utérin et extra-utérin. Les critiques de cette méthode soutiennent que le faible éclairage utilisé peut empêcher le médecin de déceler des signaux de détresse et que cette technique expose le bébé aux infections, étant donné le contact avec l'eau et le corps de la mère (Cohn, 1975).

D'après une étude récente, la méthode Le Boyer n'offre aucun avantage sur un accouchement conventionnel pratiqué avec *douceur,* ni ne présente plus de risques pour l'état de santé de la mère et de l'enfant. Quelle que soit la méthode employée, on n'a trouvé aucune différence dans le comportement des enfants au cours de la première heure de leur vie, à 24 et 72 heures, puis à 8 mois, ni dans la façon dont les mères perçoivent leur bébé et l'expérience de l'enfantement (Nelson et coll., 1980). La seule différence qu'on ait constatée fut l'*impression* qu'avaient, huit mois après l'accouchement, les mères du groupe Le Boyer, et suivant laquelle cette méthode avait influencé le comportement de leur bébé.

Les autres contextes de l'accouchement

L'accouchement peut se dérouler dans divers contextes et en présence de différents types d'aidants. Depuis une décennie environ, plusieurs couples décident d'avoir leur enfant dans le cadre confortable et familier de la maison. Plusieurs d'entre eux ont opté pour le recours à une **sage-femme** (une personne qui a reçu une formation dans les soins prénataux et post-nataux) plutôt qu'à un médecin. L'expérience s'avère souvent exaltante quand l'accouchement se déroule bien. Quand des complications surviennent, cependant, il est plus prudent de profiter des techniques médicales avancées offertes dans les hôpitaux modernes, y compris, si nécessaire, des doses minimales d'anesthésiques qui soulageront la mère sans comporter trop de risques pour le bébé. La plupart des hôpitaux se sont dotés de salles de naissance qui assurent une atmosphère confortable et familiale.

Quelles sont les répercussions psychologiques de ces nouveaux environnements sur l'accouchement? D'abord, les méthodes qui minimisent l'utilisation des médicaments assurent un meilleur départ au bébé. En deuxième lieu, la participation active des deux parents renforce les liens entre la mère, le père et l'enfant. Troisièmement, l'insistance de nombreuses femmes pour prendre en mains leur accouchement

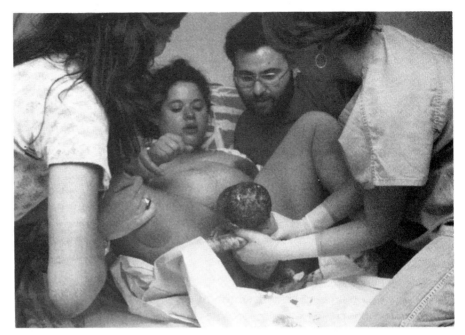

*Plusieurs couples déci-
dent d'avoir leur enfant
dans le cadre confortable
et familier de la maison,
avec l'assistance d'une
sage-femme. L'expé-
rience s'avère souvent
exaltante, quand l'accou-
chement se déroule bien.
(Erika Stone/Peter
Arnold, Inc.)*

a contribué à un important mouvement dans le domaine de la santé familiale, où les individus assument davantage la responsabilité de leur santé et sont moins enclins à s'en remettre passivement au médecin. Bien sûr, il y a diverses façons de mettre un enfant au monde et la plupart des adultes en bonne santé et équilibrés sont nés dans un contexte hospitalier très traditionnel. À la lumière de ce que nous savons de l'importance pour la personne d'exercer un contrôle sur les événements de sa vie, le seul fait que les femmes aient le choix du type d'accouchement qu'elles désirent peut grandement bonifier l'expérience de la naissance.

Encadré 3.1

Pratiques «alternatives» ou simple retour aux traditions?

L'accouchement peut se dérouler dans divers contextes et avec l'aide de différents aidants. Encore au début des années 1950, les femmes accouchaient souvent à la maison, avec l'aide d'une autre femme. L'ouverture de nombreux établissements de santé, la médicalisation de l'accouchement, la rémunération des médecins à l'acte et la foi grandissante en «experts» comptent parmi les principaux facteurs qui allaient chambarder la vie et la mort au Québec. Après 1955, les enfants naissent à l'hôpital et les vieillards y meurent! Les sages-femmes ne sont plus tolérées: leur pratique professionnelle est soumise au contrôle de la Corporation professionnelle des médecins du Québec. Sauf en régions très éloignées (Grand Nord, etc.), leurs services ne sont pas remboursés par la RAMQ.

Des 210 pays membres de l'Organisation mondiale de la santé, huit seulement (dont le Canada) ne reconnaissent pas officiellement la profession de sage-femme. Actuellement, il y a une quarantaine de sages-femmes au Québec, infirmières de formation. Leurs demandes auprès de l'Office des professions: être reconnues comme professionnelles autonomes. C'est un dossier à suivre!

Les complications à la naissance

La césarienne

Au Québec, en 1986, il y a eu 14 664 naissances par césarienne sur un total de 78 015 naissances (*source:* RAMQ). La **césarienne** est une opération chirurgicale qui consiste à pratiquer une incision dans la paroi abdominale afin d'extraire le bébé de l'utérus de sa mère. Dans certains cas, la césarienne est nécessaire: lorsque le travail progresse trop lentement, lorsque la position du bébé dans l'utérus est telle que ses pieds ou son siège se présentent avant la tête, lorsque la tête du bébé est trop grosse pour passer dans le bassin, lorsque le bébé semble avoir des difficultés ou lorsque la mère souffre d'une hémorragie vaginale.

La mère prendra plus de temps à se remettre d'une césarienne, qui est une intervention chirurgicale importante, que d'un accouchement par voie naturelle. De plus, la césarienne comporte plus de risques pour la mère, et comme elle requiert toujours une forme d'anesthésie, elle peut aussi comporter davantage de risques pour l'enfant.

Les bébés d'un poids insuffisant

Auparavant, tous les bébés de très petite taille étaient considérés comme *prématurés*, c'est-à-dire comme nés avant le terme d'une grossesse normale. Depuis quelques années, cependant, les médecins distinguent deux catégories de bébés de très petite taille. Il y a les **bébés prématurés,** ou nés *avant terme*, qui naissent avant la trente-septième semaine de gestation, à partir de la première journée de la dernière menstruation de la mère. L'autre catégorie comprend les **bébés d'un poids insuffisant,** c'est-à-dire ceux qui pèsent moins que 90 % des bébés du même âge de gestation. Malgré qu'ils soient petits, ce ne sont pas nécessairement des prématurés (Robinson, 1972).

Comme la distinction entre les bébés prématurés et les bébés d'un poids insuffisant n'est apparue qu'au cours de la dernière décennie ou à peu près, la plupart des études sur les effets de la naissance avant terme n'en tiennent pas compte. Nous ne savons donc pas si les études qui portent sur les bébés de petite taille nous renseignent sur les bébés nés avant terme ou sur ceux qui sont petits pour leur âge.

Les femmes susceptibles d'avoir un bébé prématuré

Parmi les femmes qui risquent le plus d'avoir des enfants prématurés, il y a celles qui ont eu des grossesses difficiles, des avortements spontanés ou des bébés mort-nés, les adolescentes (probablement en raison d'une alimentation et de soins prénataux inadéquats), celles qui ont pris très peu de poids durant la grossesse, celles qui fument ou qui abusent de l'alcool ou des drogues et, enfin, celles qui souffrent d'affections chroniques, comme le diabète, la toxémie, un mauvais fonctionnement de la thyroïde, des maladies du rein, des troubles cardiaques congénitaux ou des problèmes respiratoires (USDHHS, 1980).

Les naissances avant terme sont souvent associées à la pauvreté: la femme économiquement défavorisée qui fume, par exemple, risque plus d'avoir un bébé prématuré que la fumeuse issue d'un milieu favorisé, probablement parce que d'autres facteurs (comme une mauvaise alimentation ou des soins prénataux insuffisants) aggravent les effets du tabagisme. Heureusement, il y a de plus en plus de femmes qui recourent à des soins prénataux dès le premier trimestre de leur grossesse (USDHHS, 1982).

Les conséquences de la naissance avant terme

Les bébés de poids insuffisant souffrent de divers problèmes qui s'avèrent souvent fatals. Parce que leur système immunitaire n'est pas complètement développé, ils sont sujets aux infections. Parce qu'ils ont moins de tissus adipeux, ils ont de la difficulté à soutenir la température de leur corps. Leurs poumons sont souvent trop faibles pour soutenir la respiration. Leurs réflexes ne sont pas assez développés pour assurer les fonctions de survie fondamentales. Par exemple, plusieurs d'entre eux sont incapables de téter et doivent être nourris par intraveineuses.

Plusieurs études faites par le passé laissaient entendre que même s'ils réussissaient à survivre, les bébés qui pesaient très peu à la naissance demeuraient souvent fragiles. Les recherches plus récentes donnent toutefois plus de raisons d'être optimistes. Une de ces études a révélé que même si 80 % d'un groupe de bébés qui pesaient moins d'un kilo à la naissance sont morts, 13 des 16 survivants se sont développés d'une façon satisfaisante entre 6 mois et 3 ans: ils n'ont pas

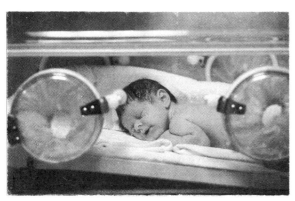

Comme les bébés d'un poids insuffisant sont sujets à l'infection et maintiennent difficilement la température de leur corps, ils passent normalement leurs premières semaines dans un incubateur antiseptique à température contrôlée. (David Burnett/Woodfin Camp et Associés)

manifesté de troubles majeurs du système nerveux central ni de problèmes importants de la vue ou de l'ouïe, et seul 1 enfant sur 16 a présenté un quotient intellectuel inférieur à la normale (Bennett, Robinson et Sells, 1983).

Dans le but de prévenir les complications, on place habituellement les bébés de faible poids pendant quelques semaines dans un *incubateur* antiseptique à température contrôlée. Jusqu'à récemment, la pratique médicale recommandait de toucher le moins possible à ces bébés, croyant que moins ces petits êtres fragiles étaient dérangés, plus ils avaient de chances de survivre. Mais il semble maintenant que cette forme d'isolement extrême et les privations sensorielles qu'elle entraîne pourraient être à l'origine des difficultés de certains de ces enfants. Un des problèmes fréquemment rencontrés est une mauvaise relation entre le parent et l'enfant, laquelle serait attribuable à plusieurs facteurs: l'anxiété initiale face aux problèmes de santé du bébé, l'hésitation des parents à s'attacher à un enfant dont ils craignent la mort et une tendance à percevoir les bébés de poids insuffisant d'une façon négative (Jeffcoate, Humphrey et Lloyd, 1979).

De nombreux efforts sont faits pour surmonter les problèmes tant psychologiques que physiologiques dus à la naissance avant terme, et les résultats sont prometteurs. Les bébés prématurés qui reçoivent plus de stimulations et d'attentions à l'hôpital réussissent mieux aux tests d'intelligence (Leib, Benfield et Guidubaldi, 1980) et les parents qui bénéficient de services de consultation s'occupent mieux de leur bébé prématuré une fois qu'il a quitté l'hôpital

(Minde et coll., 1980). Les seuls cas où les programmes de soutien ne semblent pas efficaces sont ceux où les mères sont tellement écrasées par de nombreux autres stress qu'elles arrivent à peine à passer à travers leurs journées (Brown et coll., 1980). L'intervention et le support professionnels sont tout particulièrement importants dans de tels cas.

Les traumatismes de la naissance

Pour une petite minorité de bébés, le passage dans le canal vaginal représente le voyage le plus pénible de leur vie et laisse parfois des séquelles permanentes au cerveau. Lors d'une étude conduite dans une importante école de médecine et qui portait sur 15 435 naissances réparties sur une période de six ans, Rubin (1977) a découvert que 1 enfant sur 133 (c'est-à-dire moins de 1 %) a souffert d'un traumatisme à la naissance. Selon cette recherche, les **traumatismes de la naissance** se situent au deuxième rang parmi les causes de mortalité néo-natale, après l'asphyxie due au manque d'oxygène à la naissance.

Certains bébés qui ont souffert d'**anoxie** (manque d'oxygène) à la naissance, d'un accident mécanique survenu à l'accouchement, d'une maladie néo-natale ou d'une infection, se retrouvent avec un dommage cérébral permanent qui est à l'origine d'une arriération mentale ou de problèmes de comportement.

Les traumatismes de la naissance ne laissent pas toujours autant de séquelles. On a examiné, 10 ans après leur naissance, presque 900 enfants nés sur l'Ile de Kauai, à Hawaï, en 1955 et 1956 (Werner, Bierman, French, Simonian, Connor, Smith et Campbell, 1968). Quelques-uns parmi ceux qui ont survécu à de graves complications à la naissance, en subissaient encore les séquelles et souffraient de handicaps ou de retards physiques importants. Mais la plupart des prématurés, des enfants qui ont présenté des problèmes à la naissance ou qui ont souffert d'une maladie néo-natale se portaient bien. Ils n'étaient pas plus susceptibles que les autres enfants d'éprouver des difficultés à l'école, de présenter des problèmes de langage ou de perception, ou encore de souffrir de troubles émotifs, sauf s'ils avaient dû être placés en institution en raison de la gravité de leur état.

Le milieu dans lequel ont vécu ces enfants a exercé une influence très importante sur leur développement. La plupart des enfants de 10 ans qui ont présenté des problèmes n'ont pas souffert de traumatismes à la naissance, mais ils vivaient dans des foyers pauvres où on les stimulait peu à apprendre et où le soutien émotif était insuffisant. On pourrait dire qu'ils avaient surtout souffert d'un «traumatisme de l'environnement».

Comme nous le verrons, le développement est toujours influencé par une incroyable diversité de facteurs héréditaires et environnementaux.

Qui est le nouveau-né?

Qui est le nouveau-né? Quelles sont ses caractéristiques? Que peut-il faire? Comment dire si le bébé qui vient de quitter l'ambiance chaleureuse du sein maternel est normal et capable de supporter les pressions du monde extérieur? Essayons de répondre à quelques-unes de ces questions.

Les deux à quatre premières semaines de la vie constituent la **période néo-natale,** au cours de laquelle s'effectue la transition entre la vie intra-utérine, où le fœtus dépendait entièrement de sa mère, et une existence indépendante. Cette période de transition est généralement plus longue pour les bébés de poids insuffisant, parce qu'ils viennent au monde avec des systèmes physiologiques moins développés.

Le **nouveau-né** moyen mesure environ 50,8 cm et pèse à peu près 3200 g. À la naissance, 95 % des bébés nés à terme pèsent entre 2500 g et 4500 g, et mesurent entre 45,7 cm et 55,9 cm (Behrman et Vaughan, 1983). Les dimensions à la naissance dépendent de différents facteurs, comme la taille et le poids des parents, leur origine ethnique, le sexe de l'enfant, l'alimentation de la mère et son état de santé (Vullamy, 1973). Les garçons ont tendance à être un peu plus grands et plus lourds que les filles, et le premier-né d'une famille pèse généralement moins à la naissance que ses frères et sœurs. Il y a un lien entre la taille d'un enfant à la naissance et celle qu'il aura au cours de son enfance (Vulliamy, 1973).

Au cours des premiers jours, les nouveau-nés perdent jusqu'à 10 % de leur poids, surtout à cause d'une perte de liquide. Vers le cinquième jour, ils commencent à prendre du poids, et retrouvent leur poids initial entre le dizième et le quatorzième jour. Les petits bébés nés à terme perdent moins de poids que les gros bébés, et les premiers-nés en perdent moins que les autres enfants de la famille (Timiras, 1972).

Les nouveau-nés sont plutôt pâles, même les bébés de race noire qui deviendront plus tard très foncés. Ils ont une teinte rosâtre due à la transparence de leur peau qui cache à peine le sang qui circule dans leurs minuscules capillaires. Certains nouveau-nés sont très velus, car le **lanugo,** fin duvet qui recouvre le fœtus dans le sein maternel, n'est pas encore tombé. Il disparaîtra au cours des jours suivants. Tous les nouveau-nés sont enduits d'une substance graisseuse appelée **vernix caseosa** qui les protège contre l'infection et qui séchera après quelques jours.

Au Moyen Âge, on attribuait des pouvoirs curatifs spéciaux au «lait de sorcière», sécrétion qui s'écoule parfois des seins gonflés des garçons et des filles à la naissance. Comme les pertes vaginales teintées de sang de certaines fillettes nouveau-nées, cette sécrétion résulte de la grande quantité d'œstrogènes produits par le placenta juste avant la naissance.

La tête du nouveau-né représente le quart de la longueur totale de son corps, et a parfois été allongée et déformée par le «moulage» qu'elle a subi au cours du passage dans le pelvis de la mère. Ce moulage temporaire s'explique par le fait que les os crâniens du bébé ne sont pas encore soudés; ils ne le seront pas totalement avant 18 mois. Les espaces compris entre les os du crâne qui ne se rejoignent pas encore — les points mous ou **fontanelles** — sont recouverts d'une membrane résistante. Comme le cartilage du nez du bébé est également malléable, le passage dans le canal vaginal marque la physionomie de plusieurs nouveau-nés qui naissent avec un nez aplati; cette déformation disparaît cependant au bout de quelques jours.

Le bébé est-il en bonne santé?

Il importe de savoir le plus tôt possible si un nouveau-né souffre d'un problème de santé qui requiert des soins particuliers, car les premiers jours et même les premières minutes qui suivent la naissance sont d'une importance cruciale pour le développement futur de l'enfant. Pour connaître l'état de santé du bébé naissant, les méde-

Tableau 3.1 L'échelle d'Apgar

Signe*	0	1	2
rythme cardiaque	absent	lent (au-dessous de 100)	rapide (au-dessus de 100)
effort respiratoire	absent	irrégulier, lent	bon, pleurs
tonus musculaire	flasque, mou	faible, inactif	fort, actif
couleur de la peau	bleu, pâle	corps rose, extrémités bleues	entièrement rose
irritabilité réflexe	pas de réaction	grimace	toux, éternuement, pleurs

* Chaque signe est évalué en fonction de son absence ou de sa présence, de 0 à 2; le meilleur résultat global est 10.

cins et les psychologues recourent à diverses échelles qui permettent d'évaluer son développement physique et psychologique.

L'évaluation médicale immédiate: l'échelle d'Apgar

Une minute après la naissance, puis de nouveau cinq minutes plus tard, on procède à une évaluation de routine de tous les nouveau-nés, selon l'**échelle d'Apgar** (voir le tableau 3.1). Les cinq sous-tests conçus par le Dr Virginia Apgar (1953), à savoir l'Apparence (couleur de certaines zones du corps: peau, lèvres, doigts, etc.), le Pouls (rythme cardiaque), la Grimace (irritabilité réflexe), l'Activité (tonus musculaire) et la Respiration, permettent de vérifier si tout est normal chez le nouveau-né.

On attribue une cote de 0 à 2 pour chaque test; le total maximum est de 10. On remarque que 90 % des bébés normaux obtiennent 7 ou davantage; un résultat inférieur à 4 signale le besoin de soins immédiats. Les scores d'Apgar ont un rapport avec la vie fœtale et avec le développement ultérieur du bébé.

Serunian et Broman (1975) ont découvert que les scores d'Apgar, qui expriment l'état du nouveau-né une minute après la naissance, sont reliés à ceux de l'échelle de Bayley, qui vérifient le développement mental et moteur à l'âge de 8 mois. Des bébés de 8 mois dont les scores d'Apgar à la naissance étaient très faibles (de 0 à 3) ont obtenu aux tests de développement mental et moteur des scores inférieurs à ceux des bébés qui avaient obtenu des scores d'Apgar élevés (de 7 à 10). Les faibles scores d'Apgar ont laissé prévoir des anomalies au niveau du système nerveux, du développement moteur, du tonus musculaire et de la capacité de saisir les objets.

L'échelle d'évaluation du comportement néo-natal de Brazelton

L'**échelle d'évaluation du comportement néo-natal de Brazelton** (1973) est utilisée pour mesurer les réactions comportementales et neurologiques du nouveau-né à son environnement. Elle évalue quatre dimensions du comportement du bébé: le type d'interactions comportementales par lesquelles il s'adapte à la maison (comme la vivacité et le degré de câlinerie); les comportements moteurs (réflexes, tonus musculaire, coordination main-bouche); le contrôle de l'état physiologique (comme la capacité qu'a le bébé de se calmer après avoir été irrité), et enfin la réaction au stress (la réaction de sursaut) (Brazelton, 1973).

Le test, qui dure environ 30 minutes, est basé sur la meilleure performance du bébé plutôt que sur son rendement moyen. Les examinateurs voient à ce que le bébé donne son meilleur rendement, répétant parfois les tests au cours de l'examen et demandant à la mère de stimuler l'attention de son enfant. Le test de Brazelton réussira parfois mieux à prédire le développement futur d'un bébé que l'échelle d'Apgar ou qu'un test neurologique standard (Behrman et Vaughan, 1983).

Tableau 3.2   Comparaison entre la vie prénatale et la vie post-natale

Caractéristique	Vie prénatale	Vie post-natale
Milieu	liquide amniotique	air
Température	relativement égale	fluctue selon l'atmosphère
Stimulation	minimale	tous les sens réagissent à divers stimuli
Nourriture	dépend du sang maternel	dépend de la nourriture extérieure et du fonctionnement du système digestif
Approvisionnement en oxygène	provient du sang maternel via le placenta	provient des poumons du nouveau-né et va aux vaisseaux sanguins pulmonaires
Élimination métabolique	se fait dans le sang maternel via le placenta	se fait par la peau, les reins, les poumons et l'appareil gastro-intestinal

Source: P.S. Timiras, *Developmental physiology and aging*, New York, MacMillan, 1972, p. 174.

Le dépistage de problèmes médicaux chez le nouveau-né

S'ils ne sont pas traités, les enfants atteints de phénylcétonurie à la naissance présenteront des dommages irréparables du système nerveux central qui causeront l'arriération mentale. Cependant, si on les soumet à un régime alimentaire spécial avant qu'ils n'aient de 3 à 6 semaines, ils se développeront normalement. Pour déceler la présence de ce trouble et de certaines autres anomalies curables, des chercheurs ont élaboré au cours des dernières années plusieurs tests de dépistage qui peuvent être administrés tout de suite après la naissance.

Un dépistage appliqué systématiquement à tous les nouveau-nés est évidemment très coûteux. Est-il justifiable d'y recourir dans une société où les frais médicaux augmentent constamment, tout particulièrement lorsque les troubles dépistés sont extrêmement rares, comme la phénylcétonurie (1 cas sur 14 000 naissances, l'hypothyroïdie (1 sur 4 250 naissances), la galactosémie (1 sur 62 000 naissances) et d'autres anomalies encore plus exceptionnelles? Il devient moins difficile de répondre à cette question lorsque nous réalisons que les coûts liés au dépistage d'un seul cas d'un syndrome rare sont souvent inférieurs à ceux qu'entraînent les soins requis au cours de sa vie par un enfant atteint d'arriération mentale.

Il semble que plusieurs législateurs soient en faveur du dépistage car plusieurs de ces tests se font de façon routinière dans les hôpitaux et parfois même à la maison, grâce à la collaboration des parents.

Les systèmes physiologiques du nouveau-né

Avant la naissance, certaines fonctions du système circulatoire, la respiration, l'alimentation, l'élimination et le contrôle de la température du fœtus s'effectuent grâce à des échanges avec le corps de la mère. Après la naissance, le bébé doit prendre en charge tous ces processus. Comme l'illustre le tableau 3.2, la transition entre la vie intra-utérine et la vie extra-utérine exige beaucoup de tous les systèmes physiologiques. Heureusement, ces derniers sont, dans la grande majorité des cas, en mesure de répondre à ces demandes.

Le système circulatoire

Déjà avant la naissance, la mère et son bébé possédaient des systèmes circulatoires indépendants et des pouls séparés; le sang du fœtus était cependant purifié en passant par le cordon ombilical qui apportait le sang souillé au placenta et en ramenait le sang purifié. À la naissance, le système circulatoire du bébé doit prendre la relève pour faire circuler le sang dans tout le corps. Le pouls du nouveau-né est encore accéléré et irrégulier, et la tension artérielle ne se stabilise que vers le dixième jour.

Le système respiratoire

Le cordon ombilical apportait également de l'oxygène au fœtus et rejetait le bioxyde de carbone. Le nouveau-né a besoin de beaucoup plus d'oxygène et doit maintenant se le procurer lui-même. La plupart des bébés se mettent à respirer au contact de l'air; quelques-uns ont besoin d'une petite tape; le bébé qui ne respire pas encore deux minutes après la naissance est en difficulté. Quand la respiration n'a commencé qu'après cinq minutes, le bébé risque d'être atteint d'une lésion au cerveau plus ou moins grave due à un manque d'oxygène.

Environ 10 % de tous les cas de mortalité infantile sont dus au **syndrome de détresse respiratoire,** également appelé maladie de la membrane hyaline. Ce syndrome affecte surtout les bébés prématurés dont la respiration irrégulière ou l'arrêt respiratoire résulte d'une production insuffisante d'une substance essentielle qui enduit les poumons (Wegman, 1983). Il est encourageant de constater que le nombre de morts dues à ce syndrome a diminué depuis 1970 grâce à l'amélioration des soins médicaux offerts aux bébés nés avant terme.

Le système gastro-intestinal

Dans l'utérus, le cordon ombilical sert à nourrir le fœtus, en transportant la nourriture qui provient de la mère, et à évacuer ses déchets corporels. À la naissance, le bébé possède un puissant réflexe de succion pour absorber du lait et son organisme sécrète des sucs gastro-intestinaux pour le digérer. Le **méconium,** matière fécale filandreuse noire verdâtre accumulée dans les voies intestinales, est excrété durant les deux premiers jours après la naissance. Lorsque l'intestin et la vessie du nouveau-né sont pleins, les sphincters s'ouvrent automatiquement. Plusieurs mois s'écouleront avant que le bébé puisse contrôler ces muscles.

Trois ou quatre jours après la naissance, environ la moitié des bébés contractent une **jaunisse physiologique;** celle-ci donne une coloration jaune à la peau et aux globes oculaires. Ce type de jaunisse est dû à l'immaturité du foie; elle n'est généralement pas grave, n'a pas d'effet à long terme et atteint surtout les bébés prématurés.

Le contrôle de la température du corps

Les couches adipeuses qui se sont formées au cours des deux derniers mois de la vie fœtale permettent au bébé en santé et né à terme de maintenir la température de son corps constante en dépit des fluctuations de température de l'air ambiant. Il est particulièrement important de garder au chaud les bébés de poids insuffisant à la naissance, car ils n'ont pas les graisses qui leur permettraient de produire de la chaleur et de maintenir ainsi la température de leur corps (Vulliamy, 1973). Les bébés maintiennent également la température de leur corps en redoublant d'activité en réaction à une chute de la température ambiante.

Les différents états du nouveau-né

Notre corps est en grande partie réglé par des «horloges» internes qui contrôlent nos cycles d'alimentation, de sommeil, d'élimination et peut-être même nos humeurs. Ces horloges biologiques semblent innées, car elles déterminent les divers états du bébé, c'est-à-dire les variations qui «ponctuent» la journée de ce dernier (voir le tableau 3.3). Le cycle de sommeil varie d'un bébé à l'autre. Bien que les nourrissons dorment en moyenne environ 16 heures par jour, un bébé en bonne santé peut dormir seulement 11 heures, alors qu'un autre en dormira jusqu'à 21 (Parmalee, Wenner et Schultz, 1964). Ce sommeil n'est naturellement pas continu. La prochaine fois que vous direz «J'ai dormi comme un bébé», rappelez-vous que les nourrissons se réveillent habituellement toutes les deux ou trois heures, la nuit comme le jour. Heureusement pour les parents, ce cycle ne dure pas longtemps. Après 3 mois, le bébé devient plus éveillé vers la fin de l'après-midi et au début de la soirée et se met à «faire ses nuits» à des âges variés. À l'âge de 6 mois, plus de la moitié des périodes de sommeil se situent la nuit (Moore et Ucko, 1957).

Les nouveau-nés ont de six à huit périodes de sommeil par jour environ, pendant lesquelles alternent le sommeil *calme* et le sommeil *actif*. Le sommeil actif, durant lequel on observe des mouvements oculaires rapides (MOR), équivaut probablement chez l'adulte au sommeil paradoxal, accompagné de MOR et associé aux rêves. Il apparaît d'une façon rythmique selon des cycles d'environ une heure et représente entre 50 % et 80 % de tout le sommeil du nouveau-né (Coons et Guilleminault, 1982). Le sommeil paradoxal diminue rapidement pen-

Tableau 3.3   Divers états du nouveau-né

État	Yeux	Respiration	Mouvements	Capacité de réagir
Sommeil régulier	Clos	Régulière	Aucun, sauf des sursauts soudains généralisés	Impossibilité d'éveiller le bébé à l'aide de stimuli légers.
Sommeil irrégulier	Clos	Irrégulière	Contractions musculaires, mais aucun mouvement important	Les sons ou la lumière provoquent des sourires ou des grimaces pendant le sommeil.
Somnolence	Ouverts ou clos	Irrégulière	Quelques mouvements du corps	Le bébé peut sourire, sursauter, faire des mouvements de succion ou avoir des érections en réponse à des stimuli.
Inactivité éveillée	Ouverts		Tranquillité; le bébé peut bouger la tête, les membres et le tronc tout en regardant autour de lui.	Un environnement intéressant (personnes ou choses à observer) peut déclencher ou maintenir cet état.
Activité et pleurs	Ouverts		Grande activité motrice	Le bébé réagit aux stimuli externes par une activité accrue, qui peut débuter par de faibles pleurnichements et des mouvements légers pour se transformer en un crescendo de cris ou de trémoussements, ou débuter et se maintenir sous forme de tortillements non coordonnés, et de cris stridents et spasmodiques; activité pouvant être provoquée par la faim, le froid, la douleur, le fait qu'on l'empêche de bouger ou qu'on le dépose.

Source: adaptation d'informations tirées de Wolff (1966) et de Pretchtl et Beintema (1964).

dant la première année de vie, puis de façon progressive pendant l'enfance, pour atteindre 20 à 25 % de la durée totale du sommeil au moment de la puberté (Montplaisir et Rouleau, 1987).

Les états caractéristiques de chaque nouveau-né nous fournissent des indices de sa manière de réagir à l'environnement. Un état influence les caractéristiques physiologiques du bébé et détermine la façon dont il réagira à la stimulation. Il peut être modifié par l'environnement. Les parents tentent sans cesse de changer l'état de leur bébé en le prenant quand il pleure, en le nourrissant, en le berçant ou en l'emmaillotant. Une stimulation constante, comme un son rythmé, une sucette, l'immersion d'un pied dans l'eau tiède, le fait d'être déposé dans un endroit plus chaud et d'être habillé, calme également le bébé maussade. Il est particulièrement important de trouver la manière d'apaiser un bébé prématuré, car le bébé paisible maintient mieux son poids. Si nous voulons comprendre le fonctionnement corporel d'un nouveau-né, nous devons toujours tenir compte de l'état dans

lequel il se trouve. Un bébé qui est plongé dans un état de sommeil profond réagira très différemment de celui qui est éveillé ou somnolent.

L'état habituel d'un bébé peut avoir une grande influence sur la façon dont ses parents se comportent avec lui, et leur comportement détermine en grande partie le type d'individu qu'il deviendra. Tout comme les parents réagissent différemment aux bébés qui répondent différemment à la stimulation, ils réagissent aussi différemment aux différents états de leur bébé (par exemple au fait qu'il est souvent éveillé et en larmes, qu'il passe une bonne partie de son temps à s'intéresser tranquillement à son entourage, ou encore qu'il est presque toujours somnolent ou endormi).

Les capacités sensorielles du nouveau-né

En 1890, le psychologue William James disait: «Le bébé, sous l'assaut simultané de ses yeux, de ses oreilles, de son nez, de sa peau et de ses entrailles, ne ressent qu'une immense, éclatante, bourdonnante confusion.» Nous savons aujourd'hui qu'il n'en est pas ainsi, loin de là. Dès le moment de la naissance, tous les sens du bébé fonctionnent jusqu'à un certain point.

La vue

Les yeux du nouveau-né diffèrent de ceux de l'adulte. Ils sont plus petits; la rétine et le nerf optique ne sont pas complètement développés. Dès la naissance, le bébé cligne cependant des yeux devant les lumières brillantes; son regard se déplace pour suivre une lumière qui bouge ou une cible qui se déplace (Behrman et Vaughan, 1983). C'est à une distance d'environ 19 cm que les nouveau-nés perçoivent le mieux les objets (Haynes, White et Held, 1965), ce qui représente la distance habituelle entre l'enfant qui tète et le visage de sa mère.

Le nouveau-né a souvent l'air de loucher. Cela est parfois dû au fait que ses paupières cachent une partie des globes oculaires. Dans d'autres cas, les yeux du nouveau-né regardent vraiment dans des directions différentes parce que la maturation des muscles oculaires n'est

pas encore achevée. Ce phénomène disparaît normalement au cours des premiers mois. (Lorsque le bébé ne semble pas encore pouvoir faire converger ses deux yeux à l'âge de 6 mois, il est temps de consulter un ophtalmologiste.)

La vision périphérique, qui est très étroite à la naissance, va plus que doubler son étendue entre la deuxième et la dixième semaine suivant la naissance (Tronick, 1972). L'acuité visuelle du bébé se développe au cours de la première année. Entre 6 mois et 1 an, celui-ci atteindrait le niveau de perception visuelle de l'adulte (Cohen, DeLoache et Strauss, 1979).

Le nourrisson peut percevoir les couleurs d'une façon relativement évoluée dès les premiers mois de sa vie. Grâce à d'ingénieuses techniques de recherche récemment mises au point, des expérimentateurs ont constaté que dès l'âge de 4 mois, des bébés peuvent faire la différence entre le rouge, le vert, le bleu et le jaune, et qu'ils manifestent une préférence pour le rouge (Bornstein, Kessen et Weiskopf, 1976).

La perception de la profondeur

Les très jeunes bébés semblent posséder une notion de la profondeur qui peut être innée ou

Les très jeunes bébés semblent avoir une certaine notion de la profondeur, qui est innée ou acquise au cours des deux premiers mois.

acquise au cours des deux premiers mois. Walk et Gibson (1961) ont construit une *falaise visuelle* au moyen d'un panneau recouvert d'une vitre, et dont l'une des faces porte un motif à damiers qui crée une illusion de profondeur. Les bébés de 6 mois se déplacent volontiers sur la face où l'illusion ne joue pas mais refusent d'aller sur la face qui donne une impression de profondeur, même pour rejoindre leur mère. Les bébés de 2 à 3 mois placés à plat ventre sur la face «profonde» ont un battement cardiaque plus lent que ceux qui sont posés sur la face sans illusion, ce qui indique probablement qu'ils réagissent à l'illusion de profondeur (Campos, Langer et Krowitz, 1970).

Les préférences visuelles

Les bébés semblent venir au monde avec une préférence visuelle pour le visage humain. Cependant, il se peut que l'attrait qu'exercent les visages soit simplement dû à leur complexité visuelle.

Maurer et Salapatek (1976) ont montré à des bébés de 1 à 2 mois trois visages différents: celui de leur mère, celui d'une femme étrangère et celui d'un homme étranger. Ces trois adultes sont restés immobiles et sans expression. Les bébés de 1 mois ont été portés à ignorer ces visages, surtout celui de leur mère, peut-être parce que ces visages impassibles leur semblaient dénués de signification. Le fait qu'ils aient été davantage indifférents au visage maternel est un signe qu'à l'âge de 1 mois, les bébés peuvent reconnaître leur mère. Des photographies de la cornée ont révélé que les yeux des bébés de 1 mois se fixaient sur les contours des visages, ce qui indique qu'ils reconnaissaient probablement leur mère grâce à son menton ou à son front.

Les bébés de 2 mois ont examiné plus longuement les visages, surtout les yeux. (D'autres études ont démontré qu'à cet âge, les bébés regardent un visage plus longuement si les yeux sont ouverts et qu'ils sourient seulement si ce visage a deux yeux.) Si les bébés de 2 mois ont regardé plus longtemps ces visages sans expression, c'est peut-être parce qu'ils s'étaient davantage familiarisés avec des visages dotés d'une multitude d'expressions.

Leahy (1976) a noté que les nourrissons de 4 à 6 semaines sont portés à fixer leur regard sur une plus petite partie d'un stimulus visuel que ceux qui ont de 10 à 12 semaines. Salapatek et Kessen (1966) ont observé que les nouveau-nés regardent un seul trait d'une forme géométrique plutôt que la forme globale. Ces études indiquent que les nouveau-nés semblent réagir à une partie d'un stimulus visuel (comme une ligne) plutôt qu'à la figure complète (un triangle, par exemple).

Les préférences visuelles du nouveau-né nous prouvent que son monde est loin d'être chaotique. Certains mécanismes innés prédisposent donc le nourrisson, quelques heures après sa naissance, à regarder les autres individus de son espèce et à devenir ainsi un être social. Bien que ce soit probablement sa complexité qui rend le visage humain si intéressant à observer pour le bébé, cette tendance à regarder ceux qui l'entourent d'une façon intense et prolongée l'aide à développer un intérêt pour les personnes.

L'évaluation de l'aptitude du nouveau-né à discerner certaines lignes peut même servir à prévoir son développement futur. On a mesuré cette aptitude chez 33 nouveau-nés susceptibles d'être atteints d'un handicap intellectuel d'origine neurologique. À partir de ces tests, ces nouveau-nés ont été jugés normaux, possiblement handicapés, ou handicapés. Quelques jours plus tard, on a fait passer à ces même bébés un test neurologique qui permettait de mesurer leurs réflexes et leur développement neuromusculaire. Puis, à l'âge de 3 ou 4 ans, 19 enfants de ce groupe ont passé le test de Stanford-Binet, qui mesure le quotient intellectuel.

Les auteurs de cette étude (Miranda et coll., 1977) ont constaté que les résultats des tests visuels avaient permis de prédire le quotient intellectuel ultérieur des enfants de façon plus juste que ceux des tests neurologiques. Même si ces conclusions sont provisoires, elles suggèrent la possibilité de se baser sur l'aptitude visuelle du nouveau-né pour évaluer son rendement intellectuel futur.

L'ouïe

Le système auditif humain fonctionne dès la vie intra-utérine. L'oreille interne et l'oreille moyenne atteignent les dimensions et la conformation de celles de l'adulte avant la naissance (Aslin, Pisoni et Jusezyk, 1983). Après la naissance, le développement neurologique que connaît le nouveau-né lui permet de traiter et d'interpréter des sons; moins de quelques heures après sa venue au monde, le bébé peut distinguer certains sons. Lorsqu'on lui fait entendre des sons d'intensité variable, son rythme cardiaque et ses mouvements corporels augmentent avec l'intensité du son (Lipton, Steinschneider et Richmond, 1963).

Les capacités auditives du nourrisson sont souvent étudiées à l'aide du phénomène d'**accoutumance** (ou habituation), un type d'apprentissage simple par lequel une personne s'habitue à un stimulus quelconque et cesse d'y réagir. Nous sommes conscients, par exemple, de la présence de notre montre-bracelet au moment où nous la mettons; mais après quelques secondes, cette conscience s'estompe. Nous nous sommes habitués à ce stimulus sensoriel. (Cette forme d'apprentissage primitif sera étudiée au chapitre 4.)

Lors d'une expérience basée sur le mécanisme d'accoutumance, des bébés âgés de 1 mois ont montré qu'ils pouvaient faire la distinction entre deux sons aussi rapprochés phonologiquement que «bah» et «pah» (Eimas et coll., 1971). On a fourni à ces nourrissons des tétines spéciales qui mettaient un enregistrement en marche lorsque ceux-ci se mettaient à téter. Au début, les bébés tétaient vigoureusement pour entendre le son «bah»; mais une fois qu'ils se furent habitués à ce son, le rythme de succion ralentit. Lorsqu'on remplaça le son «bah» par le son «pah», ils se remirent à téter, démontrant ainsi qu'ils pouvaient percevoir la différence mineure entre ces deux sons.

Lors d'une autre étude menée en 1980, des nourrissons de moins de 3 jours ont montré, par les variations de leur succion, qu'ils savaient distinguer entre la voix de leur mère et celle d'un étranger (De Casper et Fifer, 1980). En suçant une tétine, ces bébés pouvaient déclencher un enregistrement de la voix de leur mère ou de celle d'une autre femme racontant une histoire. Tout jeunes fussent-ils, ces nourrissons tétaient beaucoup plus vigoureusement lorsqu'ils entendaient la voix de leur mère. Il semble que le fait de connaître cette voix ait augmenté le désir de la produire. Cette préférence précoce pour la voix maternelle peut constituer un important mécanisme de prise de contact entre la mère et son bébé.

L'odorat

Les nouveau-nés sont également capables de percevoir des odeurs. Ils peuvent, par exemple,

faire la différence entre l'odeur d'oignon de l'assa-fœtida et l'odeur de réglisse de l'huile d'anis.

Quand on leur fait sentir une solution d'assa-fœtida, leur respiration s'accélère et ils bougent plus qu'ils ne le font quand on leur présente la solution à l'odeur d'anis (Lipsitt, Engen et Kaye, 1963). Quand on fait sentir de petites quantités de chlorure d'ammonium à des nouveau-nés âgés de 16 heures à 5 jours, ils détournent la tête, ce qui semble montrer qu'ils peuvent même localiser l'odeur dans l'espace (Rieser, Yonas et Wikner, 1976).

Le goût

Le palais des nouveau-nés est plutôt insensible; ceux-ci peuvent néanmoins distinguer diverses solutions au goût prononcé (Pratt, Nelson et Sun, 1930). Ils peuvent également faire la différence entre de l'eau pure et une solution d'eau sucrée (Weiffenbach et Thac, 1975). Lorsqu'on dépose l'une ou l'autre de ces substances sur la langue des bébés, ils déplacent la langue sur le côté. Les expérimentateurs ont constaté que plus la concentration de glucose est élevée, plus la réaction des bébés est forte.

La sensation de la douleur

À chaque jour, le nouveau-né devient de plus en plus sensible à la douleur. Lipsitt et Levy (1959) ont administré pendant quatre jours une série de chocs électriques de deux secondes à des bébés d'un jour. Ils augmentaient le voltage de cinq volts à la fois, jusqu'à ce que le bébé retire immédiatement la jambe touchée. Ces chercheurs ont découvert que les nouveau-nés sont beaucoup plus sensibles à la douleur au quatrième jour qu'au premier. Cette étude nous rappelle certains des problèmes éthiques évoqués au chapitre 1. Il est indéniablement utile de connaître le moment précis où un nouveau-né réagit le plus fortement à la douleur, quand il s'agit de fixer le moment de la circoncision, par exemple, ou d'évaluer les dangers de l'anesthésie. Mais comme les expériences vécues par un nouveau-né risquent d'avoir une influence sur son équilibre émotif futur, il y a peu d'expérimentateurs qui veulent risquer de soumettre de jeunes enfants à des expériences douloureuses répétées.

Le développement physique du bébé

Un nourrisson est avant tout un être de mouvement: il apprend à connaître le monde en manipulant des objets. Les gestes accompagnent les premiers efforts du bébé: quand il dit «ta-ta», il ouvre et ferme la main; quand il dit «en haut», il lève les bras. Le bébé ne se différencie pas de son environnement physique. Il doit apprendre à fixer la frontière entre son corps et le monde extérieur. Quand il échappe ses jouets, joue dans l'eau en faisant des éclaboussures ou lance du sable, il découvre comment son corps peut agir sur son environnement.

Le développement physique normal suit une évolution apparemment prédéterminée, même si le moment précis où chaque bébé apprend à exécuter des activités particulières varie beaucoup. Il n'y a pas d'âge précis où un enfant doit avoir atteint telle grandeur ou tel poids, ou s'adonner à telle activité. Le champ de la normalité est vaste, bien que le développement de chaque individu suive les mêmes étapes fondamentales. Presque tous les enfants passent d'une activité à l'autre selon un ordre bien défini. Seules certains types précis de stimulations, comme on en trouve parfois dans les interactions mère-enfant chez certains peuples non occidentaux, peuvent altérer cette séquence de façon sensible. Même si Ariane est capable de s'asseoir à 6 mois et Gabriel seulement à 11 mois, ils ont tous deux appris à soulever le menton avant la poitrine, à s'asseoir avec un appui avant de s'asseoir seuls et à se tenir debout avant de pouvoir marcher. Les enfants apprennent à exécuter les mouvements simples avant les mouvements complexes.

Avant d'apprendre à marcher, le bébé sait faire toutes sortes de choses avec ses mains. Avant d'utiliser adroitement ses mains, il peut bouger ses bras avec habileté. Ces aspects du développement illustrent deux principes de la progression du développement physique et moteur. Suivant la règle du **développement céphalo-caudal** (de la tête aux pieds), les parties supérieures du corps se développent avant les parties inférieures. Ainsi, la tête, le cerveau et les yeux de l'embryon se développent avant les parties inférieures du corps et possèdent momentanément une taille disproportionnée comparativement au reste du corps. La tête d'un embryon de 2 mois représente la moitié de la longueur du corps et celle du nouveau-né en représente le quart. Le poids du cerveau d'un bébé de 1 an constitue les deux tiers du poids qu'il atteindra à l'âge adulte, alors que le reste du corps a encore un long chemin à parcourir. En outre, le nourrisson apprend à *utiliser* les parties supérieures de son corps avant ses parties inférieures. Par exemple, le bébé voit les objets avant de pouvoir contrôler son tronc; il peut aussi utiliser ses mains longtemps avant de se servir de ses jambes.

Selon la règle du **développement proximo-distal** (du rapproché à l'éloigné), les parties centrales du corps se développent avant les extrémités. Par exemple, la tête et le tronc de l'embryon se développent avant les membres, et les bras et les jambes avant les doigts et les orteils. Le bébé acquiert d'abord la capacité d'utiliser ses bras et ses cuisses (lesquels sont plus rapprochés de l'axe central), puis ses avant-bras et ses jambes, ses mains et ses pieds, et enfin, ses doigts et ses orteils.

Nous voyons donc que ces deux principes régissent le développement physique avant et après la naissance.

La croissance: la taille et le poids

C'est au cours des trois premières années que la croissance physique est la plus rapide. À l'âge de 5 mois, le poids du bébé moyen à la naissance a doublé pour atteindre 6,8 kg environ; à 1 an, il aura triplé pour atteindre environ 10 kg. Le rythme de croissance diminue au cours de la deuxième année, où le gain se situe entre deux et trois kg pour donner, au deuxième anniversaire, un poids quatre fois plus important qu'à la naissance. Durant la troisième année, le gain de poids est encore moins important (entre 1,8 kg et 2,3 kg). L'augmentation de la taille durant la première année est d'environ 25 cm; le bébé moyen de 1 an mesure 75 cm environ. Au cours de la deuxième année, elle est d'environ 12 cm (le bébé moyen mesure donc autour de 87 cm à l'âge de 2 ans) et de 7 à 8 cm durant la troisième année (voir le tableau 3.4).

La croissance physique rapide du jeune enfant s'accompagne d'importantes modifications de la dimension relative des diverses parties du corps. La tête devient proportionnellement plus petite par rapport au reste du corps et ce, jusqu'à ce que la taille adulte soit atteinte (voir la figure 3.1). Par ailleurs, la forme générale du corps change aussi. La plupart des

Tableau 3.4   La croissance physique moyenne de la naissance à 3 ans *

Âge	Taille (cm)		Masse (kilos)	
	Garçons	**Filles**	**Garçons**	**Filles**
Naissance	51,0	50,2	3,50	3,30
1 mois	54,3	52,9	4,37	4,02
6 mois	67,6	65,7	7,85	7,35
12 mois	75,7	74,2	10,00	9,42
18 mois	82,0	80,9	11,35	10,75
24 mois	87,2	86,5	12,45	11,87
30 mois	91,7	90,7	13,50	12,95
36 mois	95,9	94,9	14,52	13,92

* Ces données correspondent à celles des courbes du percentile 50.

Sources: Étude de la croissance et du développement de l'enfant canadien-français de la naissance à six ans, Centre de recherche sur la croissance humaine, Université de Montréal, 1981. Utilisé avec la permission du Centre de recherche et publié aussi dans Demirjian, A., La Palme, L., et Thibault, H.W. *La croissance staturo-pondérale des enfants canadiens-français de la naissance à 36 mois,* Union médicale du Canada, février 1963.

enfants amincissent après la première année; l'enfant de 3 ans est plus svelte que l'enfant encore potelé de 1 an.

Le cerveau du bébé atteint, durant la première année, à peu près les deux tiers du volume qu'il aura à l'âge adulte et, à la fin de la deuxième année, les quatre cinquièmes environ; à l'âge de 12 ans, le cerveau aura pratiquement atteint sa taille adulte (Behrman et Vaughan, 1983). La plupart des bébés ont leur première dent entre 5 et 9 mois et, à 1 an, ils ont habituellement de 6 à 8 dents. Vers 2 ans et demi, ils ont 20 dents (Behrman et Vaughan, 1983). (Les problèmes dentaires de l'enfant seront étudiés au chapitre 8.)

Les facteurs qui influencent la croissance

La silhouette générale de notre corps dépend principalement de nos gènes: ceux-ci déterminent si nous serons grands et minces, courts et trappus ou juste entre les deux (Mittler, 1971). La taille et le poids sont également influencés par des facteurs environnementaux comme l'alimentation, les conditions de vie et l'état de santé général.

Les enfants bien nourris et bien soignés deviennent plus grands et plus gros que leurs semblables qui vivent dans des milieux défavorisés; ils atteignent leur maturité sexuelle et leur taille maximale plus jeunes, et leurs dents percent plus tôt. Ces différences, selon une association de pédiatres américains (American Academy of Pediatrics, 1973), se manifestent habituellement dès la première année, et persistent durant toute la vie. De nos jours, les enfants deviennent plus grands et atteignent leur maturité sexuelle plus jeunes qu'il y a un siècle, sans doute à cause d'une meilleure alimentation, de la diminution du travail des enfants et de la suppression des mariages précoces. L'amélioration des soins médicaux, et tout particulièrement la

1/2	1/3	1/4	1/5	1/6	1/7	1/8

| 2 mois (vie fœtale) | 5 mois | Nouveau-né | 2 | 6 | 12 | 25 |

Années

Figure 3.1 *Changements dans les proportions du corps humain au cours de la croissance.*
Ce diagramme illustre la façon dont la tête devient graduellement proportionnellement plus petite par rapport au reste du corps. Les proportions de la taille de la tête à différents âges sont exprimées en fractions dans le haut de la figure. Il est aussi à noter que les jambes deviennent proportionnellement plus longues par rapport au reste du corps. (Adaptation de Scammon, 1927)

pratique de l'immunisation et l'usage des anti-biotiques, jouent également un rôle important. Les maladies congénitales, la néphrite, les troubles métaboliques congénitaux et certaines autres maladies peuvent affecter sérieusement la croissance. Une longue maladie peut empêcher un enfant d'atteindre sa taille génétiquement prévue en lui faisant subir un retard de croissance qu'il n'arrivera jamais à rattraper.

À la naissance, les garçons sont un peu plus grands et plus lourds que les filles, et ils le demeurent jusqu'à l'âge adulte, sauf pendant une courte période à la puberté, où les poussées de croissance des filles leur permettent de devancer temporairement les garçons.

Les enfants qui ne connaissent pas une croissance normale, bien qu'ils ne souffrent d'aucune maladie ou anomalie et que leur alimentation et les soins médicaux qu'on leur prodigue soient adéquats, sont parfois victimes d'un syndrome appelé déficience non-organique de la croissance. En comparant 23 bébés de cette catégorie à un groupe apparié d'enfants normaux, des chercheurs ont constaté que les mères de ces enfants ne les embrassent ni ne leur parlent autant que celles du groupe témoin. Elles ne les acceptent pas autant ni n'organisent aussi bien leur environnement (en raison d'une crainte excessive des accidents, par exemple). Elles sont cependant comparables aux mères du groupe contrôle en ce qui a trait à l'âge, au statut marital, à la connaissance et aux attitudes face au maternage, au stress ou à l'état de santé mentale (Casey, Bradley et Wortham, 1984). De telles constatations font ressortir l'importance des programmes destinés à aider ces mères à comprendre et à satisfaire les besoins de leurs enfants.

L'alimentation du bébé

Les médecins, les infirmières, les diététistes, les psychothérapeutes et d'autres spécialistes donnent depuis longtemps des conseils aux parents sur la meilleure façon d'élever leurs enfants, appuyant leurs recommandations sur des résultats de recherches, des impressions tirées de leurs vies professionnelle et personnelle, et sur ce que certains appellent soit «sagesse», soit «superstition». La meilleure attitude à prendre pour les parents consiste donc à se fier aux découvertes scientifiques récentes, aux recommandations de ceux qui semblent avoir une bonne connaissance de la question et à leur propre intuition.

Bien que la plupart des bébés des pays industrialisés semblent avoir une croissance normale et être en bonne santé malgré la grande diversité de régimes alimentaires auxquels ils sont soumis, un groupe d'éminents pédiatres a souligné que «nos connaissances des effets à long terme des habitudes alimentaires du nouveau-né sont encore très limitées (Fomon, Filer, Anderson et Ziegler, 1979, p. 52). Par ailleurs, comme le soulignent les mêmes auteurs, «il faut nourrir les nouveau-nés et prendre des décisions sur la façon de le faire» (p. 52). Étudions donc de plus près ce que certains médecins, diététistes et autres spécialistes des enfants recommandent en matière d'alimentation chez le nouveau-né.

L'allaitement au sein

Après avoir connu pendant 50 ans un déclin de popularité, l'allaitement au sein redevient en vogue, surtout chez les femmes dont le niveau d'instruction et de revenu est supérieur à la moyenne. D'après une étude conduite par Lambert-Lagacé (1980):

> «[...] une enquête menée en 1974 dans tout le Québec révélait qu'une Québécoise sur cinq (20 %) allaitait son bébé lors du séjour à l'hôpital [...] à l'automne 1978, une deuxième cueillette d'informations auprès des mêmes hôpitaux indique un taux d'allaitement deux fois plus important. Deux Québécoises sur cinq (40 %) allaitent alors leur bébé pendant leur séjour à l'hôpital.» (Lambert-Lagacé, p. 62)

Ces données vont dans le sens de la politique québécoise relative à l'alimentation du nourrisson, qui visait, en 1978, à hausser le taux d'allaitement au sein de 28 à 56 %.

Les progrès de la technologie ont permis de fabriquer d'excellentes formules de lait maternisé dont la composition s'approche de celle du lait maternel. Malgré l'excellence des produits, la Corporation professionnelle des diététistes du Québec a récemment déclaré que le lait maternel est le meilleur aliment pour un nouveau-né. À moins qu'un empêchement d'ordre physique chez la mère ou chez l'enfant ne rende l'allaitement au sein impossible, ce qui touche moins de 5 % des femmes, c'est le mode d'alimentation qu'on devrait privilégier.

On dit que le lait maternel est «l'aliment sain par excellence» (Olds et Eiger, 1973) à cause de tous les avantages qu'il comporte pour le

Le lait maternel est le meilleur aliment pour le nouveau-né. La santé de la mère, son état émotif et son attitude face à l'allaitement au sein influencent sa capacité de nourrir son bébé. (Alan Carey/The Image Works)

nourrisson. Les enfants nourris au sein se trouvent protégés à divers degrés contre la diarrhée, les infections respiratoires, les allergies, le rhume, la bronchite, la pneumonie, la rubéole, la fièvre scarlatine et la polio (Cunningham, 1977; Jelliffe et Jelliffe, 1977; Baum, 1971; Hodes, 1964). Ils ont plus de chances d'avoir des dents saines et courent moins de risques d'être obèses ou de souffrir d'artériosclérose prématurée (Fomany, 1971; Fomon, 1971; Tank, 1965). Il est d'ailleurs paradoxal qu'un grand nombre de femmes de milieu économique défavorisé n'allaitent pas leurs enfants au sein, puisque le lait maternel est plus économique que le lait maternisé.

Parce que la santé de la mère, son état émotif et son attitude face à l'allaitement maternel influencent sa capacité de nourrir son bébé, les diététistes ont proposé une série de mesures qui visent à renseigner la mère et à promouvoir l'allaitement. Parmi ces recommandations, on propose: d'éduquer les parents, les infirmières

et les médecins en matière d'alimentation et plus particulièrement d'allaitement maternel; d'alimenter le bébé sur demande plutôt que selon un horaire rigide (aux trois heures ou aux quatre heures, par exemple); d'allaiter le bébé pendant au moins une ou deux semaines, afin d'assurer au bébé une protection immunologique et de continuer de le nourrir au sein pendant une période de quatre à six mois si possible. De plus, les diététistes recommandent l'adoption d'un certain nombre de mesures sociales, comme l'installation de pouponnières adjacentes aux lieux de travail, afin de permettre aux femmes qui travaillent d'allaiter leur bébé.

De plus, il faut ajouter aux bénéfices qui ont trait à la santé du bébé, des bénéfices d'ordre psychologique (contact mère-enfant) et d'ordre physique pour la mère (rétraction plus rapide de l'utérus, élimination de la préparation des biberons, retour plus facile au poids normal).

Même si l'allaitement au sein est généralement préférable, il ne représente évidemment pas l'unique façon de nourrir un bébé. Une faible proportion de femmes sont physiquement incapables d'allaiter; d'autres sont hostiles à l'allaitement au sein ou ne peuvent s'y adonner pour différentes raisons, comme un retour hâtif au travail.

Au-delà de la méthode d'allaitement, c'est la relation étroite et affectueuse entre la mère et son bébé qui importe d'un point de vue psychologique. Lambert-Lagacé (1980) indique par ailleurs que la décision d'allaiter concerne les deux parents: «Il ne faut surtout pas sous-estimer l'approbation, ni l'encouragement du conjoint dont l'attitude paternelle compréhensive contribue largement au calme et à la sérénité de la mère» (p. 73).

Les enfants qui sont nourris au biberon et entourés d'amour se développent aussi de manière saine et équilibrée. Des études à long terme qui ont comparé des enfants nourris au sein et des enfants nourris au biberon n'ont relevé aucune différence importante entre les deux groupes (Schmitt, 1970). La qualité de la relation entre la mère et l'enfant est sans doute plus importante que la méthode d'allaitement:

«Le bébé élevé dans un foyer qui l'entoure d'affection peut devenir un être en santé et confiant, peu importe la façon dont il reçoit sa nourriture. L'allaitement au sein bien vécu peut être une expérience merveilleuse pour la mère et pour l'enfant, mais une femme qui allaite son bébé à contrecœur, parce qu'elle se sent obligée de le faire, causera probablement plus de tort à son bébé en lui communiquant son ressentiment et sa frustration que si elle le nourrissait au biberon, mais dans une atmosphère détendue et affectueuse.» (Olds et Eiger, 1973, p. 18)

L'alimentation au biberon

On donne à la plupart des bébés nourris au biberon un lait commercial maternisé préparé à base de lait de vache ou de soya. Ce type de lait est fabriqué en vue de reproduire le plus fidèlement possible le lait maternel (même s'il est impossible de le reproduire *exactement*), sauf qu'on lui ajoute des suppléments de vitamines et de minéraux que le lait maternel ne contient pas. Selon les diététistes, le lait maternisé est celui qui satisfait le mieux, après le lait maternel, aux besoins alimentaires de la plupart des bébés jusqu'à 5 ou 6 mois.

L'habitude de donner au bébé un biberon de lait, de jus ou d'une autre solution sucrée pour l'endormir semble être l'une des causes de la carie dentaire chez les bébés. Le sucre contenu dans ces liquides provoque la carie dans la région de la bouche où le liquide sort du biberon. Les dentistes recommandent de donner uniquement de l'eau aux bébés qui prennent un biberon pour s'endormir.

Les aliments solides et le lait de vache

Alors qu'au début du siècle, un bébé ne mangeait aucun aliment solide avant l'âge de 12 mois, une vaste enquête conduite en 1976 dans la région de Montréal révèle que 40 % des bébés ingurgitent des céréales dès la deuxième semaine, et qu'un bébé sur deux consomme de la viande à 3 mois et demi (Lambert-Lagacé, 1980, p. 131).

On peut attribuer ce changement d'habitude à la crainte des parents de voir les autres enfants devancer leur bébé, à la publicité persuasive de l'industrie de l'alimentation pour bébés et à la croyance que le bébé va «faire sa nuit» s'il prend de la nourriture solide.

Les diététistes du Québec affirment qu'il ne semble pas y avoir d'avantage à introduire les aliments solides dans l'alimentation du nourrisson avant qu'il n'ait atteint l'âge de 4 ou 6 mois. Cela peut toutefois varier quelque peu selon les besoins individuels du nourrisson à qui l'on peut donner des aliments solides tout en continuant l'allaitement au sein. Par ailleurs, le lait

maternel (ou, à défaut, le lait maternisé) étant recommandé jusqu'à 6 mois, on conseille, à partir de ce moment, l'emploi de lait de vache homogénéisé entier jusqu'à l'âge de 1 an, où l'on pourra commencer à donner à boire à l'enfant un lait de vache partiellement écrémé (2 %).

L'obésité

L'obésité représente l'un des problèmes nutritionnels majeurs chez les enfants nord-américains d'aujourd'hui. Certaines personnes peuvent attribuer leur embonpoint à l'hérédité qui leur a légué un tissu adipeux sous-cutané trop abondant ou un métabolisme paresseux. Cependant, la plupart du temps, les gens deviennent obèses parce qu'ils absorbent trop de nourriture, compte tenu de leur dépense d'énergie.

Selon plusieurs nutritionnistes, les bébés suralimentés risquent de souffrir d'obésité plus tard. On sait qu'un surplus de calories donné à des ratons provoque une surabondance de cellules graisseuses; il se peut que le même phénomène se produise chez les bébés, et que ces cellules adipeuses superflues ne soient jamais éliminées (Jeliffe, 1974; Mayer, 1973; Hirsh (1972).

Une étude plus récente remet en question l'hypothèse selon laquelle les bébés obèses deviendraient des enfants obèses. En examinant les corrélations en ce qui a trait à l'obésité à différents âges, Roche (1981) a trouvé une corrélation presque nulle entre les mesures prises avant l'âge de 6 ans et celles prises à 16 ans. Après l'âge de 6 ans cependant, les corrélations vont en augmentant: les enfants qui sont obèses à l'âge de 6 ans, ou après, sont plus susceptibles de le demeurer à l'âge adulte. Comme le conclut Roche (p. 38), «l'importance médicale de l'obésité *infantile* a peut-être été exagérée». Puisqu'il n'est pas prouvé que l'embonpoint nuit aux bébés et que les enfants ont d'importants besoins dus à leur rythme de croissance accéléré, le comité d'étude sur la nutrition de l'Académie américaine de pédiatrie (AAP, 1981) recommande d'éviter de soumettre de jeunes enfants à un régime amaigrissant quel qu'il soit.

Bien que les recherches dans ce domaine doivent être poursuivies, l'importance d'avoir une bonne alimentation durant toute la vie est évidente. On recommande le lait maternel jusqu'à l'âge de 1 an, auquel s'ajoutera l'alimentation solide vers l'âge de 4 à 6 mois. Après 1 an, le petit enfant doit avoir un régime alimentaire varié et on devrait soumettre dès l'âge de 2 ans les enfants dont les parents présentent un taux de cholestérol élevé à des tests de dépistage pour voir s'ils ont besoin d'un régime spécial ou d'une médication. Tout en suggérant de suivre la tendance actuelle à diminuer la consommation de graisses saturées et de sel, l'AAP (1981) recommande la modération et souligne que «les régimes qui évitent les extrêmes comportent moins de risques pour les enfants» (p. 79).

En quoi les filles diffèrent-elles des garçons?

Comme nous l'avons souligné au chapitre 2, le mâle est physiquement plus vulnérable que la femelle, à partir de la conception jusqu'à la mort. À part cette différence majeure, cependant, peu de différences ont été observées entre les filles et les garçons durant les premières années, malgré le nombre considérable d'études qui ont tenté d'en découvrir.

Durant les deux premières années de la vie, les garçons sont comparables aux filles quant au niveau d'activité et à la sensibilité tactile, ainsi qu'au plan de la force physique (bien que les garçons soient *parfois* un peu plus forts). Les garçons et les filles montrent aussi plus de ressemblances que de différences dans les étapes de maturation comme la capacité de s'asseoir, l'apparition des dents, la marche, etc. Récemment, des chercheurs ont tenté d'attribuer la précocité de l'acquisition du langage chez les filles et les plus grandes difficultés que rencontrent les garçons dans l'apprentissage de la lecture à des différences entre le cerveau du garçon et celui de la fille. Un examen minutieux des cerveaux de bébés morts à la naissance, ou peu après, n'a apporté aucune preuve de l'existence de différences marquées entre les sexes quant au substrat congénital de l'acquisition du langage (Maccoby, 1980).

Le développement moteur du bébé

La règle du développement moteur est si évidente qu'on a pratiquement pas besoin de la formuler: la vaste majorité des habiletés s'acquiert suivant un ordre bien défini, qui procède du simple au complexe.

Avec l'âge, le développement moteur du bébé s'oriente vers un meilleur contrôle des pos-

sibilités de mouvements du corps. Le contrôle des parties du corps se *différencie* progressivement. Par exemple, il commence par agripper maladroitement des objets avec toute la main pour en arriver plus tard à saisir de petits objets en effectuant une pince délicate du pouce et de l'index. Lorsqu'il est parvenu à maîtriser individuellement divers mouvements séparés, il les intègre à des schèmes de comportement plus complexes. C'est ainsi qu'il intègre le contrôle des mouvements de la jambe, du pied et des bras pour maîtriser la marche.

Le fœtus bouge beaucoup dans le sein maternel, fait des culbutes, donne des coups de pied et suce son pouce. Le nouveau-né tourne la tête, remue ses jambes et ses bras, etc. Il a déjà toute une gamme de comportements réflexes. Ces mouvements prénataux et post-nataux représentent un type généralisé d'activités sous contrôle sous-cortical: c'est le tronc cérébral, situé sous le cortex, qui est responsable des réflexes primitifs involontaires du nouveau-né. Vers le quatrième mois, ce sont les mouvements volontaires, contrôlés par le cortex, qui prennent la relève.

Les comportements réflexes

Le clignement des yeux provoqué par la lumière vive n'est pas un acte délibéré. C'est une réaction involontaire déterminée par un comportement **réflexe.** Les êtres humains disposent de tout un arsenal de réflexes (voir le tableau 3.5), dont plusieurs se développent même avant la naissance. Certains réflexes contribuent à notre survie, d'autres semblent jouer un rôle de protection. La présence ou l'absence de réflexes sert de guide dans l'évaluation du développement neurologique, car un calendrier fixe régit l'apparition et la disparition de la plupart des réflexes.

Les réflexes primitifs sont présents à la naissance ou peu après; certains peuvent même être obtenus avant la naissance. Chez un bébé neurologiquement sain, ces réflexes primitifs tendent à disparaître à différents moments au cours de la première année: le réflexe de Moro, par exemple, disparaît vers l'âge de 2 ou 3 mois; le réflexe de recherche du mamelon à 9 mois, et celui de Babinski entre 6 et 9 mois. La brève apparition des réflexes primitifs reflète le contrôle sous-cortical du système nerveux du nouveau-né, puisque la maturation du cortex cérébral met fin à leur manifestation. Les réflexes

Tableau 3.5   Comportements réflexes de l'être humain

Nom du réflexe	Stimulation	Comportement	Âge de disparition
de recherche du mamelon	Frottement de la joue avec le doigt ou le mamelon	Tourne la tête, ouvre la bouche, fait des mouvements de succion.	9 mois
de Moro (sursaut)	Stimulation soudaine, comme un coup de fusil ou la chute du bébé	Étend les jambes, les bras et les doigts, cambre le dos, rejette la tête en arrière.	3 mois
de nage	Placé dans l'eau, le visage en bas	Exécute des mouvements de nage bien coordonnés.	6 mois
tonique du cou	Couché sur le dos	Tourne la tête de côté, adopte la posture de «l'escrimeur»: étend bras et jambes de son côté préféré, et fléchit les membres opposés.	de 2 à 3 mois
de Babinski	Frottement de la plante du pied	Déploie les orteils, pied tourné vers l'intérieur.	de 6 à 9 mois
de Darwin (préhension)	Frottement de la paume de la main	Ferme le poing si fort que s'il ferme les deux poings sur un bâton, on peut le soulever et le mettre en position debout.	de 2 à 3 mois
de marche	Soutenu par le dessous des bras, les pieds nus sur une surface plane	Exécute des pas qui ressemblent à la marche bien coordonnée.	8 semaines
de placement	Arrière des pieds placé contre le rebord d'une surface plane	Retire le pied.	1 mois

qui jouent un rôle nettement protecteur, comme le réflexe pupillaire, le clignement des yeux, le bâillement, la toux, le haut-le-cœur et l'éternuement, ne disparaissent pas.

Les étapes du développement moteur

Lorsque le système nerveux central, les muscles et les os du bébé ont atteint une maturité suffisante, et que celui-ci est dans une position qui lui permet de bouger, il lève la tête. Il n'a pas besoin qu'on lui apprenne ce mouvement, et plus il s'exerce à le faire, plus il devient habile. Chaque nouvelle activité maîtrisée par un bébé le prépare à aborder la suivante, selon l'ordre prédéterminé de l'acquisition des habiletés motrices (voir le tableau 3.6)[1].

Le contrôle de la tête

Dès la naissance, la plupart des bébés sont capables de tourner la tête d'un côté et de l'autre lorsqu'ils sont étendus sur le dos, et ils peuvent soulever assez la tête pour la tourner quand ils sont couchés sur le ventre. Ils apprennent d'abord à lever la tête quand ils sont couchés sur le ventre, puis à la tenir droite en position assise et enfin à la soulever quand ils sont couchés sur le dos.

La position assise

Les bébés apprennent à s'asseoir soit en se relevant de la position couchée ou en se laissant glisser à partir de la position debout. Habituellement, un bébé est capable de s'asseoir avec un

---

1   Les âges indiqués ici sont des âges moyens. La moitié environ des bébés normaux maîtrisent ces activités avant l'âge mentionné et l'autre moitié après. Il n'y a pas de bébé «moyen» et la normale recouvre un large éventail d'âges.

Tableau 3.6   Développement habituel du bébé

Âge * (mois)	Moteur	Social	Audition et langage	Œil et main
1	Dresse la tête pendant quelques secondes.	Se calme quand on le prend.	Sursaute quand il entend un bruit.	Suit une lumière des yeux.
2	Soulève la tête lorsque placé sur le ventre (menton dégagé).	Sourit.	Écoute une cloche ou un hochet.	Suit un anneau des yeux vers le haut, le bas et les côtés.
3	Donne de bons coups de pied.	Suit une personne des yeux.	Cherche un son avec les yeux.	Porte le regard d'un objet à l'autre.
4	Soulève la tête et la poitrine lorsque placé sur le ventre.	Répond au sourire de l'examinateur.	Rit.	Saisit un cube et le retient.
5	Dresse la tête sans retard.	S'amuse quand on joue avec lui.	Tourne la tête pour suivre un son.	Retire un papier placé sur son visage.
6	Se soulève sur les poignets.	Tourne la tête vers une personne qui parle.	Babille ou gazouille en entendant une voix ou de la musique.	Prend un cube placé sur une table.
7	Se tourne sur le dos lorsqu'il est sur le ventre.	Boit dans une tasse.	Fait 4 sons différents.	Cherche les objets qui sont tombés.
8	S'assoit sans appui.	Observe son image dans le miroir.	Comprend «non», «ta-ta», etc.	Fait passer un jouet d'une main à l'autre.
9	Fait un cercle complet en pivotant sur lui-même.	Aide à tenir sa tasse quand il boit.	Dit «ma-man» et «pa-pa».	Peut manipuler 2 objets ensemble.
10	Se tient debout quand on le soulève.	Sourit à son image dans le miroir.	Reproduit des sons amusants.	Fait claquer 2 objets ensemble par imitation.
11	Se soulève pour se mettre debout.	Se nourrit avec ses doigts.	Prononce 2 mots qui ont une signification.	Saisit un objet avec un mouvement de pinces.
12	Marche ou se déplace de côté autour de son parc.	Exécute des jeux de mains sur demande.	Dit 3 mots qui ont une signification.	Trouve un jouet caché sous un gobelet.
13	Se tient debout seul.	Tient sa tasse quand il boit.	Regarde des images.	Manifeste une préférence pour l'une de ses mains.
14	Marche sans aide.	Utilise une cuillère.	Reconnaît son nom.	Fait des marques avec un crayon.
15	Monte les escaliers.	Montre ses souliers.	Prononce de 4 à 5 mots clairement.	Place un objet sur un autre.
16	Pousse un landau, un cheval de bois, etc.	Essaie de tourner les poignées de porte.	Prononce de 6 à 7 mots clairement.	Griffonne facilement.
17	Ramasse un jouet sur le plancher sans tomber.	Se sert habilement d'une tasse.	Converse en babillant.	Tire sur la nappe pour attraper un jouet.
18	Grimpe sur une chaise.	Enlève ses bas et ses souliers.	Aime les jeux de rimes et essaie de les répéter.	Fait des jeux de construction.
19	Monte et descend les escaliers.	Connaît une partie de son corps.	Prononce 9 mots.	Érige une tour de 3 blocs.
20	Saute.	Contrôle ses intestins.	12 mots	Tour de 4 blocs
21	Court.	Contrôle sa vessie le jour.	Phrases de 2 mots	Fait des dessins circulaires.
22	Monte les escaliers en marchant.	Essaie de raconter ses expériences.	Écoute une histoire.	Tour de 5 blocs ou plus
23	S'assoit seul à table.	Connaît 2 parties de son corps.	20 mots ou plus	Reproduit des lignes perpendiculaires.
24	Monte et descend les escaliers en marchant.	Connaît 4 parties de son corps.	Nomme 4 jouets.	Reproduit des lignes horizontales.

* Âge conceptuel et non chronologique.

Source: Wood, 1974.

appui à 4 mois, dans une chaise haute à 6 mois et seul entre 8 et 9 mois.

La rotation du corps

À 5 ou 6 mois, les bébés commencent habituellement à se retourner volontairement sur le dos quand ils sont couchés sur le ventre et, un peu plus tard, à se retourner sur le ventre quand ils sont couchés sur le dos. Avant cet âge, cependant, il arrive que le bébé qui est couché sur le ventre en s'appuyant sur ses mains et en se levant la tête roule accidentellement. Même le tout jeune nourrisson ne devrait donc jamais être laissé seul.

La locomotion avant la marche

Avant de pouvoir marcher, les bébés ont diverses façons de se déplacer. Ils *rampent* en se tortillant sur le ventre et en tirant leur corps avec leurs bras, laissant leurs pieds traîner en arrière. Ils *avancent par saccades* ou *se propulsent* littéralement, se déplaçant en position assise à l'aide de leurs bras et de leurs jambes. Ils marchent à la façon d'un ours, les mains et les pieds en contact avec le sol. Il *se traînent* et rampent sur les mains et les genoux en soulevant le tronc. La plupart des bébés se traînent et rampent vers l'âge de 9 à 10 mois.

La position debout

Avec de l'aide, un bébé se tient habituellement debout à 8 mois, se hisse lui-même en s'accrochant aux meubles un mois plus tard, se met debout lui-même vers l'âge de 1 an et se tient debout tout seul vers 13 ou 14 mois.

Avant d'apprendre à marcher, le bébé se déplace de diverses façons. En voici un qui marche à la façon d'un ourson, les mains et les pieds en contact avec le sol. (Elizabeth Crews)

La marche

Moins d'un mois après avoir appris à se tenir debout seul pour la première fois, le bébé fait ses premiers pas, trébuche, recommence à se traîner, puis essaie de nouveau. En quelques jours, il apprend à marcher régulièrement, bien que ce soit encore d'un pas mal assuré. Habituellement, un bébé marche avec de l'aide entre 9 et 11 mois, et seul à 15 mois; il peut courir avec une certaine raideur à 18 mois, sauter à 20 mois et se tenir sur un pied à 36 mois.

À 18 mois, l'enfant peut monter une à une les marches d'un escalier; il pouvait les franchir en rampant avant cet âge et les débouler encore beaucoup plus tôt, exigeant une vigilance constante de notre part. Au début, il met les deux pieds (un après l'autre) sur la même marche avant de passer à la suivante; mais à 3 ans, il uti-

Encadré 3.2

Les marchettes pour bébés

Le bébé a besoin de ramper avant de marcher. Or, il semble que cette étape importante de la locomotion soit pratiquement éliminée par l'utilisation des «marchettes» pour bébés. En plus, quand nous savons que ces véhicules sont responsables de nombreuses blessures, notamment à la tête, lors de chutes dans les escaliers, nous comprenons mieux pourquoi la marchette fait actuellement l'objet d'une campagne de boycottage. (Bulletin officiel de la ligue de sécurité du Québec, 1987). De nombreux organismes appuient cette campagne de boycottage, dont l'Association médicale canadienne et l'Institut canadien pour la santé infantile.

lise alternativement un pied ou l'autre. Il lui est plus difficile d'apprendre à descendre les escaliers. Ce ne sera pas avant l'âge de 20 mois qu'il y parviendra, en donnant la main à un plus grand, et habituellement pas avant l'âge de 4 ans qu'il pourra se servir alternativement de ses deux pieds en descendant les marches.

La manipulation

À 4 mois un bébé peut saisir un objet de dimension moyenne, mais il a du mal à en tenir un petit. Vers 6 mois ou 6 mois et demi, il peut saisir un gros objet d'une main et le faire passer à l'autre main. À 7 mois, il peut tenir un petit objet, mais ne peut le saisir. Puis, vers 9 mois, la coordination entre son pouce et le reste de sa main lui permet de ramasser un objet minuscule (comme un pois) grâce à un mouvement de pince. À 15 mois, il sera capable de mettre un tel objet dans une bouteille et à 18 mois, il réussira à l'en faire sortir en tournant la bouteille à l'envers. À 15 mois, un bébé peut fabriquer une tour avec deux cubes; à 18 mois, il met trois cubes l'un par-dessus l'autre et à 24 mois, il réussit à faire un gratte-ciel en superposant six cubes.

Les processus répétitifs dans le développement moteur

Comme nous l'avons déjà souligné, le développement est un processus continu. En vieillissant, les enfants deviennent de plus en plus habiles à exécuter toutes sortes de gestes. Bower (1976) a cependant relevé quelques exemples d'activités pour lesquelles les enfants sont particulièrement doués en très bas âge, après quoi ils semblent perdre cette habileté pendant un certain temps. Cela se produit dans le cas de la marche, par exemple, comme nous pouvons l'observer dans le **réflexe de la marche** chez le nouveau-né. Entre 4 et 8 semaines, quand on la tient par le dessous des bras, les pieds nus appuyés sur une surface plane, Sophie exécute des pas comme si elle marchait véritablement. À 8 semaines, cependant, elle perd ce réflexe et ne pourra marcher que vers l'âge de 1 an. Un autre exemple de ce genre nous est fourni par l'aptitude de Sophie à atteindre des objets qui sont entrés dans son champ visuel ou auditif. Au cours des toutes premières semaines de sa vie, elle va réussir à atteindre ces objets, mais vers l'âge de 4 semaines la coordination de la préhension et de la vision disparaît pour ne réapparaître

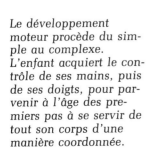
Le développement moteur procède du simple au complexe. L'enfant acquiert le contrôle de ses mains, puis de ses doigts, pour parvenir à l'âge des premiers pas à se servir de tout son corps d'une manière coordonnée.

qu'à l'âge de 20 semaines environ. Vers 5 ou 6 mois, la coordination de la préhension et de l'audition disparaît aussi; l'enfant perd la capacité de diriger sa main et de saisir un objet bruyant qui est entré dans son champ auditif mais pas dans son champ visuel.

Bower croit que les différentes phases du développement sont reliées entre elles et que l'apparition précoce de certaines habiletés détermine pour beaucoup le niveau de maîtrise qu'en aura l'enfant plus tard. Il croit également que ces habiletés disparaissent lorsque les nouveau-nés manquent d'occasions de les exercer. Pour vérifier cette hypothèse, il a donné l'occasion à des nouveau-nés d'utiliser certaines habiletés, et a obtenu des résultats variés. Chez les bébés qui purent s'exercer à la coordination entre l'œil et la main au cours de leurs quatre premières semaines, ce type d'habileté réapparut plus tôt par la suite et certains d'entre eux ne perdirent même jamais la capacité d'atteindre les objets. Curieusement par ailleurs, la coordination entre l'oreille et la main sembla disparaître plus rapidement avec la pratique, et elle fut plus lente à réapparaître. Les expériences qui soumettent les bébés à des exercices artificiels soulèvent des questions d'ordre éthique, tout particulièrement lorsque ces exercices semblent retarder le développement moteur du bébé.

Nous ignorons les effets à long terme d'un développement précoce accéléré artificiellement. Ces expériences sont intéressantes, mais leurs effets réels discutables.

Les influences du milieu sur le développement moteur

L'être humain semble doté d'un programme génétique qui lui permet d'exercer diverses activités, comme s'asseoir, se tenir debout et marcher. Tous ces comportements se développent selon un ordre régulier, prévisible, et en grande partie prédéterminé. Pour pouvoir exercer ces activités, les enfants doivent atteindre un certain niveau de maturité physiologique.

Le milieu est également un facteur déterminant, même si le rôle qu'il joue est plutôt restreint dans la plupart des cas. Le développement de la motricité ne semble pas être affecté par le sexe de l'enfant, le milieu géographique ou le niveau d'instruction de ses parents (Bayley, 1965). À certains âges, les mesures de développement moteur sont légèrement supérieures chez les aînés des familles que chez les autres

enfants (Bayley, 1965). Cette différence est peut-être due au fait que les parents ont plus de temps à consacrer à leur premier enfant et l'incitent à déployer une plus grande activité. De toute façon, cette différence est probablement temporaire. Lorsqu'on assure aux enfants une bonne alimentation, de bons soins, la liberté de mouvement et l'occasion de s'adonner à des activités motrices, leur motricité se développe normalement (Clarke-Stewart, 1977). Cependant, si le milieu présente de graves lacunes dans un de ces domaines, le développement moteur de l'enfant en souffrira.

L'effet néfaste du milieu sur le développement moteur

On a découvert que dans deux orphelinats iraniens, les employés étaient tellement débordés de travail qu'ils n'avaient pratiquement jamais le temps de prendre les enfants dans leurs bras. Les bébés les plus jeunes passaient presque tout leur temps couchés sur le dos dans leur berceau. Ils étaient nourris au moyen de biberons placés sur des appuis. Ils n'étaient jamais mis en position assise ni couchés sur le ventre. Ils n'avaient aucun jouet et on ne les sortait de leur lit qu'au moment où ils étaient capables de s'asseoir sans soutien (ce qui ne se produisait souvent pas avant l'âge de 2 ans, alors que l'enfant nord-américain moyen y parvient à l'âge de 9 mois). Quand l'enfant était capable de s'asseoir, il avait accès au plancher, mais il ne disposait d'aucun meuble à sa taille ni de jeux. Ces enfants étaient retardés au plan moteur parce que leur milieu ne leur avait donné aucune occasion de développer leurs capacités motrices.

Dans une troisième institution, les enfants étaient nourris dans les bras de leurs gardiens; on les couchait sur le ventre, on les assoyait, on les mettait dans des parcs à 4 mois et on leur donnait des jouets. Ces enfants faisaient preuve d'un développement moteur normal.

Lorsque les enfants des deux premières institutions commencèrent enfin à se déplacer, ils se «propulsaient», c'est-à-dire qu'ils avançaient en position assise en s'appuyant sur les bras et les pieds, plutôt que de se traîner sur les mains et les genoux. Comme ils n'avaient jamais été placés sur le ventre, ils n'avaient pas eu l'occasion de s'exercer à relever la tête ni à se tenir les bras et les jambes sous le corps; or ce sont là des mouvements nécessaires pour arriver à se traîner. De plus, comme on ne les avait jamais mis en position assise, ils n'avaient pas appris à lever la tête et les épaules pour parvenir à s'asseoir à l'âge normal. Chose étonnante, ce retard de développement se révéla être temporaire: parvenus à l'âge scolaire, les enfants des deux premières institutions, qui avaient connu un retard moteur à l'âge des premiers pas, pouvaient travailler et jouer normalement (Dennis, 1960).

Un milieu présentant d'aussi graves carences est heureusement chose exceptionnelle. L'environnement joue un rôle important dans le développement de la motricité et plus il s'éloigne de la norme, plus le développement en souffre.

Peut-on accélérer le développement moteur?

Plusieurs chercheurs ont tenté de voir s'il est possible d'entraîner des enfants à marcher, à monter des escaliers et à contrôler leur vessie et leurs intestins plus tôt que d'habitude. Gesell (1929) a suivi deux jumeaux identiques pour étudier les effets de l'entraînement sur le comportement. T, l'un de ces jumeaux, fut entraîné à grimper les escaliers, à faire des constructions avec des cubes et à développer sa coordination manuelle; C, l'autre jumeau, ne reçut aucun entraînement de cette nature. En vieillissant, C devint tout aussi habile que T, ce qui amena Gesell à conclure à l'influence déterminante de la maturation dans le développement de l'enfant. Bien que cette étude ait été effectuée il y a plus de 50 ans et auprès de deux enfants seulement, ses conclusions sont encore valables. Malgré les efforts déployés par les parents et les psychologues, les enfants n'accomplissent certaines activités qu'au moment où ils sont prêts à le faire.

L'entraînement à la propreté

L'élimination des déchets du corps demeure pendant longtemps un acte involontaire et avant d'être propres, les enfants ont beaucoup d'étapes à franchir. Ils doivent d'abord comprendre ce qu'on attend d'eux, à savoir qu'il y a des moments et des endroits propices à l'élimination. Ils ont également à se familiariser et à reconnaître les sensations qui signalent le besoin d'éliminer. Il leur faut enfin apprendre à contracter leurs sphincters pour arrêter l'élimination et à les relâcher pour la rendre possible.

En général, plus l'entraînement à la propreté débute tard, plus l'enfant apprend vite. (Erika Stone/Peter Arnold, Inc.)

McGraw (1940) a mesuré les effets d'un entraînement très précoce à la propreté en étudiant un couple de jumeaux. L'un des jumeaux fut mis chaque jour sur un banc de toilette à toutes les heures à partir de l'âge de 2 mois. Dix-huit mois plus tard, il commença à donner des signes de contrôle et vers 23 mois, il était à peu près propre. L'autre jumeau, qu'on n'avait jamais placé sur un banc de toilette avant 23 mois, rattrapa vite son frère. Il faut donc un certain degré de maturation pour que l'entraînement soit efficace.

En général, plus l'entraînement à la propreté débute tard, plus l'enfant apprend vite. Sears, Maccoby et Levin (1957) ont constaté que la plupart des parents entreprennent cet entraînement vers l'âge de 11 mois, pour parvenir au résultat visé quelque sept mois plus tard. Un entraînement à la propreté commencé avant l'âge de 5 mois prendra habituellement 10 mois pour réussir; quand il est entrepris après l'âge de 20 mois, le succès vient au bout d'environ cinq mois seulement. Ce sont les bébés dont l'entraînement à la propreté commence entre 5 et 14 mois, ou après 20 mois, qui semblent vivre

Encadré 3.3

De la recherche à la pratique

Si vous êtes parent ou si vous avez l'occasion de vous occuper de nourrissons ou de trottineurs, vous pouvez mettre en pratique certaines des découvertes majeures de la recherche récente sur le développement de l'enfant. Voici un bref échantillon de ces résultats.

Répondez aux messages du bébé. C'est probablement la chose la plus importante que peut faire celui qui s'occupe d'un bébé. Si nous satisfaisons les besoins d'un nourrisson, qu'il s'agisse d'un besoin de nourriture, de caresses ou de réconfort, en répondant à ses pleurs et à ses demandes, nous l'aiderons à développer un sentiment de confiance et d'emprise sur ce qui lui arrive. Répondre aux demandes de l'enfant est donc primordial pour son développement affectif et intellectuel. Les adultes ont souvent peur de gâter un enfant en répondant trop vite à ses besoins, mais les enfants qui ont le plus de problèmes dans la vie sont ceux dont les besoins ne sont pas satisfaits. Le bébé qui a été écouté et entouré ne restera pas «bébé» longtemps (chapitres 4 et 5).

Présentez au bébé des choses intéressantes à regarder et à faire. En observant un mobile ou en manipulant des jouets de couleurs vives ou divers objets domestiques, le bébé s'initie aux formes, aux dimensions et aux textures. Le jeu l'aide à développer ses sens et ses habiletés motrices. La manipulation d'objets lui permet de prendre conscience de la distinction fondamentale qui existe entre son corps propre et les objets du monde environnant (chapitres 3 et 4).

Parlez au bébé et faites-lui la lecture. En entendant des paroles qui lui sont directement et personnellement adressées et en pouvant y répondre, le bébé apprend à s'exprimer. Vous communiquerez d'une façon plus efficace si vous haussez le ton de la voix et parlez lentement, utilisez des mots et des phrases simples et brefs, laissez tomber les terminaisons compliquées, posez des questions, répétez vos mots et vos phrases et parlez de choses qui appartiennent à l'univers du bébé. Il y a des chances que vous fassiez tout cela intuitivement quand vous parlez à un bébé (chapitre 4).

Soyez patient. Quand un bébé ne cesse de lancer ses jouets ou d'autres objets de son lit ou de sa chaise haute, rappelez-vous qu'il ne fait pas cela pour vous déranger mais pour apprendre. En lançant des objets, le bébé apprend beaucoup de choses: il s'initie à l'espace et à la distance, il apprend ce qu'il peut faire avec ses mains et réalise que les objets ne changent pas en changeant de place. Vous pouvez vous faciliter la tâche en attachant un ou deux objets à une corde fixée au siège du bébé. Il faut éviter, bien sûr, de laisser une corde à la portée d'un bébé non surveillé, ou de laisser sans surveillance un bébé assis dans sa chaise haute (chapitres 3 et 4).

Laissez le bébé explorer. Il est préférable d'organiser l'environnement du bébé de façon sécuritaire pour ne pas devoir le confiner à un parc. Il faut mettre hors de portée les objets qu'il peut briser, avaler, ceux avec lesquels il peut se blesser, ainsi que ceux auxquels vous tenez. Le bébé doit avoir l'occasion de ramper et éventuellement de marcher et d'exercer ses muscles moteurs. Il doit apprendre à connaître son environnement et à sentir qu'il le maîtrise. Il doit aussi se sentir libre de se déplacer seul pour acquérir un sentiment d'indépendance (chapitres 3, 4 et 5).

l'expérience le plus sereinement. Les parents qui réprimandent et punissent beaucoup n'obtiennent pas de meilleurs résultats que les parents plus accommodants, et une attitude trop rigide en la matière est souvent à l'origine d'une perturbation émotive chez les enfants.

Les aspects culturels du développement moteur

Ce qu'une culture considère comme un comportement normal et typique pour les enfants ne l'est pas nécessairement pour une autre. Les Arapèches de la Nouvelle-Guinée, par exemple, prennent beaucoup leurs bébés dans leurs bras, «les tenant souvent en position debout de façon à ce qu'ils puissent pousser avec leurs pieds contre les bras ou les jambes de la personne qui les soutient. Il en résulte que les bébés peuvent se tenir debout, en s'aidant de leurs deux mains, avant de pouvoir s'asseoir seuls.» (Mead, 1935, p. 57)

On a constaté des différences dans le développement moteur entre des enfants américains de race blanche et de race noire (Bayley, 1965), entre des enfants africains, européens et indiens (Geber et Dean, 1957), et entre des bébés africains et américains (Tronick, Koslowski et Brazelton, 1971).

Comme nous l'avons vu, les méthodes d'éducation peuvent aussi bien être à l'origine de la précocité que du retard dans le développement de la motricité. Une étude transversale récente qui portait sur 288 bébés normaux nés à terme dans l'État du Yucatan, au Mexique, confirme cette constatation (Solomons, 1978). Ces bébés âgés de 2 semaines à 1 an environ, et appartenant à trois milieux différents (rural, urbain de classe ouvrière et urbain de classe moyenne à aisée), devançaient à 3 mois les bébés américains au plan moteur alors qu'à 11 mois ils accusaient un retard sur eux. Solomons en conclut que le retard pris était si frappant que s'il s'était manifesté chez un seul enfant, n'importe quel pédiatre ou psychologue mis au courant du fait aurait pu le croire victime d'une maladie progressive d'ordre neurologique (Solomons, 1978, pp. 836-37).

Tout en soulignant que chaque culture possède ses propres normes de développement, Solomons identifie certaines pratiques éducatives susceptibles d'expliquer ses résultats. La facilité qu'ont les bébés du Yucatan à manipuler les objets provient peut-être du fait qu'ils n'ont pas de jouets; c'est pourquoi ils découvrent et apprennent à jouer avec leurs doigts plus jeunes. S'ils apprennent tard à se déplacer, c'est probablement dû à différents facteurs de leur milieu: nouveau-nés, ils sont emmaillotés, ce qui réduit leur liberté de mouvement; plus tard, leur motricité continue à être réfrénée parce qu'ils sont souvent portés dans les bras ou sur les hanches de leurs parents, de leurs grands frères ou grandes sœurs, parce qu'ils dorment d'habitude dans des hamacs (qui sont de véritables «cages» en filet comparativement à l'espace ouvert d'un berceau à matelas ferme) et parce qu'ils ne jouent pas par terre (à cause de la présence d'insectes tropicaux et à cause des croyances populaires sur les dangers des planchers froids).

Nous voyons donc qu'il n'y a pas de consensus universel à propos de ce qui est le mieux pour les enfants. Chaque culture engage ses enfants dans certaines lignes de développement qui leur sont propres. C'est pourquoi, avant d'adopter ou de condamner les méthodes d'éducation d'une autre culture, il nous faut nous demander: «Qu'est-ce qui est le mieux pour *nos* bébés, *ici* et *maintenant*?»

La mort en bas âge

Une des pertes les plus tragiques qu'on puisse vivre est la mort d'un enfant. Bien qu'ils n'aient pas eu le temps de connaître leur bébé mort peu de temps après la naissance, les parents sont habituellement très affectés par son départ et sont souvent victimes de dépression.

La mortalité infantile

Nous avons fait de grands pas au fil des années dans le domaine de la survie des enfants, de telle sorte que le taux de *mortalité infantile,* c'est-à-dire la proportion de bébés morts avant 1 an, est aujourd'hui au niveau le plus bas de notre histoire. Ce taux, qui avait augmenté de 1981 à 1982, passant de 8,3 % à 9,0 %, a beaucoup diminué en 1983 pour se situer à 7,6 %. Dès la naissance, on observe que le taux masculin de mortalité infantile (8,3 %) est supérieur de 20 % au taux féminin (6,8 %). Le taux de mortalité infantile du Québec est parmi les plus faibles du monde (10,9 % aux États-Unis et 9,0 % en France) (Bureau de la statistique du Québec, 1985, p. 78).

Quels sont les moments les plus critiques pour le bébé? Parmi tous les nourrissons qui meurent avant l'âge de 1 an, 4 sur 10 succombent au cours des 24 premières heures. Presque trois bébés sur quatre meurent au cours des 28 premiers jours et parmi ces derniers, 85 % succombent durant la première semaine. Parmi ceux qui ne franchissent même pas le cap de la première semaine, plus de la moitié meurent le premier jour (Vaughan, McKay et Behrman, 1979). Par conséquent, plus nous parvenons à prolonger la vie d'un bébé menacé, plus nous augmentons ses chances de survie.

Nous avons heureusement beaucoup appris en ce qui a trait à l'aide à apporter aux bébés vulnérables. L'amélioration générale de la survie infantile peut être attribuée à divers facteurs: l'instauration de centres de santé régionaux, lesquels fournissent des soins prénataux et postnataux modernes à un plus grand nombre de mères et de bébés, le dépistage précoce des grossesses à risques et enfin, un usage plus répandu des moyens contraceptifs, ce qui permet aux femmes d'espacer leurs grossesses et de réduire ainsi la proportion des naissances à risques.

Nous ne possédons pas de données comparatives entre différentes communautés ethniques au Québec. Toutefois, de telles données sont disponibles aux États-Unis et font ressortir des taux de mortalité infantile deux fois plus élevés chez les bébés de race noire par rapport aux bébés de race blanche (USDHHS, 1982). Comment se fait-il que les facteurs de prévention n'aient pas eu le même impact au sein des communautés défavorisées? Une des différences majeures entre le groupe qui présente le taux de mortalité infantile le plus faible et ceux qui connaissent les taux les plus élevés est la différence de poids des bébés à la naissance. Les bébés issus de groupes défavorisés pèsent en moyenne 250 grammes de moins à la naissance que ceux qui proviennent de la classe moyenne (Winick, 1981). Et pourtant, comme le souligne ce spécialiste en nutrition infantile, «à poids égal, le bébé de milieu défavorisé s'en tire aussi bien qu'un bébé de la classe aisée et le bébé de race noire aussi bien qu'un bébé de race blanche» (p. 80). Par conséquent, si on réussit à augmenter le poids moyen à la naissance de seulement 250 grammes, on aura accompli un pas important dans la prévention de la mortalité infantile. Ce résultat pourrait être atteint en améliorant l'alimentation, l'état de santé général des mères, ainsi que les soins prénataux.

Le syndrome de mort subite

Le scénario est tragiquement semblable d'un cas à l'autre. Un bébé apparemment en santé s'endort comme d'habitude pour sa sieste ou pour la nuit. Quand les parents viennent le chercher, il est mort. Le **syndrome de mort subite** ou «la mort au berceau» constitue au Québec la cause principale de mortalité chez les bébés âgés de 6 mois à 1 an.

Personne ne connaît la cause de ce syndrome qui existe depuis le début de l'histoire et qui semble avoir été aussi fréquent aux XVIIIe et XIXe siècles que maintenant. Ce phénomène est aussi mystérieux que triste: la mort n'est cau-

sée ni par la suffocation, ni par les vomissements, ni par l'étouffement, et on ne connaît encore aucun moyen de la prédire, ni de la prévenir. Le phénomène est plus fréquent l'hiver, mais il n'est pas contagieux.

Plusieurs facteurs seraient liés à ce phénomène. Le syndrome de mort subite frappe davantage les bébés prématurés ou de poids insuffisant à la naissance et de sexe mâle. Le plus souvent, leurs mères sont pauvres, fument, ont moins de 25 ans, ont reçu peu ou pas de soins prénataux et ont eu un autre enfant moins d'un an auparavant. Leurs pères aussi sont le plus souvent jeunes (Kleinberg, 1984; Shannon et Kelly, 1982a, 1982b; Babson et Clark, 1983; Valdex-Dapena, 1980). Il semble évident que quels que soient les problèmes dont souffrent ces bébés, ils sont aggravés par des conditions socio-économiques défavorables. Mais le niveau socio-économique n'est pas la seule clé du problème car de nombreux enfants de milieux familiaux favorisés sont eux aussi victimes du syndrome de mort subite.

Quant aux enfants eux-mêmes, ils sont plus susceptibles de souffrir de troubles respiratoires ou d'une infection des voies respiratoires, et d'avoir été victimes d'apnée (suspension temporaire de la respiration) plus ou moins prolongée (Shannon et Kelly, 1982a, 1982b). De nouvelles hypothèses sur les causes du syndrome de mort subite surgissent sans cesse. Certaines associent ce phénomène à des troubles respiratoires ou neurologiques, d'autres à un déséquilibre biochimique du cerveau.

Le syndrome de mort subite est une lourde épreuve pour les familles qui en sont victimes. Lors d'une recherche, DeFrain et ses collaborateurs ont constaté que tous les parents qui avaient vécu cette pénible expérience considéraient celle-ci comme la crise familiale la plus grave qu'ils avaient vécue (DeFrain et Ernst, 1978; DeFrain, Taylor et Ernst, 1982). Les parents se sentent souvent coupables et subissent la désapprobation de la société; les autres enfants de la famille réagissent mal et se mettent à présenter des problèmes émotifs (cauchemars et problèmes scolaires, par exemple). Il faut habituellement presque un an et demi pour que la famille retrouve le niveau de bonheur qu'elle connaissait avant l'épreuve. La plupart des parents croient qu'ils s'en seraient mieux tirés si leur entourage avait été mieux informé.

Jusqu'à présent, aucune étude n'a pu nous apprendre comment prévenir le syndrome de mort subite. Des systèmes d'alarme ont été inventés pour signaler les crises d'apnée (suspension de la respiration), mais les pédiatres en déconseillent l'usage à la maison, puisque ces systèmes sont coûteux, difficiles à faire fonctionner, et qu'ils risquent de générer considérablement d'anxiété et de tension psychologique chez les parents (Wasserman, 1984). Heureusement, la plupart des bébés qui naissent grandiront normalement et connaîtront un merveilleux développement cognitif et social, comme nous le verrons au cours des deux prochains chapitres.

Résumé

1 L'accouchement se produit environ 286 jours après la conception et se divise en trois phases: (a) au cours de la première phase, la dilatation du col de l'utérus s'effectue grâce aux contractions utérines; (b) au cours de la deuxième phase, le bébé descend dans le col et le vagin, et est expulsé du corps de la mère; (c) au cours de la troisième phase, le cordon ombilical et le placenta sont expulsés.

2 La médication obstétricale peut avoir des effets nocifs sur le nouveau-né. Les méthodes d'accouchement «naturel» ou «préparé» comportent des avantages psychologiques et physiques. La «naissance sans violence» est une nouvelle approche de la naissance conçue pour minimiser le choc de l'arrivée du bébé.

3 Les traumatismes de la naissance et un poids anormalement faible peuvent influencer la capacité de l'enfant de s'adapter à la vie hors de l'utérus, et peuvent même nuire à son développement ultérieur. Un environnement post-natal favorable pourra souvent améliorer ses chances de bien s'en tirer.

4 La période néo-natale, qui s'étend de la naissance à l'âge de 4 semaines environ, représente la transition entre la vie intra-utérine et la vie hors de l'utérus. À la naissance, les systèmes circulatoire, respiratoire, gastro-intestinal et de contrôle de la température corporelle du nouveau-né deviennent indépendants de ceux de sa mère.

5 Peu après la naissance, le nouveau-né est soumis au test d'Apgar qui mesure cinq facteurs (rythme cardiaque, respiration, couleur, tonus musculaire et irritabilité réflexe) et qui vérifie l'adaptation du nouveau-né au monde extérieur. On soumettra aussi parfois le bébé naissant à l'échelle d'évaluation du comportement néo-natal de Brazelton et à d'autres tests de dépistage d'un ou de plusieurs problèmes médicaux.

6 Le système nerveux du nouveau-né, ses réactions à la température et à la douleur, les sens de la vue, de l'ouïe, de l'odorat et du goût fonctionnent tous dans une certaine mesure à la naissance, puis ils se développent rapidement. En évaluant ces aspects du fonctionnement, nous devons tenir compte de l'état du bébé.

7 Le développement physique et moteur normal procède selon un ordre prédéterminé. Selon le principe du développement céphalo-caudal, les parties supérieures du corps se développent avant les parties inférieures. D'après le principe du développement proximo-distal, les parties centrales du corps se développent avant les extrémités. Il existe un large éventail de différences individuelles quant à l'âge auquel on franchit les différentes étapes du développement.

8 L'allaitement maternel semble présenter des avantages physiologiques pour le bébé et faciliter la formation du lien mère-enfant. Cependant, la qualité de la relation entre la mère et son bébé est plus importante que le mode d'alimentation pour assurer un développement global sain.

9 Le nouveau-né possède tout un arsenal de réflexes primitifs dont la plupart disparaîtront au cours de la première année.

10 La motricité se développe lorsque le bébé a atteint le niveau de maturation nécessaire pour entreprendre certaines activités, bien que des facteurs environnementaux puissent influencer la manifestation de divers comportements. Les enfants élevés dans des milieux isolés ou défavorisés peuvent connaître un certain retard moteur, mais les facteurs environnementaux doivent être très marquants pour parvenir à accélérer ou à retarder le développement de la motricité de façon sensible. Des expériences à court terme visant à accélérer l'apparition de certains comportements, comme la propreté ou la capacité de grimper les escaliers, ont généralement eu très peu d'effets.

11   Le syndrome de mort subite est la principale cause de mortalité au Québec chez les bébés âgés de 6 mois à 1 an. Plusieurs théories tentent d'expliquer les causes de ce phénomène, mais aucune n'est encore universellement admise.

CHAPITRE 4

Le nourrisson et le trottineur

Le développement intellectuel

Si seulement les nouveau-nés pouvaient parler, ils auraient déjà depuis longtemps protesté contre le fait que les adultes ont pendant des siècles sous-estimé leur intelligence! Cette situation a persisté jusqu'aux temps modernes, en raison de deux courants sociaux majeurs. Alors même que la psychologie s'intéressait de plus en plus à l'étude du développement humain, vers la fin du XIXe siècle, la médecine institutionnalisait la naissance, de telle manière que les aptitudes du nouveau-né se trouvèrent enfouies dans un brouillard de tranquillisants, de séparation d'avec la mère et d'immersion dans des milieux étranges. En outre, lorsque les psychologues élaborèrent des tests pour étudier l'intelligence du jeune enfant, ils se basèrent sur les tests déjà existants, conçus pour des adultes ou des animaux; ces tests n'étaient donc pas adaptés à l'étude de cet être unique qu'est l'enfant humain. Heureusement, cette situation s'est grandement modifiée au cours des 20 dernières années. On a vu surgir un nombre incalculable de recherches sur les aptitudes du jeune enfant, plus en fait qu'au cours de toute l'histoire précédente de l'humanité (Lipsitt, 1982; Rovee-Collier et Lipsitt, 1982).

Nous savons maintenant que le bébé humain normal et sain est remarquablement compétent. Lorsque nous venons au monde, tous nos sens sont fonctionnels, nous sommes capables d'apprendre, nous possédons une capacité innée d'acquisition du langage et dès le tout début de notre vie, nous pouvons modifier notre environnement, et y réagir.

Dans ce chapitre, nous nous émerveillerons devant les remarquables progrès qu'accomplit le bébé au cours des trois premières années de sa vie. Nous verrons comment il apprend. Nous décrirons trois manières de définir et d'étudier l'intelligence, et pourrons suivre l'évolution intellectuelle du jeune enfant à travers ses jeux. Nous examinerons ce que plusieurs considèrent comme la capacité intellectuelle ultime, laquelle nous distingue des espèces animales inférieures, à savoir notre aptitude à apprendre et à utiliser un langage évolué. Nous expliquerons comment le jeune enfant réussit une tâche aussi complexe. Enfin, nous verrons comment le bébé réagit à la stimulation intellectuelle, ce que ses parents peuvent faire pour le stimuler et comment la société peut aider les parents à lui procurer une telle stimulation.

Les premiers apprentissages

Dès sa naissance, Angèle s'est mise à faire des mouvements de succion avec la bouche chaque fois que le mamelon y était introduit. Quelques semaines plus tard, elle se mettait à faire les mêmes mouvements dès qu'elle voyait sa mère. Elle avait appris que la présence de sa mère présageait de bonnes choses.

Très jeune, Geoffroy n'avait pas peur des animaux. À l'âge de 11 mois, il s'amusait sur le gazon, quand un sympathique saint-bernard l'assaillit pour lui lécher le visage. Geoffroy se mit à hurler; par la suite, il pleurait chaque fois qu'il apercevait un chien. Il avait appris à craindre les chiens.

Qu'est-ce que l'**apprentissage**? Du point de vue de la psychologie, l'apprentissage est un changement de comportement relativement permanent qui résulte de l'expérience (Sherrod, Vietze et Friedman, 1978). Si ce changement est relativement permanent, c'est que l'expérience dont il résulte a laissé une trace stable en mémoire. Il peut s'agir de la création d'une nouvelle représentation conceptuelle (d'objets, d'actes ou d'événements); il peut aussi s'agir de la création d'une ou plusieurs relations nouvelles entre des représentations en mémoire; il peut également s'agir du renforcement de relations déjà existantes mais faibles; enfin, il peut s'agir d'une combinaison des possibilités précédentes. Certains apprentissages peuvent donc être extrêmement complexes. Un changement de comportement peut aussi être attribuable à la **maturation,** c'est-à-dire au processus biologique par lequel des modèles de comportements prédéterminés se manifestent dans le temps sans avoir été appris. Ainsi, les premiers sons que le bébé émet ne sont pas appris; par contre, les sons ultérieurs, ceux qui comportent un sens pour l'enfant, le sont.

Le bébé apprend à partir de ce qu'il voit, entend, sent, goûte et touche. Comme nous l'avons vu au chapitre 3, nous naissons avec un répertoire de comportements de survie (comme le réflexe de recherche du mamelon), ainsi qu'un calendrier de maturation et une capacité pratiquement illimitée d'apprentissage. Quand il est stimulé (par exemple, par la voix de sa mère ou celle d'une étrangère), le bébé élabore de nouvelles réponses à partir des comportements qu'il connaît déjà (comme l'action de téter). C'est ainsi que l'apprentissage se produit. D'après Lewis Lipsitt (1982) qui a étudié de façon approfondie l'apprentissage chez les jeunes enfants, un tel apprentissage est un signe d'adaptation à l'environnement. Il dépend du plaisir que le bébé retire de son contact avec le monde qui l'entoure, que ce soit du son de la voix de sa mère, de la vue du visage de son père, du sentiment de confort qu'il éprouve après un repas, ou encore du goût sucré du lait. Voyons donc comment survient cet apprentissage.

Le conditionnement répondant (ou classique)

L'histoire du petit Albert est devenue un exemple typique de conditionnement classique chez un bébé (Watson et Rayner, 1920). À l'âge de 9 mois, Albert adorait les animaux à fourrure. Quand il eut 11 mois, le behavioriste John B. Watson l'amena en laboratoire. Au moment où le bébé allait saisir un rat blanc, Watson fit entendre un bruit. Effrayé, Albert sursauta, tomba et se mit à pleurer. Une semaine plus tard, Albert vit encore le rat. Même bruit. Même réaction de peur et de pleurs. Au bout d'un certain temps, dès qu'Albert voyait le rat, il se mettait à pleurer de peur. Il se mit également à craindre les lapins, ainsi que plusieurs autres objets en fourrure blanche. Albert, à qui nous reviendrons bientôt, a maintes fois servi d'exemple pour illustrer le **conditionnement répondant** ou **classique.** Dans ce type d'apprentissage, une personne ou un animal apprend à émettre une réponse réflexe devant un stimulus *neutre* au départ, c'est-à-dire un stimulus qui n'entraîne pas cette réponse réflexe. On appelle aussi ce type de conditionnement «répondant» parce qu'il s'agit de provoquer un comportement connu en *réponse* à un stimulus arbitraire.

Nous devons la première démonstration de ce type d'apprentissage à Ivan Pavlov, un physiologue russe qui a reçu le prix Nobel en 1904 pour ses travaux sur les glandes digestives. Pavlov savait que s'il introduisait de la viande dans la bouche d'un chien, ce dernier se mettrait à saliver, première étape de la digestion. Il réalisa une série d'expérimentations renommées basées sur ce réflexe de salivation. Juste avant de nourrir les chiens, il leur faisait entendre un son de cloche. Après avoir été nourris à plusieurs reprises tout de suite après le son de cloche, les chiens en étaient arrivés à saliver dès qu'ils entendaient ce son, même si on ne leur présentait aucune nourriture. Les réflexes salivaires des chiens avaient été conditionnés à réagir au son de cloche comme à la nourriture. En d'autres termes, ces chiens avaient appris que le son signifiait qu'ils allaient bientôt recevoir de la nourriture.

Dans cette expérience, le son est un **stimulus neutre (SN),** c'est-à-dire un stimulus qui n'entraîne pas automatiquement une réponse. La nourriture est un **stimulus inconditionnel (SI),** c'est-à-dire un stimulus qui entraîne automatiquement une réponse. Cette réponse, appelée **réponse inconditionnelle** ou **réflexe inconditionnel (RI)** ne requiert aucun apprentissage. La salivation est la réponse inconditionnelle à la nourriture.

Au cours du conditionnement répondant, l'organisme apprend une nouvelle association entre deux événements. Dans l'expérience décrite ici, l'animal apprend à associer le son et la nourriture. Comment cela se produit-il? En appariant de façon répétée le stimulus neutre (le son) au stimulus inconditionnel (la nourriture). Lorsque l'organisme a appris à associer la nourriture et le son, et à répondre essentiellement de la même façon aux deux stimuli (salivation), nous disons qu'il y a eu conditionnement. Le son s'appelle alors le **stimulus conditionnel (SC)** et la salivation est la **réponse conditionnelle (RC).** Un stimulus conditionnel est donc un stimulus neutre au départ qui, après une association répétée avec un SI, en vient à produire une réponse conditionnelle (ou apprise). La figure 4.1 illustre schématiquement ce processus.

Revenons au conditionnement du petit Albert, réalisé par Watson et Rayner (1920). Cette expérience a soulevé un certain nombre de controverses. La première se réfère évidemment à une question de morale. Cette expérience ne serait jamais permise de nos jours, à cause des

Figure 4.1   Le conditionnement répondant (ou classique)

SI (Stimulus inconditionnel)──────▶RI (Réponse inconditionnelle) : avant le conditionnement
  Nourriture   (Salivation)

SN (Stimulus neutre)──────────────▶PR (Pas de réponse) : avant le conditionnement

SI + SN───────────────────────────▶RI (Réponse inconditionnelle) : durant l'établissement du conditionnement
  (ou en même temps que la   (Salivation)
  nourriture)

SC (stimulus conditionnel)────────▶RC (Réponse conditionnée) : après l'établissement du conditionnement
  (Le SN ayant acquis une   (Salivation)
  nouvelle fonction)

normes éthiques actuelles. En outre, de nombreuses critiques ont été formulées quant aux conclusions des auteurs. Selon plusieurs, cette expérience n'illustre pas véritablement le conditionnement répondant; le caractère punitif du bruit assourdissant ferait plutôt ressortir certains aspects du *conditionnement opérant*, une forme d'apprentissage que nous étudierons plus loin dans ce chapitre (Harris, 1979).

La peur du petit Albert à l'égard des objets blancs en fourrure est loin d'être le seul objet de controverse concernant les recherches sur le conditionnement classique qui ont été menées depuis le début du XXe siècle. Deux critères servent à déterminer s'il y a eu un conditionnement répondant: premièrement, la réponse apprise doit survenir *uniquement* en présence du stimulus conditionnel; deuxièmement, la réponse doit résulter d'un apprentissage plutôt que d'un processus de maturation. D'après Lipsitt et Werner (1981), un bon nombre d'études sur le conditionnement répondant ne rencontrent pas ces critères.

Le conditionnement répondant chez le nouveau-né

Une autre question controversée porte sur le moment où l'enfant devient capable d'apprendre. Certains critiques soutiennent que le nouveau-né ne peut pas apprendre par conditionnement répondant, et que les études qui démontrent le contraire présentent des vices méthodologiques (Sameroff, 1971; Stamps, 1977). Toutefois, des études très récentes semblent indiquer qu'il est *possible* de conditionner des nouveau-nés de façon classique. En effet, des bébés ont appris à manifester le réflexe de succion lorsqu'ils entendaient une sonnette ou un son, à manifester le réflexe de Babinski (c'est-à-dire à déployer les orteils, pieds tournés vers l'intérieur) lorsqu'on leur bougeait le bras (plutôt qu'en réponse au stimulus traditionnel qui consiste à frotter la plante du pied), à dilater et à contracter la pupille de l'œil, à cligner des yeux et à modifier leur rythme cardiaque (Rovee-Collier et Lipsitt, 1982).

Le conditionnement opérant

À peu près à la même époque où Pavlov nourrissait ses chiens, le psychologue américain Edward Lee Thorndike (1874-1949) mettait des chats dans des cages. Pour atteindre la nourriture placée juste à l'extérieur de la cage, les chats devaient d'abord apprendre à en sortir. Thorndike expliqua ce type d'apprentissage en termes de récompense (nourriture) et d'association faite par les chats entre «tirer sur une corde qui ouvre la porte de la cage» et «manger». Suivant ce qu'il a appelé la **loi de l'effet** (Thorndike, 1911), un organisme tend à répéter un comportement qui est suivi d'une expérience agréable (ou *renforcement*) et à ne pas répéter un comportement qui est suivi d'une expérience désagréable (ou *punition*).

B.F. Skinner (1938) a repris et élaboré ces notions de renforcement et de punition. Ainsi, un **renforcement** est un stimulus qui suit un comportement et qui a pour effet d'*augmenter* la probabilité qu'il soit répété. À l'opposé, une **punition** est un stimulus qui suit un comportement mais qui a pour effet de *diminuer* la probabilité qu'il soit répété. Le renforcement peut être positif ou négatif. Un **renforcement positif** consiste essentiellement en une récompense (par exemple, recevoir la coupe Stanley pour avoir remporté les séries éliminatoires au hockey);

administrer un **renforcement négatif,** c'est essentiellement soustraire l'individu à une situation ou à un événement désagréable (par exemple, on peut écourter la peine d'un prisonnier, c'est-à-dire le soustraire à la prison, s'il montre suffisamment de signes de bonne conduite). On confond souvent le renforcement négatif et la punition. Ces deux concepts sont diamétralement opposés: le premier consiste à retirer un événement aversif dans le but d'augmenter la probabilité d'occurrence du comportement auquel on l'associe, alors que le second consiste à administrer un stimulus aversif pour diminuer la probabilité du comportement auquel il est associé. Dans la très grande majorité des cas, le renforcement a plus d'effet s'il est appliqué immédiatement après le comportement à modifier, que s'il est différé pendant un certain laps de temps; cette règle vaut également dans le cas de la punition. À l'origine, Skinner s'est attaché à démontrer l'applicabilité de ces principes au comportement animal. Par la suite, il a cherché à montrer leur applicabilité au comportement humain.

Le bébé qui apprend à sucer plus vigoureusement sa tétine si l'action de sucer lui fait entendre la voix de sa mère est récompensé ou *renforcé.* Ce bébé manifeste alors un type d'apprentissage appelé **conditionnement opérant** (renforcement positif). Dans ce type d'apprentissage (voir le schéma de la figure 4.2), une personne ou un animal apprend à se comporter d'une manière qui lui procurera une récompense, ou qui lui permettra d'éviter ou de fuir une punition. On l'appelle également **conditionnement instrumental,** parce que le sujet lui-même est d'une certaine manière l'instrument du changement qui survient dans son environnement.

Lorsqu'elle est récompensée ou renforcée, la réponse d'un individu, parfois accidentelle au départ, se consolide et l'individu tend à la répéter. Si la réponse n'est plus renforcée, elle cesse de se produire ou revient à son niveau initial antérieur au conditionnement, aussi appelé niveau de base. Ce processus s'appelle l'**extinction.**

La fréquence à laquelle le renforçateur est présenté (ou enlevé) affecte grandement l'efficacité du programme de modification du comportement. Quand on a recours au **renforcement intermittent,** lequel consiste à récompenser une réponse à certaines occasions seulement, celle-ci apparaît de façon plus constante et plus durable que si elle était récompensée chaque fois; elle est donc moins sujette à l'extinction. Cette efficacité accrue s'explique du fait que le sujet met plus de temps à réaliser qu'on a mis fin au renforcement lorsque ce dernier survient à intervalles irréguliers plutôt qu'à chaque réponse.

On a recours au **façonnement** pour obtenir de nouvelles réponses. Lorsque la réponse du sujet s'approche de la réponse qu'on veut obtenir, la personne qui façonne le comportement renforce cette réponse. Lorsque ce renforcement a été efficace, l'expérimentateur continue à

Figure 4.2   Le conditionnement opérant: quatre façons de modifier une réponse (Goulet, 1975)

Conséquence d'un comportement / Valeur du renforçateur pour le bébé	renforçateur perçu positivement	renforçateur perçu négativement
suivi du	*récompense* de type A (renforcement positif) (augmente la probabilité d'émission d'un comportement)	*punition* de type B (diminue la probabilité d'émission d'un comportement)
retrait du	*punition* de type A (diminue, temporairement du moins, la probabilité d'émission d'un comportement)	*récompense* de type B (augmente la probabilité d'émission d'un comportement)

Encadré 4.1

Application des principes d'apprentissage à l'entraînement à la toilette

L'une des tâches les plus frustrantes des parents modernes consiste à montrer à un enfant comment aller à la toilette. Mais il n'est pas obligatoire que cette période en soit une de larmes, de cris et de frustrations tant pour les parents que pour les enfants. Deux psychologues, qui avaient conçu un programme basé sur les principes d'apprentissage pour enseigner à des personnes mentalement retardées à faire leur toilette, ont appliqué ces mêmes principes à un programme destiné à des enfants normaux (Azrin et Foxx, 1981). Si vous voulez utiliser la méthode de Azrin et Foxx pour montrer au petit Éric à aller sur le pot, voici les étapes à suivre.

1 Attendez qu'Éric ait environ 20 mois, puis vérifiez la maîtrise qu'il a de sa vessie (reste-t-il au sec pendant des périodes de deux à trois heures?), ses capacités physiques (peut-il s'habiller et se déshabiller seul?), sa capacité d'écouter des consignes. S'il ne semble pas prêt, attendez quelques semaines et testez-le de nouveau. Un niveau suffisant de maturation est essentiel.

2 Avant de commencer son entraînement, encouragez Éric à participer activement à la séance d'habillage, permettez-lui de regarder les autres membres de la famille aller à la toilette et montrez-lui comment suivre des consignes. L'imitation, ou l'apprentissage fondé sur l'observation d'un modèle, est importante. Nous avons décrit cette forme d'apprentissage lors de l'exposé sur la théorie de l'apprentissage social au chapitre 1.

3 Rassemblez une variété de gâteries et de breuvages que vous utiliserez comme renforçateurs. Faites également usage de compliments, de caresses, de sourires et de félicitations. Connaissant votre enfant, vous saurez bien trouver les renforçateurs les plus efficaces.

4 Achetez un pot de chambre qu'Éric pourra facilement vider lui-même. Plus il prendra de responsabilités, plus rapidement il apprendra.

5 Achetez-lui une poupée qui se mouille, boit à la bouteille et peut porter une «culotte d'entraînement». Ceci illustre une autre forme d'apprentissage: l'imitation peut s'ajouter aux directives.

récompenser le sujet pour ses réponses de telle sorte que celles-ci s'approchent de plus en plus du comportement souhaité. Par exemple, si un parent est aux prises avec un enfant qui refuse de parler, il pourra lui donner une sucrerie dès que celui-ci émettra un son. Ensuite, il le récompensera seulement s'il prononce un mot, puis une phrase entière.

Le façonnement est souvent utilisé dans la *modification du comportement*, qui est une forme de conditionnement opérant de plus en plus utilisée pour éliminer des comportements indésirables chez les enfants. Ainsi, grâce à une application pratique des principes de l'apprentissage opérant, on peut enseigner à un enfant divers comportements, comme apprendre à parler, à devenir propre ou à bien se conduire à l'école (voir l'encadré 4.1).

Le conditionnement opérant chez le nouveau-né

Les nouveau-nés aiment la musique. Comment le savons-nous? En partie grâce à une étude sur l'apprentissage instrumental qui portait sur des nouveau-nés âgés de 2 jours; on récompensait les bébés en leur faisant entendre de la musique quand ils suçaient une tétine qui ne donnait pas de lait. Les bébés tétaient plus longtemps si la musique se poursuivait, mais ne prolongeaient pas le temps de succion si le fait de téter mettait fin à la musique (Butterfield et Siperstein, 1972). Cette étude et plusieurs autres, où on a réussi à modifier les comportements des bébés en les récompensant de diverses façons, semblent démontrer qu'il est possible de se servir du conditionnement opérant dès la période néo-natale (Sherrod et coll., 1978).

Quand le conditionnement vise un comportement préexistant qui a une fonction biologique importante (comme la succion), le conditionnement opérant «fonctionne» chez le nouveau-né. Il est cependant plus difficile à utiliser quand il vise un comportement inhabituel chez l'enfant. Le fait que le jeune enfant puisse apprendre par conditionnement opérant peut avoir des implications importantes pour sa survie, comme indiqué dans l'encadré 4.2.

6 Faites porter à Éric une «culotte d'entraînement» et montrez-lui à l'enfiler et à l'enlever. Être un «grand garçon» ou «une grande fille» consiste entre autres à s'habiller et à se déshabiller seul.

7 Demandez à Éric de montrer à sa poupée comment aller sur le pot. Encouragez-le à la féliciter avec empressement et à lui offrir une gâterie dès qu'elle le fait, gâterie qu'il pourra consommer dès qu'il manifestera son intention de faire la même chose. Ceci constitue une première étape dans le façonnement du comportement d'Éric.

8 Montrez à Éric à vérifier si sa culotte est sèche et récompensez-le par une gâterie ou des félicitations lorsqu'il vous confirme qu'elle n'est pas mouillée. Ceci est une autre étape du façonnement.

9 Montrez-lui à se diriger vers le pot, à baisser sa culotte, à s'asseoir, à rester tranquillement assis pendant quelques minutes, puis à se relever et à remettre sa culotte. Le façonnement se poursuit.

10 Félicitez-le et rassurez-le pour qu'il apprenne à se détendre lorsqu'il est sur le pot. L'anxiété et la tension nuisent souvent à l'apprentissage; la détente le favorise.

11 Trouvez le moyen de détecter le moment de la miction et félicitez Éric dès qu'elle survient. L'accent est alors mis sur l'association entre le mécanisme biologique de détente des muscles du sphincter et le fait d'être assis sur le pot, un élément important du conditionnement classique. Ceci renforce également l'association entre l'action et les récompenses, un élément important du conditionnement opérant.

12 Réagissez aux accidents en exprimant votre désapprobation en paroles et en gestes; encouragez alors Éric à aller sur le pot immédiatement après, aidez-le à prendre conscience que sa culotte est mouillée, incitez-le à l'enlever et à la déposer lui-même dans le panier à linge sale.

Bien que la désapprobation soit une forme de punition légère, ce programme insiste surtout sur les récompenses et sur l'encouragement.

L'accoutumance

La forme d'apprentissage la plus élémentaire est l'**accoutumance** (ou habituation), c'est-à-dire le processus par lequel on s'habitue à un son, à une image ou à tout autre stimulus, et qui conduit à une diminution de l'intensité de la réponse à ce stimulus. Les chercheurs étudient l'accoutumance en présentant un même stimulus à plusieurs reprises, comme des sons d'orgue ou encore une image. Habituellement, un enfant cesse de téter quand on lui présente un stimulus et ne recommence qu'après son retrait. Cependant, si le même stimulus, un son ou une image par exemple, est présenté à plusieurs reprises, il perd de sa nouveauté et cesse d'influencer les activités de succion du bébé. On dit alors du bébé qu'il s'y est habitué. Toutefois, une nouvelle image ou un nouveau son retiendront de nouveau l'attention du bébé qui interrompra alors sa succion.

Les études sur l'accoutumance nous montrent souvent à quel point les bébés peuvent voir et entendre (Bronstein et Petrova, 1952), combien ils peuvent se souvenir (Fantz, 1982), et ce qu'est leur état neurologique. Des recherches ont montré que les bébés qui obtiennent un faible score sur l'échelle d'APGAR, ceux qui ont subi des lésions au cerveau, ceux qui ont connu un état de détresse au moment de la naissance et ceux qui souffrent du syndrome de Down ne manifestent pas la réponse d'accoutumance (Lipsitt et Werner, 1981). On a également remarqué que les bébés dont les mères avaient absorbé de fortes doses de médicaments lors de l'accouchement ne s'accoutument pas aussi bien que les autres à l'âge de 2 et de 5 jours, ni même à 1 mois (Bowes, Brackbill, Conway et Steinschneider, 1970).

Même si on la considère comme une forme primitive d'apprentissage, l'accoutumance joue un rôle certain dans le développement normal, et sa présence ou son absence nous procure des informations importantes quant au niveau de développement intellectuel du bébé.

D'autres formes d'apprentissage, comme l'apprentissage social fondé sur l'observation et l'imitation de modèles, seront discutées ailleurs dans ce volume.

Encadré 4.2

L'utilisation des capacités d'apprentissage du nourrisson pour assurer sa survie

Outre leur rôle premier qui consiste à permettre au bébé de connaître l'univers qui l'entoure et d'en devenir un membre actif, les capacités d'apprentissage présentes dès les premiers mois de la vie peuvent avoir un impact crucial sur son développement futur. Par exemple, lors de l'une des toutes premières expériences sur le conditionnement classique, Aldrich (1928) faisait entendre un léger son de cloche à un bébé, tout en lui piquant le pied avec une petite épingle. Au bout de 12 à 15 séances, le bébé retirait son pied au seul son de la cloche. Ce comportement fournissait un test pour déceler la surdité.

À l'heure actuelle, un programme de conditionnement opérant est utilisé dans le but d'enseigner à des bébés à éviter le syndrome de mort subite (SMS) qui, comme nous l'avons vu au chapitre 3, entraîne la mort de milliers de bébés chaque année. Lewis P. Lipsitt (1980) laisse entendre que les bébés de 2 à 4 mois (âge où ils sont le plus vulnérables à ce syndrome) sont dans une période de transition où ils doivent substituer des comportements appris aux actions réflexes. Les bébés vulnérables au SMS souffrent peut-être d'une déficience d'apprentissage qui les empêche d'apprendre ce qu'ils doivent faire (comme pleurer ou bouger la tête) lorsqu'ils manquent d'oxygène. Dans le programme conçu pour aider ces enfants, l'expérimentateur joue à «coucou» avec le bébé tout en déposant un léger coussin sur son nez et sa bouche, réduisant ainsi momentanément l'arrivée d'air. Si le bébé bouge la tête ou pleure, on le récompense en lui présentant une suce ou en lui faisant entendre le son apaisant d'une voix humaine. Les bébés soumis à ce programme ont ainsi appris à réagir au manque d'oxygène. Nous devons maintenant attendre les résultats d'études complémentaires pour savoir si le taux du syndrome de mort subite a été effectivement moins élevé dans ce groupe, comparativement à celui d'un groupe témoin.

Trois approches de l'étude du développement intellectuel

Ariane a 1 an et adore les céréales; elle adore également jouer avec son père. Un matin, ce dernier prend quelques céréales dans sa main, puis dépose son poing fermé sur la tablette de la chaise haute de la petite. Celle-ci lui ouvre immédiatement les doigts et saisit les céréales de sa main. Mais, sitôt qu'elle relâche les doigts de la main de son père, celui-ci referme le poing. Après deux tentatives, elle découvre qu'elle peut tenir les doigts de la main de son père d'une main et saisir les céréales de l'autre. Un autre jour, à ce même jeu, alors qu'elle tient un jouet qu'elle ne veut pas échapper, elle trouve une autre solution: elle ouvre les doigts de la main de son père avec sa main libre, puis les tient ouverts avec son menton et peut alors s'emparer des céréales convoitées avec sa main libre.

La façon dont Ariane a solutionné ces problèmes illustre le type de comportements intelligents dont sont capables la plupart des bébés.

Le développement intellectuel est un aspect si prédominant de notre personnalité et il affecte tellement notre comportement qu'il constitue un domaine d'étude à la fois stimulant et frustrant. Stimulant parce que l'intelligence a un si grand nombre de répercussions concrètes sur le développement de la personnalité qu'elle met au défi l'intellect des chercheurs eux-mêmes. Frustrant, parce qu'elle possède tant de facettes qu'il n'est pas facile d'en extraire des composantes suffisamment bien délimitées pour se prêter à une étude.

En général, les chercheurs qui s'intéressent au développement de l'intelligence adoptent l'une des trois approches suivantes: psychométrique, piagétienne et du traitement de l'information. **L'approche psychométrique** considère l'aspect *quantitatif* de l'intelligence: plus nos scores à des tests sont élevés, plus nous sommes intelligents. **L'approche piagétienne** s'intéresse aux sauts *qualitatifs* dans le fonctionnement intellectuel, c'est-à-dire à la façon dont la nature même de l'intelligence change d'un stade à l'autre. Enfin, **l'approche du traitement de l'information** analyse les processus qui sous-tendent le comportement intelligent; en fait, elle cherche à savoir comment nous arrivons à faire ce que nous faisons. Il est fort possible, d'après Siegler et Richards (1982), qu'il faille tenir compte de ces trois approches simultanément pour bien saisir une réalité aussi complexe, puisqu'aucune approche individuelle ne fournit suffisamment d'informations pour comprendre la nature de l'intelligence. Une combinaison d'approches, cependant, ouvre différentes perspectives et aide à mieux comprendre ce qu'est un comportement intelligent.

Avant d'examiner séparément chacune de ces approches, parlons du sens que nous donnons au mot **intelligence.** Bien qu'il y ait presque autant de définitions que de chercheurs dans ce domaine, la plupart de ces définitions gravitent autour de deux aspects du comportement intelligent: l'orientation et l'adaptation. Quand on dit qu'un comportement est *orienté vers un but,* on entend par là qu'il est délibéré plutôt qu'accidentel; par ailleurs, dire qu'un comportement est *adapté,* c'est dire que les moyens utilisés pour atteindre le but visé sont appropriés. L'orientation et l'adaptation présupposent bien sûr la capacité de reconnaître et de comprendre la donnée d'un problème.

Dans cet ouvrage, le mot *intelligence* désigne l'interaction toujours dynamique entre les aptitudes innées et l'expérience. C'est cette action conjointe de l'hérédité et de l'expérience qui supporte nos capacités d'acquérir, de mémoriser et d'utiliser nos connaissances, de saisir des concepts aussi bien concrets qu'abstraits, de comprendre et de manipuler les relations entre les objets, les événements et les idées, et enfin d'utiliser tout ce savoir pour résoudre les problèmes de la vie quotidienne.

Nous verrons comment ces trois approches de l'intelligence diffèrent quant aux problèmes étudiés et à la mesure du comportement intelligent. Une grande partie de la discussion qui suit vaut pour l'intelligence en général et non pas seulement chez l'enfant.

L'approche psychométrique

Au début du XXe siècle, les administrateurs des écoles de Paris voulaient remédier à la congestion des classes en écartant les jeunes qui n'avaient pas les aptitudes voulues pour bénéficier d'une formation scolaire. Ils ont fait appel au psychologue Alfred Binet et lui ont demandé de mettre au point un test qui permettrait d'identifier ces enfants. Le test d'intelligence de Binet,

Le psychologue français Alfred Binet (1857-1911) a conçu un test pour identifier les enfants qui n'avaient pas les aptitudes intellectuelles suffisantes pour bénéficier des enseignements du système scolaire. Ce test de Q.I. (dont la version révisée est le Stanford-Binet) illustre l'approche psychométrique de l'étude de l'intelligence, qui tente de mesurer cette dernière à l'aide d'une évaluation numérique. (Les archives Bettmann Inc.)

qui est encore en usage dans des versions révisées, a ainsi été le précurseur de tout un éventail d'épreuves dont l'objet est de mesurer l'intelligence par le biais d'une évaluation numérique. Ce type d'évaluation illustre l'approche psychométrique de l'étude de l'intelligence.

Les tenants de cette approche tentent d'identifier les différents facteurs qui composent l'intelligence, puis mesurent la quantité relative de ces facteurs chez un individu. Ils utilisent ensuite ces évaluations pour tenter de prévoir l'intelligence ultérieure de cet individu. Ils s'intéressent aux différences individuelles et se servent souvent de méthodes statistiques complexes pour concevoir et pour analyser des tests d'intelligence qui identifient ces différences.

Bon nombre des premiers théoriciens considéraient l'intelligence comme une faculté universelle (plus une personne est intelligente, meilleur est son rendement dans tous les champs d'activités). Ils soutenaient que cette faculté est déterminée génétiquement, qu'elle ne change pas au cours de la vie et qu'on ne peut la modifier que jusqu'à un certain point.

Sperman (1904) a proposé une **théorie bifactorielle**: le facteur g (intelligence générale) influence le comportement en général alors que le facteur s (les aptitudes spécifiques) rend compte des différents résultats obtenus par un individu à différentes épreuves (ce qui est le cas lorsqu'un individu obtient un score de compréhension verbale supérieur au score obtenu au sous-test de mathématiques, par exemple). Pour sa part, Thurstone (1938) rejette l'idée d'un facteur d'intelligence général; il distingue sept facteurs, appelés **habiletés mentales de base,** qui se combinent pour former l'intelligence. Il s'agit des facteurs: mémoire, raisonnement, aptitude numérique, vitesse perceptuelle, habileté spatiale, compréhension verbale et fluidité verbale. Il a élaboré plusieurs tests pour mesurer ces habiletés de base.

Plus récemment, Guilford a élaboré un modèle tridimensionnel de l'intelligence appelé **structure de l'intellect** (1959; 1982) (voir la figure 4.3). Selon ce modèle, l'intelligence se compose de 150 aptitudes intellectuelles différentes dont 82 ont pu être isolées empiriquement à ce jour. Un facteur s'y définit en fonction de trois grands types d'éléments, ou dimensions: une opération (l'action mentale effectuée), un contenu (le matériel auquel l'opération est appliquée) et un produit (le résultat de l'application de telle opération à tel contenu). Par exemple, pour tester ce que Guilford nomme «connaissance d'unités figuratives», on demande à une personne d'identifier des images d'objets familiers dont on a caché une partie des contours. Pour tester la capacité d'opérer des «transformations de relations sémantiques», on demande au sujet de formuler plusieurs points communs entre deux objets, par exemple une pomme et une orange. Pour évaluer la «production de symboles divergents», on demandera au sujet de faire une liste du plus grand nombre possible de mots commençant par la lettre s. (La pensée divergente est associée à la créativité; les lettres et les mots sont deux exemples d'unités symboliques.)

Après avoir discuté certaines questions générales relatives à l'élaboration de tests d'intelligence, nous verrons comment l'approche psychométrique s'y prend pour mesurer l'intelligence des bébés, puis nous examinerons les tests psychométriques conçus pour les enfants plus âgés et pour les adultes.

L'évaluation psychométrique de l'intelligence

Alors que les premiers tests d'intelligence, élaborés au XIXe siècle, mettaient l'accent sur les aptitudes de discrimination sensorielle, l'évaluation de l'intelligence telle que nous la connaissons aujourd'hui commence en 1905 avec le travail de Binet auprès des écoliers français.

De nos jours, l'utilisation des tests d'intelligence est un sujet hautement controversé. Ces tests sont utilisés par certains pour démontrer la supériorité de tel ou tel groupe social ou ethnique, alors qu'ils sont considérés par d'autres comme des instruments discriminatoires destinés à empêcher les minorités d'accéder à une véritable égalité. Comment et pourquoi utilise-t-on les tests d'intelligence, et quels types de renseignements peuvent-ils fournir?

Binet a inventé le terme de **niveau mental** pour exprimer le score d'un enfant à un test. Ce niveau, plus connu sous le nom d'*âge mental*, correspond à l'âge auquel on atteint habituellement tel niveau de rendement (score) au test. Binet et Simon ont administré leurs tests à une population importante d'enfants normaux âgés entre 3 et 13 ans. Les enfants qui réussissaient les items du test réussis par 80 à 90 % des enfants normaux de 3 ans des groupes de normalisation (décrits plus loin dans ce chapitre) recevaient un âge mental de 3 ans. Binet ne considérait pas l'intelligence comme un trait fixe et insistait pour que les écoliers qui avaient obtenu un score faible à son test recourent à une «orthopédie mentale» visant à améliorer leur intelligence (Kamin, 1981).

En soi, l'âge mental (A.M.) n'a pas une grande signification; c'est en le comparant à l'âge chronologique (A.C.) qu'on peut se faire une idée du rendement intellectuel (R.I.) de la personne évaluée:

$$R.I. = A.M. - A.C.$$

L'un des problèmes liés à cette mesure du rendement intellectuel, c'est qu'une même différence A.M. - A.C. n'a pas toujours la même signification. Un enfant de 1 an qui a un âge mental de 2 ans est beaucoup plus avancé pour son âge que celui de 13 ans qui a un âge mental de 14 ans; pourtant, la différence A.M. - A.C. est de un an dans les deux cas. Pour éviter ce problème, Stern (1938) a proposé d'exprimer

Figure 4.3 Un modèle tridimensionnel de l'intelligence

D'après Guilford, il y a 150 aptitudes intellectuelles différentes, qui résultent de l'interaction de trois facteurs principaux: les opérations, les contenus et les produits. (Guilford, 1977)

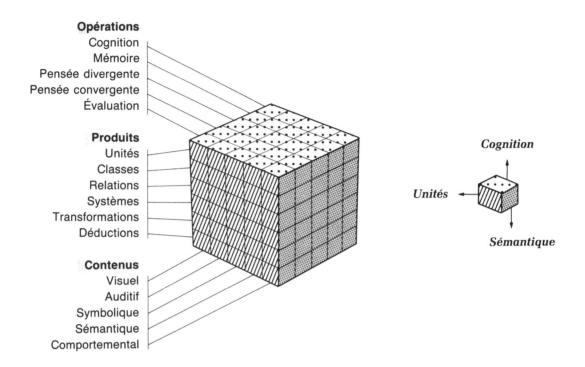

Les *opérations* représentent nos *modes* de pensée:

1 cognition (découverte ou reconnaissance);
2 mémoire (rétention);
3 pensée divergente (capacité de chercher de nouvelles solutions par l'exploration de divers modes de pensée);
4 pensée convergente (capacité de trouver la solution unique d'un problème);
5 évaluation (décision par rapport au caractère adéquat du savoir).

Les *contenus* de notre activité intellectuelle (ce *à quoi* nous pensons) peuvent être:

1 visuels (information figurative);
2 auditifs (information sonore);
3 symboliques (mots et nombres);
4 sémantiques (significations verbales ou idées);
5 comportementaux (intelligence sociale).

Les *produits* sont le résultat de nos modes de pensée appliqués à certains problèmes. En d'autres mots, le *produit* est le résultat de l'application d'une *opération* spécifique à un *contenu* particulier:

1 unités (un mot, un nombre ou une idée uniques);
2 classes (un ensemble d'unités reliées par une idée entre elles);
3 relations (rapports entre les unités ou les classes);
4 systèmes (idées organisées de façon logique);
5 transformations (les changements, comprenant les modifications dans la disposition, l'organisation ou le sens);
6 déductions (permettant de tirer des conclusions à partir de l'information donnée).

l'âge mental sous forme de **Q.I.**, c'est-à-dire sous la forme d'un **quotient intellectuel.** Cette mesure présente l'avantage d'être applicable à tous les groupes d'âge. Le Q.I. représente le rapport entre l'âge mental d'une personne et son âge chronologique, multiplié par 100. La formule qui permet de calculer le Q.I. est donc:

$$\text{Q.I.} = \frac{\text{A.M.}}{\text{A.C.}} \times 100$$

Quand l'âge mental correspond à l'âge chronologique, l'enfant a un Q.I. de 100, ce qui représente la moyenne; lorsque l'âge mental est supérieur à l'âge chronologique, le Q.I. est au-dessus de 100; et lorsque l'âge mental est inférieur à l'âge chronologique, le Q.I. est au-dessous de 100. Ainsi:

- Un enfant de 10 ans (A.C. = 10) qui obtient un score d'âge mental de 10 ans (A.M. = 10) a un Q.I. de 100.
- Un enfant de 10 ans (A.C. = 10) qui obtient un score d'âge mental de 8 ans (A.M. = 8) a un Q.I. de 80.
- Un enfant de 10 ans (A.C. = 10) qui obtient un score d'âge mental de 12 ans (A.M. = 12) a un Q.I. de 120.

La courbe de distribution des scores de Q.I. dans l'ensemble de la population a la forme d'une cloche (courbe normale), c'est-à-dire que la plupart des scores se regroupent autour de la moyenne et très peu se situent aux extrêmes.

Toutefois, cette façon traditionnelle de calculer le Q.I. ne tient pas compte du fait qu'un même score de Q.I. n'a pas la même signification à différents âges parce que la variabilité des scores (l'écart moyen autour de la moyenne ou l'écart-type) diffère d'un niveau d'âge à un autre. Si l'écart-type est de 10 à tel âge, la personne qui obtient un Q.I. de 110 sera supérieure à 84 % de l'échantillon. Si à un autre âge, l'écart-type est de 16, la personne devra obtenir un Q.I. de 116 pour atteindre le même niveau de supériorité. Depuis 1960 et pour tous les groupes d'âge, les scores de Q.I. sont exprimés sous la forme d'un *Q.I. de déviation,* c'est-à-dire d'un score standardisé en fonction d'une moyenne de 100 et d'un écart-type de 16.

Le Q.D. (quotient de développement) est obtenu d'une façon analogue pour mesurer le niveau du développement des jeunes bébés. On obtient ce score à partir d'un test dans lequel les épreuves sont présentées par ordre de difficulté croissante. On attribue à chaque épreuve une valeur numérique et le score final représente l'âge mental de l'enfant.

Nous discuterons des controverses politiques entourant l'administration de tests d'intelligence au chapitre 8, alors que nous examinerons les tests utilisés auprès des écoliers. Nous analyserons maintenant les aspects techniques de la conception et de l'évaluation d'un test d'intelligence, lesquels valent pour tous les tests et pour tous les niveaux d'âge.

L'élaboration et la standardisation d'un test. D'abord, les auteurs d'un test doivent déterminer ce que ce test est censé évaluer et prédire. Ils choisissent ensuite des items qui semblent pertinents, puis soumettent le test à un groupe de sujets qui ressemblent aux personnes pour lesquelles ce test est conçu (échantillon «représentatif»). Si un test est censé prédire jusqu'à quel point des enfants mésadaptés sont susceptibles de profiter d'un programme éducatif, ce test doit être élaboré et standardisé sur un échantillon d'enfants comparables. Ce pourrait être des enfants qui présentent des problèmes de mésadaptation, qui vivent dans des conditions socio-culturelles comparables et qui appartiennent au même groupe d'âge. Ensuite les constructeurs analysent les résultats du test préliminaire; ils retiennent les items qui permettent de différencier les enfants d'après leurs aptitudes et leur âge, et ils rejettent les items qui ne sont pas discriminatifs.

Enfin ils soumettent la version finale du test à un autre groupe d'enfants, un groupe représentatif et plus important appelé **échantillon de normalisation.** La *standardisation* (ou normalisation) consiste à établir des **normes** ou des performances moyennes auxquelles on peut comparer la performance individuelle. Ces normes proviennent des résultats obtenus par les sujets d'un groupe représentatif.

La fidélité. Un test est **fidèle** si les résultats qu'il produit lors de l'évaluation de la performance d'une personne sont stables. L'indice de fidélité peut s'obtenir en soumettant une personne au même test au moins à deux reprises. Plus les résultats concordent, plus grande est la fidélité du test. Cette façon de procéder présente toutefois certaines difficultés. Premièrement, les conditions lors des épreuves ne sont pas nécessairement les mêmes: la personne qu'on soumet à un test peut être fatiguée la première fois et alerte la fois suivante; la pièce peut être bruyante la première fois et non la fois suivante. Deuxièmement, les chances de réussir un test sont plus grandes lors de la deuxième administration, les sujets s'étant alors familiarisés avec les épreuves du test.

C'est pourquoi d'autres méthodes, telle la **méthode de bissection,** sont parfois utilisées pour déterminer la fidélité d'un test. Cette dernière méthode consiste à construire un test de manière à ce que le score obtenu sur la moitié des items soit comparable au score obtenu pour l'autre moitié.

La validité.   Un test est **valide** s'il mesure bien ce qu'il veut mesurer, c'est-à-dire si les scores obtenus à ce test corrèlent avec d'autres mesures. Les tests d'intelligence utilisés de nos jours concordent très bien avec la réussite scolaire. Toutefois, comme nous le verrons, la validité des tests d'intelligence traditionnels conçus pour les bébés s'avère assez faible, car la corrélation entre ces scores et les mesures ultérieures du rendement de l'enfant est faible.

Même si les tests d'intelligence utilisés de nos jours réussissent généralement fort bien à prédire le succès scolaire, on remet parfois en question leur capacité d'évaluer l'aptitude, c'est-à-dire ce qu'une personne peut acquérir dans des conditions d'apprentissage optimales parce qu'une bonne partie du score repose sur ce qui a déjà été appris. Un enfant issu d'un milieu favorisé réussira mieux que celui qui n'a pas connu des conditions aussi propices à l'apprentissage. Les habiletés et les attitudes fondamentales acquises par l'enfant dès les premières années contribuent à son apprentissage ultérieur; ainsi, plus on connaît de choses, plus on peut en apprendre. Les programmes de stimulation intellectuelle, comme le Head Start, sont basés sur ce principe et tentent de rejoindre les enfants en bas âge pour tenter d'améliorer leur rendement intellectuel ultérieur.

Les difficultés inhérentes à la mesure de l'intelligence préverbale des enfants

Si l'intelligence est difficile à définir, elle l'est encore plus à mesurer, surtout chez les jeunes enfants. Cette difficulté est en bonne partie attribuable au fait que les bébés ne parlent pas. On ne peut pas les interroger et ils sont incapables d'exprimer ce qu'ils savent et comment ils pensent. Le seul moyen d'évaluer l'intelligence des jeunes enfants est d'observer leur comportement. Cependant, cette méthode pose aussi un second type de difficultés, car le répertoire des comportements du bébé est réduit. Un troisième obstacle qui rend difficile la mesure précise de l'intelligence des bébés est l'impossibilité d'évaluer la motivation d'un nourrisson face à la tâche qu'on lui propose. Si un bébé de 6 mois ne ramasse pas un cube, est-ce parce qu'il en est incapable ou simplement parce qu'il n'en a pas envie? Pour ces raisons et d'autres encore, il n'existe presque aucune base de prévision du fonctionnement intellectuel adulte à partir des résultats obtenus à des tests psychométriques avant l'âge de 18 mois.

En réalité, la meilleure façon de prévoir le Q.I. d'un jeune enfant n'est pas sa propre performance, mais plutôt le score de Q.I. ou le niveau d'éducation de ses parents (Kopp et McCall, 1982). Ce n'est qu'à partir de l'âge de 2 ans et plus que le score d'un enfant peut contribuer aux prévisions. À mesure que l'enfant s'approche de ses 5 ans, la corrélation entre ses scores d'intelligence et ceux qu'il obtiendra plus tard au cours de son enfance devient de plus en plus élevée.

Ces conclusions proviennent principalement d'études longitudinales qui ont montré des augmentations sensibles des scores de Q.I. au cours des années chez de nombreux enfants. D'ailleurs, cette augmentation s'avère plutôt la règle que l'exception (Kopp et McCall, 1982). Dans l'étude longitudinale de Fells, un enfant sur sept connut une augmentation graduelle de Q.I. de 40 points entre l'âge de 2 ans et demi et de 17 ans.

Il est un peu plus facile de prévoir le Q.I. ultérieur d'un jeune enfant handicapé ou d'un enfant jugé «à risque» à la suite d'une naissance prématurée ou d'un autre facteur de risque; mais même pour ces enfants, la corrélation demeure assez faible entre les deux premières années et la fin de l'enfance. Bien sûr, cette situation dépend en partie de chaque cas individuel. Il est plus facile de prévoir l'intelligence ultérieure d'un enfant souffrant du syndrome de Down ou de certaines anomalies congénitales qu'il ne l'est pour un enfant souffrant d'une déficience motrice, telle la paralysie cérébrale. Il semble que les mesures d'intelligence standardisées soient encore moins appropriées pour les enfants souffrant de déficiences motrices que pour les enfants normaux. C'est pourquoi un nouveau genre de test, étudié dans la section qui traite de l'approche du traitement de l'information, se révèle beaucoup plus utile.

Comment expliquer cette faible corrélation entre les scores d'intelligence du nourrisson et ceux de l'enfant plus âgé? Il ne fait aucun doute qu'une des explications réside dans la différence entre les premiers tests, qui mesurent l'activité motrice, et les tests ultérieurs, dont le contenu est très verbal. Ces tests mesurent peut-être deux choses différentes. En fait, certains chercheurs affirment même que l'intelligence du jeune enfant est si différente de son intelligence ultérieure que «tenter de mesurer l'intelligence infantile équivaut peut-être à essayer de mesurer la quantité de barbe d'un garçon alors qu'il n'a que 3 ans» (Goodenough, 1949, p. 310).

Un enfant qui réussit bien certaines activités à un âge donné peut, quelques années plus tard, ne pas réussir aussi bien à une activité apparemment analogue quoique d'un degré de difficulté plus élevé. Par exemple, un enfant de 1 an qui construit avec succès des tours à l'aide de blocs (une épreuve dans les échelles de développement de Gesell) ne sera peut-être pas en mesure, à l'âge de 7 ans, de reproduire un dessin à l'aide de blocs de couleur (une épreuve de l'échelle d'intelligence de Wechsler pour enfants). Ces épreuves utilisent toutes deux des blocs, mais mesurent peut-être des habiletés différentes.

Une autre explication, tout particulièrement dans les cas d'enfants nés avec des handicaps mentaux ou moteurs, réside dans l'influence importante de l'environnement. Un milieu favorable peut permettre à un enfant qui souffre de difficultés d'apprentissage de trouver de nouvelles manières de faire face à diverses situations. De plus, il semble que les êtres humains possèdent ce que certains observateurs ont appelé «une forte tendance à se redresser» (Kopp et McCall, 1982) et que d'autres ont qualifié de «propension à la santé» (Kagan, 1979). En d'autres termes, dans l'ensemble, le jeune enfant qui se trouve dans un environnement favorable suivra normalement les modes de développement de son espèce, à moins qu'il n'ait subi des torts graves.

Entre 18 et 24 mois, cette tendance à se redresser semble diminuer à mesure que l'enfant acquiert certaines habiletés dont la maîtrise variera considérablement d'un enfant à l'autre (comme les habiletés verbales, par exemple). Ceci donne lieu à des différences individuelles plus importantes et à une plus grande stabilité de ces différences.

Les échelles de développement pour jeunes enfants.   Malgré la difficulté de mesurer l'intelligence des jeunes enfants, les spécialistes du développement doivent parfois évaluer des bébés, soit pour déterminer si tel enfant se développe normalement, soit pour les besoins de la recherche sur le développement de l'enfant. Pour ce faire, ils utilisent l'un ou l'autre des nombreux tests qui existent; ceux-ci sont somme toute assez semblables. Suite à l'observation d'un grand nombre de bébés, les chercheurs déterminent ce dont la plupart des enfants sont capables à des âges précis. Ils élaborent ensuite une échelle normalisée, fixant un âge d'accession à chaque activité particulière. Parmi les tests les plus utilisés, citons les Échelles de Bayley et le Test développemental de dépistage de Denver.

Les Échelles de Bayley (Bayley, 1933; révisées en 1969).   Les **Échelles de Bayley** s'appliquent aux bébés, depuis la naissance jusqu'à 15 mois et elles utilisent un certain nombre d'items empruntés à plusieurs autres tests, de même qu'un certain nombre d'items originaux. Parmi les habiletés mesurées, on trouve: saisir une feuille de papier et un cube, tourner la tête pour suivre un objet, imiter des actes ou des mots simples et boire avec une tasse.

Initialement développé à partir d'un groupe d'enfants de tous les milieux socio-économiques mais qui surreprésentait ceux dont le père était étudiant ou professionnel, ce test comporte un bon nombre d'items qui touchent aux capacités verbales et adaptatives et peu d'éléments à caractère social ou moteur (Honzik, 1976).

Le Test développemental de dépistage de Denver.   Le **Test développemental de dépistage de Denver** tente d'identifier les enfants qui ne se développent pas normalement (Frankenburg, Dodds, Fandal, Kazuk et Cohrs, 1975). Il s'adresse aux enfants de 1 mois à 6 ans et mesure quatre types de comportements: dispositions personnelles et sociales (sourire spontanément, s'habiller), motricité fine (saisir un hochet, reproduire un carré), langage (rire, connaître la définition de mots) et motricité large (se retourner sur soi-même, attraper une balle). Lorsqu'un enfant échoue à une épreuve normalement réussie par 90 % des enfants, on y voit un retard du développement. L'enfant qui manifeste deux retards ou plus, dans deux catégories ou plus, est perçu comme un enfant qui a besoin d'une attention particulière.

Bien que ce test de dépistage du développement soit le plus enseigné et le plus validé aux États-Unis, seulement 10 % des professionnels l'administrent de façon routinière, habituellement à cause de la surcharge de travail qu'il entraîne. Ses concepteurs ont donc élaboré une version abrégée de 12 épreuves, qui ne requiert que cinq à sept minutes comparativement aux 15 à 20 minutes requises pour administrer les 20 à 25 épreuves de la version originale (Frankenburg, Fandal, Sciarillo et Burgess, 1981). Un enfant qui échoue à l'une ou l'autre des 12 épreuves devrait être soumis à la version originale du test.

On a tenté d'utiliser ce test avec des enfants du sud-est asiatique (Miller, Onotera et Deinard, 1984), mais des différences culturelles importantes ont rendu pratiquement impossible l'interprétation des scores développementaux obtenus. Certains items (activités) du test ne les intéressaient tout simplement pas; d'autres utilisaient du matériel qui ressemblait à des objets que leurs parents leur interdisait de toucher; d'autres encore, comme l'item «s'habiller soi-même», étaient basés sur des normes inapplicables dans ce nouveau contexte culturel où les enfants n'apprennent à s'habiller seuls qu'à un âge beaucoup plus avancé que chez nous, occidentaux. Quand on transporte un test d'une culture à une autre, la plus grande prudence s'impose quand vient le moment d'en interpréter les scores et de poser un jugement diagnostique. Il n'est pas rare qu'on doive reprendre le travail de normalisation et de standardisation de l'outil pour dégager un nouvel ensemble de normes spécialement applicables à la population visée.

On fait appel aux tests d'intelligence pour jeunes enfants dans bon nombre de contextes ordinaires. Dans le cas le plus courant, c'est pour répondre aux préoccupations des parents qui s'inquiètent du fait que leur bébé ne fait pas ce que ses frères et sœurs faisaient au même âge. Une évaluation psychométrique de l'enfant peut permettre de rassurer les parents ou bien de les avertir qu'il est possible que cet enfant ne se développe pas normalement. Ils peuvent alors se faire progressivement à cette éventualité et, si elle se confirme, entreprendre les démarches nécessaires pour offrir un support spécialisé à l'enfant.

Cependant, étant donné les faibles corrélations entre les mesures d'intelligence et celles prises à l'âge adulte, les développementalistes ont cherché d'autres moyens de mesurer l'intelligence chez les jeunes enfants.

L'approche piagétienne

Le psychologue suisse Jean Piaget a adopté une approche tout à fait différente de celle des psychométriciens pour étudier le **développement cognitif** des enfants, c'est-à-dire la façon dont ceux-ci reçoivent et acquièrent une connaissance du monde extérieur. Pour comprendre les modes d'apprentissage des enfants, Piaget leur a posé des questions inhabituelles du genre: «Une roche vit-elle?» ou «D'où viennent les rêves?» Puis, contrairement aux psychométriciens qui cherchaient les *bonnes* réponses à leurs questions, Piaget portait son attention sur les *mauvaises* réponses des enfants. Il essayait ensuite de les faire parler pour trouver les raisons de ces mauvaises réponses et ainsi obtenir des indices sur leur manière de penser. Il en arriva à la conclusion que la façon de penser des enfants n'est pas *quantitativement* différente de celle des adultes, qu'elle n'est pas simplement une habileté moins développée. Il détermina plutôt que les processus cognitifs des enfants sont *qualitativement* différents de ceux des adultes, et que leur pensée évolue selon une suite de stades bien définis. Cet intérêt pour ces séquences qui lui semblaient *universelles* chez tous les enfants «normaux» différait également de l'accent mis par les psychométriciens sur les *différences* entre les enfants.

Ce n'est pas en posant des questions à des bébés (qui n'auraient pu lui répondre) que Piaget élabora ses théories sur le développement cognitif du jeune enfant, mais en observant attentivement ses trois enfants. Ces observations systématiques lui ont fourni les fondements de sa théorie des stades; elles ont aussi inspiré de nombreuses recherches sur la cognition du jeune bébé et ont servi à élaborer plusieurs échelles normalisées de l'intelligence sensori-motrice, dont quelques-unes seront examinées dans ce chapitre.

Mais avant de présenter la première période du développement, soit la période sensori-motrice qui occupe environ les deux premières années de la vie, il est important de nous attarder à quelques définitions essentielles à la compréhension des théories de Piaget.

Quelques définitions

Le **schème** est l'unité cognitive fondamentale. Ce concept complexe inclut à la fois une organisation mentale, c'est-à-dire l'idée qu'un enfant se fait d'une situation précise, et un comportement observable. Un schème se révèle par un comportement: nous avons des schèmes pour voir, sucer, secouer, et ainsi de suite. Le schème de succion implique que le bébé reconnaît la faim et sait comment obtenir de la nourriture; c'est pourquoi il suce. Né d'une simple action réflexe, ce schème se transforme en une activité contrôlée.

Deux processus généraux, l'organisation et l'adaptation, régissent le développement cognitif; parce qu'ils demeurent ce qu'ils sont tout au long du développement, on les nomme **invariants fonctionnels**. L'**organisation** implique l'intégration de tous les schèmes en un seul système global. Par exemple, les schèmes de la vision et de la préhension sont initialement très différents chez le bébé, ce qui entraîne un manque de coordination entre l'œil et la main. Peu à peu, le bébé organise ces schèmes de façon à pouvoir tenir et regarder un objet en même temps.

L'**adaptation** est un processus grâce auquel l'enfant crée de nouvelles structures cognitives, qui lui permettent de mieux s'adapter à son environnement. Elle comporte deux aspects, l'assimilation et l'accommodation, qui sont l'essence même du comportement intelligent. L'**assimilation** est un processus qui permet d'associer un objet connu ou une expérience familière à leur représentation mentale, c'est-à-dire aux schèmes qui leur correspondent. À tout âge, les bébés disposent d'une réserve de mécanismes mentaux qu'ils savent utiliser. Lorsqu'ils s'en servent pour réagir à un stimulus familier, ils l'assimi-

lent, tout comme lorsqu'ils intègrent la tétine de caoutchouc d'un biberon à leur schème de succion. L'**accommodation** est le processus grâce auquel l'enfant modifie ses schèmes pour les appliquer à de nouveaux objets ou de nouvelles situations. Les mouvements de la bouche que le bébé effectue pour boire au biberon ou pour boire au sein sont quelque peu différents. Lorsque le nourrisson se rend compte qu'avec des mouvements différents de la langue et des mâchoires il parvient à absorber le lait du biberon plus efficacement, il s'accommode à la tétine et étend la portée de son schème de succion.

Parce qu'un schème est un modèle approximatif d'un objet, d'une situation, etc., l'assimilation et l'accommodation fonctionnent toujours de pair. Pour qu'il puisse s'appliquer à un objet (assimilation), il doit se modifier quelque peu lui-même (accomodation). L'**équilibre** est atteint lorsqu'il existe un rapport harmonieux entre l'assimilation et l'accomodation.

La période sensori-motrice (de la naissance à environ 2 ans)

Selon Piaget, les enfants apprennent à connaître leur monde à travers leurs sens et leurs activités motrices. C'est pourquoi on appelle cette première période du développement cognitif **période sensori-motrice**. Durant cette période, l'enfant qui vient au monde doté d'un ensemble de montages réflexes, change et devient de plus en plus apte à organiser et à diriger volontairement ses activités. Essentiellement aléatoi-

Grâce à la manipulation active des objets, l'enfant passe des réflexes à l'apprentissage par tâtonnements, puis à la résolution de problèmes simples. (Suzanne Szasz; Erika Stone/Peter Arnold, Inc.)

res à la naissance, les activités progressent des réflexes aux apprentissages par essai-et-erreur et à la résolution de problème. Le comportement de l'enfant devient de plus en plus *orienté*, et les activités se généralisent à une variété de situations et se coordonnent progressivement les unes aux autres. Les modalités sensorielles aussi (la vue, l'ouïe, l'odorat, le toucher et le goût) se coordonnent entre elles (Baldwin, 1968). Au début, l'enfant qui voit un toutou qui jappe ne réalise pas que l'information visuelle et auditive qu'il perçoit se rapporte au même objet; avec l'évolution des capacités cognitives, l'enfant en arrive à comprendre que les jappements entendus sont émis par le chien qu'il voit.

Au cours de cette période qui se termine vers l'âge de 2 ans, l'enfant pose les bases cognitives d'un certain nombre de notions importantes. L'une d'elles est la **conservation,** c'est-à-dire la capacité de comprendre qu'un volume, qu'une quantité de matière ou de liquide ne change pas tant et aussi longtemps qu'on ne leur ajoute ou retranche rien. Par exemple, une boule d'argile qu'on aplatit pour en faire un rouleau contient toujours la même quantité d'argile, malgré que son apparence ait changé.

L'acquisition de la conservation suppose la **permanence de l'objet,** c'est-à-dire la compréhension du fait qu'un objet ou une personne continuent d'exister même quand ils ne sont plus perceptibles. Pour Piaget (1952), c'est l'acquisition cognitive la plus importante de la période sensori-motrice. Son importance est facile à saisir. Cette compréhension permet à l'enfant de se sentir sécure quand sa mère s'absente, parce qu'il sait qu'elle continue d'exister et qu'elle reviendra. Cela permet également à l'enfant de se rendre compte que les objets et les personnes sont distincts de sa propre personne. Cet acquis est essentiel à la compréhension de certaines notions comme le temps, l'espace et la multiplicité des objets dans le monde.

Pour vérifier si un enfant possède la permanence de l'objet, on observe ses réactions à la disparition d'un jouet ou d'un autre objet intéressant. S'il ne fait rien pour le retrouver, on suppose qu'à ses yeux l'objet a cessé d'exister. Par contre, s'il se met à le chercher, on suppose qu'il est conscient de l'existence de l'objet et on dit alors qu'il a acquis, au moins en partie, la permanence de l'objet. Cette «prise de conscience» se fait graduellement au cours du stade sensori-moteur.

Une autre notion importante de ce stade est la **causalité,** c'est-à-dire la compréhension que certains événements en causent d'autres. On peut en suivre l'évolution à travers une expérience où des bébés ont visionné un film qui présentait des événements impossibles (telle une balle lancée en direction d'une seconde balle qui se met à rouler avant que la première ne l'ait atteinte). Les bébés de 10 mois ne s'étonnèrent pas de ce phénomène mais ceux plus âgés manifestèrent de la surprise, montrant ainsi qu'ils saisissaient qu'une condition nécessaire (cause) au mouvement de la seconde balle faisait défaut (Michotte, 1962, cité dans Siegler et Richards, 1982).

Il n'est pas étonnant que la compréhension de la causalité (selon laquelle un événement entraîne logiquement l'apparition d'un autre événement) ne se manifeste pas avant l'âge de 10 mois, puisque c'est seulement vers ce moment que les bébés deviennent en mesure d'explorer leur environnement et d'expérimenter les objets qui s'y trouvent. C'est seulement vers cet âge qu'ils se mettent à jouer avec les commutateurs et à allumer ou à éteindre les lumières. Leurs jouets favoris sont souvent ceux avec lesquels ils peuvent faire quelque chose: renverser, faire du bruit ou échapper. Ils démontrent ainsi qu'ils se rendent compte que leurs actions causent certains événements.

Malgré le fait que ces notions soient en train de s'enraciner et de se consolider, le jeune enfant ne peut encore les saisir pleinement étant donné le faible niveau de développement de ses **capacités de représentation,** c'est-à-dire de la capacité de représenter en mémoire des objets et des actions au moyen de symboles tels que les mots, les nombres et les images mentales. Cette aptitude à se remémorer et à imaginer des choses et des actions n'apparait qu'au moment où l'enfant débute la période cognitive suivante, soit la *période préopératoire* (voir le chapitre 6). Examinons maintenant les six stades de la période sensori-motrice et observons l'évolution cognitive énorme que connaît l'enfant avant même de commencer à parler.

Les stades de la période sensori-motrice

Le stade 1: l'exercice des réflexes (de la naissance à 1 mois). Le bébé vient au monde avec un répertoire de *réflexes* qui sont des réactions automatiques à des stimulations externes. Au cours du premier mois, il exerce ses réflexes. Avec la pratique, il apprend à exercer un certain contrôle sur ces derniers et parvient à les émet-

Tableau 4.1 Les six sous-stades du stade sensori-moteur du développement cognitif de Piaget

Le bébé connaît une évolution cognitive importante au cours du stade sensori-moteur de Piaget, au fur et à mesure qu'il découvre l'univers qui l'entoure à l'aide de ses sens et de ses activités motrices. Remarquez ses progrès dans la résolution de problèmes, dans l'acquisition du schème de l'objet permanent et dans la coordination de l'information sensorielle.

**Le stade 1 (de la naissance à 1 mois):
l'exercice des réflexes**

Le bébé pratique ses réflexes innés et parvient à exercer une certaine maîtrise sur ces derniers. Il ne coordonne pas l'information provenant de ses sens. Il ne saisit pas l'objet qu'il regarde. Il n'a pas acquis le schème de l'objet permanent.

**Le stade 2 (de 1 à 4 mois):
les réactions circulaires primaires**

Le bébé reproduit des comportements agréables qui sont d'abord survenus par hasard (comme sucer). Ses activités sont centrées sur son corps plutôt que sur les effets de son comportement sur l'environnement. Il manifeste ses premières adaptations apprises, c'est-à-dire qu'il varie sa manière de sucer selon l'objet qu'il suce. Il commence à coordonner l'information sensorielle. Il n'y a pas encore de schème de l'objet permanent.

**Le stade 3 (de 4 à 8 mois):
les réactions circulaires secondaires**

Le bébé s'intéresse davantage à l'environnement, répète les actions qui produisent des résultats intéressants et prolonge les expériences intéressantes. Les actions sont intentionnelles mais ne sont pas orientées vers un but. Le bébé commence à acquérir le schème de l'objet permanent. Il cherche un objet s'il en voit une partie quelconque.

**Le stade 4 (de 8 à 12 mois):
la coordination des schèmes secondaires**

Le comportement devient plus délibéré et orienté vers un but, car le bébé peut coordonner des schèmes déjà acquis (tel que regarder et saisir un hochet) et utilise des comportements déjà appris pour atteindre ses buts (tel que ramper à travers une pièce pour aller chercher un objet qu'il désire). Il peut anticiper des événements. Le schème de l'objet permanent se développe, quoique le bébé ira encore chercher un objet dans sa première cachette, même si on le déplace d'une cachette à une autre devant ses yeux.

**Le stade 5 (de 12 à 18 mois):
les réactions circulaires tertiaires**

Le bébé manifeste de la curiosité et varie intentionnellement ses actions pour en voir les effets. Il explore activement son univers dans le but de découvrir comment un objet, un événement ou une situation peuvent offrir de la nouveauté. Il essaie des activités nouvelles et solutionne des problèmes par tâtonnements. Le bébé peut suivre une séquence de déplacements d'objets, mais comme il est incapable d'imaginer un mouvement qu'il ne voit pas, il ne cherchera pas un objet dans un endroit s'il ne vous a pas vu l'y placer.

**Le stade 6 (de 18 à 24 mois):
les combinaisons mentales**

Le trottineur a maintenant élaboré un premier système de symboles, (comme le langage) pour représenter les événements; il n'a donc plus à emprunter le laborieux cheminement de l'apprentissage par tâtonnements pour résoudre des problèmes. Ce système de symboles lui permet de réfléchir sur des événements et d'anticiper leurs conséquences sans avoir nécessairement à poser un geste concret. Le schème de l'objet permanent est complètement formé.

tre en l'absence de stimuli. Par exemple, le nouveau-né se met à téter si on lui touche les lèvres. Durant le premier mois, il tétera même si on ne le touche pas. Piaget voit ces gestes comme des indices que le bébé est l'initiateur actif de ses actions plutôt qu'un récepteur qui répond passivement aux stimulations de l'environnement.

Les comportements réflexes constituent la base de l'activité intelligente ultérieure. Le bébé se met à téter lorsqu'il a soif et non plus seulement lorsqu'on lui frotte la joue ou qu'on lui introduit une tétine dans la bouche. Il est plus facile de percevoir le bébé comme un chercheur de stimulations lorsqu'il est un peu plus âgé. Il babille. Si son babillage lui procure de l'attention, des caresses et des sourires de la part de ses parents, il babillera davantage.

Le stade 2: les réactions circulaires primaires et les premières adaptations acquises (de 1 à 4 mois).   Le bébé qui suce son pouce d'un air heureux nous donne un exemple de **réaction circulaire primaire,** un acte qui vise à reproduire un effet d'abord obtenu par hasard. Le contenu de ce comportement (la capacité de sucer) est inné. Un jour l'enfant s'est mis le pouce dans la bouche; il s'est servi de son réflexe de succion et cela lui a procuré du plaisir. Cet événement s'est reproduit plusieurs fois plus ou moins accidentellement, jusqu'à ce que l'enfant fasse des efforts délibérés pour se mettre le pouce dans la bouche, l'y maintenir et continuer de le sucer pour le simple plaisir de sucer. À cette époque, il fait aussi ses premières adaptations acquises: il apprend à adapter ou à accommoder ses actions. Lorsqu'il suce, il suce différemment ses doigts, le mamelon de sa mère et sa sucette.

À ce stade, le nourrisson commence à coordonner l'information sensorielle. Il peut, par exemple, regarder et agripper sa sœur. Il coordonne vision et préhension. Lorsqu'il l'entend parler cependant, il n'essaie pas de la regarder à moins qu'il ne vienne d'apercevoir son visage en mouvement.

Permanence de l'objet: au cours des stades 1 et 2, le bébé est souvent en contact avec des objets (une sucette, le doigt de son père, la blouse de sa mère, etc.). Mais lorsqu'un objet disparaît, le bébé ne le recherche pas. S'il ne peut pas le voir, le toucher, l'entendre, le sentir ou le goûter, cet objet cesse d'exister pour lui. Il n'y a pas encore de permanence de l'objet.

Le stade 3: les réactions circulaires secondaires et «les procédés destinés à faire durer les spectacles intéressants» (de 4 à 8 mois). C'est le début de l'action intentionnelle. Non content de reproduire des réactions circulaires primaires pour le simple plaisir de l'acte, le bébé cherche maintenant à obtenir des résultats (**réactions circulaires secondaires**). De nouveaux modèles de comportement continuent de se produire accidentellement, lorsque le bébé exécute des mouvements sans but précis; il acquiert ces comportements, puis les répète pour voir l'effet qu'ils peuvent produire. L'attention du bébé n'est plus centrée sur son corps propre, mais se porte sur les objets et les événements extérieurs. Il va maintenant agiter un hochet, non seulement pour le geste lui-même, mais pour entendre le son qu'il produit. Il balbutie, non plus pour le simple plaisir de balbutier, mais afin d'obtenir une réaction de la part de ses parents. De plus, il apprend à poser les gestes nécessaires pour faire durer les expériences intéressantes.

Permanence de l'objet: pour le bébé, l'objet ne possède pas encore de permanence. Il va chercher son biberon, s'agiter et crier pour l'obtenir *seulement* s'il peut en voir une partie. Si le biberon est complètement caché, il va l'oublier et agir comme s'il n'existait plus.

Le stade 4: la coordination des schèmes secondaires et l'application de ces schèmes aux situations nouvelles (de 8 à 12 mois). Le bébé peut maintenant résoudre des problèmes simples en faisant appel à des solutions déjà maîtrisées. Ses actions sont de plus en plus orientées vers un but, comme on peut le voir dans la description que Piaget donne de sa fille qui surmonte un obstacle (la main de son père):

> «Observation 124 — Jacqueline, à 8 mois et 8 jours, cherche à saisir son canard en celluloïd, mais je le prends aussi en même temps qu'elle: elle retient alors solidement le jouet de la main droite et repousse ma main de la gauche. Je répète l'expérience en saisissant seulement l'extrémité de la queue du canard: elle repousse de nouveau ma main.» (Piaget, 1966, p. 194)

Permanence de l'objet: au stade 4, le bébé commence à acquérir le schème de l'objet permanent. Vers 9 ou 10 mois, il recherche un objet intéressant qu'il a vu disparaître derrière un écran. Cependant, si on déplace l'objet sous ses yeux du premier vers un deuxième écran, il continue à le chercher derrière le *premier* écran.

Le stade 5: les réactions circulaires tertiaires et les découvertes de nouveaux moyens par l'expérimentation active (de 12 à 18 mois). Il s'agit du dernier stade cognitif qui ne comporte pas de représentation mentale des événements extérieurs, ce qu'on appelle souvent la *pensée*: c'est aussi le premier stade où le petit enfant essaie activement de nouvelles activités, appelées **réactions circulaires tertiaires.** Il lui arrive encore de découvrir accidentellement certaines actions qui produisent des résultats intéressants, mais il ne cherche plus à les reproduire identiquement ou de manière quasi-mimétique. Il cherche plutôt à leur apporter des variations pour voir ce qui arrivera et expérimenter des nouveautés intéressantes.

Pour la première fois, le petit enfant s'accommode intentionnellement pour découvrir de nouvelles solutions à de nouveaux problèmes. Il essaie de nouveaux modèles de comportement pour atteindre un but et apprend par tâtonnements. À mesure qu'il varie ses actions, il recherche les moyens les plus efficaces d'arriver aux buts poursuivis. Piaget en donne une illustration dans le passage suivant:

> «Observation 146 — Jacqueline, à 1 an, 2 mois et 8 jours, a en main un objet nouveau pour elle: une boîte ronde et plate [...]. Elle la lâche et essaie

de la ramasser. [...]. Elle [...] presse sur le bord: la boîte se redresse alors et retombe. Jacqueline, très intéressée par ce résultat fortuit, [...] met son doigt sur la boîte et presse. Mais comme elle pose le doigt au centre de la boîte, elle la déplace simplement et la fait glisser au lieu de la redresser. Elle s'amuse alors à ce jeu et le poursuit [...] pendant quelques minutes. Puis, en changeant le point d'application, elle finit par poser à nouveau son doigt sur le bord de la boîte qui se redresse. Elle recommence alors de nombreuses fois, en variant [...] mais en tenant compte de sa découverte: elle ne presse plus désormais qu'au bord!» (Piaget, 1966, p. 239)

En faisant varier ses actions pour produire le résultat espéré, Jacqueline a effectué des comportements intelligents nouveaux et complets.

Permanence de l'objet: pour le petit enfant, l'objet est devenu une entité relativement permanente. Il peut maintenant suivre un objet qui subit une séquence de déplacements visibles; placé devant la situation décrite au stade 4, il ira chercher l'objet directement derrière le deuxième écran. Cependant, si l'objet n'est pas directement visible lorsqu'il passe du premier au deuxième écran (s'il est assez petit, on peut le cacher derrière la main), le petit enfant ira le chercher derrière le premier écran mais il n'ira pas vérifier derrière le second. La permanence de l'objet n'est donc pas complètement atteinte puisqu'il est incapable de tenir compte des déplacements non visibles de l'objet.

Le stade 6: l'invention de moyens nouveaux par combinaison mentale (de 18 à 24 mois). À ce stade, le petit enfant possède déjà une certaine compréhension des relations de cause à effet, de même que des relations entre les objets et les événements. Il peut se représenter des événements en pensée et en suivre le cours jusqu'à un certain point. En un mot, il possède les bases d'un système de représentations qui lui permet *dans une certaine mesure,* de penser ses actions et d'anticiper leurs résultats avant de les effectuer. Ce stade marque une percée importante dans le développement cognitif; les nouvelles capacités représentationnelles du petit enfant lui fournissent des moyens plus efficaces que le tâtonnement pour arriver à résoudre les nouveaux problèmes qu'il rencontre. Il *commence* à pouvoir imaginer en pensée des scénarios de solutions possibles et il peut éliminer au départ ceux qu'il juge inefficaces. Par ailleurs, il peut aussi imiter certaines actions ou certains comporte-

ments même en l'absence du modèle imité (par exemple, l'oncle qui fume sa pipe).

Permanence de l'objet: la permanence de l'objet est maintenant complète. Le petit enfant sait par exemple retrouver un objet intéressant qui a disparu derrière un écran, même quand l'objet a subi des déplacements non visibles.

La croissance cognitive importante des deux premières années de la vie permet au bébé de former des liens d'attachement avec les personnes significatives dans son entourage, comme nous le verrons au prochain chapitre. Voyons maintenant quelques recherches qui ont tenté de confirmer ou de montrer les limites des théories de Piaget.

La recherche fondée sur les théories de Piaget

Depuis que Piaget a exposé ses théories du développement cognitif, celles-ci ont connu tour à tour la faveur et la défaveur des éducateurs, des psychologues et des scientifiques. Les théories de Piaget n'ont cependant pas cessé de susciter un intérêt grandissant, surtout depuis les années 1960. Elles n'ont pas toutes été acceptées d'emblée au contraire, mais elles ont suscité un nombre toujours croissant de recherches. On a consacré beaucoup d'efforts à vérifier si les hypothèses de Piaget, basées en grande partie sur l'observation de ses propres enfants, peuvent s'appliquer aux enfants en général. Jusqu'à présent ses conceptions ont bien résisté à l'épreuve des faits, bien que des recherches récentes, comme celles de Bower (1976), soulèvent parfois des points d'interrogation.

Uzgiris (1972) a observé des bébés, âgés de 4 semaines à 2 ans environ. Les résultats de l'étude supportent le caractère invariable de l'ordre de progression des stades de la période sensori-motrice proposé par Piaget. Des chercheurs qui avaient soumis des enfants de 5 à 32 mois à six tâches (comme trouver des objets partiellement ou complètement cachés, trouver des objets ayant été déplacés et cachés plusieurs fois et trouver des objets enfouis sous trois épaisseurs d'étoffe) ont trouvé que les stades d'acquisition de la permanence de l'objet se présentent dans l'ordre indiqué par Piaget (Kramer, Hill et Cohen, 1975).

La transposition des théories complexes de Piaget dans des situations concrètes de tests standardisés fournit aux chercheurs un outil supplémentaire pour mesurer le développement intellectuel chez les enfants très jeunes qui sont encore au stade préverbal. Les échelles du développement sensori-moteur élaborées par Corman et Escalona (1969), et par Uzgiris et Hunt (1975) sont fréquemment utilisées. Les tentatives faites pour élaborer des tests standardisés visant à mesurer le développement sensori-moteur représentent une combinaison des approches psychométrique et piagétienne.

Wachs (1975) a évalué le développement des capacités sensori-motrices de 23 bébés au moyen des «Échelles du développement psychologique du jeune enfant» de Uzgiris et Hunt. Les bébés ont été testés tous les trois mois entre 1 an et 2 ans. Puis, à 31 mois, on leur a tous fait passer le test d'intelligence de Stanford-Binet (voir chapitre 6). On peut établir une relation entre chacune des huit sous-échelles des échelles du développement psychologique du jeune enfant et le test de performance de Stanford-Binet; la permanence de l'objet semble être le facteur de prédiction le plus efficace du développement intellectuel ultérieur. Wachs conclut que l'élaboration de ce concept constitue un aspect majeur du développement et peut servir efficacement à prédire le rendement futur d'un enfant aux tests d'intelligence. Ceci pourrait permettre l'élaboration d'une méthode pratique destinée à prévoir l'intelligence ultérieure à partir des habiletés du bébé, un but qui a jusqu'ici été difficile à atteindre.

Même si un grand nombre de recherches ont confirmé la séquence d'apparition des stades de la période sensori-motrice et laissent entrevoir la possibilité d'élaborer des tests standardisés destinés à prévoir le Q.I. ultérieur du jeune enfant, plusieurs aspects du stade sensori-moteur de Piaget soulèvent encore des controverses.

Selon Bower (1976), le développement cognitif ne procéderait pas toujours selon la séquence ordonnée décrite par Piaget. Selon lui, certaines aptitudes apparaissent très tôt (parfois plus tôt que dans la description de Piaget), disparaissent et ne sont reprises que plus tard. Ce processus de va-et-vient ne s'appliquerait pas seulement à l'apprentissage d'habiletés physiques comme la marche ou la préhension (comme nous l'avons vu au chapitre 3); il s'appliquerait également à des notions aussi complexes que la conservation de la masse et du nombre, ainsi qu'à la permanence de l'objet. Partant de l'hypothèse selon laquelle l'enfant oublie ces concepts parce qu'il n'a pas à les utiliser, Bower a cherché à fournir aux enfants l'occasion de s'exercer à certaines activités et il a obtenu des résultats inattendus.

Il soumit des bébés qui avaient acquis le concept de permanence de l'objet à des exercices qui consistaient à localiser un objet introduit à une extrémité d'un tunnel, qui réapparaissait au bout de plusieurs secondes à l'autre extrémité; ces bébés devinrent très habiles à repérer l'objet. Par ailleurs, les bébés qui s'étaient beaucoup exercés à ce genre de repérage, ne réussirent pas aussi bien une activité analogue, qui consistait à trouver un jouet caché sous un gobelet, comparativement à des enfants qui s'étaient exercés au repérage, mais moins que les enfants du premier groupe. Les enfants qui s'étaient beaucoup exercés au premier type de repérage répétaient, semble-t-il, une phase de leur développement et n'arrivaient pas à comprendre une seconde fois la relation entre deux objets dont l'un se trouve à l'intérieur de l'autre. Bower (1976) suggère que cette répétition est causée par le fait:

> «... qu'après s'être exercé aussi souvent à repérer un objet circulant à l'intérieur d'un tunnel, l'enfant a élaboré des règles si précises pour réussir cet exercice que ces règles l'empêchent de résoudre un problème semblable, mais non identique.» (p. 46-47)

On pourrait sans doute retrouver un type analogue de régression chez des enfants qui n'arrivent pas à trouver la solution d'un problème que des enfants plus jeunes peuvent résoudre. Dans ce cas, les enfants plus vieux, qui ont peut-être acquis le concept original d'une façon particulière, n'ont pu appliquer leurs découvertes à d'autres situations analogues et doivent alors «retracer la découverte initiale dans leur mémoire, se trompant jusqu'à ce qu'ils y parviennent, en répétant apparemment une phase antérieure de leur développement cognitif» (Bower, 1976, p. 47). Ces répétitions et ces revirements apparents sont difficiles à expliquer dans le cadre de la théorie piagétienne.

Une autre question controversée concerne le moment où le bébé devient capable d'imitation. Piaget (1975) affirmait que l'**imitation invisible** (imitation à l'aide de parties du corps que le bébé ne peut voir, comme sa bouche) débute vers l'âge de 9 mois, après une période d'**imitation visible** (où le bébé peut voir ses propres gestes, comme ceux qu'il fait avec ses mains ou ses pieds). En 1975, Moore et Meltzoff ont trouvé

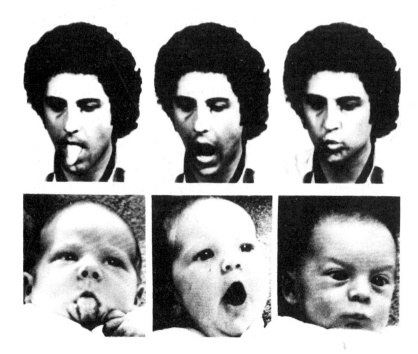

Ces photos tirées de bandes vidéo montrent des bébés de 2 à 3 semaines qui semblent imiter un adulte en sortant la langue, en ouvrant la bouche et en avançant les lèvres. Ces gestes illustrent ce que Piaget a appelé «l'imitation invisible», car le bébé ne peut se voir en train de grimacer. Il est cependant possible que ces gestes soient plutôt des actions réflexes qu'une imitation véritable. Les recherches se poursuivent sur cet aspect du développement perceptuel et cognitif du bébé. (Tiré de A.N. Meltzoff et M. K. Moore, Science, 1977, 198, 75-78)

que des bébés de 2 à 3 semaines pouvaient imiter des adultes qui sortaient la langue, ouvraient la bouche ou avançaient les lèvres (des gestes que le bébé ne peut évidemment pas voir quand il les fait lui-même). Étant donné les implications de ces découvertes, les psychologues ont accueilli ces résultats avec un intérêt empreint de scepticisme. Ces attitudes semblent toutes deux justifiées.

Des recherches plus récentes auprès de bébés âgés de 2 à 3 semaines et de 4 à 21 semaines n'ont pas réussi à reproduire les résultats de Moore et Meltzoff (Abravanel et Sigafoos, 1984; Hayes et Watson, 1981). Même si des bébés sortaient effectivement la langue, ce geste n'apparaissait que chez les plus jeunes bébés, et il était incomplet et mal formé. Il est donc possible que sortir la langue soit une action réflexe qui disparaisse chez les bébés plus âgés, ou encore que le fait d'avoir déjà sucé une sucette soit la cause des mouvements de la bouche qui laissent croire à une imitation. À l'heure actuelle, l'estimation de Piaget quant aux premières imitations n'a pas encore été contredite.

Par ailleurs, Gouin-Décarie (1962) a procédé à une étude des relations entre l'évolution de la notion de permanence de l'objet chez Piaget et la conception psychanalytique des relations objectales, étude au cours de laquelle on a retrouvé l'ordre des étapes d'acquisition de la permanence de l'objet, tel que décrit par Piaget.

Même si les travaux d'autres psychologues viennent apporter des modifications aux théories de Piaget, l'apport considérable de ce dernier au domaine de la psychologie du développement continuera de tenir une place importante dans l'histoire de la science. Sans le travail créateur et prolifique qu'il a accompli et sans la rigueur qu'il a cherché à donner à ses concepts, un grand nombre d'expériences inspirées de ses thèses n'auraient probablement pas pu être conçues, encore moins réalisées.

L'approche du traitement de l'information

«La plus grande faiblesse des approches psychométrique et piagétienne réside peut-être dans le fait qu'elles ne font à peu près pas mention des processus spécifiques qui entrent en jeu dans le comportement intelligent. Elles peuvent nous dire que le fait de connaître la capitale de la Thaïlande permet de prévoir le succès scolaire au secondaire, ou qu'à la naissance l'enfant ne comprend pas que les objets ont une existence permanente, mais elles ne fournissent aucun indice sur la manière dont les gens extraient le mot «Bangkok» de leur mémoire à long terme, ni sur les manipulations de symboles qui permettent de conclure qu'une balle continue d'exister même quand elle sort du champ perceptif. C'est ici qu'entre en jeu l'approche du traitement de l'information.» (Siegler et Richards, 1982, p. 920)

L'approche du traitement de l'information appliquée à l'étude de l'intelligence aborde l'individu en tant que manipulateur de symboles; elle vise à décrire ces symboles et à savoir comment les gens les manipulent. Les chercheurs qui l'utilisent axent leurs études sur la mémoire et sur la résolution de problèmes. Nous nous pencherons sur les capacités de mémorisation et de résolution de problèmes durant les trois premières années de la vie, ainsi que sur la manière dont nous pouvons les évaluer.

La mémoire du bébé: une illustration de la mémoire de reconnaisance visuelle

Comment savons-nous que la mémoire se développe à un très jeune âge? Principalement grâce à de nouvelles techniques de recherche, toutes basées sur une découverte dont nous avons parlé au chapitre 3, à savoir que le bébé préfère les formes nouvelles à celles qui lui sont familières. S'il peut distinguer les nouvelles formes des anciennes, cela signifie sûrement qu'il est capable de se souvenir de ces dernières et donc qu'il possède une **mémoire de reconnaissance visuelle.** Ce fait fondamental a inspiré un très grand nombre de recherches sur la mémoire durant la petite enfance.

Les chercheurs utilisent les trois techniques suivantes pour étudier les capacités du bébé à se remémorer ce qu'il voit: l'*accoutumance-désaccoutumance*, la *comparaison couplée* et le *conditionnement opérant.* Voyons leur fonctionnement.

La technique de l'*accoutumance-désaccoutumance* consiste à présenter au bébé une image, une forme ou un autre stimulus visuel nouveau. Le bébé manifeste son intérêt en regardant l'image en question, réponse qui sera mesurée par un observateur qui, en regardant à travers l'orifice d'un appareil spécialement conçu à cet effet, peut voir le reflet cornéen de l'image sur la pupille du bébé. L'observateur enregistre la durée du regard du bébé sur l'image. Après plusieurs présentations de la même image, le bébé s'*accoutume,* c'est-à-dire qu'il cesse de regarder l'image aussi attentivement. Devant une nouvelle image, il se *désaccoutume* ou regarde de nouveau l'image. Il doit donc avoir entreposé un souvenir de l'image initiale pour pouvoir la distinguer d'une nouvelle. Si, plus tard, on lui montre de nouveau la première image et qu'il cesse de nouveau de la regarder, cela signifie qu'il s'en souvient encore.

Dans la *comparaison couplée,* on présente une image au bébé pendant une ou deux minutes, puis on lui présente deux images simultanément: celle qu'il vient de voir et une nouvelle. Le bébé passe normalement plus de temps à regarder la nouvelle image. On peut connaître la durée de mémorisation de la première image en faisant varier le temps qui s'écoule entre la présentation initiale et la présentation couplée.

Dans le *conditionnement opérant,* un dispositif spécial permet au bébé de mettre une image au point en suçant une tétine qui ne lui procure aucune nourriture. L'image elle-même sert d'agent de renforcement pour la succion. Plus le bébé s'habitue à l'image, moins sa succion est vigoureuse (extinction). On lui présente alors une nouvelle image. S'il se met à sucer plus vigoureusement, on conclut qu'il a conscience de se trouver devant une forme nouvelle, et donc qu'il se souvient de la forme initiale.

Que nous ont appris ces techniques sur la mémoire du bébé? Durant la toute première semaine de la vie, même des prématurés nés cinq semaines avant terme peuvent regarder des images pendant cinq minutes et distinguer entre elles des formes assez différentes, tels que des damiers dont la grosseur, la teinte, l'éclat et le nombre de carreaux varient (Werner et Siqueland, 1978). Des différences plus subtiles entre les formes offrent évidemment un plus grand défi. Le bébé ne peut les distinguer que vers l'âge de 3, 4 ou 5 mois (Fantz, Fagan et Miranda, 1975). À 5 mois, le bébé peut se rappeler d'une forme pendant une période allant jusqu'à deux semaines (Fagan, 1973).

Plus les images diffèrent les unes des autres, moins le bébé a besoin de les regarder longtemps pour s'en souvenir. La figure 4.4 illustre ces différences: un bébé de 5 mois ne prendra peut-être que quatre secondes pour distinguer deux formes très différentes, alors qu'il lui en faudra 17 pour des formes plus semblables, et de 20 à 30 pour reconnaître des visages (Fagan, 1982).

Ces tests de mémoire de reconnaissance visuelle permettront peut-être un jour de mesurer et de prévoir le niveau d'intelligence. En effet, on a déjà trouvé une relation entre des scores de reconnaissance visuelle déterminés par les préférences des bébés pour des stimuli nouveaux et leurs scores à des tests de vocabulaire subis de quatre à sept ans plus tard (Fagan et McGrath, 1981).

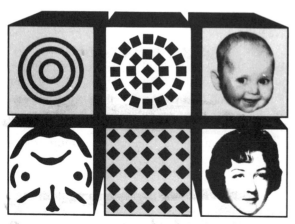

Figure 4.4   La reconnaissance visuelle durant la petite enfance. *Paires de stimuli, que des bébés de 5 mois ont pu distinguer les uns des autres à la suite de présentations de durées différentes. (Joseph F. Fagan III (1982), «Infant memory», dans T.M. Field, A. Huston, H.C. Quay, L. Troll et G. Finley (éditeurs),* Review of human development. *NY: Wiley.)*

Une technique de traitement de l'information appliquée à la mesure de l'intelligence du jeune enfant

Si les tests psychométriques pour les jeunes enfants sont de pauvres prédicteurs du niveau d'intelligence ultérieure, leur insistance sur les mouvements et gestes du bébé en font des outils particulièrement aptes à sous-estimer l'intelligence d'enfants souffrant de handicaps moteurs. Étant donné ces difficultés, et parce qu'ils considèrent que la définition sensori-motrice de l'intelligence infantile est trop restrictive, certains psychologues se sont tournés vers l'approche du traitement de l'information pour développer un nouveau type de test d'intelligence (Zelazo, 1982; Kearsley, 1981).

Dans l'un de ces tests qui s'adresse à des enfants âgés de 3 mois à 3 ans, on assoit le bébé, habituellement sur les genoux de sa mère, devant un théâtre de marionnettes. Des électrodes sont posées sur sa poitrine (celles-ci ne lui occasionnent aucun malaise) et elles sont reliées à un instrument qui enregistre les modifications de son rythme cardiaque; des observateurs qu'il ne peut voir enregistrent les changements dans ses expressions faciales et dans ses gestes. Pendant 45 minutes, l'enfant voit et entend cinq scè-

nes qui sont conçues de façon à créer des attentes, puis à surprendre l'enfant par la modification du scénario attendu. Dans l'une de ces courtes pièces, une petite voiture dévale une rampe et renverse une poupée. Une main relève la poupée et ramène la voiture en haut de la rampe. On répète cette action six fois. La septième fois, la poupée ne se renverse pas lorsque la voiture entre en collision avec elle. Ce dernier scénario est répété deux fois encore, puis on présente de nouveau la séquence initiale à quelques reprises.

L'enfant réagit à ces événements de plusieurs manières: il fixe la scène, pointe du doigt, tape des mains, agite les bras, se tortille ou se tourne vers sa mère. À deux occasions précises, soit la première fois que la poupée ne se renverse pas et la première fois qu'elle se renverse de nouveau, le rythme cardiaque de l'enfant est susceptible de s'accélérer; il froncera parfois les sourcils la première fois que la poupée ne se renverse pas, et sourit lorsqu'elle tombe de nouveau. Les chercheurs ont compilé les réactions typiques des enfants et ont établi des normes pour différents niveaux d'âge, en portant une attention particulière à la vitesse de réaction de l'enfant aux différentes scènes. De cette manière, ils ont pu évaluer le développement intellectuel indépendamment du développement moteur. Ils peuvent ainsi évaluer les enfants présentant de sérieux handicaps physiques, dont l'intelligence serait grandement sous-estimée par les tests traditionnels.

Cette approche offre également des avantages pour l'évaluation d'enfants normaux: on n'a pas à se demander si l'enfant comprend, aime ou désire coopérer avec l'examinateur. Le test est si intéressant en soi que l'enfant est attentif à ce qui se passe.

Le jeu en tant que mesure de l'intelligence

À 10 mois , Virginie «danse», c'est-à-dire qu'elle sautille en s'agrippant à quelque chose lorsqu'elle entend de la musique, ou même lorsque sa mère soulève le couvercle de la table tournante. À 1 an, une occasion unique s'offre à elle: ouvrir les portes d'armoire de la cuisine. Pendant 45 minutes, elle en retire tranquillement les tasses à mesurer, les plats à gâteaux, les casseroles et tout ce qu'elle y trouve; elle les examine un à un, en replace quelques-uns dans l'armoire, puis les sort de nouveau.

Le jeu des enfants illustre de façon frappante la relation qui existe entre le développement physique, intellectuel et affectif. Les jeux de Virginie reflètent ses capacités physiques, ce que son esprit peut saisir et ce qu'elle ressent. En observant ses jeux, on peut en apprendre beaucoup sur son niveau de développement.

Zelago et Kearsley (1980) ont suggéré qu'un changement important, une métamorphose cognitive, survient vers l'âge de 11 mois et demi, au moment où l'enfant montre qu'il est en mesure de produire des idées. Ce changement se manifeste dans la manière dont le bébé joue. Ces chercheurs ont analysé le jeu de 64 bébés, âgés de 9 mois et demi à 15 mois et demi, dans des situations de jeu libre d'une durée de 15 minutes sur le plancher d'une salle de jeu. Des jouets tels qu'un téléphone, des poupées, des blocs, un camion et un garage, un ensemble de vaisselle et un équipement de base-ball étaient à la portée des jeunes enfants.

Les résultats de l'étude montrent que les enfants jouaient différemment selon leur âge. Les plus jeunes manipulaient les jouets, les cognaient ou se les mettaient dans la bouche. Les bébés de 13 mois et demi s'amusaient avec deux jouets ou plus à la fois, mais d'une manière inappropriée; par exemple, ils cognaient le couvercle de la théière contre la soucoupe. Les bébés plus âgés utilisaient les jouets d'une manière plus «adulte»; ils parlaient dans l'appareil téléphonique, assoyaient une poupée dans une chaise ou garaient un camion dans un garage.

Ce n'est probablement pas le développement moteur qui explique ces changements. En effet, il n'est pas plus difficile de porter un récepteur téléphonique à l'oreille qu'à la bouche. Le changement semble plutôt provenir de la capacité du bébé de mettre en pratique ses connaissances accrues du fonctionnement des choses dans le monde.

L'observation du jeu des enfants fournit un outil supplémentaire pour l'évaluation du développement cognitif, particulièrement chez des enfants présentant des problèmes de comportements et qui refusent de coopérer dans les situations d'évaluation habituelles. Les jeux de la petite enfance sont cependant très physiques, aussi ne devraient-ils jamais être la seule mesure du niveau de développement cognitif d'un enfant. Ceci est particulièrement vrai dans les cas d'enfants qui souffrent de handicaps moteurs.

Le langage

À l'âge de 4 mois et demi, Élise rit tout haut et elle gazouille à son réveil ou quand on lui parle. À 7 mois, elle émet des sons qui ressemblent à «ga» ou à «da». À 11 mois, elle dit «papa» et à 12 mois «maman». À 12 mois, elle crée le mot «dja» que ses parents interprètent comme «je veux ça». À 17 mois, elle dit «ka» pour «encore», «moi» pour «donne-le-moi», «sô» pour «chaud» et «ki» pour «biscuit». À 22 mois, elle connaît les rimes d'une chanson pour enfants et s'amuse à les crier quand on lui donne la réplique.

À 26 mois, Élise prononce sa première phrase de quatre mots. Elle présente son pyjama à son père en lui disant: «Papa, ma jama Lise» et il comprend qu'elle lui demande de l'aider à l'enfiler. Cette première «longue» phrase n'est pas rigoureusement grammaticale, mais elle se situe à un niveau relativement élevé de communication linguistique.

En plus d'être une source d'amusement et de fierté pour ses parents, les capacités linguistiques d'Élise sont un élément essentiel de son développement cognitif. Lorsqu'elle a appris les mots pour nommer les choses, elle peut utiliser un système de symboles pour évoquer en leur absence les objets de son univers. Elle peut réfléchir sur les personnes, les lieux et les choses qui l'entourent et communiquer ses besoins, ses sentiments et ses opinions d'une manière qui lui permet d'exercer une maîtrise de plus en plus grande sur sa vie. Étant donné la complexité des processus qui permettent de comprendre et de parler une langue, il est fascinant de constater à quel point les enfants en bas âge deviennent linguistiquement compétents.

L'étude des premières acquisitions linguistiques

Les psychologues contemporains consacrent beaucoup d'énergie à l'étude des premières acquisitions du langage et ne cessent de faire de nouvelles découvertes, les unes prévisibles, les autres surprenantes, sur ce phénomène humain universel. Par exemple, nous savons que le niveau de maturation de l'enfant et le milieu dans lequel il vit sont deux éléments importants de l'acquisition du langage. Il semble que la prédisposition à acquérir le langage soit innée. Le nouveau-né bouge son corps au rythme des conversations entre adultes qu'il entend (Condon et

Sander, 1974), peut distinguer la voix de sa mère de celle d'un étranger (DeCasper et Fifer, 1980) et peut dès le premier mois distinguer des sons aussi semblables que «bah» et «pah» (Eimas et coll., 1971). Le bébé de 3 mois émet souvent plus de sons si sa mère lui parle pendant qu'elle le nourrit (Rosenthal, 1982).

Ces découvertes ont été effectuées grâce à plusieurs méthodes qui ont été mises au point pour étudier l'acquisition du langage chez le bébé. Les études sur l'accoutumance, basées sur le rythme cardiaque ou sur le comportement de succion, nous renseignent sur le moment où le bébé peut distinguer un son d'un autre. Une nouvelle technique, qui consiste à fixer des électrodes sur le cuir chevelu du bébé, permet de mesurer les réponses du cerveau aux sons entendus, et la capacité du bébé de distinguer des sons entre eux. Les chercheurs enregistrent aussi les enfants sur magnétophone et sur magnétoscope, et en dégagent les patterns de conduite dominants apparus durant des intervalles précis et notés par des observateurs entraînés.

Le parlé pré-linguistique

Les premiers rires d'Élise sont les précurseurs du langage. Avant d'énoncer son premier vrai mot, événement qui survient normalement entre l'âge de 12 et 18 mois, le bébé émet divers sons qui se conforment à une structure relativement fixe: c'est le **parlé pré-linguistique.** Le premier son émis est bien sûr le *pleur* qui devient un moyen de communication dans la mesure où différents patterns d'intensité et de hauteur signalent la faim, la fatigue, la colère ou la douleur. Vers l'âge de 6 semaines, le bébé *gazouille* lorsqu'il est heureux (émettant alors de petits cris, des roucoulements et des sons de voyelles, tel que «ahhh». Entre 4 et 6 mois, il *babille* ou répète une variété de sons simples composés de voyelles et de consonnes, comme «ma-ma-ma-ma». Durant la seconde moitié de sa première année, il *imite accidentellement* ce qu'il a entendu; puis, il imite ses propres sons. Vers 9 ou 10 mois, il *imite consciemment* les sons produits par ceux qui l'entourent, même s'il n'en saisit pas encore le sens. L'enfant a ainsi acquis un répertoire fondamental de sons qu'il relie ensemble pour émettre des productions verbales qui ressemblent au langage, mais qui semblent encore dépourvues de sens (Lenneberg, 1967; Eisenson, Auer et Irwin, 1963).

Le langage véritable

Le premier mot

Le bébé énonce *généralement* son premier mot vers l'âge de 1 an, inaugurant ainsi le langage véritable. Comme un bébé moyen n'est pas une réalité tangible, les premiers mots peuvent être émis deux ou trois mois avant ou après cet âge. Ce premier mot est souvent «maman» ou «papa». Une simple syllabe peut parfois exprimer plusieurs choses, tout dépendant de son contexte d'émission. Ainsi, «dehors» peut vouloir dire «je veux aller dehors», «maman est allée dehors», etc. Un mot qui, à lui seul, sert à exprimer une proposition complète s'appelle une **holophrase.**

Lorsque Nelson (1973; 1981) étudia les 50 premiers mots prononcés par un groupe d'enfants âgés de 1 et de 2 ans, elle trouva que les mots les plus courants étaient des *noms* de choses pris soit dans leur sens général (comme wouf-wouf pour chien), soit dans leur sens spécifique (comme «Bou» pour désigner tel chien en particulier). D'autres étaient des mots d'*action* («parti»), des *qualificatifs* («chaud»), des mots exprimant des sentiments ou des relations (le toujours populaire «non»), et enfin quelques mots grammaticaux («pour»).

Après avoir prononcé ses premiers mots vers l'âge de 1 an, le bébé connaît un «statu quo» linguistique de quelques mois. Peut-être a-t-il besoin d'augmenter son niveau de compréhension du langage et d'utiliser les mots qu'il reconnaît pour s'aider à penser, avant de les prononcer tout haut (Nelson, 1973).

La première phrase

À 26 mois, Olivier lance sa première phrase de quatre mots. En voyant son père mettre son manteau, il dit: «Moi aller dehors jouer». Certains enfants assemblent leurs premières phrases plus tôt, d'autres le font plus tard. Alors que le parlé pré-linguistique est assez étroitement lié à l'âge chronologique, le langage «véritable» ne l'est pas. Selon Roger Brown (1973a; 1973b), l'âge chronologique d'un enfant nous renseigne très peu sur son niveau de développement du langage.

Se basant sur la **longueur moyenne des énoncés** (LME), calculée d'après le nombre de morphèmes assemblés, Brown distingue cinq phases dans l'acquisition du langage. Le **mor-**

phème est la plus petite unité signifiante du dis-cours: ainsi, «mange» et «ons» sont des morphèmes, et le mot «mangeons» se compose de deux morphèmes. Un enfant se situe au stade 1 de son développement linguistique quand il commence à formuler des énoncés dont la LME est supérieure à 1,0; il est au stade 2 lorsque sa LME atteint 2,0 (même s'il peut combiner jusqu'à sept morphèmes, il demeure au stade 2 tant que sa LME est inférieure à 2,5). De là, l'enfant progresse de stade en stade jusqu'au stade 5 chaque fois que sa LME augmente de 0,5.

Le *stade 1* caractérise un langage primitif, où les prépositions, les articles et les terminai-sons qui permettent de préciser les accords de genre et de nombre font encore défaut. Lorsque la LME atteint 1,5, l'enfant peut combiner deux relations de base («Luc frappe» et «frappe balle») pour obtenir une relation plus complexe («Luc frappe balle»).

Au *stade 2*, l'enfant acquiert 14 morphèmes fonctionnels, y compris des articles («un», «le»), des prépositions («dans», «sur»), les pluriels, des terminaisons de verbes et des formes du verbe «être» («suis», «est», «sont»). Cette évolution est graduelle et s'échelonne parfois sur plus d'un an. Lors d'une étude attentive conduite auprès de trois enfants, Brown (1973a) a noté qu'il y a de grandes variations dans le *rythme* de déve-loppement du langage, alors que l'*ordre* d'acqui-sition des différentes constructions demeure relativement constant.

Vers la fin du stade 2, les phrases de l'enfant s'allongent et deviennent plus complexes. Le langage du *stade 3* est appelé **télégraphique.** Il omet certains éléments du discours, mais ses énoncés sont porteurs de sens (comme dans: «mets poupée table»). Les deux derniers stades se développent plus tard durant l'enfance. Au *stade 4*, les structures grammaticales se rappro-chent de celles de l'adulte mais font souvent peu de cas des exceptions aux règles («ils sontaient dehors», «des chevals»). Au *stade 5,* qui survient vers la fin de l'enfance, l'enfant a acquis une maîtrise complète de la grammaire, même si son vocabulaire et la complexité de ses phrases s'accroissent encore.

Quelques caractéristiques du langage enfantin

À 14 mois, voyant un homme aux cheveux gris sur l'écran de la télévision, Éric s'exclame tout

excité: «grand-papa!». Et Stéphane, 15 mois, s'écrie en apercevant une vache: «wouf-wouf!». Ces trottineurs s'expriment comme le font sou-vent les enfants qui commencent à parler: ils *sur-généralisent*: Éric pense que parce que son grand-père a les cheveux gris, tous les hommes aux cheveux gris peuvent être appelés «grand-papa»; et Stéphane croit que tous les animaux qui ont, comme les chiens, quatre pattes et une queue sont des «wouf-wouf».

Le langage de l'enfant n'est pas uniquement une version simplifiée du langage des adultes. Il possède des traits distinctifs, que l'enfant parle l'allemand, le russe, le finlandais, l'anglais ou le français (Slobin, 1971). L'enfant *simplifie*, c'est-à-dire qu'il exprime le minimum nécessaire pour que son message soit compris (comme dans «pas boire lait», au lieu de «je ne veux plus boire de lait»). Il *surrégularise* aussi les règles, les appliquant de façon rigide, sans tenir compte des exceptions; il dit par exemple «chevals» et «sontaient», plutôt que «chevaux» et «étaient». Après avoir appris les règles grammaticales, il doit ensuite apprendre les exceptions à ces règles. Soulignons ici un principe général du développement du langage: *l'enfant comprend les règles grammaticales bien avant de pouvoir les utiliser lui-même.* C'est par exemple le cas de la compréhension du passif (le chat est chassé par le chien) ou des règles d'accord du genre (la voiture) et du nombre (il est / ils sont).

Les théories sur l'acquisition du langage

Bien que la maturation et l'environnement aient tous deux un rôle important à jouer dans l'acqui-sition du langage, certains linguistes insistent davantage sur la maturation, et d'autres sur l'environnement (reprenant le débat hérédité-milieu dont nous avons parlé au chapitre 2). La **théorie de l'apprentissage** se fonde sur le pos-tulat du pouvoir de l'environnement, alors que l'**innéisme** suppose une prédisposition innée pour l'acquisition du langage.

La théorie de l'apprentissage

Les behavioristes affirment que nous apprenons à parler de la même manière que nous apprenons tout le reste, c'est-à-dire par renforcement. Les parents encouragent leurs enfants lorsqu'ils émettent des sons qui imitent leur langage; les enfants émettent alors plus de sons, cette progression s'accompagnant de généralisations et d'abstractions. À l'appui de cette thèse, il y a le fait que les bébés élevés à la maison qui reçoivent en principe plus d'attention et plus de renforcement que les bébés élevés en institutions, babillent davantage (Brodbeck et Irwin, 1946). À l'encontre de ce point de vue, il y a le fait que les parents ne se donnent pas normalement la peine de corriger les erreurs de grammaire de leurs enfants, pensant, à juste titre, que ces derniers corrigeront d'eux-mêmes les mauvais usages qu'ils font de la langue (Brown, Cazden et Bellugi, 1969).

Les théoriciens de l'apprentissage social soutiennent que les enfants apprennent à parler en écoutant leurs parents, en les imitant et en se faisant renforcer lorsqu'ils le font. Ceci expliquerait pourquoi les enfants des pays francophones apprennent à parler le français plutôt que l'anglais ou le swahili. Mais cela n'explique pas les expressions originales des enfants, comme celle d'une fillette qui décrivait comment elle marchait «sur le bout des talons» ou celle d'une autre qui racontait comment elle avait «tiendu» un bébé lapin.

L'innéisme

Selon ce point de vue, l'être humain possède une aptitude innée à l'acquisition du langage et il apprend à parler aussi naturellement qu'il apprend à marcher. Plusieurs faits semblent confirmer cette perspective: tous les enfants normaux apprennent leur langue maternelle, quelle qu'en soit la complexité, et ils en acquièrent les principes de base suivant une séquence liée à l'âge. Le nouveau-né réagit au langage d'une manière étonnamment sophistiquée. L'être humain, le seul animal capable de maîtriser une langue parlée, est aussi le seul dont le cerveau est plus volumineux d'un côté que de l'autre et qui semble posséder un mécanisme inné d'acquisition du langage situé dans l'hémisphère gauche.

Les linguistes innéistes comme Noam Chomsky (1972) du Massachusetts Institute of Technology, estiment que le cerveau humain possède des structures mentales spécifiquement destinées à l'apprentissage du langage. Chomsky a appelé ces structures innées le **mécanisme d'acquisition du langage** (MAL). Le MAL permet aux enfants d'analyser ce qu'ils entendent et d'en extraire les règles grammaticales qui leur permettent de créer des phrases originales que personne d'autre n'a encore énoncées. Le MAL «programme» notre cerveau pour extraire ces règles; il ne nous manque que les expériences concrètes pour les mettre en pratique.

Même si les preuves à l'appui d'un mécanisme biologique inné d'acquisition du langage sont convaincantes, le MAL ne peut à lui seul expliquer l'acquisition du langage. Il doit y avoir apprentissage pour que l'enfant puisse extraire et utiliser la grammaire française plutôt que japonaise. En outre, la fluidité verbale n'est pas la même chez tous les enfants. Enfin, les innéistes ne s'intéressent pas aux questions relatives à la signification des mots; or dans certaines grammaires, comme celle de Montague, la compréhension du sens des mots est intimement reliée à la construction de certaines catégories grammaticales (action, agent, patient, etc.).

Encore une fois, l'approche la plus plausible semble se trouver dans la combinaison de ces deux points de vue: les enfants viendraient au monde avec une aptitude innée à acquérir le langage qui serait par la suite activée au contact d'un environnement linguistique. Le type de conversation connue sous le nom de «langage-de-bébé» est, dans cette perspective, un outil important d'apprentissage du langage.

Le «langage-de-bébé»

Nul n'a besoin d'être parent pour parler un «langage-de-bébé». Il suffit de hausser le timbre de la voix, d'utiliser des phrases et des mots courts, de parler lentement, de poser des questions et de répéter souvent en s'adressant au petit enfant. La plupart des adultes le font naturellement et à raison: cela stimule l'enfant et l'aide à apprendre sa langue maternelle.

Lors d'une étude, on a vu des mères et des étrangères s'adresser spontanément dans un «langage-de-bébé» à des enfants de 2 ans mais pas à des enfants de 10 ans (Snow, 1972). L'apport des enfants à ces conversations était essentiel; en effet, si on demandait à ces femmes d'enregistrer sur cassette un message s'adressant à des enfants du même âge, qu'elles ne voyaient pas, celles-ci ne modifiaient à peu près pas leur langage. Ceci explique peut-être pourquoi le «langage-de-bébé» ne débute véritablement qu'au moment où le bébé manifeste une certaine compréhension de ce que l'adulte lui dit. L'enfant alimente ce type de langage en manifestant dans ses expressions, ses actions et ses

*Le «langage-de-bébé», forme de conversation parti-
culière qui ne nécessite pas que vous soyez une
mère pour le parler, s'avère un outil important
pour favoriser chez l'enfant l'apprentissage de sa
langue maternelle. La plupart des adultes et les
enfants plus âgés le parlent spontanément
lorsqu'ils s'adressent à un bébé: ils haussent le
timbre de la voix, utilisent des mots simples et
des phrases courtes, parlent lentement, posent des
questions et répètent beaucoup. (David S. Strick-
ler/The Picture Cube)*

productions langagières, jusqu'à quel point il
suit la conversation. Puisque le «langage-de-
bébé» se borne normalement à des sujets simples
et concrets (Snow, 1977), l'enfant se sert de ses
propres connaissances des choses pour s'aider
à saisir le sens des mots qu'il entend.

Le «langage-de-bébé» sert plusieurs fins. Sur
le plan affectif, il fournit un cadre aux interactions entre l'adulte et l'enfant, favorisant ainsi
le développement et la consolidation du lien
parent-enfant. Au plan social, il montre à
l'enfant comment amener une conversation,
comment s'introduire dans une conversation
déjà en cours, ou encore comment arriver à dire
ce qu'il a à dire. Au plan linguistique, il montre à l'enfant comment utiliser des mots nouveaux, comment structurer des phrases,
comment mettre des mots sur des idées. Le
«langage-de-bébé» est donc essentiel à l'apprentissage d'une langue.

Ceci se vérifie dans le retard linguistique
constaté chez des enfants dont l'ouïe est normale, mais qui sont élevés par des parents sourds
qui ne s'adressent à eux que par signes. Quels
que soient leur maîtrise du langage par «signes»
(qui démontre leur aptitude à apprendre une langue) et le temps qu'ils passent à regarder la télé-

vision, ces enfants ne parleront pas couramment,
à moins que des adultes ne leur parlent, ce qui
risque de se produire seulement lorsqu'ils iront
à l'école (Moskowitz, 1978). Une autre étude a
montré que même s'ils regardaient le télévision
allemande chaque jour, des enfants hollandais
n'apprenaient pas pour autant l'allemand
(Snow, Arlman-Rupp, Hassing, Jobse, Joosten et
Vorster, 1976). Pour apprendre à parler l'enfant
doit s'y exercer et le «langage-de-bébé» lui en
fournit l'occasion de départ.

L'accroissement de la compétence

Le mot «interaction» est à la base de nombreux
aspects du développement tant intellectuel
qu'affectif de l'enfant. L'enfant suscite des
réponses chez les personnes qui l'entourent et
il réagit à son tour à ces réponses. Il agit, réagit
et interagit. Par exemple, nous avons vu comment les bébés incitent les adultes à leur parler
d'une certaine manière et comment ce langage
les aide à acquérir leur langue maternelle. Les
adultes façonnent l'environnement des enfants
de bien d'autres manières qui leur permettent de
développer leurs capacités. Le Projet préscolaire
de Harvard met en évidence l'importance de la
manière d'être de l'adulte avec l'enfant.

Burton L. White et ses collaborateurs de
l'Université de Harvard voulaient savoir pourquoi certains enfants fonctionnent mieux que
d'autres; pourquoi, par exemple, un enfant
réussit-il à surmonter un obstacle qui se présente, tandis qu'un autre fond en larmes et
démissionne devant ce même obstacle. En 1965,
ils entreprirent d'évaluer et d'observer près de
400 enfants d'âge préscolaire, puis de les classer en fonction de leurs compétences cognitives
et sociales (White, 1971; White, Kaban et Attanucci, 1979).

Les enfants classés «A» savaient comment
attirer et soutenir l'attention des adultes par des
moyens socialement admis; ils étaient capables
aussi de tirer avantage des ressources des adultes et de leur témoigner tant leur affection que
leur hostilité. Ils s'entendaient bien avec les
autres enfants, se montraient fiers de leurs propres succès et manifestaient le désir de se conduire comme les grandes personnes. Ils faisaient
un bon usage de la parole, témoignaient d'un
bon éventail d'aptitudes intellectuelles, pouvaient planifier et exécuter des activités com-

plexes, et étaient capables d'une «double centration» (porter attention à une tâche donnée tout en restant conscient de ce qui se passe autour de soi). Les enfants classés «B» manifestaient moins d'aptitudes dans ces comportements, et le comportement des enfants classés «C» témoignait de déficiences marquées. Des examens complémentaires faits deux ans plus tard démontrèrent que ces classifications étaient remarquablement stables (Pines, 1969).

Les chercheurs repérèrent des enfants classés A et C qui avaient de jeunes frères et sœurs, et envoyèrent des observateurs dans leur foyer pour déceler les différences qui avaient pu exister dans le milieu de ces deux groupes d'enfants durant leur petite enfance. Ils constatèrent d'énormes différences dans la qualité de la relation mère-enfant après que les enfants des groupes A et C aient atteint l'âge de 8 mois. (Cette étude portait surtout sur les mères, car on a considéré qu'il y avait peu de pères qui consacraient assez de temps aux enfants de cet âge pour exercer une influence sur eux). La façon dont les parents parlent à leur enfant et le niveau d'intérêt qu'ils lui démontrent, influencent son développement ultérieur et le niveau de qualité de vie qu'il pourra jamais atteindre.

Les différences entre les mères des enfants «A» et «C»

Durant les premiers mois, la plupart des mères semblent traiter leurs bébés de la même façon. Cependant, quand les enfants atteignent l'âge de 8 mois environ, les différences deviennent apparentes. À ce moment-là, les enfants commencent à comprendre le langage, et la façon dont les parents leur parlent est importante. Ils commencent à se traîner et certains parents réagissent à cet événement avec plaisir, d'autres en sont contrariés. Les bébés s'attachent à la personne avec laquelle ils passent le plus de temps et celle-ci devient progressivement pour l'enfant une personne significative.

On trouve des mères de tous les niveaux socio-économiques dans les deux groupes: il y avait des mères qui vivaient de prestations d'assistance sociale dont les enfants étaient classés A, et certaines femmes de la classe moyenne avaient des enfants classés C. En général, toutefois, les mères du groupe A appartenaient plus souvent à la classe moyenne. Les enfants de cette classe passaient beaucoup moins de temps assis

et inactifs que les enfants pauvres, et ils consacraient beaucoup plus d'heures à jouer à «faire semblant», à fabriquer des objets ou à exercer de nouvelles habiletés (Pines, 1969).

Les mères des enfants du groupe C formaient un groupe diversifié. Certaines étaient dépassées par la vie, avaient une maison en désordre et étaient trop absorbées par leurs problèmes quotidiens pour consacrer du temps à leurs enfants. D'autres, au contraire, leur accordaient trop de temps, les entourant, les surprotégeant, les forçant à apprendre et les rendant dépendants d'elles. D'autres étaient physiquement présentes, mais établissaient rarement un contact réel avec les enfants, ne se plaisant apparemment pas beaucoup en la compagnie des bébés et des tout-petits. Ces mères subvenaient aux besoins de leurs bébés, mais les confinaient à leur berceau ou à leur parc.

Les mères des enfants du groupe A créaient un environnement physique rempli de choses intéressantes à voir et à toucher, même s'il s'agissait aussi souvent d'ustensiles domestiques ordinaires que de jouets onéreux. Elles manifestaient une grande disponibilité face à leurs enfants, mais elles ne leur consacraient pas leur vie entière. Certaines avaient des emplois extérieurs à temps partiel, et celles qui restaient à la maison consacraient en général moins de 10 % de leur temps à des échanges avec leurs bébés. Elles vaquaient à leurs occupations quo-

Les mères d'enfants compétents font figure de «consultantes» auprès de leurs enfants. Tout en vaquant à leurs activités quotidiennes, elles se montrent disponibles pour répondre à une question, pour nommer un objet ou pour partager une découverte excitante. (Peter Simon/Stock, Boston)

tidiennes, mais se montraient disponibles au besoin quelques secondes ou quelques minutes pour répondre à une question, pour identifier un objet ou pour aider le petit «trottineur» à grimper dans un escalier. Ces femmes avaient généralement adopté une attitude positive face à la vie, se plaisaient en la compagnie des jeunes enfants et donnaient généreusement de leur personne. Elles étaient énergiques, patientes, toléraient le désordre et ne s'alarmaient pas trop à la moindre alerte. Elles se montraient fermes et cohérentes, capables d'imposer des limites raisonnables tout en manifestant leur amour et leur respect.

Comment les parents peuvent accroître la compétence de leurs enfants

Voici donc les principaux résultats du projet de Harvard:

1   Le meilleur moment pour favoriser le développement de la compétence de l'enfant se situe entre l'âge de 6 ou 8 mois et environ 2 ans.

2   Un enfant compétent entretient des relations sociales intimes avec les personnes importantes de son entourage (parents ou autres), particulièrement durant les premiers mois qui suivent son premier anniversaire.

3   Il n'est pas important que le parent soit continuellement auprès de l'enfant. En effet, c'est la qualité plutôt que la quantité de temps passé avec l'enfant qui importe, et des parents substituts peuvent procurer une expérience sociale des plus riches.

4   L'enfant qui sait qu'il obtient l'aide d'un adulte lorsqu'il en a besoin se développe mieux que celui qui ne reçoit pas une attention régulière, ou qui est perçu comme un poids dont on doit se dégager au plus vite.

5   Il est bon pour l'enfant d'apprendre comment recevoir de l'attention. Pour y arriver, il doit pouvoir compter sur la présence et la disponibilité d'un adulte; mais il n'a pas besoin d'un adulte qui tourne autour de lui et dont l'attention constante l'empêchera de développer son habileté à attirer l'attention.

6   L'enfant se développe mieux si l'adulte s'entretient avec lui de ce qui l'intéresse (par opposition à celui qui tente de diriger l'attention de l'enfant vers autre chose).

7   Les échanges directs avec l'enfant l'aident plus que la télévision, la radio ou les conversations adultes, à acquérir le langage et à développer ses habiletés sociales et intellectuelles.

8   La liberté de mouvement est importante. L'enfant qui n'est pas toujours confiné dans son parc, dans son lit, dans sa poussette ou dans une petite pièce se développe mieux.

9   L'enfant qui regarde son interlocuteur droit dans les yeux assimile plus d'information que celui qui promène son regard au hasard autour de lui; on ne comprend pas encore très bien pourquoi.

Après avoir identifié les lignes de conduite du parent efficace, l'équipe de Harvard entreprit une étude-pilote auprès de 11 familles choisies avec soin. Les chercheurs ont aidé ces parents, considérés comme ayant des «capacités d'éducateurs moyennes», à aider leurs enfants à développer leur curiosité, leur attachement, leurs habiletés sociales et verbales et ce qu'ils appelaient «les racines de l'intelligence». Ils voulaient rendre les parents plus conscients du développement de l'enfant dans ces domaines, et les amener à adopter les lignes de conduite qui semblent accroître la compétence durant l'enfance et à éviter celles qui sont nuisibles.

Quels ont été les résultats de cette expérience? Même si l'évolution de ces enfants se rapprochait davantage de celle des enfants du groupe A que de celle du groupe C, ils n'atteignaient généralement pas le niveau du groupe A. Dans ce domaine extrêmement complexe, nous constatons encore une fois que même si nous possédons certaines réponses à nos questions, plusieurs points demeurent obscurs. Même si nos connaissances se sont considérablement accrues grâce aux recherches sur le parent efficace, personne ne peut encore écrire le «livre de recettes» qui garantisse une éducation parfaite à l'enfant.

Par exemple, un aspect important que les chercheurs de Harvard n'ont pas examiné à fond est la contribution de l'enfant lui-même au mode d'éducation de ses parents. Il est fort possible que les enfants du groupe A possédaient des traits de personnalité particuliers qui incitaient leurs mères à leur répondre comme elles le faisaient. Ils manifestaient peut-être plus de curiosité, plus d'indépendance, plus d'intérêt pour ce que leur mère disait ou faisait que les enfants classés C. Les chercheurs contemporains accumulent des données de plus en plus nombreu-

Encadré 4.3

Quand une famille a besoin d'aide

Selon ce que Keniston (1978) appelle le «mythe de la famille autosuffisante», une croyance répandue en Amérique veut que la famille nucléaire idéale élève ses enfants sans l'aide de la société; ainsi «le fait pour une famille d'avoir besoin d'aide, ou du moins de l'admettre ouvertement, est un aveu d'échec» (p. 12). Et pourtant, les familles de tous les niveaux socio-économiques ont toujours reçu de l'aide extérieure, que ce soit des membres de la famille élargie, des institutions publiques (comme les écoles et les hôpitaux), d'employés ou de services publics, ou simplement d'amis et de voisins.

De nos jours, avec les métamorphoses importantes que vit la société, la famille a de plus en plus besoin de l'aide extérieure. Les parents, affirme Keniston, ont dû se transformer en chefs d'entreprise, devant choisir la technologie et les institutions qui peuvent les aider à élever leurs enfants, rencontrer les experts dans ce domaine, communiquer avec eux et coordonner tout cet apport extérieur. En outre, avec la prolifération de la recherche sur le développement de l'enfant et l'abondance des conseils (souvent discordants) donnés par les experts, les parents prennent de plus en plus au sérieux le rôle qu'ils ont à jouer auprès de leurs enfants et ce, afin de les aider à faire face aux exigences complexes de la société moderne.

En conséquence, de nombreux parents s'inscrivent aux classes prénatales qui visent à enrichir leur expérience de l'accouchement et à les aider à mieux s'occuper de leur futur bébé; nombreux sont ceux qui suivent des cours qui leur permettent de soutenir leurs enfants aux prises avec la crise de l'adolescence et beaucoup participent aussi aux innombrables conférences ou ateliers offerts par l'école, l'église ou la communauté. Pour diverses raisons, l'intérêt des parents pour l'éducation s'est surtout manifesté au sein de la classe moyenne. Pourtant, lorsqu'on offre aux parents à faible revenu des programmes qui leur permettent d'aider leurs enfants à améliorer leurs habiletés verbales, scolaires et générales, ils les suivent souvent avec empressement. Lorsque les responsables de ces programmes sont issus de la classe moyenne, ils doivent faire preuve de vigilance pour ne pas imposer arbitrairement les valeurs de leur classe sociale et demeurer extrêmement sensibles aux vues que les parents entretiennent sur eux-mêmes et sur leurs enfants.

Cette philosophie semble avoir inspiré un programme qui visait à développer les aptitudes linguistiques des enfants. Il s'agissait non pas de dévaloriser le langage des parents, mais de tenter de modifier certains aspects de l'interaction parent-enfant. Karnes, Teska, Hodgins et Badger (1970) ont convoqué 20 mères de bébés de 1 an et de 2 ans, issues d'un milieu défavorisé, à des rencontres hebdomadaires de deux heures, pendant 15 mois, afin de leur enseigner la façon d'apprendre à parler à leurs enfants. L'accent fut mis sur la nécessité pour ces mères de respecter leur enfant, d'adopter une approche positive axée sur le succès, d'enseigner une tâche en la décomposant en éléments distincts et de rendre l'apprentissage agréable. On fit passer le test d'intelligence de Stanford-Binet et le test d'aptitudes psycholinguistiques de l'Illinois aux enfants de ces femmes et à un groupe témoin dont les mères n'avaient reçu aucun entraînement. Les enfants du groupe expérimental obtinrent pour les deux tests des résultats très supérieurs à ceux du groupe témoin sur le plan du fonctionnement linguistique et intellectuel.

Même si nous ignorons jusqu'à quel point l'avance des enfants du groupe expérimental saura être durable, cette étude et d'autres du même genre indiquent la valeur du travail entrepris par des spécialistes auprès des parents afin de leur permettre d'aider leurs enfants à développer leurs aptitudes cognitives et linguistiques.

Un objectif valable que devraient poursuivre ceux qui se préoccupent du bien-être des enfants (et de la société) consiste à fournir à tous les enfants un contexte propice à l'épanouissement de leurs aptitudes intellectuelles et ce, eu égard au respect de la dignité de leurs parents et de l'intégrité des liens familiaux.

ses sur l'influence de l'enfant sur son environnement humain. Dans le prochain chapitre, l'étude du développement social et affectif du bébé nous amènera à nous pencher davantage sur ces influences bidirectionnelles: celles que l'enfant exerce sur les personnes qui l'entourent, et celles que les personnes importantes de son entourage exercent sur lui.

Résumé

1   L'apprentissage entraîne des changements dans le comportement de l'enfant qui résultent de ses nouvelles expériences. Le mode et l'étendue de l'apprentissage chez le jeune enfant ont fait l'objet de nombreuses controverses. À un âge très précoce, les bébés sont capables de plusieurs formes d'apprentissage, y compris le conditionnement répondant, le conditionnement opérant et l'accoutumance.

2   L'intelligence réfère aux comportements adaptés et orientés vers un but. Les trois principales approches de l'étude de l'intelligence sont l'approche psychométrique, l'approche piagétienne et l'approche du traitement de l'information.

3   L'approche psychométrique cherche à déterminer et à mesurer les facteurs qui composent l'intelligence. Spearman a relevé deux facteurs majeurs de l'intelligence: g (intelligence générale) et s (intelligence spécifique). Pour sa part, Thurstone identifie sept facteurs distincts qu'il a appelé les habiletés mentales de base. D'après le modèle tridimensionnel de l'intelligence de Guilford, il y a 150 aptitudes intellectuelles différentes. Celles-ci résultent de l'action conjointe de trois types de facteurs (dimensions): les opérations, les contenus et les produits.

4   Le quotient intellectuel (Q.I.) est un score mathématique qui représente le rapport entre l'âge mental (A.M.) d'une personne et son âge chronologique (A.C.), multiplié par 100, $Q.I. = \frac{A.M.}{A.C.} \times 100$. Pour que les tests d'intelligence soient utiles, ils doivent être standardisés (ou normalisés) et avoir un degré élevé de fidélité et de validité.

5   Il est difficile d'évaluer l'intelligence des jeunes enfants, car a) ceux-ci n'ont pas acquis le langage et ne peuvent donc être testés verbalement, b) ils ne disposent que d'un répertoire limité de comportements évaluables et c) il est impossible de contrôler la motivation du bébé durant une évaluation pour s'assurer qu'il fait «de son mieux». Les tests d'intelligence psychométriques conçus pour les bébés ne permettent pas de prévoir leurs aptitudes intellectuelles ultérieures.

6   L'approche piagétienne étudie le développement cognitif, c'est-à-dire la manière dont les gens acquièrent leur connaissance du monde. Au cours des six stades de la période sensori-motrice de Piaget, le bébé, bien qu'il soit encore à la phase préverbale, manifeste des comportements intelligents (adaptés). Durant cette période, l'enfant qui ne posait initialement que des actions réflexes, devient un être capable d'une prévoyance élémentaire. La permanence de l'objet est une des acquisitions majeures de cette période, c'est-à-dire la «prise de conscience» qu'un objet ou une personne continue d'exister même s'il sort du champ perceptif. Même si les recherches ont confirmé la séquence du développement sensori-moteur, certains aspects de cette période soulèvent encore la controverse.

7   L'approche du traitement de l'information étudie les processus qui sous-tendent le comportement intelligent, c'est-à-dire les procédés par lesquels les gens manipulent les symboles. Un de ses objets d'étude privilégiés est le fonctionnement de la mémoire. Certaines fonctions de la mémoire sont déjà opérationnelles dès les premiers mois de la vie, et la mémoire se développe rapidement.

8   Le jeu des enfants reflète leur maturité cognitive.

9   L'acquisition du langage est un aspect essentiel du développement cognitif. L'enfant commence normalement à parler au cours de la seconde année de sa vie. Le parlé pré-linguistique, qui précède les premiers mots, comprend les pleurs, les roucoulements et le babillage. La seconde

année de la vie semble particulièrement importante pour l'acquisition de la compréhension de la langue. Le langage enfantin se caractérise par sa simplicité, sa tendance à la surgénéralisation des concepts et à la surrégulation des règles. Il permet à l'enfant de comprendre des relations grammaticales que l'enfant ne peut encore exprimer.

10   Les deux principales théories de l'acquisition du langage sont la théorie de l'apprentissage (qui met l'accent sur le rôle du renforcement ainsi que sur l'observation et sur l'imitation de modèles) et l'innéisme (qui soutient que les gens possèdent un mécanisme inné d'acquisition du langage). À l'heure actuelle, la plupart des psychologues s'entendent pour dire que les enfants naissent avec une capacité innée d'acquisition du langage et qu'un type particulier de langage parlé à l'enfant (le «langage-de-bébé») joue un rôle essentiel dans l'apprentissage de la langue.

11   L'interaction entre l'enfant et la personne qui s'en occupe joue un rôle essentiel dans l'accroissement de sa compétence.

CHAPITRE 5

Le nourrisson
et le trottineur

La personnalité
et le développement social

L'enfance est l'âge de la joie, des rires et des moments d'innocent émerveillement. Mais la peur, l'inquiétude, l'incertitude, la douleur, la rage et la frustration font également partie de ces tendres années. Les émotions, de pair avec les personnes et les expériences qui en sont la source, sont des ingrédients essentiels à la construction de la personnalité. Elles commencent à se manifester dès la naissance. Au cours du premier mois de la vie, le bébé laisse déjà apparaître son tempérament: il s'éveille au monde, il en découvre le caractère chaleureux et protecteur, ou bien froid et hostile; il réagit aussi aux personnes qui l'entourent et suscite des réactions de leur part.

Une bonne partie des idées que nous entretenons sur le développement affectif durant la petite enfance sont de pures conceptualisations puisqu'il n'est pas possible d'avoir directement accès à ce qui se passe dans l'esprit d'un bébé. Cependant, à partir des comportements que nous pouvons observer, les pleurs, les sourires et les rires, les réactions du bébé aux personnes qui l'entourent, nous pouvons tenter de comprendre ce qui se passe chez le petit enfant.

L'affectivité chez le petit enfant est au fondement de 3 théories importantes du développement de la personnalité, à savoir celles proposées par Sigmund Freud, Erik Erikson et Margaret Mahler. Elle a inspiré de nombreuses recherches sur les rapports que le bébé entretient avec ses mère et père, ainsi qu'avec ses gardiennes, ses frères et sœurs et les autres bébés. Elle a également suscité des recherches sur les situations où les rapports parents-enfant sont perturbés par une séparation ou par une impasse si tragique qu'elle entraîne des abus et de la négligence à l'endroit de l'enfant. En examinant les aspects du développement affectif, nous aurons à aborder certaines questions fondamentales concernant les racines de la personnalité.

La nature des émotions du bébé

Lorsque vous entendez un bébé pleurer, vous savez qu'il est malheureux. Mais il est difficile de savoir si c'est parce qu'il est en colère, qu'il a peur, qu'il se sent seul ou qu'il est inconfortable. Il n'est pas aisé de dire ce qu'un bébé ressent, ni de situer le moment où ces émotions apparaissent dans le cours du développement. Pas étonnant que l'étude des émotions chez le jeune enfant soulève depuis toujours des controverses. Ces dernières années, les chercheurs ont mis au point d'ingénieuses techniques de recherche pour étudier le bébé, ce qui a permis d'explorer plus en profondeur la psyché du petit enfant et d'en mettre à jour des aspects fascinants.

On a longtemps cru que le nouveau-né venait au monde doté d'une seule émotion (une excitation indifférenciée appelée plus tard «détresse» [Bridges, 1932]), ou de trois émotions tout au plus (l'amour, la rage et la peur [Watson, 1919]). Toutefois, des recherches récentes et ingénieuses de Carroll Izard et de ses collaborateurs (1982) semblent indiquer que le bébé développe un vaste répertoire d'émotions dès les premiers mois de la vie, tout au moins si l'on en juge par ses expressions faciales. Dans ces recherches, on a enregistré sur bandes magnétoscopiques les expressions faciales de bébés de 5, 7 et 9 mois placés dans différentes situations, à savoir pendant qu'ils jouaient avec leur mère, alors qu'ils étaient surpris par un diable à ressort sorti d'une boîte à surprise, au moment d'une injection par un médecin et enfin au moment d'être abordés par un étranger. Lorsqu'on a ensuite demandé à des collégiens et à des professionnels de la santé d'identifier les expressions des bébés uniquement à partir des bandes d'enregistrement, ces derniers ont identifié avec consistance des expressions de joie, de tristesse, d'intérêt et de peur; des expressions de colère, de surprise et de dégoût (Izard et coll., 1980) ont aussi été identifiées, mais l'entente inter-juge a été moins élevée. Les jugements se sont avérés encore plus précis lorsque ce sont des observateurs entraînés au guide d'évaluation des expressions faciales de Izard (1971, 1977) qui les ont posés.

Il n'est pas possible d'être certain que ces bébés ressentaient effectivement les émotions qu'on leur a attribuées, mais ils manifestaient indéniablement une vaste étendue d'expressions très semblables aux expressions de ces émotions chez les adultes. Il est probable que ces expressions faciales reflètent des émotions comparables, peu importe l'âge. (Le tableau 5.1 présente

Tableau 5.1 Période d'apparition de l'expression des émotions chez le bébé

Expression d'émotions fondamentales	Âge approximatif d'apparition
Intérêt Sourire néonatal* (sorte de demi-sourire qui apparaît spontanément, sans raison apparente) Réaction de surprise* Détresse* (en réponse à la douleur) Dégoût (en réponse à un goût ou à une odeur désagréables)	Présent à la naissance
Sourire social	4-6 semaines
Colère Surprise Tristesse	3-4 mois
Peur	5-7 mois
Honte/timidité/conscience de soi	6-8 mois
Mépris Culpabilité	Deuxième année de la vie

* Le sourire néonatal, la réaction de surprise et la détresse (en réponse à la douleur) sont les précurseurs du sourire social et des émotions de surprise et de tristesse qui apparaîtront plus tard. Rien ne prouve que ces premières manifestations soient reliées à des émotions ressenties. Les recherches les plus récentes laissent entendre que le jeune enfant possède une vaste étendue d'émotions dès les premiers mois de sa vie, et que les émotions spécifiques apparaissent dans une même séquence pour tous.

Source: Adapté de Trotter, R.J. Baby Face, *Psychology Today,* 17 (8), août 1983, p.14-20.

une liste d'émotions possibles et l'âge auquel elles apparaissent.)

Il semble que l'hérédité et l'environnement aient tous deux un rôle à jouer dans le développement affectif, tout comme c'est le cas pour de nombreux autres aspects de la vie. À l'heure actuelle, on soutient que l'être humain posséderait une horloge biologique interne liée à la maturation et responsable de l'apparition des émotions humaines. Des recherches montrent que les régions frontales du cerveau droit du bébé de 10 mois sont plus actives lors d'émotions positives et que celles du cerveau gauche le sont davantage lors d'émotions négatives, et laissent entendre que les bases de cette organisation du cerveau sont déjà présentes à la naissance (Fox et Davidson, 1984). Cette chronologie des émotions a sans doute une valeur de survie: l'expression de douleur d'un bébé de 2 mois en plein désarroi lui apportera sans doute l'aide dont il a besoin, et la colère qu'il exprime à l'âge de 9 mois face au même type d'expérience l'incitera peut-être à agir pour s'aider lui-même, par exemple pour repousser un agresseur (Trotter, 1983).

D'autre part, l'environnement y joue également un rôle. Les jeunes enfants qui ont subi des sévices expriment de la peur plusieurs mois avant les autres bébés, montrant ainsi qu'ils ont peut-être appris cette émotion suite à leurs expériences malheureuses (Gaensbauer et Hiatt, 1984). D'autre part, la variété des expressions faciales que les parents manifestent à leurs bébés selon leur sexe (les mères expriment une plus vaste étendue d'émotions à leurs filles) explique peut-être le fait qu'à tout âge, les filles ont plus de facilité à saisir les expressions émotives que les garçons (Malatesta, cité dans Trotter, 1983).

Il importe de se rappeler que selon l'âge de l'enfant qui l'exprime, la même réaction affective peut avoir des significations différentes. Durant la petite enfance, les pleurs signalent normalement un inconfort physique; plus tard, ils seront plutôt le signe d'une détresse psychologique. Le premier sourire apparaît souvent spontanément et manifeste un état de bien-être intime, alors que quelques mois plus tard, il a souvent une signification sociale, car le bébé sourit pour exprimer sa joie aux autres personnes.

La nature complexe de l'émotion devient encore plus évidente lorsque nous considérons la variété de ses formes d'expression. Par exemple, le contexte d'un événement, c'est-à-dire la façon dont il se déroule et dont nous le percevons, influence notre réaction face à cet événement. De même notre apport à l'événement détermine en grande partie cette réaction. Quelles sont nos attentes? Comment nos expériences passées influencent-elles notre façon d'interpréter ce que nous percevons? La vue d'un masque sur le visage maternel va faire rire un bébé qui y voit un jeu auquel sa mère le convie, mais le même masque le fera crier de frayeur s'il l'interprète comme une menace incompréhensible. Nous avons là également une preuve du rapport étroit qui existe entre l'état affectif d'un jeune enfant et son développement cognitif. Le bébé qui ne peut comprendre pourquoi sa mère porte le masque en question sera plus effrayé que celui qui comprend que c'est sa maman affectueuse qui se cache derrière le masque. S'il entre dans le jeu, le bébé va sourire plutôt que de pleurer.

Dans la petite enfance, on observe de nombreuses différences individuelles en matière d'expression des émotions. Tous les enfants ne réagissent pas aux mêmes événements; par ailleurs un événement peut susciter une réaction affective positive chez un enfant, et négative chez un autre; de plus, l'intensité de la réaction peut varier grandement d'un enfant à un autre. Certaines de ces différences semblent être attribuables à des différences de **tempérament** innées, c'est-à-dire au style, unique à chaque personne, d'approche des gens et des événements. Certains bébés semblent venir au monde avec une nature joyeuse; ils témoignent très tôt d'un sens de l'humour et prennent généralement la vie du bon côté. D'autres sont plutôt sujets à s'attrister ou à se mettre en colère et prennent moins de plaisir à vivre. Nous examinerons les différences individuelles liées au tempérament plus loin dans ce chapitre.

Le milieu prénatal, les expériences du bébé dans les moments qui suivent sa naissance et son environnement adulte, sont autant de facteurs susceptibles d'induire des différences individuelles au plan affectif. Une carence émotive extrême (le rejet, le manque de stimulation et le manque de réactions émotives positives) peut entraîner des troubles émotifs chez les jeunes enfants (Rutter, 1974; Yarrow, 1961). Toutefois, il arrive dans certains cas que des expériences positives ultérieures compensent les carences affectives subies en bas âge.

La recherche qui se poursuit dans ce domaine peut nous permettre de mieux comprendre comment divers facteurs influencent le développement affectif et nous indiquer les moyens d'atteindre un meilleur équilibre émotif, de même que des méthodes de prévention et de traitement des troubles émotifs.

L'expression des émotions chez le bébé

Il est facile de savoir quand un bébé est malheureux; il émet un cri perçant dans un crescendo continu; il agite les bras et les jambes, et raidit son corps jusqu'à devenir rigide. Il est plus difficile de voir quand un bébé est heureux. Durant le premier mois, il se calme au son de la voix humaine ou quand on le prend, ou bien il sourit quand on lui fait battre les mains, par exemple (Wolff, 1963; Griffiths, 1954; Bayley, 1933). De jour en jour, il réagit davantage aux gens, souriant, gazouillant, tendant les bras et essayant un bon jour d'aller vers eux. Mais ces premiers moments de calme expriment-ils vraiment le bonheur ou ne font-ils que nous signifier que le bébé n'est pas malheureux?

Même si ces expressions affectives ne nous disent pas tout sur ce qui se passe dans l'esprit du bébé, elles nous fournissent tout de même certains indices sur les émotions qu'il ressent. Ces signaux contiennent des messages importants. Si le bébé veut ou a besoin de quelque chose, il se mettra à pleurer; s'il veut entrer en contact avec quelqu'un, souvent il se mettra à sourire ou à rire. Si ces premiers messages obtiennent une réponse, le sentiment d'être en relation avec les autres se consolide. Le sentiment de pouvoir personnel de l'enfant s'accroît aussi lorsqu'il constate que ses pleurs lui apportent l'aide et le confort dont il a besoin et que ses sourires et ses rires provoquent des sourires et des rires chez les autres.

Les pleurs

Pourquoi le bébé pleure-t-il? Dès la première semaine de sa vie, il pleure à cause de la faim, du froid, de la douleur, parce qu'on le déshabille ou qu'on a interrompu son sommeil. Durant les quelques semaines suivantes, il pleurera également quand son alimentation est interrompue, quand les stimulations le mettent dans un état d'agitation ou bien quand on le laisse seul dans une pièce (Wolff, 1969). Wolff a découvert différents rapports entre les cris rythmiques fonda-

Les pleurs représentent le moyen le plus puissant dont dispose le bébé pour signaler ses besoins. Lorsqu'on soulage un bébé qui pleure, il gagne de la confiance en lui-même en constatant qu'il peut exercer une influence sur sa propre vie. Vers la fin de la première année, le bébé qui trouve auprès des adultes tendresse et réconfort quand il se met à pleurer, pleure moins souvent que ceux dont les pleurs ont été ignorés ou punis. (David Austen/Stock, Boston)

mentaux des petits bébés et leurs cris de colère, de douleur et de frustration. Il a enregistré quatre types de pleurs: le *cri rythmique fondamental* (souvent appelé le «cri de la faim», mais qui n'est pas toujours lié à la faim); le *cri de colère* (variation du cri fondamental par lequel le bébé repousse l'excédent d'air dans ses cordes vocales); le *cri de douleur* (caractérisé par l'éclatement soudain de cris intenses sans gémissement préliminaire, ou encore par un long cri initial suivi d'une période prolongée d'arrêt respiratoire); le *cri de frustration* (commençant par un silence sans long arrêt respiratoire, suivi de deux ou trois cris prolongés).

Oswald et Peltzman (1974) ont enregistré les cris de bébés soumis à des examens médicaux de routine (comme le prélèvement d'échantillons sanguins) ou à des interventions chirurgicales mineures (comme la circoncision). Ils ont découvert que lorsqu'ils expriment la détresse, les bébés pleurent plus fort, plus longtemps, plus bruyamment et de façon moins régulière que lorsqu'ils expriment la faim. De plus, il leur arrive alors plus souvent d'avoir des haut-le-cœur et d'interrompre leurs pleurs.

Les pleurs représentent le moyen le plus puissant et parfois le seul dont dispose le bébé pour signaler ses besoins au monde extérieur. Ils ont donc une fonction de communication essentielle et permettent au jeune enfant d'éta-

blir une certaine emprise sur sa vie. Lorsqu'on soulage un bébé qui exprime sa douleur par des pleurs, il gagne de la confiance en lui-même en constatant qu'il peut exercer une influence sur sa propre vie. C'est la conclusion que nous pouvons tirer lorsque nous observons qu'à la fin de leur première année, les bébés qui trouvent rapidement auprès de leur mère tendresse et réconfort quand ils se mettent à pleurer, pleurent moins souvent. Plus la mère ignore, réprimande, frappe son bébé, plus elle l'accable d'ordres et d'interdictions, plus le bébé pleure, s'agite et devient agressif (Clarke-Stewart, 1977).

Vers la même époque (c'est-à-dire 12 mois), les bébés auxquels on a régulièrement répondu aux demandes s'engagent dans divers modes de communication (le babillage, les gestes et les expressions faciales), alors que les autres continuent d'utiliser le pleur comme outil de communication principal. Bien qu'il ne soit pas nécessaire d'accourir au moindre pleurnichement de l'enfant, mieux vaut chercher à répondre le plus possible à ses demandes et ne pas trop s'inquiéter de le «gâter».

Le sourire

Le sourire du bébé déclenche un joli cycle communicationnel. Gewirtz et Gewirtz (1968) ont montré la puissance de cet instrument de communication quand ils ont trouvé une probabilité élevée qu'un sourire du jeune enfant suscite un sourire de l'adulte.

Le sourire apparaît tôt dans la vie. Le bébé d'une semaine sourit spontanément pendant de brefs instants, lorsqu'il est repu ou lorsqu'il entend des sons doux. Vers l'âge de 1 mois, ces sourires deviennent plus fréquents et s'adressent davantage aux personnes. Le bébé de 4 à 5 semaines sourit quand on frappe ses mains ensemble (Wolff, 1963) ou lorsqu'il entend une voix familière (Kreutzer et Charlesworth, 1973). Ce n'est que vers 3 mois et demi que le bébé se met à sourire davantage à un visage connu qu'à un visage étranger.

La fréquence des sourires varie considérablement d'un bébé à l'autre (Tautermannova, 1973). Le bébé heureux et enjoué qui récompense les soins et les attentions de ses parents par des sourires et des gazouillis est presque assuré de former des liens plus positifs avec ceux-ci que son frère ou sa sœur qui n'a pas le sourire facile.

Le rire

À 4 mois environ, le nourrisson commence à rire tout haut. Il rit à tout propos: quand on l'embrasse sur le ventre, quand il entend divers sons ou quand il voit ses parents faire des choses inhabituelles. À mesure qu'il vieillit, il réagit par le rire à des situations de plus en plus variées, sans doute parce que son développement cognitif lui permet de savoir si une chose qui se produit est habituelle ou incongrue. Sroufe et Wunsch (1972) ont étudié l'évolution du rire au cours de la première année de vie; ils en sont venus à la conclusion que le rire est l'indice d'un important échange entre le nourrisson et son milieu, qu'il aide le bébé à libérer ses tensions dans des situations qui pourraient autrement devenir contrariantes et qu'il existe «un lien important entre le développement cognitif d'une part, et la croissance et l'expression des émotions d'autre part» (p. 1341). Le tableau 5.2 présente une chronologie du développement affectif de la naissance jusqu'à l'âge de 3 ans.

Vers le quatrième mois, le bébé commence à rire tout haut. À mesure qu'il vieillit, il réagit à des situations de plus en plus variées par le rire, sans doute parce qu'il devient plus apte à reconnaître si une chose qui se produit est habituelle ou incongrue. (Martha Stewart/The Picture Cube)

Tableau 5.2   Développement affectif dans la petite enfance

Âge approximatif	Caractéristiques
0-1 mois	Le nouveau-né est relativement insensible, réagissant rarement à la stimulation extérieure.
1-3 mois	Le nouveau-né devient sensible à la stimulation. Il commence à être intéressé et curieux, et il sourit volontiers aux gens.
3-6 mois	Le bébé peut anticiper un événement et être déçu s'il ne se produit pas. Il manifeste sa déception en se fâchant ou en se montrant méfiant. Il sourit, gazouille et rit souvent. C'est la période de l'éveil social et des premiers échanges entre le bébé et celui qui s'en occupe.
7-9 mois	Le bébé s'adonne à des «jeux de société» et tente d'obtenir des réponses des gens. Il «parle», touche et cajole les autres bébés pour obtenir une réaction. Les émotions qu'il exprime sont plus différenciées; elles manifestent la joie, la peur, la colère et la surprise.
9-12 mois	Le bébé est centré sur la personne qui s'en occupe, se met à craindre les étrangers et à être surpris par les nouvelles situations. Vers 1 an, il communique plus clairement ses émotions, exprimant ses humeurs, son ambivalence et des nuances de sentiments.
12-18 mois	Le bébé explore son environnement, utilisant la personne-clef (c'est-à-dire l'adulte auquel il est le plus attaché) comme havre de sécurité. À mesure qu'il maîtrise son environnement, il gagne de la confiance et est plus désireux de s'affirmer.
18-36 mois	L'enfant s'inquiète parfois quand il se rend compte du fait qu'il se détache de la personne qui s'en occupe. Il trouve une solution à ses limites dans la fantaisie, le jeu et l'identification aux adultes.

Source: Adapté de Sroufe (1979), *Handbook of infant development*, Éditions Osofsky, New York, Wiley, 1979.

Le développement de la personnalité chez le nourrisson et le trottineur: trois théories

Fascinés par les changements majeurs qui se produisent durant les premières années de la vie où le bébé développe ses façons à lui de regarder, d'agir et de réagir aux gens et aux événements, bon nombre de chercheurs ont formulé des théories visant à expliquer le comment et le pourquoi du développement de la personnalité. Parmi les théories les plus influentes, citons celles de trois penseurs d'orientation psychanalytique: Sigmund Freud, Erik Erikson et Margaret Mahler.

La théorie psychosexuelle de Sigmund Freud

Tout en essayant d'aider les Viennois du début du siècle à surmonter leurs désordres émotifs, Sigmund Freud a formulé une théorie pour expliquer l'origine des névroses et le développement affectif normal des enfants. Cette théorie repose sur l'existence de conflits entre les pulsions biologiques et les exigences de l'environnement social. Dans cette perspective, les premières expériences de l'enfant, ainsi que la manière dont les parents l'aident à résoudre ses conflits, jouent un rôle essentiel dans la formation de la personnalité. Du point de vue freudien, la construction de la personnalité est un processus qui s'effectue à travers une séquence de cinq stades psychosexuels, dont les deux premiers se déroulent durant les trois premières années.

Le stade oral (de la naissance à 12-18 mois)

Au cours du **stade oral,** le bébé est centré sur sa bouche; sa principale source de satisfaction lui vient de la succion du mamelon, de la tétine, des doigts et de tout ce qu'il peut mettre dans sa bouche. Le nouveau-né est sous l'emprise du **ça,** une composante de la structure de la personnalité présente à la naissance, réservoir des pulsions inconscientes. Le ça est régi par le *principe du plaisir,* cherchant la satisfaction immédiate de la pulsion, sans se soucier des contraintes imposées par l'environnement physique et social. Le **moi,** une autre composante de la personnalité, se développe dans le but d'amener l'enfant à accepter certains délais dans la satisfaction de la pulsion. Le moi est régi par le *principe de la réalité* et s'efforce de trouver des moyens acceptables et réalistes d'obtenir les gratifications souhaitées.

Freud affirmait que des personnes peuvent rester *fixées* à un stade du développement psychosexuel. Ceci peut se produire si un enfant reçoit trop peu ou trop de gratifications à un stade donné. La personne dont les besoins oraux n'ont pas été satisfaits peut chercher toute sa vie à combler le manque ressenti. Elle pourra par exemple se ronger les ongles ou faire montre d'un cynisme exagéré, c'est-à-dire afficher une personnalité «mordante». Par ailleurs, la personne qui a obtenu une satisfaction excessive de ses besoins oraux pourra refuser d'abandonner ce type de plaisir et n'évoluer que difficilement dans les stades suivants. Elle pourra par exemple devenir une mangeuse ou une fumeuse compulsive. Il existe bien sûr des explications non freudiennes de ces comportements «oraux»: tel homme fume parce qu'à l'adolescence, c'était «bien vu»; telle femme mange avec excès parce qu'elle a associé la nourriture à des occasions heureuses et agréables. En un mot, tous les comportements liés à l'oralité ne sont pas l'expression d'une fixation au stade oral.

Le stade anal (de 12-18 mois à 3 ans)

Durant le **stade anal,** l'enfant trouve son plus grand plaisir dans l'activité de son sphincter, c'est-à-dire qu'il prend plaisir à retenir et surtout à expulser ses selles. La façon dont on procède à l'entraînement à la propreté détermine le mode de résolution de ce stade. Deux facteurs contribuent à façonner la personnalité «anale»: soit un souci excessif de propreté communiqué par les parents, soit la croyance de l'enfant que ses excréments sont des cadeaux offerts à ses parents. Dans le premier cas, une personne peut développer une obsession de la propreté ou au contraire être d'une saleté provocante. Elle pourra aussi développer une rigidité excessive, se montrer pédante, d'une précision obsessive, et asservie aux horaires et aux routines. La fixation à l'aspect «cadeau» de l'analité poussera l'individu à accumuler les biens matériels et l'argent (comme il retenait ses excréments autrefois), ou à confondre amour et don d'objets matériels.

La théorie psychosociale d'Erik Erikson

Alors que Freud met l'accent sur les déterminants biologiques de la conduite, Erikson, pour sa part, s'intéresse aux influences culturelles et sociales qui s'exercent sur elle. Sa principale préoccupation porte sur la croissance du moi, et tout particulièrement sur la manière dont la société façonne son évolution. Selon Erikson (1950), chacun des «huit âges de l'homme» est marqué par une crise qui influence le développement du moi. Le mode de résolution de ces crises détermine le cours du développement du moi. Deux des huit crises d'Erikson se produisent durant les trois premières années de la vie.

La crise 1: la confiance fondamentale versus la méfiance fondamentale (de la naissance à 12-18 mois)

La résolution du dilemme entre la **confiance fondamentale versus la méfiance fondamentale** est liée à la découverte d'un juste équilibre entre la *confiance* (qui permet l'élaboration de relations intimes) et la *méfiance* (qui permet de se protéger). D'après Erikson, le juste dosage de la confiance et de la méfiance (la confiance étant prédominante) s'échafaude par le truchement de la fonction alimentaire. Contrairement à Freud pour qui l'alimentation constituait en soi la principale source de gratification orale, Erikson s'intéresse à l'alimentation pour les occasions d'interactions qu'elle procure à la mère et à l'enfant. La mère répond-elle assez rapidement à l'enfant? Le bébé peut-il être confiant qu'il sera nourri lorsqu'il a faim? Peut-il, par conséquent, faire confiance à sa mère en tant que représentante de la réalité extérieure?

Parce que la mère est habituellement la principale gardienne et nourrice de l'enfant[1], Erikson insiste sur son importance et sur l'importance de la relation mère-enfant. Il décrit ainsi le rôle de la mère:

«Les mères, je pense, créent un sentiment de confiance chez leurs enfants en sachant combiner l'attention portée aux besoins individuels du bébé à la loyauté qu'elles accordent personnellement au cadre culturel. Ceci jette chez l'enfant les bases d'un sentiment d'identité, lequel combinera plus tard un sentiment d'être «bien», d'être soi-même, et de devenir conforme à ce qu'on attend de lui.» (Erikson, 1966, p. 171)

Un enfant confiant supporte et accepte mieux de ne pas toujours avoir sa mère sous les yeux «car celle-ci est devenue une certitude intérieure autant qu'une réalité extérieure sur laquelle il peut compter» (Erikson, 1950, p. 247).

La crise 2: l'autonomie versus la honte et le doute (de 18 mois à 3 ans)

Le sentiment de confiance que l'enfant éprouve envers sa mère et le monde l'amène à prendre conscience de son propre moi. Il réalise qu'il possède une volonté propre et l'utilise pour s'affirmer et atteindre l'autonomie (ou l'autodétermination). Tout en cherchant à s'affirmer, il réalise ses limites et la dépendance qui persiste toujours à l'endroit des parents le fait douter de sa capacité d'être autonome. Durant ce **stade de l'autonomie versus la honte et le doute,** l'enfant doit apprendre à bien discerner parmi les activités qu'il peut faire et les gestes qu'il est en mesure de poser, ceux qu'il devrait poser et ceux à éviter pour des raisons de sécurité (par exemple, éviter de s'amuser avec des appareils de cuisine). Ce faisant, il acquiert une idée de la marge de manœuvre qu'il possède et peut exercer son autonomie dans ces limites. L'autonomie, vue sous cet angle, est une question de degré et la résolution adéquate de cette phase développementale suppose que l'enfant acquiert un sentiment d'autonomie plus fort que le doute ou le sentiment d'incompétence qu'il peut parfois éprouver. Si l'autonomie est l'issue souhaitée de cette seconde phase, la persistance d'un certain doute, c'est-à-dire d'un sentiment réaliste de ses propres limites, est une composante essentielle d'une personnalité équilibrée.

Erikson insiste sur le fait que pour bien s'en tirer, l'enfant a besoin d'un contrôle approprié de la part de ses parents. L'enfant qui n'arrive pas à acquérir un sentiment d'autonomie, à cause de parents trop dominateurs ou trop permissifs, peut développer une attitude compulsive en ce qui a trait au contrôle de soi. La peur

---

1 Cette assertion est probablement vraie de la situation familiale décrite par Erikson dans les années 1950. Depuis, cependant, les choses ont beaucoup changé et il n'est pas rare de voir les parents nourrir l'enfant à tour de rôle et en assumer conjointement le gardiennage.

de ne pouvoir se maîtriser peut inhiber l'expression de sa personnalité et l'amener à douter de lui-même, à avoir honte et, par conséquent, à souffrir d'une perte d'estime de soi. L'entraînement à la propreté, par lequel l'enfant apprend à se maîtriser (contrôle de la vessie et du sphincter) et à devenir indépendant, constitue une réalisation importante de cette marche vers l'autonomie.

La poussée vers l'autonomie est en partie une question de maturation; l'enfant essaie d'utiliser ses muscles qui se forment pour tout faire seul (marcher, se nourrir et s'habiller lui-même) et pour élargir ses horizons. Grâce au langage, l'enfant devient plus en mesure d'exprimer ses désirs et augmente son degré d'autonomie. Au cours de la première phase (crise 1), une confiance mutuelle s'était développée entre la mère et l'enfant, de sorte que ce dernier acceptait de faire ce que sa mère voulait. Mais maintenant, pour que l'enfant puisse évoluer, il faut que cette «entente mutuelle» soit violée, et que l'enfant tente impitoyablement de tout faire sans les conseils ni l'aide de sa mère. Les parents représentent un havre de sécurité aux frontières sûres, d'où l'enfant peut partir à la découverte du monde et où il peut toujours revenir quand il a besoin d'appui.

L'«âge terrible» de 2 ans constitue une manifestation normale d'autonomie. Cette métamorphose du bébé docile et agréable en un enfant au caractère impossible est un phénomène normal. Le bébé cherche à s'assurer du bien-fondé de son nouveau sentiment, lequel le fait se percevoir comme un individu capable de prendre des décisions et doté de capacités insoupçonnées jusque-là. Il ne veut plus qu'on décide de ses activités pour lui; il est plutôt enclin à expérimenter ses propres idées et à trouver ses propres préférences. Comme sa manière favorite de vérifier l'effet de sa personne est de s'écrier «non» à tout propos, cette phase est connue sous le nom de «négativisme».

La théorie de la séparation-individuation de Margaret Mahler

Mahler s'intéresse surtout aux premiers sentiments d'identité personnelle du jeune enfant, c'est-à-dire au processus par lequel il se rend compte qu'il est un être distinct de son entourage (Mahler, 1958; Mahler et coll., 1959). Pour elle, ce processus de **séparation-individuation** passe par plusieurs phases dont le succès dépend en grande partie de la manière dont la mère s'acquitte de son rôle à chaque étape du processus. Toutefois, Mahler reconnaît que de nombreux cas de troubles émotifs graves se produisent chez des enfants de «mères dévouées ordinaires», ce qui porte à croire à l'existence d'une certaine vulnérabilité fondamentale de l'enfant (Mahler, 1965, p. 225).

Le stade 1: l'autisme normal (de la naissance à 2 mois)

Durant les premières semaines de sa vie, le bébé ne fait pas la distinction entre lui-même et son entourage, entre ce qui est à l'intérieur et ce qui est à l'extérieur de son corps. D'après Mahler, la première tâche du bébé durant cette phase d'**autisme normal** consiste à *réduire la tension* engendrée par les pulsions biologiques, ce qu'il accomplit en mangeant quand il a faim, en éliminant, en se faisant couvrir s'il a froid ou changer si sa couche est souillée. Puisque la mère est l'agent de réduction des tensions, le bébé en vient à l'associer à cette réduction. Si le bébé n'apprend pas à distinguer ses propres actes (par exemple, pleurer pour signaler ses besoins) de ceux de sa mère (comme le prendre dans ses bras), il risque de souffrir d'*autisme infantile*, un trouble émotif grave caractérisé par un repli presque total de l'enfant sur lui-même.

Le stade 2: la phase symbiotique (de 2 mois à 6-10 mois)

Durant cette période, le bébé commence à prendre conscience de lui-même, mais un sentiment de fusion avec la mère persiste toujours. Durant les deux premiers stades, la mère pose les gestes nécessaires que le bébé ne peut poser lui-même pour assurer sa survie: elle le nourrit, le protège et lui procure les autres soins de base.

D'après Mahler, la mère et l'enfant s'échangent de nombreux signaux durant cette **phase de symbiose**, ou de relation intime caractérisée par une dépendance et un bénéfice mutuels. Les signaux du bébé sont des comportements tels que des roucoulements et des sourires alors que ceux de la mère sont les soins qu'elle lui apporte, comme le prendre, le nourrir et lui fredonner des chansons. La mère et le bébé contribuent tous deux à la réduction de la tension, la mère, par sa sensibilité, et le bébé par ses activités. Mahler affirme que ces échanges sont essentiels au développement social normal, et que si les besoins de cette phase demeurent insatisfaits, il peut s'ensuivre une psychose infantile précoce, un trouble affectif grave.

Le stade 3: la phase de la séparation-individuation (de 6-10 mois à 4 ans)

Le trottineur doit maintenant se dégager de sa mère pour devenir lui-même; le rôle de la mère à ce stade est très différent de celui qu'elle avait tenu jusque-là. Elle doit maintenant aider son bébé à se *séparer* d'elle, c'est-à-dire à se reconnaître comme un individu distinct des autres, à s'*individualiser* et à développer son identité personnelle propre.

Selon Mahler, cette phase est capitale pour le développement ultérieur de la personnalité, car les personnes qui ne réalisent pas l'individuation à ce moment risquent de développer des problèmes de personnalité à l'âge adulte. Elles auront de la difficulté à établir des relations intimes (parce qu'elles luttent pour devenir des individus distincts) ou à être indépendantes (car leur identité fragile a toujours besoin de se fusionner à une autre plus solide) (Mahler, Pine et Bergman, 1975).

Une explication du «terrible 2 ans» réside dans un défi très semblable à celui que doivent relever les adolescents: abandonner la sécurité que procure la dépendance envers une personne forte, sage et aimante, et se «résoudre» à se mettre à son compte. Bien sûr, il y a des bénéfices associés à l'indépendance, mais pour en jouir il faut quitter le confort rassurant de la dépendance parentale. Durant ces deux phases du développement, la personne vacille d'une façon imprévisible entre la dépendance et l'indépendance, de sorte que même les parents les plus aidants sont parfois embarrassés et dépourvus quant à la meilleure manière d'agir.

L'évaluation des théories

Bien que ces théories aient grandement contribué à notre compréhension du développement de l'enfant (celles d'Erikson et de Mahler étant particulièrement éclairantes quant à leur description du passage de la dépendance à l'autonomie durant l'enfance), elles comportent toutes des limites sérieuses. D'une part, les trois théo-

ries attribuent la responsabilité du développement de l'enfant à la contribution de la mère. L'apport propre de l'enfant ou l'impact d'autres personnes ou circonstances sur la vie de l'enfant sont presque passés sous silence. Voici ce que deux chercheurs renommés ont écrit à ce sujet:

> «Au milieu des années 1970, un nouveau consensus s'est établi parmi les chercheurs en psychiatrie et les psychologues du développement. On reconnaît que la mère joue certes un rôle important dans le développement de l'enfant et même, dans certains cas, un rôle considérable; mais d'autres facteurs ont aussi leur importance: le père, les frères et sœurs, l'organisation et le fonctionnement de la famille, l'école, les groupes de pairs, le milieu social plus vaste et les caractéristiques de l'enfant lui-même.» (Chess et Thomas, 1982, p. 215)

En outre, ces théories attachent toutes trois une grande importance aux effets à long terme des premières expériences, même si des études longitudinales ont démontré que les expériences ultérieures, favorables ou défavorables, peuvent souvent contrecarrer leurs effets. Comme le soulignent Chess et Thomas: «... aucun facteur ni âge précis pris isolément ne peut être considéré comme une source d'influence décisive en soi» (1982, p. 215).

L'influence possible de facteurs biochimiques dans le développement de troubles affectifs constitue un autre objet d'étude ignoré de ces trois théories, alors que les chercheurs contemporains de la psyché humaine lui attribuent une importance prépondérante. Enfin, on reproche aussi à ces théories d'être invérifiables empiriquement. Il n'est pas aisé de définir et de mesurer des concepts tels que «personnalité orale», «confiance fondamentale» et «symbiose» de manière à pouvoir les étudier rigoureusement, conformément à la méthode scientifique. Par conséquent, même si chaque théorie a fait l'objet de nombreuses recherches, aucune n'a encore été confirmée ou infirmée de façon satisfaisante.

Les différences individuelles chez le nourrisson et le trottineur

Dans l'utérus, déjà, le fœtus commence à donner des signes de ce que sera sa personnalité à venir.

Comme nous l'avons souligné au chapitre 2, même avant la naissance on observe des différences individuelles dans le niveau d'activité et les positions intra-utérines privilégiées par l'enfant. Après la naissance, ces différences deviennent encore plus apparentes. Comme nous l'avons vu également au chapitre 2, deux grands facteurs sont à l'origine des différences entre les bébés: l'**hérédité** (qui est responsable des différences *innées*) et le **milieu** (dont dépendent les différences *acquises*). Nous examinerons ici trois des principaux types d'influences qui expliquent les différences entre les enfants: l'influence du tempérament (principalement inné), l'influence du sexe (d'abord inné, mais sujet à des influences sociales majeures) et l'influence des interactions familiales (abordée dans la section suivante).

Les différences liées au tempérament

Il était une fois trois enfants d'une même famille. La plus âgée était un bébé enjoué et calme qui mangeait, dormait et éliminait à des heures régulières, accueillait le jour et les gens avec le sourire; on savait qu'elle s'était réveillée au milieu de la nuit quand on entendait le léger tintement d'une boîte à musique placée tout près d'elle. Pour sa part, la seconde fille de la famille se met-

tait à pleurer avant même d'ouvrir les yeux le matin; elle dormait et mangeait peu et de façon irrégulière, riait et criait fort, explosait souvent de colère, et on devait la convaincre du caractère non menaçant des nouvelles personnes et des nouvelles expériences avant même qu'elles ne se présentent. Quant au cadet, ses réactions, positives ou négatives, étaient moins extrêmes; il n'aimait généralement pas les situations nouvelles, mais s'il pouvait s'y familiariser à son propre rythme, il finissait par s'y intéresser et s'y engager.

Chacun de ces bébés manifestait son tempérament unique, c'est-à-dire sa manière propre d'aborder les personnes et les situations, sa façon bien à lui d'y faire face. Lors d'une importante étude auprès de centaines d'enfants (la New York Longitudinal Study ou NYLS), une équipe de chercheurs a identifié neuf aspects du tempérament qui se manifestent tôt après la naissance et qui demeurent assez stables tout au long de la vie (Thomas, Chess et Birch, 1968). Ces traits sont:
- le niveau d'activité;
- la régularité des fonctions biologiques (faim, sommeil, élimination);
- l'acceptation des personnes et des situations nouvelles;
- l'adaptation au changement;
- la sensibilité au bruit, à la lumière et à d'autres stimuli sensoriels;

Les différences individuelles liées au tempérament se remarquent tôt après la naissance, même entre les frères et sœurs. Si les parents reconnaissent qu'un enfant pleure beaucoup non pas par hostilité, mais à cause de tendances innées, ils pourront mieux s'adapter au tempérament d'un enfant «difficile» et apprécier celui d'un autre plus «facile». (Erika Stone / Peter Arnold, Inc.)

- l'humeur (gaieté ou tristesse);
- l'intensité des réactions;
- la tendance à se laisser distraire;
- la persévérance.

La plupart des enfants appartiennent à l'une des trois catégories identifiées par ces chercheurs (Thomas et Chess, 1977). L'aînée décrite plus tôt est une *enfant qui s'adapte facilement*, comme 40 % des enfants qui ont participé à l'étude longitudinale de New York; sa sœur est une *enfant qui s'adapte difficilement*, comme 10 % des enfants du même échantillon; enfin, le cadet est un *enfant qui s'adapte lentement*, comme 15 % des enfants de l'échantillon en question. Bien sûr, tous les enfants ne répondent pas parfaitement à l'une de ces descriptions.

Les conclusions de ces chercheurs, relatives au caractère inné de certains traits de personnalité, ont été en grande partie corroborées par des recherches récentes. Dans une de ces études, on a constaté que les nouveau-nés qui présentent un faible taux d'une enzyme appelée oxydase monoamine sont plus actifs, plus excitables et plus maussades que ceux qui ont un taux plus élevé de cette enzyme (Sostek et Wyatt, 1981). Lors d'une autre recherche, on a constaté que ni le sexe, ni le rang dans la famille, ni la classe sociale ne semblent déterminer les différences individuelles en ce qui a trait au tempérament (Persson-Blennow et McNeil, 1981).

Bien que l'hérédité puisse déterminer le tempérament initial du nouveau-né, plusieurs enfants changent vraiment de comportement avec les années, apparemment en réaction à des expériences particulières ou à la façon dont les parents agissent avec eux. Il semble donc que le tempérament puisse être influencé jusqu'à un certain point par des facteurs environnementaux. Une étude récente de bébés africains appartenant à trois ethnies différentes a confirmé l'impact de l'environnement sur le tempérament; les différences relevées entre les enfants de ces trois ethnies ont été attribuées par les chercheurs aux façons différentes d'élever les enfants, aux attitudes des mères et au cadre écologique dans lequel ces enfants ont grandi (de Vries et Sameroff, 1984). (Le seul trait pour lequel on n'a pas relevé de différences d'une ethnie à une autre fut la sensibilité aux stimuli sensoriels.)

Les rythmes biologiques irréguliers des bébés Digos (une des ethnies africaines étudiées par de Vries et Sameroff, 1984), par exemple, reflètent peut-être l'indifférence des Digos aux «horaires». En effet, ces derniers ont un mode de vie tranquille, et ne soumettent pas les bébés à des horaires précis pour les repas ou pour le sommeil. Les Digos, dont la structure familiale dépend de la lignée maternelle, trouvent les garçons plus négatifs et plus difficiles d'approche et d'humeur. Par ailleurs, les Masaïs, une autre ethnie africaine dont la structure familiale est patrilinéaire, trouvent que les filles sont plus difficiles quant à ces mêmes traits. Il est possible que les valeurs culturelles fassent naître chez les parents des attentes différentes envers leurs enfants, d'où des évaluations aussi divergentes que les précédentes. C'est du moins l'interprétation qui se dégage des études basées sur les témoignages des parents.

La NYLS n'exclut pas, à proprement parler, la possibilité que ces traits soient en grande partie innés et que les différences interculturelles dépendent non pas du mode d'éducation, mais plutôt du bagage génétique propre à chaque groupe; par contre, elle laisse entrevoir comment les premières expériences sociales peuvent affecter le tempérament. C'est la conclusion où en sont venus les chercheurs de la NYLS, à savoir que les enfants réagissent au traitement qu'ils reçoivent de leurs parents et que certains enfants «difficiles» apprennent à tempérer leurs traits en vue de s'adapter.

L'identification du tempérament de base d'un enfant permet aux parents d'adapter leurs soins au caractère de l'enfant. Thomas et Chess (1977) insistent sur le fait qu'«une approche constructive du tempérament de l'enfant ne signifie pas que les parents doivent accepter ou encourager toutes ses conduites dans toutes les situations» (p. 188). Les parents doivent cependant faire de leur mieux pour aider chaque enfant à s'adapter à son environnement compte tenu des limites que lui impose son propre tempérament. Au lieu d'exiger d'un enfant très actif et porté à la distraction de se concentrer un long moment pour faire ses devoirs, les parents peuvent lui suggérer de faire plusieurs petites pauses jusqu'à ce que son travail soit terminé. À un enfant timide, les parents peuvent apprendre à exprimer ses besoins, etc.

Des parents qui savent que ce n'est pas l'entêtement qui fait agir leur enfant, ni la malveillance, la paresse ou la sottise, mais bien son tempérament, sont moins portés à développer des sentiments de culpabilité, d'inquiétude et d'hostilité, et à devenir impatients, arbitraires et sévères avec lui. Et surtout, la prise de conscience du tempérament de base de l'enfant atténue le sentiment de toute-puissance des parents qui les porte à croire qu'ils sont les uniques responsables du moule dans lequel il sera coulé.

Les différences liées au sexe

Plusieurs études ont tenté de déceler des différences physiologiques et comportementales entre les bébés garçons et les bébés filles, mais leurs conclusions se sont révélées contradictoires et discutables. Des recherches ont été effectuées sur le niveau d'activité des enfants, sur leurs réactions aux stimuli visuels par opposition aux stimuli auditifs, sur leur irritabilité et sur leur tendance à explorer leur environnement ou, au contraire, à rester près de leurs parents. Certaines de ces recherches ont relevé des différences entre les deux sexes, mais leurs conclusions ont rarement pu être confirmées lorsque les mêmes auteurs ou d'autres chercheurs ont répété ces études (Birns, 1976). Après avoir soigneusement passé en revue la documentation sur cette question, Birns conclut qu'il est impossible de donner une description précise des différences liées au sexe avant l'âge de 2 ans:

> «Pour le moment, il semble prudent de conclure que dans une pièce remplie de bébés de moins de 2 ans, tous vêtus en jaune, il serait difficile sinon impossible d'identifier les garçons et les filles en se fondant sur leur niveau d'activité... Manifestement, on ne peut soutenir avec beaucoup de conviction ni la présence, ni l'absence de différences liées au sexe dans la petite enfance... il semble que, comme la beauté, les différences entre les sexes au niveau du comportement existent avant tout dans l'œil de l'observateur.» (Birns, 1976, p. 238)

Une autre série de recherches a porté sur les modes de comportement des adultes envers le jeune enfant. Les conclusions de ces études sont beaucoup plus nettes: presque dès la naissance, on ne traite pas de la même manière un garçon et une fille. On dira d'un garçon en larmes qu'il pleure de colère, alors qu'on dira de la petite fille qu'elle pleure parce qu'elle a peur (Condry et Condry, 1974). Les réactions des parents face au jeune enfant sont conditionnées par leur propre sexe, l'âge et la personnalité du bébé, et certaines tendances générales ressortent du comportement des parents. Les garçons reçoivent plus d'attention durant la petite enfance; l'attention portée à la petite fille vise à la faire sourire davantage et à encourager sa sociabilité (Birns, 1976).

Même à notre époque soi-disant «libérée», les adultes traitent très différemment les garçons et les filles, dès la petite enfance. Dans une étude fort intéressante, on a présenté 24 enfants de 14 mois (12 garçons et 12 filles) à des adultes qui ne les connaissaient pas, sans indiquer leur véritable sexe. Quand on demanda à ces personnes de jouer avec les enfants (sans les renseigner sur le véritable but de l'étude), elles étaient plus portées à proposer des jeux actifs aux garçons et à choisir une balle plutôt qu'une poupée pour jouer avec eux. Ces adultes parlaient davantage aux «filles» et étaient plus portés à choisir une poupée ou un biberon pour jouer avec elles. Chose intéressante, cependant, les enfants eux-mêmes ne se comportaient pas différemment selon leur sexe; garçons et filles jouaient de façon très semblable, même s'ils étaient traités de manière différente par les adultes (Frisch, 1977).

Par conséquent, il semble que même si les différences liées au sexe ne se manifestent pas à la naissance, le conditionnement du milieu intervient dès les premiers moments de la vie. Le sexe de l'enfant semble être un facteur qui exerce plus d'influence sur l'attitude des parents que ses caractéristiques physiologiques ou son comportement.

On peut donc en conclure qu'au lieu de parler de différences liées au sexe chez l'enfant en bas âge, il serait plus juste de parler de différences de comportements parentaux liées au sexe de l'enfant. Autrement dit, lorsqu'on parle de différences entre garçons et filles, on parle de différences liées au milieu (éducation) plutôt que de différences liées à l'hérédité (sexe).

L'influence de la famille sur la personnalité et sur le développement social

La famille dans laquelle vous avez grandi peut très bien avoir été le facteur le plus influent de votre développement. Par exemple, votre naissance était-elle planifiée, bienvenue? Comment votre personnalité concordait-elle avec celle de vos parents? Quel âge avaient-ils? Jouissaient-ils d'une bonne santé physique et émotive? Étiez-vous riches, à l'aise ou pauvres? Combien

La famille dans laquelle grandit l'enfant peut très bien s'avérer le facteur le plus influent de son développement. L'enfant exerce également une influence considérable sur les autres membres de sa famille. Les recherches récentes mettent l'accent sur les liens d'attachement entre l'enfant et son père, ses frères et sœurs aussi bien que sa mère. (Michal Heron 1981 / Woodfin Camp et Associés)

de personnes vivaient sous le toit familial? L'enfance d'un enfant unique élevé dans une famille monoparentale sera bien différente de celle d'un enfant entouré de ses parents, de nombreux frères et sœurs et de ses grands-parents.

La vie familiale a subi des changements considérables au cours de ce siècle et elle risque de se modifier encore davantage. La *famille nucléaire*, composée de deux parents et de leurs enfants, n'est le cas que d'une famille sur trois à l'heure actuelle. L'enfant d'aujourd'hui n'a souvent pas de fratrie, ou n'a qu'un seul frère ou sœur; sa mère travaille à l'extérieur du foyer, son père s'implique davantage dans la vie de ses enfants que ne le faisait son propre père et beaucoup des soins donnés à l'enfant le sont par des étrangers, d'abord à la pouponnière, puis à la garderie et à la maternelle.

Aux États-Unis, 40 % des enfants vont passer une grande partie de leur enfance avec un seul parent. Au Québec, cette proportion est moins élevée, bien qu'en constante progression; de plus, la proportion de familles monoparentales est nettement plus élevée en milieu urbain. Ainsi, en 1986, 21 % des familles de la ville de Québec étaient classées monoparentales, alors que leur proportion n'était que de 15 % en 1976; par contre, en 1986, ce modèle familial ne représentait que 6,5 % des familles de Saint-Augustin, un petit village du Québec (CUQ, 1987). Pour tous ces enfants, l'enfance se passera probablement avec la mère et cela, suite à un divorce (Masnick et Bane, 1980; Bane, 1980).

De plus, vous avez tout probablement exercé à votre insu une influence sur votre famille, de manière dont vous ne vous êtes jamais douté. Des données de plus en plus nombreuses confirment l'influence des enfants sur leurs parents. Il ne fait aucun doute que votre sexe, votre état de santé et le rang que vous occupez dans la famille (si vous étiez l'aîné, le plus jeune ou quelque part entre les deux) ont affecté les sentiments et les gestes de vos parents à votre égard.

Par le passé, les recherches ont surtout étudié la relation mère-enfant, mais on reconnaît maintenant l'influence qu'exercent son père et ses frères et sœurs sur son développement social, affectif et personnel. Bon nombre de recherches insistent maintenant sur l'importance des attachements multiples dont le bébé est capable: à sa mère, à son père, à ses frères et sœurs, à ses grands-parents et à d'autres gardiens et gardiennes.

Une autre tendance fort intéressante des recherches récentes sur la famille consiste à tenir compte du système familial global. De quelle manière la relation de couple affecte-t-elle le rapport de chacun des époux avec l'enfant? Les parents de Jean agissent-ils de manière différente avec lui selon qu'ils sont seuls avec l'enfant ou tous deux présents? Ces questions ont conduit à des constatations plutôt stupéfiantes. Ainsi, lorsque les deux parents sont présents et parlent entre eux, ils portent moins attention à leur enfant (Pederson et coll., 1978). Dans certaines familles, une relation de couple très vivante peut diminuer la capacité des partenaires à être présents à leur enfant, tandis que dans d'autres, l'expérience même d'être parent consolide les liens du mariage (Belsky, 1979). En étudiant la famille en tant qu'unité, nous pouvons obtenir un portrait plus complet du tissu de relations qui unit les membres de la famille.

En outre, étant donné les contacts de plus en plus nombreux que les jeunes enfants modernes entretiennent avec d'autres enfants et avec des gardiens et gardiennes étrangers à la famille, les chercheurs en sont venus à s'intéresser davantage à l'influence que les bébés exercent les uns sur les autres et à l'impact des garderies (nous en parlerons au chapitre 6).

Voyons comment les bébés influencent et sont influencés par les personnes de leur entourage immédiat.

Le rôle de la mère

D'après la documentation dans le domaine, la plupart des spécialistes du développement semblaient jusqu'à tout récemment d'accord avec Napoléon qui affirmait: «Mon opinion est que la conduite ultérieure bonne ou mauvaise d'un enfant dépend exclusivement de la mère». Dans la plupart des sociétés, la mère a toujours été la principale responsable des soins à procurer aux enfants, mais on n'a jamais démontré qu'il doit obligatoirement en être ainsi. On n'a pas non plus prouvé que l'enfant se développe moins bien si deux ou trois personnes s'en occupent. Toutefois, il ne fait aucun doute que les relations entre l'enfant et les personnes qui en sont responsables exercent une action déterminante sur son développement affectif et social. Que nous révèlent les recherches sur l'attachement mutuel de la mère et de l'enfant?

L'empreinte

Les poussins frais éclos suivent les premiers objets mobiles qu'ils aperçoivent et s'y attachent, que ceux-ci appartiennent ou non à leur propre espèce. Lorenz (1957) nomme ce comportement **l'empreinte,** forme d'apprentissage rapide, instinctuel et inné, qui se produit durant une période critique de la vie d'un animal. Ordinai-

rement, ce premier attachement le lie à la mère, mais si la séquence naturelle des événements se trouve perturbée, d'autres attachements (souvent bizarres) peuvent survenir. Pour faire ses recherches, Lorenz s'est mis à se dandiner, à caqueter et à battre des bras, entraînant à sa suite des canetons frais éclos, qui se sont mis à «l'aimer comme une mère».

Chez les animaux supérieurs, comme les chèvres et les vaches, certains rituels communs se déroulent immédiatement après la naissance. S'il arrive qu'on empêche ou interrompe le déroulement de ces rituels, ni la mère ni le bébé ne se reconnaîtront et aucun attachement mère-petit ne s'établira. Pour le petit, les résultats sont désastreux: dépérissement physique et mort, ou développement névrotique et anormal (Moore, 1960; Scott, 1958; Blauvelt, 1955).

Pouvons-nous extrapoler et appliquer ces données à l'être humain? Cette question a soulevé de nombreuses controverses au cours des dernières années, comme l'indique l'encadré 5.1. Comme l'instinct a une importance adaptative bien moindre chez l'homme que chez les animaux inférieurs, nous pouvons habituellement surmonter les premières expériences adverses. Bien que le lien humain mère-enfant s'établisse au cours de la seconde moitié de la première année, son absence à ce moment-là peut être compensée par des soins ultérieurs. Les enfants qui sont élevés en institution durant cette période, mais qui sont adoptés avant l'âge de 2 ans, se remettent de l'absence de ce lien tant physiquement que mentalement (Dennis, 1973). La plupart des enfants adoptifs créent des liens d'affection étroits avec leurs parents adoptifs et s'adaptent bien en grandissant. Le principal apport des études sur l'empreinte animale est probablement d'avoir amené la recherche à se centrer sur les comportements précis qui contribuent à la formation du lien mère-enfant.

Les études de Harry et Margaret Harlow sur le singe rhésus font ressortir plusieurs facteurs qui exercent une influence importante sur la qualité du lien mère-enfant. Lors d'une expérience célèbre, ils ont séparé de jeunes singes de leur mère entre six et douze heures après leur naissance, et ils les ont élevés en laboratoire. Les petits ont été placés dans des cages avec l'un ou l'autre des substituts maternels suivants: une structure cylindrique en fil de fer, ou bien la même forme recouverte d'un tissu éponge. Certains singes étaient nourris avec des biberons attachés à la «mère» métallique; d'autres étaient

Encadré 5.1

Y a-t-il une période critique pour la formation du lien d'attachement entre la mère et l'enfant?

Est-il possible que la période critique pour l'attachement qui se situe immédiatement après la naissance chez les vaches, les moutons et les chèvres, s'applique également aux êtres humains? En 1976, Marshall H. Klaus et John H. Kennell ont répondu par l'affirmative à cette question, précisant que cette période couvrait les quelques heures qui suivent immédiatement la naissance. Ces auteurs soutenaient que la séparation de la mère et du nouveau-né à ce moment pouvait nuire au développement normal du lien d'*attachement* (sentiments de la mère envers le bébé), essentiel au développement normal du bébé. Ils en sont venus à cette conclusion suite à une série d'expériences dans lesquelles ils comparaient des mères et des bébés qui avaient eu des contacts prolongés immédiatement après la naissance, à d'autres qui s'étaient retrouvés dans un milieu hospitalier où les bébés étaient séparés de leur mère pendant de longues périodes de temps. Ils ont relevé des différences dans le lien d'attachement entre ces deux groupes, différences qui persistaient tout au long des premières années de la vie.

Cette recherche a incité plusieurs hôpitaux à mettre sur pied des chambres où la mère et son bébé cohabitent depuis la naissance jusqu'à leur congé. Même si aucun spécialiste du développement n'a critiqué ces changements fort bien accueillis, plusieurs ont vivement réagi à la notion d'une période critique pour la formation du lien d'attachement mutuel entre la mère et l'enfant.

La plupart des critiques sont fondées sur le fait que les études complémentaires n'ont pas confirmé les conclusions initiales (Lamb, 1982a, 1982b; Rutter, 1979; Chess et Thomas, 1982). Même si certaines mères dans certaines circonstances ont semblé développer un lien d'attachement très étroit avec leur bébé suite à des premiers contacts prolongés, on n'en a pas démontré les effets à long terme. Klaus et Kennell ont modifié leur position initiale en 1982 et, en 1983, la chercheure et psychiatre Stella Chess écrivait: «les théories du développement humain rejettent maintenant l'hypothèse d'une *période critique*» (p. 975). Cette conclusion a contribué à soulager les parents adoptifs et à rassurer ceux qu'on avait séparé de leur enfant immédiatement après la naissance. La question du lien d'attachement n'en demeure cependant pas moins vitale, et plusieurs spécialistes du développement recommandent de poursuivre les recherches dans le domaine, particulièrement auprès des groupes à risque (tels que les enfants issus de milieux pauvres ou de familles monoparentales) pour identifier les facteurs qui, outre les premiers contacts, pourraient affecter les liens d'attachement parents-enfant (Lamb et coll., 1983).

Heureusement, l'organisme humain est remarquablement résistant, et des bébés ont réussi à surmonter des premières expériences des plus traumatisantes pour devenir des individus bien adaptés. Comme l'a souligné Ainsworth (1982), les événements qui se produisent tout au long de l'enfance peuvent contribuer à modifier la nature de l'attachement pour le meilleur et pour le pire. Nous aimerions aller plus loin et dire que les événements qui se produisent tout au cours de la vie peuvent profondément affecter les individus. Comme l'écrivait Chess (1983): «L'enfant qui a subi un traumatisme affectif n'est pas condamné, les premières erreurs des parents ne sont pas irrévocables et, à tout âge, notre intervention préventive et thérapeutique peut changer le cours des choses» (p. 976).

«allaités» par les «mères» de tissu éponge, chaudes et agréables à caresser.

Quand on a laissé les singes libres d'aller à l'une ou l'autre «mère», tous ont passé plus de temps accrochés au substitut en tissu éponge, même ceux qui avaient été nourris exclusive-

ment par le substitut métallique. Placés dans une pièce inconnue, les bébés «liés» aux substituts en tissu manifestaient plus d'intérêt naturel pour l'exploration que les petits élevés par les substituts métalliques, même si leur «mère» y était (Harlow et Zimmerman, 1959). De plus, les singes se souvinrent davantage des substituts en tissu. Après une séparation d'une année, les singes élevés par les substituts en tissu coururent avec empressement embrasser ces derniers, tandis que les singes élevés par les substituts métalliques ne manifestèrent aucun intérêt pour eux (Harlow et Zimmerman, 1959). La relation mère-enfant ne repose donc pas uniquement sur la fonction alimentaire; elle se fonde également sur le bien-être que procure le contact corporel étroit et, chez le singe, sur la satisfaction du besoin inné de «s'accrocher». Même les singes élevés par des substituts en tissu n'ont pas connu un développement normal (Harlow et Harlow, 1962). Arrivés à maturité, ils se sont montrés incapables de materner leurs propres petits (Suomi et Harlow, 1972). Le fait qu'un mannequin de tissu ne procure pas le même genre de stimulation qu'une mère naturelle vivante n'est pas surprenant en soi. Une des tâches majeures de la psychologie moderne consiste à découvrir la contribution précise des parents au développement affectif normal de leurs enfants.

L'attachement mutuel de la mère et de l'enfant

Lorsque la mère d'Éric est dans la pièce, il la regarde, lui sourit, lui parle et va vers elle. Quand elle quitte la pièce, il pleure; quand elle y revient, il pousse un cri de joie. Quand il est effrayé ou malheureux, il s'agrippe à sa mère. Éric a établi son premier attachement à une autre personne.

L'**attachement** est une relation affectueuse réciproque et active qui s'établit entre deux personnes uniques. Les échanges entre ces deux personnes contribuent à renforcer et à affirmer ce lien. Comme l'affirme Ainsworth (1979), il se peut que «l'attachement de l'enfant à une figure maternelle soit un aspect fondamental du programme génétique de l'espèce humaine» (p. 932). Il n'est pas nécessaire qu'elle soit la mère biologique de l'enfant; elle peut être *toute* personne qui a la responsabilité première de l'enfant. L'intérêt manifesté pour les recherches sur l'attachement provient sans doute en partie de la croyance répandue selon laquelle la capacité de former des liens intimes plus tard dans la vie dépendrait de la qualité des attachements qu'un individu crée dès la petite enfance.

Comment mesure-t-on l'attachement? Une façon de faire consiste à créer une situation de laboratoire qui suscite des comportements d'inti-

Les expériences célèbres de Harry et Margaret Harlow font ressortir que la fonction alimentaire n'est pas l'unique chemin de la relation mère-enfant. Lorsque de jeunes singes rhésus pouvaient choisir entre une «mère» substitut métallique grâce à laquelle ils pouvaient être nourris avec un biberon et une «mère» de tissu éponge qui offrait chaleur et douceur, mais aucune nourriture, ils optaient généralement pour cette dernière et passaient plus de temps accrochés à elle. (Gracieuseté de Harry Harlow/University of Wisconsin Primate Laboratory)

mité entre un adulte et un enfant. Ainsworth a imaginé une *situation non familière* en huit épisodes. La mère et l'enfant pénètrent dans une pièce qui ne leur est pas familière; la mère s'assoit et le bébé est libre d'explorer les alentours; un adulte étranger entre; le bébé reste seul avec l'étranger; la mère revient et l'étranger quitte la pièce; l'étranger revient et se substitue à la mère; enfin, l'étranger repart au moment où la mère revient. Elle encourage le bébé à poursuivre son exploration et ses jeux et le réconforte s'il semble en avoir besoin (Ainsworth, Blehar, Waters et Wall, 1978).

Ainsworth et ses collaborateurs ont soumis des enfants de 1 an à cette situation nouvelle et ont trouvé trois formes principales d'attachement: l'*attachement sécure* (la catégorie la plus courante qui regroupait 66 % des enfants) et deux formes anxiogènes: l'*attachement fuyant* (20 % des bébés) et l'*attachement ambivalent* (12 % des bébés). Les chercheurs ont également observé ces enfants dans leur foyer tout au long de leur première année.

Le bébé *sécure* se sépare aisément de sa mère pour explorer les alentours. Devant la séparation, il recherche activement un réconfort, puis poursuit son exploration. Il est normalement coopératif et pacifique.

L'enfant *fuyant* pleure rarement lorsque sa mère le quitte, mais il l'évite lorsqu'elle revient. Ce bébé ne va pas chercher réponse à ses besoins et a tendance à être très colérique. Il n'aime pas qu'on le prenne dans les bras, mais il aime encore moins qu'on le mette par terre.

L'enfant *ambivalent* devient anxieux avant même que sa mère ne le quitte. Il est extrêmement bouleversé lorsqu'elle part et, à son retour, il manifeste son ambivalence en cherchant un contact avec elle tout en lui résistant par des coups de pieds et des contorsions.

Ainsworth (1982) affirme que ces modes de comportement nous en apprennent plus sur l'attachement que certains comportements pris isolément, comme les pleurs, les sourires ou les contacts avec la mère; ils sont relativement stables dans le temps, à moins que des changements importants ne surviennent dans le quotidien de la mère ou de l'enfant. Ainsworth pense que ces patterns se développent au moment où l'enfant se construit un «modèle effectif» du comportement de sa mère. Tant qu'elle agit conformément à ce modèle, celui-ci persiste inchangé; si mère modifie sensiblement sa manière d'agir avec l'enfant, le bébé

révise et ajuste son modèle. La nature même du lien mère-enfant peut alors s'en trouver modifiée. Comme nous le verrons dans la section suivante, des recherches récentes ont produit des résultats à l'appui des hypothèses d'Ainsworth.

La personnalité propre du bébé exerce également une influence sur le processus d'attachement. Les manières particulières à chaque enfant de se blottir, de pleurer ou de s'adapter à des situations nouvelles peuvent affecter la qualité du lien mère-enfant.

La contribution de la mère. L'attachement se développe lorsque la mère se montre affectueuse et attentive aux besoins de son enfant. Pour créer un lien étroit, la qualité des soins est plus importante que le nombre d'heures passées avec le bébé. L'intensité de l'attachement qui s'établit chez le jeune enfant:

Il se peut fort bien que la capacité de former des liens intimes pendant la vie adulte dépende de la qualité des attachements qu'un être crée dès sa petite enfance. La plupart des recherches dans ce domaine ont privilégié les liens d'attachement entre la mère et l'enfant et ont trouvé que les deux parties y contribuent. Pratiquement, tous les gestes du bébé qui entraînent une réponse constituent un comportement d'attachement; de leur côté, l'affection et les réactions de la mère aux signaux du bébé consolident ce lien d'attachement. (Barbara Burnes/Photo Researchers, Inc.)

«...ne semble pas dépendre uniquement des heures de présence de la mère ou des autres personnes qui s'occupent des besoins physiques de l'enfant; peu importe la quantité des soins physiques et l'habileté avec laquelle ils sont donnés. *Ce qui compte, c'est le temps que la mère consacre à une interaction positive avec son enfant.*» (Clarke-Stewart, 1977, p. 30; l'italique a été ajouté).

Dans l'étude de Ainsworth et de ses collaborateurs (1978), il semble y avoir plusieurs différences marquantes entre les mères des bébés des trois catégories d'attachement. Par exemple, les mères des bébés «sécures» sont celles qui se sont montrées les plus réceptives aux demandes de leur bébé durant toute la première année de la vie de l'enfant. Elles observaient vraiment les «demandes» de boire; elles répondaient aussi aux signaux du bébé leur indiquant quand arrêter, à quel rythme (rapide ou lent) le nourrir et suivant quel calendrier introduire de nouveaux mets (Ainsworth, 1979). De plus, ces mères avaient tendance à tenir leur bébé plus près de leur corps que les mères des deux autres groupes.

Au contraire, les mères des bébés fuyants étaient les plus colériques des trois groupes; elles exprimaient difficilement leurs émotions et étaient avares de contacts physiques intimes avec leur bébé. Ainsworth conclut que la distance physique et les rebuffades que subissaient ces bébés contribuaient à leur comportement colérique.

Pourquoi ces femmes agissaient-elles de façon si différente avec leur bébé? La personnalité de la mère, son attitude générale à l'égard des enfants de même que les circonstances de sa vie actuelle (y compris la contribution affective et monétaire du conjoint à la vie de la maison), sont autant d'éléments qui jouent un rôle significatif dans l'éveil de l'amour maternel. Toutes les expériences qu'elle a vécues au cours de sa vie influent sur sa capacité d'établir des liens avec les autres, y compris avec ses propres enfants.

L'importance des événements extérieurs en ce qui a trait à l'attachement a été démontrée par une recherche récente qui a fait ressortir que près de la moitié (47 %) d'un groupe de 43 bébés de classe moyenne avaient modifié leur mode d'attachement entre l'âge de 1 an et de 19 mois (Thompson, Lamb et Estes, 1982). Ces modifications étaient reliées à des changements survenus dans l'organisation de la vie familiale et des

soins à donner à l'enfant. La mère pouvait s'être trouvé un emploi, ou avoir introduit des activités ou des soins nouveaux.

Il est intéressant de constater que les changements observés n'allaient pas tous dans la même direction. Certains bébés sont devenus moins «sécures» dans leur attachement, mais la plupart de ceux chez qui on a observé une modification du lien mère-enfant le sont devenus davantage. Les changements survenus dans la vie quotidienne des bébés «ont forcé, pour ainsi dire, une renégociation de la relation mère-enfant» (p. 148).

La contribution du bébé. Loin d'être le réceptacle passif des méthodes d'éducation, le bébé, nous le savons maintenant, exerce lui-même une influence sur les personnes qui s'en occupent. Toute activité de la part du bébé qui provoque une réaction chez l'adulte constitue en pratique un comportement d'attachement: téter, pleurer, sourire, s'accrocher, s'étouffer, avoir le hoquet, bouger le corps, modifier son rythme respiratoire, éternuer, éructer, regarder sa mère dans les yeux et même souiller sa couche (Richards, 1971; Robson, 1967; Bowlby, 1958).

Dès la huitième semaine, le bébé se met à diriger certains de ces comportements vers sa mère plus que vers n'importe qui d'autre. Ses avances portent fruit quand la mère répond chaleureusement par des contacts physiques fréquents, lui donne la liberté d'explorer et lui fait plaisir (Ainsworth, 1969). Le bébé réalise l'effet qu'ont ses actions, et acquiert progressivement un sentiment d'emprise sur son monde et de confiance en soi.

Les effets à long terme de l'attachement. L'établissement d'un lien d'attachement solide entre le parent et l'enfant semble avoir des conséquences à long terme qui persistent au moins jusqu'à l'âge de 5 ans. Lors d'un suivi, des bébés évalués comme «sécures» à l'âge de 18 mois, se montraient déjà plus enthousiastes, persistants, coopératifs et, dans l'ensemble, plus efficaces que les bébés «anxieux» (Matas, Arend et Sroufe, 1978). À 3 ans et demi, on les décrivait comme «des meneurs, impliqués socialement, capables d'attirer l'attention des autres, curieux et activement engagés dans leur cadre naturel» (Water, Wippman et Sroufe, 1970, cités dans Sroufe, 1979, p. 839). À l'âge de 4 ou 5 ans, il se montraient plus curieux et plus compétents (Arend, Gove et Sroufe, 1979).

Le bon sens pourrait nous amener à penser que les bébés trop attachés à leur mère deviendront des enfants très dépendants des adultes en général. Mais les recherches contredisent cette croyance. Paradoxalement, plus l'attachement de l'enfant envers l'adulte qui s'occupe de lui est fort, plus il lui sera facile de s'en détacher. Les enfants sécures n'ont pas besoin de demeurer tout près de leur mère. Sachant qu'ils peuvent toujours revenir vers ce lieu rassurant, ils se sentent libres d'explorer, y retournant périodiquement pour se rassurer. Cette liberté de mouvement semble avoir des effets importants sur le développement de la personnalité, car elle permet à l'enfant de tenter des expériences nouvelles, d'attaquer des problèmes de façons nouvelles et, dans l'ensemble, d'entretenir des attitudes plus positives à l'égard de l'inconnu.

Une étude menée auprès d'enfants de 4 et 5 ans a permis de constater que les enfants qui ont développé un sentiment de sécurité à l'âge de 12 et de 18 mois sont généralement plus indépendants et qu'ils ne demandent l'aide des éducateurs de leur garderie que lorsqu'ils en ont vraiment besoin. Par contre, les enfants plus «anxieux» sont généralement tellement dépendants des éducateurs, que leurs besoins de contact, d'approbation et d'attention nuisent à l'établissement de liens avec les autres enfants et aux apprentissages courants à leur âge (Sroufe, Fox et Pancake, 1983).

Les bébés qui ont la chance d'interagir avec d'autres personnes s'y attachent. Le bébé ne s'attache pas à sa mère uniquement parce qu'elle le nourrit. Ceci constitue un argument puissant en faveur d'une extension de la fonction maternelle à d'autres que la mère biologique. Cette dernière est peut-être la seule qui peut offrir le sein à son bébé, mais le père, les grands-parents, les amis et les gardiens peuvent tout aussi bien le réconforter, jouer avec lui et le protéger contre les dangers. En réalité, une étude récente auprès d'enfants qui ont souffert de négligence et d'abus extrêmes de la part de leurs parents a démontré que la présence positive d'un membre de la famille (comme une grand-mère) permet souvent à ces enfants d'établir un lien d'attachement positif et de compenser, au moins en partie, les mauvais traitements subis antérieurement (Egeland et Sroufe, 1981).

Le rôle du père

Dans toutes les couches de la société, on remarque la présence de plus en plus grande du père auprès de ses enfants. Les messages publicitaires nous renvoient des images de pères qui changent la couche ou qui donnent le bain à leur bébé. Les magasins d'accessoires pour bébés vendent des poussettes au manche plus long et des sacs à couches dépouillés de leurs dentelles. Les psychologues ont observé la présence masculine dans les garderies, ils peuvent l'avoir vécu personnellement et ils sont de plus en plus nombreux à s'intéresser au rôle du père dans la vie de ses enfants, un rôle qu'on a jusqu'ici ignoré ou minimisé.

Les résultats de ces recherches confirment l'importance du père. Des attachements et des liens mutuels s'établissent entre lui et son enfant durant la première année de la vie, et le père continue par la suite d'exercer une forte influence sur le développement social, affectif et cognitif de son enfant.

La plupart des recherches sur le rôle du père ont tenté de répondre à l'une ou l'autre des questions suivantes (Lamb, 1981):

- À quel moment le bébé forme-t-il un lien avec son père?
- Comment le père agit-il avec le jeune bébé?
- En quoi les rapports du bébé avec son père se rapprochent-ils ou diffèrent-ils de ceux qu'il entretient avec sa mère?
- Quelle est la signification de la relation père-enfant?

À quel moment le bébé forme-t-il des liens d'attachement avec son père?

Parmi un groupe de nouveaux pères interviewés par Greenberg et Morris (1974), presque tous s'étaient attachés étroitement à leur bébé dès le troisième jour après la naissance. Le bébé avait contribué autant que le père à la formation de ce lien. Cet attachement du père à son enfant provient aussi du sentiment, chez le père, que le bébé occupe une grande place dans sa vie, et de l'estime de soi que ce lien lui procure.

Peu de temps après la naissance de leur enfant, ces pères prenaient plaisir à le regarder et le trouvaient beau. Ils avaient le goût de le prendre, de le caresser et le considéraient comme tout à fait unique et parfait. C'est en faisant ce que tout bébé normal fait que l'enfant contribue à créer ce lien. Quand il ouvre les yeux en présence de son père, lui saisit les doigts ou bouge dans ses bras, il transmet le sentiment de sa propre vitalité et provoque des réactions positives de la part de son père.

Encadré 5.2

Le père devrait-il s'engager davantage dans les soins aux nourrissons?

«Dans le cadre de leurs travaux sur les déterminants de l'inceste, phénomène impliquant le père et sa fille dans 75 % des cas, Parker et Parker (1985) posent l'hypothèse d'un lien père-enfant défectueux au cours des toutes premières années de la vie de l'enfant. Pour ces auteurs, ce serait davantage l'intimité père-fille au cours des premières années de la vie de cette dernière que le lien génétique, qui provoquerait le désintérêt sexuel ultérieur. Ainsi, on a observé chez les humains non-parents élevés ensemble le même type de désintérêt, à l'âge adulte, que celui normalement rencontré entre membres d'une même famille.

Parker et coll. (1985) ont constaté que les deux facteurs les plus importants permettant de prévoir un risque d'inceste de la part d'un père envers sa fille étaient: a) une relation inadéquate entre ce père et ses propres parents au cours de son enfance; b) un manque de contacts physiques et d'engagement général vis-à-vis de sa fille au cours des trois premières années de la vie de cette dernière. Pour ces auteurs, les pères qui sont directement engagés dans les soins et l'éducation de leurs enfants sont peu enclins à évoluer ultérieurement vers l'abus sexuel de ces derniers.» (Cloutier, 1987, dans DeGrâce et Joshi, p. 137-138)

Dans une étude visant à évaluer l'intensité des liens qui unissent les bébés à leur père, Kotelchuck (1973) a observé des garçons et des filles âgés de 6, 9, 12, 15, 18 et 21 mois et a constaté que les bébés de 12 mois et plus s'objectent au départ de leur père autant qu'à celui de leur mère. Ces bébés ont donc formé un lien d'attachement à leur père, contrairement à ceux de 6 et de 9 mois qui ne protestent contre aucun des départs.

Les réactions des bébés aux deux parents étaient assez semblables dans l'ensemble. Un peu plus de la moitié d'entre eux manifestaient une préférence pour la mère quand les deux parents étaient présents, le quart préféraient le père et le cinquième allaient indifféremment vers l'un ou l'autre parent. En somme, près de la moitié des bébés s'étaient attachés autant sinon plus à leur père qu'à leur mère.

Comment le père agit-il avec le jeune bébé?

Tandis que les premières recherches sur la relation père-enfant tentaient de déterminer le temps que les pères consacrent à leur bébé, les recherches plus récentes insistent plutôt sur ce que fait le père avec ce dernier. Certaines montrent que le père adapte son langage pour «parler bébé» (tel que décrit au chapitre 4), qu'il réagit aux signaux du bébé pendant le boire pour s'ajuster

à son rythme et qu'il subit des changements physiologiques lorsqu'il voit des bébés crier ou sourire sur un écran de télévision (Lamb, 1981) (modification du rythme cardiaque, de la pression sanguine et de la réponse galvanique). En un mot, le père se comporte tout à fait comme la mère. Malgré la croyance répandue selon laquelle la femme serait biologiquement prédisposée à réagir aux signaux du bébé, ces résultats suggèrent qu'il peut bien ne pas y avoir de base biologique aux différences souvent observées entre les comportements des hommes et des femmes face aux enfants (Lamb, 1981, p. 463).

Toutefois, les pères ne réagissent typiquement pas aussi promptement que les mères aux demandes de leur enfant. Cela reflète probablement des attentes sociales qui n'encouragent pas le père à prendre un rôle actif dans l'éducation de l'enfant. Et ce rôle actif, ou la quantité de soins qu'un adulte procure à un bébé, semble capital dans l'éveil de sa sensibilité aux signaux du bébé (Zelazo, Kotelchuck, Barber et Davis, 1977).

Dans notre société, les pères s'*occupent* moins de leurs bébés qu'ils ne *jouent* avec eux (Kotelchuck, 1975; Clarke-Stewart, 1978; Rendina et Dickerscheid, 1976). Les bébés ne vivent pas les mêmes expériences avec leur père qu'avec leur mère. Lorsqu'on enregistre sur bande magnétoscopique des pères en présence de leur bébé de 2 à 25 semaines, on observe qu'ils lui procurent plutôt des stimulations cour-

La tendance actuelle veut que les pères s'occupent davantage de leurs enfants dès la petite enfance.

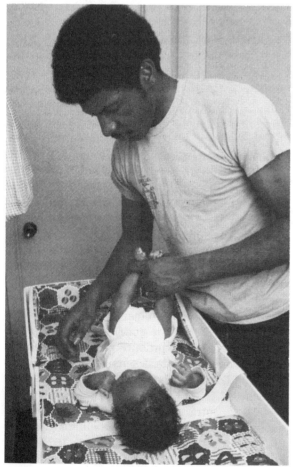

se livrent pas aux mêmes jeux que les mères; ils vont plutôt lancer le bébé en l'air et se chamailler avec les plus âgés, alors que les mères jouent des jeux plus doux, chantent et font la lecture (Lamb, 1977; Parke et Tinsley, 1981).

Chose intéressante, le portrait est tout à fait différent dans les familles où la mère travaille à plein temps à l'extérieur du foyer. La mère travailleuse stimule beaucoup plus son bébé que celle au foyer, et elle joue davantage avec lui que son conjoint. Elle continue toutefois de s'occuper du bébé plus que le père (Pederson, Cain et Zaslow, 1982). Une autre étude auprès de pères qui étaient les premiers responsables des soins à l'enfant a montré que ces pères agissent davantage comme des mères que ceux qui n'en sont pas les principaux responsables (Field, 1978). Il est donc fort plausible de penser que les attentes de la société, quant aux rôles respectifs du père et de la mère face à l'enfant, influencent le style de comportement parental qu'ils adoptent l'un et l'autre.

En quoi les rapports du bébé avec son père se rapprochent-ils ou diffèrent-ils de ceux qu'il entretient avec sa mère?

Durant les deux premières années, le bébé sourit et «parle» souvent davantage au père qu'à la mère, probablement parce que ce dernier fait figure de nouveauté quand la mère a la charge principale de l'enfant (Lamb, 1981). Même si le

tes et intenses tandis que les mères sont plus douces et cadencées; les pères tapotent leur bébé tandis que les mères leur parlent doucement (Yogman et coll., 1977). En outre, les pères ne bébé crée des liens avec sa mère et avec son père à peu près au même moment durant la première année de sa vie et même s'il préfère ses parents à un étranger, il préfère habituellement sa mère à son père, particulièrement lorsqu'il est bouleversé (Lamb, 1981). Cela est probablement dû au fait que c'est elle qui s'occupe le plus souvent de lui. Dans cette perspective, il sera intéressant d'étudier les familles où le père assume la responsabilité principale des soins aux enfants; ce type d'études pourra permettre d'évaluer l'impact que cette situation de responsabilité exerce sur la qualité de la relation père-enfant.

Quelle est la signification de la relation père-enfant?

Les différences entre les hommes et les femmes, tant sur le plan biologique que social, ont pour conséquence que chacun joue un rôle unique au sein de la famille et y apporte une contribution particulière. Par exemple, les jeux plus physiques auxquels le père et l'enfant se livrent ensemble procurent au bébé une expérience particulière: de l'excitation, un défi, une manière de vaincre ses peurs. Bien sûr, il n'y a aucune raison pour que la mère ne procure pas ce même genre de stimulation, et le père, des expériences plus douces. Ce qui compte, c'est la variété des expériences et non pas qui les procure.

Comme nous l'avons mentionné précédemment, les adultes agissent différemment à l'égard du bébé selon qu'il s'agit d'une fille ou d'un garçon. Les pères font une plus grande différence entre les filles et les garçons que les mères, même durant la première année de la vie (Snow, Jacklin et Maccoby, 1983). Cette différence devient plus marquée au cours de la deuxième année; les pères parlent plus et passent plus de temps avec leurs garçons (Lamb, 1981). C'est pourquoi les pères semblent exercer une plus grande influence sur le développement de l'identité sexuelle de leurs enfants et sur l'adoption d'un modèle sexuel.

Certaines recherches laissent également entendre que le père exerce peut-être une plus grande influence que la mère sur le développement cognitif de leur fils. Plus le père porte attention à son jeune fils, plus ce dernier a de chances d'être vif, alerte, curieux et heureux à l'âge de 5 ou 6 mois (Pederson, Rubenstein et Yarrow, 1973). La constatation selon laquelle les jeunes garçons dont le père a quitté le domicile familial sont plus lents au plan cognitif que ceux

élevés par les deux parents (Pederson et coll., 1979), semble accréditer la thèse de l'importance du père dans le développement cognitif. Cependant, cette constatation peut aussi refléter l'effet des désavantages économiques, sociaux et des autres difficultés que connaît la famille monoparentale.

Le seul fait que chaque parent ait sa personnalité propre peut influencer le développement de l'enfant d'une manière encore insoupçonnée. Nous ne connaissons pas les conséquences de la prise de conscience par le bébé du fait que ses actions entraînent des résultats différents, selon qu'elles sont adressées au père ou à la mère. Il semble cependant clair que quiconque joue un rôle important dans la vie quotidienne d'un bébé exercera une influence importante sur lui.

Les réactions face aux étrangers et à la séparation

Qu'est-il arrivé à Virginie? Elle était un bébé si amical; elle souriait aux étrangers et allait à eux en continuant à gazouiller joyeusement tant que quelqu'un — n'importe qui — restait autour. À 8 mois, ce n'est plus le même bébé. Elle hurle quand une personne inconnue l'approche ou quand ses parents la laissent avec une gardienne ou un gardien. Virginie ressent la **crainte des étrangers,** une méfiance à l'égard d'une personne qu'elle ne connaît pas, et l'**angoisse de la séparation,** un sentiment de détresse éprouvé quand la personne qui en prend normalement soin la quitte. Un certain nombre de facteurs contribuent à ce phénomène tout à fait normal.

Certains croient que la crainte des étrangers est un signe qui témoigne de la formation de l'attachement et qui représente un aspect normal du développement. Les bébés «sécures» connaissent une plus grande crainte des étrangers que les bébés «anxieux». En réalité, plusieurs bébés du type «fuyant» préfèrent être pris par un étranger que par leur mère (Harmon, Suwalsky et Klein, 1979). Cependant, le rapport entre l'attachement et l'angoisse de la séparation fonctionne à l'inverse: plus l'attachement de l'enfant est du type «sécurisé», moins l'angoisse de la séparation est grande, probablement parce qu'il a confiance dans le retour de ses parents (Jacobson et Wille, 1984; Ainsworth, 1982). Le bébé manifeste également moins d'anxiété face à la séparation s'il a déjà vécu de brèves séparations d'avec sa mère et constaté que oui, elle revient toujours (Jacobson et Wille, 1984).

L'attachement et la crainte de l'étranger se manifestent habituellement entre l'âge de 8 et de 12 mois, à peu près au moment où le bébé acquiert la permanence de l'objet (étudiée au chapitre 4). C'est sans doute parce qu'il a acquis la capacité cognitive d'utiliser une information déjà stockée en mémoire que le bébé peut maintenant ressentir des émotions de cette nature (Kagan, 1979). En d'autres termes, Virginie est attachée à son père parce que, même en son absence, elle se rappelle le bien-être et la joie qu'elle ressent quand il est avec elle. Elle pleure quand son père quitte la pièce parce qu'elle se rappelle ce qu'elle ressentait quand il était là, mais elle ne peut pas encore prévoir l'effet de son départ. Elle est à un stade de son développement cognitif où elle tente d'anticiper son futur sans encore y parvenir.

Cette explication cognitive de l'angoisse de la séparation nous permet de comprendre pourquoi, dans les différentes sociétés qu'on a pu observer, il arrive rarement qu'avant l'âge de 7 mois, un bébé manifeste du chagrin quand on le laisse aux soins d'un étranger ou dans un endroit qui ne lui est pas familier. Cette explication nous permet aussi de comprendre pourquoi la crainte de l'étranger s'amplifie ensuite, atteint son sommet entre l'âge de 13 et de 15 mois, puis commence à se résorber à partir de l'âge de 3 ans.

La crainte des étrangers est peut-être un phénomène normal, mais non universel. Le nombre d'adultes qu'un bébé connaît a une incidence sur la crainte qu'il éprouvera face aux étrangers. Les bébés élevés dans un milieu où il y a peu d'adultes sont plus craintifs que ceux qui en côtoient fréquemment (Schaffer et Emerson, 1964; Spiro, 1958). Un bébé habitué aux stimulations sensorielles que procurent la télévision, la radio ou une boîte à musique, est également moins sujet à l'angoisse, probablement parce qu'il a l'habitude des situations nouvelles (Moss, Robson et Pederson, 1969).

Ce ne sont pas tous les enfants qui craignent les étrangers, même lorsqu'ils ont atteint l'âge où la crainte des étrangers est un phénomène courant. Il arrive parfois qu'un enfant craigne un étranger dans un contexte donné, mais non dans un autre. Cette crainte semble être liée en bonne partie à la situation; il faut parfois déterminer le niveau d'activité du bébé à l'arrivée de l'étranger pour comprendre sa réaction. On a constaté, dans un groupe de bébés âgés de 1 an, que 40 % d'entre eux ont réagi négativement lorsqu'un étranger a essayé de les prendre et 25 % eurent la même réaction négative face à leur mère (Klein et Durfee, 1975). Le bébé peut réagir négativement parce qu'on l'interrompt dans son activité ou à cause de la façon dont l'étranger l'aborde. Est-ce que le nouveau venu essaie d'attirer l'attention du bébé à partir d'une certaine distance ou fonce-t-il sur l'enfant qui ne s'y attend pas? Les enfants réagissent mal quand on les prend par surprise. La présence ou l'absence des parents influence également la réaction de l'enfant. Ce dernier accepte généralement l'approche d'un étranger plus facilement quand la présence de l'un de ses parents le met en confiance.

Si l'étranger est un autre enfant, l'enfant réagira probablement de façon positive. Les bébés très jeunes sont souvent enchantés par la présence d'un enfant plus âgé. Des chercheurs ont présenté à des bébés âgés de 7 mois à 2 ans une variété d'étrangers, introduits un par un: une fille de 5 ans, un garçon de 5 ans, une femme et un homme de la même taille, un homme de 168 cm, une femme de 160 cm et une femme naine de la taille des enfants de 5 ans (Lewis et Brooks, 1974; Brooks et Lewis, 1976).

Des bébés n'ayant que 7 mois ont souri aux enfants, mais fronçaient les sourcils et s'éloignaient des adultes. Ils ont réagi à la femme naine comme aux autres adultes, mais après l'avoir fixée du regard pendant plus longtemps, indiquant ainsi que les bébés ne se fondent pas uniquement sur la taille pour percevoir l'âge d'une personne. Dans ces expériences, les bébés ont réagi de la même façon aux enfants et aux adultes des deux sexes. D'autres expériences ont montré que le jeune manifeste plus de crainte envers les étrangers qu'envers les étrangères. Cependant, les hommes qui participaient à l'expérience étaient plus grands que les femmes; il est possible que la taille impressionne les enfants plus que le sexe.

Comme nous l'avons déjà souligné, les traits de personnalité de l'enfant peuvent exercer une influence sur plusieurs aspects de leur développement et du déroulement de leur vie. La crainte de l'étranger semble en être un. Un enfant facile ne sera que légèrement troublé (s'il l'est) par un étranger et il s'en remet rapidement, alors qu'un enfant difficile ou lent à s'adapter le sera davantage et pendant plus longtemps (Thomas et Chess, 1977). Dans les deux cas, les parents peuvent intervenir de plusieurs façons pour diminuer l'angoisse de la séparation. L'encadré 5.3 fournit des indications à cet effet.

Encadré 5.3

Comment la mère peut-elle aider son jeune enfant à accepter de se séparer d'elle?

- Jouez à «coucou» avec votre bébé pour qu'il s'habitue à l'idée que vous disparaissez de sa vue et que vous réapparaissez toujours.
- Faites venir une gardienne qui jouera avec votre enfant et s'occupera de lui pendant que vous vaquez à d'autres activités ailleurs dans la maison, les laissant tous deux ensemble sans vous.
- Quittez la pièce pour des périodes de plus en plus longues jusqu'à ce que votre enfant semble à l'aise avec sa gardienne. Sortez alors de la maison pendant de courts instants, puis pour des périodes de plus en plus longues.
- Amenez votre enfant dans des endroits où il pourra s'habituer à la présence d'autres personnes, comme au parc, au terrain de jeu, chez des amis, etc. S'il semble à prime abord mal à l'aise, prenez-le dans vos bras et restez près de lui jusqu'à ce qu'il soit sécure.
- Lorsque vous déposez votre enfant chez la gardienne, laissez-y également un ou plusieurs objets familiers, comme son jouet préféré, sa couverture, sa sucette ou son biberon. Indiquez à la gardienne comment l'enfant aime s'en servir.
- La première fois (ou les premières fois) que vous laissez votre enfant chez une nouvelle gardienne, restez avec lui une partie de la journée ou même toute la journée.
- Indiquez à la gardienne les préférences et les craintes particulières de votre enfant et dites-lui comment le réconforter.
- Les premières fois que votre enfant demeure chez une gardienne sans vous, laissez le numéro de téléphone où elle peut vous joindre en cas de besoin. Si c'est possible, essayez de vous dégager pour vous y rendre en cas d'appel.
- Ne grondez ni ne culpabilisez pas votre enfant pour le forcer à se séparer de vous. Sa difficulté à se séparer est tout a fait normale. C'est en vous montrant patiente et en le rassurant que vous l'aiderez le plus efficacement à surmonter l'angoisse de la séparation.

Source: Tiré de Olds, S. W., 1983, *The Working Parents' Survival Guide*, New York: Bantam.

La présence ou l'absence de frères et soeurs

Si vous avez des frères et des soeurs, les relations que vous entretenez avec eux risquent d'être les plus durables que vous aurez jamais. Elles ont commencé dès la tendre enfance, bien avant que vous ne rencontriez un futur conjoint ou conjointe, et ont des chances de se poursuivre jusque dans la vieillesse, probablement bien longtemps après la mort de vos parents. L'intensité et la nature de ces relations sont tout à fait uniques. Vos frères et soeurs sont des personnes qui partagent vos racines, qui ont reçu les mêmes valeurs, qui s'adressent à vous d'une façon plus objective que vos parents et avec plus de candeur que quiconque. Il n'est donc pas étonnant de constater l'influence qu'exerce la **fratrie** sur nos vies.

L'absence de fratrie exerce aussi une influence sur nos vies, comme l'ont démontré des recherches qui ont mis en évidence des différences entre les enfants uniques et ceux qui ont des frères et soeurs. Notre rang dans la famille (1er, 2e, ... enfant) et l'écart d'âge qui nous sépare de nos frères et soeurs ont aussi leur importance dans la formation de la personnalité. Examinons quelques faits concernant ces différents facteurs.

Le rang dans la fratrie

Les premières recherches sur la fratrie ont porté sur l'ordre des naissances dans la famille. Les résultats les plus nets concernant le **rang dans la fratrie** portent sur le degré élevé de réussite des aînés et des enfants uniques, qui ont plus de chances de faire leurs études collégiales, d'obtenir des mentions honorifiques, de décrocher un doctorat, d'avoir des scores de Q.I. élevés et de connaître la renommée (Sutton-Smith, 1982; Belmont et Marolla, 1973; Helmreich,

1968). Les enfants qui occupent les positions intermédiaires réussissent en général moins bien (Bayer, 1967).

À quoi attribuer ces différences? Une des théories sur la question se base sur les facteurs reliés à l'ordre dans la fratrie, comme le nombre d'enfants dans la famille et le nombre d'années qui les séparent (Zajonc, 1976). Selon ce modèle, l'intelligence d'une personne est fonction du niveau d'intelligence moyen de la famille, sans correction pour l'âge. Plus il y a d'enfants, plus il y a d'individus de moindre intelligence susceptibles de faire baisser la moyenne. Si les frères et sœurs sont très rapprochés, ils s'influencent mutuellement plus que les parents plus intelligents ne le font, contribuant encore à faire baisser le score d'un individu. D'après cette théorie, les aînés, les enfants uniques et les enfants dont la naissance est très éloignée des autres réussissent probablement mieux parce que leurs parents passent plus de temps avec eux, leur parlent davantage, partagent plus d'activités et exigent davantage d'eux.

Dans une expérience conçue pour vérifier cette théorie, des chercheurs ont observé les 176 enfants adoptifs (fratrie par adoption) et les 143 enfants biologiques (fratrie par père et mère biologiques) dans 101 familles adoptives de classe moyenne et élevée (Grotevant, Scarr et Weinberg, 1977). Ils soutiennent que même si les hypothèses de Zajonc se confirment pour des grands groupes d'individus et qu'elles peuvent s'avérer utiles pour prévoir des tendances dans la population, elles ne peuvent s'appliquer à des familles en particulier car elles ne tiennent pas compte du bagage génétique particulier de l'enfant et des facteurs d'influences spécifiques de son environnement. Ces auteurs ont trouvé que le Q.I. des enfants biologiques se rapprochait davantage du Q.I. de leurs parents que celui des enfants adoptifs; ils en ont conclu que la variance génétique constitue un facteur beaucoup plus important que la combinaison du rang dans la fratrie, de la taille de la famille et de l'espacement des naissances.

L'enfant unique

À l'heure actuelle, environ 1 couple sur 10 choisit de n'avoir qu'un enfant. Même si les gens pensent souvent que les enfants uniques sont gâtés, égoïstes, solitaires et mal adaptés, les recherches ne corroborent pas ce point de vue. L'enfant unique a tendance à être brillant, à réussir dans la vie, à avoir confiance en lui-même, à être indépendant et débrouillard; il plaît aux autres enfants et a autant de chances que les autres de connaître le succès dans son travail, dans son mariage et dans ses fonctions parentales. Il fait partie de moins d'organisations, a moins d'amis et une vie sociale moins intense

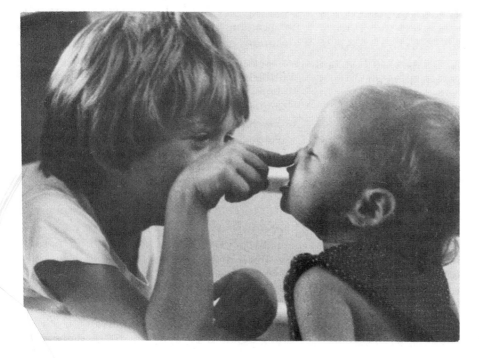

Les marques d'affection et de tendresse sincères caractérisent autant les relations entre frères et sœurs que les rivalités. Les enfants plus âgés aiment souvent jouer avec les plus jeunes et en prendre soin. En retour, les plus jeunes les adorent. (Elisabeth Crews)

que ceux qui ont des frères et sœurs, mais il a des amis intimes, il risque d'occuper un poste de commande dans les associations dont il devient membre et il est tout aussi heureux dans sa vie que ceux qui ont des frères et sœurs (Hawke et Knox, 1978; Blake, 1981; Falbo, 1982). Ayant grandi dans un contexte où il y avait peu de gens autour de lui, il préfère peut être tout simplement ce mode d'être.

Les relations entre frères et sœurs dans l'enfance

Imaginez une scène où se trouvent un enfant de 2 ans avec sa petite sœur ou son petit frère encore bébé. Les premières images qui vous viennent à l'esprit ne représentent-elles pas l'enfant plus âgé qui est contrarié et qui veut frapper le bébé parce qu'il se sent mis à l'écart et jaloux? Si c'est le cas, ce n'est guère surprenant, car cela correspond à l'image que nous nous faisons souvent des premières relations entre frères et sœurs, même si celle-ci ne s'applique pas toujours. Les psychologues ne se sont que tout récemment penchés sur ces relations et leurs effets sur la personnalité. Leurs découvertes sont fascinantes. Même si on constate souvent des rivalités entre frères et sœurs, on y remarque également des marques sincères d'affection et de tendresse.

Ceci ne devrait pas nous étonner car les gens éprouvent souvent des sentiments affectueux à l'égard des êtres qu'ils connaissent le mieux, et les frères et sœurs apprennent à très bien se connaître dès la plus tendre enfance. Durant la seconde moitié de la première année de la vie, les interactions entre frères et sœurs prennent de plus en plus d'ampleur et les enfants de 1 an passent autant de temps avec leurs frères et sœurs qu'avec leur mère, et beaucoup plus encore qu'avec leur père (Dunn et Kendrick, 1982; Lawson et Ingleby, 1974)[2]. Dans plusieurs sociétés à travers le monde, y compris la nôtre, les frères et sœurs plus âgés s'occupent des plus jeunes.

Que font ces frères et sœurs lorsqu'ils se retrouvent ensemble? Ils s'imitent beaucoup; la plupart du temps les plus jeunes imitent les plus

vieux, mais c'est parfois le contraire. Les enfants plus jeunes semblent retirer un grand plaisir à faire la même chose que les plus vieux (Dunn, 1983). Ceci permet peut-être d'expliquer les découvertes sur l'adoption d'un modèle sexuel, dont nous avons parlé plus haut: si la petite fille imite son grand frère, elle intériorise peut-être certaines caratéristiques perçues comme masculines, et vice versa.

Les enfants de moins de 3 ans étreignent et embrassent leurs cadets, et ils les réconfortent lorsqu'ils sont troublés. Mais ils les taquinent et les agacent aussi et, vers l'âge de 2 ans, les plus jeunes se mettent à taquiner et agacer les plus vieux à leur tour. Les rapports ne sont pas toujours harmonieux; l'un (plus souvent le plus jeune) agira amicalement alors que l'autre se montrera hostile et agressif. Lorsque cela se produit, nous pouvons voir comment les frères et sœurs se créent mutuellement des environnements très différents (Dunn et Kendrick, 1982; Pepler, Corter et Abramovitch, 1982).

Comment détermine-t-on l'aspect de ces environnements? Dans une étude, des chercheurs ont observé 34 couples de frères et sœurs du même sexe issus de familles de classe moyenne de deux enfants. La moyenne d'âge des plus jeunes était de 20 mois et celle des aînés, de 1 à 2 ans de plus, soit entre 2 ans et demi et 4 ans. Après deux séances d'observation d'une heure dans le foyer des enfants, ils ont classé le comportement de ces derniers en trois catégories: *prosocial* ou altruiste (partager, coopérer, étreindre, etc.), *antagoniste* (insulter, menacer, frapper) ou *imitatif*. Ils ont constaté que les frères et sœurs s'influençaient tous jusqu'à un certain point. Les plus âgés prenaient plus souvent l'initiative de comportements positifs ou négatifs, et les plus jeunes imitaient davantage. Les garçons plus âgés étaient plus agressifs; quant aux filles plus âgées, elles se montraient plus altruistes. Leur conclusion: les interactions dans la fratrie sont «riches et variées et ne se fondent certainement pas de façon prédominante sur la rivalité» (Abramovitch, Corter et Lando, 1979, p. 1003).

À peine âgée de 1 an, Sophie s'exclame: «bébé», en désignant ses sœurs âgées respecti-

---

2 Le fait que les frères et sœurs ne partagent pas beaucoup leurs activités lorsqu'on les observe dans un laboratoire de psychologie (Lamb, 1978) souligne l'importance pour les psychologues du développement d'étudier les enfants dans plus d'un contexte, et particulièrement dans le cadre de vie habituel de l'enfant. La présence de nouveaux jouets dans le laboratoire est si passionnante pour les jeunes enfants que leur comportement habituel peut en être modifié (Dunn, 1983).

vement de 4 et de 6 ans, mettant ainsi des mots sur ses sentiments d'attachement à leur égard. Ces sentiments sont très courants; le bébé manifestera son attachement en se montrant bouleversé lorsque ses frères et sœurs s'en vont et en les saluant à leur retour; il les préfère à d'autres compagnons de jeu et accourt vers eux pour se rassurer lorsqu'un étranger se présente (Dunn 1983; Stewart, 1983).

La nature de ces environnements sociaux n'affecte pas seulement les rapports ultérieurs entre frères et sœurs, mais aussi la personnalité de chacun (Dunn, 1983). Ainsi, la capacité de jouer des rôles et la sensibilité sociale sont plus développées chez les enfants de 4 ans qui entretiennent des rapports étroits avec leurs frères et sœurs (Light, 1979), mais on ne sait pas lequel des deux facteurs vient en premier. Les psychologues divergent quant à leurs évaluations des relations entre frères et sœurs dans la petite enfance. Les uns pensent que l'hostilité et l'agressivité qu'un bébé subit de son frère ou de sa sœur de seulement un an son aîné risquent de nuire à son développement (White, 1975). Les autres prétendent que les naissances rapprochées favorisent l'intimité et la coopération et aident les enfants à apprendre à faire face à la compétition entre pairs dès un très jeune âge (Gardner, 1973).

La naissance d'un petit frère ou d'une petite sœur modifie l'approche de la mère à l'égard de son aîné. Elle risque de jouer moins souvent avec lui, d'être moins sensible à ses intérêts, de lui donner plus de directives, d'avoir des confrontations plus nombreuses et de s'adonner moins souvent à des conversations et à des jeux avec lui (Dunn et Kendrick, 1980). Cette situation fait ressortir un aspect important de la personnalité de l'enfant. Certains enfants réagissent à cette diminution de contact de la part de la mère en prenant eux-mêmes l'initiative des rapports: ils vont vers elle pour engager une conversation ou lui demandent de jouer avec eux. Par contre, d'autres enfants réagissent en se retirant. Les premiers restent près de leur mère, tandis que les seconds souffrent d'une perte de contact. À ce stade-ci de la recherche, nous ne pouvons qu'émettre l'hypothèse que les enfants qui prennent des initiatives ne ressentent pas autant de rivalité à l'égard de leurs petits frères ou petites sœurs, car ils ont trouvé le moyen de sauvegarder leur intimité avec leur mère, tandis que les enfants qui se retirent perdent davantage et éprouvent donc plus de ressentiment à l'égard de l'usurpateur: le nouveau bébé.

Comment les parents peuvent-ils favoriser des rapports positifs entre frères et soeurs?

L'arrivée d'un nouveau bébé entraîne des réactions très variées selon les enfants. Certains régressent: ils se remettent à sucer leur pouce et à mouiller leur culotte, demandent le sein ou le biberon ou «parlent bébé». D'autres se referment, deviennent silencieux et refusent de parler ou de jouer. Les uns iront jusqu'à proposer ouvertement de retourner le bébé à l'hôpital, de le donner ou de le jeter dans la toilette. D'autres seront fiers d'être «les grands» qui peuvent s'habiller sans aide, aller sur le pot, manger leurs repas à table avec les adultes et aider à prendre soin du nouveau bébé. Plus l'aîné se sent sécurisé, moins il risque d'éprouver du ressentiment à l'égard du nouveau venu.

Même s'il n'existe que très peu de recherches sur le fait d'encourager des attitudes positives, la sagesse populaire, telle qu'alimentée par les écrits du pédiatre Benjamin Spock (1976) et d'autres, incite les parents à s'y prendre à l'avance pour préparer l'aîné à la naissance d'un nouveau bébé et l'amener progressivement à accepter les changements qui s'imposent dans sa vie (comme déménager dans une nouvelle chambre, dormir dans un lit plus grand ou aller à la garderie). Les parents doivent considérer les sentiments d'angoisse et de jalousie de leur enfant comme des phénomènes normaux, tout en prenant les précautions nécessaires pour protéger le nouveau bébé contre l'expression de ces sentiments.

Enfin, l'enfant s'adapte mieux à la naissance d'un nouveau bébé si son père lui consacre plus de temps et d'attention pour compenser la mobilisation soudaine de sa mère auprès du nouveau bébé (Lamb, 1978).

Les difficultés de l'enfant séparé de ses parents

La plupart des mères et des pères forment des liens d'attachement avec leurs enfants dès un très jeune âge, et ces liens exercent une influence majeure sur le développement physique et intellectuel de l'enfant, ainsi que sur la formation de sa personnalité. Quand des événements viennent en entraver la formation, qu'il s'agisse du départ d'un parent du domicile familial ou encore du retrait préventif de l'enfant quand le milieu parental risque de porter atteinte à son intégrité physique ou psychologique, des conséquences sérieuses peuvent s'ensuivre.

Qu'arrive-t-il aux enfants privés de leur mère tôt dans la vie? Cela dépend de plusieurs facteurs: du motif de la séparation, de la qualité de la relation parent-enfant avant et après la séparation, de l'âge et du niveau de maturité de l'enfant et de la qualité des soins qu'il reçoit des personnes qui l'entourent.

Au cours des 35 dernières années, ou à peu près, une grande partie des recherches traitant des soins à donner à l'enfant ont subi l'influence des travaux de quelques chercheurs qui ont fait ressortir les effets désastreux de la vie en institution sur le développement physique, intellectuel et affectif de l'enfant. Ces observations ont contribué dans une large mesure à favoriser la garde des enfants en foyers nourriciers plutôt que dans de grandes institutions. Malheureusement, ces mêmes travaux se sont également prêtés à plusieurs interprétations abusives au sujet des effets des séparations de courte durée comme celles vécues quotidiennement par l'enfant dont les deux parents travaillent à l'extérieur. Ces parents en ont souvent éprouvé de la culpabilité et des remords indus.

Que savons-nous des effets de la séparation de l'enfant et de ses parents? Abordons la question par type de séparation.

La vie en institution

À l'époque où la coutume voulait que les orphelins et les enfants de parents incapables de s'en occuper soient confiés aux orphelinats, plus du tiers d'entre eux mouraient en institution au cours de la première année (Spitz, 1945). Les enfants qui devaient séjourner longtemps en institution connaissaient une baisse de rendement intellectuel et développaient des problèmes psychiatriques majeurs.

L'effet désastreux de l'institutionnalisation à long terme d'enfants sains prend le nom d'*hospitalisme*, par opposition au mot *hospitalisation* qui désigne les soins hospitaliers offerts à un enfant malade (Spitz, 1945). Spitz (1946, 1945) a comparé 134 bébés de moins de 1 an qui vivaient en institution à 134 bébés élevés à la maison. À la fin de la première année, les enfants du groupe témoin et ceux élevés dans l'une des institutions (appelée «pouponnière») s'étaient

développés normalement. Par ailleurs, les enfants confiés à l'orphelinat s'étaient spectaculairement détériorés.

Quelle était la différence entre les deux institutions? Les bébés de la pouponnière étaient nés de mères délinquantes, dont plusieurs étaient perturbées ou arriérées. Ceux de l'orphelinat provenaient de milieux divers, dont plusieurs étaient plutôt favorisés. La différence la plus significative entre ces foyers tenait à l'attention accordée à chaque bébé en particulier. Dans la pouponnière, tous les bébés recevaient des soins constants, soit de leur propre mère, soit d'employés à temps plein. À l'orphelinat, huit enfants devaient se partager une seule infirmière. Ces enfants étaient généralement plus petits et plus maigres que ceux de la pouponnière, ils étaient également plus sujets à la maladie et beaucoup en mouraient. Leur quotient de développement, évalué au départ à 124, était descendu à 75 à la fin de la première année et à 45 à la fin de la deuxième. Les études de Spitz ont fait ressortir la nécessité urgente de fournir aux enfants des soins qui se rapprochent le plus possible des «bons soins maternels».

> «Les travaux de Spitz ont accéléré le mouvement en faveur des foyers nourriciers plutôt que des institutions, et de l'adoption précoce; il était évidemment insensé de continuer la pratique courante dans les années 1930 et 1940, qui consistait à retarder l'adoption jusqu'à ce qu'il devienne plus facile d'évaluer le quotient intellectuel de l'enfant (dans le but d'assortir enfant et parents adoptifs), puisque ce délai lui-même avait un effet très nocif sur son Q.I.» (Stone et coll., 1973, p. 745).

La qualité des soins offerts par une institution est d'une importance capitale pour les enfants qui doivent y vivre. D'autres recherches ont confirmé les conclusions de Spitz, à savoir que «les enfants élevés dans un foyer bien tenu ne connaissent pas de baisse de leur rendement intellectuel général» (Rutter, 1979, p. 151). Le facteur décisif semble être la variété des expériences actives significatives offertes à l'enfant, y compris d'abondantes conversations.

La garde en institution entraîne toutefois un autre problème important. Les enfants confiés à des institutions (y compris celles qui offrent de bons soins) durant les deux premières années de leur vie et qui ne sont pas adoptés avant l'âge de 4 ans, éprouveront probablement plus tard de la difficulté à se faire des amis et à créer des liens étroits avec les autres. Ce phénomène se produit moins souvent chez les enfants qui sont confiés plus tard à une institution. Ce n'est pas la séparation d'avec les parents qui semble en être la cause, puisque les enfants élevés en foyer nourricier sont peu sujets à ce type de difficulté. Selon Rutter (1979):

«C'est le manque d'occasions offertes au tout jeune enfant de former des liens affectifs privilégiés avec certaines personnes qui constitue le facteur dommageable. Les enfants peuvent s'adapter au fait que plusieurs personnes s'occupent d'eux, mais ce qui semble leur être préjudiciable, c'est le changement fréquent des personnes qui en sont responsables. Si les institutions pouvaient assurer à l'enfant des soins personnels prodigués par le même groupe limité d'adultes pendant les deux premières années de sa vie, l'enfant se développerait peut-être normalement au plan social. Cette personnalisation des soins est cependant difficile à assurer dans la pratique, et les enfants élevés en institution demeurent des enfants à risque.» (p. 151)

À l'heure actuelle, les crèches et les orphelinats ont complètement disparu du paysage québécois. La législation sur l'avortement, la diffusion de l'information relative aux différentes méthodes contraceptives, leur utilisation plus répandue, une tolérance accrue de la société à l'égard des mères célibataires ont fait chuter le nombre de bébés offerts en adoption et rendu inutile l'institutionnalisation d'enfants privés de foyer. Cette chute a été si spectaculaire que la situation de l'adoption aujourd'hui est exactement l'inverse de celle qui prévalait dans les années 1950. Aujourd'hui le nombre de couples désireux d'adopter un enfant est supérieur au nombre d'enfants sans famille, de telle sorte qu'il faut maintenant regarder du côté de l'adoption internationale pour répondre à la demande.

L'enrichissement de l'environnement des enfants séparés de leur mère

Les jeunes enfants hospitalisés ou placés en institution manifestent habituellement une baisse d'intérêt au monde extérieur et ce, jusqu'à leur retour à la maison. Certains croient que ce déclin apparent des aptitudes intellectuelles du bébé ne correspond pas à une baisse réelle; il indiquerait simplement qu'un bébé a moins de motivation pour réagir à un étranger qu'à ses parents. Il peut ne pas être suffisamment stimulé en institution, ou réagir négativement à des gens et à un endroit qui lui sont étrangers. Lorsque les personnes responsables accordent beaucoup d'attention au bébé, elles peuvent l'aider à surmonter ces difficultés. Un bébé de plus de 6 mois réagira mieux à une personne à qui il peut s'attacher comme à un substitut maternel.

Dans une étude qui portait sur les bébés élevés en institution, la psychologue chercheuse a elle-même servi de substitut maternel. Pendant huit semaines, sept heures et demi par jour et cinq jours par semaine, Rheingold (1956) s'est occupée d'un groupe de huit enfants d'environ 6 mois. Elle jouait avec ces bébés, les nourrissait, les changeait de couches et leur prodiguait tous les soins qu'une mère fournit à un bébé de cet âge. Un groupe témoin de huit bébés reçut les soins institutionnels habituels, c'est-à-dire une attention adéquate portée aux besoins physiques, par une variété de personnes responsables. Au bout de deux mois, les bébés entourés de soins «maternels» accusaient des différences spectaculaires par rapport aux enfants du groupe témoin; ils étaient beaucoup plus portés à sourire, et à babiller à l'expérimentatrice et aux autres adultes. Un an et demi plus tard, les bébés du groupe expérimental vocalisaient toujours plus que ceux du groupe témoin, mais c'était le seul trait qui différenciait les bébés des deux groupes. Tous ces bébés vivaient alors dans des foyers nourriciers ou adoptifs. La période d'enrichissement avait peut-être été trop brève pour apporter des changements durables, ou encore les soins individuels dont ils ont éventuellement bénéficiés dans leurs nouveaux foyers ont pu compenser les effets nocifs de la vie en institution.

Une étude classique sur l'enrichissement a donné des effets à long terme étonnants (Skeels, 1966; Skeels et Dye, 1939). Treize enfants de 2 ans apparemment arriérés furent transférés d'un orphelinat à une institution pour jeunes adultes mentalement arriérés, qui prirent ces bébés en affection et passèrent beaucoup de temps à jouer avec eux, à leur parler et à les «élever». Parvenus à l'âge adulte, ces 13 sujets se sont intégrés à la société, se sont mariés et ont eu des enfants normaux. Quatre d'entre eux ont fréquenté des collèges. Par contraste, un groupe témoin de 12 jeunes du même âge, restés à l'orphelinat et placés plus tard, ont montré un fonctionnement intellectuel bien inférieur à la moyenne, et quatre d'entre eux vivaient encore en institution au moment de l'évaluation.

Des personnes âgées, à qui on demanda de participer à un programme de grands-parents adoptifs (Saltz, 1973), se sont occupées d'un groupe de 81 bébés qui vivaient en institution. Pendant quatre heures par jour, cinq jours par semaine, ils les ont bercés, nourris, fait marcher, et bien sûr ils leur ont parlé. Ces adultes lisaient des contes aux enfants plus âgés, participaient à leurs jeux, leur parlaient et leur apprenaient des choses. Après quatre années de ce régime, les enfants s'étaient considérablement améliorés sur le plan des aptitudes intellectuelles et sociales, comparativement à un groupe témoin. Ainsi, l'attention individuelle chaleureuse prodiguée par une personne affectueuse peut compenser en grande partie l'absence de relation étroite mère-enfant.

L'hospitalisation

Il va sans dire qu'un séjour à l'hôpital, même de courte durée, peut déranger le jeune enfant. Bowlby (1960) a observé que des bébés âgés de 15 à 30 mois qui sont hospitalisés passent par trois stades d'angoisse de la séparation relativement bien définis. Pendant le *stade de la protestation*, le jeune enfant tente activement d'obtenir le retour de sa mère en pleurant, en secouant son berceau et en se débattant; il s'attend continuellement à ce que sa mère revienne. Au *stade du désespoir*, l'agitation diminue et le bébé, replié sur lui-même et passif, pleure de façon monotone ou intermittente; parce qu'il se montre d'un tel calme, on en conclut souvent qu'il a accepté la situation. Durant le *stade du détachement*, l'enfant accepte les soins offerts par un ensemble d'infirmières ou d'infirmiers, mange volontiers, s'amuse avec ses jouets, sourit et se montre sociable; quand sa mère lui rend visite, le bébé reste apathique et se détourne même. Ce sont les enfants âgés de 6 mois à 4 ans qui sont les plus susceptibles de réagir de cette façon, mais même au sein de ce groupe d'âge tous les enfants ne deviennent pas à ce point perturbés (Rutter, 1979).

Quand un enfant doit être hospitalisé, certaines précautions peuvent être prises pour réduire chez lui le stress causé par la séparation de sa famille et de son foyer. La politique instaurée dans plusieurs hôpitaux, laquelle permet à un parent de rester avec l'enfant et même de passer la nuit à l'hôpital, contribue à diminuer la réaction de crainte de l'enfant à l'égard d'un milieu autre et de pratiques étranges (Olds,

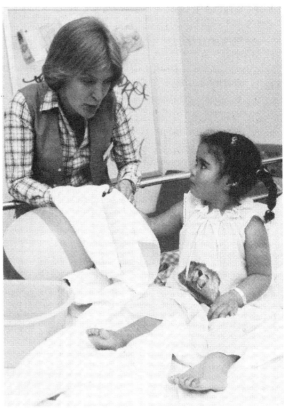

Un séjour à l'hôpital, même de courte durée, peut déranger un jeune enfant. Le stress sera réduit si un parent peut rester auprès de l'enfant et passer la nuit à l'hôpital, si d'autres membres de la famille peuvent le visiter souvent et si on a préparé l'enfant à l'avance à cette expérience. (Erika Stone/Peter Arnold, Inc.)

1975). Des visites quotidiennes de la part d'autres membres de la famille, des soins offerts toujours par les mêmes personnes responsables et un effort pour respecter le plus possible les habitudes familiales de l'enfant sont autant de moyens d'atténuer le caractère inquiétant de la situation (Rutter, 1979)

Si l'enfant a connu des séparations heureuses avant son séjour à l'hôpital, il a des chances d'être moins perturbé par une hospitalisation. S'il a déjà pris l'habitude d'être confié à ses grands-parents, à des gardiens, ou s'il a eu l'occasion de passer la nuit chez des amis, il se peut bien qu'il réagisse mieux à son séjour à l'hôpital (Stacey, Dearden, Pill et Robinson, 1970).

Les séparations temporaires

Plusieurs chercheurs se sont intéressés aux effets des séparations de courte durée entre la mère et le jeune bébé. En général, quand une mère quitte

Encadré 5.4

Les enfants maltraités ou négligés

Bien que la plupart des parents assument relativement bien leurs obligations à l'égard de leurs enfants, certains d'entre eux ne peuvent pas, ou ne veulent pas, répondre à leurs besoins les plus fondamentaux. Il y a des enfants négligés qui ont faim parce que leurs parents ne les nourrissent pas, qui ont froid parce qu'ils ne sont pas suffisamment vêtus ou qui périssent dans des incendies parce qu'on les a laissés seuls. D'autres enfants sont carrément maltraités: ils sont frappés, battus, brûlés, projetés contre les murs, étranglés, étouffés, agressés sexuellement ou même enterrés vivants. La liste de ces horreurs semble interminable.

Depuis que le syndrome de l'enfant battu a été identifié, en 1962 (Kemple et coll.), notre société est devenue plus attentive à ce problème. En dix ans (de 1976 à 1986), le nombre d'appels de parents, de professionnels ou d'enfants demandant de l'aide, de l'information au Comité de la protection de la jeunesse (C.P.J.), a plus que doublé. En 1986-1987, 1442 avis fondés sur les mauvais traitements, la négligence ou les abus sexuels ont été reçus au C.P.J., soit 29 % de plus que l'année précédente. Cette augmentation du nombre d'enfants victimes d'abus peut être attribuable en partie à un dépistage plus efficace et à l'effet des campagnes de sensibilisation. Il n'en demeure pas moins que ces chiffres restent probablement au-dessous de la réalité. Ces données ne peuvent être prises à la légère: en 1986, 28 enfants sont décédés de mort violente au Québec (11 de ces enfants avaient moins de 3 ans; 5 enfants avaient de 3 à 5 ans; 7 avaient de 6 à 11 ans et 5 entre 12 et 18 ans) (C.P.J., 1987).

Le rapport d'activités pour 1986-1987 du C.P.J. permet de tracer le tableau suivant concernant les enfants québécois victimes d'abus. Pour la première fois, il y a eu cette année plus d'avis fondés sur les abus sexuels (52 %) que sur les abus physiques (48 %); ces avis (1442, au total) concernent surtout des filles (67 %); la répartition par groupe d'âge indique une fréquence plus élevée à l'âge scolaire (48 % de 6 à 13 ans; 20 % de 0 à 5 ans et 32 % de 14 à 18 ans). Quant aux abuseurs, il s'agit le plus souvent du père (43 %), parfois de la mère (19 %) ou d'un concubin (12 %); les personnes extérieures à la famille sont en cause une fois sur quatre (26 %) (C.P.J., 1987).

Les recherches effectuées en vue d'expliquer et de prévenir les abus dont sont victimes les enfants ont montré que plusieurs facteurs sont à l'origine du problème. Jay Belsky (1980) en a proposé un modèle qui englobe plusieurs niveaux d'influence: les caractéristiques de la personne abusive et de la victime, la famille et la communauté. (Les données fournies proviennent toutes de Belsky (1980), sauf dans les cas où l'on fait explicitement référence à d'autres auteurs.)

La personne abusive. La personne abusive se déteste souvent pour ce qu'elle fait, mais elle se sent incapable d'y mettre fin. Il s'agit le plus souvent d'un parent de l'enfant (voir les données statistiques du C.P.J. fournies précédemment). Bien que plus de 90 % des parents abusifs ne soient ni psychotiques, ni criminels, plusieurs sont des individus isolés, malheureux et qui subissent un stress considérable (Schmitt et Kempe, 1983). Ils ont souvent été eux-mêmes maltraités durant leur enfance et se sont sentis rejetés de leurs parents.

Ayant été eux-mêmes privés de soins adéquats dans leur propre famille, les parents abusifs ne savent pas comment répondre aux besoins de leurs enfants. Ils ne savent pas comment faire cesser un bébé de pleurer, par exemple, et vont parfois perdre tout contrôle quand ils ne réussissent pas à obtenir ce qu'ils veulent de leurs enfants. De plus, ils s'attendent souvent à ce que leurs enfants s'occupent d'eux, et s'emportent quand ils ne le font pas. Ils souffrent souvent d'un manque flagrant d'information sur le développement d'un enfant et ont des attentes irréalistes à leur égard. Ils ont de nombreuses confrontations avec leurs enfants et manquent d'habileté à solutionner les problèmes (Reid, Patterson et Loeber, 1982).

La victime. L'enfant maltraité diffère souvent des autres enfants. Il a plus besoin de ses parents et exige davantage d'eux, en raison de sa personnalité ou d'autres facteurs. Il est plus susceptible d'avoir été anormalement petit à la naissance, d'être hyperactif, de souffrir d'arriération mentale ou d'un handicap physique et de présenter diverses anomalies de comportement (Reid et coll., 1982). Il est plus porté à pleurer et à adopter des comportements négatifs. Les victimes d'abus sexuels semblent avoir un plus grand besoin d'affection que les autres enfants, ce qui peut en faire des proies faciles pour les adultes abusifs (Tsai et Wagner, 1979).

Le climat familial.   Les parents abusifs sont plus susceptibles que les autres couples d'avoir des problèmes conjugaux et de se battre physiquement. Ils ont plus d'enfants et ceux-ci sont plus rapprochés. Le désordre règne souvent dans leur foyer. Ils vivent plus d'événements stressants que d'autres familles (Reid et coll., 1982). C'est souvent le nouveau concubin de la mère qui infligera de mauvais traitements aux enfants.

La communauté.   Le monde extérieur favorise parfois un climat de violence familiale. Le chômage, l'insatisfaction face au travail et les difficultés financières sont tous des facteurs étroitement reliés aux abus dont sont victimes les enfants et les conjoints. L'homme qui ne trouve pas de travail ou qui est insatisfait de celui qu'il exerce sera plus porté à maltraiter sa conjointe et ses enfants (Gil, 1971; McKinley, 1964).

L'isolement social est également responsable de la violence familiale. La famille abusive se coupe souvent du voisinage, des parents et des amis; elle n'a donc personne à qui s'adresser dans les périodes de tensions et personne ne peut être témoin de ce qui s'y passe.

L'aide aux enfants maltraités et à leur famille

Dans l'analyse québécoise de la situation des enfants décédés de mort violente (C.P.J., 1987), le regroupement des données permet d'identifier l'âge préscolaire (0-5 ans) comme une période critique; cette période de l'éducation d'un enfant pourrait représenter une épreuve pour des parents «qui, n'y voyant que l'aspect corvée, n'ont aucun plaisir à voir grandir leurs enfants» (p. 45). Ainsi, le jeune âge des enfants et l'isolement des parents peuvent contribuer à un drame. Notons enfin des facteurs de risque importants: mères vivant sous le seuil de la pauvreté, grossesses non désirées, drames familiaux et parents sous soins psychiatriques (C.P.J., 1987).

L'aide aux familles victimes d'abus ou à risque dans le domaine peut prendre deux formes: (1) la prévention des abus et (2) la protection des victimes et la réhabilitation des personnes abusives.

La prévention des abus.   Le rapport annuel du C.P.J. du Québec dresse des bilans et propose des voies d'action susceptibles d'améliorer le sort des enfants. Certaines recommandations paraissent particulièrement prometteuses: 1) une concertation socio-médicale impliquant notamment le secteur de la psychiatrie (relation avec le dossier des enfants décédés de mort violente); 2) une concertation socio-juridique (relation avec le dossier des abus sexuels) en vue d'articuler le système pénal adulte (où l'enfant est considéré comme témoin à charge) avec le système de protection de la jeunesse (où l'enfant est considéré comme victime) et ceci, notamment dans le domaine des règles du jeu au tribunal; 3) l'amélioration de la connaissance de la problématique de l'inceste; 4) recommencer à parler de l'adoption: que les adolescentes soient autant renseignées sur ce service que sur l'avortement; 5) l'amélioration du système de prise en charge des enfants victimes; 6) l'amélioration des campagnes d'information sur l'obligation de signaler tout cas d'enfant maltraité (physiquement ou sexuellement) ou gravement négligé (C.P.J., 1987); 7) la judiciarisation du processus concernant tout le domaine de la violence familiale; et enfin 8) l'appuie d'un projet de politique familiale au Québec, garantissant à l'enfant le respect de l'intégrité de sa personne (C.P.J., 1987).

La protection des victimes et la réhabilitation des personnes abusives.   Un des moyens les plus efficaces d'aider les victimes d'abus est de criminaliser la violence familiale: la personne qui est arrêtée pour cause de violence familiale sera moins disposée à récidiver (Sherman et Berk, 1984). Parmi les autres services valables offerts aux victimes de sévices, notons: les centres d'accueil, l'éducation et les thérapies. Un des programmes efficaces destinés aux parents abusifs comporte deux volets: il enseigne aux parents comment s'y prendre avec leurs enfants et leur offre une thérapie qui les aide à faire face à leurs tensions (Patterson, Chamberlain et Reid, 1982). Des groupes d'entraide, tels que «Parents anonymes», peuvent également aider les parents concernés par ces problèmes.

la pièce où son enfant est en train de s'amuser et ferme la porte derrière elle, le bébé arrête de jouer et se met à pleurer (Ainsiworth et Bell, 1970). Si la mère quitte la pièce sans fermer la porte, l'enfant continue souvent de s'amuser et demeure serein après le départ de sa mère (Corter, Rheingold et Eckerman, 1972; Anderson, 1972). Enfin, lorsque c'est le bébé lui-même qui s'éloigne de sa mère, il le fait habituellement joyeusement (Rheingold et Eckerman, 1970).

Corter (1976) a observé les réactions de 40 bébés de 10 mois à des séparations brèves. Il a constaté que les bébés acceptent très bien d'être séparés de leur mère, que ce soit la mère ou le bébé lui-même qui prenne l'initiative de s'éloigner. En fait, les bébés observés s'éloignaient beaucoup plus facilement de leur mère pour aller jouer avec un assortiment de jouets attrayants qu'ils ne quittaient leurs jouets pour aller voir leur mère. Ceux qui pouvaient voir leur mère assise dans une autre pièce restaient deux fois plus longtemps éloignés d'elle pour s'amuser avec leurs jouets que si elle n'était pas visible. Dans les deux cas cependant, les bébés exprimaient rarement de la détresse. La façon dont la mère quittait l'enfant, c'est-à-dire sans donner de signes d'inquiétude ni fermer la porte, explique peut-être cette absence de réaction négative de la part du bébé.

En retirant brutalement un enfant de son environnement naturel (physique et humain), l'institutionnalisation peut provoquer chez lui des perturbations émotives graves, du moins à *court terme*. Après avoir étudié des enfants qui avaient expérimenté divers types de séparation pendant des durées variables, Rutter (1971) en est cependant arrivé à la conclusion que «séparer des enfants de leurs parents pendant d'assez longues périodes durant la petite enfance ne semble provoquer que peu d'effets nocifs à *long terme*» (p. 238; l'italique a été ajouté).

Un enfant séparé d'*un* de ses parents durant au moins quatre semaines consécutives n'est pas plus susceptible que ceux qui ont toujours eu leurs *deux* parents de présenter des problèmes de comportement ou de troubles psychiatriques (Rutter, 1971). Cette conclusion demeure valable, peu importe l'âge de l'enfant au moment de la séparation ou le sexe du parent qui s'absente. Les enfants séparés de leurs deux parents sont plus susceptibles d'en être affectés bien qu'il n'y ait pas seulement le *fait* de la séparation qui soit important, mais aussi la *raison* qui la motive. Quand elle résulte de désaccords ou de troubles familiaux, les enfants sont quatre fois plus susceptibles de se livrer à des comportements antisociaux que lorsque la séparation est due à des vacances ou à une maladie physique. Par ailleurs, ces enfants sont d'autant plus troublés que le climat familial est plus mauvais. Par contre, certaines expériences de séparation peuvent se révéler bénéfiques. Les «enfants habitués à de brèves séparations de nature agréable seront moins angoissés par des séparations *désagréables* telles qu'un séjour à l'hôpital» (Rutter, 1971, p. 237).

La mère au travail

En général, les enfants d'une mère qui travaille à l'extérieur du foyer se développent aussi bien que ceux dont la mère reste à la maison. La vie dans une bonne garderie ne semble entraver ni la formation des *liens d'attachement* entre le bébé et ses parents, ni la capacité d'adaptation de l'enfant. Nous étudierons plus en détail la question de la garderie et celle des effets du travail des parents aux chapitres 6 et 9.

La mort et le divorce

Nous connaissons très peu les effets de la mort et du divorce sur le développement de la personnalité du jeune enfant. La plupart des recherches qui ont porté sur ces questions ont été conduites auprès d'enfants plus vieux. Nous approfondirons davantage ces sujets aux chapitres 9 et 18.

La compagnie d'autres bébés

Il n'est pas surprenant que la naissance de l'intérêt porté par les psychologues aux réactions des bébés entre eux coïncide étroitement avec l'apparition et la prolifération des garderies dans nos sociétés occidentales. Ce sont des lieux où les bébés exercent effectivement une forte influence les uns sur les autres.

Dès les premiers jours, le nouveau-né placé à la pouponnière se met à pleurer en entendant les pleurs d'un autre bébé (Martin et Clark, 1982; Sagi et Hoffman, 1976; Simner, 1971). Cette **réponse de détresse empathique innée** se manifeste aussi tôt que 18 heures après la naissance. Le niveau de sophistication des réactions du bébé est impressionnant. Il pleure seulement lorsqu'il entend les pleurs d'autres bébés, que ces pleurs soient en direct ou enregistrés; il ne réagit pas aux enregistrements de ses propres pleurs, ni à ceux de chimpanzés ou d'enfants plus âgés (Martin et Clark, 1982). Même à cet âge précoce, il distingue ses propres pleurs de ceux d'autres bébés, fait la différence entre des bébés de son âge et d'autres plus âgés et distingue sa propre espèce d'une autre apparentée.

L'intérêt du bébé pour les autres enfants varie suivant les priorités de développement de l'âge qu'il traverse. Durant les premiers mois de sa vie, il acquiert des habiletés sociales. Il s'intéresse aux autres bébés et réagit à eux de la même manière qu'il réagit à sa mère: il regarde, sourit, gazouille (Field, 1978). De l'âge de 6 mois jusque vers la fin de sa première année, il sourit de plus en plus, touche et «parle» aux autres bébés, particulièrement s'il n'est pas distrait par la présence d'adultes ou de jouets (Hay, Pederson et Nash, 1982). Vers l'âge de 1 an par contre, alors que sa priorité semble être d'apprendre à marcher et à manipuler des objets, il porte davantage attention aux jouets et moins aux personnes (Field et Roopnarine, 1982).

Au cours de la seconde année, le bébé redevient plus sociable et raffine ses habiletés sociales. Tandis qu'un bébé de 10 mois tendra un jouet à un autre bébé même si ce dernier lui tourne le dos, un enfant de 2 ans sait quand une telle offre a le plus de chances d'être acceptée et comment réagir aux avances amicales d'un autre enfant (Eckerman et Stein, 1982). Lorsque nous observons le comportement social du jeune enfant, nous devons tenir compte du contexte global de son développement. Si nous l'observons uniquement à une époque où la sociabilité de l'enfant est faible, nous risquons de perdre de vue le portrait d'ensemble de son développement.

Certaines personnes sont naturellement plus sociables que d'autres, et ce trait de caractère apparaît très tôt. Dans un groupe de cinq bébés âgés de 8 à 10 mois qui fréquentaient une garderie, Lee (1973) a pu identifier l'enfant le plus populaire et celui qui l'était le moins. Le bébé vers qui les autres enfants allaient le plus avait un caractère doux; il réagissait aux autres enfants de façon à leur retourner l'attention qu'ils lui manifestaient. Le bébé qui éloignait le plus systématiquement les autres enfants était considéré comme «pratiquement asocial dans ses comportements». Il agissait très différemment avec chaque enfant, selon qu'il était ou pas l'initiateur du contact.

Qu'est-ce qui fait que certains bébés ont une attitude plus amicale que d'autres? Certains aspects de la sociabilité, tels que la propension à accepter les nouvelles personnes, la capacité de s'adapter au changement et l'humeur habituelle du bébé, semblent être des traits de tempérament innés (Thomas, Chess et Birch, 1968). Cependant, les attitudes des gens qui les entourent influencent également les bébés. Quand ils ont observé 40 bébés de 1 an issus de la classe moyenne, ainsi que leurs mères, Stevenson et Lamb (1979) ont constaté que les bébés sociables avaient des mères sociables. Ils ont également découvert que les enfants sociables réussissent mieux les tests d'intelligence que les bébés moins sociables, ce qui indique qu'un bébé qui se sent à l'aise avec un examinateur étranger peut avoir un meilleur rendement qu'un bébé de niveau intellectuel égal qui est indisposé par une personne étrangère. Nous avons là un autre exemple du rapport qui existe entre le fonctionnement affectif et le rendement intellectuel.

Les schèmes de sociabilité que présente un enfant s'avèrent assez stables dans le temps. L'intérêt que les bébés portent aux autres varie d'un enfant à l'autre, et leur disposition à créer des liens d'amitié est relativement stable à mesure qu'ils grandissent. Un enfant qui se montre amical à l'âge de 2 ans et demi, qui s'intéresse aux autres enfants et qui est capable de faire face à des copains agressifs sera sociable à l'âge de 7 ans et demi. À 7 ans et demi, les schèmes de sociabilité d'un enfant s'expriment avec les enfants du même sexe: les filles de nature sociable jouent habituellement entre elles et les garçons sociables jouent avec d'autres garçons (Waldrop et Halverson, 1975).

Les enfants qui, dès la petite enfance, passent du temps en compagnie d'autres bébés (comme c'est le cas à la garderie) semblent se socialiser plus tôt que ceux élevés dans leur foyer. Ils interagissent davantage avec les autres enfants, de façon positive et négative, et sont dans l'ensemble plus compétents au plan social. Nous le verrons plus en détail au prochain chapitre dans la discussion sur les garderies.

Résumé

1   La question des émotions ressenties par le bébé et du moment de leur émergence fait l'objet de controverses. Des recherches récentes laissent entendre que l'expression des émotions est liée à la maturation du cer-

veau, quoique les expériences vécues influencent aussi le moment de leur émergence. Le bébé communique ses émotions par les pleurs, les sourires et le rire, ainsi que par une variété d'expressions faciales.

2   Trois des principales théories du développement de la personnalité sont: la théorie psychosexuelle de Sigmund Freud (qui insiste sur les facteurs biologiques et sur les facteurs de maturation), la théorie psychosociale d'Erik Erikson (qui met l'accent sur les influences culturelles) et la théorie de la séparation-individuation de Margaret Mahler (qui insiste sur le développement du sentiment d'identité personnelle).

3   D'après Freud, durant le stade oral (de la naissance à 1 an et demi), le bébé retire son plaisir et ses gratifications de la stimulation orale. Au cours du stade anal (de 1 an et demi à 3 ans), le trottineur éprouve du plaisir à expulser ses selles. Le ça est régi par le principe du plaisir et par la recherche de la gratification immédiate. Quand celle-ci est retardée, le moi se développe et opère suivant le principe de réalité afin de trouver des moyens acceptables d'obtenir la gratification. Freud soutient que les événements qui surviennent durant ces périodes façonnent la personnalité à l'âge adulte.

4   D'après Erikson, le nourrisson traverse la première d'une série de huit crises qui influenceront le développement de sa personnalité durant toute sa vie. La première consiste à trouver un équilibre entre un sentiment de confiance fondamentale et un sentiment de méfiance fondamentale face au monde. Comme dans le cas du stade oral chez Freud, le mode de résolution de cette crise est fortement lié à l'alimentation, aux circonstances qui l'entourent et à la qualité de la relation mère-enfant. De 1 an et demi à 3 ans, le trottineur entre dans la deuxième crise: l'autonomie versus la honte et le doute. Erikson souligne l'importance de la contribution parentale à la résolution de cette crise.

5   Mahler s'intéresse à la prise de conscience par l'enfant de son individualité. De la naissance jusqu'au deuxième mois de la vie, le nourrisson ne se distingue pas de son entourage. Sa tâche principale consiste à réduire la tension organique ressentie. Du deuxième mois à la fin de la première année, le bébé, alors en phase symbiotique, élabore progressivement son sentiment de soi sans pouvoir se dégager complètement de sa mère. Pendant la phase de séparation-individuation qui suit, le trottineur se dégage de sa mère, commence à se reconnaître comme un être distinct des autres et à développer une identité personnelle. Mahler soutient que la mère joue un rôle déterminant dans la résolution de ces phases.

6   Les différences individuelles liées à la personnalité chez les enfants dépendent en partie de leur tempérament, de leur sexe et des relations familiales.

7   L'étude longitudinale de New York (NYLS) a identifié neuf aspects apparemment innés du tempérament, c'est-à-dire de la manière propre à chacun d'aborder les gens et les situations. La plupart des enfants peuvent être classés dans l'une des trois catégories suivantes, selon leur tempérament: «faciles», «difficiles» et «lents à s'adapter». Le tempérament devrait orienter le mode d'éducation à adopter avec l'enfant.

8   Même si les différences liées au sexe ne se manifestent pas à la naissance, le conditionnement du milieu intervient dès les premiers moments de la vie. Le sexe de l'enfant semble être un facteur qui exerce plus d'influence sur l'attitude des parents que ses caractéristiques physiologiques ou son comportement.

9   L'attachement mère-enfant a fait l'objet de nombreuses recherches et études théoriques. Les types d'attachement («sécurisé», «fuyant», «ambivalent») semblent avoir des effets à long terme sur le développement de l'enfant. Les études qui disent que les toutes premières heures de l'existence constituent une période critique pour la formation du lien d'attachement mère-enfant ont été remises en question.

10   L'attachement père-enfant se forme également très tôt dans la vie. La nature des expériences qu'une mère ou un père offrent à leurs jeunes enfants semble différente.

11   La crainte des étrangers réfère à une crainte normale, quoiqu'elle ne soit pas universelle, qu'éprouve l'enfant à l'égard des étrangers durant la seconde moitié de la première année de sa vie. L'angoisse de la séparation est la détresse qu'éprouve l'enfant lorsque la personne qui s'en occupe le quitte. On note des différences individuelles considérables dans la manière d'exprimer ces deux réactions.

12   Les recherches sur l'influence de la fratrie ont exploré les effets du rang à la naissance et des interactions entre frères et sœurs sur le développement de l'enfant. Ces recherches montrent que les frères et sœurs s'influencent mutuellement dès le bas âge.

13   Les études sur la séparation de l'enfant d'avec ses parents ont surtout porté sur les orphelins élevés en institution. Elles font ressortir l'importance pour l'enfant de recevoir des soins «maternels» constants dans un environnement stimulant. Les essais d'enrichissement de l'environnement des orphelins ont produit des améliorations remarquables dans le développement intellectuel et affectif des enfants.

14   Le jeune enfant et le trottineur sont des êtres remarquablement sociables, qui exercent une influence sur leurs pairs et qui sont influencés par eux.

15   Depuis qu'on a identifié le syndrome des enfants battus, en 1962, les enfants victimes d'abus et de négligence reçoivent beaucoup plus d'attention sociale. Les caractéristiques de la victime elle-même et celles du parent abusif, la famille, la communauté et la société sont autant de facteurs qui contribuent aux abus et à la négligence des enfants.

PARTIE III

LA PETITE ENFANCE

À l'époque où la majorité des enfants n'allaient pas à l'école avant l'âge de 6 ans, la période qui se situe entre 3 et 6 ans était désignée sous le nom d'âge préscolaire. Mais de nos jours, comme bon nombre d'enfants vont à la garderie et que presque tous entrent en maternelle à 5 ans (et certains à 4 ans), le terme «préscolaire» n'a plus la même signification. Nous adopterons donc l'expression «petite enfance», qui nous semble plus appropriée pour parler de ce stade.

Comme nous le verrons au chapitre 6, dans notre étude du développement physique et intellectuel, l'apparence du petit enfant se modifie à mesure qu'il perd ses rondeurs de nourrisson. Son comportement aussi change. Le développement de sa motricité «fine» lui permet d'accomplir diverses tâches avec plus de dextérité: il attache ses lacets, manipule son crayon ou verse son lait plus adroitement qu'auparavant. Sa motricité large s'améliore également: il devient plus habile à courir, à gambader, à sauter et à lancer une balle. Le petit enfant se met aussi à penser différemment, à manipuler un large éventail de concepts et à exprimer ses pensées et ses sentiments dans la langue des siens.

La petite enfance représente également une période critique pour le développement de la personnalité, comme nous le verrons au chapitre 7. L'idée que l'enfant se fait de lui-même se consolide: il sait à quel sexe il appartient et veut que tous ceux qui l'entourent le reconnaissent. Ses comportements se diversifient, parfois aidant, parfois blessant ceux qui le côtoient. Le nombre de personnes qui jouent un rôle important dans sa vie augmente et déborde le cadre familial pour inclure ses compagnons de jeux, ses gardiens et d'autres personnes.

Tous les aspects du développement (physique, intellectuel, émotif et social) continuent de s'entrelacer pour faire de chaque enfant un être unique.

CHAPITRE 6

La petite enfance

Le développement physique et intellectuel

L'enfant qui a célébré son troisième anniversaire n'est plus un bébé. Il fait mieux et plus qu'auparavant, tant au plan physique qu'intellectuel. Si sa croissance physique est moins rapide qu'au cours des premières années, les progrès accomplis entre 5 et 6 ans aux plans de la coordination et du développement musculaire expliquent en grande partie ses capacités accrues.

Ayant traversé l'époque critique des premières années, le petit enfant est maintenant plus solide, comme nous le verrons en examinant des données sur l'état de santé des enfants de ce groupe d'âge. Nous observerons également les cycles de sommeil de ces enfants, car c'est une période où surgissent de nombreux problèmes reliés au sommeil.

Le développement intellectuel se poursuit à un rythme étonnant durant ces années: le petit enfant acquiert de nombreuses habiletés qui lui font faire d'énormes progrès au plan cognitif: sa mémoire et son raisonnement se développent, ainsi que sa compétence linguistique. Nous examinerons toutes ces habiletés en pleine expansion au cours de ce chapitre. Nous étudierons la façon dont Piaget décrit le petit enfant qui traverse le stade préopératoire du développement cognitif. Alors que Piaget a surtout insisté sur ce que l'enfant *ne peut pas faire* à ce stade, les études plus récentes cherchent à montrer que le petit enfant est intellectuellement plus compétent que ne le donnaient à penser les résultats de Piaget. Nous étudierons également les façons de mesurer l'intelligence durant ce stade. Nous évaluerons enfin l'impact qu'exercent diverses institutions comme les garderies, les prématernelles, les maternelles et la télévision éducative sur l'évolution intellectuelle du jeune enfant.

La croissance physique et le développement moteur

La croissance physique du petit enfant n'est plus aussi accélérée qu'au cours des premières années, bien qu'à 3 ans, l'enfant ait normalement grandi de presque 10 cm durant l'année qui vient de s'écouler. Il va continuer de croître de cinq à huit cm par année jusqu'à ce qu'il parvienne à la poussée de croissance qui se produit à la puberté.

Le «petit bedon» de l'enfant de 3 ans va se résorber au cours des deux années qui suivent, alors que le tronc, les bras et les jambes vont s'allonger. La tête est encore relativement grosse, mais le reste du corps connaît une croissance plus rapide, et les proportions se rapprochent progressivement de celles de l'adulte. D'autres changements se produisent également dans le corps de l'enfant de 3 ans. Les systèmes nerveux et musculaire sont en pleine maturation, de même que le squelette. Le cartilage s'ossifie à un rythme accéléré et les os durcissent. Toutes les premières dents ont poussé, ce qui permet à l'enfant de mastiquer n'importe quel aliment.

L'alimentation influe fortement sur la croissance, l'épaisseur et la forme des os. Elle affecte

Tableau 6.1   La croissance physique moyenne entre 3 et 6 ans

Âge	Taille (cm)		Masse (kilos)	
	Garçons	Filles	Garçons	Filles
3	96,5	95,0	14,64	14,41
4	103,5	103,0	16,57	16,46
5	108,9	107,1	18,30	17,70
6	114,0	112,4	20,10	19,30

Sources: Ernest H. Lowrey, *Growth and development of children*, 5e éd., Copyright 1967, Year Book Medical Publishers, Inc., Chicago. Avec la permission de Year Book Medical Publishers (pour les données relatives aux enfants de 3 et 4 ans). Demirjian, A., Jenicek, M. et Dubuc, M.B., (1972). «Les normes staturo-pondérales de l'enfant urbain canadien-français d'âge scolaire», *Canadian Journal of Public Health*, vol. 63: 14-30. Avec la permission du Centre de recherche sur la croissance humaine, Étude de la croissance et du développement physique de l'enfant d'âge scolaire, Université de Montréal (pour les données relatives aux enfants de 5 et 6 ans).

également le développement de la dentition. La carie dentaire est un problème de santé sérieux au Canada et au Québec; elle se manifeste généralement peu de temps après l'apparition des dents, augmente jusqu'à la fin de l'adolescence et reste stationnaire au cours de la vingtaine. Pour diminuer l'incidence de la carie dentaire dans la population, on a souvent recours à la fluoration de l'eau. Cette pratique s'est avérée efficace mais le moyen le plus sûr de contrôler la carie demeure une alimentation saine jointe à une hygiène dentaire accrue (brossage et utilisation de la soie dentaire après chaque repas).

Infante et Russell (1974) ont constaté qu'aux États-Unis, les problèmes dentaires sont plus fréquents chez les enfants pauvres, et plusieurs enquêtes effectuées auprès de la population québécoise arrivent aux mêmes conclusions. Ces résultats sont probablement attribuables à un régime alimentaire déficient et à des soins dentaires inadéquats.

Un autre facteur, attribuable à l'enfant cette fois, qui peut affecter le développement de la dentition est l'habitude de sucer son pouce. Il s'agit d'une pratique très courante chez les enfants: presque la moitié de tous les petits Américains au-dessous de 4 ans sucent leur pouce ou d'autres doigts (Traisman et Traisman, 1958). À moins qu'elle ne persiste après l'âge de 5 ans, cette habitude n'affectera probablement pas beaucoup le développement de la dentition. Curzon (1974) conseille de donner une sucette au bébé pour satisfaire son besoin de succion, car l'enfant abandonne beaucoup plus facilement la sucette qu'il ne cesse de se mettre le pouce ou les doigts dans la bouche. Jusqu'à l'âge de 3 ou 4 ans, les parents ne devraient cependant pas s'inquiéter de cette habitude.

Il est probable que la succion prolongée du pouce tienne davantage d'une simple habitude que d'un trouble affectif. Lorsque la possibilité de problèmes d'ordre psychologique est écartée chez un enfant, les dentistes peuvent tenter de supprimer cette mauvaise habitude au moyen d'un appareil d'orthodontie préventive. Cet appareil dentaire, qu'on n'installe pas avant l'âge de 4 ou 5 ans, a pour effet de prévenir ou de corriger, s'il y a lieu, toute malformation, tout en mettant fin à l'habitude de sucer son pouce.

La santé et la maladie

Le petit enfant est habituellement en pleine santé, mis à part quelques rhumes ou autres malaises mineurs; les cas de maladies graves sont heureusement relativement rares chez ce groupe d'âge.

Au cours des années 1920 et 1930, les enfants de toutes les couches sociales étaient menacés par plusieurs maladies qui ont, depuis, pratiquement disparu grâce à la vaccination. Ils étaient susceptibles de contracter la coqueluche, les oreillons, la varicelle et la rougeole; la fièvre scarlatine, la diphtérie et la poliomyélite représentaient également des dangers courants (Bayer et Snyder, 1950). Ces maladies étaient souvent graves et parfois fatales.

Les causes des maladies

Qu'est-ce qui fait qu'un enfant est sujet à la maladie? À part les facteurs de base tels que les prédispositions héréditaires, l'alimentation et la qualité des soins reçus, d'autres influences se font sentir. Parmi elles, on trouve les événements stressants qui surviennent dans la famille.

Une étude, au cours de laquelle on a observé des enfants de la naissance à l'âge de 4 ans, a

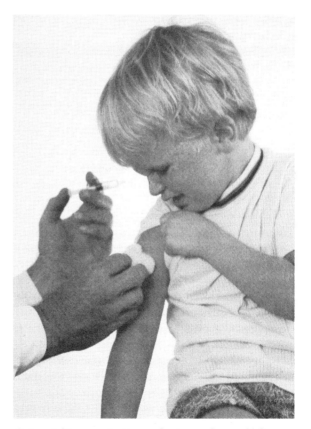

Grâce à l'immunisation, plusieurs des maladies qui menaçaient autrefois les enfants ont pratiquement disparu. (Edward Lettau/Photo Researchers, Inc.)

montré que certains problèmes de santé sont reliés à l'expérience d'événements stressants tels que ceux énumérés au tableau 6.2. Parmi ces problèmes, on trouve certaines maladies des voies respiratoires, certains problèmes gastriques et intestinaux, ainsi que des accidents, des brûlures et des empoisonnements accidentels. Des enfants dont la famille avait vécu 12 ou plus de ces événements difficiles étaient deux fois plus susceptibles d'avoir à consulter un médecin et étaient six fois plus susceptibles d'être hospitalisés que les enfants dont la famille n'en n'avait connu que trois ou moins (Beautrais, Fergusson et Shannon, 1982). D'après ce que nous savons des relations entre le corps et le psychologique, il semble qu'un stress excessif puisse prédisposer un enfant à la maladie. En outre, un stress excessif peut aussi affecter les parents et réduire leur disponibilité à l'endroit du petit enfant. Cela se traduit généralement par une diminution de la qualité des soins portés à l'enfant, et par une dégradation des normes courantes de sécurité et d'hygiène. Un parent désemparé oubliera plus facilement de mettre des objets dangereux hors de la portée de son enfant, de boucler sa ceinture de sécurité et

Tableau 6.2 Événements stressants pouvant affecter la santé des enfants

Un déménagement.

Un changement d'emploi d'un parent.

Un parent vit des désaccords graves ou prolongés avec ses propres parents ou ses beaux-parents.

La mort d'un proche (ami ou parent) de l'enfant ou des parents.

Un parent devient chômeur.

De graves difficultés financières des parents.

Des querelles graves ou prolongées entre les parents ou entre un parent et un ex-conjoint.

Le divorce ou la séparation légale des parents.

La réconciliation des parents après un divorce ou une séparation légale.

Les problèmes sexuels vécus par les parents.

La mère battue par le père.

Une maladie ou un accident grave d'un parent.

Une maladie ou un accident grave d'un frère ou d'une sœur.

Une maladie grave d'un autre membre de la famille.

Une grossesse de la mère.

La mère ou le père impliqué dans une affaire judiciaire.

Source: Beautrais, Fergusson et Shannon, 1982.

d'exercer une surveillance étroite sur lui. Ces négligences expliquent dans une large mesure l'augmentation du taux d'accidents au sein des familles victimes de stress.

Le lien étroit qui existe entre la santé et le mode de vie s'exprime souvent par une vulnérabilité accrue à certaines infections comme la grippe et l'hépatite A et à certains virus (Marwick et Simmons, 1984). Lorsque nous parlerons de l'impact de la garderie plus loin dans ce chapitre, nous donnerons des suggestions en vue d'en faire un milieu aussi sain que possible.

La pauvreté

La pauvreté représente aujourd'hui encore l'une des premières causes de maladies chez les enfants. Un nombre impressionnant de gens vivent dans des logements malsains et surpeuplés, qui ne répondent pas aux normes minimales d'hygiène; ils ne consomment pas suffisamment d'aliments adéquats; ils ne consultent pas le médecin ou le dentiste assez fréquemment, et les parents sont trop préoccupés par la survie immédiate pour assurer une surveillance suffisante à leurs enfants. En fait, «la relation entre la maladie et la pauvreté est double. La maladie provoque la pauvreté; les conditions de vie des pauvres sont causes de maladies. À cela s'ajoute le fait, empiriquement vérifié, que plus le revenu est élevé, moins sont fréquentes les maladies graves» (Cliche, 1976, p. 118). Dans cette étude, Cliche dégage un certain nombre de liens entre la pauvreté et les maladies cardio-vasculaires, le cancer, le diabète, les maladies contagieuses, les maladies dues à des carences et la maladie mentale.

Les problèmes de l'enfant pauvre commencent bien avant la naissance. Sa mère ne mange pas convenablement elle-même et les soins prénataux qu'elle reçoit sont inadéquats. Elle donne plus souvent naissance à des enfants prématurés et de poids anormalement faible, et à des enfants mort-nés ou qui meurent peu de temps après l'accouchement. Les enfants pauvres risquent plus que ceux de la classe moyenne d'être victimes de maladies vénériennes à la naissance, d'accoutumance à la drogue ou d'hépatites.

L'enfant pauvre est plus susceptible de souffrir de divers problèmes de santé, comme l'empoisonnement par le plomb, les otites et autres troubles auditifs, les troubles de la vue et l'anémie due à une carence de fer. Il est également plus sujet aux problèmes psycho-sociaux (troubles psychologiques, comportementaux ou d'apprentissage) et aux problèmes psychosomatiques (asthme, maux de tête, insomnie, troubles intestinaux), lesquels sont souvent provoqués ou aggravés par le stress. Enfin, «les pauvres sont plus sujets aux maladies mentales que tout autre groupe social et leurs troubles tendent à être beaucoup plus graves» (Cliche, 1976, p. 121).

Les problèmes de santé accablants, qui affectent les enfants pauvres et qui ont des effets profonds sur leur développement intellectuel et affectif, exigent qu'on leur consacre des efforts massifs immédiats. Un immense travail a déjà été accompli au Québec pour rendre les services de santé accessibles à tous. Il s'est en particulier doté, durant les années 1960, d'un programme de gratuité des médicaments à l'intention des bénéficiaires de l'aide sociale et des personnes âgées. De plus, la création des Départements de santé communautaire (DSC) et des Centres locaux de services communautaires (CLSC) a contribué à l'amélioration des conditions de santé publique, notamment par la mise en place de programmes d'immunisation, de dépistage, de suivi des enfants, ainsi que de programmes destinés à la mère (cours prénataux et postnataux, etc.). Tous ces programmes ont contribué à réduire le taux de mortalité et de morbidité infantile; il importe donc de poursuivre et d'améliorer les services de prévention en santé physique et mentale, auprès des enfants pauvres et de leur famille.

La société doit encore travailler à éliminer la pauvreté qui engendre tant de maladies. Elle doit briser le cycle de la pauvreté, de l'analphabétisme, du chômage et du désespoir pour que les promesses de la médecine se réalisent pour tous.

La mortalité chez le petit enfant

Contrairement aux premières années, la période qui s'écoule entre 3 et 6 ans donne peu de raisons aux parents de craindre pour la vie de leur enfant. La mort peut, bien sûr, survenir durant la petite enfance; mais son incidence est beaucoup plus faible qu'au cours de la première moitié du siècle actuel, et elle diminue sensiblement depuis 1950.

Les accidents. Les accidents constituent la cause majeure de la mortalité infantile. Selon Statistique Canada (1987), les accidents et leurs suites causent plus de la moitié des décès des enfants âgés de 1 à 4 ans. La plupart de ces accidents se produisent à la maison ou dans les environs. L'enfant se fait heurter par une automobile; il se noie dans la piscine, un lac, une rivière ou un océan; il subit des brûlures fatales lors d'un incendie ou à la suite d'une explosion; il avale un poison, tombe d'un endroit élevé ou se fait happer par un engin mécanique du genre d'une souffleuse à neige.

Les enfants sont naturellement aventuriers et peu conscients des dangers qui les entourent. Une lourde responsabilité incombe ainsi aux parents et aux autres personnes qui en sont responsables; ils doivent leur assurer une surveillance adéquate, tout en évitant de les surprotéger. La société, dans son ensemble, a aussi sa part de responsabilités à assumer. Elle doit veiller à ce qu'il y ait des bouchons «à l'épreuve des enfants» sur les contenants de médicaments, de même qu'à la sécurité des meubles et autres appareils destinés aux enfants. Les couchettes, par exemple, sont soumises à des normes de sécurité strictes et sévères (barreaux rapprochés, plancher fixe, etc.) pour éviter les

Les enfants sont naturellement aventureux. Les adultes doivent en assurer une surveillance adéquate tout en évitant de les surprotéger. (Norris Clark / International Stock Photo, 1983)

décès et les blessures par étranglement ou par chute. Dans la mesure du possible, tout citoyen devrait veiller à la protection des enfants.

Les maladies fatales.   Les maladies fatales les plus courantes entre 1 et 4 ans sont les anomalies congénitales, les tumeurs malignes et les maladies respiratoires (avec un taux de 14,1 pour 100 000 habitants, alors que le taux de mortalité due aux accidents est de 16,2) (Statistique Canada, 1987). Heureusement, le taux de mortalité attribuable aux maladies a diminué au cours des dernières années. Depuis 1950, les décès dus à la grippe et à la pneumonie ont diminué de 84 %. Les décès dus au cancer ont, quant à eux, connu une baisse de 48 % attribuable principalement aux progrès réalisés dans le traitement de la leucémie, de la lymphopénie et de la maladie de Hodgkin, trois types de cancer qui frappent souvent des enfants (USDHHS, 1982). Des mesures ont aussi été prises pour rendre les soins de santé plus accessibles aux enfants des milieux défavorisés et pour améliorer leurs conditions de vie.

Les cycles et les problèmes de sommeil

Les cycles de sommeil varient avec l'âge et le petit enfant a un rythme bien à lui dans ce domaine. Il dort généralement toute la nuit et fait une sieste au cours de la journée. En outre, son sommeil est plus profond qu'à un âge plus avancé (Webb et Bonnet, 1979).

Le rituel du coucher diffère aussi de ce qu'il était auparavant, comme en fait foi une étude sur les comportements de 109 enfants de 1 à 5 ans à l'heure de se mettre au lit. Les enfants plus âgés se montrent généralement plus enclins à vouloir prolonger le rituel. Il arrive souvent qu'une fois couchés, bordés et apparemment sur le point de s'endormir, ceux-ci réclament la présence d'un parent. Qui n'a pas entendu un petit enfant réclamer un verre d'eau ou la permission d'aller aux toilettes au moment où tout le monde le croyait endormi?

L'enfant a maintenant plus de difficulté à quitter son univers stimulant et les personnes qui en font partie pour s'isoler dans son lit. Il a besoin de plus de temps pour s'endormir et est plus susceptible de réagir à cela. Alors qu'avant 2 ans, l'enfant joue calmement seul ou avec un frère ou une sœur avant de s'endormir, celui de 3 ans ou plus demande qu'on laisse une lumière allumée dans sa chambre et veut dormir avec son jouet ou sa couverture préférés (Beltramini et Hertzig, 1983). Des parents fatigués de leur journée n'apprécieront pas toujours le prolongement du rituel du coucher. Ils peuvent cependant se consoler en se disant qu'une telle conduite indique que leur enfant maîtrise maintenant davantage son environnement.

Les peurs nocturnes

Les peurs nocturnes et les cauchemars commencent tous deux à se manifester vers l'âge de 3 ans. Le quart des enfants âgés de 3 à 8 ans souffrent de l'un ou l'autre de ces problèmes (Hartmann, 1981). Le dormeur en proie à une peur nocturne sort brusquement d'un sommeil profond dans un état de panique. Il peut crier et s'asseoir dans son lit en respirant rapidement et en regardant devant lui sans vraiment voir. Et pourtant, il n'est pas conscient d'avoir fait un mauvais rêve ou d'avoir pensé à une chose terrifiante. Il se rendort rapidement et, le matin, ne se souviendra pas de s'être réveillé au cours de la nuit. Ces expériences alarment davantage les parents que l'enfant; mais elles constituent rarement un problème grave. Elles disparaissent habituellement d'elles-mêmes, ne signalent pas de troubles émotifs sous-jacents et sont probablement la conséquence de la sortie brusque d'un sommeil très profond.

Les cauchemars

Alors que la peur nocturne survient habituellement moins d'une heure après que l'enfant se soit endormi, le cauchemar se produit au petit matin (Hartmann, 1981). Contrairement à ce qui se passe quand il vit des peurs nocturnes, l'enfant a souvent un vif souvenir de ses cauchemars. Il n'y a aucune raison de s'alarmer si l'enfant fait occasionnellement des mauvais rêves, surtout s'il a moins de 6 ans. Les enfants de cet âge y sont très sujets. Des cauchemars fréquents, surtout s'ils rendent un enfant craintif et anxieux durant ses périodes d'éveil, peuvent toutefois indiquer que celui-ci subit trop de stress. Les thèmes qui reviennent fréquemment dans les cauchemars signalent des difficultés précises qui, n'étant pas résolues à l'état d'éveil, se manifestent durant son sommeil.

Le somnambulisme et la somniloquie

Environ 15 % de tous les enfants âgés entre 5 et 12 ans font au moins une fois l'expérience du

Encadré 6.1

Comment réagir aux terreurs nocturnes?

Les peurs nocturnes

Il vaut mieux ne pas intervenir, sinon pour s'assurer que l'enfant s'est bien recouché. Le matin, éviter de lui parler de cette expérience oubliée pour ne pas l'inquiéter inutilement.

Les cauchemars

Il est bon de rester près de l'enfant pour l'aider à se calmer et pour s'assurer qu'il se rendort bien. Si l'enfant veut parler de son rêve, écoutez-le; sinon, n'insistez pas. Ridiculiser le cauchemar, ne pas y prêter attention ou tenter de raisonner l'enfant n'aiderait pas. La meilleure façon d'intervenir consiste plutôt à faire appel à l'activité de l'enfant en y joignant des explications simples; par exemple, aller voir ensemble ce qu'il y a sous le lit, toutes lumières allumées. Et attention aux émissions télévisées: les enfants sensibles peuvent être influencés par les contenus trop excitants!

somnambulisme et une proportion de 1 à 6 % la vivent régulièrement (Anders et coll., 1980). Le somnambule se redresse brusquement dans son lit, les yeux grand ouverts. Il se lève et se déplace d'une façon si maladroite qu'il a besoin d'être protégé pour ne pas se faire mal. On peut placer des barrières en haut des escaliers et devant les fenêtres, par exemple, mais il n'y a rien d'autre à faire. Cette habitude disparaît généralement d'elle-même au bout d'un temps. La somniloquie, c'est-à-dire l'habitude de *parler en dormant*, est également sans but précis et il n'est pas nécessaire de tenter de la corriger. Il est habituellement difficile, sinon impossible, de comprendre ce que dit l'enfant qui somniloque et, contrairement à une croyance populaire, il est pratiquement impossible d'engager une conversation avec lui.

Le traitement des terreurs nocturnes

Un groupe d'enfants, âgés de 6 à 14 ans environ, qui éprouvaient des peurs intenses et chroniques reliées à l'obscurité ou au coucher depuis 5 ans en moyenne, ont été soumis, pendant trois semaines, à un programme d'entraînement au contrôle de soi et ce, en présence de leurs parents. On leur a appris à relaxer, à remplacer leurs pensées effrayantes par des pensées agréables et à se donner des consignes verbales pour faire face à des situations stressantes. Sur 34 enfants observés de 30 à 36 mois après le traitement, 31 montraient toujours des signes d'amé-

lioration significatifs (Graziano et Mooney, 1982). D'après un bon nombre de parents et d'enfants qui ont participé à l'étude, le fait d'avoir appris à surmonter leurs peurs a rendu ces derniers plus confiants dans leurs capacités d'aborder les problèmes en général. Ici encore, nous voyons l'effet bénéfique d'exercer un contrôle sur sa vie.

Le développement moteur

Quand nous constatons ce qu'un enfant de 3 ans peut accomplir, nous prenons conscience de l'accélération du développement physique au cours des derniers mois. À un moment donné, Alice revêt son tutu de ballet et fait des pointes; la minute suivante, elle a remis ses salopettes et conduit son tricycle en prenant les tournants à toute allure. À 4 ans, Émilie gambade, saute à cloche-pied et attrape avec assurance la balle que lui lance son père. Le jour de son cinquième anniversaire, Gabriel danse sur un pied et sur l'autre, saute à la corde sur le trottoir, et a déjà commencé à patiner et à nager.

Même à cet âge, les garçons sont un peu plus forts et développés au plan musculaire que les filles (Garai et Scheinfeld, 1968). Ils sont plus habiles au lancer de la balle, au saut et à l'escalade d'une échelle (McCaskill et Wellman, 1938). Les filles surpassent cependant les garçons dans plusieurs autres activités qui font appel à la coordination des membres. Par exemple, les fillettes de 5 ans sont plus habiles que

Au cours de la période préscolaire, le petit enfant fait des progrès importants en ce qui a trait à la coordination œil-main et aux deux types de motricité (fine et large). Son habileté s'accroît dans le maniement d'outils, la course et le saut. Il peut grimper, lancer une balle puis l'attraper avec une aisance grandissante. (Sepp Seitz/Woodfin Camp et Assoc.; Rick Smolan/Stock, Boston; Elizabeth Crews)

Pour la coordination de la motricité fine, les filles sont également toujours un peu en avance. Ces différences motrices peuvent être attribuables à des différences reliées au squelette, mais il est également possible qu'elles reflètent des attitudes sociales qui favorisent des types d'activités différents chez les garçons et chez les filles.

À l'âge de 3 ans, les enfants se sont grandement améliorés aux plans de la coordination œil-main et de la motricité fine. Julie peut s'asseoir, prendre un crayon et une grande feuille de papier, et dessiner un cercle. Elle peut verser son lait dans son bol de céréales, parvient à se boutonner et à se déboutonner assez habilement pour s'habiller et faire sa toilette toute seule. À 4 ans, Louis peut suivre une ligne pour la découper aux ciseaux, dessiner un bonhomme, tracer des motifs et des lettres rudimentaires, et plier une feuille de papier pour obtenir un triangle double. À 5 ans, Hélène est capable d'enfiler des

les garçons du même âge à bouger sur place, à danser à claquettes, à se tenir sur un seul pied, à sauter ou à attraper une balle (Cratty, 1979).

Tableau 6.3 Caractéristiques motrices du développement perceptif et moteur

Activité motrice	Caractéristiques des habiletés		
	À 3 ans	**À 4 ans**	**À 5 ans**
Marcher, courir	Course plus harmonieuse et pas plus réguliers qu'à 2 ans. Ne peut tourner ni arrêter soudainement ou vite.	Course améliorée sur le plan de la forme et de la force. Contrôle mieux ses mouvements pour arrêter, partir et tourner.	Court comme un adulte. Se sert de cette habileté au jeu.
	Peut marcher ou courir sur la pointe des pieds.	En général, plus grande mobilité qu'à 3 ans.	Couvre, à la course, une distance de 32 m en moins de 10 secondes.
	Peut suivre une ligne droite en marchant. Peut couvrir une bonne distance en marchant à reculons. Suit un parcours de 2,5 cm de largeur et de 3 m de longueur en marchant, sans le quitter. Ne peut suivre un parcours circulaire de 2,5 cm de largeur et 122 cm de circonférence.	Meilleure coordination des parties du corps dans des activités indépendantes. Marche sur une planche de 6 cm de largeur sur une certaine distance. Suit un cercle de 2,54 cm de largeur et de 122 cm de circonférence sans difficulté.	
Sauter	Saute une distance de 36 cm à 60 cm avec un taux de réussite de 42 %. Saute par-dessus une corde à moins de 20 cm de hauteur.	Saute une distance de 60 cm à 85 cm avec un taux de réussite de 72 %. La plupart ont de la difficulté à sauter par-dessus une barrière.	80 % ont maîtrisé le saut. Plus habile à sauter par-dessus des barrières. Saute en courant à 71-89 cm.
	Peut sauter d'une hauteur de 20 cm.	Saute d'une hauteur de 71 cm, à pieds joints.	Se donne une impulsion en hauteur qui l'amène à 6,35 cm du sol.
	Saute en l'air avec ses deux pieds. Saute seul d'une hauteur de 20 cm, 30 cm ou 46 cm, les pieds joints (précédemment, il sautait en se faisant aider, puis sautait un pied avant l'autre). Saute d'une hauteur de 71 cm avec de l'aide.	S'accroupit pour exécuter un saut en hauteur de 5 cm. Saute sur place à 20-22,5 cm. Saute en courant à 58,4 - 83,8 cm. Saute d'une hauteur de 71 cm seul, les deux pieds joints.	
	Monte un escalier sans aide, se servant de ses deux pieds en alternance.	Descend un long escalier en alternant les pieds, avec un appui.	Descend un long escalier en alternant les pieds.
	Monte un petit escalier sans aide, en alternant les pieds; 31 mois.	Sans appui: marque le pas.	Descend un long escalier en alternant les pieds, sans aide.

Tableau 6.3   (suite)

Activité motrice	Caractéristiques des habiletés		
	À 3 ans	À 4 ans	À 5 ans
	Monte un long escalier sans aide, en alternant les pieds; 41 mois.	Escalade d'un escalier maîtrisée.	Escalade d'une échelle maîtrisée.
	Descend un escalier court ou long, marquant le pas; sans appui.	Descend un long escalier en alternant les pieds, avec appui.	Descend un long escalier en alternant les pieds.
	Monte sur une petite échelle en alternant les pieds.	Descend un petit escalier, en alternant les pieds, sans appui.	
		Monte sur une longue échelle, en alternant les pieds.	
		Descend une petite échelle, en alternant les pieds.	
Lancer	Lance souvent des balles, mais malhabilement.	20 % sont habiles au lancer.	74 % sont habiles au lancer — variation importante en fonction de l'âge.
	Lance sans perdre l'équilibre.	Commence à adopter la posture de l'adulte pour lancer.	Prend la posture de l'adulte pour lancer.
	Lance à environ 91 cm et utilise ses deux mains.	Réussit à lancer un anneau sur un piquet situé à 1,49 m.	Certains lancent la balle jusqu'à 5,18 m de distance. Utilise surtout le lancer unilatéral.
	Utilise surtout le mouvement antéropostérieur pour lancer.	Lance plus loin.	Commence à transférer son poids. Lance en avançant le pied droit.
	Le corps ne bouge pas durant le lancer.	Utilise surtout des mouvements horizontaux.	Entre 5 ans et demi et 6 ans, lance bien. Avance le pied gauche et le tronc.
	Utilise surtout le bras.	Tourne tout son corps vers la droite, puis la gauche. Les pieds restent ensemble sur place. Utilise surtout le bras.	Rotation et adduction horizontale du bras pour s'élancer.
Attraper	Tente d'arrêter une balle qui roule avec les mains ou avec ses jambes écartées.	29 % sont habiles à attraper. Attrape une balle lancée d'une distance de 1,52 m avec les bras pliés aux coudes.	56 % sont habiles à attraper une balle à 5 ans; 63 % à 6 ans. Attrape une petite balle; utilise plus ses mains que ses bras.
	Parvient progressivement à synchroniser ses mouvements à l'arrivée d'une balle qui roule; tend les mains pour attraper un objet.	Bouge ses bras en fonction de la direction; tente de juger la position de la balle à l'arrivée. Utilise plus ses bras que ses mains pour recevoir la balle.	Juge mieux la trajectoire qu'à 4 ans; ne réussit pas toujours. Attrape une balle, petite ou grosse, les coudes de chaque côté du corps.

Tableau 6.3   (suite)

Activité motrice	Caractéristiques des habiletés		
	À 3 ans	À 4 ans	À 5 ans
	Premiers efforts pour attraper une balle lancée; mains et bras utilisés ensemble pour tenir la balle contre son corps. Attrape une grosse balle avec les bras étendus rigidement. Peu ou pas de mouvements des bras pour recevoir la balle. Attrape une balle, petite ou grosse, les bras droits.	Attrape une balle petite ou grosse; les coudes devant le corps.	
Frapper			Frappe un ballon de soccer lancé d'une distance de 2,44 m à 3,51 m.
Faire rebondir	Fait rebondir une petite balle à une distance de 30,5 cm à 152,5 cm avec une main. Ne peut réussir avec une grosse balle.	Fait rebondir une grosse balle à une distance de 1,22 m à 1,52 m avec les deux mains.	Fait rebondir une grosse balle de 1,83 m à 2,13 m avec les deux mains. À 6 ans, tente de faire rebondir une grosse balle avec une seule main.
Sauter, courir, gambader	Essaie de sauter; 29 mois. À ce moment, «sauter» signifie faire des bonds irréguliers et variés. Exécute de un à trois sauts consécutifs sur les deux pieds; 38 mois. Exécute dix sauts ou plus sur les deux pieds; 42 mois (évolution rapide de l'habileté). Exécute de un à trois sauts consécutifs sur un pied; 43 mois. Gambade en traînant les pieds.	Saute à une hauteur de 2 m sur le pied droit. Seulement 14 % gambadent. 43 % ont commencé à courir. Exécute de quatre à cinq sauts consécutifs sur un pied. Gambade sur un pied. Exécute de un à dix sauts consécutifs sur un pied.	22 % gambadent habilement à la fin de la 5e année. 78 % courent, mais pas très bien. Saute avec facilité sur une distance de 4,88 m. Dix sauts consécutifs ou plus sur un pied. Gambade en alternant les pieds.
Escalader	50 % jugés habiles à escalader des échelles, des boîtes, des planches inclinées, etc.	Perfectionnement de cette habileté.	Devient encore plus habile.

Source: Corbin, Charles B., *A textbook of motor development*, Dubuque, William C. Brown, 1973.

perles, de se servir d'un crayon avec maîtrise, de reproduire le dessin d'un carré et, pour ce faire, elle utilise déjà de préférence sa main gauche ou sa droite. On constate qu'environ 1 enfant sur 10 est gaucher et qu'il y a plus de chances que ce soit un garçon.

Le développement intellectuel

La facilité croissante avec laquelle le petit enfant manie le langage et les idées l'aide à élaborer sa propre vision du monde, d'une façon qui surprend souvent les adultes qui l'entourent. Entre 3 et 6 ans, l'enfant devient plus compétent en matière de connaissance, d'intelligence, de langage et d'apprentissage. Il développe sa capacité d'utiliser des symboles en pensée et en action, et fait preuve d'une maîtrise accrue des notions d'âge, de temps et d'espace, par exemple.

Plus notre connaissance du développement intellectuel du petit enfant s'élargit, plus nous nous rendons compte des progrès énormes qu'il a accomplis en quelques années seulement. Partant des recherches inaugurales de Piaget sur le développement cognitif, les recherches actuelles donnent à penser que celui-ci a sous-estimé les capacités du petit enfant. Bien qu'il ait reconnu certains des pas accomplis par l'enfant au *stade préopératoire*, il a surtout insisté sur les limites de ses processus de pensée. Grâce à de nouvelles méthodes d'évaluation ingénieuses, nous sommes maintenant en mesure de mieux voir ces forces et de mieux apprécier les capacités intellectuelles du petit enfant.

Durant les deux premières années de sa vie (période sensori-motrice), l'enfant a acquis les notions de *conservation* et de *permanence* de l'objet, et il a jeté les bases de la notion de *causalité*. Par ailleurs, une compétence nouvelle est aussi apparue vers la fin de la période sensori-motrice. Grâce au développement de ses capacités représentationnelles, l'enfant peut évoquer des objets absents et des événements ou des actions passés au moyen de symboles comme les mots, les nombres et les images mentales. Nous verrons maintenant comment l'enfant parvenu au stade préopératoire utilise et développe ces aptitudes nouvelles.

Le stade préopératoire selon Piaget (de 2 à 7 ans)

Vers l'âge de 2 ans, à la fin de la période sensorimotrice (voir chapitre 4), l'enfant aborde la seconde période du développement cognitif selon Piaget: la **période préopératoire.** Il en sort vers l'âge de 7 ans pour entrer dans la période des opérations concrètes (chapitre 8).

Le stade préopératoire marque le début de **la fonction symbolique.** Les processus de pensée de l'enfant étaient jusque-là enchaînés au réel, au présent, au concret. Maintenant qu'il peut utiliser des symboles pour représenter les objets, les lieux et les gens, sa pensée peut retourner aux événements passés, anticiper des événements à venir et imaginer ce qui peut se passer ailleurs dans le présent. Ses processus mentaux sont actifs mais, pour la première fois, ils sont également réflexifs. Une fois que l'enfant est parvenu au stade préopératoire, sa capacité de représenter les choses par des symboles le rend apte à partager un système de symboles avec les autres.

Grâce à l'imitation différée, l'enfant se forme une image mentale d'un événement dont il a été témoin. Plus tard, il pourra imiter l'activité en question. Cette fillette sait comment s'y prendre avec son tricycle parce qu'elle a déjà vu quelqu'un accomplir une tâche semblable. (Alice Kandell/Rapho-Photo Researchers, Inc.)

La fonction symbolique peut se manifester sous trois formes dans le comportement de l'enfant: l'imitation différée, le jeu symbolique et le langage. L'**imitation différée** consiste à reproduire en actes un comportement ou un événement en l'absence du modèle original. David, âgé de 3 ans, voit son père qui se rase. Quelques heures plus tard, à la garderie, il se dirige vers la salle de toilette et fait comme s'il se rasait. Ce faisant, il imite son père en reproduisant un scénario qu'il a mémorisé.

Dans le **jeu symbolique,** l'enfant donne à un objet le rôle d'un autre objet. À 15 mois, Marie trouve un bout de tissu aux bords effrangés qui lui rappelle son oreiller. Elle s'en sert comme s'il s'agissait de son oreiller, mais elle se met tout à coup à rire. Son rire nous indique qu'elle sait que ce morceau de tissu n'est pas vraiment son oreiller (Ginsberg et Opper, 1979).

Pendant la période préopératoire, l'enfant utilise le **langage** à la place des objets ou événements absents. Il a donc attribué aux mots un caractère symbolique. (Nous verrons plus loin dans ce chapitre la façon dont il utilise ce langage.)

Les caractéristiques de la pensée préopératoire

Piaget a reconnu un large éventail de progrès accomplis par l'enfant au plan cognitif, mais certains lui ont échappé. Tout en admettant sa compétence croissante, il a cru l'enfant incapable de séparer le réel de l'irréel, le vivant de l'inanimé, ce qui n'existe que dans son esprit de ce qui a une existence objective et indépendante. Il a décrit les processus cognitifs du jeune enfant comme étant «partiellement logiques ou semilogiques» (Flavell, 1977, p. 72).

Selon Piaget, la cause fondamentale de plusieurs erreurs faites par l'enfant au stade préopératoire est son **égocentrisme,** c'est-à-dire son incapacité de se mettre à la place de l'autre. En demandant à des enfants de décrire comment apparaît un modèle tridimensionnel d'une montagne à quelqu'un placé face à lui de l'autre côté du modèle, Piaget a pu étudier expérimentalement l'égocentrisme enfantin (Piaget et Inhelder, 1967). La persistance de l'enfant à ne décrire la montagne que de son propre point de vue sans pouvoir s'imaginer le point de vue de son vis-à-vis démontre, selon Piaget, le caractère égocentrique de la perception et de la pensée de l'enfant au stade préopératoire.

Les réponses données par les enfants lors d'expériences sur la notion de conservation démontrent les différences cognitives entre l'enfant qui est encore au stade préopératoire et celui qui est parvenu au stade suivant, c'est-à-dire au stade des opérations concrètes. La **conservation** est la capacité de comprendre que deux quantités égales de matière restent égales (en substance, poids, longueur, nombre, volume ou espace) malgré la modification de la configuration de départ d'une de ces quantités, pourvu que rien ne soit enlevé ou ajouté. Pour étudier la conservation de la substance, on montre à un enfant deux boules d'argile d'égale grosseur. Il admet qu'elles sont égales. On dit que l'enfant a saisi la notion de conservation de la *substance* s'il reconnaît que, même après avoir roulé l'une des boules pour lui donner la forme d'une saucisse, les deux morceaux d'argile contiennent la même quantité de matière. Dans le cas de la conservation du *poids*, on demande à l'enfant si la boule et la saucisse ont le même poids. Pour la conservation du *volume*, on demande à l'enfant de juger si la boule et la saucisse déplacent une quantité de liquide égale quand on les place dans des verres d'eau.

Dans une expérience célèbre de Piaget, on présente à Éric deux verres identiques, bas et évasés, qui contiennent la même quantité d'eau. Lorsqu'on lui demande lequel contient le plus d'eau, Éric, qui a 5 ans, répond: «Ils sont tous les deux pareils.» Sous ses yeux, l'expérimentateur verse l'eau de l'un des verres évasés dans un autre verre haut et étroit, puis demande: «Maintenant, dans lequel y a-t-il le plus d'eau?» Éric désigne le verre évasé du doigt. L'expérimentateur répète l'opération plusieurs fois, et Éric continue de dire que c'est le verre bas et évasé qui contient le plus d'eau. Quand on lui demande pourquoi, il répond: «Celui-là est plus gros ici», en montrant la largeur du verre. D'autres enfants diront que c'est le verre allongé qui contient le plus d'eau. Un enfant de cet âge est incapable de considérer la hauteur et la largeur en même temps. Il se centre sur l'un ou l'autre de ces aspects et ne peut donc résoudre le problème, sa perception erronée inhibant sa pensée logique. Selon Piaget, ce mode de raisonnement lié à la perception est au cœur de la pensée préopératoire.

À la période suivante, appelée période des *opérations concrètes* (étudiée au chapitre 8), l'enfant saisit la logique de la transformation. Il se rend compte que le fait de changer l'apparence d'un objet n'affecte ni son poids, ni sa masse, ni son volume, puisque rien n'y a été ajouté ni enlevé.

Les recherches récentes sur l'enfant au stade préopératoire

Un enfant s'assoit devant un carton carré divisé en quatre secteurs égaux à l'aide de séparateurs. L'expérimentateur place une figurine représentant un policier sur le bord du carton. Il place ensuite une poupée dans l'un des secteurs; chaque fois que cette poupée est placée dans un secteur différent, on demande à l'enfant si le policier peut la voir. L'expérimentateur place un autre policier sur le carton et demande à l'enfant de mettre la poupée hors de la vue des deux policiers. Quand on demanda à un groupe de 30 enfants, dont l'âge se situait entre 3 ans et demi et 5 ans, d'exécuter cette tâche, ceux-ci donnèrent la bonne réponse ou firent la bonne chose 9 fois sur 10 (Hughes, 1975).

Comment se fait-il que ces enfants se soient montrés capables d'adopter la perspective d'une autre personne, en l'occurrence le policier, alors que les enfants soumis à l'expérience classique de Piaget sur divers points de vue de la montagne n'y sont pas parvenus? Probablement parce que la tâche décrite ci-haut fait appel à un mode de pensée moins abstrait et plus familier à l'enfant. Rares sont les enfants qui regardent une montagne en pensant à ce que d'autres personnes peuvent voir lorsqu'ils la regardent. Mais dès l'âge de 3 ans, la plupart des enfants savent ce que sont les poupées, les policiers et l'action de se cacher.

Il semble que Piaget ait d'abord surestimé la capacité des enfants de comprendre les tâches qu'il leur proposait et les questions qu'il leur posait. Il attribua leurs mauvaises réponses à une faille dans leurs processus cognitifs fondamentaux. Il apparaît maintenant que les erreurs en question étaient plutôt dues à une incapacité de saisir le problème soumis. Autrement dit, le problème posé était peut-être trop complexe pour être compris par des enfants de cet âge.

Les difficultés rencontrées par les enfants étaient parfois dues à la complexité du langage utilisé. Dans un sens, il se peut que Piaget lui-même ait fait preuve d'égocentrisme: parce qu'il savait ce qu'il voulait dire, il supposait que les enfants aussi le savaient. Mais dans bon nombre d'expériences classiques, les enfants interprétaient mal les questions et répondaient

peut-être à des questions différentes de celles qui leur étaient posées (Donaldson, 1979). Lors d'une expérience, une psychologue eut elle-même du mal à se rappeler les histoires que Piaget demandait aux enfants de répéter. Quand elle eut réécrit ces mêmes histoires en vue de les simplifier et de clarifier les liens de cause à effet, des enfants de la première année du primaire n'eurent aucune difficulté à les raconter correctement (Mandler, extrait de Pines, 1983). Nous voyons à quel point la nature de la tâche détermine le niveau de performance de l'enfant.

Les recherches récentes, qui utilisent de nouveaux types de tâches expérimentales, indiquent que les enfants sont moins égocentriques qu'on l'avait d'abord cru, et que leur compréhension des relations causales et de la distinction entre le vivant et le non-vivant est plus précoce que ce que montrent les résultats de Piaget. Il faut peut-être attribuer la difficulté du jeune enfant à saisir le point de vue d'une autre personne à son inaptitude à comprendre la tâche à exécuter plutôt qu'à son incapacité de se mettre à la place de l'autre.

Les enfants sont moins égocentriques qu'on est porté à le croire. Quand ils vivent des situations qui ont un sens pour eux, ils feront souvent preuve d'une compréhension fondamentale de l'autre. (Barbara Rios/Photo Researchers, Inc.)

Jusqu'à quel point le jeune enfant est-il égocentrique? Quand Antoine a offert un sac de billes à Théo le jour de ses 4 ans, celui-ci n'a pu s'empêcher de lui dire: «J'en ai déjà, des billes.» Mais il s'est empressé d'ajouter: «Mais je suis content quand même; ça va m'en faire plus!» Cette réaction du bambin indique qu'il pouvait imaginer comment se sentirait son ami à l'idée qu'il ne voulait pas de son cadeau. Plutôt que d'agir d'une façon égocentrique, un enfant placé dans une situation qui a un sens pour lui fera vraisemblablement preuve d'une compréhension humaine de base envers l'autre.

Cette capacité de comprendre l'autre se manifeste dans de nombreux exemples de comportements altruistes chez de très jeunes enfants. Même un bébé tentera de porter secours à une personne en détresse. Un bébé de 10 à 12 mois se mettra souvent à pleurer à la vue d'un autre enfant en larmes. Vers 13 ou 14 mois, il le flattera ou le caressera et à 18 mois, il fera divers gestes pour aider un compagnon affligé: il lui tendra un jouet pour remplacer celui qui est brisé ou donnera un sparadrap à un ami qui vient de se faire une coupure (Yarrow, 1978).

Le jeune enfant fait souvent preuve d'égocentrisme dans son langage; il parlera sans se préoccuper de savoir si la personne à qui il s'adresse écoute ou s'intéresse à ce qu'il dit. L'adulte aussi agit parfois de la sorte. Le point crucial consiste à savoir si c'est parce qu'il ne peut pas se mettre à la place de son interlocuteur que l'enfant adopte un langage égocentrique, ou si c'est qu'il se soucie peu du point de vue de l'autre. D'après des recherches récentes, la dernière hypothèse serait à retenir. Un enfant de 4 ans sait adapter son langage pour être compris d'un compagnon de 2 ans (Shatz et Gelman, 1973). D'autres recherches indiquent qu'en exécutant des tâches qu'il comprend, le petit enfant peut communiquer d'une façon très efficace, comme nous le verrons au prochain chapitre dans notre étude du langage enfantin.

La relation de cause à effet. «Il pleure parce qu'il ne veut pas mettre son pyjama. Il veut rester tout nu!» dit Marie, âgée de 27 mois, en voyant son frère jumeau se débattre au moment où sa tante essaie de le préparer à se mettre au lit. Ces paroles, qui seraient probablement passées inaperçues si la tante en question n'avait été une psychologue intéressée au développement de l'enfant, démontrent que même à un âge aussi précoce, l'enfant comprend que certaines choses en entraînent d'autres. Les expressions

«parce que», «c'est pour ça que» et «ça fait que» qu'utilisent spontanément les enfants avant de pouvoir répondre aux «pourquoi» des adultes indiquent qu'ils saisissent à un âge très précoce les relations causales.

Lors d'une expérience qui a permis de confirmer l'acquisition d'une telle relation, on a demandé à des enfants de 3 ans et de 4 ans de regarder des images semblables à celles qui apparaissent dans la rangée supérieure de la figure 6.1 et de choisir ensuite, dans la rangée inférieure, l'image qui pourrait expliquer «ce qui est arrivé» (Gelman, Bullock et Meck, 1980). Ces jeunes enfants ont montré qu'ils étaient en mesure d'établir des relations correctes de cause à effet entre les images présentées. L'histoire suivante illustre le genre de relation qu'établissaient les enfants: «Avant, le petit chien était sec; puis il y a eu de l'eau qui l'a arrosé, ça fait que le petit chien est devenu tout mouillé.» (Pines, 1983, p. 50).

Le jeune enfant est-il animiste? L'animisme consiste à attribuer certaines caractéristiques des êtres vivants à des objets inanimés. En interrogeant des enfants à propos du soleil, du vent et des nuages, Piaget a obtenu des réponses qui l'ont amené à conclure que les jeunes enfants possèdent une pensée animiste, du moins localement. En certains cas, ils devraient avoir du mal à distinguer ce qui est vivant et animé, de ce qui ne l'est pas. Récemment, des chercheurs ont demandé à des bambins de 3 ans et de 4 ans de dire ce qui distingue un caillou, une personne

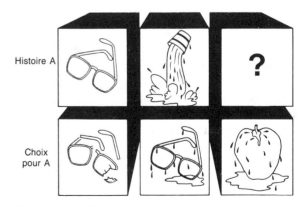

Figure 6.1 *Voici un exemple de séquences d'images destinées à vérifier la compréhension qu'a l'enfant de la causalité. On demande d'abord à l'enfant de regarder les images de la première rangée, puis de choisir dans la rangée inférieure l'image qui peut montrer ce qui est arrivé; enfin, l'enfant est invité à raconter une histoire à ce sujet (Gelman, Bullock et Meck, 1980).*

et une poupée. Par leurs réponses, ceux-ci ont montré qu'ils comprennent que les gens sont vivants et que les cailloux ne le sont pas (Gelman, Spelke et Meck, sous presse): ils n'ont attribué ni pensées, ni émotions aux cailloux et ils ont mentionné que si les poupées ne peuvent se déplacer seules, c'est qu'elles ne sont pas vivantes.

Comment expliquer une telle différence entre les réponses obtenues? Elle peut être due au fait que les objets présentés par Piaget aux enfants sont tous capables de se *mouvoir* et n'offrent aucune possibilité de manipulations concrètes. Comme ils connaissent très peu de choses à leur sujet, les enfants interrogés leur ont attribué des propriétés qu'ils ne possèdent pas. Quand le matériel utilisé se compose d'objets familiers et mieux connus, comme des cailloux, ce type d'erreur ne semble pas se produire.

Le jeune enfant sait-il classifier?   Voilà une autre question à laquelle les chercheurs contemporains donnent une réponse différente de celle de Piaget. Ce dernier maintient que les enfants sont incapables de construire une véritable **classification** sur un ensemble d'objets avant l'âge de 7 ou 8 ans. D'autres chercheurs ont toutefois constaté que plusieurs enfants de 4 ans sont capables de répartir des objets en catégories selon deux critères différents (comme la dimension et la forme) (Denney, 1972).

À partir de recherches effectuées en Suisse auprès de jeunes enfants, Inhelder et Piaget (1964) ont laissé entendre que les enfants traversent trois stades dans l'apprentissage de la classification. D'abord, de 2 ans et demi à 5 ans, l'enfant groupe des items pour former un motif ou une forme (comme une maison) ou selon des critères qui varient constamment. Il peut, par exemple, ajouter un carré bleu à un carré rouge parce qu'il s'agit de deux carrés, puis un triangle rouge à cet ensemble parce qu'il a la même couleur que le premier carré. C'est le stade des *collections* non-*figurales*. De 5 à 7 ou 8 ans, l'enfant regroupe les objets semblables par leur forme ou leur fonction, mais il demeure incapable de se représenter un objet comme étant à la fois membre de la classe englobante et de la classe englobée. Il est, par exemple, incapable de se représenter un chat comme étant *à la fois un chat et un animal*. C'est le stade des *collections figurales*. Enfin, il a acquis la notion de classe quand il peut représenter simultanément un objet aux différents niveaux d'abstraction de la hiérarchie qu'il a produite.

Lors d'une recherche auprès d'enfants américains, Nancy Denney (1972) a présenté des cartons de formes, de couleurs et de dimensions différentes à des bambins de 2, 3 et 4 ans, leur demandant de «faire des tas avec les choses qui sont pareilles ou qui vont ensemble». Cette étude l'a amenée à proposer une succession de stades différente de celle de Piaget, à savoir: 1) une incapacité de grouper des objets selon leurs ressemblances, 2) un regroupement partiel d'objets semblables et 3) un regroupement exhaustif d'objets semblables. Cette chercheure constata que plus des deux tiers d'un groupe d'enfants de 4 ans (soit 23 sur 26) ont pu regrouper correctement des objets *identiques*.

Pour expliquer les différences entre ses résultats et ceux de Piaget, Denney a émis l'hypothèse suivante: les enfants américains d'aujourd'hui seraient capables de classifier à un âge plus hâtif parce qu'ils acquièrent très tôt des notions sur la couleur, sur la forme et sur les dimensions en regardant la télévision, ou lors d'activités vécues à la garderie.

Pouvons-nous accélérer l'acquisition des habiletés cognitives?   Il se peut bien que la prématernelle et la télévision éducative accélèrent le développement cognitif de l'enfant. Mais dans quelle mesure et par quels procédés au juste? D'après les nombreuses expériences menées sur la question, un entraînement sera fructueux si l'enfant qui y est soumis est déjà sur le point d'acquérir le concept enseigné; en outre, certains types de programmes sont plus efficaces que d'autres.

Lors d'une expérience destinée à enseigner la conservation du nombre, des enfants de 4 ans ont réussi à acquérir cette notion et à maintenir cet acquis jusqu'à cinq mois plus tard. Par contre, les enfants de 3 ans n'ont pas pu maintenir aussi longtemps les habiletés acquises par cet entraînement.

La nature de la procédure d'entraînement utilisée détermine en grande partie la qualité et la persistance des apprentissages produits. La procédure utilisée dans l'expérience précédente consiste à montrer à un enfant divers ensembles d'objets alignés (dames, bonbons, bouchons, bâtons, etc.) et à lui demander d'indiquer les deux rangées qui ont le même nombre d'objets. Puis, après avoir distancé ou rapproché les éléments d'une des rangées, l'expérimentateur demande à l'enfant si ces rangées comportent toujours le même nombre d'objets (voir la figure 6.2). L'expérimentateur fournit ensuite à l'enfant

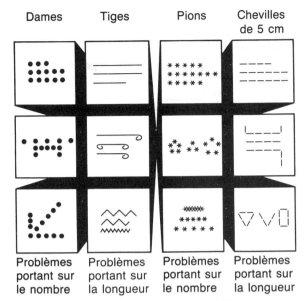

Dames	Tiges	Pions	Chevilles de 5 cm

Problèmes portant sur le nombre	Problèmes portant sur la longueur	Problèmes portant sur le nombre	Problèmes portant sur la longueur

Figure 6.2 *Voici un exemple de problèmes visant l'apprentissage de la conservation. Au cours d'une expérience, on présente à un enfant des arrangements d'items semblables à ceux qui apparaissent dans la rangée du haut; on modifie ensuite la disposition des items (comme indiqué dans la deuxième ou dans la troisième rangée) et on demande à l'enfant s'il s'agit des mêmes. On explique ensuite à l'enfant pourquoi ces items sont les mêmes, en se référant aux critères d'identité, de réversibilité ou de compensation. Il apparaît que l'identité est la notion la plus centrale dans l'apprentissage de la conservation (Field, 1977).*

l'une ou l'autre des trois règles verbales suivantes, qui expliquent pourquoi les rangées désignées sont pareilles. La règle fournie fait appel soit à l'**identité** (soulignant l'équivalence matérielle: «Quel que soit l'endroit où tu les mets, il y a toujours le même nombre de bonbons»); soit à la **réversibilité** (démontrant la possibilité de replacer les objets comme ils étaient auparavant: «Regarde, si nous rapprochons les bâtonnets de cette rangée, les deux rangées redeviennent de la même longueur»); soit à la **compensation** (montrant qu'un changement qui a trait à un aspect de la rangée, disons sa longueur, est compensé par un changement sur un autre aspect, disons l'espacement de ses éléments: «Oui, c'est vrai que cette rangée est plus longue, mais ses éléments sont plus distancés»).

Ce sont les enfants à qui on a enseigné la règle d'identité qui firent les progrès les plus marqués dans l'apprentissage de la conservation. Ceux qui apprirent le principe de la réversibilité firent eux aussi des progrès. Mais les enfants à qui on a fourni la règle de la compensation ont semblé très peu bénéficier de leur

entraînement. Pour expliquer pourquoi des enfants de 4 ans ont à ce point amélioré leur maîtrise de la notion de conservation, l'auteur souligne que ce type d'entraînement profite aux enfants dans la mesure où leurs structures intellectuelles leur permettent de comprendre et d'appliquer la règle qu'on leur fournit (Field, 1981).

De telles expériences nous portent à penser que les enfants parvenus au stade préopératoire sont plus compétents que ne l'a reconnu Piaget. Ceux-ci ont bien sûr plusieurs limitations cognitives en comparaison des enfants qui ont atteint l'étape suivante, c'est-à-dire le stade des opérations concrètes. Cependant, quand on leur demande d'exécuter des tâches qui réfèrent à des activités familières et qui leur sont expliquées dans un langage qu'ils comprennent, les petits enfants se montrent plus compétents que lorsqu'ils sont soumis aux tâches piagétiennes classiques, telles que la conservation et l'expérience de la montagne. Notre nouvelle évaluation de la compétence du petit enfant est en grande partie attribuable à l'apparition de nouvelles techniques de recherche qui nous permettent de mieux faire ressortir ses étonnantes habiletés intellectuelles.

Le développement de la mémoire: l'enfant, agent de traitement de l'information

La première fois qu'il a réellement pris conscience de sa mémoire, David, âgé de 4 ans, s'est écrié: «Savais-tu que chaque fois que tu dis «Salut» à quelqu'un, ce mot se met à tourner dans ta tête, et tu n'arrêtes pas de l'entendre?» Jusqu'à ce jour, David ne se rendait pas compte de tout ce que sa mémoire pouvait contenir, même s'il avait réussi à réciter plusieurs annonces publicitaires dès qu'il avait appris à prononcer les mots qu'elles contenaient. Les enfants se souviennent d'une quantité de choses impressionnante, même en bas âge.

Jusqu'au milieu des années 1960, nous possédions peu d'information sur le fonctionnement de la mémoire chez les enfants de moins de 5 ans. Depuis lors, l'intérêt pour le développement de la mémoire enfantine s'est considérablement accru (Ornstein, 1978). Il existe encore peu de théories sur le développement de la mémoire chez le jeune enfant, mais nous n'en percevons pas moins David comme un enfant qui «se souvient». Celui-ci «traite» l'information et base ses actions sur les données qu'il reçoit et mémorise. Il est toutefois limité, tant par la quantité d'informations qu'il possède, que par son habileté encore réduite à y accéder efficacement (Myers et Perlmutter, 1978).

Chez le jeune enfant, la *reconnaissance* est généralement bonne, le *rappel* faible et ces deux fonctions s'améliorent entre 2 et 5 ans (Myers et Perlmutter, 1978). Les enfants de ce groupe d'âge ont connu une amélioration considérable de la reconnaissance depuis leur première année.

La plupart des informations que nous possédons dans ce domaine proviennent d'expériences effectuées en laboratoire au cours desquelles on évalue des enfants à l'aide de «jeux de mémorisation». Les séances d'évaluation, qui durent généralement moins d'une demi-heure, font habituellement appel à la capacité de l'enfant de reconnaître une série d'items (jouets ou images) qui lui ont été présentés peu de temps auparavant, ou de se rappeler de ces items (Myers et Perlmutter, 1978).

Une façon d'évaluer la **reconnaissance** d'un enfant consiste à lui montrer plusieurs objets, à retirer ceux-ci et à les lui présenter de nouveau avec d'autres objets qu'il n'a pas encore vus. On demande ensuite à l'enfant de dire quels objets il a déjà vus et quels objets sont nouveaux. Une façon d'évaluer le **rappel** de l'enfant consiste à lui montrer plusieurs objets, à retirer ceux-ci de sa vue et à lui demander de nommer tous les objets qu'il a vus, lui promettant parfois de lui donner tous les objets qu'il aura réussi à nommer afin de le motiver.

Quels sont les résultats obtenus à ces deux types d'épreuves? Chez des enfants de 2 ans, 81 % des réponses de reconnaissance sont correctes, alors que les mêmes enfants ne se rappellent que de 23 % d'une série de neuf objets présentés. Chez des enfants de 4 ans, 92 % des réponses sont correctes quand il s'agit de reconnaissance, mais seulement 35 % des rappels sont justes. Les enfants de ces deux groupes d'âge se rappelleront plus facilement le dernier item présenté. Les enfants plus âgés sont beaucoup plus capables que leurs cadets de se rappeler les items situés dans les huit autres positions (Myers et Perlmutter, 1978).

Le rappel est plus difficile que la reconnaissance à tous les niveaux d'âge. Il l'est encore davantage chez le jeune enfant, car celui-ci a moins de connaissances générales que ses aînés, connaît moins d'objets, a un vocabulaire plus

réduit et n'a pas encore élaboré de stratégies pour la mémorisation des informations. Les progrès accomplis dans ce domaine entre 2 et 5 ans sont probablement reliés à une augmentation des connaissances générales, puisque l'enfant de moins de 5 ans ne semble pas fournir d'efforts particuliers pour se rappeler des choses (Myers et Perlmutter, 1978).

Le fait que les jeunes enfants se rappellent plus facilement des objets qui ont une relation entre eux montre l'importance des connaissances générales dans le développement de la mémoire et plus particulièrement l'importance de l'*organisation* des connaissances acquises. Des enfants de 3 ans et de 4 ans à qui on a présenté des paires d'images se sont rappelés plus facilement celles qui avaient un lien entre elles que celles qui n'en avaient pas (Staub, 1973). Parmi les paires d'images reliées entre elles, les enfants se sont souvenus davantage de celles dont l'un des items représentait une partie de l'autre (comme la paire pneu-auto) que de celles dont un item représentait l'habitat de l'autre (comme la paire poisson-lac). Les paires reliées les plus difficiles à se rappeler ont été celles où les deux items appartenaient à la même catégorie (chapeau-bas). De façon générale, plus le domaine de connaissances d'un enfant est riche et structuré, meilleures sont ses capacités de rappel.

L'approche psychométrique: la mesure de l'intelligence chez le petit enfant

Chez les enfants de moins de 3 ans, il n'existe pratiquement aucune corrélation entre les cotes obtenues aux tests d'intelligence et celles qu'ils obtiendront plus tard, étant donné la nature non verbale des tests d'intelligence qui s'adressent aux tout-petits. Dès l'avènement du langage, cependant, les tests peuvent comporter des items verbaux et les corrélations entre les scores obtenus par l'enfant et ceux qu'il obtiendra plus tard deviennent plus stables (Honzik, Macfarland et Allen, 1948).

Deux des tests d'intelligence les plus couramment utilisés à cet âge sont le Stanford-Binet et l'échelle d'intelligence préscolaire et primaire de Wechsler. Voici comment Anastasi (1968) décrit le sujet type d'âge préscolaire:

«Le sujet peut marcher, s'asseoir à une table, se servir de ses mains pour manipuler les objets du test et communiquer verbalement. À cet âge-là, l'enfant est également beaucoup plus sensible à l'examinateur en tant que personne, tandis que pour le bébé, l'examinateur est surtout un intermédiaire qui lui procure des objets de stimulation.» (p. 457)

Le Stanford-Binet

Ce test s'adresse généralement aux enfants de 3 à 8 ans. Il s'agit d'une épreuve individuelle qui dure de 30 à 40 minutes. On demande à l'enfant de donner la signification de certains mots, d'enfiler des perles, de faire des constructions avec des cubes, d'identifier les parties qui manquent sur une image, de tracer le bon chemin dans des labyrinthes et de montrer la compréhension qu'il a des nombres. Le Q.I. obtenu au Stanford-Binet est censé mesurer le jugement pratique exercé dans des situations de la vie réelle, ainsi que la mémoire et l'orientation spatiale.

L'échelle d'intelligence préscolaire et primaire de Wechsler (WPPSI)

Ce test est conçu pour les enfants de 4 à 6 ans et demi, il dure environ une heure et il est parfois administré en deux séances pour minimiser l'effet dû à la fatigue. Il se compose de 11 épreuves différentes, regroupées en deux échelles distinctes: l'échelle des aptitudes verbales et celle de la performance. Le test fournit une mesure du quotient intellectuel verbal (Q.I. verbal), du quotient intellectuel non verbal (Q.I. non verbal) et du quotient intellectuel global. Les items présentés sont semblables à ceux de l'échelle d'intelligence de Wechsler pour enfants (voir chapitre 8).

Les facteurs influençant le rendement intellectuel

Si vous êtes un étudiant ou une étudiante type de niveau collégial, vous avez probablement déjà passé de nombreux tests d'intelligence, depuis la maternelle jusqu'à la fin du cours secondaire. Plusieurs facteurs ont influencé vos résultats: votre personnalité, vos dispositions intellectuelles, votre statut socio-économique, votre appartenance ethnique, votre capacité d'adaptation à une situation de test, votre adaptation sociale et affective, et l'interaction que vous avez avec vos parents. Examinons de plus près ces divers facteurs.

Le développement social et affectif

Le fonctionnement intellectuel est intimement lié à l'équilibre affectif. Il est également relié au tempérament. Un enfant actif, sûr de lui-même, curieux et capable de prendre des initiatives réussit bien aux tests d'intelligence et en classe. L'adaptation sociale et affective de l'enfant au cours de la petite enfance semble influencer son rendement scolaire durant les deux premières années du cours primaire.

On a évalué l'adaptation socio-affective d'un groupe de 323 enfants qui fréquentaient des garderies populaires de la ville de New York, et on a ensuite examiné ces enfants durant leur première et leur deuxième année scolaire. Les performances aux tests d'aptitude et les notes accordées par les professeurs ont été comparées aux évaluations socio-affectives antérieures. Les résultats montrent qu'il y a une forte corrélation entre le fonctionnement social et affectif durant la petite enfance, et le rendement intellectuel ultérieur. Kohn et Rosman (1972) en concluent:

«Ces résultats portent à croire que l'enfant curieux, éveillé et sûr de lui-même pourra apprendre de son environnement, alors que l'enfant passif, apathique et replié sur lui-même n'en tirera, tout au plus, qu'un apprentissage limité, étant donné la moindre importance des contacts; il se peut même qu'il évite systématiquement ceux-ci.» (p. 450)

L'interaction parents-enfant

Quels types de parents ont des enfants brillants? Ceux qui sont chaleureux et affectueux? Les ambitieux? En quoi diffèrent-ils des autres parents? Comment se comportent-ils?

On peut dresser un portrait type des parents dont les enfants présentent un rendement intellectuel *croissant* au cours de la petite enfance (Clarke-Stewart, 1977). Ces parents sont sensibles, chaleureux et aimants. Ils se montrent très compréhensifs face au comportement de leurs enfants, les laissent explorer et s'exprimer. Lorsqu'ils veulent modifier certains aspects de leur conduite, ils font appel au raisonnement ou aux sentiments plutôt qu'à des règles rigides. Ils utilisent un langage et des techniques d'enseignement relativement élaborés avec leurs enfants, encouragent leur autonomie et leur créativité, et ont recours à la lecture, à l'enseignement et au jeu pour favoriser leur croissance. Les enfants réagissent à cette attention en faisant preuve de curiosité, de créativité et d'intérêt pour l'exploration et la vie scolaire.

Qu'arrive-t-il lorsque les parents sont tellement préoccupés par le rendement intellectuel de leur enfant qu'ils le forcent, au cours des trois premières années, à adopter un rythme de développement accéléré à l'extrême? Contrairement à ce qu'on pourrait croire, ce genre d'entraînement intensif a peu d'effets durables sur le rendement intellectuel de l'enfant. En évaluant 44 mères de la classe moyenne relativement au «forçage» parental excessif, Moss et Kagan (1958) ont pu observer qu'à l'âge de 3 ans, les garçons (mais non les filles) des mères qui faisaient du «forçage» excessif, avaient un rendement intellectuel supérieur aux autres enfants. À l'âge de 6 ans cependant, ceux qui avaient subi ce type d'entraînement, garçons ou filles, n'étaient pas différents des autres enfants. Les programmes d'entraînement à l'intelligence sont donc à éviter: non seulement ils ne produisent pas les résultats escomptés, mais ils peuvent entraver le développement socio-affectif de l'enfant.

La plupart des études qui se sont intéressées à l'influence parentale sur le développement intellectuel des enfants ont mis l'accent sur le rôle de la mère. Nous prenons toutefois de plus en plus conscience de l'impact du père dans ce domaine. Comme le souligne Norma Radin dans un compte rendu d'ouvrages sur le rôle du père[1]:

> «Le père influence l'évolution intellectuelle et académique de ses enfants de diverses façons: par ses attitudes et son comportement face à ses enfants, par le bagage génétique et ethnique qu'il leur transmet, par la place qu'il occupe dans la structure familiale et par la nature de la relation qu'il entretient avec son épouse.» (Radin, 1981, p. 380)

Le père semble exercer plus d'influence sur son fils que sur sa fille, probablement parce que le garçon est plus enclin à s'identifier à lui, et réciproquement. Le jeune garçon a tendance à adopter non seulement les attitudes, les valeurs, les rôles, les gestes et les réactions émotives de son père, mais encore ses façons de résoudre les problèmes, son mode de pensée et même les mots qu'il utilise. Il sera particulièrement porté à imiter son père si celui-ci s'en occupe, s'il l'approuve et s'il le perçoit comme un être investi d'une puissance qu'il n'utilise ni pour le dominer ni pour l'intimider.

Comme l'influence que le père exerce sur sa fille est plus complexe, il est difficile de la décrire avec autant de précision. Il semble toutefois que la fille qui se développe le mieux soit celle dont le père encourage le développement personnel et intellectuel tout en favorisant son autonomie. Chez le garçon comme chez la fille, le style de présence exercé par le père est critique pour le développement de l'enfant. Une présence paternelle stricte, dogmatique et autoritaire est associée à un rendement académique inférieur chez l'enfant.

Qu'advient-il de l'enfant qui perd son père à la suite d'un décès ou d'un divorce? Les études sur les effets de l'absence du père donnent des résultats contradictoires et déroutants. Cela est dû en partie à la diversité des techniques de recherche utilisées et en partie aux changements que connaissent nos modèles sociaux. Les enfants élevés dans un foyer monoparental sont beaucoup plus nombreux qu'ils ne l'étaient au moment où certaines des recherches sur l'absence du père ont été effectuées. Comme ce mode de vie devient plus répandu, il y a des chances que les désavantages associés au «monoparentalisme» (réprobation sociale, problèmes économiques, absence de modèle masculin dans la vie de l'enfant, etc.) diminuent avec le temps.

Malgré l'amélioration de la situation, l'absence du père semble avoir encore des effets négatifs sur le développement cognitif de l'enfant, tout particulièrement au sein des minorités ethniques où le père est souvent perçu comme le chef du foyer. Les garçons qui perdent leur père avant l'âge de 5 ans réussissent moins bien dans les épreuves de mathématiques (Shinn, 1978). Le même effet se fait sentir chez les filles qui perdent leur père avant l'âge de 9 ans (Radin, 1981). Le décès semble plus dévastateur qu'un divorce ou une séparation, et la présence d'un nouveau compagnon de la mère pourra souvent compenser l'absence du père.

C'est chez les enfants brillants de la classe moyenne que l'absence du père se fait le plus profondément sentir. L'enfant qui vit dans un milieu très aisé a beaucoup de ressources pour surmonter les effets du départ de son père et l'enfant élevé dans un milieu très défavorisé subit tellement d'autres tensions que l'absence

---

1   La description de l'influence paternelle sur le développement intellectuel de l'enfant contenue dans cette section provient du compte rendu de Radin (1981), sauf indication contraire.

de son père risque d'avoir moins de conséquences nocives. D'autres facteurs peuvent également atténuer ou aggraver l'impact de l'absence du père, comme la réaction de la mère à son départ, des changements dans la situation financière de la famille, la présence ou l'absence d'autres soutiens (frères ou sœurs plus âgés, grands-parents, oncles, etc.). Nous devons évaluer individuellement chaque situation familiale avant de pouvoir tirer des conclusions sur l'impact de l'absence du père.

Le statut socio-économique

Durant la petite enfance, l'écart qui existe au plan des aptitudes intellectuelles entre les enfants de foyers à faible revenu et ceux qui sont élevés dans des milieux plus aisés continue à s'accentuer. Ce phénomène est sans doute dû en grande partie aux différences de comportement des parents. Les parents qui ont un revenu et un niveau social plus élevés sont plus attentifs aux besoins de camaraderie, d'affection et de stimulation intellectuelle de leurs enfants. Comme le souligne Clarke-Stewart (1977), «ils sont plus portés à demander, à consulter ou à expliquer qu'à tenter d'obtenir des choses par des cajoleries, à commander, à menacer ou à punir» (p. 33).

Les parents de milieux aisés n'aiment pas plus leurs enfants que les parents pauvres et le comportement social des enfants de familles à faible revenu (coopération, entraide, etc.) ne diffère nullement de celui des enfants plus riches. Comment donc expliquer les différences d'attitudes de la part des parents et les différences de réactions de la part des enfants? Les différences d'attitudes parentales sont peut-être dues à la disparité des traditions culturelles, ou au fait que les parents plus instruits ont acquis plus de connaissances au sujet des besoins de l'enfant. Il se peut aussi que le fait d'avoir plus d'argent soit un facteur important. Libérés de la nécessité de dépenser la plus grande partie de leur énergie à satisfaire des besoins fondamentaux (comme l'illustre la classification proposée par Maslow), les parents plus prospères peuvent se détendre davantage avec leurs enfants et fixer leur attention sur des aspects de leur développement qui dépassent la stricte survie. Comme plusieurs de nos questions demeurent sans réponse, la recherche doit se poursuivre dans ce domaine. Elle doit mettre l'accent sur des comportements parentaux bien précis, plutôt que de se limiter à une classification générale des difficultés liées au niveau socio-économique de la famille.

Le langage chez le petit enfant

Le petit enfant est souvent un brillant causeur. Il s'intéresse à l'univers tout entier et aime parler de tout ce qui s'y trouve. C'est la période des «pourquoi»; le jeune enfant a une grande soif de connaître le monde qui l'entoure et apprend vite qu'en posant des questions, il réussit à alimenter la conversation.

La maîtrise du langage

Le langage devient plus conforme aux règles grammaticales au cours de ces années. Le petit enfant pose beaucoup de questions, et peut donner et suivre des ordres simples. Il peut nommer des réalités familières, comme certains animaux, les parties du corps et les personnes de son entourage. Il utilise le pluriel et le passé, et emploie le «je», le «tu» et le «moi» correctement. Son vocabulaire comporte de 900 à 1200 mots.

Chez l'enfant de 4 à 5 ans, les phrases ont en moyenne de quatre à cinq mots. Il connaît les emplois de prépositions comme «sur», «sous», «dans», «à» et «derrière». Il emploie plus de verbes que de substantifs; il comprend et peut utiliser un total de 1500 à 2000 mots.

Entre 5 et 6 ans, l'enfant commence à employer des phrases composées de six à huit mots. Il peut définir des mots simples et connaît quelques antonymes. Il fait usage d'un plus grand nombre de conjonctions, de prépositions et d'articles dans son langage courant. Il respecte passablement les règles grammaticales, mais ignore encore les exceptions aux règles. Son langage devient moins égocentrique et plus socialisé, et son vocabulaire comporte de 2000 à 2500 mots.

Vers 6 ou 7 ans, l'enfant acquiert un langage assez élaboré. Il utilise alors des phrases composées, complexes et grammaticalement correctes; il fait usage de toutes les parties du discours et d'un vocabulaire de 3000 à 4000 mots.

Bien que le petit enfant parle couramment, d'une façon intelligible et passablement grammaticale, son discours est encore rempli d'expressions qui font sourire ses parents et fournissent aux linguistes une foule d'indices sur l'acquisition du langage. Une des tendances de l'enfant de cet âge est de *surgénéraliser* les règles grammaticales, c'est-à-dire d'ignorer les exceptions aux règles. En voici un exemple:

> Elle dit: «Ma maîtresse tiennait les bébés lapins et nous, on les flattait.»
> J'ai demandé: «As-tu dit que la maîtresse tenait les bébés lapins?»
> Elle répondit: «Oui.»
> J'ai alors demandé: «Qu'est-ce que tu as dit qu'elle faisait?»
> Elle répondit à nouveau: «Elle tiennait les bébés lapins et nous, on les flattait.»
> «As-tu dit qu'elle les tenait serrés?»
> «Non. Elle les tiennait pas serrés.»
> (Gleason, 1967)

En outre, les parents se préoccupent rarement de corriger la grammaire de leur jeune enfant, comprenant intuitivement que c'est inutile. Pourvu que l'enfant entende des phrases bien construites et participe à la conversation, il en vient à apprendre sa langue maternelle.

C'est en grande partie grâce aux échanges avec ses parents que l'enfant apprend à parler. Quand il y a moins d'interaction entre eux pour une raison ou une autre, les aptitudes linguistiques se développent plus lentement.

Le développement du langage social

À mesure que l'enfant vieillit, non seulement la forme de son langage se modifie, mais ses fonctions elles-mêmes deviennent très différentes. Bien qu'il ne vise pas d'abord la communication, le langage primitif du bébé, que Piaget appelle le langage *égocentrique*, remplit plusieurs fonctions. De même que le bébé babille pour le simple plaisir de la chose, l'enfant du stade préopératoire répète mots et phrases pour exercer ses schèmes verbaux. L'enfant se parle à lui-même en partie parce qu'il ne différencie pas encore complètement les mots de ce qu'ils représentent. Parler fait partie de ses activités.

Le *soliloque* (se parler à soi-même) vise un autre but, qui a trait à la réalisation des désirs. Quand l'enfant est incapable de parvenir à ses fins, il parle parfois comme s'il y arrivait. Ainsi, Carole, qui a peur du tonnerre, se met à le gronder et à dire: «Reste tranquille, le tonnerre. Tu me déranges.» Les jeunes enfants s'adonnent souvent au *soliloque collectif*: ils parlent en groupe sans s'écouter les uns les autres, chacun restant absorbé dans sa propre activité ou dans ses propres pensées. La conversation n'est alors qu'une juxtaposition de monologues, chaque enfant poursuivant ses propres intérêts

(«Qu'allons-nous manger ce soir?», «C'est Noël!», «Ce serait bon, du gâteau», «Je dois acheter des cadeaux»).

Le *langage social* ou *socialisé* sert à la communication. Garvey et Hogan (1973) le définissent comme «un discours qui s'adapte exactement au discours ou à la conduite de l'interlocuteur» (p. 563). Il peut servir à échanger de l'information, à critiquer, à ordonner, à demander ou à menacer (Piaget, 1955).

Alors que Piaget et d'autres spécialistes du développement social considèrent que le langage du petit enfant possède un caractère égocentrique, les études semblent indiquer que le langage est essentiellement social, même à un âge très précoce, et qu'il est tout à fait sensé de considérer l'enfant comme un être «sociocentrique» dès sa naissance (Garvey et Hogan, 1973).

Le **langage social** ou **socialisé** peut se définir comme un discours qui tient compte des besoins des autres et qui est utilisé pour établir et maintenir un contact avec eux. Très tôt, l'enfant utilise le langage dans le but de communiquer. S'il arrive souvent que son discours ne réponde pas aux exigences d'une situation particulière, ce n'est pas tant parce qu'il ne voit pas le besoin de s'adapter que parce qu'il ne sait pas comment y arriver. Cela se produit également chez l'adulte. Prenons l'exemple d'un touriste qui pose une question dans sa langue maternelle et qui, devant le regard interrogateur de son interlocuteur, répète sa question d'une voix plus forte. S'il connaissait la langue de la personne à qui il s'adresse, il l'utiliserait. Frustré par son incapacité de communiquer, il tente, sans succès, de compenser son ignorance de la langue en question par une augmentation du nombre de décibels.

Il existe un nombre impressionnant d'études qui montrent l'apparition du langage social en bas âge. Des enfants de 3 à 5 ans à qui Maratsos (1973) a demandé de désigner le jouet de leur choix à une personne, se sont comportés très différemment selon que cette personne pouvait voir la situation ou qu'elle ne le pouvait pas. Ils étaient portés à montrer du doigt le jouet en question quand ils s'adressaient à la personne qui voyait, alors qu'ils décrivaient le jouet à la personne qui ne pouvait pas le voir. Wellman et Lempers (1977) ont enregistré sur magnétoscope des enfants de 2 ans qui jouaient ensemble, choisissant surtout les moments où un enfant indiquait du doigt et montrait divers

Encadré 6.2

Quelle est la relation entre le langage et la pensée?

En prenant un livre d'art de sa mère, Stéphane, qui a 4 ans, se dit tout haut: «Je peux le regarder. Je me suis lavé les mains. Elles sont propres maintenant; alors je peux prendre le livre de maman.» En sautant sur le lit, il se parle encore à lui-même: «Il faut que j'enlève mes souliers pour faire ça. Je les ai ôtés, alors je peux sauter sur le lit.»

L'habitude de «penser tout haut» qu'ont les enfants illustre la relation controversée qui existe entre le langage et la pensée. Selon Piaget (1926), c'est la pensée qui vient d'abord: l'enfant pense à quelque chose, puis met cette pensée en mots pour la communiquer. D'autres soutiennent que l'enfant se sert des mots pour structurer sa pensée et pour guider ses actions (Bruner, 1964; Luria, 1961, Vygotsky, 1962). Le discours d'un enfant ne guide cependant pas toujours ses actions, comme a pu le constater la mère de Mathieu quand elle l'a aperçu celui-ci en train de dessiner d'immenses cercles sur un mur de sa chambre en disant: «Maman m'a dit qu'il ne faut pas écrire sur les murs».

La relation entre la pensée et les mots à l'âge adulte ressort clairement dans la réaction de ce journaliste qui, lors d'une grève ayant entraîné la fermeture du quotidien auquel il collaborait s'exclama: «Si je n'écris pas d'articles, je ne sais pas ce que je pense.» C'est ce même type de relation entre le langage et la pensée qui s'exprime dans le feu d'une discussion politique quand nous nous surprenons à formuler des idées que nous ne pensions pas avoir. La question consiste donc à savoir si nous avons d'abord des pensées vagues qui nous trottent dans la tête en attendant que nous trouvions les mots pour les exprimer, ou si ce sont les mots mêmes qui nous aident à structurer notre pensée et qui nous permettent de formuler de nouvelles pensées.

Il se peut fort bien que l'enfant procède comme Piaget l'a décrit, c'est-à-dire qu'il pense avant de se mettre à parler et qu'à un certain point de son développement cognitif (vraisemblablement vers l'âge de 4 ou 5 ans), au moment où il maîtrise assez bien le langage, il s'en serve pour formuler des pensées plus abstraites et plus complexes. L'action même de parler, c'est-à-dire de structurer les mots, l'aiderait à penser (Bloom, 1975).

objets aux autres enfants ou aux adultes. Ils ont découvert que 79 % des messages des enfants recevaient une réponse adéquate de la part des interlocuteurs, ce qui indique que ces enfants avaient réussi à attirer leur attention.

La nature des tâches proposées aux enfants a une grande importance. Lors d'une recherche, on a trouvé que des enfants aussi âgés que 14 ans sont incapables de décrire diverses formes abstraites insolites de façon à permettre à d'autres enfants de les identifier. Ce résultat indique probablement que la tâche proposée était trop difficile, même pour des élèves de neuvième année (Krauss et Glucksberg, 1977). Par ailleurs, lorsqu'on a demandé à des enfants plus jeunes de décrire une variété d'images, allant d'images simples et familières (comme des singes ou des personnes) jusqu'à des représentations abstraites, même les enfants de 4 ans et demi ont bien performé quand la description portait sur des images simples qui faisaient appel à des connaissances déjà acquises (Dickson, 1979).

Un enfant ne peut réussir une tâche qui exige des connaissances qu'il n'a pas. Il importe de se rappeler que l'aptitude d'un enfant à se servir du langage socialisé dépend autant de ses connaissances générales que de sa compréhension de la langue elle-même (Krauss et Glucksberg, 1977). Il est également essentiel de se rappeler que la méthode utilisée lors d'une recherche restreint l'éventail des résultats qu'on peut possiblement obtenir.

L'éducation préscolaire

Que leurs mères travaillent à l'extérieur ou à la maison, les enfants d'aujourd'hui ont environ deux fois plus de chances d'aller à la prématernelle qu'il y a 10 ans. La fréquentation des établissements «préscolaires» se présente de la façon suivante, au Québec: le 31 mars 1984,

1519 enfants fréquentaient une agence de garde en milieu familial, 26 393 fréquentaient une garderie, 5844 étaient inscrits en maternelle 4 ans (offerte par les écoles situées en milieu défavorisé) et 8134 étaient inscrits en maternelle régulière (5 ans et plus) (B.S.Q. 1985).

Les types de garderies et de maternelles sont nombreux et variés. Il peut s'agir d'entreprises commerciales, d'entreprises sans but lucratif, de coopératives contrôlées par les parents ou de programmes offerts par les commissions scolaires. Les éducateurs peuvent être accrédités et détenir un certificat, ou n'avoir reçu aucune formation particulière. Certaines prématernelles sont ouvertes deux ou trois demi-journées par semaine; d'autres (comme celles qui sont offertes dans les garderies) sont ouvertes cinq jours complets. Elles sont situées sur des campus, dans des écoles, dans des églises, dans des immeubles à appartements, dans des centres commerciaux ou même en milieux de travail. Quelques-unes sont des modèles de ce que devrait être l'éducation à cet âge, tandis que d'autres ne sont guère plus que des services de gardiennage montés en épingle, où parfois même la simple surveillance est mal assurée.

L'impact de l'éducation préscolaire sur le développement

Les activités de la garderie ou de la maternelle favorisent le développement de la motricité tant fine que large. Le jeu donne aux enfants l'occasion de s'entraider pour atteindre des objectifs communs, et de commencer à comprendre les points de vue et les sentiments de l'autre. Quand la coopération dégénère en conflit, l'enfant apprend à faire face aux sentiments de frustration, de colère et de peine. Les expériences préscolaires aident l'enfant élevé dans une famille peu nombreuse à s'entendre avec les autres enfants.

Les écoles qui s'inspirent des théories de Piaget ou de l'éducatrice italienne Maria Montessori insistent beaucoup sur les aspects cognitifs de l'éducation. Certaines écoles accordent beaucoup d'importance à l'apprentissage de l'alphabet et des chiffres; d'autres soutiennent que cela n'est même pas du ressort de la maternelle. Dans un milieu éducatif de qualité, les éducateurs essaient d'accélérer le développement cognitif de l'enfant de bien d'autres façons. Ils exposent l'enfant à des situations variées de manière à ce qu'il apprenne par l'expérience. Ils stimulent ses sens par les arts, la musique, des matériaux tactiles comme la plasticine, l'eau et le bois. Ils encouragent son sens de l'observation, sa curiosité, sa créativité et sa maîtrise du langage. Ils l'incitent à résoudre des problèmes d'ordre social, pratique et intellectuel. Tous ces moyens sont utilisés pour encourager l'enfant à communiquer. L'apport le plus important de l'éducation préscolaire peut bien être de donner à l'enfant le sentiment qu'il fait bon aller à l'école, qu'apprendre apporte des satisfactions et qu'il est compétent en contexte scolaire.

Les activités de la garderie et de la prématernelle favorisent le développement de l'enfant tant sur le plan moteur que social. (Erika Stone/Peter Arnold, Inc.)

La méthode Montessori

Conçue à l'origine pour éduquer des enfants italiens retardés et issus de milieux défavorisés, cette méthode destinée aux jeunes enfants est devenue très populaire aux États-Unis et commence à se répandre ici. Plusieurs prématernelles s'en inspirent, s'adressant aux enfants normaux de familles aisées qui ont les moyens d'inscrire leurs enfants à un établissement privé.

Première femme diplômée d'une école de médecine en Italie, Maria Montessori a élaboré un système d'éducation qui connut un succès remarquable. Sa méthode se fonde sur la nécessité de fournir à l'enfant un *environnement préparé* qui comporte un décor, un équipement et des matériaux soigneusement organisés. La **méthode Montessori** a comme objectif d'aider l'enfant à se réaliser pleinement et ce, sur trois plans principaux: moteur, sensoriel et linguistique.

L'*éducation de la motricité* est fondamentale, puisque l'activité motrice est considérée comme essentielle au développement mental. L'accent est mis sur l'acquisition des habiletés courantes, de sorte que l'enfant apprend à s'occuper de lui-même et des objets usuels de la vie quotidienne. L'enfant reçoit un entraînement précis sur l'art d'accomplir les tâches quotidiennes, y compris la façon de marcher, de s'asseoir et de porter des objets. Il s'exerce à ouvrir et à fermer des tiroirs, à verser l'eau d'un pichet dans un bol, à se servir de ciseaux ou à se boutonner. Il s'initie à des travaux domestiques, comme balayer, faire la lessive, soigner les plantes et les animaux. Il fait de la gymnastique et des exercices de rythmique.

L'*éducation sensorielle* est favorisée par l'utilisation d'un matériel didactique élaboré, qui comprend des cubes de couleurs, de formes et de dimensions variées conçus expressément pour cet usage, des planchettes à textures différentes, des bouteilles thermos qui conservent l'eau à différentes températures, des cloches et des claviers de pianos modèles réduits. Ces matériaux, de même que d'autres objets, sont utilisés pour l'apprentissage de concepts tels que la forme, le volume, la couleur, la masse, la température, le goût, l'odeur et le son. L'enfant apprend à reconnaître et à apparier les stimuli identiques, de même que les contraires et les extrêmes, et à percevoir les différences entre des items semblables.

L'*apprentissage du langage* se fait selon une méthode précise qui enseigne à l'enfant à nommer les objets, à saisir les concepts et à prononcer les mots. Evans (1975) relève un exemple, tiré d'un manuel de Montessori rédigé en 1914, qui souligne l'accent mis sur la précision dans l'acquisition du langage:

«La maîtresse ayant tracé des lignes très fines au tableau, un enfant s'exclame spontanément: «Comme elles sont petites!» «Elles ne sont pas petites», de préciser un autre enfant, «elles sont minces!» (Evans, 1975, p. 262)

Quand il a atteint l'âge de 4 ans, l'enfant éduqué selon le système Montessori est prêt pour l'apprentissage des matières académiques: l'écriture et la lecture (qui sont enseignées conjointement), et l'arithmétique. Ces matières sont considérées comme un prolongement naturel des activités précédentes et sont elles aussi enseignées au moyen d'un matériel didactique qui comprend, par exemple, des cartes lisses sur lesquelles sont collés des lettres ou des chiffres en papier émeri, grâce auquel l'enfant peut sentir les formes des lettres et des chiffres et entendre le bruit qu'ils font, ou bien des séries (basées sur le système décimal) de baguettes rouges et bleues, de petites quilles et de petits cubes, qui aident l'enfant à faire l'apprentissage des nombres.

La méthode Montessori propose un programme centré sur l'enfant, «soutenu essentiellement par l'amour de l'enfant et le respect de ses aptitudes naturelles» (Evans, 1975, p. 264). Montessori considère que l'enfant apprend par lui-même et que le maître est une personne ressource qui lui assure un support affectif et qui peut, par ses observations averties, déterminer le moment où l'enfant est prêt à accéder à l'étape suivante du programme.

Suivant certains des principes fondamentaux du système Montessori, on groupe des enfants d'âges différents, on encourage leur participation active, on les laisse choisir les matériaux appropriés au cadre éducatif et se servir de ceux-ci de façon à pouvoir déterminer eux-mêmes s'ils les utilisent correctement, et l'on respecte une séquence d'apprentissage soigneusement planifiée et dont la difficulté est graduée du simple au complexe. La méthode Montessori veut également favoriser le développement moral de l'enfant et insiste sur la collaboration, la maîtrise de soi, l'ordre, la responsabilité, la patience et le sens du bien commun.

Les programmes pour enfants de milieux défavorisés

Pascal, enfant unique de parents de la classe moyenne, va bientôt entreprendre sa première journée à la maternelle. Les cinq premières années de sa vie l'ont préparé à ce moment. Depuis sa petite enfance, ses parents ont parlé avec lui, lui ont enseigné des comptines et ont répondu à ses questions. Aujourd'hui, il maîtrise très bien le langage, est habile dans le maniement des crayons et des ciseaux, et connaît déjà les noms de villes qui seront mentionnées dans ses premiers livres de lecture.

Étienne, aîné d'une famille de quatre enfants qui vit dans un appartement surpeuplé, va lui aussi fréquenter bientôt la maternelle. Elle lui apparaît comme un monde étrange où lui et sa maîtresse auront de la difficulté à se comprendre. Il ne réagira pas quand celle-ci l'appellera par son nom, car à la maison, on l'appelle toujours «fiston». D'ailleurs, on ne s'adresse presque jamais à lui, à la maison. Accaparés par les problèmes de la vie quotidienne, les parents d'Étienne n'ont ni le temps, ni le goût de répondre à ses questions, de lui raconter des histoires ou de lui enseigner des chansons. Étienne n'a jamais vu un livre à la maison, n'a eu que de très rares jouets, n'a jamais colorié ni utilisé de ciseaux. Il a rarement quitté son quartier et quand il l'a fait, ce n'était pas pour le plaisir (ces descriptions sont tirées du volume de Crow, Murray et Smythe, 1966, pp. 205-208).

Depuis plus de 50 ans, les éducateurs ont pris conscience du fait que les enfants de milieux défavorisés arrivent à l'école avec un handicap important. Lorsqu'une famille s'alimente mal, qu'elle loge dans un espace exigu et peu éclairé, et que le principal passe-temps y est la télévision, il y a déjà là des conditions qui élèvent significativement les risques de difficultés d'apprentissage et d'adaptation chez les enfants. Ces conditions créent des états de tension dans la famille et les enfants y réagissent par des comportements extrêmes d'hyperactivité ou de grande passivité (Tessier, 1980).

Ce n'est qu'au cours des 10 dernières années qu'on a créé des programmes préventifs à grande échelle pour aider les enfants comme Étienne avant qu'ils n'atteignent l'âge scolaire. Ces programmes tentent de compenser les carences de ces enfants aux plans langagier, matériel et des occasions d'apprentissage.

Au Québec, le ministère des Affaires Sociales (M.A.S.), par le biais des Centres locaux de services communautaires (C.L.S.C.), a mis sur pied divers programmes de prévention destinés au jeune enfant. Ils visent l'amélioration de son état de santé (suivi des femmes enceintes, cours prénataux et postnataux, immunisation des enfants, etc.) et son adaptation sociale (suivi des enfants d'âge préscolaire en difficultés d'apprentissage, etc.). Tout particulièrement en milieu défavorisé, le M.A.S. recommande aux C.L.S.C. de prêter attention aux jeunes enfants et de veiller à ce qu'ils bénéficient des programmes élaborés localement.

D'autre part, le ministère de l'Éducation du Québec (M.E.Q.) considère qu'il est également nécessaire d'agir auprès des enfants d'âge préscolaire qui vivent dans un milieu socio-économiquement faible. Nonobstant les efforts gouvernementaux, ces actions nécessitent la collaboration des parents, le milieu familial demeurant le facteur d'influence déterminant pour la santé de l'enfant. Il demeure déterminant quels que soient, par ailleurs, le nombre, l'ampleur et la qualité des autres moyens mis à la disposition de l'enfant (M.E.Q., 1980).

Au sujet des programmes du M.E.Q., Legault (1981) décrit quatre types d'interventions éducatives en milieu économiquement défavorisé, destinées à améliorer le sort des enfants de 4 ans: la maternelle-classe, expérimentée depuis 1970, la maternelle-maison, expérimentée depuis 1971, la maternelle-animation, expérimentée depuis 1976 et Passe-Partout, notamment pour son programme d'animation expérimenté depuis 1977. Alors que les programmes des C.L.S.C. concernent les jeunes enfants de différents âges, les programmes du M.E.Q. s'adressent particulièrement aux enfants de 4 ans, qui doivent attendre un an avant de pouvoir s'inscrire en maternelle régulière.

Les effets à long terme des programmes d'appoint à l'intention du petit enfant.   L'évaluation de l'impact des interventions en milieu économiquement faible, au niveau préscolaire, s'est effectuée en deux temps: on a analysé la situation au début de l'année scolaire avant que ne débutent les interventions, et à la fin de l'année scolaire (Legault, 1981, Direction générale du développement pédagogique, M.E.Q.). Selon ce rapport, deux constatations se dégagent de l'analyse des résultats de la première phase:

«D'une part, il existe d'importantes différences de développement entre les enfants qui habitent un milieu économiquement faible et ceux qui habitent un milieu favorisé, cela même en contrôlant les différences qui peuvent être attribuées au niveau économique des familles (emploi du père, niveau scolaire), c'est-à-dire en s'assurant que ces niveaux sont les mêmes; d'autre part, s'il existe des différences dans les attitudes des parents face à l'éducation de leur enfant selon le niveau économique de la famille, on n'observe cependant pas de différences attribuables aux caractéristiques socio-économiques du milieu, ces attitudes variant surtout selon le niveau économique et culturel de la famille.» (Legault, 1981, p. 47 et 48)

Quant à l'impact des différentes interventions éducatives, l'analyse des résultats révèle que:

> «... [l'expérimentation] n'a pas permis de réduire les écarts de développement qui existaient entre les enfants de milieux favorisés (qui n'étaient pas touchés par ces interventions) et ceux des milieux défavorisés qui ont participé à une intervention.» (Legault, 1981, p. 79-80)

Ce résultat s'expliquerait par un mauvais ciblage des interventions effectuées. C'est du moins ce que suggère une étude de Tessier (1980) selon qui:

> «L'intervention la plus efficace est celle qui touche à la fois la famille et la communauté mais où les parents, dont les enfants sont les plus jeunes possibles, se sentent eux-mêmes responsables de l'intervention. Le succès du spécialiste, visant des effets durables, est de réussir ce transfert de responsabilité qu'il a lui-même l'habitude d'assumer. Les enfants à haut risque réussissent mieux à l'école et dans leurs interactions sociales si les parents se sentent concernés directement par les situations que vivent leurs enfants.» (Tessier, 1980, p. vi)

Des recherches récentes ont démontré clairement l'efficacité des interventions éducatives d'appoint auprès des jeunes enfants. Les progrès à long terme qu'accomplissent de bons programmes rendent à la société l'investissement consenti. Cet impact ressort d'une façon spectaculaire de l'analyse récente d'une étude américaine au cours de laquelle un groupe d'enfants de race noire socio-économiquement défavorisés ont été observés depuis la petite enfance jusqu'à l'âge de 19 ans. Environ la moitié de ces enfants a fréquenté des classes intensives d'éducation préscolaire à l'âge de 3 ou 4 ans; l'autre moitié n'a reçu aucune forme d'éducation officielle avant la maternelle ou la première année du primaire (Clément, Schweinhart, Barnett, Epstein et Weikart, 1984).

Les jeunes adultes qui avaient reçu une éducation préscolaire étaient beaucoup plus nombreux que les autres sujets, à l'âge de 19 ans, à avoir complété leurs études secondaires, à s'être inscrits dans un collège ou dans une école professionnelle et à exercer un emploi. Ils obtinrent de meilleurs résultats à un test de compétence et un moins grand nombre d'entre eux avaient eu des difficultés d'apprentissage ou avaient été arrêtés. Les grossesses non désirées étaient également moins nombreuses chez les jeunes femmes du même groupe.

Les administrateurs du programme en question ont estimé que les bénéfices enregistrés ont été sept fois supérieurs aux coûts du programme. L'épargne réalisée est attribuable à des économies salariales et à une diminution des dépenses en programmes d'éducation spécialisée, en frais d'assistance sociale ou en frais judiciaires. De telles interventions ont, pour la société, des effets qui dépassent largement les bénéfices individuels de ceux qui y participent.

Les garderies

Au Québec, de plus en plus d'enfants de moins de 6 ans sont confiés aux soins d'autres personnes que leurs parents. Les modifications sociales du rôle de la femme et, par là, les modifications des rôles traditionnellement réservés au père et à la mère ont amené et amènent de plus en plus de femmes à se mettre activement à la recherche d'un emploi ou à poursuivre, après la naissance d'un enfant, celui qu'elles occupaient auparavant.

Avec cette présence accrue des femmes sur le marché du travail, les services de garde ont connu une croissance considérable, particulièrement au niveau des services de garde en garderie. En 1984, au Québec, l'Office des services de garde à l'enfance (O.S.G.E.) supervisait deux types de services. Il chapeautait d'une part les services de garde en garderie (560 garderies offrant 26 393 places) (B.S.Q., 1985). Ce sont très majoritairement des organismes à but non lucratif et contrôlés par les parents-utilisateurs. Plus de la moitié d'entre eux se retrouvent dans la région du Montréal-Métropolitain. Par ailleurs, l'O.S.G.E. chapeautait aussi les services de garde en milieu familial (28 agences offrant 1519 places) (B.S.Q., 1985). Les commissions scolaires offrent également des services de garde en milieu scolaire aux enfants de la maternelle et du primaire (13 189 places au 31 mars 1984). Ce

Encadré 6.3

Comment évaluer une garderie

Observer

- Visiter la garderie pendant les heures d'ouverture et y passer au moins deux heures.
- Les enfants sont-ils heureux d'y arriver? Sont-ils bien accueillis et salués à leur départ?
- Comment les éducateurs se comportent-ils avec les enfants qui pleurent, qui se querellent, qui sont apathiques? Comment se vivent les périodes entre deux activités, les repas, etc.?
- Les voix et les sons qu'on y entend reflètent-ils une atmosphère active et joyeuse? Les pleurs, les querelles, les réprimandes ou un silence forcé dominent-ils?
- Les œuvres artistiques des enfants reflètent-elles un esprit créatif ou conformiste?
- Les autres parents sont-ils satisfaits de la garderie?
- Les odeurs sont-elles agréables ou perçoit-on des odeurs de moisissure ou de plomberie défectueuse?

S'informer des politiques

- Y poursuit-on des objectifs susceptibles de favoriser le développement physique, émotif et intellectuel de l'enfant, plutôt que d'en rester aux besoins primaires (nourriture et sécurité physique) ou de préparer trop rigoureusement les enfants à l'école?
- Idéalement, on devrait y compter un adulte pour sept enfants de 3, 4 et 5 ans et un adulte pour quatre enfants de 2 ans et moins.
- Il doit y avoir au plus 18 enfants par groupe.
- Y perçoit-on une volonté d'éviter la discrimination raciale et le sexisme (choix de livres, de jouets, etc.)?
- Y sent-on une ouverture à la présence et à la participation des parents?

L'éducateur idéal

- Il s'intéresse aux jeunes enfants et est sensible à leurs besoins.
- Il se montre affectueux envers les enfants; il les prend, les caresse et les berce.
- Il fait preuve de fermeté et de douceur quand il s'agit de fixer des limites.
- Il planifie et anime des activités et des échanges intéressants avec les enfants.
- Il se comporte d'une façon positive avec les enfants timides, agressifs, indisposés ou fatigués.
- Il possède une formation dans le domaine du développement de l'enfant.

L'environnement physique idéal

- Les locaux respectent les normes de sécurité: les sorties sont indiquées, les substances dangereuses sont gardées hors de la portée des enfants, les jouets et l'équipement sont en bon état, les prises électriques sont sécuritaires.
- Les planchers et les meubles sont propres. La nourriture est saine. Les toilettes fonctionnent bien. Les couches ou les vêtements des enfants sont changés au besoin.
- Chaque enfant dispose d'un endroit où il peut mettre ses effets personnels.
- Il n'y a pas de surpeuplement, ni à l'intérieur, ni à l'extérieur de la garderie.
- Les enfants ont un lieu pour se reposer ou pour s'amuser paisiblement.
- L'exposition à la télévision est limitée.

Les jouets et l'équipement

- Pour le développement moteur, on trouve des ballons, de gros blocs, des jouets que l'enfant peut conduire, de l'équipement lui permettant de grimper et de développer son équilibre.
- Pour le développement de la motricité fine, on trouve des perles à enfiler, des casse-têtes en bois, des jouets qui s'emboîtent ou qui s'empilent et de petits blocs.
- Pour les jeux dramatiques, on trouve des déguisements, des poupées, des outils et des meubles d'enfants.

- Pour les arts, on trouve du matériel pour la peinture, le dessin, le découpage, le collage, la sculpture et la musique.
- Pour les moments paisibles, il y a des livres, des disques et des animaux en peluche.

Les enfants

- Ils sont actifs et s'intéressent à ce qu'ils font.
- Ils sont contents d'arriver à la garderie et heureux de retourner à la maison.
- Ils sont amicaux avec les visiteurs, mais ne recherchent pas trop leur attention.
- Ils s'entendent assez bien entre eux.
- Ils sont joyeux la plupart du temps.
- Ils peuvent jouer seuls ou en petits groupes sans qu'on exerce sur eux une surveillance étroite constante.
- Ils peuvent attendre leur tour quand c'est nécessaire, mais n'ont pas à attendre trop long-temps pour aller à la toilette ou pour avoir accès à un jouet ou à une pièce d'équipement.

Les attentes des parents

- Les parents se sentent-ils bienvenus à la garderie?
- Leurs idées et leurs suggestions sont-elles bien accueillies?
- S'il s'agit d'une garderie coopérative, les parents sont-ils encouragés à participer aux décisions concernant les politiques, les finances et les programmes éducatifs?
- Le personnel tient-il compte du milieu familial de l'enfant?
- Les parents peuvent-ils s'adresser au personnel quand des besoins particuliers se font sentir?

Source: Olds, S.W., *The Working Parents' Survival Guide*, N.Y., Bantam, 1983.

service a connu une progression importante pendant cette même année, soit une augmentation de 30,4 % comparativement à l'année précédente (B.S.Q. 1985).

Ces données ne permettent toutefois pas de se faire une image fidèle du nombre d'enfants confiés à des services de garde en l'absence des parents. D'une part, la garde à domicile constitue un type de garde fort utilisé dans les familles de plus de deux enfants, ou lorsque l'aîné commence à fréquenter l'école du quartier. Par ailleurs, plusieurs personnes gardent chez elles des enfants que les parents du voisinage viennent leur confier. Ces services ne sont généralement pas comptabilisés; ils se donnent au noir, malgré que l'O.S.G.E. les reconnaisse officiellement.

Une étude subventionnée par le gouvernement américain pour une durée de quatre ans (Abt Associates, 1978) s'est penchée sur les déterminants de la qualité des soins offerts en garderie. Le principal résultat de l'étude concerne le ratio enfants/adultes. Les garderies qui offrent les meilleurs soins sont celles où un petit nombre d'enfants sont confiés à un nombre restreint d'adultes. Quand le groupe d'enfants est trop nombreux, le fait d'augmenter le personnel responsable n'améliore pas la situation.

Le niveau de scolarité des éducateurs ne semble pas avoir d'incidence majeure sur la qualité des services offerts. Ce qui est déterminant, toutefois, c'est l'expertise qu'ils ont acquise dans le domaine de l'éducation de l'enfant, que ce soit par des cours spécialisés de niveau secondaire ou collégial, ou bien par un stage de formation professionnelle. Les éducateurs qui ont acquis une formation dans des domaines comme la psychologie du développement, l'éducation des tout-petits ou l'éducation spécialisée offrent de meilleurs soins, et les enfants qui leur sont confiés réussissent mieux les tests d'admission à l'école.

Les effets de la garderie sur les enfants. Il est de plus en plus clair que les effets de la garderie ne peuvent être évalués sans considérer tout un ensemble de variables, comme la famille, les caractéristiques personnelles de l'enfant (âge, sexe, etc.), l'environnement physique et social offert par la garderie, le temps que l'enfant y passe, etc. Les défis posés par l'étude des effets de la garderie exigent un élargissement des perspectives de recherche, ainsi que la mise au point de méthodes de cueillette et d'analyse de données aptes à saisir les aspects du milieu naturel qui déterminent la qualité des soins qui y sont offerts (Cloutier et Tessier, 1981).

Pour le moment, il est difficile de tirer des conclusions générales à propos des avantages ou des inconvénients à long terme de la garderie. La littérature sur la question comporte beaucoup d'inconsistences et bon nombre d'études indiquent qu'à l'intérieur d'un même milieu social, la fréquentation de la garderie n'affecte aucunement (que ce soit positivement ou négativement) l'attachement à la mère, la maîtrise du vocabulaire, l'agressivité ou la capacité de coopérer (Cloutier et Tessier, 1981). L'absence d'effets clairs ne doit pas nous faire sous-estimer l'impact de la garderie sur le développement du jeune enfant. Elle peut refléter simplement l'insuffisance des outils de recherche dont nous disposons actuellement.

La maternelle

L'expérience de la maternelle représente une transition entre la liberté relative de la garderie et la discipline relative de l'école régulière. Les maternelles sont généralement situées dans l'école publique du quartier, ce qui marque le début de la «vraie» période scolaire. Le critère d'admissibilité à la maternelle est l'âge: l'enfant doit avoir 5 ans avant le 1er octobre de l'année en cours.

Le programme de la maternelle se propose de contribuer à un développement général de l'enfant. Il veut amener l'enfant à un certain niveau de maturité, l'aider à se connaître, à entrer en relations avec les autres et à tirer parti de son environnement. Ce faisant, il le prépare à la première année du cycle de l'enseignement primaire (Direction des programmes, Service du primaire, M.E.Q., 1982).

La télévision éducative

Quelle influence la télévision exerce-t-elle sur le développement intellectuel des enfants? Certaines études américaines ont tenté d'évaluer les effets d'une émission telle que *Sesame Street,* une émission retransmise au Québec sur le réseau anglais. Il s'agit de l'effort d'enseignement télévisuel le plus considérable consenti à ce jour. Cette émission a été précisément conçue pour initier les enfants d'âge préscolaire à acquérir des habiletés cognitives bien définies, comme la maîtrise des lettres et des nombres, la résolution de problèmes et le raisonnement, ainsi que la compréhension de l'environnement physique et social. A-t-elle atteint ses objectifs?

Sesame Street connaît un certain succès, d'après Stein et Friedrich (1975), qui ont analysé plusieurs études où étaient comparés des enfants qui sont des adeptes de l'émission à d'autres qui n'en sont pas. Les enfants qui la regardent souvent progressent davantage au plan des habiletés enseignées que ceux qui ne la regardent que rarement ou jamais. De plus, il arrive souvent que certaines habiletés verbales s'accroissent, même si elles ne font pas l'objet d'un enseignement particulier. Tous les groupes d'enfants observés ont manifesté des progrès, mais avec des variations. Les plus jeunes (3 ans) font plus de progrès que les enfants de 5 ans. Les enfants qui regardent souvent l'émission font les mêmes progrès, qu'ils proviennent d'un milieu défavorisé ou non. Toutefois, chez les sujets qui n'écoutent que rarement l'émission, les enfants de milieux favorisés font plus de progrès que les enfants défavorisés; le milieu familial est suffisamment riche en stimulations pour compenser le manque d'assiduité à l'émission. Si *Sesame Street* n'élimine pas l'écart qui existe entre les enfants favorisés et ceux qui le sont moins, elle supplée à certaines lacunes éducatives endémiques aux milieux défavorisés en développant chez l'enfant une curiosité et un intérêt pour l'apprentissage et l'école.

Certains éducateurs ont craint que les enfants habitués au rythme rapide et à l'approche stimulante de *Sesame Street* ne trouvent l'école ennuyante, mais tel n'est pas le cas. On a observé que les auditeurs réguliers du programme aiment mieux l'école et y réussissent mieux que les enfants qui ne l'écoutent que rarement (Bogatz et Ball, 1971). D'autres redoutent que le rythme rapide de l'émission n'enlève à l'enfant la capacité d'attention que requiert un effort soutenu. Ici encore, la crainte semble sans fondement.

Plus près de nous, *Passe-Partout,* une série télévisée présentée quotidiennement aux jeunes Québécois d'âge préscolaire, se propose d'amener l'enfant à agir et à apprendre par lui-même, à découvrir son corps et son environnement, et à maîtriser la langue (Gagnon et al., 1978). La revue *Passe-Partout* complète la série télévisée en faisant découvrir à l'enfant un autre mode de communication: l'écriture. La revue suggère également aux parents différentes activités reliées à la série télévisée, les incitant ainsi à s'intégrer davantage aux activités de l'enfant. La télévision semble exercer une influence importante sur le développement des attitudes de

Encadré 6.4

Pour un bon usage de la télévision

Comme souligné dans ce chapitre, la télévision peut avoir un impact puissant sur la vie d'un enfant. Dans le chapitre 7, nous analyserons des recherches qui démontrent la façon dont la télévision peut aider l'enfant à forger ses attitudes face à la violence, aux comportements altruistes et aux rôles sexuels. Voici des suggestions à l'intention des parents, des éducateurs et des gardiens d'enfants qui veulent aider l'enfant à profiter au maximum de la télévision et à en subir le moins d'effets nocifs possible.

Parler de la télévision avec l'enfant

- Parler des émissions qui lui plaisent et de celles qui le troublent.
- Parler avec lui des différences entre la fiction et la réalité.
- Parler de la façon dont les personnages présentés à la télévision pourraient résoudre leurs problèmes sans recourir à la violence.
- Parler de la violence et de ses effets négatifs.
- Parler de la qualité douteuse de certains aliments et de certains jouets mis en valeur à la télé.

Regarder la télévision avec l'enfant

- Être attentif aux comportements présentés à la télévision et que l'enfant pourrait imiter.
- Être attentif aux personnages qui se préoccupent des autres.
- Être attentif aux filles et aux femmes qui font preuve de compétence dans divers domaines.
- Être attentif aux personnes issues de divers groupes ethniques ou culturels.

Choisir les émissions avec l'enfant

- Déterminer le nombre d'émissions que l'enfant peut regarder.
- Choisir des programmes de nature éducative.
- Décider de fermer la télévision quand l'émission choisie est terminée.

Source: ACT (*Action for Children's Television*), 1984.

l'enfant face aux rôles sexuels et à la violence. Nous le verrons au chapitre 7 en étudiant diverses questions reliées au développement émotif et social du jeune enfant.

Résumé

1   Le petit enfant (de 3 à 6 ans) se développe rapidement au plan physique, mais à un rythme moins accéléré que le nourrisson et le trottineur. Il n'y a pas de différences sensibles entre la croissance des filles et celle des garçons. À cet âge, les systèmes musculaire, nerveux et squelettique se développent, et toutes les premières dents ont déjà fait leur apparition.

2   Des facteurs comme l'alimentation, la pauvreté et les tensions familiales peuvent influer sur la croissance physique et sur l'état de santé du jeune enfant. Ce sont les accidents qui constituent la principale cause de la mortalité à cet âge.

3   Les cycles de sommeil changent avec l'âge. Le jeune enfant dort habituellement toute la nuit, fait une sieste durant le jour et dort plus profondément qu'à un âge plus avancé. Les peurs nocturnes, les cauchemars, le somnambulisme et la somniloquie apparaissent parfois durant la petite enfance.

4   Le jeune enfant se développe rapidement au plan moteur et manifeste des progrès au niveau de la motricité large, de la motricité fine et de la coordination œil-main.

5   Selon Piaget, c'est au cours du stade préopératoire du développement cognitif (de 2 à 7 ans) que la *fonction symbolique* se développe. Elle permet à l'enfant d'évoquer en leur absence des personnes, des lieux et des événements, et de raisonner sur ces représentations. La fonction symbolique s'exprime par le *langage*, l'*imitation différée* et le *jeu symbolique*. La pensée est plus souple que durant le stade sensori-moteur, mais elle n'a pas encore atteint la maturité de celle de l'adulte, puisque l'enfant de cet âge est encore limité par un certain degré d'égocentrisme.

6   Piaget semble avoir sous-estimé les habiletés cognitives du petit enfant. Des recherches récentes montrent que celui-ci est moins animiste, qu'il a une meilleure compréhension de la causalité, de la conservation et de la classification et qu'il est moins égocentrique que ne le croyait le célèbre psychologue. L'acquisition des habiletés cognitives peut être accélérée jusqu'à un certain point. La télévision éducative et les programmes éducatifs peuvent favoriser le développement cognitif; en outre, des expériences ont démontré qu'un entraînement adéquat peut l'accélérer si l'enfant qui le reçoit a la maturité nécessaire pour en profiter.

7   Des études sur le développement de la mémoire indiquent que la reconnaissance est bonne et le rappel peu développé chez le petit enfant.

8   Comme ils comportent des items linguistiques, les tests d'intelligence pour jeunes enfants (tels que le Stanford-Binet et l'échelle d'intelligence préscolaire et primaire de Wechsler) permettent de mieux prédire le quotient intellectuel ultérieur que les tests pour bébés. Les résultats obtenus à ces tests sont influencés par divers facteurs, dont le développement émotif et social ainsi que la qualité de la relation parents-enfant.

9   Durant la petite enfance, le vocabulaire et la grammaire s'améliorent. Le langage prend alors deux formes principales: il est égocentrique au départ, puis il devient socialisé. Comme il ne tient pas compte de l'interlocuteur, le langage égocentrique n'est pas fait pour communiquer, alors que le langage socialisé vise à la communication. Selon Piaget, le langage du jeune enfant est en grande partie égocentrique, mais des recherches récentes indiquent que sa capacité d'adopter un langage socialisé est plus grande qu'on ne l'avait supposé. La relation entre le langage et la pensée donne lieu à de nombreuses controverses.

10   Beaucoup d'enfants de 3 à 6 ans fréquentent les garderies ainsi que les écoles prématernelles et maternelles. Les types de préparation à l'école régulière sont nombreux et axés sur la croissance cognitive, affective et physique de l'enfant. L'évaluation des effets de la garderie est une entreprise difficile qui n'a pas encore produit de conclusions claires sur la question.

CHAPITRE 7

La petite enfance

La personnalité et le développement social

Certains parents, qui ont trouvé pénible de s'occuper de leur enfant quand il était tout petit ou de courir après lui à l'âge plutôt actif des premiers pas, s'exclament, en le voyant soudainement parvenu à l'âge de 3 ans: «Mais, c'est une vraie personne!» Comme nous l'avons vu, le développement affectif et social de l'enfant commence dès la naissance, mais c'est entre 3 et 5 ans que sa personnalité connaît son plein épanouissement.

À cette époque, l'enfant se manifeste davantage en tant qu'individu. Il devient un compagnon agréable, doué d'une humeur enjouée et d'un bon sens de l'humour, ou bien il est difficile à supporter à cause de son caractère ronchonneur ou agressif. Ses sentiments envers lui-même se précisent; son amour-propre commence à s'exprimer et marque ses relations avec son entourage. Il commence à se former une conscience, à acquérir le sens du bien et du mal, et à agir en fonction (ou en dépit) de ses jugements moraux. Son identification à ses parents et aux autres personnes du même sexe devient manifeste. Il crée des liens d'amitié avec d'autres enfants, lesquels occupent maintenant une place plus importante dans sa vie.

Les perspectives théoriques sur la personnalité du petit enfant

La théorie de Freud: le stade phallique

Selon Freud, la zone psychosexuelle de plaisir se déplace, durant le **stade phallique,** de la région anale vers la région génitale.

Cette phase, qui occupe la période allant de 3 à 6 ans environ, tire son nom du grec *phallus* qui signifie «pénis». Contrairement à l'idée qu'on s'en fait généralement, la psychanalyse n'utilise pas ce mot au sens propre. Elle en fait un usage métaphorique et s'en sert pour désigner, d'abord et avant tout, le symbole inconscient du pouvoir et de l'autorité parentale. Freud a défendu la thèse qui veut que l'enfant identifie spontanément le phallus au pénis (l'organe physique), mais la thèse n'a jamais pu être vérifiée empiriquement et les psychanalistes demeurent divisés sur la question.

Le stade phallique est dominé par un conflit central dans la vie psychique: le **complexe d'Œdipe.** Suivant le scénario œdipien, la nature de la relation qui unit l'enfant à ses parents se transforme vers l'âge de 3 ans: l'affection qu'il porte au parent du sexe opposé se sexualise. Il en vient à le désirer inconsciemment et à rivaliser avec le parent du même sexe pour l'amour de l'objet convoité. Il est alors en proie à des sentiments conflictuels et anxiogènes. Sur la scène consciente, il porte une affection réelle au parent rival; sur la scène inconsciente, il veut le renverser et prendre la place qu'il occupe auprès du parent désiré.

Selon Freud, la résolution de l'Œdipe est liée à la découverte par l'enfant de la différence des sexes, et son issue varie selon qu'il est question d'un garçon ou d'un fille. Pour imager la chose, prenons le cas du garçon qui réalise que les filles n'ont pas, elles, de pénis. Il se demande pourquoi.

La question alimente sa fantasmagorie inconsciente et il finit par s'imaginer qu'on le leur a coupé pour les punir d'une mauvaise action. Déjà en proie à des sentiments conflictuels et coupables, il devient angoissé, craignant inconsciemment que son désir de la mère ne lui vale le même sort. C'est ce qu'on appelle le *complexe de castration.*

En intensifiant l'angoisse causée par le désir de la mère, le complexe de castration joue un rôle clé dans la résolution de l'Œdipe: il pousse le garçon à désexualiser l'amour qu'il porte à sa mère et met fin aux sentiments rivaux envers le père. Avec la résolution du conflit œdipien apparaît le surmoi. Le garçon intègre son premier principe moral: la prohibition de l'inceste.

Bien entendu, le complexe de castration constitue aux yeux de Freud une description de l'activité fantasmique inconsciente de l'enfant. Celui-ci n'en vient jamais à penser consciem-

Encadré 7.1

Le complexe d'Électre existe-t-il?

Plusieurs auteurs désignent sous le terme de «complexe d'Électre» l'équivalent féminin du complexe d'Œdipe. En réalité, cette expression n'est pas de Freud; elle a été d'abord utilisée par C.G. Jung pour montrer la symétrie des positions du garçon et de la fille face aux parents au cours du stade phallique. Sigmund Freud s'est montré réticent à cette expression et il a refusé de l'utiliser. Pour lui, l'Œdipe féminin et l'Œdipe masculin ne sont tout simplement pas symétriques.

«Ce que Freud a montré des effets différents pour chaque sexe du complexe de castration, de l'importance pour la fille de l'attachement pré-oedipien à la mère, de la prévalence du phallus pour les deux sexes justifie son rejet du terme complexe d'Électre qui présuppose une analogie entre la position de la fille et celle du garçon à l'égard de leurs parents.» (Laplanche et Pontalis, 1971, p. 79)

ment qu'on va lui couper le pénis. Transposée sur le plan conscient, l'angoisse de castration s'exprime par la peur de perdre l'amour parental et, du même coup, la sécurité et le bien-être qu'il procure.

Comment la fille réagit-elle à la constatation de la différence des sexes (voir l'encadré 7.1)? Selon Freud, l'absence du pénis est ressentie comme un manque essentiel. Sur la scène inconsciente, elle croit sa mère responsable de ce préjudice, d'où l'ambivalence des sentiments qu'elle lui porte durant cette période. Selon Freud, toujours, la fille n'a pas d'autre alternative que de chercher à nier ce préjudice irréparable, ou à le compenser. C'est par l'**envie du pénis,** une dimension essentielle de la sexualité féminine, que cette compensation s'effectue au plan symbolique.

Pour Freud, l'évolution de la féminité, à ce stade, suppose «un changement de zone érogène (du clitoris au vagin) et un changement d'objet (l'attachement pré-oedipien à la mère faisant place à l'amour oedipien pour le père)» (Laplanche et Pontalis, 1971, p. 137), le tout se résolvant finalement symboliquement lorsque le désir d'avoir un enfant remplace le désir d'avoir un pénis.

Par conséquent, selon cette théorie, le désir même de la maternité résulterait de l'envie du pénis. Freud prétend que le besoin de procréation d'une femme trouverait sa plus grande satisfaction dans la naissance d'un fils «qui apporte avec lui le pénis tant désiré».

La formation du surmoi

Vers l'âge de 5 ou 6 ans, l'enfant résout son complexe d'Œdipe ou d'Électre et développe son surmoi. «Selon Freud, la formation du surmoi est corrélative au déclin du complexe d'Œdipe: l'enfant, renonçant à la satisfaction de ses désirs oedipiens frappés d'interdit, transforme son investissement sur les parents en identification aux parents. Il intériorise l'interdiction.» (Laplanche et Pontalis, 1971, p. 472).

Le **surmoi** est la dernière composante de la personnalité à se former (après le ça et le moi, étudiés aux chapitres 1 et 5). Il représente les valeurs tenues pour idéales par les parents et les autres mentors d'une société donnée. Fonctionnant d'une façon essentiellement inconsciente, le surmoi permet à l'enfant d'intérioriser les concepts du bien et du mal, et donc de contrôler lui-même son comportement en fonction de ses propres jugements moraux. D'après Freud, la fille ne peut avoir un surmoi aussi fort que le garçon parce qu'elle ne craint pas la castration.

Le surmoi représente l'*idéal du moi* (les «tu devrais», c'est-à-dire les comportements auxquels nous aspirons et pour lesquels nous recevons l'approbation et l'admiration d'autrui) et la *morale* (les «tu ne devrais pas», c'est-à-dire les comportements répréhensibles, dont nous nous sentons coupables et honteux). Le surmoi tente d'empêcher le ça d'agir selon ses impulsions, et c'est au moi qu'il revient de trouver comment satisfaire les pulsions inconscientes tout en respectant les exigences du surmoi.

Le *surmoi* du petit enfant est rigide. Une fillette dont les parents valorisent beaucoup la propreté, peut en devenir compulsive (une forme d'obsession) au point de devoir changer de vêtements cinq ou six fois par jour. Ou bien un garçonnet peut être en proie à une culpabilité démesurée pour s'être chamaillé avec un copain, s'il a des parents qui dévalorisent à l'extrême toutes formes d'expression de l'agressivité. Avec la maturité, le surmoi devient plus réaliste et plus souple, permettant à l'individu d'agir conformément à un ensemble de principes moraux tout en tenant compte de ses besoins et de son intérêt personnel.

Bien que Freud ait éclairé notre compréhension du développement émotif de l'enfant, certaines de ses idées ont été vigoureusement critiquées. Parmi elles on trouve celle liée à la croyance «phallocentrique» et selon laquelle le mâle représente la norme et l'idéal par rapport auxquels les individus des deux sexes doivent être jugés. L'accent qu'il a mis sur l'envie du pénis lui a fait ignorer ce que Karen Horney (1939), une de ses disciples dissidentes, a appelé «*l'envie de l'utérus*», c'est-à-dire l'envie qu'éprouve le mâle face à la capacité de concevoir et d'enfanter de la femme. Nous avons aussi fait allusion à l'idée de Freud selon laquelle les filles ne peuvent développer une morale aussi forte que celle des garçons puisque l'angoisse de castration n'existe pas chez elles. Il n'y a donc pas de consensus général autour de l'explication freudienne des différences de personnalité liées au sexe.

La théorie d'Erikson: la crise III (l'initiative versus la culpabilité)

Le conflit fondamental auquel le petit enfant est confronté oppose l'**initiative,** qui lui permet d'élaborer et de réaliser des projets et la **culpabilité** par rapport à ce qu'il veut faire. Cette opposition représente un écart entre la partie de sa personnalité qui demeure *infantile,* c'est-à-dire très exubérante, désireuse de faire de nouvelles expériences et de mettre de nouvelles capacités à l'épreuve, et l'autre partie qui devient *adulte,* et qui vérifie constamment la légitimité des motivations et des actes de l'enfant. L'enfant doit apprendre à harmoniser ces aspects de sa personnalité de façon à acquérir un sens de la responsabilité tout en conservant un esprit d'initiative qui lui permettra de jouir activement de la vie.

Comme le sens de l'initiative qu'acquiert l'enfant peut le conduire à forcer la note dans les nouvelles choses qu'il entreprend, Erikson recommande aux parents de l'aider à atteindre un équilibre. Ils y parviendront en donnant à l'enfant des occasions d'accomplir des tâches seul, tout en le protégeant grâce à leurs conseils et à la formulation de limites précises.

Les enfants qu'on limite trop ou qui développent un sentiment de culpabilité chronique en viennent à se contraindre eux-mêmes et à entraver leur propre développement. Selon Erikson, il peut devenir un adulte sujet à des troubles psychosomatiques ou qui souffre de paralysie, d'inhibition ou d'impuissance. Il peut aussi surcompenser en se mettant exagérément en valeur, ou encore devenir intransigeant et intolérant, plus préoccupé de réprimer ses propres impulsions que d'exprimer sa spontanéité. L'enfant qui est capable d'harmoniser ces tendances antagonistes (culpabilité versus initiative) devient un individu à la fois responsable et spontané.

L'identification

Jean-François va à la bibliothèque avec son grand-père, qui s'occupe de lui tous les jours pendant que ses parents sont au travail. Le bibliothécaire lui présente un livre ouvert et lui demande: «Peux-tu me lire cette page»? D'un geste qu'il a vu faire par son grand-père à maintes reprises, Jean-François tâte toutes ses poches et répond d'un air sérieux: «J'ai dû oublier mes lunettes à la maison.»

Le processus d'**identification** est l'une des dimensions les plus importantes du développement de la personnalité. Il consiste à adopter certains des traits, des croyances, des attitudes, des valeurs et des comportements d'une autre personne ou d'un groupe de personnes. Selon la *théorie de l'apprentissage social,* l'identification est la conséquence de l'observation et de l'imitation d'un modèle. Le plus souvent, le modèle sera un parent, mais l'enfant peut aussi se modeler sur un grand-parent, un frère ou une sœur, un professeur, un gardien, un joueur de hockey, une vedette de la télévision, etc. L'enfant prend habituellement des traits de différents modèles qu'il choisira en fonction du pouvoir qu'une personne semble détenir ou de la qualité des soins qu'elle lui procure (Bandura et Huston, 1961).

Nous étudierons plus loin dans ce chapitre le type d'identification qui permet à l'enfant d'adopter un modèle sexuel.

Selon Kagan (1958, 1971), l'identification s'établit et se renforce grâce à quatre processus intimement reliés:

- *L'enfant veut ressembler au modèle:* par exemple, un garçonnet croit que s'il ressemble à son idole du hockey, il sera capable de faire les mêmes exploits.
- *L'enfant croit ressembler au modèle:* il croit partager des traits du modèle (être blagueur comme lui, marcher comme lui, etc.). Cette identification est souvent encouragée par des commentaires d'autres personnes (comme «Tu as les yeux de ton père.»).
- *L'enfant éprouve des émotions semblables à celles que ressent le modèle:* la fillette qui voit sa mère pleurer en apprenant la mort de son frère se mettra à pleurer elle aussi, non pour la perte d'un oncle qu'elle connaît à peine, mais parce que la tristesse de sa mère la rend triste.
- *L'enfant se comporte comme le modèle:* au jeu et dans les conversations, l'enfant adopte souvent les tics, les inflexions de la voix et les expressions d'un adulte. Les parents sont souvent renversés d'entendre leurs expres-

sions ou le ton de leur voix chez leur tout jeune enfant.

L'enfant qui s'identifie à un modèle en vient donc à croire qu'il possède les mêmes traits que lui. Quand il s'identifie à un modèle bienveillant et compétent, il est heureux et fier. Quand le modèle est inadéquat, il peut se sentir malheureux et insécure.

Les différences liées au sexe, les rôles sexuels et l'adoption d'un modèle sexuel

Catherine et Mathieu sont de grands amis. Ils vont à la prématernelle ensemble, jouent ensemble, prennent souvent leur bain ensemble et dorment ensemble à l'occasion. Bien que leur amitié ne soit pas typique, puisque la plupart des enfants de cet âge choisissent un enfant du même sexe comme meilleur ami (Maccoby, 1980), nous nous y référerons pour illustrer des points importants du rapport entre le sexe de l'enfant et son développement.

Dans l'analyse qui suit, nous parlerons des **différences liées au sexe,** c'est-à-dire des diffé-

L'enfant assimile tôt le comportement et les attitudes du parent du même sexe, lesquels reproduisent souvent les stéréotypes sexuels traditionnels. Même à notre époque supposément «libérée», il n'est pas rare de voir une fillette accomplir des tâches traditionnellement dévolues à la femme. (Elizabeth Crews)

rences biologiques ou psychologiques observées entre les garçons et les filles; des **rôles sexuels,** c'est-à-dire des comportements et des attitudes considérées comme typiquement masculins ou féminins dans une culture donnée; et de l'**adoption d'un modèle sexuel,** c'est-à-dire de l'acquisition des comportements et des attitudes qu'on considère appropriés chez l'un et l'autre sexe, de manière à ce que les rôles sexuels puissent être remplis adéquatement.

Les différences liées au sexe

En quoi diffèrent Catherine et Mathieu? Ils sont évidemment différents au plan anatomique, ayant des organes sexuels internes et externes distincts. Mais qu'en est-il de leur taille, de leur force physique, de leurs capacités physiques et intellectuelles, et de leur personnalité? Il y a des différences, bien sûr, mais dans quelle mesure sont-elles attribuables au fait que Catherine est une fille et Mathieu un garçon? Dans une très faible mesure, semble-t-il. Bien qu'il existe des différences statistiques entre de grands groupes de garçons et de filles, elles sont si peu importantes que la connaissance du sexe d'un enfant ne nous permet pas de prédire si celui-ci, garçon ou fille, sera plus grand, plus rapide, plus fort, plus intelligent, plus confiant qu'un enfant du sexe opposé.

En analysant plus de 2000 études sur les différences liées au sexe, Eleanor Maccoby et Carol Wagy Jacklin (1974) n'ont relevé que quelques traits qui diffèrent nettement entre les garçons et les filles. Trois différences cognitives, qui ne se développent que vers l'âge de 10 ou 11 ans, indiquent une supériorité de la fille aux habiletés verbales et une supériorité du garçon en mathématiques et au plan des habiletés spatiales. L'autre différence nette qu'on a constatée concerne l'agressivité qui est plus marquée chez le garçon dès la petite enfance.

Plus récemment, Maccoby (1980) a étudié d'autres différences entre le comportement de la fille et celui du garçon. Le garçon joue d'une manière plus tapageuse, est plus enclin à la bagarre et plus porté à tenter de dominer ses compagnons de jeu. De son côté, la fille a tendance à fixer les règles du jeu en cours pour éviter les conflits. Elle est plus portée à réagir et à venir en aide aux bébés et aux enfants plus jeunes et à se montrer *empathique,* c'est-à-dire à avoir une compréhension intime des sentiments de l'autre qui l'amène à être heureuse lors-

que celui-ci est heureux et triste lorsqu'il est triste. Le garçon est plus enclin à résister à ses parents et à les défier; la fille est plus susceptible d'avoir une relation agréable avec ses parents et de coopérer avec eux. Enfin, le garçon évite davantage les comportements «efféminés» que la fille ne tente d'éviter les comportements de «garçon manqué».

Nous devons cependant prendre soin de ne pas surestimer ces différences, qui sont habituellement peu marquées et basées sur le comportement de tout un groupe. Les garçons comme les filles s'attachent à leurs parents; généralement parlant, ils ne sont pas plus serviables les uns que les autres et certaines filles aiment les jeux rudes alors que des garçons les détestent. Comme le souligne Maccoby: «Les hommes et les femmes, les garçons et les filles sont plus semblables que différents.» (1980, p. 223)

Les rôles sexuels et l'adoption d'un modèle sexuel

Catherine joue à la mère avec Mathieu. «C'est moi la maman» dit-elle, en se mettant à faire la cuisine, à nettoyer la maison et à s'occuper de ses poupées, alors que Mathieu met son chapeau et «s'en va travailler». Une minute plus tard, Mathieu «rentre à la maison», s'assoit à la table en disant: «J'ai faim. Où est le souper?» Catherine coupe court à ses activités pour aller le servir. Cette scène n'étonnera pas trop si les mères de Catherine et de Mathieu ne travaillent pas à l'extérieur et si leurs pères participent peu aux tâches ménagères. Ces deux enfants ont assimilé les modèles sexuels de leur milieu, selon lesquels la femme doit se montrer protectrice, docile et dépendante, et l'homme dominateur, agressif, actif, indépendant et doué d'un esprit de compétition.

Les enfants acquièrent leur modèle sexuel dès la petite enfance; plus ils sont doués, plus ils l'adoptent tôt. Même à notre époque supposément «libérée», des enfants de 3 ans donneront une description différente d'un bébé inconnu, selon que celui-ci leur est décrit comme étant une fille ou un garçon. Ils seront plus portés à dire que le garçon est gros et la fille petite, lui en colère et elle effrayée, lui fort et elle faible, et ainsi de suite (Haugh, Hoffman et Cowan, 1980).

Les conceptions que l'enfant se fait des rôles sexuels deviennent de plus en plus stéréotypées entre 3 et 6 ans. Quand on demande à Gabriel, un garçonnet de 4 ans, s'il convient qu'un petit garçon joue avec des poupées, celui-ci répond: «Oui... parce que c'est à lui à décider. Si sa sœur joue avec des poupées, il doit pouvoir le faire lui aussi parce qu'ils veulent tous deux jouer avec des poupées.» Quand on pose la même question à Maxime, un garçon de 6 ans, on obtient la réponse suivante: «Il doit jouer seulement avec des jouets de garçon. Il devrait arrêter de jouer avec des poupées de filles et jouer avec des camions. Parce que les autres vont se mettre à le taquiner.» (Damon, 1977, pp. 249, 255).

Il se peut qu'une forte démarcation entre les rôles sexuels durant la petite enfance contribue d'une façon importante à fixer l'**identité sexuelle** (c'est-à-dire à la prise de conscience, par l'enfant, du sexe auquel il appartient) et que ce ne soit qu'après avoir acquis la certitude qu'il est un garçon ou une fille pour toujours qu'un enfant peut se montrer plus flexible dans sa façon d'envisager les attitudes et les comportements de l'un ou de l'autre sexe. Nous parlerons de quelques-unes des explications de l'identification à l'un des deux sexes après avoir étudié certains facteurs à l'origine des différences entre filles et garçons dont nous avons fait mention.

L'origine des différences liées au sexe

Pour expliquer les différences entre la fille et le garçon, les psychologues se tournent vers deux sources principales: la «programmation» biologique présente dès notre conception et le «modelage» par notre environnement. Jetons un coup d'œil aux facteurs qui, à chacun de ces paliers, contribuent à façonner la personne.

Les influences biologiques

À l'origine, tous les embryons, mâles ou femelles, ont la même structure. La seule différence entre le zygote mâle et le zygote femelle est que le mâle possède des chromosomes XY et la femelle des chromosomes XX. Les embryons mâles et femelles conservent un aspect identique jusqu'à cinq ou six semaines après la conception, au moment où commence la différenciation gonadique. Vers la sixième semaine de la gestation, les embryons humains destinés à devenir mâles sont inondés d'androgènes. Ce sont des substances hormonales mâles parmi lesquelles on trouve la testostérone et qui déclenchent la formation de la structure corporelle mâle, notamment la formation des organes génitaux. La structure corporelle femelle ne se développe pas avant 11 ou 12 semaines (Money et Ehrhardt, 1972; Hoyenga et Hoyenga, 1979).

D'après les résultats de plusieurs recherches effectuées pour la plupart sur des animaux, les hormones qui circulent avant ou vers le moment de la naissance sont à l'origine des différences entre les deux sexes. La testostérone, par exemple, a été reliée au comportement agressif chez les souris, les cochons d'Inde, les rats et les primates; de son côté, la prolactine peut entraîner un comportement maternel chez des animaux vierges ou mâles (Rose et coll., 1972; Bronson et Desjardins, 1969; Gray, Lean et Keynes, 1969; Levy, 1966). Mais les animaux diffèrent de nous. Notre comportement est beaucoup plus influencé par ce que nous apprenons de notre entourage que celui de n'importe quel animal. Nous devons donc demeurer très prudents quand il s'agit d'appliquer aux humains les résultats d'études qui ont porté sur des animaux.

Les influences environnementales

Lorsqu'un garçon vient au monde au Pakistan, sa naissance est marquée par des fêtes et des coups de fusil.

Si le nouveau-né est une fille, l'événement passe inaperçu. Les ressources alimentaires sont limitées dans les camps de réfugiés afghans, ce qui pose de sérieux problèmes aux femmes et aux filles: celles-ci ne peuvent manger qu'une fois que les hommes et les garçons se sont rassasiés (Reeves, 1984). Il est facile de voir comment une telle société peut créer des individus dont la personnalité sera fortement influencée par le sexe auquel ils appartiennent.

Dans notre société également, les garçons et les filles, les femmes et les hommes sont traités et appréciés différemment. Dans certains cas, les différences mineures qui existent entre les deux sexes sont encouragées et accentuées par les forces sociales. Dans d'autres cas, la culture crée elle-même les différences qu'elle associe à un phénomène universel en décrétant que dans toute société, certains rôles conviennent aux filles et aux femmes, et d'autres aux garçons et aux hommes. La flexibilité de cette règle est soulignée par le fait que les rôles diffèrent d'un milieu à un autre. Voyons quelques-unes des façons dont ces croyances sont transmises.

L'influence des parents. Comme nous l'avons noté au chapitre 5, les parents traitent leurs fils et leurs filles différemment dès le bas âge. Ces différences s'accentuent durant la petite enfance, alors que les parents transmettent aux enfants, souvent sans s'en rendre compte, des attitudes profondément ancrées qu'ils ont acquises durant leur propre enfance. Ces attitudes inconscientes sont souvent difficiles à changer, mais plusieurs parents font actuellement des efforts considérables pour ne pas confiner leurs enfants dans les limites des rôles sexuels traditionnels (voir l'encadré 7.2).

Jusqu'à présent la socialisation du garçon a été plus intense que celle de la fille. Celui-ci est plus souvent puni, mais aussi plus souvent félicité et encouragé. En outre, la pression qu'on exerce sur le garçon pour le faire se comporter «comme un vrai garçon» et pour éviter qu'il adopte «des manières de filles» est beaucoup plus forte que celle qu'on exerce sur la fille. Les pères réagissent très fortement à tout signe de

Encadré 7.2

Comment préserver nos enfants des stéréotypes liés aux rôles sexuels?

Plusieurs parents qui veulent aider leurs enfants à se sentir bien dans leur peau, quel que soit leur sexe, et à percevoir celui-ci comme un atout plutôt qu'une limite, font des efforts sérieux pour abolir les stéréotypes en appliquant les directives suivantes tirées d'un ouvrage de Letty Cottin Pogrebin intitulé *Growing Up Free* (1980):

- Habiller les enfants et décorer leurs chambres dans des couleurs «non sexistes», telles que le rouge, l'orange ou le vert plutôt qu'en recourant au rose traditionnel pour les filles et au bleu pour les garçons.
- Répartir l'espace entre les membres de la famille selon leurs besoins et non selon leur sexe ou le pouvoir qu'ils exercent. Par exemple, éviter d'accorder une pièce de travail au père alors que la mère doit se contenter d'un coin de la cuisine pour accomplir ses tâches professionnelles.
- Pour donner aux enfants des modèles d'hommes et de femmes qui ont diverses compétences, les parents devraient se relayer quand il s'agit de prendre la température du bébé, d'appeler une gardienne, d'amener l'enfant à l'école, de faire mettre le compte de banque à jour, de vérifier si l'enfant a besoin de nouveaux souliers, etc.
- Distribuer équitablement les allocations, suivant l'âge et les besoins de l'enfant, et non d'après le sexe.
- Laisser les parents et les enfants assumer à tour de rôle les diverses tâches domestiques plutôt que de décréter que les filles s'adonneront à la cuisine et à la lessive, et les garçons aux réparations et aux travaux extérieurs.
- Encourager à l'occasion les garçons à prendre un bain moussant et les fillettes à s'adonner à des jeux «vigoureux» ou à diverses besognes «salissantes».
- Embrasser et caresser autant les garçons que les filles.
- Amener les enfants des deux sexes visiter le lieu de travail de la mère et du père pour leur faire connaître les responsabilités extérieures qu'ils assument et les amitiés qu'ils entretiennent en dehors du foyer.
- Sortir des sentiers battus dans l'achat des jouets: permettre aux enfants des deux sexes de développer diverses habiletés en leur offrant des poupées pour jouer au père et à la mère, des camions, des blocs, de la peinture, des ballons, des tricycles, etc.
- Éviter de surprotéger les filles et d'inciter les garçons à prendre des risques «machos»; encourager une saine indépendance chez les enfants des deux sexes.
- Montrer à sa fille qu'on a amenée à la pêche à mettre elle-même les appâts à son hameçon.
- Complimenter les enfants pour leur apparence, mais d'une façon non sexiste. Plutôt que de dire «Tu es mignonne dans cette robe» ou «Tu as l'air d'un vrai petit homme dans cet habit», insister sur le fait que telle couleur va bien à l'enfant ou qu'il a l'air en santé.

comportement «efféminé» chez leurs fils. Les filles ont de leur côté beaucoup plus de latitude quant aux vêtements qu'elles peuvent porter, aux compagnons avec qui elles peuvent jouer (filles ou garçons), ainsi qu'aux activités et aux jeux auxquels elles peuvent s'adonner (Maccoby et Jacklin, 1974).

Il semble que les adultes manifestent plus d'intérêt pour les garçons que pour les filles. À quoi cela est-il dû? Au fait que les garçons sont plus actifs? Mais des études ont démontré que ceux-ci ne sont pas plus actifs que les filles aux stades du nourrisson et du trottineur. Pourquoi alors les parents ont-ils tendance à accorder plus d'attention à leurs fils qu'à leurs filles? Même en cette époque «éclairée», plusieurs parents d'Amérique du Nord comme d'ailleurs considèrent que le garçon est plus important comme personne d'où l'attention accrue qu'on lui porte. Il se peut aussi que la plus grande résistance du garçon aux directives parentales exige plus d'attention de leur part. Quelle que soit la cause de ce traitement différentiel, celui-ci contribue à accentuer les différences observées entre la personnalité de la fille et celle du garçon.

Le rôle du père. D'après les résultats de bon nombre de recherches, le père joue un rôle particulièrement important dans l'apprentissage des rôles sexuels de l'enfant. Une des raisons de ce phénomène est que le père se montre beaucoup plus préoccupé que la mère de l'adoption d'un modèle sexuel chez ses enfants. La mère a tendance à mieux accepter que sa fille joue avec des camions et son fils avec des poupées, alors que ce genre d'«inversion» des jeux déplaît à beaucoup d'hommes, tout particulièrement quand il touche leur fils (Maccoby, 1980). En outre, le père est plus porté que la mère à agir différemment envers son fils et sa fille. Il joue davantage avec son bébé garçon qu'avec son bébé fille, se bagarre avec son fils et cajole sa fille. Il se montre plus tolérant envers un fils très actif et «difficile» qu'envers une fille au même tempérament, mais en revanche il donne plus facilement la fessée à son fils qu'à sa fille (Biller, 1981).

Bien qu'il ait tendance à renforcer les stéréotypes sexuels, le père peut aussi aider son fils et sa fille à bien s'accepter et à se sentir confortables face aux rôles sexuels. Il peut les aider à faire valoir leur potentiel tant au plan de la carrière qu'à celui du soin des enfants. Les adultes qui fonctionnent bien au travail et dans leurs relations hétérosexuelles sont souvent des personnes qui ont eu une relation affectueuse avec un père qui s'est montré compétent, fort, à l'aise avec sa propre masculinité et protecteur à l'égard de ses enfants. Le fils d'un tel homme sera porté à s'identifier à lui et sa fille sera en mesure de transposer les rapports satisfaisants qu'elle a eus avec son père dans ses relations avec les autres hommes de sa vie. Inversement, l'enfant d'un père distant et sévère, ou passif et incompétent, aura moins de chances de vivre harmonieusement ses rôles sexuels (Biller, 1981).

Si le père exerce une telle influence sur l'acquisiton des rôles sexuels de ses enfants,

Le père joue un rôle important dans l'apprentissage des rôles sexuels de l'enfant: il se préoccupe plus que la mère de l'adoption d'un modèle sexuel conforme aux stéréotypes sexuels. Ce père sera-t-il porté à apprendre à sa fille à aiguiser une scie mécanique? (Alan Carey/The Image Works)

qu'advient-il s'il est absent du foyer? Certains enfants en souffrent, surtout ceux qui ont 5 ans ou moins, quand leur père quitte le foyer ou meurt. Il peuvent en venir à se conformer à un modèle sexuel démesurément rigide, ou encore adopter à un degré exagéré les comportements associés à l'autre sexe. D'autres, cependant, évoluent normalement, en grande partie parce que la mère a réussi à bien compenser l'absence du père (Hetherington, Cox et Cox, 1975).

L'impact des médias. À la fin de ses études secondaires, le jeune Nord-Américain type aura passé plus de 25 000 heures devant la télévision et regardé environ 356 000 annonces publicitaires (*Action for Children's Television*). Quels messages sont transmis au fil de cette exposition intensive?

Les enfants voient deux fois plus de personnages masculins que de personnages féminins sur le petit écran et y observent des comportements fort différents chez les uns et les autres (plus différents que dans la vie réelle). Jusqu'à très récemment, la télévision était l'un des médias les plus efficaces en ce qui a trait à la propagation des attitudes stéréotypées. Jusqu'à tout récemment, les personnages masculins présentés à la télé étaient plus agressifs, plus actifs et plus compétents que les personnages féminins; les filles et les femmes y étaient plutôt soumises, passives et intéressées soit à faire briller leurs meubles, soit à entretenir leur beauté physique (Sternglanz et Serbin, 1974; Mamay et Simpson, 1981).

Pas étonnant que les recherches aient trouvé que les enfants qui ont consommé beaucoup d'émissions de télévision aient acquis des attitudes plus traditionnelles par rapport aux rôles sexuels que ceux qui en ont peu consommé (Frueh et McGhee, 1975). Des études récentes sur la littérature enfantine ont relevé les mêmes tendances (Weitzman, Eifler, Hokada et Ross, 1972, Dunnigan, 1975).

Grâce à la prise de conscience croissante des effets nocifs de la transmission de tels messages stéréotypés, les éditeurs de livres pour enfants et les producteurs d'émissions et d'annonces publicitaires télévisées deviennent de plus en plus sensibles à la nécessité de donner des images plus saines de la femme et de l'homme. Il est de plus en plus fréquent de voir sur le petit écran des femmes qui travaillent, qui se débrouillent bien dans toutes sortes de situations plutôt que d'être présentées comme les servantes de la famille. On peut aussi voir des hommes qui prennent soin des enfants et qui font le marché hebdomadaire.

L'impact des stéréotypes sexuels sur notre vie

En dépit du fait que les filles et les garçons se ressemblent davantage qu'ils ne diffèrent, de nombreux mythes persistent quant à l'importance des différences entre les deux sexes. Ces mythes prennent la forme de **stéréotypes sexuels,** de préjugés (ou opinions arrêtées) selon lesquels les garçons et les filles ont (et doivent avoir) des traits qui les distinguent les uns des autres.

Les enfants assimilent ces stéréotypes très tôt. Ils croiront, par exemple, que le garçon doit être indépendant et actif, et la fille docile et dépendante. De telles idées façonnent la perception qu'un enfant se fait de lui-même et de son avenir. Il n'y a pas si longtemps, des enfants âgés de 3 à 6 ans entrevoyaient leur vie d'adultes très différemment selon qu'ils étaient garçons ou filles: les garçons envisageaient un large éventail de carrières actives, excitantes et non centrées sur la famille, alors que les filles étaient portées à se percevoir à l'âge adulte comme des mères, des infirmières ou des institutrices (Papalia et Tennent, 1975).

L'acceptation en bloc des restrictions du milieu face aux modèles sexuels a des conséquences d'une portée considérable. L'individu en vient souvent à nier ses penchants et ses capacités innées sous prétexte qu'ils ne sont pas «masculins» ou «féminins», et se contraint lui-même à se conformer à des modèles sociaux, professionnels et académiques qui ne lui conviennent pas. Ces stéréotypes n'exercent parfois toute leur influence qu'à l'âge adulte.

Persuadée que les stéréotypes sexuels rigides limitent tant les hommes que les femmes et empêchent les uns et les autres d'actualiser leur potentiel, Sandra L. Bem (1974; 1976) a élaboré un nouveau concept du bien-être psychologique selon lequel l'individu le plus sain est celui dont la personnalité comporte un amalgame équilibré des caractéristiques les plus positives à l'un et à l'autre sexe. Autrement dit, une telle personne, que Bem appelle *androgyne*, sera autonome, capable de s'affirmer et de diriger (traits «masculins») tout en faisant preuve de bienveillance, de sympathie et de compréhension (traits «féminins»).

Bem (1976) a constaté que les stéréotypes sexuels limitent les gens jusque dans leurs comportements quotidiens les plus simples. L'homme «mâle» se refusera à préparer le biberon du bébé ou à enfiler une aiguille et la femme «féminine» s'empêchera de clouer une planche ou de mettre un appât à un hameçon, même si l'exercice d'activités non traditionnelles leur valait un meilleur salaire. L'effet majeur de la féminité chez la femme n'est pas de l'empêcher d'adopter des comportements traditionnellement considérés comme masculins, mais souvent de l'empêcher complètement d'agir dans les situations où elle ne sait trop ce qu'il faut faire. Au contraire, l'homme et la femme androgynes font preuve d'une grande liberté quand il s'agit de juger une situation particulière en toute objectivité ou d'entreprendre une action selon son efficacité plutôt que selon sa conformité à un modèle sexuel.

De nombreux individus et institutions font de nos jours des efforts sérieux pour se dégager des conceptions passées (comme celle de la perspective psychanalytique jadis très répandue voulant qu'une saine identification sexuelle dépende d'une distinction marquée ente les rôles masculins et féminins). La présence d'enseignants masculins aux niveaux préscolaire et primaire démontre aux enfants que les hommes peuvent prendre plaisir à s'occuper d'eux et à leur enseigner. Le «coin des poupées» devient le «coin de la famille», et on y trouve aussi bien des outils que de la vaisselle. L'école, les médias et la famille mettent moins l'accent, de nos jours, sur ce que les *garçons* ou les *filles* peuvent faire que sur ce que les *enfants* peuvent faire.

Les explications théoriques de l'adoption d'un modèle sexuel

La deuxième question que nous posons presque tous à l'arrivée d'un nouveau bébé (après «La mère et l'enfant se portent-ils bien?») est «Est-ce une fille ou un garçon?» Notre sexe est un élément fondamental de notre identité. Comme nous l'avons vu, il influence la façon dont nous nous percevons et dont les autres nous perçoivent, la façon dont nous entrons en relation avec les autres, dont nous vivons nos rapports amoureux, dont nous nous reproduisons, etc. Malgré leurs nombreuses ressemblances, les garçons et les filles, les hommes et les femmes, font beaucoup de choses différemment; ces différences résultent d'une combinaison de facteurs biologiques et culturels. Quelle que soit la mesure dans laquelle nous abolissons les stéréotypes rigides du passé, notre identité sexuelle demeure une partie importante de notre personnalité.

Quand il vient au monde, l'enfant ignore à quel sexe il appartient et ce qu'implique cette appartenance. Comment apprend-il qu'il est un garçon ou une fille, que son sexe constitue un élément fondamental et permanent de son identité et qu'on attend de lui certains types de comportements? Voici les trois principales théories qui ont tenté d'expliquer l'acquisition de l'identité sexuelle.

La théorie psychanalytique

Nous avons déjà vu comment Freud considérait l'adoption d'un modèle sexuel comme la conséquence indirecte des différences anatomiques et comme une partie intégrante du processus d'identification de l'enfant au parent du même sexe. Selon la théorie psychanalytique, l'enfant sort de la période phallique avec un sens marqué de sa masculinité ou de sa féminité. Le mode de résolution du complexe d'Œdipe détermine si l'identification à un modèle sexuel s'effectuera normalement ou pas.

La théorie de l'apprentissage social

Voyant qu'il ressemble plus à son père qu'à sa mère, le garçon cherche à l'imiter (surtout s'il le perçoit comme un individu protecteur, compétent et fort). Il est récompensé quand il se conduit «comme un garçon» et puni quand il agit «comme une fille».

Voilà le point de vue qui sous-tend la théorie de l'apprentissage social. Il semble logique, mais demeure difficile à prouver. D'abord, bien qu'il imite effectivement les adultes, l'enfant n'imite pas nécessairement le parent du même sexe, comme vous l'avez peut-être vous-même constaté en voyant une fillette mettre le chapeau de son père ou un garçon les chaussures de sa mère. Souvent, l'enfant n'imite même pas un de ses parents. Lorsqu'on évalue le degré de masculinité ou de féminité des enfants pour le comparer à celui de leurs parents, ils ne ressemblent pas plus à leurs propres parents qu'à un groupe de parents choisis au hasard. De plus, les enfants dont les résultats se rapprochent de ceux de leurs parents ne ressemblent pas plus au parent du même sexe qu'à celui de l'autre sexe (Hetherington, 1965; Mussen et Rutherford, 1963).

En outre, un compte rendu de recherches sur l'adoption d'un modèle sexuel effectuées en 1974 par Maccoby et Jacklin (1974) a révélé que les parents ne traitent pas leurs enfants si différemment selon leur sexe. Par exemple, ils essaient de dissuader autant les garçons que les filles de se battre et les encouragent les uns et les autres à l'altruisme. Il se peut toutefois que les différences d'attitude des parents face aux garçons et aux filles soient plus marquées que ne l'indiquent ces recherches. La majorité des études dont nous disposons portent sur la façon dont la mère traite ses enfants et la plupart portent sur des enfants de 5 ans et moins. Comme c'est le père qui est le plus enclin à modifier son approche selon le sexe de son enfant et comme les différences augmentent avec l'âge de l'enfant, toute analyse qui ne tient pas compte de ces facteurs est forcément biaisée (Block, 1978). Il se peut également que la transmission des normes parentales en ce qui a trait aux modèles sexuels soit si subtile qu'il soit impossible de l'évaluer avec les méthodes de recherche actuellement utilisées.

La théorie cognitive du développement

Une enfant apprend qu'elle est quelque chose qu'on appelle une «fille», elle apprend les choses que les filles sont censées faire, elle les fait et se sent sécure dans son identité sexuelle. Tout cela advient, selon Kohlberg (1966), comme un corollaire naturel du développement cognitif. Ces apprentissages commencent aussi tôt qu'à l'âge de 2 ans. Vers l'âge de 3 ans, la plupart des enfants ont une idée établie du sexe auquel ils appartiennent (c'est-à-dire de leur **identité sexuelle**) et vont s'objecter vigoureusement si quelqu'un les taquine en leur disant qu'ils sont du sexe opposé. L'enfant apprend donc ce qu'il est en même temps qu'il apprend quoi faire. Il découvre quelles activités, opinions et émotions sont considérées comme masculines ou féminines, et il assimile celles qui lui conviennent.

Quelque part entre l'âge de 5 et de 7 ans, l'enfant acquiert ce que Kohlberg appelle la **conservation du genre**, c'est-à-dire la prise de conscience du fait qu'il est un garçon ou une fille pour toujours. À un âge plus précoce, cette conscience n'est pas toujours présente, comme en font foi cette remarque du petit Éric (3 ans) à sa mère: «Quand je vais être grand, je veux être une maman comme toi pour pouvoir jouer au tennis et conduire une auto» et ce commentaire d'Élise (3 ans): «Snoopy est un garçon mais quand il va grandir, il va être une fille et il va avoir des petits bébés chiens».

La pertinence de l'hypothèse piagétienne qui veut que l'enfant pense différemment de l'adulte et que la construction de l'identité sexuelle soit liée au développement cognitif, a été démontrée par une étude effectuée à l'aide de poupées anatomiquement bien constituées et vêtues de diverses façons. Les enfants devaient dire quel était le sexe de la poupée qu'on leur montrait. Sur un groupe de 144 enfants âgés de 4 à 6 ans, seulement 24 ont fait mention des organes génitaux pour justifier leur réponse et seulement 14 ont référé à la structure corporelle. En général, ces jeunes enfants basaient plutôt leurs réponses sur l'habillement et sur la coupe de cheveux (Thompson et Bentler, 1971).

Le lien entre la conservation du sexe et le développement cognitif a été démontré par des études comme celle décrite dans l'encadré 7.3. Il est ironique de constater que ce sont les enfants les plus doués qui s'adaptent le plus rapidement aux stéréotypes rattachés aux rôles sexuels, car ils sont les premiers à remarquer les différences physiques entre les deux sexes, à connaître les normes sociales concernant les rôles sexuels et à s'efforcer de s'y conformer (Greenberg et Peck, 1974).

Élever des enfants qui sont bien dans leur peau, quel que soit leur sexe, et qui perçoivent leur identité sexuelle comme un atout plutôt qu'une limite, est possible. L'encadré 7.2 décrit quelques façons d'atteindre ce résultat.

Quelques dimensions importantes de la personnalité du petit enfant

Certains aspects de la personnalité de l'enfant émergent au cours de ces années. Nous jetterons d'abord un coup d'oeil sur l'expression et sur les causes possibles des peurs du petit enfant et sur diverses façons dont les parents peuvent les aborder. Nous observerons ensuite ses comportements agressifs et son altruisme.

Les peurs

C'est entre 2 et 6 ans que l'enfant est envahi par le plus grand nombre de nouvelles craintes. À

Encadré 7.3

La conservation du genre: un concept cognitif *Voir glossaire.*

Lors d'une étude qui a montré la dimension cognitive de la conservation du genre (c'est-à-dire la compréhension du fait que le sexe d'un individu est un attribut invariable de sa personne), on a montré des images comme celles qui apparaissent ici à plusieurs milliers d'enfants de 4 à 7 ans issus d'un milieu économique défavorisé. Les images (d'environ 10 cm de hauteur) étaient placées dans un cahier à anneaux et coupées à la hauteur du cou, ce qui permettait à l'expérimentateur de tourner les pages pour varier l'habillement et la coupe de cheveux des personnages. Commençant avec l'image d'une fille, l'expérimentateur disait quelque chose comme «Voici Amélie» et posait ensuite à l'enfant des questions comme celles-ci (en tournant les pages en fonction des questions):

1 Si Amélie veut vraiment être un garçon, peut-elle en être un?
2 Si Amélie jouait avec des camions et faisait des choses «de garçon», qu'est-ce qu'elle serait? Une fille ou un garçon?
3 Si Amélie mettait des vêtements de garçon comme ceux-ci, qu'est-ce qu'elle serait? Une fille ou un garçon?
4 Si Amélie se faisait couper les cheveux comme ceci, qu'est-ce qu'elle serait? Une fille ou un garçon?
5 Si Amélie se faisait couper les cheveux comme ceci et portait des vêtements de garçon comme ceux-ci, qu'est-ce qu'elle serait? Une fille ou un garçon?

On procédait ensuite de la même façon pour la poupée garçon et à chaque réponse, l'enfant devait expliquer pourquoi, selon lui, la poupée était encore, ou n'était plus, une fille ou un garçon. Même si l'expérimentateur utilisait toujours un prénom «typiquement» féminin ou masculin et les pronoms «il» ou «elle», seulement 24 % des enfants ont affirmé qu'Amélie demeurait une fille quand on modifiait ses activités, ses vêtements et sa coupe de cheveux. Les enfants les plus avancés au plan cognitif ont justifié leurs réponses en disant des choses comme «Elle est née fille» ou «Ce n'est pas une magicienne; elle ne peut pas changer sans une opération» (Emmerich et coll., 1976, p. 75).

La relation étroite entre le *genre*, une caractéristique physique, la *conservation du genre*, une compétence cognitive, et l'*adoption d'un modèle sexuel* (dimension de la personnalité) illustre la façon dont le développement physique, le développement intellectuel et le développement de la personnalité se recoupent et s'influencent l'un l'autre tout au long de notre vie.

cet âge, l'enfant est susceptible d'avoir vécu certaines expériences effrayantes, comme de s'être perdu, d'avoir été mordu ou blessé. Il a également entendu parler d'histoires terrifiantes qui sont arrivées aux autres, dans la vie réelle, dans des contes ou à la télévision. Il en connaît tellement plus maintenant et, son imagination aidant, il se met à avoir peur d'être attaqué par un lion, de rester seul dans l'obscurité, d'être abandonné ou de se retrouver dans des endroits élevés (Jersild et Holmes, 1935). Souvent, cependant, ses peurs découlent d'une évaluation correcte des dangers réels. C'est pour se protéger lui-même qu'il aura peur des autos qui vont vite, des chiens à l'air étrange, des inconnus qui

l'invitent à faire un tour et des friandises offertes à l'Halloween par des personnes qu'il ne connaît pas.

Le parent doit donc inculquer à son enfant une saine prudence, tout en se gardant de le surprotéger et de le rendre trop craintif. Analysons maintenant quelques-unes des peurs infantiles les plus fréquentes et diverses façons dont les adultes peuvent aider l'enfant à les surmonter.

Les causes des peurs infantiles

Certaines peurs sont reliées à des événements réels. Un petit garçon qui s'était fait frapper par une voiture se met à avoir peur de traverser la rue et de rester seul dans une pièce obscure (Jersild et Holmes, 1935; Jersild, 1946). Parfois, ce sont les parents qui inculquent leurs propres peurs à leur enfant. Celui-ci est plus porté à craindre le tonnerre et les éclairs, les chiens et les insectes lorsque sa mère les craint aussi (Hagman, 1932). Par ailleurs les parents surprotecteurs créent chez leur enfant le sentiment que le monde est un endroit dangereux.

À mesure que l'enfant grandit et devient plus débrouillard, certaines des choses qui lui semblaient jusque-là si menaçantes perdent leur caractère terrifiant. Dans une étude qui a porté sur 54 enfants d'âge scolaire, 75 % de ceux à la maternelle ont manifesté une peur des fantômes et des monstres, alors que ce chiffre chutait à 50 % en deuxième année et à 5 % en sixième (Bauer, 1976). Les plus jeunes étaient également plus portés à avoir peur des animaux que les enfants de deuxième et de sixième année, bien que les enfants de deuxième année aient été plus enclins que ceux de la maternelle aux craintes à l'heure du coucher et aux cauhemars. Chez les enfants de sixième année, toutes ces peurs s'étaient estompées.

Les enfants plus âgés entretenaient d'autres types de craintes, dont nous reparlerons au chapitre 9. Parmi les enfants âgés de 10 à 12 ans, plus de 50 % ont exprimé une peur des blessures corporelles et des dangers physiques, alors que seulement 11 % des enfants de 4 à 6 ans ont manifesté ce type de craintes. Ces données révèlent le changement qui se produit chez l'enfant plus vieux au niveau de sa perception de la réalité et de son aptitude à reconnaître des rapports de cause à effet. Il ne craint plus une personne à cause de son apparence («Il est affreux»); l'enfant de deuxième ou de sixième année s'inquiète plutôt de ce que peut faire la personne ou l'animal qu'il craint («Qui sait? Il m'aurait étranglé ou quoi encore»).

Les filles se montrent généralement plus craintives que les garçons. C'est peut-être parce que les enfants plus dépendants sont plus craintifs et qu'on encourage davantage les filles à la dépendance. Par ailleurs, on sait que les parents acceptent plus facilement l'expression des craintes par les filles que par les garçons. Il peut donc s'agir d'un simple artefact dû au fait que les garçons avouent moins facilement leurs craintes que les filles (Bauer, 1976; Croake, 1973; Jersill et Holmes, 1935).

Les enfants pauvres ont plus de peurs que les plus fortunés (Croake, 1969; Jersild et Holmes, 1935), peut-être parce que ceux qui sont pauvres sont moins sécures face à la vie en général. Certaines peurs spécifiques sont liées au contexte social général. Par le passé, les enfants américains d'âge scolaire avaient surtout l'habitude d'avoir peur des êtres et des événements surnaturels, puis des communistes. Mais maintenant, ils craignent davantage la guerre nucléaire comme nous le verrons au chapitre 9 (Yudkin, 1984; Schwekel, 1982; Croake, 1973). Ce changement résulte, au moins en partie, de l'influence de la télévision qui a fait entrer la guerre et la politique dans nos foyers. Par ailleurs la télévision et le cinéma sont souvent terrifiants en eux-mêmes, et certains enfants ont des cauchemars à la suite de programmes policiers. Ces spectacles présentent des images terrifiantes qui peuvent canaliser et alimenter leurs angoisses.

Comment aider l'enfant à surmonter ses peurs

Au fur et à mesure que l'enfant grandit et qu'il perd son sentiment d'impuissance, plusieurs de ses peurs s'évanouissent. Si elles persistent, les parents tentent souvent de les chasser au moyen du ridicule («Ne fais pas le bébé!»), de la contrainte («Caresse le beau petit chien, il ne te fera pas de mal»), de la persuasion logique («L'ours le plus rapproché est à 30 km d'ici, enfermé dans un zoo!») ou tout simplement en n'y prêtant pas attention. Aucune de ces méthodes n'est efficace (Jersild et Holmes, 1935) et certaines d'entre elles peuvent même accroître la peur de l'enfant.

La plupart du temps, la meilleure façon d'aider l'enfant à surmonter les peurs dont il désire ardemment se débarrasser est celle qui fait appel à l'activité de l'enfant lui-même. Celui-ci réussit plus facilement à vaincre sa crainte quand il découvre ses propres moyens d'en affronter l'objet et lorsqu'on l'amène peu à peu à faire face aux situations terrifiantes. Les explications, quand on les accompagne d'un conditionnement actif, peuvent être utiles. Holmes (1936) a aidé des enfants qui craignaient l'obscurité en inventant de façon répétitive des situations où il les encourageait à entrer dans une pièce obscure pour y récupérer une balle. Il les rassurait au sujet de la sécurité de la pièce et y pénétrait avec eux. Après de trois à sept séances, 13 des 14 enfants entraient seuls dans la pièce en question.

Murphy et Bootzin (1973) ont travaillé avec 67 enfants de première, deuxième et troisième année. Ces enfants avaient tellement peur des couleuvres qu'ils ne pouvaient en toucher une, même pendant 10 secondes. On divisa les enfants en deux groupes et l'on amena graduellement ceux du groupe expérimental à avoir des contacts plus rapprochés et plus fréquents avec des couleuvres. Dix jours après la fin de l'expérience, 39 des 45 enfants du groupe expérimental pouvaient tenir une couleuvre sur leurs genoux pendant 15 secondes, mais seulement 5 des 22 enfants du groupe témoin parvenaient à le faire. La période de traitement était brève: une *moyenne* de 15 minutes par enfant en 1,9 séance et un maximum de 32 minutes (quatre séances de huit minutes).

On peut également avoir recours à des modèles, en montrant à l'enfant craintif que d'autres n'ont pas peur. Des enfants de prématernelle qui craignaient les chiens ont participé à huit brèves séances au cours desquelles on leur faisait observer un enfant qui n'avait pas peur et qui prenait plaisir à s'amuser avec un chien. Plus tard, les deux tiers des enfants qui s'étaient montré craintifs pénétraient dans l'enclos avec le chien (Bandura, Grusec et Menlove, 1967).

L'agressivité

Les bébés n'ont pas de **comportements agressifs** véritables, c'est-à-dire de comportements destinés à faire mal à quelqu'un. Même lorsqu'il arrache énergiquement un jouet à un compagnon de jeu, le trottineur n'est intéressé qu'au jouet et ne veut ni dominer, ni faire de mal à l'autre enfant. Cependant, quiconque a côtoyé tant soit peu des enfants de plus de 2 ans et demi ou 3 ans, a vu assez de coups, de bousculades et de morsures pour vérifier que l'âge de l'agressivité était arrivé.

Comme le souligne Maccoby (1980), l'agressivité du petit enfant passe de l'action physique à l'expression verbale. Au début, l'enfant fixe son attention sur un objet désiré et fait des gestes menaçants à la personne qui le tient.

Entre 2 ans et demi et 5 ans, l'agressivité de l'enfant s'exprime dans des disputes pour le contrôle des jouets et de l'espace. Elle se manifeste surtout durant les périodes de *jeu social* et les enfants qui se querellent le plus sont ceux qui sont les plus sociables et les plus compétents. Cela signifie peut-être que la capacité de manifester son agressivité est une étape nécessaire

L'agressivité est courante chez les jeunes enfants et elle prend souvent la forme de disputes pour le contrôle des jouets ou de l'espace. Plus fréquente chez les garçons, elle est souvent déclenchée par la frustration et encouragée par des récompenses (comme l'attention) et par la présence de modèles agressifs dans la vie réelle ou à la télévision. (Marion Faller/Monkmeyer)

dans le développement de l'être humain en tant qu'animal social.

L'expression de l'agressivité atteint ses limites au moment où s'organise une *hiérarchie de la dominance*. Certains enfants finissent par s'imposer aux autres et par être considérés comme des leaders qui ont le premier choix des objets et des espaces de jeu. L'apparition de cette hiérarchie reconnue par les enfants de tous les niveaux, réduit probablement le nombre de querelles (et de coups...).

Plus un enfant réussit à obtenir ce qu'il veut en recourant à des moyens violents, plus il y a de chances qu'il continue à être agressif. Certains enfants semblent plus disposés que d'autres à s'engager dans cette spirale et à succomber à «l'ivresse du pouvoir».

Heureusement pour tous, la fréquence des comportements agressifs diminue à partir de la petite enfance, évoluant d'une façon inversement proportionnelle à la capacité de faire vraiment mal aux autres enfants. En devenant plus grand, plus fort et plus capable de blesser les autres, l'enfant devient moins enclin aux manifestations de violence, du moins au plan physique.

Non seulement les moyens d'exprimer son agressivité changent, les coups cédant la place aux mots, mais les motifs de comportements violents également, passant des disputes à propos d'objets à l'affirmation du moi. Les insultes deviennent un moyen très efficace de blesser les autres et de «se venger». L'enfant décide des raisons de se fâcher et des moments où il doit se défendre en s'appuyant sur sa perception de plus en plus raffinée de la justice, de ses droits et obligations et des intentions des autres.

Après l'âge de 6 ou 7 ans, la plupart des enfants deviennent beaucoup moins agressifs. Leurs stratégies violentes se sont raffinées, mais leurs autres façons d'aborder les autres également. Ils sont maintenant dotés d'habiletés sociales plus positives, tout particulièrement d'une capacité croissante de communiquer avec les autres et de coopérer avec eux dans la poursuite d'objectifs communs. L'aptitude à manifester de l'empathie à l'égard d'autrui constitue un progrès majeur dans l'évolution sociale de l'enfant. En acquérant un point de vue moins égocentrique sur son entourage, l'enfant peut se mettre à la place d'une autre personne, comprendre pourquoi celle-ci agit comme elle le fait et trouver des façons plus positives de se comporter avec elle.

Les causes de l'agressivité

Au lieu de suivre la progression décrite plus haut, plusieurs enfants se laissent dominer par leurs tendances agressives. En outre, même chez l'enfant «normal», l'agressivité peut parfois devenir incontrôlable et dangereuse. Pour résoudre ces problèmes, des chercheurs tentent de découvrir ce qui cause et ce qui entretient les comportements agressifs.

Parmi les principaux facteurs qu'on a mis en cause pour expliquer la propension aux comportements agressifs, on trouve le renforcement de l'agressivité, la frustration et l'exposition à des modèles agressifs dans la vie réelle, au cinéma ou à la télévision.

Renforcement de l'agressivité. Qu'est-ce qui peut servir de renforcement à l'agressivité? Parfois, l'attention négative (comme une remontrance ou une fessée) peut être considérée par certains enfants comme une récompense et préférée à l'indifférence. En raison de cela, des éducateurs de prématernelle ont diminué la quantité

d'agressivité exprimée par des garçons de 3 et 4 ans en n'accordant aucune attention à leurs comportements agressifs et en récompensant les gestes de collaboration (Brown et Elliott, 1965). Par ailleurs, il n'est pas toujours possible de rester indifférent devant un comportement agressif. En réalité, le fait de tolérer l'agressivité en ne s'y opposant pas peut exprimer une approbation tacite. Certains parents récompensent et encouragent activement l'agressivité de leurs enfants envers d'autres, tout en réprouvant celle qui est dirigée vers eux: les enfants apprennent ainsi à ne pas frapper leurs parents, mais deviennent agressifs envers les autres enfants (Bandura, 1960).

La frustration. Même si la frustration (qui résulte souvent de la punition, des insultes et de la peur) n'entraîne pas nécessairement d'agressivité, l'enfant frustré exprime généralement plus d'agressivité que celui qui est content de son sort (Bandura, Ross et Ross, 1961). Le fait de frapper un enfant lui procure une double raison de devenir violent: en plus de ressentir douleur et humiliation, l'enfant trouve un exemple de comportement agressif chez l'adulte auquel il s'identifie. Les parents qui donnent la fessée deviennent un «exemple vivant de l'usage de l'agressivité au moment même où ils tentent d'apprendre à l'enfant à ne pas se montrer agressif» (Sears, Maccoby et Levin, 1957, p. 266).

Bandura, Ross et Ross (1961) ont partagé 72 enfants âgés de 3 à 6 ans en trois groupes. Ils ont fait entrer les enfants du premier groupe à tour de rôle dans une salle de jeu. Un modèle adulte (masculin pour la moitié des enfants, féminin pour l'autre) jouait tranquillement dans un coin avec des jouets. Dans le second groupe, le modèle commençait par faire des constructions avec un jeu de meccano, il abandonnait cette activité une minute plus tard et passait le reste de la séance de 10 minutes à frapper, à jeter par terre et à rouer de coups de pied une poupée gonflable de 1,50 mètre. Les enfants du troisième groupe ne voyaient aucun modèle.

Après ces séances, tous les enfants subirent une légère frustration et furent ensuite amenés dans une autre salle de jeu. Les enfants qui avaient observé le modèle agressif se montrèrent beaucoup plus agressifs que ceux des autres groupes. Ils répétèrent plusieurs des paroles et des actions dont ils avaient été témoins. Les filles comme les garçons qui avaient été en contact avec le modèle agressif masculin furent plus fortement influencés que ceux qui avaient observé le modèle agressif féminin, apparemment parce que ces enfants réagissaient aux conduites considérées convenables chez les mâles uniquement. Les enfants des deux sexes approuvèrent l'agressivité masculine et les garçons furent plus agressifs que les filles. Les sujets qui avaient été en contact avec les modèles calmes se sont montrés moins agressifs que ceux du groupe témoin, ce qui montre que les modèles adultes peuvent influencer le comportement social des enfants.

L'exposition à des modèles agressifs.   L'étude décrite ci-dessus est devenue classique pour démontrer la relation entre l'exposition à des modèles agressifs et le comportement agressif. Des recherches plus récentes effectuées par les mêmes auteurs et par d'autres chercheurs ont tenté de vérifier si l'exposition à la violence à l'écran a des effets aussi marqués que l'exposition aux modèles vivants. La réponse semble affirmative.

Dans une étude menée auprès de 136 garçons et filles âgés de 5 à 9 ans, on a formé un groupe expérimental à qui on a présenté un court extrait (3,5 minutes) d'un feuilleton télévisé populaire. Cet extrait contenait une chasse à l'homme, deux combats à coups de poing, deux avec des coups de fusil et un autre avec un couteau. Un groupe témoin a visionné un film d'une compétition athlétique qui durait également 3,5 minutes. Après les visionnements, on a demandé aux enfants de participer à un «jeu» où il fallait appuyer soit sur un bouton d'*aide* (pour aider un enfant non visible à gagner la partie), soit sur un bouton de *brûlure* (pour réchauffer une poignée tenue par l'enfant invisible au point de lui faire mal). Bien sûr, l'enfant mystérieux n'existait pas vraiment; le seul enfant dans l'expérience était celui qui pressait les boutons. Les enfants qui ont regardé le spectacle violent ont infligé plus de douleurs et des douleurs plus intenses à l'enfant invisible, que ceux qui ont regardé le spectacle sportif (Liebert, 1972).

Bandura, Ross et Ross (1963) ont réparti 96 garçons et filles d'âge préscolaire en quatre groupes. Le groupe 1 a observé des modèles agressifs en personne; le groupe 2 a regardé des films où ces mêmes modèles adoptaient des comportements agressifs; le groupe 3 a visionné un film qui présentait un personnage agressif de bande dessinée; le groupe témoin n'a vu aucun modèle. Ensuite, chaque enfant a été amené dans une salle de jeu, soumis à une légère frustration et conduit dans une autre salle. Celle-ci contenait des jouets qui se prêtaient à des jeux agressifs et d'autres qui ne s'y prêtaient pas.

Les enfants soumis aux modèles agressifs se sont montrés eux-mêmes beaucoup plus agressifs que ceux du groupe témoin. Les résultats montrent que 88 % de ceux qui ont vu des modèles humains (en personne ou sur film) et 79 % de ceux qui ont visionné la bande dessinée ont

L'enfant tend à faire preuve de plus d'agressivité après avoir été exposé à la violence télévisée. La télévision encourage l'agressivité de deux façons: l'enfant imite ce qu'il voit à l'écran et il assimile les valeurs qui y sont transmises. Ce faisant, il en vient à considérer les actes violents comme acceptables. (Mark Antman/The Image Works)

reproduit, d'une façon ou d'une autre, les comportements agressifs dont ils venaient d'être témoins. Ce sont les enfants qui ont observé les personnages humains sur film qui semblent avoir subi l'influence la plus forte, ce qui laisse entrevoir les effets que peuvent avoir les spectacles télévisés et les films à caractère violent.

Ces études, et d'autres encore, montrent clairement que certains enfants tout à fait normaux ont des comportements plus agressifs après avoir été témoins d'actes de violence par le truchement des média.

Cette tendance chez l'enfant à faire preuve lui-même de plus d'agressivité après avoir regardé une émission télévisée ne représente toutefois pas le seul effet de la violence au petit écran. Liebert et Poulos (1976, cité dans Lickona, 1976) ont décrit de nombreux autres effets de l'exposition régulière à des spectacles violents. L'enfant qui voit les personnages à la télévision (les héros comme les vilains) parvenir à leurs fins par la violence, l'illégalité et d'autres comportements antisociaux en vient à accepter ces moyens. L'enfant qui voit ses héros transgresser les règles établies accepte plus volontiers d'enfreindre lui-même ces règles. Un enfant exposé régulièrement à la violence télévisée risque de devenir moins sensible à l'agressivité vécue dans des situations réelles. Ceci peut avoir sur lui des conséquences pratiques indésirables: il peut par exemple négliger de venir en aide, quand il le peut, à un enfant agressé et incapable de se défendre. De plus, la violence télévisée n'encourage pas les enfants à trouver des solutions harmonieuses à leurs conflits, ni à coopérer entre eux. Elle les encourage plutôt à utiliser la violence pour résoudre les différends.

Il est intéressant de signaler que les enfants gardent un souvenir beaucoup plus précis des actes violents dont ils sont témoins, que des conséquences négatives qu'ils entraînent pour l'agresseur. Le fait que le «méchant» soit puni ne fait donc pas contre-poids aux actes qu'il a posés.

La grande majorité des recherches sur les effets de la violence télévisée qui ont été effectuées depuis les années 1950 laissent entendre que l'exposition à la violence à l'écran accentue l'agressivité de l'enfant dans la vie réelle (Institut national américain de santé mentale, 1982). Cet effet se fait sentir dans tous les milieux géographiques et socio-économiques, chez les filles comme chez les garçons et chez les enfants normaux comme chez ceux qui souffrent de troubles émotifs. Un rapport publié en 1982 par l'I.N.A.S.M. conclut que la télévision encourage l'agressivité de deux façons: l'enfant imite ce qu'il voit à la télé et il assimile les valeurs qui y sont transmises. Ce faisant, il en vient à considérer les actes violents comme acceptables.

Jetons un coup d'œil sur les conclusions tirées par un chercheur qui s'est consacré à cette question depuis le début des années 1960. Après avoir observé 427 jeunes adultes dont les habitudes d'écoute de la télévision avaient été étudiées quand ils étaient en troisième année du primaire, dans le cadre d'une étude plus large des attitudes parentales, Eron (1980) a constaté que le meilleur indice du degré d'agressivité d'un jeune homme à l'âge de 19 ans est le caractère violent des émissions télévisées qu'il aimait regarder à l'âge de 8 ans. Une relation analogue a été observée chez les filles et chez les femmes (Eron 1982). Les enfants de la troisième année du primaire sont peut-être à une période critique de leur développement, ce qui les rendrait particulièrement sensibles aux effets de la télévision. Les enfants agressifs regardent davantage la télévision en général, s'identifient davantage aux personnages agressifs présentés au petit écran et sont plus enclins à croire que la violence projetée à l'écran reflète la vie réelle (Eron, 1982).

Dans une étude menée pendant un an auprès d'un groupe de 141 enfants de 3 et 4 ans, on a observé leur comportement durant des périodes de jeu à la prématernelle et on a demandé aux parents de noter les programmes de télévision qu'écoutaient leurs enfants à la maison; les parents ont aussi été interwievés individuellement. Les programmes les plus intimement liés à l'agression se sont avérés être les émissions policières, les comédies qui présentent des situations frénétiques, et les émissions-concours «où les cris et l'excitation fusent de partout » d'après Jerome L. Singer (Locke, 1979). Cette étude souligne les liens étroits qui existent entre l'attitude des parents face à l'éducation de leurs enfants et certains autres aspects de l'environnement de ces derniers. Elle a permis de montrer que les enfants les plus agressifs proviennent des foyers où les parents n'exercent aucun contrôle sur les choix d'émissions des enfants (Singer et Singer, 1979).

Les parents peuvent atténuer les effets de la violence télévisée. Premièrement, ils peuvent se présenter eux-mêmes comme des modèles non agressifs dans leurs relations avec leurs enfants et dans les autres circonstances de la vie. Ils peuvent aussi limiter l'exposition de leurs enfants à la télévision, contrôler leurs émissions, parler avec eux de ce qui y est présenté et leur faire comprendre que la violence n'est jamais un moyen souhaitable de régler une dispute (voir l'encadré 6.3 du chapitre 6.).

Le comportement prosocial: la disposition à aider les autres

Claudia, Pascal et Karine appartiennent tous trois à la même famille. Claudia, qui a 9 ans, est au parc et s'apprête à manger un sandwich au thon (son mets préféré) quand elle aperçoit un vieillard en haillons qui fouille dans une poubelle. Sans hésiter, elle se lève et va lui offrir son sandwich. Pascal, qui a 8 ans, va régulièrement tondre la pelouse chez un voisin âgé et refuse d'être payé pour son travail. Enfin Karine, âgée de 11 ans, est arrivée en retard à l'école récemment parce qu'elle s'est arrêtée pour aider une dame qui était tombée et qu'elle a dû accompagner jusqu'à ce qu'un adulte lui vienne en aide.

De toute évidence, le dévouement à autrui est une disposition que les enfants de cette famille ont acquise. Qu'est-ce qui fait que certaines personnes sont aussi portées vers les autres? Qu'est-ce qui les rend généreuses, compatissantes et sensibles aux besoins d'autrui? Plusieurs chercheurs ont tenté de découvrir les origines de ce que les psychologues appellent le **comportement prosocial,** généralement connu sous le nom d'*altruisme* et défini comme «une action qu'on accomplit dans le but d'aider une autre personne ou un groupe de personnes sans attendre de récompense extérieure. Une telle action entraîne souvent une dépense, un sacrifice ou un risque de la part de son auteur» (Mussen et Eisenberg-Berg, 1977).

Grâce aux nombreuses études entreprises au cours des 15 dernières années environ et qui traitent de cette importante question, nous en savons un peu plus sur les origines des comportements altruistes. Nous savons, par exemple, qu'il n'y a pas de rapport entre les biens ou le statut social d'un foyer et la générosité des enfants qui en sont issus. Le statut socio-économique ne joue donc pas ici.

Dans la grande majorité des études qui portent sur l'altruisme, le sexe d'une personne n'est pas apparu comme un facteur important. Même si certaines études ont relevé plus de générosité,

de serviabilité et de prévenance chez les filles que chez les garçons, cela est peut-être dû au simple fait que prendre soin des autres est généralement considéré comme une qualité essentiellement féminine (les filles sont plus encouragées que les garçons à aider les autres). Cela peut aussi être dû au fait que les filles reçoivent moins de punitions physiques, plus d'affection de la part de leurs parents et plus d'explications sur les conséquences de leurs actions.

L'âge a une influence sur les comportements altruistes. Même si le bébé de 18 mois peut faire preuve de sympathie envers quelqu'un qui s'est fait mal ou qui est malheureux et faire des efforts pour l'aider, ce n'est pas avant l'âge de 4 ans environ que les enfants font montre d'un degré sensible d'altruisme. Le niveau s'élève régulièrement jusqu'à l'âge de 13 ans, en fonction sans doute de la capacité croissante de l'enfant de dépasser la pensée égocentrique et de se mettre à la place d'une autre personne.

L'enfant altruiste est généralement doué d'une bonne capacité de raisonnement et il peut assumer le rôle d'un autre; il est également plutôt actif et confiant en lui-même. Qu'est-ce qui l'a rendu ainsi? Les résultats de plusieurs études ont fait ressortir l'influence du milieu familial sur le degré d'altruisme des enfants. Jean et Marie, par exemple, qui sont les parents de trois enfants que nous avons décrits plus haut, présentent plusieurs caractéristiques des parents d'enfants altruistes.

D'abord, ils donnent l'exemple. Pendant des années, deux personnes âgées dépourvues de famille venaient célébrer les fêtes chez eux. Quand Jean sort son chasse-neige pour nettoyer son entrée, il nettoie également celle de son voisin. Au moment où elle allaitait son bébé, Marie a également nourri pendant deux semaines le nourrisson d'une amie malade.

Quand leurs enfants se conduisent mal, Marie et Jean discutent avec eux et les incitent à réfléchir sur leurs propres sentiments et sur ceux des autres. Quand Claudia, à l'âge de 4 ans, a pris un paquet de barrettes dans un magasin, Marie ne lui a pas dit qu'elle était une mauvaise petite fille. Mais elle lui a fait comprendre que le propriétaire du magasin avait dû lui-même payer ces barrettes et l'a ensuite accompagnée au magasin pour rendre ce qu'elle avait pris. Marie et Jean posent souvent les questions suivantes à leurs enfants: «Comment penses-tu que X se sent?», «Comment te sentirais-tu si tu étais Y?»

Jean et Marie sont exigeants avec leurs enfants et attendent d'eux de façon très explicite qu'ils soient honnêtes et serviables. Comme il y a cinq enfants dans la famille, chacun se voit très tôt assigner une responsabilité envers les autres, ce qui ne manque pas d'avoir un effet très bénéfique sur tous. Dans la société complexe d'aujourd'hui, il devient de plus en plus important d'encourager les gens à s'occuper des autres. Les études qui s'effectuent dans ce domaine nous apporteront des solutions dans notre recherche d'une qualité de vie accrue.

L'influence des méthodes d'éducation sur le développement de la personnalité

Pourquoi Marie-Claude frappe-t-elle et mord-elle la personne la plus rapprochée lorsqu'elle n'arrive pas à assembler les pièces de son puzzle? Qu'est-ce qui pousse David à s'asseoir devant ce même puzzle pendant des heures, jusqu'à ce qu'il l'ait réussi? Pourquoi Michèle l'abandonne-t-elle après une minute d'effort? Qu'est-ce qui rend les enfants comme ils sont? Nous sommes à des années-lumière de la découverte des réponses à toutes ces questions, mais nous disposons déjà de quelques indices partiels. Les enfants naissent avec des degrés divers de vigueur biologique, de dispositions intellectuelles et de penchants caractériels. Ces traits influencent leur personnalité et la façon dont les autres et tout particulièrement leurs parents les traitent. Comme le souligne Sandra Scarr, «Un bébé souriant et enjoué attire beaucoup plus d'interactions qu'un bébé maussade ou passif; il grandit dans un univers social différent. Cette influence se fera vraisemblablement sentir tout au long de sa vie» (extrait de Hall, 1984, p. 63). Les attitudes et les comportements de nos parents à notre égard deviennent donc un élément majeur de notre environnement affectif et influent considérablement sur l'expression de notre personnalité.

La capacité des parents de modifier les traits fondamentaux de la personnalité de leurs enfants est limitée, car les différences entre les enfants d'une même famille sur ce plan ont un fondement biologique. Mais les parents peuvent exercer une influence considérable sur la façon dont leurs enfants expriment leur personnalité.

Quand les parents amènent l'enfant à faire ce qu'ils veulent en le raisonnant, en jouant sur ses sentiments de culpabilité ou en lui retirant leur approbation et leur affection, l'enfant est beaucoup plus porté à se former une conscience rigide et à être victime de son sentiment de culpabilité (et beaucoup moins enclin à devenir agressif) que l'enfant qu'on discipline à l'aide de fessées, de menaces ou de retrait de privilèges. Comme les parents ont tendance à utiliser les premières de ces méthodes avec les filles et les dernières avec les garçons, c'est peut-être là la raison pour laquelle les filles manifestent plus de culpabilité et les garçons plus d'agressivité (Sears, Maccoby et Levin, 1957).

Comment les parents élèvent-ils leurs enfants en cette fin des années 1980? Certains d'entre eux répètent les pratiques éducatives que leurs propres parents leur ont appliquées. D'autres adoptent des méthodes fort différentes de celles de leurs parents. Comme à toutes les époques, différentes approches prévalent en ce qui a trait à l'éducation des enfants.

L'attitude des parents et la compétence de l'enfant

La psychologue américaine Diana Baumrind s'est attachée à observer le rapport entre les différentes approches éducatives et la compétence sociale des enfants. Après avoir analysé les recherches dans ce domaine, elle a elle-même entrepris une étude auprès de 103 enfants d'âge préscolaire et de leurs parents. Grâce à des entrevues prolongées, à des tests standardisés et à l'observation de ces enfants à la maternelle et dans le contexte familial, elle a identifié trois types d'attitudes parentales et décrit les modes de comportement des enfants qui y sont associés (Baumrind, 1971; Baumrind et Black, 1967).

Les travaux de Baumrind ont soulevé d'importantes questions concernant les effets des pratiques parentales. Il nous faut toutefois faire quelques réserves sur les conclusions qu'elle a tirées. D'abord, elle ne reconnaît aucune différence innée entre les enfants, supposant que toutes les différences de maturité sociale des enfants sont reliées au comportement de leurs parents. Elle ignore également la question de l'influence que l'enfant exerce sur ses parents. Il se peut, par exemple, qu'un enfant «facile» amène ses parents à être directifs, alors qu'un enfant «difficile» les poussera à être autoritaires. En gardant ces considérations à l'esprit, jetons un coup d'œil sur les trois types d'attitudes parentales, à savoir: *autoritaire*, *permissive* et *directive*.

Les **parents autoritaires** tentent de contrôler le comportement et les attitudes de leurs enfants, et de les obliger à se conformer à des normes de conduite établies et généralement rigides. Ils attachent une grande valeur à l'obéissance aveugle et punissent sévèrement leurs enfants quand ils dérogent à leurs principes. Ils sont plus désintéressés, plus contraignants et moins chaleureux que les autres parents; leurs enfants sont plutôt insatisfaits, renfermés et méfiants.

Les **parents permissifs** ont peu d'exigences et, dans la mesure du possible, laissent leurs enfants régler leur propre conduite. Ils se considèrent comme des personnes-ressources, mais non comme des détenteurs de la vérité ou des modèles idéaux. Ils expliquent à leurs enfants les motifs qui sous-tendent les quelques règles familiales qu'ils proposent, les consultent à propos des décisions de principe et ne les punissent presque jamais. Ces parents ne sont pas contraignants, n'ont pas beaucoup d'exigences et sont plutôt chaleureux. À l'âge préscolaire, leurs enfants sont immatures et manquent de maîtrise personnelle et de curiosité.

Les **parents directifs** essaient d'orienter les activités de leurs enfants de façon rationnelle en insistant sur les problèmes qui se posent plutôt que sur la peur qu'ont les enfants d'être punis ou de perdre leur affection. Ils exercent un contrôle ferme si nécessaire, mais ils expliquent les raisons qui motivent leur attitude et encouragent les échanges verbaux. Tout en se fiant à leur capacité de guider leurs enfants, ils respectent les intérêts, les opinions et l'individualité de chacun. Ils sont affectueux, cohérents, exigeants et respectent les décisions personnelles de leurs enfants, mais ils se montrent fermes dans le maintien des principes et prêts à imposer des punitions raisonnables. Ils allient contrôle et encouragement. Leurs enfants se sentent apparemment en sécurité, sachant qu'on les aime et sachant aussi ce qu'on exige d'eux. À l'âge préscolaire, ces enfants sont les plus autonomes et font preuve de maîtrise personnelle, d'affirmation de soi, de curiosité et de contentement.

Les enfants de foyers autoritaires sont si rigoureusement contrôlés, soit par la punition ou par l'appel au sentiment de culpabilité, que souvent ils sont incapables de se faire une idée juste du bien-fondé d'un comportement donné parce qu'ils sont trop inquiets des réactions de leurs parents. Les enfants des foyers permissifs sont tellement peu guidés qu'ils deviennent souvent indécis et angoissés en se demandant s'ils agissent comme ils le devraient. Dans les foyers de type directif, les enfants savent s'ils répondent aux attentes de leurs parents, apprennent à juger ces attentes. Ils sont capables de décider s'il vaut la peine de maintenir la recherche d'un objectif donné et de s'exposer ainsi au mécontentement des parents ou à d'autres conséquences désagréables. Quand les parents s'attendent à ce que les enfants réussissent, à ce qu'ils respectent leurs engagements et à ce qu'ils participent activement aux tâches comme aux divertissements familiaux, les enfants apprennent à formuler des objectifs. Ils connaissent également la satisfaction qui découle du fait de prendre ses responsabilités et de réussir. Le facteur essentiel semble résider dans le caractère raisonnable des attentes des parents et dans l'aspect réaliste des règles qu'ils proposent.

Même s'ils ont une manière type de se comporter avec leurs enfants, les parents ne réagissent pas à *toutes* les situations de la même façon. Ils sont humains et donc sujets à différentes humeurs. En outre, ils réagiront différemment à divers types de comportement. On a demandé à 178 adultes quelle serait leur façon de réagir à un enfant de 3 ans qui interrompt une conversation téléphonique, à un enfant fatigué qui se conduit mal à l'épicerie et à quatre autres situations. Les résultats ont montré que ceux qui étaient habituellement directifs ou permissifs devenaient autoritaires lorsqu'un enfant refusait de suivre les règles d'un jeu auquel ils s'adonnaient ensemble (Carter et Welch, 1981).

Les adultes sans enfants se montrèrent plus enclins que les parents à être directifs, ce qui démontre qu'il est souvent plus facile de connaître la bonne façon d'agir avec les enfants que de mettre ce savoir en pratique. Ce sont les parents les plus expérimentés (ceux qui avaient deux enfants ou plus) qui ont eu le plus tendance à se montrer autoritaires; mais ce sont aussi ceux qui se sont montrés les plus sensibles aux besoins de leurs enfants en reconnaissant, par exemple, leur droit de refuser de partager un jouet favori avec un enfant de leurs amis.

Les récompenses et les punitions

Les parents récompensent souvent leur enfant pour l'inciter à se conduire comme ils le désirent, et le punissent pour faire cesser un comportement indésirable. Quelle est la meilleure tactique? Depuis des siècles, des philosophes, des parents, des éducateurs professionnels et des psychologues évaluent ces deux approches. Des études contemporaines jettent une nouvelle lumière sur cette question encore irrésolue.

La récompense

Les parents ont toujours récompensé leurs enfants pour certains comportements. Cette approche séculaire, qu'on désigne souvent de nos jours sous le nom de *modification du comportement*, est une forme de conditionnement instrumental ou opérant (expliqué au chapitre 4). La recherche indique que l'enfant apprend davantage en étant récompensé pour un comportement positif qu'en se voyant infliger une punition pour un comportement indésirable.

La récompense *extérieure* peut être une récompense sociale, comme un sourire, un mot d'encouragement, une caresse ou un privilège quelconque. Elle peut aussi prendre une forme plus tangible, comme une friandise, de l'argent, un jouet ou un collant. Quelle que soit la nature du cadeau, l'enfant doit y voir une vraie récompense et doit l'obtenir plus ou moins régulièrement lorsqu'il adopte le comportement souhaité. Éventuellement, le comportement en question doit fournir sa propre récompense *intérieure*, sous la forme d'un sentiment de contentement et d'accomplissement, par exemple.

Les parents de Noémie récompensent naturellement leur fille pour sa bonne conduite et lui prodiguent généreusement louanges, affection et attention. De leur côté, les parents d'Éric ont tendance à ignorer celui-ci quand il se comporte bien; par contre ils interrompent leurs activités lorsqu'il fait une bêtise et lui accordent, ce faisant, leur attention pour avoir fait ce qu'ils ne souhaitent pas. Ils devront apprendre à récompenser leur fils pour sa bonne conduite plutôt que pour des comportements indésirables.

La punition

Bien que la carotte soit habituellement plus efficace que le bâton pour motiver un enfant, il y a des moments où la punition s'impose. Par exemple, c'est le cas lorsqu'il doit apprendre quelque chose rapidement pour des raisons de sécurité, ou quand un comportement indésirable est tellement enraciné chez lui que le fait de

récompenser une conduite de rechange satisfaisante n'amène pas de résultats.

Il existe un nombre considérable de recherches sur l'efficacité des punitions. Certaines se déroulent en laboratoire: les expérimentateurs y punissent les enfants en leur faisant entendre un bruit désagréable, en leur adressant des reproches ou en les privant d'une friandise. D'autres sont basées sur des entrevues avec des parents, et un troisième type de recherches se font sur le terrain. Dans une revue de littérature sur la question, Parke (1977) résume les principales conclusions des études sur les façons les plus efficaces de modifier la conduite d'un enfant en recourant à la punition:

Réagir vite.   Il vaut mieux réagir tôt que tard. Plus l'intervalle entre un comportement donné et sa punition est court, plus celle-ci sera efficace. Un enfant qui est puni au moment où il s'apprête à faire un geste défendu (se dirigeant vers un objet dont il doit se tenir éloigné, par exemple), commettra ce délit moins souvent que s'il n'est puni qu'après l'avoir accompli. Pratiquement parlant, il n'est pas toujours possible de punir un enfant quand il commence à mal se conduire. Cependant, le parent ou l'enseignant peuvent réagir rapidement au moment où il tente de répéter son méfait. Ils peuvent agir immédiatement après plutôt que de remettre la punition au moment où «papa va rentrer à la maison» (une pratique qui semble heureusement moins répandue qu'auparavant).

Expliquer.   La punition sera plus efficace si elle est accompagnée d'une explication. Un enfant sera moins porté à jouer avec un objet défendu si on lui dit que celui-ci est fragile et risque de se briser, que s'il est puni sans explication. Un enfant d'âge scolaire réagira à un énoncé destiné à susciter sa sympathie (comme «Je vais être triste si tu fais cela»), mais cette approche sera relativement inefficace chez un enfant de 3 ou 4 ans. Une explication courte sera généralement plus efficace qu'une explication longue et compliquée.

Être consistant.   Plus l'adulte qui punit fait preuve de consistance, plus la punition sera efficace. Un enfant qui est puni d'une façon arbitraire persistera dans son inconduite plus longtemps que s'il n'avait pas été puni du tout. Cela n'est guère étonnant puisque c'est le renforcement intermittent qui entraîne les réponses les plus durables, comme nous l'avons vu lors de notre étude des effets du renforcement sur l'apprentissage (au chapitre 4). Il semble qu'il soit préférable d'ignorer tout le temps un comportement indésirable que de le punir un jour, le trouver amusant le lendemain et l'ignorer le troisième jour.

La personne qui punit.   Meilleure est la relation entre l'adulte qui punit et l'enfant, plus la punition est efficace. Quand cette relation est bonne, la punition opère d'une double façon: elle donne quelque chose de négatif et retire quelque chose de positif. L'enfant reçoit un châtiment et perd momentanément la relation étroite et chaleureuse qu'il entretient habituellement avec l'adulte.

Le rôle de l'enfant.   L'enfant influence le degré de sévérité de la punition qu'on lui inflige. L'enfant qui défie et ignore l'adulte après avoir commis un délit risque d'être puni plus sévèrement que celui qui exprime du remords et tente de réparer le tort commis. Ce dernier a même des chances de ne pas être puni du tout, ou même de recevoir une forme de récompense.

Les effets à long terme de la punition.   Bien qu'elle réussisse souvent à modifier un comportement, la punition peut aussi avoir des effets secondaires indésirables. Le châtiment physique est le type de punition le plus nettement dangereux puisque (en plus de comporter un risque de blessures pour l'enfant) il présente le parent comme un modèle violent et apprend à l'enfant à être lui-même agressif. Un recours fréquent à la punition peut inciter l'enfant à éviter l'adulte et risque donc d'amoindrir son pouvoir d'influence sur la conduite future de l'enfant. En outre, un enfant qui est souvent puni risque de se sentir impuissant (incapable d'éviter les punitions) et de verser dans la passivité.

La punition n'a pas toujours des effets nocifs. C'est lorsqu'elle est administrée d'une façon arbitraire et dans une atmosphère d'hostilité qu'elle risque le plus de nuire au développement d'un enfant. Lorsqu'elle est utilisée avec circonspection, elle peut être à la fois utile et efficace comme l'a constaté Baumrind. Les parents directifs, ceux qui sont les plus efficaces, ne craignent pas de recourir aux punitions à l'occasion et obtiennent de bons résultats.

Dans une société où plusieurs jeunes couples vivent loin de leurs parents et où l'éducation des enfants semble plus complexe que jamais, les parents s'adressent souvent à des professionnels de l'éducation pour obtenir des conseils sur la ligne de conduite à suivre. L'encadré 7.4 présente quelques-unes des positions contemporaines les plus reconnues sur l'éducation des enfants.

La maturité sociale et morale

En somme, dans quelle mesure l'approche éducative adoptée par les parents affecte-t-elle le développement de leur enfant au cours des cinq premières années? Très peu selon certains chercheurs. Dans une importante étude comportant un suivi auprès d'un groupe d'enfants dont les mères avaient été interviewées à propos de leurs méthodes d'éducation par Sears, Maccoby et Levin (1957), 78 de ces «enfants» furent interviewés à leur tour à l'âge de 31 ans (McClelland, Constantian, Regalado et Stone, 1978).

Le principal résultat de cette recherche montre que ce que les parents *font* pendant les cinq premières années de la vie de leur enfant a moins d'importance que ce qu'ils *ressentent* à son endroit. La durée de l'allaitement maternel, l'heure du coucher ou le fait d'avoir été raisonnés ou d'avoir reçu la fessée lorsqu'ils s'étaient mal conduits quand ils étaient enfants, voilà autant de facteurs qui ne semblent pas avoir influé de façon sensible sur ce que ces enfants sont devenus à l'âge adulte. Les facteurs qui ont exercé le plus d'influence sur ce qu'ils sont devenus (au point d'éclipser tous les autres) sont l'amour et l'affection que leurs parents (surtout leur mère) leur ont témoigné et le sentiment d'être une source de joie pour eux.

Ce sont les enfants à qui on a témoigné le plus d'amour qui sont devenus les adultes les plus tolérants, les plus compréhensifs et les plus portés à s'intéresser activement aux autres. Les normes utilisées pour évaluer la maturité psychosociale des sujets s'inspiraient des théories d'Erikson et de Kohlberg. Les enfants devenus les adultes les moins matures sont ceux qui ont été élevés dans des foyers où on les considérait comme des obstacles au style de vie des parents. Ces derniers ne toléraient ni bruit, ni désordre, ni chamailles dans la maison, et réagissaient mal à l'agressivité que les enfants leur témoignaient, à leurs jeux sexuels ou à l'expression de leurs besoins de dépendance.

Soulignant que les enfants de «parents tolérants et aimants» semblent souvent avoir une conduite moins morale en grandissant que les enfants élevés par des parents plus sévères, les auteurs de l'étude insistent sur le fait que c'est souvent là une étape nécessaire entre le respect

Encadré 7.4

Positions contemporaines sur l'éducation des parents

La première phrase du livre du docteur Benjamin Spock, intitulé *Votre enfant de 0 à 15 ans* (1963) se lit comme suit: «Vous savez plus de choses que vous ne le croyez». Or, par une curieuse ironie du sort, les parents sont devenus probablement plus dépendants du docteur Spock que de toute autre personne dans leur vie. Son livre, dont la première édition remonte à 1946, répondait à un besoin flagrant. Il est paru à une époque où les jeunes familles, dont plusieurs avaient été déracinées par la Seconde Guerre mondiale, vivaient loin de leurs parents. C'était également un moment où le fossé entre les générations semblait commencer à s'élargir. Parmi ces jeunes gens, même ceux qui vivaient rapprochés de leur famille avaient le sentiment d'appartenir à une nouvelle génération qui n'avait pas l'intention de perpétuer les pratiques de leurs parents. De plus, la pensée psychanalytique était devenue populaire et le vocabulaire freudien faisait partie du vocabulaire courant. Spock, pédiatre qui s'était initié à la psychanalyse, réunissait dans son ouvrage un vaste ensemble de conseils sur les soins médicaux à donner aux enfants et une explication du développement affectif de l'enfant, inspirée des théories freudiennes.

Spock était, et est encore, généralement en faveur de la fermeté, incitant les parents à défendre ce qui leur paraît important. Tout en appuyant ainsi les parents, il les engage à comprendre pourquoi les enfants pensent et agissent comme ils le font: pourquoi, par exemple, on doit s'attendre à du négativisme chez un enfant de 2 ans; pourquoi l'enfant d'âge préscolaire entretient toutes sortes de peurs nouvelles; pourquoi un enfant se montre jaloux d'un nouveau-né.

Un psychologue rogérien, Thomas Gordon, a aussi influencé des milliers de parents américains par le truchement de son livre, *Parents efficaces* (1970), et par des cours que des animateurs spécialement formés à cet effet ont dispensés dans des centres communautaires à travers l'Amérique du Nord. Sa méthode fait appel à «l'écoute active», technique proposée par Carl Rogers (1951). Gordon incite les parents à exprimer honnêtement à leurs enfants ce qu'ils ressentent et à encourager leurs enfants à faire de même avec eux. Il engage également les parents à amener leurs enfants à participer activement à la prise de décision et à la résolution de problèmes. Il conseille aux parents de cesser d'avoir recours aux récompenses et aux punitions et d'apprendre plutôt à leurs enfants à tenir compte des besoins des autres.

Ces méthodes d'éducation s'apparentent toutes deux au type d'attitude directive décrit par Baumrind. Leur popularité tient à deux facteurs. D'abord, elles correspondent à l'attitude générale que la plupart des parents avertis d'aujourd'hui semblent le plus disposés à adopter. Ensuite, les livres écrits par ces trois spécialistes comportent tous des conseils extrêmement précis. La responsabilité parentale semble être plus compliquée que jamais. Les parents d'aujourd'hui sont portés à reconnaître l'influence qu'ils exercent sur le développement de leurs enfants, à prendre leur responsabilité au sérieux et à rechercher ardemment de l'aide afin de bien s'acquitter de leur tâche. Les parents ont réellement besoin d'être éduqués. Il leur faut vraiment devenir sensibles aux besoins des enfants. Ils doivent également acquérir une confiance suffisante en leur compétence naturelle de parents pour ne pas se sentir forcés d'élever leurs enfants «d'après le manuel». Ils doivent être en mesure d'évaluer les avis des experts, de prendre ce qui leur paraît utile et de ne pas tenir compte du reste.

Une des pratiques les plus encourageantes en éducation moderne est l'institution de cours sur l'art d'être parents, destinés aux étudiants du secondaire. Ces cours donnent aux adolescents une idée de ce qu'implique la responsabilité parentale, les aident à déterminer s'ils veulent ou non des enfants et — s'ils décident d'en avoir — les amènent à réfléchir d'avance sur les problèmes qui peuvent se présenter.

aveugle des valeurs parentales et la formation d'un système de valeurs personnel. Les auteurs concluent par un mot aux parents:

«Les parents doivent aussi avoir la foi — croire, qu'avec le temps, l'amour et la confiance qu'ils témoignent à leurs enfants aideront ceux-ci à atteindre la maturité, même si, au moment où ils doivent apprendre à prendre leurs propres décisions, leur conduite semble parfois scandaleuse. Il n'y a pas de raccourci sur le chemin de la perfection. Les enfants ont plusieurs routes à explorer avant de parvenir au but. La meilleure aide que nous puissions leur apporter comme parents est de les aimer, de ne pas leur nuire dans leur recherche tâtonnante de la maturité et d'éviter de les obliger systématiquement à se conformer au code d'éthique des adultes.» (McClelland et coll., 1978, p. 114)

Les relations entre frères et sœurs

Chantal, une fillette de 6 ans, a intégré son frère Julien (maintenant âgé de 2 ans et demi) à ses jeux depuis sa toute petite enfance. Au début, elle disposait ses poupées autour de lui quand il était assis dans son siège de bébé et le comptait parmi ses enfants quand elle jouait «à la maman». Maintenant, ils galopent autour de la maison en imaginant qu'ils sont des chevaux, jouent au soccer et à d'autres jeux physiques. Quand Chantal sort ses poupées, Julien accepte souvent de jouer le rôle du père pour un certain

temps. Se rendant compte que son frère ne peut suivre les règles et entrer dans l'esprit de ses jeux comme les amis de son âge, Chantal se montre indulgente et interrompt souvent un jeu pour dire à un de ses parents ou à une amie: «Il est mignon, tu ne trouves pas?»

Comme nous l'avons souligné au chapitre 5, la rivalité n'est pas le mode d'interrelation dominant entre frères et sœurs au cours des premières années. Elle se manifeste parfois, bien sûr, mais elle côtoie l'affection, l'intérêt, la camaraderie et l'influence réciproque. Une observation systématique de jeunes frères et sœurs (en paires d'enfants du même sexe ou de sexe différent) à deux occasions situées à 18 mois d'intervalle a montré qu'il y avait beaucoup d'interactions de toutes sortes entre les frères et sœurs dont l'écart d'âge allait de un à quatre ans (Abramovitch, Pepler et Corter, 1982).

Au début de l'étude, les plus jeunes enfants avaient environ 1 an et demi et les plus vieux entre 3 ans et 4 ans et demi. Les deux observations ont montré un niveau d'interaction élevé entre frères et sœurs, et il est apparu clairement que chacun jouait un rôle important dans la vie de l'autre. Certains modes de comportement ont été mis en évidence. Comme on pouvait s'y attendre, les plus vieux prenaient plus souvent l'initiative des interventions, tant amicales (comme partager les jouets, sourire, caresser ou organiser un jeu) que malignes (comme frapper, se disputer pour un jouet, taquiner ou rapporter). Quand les plus jeunes prenaient l'initiative, c'était le plus souvent d'une façon amicale. Il

Les enfants d'une même famille jouent un rôle important dans leur vie respective. Ils s'entendent habituellement mieux en l'absence des parents, ce qui laisse croire qu'une bonne partie des chamailleries entre frères et sœurs visent à attirer l'attention des parents. (George Malave/Stock, Boston)

semble que l'enfant apprenne très tôt qu'il vaut mieux ne pas engager une bataille avec quelqu'un de plus gros et de plus fort. On ne fut pas surpris non plus d'observer chez les plus jeunes enfants une tendance à imiter leurs frères et sœurs plus âgés, tant pour des activités éducatives (comme apprendre à se servir de ciseaux) que pour des choses plus banales (comme lancer des boules de neige).

Lors de la deuxième observation, les plus jeunes enfants avaient 3 ans et les plus vieux entre 4 ans et demi et 6 ans. Les enfants se sont alors révélés des partenaires plus égaux, même si leurs modes d'interaction fondamentaux sont demeurés essentiellement inchangés. Lors d'une autre étape de cette étude, les chercheurs ont constaté que les jeunes enfants d'une même famille s'entendent mieux en l'absence de la mère, ce qui laisse croire qu'une bonne partie des chamailleries entre frères et sœurs visent à attirer l'attention des parents.

Le caractère multiple des interactions observées laisse croire que les liens qui s'établissent entre frères et sœurs colorent les relations qui s'établiront ultérieurement avec l'entourage. Si nos rapports avec nos frères et sœurs sont empreints de confiance et de camaraderie, nous pourrons transposer ce mode d'interaction dans nos relations avec nos compagnons de jeux et de classes, et éventuellement avec les collègues, les amis et les compagnons de vie que nous aurons à l'âge adulte. Si nos premiers rapports prennent une tournure agressive, cela risque aussi de teinter nos rapports sociaux ultérieurs.

Les relations avec les autres enfants

Marie et Geneviève, qui ont 3 ans, sont vite devenues des amies. Elles se sont tracé un sentier pour circuler d'une maison à l'autre, se réclament l'une l'autre dès le réveil, et leur plus grande source de bonheur est de se retrouver ensemble. Bien qu'ils prennent conscience des autres enfants dès la naissance, ou presque, c'est entre 3 et 6 ans que les enfants créent leurs premiers véritables liens d'amitié.

Les amitiés et les interactions plus occasionnelles avec les autres enfants jouent un rôle central dans la vie du petit enfant. À travers elles, il apprend à s'entendre avec les autres, à connaître l'importance d'*être* et d'*avoir* un ami. Il apprend aussi à résoudre des problèmes (tout

particulièrement ceux qui portent sur les relations), à se mettre à la place d'un autre et à observer d'autres types de comportements. Enfin, il acquiert des valeurs (jugements moraux, normes relatives aux rôles sexuels, etc.) et peut pratiquer les rôles qu'il est appelé à exercer plus tard.

Malgré l'importance de l'amitié dans la vie des gens, ce n'est que récemment que des psychologues y ont consacré des efforts de recherche appréciables. Nous connaissons maintenant mieux la façon dont les gens et notamment les jeunes enfants définissent l'amitié, et la façon dont ce concept se développe tout au long du cycle de la vie.

Le jeune enfant, comme les personnes de tous les âges, définit un ami comme «quelqu'un qu'on aime». Les premières amitiés, comme celles qui surviendront plus tard, sont des relations d'individu à individu. Nous pouvons jouer avec un groupe de personnes, mais nous sommes amis avec des individus au sein de ce groupe. En outre, le caractère volontaire des liens d'amitié rend ceux-ci plus fragiles que les rapports plus permanents avec nos frères et sœurs, nos parents ou les autres membres de notre famille.

Sur quels critères le jeune enfant se base-t-il pour choisir ses amis? Il ne semble pas accorder d'importance aux facteurs comme l'âge mental, le quotient intellectuel, la taille, l'ouverture d'esprit, l'humeur ou la personnalité. Il se liera habituellement d'amitié avec des enfants qui ont le même âge et le même sexe, et qui s'adonnent aux mêmes types d'activités. Les amis auront donc habituellement le même niveau d'énergie et d'activité, et ils seront du même âge et du même sexe (Gamer, Thomas et Kendall, 1975).

Une recherche récente sur la conception de l'amitié chez des enfants de 4 à 7 ans vient corroborer ces résultats et y ajouter des éléments (Furman et Bierman, 1983). Les auteurs de cette étude ont ajouté deux outils de recherche à l'*entrevue non-directive* habituellement utilisée pour explorer les sentiments d'amitié chez les enfants: 1) une *épreuve de reconnaissance d'images*, laquelle consiste à demander à un enfant d'indiquer, parmi plusieurs images représentant diverses activités, celles qui sont susceptibles d'amener des enfants à devenir amis; 2) une *tâche d'évaluation* dans laquelle l'enfant doit nommer les caractéristiques de l'amitié les plus importantes illustrées dans les images qu'on vient de lui présenter.

Les aspects les plus importants de l'amitié que ces trois mesures ont fait ressortir sont: les *activités communes*, l'*affection* et le *soutien mutuels* et, à un degré moindre, la *proximité physique* (demeurer près de chez l'autre, ou aller à la même école). Les enfants plus âgés ont donné une cote plus élevée à l'affection et au soutien, et une cote moins élevée aux *caractéristiques physiques* (apparence, taille) que les plus jeunes. Bien qu'ils soient ressortis dans les trois situations de recherche (entrevue, reconnaissance d'images et évaluation), ces résultats sont apparus d'une façon moins marquée lors des entrevues. Cet écart est probablement dû au fait que les jeunes enfants ont souvent de la difficulté à mettre en mots des concepts qu'ils comprennent. Cette difficulté illustre l'importance d'un choix judicieux d'instruments de mesure dans tout projet de recherche.

Voyons maintenant une forme d'activité à laquelle le petit enfant s'adonne avec ses amis, et qui constitue pour lui un outil de développement important: le jeu.

Le jeu chez le petit enfant

Au réveil, Virginie aperçoit les vêtements qu'elle doit mettre aujourd'hui. Elle s'amuse à mettre ses salopettes à l'envers, ses souliers aussi, puis met ses bas dans ses mains. Quand elle se présente enfin pour déjeuner, elle imagine que les petits morceaux de céréale dans son bol sont des poissons qui nagent dans le lait et qu'elle attrape avec sa cuillère. Après le déjeuner, elle court à l'évier, grimpe sur un tabouret, se plonge les bras dans l'eau savonneuse jusqu'aux coudes et «lave» la vaisselle.

Tout l'avant-midi, elle est très occupée à jouer. Elle met un vieux chapeau de sa mère, ramasse un sac à main que celle-ci lui a donné, et la voilà transformée en une «maman» qui s'en va travailler. Puis elle devient un médecin. «Allons, allons, la petite, ça va te piquer un peu mais ça va t'empêcher d'être malade» dit-elle d'une voix rassurante à sa poupée en lui donnant un «vaccin». Elle s'en va dehors et joue dans les flaques d'eau, revient à la maison pour répondre à un coup de téléphone imaginaire, transforme un cube en un camion qu'elle se met à conduire en imitant le bruit du moteur, et continue ainsi pendant des heures et des heures. La journée de Virginie n'est qu'une suite de jeux de toutes sortes. Presque tout devient pour elle une occasion de jouer.

Un adulte peut être tenté de sourire en observant Virginie, de l'envier ou de considérer que ses activités ne représentent qu'une façon amusante, mais insignifiante, de passer son temps. C'est pourtant là une grave erreur de jugement, car le jeu représente le «travail» des enfants.

C'est grâce aux jeux que l'enfant grandit. En jouant, il apprend à se servir de ses muscles, à coordonner ce qu'il voit avec ce qu'il fait et à acquérir la maîtrise de son corps. Il découvre l'image du monde et la sienne. Il acquiert de nouvelles habiletés et apprend à les utiliser à propos. Il s'initie à différents aspects de la vie. En reproduisant des scènes de la vie réelle, il se voit confronté à des émotions complexes et conflictuelles. Le jeu fait tellement partie intégrante de la vie de l'enfant que celui-ci ne distingue pas nettement la réalité de la fantaisie. Jérôme, par exemple, peut prétendre en jouant que l'un de ses cubes est un lapin et qu'un autre cube est une carotte. Ces cubes deviennent vraiment lapin et carotte pour lui, et il se comporte avec eux comme si c'était la réalité.

Le petit enfant s'adonne à plusieurs sortes de jeux. Il excite ses organes sensoriels en jouant dans l'eau, le sable et la boue. Il acquiert de nouvelles habiletés, comme la maîtrise d'un tricycle. Par l'imagination, il peut devenir toutes sortes de choses, de même que d'autres personnes. Vers la fin de la petite enfance, il adore les jeux conventionnels dont les épreuves et les règles sont fixées à l'avance. L'enfant évolue dans sa façon de jouer. Au début il joue seul, puis à côté des autres (mais pas avec eux). Enfin il parvient au jeu coopératif quand il commence à interagir avec les autres.

Comment joue le petit enfant

Les théoriciens et les chercheurs qui ont exploré divers aspects du jeu chez l'enfant ont classé différemment les types de jeux. Les deux grandes catégories d'activités ludiques sont le **jeu social,** où le jeu est considéré comme une activité sociale (comme l'illustre le tableau 7.1) et le **jeu cognitif,** où le jeu est vu comme un moyen d'évaluer et d'élever le niveau de développement cognitif de l'enfant (comme l'indique le tableau 7.2). En analysant les résultats des recherches dans ce domaine, nous examinerons le sens de divers types de jeux.

Tableau 7.1 Les types de jeux sociaux chez le petit enfant

Le comportement oisif

Selon toute évidence, l'enfant ne joue pas; il s'occupe à observer tout ce qui peut avoir un intérêt momentané. Quand il ne se produit rien d'excitant, il joue avec son propre corps, monte sur les chaises et en descend, se tient tout simplement là, suit la maîtresse ou s'assoit quelque part en regardant autour de lui. (p. 249)

Le spectateur

L'enfant passe la plupart de son temps à regarder jouer les autres. Il parle souvent aux enfants qu'il observe, leur pose des questions ou fait des suggestions, mais ne s'introduit pas vraiment dans le jeu. Ce type de comportement diffère de l'oisiveté, car le spectateur s'intéresse particulièrement à l'observation de certains groupes d'enfants plutôt qu'à celle de tout ce qui peut être excitant. L'enfant se tient, debout ou assis, à portée de voix du groupe, de façon à pouvoir voir et entendre tout ce qui se passe. (p. 249)

Le jeu solitaire indépendant

L'enfant joue seul et de façon indépendante avec des jouets différents de ceux utilisés par les enfants qui se trouvent à portée de voix; il ne fait aucun effort pour se rapprocher des autres. Il poursuit sa propre activité sans s'intéresser à ce que font les autres enfants. (p. 250)

L'activité parallèle

L'enfant joue de façon indépendante, mais l'activité qu'il a choisie l'amène naturellement parmi les autres enfants. Il utilise des jouets semblables à ceux dont les enfants près de lui se servent, mais il joue avec ces jouets comme il l'entend et n'essaie pas d'influencer ni de modifier l'activité des autres enfants. Il joue à côté plutôt qu'avec les autres. Il n'y a aucune tentative de contrôle des allées et venues des enfants du groupe. (p. 250)

Le jeu «associatif»

L'enfant joue avec les autres. La conversation porte sur l'activité commune. On emprunte et prête des matériaux de jeu; on se suit les uns les autres avec des trains ou des petites voitures; de faibles tentatives sont faites pour déterminer les enfants qui seront admis ou non à participer au jeu du groupe. Tous s'adonnent à des activités semblables, sinon identiques: il n'y a pas de partage des tâches ni d'organisation de l'activité de plusieurs individus en fonction d'un but commun ou d'un produit tangible. Les enfants ne subordonnent pas leurs intérêts individuels à ceux du groupe; au contraire, chaque enfant agit comme il l'entend. En écoutant les conversations d'un enfant avec les autres, on voit qu'il s'intéresse d'abord à ses propres associations plutôt qu'à l'activité qu'il poursuit. Il arrive occasionnellement que deux ou trois enfants ne s'adonnent à aucune activité, même brève; ils font simplement tout ce qui peut attirer l'attention de l'un des autres. (p. 251)

Le jeu coopératif ou d'équipe

L'enfant joue dans un groupe qui est organisé en vue de fabriquer un produit tangible, d'atteindre un objectif de compétition, de reproduire des situations de la vie adulte ou du groupe, ou encore de s'adonner à des jeux conventionnels. Il y a un sentiment profond d'appartenance ou de non-appartenance au groupe. Le contrôle de la situation de groupe est entre les mains d'un ou de deux membres qui dirigent l'activité des autres. L'objectif, tout comme les moyens pris pour l'atteindre, exige un partage des tâches, la prise en charge de différents rôles par les divers membres du groupe et l'organisation de l'activité de façon à ce que les efforts d'un enfant puissent être secondés par ceux d'un autre. (p. 251)

Source: Parten, 1932.

Tableau 7.2 Les types de jeux cognitifs

Le jeu fonctionnel (sensori-moteur)	Toute action répétitive avec ou sans objets, comme faire rouler une balle ou tirer un jouet sur roues.
Le jeu constructif	Manipulation d'objets en vue de construire ou de «créer» quelque chose.
Le jeu dramatique (symbolique)	Invention d'une situation imaginaire pour répondre à des désirs ou à des besoins de l'enfant. Faire semblant d'exercer un métier (médecin, infirmière), d'avoir une autre nature ou identité (Superman); commence avec des activités simples, mais évolue vers des trames de plus en plus élaborées.
Les jeux de règles	Toute activité comportant des règles, une structure et un objectif (la victoire, par exemple), comme la marelle, les jeux de billes, etc.; acceptation de règles pré-établies et adaptation à celles-ci.

Source: Piaget, 1951; Smilansky, 1968.

Les recherches sur le jeu

Certains chercheurs, dont Parten (1932), ont élaboré le concept de jeu social alors que d'autres, comme Piaget (1951) et Smilansky (1968) se sont plutôt intéressés à développer un modèle du jeu cognitif.

Dans les années 1920, Mildred B. Parten a observé 34 enfants de 2 à 5 ans durant des périodes de jeu libre en prématernelle. Dans l'analyse qu'elle a publiée en 1932, elle a identifié six types de jeu (voir le tableau 7.1), déterminé la proportion de temps consacré à chacun d'eux et dressé le tableau des activités des enfants. Quelque 40 ans plus tard, Barnes (1971) a entrepris une étude semblable avec 44 enfants de 3 et 4 ans, et a noté que ces enfants jouaient de façon bien différente. Leurs jeux avaient un caractère moins social que ceux des enfants observés par Parten 40 ans plus tôt, sans doute parce que les enfants modernes consacrent beaucoup de temps à regarder la télévision et moins à jouer avec les autres enfants, parce que les jouets modernes sophistiqués favorisent davantage le jeu solitaire que les jouets plus simples d'antan, et parce que les enfants ont maintenant moins de frères et de sœurs.

Les différences entre ces deux groupes d'enfants ne sont toutefois probablement pas dues uniquement aux particularités culturelles de l'époque à laquelle ils appartiennent, mais également à des disparités socio-économiques qui différencient le groupe étudié par Barnes de celui observé par Parten. En effet, la classe sociale exerce une influence réelle sur l'activité ludique des enfants, comme l'ont constaté Rubin, Maioni et Hornung (1976). Ceux-ci ont découvert qu'à l'âge préscolaire, les enfants issus de la couche socio-économiquement défa-

vorisée sont plus portés aux jeux parallèles et les enfants de la classe moyenne aux jeux de collaboration. Par ailleurs, les deux groupes d'enfants ne différaient pas en ce qui a trait aux jeux oisifs ou solitaires, ni aux jeux où l'enfant n'est que spectateur.

Que signifie qu'un enfant s'adonne principalement à des **jeux non sociaux,** c'est-à-dire des jeux où il est spectateur, oisif ou solitaire? Selon Parten, le jeu solitaire indique une moins grande maturité que les trois autres catégories de jeux sociaux: le jeu *parallèle,* le jeu *associatif* et le jeu *coopératif.* Ce point de vue est partagé par d'autres chercheurs qui laissent entendre que le jeune enfant qui joue seul *peut* présenter des problèmes d'ordre social ou mental, ou encore des difficultés d'apprentissage. Des études récentes ont toutefois révélé qu'une partie importante des jeux non sociaux sont des activités éducatives et constructives, et qu'elle contribue au développement cognitif, physique et social de l'enfant.

Lors d'une étude effectuée dans six prématernelles, environ le tiers des jeux solitaires auxquels s'adonnaient les enfants étaient des activités orientées vers un but (comme les constructions à l'aide de blocs ou les activités artistiques); le quart étaient des jeux de motricité large; 15 % étaient des jeux éducatifs et seulement 10 % consistaient à regarder d'autres enfants (Moore, Brophy et Evertson, 1974). Ces chercheurs en concluent que les jeux solitaires manifestaient l'indépendance et la maturité des enfants, et non des difficultés d'adaptation sociale.

Une autre étude a permis d'évaluer divers types de jeux non sociaux relativement à des mesures de compétence cognitive et sociale chez des enfants de 4 ans. Parmi ces mesures on trouve des épreuves faisant appel au jeu de rôle et à la résolution de problèmes, des évaluations de la maturité sociale faites par des enseignants et des jugements d'enfants sur la popularité de leurs compagnons. Cette recherche a révélé que certains types de jeux non sociaux sont associés à un niveau de maturité passablement élevé et d'autres, non. Il semble que ce soit le type de jeu qui soit important, et non le simple fait qu'il s'agisse d'une activité à laquelle l'enfant s'adonne seul.

Le *jeu fonctionnel solitaire* (exécuter seul une action répétitive, comme faire rouler une balle ou sauter), le *jeu dramatique solitaire* (faire semblant d'être ou de faire quelque chose seul) et le *jeu fonctionnel parallèle* (exécuter une action répétitive près d'un autre enfant) se rencontrent le plus souvent chez des enfants qui obtiennent des résultats peu élevés aux épreuves cognitives et sociales. Il n'y a aucune corrélation entre le *jeu constructif solitaire* (s'adonner seul à des activités de construction ou de création) et les autres mesures.

Le type de jeu le plus fréquemment observé dans les prématernelles, le *jeu constructif parallèle* (manipulation d'objets tels que des blocs ou des casse-tête auprès d'un autre enfant) est le plus souvent choisi par des enfants habiles dans la résolution de problèmes, populaires et considérés comme socialement compétents par leurs éducateurs (Rubin, 1982). Il ne faut donc pas mettre tous les jeux non sociaux dans le même panier, et il importe que parents et enseignants reconnaissent la valeur du jeu solitaire. Les enfants ont besoin de périodes solitaires pour pouvoir se concentrer sur certains types de tâches et de problèmes.

Le jeu symbolique

Gabrielle (13 mois) sert à son père un aliment imaginaire dans une cuillère imaginaire. Théo (2 ans) parle à sa poupée comme s'il s'adressait à une vraie personne. Antoine (3 ans) fait des «vroum-vroum» étourdissants en circulant autour de la cuisine avec un avion jouet. Alice (5 ans) s'est drapée dans une pièce de tissu chatoyant et se présente comme une princesse hindoue.

Tous ces enfants s'adonnent à un type de jeu qui a reçu diverses appellations: *jeu symbolique*, jeu d'imagination ou jeu dramatique. Par le passé, l'intérêt majeur de ce type de jeu pour les chercheurs était lié au rôle supposé qu'on lui attribuait dans l'expression des tensions émoti-

ves de l'enfant. Mais actuellement, les psychologues mettent davantage l'accent sur le rôle qu'il joue dans le développement cognitif et dans l'évolution de la personnalité globale de l'enfant.

Piaget (1962) note que le jeu symbolique apparaît au cours de la deuxième année (alors que le *jeu fonctionnel* décline). Il s'intensifie au cours des trois ou quatre années suivantes et s'estompe au moment où l'enfant s'intéresse davantage aux *jeux de règles* dont nous parlerons au chapitre 9. Selon lui, la capacité de «faire semblant» d'être ou de faire quelque chose repose sur l'aptitude de l'enfant à utiliser et à mémoriser des symboles, ainsi qu'à garder à l'esprit des images de choses qu'il a vues ou entendues. Son apparition marque le début du stade préopératoire (décrit au chapitre 6).

Entre 10 et 17 % des jeux du petit enfant sont des jeux symboliques, et cette proportion s'élève à environ 33 % chez les enfants de la prématernelle (Rubin, Maioni et Hornung, 1976; Rubin, Watson et Jambor, 1978). Le type de jeu (ainsi que sa fréquence) change au cours de ces années, passant du jeu symbolique solitaire au jeu *socio-dramatique* auquel participent d'autres enfants. Ainsi, l'enfant qui, à l'âge de 3 ans, se promenait seul dans une boîte de carton en faisant semblant de conduire une locomotive, voudra, à l'âge de 6 ans, s'entourer de passagers avec qui il jouera divers scénarios. Entre 3 et 6 ans, les enfants s'impliquent davantage dans les rôles de leurs compagnons de jeux (Iwanaga, 1973).

Le petit enfant adore s'adonner aux jeux sociodramatiques qui lui permettent de jouer divers scénarios avec d'autres enfants. Grâce au jeu symbolique, il apprend à se placer du point de vue de l'autre, il acquiert des habiletés de résolution de problèmes sociaux et développe sa créativité. (Elizabeth Crews)

De 15 à 30 % des enfants âgés de 3 à 10 ans se créent des *compagnons imaginaires* avec qui ils parlent et jouent. C'est là un phénomène tout à fait normal durant l'enfance, qui se rencontre le plus souvent chez les enfants doués et créateurs ainsi que chez les aînés et les enfants uniques (Manosevitz, Prentice et Wilson, 1973).

Grâce au jeu symbolique, l'enfant apprend à comprendre le point de vue de l'autre, s'initie à la résolution de problèmes sociaux et devient plus créateur. La propension de l'enfant au jeu symbolique dépend de diverses caractéristiques parentales (Fein, 1981). Les enfants les plus imaginatifs dans leurs jeux ont des parents qui s'entendent bien, qui exposent leurs enfants à des expériences intéressantes, qui conversent avec eux et qui évitent de recourir aux fessées pour les punir. Alors qu'on pourrait croire qu'elle favorise l'imagination de l'enfant, la télévision semble avoir l'effet contraire. Les enfants qui écoutent beaucoup la télévision ne sont pas imaginatifs dans leurs jeux, peut-être parce qu'ils se sont habitués à absorber passivement des images extérieures plutôt qu'à créer leurs propres images.

Les changements dans la nature des jeux qui suscitent l'intérêt de l'enfant (c'est-à-dire le passage du jeu symbolique au jeu de règle) illustrent un autre des pas qu'il aura franchi au moment d'entrer dans l'enfance, c'est-à-dire dans la période du développement qui va de 6 à 12 ans environ. Cette période fait l'objet des deux prochains chapitres.

Résumé

1   Selon Sigmund Freud, le petit enfant est au stade phallique de son développement psychosexuel. Freud a postulé l'existence du *complexe d'Œdipe* chez l'enfant pour expliquer les sentiments que celui-ci porte au parent du sexe opposé. Le conflit que l'enfant vit l'amène par la suite à refouler ses pulsions sexuelles et ses désirs incestueux envers le parent du sexe opposé, et à s'identifier au parent du même sexe. Le *surmoi*, formé de l'idéal du moi et de l'instance morale, apparaît avec la résolution du conflit œdipien.

2   Erik Erikson soutient que la principale crise développementale de la petite enfance est centrée sur l'établissement d'un équilibre entre «intiative» et «culpabilité». La réso-lution harmonieuse de ce conflit permet à l'enfant d'entreprendre, de planifier et d'exécuter des activités. L'issue de ce conflit dépend grandement de la façon dont les parents se comportent avec leur enfant.

3   L'identification consiste en l'adoption des traits, des croyances, des attitudes, des valeurs et des comportements d'une autre personne ou d'un groupe de personnes. Elle représente une dimension importante du développement de la personnalité du petit enfant. Il y a plusieurs interprétations théoriques de l'identification. Du point de vue psychanalytique, l'identification de l'enfant au parent du même sexe est une conséquence de la résolution de l'Œdipe; d'après la théorie de l'apprentissage social, elle résulte de l'observation et de l'imitation d'un ou plusieurs modèles.

4   Les différences sexuelles réfèrent aux différences biologiques ou psychologiques actuelles entre la fille et le garçon. Le rôle sexuel désigne la perception par l'enfant des comportements et des attitudes jugés «convenables» pour l'un et l'autre sexe dans sa culture. L'adoption d'un modèle sexuel réfère au processus d'acquisition des rôles sexuels déterminés par une culture donnée.

5   Il y a peu de véritables différences comportementales entre le garçon et la fille. Après l'âge de 10 ou 11 ans, la fille réussit mieux aux tests d'habiletés verbales; le garçon obtient de meilleurs résultats en mathématiques et au plan des habiletés spatiales. Dès la petite enfance, le garçon est plus agressif que la fille, et celle-ci plus empathique que lui. Les explications des différences entre les sexes mettent l'accent sur les facteurs environnementaux.

6   Malgré que ces différences soient mineures, notre société maintient des idées bien arrêtées sur les comportements qui conviennent à l'un ou l'autre sexe, et l'enfant les perçoit et les intègre en bas âge. Comme une approche stéréotypée des rôles sexuels risque de restreindre le développement du garçon comme de la fille, plusieurs individus et institutions favorisent une éducation androgyne de l'enfant, laquelle encourage l'expression des caractéristiques tant mas-

culines que féminines de chacun. Elles encouragent ainsi l'expression des différences individuelles plutôt que d'accentuer les différences liées au sexe.

7 Trois théories tentent d'expliquer l'adoption d'un modèle sexuel. Selon la *théorie psychanalytique,* l'enfant s'identifie au parent du même sexe en résolvant son complexe d'Œdipe. D'après la *théorie de l'apprentissage social,* l'enfant observe des modèles du même sexe et est récompensé quand il les imite. Selon la *théorie cognitive du développement,* la construction de l'identité sexuelle est reliée au développement cognitif.

8 Le petit enfant peut ressentir toutes sortes de peurs, réelles et imaginaires, qui peuvent être surmontées grâce à des techniques de conditionnement et de modelage.

9 Les méthodes d'éducation exercent une influence sur la personnalité des enfants. Les traits de caractère comme l'agressivité et les comportements altruistes sont influencés par la façon particulière qu'ont les parents de se comporter avec leurs enfants de même que par des facteurs tels que les médias et l'observation de modèles agressifs ou prosociaux.

10 Baumrind a identifié 3 types d'attitudes parentales: *autoritaire, permissive* et *directive.* Chacun d'eux favorise l'apparition de certains traits de personnalité chez l'enfant. L'attitude directive semble donner les résultats les plus positifs.

11 Les parents peuvent influencer le comportement de leur enfant en recourant à des récompenses et à des punitions. La punition donnera les résultats les meilleurs si elle est immédiate, consistante, accompagnée d'une explication et donnée par une personne qui a une bonne relation avec l'enfant. Le châtiment physique risque d'avoir divers effets nocifs. L'amour des parents pour leur enfant détermine largement le cours de son développement vers l'état adulte.

12 L'étude des relations entre frères et sœurs, et entre l'enfant et ses pairs fait ressortir l'importance des interactions sociales dans le développement de la personne.

13 Le jeu est une activité à la fois sociale et cognitive. Les changements dans la nature des jeux auxquels s'adonne l'enfant reflètent son évolution. Grâce au jeu, l'enfant développe ses capacités physiques, évolue au plan cognitif et apprend à entrer en relation avec les autres enfants.

PARTIE IV

L'ENFANCE

A u cours des années d'école primaire (entre 6 et 12 ans environ), l'enfant franchit de grands pas. Au chapitre 8, nous examinerons son développement physique et intellectuel; nous observerons les progrès qu'il accomplit durant ces années où il continue de grandir, de prendre du poids et de la force, et où il acquiert de nouvelles habiletés et de nouveaux concepts. Généralement parlant, cependant, cette période se caractérise davantage par la consolidation que par l'innovation. L'enfant devient plus habile dans les choses qu'il faisait déjà: il lance sa balle plus loin et maîtrise mieux sa direction, il court plus vite et plus longtemps. Il applique de plus en plus efficacement sa connaissance des concepts, des mots et des nombres.

Les traits de personnalité que l'enfant a déjà commencé à manifester s'impriment plus profondément, comme nous le verrons quand nous étudierons son développement affectif au chapitre 9. Les parents occupent encore une place extrêmement importante à ses yeux mais, bien qu'ils exercent une influence considérable sur l'estime de soi, sur les progrès académiques et sur la créativité de leur enfant, ils semblent souvent occuper l'arrière-plan. Les pairs jouent un rôle croissant: l'enfant recherche la compagnie de ses amis et se développe socialement à travers les contacts qu'il entretient avec eux.

Bien sûr, l'enfance n'est pas une période de bonheur absolu. Parmi les tensions auxquelles l'enfant doit faire face, il y a les crises familiales, les difficultés relationnelles avec les autres enfants, les exigences du travail scolaire et d'autres événements extérieurs pénibles. Certains enfants manifesteront des troubles affectifs, en partie à cause de telles tensions. D'autres sembleront y puiser une énergie nouvelle pour se bâtir une vie saine et satisfaisante. Pour affronter les défis de cette étape, l'enfant acquiert de nouvelles compétences dans tous les domaines de son développement.

CHAPITRE 8

L'enfance

Le développement physique
et intellectuel

Le développement physique et intellectuel s'effectue d'une façon lente mais régulière chez l'enfant de 6 à 12 ans. La croissance physique s'est considérablement ralentie et, bien que les habiletés motrices continuent de s'améliorer, les changements observables sont loin d'être aussi spectaculaires qu'au cours des six premières années. Le développement intellectuel a aussi perdu l'aspect spectaculaire qu'il avait au moment où l'enfant acquérait le langage, les notions de temps, d'espace, etc. Les changements qui surviennent maintenant ne s'observent plus au jour le jour. C'est sur de longues périodes qu'ils deviennent notables, provoquant souvent l'étonnement des parents. D'ailleurs, nombreux sont ceux qui réalisent soudainement que leur enfant de 11-12 ans est maintenant plus près de l'âge adulte que de l'enfance.

Le développement physique

La croissance

L'apparence des écoliers de 6 à 12 ans est très différente de celle de leurs frères et sœurs d'âge préscolaire. Ils sont beaucoup plus grands et plus sveltes; la plupart sont plutôt maigres, quoique les filles aient une tendance à conserver plus de tissus adipeux qui persisteront jusqu'à l'âge adulte. Garçons et filles diffèrent très peu quant au poids et à la taille durant l'enfance, prenant les uns comme les autres environ 3 kg et 6 cm par année. Les filles commencent cependant leur poussée de croissance pubertaire plus tôt, soit vers l'âge de 10 ans, et elles devancent généralement les garçons pendant une brève période. Comme c'est le cas dans tous les aspects du développement, la taille admet des variations importantes chez les enfants normaux du même âge (voir le tableau 8.1). Ces variations sont tellement importantes «qu'un enfant, dont la taille correspondrait exactement à la moyenne à l'âge de 7 ans, mais qui cesserait de grandir pendant deux ans, se trouverait encore tout juste dans les limites normales de la taille d'un enfant de 9 ans» (Tanner, 1973, p. 35).

Meredith (1969) a trouvé à travers le monde une variation d'environ 22 cm entre la taille moyenne des enfants de 8 ans les plus petits (Sud-Est de l'Asie, Océanie et Amérique du Sud) et celle des plus grands (dont la plupart viennent du nord et du centre de l'Europe, d'Australie orientale et des États-Unis). Bien que l'on doive probablement attribuer une partie de cette variation à des différences génétiques, les influences du milieu y jouent également un rôle. Les enfants les plus grands se trouvent dans les endroits du globe où «les aliments nutritifs sont abondants et où les maladies infectieuses sont bien contrôlées ou en grande partie éliminées» (Meredith, 1969).

La santé et la maladie

Sophie, qui a 10 ans, doit garder le lit à cause d'un rhume, son deuxième cette année. Elle éternue, se repose, regarde beaucoup la télévision, sort un vieil album à colorier et, somme toute, se plaît à être malade. Sophie est une fillette chanceuse. Cette année elle n'a pas contracté d'autres affections que le rhume, une maladie qui attaque plusieurs enfants jusqu'à six ou sept fois par année. Ils la contractent généralement à l'école ou au jeu, c'est-à-dire là où les microbes circulent librement (Behrman et Vaughan, 1983). Cependant, même les enfants qui ont souvent le rhume jouissent d'une meilleure santé que ceux du même groupe d'âge au début du siècle. Comme nous l'avons noté au chapitre 6, l'immunisation contre plusieurs maladies infantiles a fait de l'enfance une période extrêmement sûre au plan de la santé physique.

Le type A chez l'enfant

On a découvert une relation entre un type de personnalité nommé **type A** et les risques de maladies coronariennes à l'âge adulte. L'adulte de type A, qui est agressif, impatient et porté à la compétition, est plus susceptible d'avoir un infarctus que celui de **type B** qui est plus calme et détendu (Friedman et Rosenman, 1974, voir aussi au chapitre 12). Plusieurs études récentes

Tableau 8.1   La croissance staturo-pondérale entre 6 et 11 ans

Âge	Taille (cm)		Masse (kilos)	
	Garçons	Filles	Garçons	Filles
6 ans	114,0	112,4	20,1	19,3
7 ans	119,4	118,2	22,2	21,4
8 ans	124,8	123,9	24,6	23,7
9 ans	129,9	129,6	27,2	26,4
10 ans	135,1	135,3	30,2	29,5
11 ans	140,3	141,2	33,6	33,6

N.B.: Ces données correspondent à celles des courbes du percentile 50.

Source: Étude de la croissance et du développement physique de l'enfant d'âge scolaire, Centre de recherche sur la croissance humaine, Université de Montréal. Publication antérieure: Demirjian, A., Jenicek, M. et Dubuc, M.B., «Les normes staturo-pondérales de l'enfant urbain canadien-français d'âge scolaire», *Canadian Journal of Public Health*, vol. 63, 1972, p. 14-30.

ont mis l'accent sur des traits de personnalité manifestés dès l'enfance qui semblent annoncer un mode de comportement de type A à l'âge adulte.

Dès l'âge de 3 ans, certains enfants adoptent des comportements qui laissent présager une personnalité de type A. Ils se montrent plus agressifs envers des poupées «Bobo», souvent utilisées en laboratoire pour évaluer le degré d'agressivité des enfants. Dans ces expériences, ils sont aussi plus enclins à interrompre l'expérimentateur, à se tortiller, à soupirer, à faire claquer leur langue et à manifester d'autres signes d'impatience et d'agitation. De plus, ils s'efforcent davantage d'exceller dans des tâches dont les critères de réussite ne sont pas clairs, ont tendance à comparer leurs résultats avec ceux de compagnons qui ont mieux réussi, et se fixent des objectifs personnels plus élevés. Enfin, ils parlent plus fort, mangent et marchent plus vite et sont plus portés à la compétition en général (Corrigan et Moskowitz, 1983; Matthews et Angulo, 1980; Matthews et Volkin, 1981; Wolf, Sklov, Wenzl, Hunter et Berenson, 1982).

D'où viennent de tels modes de comportement? Une analyse du comportement de 108 jeunes adultes (tirée de l'Étude longitudinale de New York décrite au chapitre 5) laisse entendre que certains traits de caractère innés qui se manifestent en bas âge peuvent conduire à un modèle de comportement de type A à l'âge adulte (Steinberg, 1984). Ainsi, le jeune enfant d'humeur souvent négative mais qui a une bonne capacité d'adaptation, aura tendance à devenir fortement compétitif en vieillissant; par contre, celui qui manque de ténacité, qui présente des difficultés d'adaptation et qui réagit fortement à divers stimuli sensoriels aura plutôt tendance à devenir un adulte impatient et colérique.

Comme le souligne l'auteur de ces conclusions, il nous faut cependant faire preuve de prudence dans l'interprétation de ces corrélations. D'abord, les informations sont basées sur un échantillon relativement mince composé de familles américaines blanches de la classe moyenne supérieure; elles ne s'appliquent pas nécessairement aux autres groupes. Deuxièmement, comme elles proviennent des parents, les données sur les traits de caractère des sujets au cours de leur enfance expriment peut-être davantage la façon dont les parents voyaient leurs enfants que le caractère réel de ceux-ci. Enfin, comme il se peut que les parents qui perçoivent certains traits chez leurs enfants se comportent différemment avec eux, il ne faut pas négliger l'influence exercée par les pratiques d'éducation (Steinberg, 1984). Lors d'une étude, par exemple, on a vu des mères encourager leurs fils de type A à poursuivre des objectifs de plus en plus élevés, mais ne pas fixer clairement les critères de réussite (Matthews et Siegel, 1983). C'est probablement l'interaction du milieu familial, de l'école et du tempérament d'un enfant qui favorise le développement d'une personnalité de type A.

Cette ligne de recherche peut avoir des résultats pratiques vitaux. Si nous parvenons à prédire quels enfants sont plus susceptibles de devenir des adultes de type A et à identifier les comportements de l'adulte qui peuvent favoriser l'apparition d'une telle personnalité, nous serons mieux en mesure d'aider parents et enseignants à modifier leur approche afin d'enrayer ce syndrome parfois fatal avant qu'il ne soit fortement ancré et trop difficile à changer.

Les dents et les yeux

La plupart des dents permanentes font leur apparition vers l'âge de 7 ans. La «fée des dents» commence à se manifester vers l'âge de 6 ans; les dents de lait commencent alors à tomber et seront remplacées par environ quatre dents permanentes par année, pendant une période de cinq ans. Les premières molaires font irruption vers l'âge de 6 ans, suivies des deuxièmes molaires vers l'âge de 13 ans et des troisièmes (dents de sagesse) au début de la vingtaine (Behrman et Vaughan, 1983).

À cet âge, l'enfant a une acuité visuelle beaucoup plus grande qu'auparavant, car ses systèmes organiques ont atteint une plus grande maturité. Avant l'âge de 6 ans, l'enfant a tendance à être hypermétrope; ses yeux n'ont pas encore atteint leur pleine maturité et possèdent une forme différente de ceux des adultes. À 6 ans, la coordination binoculaire est bien développée, ce qui lui permet une meilleure convergence.

Le dépistage des problèmes visuels, auditifs et dentaires ne débute vraiment que lorsque l'enfant arrive à l'école, grâce aux infirmiers et aux hygiénistes dentaires qui y travaillent. On remarque, à propos des troubles de la vision, que très peu d'enfants sont porteurs de verres correcteurs qui peuvent aider à résoudre les problèmes qui les affectent (myopie et hypermétropie).

Quant à la santé dentaire des jeunes Québécois, une étude menée en 1978 dans la région montréalaise (Infante-Rivard et Payette, 1980) nous montre que 88,7 % des enfants de 7, 8 et 9 ans ont au moins une carie dentaire; les auteurs notent également la présence de deux fois plus de dents cariées non traitées (3,88 en moyenne) que de dents obturées (1,97 en moyenne). De plus, la condition dentaire des enfants d'origine francophone est moins bonne que celle des enfants d'autres origines ethniques; un fort pourcentage d'entre eux souffrent de gingivite et ont une condition d'hygiène buccale déficiente. Ce triste tableau a de quoi surprendre quand on sait que le Québec s'est doté, depuis 1974, d'un programme de soins dentaires gratuits pour les enfants!

Des chercheurs, qui ont comparé un groupe d'enfants malades à un groupe d'enfants en bonne santé, ont trouvé qu'il y avait, chez les enfants malades, deux ou trois fois plus de sujets qui avaient vécu plus souvent ou de façon plus intense des événements pénibles au cours de l'année précédente (Heisel, Ream, Raitz, Rappaport et Coddington, 1973). Ce phénomène vaut à la fois pour la maladie physique et les troubles psychologiques, ce qui montre l'importance de l'élément psychosomatique dans la maladie infantile.

Les accidents

Les accidents constituent la cause majeure de la mortalité infantile. Selon Statistique Canada (1987), les accidents causent plus de la moitié des décès des enfants âgés de 5 à 19 ans (taux de mortalité de 22,0 pour 100 000 habitants). La plupart de ces accidents se produisent à la maison ou dans les environs. Les enfants se font écraser par les automobiles; ils se noient dans les piscines, les lacs, les rivières ou les océans; ils subissent des brûlures fatales dans des incendies ou à la suite d'explosions; ils avalent des poisons, tombent d'endroits élevés ou se font happer par des engins mécaniques.

Les enfants sont naturellement aventuriers et peu conscients des dangers qui les entourent. Une lourde responsabilité incombe donc aux parents et aux autres personnes responsables. Elles doivent leur assurer une surveillance adéquate, tout en évitant de les surprotéger. La société, dans son ensemble, a aussi sa part de responsabilités à assumer en la matière. Elle doit veiller à ce qu'il y ait des bouchons «à l'épreuve des enfants» sur les contenants de médicaments. Elle doit aussi voir à la sécurité des lits pour jeunes enfants: par exemple, l'espacement entre les barreaux doit être minimum afin d'empêcher les enfants d'y passer la tête et d'y rester coincés, ou même de s'étrangler. Dans la mesure du possible, tout citoyen devrait veiller à la protection des enfants.

Le développement de la motricité

Quelques minutes après que la cloche a annoncé la fin de la journée, nous pouvons voir les écoliers sortir précipitamment de l'école. Si nous pouvions les suivre jusque chez eux, nous les verrions tenter de se tenir en équilibre sur des clôtures ou bien de battre les records du saut en longueur, exploits qui se terminent parfois par une fracture quelconque. Ils entrent en coup de vent dans la maison, laissent tomber leur sac d'école, se précipitent vers la salle de bains, prennent une collation et les revoilà dehors. Ils font du vélo, glissent ou lancent des balles de neige. Selon la saison, les ressources du milieu et ses goûts personnels, chaque enfant s'adonne à différentes activités. Certains feront de l'équitation, s'initieront au patinage artistique ou au ballet, ou bien feront des acrobaties dans un gymnase. Il est étonnant de constater tout le progrès que les enfants d'âge scolaire accomplissent en vue d'amener leur corps à faire ce qu'ils veulent. Ils deviennent de plus en plus forts, rapides, acquièrent une meilleure coordination, et prennent grand plaisir à éprouver leurs possibilités corporelles et à développer de nouvelles habiletés.

D'après les résultats d'études effectuées auprès d'enfants de 7 à 12 ans il y a déjà plus de 20 ans, les habiletés motrices s'améliorent avec l'âge de l'enfant. Ces recherches indiquent également que les garçons tendent à courir plus vite, à sauter plus haut, à lancer des balles plus loin et à être plus forts que les filles (Espenschade, 1960; Gavotos, 1959). Après l'âge de 13 ans, comme les performances des garçons continuent d'augmenter alors que celles des filles demeurent stationnaires ou commencent à décli-

ner, les différences entre les deux sexes sont encore plus marquées (Espenschade, 1960).

De nos jours, cependant, la perception des habiletés de la fille change. Il apparaît maintenant évident que plusieurs des différences entre garçons et filles en matière d'habiletés motrices sont attribuables à des différences d'attentes, d'encouragement et de participation aux activités physiques. Des études récentes indiquent qu'avant la puberté, les garçons et les filles qui s'adonnent aux mêmes activités manifestent des habiletés analogues.

Des garçons et des filles de troisième, quatrième et cinquième année du primaire qui ont suivi pendant au moins un an d'excellents cours mixtes d'éducation physique, ont par la suite été soumis à une série de cinq épreuves physiques: des redressements-assis, une course-navette, une course de 50 m en ligne droite, du saut avec impulsion et une marche de 600 m. Les résultats montrent que les performances s'améliorent avec l'âge et que les filles ont un niveau de performance comparable à celui des garçons dans la plupart des épreuves. Les filles évaluées au cours de la troisième année du programme d'éducation physique réussissent même mieux que les garçons dans plusieurs épreuves (Hall et Lee, 1984).

De tels résultats confirment le point de vue des pédiatres selon lequel il n'y a pas de raison

Ces joueuses de soccer enthousiastes démontrent que les filles peuvent être des athlètes beaucoup plus compétentes qu'on ne le croyait jadis. Des études récentes indiquent que les garçons et les filles qui s'adonnent aux mêmes activités manifestent des habiletés analogues.
(George Ancona / International Stock Photo)

avant la puberté de séparer les garçons et les filles pour les cours d'éducation physique. Le tableau change cependant après la puberté: les filles ne devraient pas s'adonner à des sports où il y a un contact brutal avec des garçons, car en raison de leur charpente plus petite et plus légère, elles s'exposent à subir des blessures (Comité sur les aspects pédiatriques de la condition physique, des loisirs et des sports, AAP, 1981).

Le fait que l'adresse physique des filles décroît ou plafonne après la puberté montre la nécessité d'encourager davantage les adolescentes à pratiquer des activités physiques.

Le développement intellectuel

Le fait que l'âge habituel du début de la fréquentation scolaire corresponde, au moins dans le monde occidental, à l'avènement d'une série de progrès qualitatifs dans l'évolution des capacités intellectuelles de l'enfant n'est pas une pure coïncidence. Cet âge correspond à une autre période piagétienne du développement cognitif: celle des **opérations concrètes.** C'est aussi durant cette période que l'enfant s'améliore considérablement dans son aptitude à se servir du langage et de sa mémoire. En raison de ses progrès au plan verbal, les tests d'intelligence prédisent avec plus de justesse la performance académique ultérieure.

La période des opérations concrètes (de 7 à 11 ans environ)

Selon Piaget, entre 5 et 7 ans, l'enfant devient *opératoire*, c'est-à-dire qu'il est dorénavant capable d'utiliser des symboles pour exécuter des *opérations*, ou activités mentales, par contraste avec les activités physiques sur lesquelles reposait sa pensée antérieure. La capacité de se forger des représentations mentales d'objets et d'événements le rend de plus en plus habile à classifier, à manipuler des nombres et à comprendre les principes de la conservation. Il devient capable de **se décentrer,** c'est-à-dire de raisonner et de baser ses conclusions sur plusieurs facettes d'une situation. À la période préopératoire, il demeurait centré, ne pouvant considérer qu'un seul aspect de la situation à la fois.

Il comprend également le caractère réversible de la plupart des opérations physiques. Son égocentrisme s'atténue, et il commence à comprendre le point de vue des autres. Cette capacité de se mettre à la place des autres le rend plus apte à communiquer avec eux. Elle accroît également son aptitude à exercer son jugement moral, qui devient plus souple.

Dans sa façon de penser, l'enfant d'âge scolaire témoigne de toute évidence d'une plus grande maturité que l'enfant plus jeune; il est toutefois manifeste qu'il n'a pas atteint le niveau de complexité de l'adolescent. Les idées que l'enfant se fait alors de la réalité, de la causalité et de la conservation illustrent bien ce manque de maturité.

La notion de conservation

Cette étude fait probablement partie des travaux les plus connus de Piaget. La **conservation** est la capacité de comprendre que deux quantités égales restent égales (en substance, poids, longueur, nombre, volume ou espace) même quand on en modifie l'apparence, pourvu que rien ne soit enlevé ou ajouté. Pour étudier la conservation de la *substance*, par exemple, on montre à un enfant deux boules d'argile d'égale grosseur. Il admet qu'elles sont égales. On dit que l'enfant a saisi la notion de conservation de la substance s'il reconnaît que, même après qu'on ait roulé l'une des boules pour lui donner la forme d'une saucisse, les deux morceaux d'argile contiennent la même quantité de matière. Dans le cas de la conservation du *poids*, on demande à l'enfant si la boule et la saucisse ont le même poids. Pour la conservation du *volume*, on demande à l'enfant de juger si la boule et la saucisse déplacent une quantité de liquide égale quand on les place dans des verres d'eau.

Les enfants acquièrent les diverses notions de conservation à des âges différents. À 6 ou 7 ans, il y a conservation de la substance; à 9 ou 10 ans, celle du poids; à 11 ou 12 ans, celle du volume. Le **décalage horizontal** est le terme utilisé par Piaget pour décrire l'incapacité de l'enfant d'appliquer sa compréhension d'un type de conservation à un autre type, même si c'est le même principe qui sous-tend les trois types de conservation. Nous voyons donc comment s'effectue le raisonnement concret durant ce stade. Celui-ci est si étroitement lié à des situations particulières que l'enfant ne peut appliquer immédiatement la même opération mentale de base à une situation différente.

Avant de pouvoir résoudre tout problème de conservation, l'enfant passe par trois stades. Nous pouvons observer son fonctionnement dans sa façon d'effectuer la tâche de conservation de la substance décrite plus haut.

Au *premier* stade, l'enfant n'a aucune notion de la conservation. Il est centré sur un seul aspect de la matière, à savoir sur le fait que la saucisse est devenue plus longue, et ne réalise pas que la saucisse d'argile est aussi devenue plus mince. Se laissant tromper par les apparences, il affirme que la saucisse contient une plus grande quantité d'argile.

Au *deuxième* stade, transitoire celui-là, les performances de l'enfant vacillent entre le succès et l'échec. À ce stade, l'enfant a tendance à se centrer sur plus d'un aspect, mais il ne saisit pas les relations mutuelles entre des dimensions comme hauteur et largeur, ou longueur et épaisseur; il échoue plus souvent qu'il ne réussit.

Au *troisième* et dernier stade, l'enfant comprend la conservation et donne des justifications logiques à ses réponses. Ces justifications peuvent faire appel à la *réversibilité* («on pourrait redonner à la saucisse d'argile la forme d'une boule et celle-ci redeviendrait identique à l'autre boule»), à l'*identité* («c'est la même argile; tu n'y as rien ajouté ni retiré») ou à la *compensation* («la saucisse est plus longue que la boule, elle est aussi plus mince; elles contiennent donc la même quantité d'argile»). Le fonctionnement cognitif de l'enfant opératoire devance *qualitativement* celui de l'enfant préopératoire. Sa pensée est réversible et décentrée, et il est conscient du fait que les transformations appliquées aux objets ne sont que des modifications perceptives.

Piaget insiste sur le rôle des facteurs de maturation dans l'acquisition de la conservation, affirmant que l'enfant n'acquiert cette notion que lorsque ses structures cognitives ont atteint un niveau de maturité suffisant, et que les procédures d'entraînement à la conservation affectent très peu les âges d'acquisitions. D'autres facteurs semblent également intervenir dans l'acquisition de la notion de conservation. Les enfants de pays différents comme la Suisse, les États-Unis, la Grande-Bretagne par exemple, acquièrent la notion de conservation à des âges moyens différents, ce qui indique qu'elle pourrait être déterminée partiellement par des facteurs culturels, ou acquis, et non seulement par la maturation.

Le développement moral

Pourquoi parler de moralité dans un chapitre consacré au développement intellectuel? Le raisonnement moral n'est-il pas une excroissance de la personnalité, des attitudes affectives et des influences culturelles? Un nombre de plus en plus grand de psychologues et d'éducateurs adoptent à ce sujet les points de vue de Piaget et de Kohlberg, selon lesquels le développement des valeurs morales serait un processus rationnel qui coïncide avec le développement cognitif. L'enfant ne peut porter de jugement moral avant d'avoir atteint un certain niveau de maturité cognitive qui lui permette de se détacher de sa pensée égocentrique.

Les recherches de Jean-Marc Samson menées auprès d'adolescents québécois, durant les années 1970, supportent l'hypothèse de la séquentialité des stades du développement moral proposés par Kohlberg (Samson, 1976).

La théorie de Piaget

Selon Piaget, l'enfant passerait par deux stades dans sa conception de la moralité: la **moralité**

Grâce à des échanges de plus en plus fréquents avec des personnes qui ne font pas partie de sa famille immédiate, l'enfant se met à penser de façon moins égocentrique et à faire preuve d'une plus grande maturité sociale. (Elizabeth Crews)

de contrainte (ou *moralité hétéronome*) et la **moralité de coopération** (ou *moralité autonome*). Au premier stade, l'enfant aborde les concepts moraux d'une façon rigide, tandis qu'au second stade, il fait preuve de flexibilité (voir le tableau 8.2).

Nous pouvons suivre les étapes de l'évolution morale de l'enfant en examinant les conceptions qu'il se fait des règles, de l'intentionnalité, de la punition et de la justice. L'enfant passe à leur égard d'une pensée rigide à une pensée souple. Cette transformation est un signe de développement cognitif: la vraie moralité va de pair avec la vraie maturité cognitive.

À mesure qu'il gagne en maturité et qu'il multiplie ses interactions avec d'autres enfants et les adultes, l'enfant se met à penser de façon moins égocentrique. Il apprend graduellement à prendre ses propres décisions et à se percevoir comme l'égal de ses aînés, jadis considérés comme l'autorité absolue. Il découvre un éventail de plus en plus vaste de points de vue, dont plusieurs vont à l'encontre de ce qu'il a appris à la maison. S'efforçant de réconcilier les enseignements reçus au foyer avec les croyances des autres, l'enfant en vient à conclure qu'il n'existe pas un modèle unique, immuable et absolu de moralité, mais que les individus peuvent formuler leurs propres codes du bien et du mal. Il choisit les règles à suivre et se prépare à formuler son propre code moral (voir le tableau 8.3).

Les gens passent par des phases de développement moral précises, distinctes et qualitativement différentes. Ils traversent les différents stades à des âges différents, mais l'ordre reste toujours le même. Selon la théorie piagétienne, «toute moralité consiste en un système de règles et [...] l'essence de toute moralité se trouve dans le respect de ces règles que l'individu acquiert» (1965, p. 13). Il est particulièrement difficile d'étudier les raisons qui expliquent l'adhésion des gens aux principes plus larges qui régissent

Tableau 8.2 Stades du développement moral chez l'enfant selon Piaget

On peut résumer la théorie piagétienne du développement moral chez l'enfant en distinguant deux stades séquentiels majeurs dans l'évolution de la pensée morale. (Tableau préparé à partir du texte de Kohlberg, cité par Hoffman et Hoffman, 1964; Hoffman, 1970).

	Stade 1	Stade 2
Concepts moraux	Moralité de contrainte. Moralité hétéronome.	Moralité de coopération. Moralité autonome.
Point de vue	L'enfant perçoit l'acte comme totalement bon ou mauvais et croit que tout le monde le voit de cette façon. Il ne peut concevoir un point de vue autre que le sien.	L'enfant peut se mettre à la place de l'autre. Ses jugements deviennent moins absolus; l'enfant peut tenir compte du point de vue des autres.
Intentionnalité	L'enfant a tendance à juger un acte, non pas en fonction de l'intention ou de la motivation qui la sous-tend, mais en fonction de ses effets tangibles.	L'enfant juge un acte d'après l'intention qui l'anime et non d'après ses effets.
Règles	L'enfant se conforme aux règles à cause de leur caractère sacré et inviolable.	L'enfant se rend compte que ce sont les gens qui ont établi les règles et qui peuvent les modifier. Lui aussi peut changer les règles.
Respect de l'autorité	Le respect unilatéral des règles amène l'enfant à se sentir obligé de se conformer aux normes et aux règles des adultes.	Le respect mutuel envers l'autorité et les pairs permet à l'enfant d'accorder plus de valeur à son propre jugement et de juger les autres de façon plus réaliste.
Sanctions	Prédominance de la sanction expiatoire. L'enfant croit qu'un acte est mauvais s'il entraîne une sanction.	La sanction est régie par une loi de réciprocité qui donne lieu à un redressement: la victime est indemnisée et le coupable reconnaît son tort.
«Justice immanente»	Confondant loi morale et loi physique, l'enfant croit que l'inconduite entraîne une sanction divine ou surnaturelle (sous forme d'accident ou de malheur physique).	Un événement malheureux n'est plus nécessairement associé à une punition.

Tableau 8.3 L'application des règles et la pensée de l'enfant par rapport à ces règles

L'application des règles	La pensée par rapport aux règles
Stade 1: Activité motrice. L'enfant joue seul aux billes pour voir ce qu'il peut faire avec des billes.	*Stade 1:* Absolutisme (de 4 à 7 ans). L'enfant attribue un caractère sacré et inviolable aux règles, bien que dans la pratique, il accepte les modifications, ne percevant peut-être pas leur caractère transgressif.
Stade 2: Égocentrisme (débutant entre 2 et 5 ans). L'enfant se fait une idée générale de ce que sont les règles et aime croire qu'il obéit aux règles. En fait, cependant, il a sa manière bien à lui de jouer et il modifie les règles à volonté.	*Stade 2:* Moralité de contrainte ou rigidité (de 7 à 10 ans). L'enfant est contraint par le respect qu'il porte à ses aînés. Ceux-ci ont une autorité incontestable. L'enfant refuse tout changement apporté au niveau des règles.
Stade 3: Début de la coopération (vers 7 ou 8 ans). Chaque joueur veut l'emporter et se conformer aux règles. Mais les idées de l'enfant sont encore vagues; trois enfants jouant ensemble vont donner trois interprétations différentes des règles.	*Stade 3:* Moralité de coopération ou flexibilité (à partir de 10 ans). L'enfant perçoit les règles comme le produit d'un consentement mutuel. En général, il n'attribue plus un caractère d'infaillibilité à ses parents et aux autres figures d'autorité. Il se considère comme l'égal des autres et en vient à croire que, puisque ce sont les gens qui ont fait les règles, ceux-ci peuvent aussi les modifier. Il peut, lui aussi, changer les règles. L'autorité des adultes n'est plus acceptée aveuglément.
Stade 4: Codification (vers 11 ou 12 ans). Les enfants connaissent toutes les règles à suivre. Dans un jeu de groupe, tous les enfants connaissent les règles et s'y conforment.	

Source: Tableau effectué à partir du texte de Piaget (1932).

les rapports entre individus en société. En découvrant la façon de penser et d'agir des enfants en fonction des règles proposées par leurs semblables (par exemple, celles qui régissent les jeux de billes), Piaget a pu analyser la pensée des enfants par rapport aux règles. Les actions ne se conforment pas toujours aux croyances chez l'enfant; par conséquent, l'évolution du mode d'application des règles connaît chez lui diverses phases et un calendrier légèrement différent de l'évolution de sa pensée, mais ses façons d'agir et de penser finissent par se rencontrer.

Piaget (1932) a raconté l'histoire suivante à des enfants. Il était une fois deux petits garçons, Antoine et Julien. Un jour, Antoine remarqua que l'encrier de son papa était vide et il décida de rendre service à son père en le remplissant. En ouvrant la bouteille, il renversa l'encre et fit une grande tache sur la nappe. Julien, lui, joua avec l'encrier de son papa et fit une petite tache sur la nappe. Piaget demanda aux enfants:

«Lequel des deux garçons est le plus vilain et pourquoi?»

La plupart des adultes et les enfants les plus âgés considèrent que c'est Julien le plus coupable, puisque la petite tache qu'il a faite découle d'une action qu'il n'aurait pas dû commettre, alors que la grande tache qu'a faite Antoine est le résultat accidentel d'une intention louable. L'enfant de moins de 7 ans est cependant plus porté à considérer que c'est Antoine qui a commis la faute la plus grave, puisqu'il a fait la plus grande tache. Les jugements moraux de l'enfant de moins de 7 ans manquent de maturité, car celui-ci se préoccupe davantage de la grandeur de la faute que de l'intention derrière l'action. Par ailleurs, l'enfant plus jeune est porté à donner des sanctions démesurées par rapport au méfait commis, alors que celui plus âgé croit que le châtiment doit être «proportionné à l'offense». En vieillissant, l'enfant évalue une punition non plus d'après sa sévérité, mais d'après les conséquences matérielles de l'acte posé.

La théorie de Kohlberg

S'inspirant de Piaget, Kohlberg a entrepris ses propres recherches sur le développement moral des enfants aux États-Unis, en Grande-Bretagne, au Canada, à Taiwan, au Mexique et en Turquie. Il s'est attaché à étudier non pas comment les enfants *agissent* en matière de moralité, mais comment ils *raisonnent*. Puisque les décisions et les actions morales n'évoluent pas nécessairement au même rythme que le raisonnement moral, Kohlberg a décidé d'en rester au niveau conceptuel de la moralité, c'est-à-dire à la façon dont un individu parvient au jugement moral.

Kohlberg (1968) a utilisé des histoires centrées sur la notion de justice pour déterminer les niveaux de raisonnement moral d'enfants de différents âges par rapport à 25 concepts moraux fondamentaux comme la valeur de la vie humaine, l'intention sous-jacente à l'action morale, les droits, le respect de l'autorité sociale, etc. L'histoire la plus célèbre présente le cas de Heinz aux prises avec le problème moral suivant: doit-il voler le médicament qui peut sauver la vie de sa femme s'il se trouve dans l'impossibilité de débourser la somme exorbitante exigée par le seul pharmacien qui le détient?

Tableau 8.4   Les cinq stades du raisonnement moral selon Kohlberg

Niveau I Préconventionnel ou prémoral (de 4 à 10 ans) À ce niveau, l'accent est mis sur le contrôle extérieur. Les principes sont ceux des autres et ne sont respectés que dans le dessein d'éviter le châtiment ou d'obtenir des récompenses.	*Stade 1 Orientation vers la punition et l'obéissance.* «Que va-t-il m'arriver?» L'enfant se conforme aux règles des autres pour éviter le châtiment. C'est le stade de la loi du plus fort.
	Stade 2 Orientation vers le marchandage. «Gratte-moi le dos, je vais te gratter moi aussi». Il se conforme aux règles par intérêt personnel et pour ce que les autres enfants peuvent faire pour lui en retour. À ce stade, les relations humaines se comparent aux relations commerciales.
Niveau II Conventionnel ou moralité de la conformité au rôle conventionnel (de 10 à 13 ans) L'enfant cherche désormais à plaire aux autres. Il obéit aux principes des autres; mais il a, dans une certaine mesure, intériorisé ces principes. Il désire maintenant être perçu comme «bon» par les personnes dont l'opinion compte. Il est en mesure d'assumer suffisamment les rôles des personnes en situation d'autorité pour décider si une action est «bonne», selon leurs normes.	*Stade 3 Maintien de bonnes relations, approbation des autres.* «Suis-je une bonne fille (un bon garçon)?» L'enfant cherche à plaire aux autres, à les aider; il peut déceler les intentions des autres, se faire sa propre idée de ce qu'est une bonne personne et vouloir se conformer à cette idée.
	Stade 4 Moralité du maintien de l'ordre. «Nous avons besoin du maintien des lois et de l'ordre.» Les gens se préoccupent d'accomplir leur devoir, de montrer du respect pour l'autorité et de préserver l'ordre social: «La loi, c'est la loi».
Niveau III Postconventionnel ou moralité des principes librement acceptés comme siens (entre l'âge de 13 ans et le début de l'âge adulte, ou jamais) Ce niveau marque l'accession à la vraie moralité. Pour la première fois, l'individu reconnaît la possibilité d'un conflit entre deux ordres de normes acceptées par la société et tente de faire un choix. Le contrôle de la conduite est maintenant intériorisé, tant au niveau des principes auxquels il obéit qu'au niveau du raisonnement sur ce qui est bien ou mal. Les stades 5a et 5b peuvent représenter des méthodes alternatives du plus haut niveau de raisonnement. On observe à ces stades un effort pour définir principes et valeurs indépendamment des figures d'autorité.	*Stade 5 a Moralité du contrat, des droits individuels et de la loi acceptée démocratiquement.* Les gens pensent selon des critères rationnels, attribuant de la valeur à la volonté de la majorité et au bien-être de la société. Ils considèrent généralement que ces valeurs sont mieux protégées par le respect des lois. Tout en admettant qu'il peut se présenter des circonstances où il y a conflit entre les besoins de l'homme et la loi, ils croient qu'à long terme, il est dans l'intérêt de la société qu'ils se conforment aux lois. C'est l'esprit de la loi qui domine, la conscience des droits et devoirs.
	Stade 5 b Moralité des principes d'éthique universels. Les gens font ce qu'eux, en tant qu'individus, considèrent comme bien, sans tenir compte des contraintes légales ou de l'opinion des autres. Ils agissent en conformité avec des principes intériorisés, sachant qu'ils s'adresseraient des reproches à eux-mêmes s'ils ne le faisaient pas.

Source: Adaptation d'un texte de Kohlberg (tiré de Lickona, 1976).

Les réponses qu'il a obtenues de la part des enfants supportent l'hypothèse de Piaget selon laquelle le niveau de raisonnement moral de l'enfant évolue en fonction de l'âge, mais surtout en fonction de sa maturité cognitive. Kohlberg a identifié six niveaux de raisonnement moral, dont le dernier fut par la suite éliminé (voir le tableau 8.4). En étudiant attentivement les raisonnements à la base de leurs réponses, Kohlberg en est arrivé à la conclusion que les enfants en arrivent au jugement moral de façon indépendante plutôt que par «l'intériorisation» des principes de leurs parents, de leurs maîtres ou de leurs pairs.

Plusieurs recherches sont venues appuyer les théories qui postulent l'existence d'une correspondance entre le développement moral et le développement cognitif. Moir (1974) a trouvé une relation positive entre l'aptitude des fillettes de 11 ans à se mettre à la place d'autres personnes et leur niveau de développement moral. Tomlinson-Keasy et Keasy (1974) ont constaté que les collégiennes étaient plus en mesure d'appliquer leurs capacités intellectuelles à des questions morales que les fillettes de sixième année. L'âge, le milieu social et le rendement intellectuel sont tous des facteurs positivement corrélés avec le jugement moral (Hoffman, 1970).

L'évaluation de la théorie de Kohlberg du développement moral

Des recherches sur la progression du jugement moral ont confirmé l'hypothèse selon laquelle un individu ne peut comprendre que les arguments reliés à un stade immédiatement supérieur au sien. Ainsi, en présentant à un individu des arguments propres au stade suivant de son développement cognitif, on peut «accélérer» la progression de son jugement moral. Toutefois, les effets de cet entraînement seraient différents selon le stade des sujets: dans les recherches de Samson (1976), les progrès les plus importants ont été enregistrés chez les sujets situés d'abord aux stades 2 et 3 de Kohlberg, alors qu'ils sont moins marqués chez les individus du stade 4. De plus, ce type d'entraînement pourrait bien ne pas provoquer d'effets immédiats mais avoir, à moyen et à long terme, un effet plus prolongé et plus prononcé sur le développement moral (Beck et autres, cités par Samson, 1976).

La théorie de Kohlberg a donné lieu à de nombreuses recherches qui en ont confirmé certains points et remis d'autres en question. Lors d'une étude longitudinale d'une vingtaine d'années menée aux États-Unis auprès de 58 garçons âgés de 10 ans, 13 ans et 16 ans au moment de la première évaluation, Kohlberg et ses collègues ont constaté que ceux-ci se conformaient à la séquence des stades kohlbergiens et qu'aucun d'entre eux n'avait sauté un stade. De plus, ils ont observé une corrélation positive entre les jugements moraux et l'âge, le niveau de scolarité, le quotient intellectuel et le statut socio-économique des sujets (Colby, Kohlberg, Gibbs et Lieberman, 1983).

Des études transculturelles supportent aussi, jusqu'à un certain point, l'hypothèse d'une telle séquence. Bien que le niveau de raisonnement moral augmente aussi en fonction de l'âge chez les sujets issus de pays autres que les États-Unis, les gens des cultures non-occidentales se situent rarement au-dessus du stade 4 (Edwards, 1977; Nisan et Kohlberg, 1982). Il se peut que les sociétés en question n'encouragent pas un développement moral plus important, mais il est également possible que la définition que Kohlberg donne de la moralité (fondée sur la notion de justice) ne convienne pas autant aux sociétés non-occidentales. La validité de la définition de Kohlberg pour les femmes nord-américaines a également été remise en question (Gilligan, 1982). Nous traiterons plus en détail de cette question au chapitre 12.

L'influence potentielle de l'expérience sur les jugements moraux a aussi été observée lors de recherches qui ont montré que ces jugements sont fortement influencés par l'éducation et par le simple fait de donner à l'enfant les «bonnes» réponses aux tâches de raisonnement moral (Carroll et Rest, 1982, Lickona, 1973). Des résultats tels que le précédent contredisent la conception traditionnelle du développement cognitif selon laquelle l'enfant devient un «moraliste», élaborant activement son système moral à travers ses découvertes personnelles.

D'autres difficultés liées au système de Kohlberg proviennent des méthodes d'évaluation utilisées. Les tâches kohlbergiennes classiques (comme l'histoire de Heinz) doivent être présentées individuellement, puis évaluées par des juges entraînés. Cette procédure est longue et coûteuse, mais il existe un test alternatif d'administration rapide, appelé Inventaire thématique de fonctionnement moral («Defining Issues Test»), qui consiste à présenter au sujet six dilemmes moraux et à lui demander de répondre à 12 énoncés par dilemme portant sur les questions morales en cause dans chacun d'eux (Rest, 1979). Même si ce test est administré à un groupe et évalué objectivement, ses résultats correspondent relativement bien à ceux qui sont obtenus aux épreuves traditionnelles.

Enfin, des études sur la relation entre les jugements moraux et le comportement moral laissent croire que les personnes qui se situent au niveau postconventionnel de la pensée morale ne se conduisent pas plus moralement que ceux qui se situent à des niveaux inférieurs (Kupfersmid et Wonderly, 1980). Cela n'est guère étonnant si l'on se reporte aux recherches classiques sur la tricherie chez les enfants. Lors d'études visant à déterminer si les enfants sont tricheurs et dans quelles circonstances, on a constaté qu'il est impossible de diviser les enfants en deux groupes: les «tricheurs» et les «non-tricheurs» (Hartshorne et May, 1928-1930). Presque tous les enfants observés ont triché à un moment ou à un autre, bien que certains fussent plus enclins à le faire que d'autres et que certaines situations fussent plus propices à la tricherie (par exemple, lorsque les résultats des enfants devaient être affichés). En outre, les tricheurs sont aussi susceptibles d'affirmer qu'il est mauvais de tricher que ceux qui n'ont pas triché. Il y a donc une différence importante entre le jugement moral et le comportement moral.

En somme, s'ils semblent bien s'appliquer au développement moral des garçons et des hommes nord-américains, les stades de Kohlberg ont une applicabilité limitée en ce qui concerne les femmes et les gens issus de cultures non-occidentales. Les méthodes d'évaluation utilisées et l'absence de correspondance systématique entre le jugement moral et le comportement moral posent par ailleurs d'importants problèmes à la théorie de Kohlberg. Néanmoins, celle-ci a eu un impact considérable et elle a enrichi notre perception du développement moral. Elle a permis d'examiner plus à fond la relation entre la maturité cognitive et la maturité morale, et a stimulé la recherche théorique et empirique en la matière.

L'«empathie socio-cognitive» [1] et le raisonnement moral

La capacité de comprendre le point de vue de l'autre représente, comme nous l'avons déjà sou-

ligné, une composante fondamentale du raisonnement moral d'un individu. Robert L. Selman, qui a été un collaborateur de Kohlberg à Harvard, définit l'empathie socio-cognitive comme «une conscience évoluée de la complexité des relations humaines», qui fait appel à «une compréhension de plus en plus profonde de ce qu'est un être social, avec ses capacités, ses attributs, ses attentes, ses sentiments, ses motifs, ses réactions et ses jugements sociaux» (1973, p. 5). Selman a identifié, dans le développement de l'empathie socio-cognitive, plusieurs stades qu'il relie aux stades cognitifs de Piaget et aux stades décrits par Kohlberg au sujet de la formation du jugement moral.

Les réponses données par les enfants pour résoudre des dilemmes moraux évoluent-elles en fonction de leur niveau d'aptitude à comprendre l'autre? Observons les réactions de Sophie face au cas de Julie, une fillette de 8 ans qui a promis à son père de ne pas grimper dans les arbres. Apercevant un jour un chaton pris dans un arbre, elle hésite: doit-elle grimper dans l'arbre pour aller au secours du chaton, ou doit-elle tenir la promesse faite à son père?

Au *stade 0* de Selman (entre 4 et 6 ans environ), Sophie est convaincue que sa façon d'envisager la situation est la seule façon valable. Lorsqu'on lui demande: «Crois-tu que le père de Julie va se mettre en colère s'il découvre que Julie a grimpé dans un arbre?», elle répond: «Non, il va être content, il aime les chats.» Et si on lui demande: «Pourquoi va-t-il être content?», elle répond: «J'aime les petits chats.»

Au *stade 1* (entre 6 et 8 ans environ), Sophie se rend compte que les autres peuvent interpréter une situation de la même façon qu'elle ou avoir une interprétation différente, et qu'ils peuvent considérer l'intention qui sous-tend une action. La réponse qu'elle donne maintenant au sujet du père de Julie est la suivante: «S'il ne savait pas pourquoi elle a grimpé dans l'arbre, il serait en colère; mais s'il sait pourquoi Julie a fait cela, il va se rendre compte qu'elle a une bonne raison.»

Au *stade 2*, entre l'âge de 8 et 10 ans, Sophie prend conscience de la réciprocité. Elle comprend maintenant que ce qu'elle savait au stade 1, c'est-à-dire que les autres peuvent avoir une autre perception des choses, est aussi connu des autres. Ces derniers peuvent donc scruter ses actions, ses pensées et ses sentiments. Elle

---

1 Adaptation de «Social role taking skills». (Note de la consultante)

Encadré 8.1

Comment aider l'enfant à clarifier ses valeurs

Au cours des dernières années, plusieurs éducateurs, parents et adultes en situation d'autorité ont mis en application une méthode appelée «clarification des valeurs». Cette méthode, conçue pour aider les enfants à porter des jugements moraux, fournit à ceux-ci un ensemble de techniques leur permettant d'analyser les valeurs qu'ils prétendent avoir et les valeurs qu'ils appliquent réellement dans la vie (Raths, Harmin et Simon, 1966). Ces techniques consistent à: 1) chercher des solutions de rechange face à un choix; 2) prévoir les conséquences probables avant de choisir; 3) faire ses propres choix sans compter sur les autres; 4) prendre conscience de ses propres préférences et évaluations; 5) être prêt à proclamer ses choix et préférences publiquement; 6) agir en conformité avec ses choix et préférences; 7) se comporter ainsi continuellement en donnant une orientation à sa vie (Harmin et Simon, 1973, p. 13).

La méthode de la clarification des valeurs utilise des exercices (ayant la forme de jeux) appellés «stratégies», qui consistent à poser des questions provocantes et à demander aux enfants de porter des jugements. L'objectif n'est pas d'inculquer un ensemble de principes imposés, mais plutôt d'enseigner aux enfants la façon d'élaborer leurs propres principes. Voici des stratégies typiques, extraites du volume de Simon et Olds (1976):

- *Questions provocantes.* On demande aux enfants de répondre à des questions comme celles-ci: «Y a-t-il des occasions où il est légitime de mentir?», «À quoi ressemblerait le monde s'il n'y avait pas d'automobiles?», «Nommez certains actes qui exigent du courage.»
- *«Êtes-vous quelqu'un qui...?»* On demande aux enfants de répondre par «Oui», «Non», «Parfois» ou «Je ne sais pas». Ils doivent ensuite expliquer leurs réponses à des questions comme: «Êtes-vous quelqu'un qui... participerait à une manifestation de contestataires... pourrait en venir à fumer de la «mari» avec ses enfants... jette les boîtes de bonbons vides sur le trottoir... dit ce qu'il pense même quand ça lui amène des ennuis?»
- *Échelle des valeurs.* On demande aux enfants de se situer quelque part entre deux cas extrêmes:

Thérèse l'abstinente croit que personne, peu importe son âge, ne devrait consommer quelque alcool que ce soit, car c'est la boisson du diable.	**Doris l'ivrogne** aime boire et fait quotidiennement absorber de l'alcool à son enfant de 5 ans pour lui apprendre à maîtriser l'alcool.

Cette méthode semble prometteuse en tant que prolongement pratique des théories de Piaget et de Kohlberg, car elle contribue à encourager les enfants à réfléchir sur les principes et à s'entraîner à porter des jugements moraux.

affirme au sujet du père de Julie: «Il sait que Julie va penser à l'effet que son acte aura sur lui. Il sait que Julie peut se rendre compte qu'il approuverait son acte. Par conséquent, il sera d'accord avec la décision de Julie de grimper dans l'arbre.»

Au cours du *stade 3*, Sophie, qui a maintenant entre 10 et 12 ans environ, se rend compte qu'elle et une autre personne peuvent considérer simultanément leur point de vue respectif et

peuvent même dépasser cet échange à deux pour voir les choses du point de vue d'une troisième personne. Elle réfléchit maintenant sur le dilemme de Heinz. Lorsqu'on lui demande si elle croit que le juge approuve le délit de Heinz, elle répond: «Je crois qu'avant l'événement, le juge croyait que Heinz ne devait pas commettre ce vol; mais maintenant que c'est fait et que le juge connaît sa version de l'histoire, celui-ci considère que Heinz croyait bien agir en commettant le vol. Heinz sait que le juge va considérer son point de vue».

Au *stade 4*, auquel elle accède vers l'âge de 12 à 15 ans ou plus tard, Sophie se rend compte que la capacité réciproque de considérer le point de vue de l'autre ne conduit pas toujours à une entente parfaite. Elle reconnaît maintenant la nécessité des conventions sociales, qui lui permettent de communiquer ses réactions aux autres et de comprendre leur comportement. Quand on lui demande: «Que va faire le juge, à ton avis?», elle répond: «J'ai bien peur qu'il va devoir le condamner. Quand Heinz a volé le médicament, il savait que c'était un acte mauvais du point de vue de la société. Il savait aussi que s'il se faisait prendre, il serait reconnu coupable, car il était conscient du fait que le juge doit faire respecter la loi. Le juge doit penser à l'influence que peut avoir sa décision sur le comportement des gens. Si ceux-ci voient que Heinz est disculpé, ils croiront peut-être qu'ils peuvent se permettre de voler. Même si le juge croit que l'acte de Heinz est moralement justifiable, du point de vue légal, il doit tenir compte de la loi décrétée pour tous».

Les conséquences pratiques

L'aptitude à adopter le point de vue d'une autre personne a de nombreuses implications pratiques. Ce n'est qu'en comprenant l'effet que nos actions peuvent avoir sur les autres que nous pouvons agir en êtres responsables. Il se peut que l'incapacité de se mettre à la place de l'autre soit à l'origine de bon nombre d'actes antisociaux. Deux études portant sur des jeunes délinquants soulignent l'importance de l'empathie socio-cognitive.

Dans l'une de ces études, on a présenté des dessins animés à 45 délinquants chroniques âgés de 11 à 13 ans et à 45 garçons qui n'avaient jamais eu de problèmes sérieux. Ces jeunes devaient ensuite raconter l'histoire en se mettant dans la peau d'une personne qui, arrivée en retard, n'aurait pas été témoin de tous les événements dont ces jeunes étaient au courant. Chandler (1973) découvrit que les jeunes délinquants étaient moins en mesure de se mettre à la place du retardataire.

On répartit ensuite les jeunes délinquants en trois groupes. Les garçons du premier groupe furent inscrits à un programme d'été d'une durée de 10 semaines dans un magasin; des employés de cet établissement aidaient ces jeunes à déve-lopper leur empathie socio-cognitive en composant et en filmant des sketches qui mettaient en scène des jeunes de leur âge. Dans le deuxième groupe, les jeunes reçurent de l'aide de la part des employés du magasin pour faire des dessins animés et des documentaires qui ne les représentaient pas eux-mêmes. Enfin, le troisième groupe ne participa pas à ce programme. À la fin de l'été, on fit passer un nouveau test d'empathie socio-cognitive aux adolescents. Seuls ceux qui avaient reçu un entraînement à cet effet avaient fait des progrès. Un an et demi plus tard, Chandler, en dépouillant les dossiers judiciaires, constata que les garçons qui avaient bénéficié de la formation relative à la compréhension de l'autre, avaient commis moins d'actes reconnus de délinquance.

Cette approche représente donc une nouvelle manière d'aborder les jeunes délinquants: elle nous fait percevoir la délinquance comme le résultat d'un retard dans le développement et nous incite à utiliser de nouveaux moyens pour les aider à se comporter de façon convenable. Par ailleurs, Chandler donne consciencieusement de nombreux démentis à ses propres travaux, faisant ressortir la nécessité de faire preuve d'une extrême prudence dans l'évaluation de toutes les données expérimentales. Tout chercheur doit déterminer exactement l'objet de sa recherche, dégager prudemment les relations de cause à effet entre les variables étudiées et considérer les données obtenues avec un brin de scepticisme.

Nous devons nous rappeler que l'étude que nous venons de décrire portait sur un sous-groupe particulier de jeunes délinquants: ceux qui s'étaient fait prendre. Chandler affirme à ce propos: «Il se peut que l'égocentrisme persistant qui caractérisait ces jeunes ait été un signe d'incapacité plutôt que d'une attitude antisociale. Si tel était le cas, la diminution apparente du nombre d'actes délictuels [...] pourrait ne refléter qu'une habileté accrue à ne pas se faire prendre, et ce qui semblait être une technique d'intervention prometteuse pourrait n'être en fait qu'une «école pour vauriens.» (p. 15)

Chandler, Greenspan et Barenboim (1974) ont évalué un groupe de 125 enfants âgés de 8 à 15 ans atteints de troubles affectifs et élevés en institution. Ils ont découvert que la plupart de ces jeunes étaient retardés aux plans de l'empathie socio-cognitive et de la *communication référentielle*, c'est-à-dire de l'aptitude à transmettre une information visuelle précise à une autre personne de façon que cette personne puisse reproduire un dessin qu'elle n'a pu voir elle-même. Les chercheurs ont réparti au hasard 48 de ces enfants en trois groupes: le premier groupe fut entraîné à l'empathie socio-cognitive, le deuxième à la communication référentielle et le troisième groupe ne reçut aucune formation.

Des étudiants diplômés prêtèrent leur assistance au premier groupe pour composer et enregistrer sur magnétoscope de courts sketches qui mettaient en scène des jeunes de leur âge. Les sujets du deuxième groupe devaient s'adonner à des jeux qui faisaient appel à la capacité des joueurs de communiquer entre eux. Les expérimentateurs interrompaient les joueurs de temps en temps pour leur demander d'évaluer leur capacité de communiquer verbalement une information aux autres. On encourageait les jeunes qui avaient des difficultés à se demander pourquoi ils n'arrivaient pas à transmettre les renseignements pertinents.

Un an plus tard, les enfants faisant partie des deux groupes qui avaient reçu un entraînement firent preuve d'une meilleure empathie socio-cognitive et également d'une légère amélioration sur le plan de l'adaptation sociale. Le faible progrès enregistré dans ce dernier cas souligne toutefois le fait qu'on ne peut pas relier tous les troubles affectifs à un retard au plan de l'empathie socio-cognitive, et qu'un entraînement à l'empathie ne constitue pas une panacée. Comme dans le cas de l'étude décrite précédemment, ces travaux offrent cependant une approche prometteuse qui doit encore être approfondie par la recherche future.

Le développement de la mémoire

Quand un policier lui présenta une série de 12 photographies, une fillette de 3 ans, victime d'enlèvement et d'abus sexuel, put identifier son agresseur. Ce dernier fut arrêté et admit son crime (Goleman, 1984). Dans ce cas, une très jeune enfant se révéla un témoin valable; mais dans d'autres circonstances, le témoignage d'enfants s'est avéré douteux, mélangeant le réel et l'imaginaire ou manquant de précision quant à des détails importants. La fidélité de la mémoire enfantine fait l'objet d'une controverse depuis le début du siècle. Des recherches récentes ont démontré que de très jeunes enfants se rappellent parfois de détails qui ont échappé à l'adulte mais qu'en d'autres occasions, leur mémoire se révèle moins fidèle que celle de leurs

aînés. Les événements qu'il ne comprend pas sont ceux que l'enfant a le plus de difficulté à se rappeler, sans doute parce qu'il n'arrive pas à les organiser dans son esprit. Dans la plupart des cas, la mémoire progresse en fonction du développement cognitif.

La façon dont la mémoire se développe chez l'enfant constitue un domaine d'étude intéressant pour les spécialistes du traitement de l'information. La capacité de mémorisation s'améliore considérablement durant l'enfance, en grande partie parce que l'enfant devient plus apte à concevoir et à utiliser diverses *stratégies* ou plans qui aident au rappel ultérieur. Un autre aspect de la mémoire qui se développe durant cette période est la **métamémoire**, c'est-à-dire une compréhension du fonctionnement de la mémoire.

Le travail de la mémoire comporte quatre étapes fondamentales: la *perception*, l'*encodage*, le *stockage* et le *rappel* de l'information. Tout d'abord, nous devons percevoir quelque chose, c'est-à-dire le voir, l'entendre ou en devenir conscients par l'intermédiaire d'un autre sens. Puis, il nous faut l'encoder et l'organiser, comme nous classons les lettres de l'alphabet pour former des mots. Troisièmement, nous stockons le matériel dans notre mémoire et enfin, nous devons pouvoir aller chercher l'information qui a été emmagasinée.

La capacité de la mémoire

Selon une théorie, nous possédons trois types de mémoire: la mémoire sensorielle, la mémoire à court terme et la mémoire à long terme (Atkinson et Shiffrin, 1968; 1971). La **mémoire sensorielle** (MS) est une conscience fugitive d'impressions sensorielles qui ne dure qu'une fraction de seconde. La **mémoire à court terme** (MCT) est notre mémoire de travail, c'est-à-dire la portion de la mémoire qui contient l'information actuellement active. Enfin, la **mémoire à long terme** (MLT) est un vaste entrepôt de souvenirs. Notre capacité d'aller chercher une information dans notre mémoire à long terme dépend de la façon dont nous l'avons d'abord perçue, organisée et emmagasinée.

La capacité de la MCT augmente rapidement durant l'enfance. Selon une étude classique, la mémoire à court terme se limite à sept pièces d'informations («chunks»), plus ou moins deux pièces (7 ± 2). Certaines personnes ne peuvent retenir que cinq items dans leur MCT alors que d'autres en retiennent jusqu'à neuf (Miller, 1956). Nous pouvons observer le développement de la MCT chez un enfant en lui demandant de mémoriser une série de chiffres dans l'ordre inverse de leur présentation (de dire «8-3-7-5-1» s'il a entendu «1-5-7-3-8», par exemple). Un enfant de 5 ou 6 ans se rappellera habituellement de deux chiffres seulement, alors que l'adolescent peut en mémoriser six.

Les limites de la MCT du jeune enfant nous aident à comprendre la difficulté qu'il éprouve à résoudre certains types de problèmes (comme ceux qui se rapportent à la conservation). Il se peut que le jeune enfant soit incapable de retenir en MCT toutes les pièces d'information pertinentes à la compréhension de la conservation (Siegler et Richards, 1982).

Les stratégies mnémotechniques

Une des acquisitions cruciales de l'enfant entre 6 et 12 ans est la prise de conscience de la possibilité de s'aider à mémoriser les informations qu'il ne veut pas oublier. Il se met à recourir à des **stratégies mnémotechniques,** c'est-à-dire à des techniques qui facilitent le rappel. En vieillissant, il devient plus habile à forger et à utiliser de telles stratégies et à les adapter à ses besoins. On peut aussi lui apprendre à les utiliser avant l'âge où il le fait habituellement spontanément. Jetons un coup d'œil sur quelques-unes des stratégies les plus couramment utilisées tant par les enfants que par les adultes.

La répétition.   Après avoir trouvé un numéro de téléphone dans l'annuaire, il vous arrive peut-être de vous le répéter mentalement jusqu'au moment où vous le composez. La *répétition* permet de maintenir des informations actives en MCT. Quand l'enfant commence-t-il à utiliser cette technique? Selon une étude classique, ce n'est pas en première année (Flavell, Beach et Chinsky, 1966). Quand un expérimentateur indiqua sept images à des enfants en leur disant qu'ils devaient les mémoriser, des élèves de première année se contentèrent de s'asseoir et d'attendre qu'on leur demande l'information; ils tentèrent ensuite d'énumérer les images en question dans l'ordre où ils les avaient vues. Les élèves de deuxième et de cinquième années bougèrent leurs lèvres et marmonnèrent des mots presque inaudibles à partir du moment où on leur présenta les images jusqu'à celui où on leur demanda de les énumérer. Comme on pouvait s'y attendre, les enfants plus âgés se souvinrent davantage des données présentées.

Quand les expérimentateurs demandèrent aux enfants de première année de nommer les images à haute voix dès qu'ils les voyaient (forme de répétition), ceux-ci en mémorisèrent mieux l'ordre de présentation. Une étude subséquente a montré que de jeunes enfants à qui on avait appris la technique de la répétition avant qu'ils ne l'utilisent spontanément, l'ont appliquée à la tâche qu'ils devaient accomplir mais ils ne sont pas allés jusqu'à généraliser son emploi à des situations nouvelles (Keeney, Canizzo et Flavell, 1967).

Les enfants traversent trois stades dans l'utilisation de la répétition. Le petit enfant ne pense pas à l'utiliser et ne peut apprendre à le faire; au début de l'âge scolaire, l'enfant n'utilise pas de lui-même la répétition, mais il peut apprendre à le faire; enfin, après l'âge de 10 ans, les enfants l'utilisent spontanément d'une façon de plus en plus efficace.

L'organisation.   Il est beaucoup plus facile de nous rappeler des données stockées en MLT si nous les *organisons*. L'utilisation de cette stratégie suit un cours semblable à celui de la répétition. On a montré à des enfants de 5 à 11 ans des images d'animaux, de véhicules, de meubles et de vêtements en leur demandant de bien les observer pour pouvoir s'en rappeler plus tard. Pour les inciter à organiser le matériel en catégories, on leur a dit qu'ils pouvaient déplacer les images à leur gré (Moely, Olson, Halwes et Flavell, 1969). Seuls les enfants de 10 et 11 ans organisèrent les images par catégorie. Quand on leur apprit à regrouper les images, les plus jeunes réussirent aussi bien au rappel que leurs aînés, mais ils ne généralisèrent pas cet acquis à d'autres situations.

L'élaboration.   La technique d'élaboration du stimulus consiste à relier des items que nous voulons mémoriser en composant une histoire ou en créant une image visuelle à partir d'eux. Par exemple, pour nous aider à nous rappeler d'acheter des citrons, du ketchup et des serviettes de table, nous pourrions imaginer une bouteille de ketchup en équilibre sur un citron, avec une pile de serviette de table à la portée pour essuyer le ketchup répandu. L'élaboration s'apparente à l'organisation dans la mesure où ces deux techniques consistent à enrichir le matériel à mémoriser en établissant des liens entre les unités qui le composent. Elle en diffère cependant dans la mesure où l'enrichissement par organisation est fortement contrainte par la structure du matériel (par la ressemblance des objets à mémoriser, par exemple), alors que l'enrichissement par élaboration dépend essentiellement de l'imagination de la personne, comme le montre l'exemple précédent. L'enfant plus âgé est plus susceptible que son cadet de recourir spontanément à cette technique; de plus, il réussit mieux à se rappeler des choses quand il élabore lui-même ses histoires ou ses images, alors que le plus jeune mémorise davantage l'information quand c'est une autre personne qui compose un scénario (Paris et Lindauer, 1976; Reese, 1977; Turnure, Buium et Thurlow, 1976).

Les aide-mémoire extérieurs.   Les stratégies mnémotechniques les plus couramment utilisées par les enfants et les adultes sont probablement celles qui font appel à une action extérieure: noter un numéro de téléphone, faire une liste, se nouer une ficelle autour du doigt, demander à quelqu'un de nous rafraîchir la mémoire, monter un compte-minute ou mettre un volume devant la porte d'entrée pour ne pas oublier de le rapporter à la bibliothèque, etc. Même l'élève de prématernelle reconnaît la valeur de tels moyens extérieurs et en grandissant, l'enfant y recourt de plus en plus (Kreutzer, Leonard et Flavell, 1975).

La métamémoire

Une compréhension intuitive du fonctionnement de la mémoire s'acquiert au cours de l'enfance. L'enfant en vient à se rendre compte que certaines choses sont faciles à mémoriser et d'autres non, qu'il est plus facile de réapprendre une chose que de l'apprendre pour la première fois, qu'il est plus ardu de mémoriser une quantité importante d'informations qu'une petite quantité et qu'une chose étudiée longuement sera mieux mémorisée. Vingt enfants de prématernelle et de première, troisième et cinquième année ont été interrogés quant au fonctionnement général de la mémoire. Les résultats montrent que même les plus jeunes parmi eux possèdent des connaissances dans le domaine et que celles-ci augmentent avec l'âge (Kreutzer et coll., 1975). Des recherches ont montré que des adolescents doués possèdent une compréhension plus sophistiquée du fonctionnement de la mémoire que des enfants plus jeunes. Ce résultat laisse croire qu'il est encore possible d'amé-

liorer la métamémoire à l'adolescence et peut-être même à l'âge adulte.

Le développement du langage

Voilà un autre domaine où l'enfant évolue considérablement au cours de l'enfance, tout particulièrement en ce qui a trait à la structuration du langage, à l'aptitude à communiquer et à la *métacommunication*, c'est-à-dire à la compréhension des processus en jeu dans la communication.

La grammaire: la structure du langage

Si l'enfant de 6 ans a atteint une maîtrise étonnante de la langue, maniant une grammaire complexe et utilisant un vocabulaire d'environ 2500 mots (Lenneberg, 1967), il est encore loin de saisir toutes les finesses de la syntaxe.

Jusqu'à l'âge de 9 ans et peut-être après cet âge, l'enfant approfondit sa compréhension de la syntaxe (Chomsky, 1969). En évaluant la compréhension de diverses structures syntaxiques chez 40 enfants de 5 à 10 ans, Carol Chomsky a constaté que l'âge d'acquisition d'une même structure syntaxique pouvait varier considérablement d'un enfant à l'autre.

L'aptitude à communiquer

En recevant un traitement au fluor chez son dentiste, Marie-Ève se fait dire de ne pas manger avant une demi-heure. La fillette interprète mal la recommandation de l'hygiéniste dentaire et croit qu'elle ne peut avaler avant une demi-heure. Peu après avoir quitté la salle d'examen, elle se met à baver et à paraître très incommodée; elle est fort soulagée lorsque le dentiste s'aperçoit de son embarras et la convainc qu'elle *peut* avaler sa salive.

Bien que Marie-Ève possède un niveau complexe d'aptitudes linguistiques, la communication lui pose encore des problèmes, comme à plusieurs enfants de son âge. L'adulte aussi, bien sûr, interprète souvent mal ce que d'autres lui disent, ce qui donne lieu à d'importants malentendus, tant cognitifs qu'affectifs; mais sa difficulté à recevoir certains messages semble être due à autre chose qu'une incompréhension de concepts fondamentaux, comme c'est souvent le cas chez l'enfant. Pour observer de près l'aptitude de l'enfant à transmettre et à comprendre

Quand il arrive à l'école primaire, l'enfant a atteint une maîtrise étonnante de la langue, maniant une grammaire complexe et utilisant un vocabulaire d'environ 2500 mots. (Freda Leinwand / Monkmeyer)

une information parlée, des chercheurs ont conçu plusieurs expériences ingénieuses.

Lors d'une de ces expériences, on a demandé à des enfants de prématernelle et de deuxième année de faire des constructions de blocs exactement pareilles à celles d'un autre enfant, à partir d'instructions enregistrées par ce dernier et sans voir les dites constructions. Les instructions s'avérèrent souvent incomplètes, ambiguës ou contradictoires. Le «constructeur» devait ensuite dire si, selon lui, son œuvre était identique au modèle et si les instructions reçues étaient bonnes ou mauvaises.

Les enfants plus âgés furent plus *à l'écoute de leur compréhension*: ils remarquaient davantage les moments où les instructions étaient inadéquates et le manifestaient en s'arrêtant ou en prenant un air perplexe; ils se rendaient mieux compte des occasions où ils ne comprenaient pas et des conséquences d'une communication confuse, c'est-à-dire du fait que les différences entre leur construction et le modèle étaient dues à l'insuffisance des instructions. Les enfants plus jeunes se rendaient parfois compte de l'imprécision des instructions, mais ne semblaient pas réaliser que c'était là la cause de leur difficulté à reproduire le modèle. Même les enfants plus vieux (qui, après tout, n'avaient que 8 ans environ) ne parurent pas avoir pleinement conscience du processus de la communication (Flavell, Speer, Green et August, 1981).

De telles constatations ont d'importantes conséquences pour les parents, pour les enseignants et pour tous ceux qui travaillent auprès des enfants. Une bonne partie des choses qu'il voit, entend ou lit, échappe au jeune enfant sans même qu'il s'en rende compte. Il est peut-être tellement habitué à ne pas comprendre tant de choses qui l'entourent que cela lui semble normal. Souvent, il fait comme si de rien n'était; il hoche la tête et essaie de suivre des instructions incomprises sans poser de questions. L'adulte doit être conscient qu'il ne peut prendre pour acquis que l'enfant comprend. Pour la sécurité, le bien-être et la réussite académique des enfants, nous devons trouver des façons de vérifier si ceux-ci savent réellement ce que nous voulons qu'ils sachent.

La mesure de l'intelligence chez les écoliers

Dans plusieurs écoles, il est d'usage de faire passer collectivement, à tous les enfants, des tests d'intelligence à intervalles réguliers de quelques années. Les résultats servent à déterminer en partie les aptitudes individuelles des écoliers et en partie la qualité de l'enseignement qu'on leur dispense. Il arrive également qu'on fasse passer des tests individuels à des jeunes, soit pour fin d'admission à une école, soit pour détecter chez eux des difficultés d'apprentissage spécifiques, ou encore pour les placer dans un programme enrichi.

L'utilisation des tests d'intelligence habituels comporte des avantages et des inconvénients. D'une part, ces tests ont l'avantage d'avoir été standardisés et d'être bien documentés quant à leurs normes d'utilisation, leur validité et leur fidélité. De plus le Q.I. est un bon prédicteur du rendement scolaire, tout particulièrement chez l'enfant très verbal, et il aide à dépister les jeunes qui sont surdoués de même que ceux qui ont besoin d'un soutien particulier.

D'autre part, l'utilisation des tests d'intelligence pose des difficultés. Nous avons déjà souligné que les mesures du Q.I. chez le nourrisson prédisent mal ses performances intellectuelles ultérieures, et que le focus que les tests d'intelligence mettent sur les habiletés motrices ne leur permet pas d'évaluer les capacités des enfants handicapés. Dans le présent chapitre, nous examinerons la façon dont les tests d'intelligence actuels peuvent sous-estimer les aptitudes intellectuelles des enfants issus de minorités. Plus loin dans cet ouvrage, nous verrons comment les tests d'intelligence utilisés auprès des personnes âgées ont contribué à une sous-estimation générale de leurs capacités intellectuelles.

Les tests

Le Stanford-Binet. On fait encore passer ce test individuel aux enfants d'âge scolaire, mais son emploi est beaucoup moins fréquent qu'auparavant. Comme il accorde une importance exagérée aux habiletés verbales, il désavantage l'enfant aux prises avec un problème de langage particulier et tend à masquer les difficultés de l'enfant verbalement doué qui a des carences aux plans perceptif ou moteur.

Le WISC (Wechsler Intelligence Scale for Children). Ce test individuel a été conçu pour mesurer le rendement intellectuel des enfants de 5 à 15 ans, mais on y soumet surtout des jeunes dont l'âge varie entre 7 et 13 ans. Il mesure séparément les aptitudes verbales et non verbales, avec cotes pour les unes et les autres, mais il permet également d'en arriver à une cote globale. Cette séparation des cotes facilite le dépistage de troubles particuliers. Par exemple, si un enfant réussit sensiblement mieux aux épreuves verbales (compréhension d'un passage écrit, connaissance de mots de vocabulaire, etc.) qu'aux épreuves non verbales (parcours d'un labyrinthe, reproduction d'un dessin avec blocs, etc.), cela pourrait indiquer un retard du développement perceptif et/ou moteur. À l'inverse, dans le cas où c'est le quotient intellectuel non

verbal qui est beaucoup plus élevé, il est possible qu'on soit en présence de problèmes au niveau de l'acquisition du langage.

Au Québec, le *Barbeau-Pinard* est très souvent employé; il s'agit d'un test élaboré selon les mêmes principes que le WISC et standardisé sur une population francophone de la région montréalaise.

Le test d'aptitude mentale Otis-Lennon, niveau primaire. Ce test collectif s'adresse aux enfants de maternelle et de première année scolaire, qu'on évalue en petits groupes de 10 à 15 sujets. On donne à chaque enfant un livret qui comprend des images et des schémas; il n'y a rien à lire. Le maître dicte les consignes verbalement. Le test dure environ une demi-heure et se donne en deux séances séparées par une pause. Il porte sur la classification d'items, la compréhension de notions verbales et numériques, le niveau d'information générale et la capacité de suivre des directives.

La batterie à niveaux multiples Lorge-Thorndike. Ce test de groupe s'adresse aux enfants de quatrième, cinquième et sixième année du primaire. Il s'agit pour les enfants de dire la signification de mots, de compléter des phrases, de classifier des termes, de résoudre des problèmes d'arithmétique qui font appel au raisonnement et de faire preuve de compréhension d'analogies verbales. Chez les enfants de quatrième année, le test dure environ une heure.

La psychométrie interculturelle

Déjà en 1910, les chercheurs étaient conscients de la difficulté d'élaborer des tests pour évaluer le niveau d'intelligence de groupes culturels différents (Anastasi, 1968). Depuis, ils se sont employés en vain à construire des tests capables de mesurer les aptitudes intellectuelles innées sans y introduire de biais culturels. On a pu construire des tests qui ne font pas intervenir le langage; ceux qui les font passer usent de gestes, de pantomime et de démonstrations pour des tâches comme des tracés de labyrinthes, la découverte de détails absurdes dans des images, le placement de formes appropriées dans des planches à encastrement et l'achèvement de dessins. Mais il s'est révélé impossible d'en éliminer tout contenu culturel. Pour qu'une personne découvre les détails absurdes d'une image, celle-ci doit représenter quelque chose qui lui est familier. Les conventions artistiques auront un effet sur la façon dont le sujet percevra l'image. En Israël, des enfants d'origine orientale, à qui l'on avait demandé d'indiquer le détail qui manquait dans le dessin d'un visage sans bouche, ont répondu qu'il n'y avait pas de corps. Ils n'étaient pas habitués à considérer le dessin d'une tête comme une image complète et «considéraient que l'absence du corps était plus importante que l'omission d'un simple détail comme la bouche» (Anastasi, 1968, p. 252).

Se heurtant à l'impossibilité de construire un test *exempt de connotations culturelles*, les psychométriciens ont tenté d'élaborer des tests *culturellement équitables* et qui portent sur des expériences communes à diverses cultures. Mais il est presque impossible de dépister toutes les valeurs et attitudes déterminées par la culture. Anastasi (1968) a énuméré quelques-unes des conditions qui varient selon les cultures: «l'intérêt intrinsèque du contenu du test, la relation avec l'examinateur, le besoin de réussir, le désir de dépasser les autres et les habitudes déjà acquises de résoudre les problèmes individuellement ou en collaboration» (p. 251). Il y a d'autres attitudes qui sont déterminées par la culture. L'enfant qui appartient à une société où l'on tient en haute estime le travail lent, délibéré et appliqué risque d'être désavantagé dans tous les tests qui mettent l'accent sur l'exécution d'une tâche dans un temps limité. Celui qui est issu d'une culture centrée sur la sociabilité et la collaboration sera défavorisé dans l'exécution solitaire d'une tâche.

La douance

Depuis le XIXe siècle, plusieurs chercheurs ont étudié rétrospectivement l'enfance de personnes exceptionnelles en vue d'identifier les facteurs qui ont contribué à leur épanouissement. Au début du XXe siècle, Lewis M. Terman de l'Université de Stanford décida d'adopter une autre approche et de suivre le cheminement d'enfants doués jusqu'à l'âge adulte pour voir s'ils y tiennent toujours leurs promesses.

Terman définit l'enfant doué comme celui qui a un Q.I. de 140 ou plus. En 1922, il repéra plus de 1300 de ces enfants. À l'aide d'une série de 11 questionnaires s'échelonnant sur une période de 63 ans, des chercheurs de Stanford ont observé l'évolution de ces sujets jusqu'à nos jours et ont ainsi recueilli un nombre considérable d'informations sur leurs études ainsi que sur leurs carrières professionnelles et sociales. Les psychologues Pauline et Robert Sears s'appliquent actuellement à analyser les plus récentes données de cette étude.

Ces enfants furent évalués en fonction de leur intelligence, de leur rendement scolaire, de leur caractère, de leur personnalité et de leurs intérêts. On leur fit également subir un examen médical, on prit leurs mesures physiques, et on interrogea leurs parents et leurs professeurs pour obtenir des renseignements pertinents qui permettent d'élaborer un dossier (histoire de cas) et d'évaluer leur personnalité. Les données obtenues ont démoli l'image stéréotypée de l'enfant brillant qu'on se représente souvent comme le rat de bibliothèque malingre au teint terreux. Au contraire, les enfants doués observés par Terman manifestaient leur supériorité dans tous les domaines. Ils avaient tendance à être plus grands, en meilleure santé, et doués d'une meilleure coordination que l'enfant moyen. Ils faisaient aussi preuve d'une plus grande capacité d'adaptation et jouissaient d'une plus grande popularité parmi les autres enfants (Wallach et Kogan, 1965).

On attribue à l'étude de Terman le mérite d'avoir donné l'impulsion aux programmes d'enrichissement pour enfants doués et d'avoir démontré que cette stimulation ne nuit pas aux enfants brillants (Rafferty, 1984).

À l'âge adulte, les sujets de cet échantillon faisaient encore preuve de supériorité, surtout en ce qui a trait aux aptitudes intellectuelles, au succès dans les études et à la réussite professionnelle. Ils avaient 10 fois plus de chances que des sujets ordinaires d'obtenir un diplôme collégial, et trois fois plus de chances que les autres étudiants d'être choisis comme membres honoraires de sociétés prestigieuses. À l'âge mûr, plusieurs d'entre eux faisaient partie de répertoires comme le «American Men of Science» (qui comprend également des noms de femmes) et le «Who's Who»[2]. Hommes et femmes étaient à l'origine de nombreuses publications, et 86 % des hommes appartenaient à des catégories professionnelles haut cotées; on retrouvait plusieurs d'entre eux parmi les professionnels, les semi-professionnels et les cadres supérieurs du monde des affaires (Terman et Oden, 1959).

---

2 À cause des attitudes différentes dans notre société vis-à-vis des carrières destinées aux hommes et aux femmes, on évalua séparément les sujets masculins et féminins. Les sujets des deux sexes accomplissaient une bonne performance.

Encadré 8.2

Comment encourager le talent de nos enfants

Chez la plupart d'entre nous, un talent exceptionnel inspire un grand respect, surtout lorsqu'il se manifeste durant l'enfance. En vue d'explorer les origines des aptitudes rares, des chercheurs de l'Université de Chicago ont observé plus de 120 grands talents qui, avant d'avoir atteint 35 ans, s'étaient distingués à l'échelle internationale comme pianistes de concert, sculpteurs, nageurs ou joueurs de tennis olympiques, mathématiciens ou neurologues (Bloom, 1985).

Les auteurs de cette étude voulaient trouver les raisons de la rareté de tels talents, examiner leur mode de développement et le rôle exercé par la famille, les enseignants et l'école dans leur réussite. Les résultats obtenus font ressortir l'importance d'encourager le talent dès le bas âge.

Tous ces êtres remarquables avaient été encouragés, entourés, éduqués et entraînés dès la petite enfance. Leurs parents avaient joué un rôle primordial en leur inculquant un sentiment de fierté face à leurs réalisations, en les incitant à travailler fort, en les consolant lors des échecs et en écartant les obstacles lorsqu'ils le pouvaient. La plupart de ces êtres accomplis s'étaient engagés avec intensité dans leur domaine d'action avant l'âge de 12 ans, et souvent avant 10 ans; à partir de ce moment, les autres activités (comme l'école) avaient pris une place secondaire dans leur vie. Dans la majorité des cas, un parent et/ou un autre membre de la famille avaient manifesté un intérêt personnel pour le domaine où l'enfant excellait parce qu'ils y manifestaient eux-mêmes des aptitudes. Ils avaient souvent encouragé l'enfant à prendre part à des activités dès l'âge de 3 à 7 ans, et avaient récompensé tous les signes d'intérêt et d'aptitudes.

Après les parents, c'était le premier professeur qui avait joué le rôle le plus important en communiquant à l'enfant un sentiment de joie et d'enjouement avant qu'il n'ait besoin d'un enseignant qui exige davantage de lui et l'incite à faire de son mieux. Le troisième facteur vital était l'investissement de temps et d'énergie de la part de l'enfant lui-même. En grandissant, celui-ci continuait à accorder la place la plus importante à son talent. À l'adolescence, il consacrait souvent de 15 à 24 heures par semaine à l'activité retenue et choisissait ses amis parmi ses adeptes.

On releva plusieurs différences entre l'entraînement que ces jeunes recevaient dans le domaine choisi et l'enseignement prodigué à l'écolier type. Leur formation était souvent individuelle et axée sur le caractère exceptionnel de leur talent, et provenait en grande partie de parents, de tuteurs et d'entraîneurs. Contrairement à ce qui se passe dans un programme scolaire typique, l'accent n'était pas mis sur ce que l'enseignant voulait transmettre, mais sur ce que l'enfant avait besoin d'apprendre. Les objectifs d'apprentissage et les tâches étaient établis en fonction de ces besoins particuliers.

Deuxièmement, leurs professeurs avaient une approche «longitudinale»: ils connaissaient bien l'enfant, s'attendaient à l'avoir comme élève pendant plusieurs années et mettaient l'accent à la fois sur les objectifs à long terme et sur les progrès accomplis par celui-ci au cours d'une période donnée. L'enseignant type, de son côté, a une approche «transversale», n'étant responsable de l'enfant que pour un an et le comparant à ses compagnons de classe pour l'évaluer.

En outre, les jeunes talents connaissaient des moments culminants grâce à leur participation régulière à des événements publics (récitals, épreuves, etc.) qui représentaient autant d'objectifs à court terme à poursuivre et de repères quant aux progrès accomplis. Quand ils connaissaient des succès, les louanges et les récompenses les incitaient à persévérer; quand ils avaient moins bien réussi, on les encourageait à tenter de faire mieux la prochaine fois. Or, l'école d'aujourd'hui ne comporte pas autant d'événements spéciaux (tels que des concours, des débats et des compétitions dans les matières scolaires) que la classe d'autrefois.

L'examen de la relation entre le développement du talent et la vie scolaire de l'enfant fit ressortir trois modèles fondamentaux. Chez certains enfants, le talent et l'école étaient des domaines séparés: à part d'efforts d'adaptation mineurs occasionnels de la part de l'école (au niveau des horaires), ce sont les jeunes qui devaient s'adapter pour répondre aux exigences de leurs deux champs d'activités. Chez d'autres enfants, l'école représentait un facteur négatif, car leurs professeurs et leurs compagnons de classe ne valorisaient pas leur talent et ils se voyaient tiraillés dans le partage de leur temps et de leur énergie. Heureusement, l'école encourageait certains enfants, par le truchement d'un intérêt particulier de la part d'un professeur, de l'appréciation des pairs ou de l'expérience d'événements publics leur donnant l'occasion d'être reconnus pour leur talent.

Cette étude confirme les résultats d'un projet appelé «Harvard University Project Zero» où l'on a observé des enfants alors qu'ils s'adonnaient à différentes activités artistiques. Cette dernière recherche avait en effet relevé trois éléments essentiels du succès artistique: un talent inné, un milieu favorable et le goût de réussir (Gardner, 1979).

Fait étonnant, ces sujets exceptionnellement brillants ne se distinguaient pas par leur créativité. Aucun d'entre eux ne s'illustra dans le domaine des arts, de la musique ou de la littérature. Il se peut que les épreuves et les autres méthodes utilisées lors de cette étude aient contribué à éliminer les sujets très créateurs au profit des sujets très compétents. La plupart des chercheurs font une distinction entre douance et talent dans les études de plus en plus nombreuses sur le sujet. Les expressions «surdoué» et «surtalentueux» sont réservées aux cas exceptionnels se manifestant notamment par leur précocité.

Même si presque tous ces adultes réussissaient mieux que l'individu moyen, il y avait des variations à l'intérieur du groupe lui-même en ce qui a trait au rendement des sujets. Lorsqu'on compara les 100 meilleurs sujets masculins aux 100 sujets qui avaient le moins bien réussi, plusieurs différences ressortirent. Les premiers avaient des revenus plus élevés, provenaient de foyers plus favorisés et plus stables, avaient une meilleure capacité d'adaptation durant l'enfance, étaient davantage encouragés à se montrer indépendants, se voyaient plus fortement incités par leurs parents à réussir à l'école et à poursuivre leurs études supérieures, jouissaient d'une meilleure santé, avaient un niveau de scolarité plus élevé, étaient physiquement plus actifs et avaient une vie familiale plus heureuse. Ils étaient plus ambitieux même enfants, plus centrés sur les objectifs à atteindre, plus confiants en eux, persévérants et désireux de voir leurs réalisations reconnues (Sears, 1977; Sears et Barbee, 1978). De toute évidence, des facteurs autres que l'intelligence sont à l'origine du succès, car le Q.I. moyen des deux groupes comparés était à peu près le même.

La créativité chez l'enfant

Qu'est-ce que la créativité? C'est la capacité de percevoir les choses sous un jour différent, de voir des problèmes que personne d'autre ne peut même reconnaître et de trouver ensuite des solutions nouvelles, originales et efficaces à ces problèmes. La créativité fait appel à une *pensée divergente*, plutôt que *convergente* (Guilford, 1959). Au lieu d'essayer de trouver *la* bonne réponse à un problème, la personne douée d'un esprit créateur tente d'y trouver plusieurs solutions en explorant le plus de directions possibles.

Souvent, les gens qui font preuve de créativité consacrent beaucoup de temps à ressasser les problèmes dans leur esprit, favorisant ainsi l'émergence naturelle des idées. Bien que les grandes découvertes découlent presque toujours d'un travail intensif dans un domaine donné, la nouvelle idée elle-même semble sortir toute faite de l'observation du moment. Ainsi, lorsque Marie Curie s'est rendu compte qu'aucun des éléments connus jusque-là ne pouvait expliquer le phénomène de la radioactivité qu'elle tentait de comprendre, l'idée audacieuse lui est soudain venue qu'elle avait peut-être affaire à un élément nouveau. Les recherches subséquentes permirent de l'identifier sous le nom de radium. Les grandes découvertes se font généralement au prix d'années de travail ardu, mais elles dépendent de l'aptitude de leurs auteurs à percevoir et à exploiter de nouvelles possibilités.

La mesure de la créativité

Conscients de l'importance de la créativité pour la société et pour l'individu lui-même, et du fait que les tests d'intelligence ordinaires ne sont pas en mesure de l'évaluer, certains chercheurs, faisant eux-mêmes preuve d'esprit créateur, ont conçu des moyens de la mesurer. Jusqu'à présent, ces tests servent plus à la recherche qu'à l'orientation scolaire ou professionnelle des sujets, et leur application soulève quelques problèmes. D'abord, les résultats obtenus dépendent fortement de la rapidité des sujets; or, les individus créateurs ne sont pas toujours vifs comme l'éclair. L'autre difficulté qui se pose est la suivante: bien que ces tests soient *fidèles*, c'est-à-dire qu'ils donnent des résultats semblables même lorsqu'ils sont donnés par différents testeurs, on n'a guère pu démontrer jusqu'à présent leur *validité*. Par conséquent, nous ne savons pas s'ils mesurent réellement la créativité dont font preuve les sujets dans les circonstances ordinaires de la vie (Anastasi, 1976).

L'influence de la famille sur la créativité

Plusieurs chercheurs ont étudié l'influence qu'exerce la famille sur le niveau de créativité de l'enfant. Miller et Gerard (1979) ont analysé 61 compte-rendus de ces études et en ont tiré une série de conclusions que nous pourrions présenter sous forme de directives aux parents qui veulent avoir des enfants doués d'une grande créativité.

- *Appartenez à une classe sociale élevée*, surtout si vous désirez des enfants créateurs au plan verbal. Ce facteur n'influence pas toujours la créativité au plan non verbal mais, en général, les aptitudes linguistiques favorisent la créativité, surtout chez les garçons.
- *Ayez le nombre d'enfants que vous voulez*. Ni la taille de la famille ni le rang qu'y occupe l'enfant ne semblent influencer la créativité. Certaines études démontrent que l'aîné est plus créateur, certaines, qu'il l'est moins et d'autres concluent qu'il ne diffère pas des autres enfants à ce niveau. Quelques études ont cependant constaté que le cadet est relativement peu créateur, quand il est né plusieurs années après l'enfant qui le précède dans la famille.
- *Ayez un enfant peu après celui chez qui vous désirez voir éclore une grande créativité*. Les enfants très créateurs ont souvent un frère ou une sœur qui les suit de près.
- *Ayez une fille si vous désirez un enfant créateur au plan verbal, un garçon si vous voulez un enfant créateur au plan figuratif*. Ces différences ne se manifestent cependant pas dans la petite enfance et sont plus marquées dans les cultures qui mettent l'accent sur les différences entre les sexes.
- *Ne vous préoccupez pas de l'opinion des autres*. Les enfants très créateurs ont tendance à avoir des parents qui ont confiance en eux-mêmes, qui ne se préoccupent pas de leur réputation, qui ne sont pas inhibés, et qui ne se laissent pas arrêter par les conventions et les pressions sociales.
- *Cultivez vos talents*. Pour la mère, ceci peut prendre la forme d'un travail à l'extérieur et pour les deux parents, celle d'un passe-temps intellectuel ou artistique.
- *Traitez vos enfants avec respect et faites-leur confiance*. Attendez-vous à ce qu'ils réussissent tout en leur accordant suffisamment de liberté; cultivez leur sens des responsabilités.
- *N'insistez pas trop sur la nécessité d'entretenir des liens affectifs très étroits entre les membres de la famille*. Les enfants créateurs sont souvent issus de foyers plutôt froids ou de famille où les parents ne s'accordent pas.
- *Ne faites pas preuve d'hostilité, de rejet ni de détachement*. Les enfants créateurs ne grandissent pas dans les foyers hostiles, mais plutôt dans ceux qui favorisent une certaine distance émotive.
- *Surtout, ne gardez pas vos enfants sous votre domination*. Les conclusions les plus valables qui ressortent de cette étude soulignent l'effet néfaste que peuvent avoir des attitudes parentales vigilantes, autoritaires et dominatrices sur le développement de la créativité. L'enfant qui est constamment soumis à des directives perd sa confiance en soi et sa spontanéité, deux composantes essentielles à l'éclosion des aptitudes créatrices.

L'enfant à l'école

L'école prend tellement d'heures et occupe une place tellement centrale dans la vie des enfants qu'elle agit sur tous les aspects de leur développement intellectuel, physique et socio-affectif. Bien qu'ils reconnaissent pratiquement tous ce rôle multiple de l'école, les spécialistes de l'éducation et les éducateurs ne s'entendent pas toujours sur les façons dont celle-ci peut le mieux favoriser le développement de l'enfant. Les oscillations que connaissent les théories éducatives depuis plusieurs décennies témoignent de ces divergences.

Les réformes en éducation

Les matières de base telles que la lecture, l'écriture et l'arithmétique représentaient le pivot de la formation scolaire au cours des années 1920 et 1930. Vers les années 1940 et 1950, un mouvement de réformes se dessina en vue de réagir à la discipline excessive imposée aux enfants et on rechercha des méthodes qui tiennent davantage compte de leurs intérêts. En 1957, quand l'Union soviétique envoya son premier satellite dans l'espace, les Américains se mirent à craindre que leurs enfants ne reçoivent pas une formation scientifique aussi poussée que les écoliers soviétiques; une grosse vague d'encouragement des sciences et des mathématiques déferla alors sur les écoles nord-américaines. Au cours des périodes d'agitation politique de la fin des années 1960, de tels programmes apparurent moins importants que la capacité des jeunes d'acquérir une pensée personnelle et de contrôler l'orientation de leur éducation. On vit alors apparaître les «classes libres», où les enfants s'adonnent à des activités différentes dans la même salle et où l'enseignant est perçu comme celui qui facilite et supervise plutôt que celui qui transmet des connaissances. Les étudiants du niveau secondaire acquièrent un plus grand pouvoir de décision quant aux cours à suivre; il en résulta qu'un nombre moins important d'entre eux étudièrent les langues étrangères et les sciences pures (Ravitch, 1983).

Vers la fin des années 1970, les baisses que connurent les étudiants du niveau secondaire dans les résultats obtenus lors des examens ministériels inquiétèrent les éducateurs; ceux-ci se mirent à craindre que nos écoles ne fournissent pas de base assez solide dans les matières académiques fondamentales et acquièrent la conviction que les étudiants pourraient mieux développer une pensée personnelle s'ils possédaient de meilleures connaissances de base. Par conséquent, l'école mit de nouveau l'accent sur les matières fondamentales.

Que signifient tous ces changements pour l'enfant? Ils témoignent d'une conviction profondément ancrée: notre avenir repose sur la façon dont évoluent nos enfants et la formation académique est un moyen fondamental d'influencer leur développement. Bien que les éducateurs professionnels diffèrent d'opinion sur l'importance de cette influence, cette dernière se fait indéniablement sentir, comme nous le verrons maintenant.

L'influence du professeur

L'influence de l'enseignant est particulièrement puissante au cours des premières années, alors qu'il ou elle devient un substitut des parents, un dispensateur de principes, un de ceux qui contribuent à l'édification de l'image que l'enfant aura de lui-même.

Lorsque le directeur général d'une commission scolaire de banlieue américaine demanda à 2000 élèves, depuis la maternelle jusqu'à la huitième année: «Qu'est-ce qui fait qu'une école est bonne?», la réponse en tête de liste fut: «Les professeurs» (McPhee, 1966). De plus, la «compréhension» ressortit comme la qualité la plus importante d'un bon professeur. Un enfant de maternelle répondit: «Le professeur nous aime même quand nous sommes méchants»; un élève de deuxième année dit: «Les professeurs ne devraient pas crier et hurler à propos d'un rien» et un élève de sixième année était d'avis que «des liens de compréhension devraient unir les professeurs et les élèves». Les enfants veulent également que les professeurs fassent leur travail d'enseignants. Un enfant de première année a déclaré: «Quand il y a quelque chose que vous ne savez pas, vous le demandez au professeur, et si vous avez tort, ça ne fait rien parce que c'est pour cela que vous allez à l'école.» Et un autre de dire: «L'école est bonne quand vous avez des professeurs qui peuvent se mettre à votre niveau, quand il vous disent quelque chose et que vous pouvez les comprendre.»

Les réponses de ces enfants viennent appuyer les résultats de l'enquête menée par Jersild en 1940 auprès de 526 enfants afin de déterminer les caractéristiques du professeur idéal. Selon ces jeunes, le professeur idéal donne des explications en des termes que l'enfant comprend; c'est une personne aimable, sympathique, prévenante, qui s'intéresse aux élèves en tant que personnes, équitable, cohérente dans sa façon d'appliquer la discipline, ouverte, enthousiaste et de bonne apparence. Les professeurs que les enfants aiment le moins sont ceux qui les ridiculisent, les sermonnent, leur donnent trop de devoirs à faire, leur manquent de sympathie, exercent une discipline rigide ou incohérente et ont mauvais caractère.

Une enquête a été récemment effectuée dans la région montréalaise auprès de 407 élèves de la troisième à la sixième année du primaire. Ici non plus, les enfants n'aiment pas les professeurs qui crient (40 %), mais apprécient leur bonne humeur (36 %). Curieusement, la plupart des enfants (56 %) croient que c'est lorsqu'ils parlent qu'ils agacent le plus leur professeur. Après un bon travail, les enfants attendent premièrement un renforcement social (félicitations: 46 %) et deuxièmement une récompense (33 %). La récompense la plus appréciée est le congé de devoirs (25,1 %) et la punition la plus détestée est la copie (42,6 %). Il semble bien qu'au Québec comme ailleurs, le professeur soit une des clés de l'intérêt de l'enfant pour l'école (Georgette Goupil et Jean Archambault, 1987)

La confirmation des attentes. Quand les professeurs s'attendent à ce qu'un enfant ait du succès en classe, cet enfant a plus de chances de réussir. La **confirmation des attentes,** processus par lequel les gens font ce que l'on attend d'eux, a été démontrée dans plusieurs situations différentes (Rosenthal et Jacobsen, 1968). Dans le cas de l'expérience d'«Oak School», on dit au début de l'année scolaire à quelques enseignants de cette école californienne que certains de leurs élèves avaient fait preuve de rares capacités de développement intellectuel. En fait, les enfants identifiés comme étant «sur le point de s'épanouir» avaient été choisis au hasard. Plusieurs mois plus tard, la mesure du fonctionnement intellectuel de bon nombre de ces enfants, surtout chez ceux de première et de deuxième année du cours élémentaire, indiqua des gains exceptionnels. De plus, les professeurs semblaient manifester une préférence pour ces sujets. Pourtant, ces professeurs ne semblent pas avoir consacré plus de temps à ces enfants qu'aux autres, ni les avoir, en aucune façon, traités différemment. Des influences plus subtiles, vraisemblablement liées au ton employé par l'enseignant, ainsi qu'à son expression faciale, à sa façon de toucher les enfants et à sa posture ont dû jouer. «Peu importe la position que l'on prend en ce qui a trait aux données originales de Rosenthal et Jacobson, les travaux d'un grand nombre de chercheurs qui ont utilisé des méthodes diverses sur une période de plusieurs années ont démontré de façon non équivoque que les attentes des enseignants peuvent donner lieu et donnent souvent lieu au phénomène de confirmation des attentes, même si ce n'est pas toujours de façon systématique ou automatique.» (Brophy et Good, 1974, p. 32)

Ce principe de la confirmation des attentes, aussi connu sous le nom d'«effet Pygmalion» ou d'«effet Rosenthal», a de lourdes conséquences pour les enfants qui appartiennent à des groupes minoritaires ou à des milieux défavorisés. Puisque plusieurs enseignants de la classe moyenne sont convaincus (souvent inconsciemment) que les élèves issus de ces milieux sont limités au plan intellectuel, ils peuvent leur faire sentir par leurs comportements et leurs attitudes qu'ils attendent peu de choses d'eux, et ainsi n'obtenir que le minimum attendu.

Il est souvent difficile pour les enseignants qui ont acquis cette conviction, de comprendre les enfants issus d'un milieu socio-économique défavorisé ou de se faire comprendre d'eux. Les objectifs que l'éducateur considère comme naturels (la propreté, la ponctualité, l'esprit de compétition) ne sont pas nécessairement ceux de l'entourage de l'enfant. Si sa famille et ses amis ont des valeurs très différentes de celles de son professeur, l'enfant leur restera fidèle et fera fi de celles de l'enseignant. Cette attitude peut déranger le professeur et créer des problèmes dans la relation maître-élève. Plus le système de valeurs des enfants se rapproche de celui des professeurs, plus les notes de ces enfants risquent d'être élevées (Battle, 1957). L'avantage accordé aux élèves qui partagent les mêmes schèmes de pensée peut provenir d'une meilleure interaction entre professeur et élève qui incite l'enfant à mieux apprendre, ou encore découler d'un préjugé favorable dans l'attribution des notes.

Les enseignants préfèrent-ils les filles? Traditionnellement, l'école primaire est le royaume des filles, tout particulièrement durant les premières années. Les filles lisent et écrivent mieux que les garçons, ont moins tendance à redoubler une année ou à avoir des problèmes, et sont préférées par les enseignants (Brophy et Gook, 1973; Baughman, 1971; Maccoby, 1966). Dans d'autres sociétés, ce sont les garçons qui l'emportent sur les filles (Brophy et Good, 1974). On peut capitaliser sur les stéréotypes sexuels pour tenter d'expliquer ce phénomène: les institutrices, majoritaires dans le personnel enseignant au primaire, comprendraient et aimeraient mieux les fillettes; elles seraient moins capables d'endurer la négligence, le vacarme et l'agressivité qui entourent les petits garçons. Il semble d'ailleurs que les instituteurs aient la même attitude et soient portés à réprimander et à louanger davantage les garçons (Brophy et Good, 1973; Etaugh et Harlow, 1973). Résultat: les garçons éduqués par des hommes ne réussissent pas mieux que s'ils étaient éduqués par des femmes (Brophy et Good, 1973).

Le problème semble résulter d'un conflit entre le genre de comportement que notre société juge propre aux garçons et celui qu'on considère approprié pour les écoliers. Le petit garçon idéal est actif, indépendant et agressif, tandis que l'élève idéal est passif, docile et tranquille. Les filles échappent à ce conflit de rôle, puisqu'on s'attend à ce qu'elles se comportent comme des «élèves idéales» tout le temps. Lorsque ces deux types de normes s'opposent dans des situations concrètes, c'est généralement le modèle du bon élève qui est mis au rancart, étant donné qu'il est plus important pour la plupart des garçons de démontrer à leurs amis et à leur famille qu'ils sont de «vrais garçons» que de prouver à leur maître qu'ils sont de bons élèves. Quand l'éducation permettra aux deux sexes d'être plus actifs, plus sûrs d'eux-mêmes et plus curieux, tous les enfants devraient en bénéficier.

Autres questions reliées à l'école

Les enfants défavorisés à l'école.   Les enfants des minorités ethniques ont plus de difficultés en classe. Ils sont souvent issus de familles nombreuses et pauvres, ne parlent pas la langue du pays ou très peu; ils s'expriment dans une langue appauvrie qui rend la communication difficile. À la place de liens étroits entre l'école et le foyer, il s'établit souvent des distances, de la suspicion et un manque de compréhension. Il arrive parfois que les parents soient trop timides pour se rendre à l'école, et que le personnel de cette institution ne soit pas suffisamment compréhensif face aux parents et à leur mode de vie.

Les organismes scolaires ont essayé diverses méthodes pour tâcher de combler le fossé éducationnel qui existe entre les enfants des minorités ethniques et ceux de la classe moyenne. Les classes dites «d'immersion» tentent de suppléer à toutes les carences des premiers, qui ont besoin d'une éducation compensatoire dès la petite enfance et durant toute la période scolaire. Il faut, en effet, les placer dans des classes peu nombreuses où l'on pourra leur apporter une attention individuelle. Ils ont besoin de programmes spéciaux de soutien qui mettent l'accent sur les matières fondamentales comme la langue parlée, lue et écrite, et les mathématiques. On doit leur fournir, plus qu'aux autres, des services de santé, des services psychologiques, d'orientation et d'aide sociale. Il faut travailler à leur enrichissement culturel, et encourager chez eux la fierté de leur propre héritage culturel et de leur propre identité. Avec ces enfants, de même qu'avec tous les autres, les éducateurs doivent être conscients de tous les facteurs non scolaires qui facilitent l'apprentissage: l'image positive que les enfants se font d'eux-mêmes, le désir de réussir, le sen-

timent d'appartenance à un groupe, la conviction que les autres s'intéressent à leur sort.

L'éducation des enfants handicapés.   L'éducation des enfants handicapés a beaucoup progressé depuis le temps où la famille de la petite sourde-muette et aveugle Helen Keller devait se rendre dans des villes lointaines, puis finalement engager une éducatrice privée pour s'occuper d'elle. Néanmoins, il existe encore plusieurs enfants handicapés qui ne reçoivent pas l'éducation capable de les aider à devenir des membres à part entière de notre société. Aux États-Unis, on estime que la moitié environ des sept millions de jeunes handicapés ne reçoivent pas une éducation adéquate (Flaste, 1974). Ces enfants qui forment environ 10 % de la population d'âge scolaire, sont sourds ou aveugles, arriérés, infirmes, émotivement perturbés, ou encore ils ont des difficultés de langage ou d'autres problèmes. Certains ne fréquentent pas du tout l'école parce que, dans leur région, on ne peut ou ne veut pas pourvoir à leurs besoins. D'autres sont placés dans des classes ordinaires où ils ne peuvent pas suivre les autres, ou sont orientés vers des classes spéciales qui ne leur conviennent pas.

L'une des questions qui se posent de nos jours dans le domaine de l'éducation spéciale porte sur le choix entre la voie générale ou «intégration», et les classes spéciales séparées. Le principe de la *voie générale* veut que l'on place les enfants handicapés dans des classes régulières avec les autres enfants toute la journée ou une partie de la journée. Les tenants de cette approche insistent sur le besoin qu'ont les handicapés d'apprendre à se tirer d'affaire dans une société où la plupart des gens n'ont pas les mêmes problèmes qu'eux, et sur le besoin qu'ont les gens normaux d'apprendre à connaître et à comprendre les personnes handicapées. L'intégration demande que l'on fasse appel à des techniques innovatrices qui répondent aux besoins de tous les étudiants. Les critiques de cette méthode soutiennent que l'on peut éduquer les enfants handicapés mieux et de façon plus humaine dans de petites classes dirigées par des éducateurs spécialement formés à cet effet. La meilleure solution consiste probablement à combiner les deux méthodes. Un enfant arriéré, par exemple, serait peut-être capable de suivre les cours d'éducation physique ou d'atelier dans une classe régulière, tout en prenant les cours plus théoriques avec les élèves plus lents. L'enfant atteint de paralysie cérébrale pourrait,

Ces fillettes semblent tirer profit de classes «intégrées» qui permettent à l'enfant handicapé d'apprendre à vivre avec ceux qui n'ont pas les mêmes problèmes que lui et à l'enfant normal de connaître et de comprendre les personnes handicapées. (1982, Will McIntyre/Photo Researchers, Inc.)

quant à lui, trouver avantage à étudier les matières théoriques en classe régulière, mais à recevoir des cours particuliers d'entraînement physique pendant que ses compagnons sont au gymnase.

Les buts visés dans l'éducation de l'enfant handicapé sont les mêmes que ceux de l'éducation en général: permettre à tous les enfants de donner dans la mesure du possible leur plein rendement, de mener une vie féconde dans leur foyer et dans leur entourage, et d'apporter à la société une contribution à la mesure de leurs capacités.

Les difficultés d'apprentissage.   Plusieurs enfants d'intelligence normale ou supérieure à la normale éprouvent beaucoup de difficulté à apprendre à lire, à écrire ou à manier les chiffres. Leur vue et leur ouïe sont parfaites, mais le traitement de ce qu'ils voient ou entendent leur cause des problèmes. Un de ces enfants exprimait ainsi ses difficultés: «Je le sais dans ma tête, mais je ne peux pas le faire avec ma main.» Comme le succès scolaire a une influence déterminante sur l'image que l'enfant se fait de lui-même, les difficultés d'apprentissage peuvent avoir des effets dévastateurs.

Il existe une grande variété de troubles particuliers qui peuvent affecter un ou plusieurs aspects du processus d'apprentissage. André, par exemple, souffre de troubles visuels: il confond le haut et le bas, la gauche et la droite, ce qui lui pose de graves difficultés dans l'apprentissage de la lecture ou de l'arithmétique. Barbara a des problèmes auditifs: elle n'entend pas

ce que l'institutrice dit, quand celle-ci est en avant de la classe. Charles souffre d'une mauvaise coordination au niveau de la motricité fine: il n'arrive pas à colorier à l'intérieur d'un tracé ni à dessiner ou à écrire clairement. Denis éprouve des difficultés au niveau de la motricité large, ce qui lui nuit grandement quand il veut courir, grimper ou jouer à la balle dans la cour de l'école. Hélène a un problème de langage: elle a commencé à parler assez tard et éprouve encore une telle difficulté à bien prononcer qu'elle est embarrassée quand elle doit parler en classe ou lire à haute voix.

Comme il arrive souvent que les difficultés d'apprentissage de la lecture affectent plusieurs membres d'une même famille, il se peut que les troubles dont sont atteints certains enfants à ce niveau soient congénitaux. D'autres anomalies sont dues à des lésions cérébrales survenues avant, pendant, ou après la naissance. Bien que n'étant pas suffisamment graves pour être apparentes, certaines lésions affectent pourtant le processus d'apprentissage. On a inventé l'expression générale de *trouble cérébral mineur* pour décrire tous les troubles qu'on n'est pas encore parvenu à définir avec précision. Pour des raisons encore inconnues, il y a plus de garçons que de filles qui sont victimes de ces problèmes.

Si le diagnostic de ces difficultés est établi assez tôt et si on porte une attention spéciale à ces enfants, ceux-ci sont très souvent en mesure de résoudre leurs problèmes suffisamment pour mener une vie d'adulte satisfaisante et productive. Certains se rendent jusqu'au collège et entreprennent des carrières professionnelles. Par exemple, Nelson Rockefeller, l'ancien gouverneur de l'État de New York, éprouvait une telle difficulté à lire qu'il improvisait ses discours plutôt que de risquer de déformer des textes écrits (Fiske, 1984). Les malheureux dont les problèmes ne sont pas identifiés et traités grandissent souvent avec le sentiment qu'ils sont réellement stupides et incompétents. Certains observateurs ont même relié les difficultés d'apprentissage à la délinquance juvénile (Brutten, Richardson et Mangel, 1973).

Le diagnostic des difficultés d'apprentissage particulières fait souvent appel à une combinaison de mesures différentes: l'évaluation du professeur, les résultats obtenus à des tests donnés par un individu formé à cet effet (un psychologue ou un spécialiste des difficultés d'apprentissage) et, dans certains cas, les résultats de tests neurologiques.

Souvent, il est nécessaire de déterminer le rendement intellectuel de l'enfant par rapport à son potentiel intellectuel, pour déterminer s'il s'agit ou non d'un cas d'arriération mentale. Les tests d'intelligence de Wechsler et le Barbeau-Pinard, qui comportent de nombreux sous-tests dont les résultats sont séparés, réussissent à fournir des indices de troubles particuliers, comme «les difficultés de perception et de rétention des stimuli visuels, les troubles moteurs éprouvés dans la reproduction des formes, les problèmes de mémoire immédiate, l'incapacité de manipuler des notions abstraites, de même que plusieurs troubles du langage» (Anastasi, 1976, p. 480).

Un point important dans la détermination des difficultés d'apprentissage spécifiques est l'évaluation *clinique* qui provient de l'étude approfondie de chaque cas qui se présente. Cette évaluation peut être faite par un psychologue, un conseiller en orientation ou un spécialiste de l'éducation. Cette personne qualifiée doit réunir les données pertinentes à propos de la vie du sujet en question, observer son comportement lors de l'évaluation, des interviews ou en classe, évaluer les résultats des tests objectifs, et en arriver à se faire une idée du problème de l'enfant et de la façon de le résoudre. Lorsque le clinicien ne dispose pas de tests appropriés qui peuvent l'aider dans son évaluation, son diagnostic dépend en grande partie de sa compétence, de sa personnalité, de sa formation et de son expérience.

Une fois que l'évaluation est terminée, on doit élaborer un programme éducatif spécial qui tienne compte à la fois des talents et des difficultés de l'enfant. Dans le cas de Barbara, par exemple, on pourra demander à son enseignante d'écrire ce qu'elle dit à la fillette, de façon à lui permettre de voir les mots en plus de les entendre. Pour aider André à apprendre plus facilement, on lui permettra d'enregistrer ses réponses sur magnétophone au lieu d'avoir à toujours les écrire. Charles et Denis recevront un programme d'exercices spéciaux qui leur permettra d'acquérir les habiletés motrices dont ils sont dépourvus. On doit fournir à chaque enfant le programme d'apprentissage qui lui convient.

Il arrive parfois que l'enfant puisse recevoir la formation spéciale dont il a besoin en quittant sa classe régulière pendant deux ou trois heures par jour pour être confié à un éducateur formé pour s'occuper des cas d'enfants qui présentent des difficultés d'apprentissage. Il pourra également être dirigé vers une petite classe réservée aux élèves qui requièrent des soins spéciaux. Enfin, l'enfant pourra fréquenter l'une des écoles publiques ou privées dont les programmes sont spécialement conçus pour aider les enfants qui nécessitent des soins spéciaux. En plus des programmes éducatifs, il existe des services d'orientation qui pourront aider les parents à mieux s'occuper de leur enfant à la maison.

Il est essentiel d'offrir à l'enfant qui souffre de difficultés d'apprentissage une formation adaptée à ses besoins particuliers. Parmi les moyens les plus efficaces, il y a les techniques de modification du comportement qui aident l'enfant à se concentrer et à améliorer son écriture, son épellation et sa lecture, les méthodes qui lui apprennent à utiliser des stratégies cognitives, l'aide apportée au niveau de l'organisation de la vie quotidienne à l'école et à la maison et enfin, l'encouragement des progrès accomplis dans les domaines qui posent des difficultés ainsi que dans les activités non académiques où l'enfant réussit bien.

Les problèmes sociaux qui accompagnent souvent les difficultés académiques de l'enfant tels que l'agressivité qui le rend impopulaire auprès de ses professeurs et de ses compagnons, l'absentéisme qui entraîne souvent des difficultés d'ordre judiciaire et l'image de soi négative qui nuit au développement de la personnalité, nous rappellent le rôle important de l'école dans la vie de l'enfant. Celui-ci déborde amplement la transmission d'habiletés académiques et de connaissances. L'école est souvent l'endroit où l'enfant se fait des amis, acquiert un sens de son identité et franchit d'autres étapes sociales et affectives dont nous parlerons dans le prochain chapitre.

Résumé

1   La croissance physique est moins rapide à l'âge scolaire que durant les années préscolaires. Bien que les garçons soient légèrement plus grands et plus lourds que les filles au début de cette période, ces dernières commencent leur poussée de croissance pubertaire plus tôt et devancent généralement les garçons pendant une brève période. D'importantes variations de taille et de poids existent d'un individu à l'autre, et d'une culture à l'autre.

2   Les enfants sont plus en santé aujourd'hui qu'au début du siècle. On observe toutefois un déclin inquiétant de leur niveau d'activité physique. Il semble y avoir une relation entre certains modes de comportement au cours de l'enfance et la personnalité de type A à l'âge adulte.

3   Les programmes d'hygiène et de soins dentaires dont s'est doté le Québec au cours de la dernière décennie devraient aider à améliorer la santé dentaire des enfants. L'acuité visuelle se développe au cours de l'enfance.

4   Les accidents constituent la principale cause de mortalité infantile.

5   Le développement de la motricité permet aux garçons et aux filles de s'adonner à une plus grande variété d'activités physiques qu'à l'âge préscolaire. Contrairement aux résultats de recherches effectuées il y a plusieurs décennies, des études récentes indiquent que les garçons et les filles possèdent des capacités semblables dans ce domaine.

6   L'enfant de 7 à 11 ans est au stade des opérations concrètes, pour employer la terminologie de Piaget. À ce stade, l'enfant peut effectuer en pensée des actions qu'il devait auparavant effectuer physiquement. Il devient alors de plus en plus habile dans les tâches qui font appel au raisonnement, comme la conservation.

7   Piaget et Kohlberg considèrent le développement moral comme un processus qui coïncide avec le développement cognitif. L'évolution morale dépend du niveau de maturation cognitive de l'enfant aussi bien que de son aptitude à comprendre le point de vue des autres, et de ses échanges avec les adultes et les autres enfants.

8   Pour Piaget, l'évolution morale passe par deux stades. Le premier, la *moralité de contrainte* (moralité hétéronome), se caractérise par la rigidité; le second stade, la *moralité de coopération* (moralité autonome), par la souplesse.

9   Kohlberg, qui définit la moralité comme le sens de la justice, a élargi la conception de la moralité de Piaget pour y inclure cinq stades de raisonnement moral disposés sur trois niveaux: préconventionnel ou prémoral, conventionnel ou moralité de conformité au rôle traditionnel, et postconventionnel ou moralité de principes adoptés librement par l'individu. La théorie de Kohlberg a donné lieu à de nombreuses recherches et à des analyses critiques, et elle a été appliquée dans des programmes de clarification des valeurs.

10   La mémoire se développe considérablement durant l'enfance; l'enfant devient de plus en plus habile dans l'utilisation de stratégies mnémotechniques telles que la répétition, l'organisation et l'élaboration, ainsi que de divers aide-mémoire externes. La métamémoire, c'est-à-dire la compréhension du fonctionnement de la mémoire, s'améliore également.

11   La plupart des enfants d'âge scolaire ne maîtrisent pas encore les exceptions aux règles grammaticales. Chez l'enfant, la syntaxe se complexifie et se développe jusqu'à l'âge de 9 ans et parfois même après. Bien que l'aptitude à communiquer de l'information aux autres s'améliore avec l'âge, même l'enfant plus âgé ne comprend pas toujours les processus en jeu dans la communication.

12   On mesure l'intelligence des enfants d'âge scolaire au moyen de tests individuels et de tests collectifs.

13 Il est pratiquement impossible pour les concepteurs de tests d'intelligence de mettre au point des épreuves qui mesurent l'intelligence innée sans qu'interfère l'influence culturelle. Cependant, plusieurs tests *culturellement équitables* ont été conçus à partir des expériences supposément communes à diverses cultures.

14 L'étude de Terman sur les enfants doués a permis d'observer des enfants dotés d'un Q.I. de 140 et plus de l'enfance jusqu'à l'âge adulte. Les enfants doués dépassent souvent les autres dans plusieurs domaines: succès, santé, coordination, taille et popularité. À l'âge adulte, ils ont tendance à l'emporter en ce qui a trait aux aptitudes intellectuelles, de même qu'aux succès académiques et professionnels.

15 La créativité procède d'une *pensée divergente* plutôt que d'une pensée convergente.

La personne à l'esprit créateur perçoit les choses sous un jour nouveau et invente des solutions nouvelles en réponse à des problèmes nouveaux. Il n'est pas toujours facile de mesurer la créativité, et pour ce faire, on aurait besoin de tests vraiment «créateurs». De nombreux facteurs familiaux comme la classe sociale et les attitudes parentales, agissent sur la créativité de l'enfant.

16 De 6 à 12 ans, le développement de l'enfant subit l'influence de l'école et des expériences qu'il y vit. Les succès et les échecs scolaires, de même que la qualité des liens qui unissent l'enfant à son entourage ont des effets sur l'estime de soi, la confiance en soi et les attitudes fondamentales face à la vie. Parmi les questions reliées à l'école, il y a l'éducation des enfants défavorisés, des enfants handicapés et de ceux qui présentent des difficultés d'apprentissage.

CHAPITRE 9

L'enfance

La personnalité et le développement social

Le développement cognitif que connaît l'enfant de 6 à 12 ans lui permet de prendre connaissance de ce qu'il doit faire pour survivre et pour réussir dans son milieu. Les changements cognitifs importants qui surviennent au cours de ces années, et tout particulièrement l'aptitude croissante au raisonnement moral, signalent un progrès considérable au plan social. Entre l'âge de 6 ans et la puberté, l'enfant devient plus en mesure de comprendre le point de vue de l'autre, plus indépendant de ses parents, plus lié à d'autres personnes de son entourage et donc plus capable de développer sa personnalité. Ses interactions avec les autres enfants jouent un rôle important dans ce processus, l'amenant à découvrir toute une gamme de nouveaux sentiments, à développer ses habiletés, à préciser son identité et à composer avec diverses personnes dans diverses situations. Dans ce chapitre, nous explorerons la façon dont l'enfant évolue au sein de son groupe de pairs. Nous verrons également comment il continue de se développer dans sa famille, et particulièrement à l'intérieur de divers types de contextes familiaux. Nous verrons enfin que bien que la plupart des enfants soient en bonne santé physique et affective, certains sont affligés de troubles émotifs attribuables à un stress ou à une anomalie d'ordre biologique.

Les perspectives théoriques sur le développement de la personnalité

Sigmund Freud et Erik Erikson, les deux principaux représentants de la théorie psychanalytique qui ont étudié le développement de la personnalité chez l'enfant, considèrent la période médiane de l'enfance comme une période de tranquillité affective en comparaison de l'étape qui la précède et de celle qui la suit.

La théorie de Freud

Freud a appelé **période de latence** la période qui correspond aux années de l'école primaire, considérant cette période comme une oasis de tranquilité sexuelle relative entre la turbulence des années préscolaires marquées par le complexe d'Œdipe, et les tempêtes de l'adolescence. L'enfant parvenu à ce stade a résolu l'Œdipe, il a adopté un modèle sexuel et développé un surmoi capable de tenir le ça en échec.

Notre milieu est bien différent de celui observé par Freud. La répression de la sexualité infantile ne s'y exerce plus aussi fortement, mais elle s'y exerce encore. Plusieurs spécialistes contemporains de l'enfance soutiennent que si la sexualité de l'enfant est latente pendant ces années, c'est-à-dire présente mais non visible, c'est qu'il a déjà appris que l'adulte n'approuve pas toujours l'expression de la sexualité. Le concept de latence sexuelle n'implique donc pas l'absence de sexualité chez les enfants de 6 à 12 ans. Ceux-ci s'adonnent d'ailleurs à divers jeux sexuels, ils se masturbent et ils posent des questions sur le sujet (Calderone et Johnson, 1981).

La théorie d'Erikson

Erikson considère lui aussi l'enfance médiane comme une période de latence physique et sexuelle relative. Le calme émotif de ces années favorise la croissance cognitive et l'accès au stade de la pensée logique. L'enfant peut y assimiler à son aise les matières scolaires, s'initier au savoir-faire de sa culture et résoudre ainsi la crise liée au développement d'un sentiment de **compétence ou d'infériorité**. C'est l'âge où la productivité et la performance deviennent importantes. Les enfants ne se contentent plus de jouer; ils doivent devenir des travailleurs. Le jeune Inuit apprend à chasser et à pêcher. Le jeune Québécois apprend à compter, à lire et à écrire. Ces premiers efforts de manipulation des outils de leur société les aident à croître et à se former une image de soi positive. Voilà des années d'une importance cruciale pour le développement de l'estime de soi. «S'il désespère de ses outils, de ses moyens, ou de son statut parmi ses partenaires, les limites de son moi en souf-

Encadré 9.1

Stade ou période de latence?

Selon la théorie freudienne, le passage d'un stade psychosexuel à un autre est marqué par un changement de zone érogène. La source privilégiée du plaisir se déplace progressivement de la bouche vers les sphincters, puis vers les organes génitaux. Après le déclin de l'Oedipe, l'enfant se retrouve dans une période d'indétermination psychosexuelle où aucune zone érogène ne prédomine sur les autres. Voilà pourquoi Freud ne parle pas de stade, mais de période de latence de la sexualité, laquelle se situe entre le déclin de la sexualité infantile (3e stade: prégénitalité) et l'entrée dans la sexualité adulte (4e stade: génitalité, débutant avec la puberté). Cette période se caractérise par une diminution des activités sexuelles, par la désexualisation des relations d'objet et des sentiments (d'où la prévalence de la tendresse sur les désirs sexuels). Elle se caractérise aussi par l'apparition de sentiments nouveaux comme la pudeur et le dégoût, et d'aspirations morales et esthétiques (Laplanche et Pontalis, 1971).

frent et il abandonne l'espoir d'être du même niveau que les autres personnes qui se dirigent vers la même activité» (Erikson, 1966, p. 175). Par ailleurs, certains enfants accordent trop d'importance au travail, à tel point qu'ils négligent leurs rapports avec les autres. Le magnat de l'industrie qui ne vit et ne rêve que d'affaires, et voit très rarement sa famille est, selon l'expression d'Erikson, «l'esclave conformiste et irréfléchi de sa technologie» (1950, p. 261); un tel individu peut avoir été orienté en ce sens durant ses années scolaires.

La société enfantine

L'enfant d'aujourd'hui vit, agit et pense différemment de celui des années passées. L'émigration massive vers les banlieues a complètement changé la façon dont l'enfant meuble son temps. Cette mobilité de la famille l'a forcé à se faire constamment de nouveaux amis et à grandir dans des milieux où peu d'adultes le connaissent par son nom. La tolérance accrue des adultes en matière de moralité s'est répercutée sur le langage des enfants et leur a permis d'éclaircir certains grands mystères de la vie. L'augmentation du temps de loisir a permis aux parents de consacrer plus de temps à leurs enfants. Notre compréhension accrue du développement de l'enfant a contribué à modifier les méthodes d'éducation et d'enseignement utilisées, ainsi que le comportement des parents à l'endroit de leurs efforts.

La technologie a fait reculer les frontières du monde de l'enfance. Les voyages, le télé-phone et la télévision ont eu pour effet de faire tomber les barrières qui existaient encore récemment entre le monde des enfants et celui des adultes. Plusieurs parents, sentant que leurs enfants doivent développer davantage leurs connaissances et leurs habiletés pour réussir dans la société complexe d'aujourd'hui, inscrivent ceux-ci à divers cours et programmes. La télévision exerce un impact important sur l'enfant: elle l'ouvre sur le monde, lui apprend une multitude de choses, mais le détourne souvent d'autres activités telles que les jeux actifs et la lecture.

Selon David Elkind (1981), l'enfant d'aujourd'hui est un «enfant bousculé». Comme plusieurs autres observateurs sérieux, ce psychologue craint que les influences qui s'exercent sur l'enfant ne l'obligent à grandir trop rapidement et ne fassent de son enfance ainsi accélérée une période trop stressante. Nos enfants sont incités à réussir à l'école et dans les sports, souvent pour satisfaire les besoins émotifs de leurs parents. Par la télévision et dans la vie réelle, l'enfant est exposé à plusieurs problèmes d'adultes avant même d'avoir résolu les difficultés de l'enfance. Pourtant, il n'est pas un adulte en miniature. Il pense et ressent comme un enfant. Il a besoin de vivre pleinement son enfance pour se développer harmonieusement aux plans cognitif et affectif. Nous étudierons plus loin dans ce chapitre les effets du stress chez l'enfant et la façon dont celui-ci y fait face.

Les enfants d'aujourd'hui diffèrent en bien des points de ceux de la génération précédente. Et pourtant, il existe encore des vérités universelles qu'on pourrait presque qualifier d'éternelles. Les enfants continuent encore de chanter leurs propres chansons, de raconter leurs propres blagues, de s'adonner à leurs propres jeux et de garder pour eux-mêmes ce qu'ils veulent cacher à ces intrus étrangers que sont les adultes.

Les mythes, les jeux et l'humour des enfants

Après une étude de 10 ans qui portait sur quelque 5000 enfants britanniques, Opie et Opie (1959) en sont arrivés à la conclusion que les enfants possèdent leur propre mythologie qu'ils se transmettent les uns aux autres. Il est rare qu'ils en soient à l'origine. Ils imitent plutôt, adaptent et commettent des erreurs créatrices. Ils se transmettent leurs superstitions favorites de génération en génération.

Les enfants parodient encore les chansons et les poèmes de leurs aînés; ils content des blagues pour les ridiculiser; ils jouent des tours classiques à leurs maîtres, à leurs parents, aux voisins bougons et aux autres enfants; ils conservent un grand bagage de mythes traditionnels. Les enfants sont des conservateurs invétérés. Conformément aux données de Piaget sur la rigidité de la conception que se font les enfants des règles de la moralité, ceux-ci transmettent ce qu'ils ont entendu comme s'il s'agissait de vérités d'évangile. Ils ne tolèrent pas les théories qui contredisent ce qu'ils «savent». Ils n'endurent pas non plus qu'on modifie leurs comptines familières. Bien qu'ils recherchent ardemment de nouvelles blagues, de nouvelles histoires et de nouvelles comptines, ils considèrent comme pure hérésie la moindre modification apportée aux vieilles ritournelles.

Les comptines et les blagues traditionnelles permettent à l'enfant de se libérer des sentiments de colère, de frustration et d'agressivité qu'il nourrit envers ses parents et d'autres membres de la famille immédiate (Butler, 1973).

Les billes, les jeux de balles, la lutte, les jeux imaginatifs qui imitent le monde des adultes, la création de personnages avec des ficelles, les cerceaux, les dés, les jeux de poursuite, voilà autant de passe-temps enfantins vénérables, aussi populaires aujourd'hui qu'ils l'étaient il y a des milliers d'années. Le jeu permet aux enfants de se débarrasser de leur trop-plein d'énergie, de s'initier aux tâches de la vie, d'atteindre des objectifs difficiles et de se soulager des frustrations. Ils y trouvent un contact physique, ils y expriment leur agressivité et leur besoin de compétition de façon socialement acceptable, et ils y apprennent à s'entendre avec les autres. Ils donnent libre cours à leur imagination, maîtrisent les subtilités de leur culture, acquièrent de l'adresse et apprennent les comportements qui conviennent à leur sexe. Bref, le jeu des enfants est encore le travail des enfants.

Certains ont remarqué, en observant les enfants d'aujourd'hui, que de nouveaux patterns d'activité interfèrent avec la fonction séculaire de l'enfant: apprendre en jouant. La télévision en détourne plusieurs des jeux actifs pour en faire des spectateurs passifs. Les exigences d'une société extrêmement mouvante et axée sur la technologie poussent l'enfant à vieillir trop rapidement. Nous étudierons l'impact de ces nouvelles forces plus loin dans ce chapitre.

L'humour enfantin

Maxime demande en rigolant à ses copains: «Voulez-vous entendre une histoire sale?» Devant l'assentiment général, il lance: «Un petit garçon est tombé dans la boue… Voulez-vous en entendre une autre?» Autre oui unanime. «Une petite fille est tombée dans la boue… Encore une? Oui? Eh bien! trois en sont ressortis!» Tous les enfants qui entourent Maxime se mettent à rire; la blague se répand dans la classe jusqu'à ce que tous les enfants la connaissent et la racontent à tous ceux qui veulent bien les écouter.

Chez les jeunes, bon nombre de blagues proviennent de l'intérêt qu'ils portent aux excréments et à la sexualité. Les blagues centrées sur les réalités taboues et mystérieuses permettent à l'enfant d'aborder les choses qu'il voudrait mieux comprendre, mais dont il n'ose pas parler directement.

Selon un psychanalyste (Wolfenstein, 1954), les blagues qui reposent sur l'ambiguïté des mots représentent l'une des formes les plus primitives d'humour, et font appel à l'ambiguïté fondamentale de la sexualité et des émotions.

Âgée de 3 ans, Annie considère comme un trait d'esprit extraordinaire le fait de dire à un garçon: «Tu es une fille». Derrière cette plaisanterie, affirme Wolfenstein, se cachent la crainte et le désir propres à l'enfant de changer de sexe. En devenant capable de réagir par le rire à une boutade de cette nature qu'on lui adresse, l'enfant montre qu'il maîtrise le doute qu'il entretient par rapport à son propre sexe. Vers l'âge de 4 ans, Annie inventera peut-être un nouveau jeu qui consiste à donner un nom de fille à un garçon, ou vice versa. Parfois, les petits s'amuseront simplement à intervertir les noms de deux enfants du même sexe. Ils apprennent ainsi à surmonter les doutes qu'ils entretiennent sur leur identité personnelle.

Les enfants racontent souvent des blagues pour le simple plaisir d'étaler leur contrôle du langage, en utilisant une mauvaise prononciation et des mots inadéquats, en faisant des jeux de mots, en posant des énigmes ou en racontant des histoires qui font appel à la connaissance des différentes significations d'un mot. Goethe a dit un jour: «Connaître la conception que se fait un homme du ridicule est une très bonne façon de connaître son caractère.» Cette remarque s'applique également aux enfants.

Prentice et Fathman (1972) ont pu observer le rapport qui existe entre le développement cognitif de l'enfant et le plaisir que prend celui-ci à résoudre des énigmes, qui représentent d'ailleurs une forme d'humour très appréciée des enfants de 6 à 11 ans. Ces chercheurs ont posé 30 énigmes tirées de recueils humoristiques enfantins à 48 jeunes de première, troisième et cinquième année. Les enfants devaient donner une cote à chaque énigme par rapport à sa valeur humoristique et dire pourquoi ils la trouvaient drôle. La *compréhension* des enfants augmentait en fonction du niveau scolaire, alors que l'*appréciation* augmentait de la première à la troisième année, mais diminuait au niveau de la cinquième année. Ces données confirment le principe de congruence cognitive de Zigler

(Zigler, Levine et Gould, 1967), qui veut que les blagues les plus drôles soient d'une difficulté moyenne. Une blague qu'on saisit trop facilement est trop évidente et perd de sa valeur humoristique.

La vie en groupe: les pairs

Les enfants exercent une influence les uns sur les autres depuis le berceau. Les nouveau-nés se mettent à pleurer dès qu'ils entendent les pleurs d'un autre bébé (Simner, 1971, Sage et Hoffman, 1976).

Les tout-petits imitent la façon dont les autres enfants partagent entre eux et se querellent. Le comportement social des enfants d'âge préscolaire prend certaines formes qui les amèneront à créer des liens avec les autres enfants. De 2 à 5 ans, les enfants se mettent progressivement à compter davantage sur leurs compagnons et un peu moins sur les adultes; ils deviennent plus sympathiques et altruistes, de même que plus compétitifs et agressifs (Hartup, 1970).

Au milieu de l'enfance, le groupe de pairs prend vraiment une importance considérable. Durant cette période, les enfants passent moins de temps avec leurs parents et en consacrent davantage à leurs compagnons. Les groupes d'enfants ont toujours existé, dans toutes les sociétés. Leur force et leur importance varient cependant. Actuellement, en Amérique, le monde des enfants est sans doute plus puissant qu'il ne l'a jamais été. Notre société, dont la

Au milieu de l'enfance, le groupe de pairs prend une importance considérable. En plus d'être agréable, le contact avec ses compagnons permet à l'enfant de voir comment il se comporte avec les autres, de comparer ses opinions aux leurs et de trouver un type de bien-être que l'adulte ne peut lui procurer. (Suzanne Szasz / Photo Researchers, Inc.)

population est très mouvante, a dû trouver des substituts aux liens familiaux.

Bronfenbrenner (1970) affirme que les enfants américains ne subissent plus l'influence de leurs parents autant que par le passé, car ils passent moins de temps avec eux. L'urbanisation, la réglementation du travail des enfants, l'évolution du transport public, la centralisation des écoles, le travail des mères à l'extérieur du foyer, la télévision et le développement des services de garde à l'enfant sont autant de manifestations des progrès qui ont contribué à diminuer les occasions d'échanges entre les enfants et leurs parents ou les adultes en général.

La ségrégation des groupes d'âge s'accentue de plus en plus dans notre société. Condry, Siman et Bronfenbrenner (1968) se sont fait dire par 766 élèves de sixième année que, durant les week-ends, ils passaient en moyenne de deux à trois heures par jour avec leurs parents et un peu plus de temps avec leur groupe d'amis, et qu'ils consacraient de deux à trois heures additionnelles par jour à un ami en particulier. Ils passent donc deux fois plus de temps avec des enfants de leur âge qu'avec leurs parents. Quel est l'effet de cette situation?

Les fonctions du groupe de pairs

Les pairs permettent à l'enfant d'évaluer de façon réaliste ses capacités: ce n'est qu'au sein d'un groupe d'amis, à peu près du même âge que lui, qu'il peut se faire une idée de son degré d'intelligence, de son habileté sportive, de son adresse et de sa prestance. En plus d'aider l'enfant à mieux se connaître, les pairs le renseignent sur le monde qui l'entoure. En les regardant agir, l'enfant apprend à se comporter de façon appropriée dans diverses situations, à faire plusieurs choses et à s'entendre avec les autres.

Les groupes de compagnons aident les enfants à se forger des attitudes et à se choisir des valeurs. Ils constituent une tribune qui permet de débattre des principes hérités des parents, de décider lesquels sont à retenir, lesquels sont à rejeter. Le contact avec des compagnons de milieux différents possédant des systèmes de valeurs différents permet à l'enfant d'évaluer ses opinions, ses sentiments et ses théories.

Le groupe de pairs est également une source de sécurité affective. Dans certaines situations, un ami peut apporter une forme d'appui que l'adulte ne peut offrir. Le jeune peut se sentir réconforté d'apprendre que son copain entretient le même genre de «mauvaises» pensées ou commet les mêmes bêtises que lui. Le fait de pouvoir laisser libre cours à ses fantaisies, comme de punir l'un de ses parents, en jouant avec un compagnon peut favoriser le développement affectif du jeune (Asher, 1978).

Les groupes de compagnons sont généralement homogènes quant à l'âge, la race, le sexe et le niveau socio-économique. Durant les années du cours primaire, les groupes sont composés uniquement de garçons ou de filles. Cette exclusivité s'explique par la réciprocité des intérêts, le rôle du groupe dans l'enseignement des comportements propres à chacun des sexes, et la différence de maturité qui existe entre filles et garçons du même âge. Les enfants qui jouent ensemble ont habituellement le même âge (à un ou deux ans près), mais des jeux de groupe occasionnels rallieront parfois des enfants de tous âges. Un éventail d'âges trop large pose des difficultés en raison des différences trop marquées quant à la taille, aux intérêts et au niveau d'habileté.

L'influence des pairs sur les individus

Les groupes d'amis exercent souvent une emprise importante sur l'individu. D'habitude, c'est en compagnie d'amis que les enfants volent à l'étalage, commencent à fumer et à boire, s'infiltrent dans les cinémas et commettent toutes sortes de gestes antisociaux. Les élèves de sixième année qui sont considérés comme «centrés sur le groupe de pairs» s'adonnent, de leur propre aveu, à ce type de comportements plus que ne le font les enfants «centrés sur les parents» (Condry, Siman et Bronfenbrenner, 1968).

Comment le groupe agit-il sur l'individu? Berenda (1950) a étudié les réactions des enfants à des pressions du groupe qui contredisaient leur propre perception. Il a demandé à 90 jeunes de 9 à 13 ans de comparer des longueurs de lignes sur 12 paires de cartes et cela, en présence des huit élèves les plus brillants de leur classe qu'on avait secrètement convaincus de donner 7 mauvaises réponses sur 12. L'influence du groupe s'est révélée très forte. Alors que presque tous les sujets avaient répondu correctement aux sept questions critiques lors d'un test préalable, seulement 43 % des enfants de 7 à 10 ans et 54 % des jeunes de 10 à 13 ans ont donné les bonnes réponses à ces mêmes questions en présence du groupe de compagnons de classe. C'est durant la période médiane de l'enfance que les jeunes deviennent les plus sujets à l'influence de leurs pairs; ils sont moins conformistes au cours de l'adolescence (Costanzo et Shaw, 1966). Plus son statut est élevé dans le groupe, moins un enfant est susceptible de se montrer conformiste. Plus le matériel à évaluer a un caractère ambigu, plus les jugements des enfants sont influencés par le groupe. Ce fait est lourd de conséquences pour le jeune qui tente de comprendre un monde rempli de questions ambiguës.

Dans une certaine mesure, le fait de se conformer aux normes d'un groupe constitue un mécanisme d'adaptation sain et profitable, comme le fait remarquer Campbell (1964): «Par conséquent, le «conformisme» ne serait donc pas seulement le fait du sujet angoissé, dépendant et inadapté; le conformisme aveugle face à l'ambiguïté l'est peut-être, mais le fait de se conformer aux exigences sociales dans des situations bien définies est apparemment une réaction parfaitement saine pour un enfant, ou même pour un adulte» (p. 312). Le conformisme ne devient malsain que lorsqu'il est destructeur ou amène un individu à aller à l'encontre d'un jugement personnel plus valable.

La popularité

Nous voulons tous que les gens nous aiment. Ce que nos semblables pensent de nous a une très grande importance. Parce que le fait d'être acceptés par les autres a une telle influence sur l'estime que nous nous portons et souvent sur notre réussite dans la vie, les chercheurs ont inventé des *techniques sociométriques* pour répondre à des questions comme celles-ci: Pourquoi certains enfants sont-ils plus recherchés que les autres? Pourquoi y en a-t-il qui sont ignorés ou repoussés? Quels sont les traits qui distinguent les enfants qui sont populaires? À quoi ressemblent les enfants impopulaires?

Le **sociogramme** est une représentation graphique de la structure des relations au sein d'un groupe. La méthode consiste à demander aux enfants de donner le nom de leurs trois meilleurs amis ou des trois qu'ils aiment le moins. Au besoin, les questions peuvent être plus précises encore: Quels sont les trois enfants auprès de qui tu aimes t'asseoir? Que tu aimes accompagner

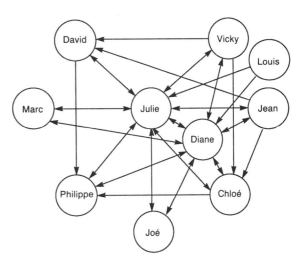

Figure 9.1   Sociogramme. Ce sociogramme hypothétique a été élaboré à partir des réponses d'un groupe d'enfants à qui on avait demandé de nommer les compagnons avec qui ils aimeraient le mieux travailler. Notons la popularité de Diane et de Julie et l'isolement social de Louis. Notons aussi que ni Chloé ni David ne veulent travailler avec Vicky et Jean, bien que ces derniers veuillent travailler avec eux. Dans ce sociogramme, la plupart des relations sont réciproques, ce qui n'est pas toujours le cas dans la vie réelle.

quand tu retournes chez toi après la classe? Avec lesquels tu aimes travailler en comité? etc. Les données sont ensuite portées sur un graphique. Les chercheurs peuvent voir quels enfants recherchent la compagnie de quels autres, quels sont ceux qui sont choisis le plus et le moins souvent, et quels sont ceux à qui on s'adresse pour obtenir aide et conseil. Ils peuvent ensuite observer les caractéristiques des enfants qui appartiennent aux différentes catégories pour en dégager des patterns de personnalité.

L'enfant populaire

L'enfant populaire a tendance à être sain et vigoureux, bien équilibré et capable d'initiative; mais il est également capable de s'adapter et de se conformer. Il est fiable, affectueux, prévenant et doté d'une pensée originale (Bonney, 1947; cité dans Grossman et Wrighter, 1948). L'opinion qu'il a de lui-même est modérément bonne, plutôt que de se situer à des niveaux d'estime de soi extrêmement bas ou élevés (Reese, 1961). Il jouit d'une grande confiance en lui-même, sans être arrogant ni suffisant. L'enfant populaire fait preuve, envers les autres enfants, d'une dépendance empreinte de maturité; il demande de l'aide au besoin et veut qu'on l'approuve quand il croit le mériter. Il ne «s'accroche» cependant pas, ni ne recourt à des moyens infantiles pour gagner l'affection d'autrui (Hartup, 1970). Sans être un enfant modèle, il rend les autres contents de sa présence (Feinberg, Smith et Schmidt, 1958; Tuddenham, 1951). L'enfant populaire a aussi tendance à être plus beau que l'enfant impopulaire (Lerner et Lerner, 1977), ce qui reflète peut-être le désir des enfants de s'entourer de «beau monde». Ce phénomène s'explique peut-être aussi par le fait que l'enfant qui est beau attire habituellement la sympathie de ses parents et des autres adultes, ce qui l'aide à se créer une image favorable de lui-même et à devenir une personne auprès de qui il fait bon vivre.

L'enfant impopulaire

Un des visages les plus tristes de l'enfance est celui de l'enfant qui se tient toujours un peu à l'écart des autres, qui revient chez lui seul après la classe et qui dit dans un sanglot désespéré: «Personne ne veut jouer avec moi.» Il y a plusieurs raisons pour lesquelles les enfants peuvent être impopulaires: parfois, ils sont repliés sur eux-mêmes ou révoltés (Y.H. Smith, 1950; Northway, 1944). Parfois, ils ont un caractère rancunier, manifestant partout, sans avoir été provoqués, de l'agressivité et de l'hostilité; ou bien ils se comportent de façon stupide et infantile, cherchant à se mettre en valeur de façon bête. Parfois, ils sont anxieux et incertains, faisant preuve d'un manque de confiance tellement pathétique qu'ils inspirent de la répulsion aux autres enfants, qui ne trouvent aucun plaisir en leur compagnie. Sont également victimes d'ostracisme les enfants obèses ou laids, ceux dont le comportement paraît étrange à leur entourage et les jeunes qui sont lents à apprendre.

On a observé plusieurs différences chez des enfants de maternelle entre ceux qui sont populaires et ceux qui ne le sont pas. Ces différences apparurent dans les réponses de 65 enfants à qui on avait présenté des images illustrant des situations reliées à l'amitié et à qui on avait demandé ce que l'enfant en cause sur les images devait faire pour se faire des amis et les garder.

On a constaté qu'environ deux tiers des réponses les plus courantes des enfants populaires furent également données par les enfants

impopulaires, ce qui montre que ces derniers ne sont pas si différents de leurs compagnons. Certaines différences ressortirent cependant: les enfants impopulaires sont plus souvent plus agressifs; 12 % d'entre eux ont affirmé que l'enfant présenté devrait «battre» celui qui lui prend un jouet, comparativement à 2 % chez les enfants populaires. Ils sont aussi moins débrouillards, leurs stratégies sont vagues, et ils recourent souvent à l'aide de l'autorité plutôt que d'affronter eux-mêmes certaines situations (Asher, Renshaw, Geraci et Dor, 1979).

En classant les réponses obtenues, les auteurs de cette étude ont noté d'autres différences entre les enfants populaires et impopulaires. Si les enfants des deux groupes se montrent capables d'affirmer leur agressivité d'une façon constructive, les enfants populaires ont des réactions plus susceptibles de créer ou de maintenir des relations positives et plus durables.

L'apprentissage des habiletés sociales

La popularité durant l'enfance est loin d'être une question insignifiante. En plus de la tristesse et du sentiment de rejet qu'il éprouve, l'enfant impopulaire a une piètre image de lui-même et se trouve privé d'une expérience essentielle à son développement personnel: une interaction positive avec d'autres enfants. Grâce aux concessions normales qu'ils se font mutuellement, les enfants apprennent à s'affirmer d'une façon constructive, à juger quand et comment aider l'autre, à réfléchir à des questions morales et à s'adapter à la vie en société. L'enfant qui a du mal à s'entendre avec ses pairs est plus susceptible de souffrir de troubles mentaux, d'abandonner l'école et de verser dans la délinquance (Lamb, 1978). En raison de l'importance vitale d'une interaction positive avec d'autres enfants, de nombreux programmes ont été élaborés en vue d'initier l'enfant impopulaire à diverses habiletés sociales.

Lors d'une recherche, on a initié des élèves de cinquième et de sixième année à l'art de tenir une conversation. On leur a appris à transmettre des informations sur eux-mêmes, à s'intéresser à leurs compagnons en leur posant des questions, en les aidant, en leur faisant des suggestions, en les invitant à telle ou telle activité, etc. Les enfants qui eurent la chance de mettre leurs nouvelles habiletés en pratique lors d'un projet de groupe devinrent plus populaires auprès de leurs compagnons (Bierman et Furman, 1984).

Les auteurs de cette étude ont mesuré les progrès accomplis en évaluant les enfants avant le début du programme, à sa fin et six semaines plus tard. Les mesures touchaient les habiletés liées à la conversation, le taux d'interaction avec les pairs, le niveau d'acceptation de leur part et la perception de soi. Ces enfants furent comparés avec trois autres groupes: des enfants qui avaient reçu une formation magistrale individuelle sur les habiletés liées à la conversation; des enfants qui avaient pris part à un projet de groupe mais qui n'avaient reçu aucune formation à la communication verbale; et enfin, un groupe témoin n'ayant été soumis à aucun traitement. Le seul groupe qui fit preuve de progrès généraux et durables fut le premier groupe décrit plus haut, ce qui montre que la connaissance des habiletés de communication verbale ne suffit pas à changer la cote de popularité d'un enfant. Celui-ci doit être placé dans des situations où il peut mettre ces habiletés en pratique et où les autres enfants peuvent voir les changements survenus chez lui et y réagir. Sans quoi, les pairs risquent de maintenir la perception initiale qu'ils ont de leur compagnon impopulaire et de ne pas lui donner la chance de manifester ses nouvelles habiletés.

L'influence des adultes sur les relations entre l'enfant et le groupe de pairs

Les grandes personnes privent les jeunes de leurs moyens ou, au contraire, ils les aident à s'orienter dans la vie. La personnalité, les attitudes et le style de comportement des adultes qui sont en contact avec des groupes d'enfants exercent une influence considérable sur le comportement des enfants qui composent ces groupes et sur la dynamique de ces groupes eux-mêmes.

Lors d'une étude, plusieurs groupes de garçons de 10 ans furent placés à tour de rôle sous l'autorité d'un adulte soit autocratique, soit démocratique, soit très permissif, de façon à ce que chaque groupe fasse l'expérience de chaque type de leader. Dans les groupes démocratiques, les enfants se sont montrés plus spontanés, amicaux et réalistes, alors que ceux des deux autres groupes ont manifesté plus d'hostilité les uns envers les autres. Dans les groupes menés par des chefs autocratiques, on a constaté soit un niveau d'agressivité élevé, soit une grande apathie qui se transformait rapidement en agressivité quand le leader quittait la salle ou durant

L'un des visages les plus tristes de l'enfance est celui de l'enfant qui est toujours mis à l'écart du groupe. Les programmes les plus efficaces destinés à aider l'enfant impopulaire à se faire accepter des autres l'initient à l'art d'échanger avec ses compagnons et lui donnent l'occasion de mettre ses nouvelles habiletés en pratique. (Ann Chwatsky / Black Star)

les périodes de transition vers un milieu plus libéral. Quand les chefs autocrates s'absentaient, le travail ralentissait et parfois s'arrêtait; dans les groupes démocratiques, au contraire, les garçons continuaient de travailler, que le leader ait été présent ou non. C'est sous la direction d'un adulte qui les respecte et qu'ils respectent que les enfants réussissent le mieux; et c'est lorsqu'ils sont dirigés par un adulte répressif ou sans autorité qu'ils obtiennent les résultats les plus médiocres (Lewin, Lippitt et White, 1939).

L'amitié au cours de la période de l'enfance

À mesure que les enfants s'éloignent de leurs parents pour consacrer plus de temps à leurs amis, l'amitié prend chez eux une importance de plus en plus grande. L'idée que les jeunes se font de l'amitié, les raisons qui président au choix de leurs amis et leur capacité d'entretenir des rapports avec les autres connaissent de nombreuses transformations au cours de l'enfance.

L'enfant d'âge scolaire choisit ses amis parmi une grande diversité d'enfants. Ses amitiés prennent une importance considérable au cours de ces années, surtout celles qu'il entretient avec ses «meilleurs amis»; elles l'aident à devenir sensible, affectueux, capable de respecter et d'être respecté.

Examinons l'évolution de l'amitié chez les enfants de différents âges, telle que décrite par Robert Selman et ses collaborateurs. Selman décrit l'évolution de l'amitié depuis la petite enfance jusqu'à l'âge adulte, fondant ses conclusions sur des entrevues menées auprès de plus de 250 personnes dont l'âge varie de 3 à 45 ans (Selman et Selman, 1979). La pertinence des stades de Selman a été démontrée par Gurucharri et Selman (1982), Smollar et Youniss (1982) ainsi que par Youniss et Volpe (1978).

Stade 0: la camaraderie spontanée.   Il s'agit ici d'un niveau d'amitié non défini, car les enfants de 3 à 7 ans ont du mal à considérer le point de vue de l'autre et ont tendance à ne penser qu'à ce qu'ils peuvent tirer d'une relation. C'est pourquoi la plupart des jeunes enfants définissent leurs amis en fonction de la proximité de leur résidence («C'est mon amie, elle habite sur la même rue que moi.») et leur accordent de l'importance en fonction des avantages matériels et physiques qu'ils présentent. («C'est mon ami.

C'est entre 3 et 6 ans que les enfants créent leurs premiers véritables liens d'amitié. (Leo DeWys, Inc.)

Il a un Superman géant et un bel ensemble de balançoires.»)

Stade 1: l'aide à sens unique.   À ce stade, qui se situe souvent entre 4 et 9 ans, un «vrai ami» est encore celui qui agit selon notre volonté. («Elle n'est plus mon amie parce qu'elle n'a pas voulu venir au parc avec moi.» ou «Il est mon ami parce qu'il dit toujours «oui» quand je veux lui emprunter son efface.»)

Stade 2: la collaboration harmonieuse.   À ce stade, qui se situe entre 6 et 12 ans, l'enfant reconnaît que l'amitié implique des concessions mutuelles. Il y voit cependant encore une façon de servir ses intérêts individuels plutôt que les intérêts communs. («Nous sommes amis. Nous faisons des choses l'un pour l'autre.» ou «Un ami, c'est quelqu'un qui joue avec toi quand tu n'as personne d'autre avec qui jouer.»)

Stade 3: les relations intimes réciproques. Ce niveau d'amitié réciproque couvre la période de 9 à 12 ans. L'enfant est alors en mesure d'envisager l'amitié pour elle-même, la considérant comme une relation régulière et suivie entre deux êtres qui ne se limitent pas à faire des choses l'un pour l'autre, mais qui sont liés par une forme d'engagement. À ce stade, l'exclusivité est souvent de rigueur, car l'amitié apparaît comme un bien précieux qu'on refuse de partager avec d'autres. («Il faut beaucoup de temps pour se faire un ami intime; c'est pourquoi il est si difficile d'apprendre que celui-ci est en train de se faire d'autres amis intimes.») Les filles ont tendance à créer des liens amicaux étroits avec une ou deux compagnes seulement, alors que les garçons entretiennent des amitiés plus nombreuses mais moins intimes. En général, les filles apprécient la profondeur de leurs amitiés alors que les garçons valorisent davantage le nombre d'amis qu'ils ont (Furman, 1982).

Stade 4: l'amitié fondée à la fois sur l'interdépendance et sur l'autonomie. Elle débute vers l'âge de 12 ans. L'individu est capable de respecter chez l'autre à la fois ses besoins de dépendance et d'autonomie. («Une bonne amitié implique un véritable engagement, un risque à prendre. Tu dois pouvoir soutenir l'autre, lui faire confiance et être généreux envers lui, mais tu dois également être capable de détachement.»)

Avoir un ami est une étape majeure du développement, car l'échange d'affection permet à l'enfant d'exprimer sa vie intime à l'autre, d'éprouver un sentiment de sa valeur personnelle et d'apprendre une multitude de choses sur l'être humain (Sullivan, 1953; Furman, 1982). Il importe de souligner qu'un enfant ne peut être ni avoir un ami avant d'avoir acquis la maturité cognitive qui lui permette de tenir compte des besoins et des points de vue de l'autre aussi bien que des siens.

L'image de soi

L'image qu'on a de soi comporte trois grandes dimensions: la reconnaissance, la définition et l'estime de soi. L'image de soi commence à prendre forme chez le nourrisson au moment où il se rend compte qu'il est un être distinct des autres. Elle se précise chez le jeune enfant et continue la vie durant dans un processus qui consiste à définir la personne qu'on croit être et qu'on veut être. Jetons un coup d'œil sur les trois dimensions de l'image de soi.

La reconnaissance de soi

C'est vers l'âge de 18 mois qu'on situe la *reconnaissance de soi* chez l'enfant. Comment savons-nous cela? En grande partie grâce à des expériences où on a d'abord compté le nombre de fois que des bébés âgés de 6 à 24 mois touchaient leur nez et où on a ensuite demandé aux mères de leur tracer un point rouge sur le nez. Ces bébés ont ensuite été placés devant un miroir pour voir s'ils touchent leur nez plus souvent une fois coloré (Lewis et Brooks, 1974). L'augmentation importante du nombre de touchés enregistrés vers l'âge de 18 mois démontre que les enfants de cet âge se reconnaissaient bel et bien.

La définition de soi

Vers l'âge de 3 ans, l'idée que l'enfant se fait de lui-même se fonde surtout sur des caractéristiques extérieures: son apparence, l'endroit où il habite, ce qu'il fait. Ce type de *définition de soi* persiste chez plusieurs adultes qui se définissent à partir de l'image qu'ils projettent dans leur miroir, du travail qu'ils font et du quartier où ils habitent.

Ce n'est que vers l'âge de 6 ou 7 ans que l'enfant se met à se définir en fonction de traits psychologiques. Il acquiert maintenant une notion de ce qu'il est (le soi réel) et aussi de ce qu'il aimerait être (le soi idéal). Le soi idéal intègre plusieurs des «tu devrais» appris jusque-là et l'aide à contrôler ses impulsions afin d'être considéré comme une «bonne» personne. Chose surprenante, un écart important entre le soi réel et le soi idéal chez un enfant est habituellement un signe de maturité et d'adaptation sociale (Maccoby, 1980). Il semble que l'enfant qui se fixe des normes personnelles élevées soit conscient de la différence entre ce qu'il est et ce qu'il aimerait être, et que la poursuite de ces objectifs contribue à sa croissance personnelle.

L'estime de soi

L'enfant d'âge scolaire s'évalue. Il peut aimer ou ne pas aimer ce qu'il voit quand il s'observe intérieurement. Comme une image de soi positive est probablement une des clefs du succès et du bonheur dans la vie, les travaux sur l'*estime de soi* sont extrêmement importants. L'étude-clé sur l'estime de soi chez l'enfant a été effectuée en 1967 par Stanley Coopersmith. Même si l'échantillon sur lequel cette recherche se fonde se limite à des garçons blancs de cinquième et de sixième année, ses résultats peuvent s'appliquer à un groupe d'enfants beaucoup plus varié. En comparant les enfants qui ont la meilleure image de leur personne à ceux qui ont l'opinion la plus défavorable d'eux-mêmes, nous pouvons brosser les deux portraits opposés suivants.

Comme Geneviève est chanceuse de s'aimer! Confiante en ses propres capacités, elle aborde la vie avec une attitude engageante, qui lui ouvrira toutes les portes. Elle peut accepter la critique sans s'effondrer et, lorsqu'elle tient à dire ou à faire quelque chose, elle est prête à s'exposer à la colère des autres. Elle défie souvent ses parents, ses enseignants et les autres personnes qui représentent l'autorité. Elle se sent capable de faire face aux obstacles et n'est pas écrasée par le doute. Elle résout ses problèmes de façon originale et innovatrice. Parce qu'elle se croit *capable* d'atteindre les objectifs qu'elle s'est fixés, elle y réussit *de fait*, la plupart du temps. Ses succès alimentent le respect qu'elle se porte à elle-même, et lui rendent faciles l'amour et le respect des autres. Ceux-ci l'admirent et la respectent à leur tour, et prennent plaisir à sa compagnie.

Pierre qui, au contraire, n'est pas satisfait de lui-même, ne rencontre que des obstacles. Persuadé de ne pouvoir réussir, il ne fait pas de tentative sérieuse en ce sens. Cette absence d'efforts le conduit presque toujours à l'échec, ce qui a pour conséquence de l'éloigner inexorablement de la confiance et du succès. Il s'inquiète beaucoup de savoir si ce qu'il fait est juste; il est porté à tout démolir, les objets matériels comme les gens et leurs sentiments, et il est constamment en proie à une douleur psychosomatique quelconque. Pourtant, il essaie bien de plaire aux autres, parfois même trop, à tel point que quand il se plie aux désirs des autres, il leur apparaît souvent comme un être sans personnalité. Les doutes qu'il entretient sur sa propre personne font que sa compagnie n'est pas tellement agréable; il éprouve donc de la difficulté à se faire des amis et à les conserver, ce qui, bien sûr, diminue encore l'opinion qu'il a de lui-même.

À l'origine, Coopersmith avait soumis des centaines d'enfants de cinquième et sixième année, des deux sexes, à un questionnaire sur l'estime de soi. Les filles et les garçons de cet échantillon initial ne différaient pas beaucoup en moyenne. Mais pour le groupe de 85 sujets soumis à une étude plus intensive, Coopersmith ne retint que des garçons afin d'éliminer les résultats pouvant être associés au sexe. Il interviewa donc ces garçons et leurs mères, les évalua et les observa dans différentes situations.

Coopersmith (1967) conclut que les gens forment leur image de soi d'après quatre facteurs: la *signification* (la façon dont ils se sentent aimés et approuvés par les gens qui comptent pour eux), la *compétence* (dans l'exécution de tâches qu'ils considèrent importantes), la *moralité* (le fait de se conformer à des normes et à une éthique) et le *pouvoir* (leur degré d'influence sur leur propre vie et sur celle des autres). Les gens peuvent avoir une image favorable d'eux-mêmes s'ils se classent très bien par rapport à certains de ces critères et moins bien par rapport à d'autres. Cependant, mieux ils répondront à ces quatre exigences, meilleure sera l'opinion qu'ils ont d'eux-mêmes.

Comme on pouvait s'y attendre, les enfants qui jouissent d'une image favorable d'eux-mêmes sont plus populaires et réussissent mieux à l'école, alors que ceux qui ont une piètre opinion d'eux-mêmes sont plus susceptibles d'être solitaires, de souffrir de divers problèmes comportementaux (comme l'énurésie) et d'éprouver des difficultés d'ordre académique. Il semble n'y avoir aucune relation entre l'estime de soi et la taille, l'apparence physique ou le nombre d'enfants dans la famille. D'autre part, il existe une corrélation positive entre l'estime de soi et le statut social, mais cette relation est faible. La façon dont les autres (et tout particulièrement les parents) traitent l'enfant semble, par contre, jouer un rôle important. Les enfants qui ont la meilleure image d'eux-mêmes sont des aînés ou des enfants uniques; ils possèdent des parents affectueux et leur mère est souvent directive.

En général, les parents de l'enfant doté d'une opinion favorable de lui-même appartiennent à la catégorie de parents que Baumrind a qualifié de *directifs* (voir chapitre 7). Ce sont des parents qui aiment et acceptent leurs enfants, tout en se montrant exigeants aux plans scolaire et comportemental. À l'intérieur de limites nettement définies et strictement appliquées, ils respectent et permettent l'expression individuelle. Ils récompensent la bonne conduite plus qu'ils ne punissent les écarts. Ces parents se situent eux-mêmes à des niveaux élevés d'estime de soi et mènent, à l'extérieur de leur famille, des vies actives et satisfaisantes.

Selon Coopersmith, les parents qui sont à la fois démocrates et sévères aident leurs enfants de plusieurs façons. En fixant des règles claires et cohérentes, ils leur indiquent ce qu'ils attendent d'eux. L'enfant qui enfreint une règle sait alors qu'il le fait et connaît ce à quoi il s'expose. La prévisibilité de son environnement l'aide à exercer un contrôle sur sa vie. En évoluant à l'intérieur d'un système de règles bien définies, l'enfant prend connaissance des différences entre lui et les autres et tient compte des exigences du monde extérieur. Enfin, cet enfant interprète les exigences de ses parents comme une preuve de la confiance qu'ils lui font et de l'intérêt qu'ils portent à son bien-être.

Il y a deux aspects à la relation qui unit l'approche parentale à l'estime de soi de l'enfant. D'une part, la façon dont les parents traitent leur enfant l'aide à se sentir bien dans sa peau. D'autre part, il se peut aussi que l'enfant qui a une haute opinion de lui-même possède des caractéristiques qui incitent ses parents à se montrer affectueux, fermes et démocrates. Ces deux aspects sont complémentaires, de telle sorte que parents et enfants s'influencent mutuellement entre eux (Maccoby, 1980).

Les préjugés des enfants

Les enfants qui parlent une langue étrangère, qui pratiquent une religion différente ou qui, par leur apparence ou par leur comportement, se distinguent de la majorité, sont souvent la cible de propos malveillants et fanatiques. Cet état de fait peut les amener à se détester eux-mêmes et à détester leurs origines, ce qui entraîne des troubles émotifs et des comportements antisociaux.

Afin d'éviter l'incertitude et l'anxiété qui les accompagnent souvent, nous cherchons des réponses aux questions que nous pose le monde. Les réponses les plus faciles sont celles qu'on trouve toutes faites dans notre entourage. Plus souvent qu'autrement, elles sont basées sur des opinions préconçues ou **préjugés**. Une catégorie de préjugés affectent particulièrement les enfants: ce sont les stéréotypes. Un stéréotype nous fait juger une personne non pas en fonction de ce qu'elle est, mais en fonction de ce que nous savons déjà du groupe où nous la classons (les Anglais, les Noirs, les femmes, les homosexuels, etc.). Les stéréotypes ont des racines très profondes dans notre société. On les retrouve chez des enfants d'à peine 2 ans et ils vont toujours croissant.

Des études effectuées aux États-Unis au cours des années 1960 et 1970 ont démontré l'existence de préjugés raciaux chez de très jeunes enfants. Les enfants blancs et les enfants noirs d'âge préscolaire de Virginie et de Boston sont déjà conscients des différences raciales et croient à la supériorité des Blancs (Morland, 1966). Dans une autre étude sur les attitudes raciales des enfants, on a trouvé que durant les quatre premières années scolaires, les enfants noirs, tout comme les blancs, ont un préjugé favorable aux Blancs. Ce préjugé, qu'on observe déjà au cours de la période préscolaire, demeure à peu près constant chez les Noirs durant les premières années scolaires, mais augmente jusqu'à la deuxième année du cours primaire, chez les enfants blancs, pour diminuer ensuite (Williams, Boswell et Best, 1975).

Heureusement, il existe des moyens de réduire les préjugés raciaux. Katz et Zalk (1978) ont expérimenté quatre techniques différentes qui ont permis d'atténuer les tendances racistes d'enfants blancs de deuxième et de cinquième année. Ces techniques sont:

La mise en relation directe et positive avec d'autres ethnies.   On donne l'occasion aux enfants d'assembler les pièces d'un puzzle au sein d'équipes pluriethniques. Tous les enfants sont encouragés pour leur participation.

La mise en relation indirecte avec d'autres ethnies.   On raconte aux enfants l'histoire d'un enfant noir sympathique et débrouillard.

Le renforcement de la préférence pour le noir.   Chaque fois que les enfants choisissent le dessin d'un animal noir plutôt que celui d'un animal blanc, on leur donne une bille échangeable contre un prix.

La discrimination perceptive.   On présente aux enfants des diapositives qui représentent une femme noire, dont l'apparence varie selon qu'elle porte ou non des lunettes, selon la façon dont elle est coiffée, selon qu'elle sourie ou fronce les sourcils. Chacun des visages porte un nom. On fait passer un test aux enfants pour voir jusqu'à quel point ils se souviennent des différents noms.

Les résultats de l'étude de Katz et Zalk montrent que les quatre méthodes sont efficaces à court terme, mais que deux d'entre elles ont un effet plus durable. De quatre à six mois après la fin de l'étude, les enfants soumis aux program-

Selon des études récentes, les enfants de races différentes s'acceptent mieux que par le passé. Ces recherches laissent entendre que l'école peut encourager cette acceptation mutuelle par des mesures positives entreprises dès les premières années du primaire. (David S. Strickler / Monkmeyer)

mes de *mise en relation indirecte* et de *discrimination perceptive* manifestaient toujours une attitude plus positive face aux Noirs que ceux des deux autres groupes. Les plus jeunes firent des progrès plus importants, ce qui indique qu'il est plus facile de s'attaquer aux préjugés au cours des premières années du cours primaire. Cette étude montre qu'il est possible de modifier les attitudes des jeunes enfants. Comme le soulignent les auteurs, «les écoles pourraient sans doute travailler beaucoup plus vigoureusement à combattre les préjugés raciaux des enfants qu'elles ne le font actuellement» (p. 460).

Il existe une méthode fructueuse pour contrer la discrimination raciale chez les enfants. Il s'agit de la *technique du casse-tête*. L'enseignant soumet différentes parties d'un projet à plusieurs enfants de milieux ethniques différents. Les enfants apprennent vite qu'ils peuvent réaliser leur projet plus facilement s'ils se consultent et s'aident mutuellement. Ils en viennent à mieux aimer l'école, à mieux s'aimer et à mieux aimer leurs compagnons de classe (Aronson, Stephan, Sikes, Blaney et Snapp, 1978; Aronson et Bridgeman, 1979; Geffner, 1978).

L'école fournit de nombreuses occasions d'abolir les préjugés. Certaines écoles ont fait des efforts louables en ce sens en engageant et en formant plus d'enseignants issus de groupes minoritaires, en faisant valoir l'apport culturel des diverses minorités, en encourageant l'éducation des jeunes enfants en matière de consommation de drogues et en accordant des bourses à des étudiants issus de minorités ethniques. Mais il faut

effectuer des pas plus importants encore, en améliorant les conditions de vie des minorités et en mettant l'accent sur la qualité des relations humaines dans tous les secteurs de la société.

Le visage scolaire du Québec change aussi: des enfants de diverses origines ethniques se côtoient de plus en plus à l'école. Notre milieu devra profiter des recherches américaines et faire en sorte d'éviter que les enfants d'ici développent les préjugés dont ont été victimes les jeunes Américains à l'endroit des sous-groupes ethniques.

«Les enfants ont le droit de grandir dans une société qui met l'accent sur les valeurs morales, qui leur apprend à aimer leurs semblables, qui respecte le droit individuel aux croyances religieuses, qui donne à l'enfant une personnalité où il y a place pour l'honnêteté, l'intégrité, la douceur de caractère, le sens de l'équité, de la compassion et de la compréhension dans toutes les relations humaines.» (Katz et Zalk, 1978, p. 304)

L'adoption d'un modèle sexuel

Une forme de discrimination qui retient de plus en plus l'attention depuis une dizaine d'années est le *sexisme*, ou la tendance à juger une personne en fonction de son sexe, féminin ou masculin, et non pas en fonction de ce qu'elle est réellement. Un des préjugés attaché à cette discrimination comporte la tendance à considérer les hommes comme supérieurs et donc, à préjuger de l'incompétence d'une femme dans les domaines traditionnellement réservés aux hommes, comme l'ingénierie, la politique ou la haute administration.

Au cours des années cinquante, on a demandé à un groupe de garçons de 8 à 11 ans de donner une description de ce que les hommes ont besoin de savoir et de ce qu'ils devraient être capables de faire. Voici ce qu'il répondirent:

«Ils ont besoin d'être forts et doivent être prêts à prendre des décisions; ils doivent être capables de protéger les femmes et les enfants dans des situations périlleuses; [...] ce sont eux qui font le travail pénible, le travail dur, le travail sale et le travail désagréable; ils doivent être capables de réparer les choses; ils doivent se procurer de l'argent pour subvenir aux besoins de leur famille; ils doivent aussi savoir comment prendre bien soin des enfants, comment s'entendre avec leur femme et comment apprendre à leurs enfants à distinguer le bien et le mal.» (Hartley, 1959, p. 461)

Et que pensent-ils des femmes?

«Elles sont indécises; elles ont peur de plusieurs choses; elles font un tas d'histoires; elles sont souvent fatiguées; elles ont souvent besoin qu'on les aide; elles restent à la maison la plupart du temps; elles ne sont pas aussi fortes que les hommes; elles n'aiment pas l'aventure; elles se sentent mal à la vue du sang; elles ne savent pas quoi faire dans une situation urgente; elles ne peuvent pas faire des choses dangereuses; elles se blessent plus facilement que les hommes et meurent plus facilement qu'eux [...] Elles ne sont pas très intelligentes; elles ne savent que crier dans les situations urgentes alors qu'un homme, lui, prend la situation en main [...] Les femmes font des choses comme la cuisine, la lessive et la couture parce que c'est tout ce qu'elles peuvent faire.» (Hartley, 1959, p.462)

L'un des garçons a résumé sa vision stéréotypée d'un modèle sexuel en déclarant:

«Si les femmes essayaient de faire le travail des hommes, tout s'effondrerait [...] Les femmes n'ont pas assez de force intellectuelle ou physique pour occuper la plupart des emplois [...] Si nous avions une femme au Congrès (des États-Unis) qui prenait charge de tout, le Russes attaqueraient probablement demain s'ils l'apprenaient. S'il y avait une guerre, les femmes diraient à tout le monde de laisser tomber les armes. Elles condamneraient probablement à perpétuité tout garçon ou tout homme qui frapperait une fille.»

Ces attitudes nous font sourire parce qu'elles nous semblent dépassées. Le sont-elles vraiment? Il y a des enfants qui ne pensent pas ainsi et d'autres qui le font. Une enquête portant sur 1600 élèves de quatrième, sixième, huitième et dixième année qui fréquentaient des écoles de banlieue et provenaient de diverses classes sociales a démontré l'existence de façons de penser nettement stéréotypées. L'enquête a cependant indiqué que plusieurs élèves, particulièrement les filles les plus âgées, se montrent disposés à «accorder aux femmes une participation plus importante dans les sphères sociales, économiques et politiques» (Greenberg, 1972,

p. 9). Alors que 70 % des garçons étaient d'avis qu'une femme médecin serait aussi compétente qu'un homme, 33 % seulement croyaient qu'une femme qui aurait appris la mécanique pourrait réparer une voiture aussi bien qu'un homme. Alors que 66 % des garçons sont d'avis que les «femmes de science» sont aussi astucieuses que les hommes, 35 % seulement pensent que nous devrions avoir des femmes astronautes. La classe sociale des élèves n'avait aucun effet sur leurs réponses. Les filles se montraient systématiquement plus égalitaires que les garçons, de même que les élèves les plus âgés (passé la quatrième année chez les garçons et la sixième chez les filles), peut-être parce qu'ils comprenaient mieux les enjeux sociaux en cause et qu'ils y avaient réfléchi davantage.

À l'école, les stéréotypes sexuels sont véhiculés non seulement à travers les relations interpersonnelles, mais aussi par le biais des manuels scolaires. Une étude effectuée au Québec en 1975 arrive aux conclusions suivantes:

«Nous nous sommes peu à peu rendu compte qu'il n'existait pas de matériel «non sexiste» où les personnages allaient vraiment au-delà des rôles traditionnellement admis chez les membres de leur sexe. Les manuels les moins «sexistes» sont encore ceux qui contiennent le moins de personnages fictifs. Même les histoires d'animaux font revivre des idées reçues sur le rôle du père, de la mère, du garçon et de la fille, en contradiction totale avec les réalités du monde animal.» (Dunningan, 1975) [1]

En l'espace d'une génération, cependant, des changements majeurs sont survenus dans les idées que se font les enfants d'un comportement qui convient à l'un ou à l'autre sexe. Lorsqu'on a demandé à 283 enfants de maternelle, de la cinquième année du primaire et du secondaire de préciser leurs objectifs de carrière et de dire si tel ou tel emploi devrait être comblé par un homme, par une femme ou indifféremment par un homme ou une femme, les enfants plus âgés se sont montrés beaucoup plus libéraux que les enfants d'autrefois (Archer, 1984). Les enfants de maternelle se sont montrés pour leur part passablement conservateurs quoique les filles de ce groupe d'âge soient habituellement plus ouver-

---

1 Note du consultant: Il ne faut cependant pas négliger de relever l'important effort fourni par le ministère de l'Éducation du Québec (MEQ) dans le but de faire disparaître les stéréotypes sexistes des manuels scolaires. En effet, depuis quelques années, les maisons d'édition produisant ce type de matériel doivent soumettre celui-ci à l'analyse et à l'approbation du MEQ. Des grilles relativement strictes et précises permettent aux évaluateurs du ministère de procéder à cette analyse et d'établir si oui ou non le matériel examiné est sexiste. En cas de réponse affirmative, le matériel est refusé par le MEQ.

tes sur la question. Cependant, on note que la notion d'égalité entre les sexes s'accentue avec l'âge des sujets.

Au plan du choix de carrière, si les garçons et les filles considèrent à peu près le même nombre d'emplois, certaines traces de sexisme persistent toujours. Si plusieurs filles optent pour des carrières traditionnellement réservées aux hommes, peu de garçons envisagent des carrières traditionnellement réservées aux femmes. Malgré cela, l'ampleur des changements survenus apparaît clairement dans le fait qu'aucune fille de la cinquième année du primaire n'a dit s'orienter vers une carrière de «ménagère» ou de «mère».

L'enfant dans la famille

Comme la dimension la plus importante de l'univers d'un enfant est habituellement le foyer dans lequel il grandit et comme les personnes les plus importantes sont celles qui y vivent, quiconque veut comprendre un enfant doit étudier de près le type de famille auquel il appartient. De plus en plus rares sont les enfants d'aujourd'hui qui vivent dans le type de famille présenté dans les manuels scolaires traditionnels, où la mère vêtue de son tablier accueille

ses quatre ou cinq enfants à leur retour de l'école avec des biscuits faits à la maison, et où le père pourvoyeur ne voit ses enfants que le soir et les fins de semaine. Jetons un coup d'œil sur quelques-uns des types de familles les plus courants en Amérique du Nord.

Les enfants dont la mère travaille à l'extérieur

Toutes les mères travaillent, bien sûr, car l'éducation des enfants et le soin d'une famille constituent une forme de travail d'une grande valeur, quoique non rémunérée. Nous nous pencherons cependant ici sur la mère qui exerce un emploi rémunéré, habituellement à l'extérieur du foyer. Le tableau 9.1 décrit la proportion de mères sur le marché du travail par rapport à l'ensemble des femmes ayant des enfants de divers groupes d'âge.

Des chercheurs tentent depuis plusieurs années d'évaluer l'impact du travail extérieur de la mère sur ses enfants et ont trouvé certaines réponses à leurs interrogations. Alors que par le passé, une bonne partie des études sur ce sujet mettaient l'accent sur les façons dont la mère qui est sur le marché du travail peut compenser la réduction du temps et de l'attention qu'elle

Tableau 9.1   Taux de participation des conjointes et des mères à la main-d'œuvre selon leur âge et selon la présence et l'âge des enfants, 1976 et 1981

Âge des femmes	Âge du plus jeune enfant			Total des femmes avec enfants	Total des conjointes sans enfant
	0-5 ans	6-11 ans	12-24 ans		
15-24 ans	30,2	45,9	54,2	30,6	74,9
	41,1	57,8	64,4	41,5	85,7
25-44 ans	33,0	42,4	50,7	38,9	72,3
	43,5	52,5	60,8	50,7	82,3
45 ans et plus	25,0	29,6	33,4	32,5	18,1
	30,7	34,6	38,4	37,9	20,6
Total	32,4	39,6	38,3	36,4	41,5
	44,6	50,1	45,8	46,3	46,6

1976 ▦   1981 ☐

Données tirées de: S. Messier, *Chiffres en main*, Conseil du statut de la femme, Gouvernement du Québec, 1981, p. 265.
S. Messier, *Les femmes, ça compte*, Conseil du statut de la femme, Gouvernement du Québec, 1984, p. 37.

Source du tableau: Les Québécoises: faits et chiffres, Secrétariat à la condition féminine, Gouvernement du Québec, 1985.

accorde à ses enfants, l'accent est mis aujourd'hui sur les retombées positives du travail de la mère sur toute la famille. La mère qui travaille voit souvent son estime de soi augmenter parce qu'elle se sent plus compétente et plus responsable de sa vie, en même temps qu'elle acquiert une plus grande sécurité financière. En général, plus une femme est satisfaite de sa vie, plus elle est efficace comme parent (Hoffman, 1979).

De son côté, le père peut se détendre davantage, sachant qu'il n'est pas le seul responsable du soutien financier de la famille; il est moins contraint d'exercer un second emploi. Le père qui s'occupe plus activement des soins aux enfants en raison du travail de son épouse devient plus protecteur: il leur manifeste davantage d'affection, les aide à traverser leurs difficultés, les console quand ils ont de la peine et leur donne beaucoup de soins et d'attention (Carlson, 1984). Il devient ainsi capable d'exprimer un côté de lui-même qui a été traditionnellement négligé chez les hommes, ce qui lui permet de se réaliser plus pleinement comme personne.

Enfin, les enfants bénéficient de diverses façons du travail de leur mère: ils sont exposés à de nouveaux modèles qui reflètent l'importance accrue du travail dans la vie des femmes et de l'éducation des enfants dans la vie des hommes. Les filles dont la mère travaille à l'extérieur et les garçons dont le père participe à l'éducation des enfants entretiennent moins de stéréotypes liés aux rôles sexuels que les enfants issus de familles «traditionnelles» (Hoffman, 1979; Carlson, 1984). Quand nous évaluons l'impact global du travail maternel sur l'enfant, il nous faut tenir compte de l'âge de celui-ci. On peut consulter Hoffman (1979) pour une revue de la littérature sur la question.

Les nourrissons et les petits enfants

Très peu d'études ont porté sur les effets du travail régulier ou à temps partiel de la mère sur l'enfant en très bas âge. Les travaux de Bowlby et de Spitz (voir chapitre 5), souvent cités pour démontrer les effets nocifs de l'absence maternelle, ne s'appliquent pas ici, car ils soulignent les répercussions désastreuses que pouvait avoir le placement d'un enfant dans une institution dont le personnel était réduit et où celui-ci était complètement séparé de sa famille et de son foyer. Ce n'est évidemment pas la situation que vivent les enfants dont les parents exercent un emploi. La plupart des jeunes enfants dont la mère travaille sont pris en charge dans leur propre foyer, et la majorité des autres passent la journée chez des membres de la famille, chez une gardienne rémunérée ou dans une garderie (Hofferth, 1979). Bien qu'il faille recueillir de plus amples informations sur les effets de ce type de services de garde, aucune recherche n'a relevé d'effets nocifs dans le cas d'une *garde de qualité*.

Les nourrissons et les petits enfants dont la mère exerce un travail extérieur ont autant de chances de développer des liens d'attachement sécurisants que ceux dont la mère reste à la maison, et les différences qui existent à ce niveau chez les enfants de 3 à 6 ans *favorisent* ceux dont la mère travaille à l'extérieur. Les enfants d'âge préscolaire dont la mère est sur le marché du travail ont généralement des résultats légèrement supérieurs au plan cognitif, leurs idées quant aux rôles dévolus à l'un et l'autre sexe sont moins traditionnelles, et ils trouvent auprès de leur mère autant de soutien que ceux dont la mère reste à la maison. Une étude menée auprès de nourrissons, de trottineurs et de petits enfants de 200 mères travailleuses n'a révélé aucun effet préjudiciable du travail de la mère sur le développement cognitif, émotif ou social de l'enfant (Zimmerman et Bernstein, 1983).

Le contact personnel *est* important pour le bébé et pour le trottineur, mais ce contact ne doit pas nécessairement provenir de la mère; il peut être assuré par d'autres personnes qui prennent soin de l'enfant. En outre, lors d'une étude effectuée auprès de jeunes enfants de la classe moyenne, on a constaté que les enfants de mères travailleuses avaient autant de contacts personnels avec leur mère que ceux dont la mère restait au foyer (Goldberg, 1977).

Le développement de l'enfant est si complexe qu'il est rarement possible de dire que tel élément pris isolément est bon ou mauvais pour lui. Il nous faut savoir plus de choses que le simple fait que la mère travaille: par exemple, comment se comporte la mère quand elle est à la maison? Si elle était toujours à la maison, éprouverait-elle du ressentiment du fait de ne pas pouvoir travailler à l'extérieur et en rendrait-elle son enfant responsable? Quelle sorte de soins l'enfant reçoit-il en l'absence de sa mère? Sont-ils stimulants, affectueux et stables, ou peu attentifs, froids et irréguliers? Ce n'est qu'en connaissant les réponses à des questions de cette nature que nous pouvons évaluer la situation d'un enfant (Hoffman, 1979).

Les enfants d'âge scolaire

L'enfant d'âge scolaire dont la mère travaille semble bénéficier de deux aspects de la situation familiale: il a des chances de vivre dans un foyer plus structuré, doté de règles précises, et il est habituellement plus encouragé à être indépendant que l'enfant dont la mère reste au foyer. La seule exception à cette incitation à l'indépendance vient apparemment des mères qui se sentent coupables de travailler.

La fille dont la mère s'adonne à un travail extérieur réussit mieux que celle dont la mère s'occupe strictement d'activités ménagères; elle obtient aussi de meilleurs résultats aux tests d'estime de soi et aux autres mesures d'adaptation. Cette réussite est attribuable à une combinaison de facteurs, dont l'encouragement de la compétence et de l'indépendance féminine de la part des deux parents, une relation plus étroite avec le père et le modèle transmis par la mère quant aux rôles que sa fille est appelée à exercer.

En ce qui concerne le garçon, les résultats sont moins clairs, moins uniformément positifs et plus liés à la classe sociale. Le fils d'une femme qui travaille a une conception moins stéréotypée de l'homme et de la femme: il considère la femme plus compétente et l'homme plus affectueux que le garçon dont la mère reste à la maison. Cette perception est toutefois moins prononcée chez le garçon issu d'une classe sociale inférieure. Ce dernier est aussi plus susceptible d'avoir des relations tendues avec son père, peut-être parce qu'ils considèrent tous les deux le travail extérieur de la mère comme un signe de l'incapacité du père à jouer son rôle de pourvoyeur. Cette tension entre le père et le fils ne se manifesterait pas dans la famille de la classe moyenne, mais certains garçons de cette classe auraient, aux tests d'intelligence, des résultats inférieurs à ceux de leurs semblables dont la mère ne s'absente pas du foyer. Il y a encore des questions sans réponses concernant l'influence de la mère sur la réussite académique du garçon et l'impact du travail maternel dans ce domaine. Si les effets négatifs décrits précédemment sont effectivement dus au fait que le fils et le père voient dans le travail de la femme une preuve de l'incompétence paternelle, il y a des chances que de telles perceptions s'estompent d'ici quelques générations, c'est-à-dire quand le tra-

vail de la mère à l'extérieur du foyer sera une pratique bien établie et intégrée à nos mœurs.

Les adolescents

Au cours de l'adolescence, le travail extérieur de la mère semble répondre aux besoins tant de l'enfant que de la mère. Lors d'une étude récente, 7 adolescents sur 10 ont affirmé que le travail extérieur des parents durant cette période de la vie avaient sur eux des effets soit positifs soit nuls (General Mills, 1981). L'adolescent tient à être indépendant et à prendre ses décisions sans se faire dire ce qu'il doit faire. Il aime se débrouiller seul et ne veut pas se sentir «le fils (ou la fille) à maman». Il déteste devoir rendre compte de ce qu'il fait. La mère qui reste à la maison a plus tendance à vouloir contrôler les activités de ses adolescents et quand ses questions ou ses conseils bien intentionnés essuient une rebuffade, elle se sent souvent personnellement rejetée.

Absente une bonne partie de la journée, la mère qui travaille évite bien des conflits. De plus, sont travail lui procure un sentiment d'estime de soi et de compétence que ses activités maternelles lui procurent de moins en moins à ce stade de la vie de ses enfants. C'est probablement pourquoi la mère d'adolescents qui travaille a une image plus positive d'elle-même, c'est-à-dire de sa compétence, de son apparence et de son niveau de réalisation personnelle (Birnbaum, 1975).

Les adolescents dont la mère travaille jouissent d'une meilleure adaptation sociale, se sentent mieux dans leur peau, ont un sentiment d'appartenance plus marqué et s'entendent mieux tant avec les membres de leur famille qu'avec leurs compagnons de classes (Gold et Andres, 1978a). L'adolescente dont la mère exerce un travail extérieur fonctionne particulièrement bien. Elle est «plus ouverte, indépendante, active et motivée, elle obtient de meilleurs résultats académiques et manifeste une meilleure capacité d'adaptation quand on la soumet à des mesures de personnalité et d'habiletés sociales» (Hoffman, 1979, p. 864).

Les relations entre frères et sœurs

Les relations qui se vivent entre frères et sœurs diffèrent de tous les autres rapports humains et jouent un rôle prépondérant dans le développement de l'enfant. Les enfants d'une même famille s'influencent mutuellement d'une façon *indirecte,* par l'impact qu'ils exercent sur leurs relations respectives avec les parents, et d'une façon *directe,* par leurs interactions. Le fait de nous comparer à nos frères et sœurs et de voir ce qui nous distingue d'eux en dépit de tous les liens qui nous unissent nous aide à définir notre identité individuelle.

L'ambivalence qui commence à se manifester dès la naissance d'un second enfant dans la famille persiste souvent toute la vie. Bien qu'il puisse imiter son aîné et se tourner vers lui pour trouver une approbation et un soutien, le cadet est aussi susceptible d'éprouver du ressentiment face au pouvoir et au contrôle exercés par celui-ci. De son côté, l'aîné risque de se sentir lésé et d'envier l'attention accordée au plus jeune. Plus les frères et sœurs sont rapprochés, plus leurs relations semblent étroites et ambivalentes (Bryant, 1982).

Les influences directes des frères et sœurs

Grâce à ses frères et sœurs, l'enfant fait l'expérience de leur dépendance à son égard, et de sa propre dépendance envers eux. Les relations entre les enfants d'une même famille fournissent également une tribune propice à l'apprentissage de la résolution des conflits. Bien qu'ils se querellent souvent, les frères et sœurs sont incités par les liens du sang et par le rapprochement physique à régler leurs différends, car ils ne peuvent éviter de se voir chaque jour. Ils apprennent ainsi qu'exprimer sa colère ne signifie pas mettre fin à une relation. Comme les querelles entre frères et sœurs proviennent souvent de l'inégalité des pouvoirs, les cadets en particulier deviennent souvent très habiles dans l'art de percevoir les besoins des autres, de négocier en vue d'obtenir ce qu'ils désirent et de faire des compromis.

Bien que cela se pratique chez nous d'une façon moins systématique qu'ailleurs dans le monde, il arrive souvent que les enfants doivent prendre soin de leurs frères et sœurs plus jeunes. Les parents qui travaillent à l'extérieur demandent parfois à un enfant de s'occuper des plus jeunes jusqu'au moment de leur retour à la maison. Les plus vieux aident souvent leurs cadets à faire leurs travaux scolaires, ce qu'ils font souvent mieux que les parents qui ne sont

plus toujours au fait des matières et des méthodes en vigueur à l'école primaire.

La grande sœur se révèle un professeur particulièrement efficace. Elle réussit mieux à apprendre des choses à ses frères ou sœurs plus jeunes qu'à des enfants extérieurs à la famille, alors que c'est l'inverse qui se produit chez le garçon. Les filles comme les garçons enseignent plus efficacement à leurs frères ou sœurs du même sexe qu'à ceux du sexe opposé.

Les filles parlent davantage à leurs cadets que les garçons: elles donnent plus d'explications et de feed-back, et sont plus enclines à utiliser une méthode *déductive* (c'est-à-dire à expliquer, à décrire, à démontrer et à illustrer), alors que les garçons se servent plus souvent d'une approche *inductive* en donnant des exemples et en laissant à leur élève le soin de saisir lui-même le concept en cause (Cicirelli, 1976a). La fille qui veut amener un cadet à faire quelque chose est plus portée à raisonner avec lui ou à lui faire éprouver un sentiment d'obligation, alors que le garçon aura plutôt tendance à attaquer (Cicirelli, 1976b).

Ces différences sont dues en partie à l'adoption de modèles sexuels, c'est-à-dire au fait que divers types de comportements sont plus encouragés chez un sexe que chez l'autre. Elles peuvent aussi découler de la tendance de la fille à s'identifier surtout à sa mère. Enfin, elles sont peut-être attribuables à une plus grande vulnérabilité affective chez le garçon: celui-ci serait porté à réagir davantage quand un nouvel enfant lui prend sa place, à être plus jaloux et à se comporter d'une manière plus hostile avec l'usurpateur.

Il y a aussi des différences de comportement chez les enfants qui sont reliées à leur âge, au rang qu'ils occupent dans la famille et à l'écart d'âge entre les enfants. L'aîné a tendance à être plus autoritaire. Il est plus porté à attaquer, à ignorer, à soudoyer ses frères et sœurs ou à se mettre le nez dans leurs affaires, alors que le deuxième enfant de la famille a plutôt tendance à plaider, à raisonner ou à attaquer la propriété de son frère ou de sa sœur. Les enfants sont plus portés à attaquer le frère ou la sœur du même sexe et à se montrer conciliants avec celui de l'autre sexe. Deux frères se querelleront plus que toute autre paire d'enfants d'une même famille (Cicirelli, 1976a). Les cadets sont plus susceptibles d'accepter l'aide et les directives d'une grande sœur, ou d'un frère ou d'une sœur qui ont quatre ans de plus qu'eux. Les enfants seront portés à travailler seuls quand ils sont avec un grand frère, ou avec un frère ou une sœur qui ont deux ans de plus qu'eux. L'influence la plus considérable est exercée par la sœur qui a au moins quatre ans de plus que son frère ou sa sœur. Les enfants d'une même famille n'enseignent pas et n'apprennent pas de la même manière quand ils sont entre eux que lorsqu'ils sont avec des enfants extérieurs à la famille.

Les influences indirectes des frères et sœurs

L'impact de la simple présence d'un frère ou d'une sœur sur la relation entre un enfant et ses parents a été démontré lors d'une étude où l'on a constaté que la mère parle davantage et qu'elle donne plus d'explications et de feed-back à un enfant qui a un grand frère qu'à celui qui a une grande sœur (Cicirelli, 1976a). La mère semble laisser une fille aînée assumer une partie des responsabilités parentales à l'égard des cadets.

Conscients de l'impact qu'exercent les uns sur les autres les membres d'une même famille et des conséquences possibles de circonstances particulières, plusieurs spécialistes du développement de l'enfant se sont interrogés sur l'effet que peut avoir sur un enfant en bonne santé la présence d'une sœur ou d'un frère handicapé. Un tel enfant est-il privé de l'attention et des soins de ses parents au point de souffrir de problèmes émotifs? Est-il plus vulnérable que d'autres? Les risques de son inadaptation sont-ils directement proportionnels à la gravité du handicap de son frère ou de sa sœur?

Fort heureusement, les recherches récentes répondent par la négative à toutes ces questions. Des enfants âgés de 6 à 18 ans issus de 239 familles dont un ou plusieurs enfants souffraient de divers handicaps n'avaient pas plus de difficultés d'ordre psychologique qu'un groupe témoin sélectionné au hasard (Breslav, Weitzman et Messenger, 1981). Il semble que les parents d'enfants handicapés demeurent sensibles et attentifs aux besoins de leurs enfants en bonne santé.

Les enfants du divorce

Quand le mariage de ses parents s'écroule, l'enfant éprouve souvent autant de peine et de confusion que le couple qui se sépare, et parfois davantage. Pour plusieurs enfants, ce bouleversement familial constitue l'événement central de leur enfance et entraîne des répercussions qui les suivent jusqu'à l'âge adulte. Même si le nombre des divorces a eu tendance à diminuer au cours des dernières années, il est encore élevé. Il y a eu 15 814 divorces au Québec en 1985, selon Statistique Canada (1986). Pour 1000 mariages survenus en 1985, il y a eu 336,7 divorces au Canada (comparativement à 336,1, en 1984), 42,6 en Italie, 209,9 au Japon, 274,6 en France, 333,8 en U.R.S.S., 482,4 aux États-Unis et 555,6 en Suède (Statistique Canada, 1986). On prévoit qu'entre le tiers et la moitié des enfants américains nés durant les années 1970 connaîtront cette expérience difficile.

Le divorce est un traumatisme pour tout le monde. La dissolution d'un mariage soulève de vives émotions de colère, de haine, d'amère déception, d'échec et de remise en question chez le mari et la femme. Les enfants réagiraient plus mal à la désagrégation du mariage de leurs parents qu'à la mort de l'un d'eux. Même si un mariage s'est révélé très malheureux, les enfants sont souvent stupéfiés par sa dissolution et doivent s'adapter à une situation inhabituelle. Au cours du processus d'adaptation, les enfants de parents divorcés ont souvent peur de l'avenir. Ils se sentent coupables d'avoir joué un rôle dans l'avènement du divorce, rejetés par le parent qui quitte le foyer et ils éprouvent de la colère contre les deux parents. Ils deviennent parfois déprimés, haineux, perturbateurs, irritables, solitaires, tristes, sujets aux accidents ou même suicidaires. Ils peuvent souffrir de fatigue, d'insomnie, de troubles dermatologiques, de perte d'appétit ou de concentration, et ils peuvent se désintéresser du travail scolaire et de la vie sociale.

Les différences liées à l'âge dans la façon de réagir au divorce

Bien qu'il n'y ait pas deux enfants qui réagissent exactement de la même façon au divorce de leurs parents, on note certains patterns de réactions liés à l'âge et notamment au niveau de développement cognitif et émotif de l'enfant (Wallerstein et Kelly, 1980; Neal, 1983).

L'enfant d'âge préscolaire (de 3 à 6 ans) manifeste souvent des signes de tension considérable: celui qui a entre 2 ans et demi et 3 ans et demi se lamente, pleure, s'accroche à l'adulte, a des problèmes de sommeil et mouille son lit; l'enfant de 4 ans se lamente et pleure, frappe les autres enfants et se sent coupable; à 5 ou 6 ans, il manifeste plus d'anxiété et d'agressivité, et a un grand besoin de contact physique.

Le petit enfant a tendance à entretenir deux types de fantasmes: des images terrifiantes où il se croit abandonné et des images réconfortantes où il voit ses parents se retrouver. Lors d'une étude, tous les enfants d'âge préscolaire qui jouaient à papa et maman mettaient les poupées représentant le père et la mère dans le même lit, enlacés (Wallerstein, 1983). L'égocentrisme cognitif du jeune enfant aggrave ses difficultés: comme il a du mal à comprendre le point de vue d'une autre personne, il a tendance à croire que c'est lui qui a causé le divorce de ses parents.

L'enfant d'âge scolaire (de 6 à 12 ans) peut lui aussi éprouver une grande peur à l'annonce du divorce de ses parents. Il devient souvent amer et agressif à l'endroit des parents et particulièrement avec celui qu'il tient pour responsable du divorce. Il exprimera parfois son agressivité en se mettant à voler ou à mentir, ou il s'en prendra à lui-même en développant des problèmes d'ordre somatique comme des maux de tête ou de ventre.

Les enfants de cet âge sont souvent conscients des conflits que vivent leurs parents, mais les plus jeunes se sentent tout de même souvent responsables de la rupture de leurs parents aussi bien que de leur réconciliation. Les enfants plus âgés comprennent mieux les sentiments intimes de leurs parents et les conflits qui surgissent lorsque les attitudes et les attentes de deux personnes ne sont pas assorties. Ils croiront souvent que leurs parents se séparent parce qu'ils ont changé ou parce que leur relation a changé, mais que tout pourrait rentrer dans l'ordre s'ils faisaient assez d'efforts pour s'entendre.

Le jeune adolescent (de 13 à 15 ans) peut éprouver des sentiments de colère, de dépression, de culpabilité et de désespoir, s'inquiéter de la situation financière de la famille, ou se livrer à une vie sexuelle active. Il se met parfois à rivaliser avec le parent du même sexe, ou bien il s'attelle au travail en jouant le rôle de l'«homme» ou de la «femme» de la maison. L'adolescent croit que ses parents ont divorcé soit à cause d'une mauvaise relation due à des problèmes de personnalité ou à des différences inconciliables, soit à cause de contradictions entre la personnalité réelle des parents et leur comportement. Il ne comprend pas toujours que deux personnes bien intentionnées puissent causer de la peine aux autres.

Les parents et les conseillers qui veulent aider un enfant à s'adapter au divorce de ses parents doivent savoir ce que celui-ci pense et peut comprendre.

L'adaptation au divorce

L'enfant dont les parents divorcent fait face à un ensemble de difficultés et de défis particuliers, en plus d'avoir à surmonter les tâches habituelles liées à son développement émotif. À partir d'une étude longitudinale menée auprès de 60 familles américaines divorcées dont les enfants avaient de 3 à 18 ans au moment de la séparation, on a relevé six tâches essentielles au développement affectif des enfants vivant le divorce de leurs parents (Wallerstein, 1983, Wallerstein et Kelly, 1980):

1 *Reconnaître la réalité de la rupture.* Il arrive souvent que les jeunes enfants ne comprennent pas ce qui est arrivé et nombreux sont les enfants de divers âges qui nient la séparation, au début. D'autres sont envahis par des fantasmes d'abandon ou se réfugient dans des fantasmes de réconciliation. Un an après la séparation, cependant, la plupart des enfants affrontent la réalité du divorce. Il ne faut jamais sous-estimer le besoin de l'enfant d'être informé.

2 *Se dégager des conflits et du désarroi des parents et retourner à ses activités habituelles.* Au début, l'enfant est souvent si préoccupé et inquiet qu'il n'arrive pas à se concentrer en classe, à jouer avec d'autres enfants ni à s'adonner à ses activités habituelles. Il doit prendre une distance par rapport à ses parents désemparés et recommencer à vivre sa propre vie. Heureusement, la plupart des enfants y sont parvenus de 12 à 18 mois après la séparation. Le divorce est un problème entre parents; l'enfant doit être tenu à l'écart du conflit parental.

3 *Assimiler les pertes.* L'assimilation des multiples pertes entraînées par le divorce est peut-être la tâche la plus difficile pour un enfant. Celui-ci doit s'adapter à la perte du parent qui quitte le foyer, du sentiment de sécurité que procurent l'amour et les soins prodigués par les deux parents, de la routine quotidienne familiale, des traditions fami-

liales et souvent de tout un mode de vie. Certains enfants prennent des années à s'adapter à ces pertes; il y en a qui n'y parviennent jamais et qui continuent à se sentir rejetés et indignes de l'amour des autres même à l'âge adulte.

4 *Se débarrasser de la colère et de la culpabilité.* «L'enfant et l'adolescent ne croient pas à un divorce «innocent». Ils blâment soit un de leurs parents, ou les deux, ou se tiennent personnellement responsables du divorce» (Wallerstein, 1983, p. 239). L'enfant se rend compte que le divorce, contrairement à la mort, est volontaire; il en veut souvent pendant des années au parent qui a pu lui faire une chose aussi terrible (et parfois aux deux). S'il parvient à pardonner à ses parents (et à lui-même), il se sent beaucoup plus en possession de ses moyens et exerce un meilleur contrôle sur sa vie.

5 *Accepter le caractère définitif du divorce.* Plusieurs enfants s'accrochent pendant des années à l'idée que leurs parents vont revivre ensemble, même après un nouveau mariage. Souvent, ils n'acceptent la situation qu'au moment où ils réussissent à se séparer psychologiquement de leurs parents, à l'adolescence ou au début de l'âge adulte.

6 *Nourrir des espoirs réalistes face aux relations amoureuses.* Plusieurs jeunes qui se sont bien adaptés sur les autres plans sortent de l'expérience du divorce parental avec une crainte d'échouer comme leurs parents dans le domaine des relations intimes. Ils deviennent parfois cyniques, pessimistes ou simplement méfiants devant la possibilité de vivre un amour durable.

Bon nombre d'enfants réussissent à résoudre toutes les tâches décrites ci-dessus et traversent l'expérience douloureuse du divorce parental en conservant un bon équilibre. Cette capacité de bien s'en sortir semble être attribuable en partie au pouvoir d'adaptation de l'enfant (lequel sera étudié plus loin dans le présent chapitre) et en partie à la façon dont les parents résolvent les difficultés reliées à leur séparation. (Voir à ce sujet l'encadré 9.2).

Les familles monoparentales

En 1986, au Québec, un enfant sur quatre vivait dans une famille monoparentale où, huit fois sur dix, le père était absent (Statistique Canada, 1987). Bien qu'un certain nombre de familles monoparentales résultent du fait que la mère ne se soit jamais mariée ou de la mort d'un des parents, la plupart d'entre elles sont attribuables à la désertion d'un parent, à une séparation ou à un divorce (Gilck et Worton, 1977).

Les enfants de familles monoparentales ont sans doute plus de tensions et plus d'efforts d'adaptation à fournir que ceux qui grandissent dans des foyers où deux adultes peuvent parta-

Encadré 9.2

Comment aider un enfant à s'adapter au divorce

Les parents peuvent aider leurs enfants à s'adapter plus facilement à leur divorce. Les lignes directrices suivantes sont fondées sur les recommandations de plusieurs experts en relations familiales.

- *Tous les enfants de la famille doivent être mis au courant du divorce en même temps, dans un langage qui convient à leur âge respectif.* Environ 80 % des jeunes enfants ne reçoivent aucune explication concernant le divorce de leurs parents parce que ceux-ci les croient trop jeunes pour comprendre la situation (Wallerstein et Kelly, 1980). Et pourtant, même le très jeune enfant comprend que des changements surviennent dans la famille et a besoin de se faire expliquer souvent, de différentes façons, ce qui arrive. Les deux parents devraient assister à ces périodes d'information, pour que chaque enfant puisse voir que ses deux parents s'intéressent encore étroitement à lui et vont continuer de s'occuper de lui.
- *L'enfant ne doit apprendre que ce qu'il a besoin de savoir.* Il est parfois tentant pour les parents de parler ouvertement de ce qu'ils considèrent comme la cause de leur divorce: une aventure, l'alcoolisme, la passion du jeu, une incompatibilité sexuelle, etc. Mais ce genre

de propos risquent beaucoup plus de semer la confusion chez l'enfant et de le troubler que de l'aider. La nécessité de juger le parent «fautif» impose un lourd fardeau à l'enfant. À un moment où il a souvent besoin de tout le soutien affectif possible, il risque de perdre confiance en ses parents, ou du moins en l'un d'eux.

- *L'enfant a besoin de savoir qu'il n'a pas causé le divorce.*   Le jeune enfant a tendance à tout ramener à lui-même et croit souvent que c'est une de ses pensées ou de ses actions qui a amené ses parents à se séparer. Le sentiment de culpabilité alors éprouvé peut le tourmenter.

- *Les parents doivent insister sur le caractère définitif de leur décision.*   Le fantasme de la réconciliation parentale est pratiquement universel. Tant que l'enfant entretient ce rêve, il ne peut progresser dans l'acceptation de la réalité. Une fois qu'il a abandonné l'idée qu'il a le pouvoir de réunir ses parents, il peut s'occuper davantage de la douleur que lui cause leur rupture.

- *Les dispositions prises concernant le soin des enfants doivent leur être soigneusement expliquées.*   Même si l'enfant n'exprime pas sa crainte d'être abandonné, il a besoin d'être rassuré. Ses parents doivent lui dire qu'ils vont continuer de s'en occuper et lui expliquer en détail les arrangements qu'ils ont pris quant à leur garde.

- *Les enfants doivent être assurés de l'amour de leurs deux parents.*   L'enfant doit savoir qu'il n'y a pas de divorce entre ses parents et lui et que le parent qui ne vit pas toujours avec lui va continuer de l'aimer et de s'en occuper.

- *Les enfants doivent être encouragés à exprimer leurs peurs, leur tristesse et leur colère.*   En exprimant ses émotions ouvertement, l'enfant peut commencer à les comprendre et à leur faire face. Les parents peuvent l'aider en admettant leur propre tristesse, leur colère et leur confusion. Ils peuvent aussi recourir à des groupes d'échanges à l'intention des enfants qui vivent une situation analogue.

- *Des limites doivent être imposées au comportement des enfants.*   Le parent qui s'occupe de l'enfant doit maintenir une discipline amicale, mais ferme. L'enfant doit s'apercevoir qu'une personne plus forte que lui l'aime assez pour l'empêcher de perdre le contrôle.

- *Les parents doivent s'assurer l'aide d'autres adultes (enseignants, parents, amis, etc.).*   Une personne extérieure à la famille immédiate peut souvent manifester à l'enfant une attention qui l'aidera à traverser des moments difficiles.

- *Les époux «en guerre» doivent interrompre les hostilités quand il s'agit de s'occuper des enfants.*   Les parents divorcés n'ont pas à être des amis, mais ils aideront considérablement leurs enfants en coopérant dans les questions qui ont trait à leur éducation.

- *Les enfants ne doivent pas être utilisés par leurs parents.*   L'enfant souffre lorsqu'il se voit forcé de transmettre des informations ou des messages hostiles, lorsqu'on lui demande de prendre parti ou quand les «visites» chez le parent qui n'a pas la garde servent de terrain de bataille. Les parents qui utilisent ainsi leurs enfants sacrifient le bien-être de ceux-ci à la satisfaction de leurs besoins personnels.

- *Les parents doivent reconnaître qu'il y a un conflit réel entre leurs besoins et ceux de leurs enfants.*   Les parents doivent rencontrer d'autres adultes, mais les enfants ont besoin de la présence de leurs parents. L'adulte doit rester sensible à ce dilemme et trouver des solutions qui satisferont tant ses besoins que ceux de ses enfants.

- *La vie des enfants doit être modifiée le moins possible.*   Moins les parents imposent de changements aux enfants, plus ceux-ci peuvent consacrer leur énergie à s'adapter au changement majeur que constitue le divorce. Si possible, le parent doit remettre à plus tard un premier emploi extérieur ou un déménagement. Si des changements s'imposent, les parents doivent se rappeler que les enfants auront besoin d'une attention particulière.

- *Les parents doivent utiliser toutes les ressources accessibles, pour eux-mêmes et pour leurs enfants.*   Cela inclut les livres utiles, les groupes d'échanges et les programmes offerts par la communauté.

Adaptation de Olds, 1980.

ger les responsabilités de l'éducation, assurer un meilleur train de vie, se conformer plus étroitement au modèle de la «famille idéale» que propose notre société, présenter les deux pendants du modèle sexuel et offrir l'interaction de personnalités différentes. La famille à deux parents n'est cependant pas toujours idéale et le foyer monoparental n'est pas nécessairement pathologique.

Un groupe de femmes divorcées ont fait ressortir l'avantage qu'il y a à pouvoir élever leurs enfants sans avoir à affronter un conjoint qui n'approuve pas les décisions prises quotidiennement au sujet des enfants (LeMaster, 1970). D'autres travaux ont démontré que les attitudes du parent unique exercent plus d'influence sur l'orientation sexuelle de l'enfant que le fait de ne pas pouvoir partager la responsabilité de son éducation avec un conjoint (Klein, 1973). Ces travaux montrent aussi (1) que les enfants de mères célibataires ne présentent pas plus de troubles émotifs que ceux dont les deux parents sont au foyer (Klein, 1973), (2) que les enfants fonctionnent généralement mieux dans un foyer monoparental où le climat est bon que dans un foyer biparental caractérisé par la mésentente et l'insatisfaction (Rutter, 1983), et (3) qu'un parent hostile ou inaccessible cause plus de tort à l'enfant qu'un parent absent (Hetherington, 1980).

Plusieurs foyers monoparentaux sont des milieux favorables à l'épanouissement de l'enfant, ce qui est de plus en plus admis par les agences d'adoption qui acceptent maintenant de placer des enfants chez des adultes qui vivent seuls. Sans doute ces agences se rendent-elles compte que plusieurs personnes qui ont fort bien réussi ont été élevées par des veufs ou des veuves, par un parent dont le conjoint avait quitté le foyer ou par une mère qui n'a jamais épousé le père de ses enfants (Goertzel et Goertzel, 1962).

Pour être en mesure de mieux saisir les particularités du foyer monoparental et l'effet que celui-ci peut avoir sur l'enfant, nous devrions tenter de répondre aux questions suivantes: le foyer où les deux parents vivent ensemble dans un climat de tension et de frustration est-il plus sain que le foyer monoparental heureux et bien réglé? Qu'est-ce qui distingue les parents de familles monoparentales heureuses de ceux dont les enfants rencontrent plus de problèmes? Quels sont les points forts des familles monoparentales? En quoi celles-ci ressemblent-elles aux familles biparentales et sur quels points en diffèrent-elles? Quelles sont les personnes qui remplacent les parents absents et quel type d'influence exercent-elles? Quelle est l'importance du moment où se produit la séparation, de sa durée et des facteurs qui l'ont causée? En quoi les enfants qui s'adaptent bien aux conditions du foyer monoparental diffèrent-ils de ceux qui s'en tirent moins bien et à quoi peut-on attribuer ces différences?

Les perturbations entraînées par un divorce ou par la mort d'un parent sont l'un des stress majeurs que peut vivre un enfant. Plus loin dans ce chapitre, nous étudierons les différentes façons dont les enfants réagissent au stress et les facteurs qui semblent aider certains d'entre eux à s'en tirer mieux que d'autres. Examinons maintenant certains troubles émotifs rencontrés au cours de l'enfance.

Les troubles émotifs au cours de l'enfance

Les troubles émotifs au cours de l'enfance ne sont pas rares et se manifestent sous diverses formes. Parfois, les problèmes s'expriment par un comportement atypique. Une psychothérapie relativement brève peut avoir raison des troubles émotifs. Dans d'autres cas, les difficultés se manifestent autrement, exigent d'autres remèdes et sont plus longues à résoudre.

Le plus souvent, c'est au niveau du comportement que l'on peut déceler les problèmes émotifs des enfants. Ceux-ci expriment leur besoin d'être aidés en commettant toutes sortes de méfaits: ils se battent, mentent, volent, détruisent le bien des autres, enfreignent les règles imposées par les parents, l'école ou d'autres représentants de l'autorité. Les formes plus graves de conduite délictuelle seront abordées au chapitre 11 dans la section qui traite de la délinquance juvénile.

La conduite délictuelle

Chez l'enfant, les écarts de conduite prennent souvent la forme du mensonge ou du vol. Presque tous les enfants inventent des histoires imaginaires pour s'amuser ou mentent occasionnellement pour éviter une punition. Cependant, un enfant qui continue de raconter toutes sortes d'histoires fantastiques passé l'âge de 6 ou 7 ans exprime souvent par là son insécurité. Il a besoin d'imaginer des situations prestigieuses dans lesquelles il fait figure de héros pour s'assurer l'attention et l'estime de son entourage. Si l'enfant ment de façon habituelle et tout a fait évidente, c'est parfois pour exprimer son hostilité envers ses parents (Chapman, 1974).

De même, le vol occasionnel est un phénomène courant chez les enfants. C'est un geste qu'il ne faut pas négliger, mais qui ne signale aucun problème grave. Un enfant qui vole souvent des objets à ses parents, ou vole de façon si flagrante qu'il se fait facilement prendre, exprime souvent par là son hostilité envers ses parents ou les règles imposées par ceux-ci. Dans certains cas, les objets volés sont de toute évidence des «symboles de l'affection, de la puissance et de l'autorité parentales» (Chapman, 1974, p. 158); ainsi, René, un garçon solitaire qui n'a pas une très haute opinion de lui-même, semble se valoriser en accumulant de l'argent et des objets qui appartiennent à son père. Toute forme chronique de comportement antisocial doit retenir notre attention et être considérée comme un symptôme possible d'un trouble émotif plus profond.

L'hyperactivité

Ce problème est malheureusement trop familier à plusieurs parents et éducateurs: Jean ne peut rester assis tranquille; il est incapable de finir ce qu'il fait, même quand c'est tout simple; il ne garde pas ses amis et se trouve toujours en difficulté. Son professeur affirme: «Je ne peux rien faire avec lui.» Le médecin de famille déclare: «Ne vous en faites pas. Cela passera.» Selon le voisin, «c'est un enfant gâté». Finalement, les parents de Jean apprennent que leur enfant est «hyperactif».

L'hyperactivité comporte trois symptômes majeurs: l'inattention, l'impulsivité et une grande activité à des moments et dans des endroits inappropriés comme à l'école. Ces traits apparaissent jusqu'à un certain degré chez tous les enfants. Mais chez environ 3 % des enfants d'âge scolaire et 10 fois plus souvent chez les garçons que chez les filles, ils sont tellement accentués qu'ils nuisent à la vie scolaire et à d'autres aspects de la vie quotidienne. Ces enfants sont considérés hyperactifs (Association américaine de psychiatrie, 1980; Stewart et Olds, 1973). Bien qu'il y ait plusieurs théories sur l'origine de ce syndrome (lésion cérébrale,

anomalies biochimiques au niveau du cerveau, allergies alimentaires, retard dans le développement, transmission héréditaire de traits de personnalité, etc.), nous n'en connaissons pas encore les causes profondes (Achenbach, 1982).

Il existe diverses techniques que parents et éducateurs peuvent utiliser pour aider l'enfant hyperactif à améliorer son rendement à la maison et à l'école. D'abord, ils doivent s'appliquer à comprendre et à accepter le tempérament fondamental de l'enfant. Ils peuvent ensuite enseigner à l'enfant à diviser son travail en unités plus facilement abordables; ils peuvent introduire des activités physiques quotidiennes dans le programme scolaire; ils peuvent suggérer à l'enfant divers moyens d'évaluation académique plus adaptés à son tempérament (remplacer, par exemple, les travaux écrits par des exposés individuels ou des comptes rendus enregistrés sur bande magnétique) (Stewart et Olds, 1973).

On prescrit parfois un médicament de la catégorie des stimulants afin d'aider l'enfant hyperactif à porter attention et à mieux se concentrer sur son travail. Ces drogues n'aident cependant pas tous les enfants hyperactifs à améliorer leur rendement. De toute façon, même lorsqu'elles semblent avoir un effet bénéfique réel sur le rendement scolaire de l'enfant, il est important de réfléchir sur l'opportunité de faire usage de médicaments pour résoudre un problème non médical. Si l'enfant hyperactif est un enfant normal, comme plusieurs observateurs le soutiennent, le fait de masquer sa véritable personnalité n'aura-t-il pas, à la longue, des effets déplorables? Comme plusieurs questions au sujet des effets à long terme des stimulants pharmaceutiques demeurent sans réponse, il est préférable d'y avoir recours en dernier ressort, après avoir essayé des méthodes plus douces pour résoudre le problème de l'hyperactivité.

Au cours des dernières années, de nombreux chercheurs se sont appliqués à étudier la possibilité d'améliorer le comportement des enfants hyperactifs en leur faisant suivre un régime qui excluait les essences et colorants artificiels (Feingold, 1973). Cette méthode suscita un grand intérêt à la suite des commentaires de certains parents au sujet de l'amélioration du comportement de leur enfant, à qui on avait fait suivre un régime sans additifs. Il semble toutefois que cette amélioration soit plutôt due à l'*effet placebo*. Un placebo est une substance qui ne contient aucun produit pharmaceutique; le patient qui l'absorbe, croyant prendre un médicament puissant, est susceptible de voir son état s'améliorer uniquement par l'effet des attentes. Wender (1977) note à ce propos: «Les chercheurs qui s'adonnent à l'étude du comportement ne seront pas surpris de noter l'effet placebo marqué d'un traitement qui consiste à modifier le régime alimentaire d'une famille et à obliger celle-ci à accorder plus d'attention à l'enfant hyperactif, grâce à l'achat et à la préparation des aliments spéciaux requis par le nouveau régime.» (p. 4) Quand on empêche l'effet placebo de se produire, l'effet des diètes sans additifs disparaît complètement (Harley, Matthews et Eichman, 1978).

Les problèmes qui présentent des symptômes physiques

Certains comportements gênants semblent être attribuables à des retards ou à des anomalies qui surviennent au niveau de la maturation biologique. Souvent, les enfants réussissent à la longue à se défaire de ces problèmes; mais, avant d'y parvenir, ils doivent en subir les effets désagréables. Par exemple, l'enfant qui souffre d'incontinence nocturne est handicapé au niveau de sa vie sociale, car il peut se sentir embarrassé d'aller passer la nuit chez un ami et de participer à un camp d'été. La fillette qui souffre d'un tic nerveux devra probablement affronter les railleries des autres enfants. C'est pourquoi l'apparition de ce type de problèmes devrait éveiller notre attention.

L'incontinence nocturne ou énurésie

Bien que la plupart des enfants de 3 à 5 ans ne mouillent plus leur lit ni leurs vêtements, l'incontinence nocturne représente le trouble chronique le plus couramment observé par les pédiatres (Starfield, 1978). Environ 10 % des enfants de 5 ans parmi lesquels ont trouve deux fois plus de garçons que de filles, continuent de mouiller régulièrement leur lit à l'âge de 5 ans. Ce pourcentage chute à 5 % environ à l'âge de 10 ans et il n'est plus que de 1 à 2 % au cours de l'adolescence. La plupart des enfants énurétiques se libèrent de ce problème sans aide spéciale (Barker, 1979). Moins de 1 % des cas d'énurésie sont attribuables à des anomalies d'ordre physique, et les chercheurs ne sont pas encore parvenus à découvrir les causes véritables de tous les autres cas d'incontinence noc-

turne. De nombreuses théories ont été élaborées pour tenter d'expliquer ce phénomène. Certaines l'attribuent à des troubles émotifs puisqu'il arrive souvent que l'enfant mouille le lit à la suite d'un épisode chargé sur le plan émotif, bien que la plupart des enfants énurétiques ne présentent aucun autre symptôme de trouble psychologique. D'autres l'attribuent à des facteurs génétiques puisqu'un adulte qui a souffert d'énurésie au cours de son enfance a plus de chances d'avoir des enfants énurétiques, et qu'on observe une corrélation plus importante chez les jumeaux identiques que chez les jumeaux non identiques en ce qui a trait à l'incontinence nocturne. D'autres encore attribuent le phénomène à des facteurs physiologiques puisque les enfants énurétiques auraient une vessie relativement petite ou connaîtraient des cycles de sommeil irréguliers. Certaines théories l'attribuent enfin à un entraînement à la propreté inefficace ou à un retard au niveau de la maturation du système nerveux (Chapman, 1974; Bakwin, 1971d; Starfield, 1978; Barker, 1979; Stewart et Olds, 1973). Dans la plupart des cas, il est impossible de déterminer la cause précise de ce problème.

Une partie du traitement consiste à rassurer les enfants et les parents en leur soulignant qu'il s'agit là d'un problème courant qui est en soi sans gravité et pour lequel il ne faut ni blâmer ni punir l'enfant. Il est bon de conseiller aux parents d'éviter d'intervenir, à moins que ce ne soit l'enfant lui-même qui considère son incontinence comme un problème. Voici les moyens les plus efficaces pour aider l'enfant énurétique: récompenser l'enfant quand il ne mouille pas son lit, installer un dispositif qui sert à déclencher le bruit d'une cloche ou d'un sifflet au moment ou l'enfant se met à uriner, apprendre à l'enfant à maîtriser le sphincter qui contrôle la miction (Chapman, 1974).

L'encoprésie ou l'incontinence fécale

Il arrive parfois que l'enfant se mette à souiller ses culottes simplement parce qu'il est tellement absorbé dans ses jeux qu'il en oublie de se rendre aux toilettes. Ce phénomène peut également être dû à la constipation qui rend la défécation douloureuse, à une tension émotive passagère causée par la naissance d'un frère ou d'une sœur, la maladie ou la mort d'un des parents, ou encore à des problèmes émotifs plus profonds.

L'encoprésie, qui affecte également davantage les garçons, disparaît habituellement sans traitement bien que ce phénomène puisse persister de deux à trois ans. Quand on entreprend de le traiter, les résultats se font souvent sentir en quelques semaines ou quelques mois. Si l'encoprésie se rencontre très rarement après la puberté, c'est tout de même un problème qu'il ne faut pas négliger car il peut avoir des effets émotifs graves lorsqu'il persiste. L'enfant qui en souffre dégage une odeur si repoussante qu'il devient vite victime d'ostracisme, des railleries et du dédain de la part de son entourage.

Le traitement consiste à fixer des moments précis pour la défécation, à accorder une récompense si celle-ci se produit, à administrer un laxatif et à aider les parents à résoudre les tensions reliées au problème lui-même et à la situation d'entraînement à la propreté (Chapman, 1974; Barker, 1979; Steart et Old, 1973).

Les tics nerveux

Il arrive souvent que les enfants développent des *tics* ou mouvements musculaires répétitifs involontaires. Ils clignent des yeux, remontent les épaules, bougent la tête, se lèchent les lèvres, grimacent, grognent, renâclent ou émettent toutes sortes de bruits. Phénomène plus courant chez le garçon que chez la fille, le tic nerveux apparaît le plus souvent entre 4 et 10 ans et disparaît habituellement avant l'adolescence pour réapparaître parfois plus tard durant des périodes de stress (Chapman, 1974).

Les tics d'origine émotive peuvent surgir à la suite de tensions vécues par l'enfant dans des situations passées ou présentes. Certains psychiatres sont d'avis qu'il s'agit là d'un moyen utilisé par l'enfant pour soulager une tension émotive. Ce fut le cas d'un garçon de 8 ans qui souffrait d'un bon nombre de tics différents. C'était un enfant très passif et inhibé qui, au lieu d'exprimer l'agressivité qu'il ressentait par des gestes ou des paroles, avait développé différents tics nerveux. Grâce à des séances hebdomadaires de psychothérapie qui durèrent un an, il prit confiance en lui-même et se départit graduellement d'environ 95 % des tics qui l'accablaient (Chapman, 1974).

Les tics n'ont cependant pas tous une origine émotive. Certains tics semblent être dus à des troubles neurologiques, comme dans le cas du syndrome de Tourette, un trouble caractérisé par une variété de tics musculaires et vocaux (Shapiro, Shapiro et Wayne, 1973). Cette maladie semble due à des troubles physiologiques, qui résultent vraisemblablement d'un déséquilibre chimique au niveau du cerveau. L'administration d'un médicament qui rétablit cet équilibre chimique entraîne souvent un soulagement spectaculaire. Malheureusement, il arrive aussi que la victime du syndrome de Tourette ne fasse que remplacer un tic par un autre.

Des problèmes précoces de myopie peuvent également expliquer l'habitude de cligner des yeux. Le simple port de verres correcteurs suffit à faire disparaître ce tic.

Le bégaiement

Affectant au moins quatre fois plus de garçons que de filles et touchant des millions d'enfants, le bégaiement se manifeste par la répétition saccadée et l'arrêt involontaire de certains sons. Il surgit habituellement avant que l'enfant atteigne l'âge scolaire et a tendance à disparaître au début de l'adolescence.

De nombreuses théories ont été élaborées pour tenter de déterminer la cause du bégaiement. Certaines l'attribuent à des facteurs physiques: il serait lié à un mauvais entraînement à l'articulation et à la respiration, à une dominance cérébrale mixte (comme dans le cas d'enfants gauchers qu'on a forcés à utiliser leur main droite) et à une anomalie du système assurant le feed-back des paroles que le sujet vient d'énoncer. D'autres théories lui attribuent une origine émotive. Elles supposent que le problème provient soit de pressions excessives exercées par les parents pour que l'enfant acquiert un langage correct, soit de conflits émotifs profondément enracinés (Barker, 1979; Pines, 1977). En fait, il y a autant de théories élaborées au sujet de l'origine du bégaiement que de méthodes employées pour résorber ce trouble. On peut faire appel à une psychothérapie ou aux conseils d'un spécialiste, à l'orthophonie, à l'administration de certains médicaments et à diverses autres techniques.

La plupart des techniques utilisées visent à entraîner le sujet atteint de bégaiement à se départir des schèmes de réactions motrices acquis pendant une période de plusieurs années. On lui apprend à parler lentement et posément, à respirer lentement et profondément, à utiliser les muscles abdominaux plutôt que les pectoraux, à débuter ses phrases doucement, plutôt que de façon abrupte et forte comme le font souvent les bègues. Les ordinateurs aidant à contrôler la voix, les magnétoscopes et les métronomes portés comme des appareils auditifs font partie des machines utilisées pour venir en aide aux bègues. Il existe un programme qui fait appel à plusieurs de ces moyens techniques et entraîne le sujet à se servir du téléphone, à demander des renseignements à un étranger et à participer à d'autres situations stressantes où il doit prendre la parole. D'après les évaluations qu'on en a faites, ce programme est relativement efficace, mais celui qui veut se départir définitivement du bégaiement doit continuer à s'exercer de façon assidue aux tâches apprises au cours de l'entraînement (Pines, 1977).

La phobie de l'école

Plusieurs personnes qui ont étudié la *phobie de l'école* prétendent que ce phénomène a reçu à tort cette appellation. En fait, l'enfant ne chercherait pas tant à fuir l'école comme à retrouver sa mère pour s'assurer encore et toujours de l'amour qu'elle lui porte. Les chercheurs sont tellement convaincus que c'est «l'angoisse de la séparation» qui est à l'origine du problème qu'il n'existe pratiquement aucune recherche sur le sujet. Nous savons très peu de choses sur la façon dont l'enfant perçoit l'école, sur ses relations avec les professeurs et les autres enfants, ou encore sur l'existence d'autres problèmes liés à l'école ou à la charge de travail qu'elle impose.

Que savons-nous donc au sujet des enfants en proie à la phobie de l'école? D'abord, ce ne sont pas des élèves qui font l'école buissonnière. Ce sont souvent des élèves appliqués, dont l'absentéisme est connu des parents. Les absences se prolongent souvent. Les absentéistes ont entre 5 et 15 ans, et sont des enfants des deux sexes. Ils sont doués d'une intelligence moyenne ou supérieure à la moyenne, et leur rendement scolaire est moyen ou supérieur à la moyenne. Bien qu'ils soient issus de toutes les classes sociales, il semble qu'ils fassent souvent partie des classes plus favorisées.

Souvent, l'enfant atteint par la phobie de l'école se réveille un matin d'école en se plaignant d'un malaise physique quelconque: il a la nausée, mal au ventre ou à la tête, ou envie de vomir. Peu après avoir reçu la permission de rester à la maison, son malaise disparaît. Le même stratagème peut être utilisé à plusieurs reprises, et plus l'enfant s'est absenté de l'école, plus il est difficile de l'inciter à y retourner. Ce type d'enfant fait souvent preuve d'une grande timidité en dehors de son foyer, mais il se montre obstiné, entêté et exigeant en présence de ses parents.

Il existe plusieurs formes de phobies de l'école. Sous sa forme «névrotique», elle affecte surtout les enfants depuis la maternelle jusqu'à la quatrième année. L'absentéisme a un caractère soudain, et l'enfant continue de bien se comporter sur les autres plans. Sous sa forme caractérielle qui atteint le jeune au début de l'adolescence, la phobie se manifeste plus graduellement, et l'enfant qui en est victime manifeste des troubles plus profonds auxquels il sera beaucoup plus difficile de remédier.

Le traitement de la phobie de l'école exige que l'on ramène l'enfant à l'école le plus tôt possible. Les parents peuvent ensuite recourir à divers moyens, comme une psychothérapie pour l'enfant, pour l'un des parents ou les deux et parfois même pour toute la famille. Le fait de ramener l'enfant à l'école résout plusieurs aspects du problème: il met fin au lien de dépendance excessive qui unit la mère et l'enfant, encourage l'équilibre fondamental de l'enfant, empêche celui-ci de prendre du retard dans ses matières scolaires (ce qui aurait pour effet d'aggraver le problème), place l'enfant dans un environnement plus normal et le retire des conditions qui sont à l'origine de sa phobie.

Le retour à l'école peut se faire graduellement. Le parent peut conduire l'enfant à l'école et rester assis avec lui un moment dans la voiture; la fois suivante, ils pourront marcher ensemble autour de l'école; une autre fois, ils iront rencontrer ensemble le directeur de l'école; enfin, l'enfant devra se rendre seul à l'école, mais n'y rester qu'une heure par jour au début, puis plusieurs heures, et finalement toute la journée. Une telle méthode, bien sûr, exige la collaboration du personnel de l'école.

En général, une fois qu'on a commencé à appliquer ce type de traitement, on peut envoyer l'enfant à l'école sans trop de difficultés. Les quelques études qui ont observé les enfants ainsi traités au cours des années ultérieures ne nous permettent cependant pas de déterminer clairement si le traitement en question a contribué à améliorer la capacité d'adaptation générale de l'enfant.

La dépression chez l'enfant

Après que des compagnons de classe eurent accusé un jeune Américain de 8 ans d'avoir volé

Il fut un temps où les spécialistes de la santé ne réalisaient pas que les enfants peuvent être cliniquement déprimés tout comme les adultes; mais depuis quelques années, on accorde une plus grande attention à ce problème. La dépression chez l'enfant présente divers symptômes, tels qu'une incapacité de s'amuser, une expression malheureuse ou des difficultés reliées à l'alimentation ou au sommeil. (Freda Leinwand / Monkmeyer)

de l'argent à son professeur, le principal de l'école tenta en vain de le calmer et affirma plus tard: «Il était tellement bouleversé qu'il en était incohérent. Il ne cessait de dire que les autres essayaient de lui causer des ennuis et que personne ne l'aimait.» Le garçon fit le vœu de ne plus retourner à l'école. Il n'y retourna jamais et se suicida deux jours plus tard (*New York Times*, 1984).

Ce cas tragique illustre les conséquences fatales que peut avoir la *dépression chez l'enfant*, un *trouble affectif* auquel on accorde une attention grandissante depuis quelques années. Heureusement, rares sont les enfants déprimés qui vont jusque-là quoique le taux de suicide ait augmenté ces dernières années chez les enfants et les adolescents (voir chapitre 18). Bien que les symptômes fondamentaux d'une dépression majeure soient les mêmes de l'enfance jusqu'à l'âge adulte, certaines caractéristiques sont reliées à l'âge du sujet (AAP, 1980).

Le diagnostic de la dépression chez l'enfant repose généralement sur la présence persistante de quatre ou cinq des symptômes suivants, tout particulièrement lorsque ceux-ci signalent un changement par rapport au comportement habituel: l'enfant est incapable de s'amuser, il a peu ou pas d'amis, il est la plupart du temps fatigué, son niveau d'activité est soit très élevé soit très faible, il parle à peine, son rendement scolaire diminue, il a de la difficulté à se concentrer, il

pleure beaucoup, il dort trop ou trop peu, il perd l'appétit, il a l'air malheureux, il se plaint de malaises physiques, il est écrasé par un sentiment de culpabilité, il éprouve une grave anxiété face à la séparation (comme dans les cas de phobie de l'école), ou il pense souvent à la mort ou au suicide (Poznanski, 1982; Malmquist, 1983).

Alors qu'une dépression moyenne ou grave est passablement facile à déceler, ses formes plus légères sont plus difficiles à diagnostiquer. C'est pourquoi la présence de n'importe lequel des symptômes énumérés ci-dessus doit être suivie de près. Lorsqu'il y a persistance des symptômes, il faut fournir à l'enfant une aide psychologique.

Personne ne connaît d'une façon certaine la cause exacte de la dépression, que ce soit chez l'enfant ou chez l'adulte. Selon certains auteurs, il s'agirait d'une prédisposition biochimique, laquelle serait déclenchée par des expériences particulières; d'autres auteurs insistent plutôt sur l'influence de l'environnement. Quoi qu'il en soit, la dépression nécessite habituellement une forme de psychothérapie.

L'autisme infantile

L'autisme peut se manifester dès le quatrième mois de la vie. Le bébé qui en est atteint, est couché dans son berceau, apathique et insensible aux personnes qui l'entourent. Dans d'autres cas, le nourrisson peut paraître normal et manifester les symptômes de cette maladie vers l'âge de 18 mois seulement (Bettelheim, 1967). À cause de la nature des symptômes qu'il présente, l'enfant autistique passe souvent pour un enfant mentalement arriéré, sourd-muet ou souffrant d'une lésion cérébrale. L'autisme atteint deux fois plus de garçons que de filles.

L'enfant autistique semble avoir érigé un mur entre lui et les autres personnes, même ses parents. Il ne perçoit pas les gens qui l'entourent et ne réagit même pas lorsque ses parents lui parlent. Il ne peut communiquer avec les autres.

Ce type d'enfant présente habituellement des problèmes de langage. Dans un cas sur trois, l'enfant n'utilise pas du tout le langage, se limitant à grogner ou à gémir. D'autres vont toujours redire les mêmes phrases ou répéter les paroles des autres. Souvent, ils sont également dépourvus de langage intérieur et ne peuvent même pas jouer seul si ce n'est à un niveau sensori-moteur très primitif (Barker, 1979).

L'enfant autistique est apathique et insensible aux personnes qui l'entourent. Nous ne connaissons pas encore l'origine de cette maladie et les cas de guérison sont rares. (Steve Potter / Stock, Boston)

L'enfant autistique a tendance à combler le vide laissé par l'absence de relations interpersonnelles en se montrant excessivement intéressé aux choses. Il devient obsédé par la façon dont les objets sont disposés, et s'adonne souvent à des activités physiques simples et répétitives en manipulant des objets pendant de longs moments. S'il doit interrompre ces activités, il réagit souvent par la peur ou la rage. On a observé un garçonnet de 4 ans qui s'amusait à manipuler des craies plusieurs heures par jour, à les laisser glisser sur une surface inclinée, puis à remettre la craie du dessous sur le dessus. D'autres enfants vont rester immobiles pendant des heures, comme cette fillette de 7 ans qui passait plusieurs heures par jour à regarder avec ravissement ses mains jointes (Chapman, 1974).

Les scores des enfants autistiques aux tests d'intelligence varient d'un niveau vraiment plus bas que la moyenne à un niveau supérieur à la moyenne. Certains manifestent des habiletés isolées étonnantes. Bien que faisant preuve d'un rendement général très pauvre, ils peuvent être capables de réciter de longs poèmes, de chanter

exceptionnellement bien ou de résoudre des problèmes mathématiques difficiles.

L'origine de l'autisme chez le jeune enfant n'est pas encore découverte. Certains psychiatres croient que ces enfants n'ont pas connu un développement normal parce qu'ils n'ont pas reçu suffisamment d'affection de la part de leurs parents. Il est pourtant rare que ce trouble affecte plus d'un enfant par famille, et il se peut que le problème soit aggravé quand les parents deviennent froids et distants à la suite du rejet manifesté par leur enfant autistique. D'autres théories attribuent l'autisme à des anomalies d'ordre métabolique ou chromosomique, mais là encore, les données sont insuffisantes. Certains médicaments aident parfois l'enfant autistique quand ils sont accompagnés d'une éducation intensive et d'une thérapie behaviorale (Geller, Ritvo, Freeman et Yuwiler, 1982).

Le traitement des troubles émotifs chez l'enfant

Le choix d'un traitement approprié à un problème dépend de plusieurs facteurs: la nature du problème, la personnalité de l'enfant, la disposition de la famille à participer au traitement, la possibilité de recevoir le traitement choisi dans le milieu de l'enfant, les ressources pécuniaires de la famille et, très souvent, les idées du spécialiste qu'on a consulté en premier lieu (très souvent, le médecin de famille).

La psychothérapie

La psychothérapie individuelle peut prendre différentes formes. La *thérapie préventive* peut être suivie par un enfant dans une période de grande tension, par exemple lors de la mort d'un de ses parents, même avant l'apparition de tout symptôme de perturbation. La *thérapie de soutien* donne à l'enfant l'occasion de parler de ses inquiétudes avec une personne amicale et sympathique, qui peut l'aider à affronter plus facilement les tensions rencontrées. Dans la *thérapie par le jeu*, le thérapeute peut saisir des indices des difficultés que rencontre l'enfant, en observant la façon dont celui-ci s'amuse avec des poupées ou d'autres types de jouets. Dans de rares cas, il peut convenir d'avoir recours à une *psychanalyse de l'enfant* afin de restructurer sa personnalité. Dans la plupart des cas cependant, l'enfant n'est pas suffisamment introspectif pour fouiller aussi profondément en lui, ni assez maître de lui pour opérer des transformations importantes.

La plupart des psychothérapies tentent d'éclairer l'enfant sur les traits de sa personnalité et sur les relations qu'il entretient avec les autres, en s'arrêtant autant au passé qu'au présent (Barker, 1979). Pour atteindre cet objectif, le thérapeute doit rester ouvert aux sentiments de l'enfant et l'aider à les comprendre et à leur faire face. Il peut y parvenir en interprétant ce que l'enfant dit et fait au cours des séances de thérapie de même que dans la vie de tous les jours (à partir de ce que l'enfant rapporte à l'occasion des rencontres).

La psychothérapie de l'enfant est habituellement beaucoup plus efficace lorsqu'on prévoit également des rencontres avec les parents. C'est souvent un spécialiste différent qui aide les parents à faire face au sentiment d'incompétence qu'ils éprouvent à se voir obligés de faire traiter leur enfant et à la culpabilité ressentie à la pensée qu'ils sont peut-être responsables de son problème. Les parents doivent également apprendre à agir le plus efficacement possible dans la situation à laquelle ils se trouvent confrontés.

La thérapie familiale

Ce type de thérapie opère sur le milieu familial au complet. Le thérapeute réunit tous les membres d'une famille, observe la façon dont ils interagissent entre eux et leur fait prendre conscience de leurs modes de comportement (autant ceux qui leur permettent de s'épanouir que ceux qui entravent leur équilibre).

Il arrive parfois que l'enfant dont le problème a rendu la thérapie familiale nécessaire soit le membre le plus sain de la famille, et qu'il ait réagi sainement à une situation morbide. C'est ce qu'on a pu observer dans le cas de Luce, qui avait menacé ses parents avec un couteau de table lorsqu'ils lui avaient déclaré que son chien était mort alors qu'en fait, ils l'avaient conduit à la société protectrice des animaux. La thérapie permit de faire ressortir l'atmosphère de haine et de mensonge qui régissait tous les rapports entre les membres de cette famille, les efforts déployés par ceux-ci pour éviter d'affronter leurs problèmes et, finalement, un conflit fondamental entre le père et la mère qui était à l'origine des problèmes de Luce et de ceux de

son frère âgé de 16 ans, lequel rencontrait des difficultés académiques. Grâce à la thérapie, les parents purent exposer leurs problèmes respectifs et commencer à les résoudre, faisant ainsi le premier pas vers la solution des problèmes de leurs enfants.

La modification du comportement ou thérapie behaviorale

Cette approche fait appel aux principes de la théorie de l'apprentissage pour tenter de modifier le comportement, c'est-à-dire d'éliminer certains comportements indésirables (comme l'habitude de mouiller le lit ou les accès de colère), ou pour favoriser l'apparition des comportements souhaitables (comme la ponctualité ou la participation aux tâches domestiques). Le but de la thérapie n'est pas de remonter aux causes du problème de l'enfant; elle vise d'abord et avant tout à modifier le comportement qui pose un problème.

Cette méthode se révèle particulièrement efficace dans le traitement de symptômes isolés bien précis tels que les phobies, qui peuvent être éliminées par une désensibilisation systématique, ou l'énurésie, à laquelle on peut mettre fin par le recours à la technique de la sonnerie. Conformément à la méthode du conditionnement opérant, l'enfant obtient une récompense (par exemple, une friandise, des louanges ou un jeton qui peut être échangé contre des jouets) lorsqu'il adopte le comportement qu'on souhaite lui faire acquérir (par exemple, mettre ses vêtements sales dans le panier).

La thérapie behaviorale se révèle utile aux parents et aux éducateurs qui ont à faire face à des problèmes de comportement bien déterminés. Cependant, lorsque les problèmes qui se présentent sont plus profondément enracinés, cette forme de traitement doit être complétée par une psychothérapie pour l'enfant et/ou pour les parents.

La pharmacothérapie

Au cours des trois dernières décennies, le nombre de médicaments a augmenté de façon spectaculaire; 90 % de tous les médicaments qu'on peut se procurer aujourd'hui étaient inconnus il y a 30 ans (Stewart et Olds, 1973). Parmi ces substances médicamenteuses, il y en a plusieurs qui sont utilisées pour traiter les troubles émotifs autant chez les adultes que chez les enfants. Il n'est pas rare de nos jours de voir des médecins prescrire des tranquilisants à des enfants insomniaques d'âge préscolaire, des antidépresseurs aux enfants énurétiques, des stimulants aux hyperactifs et toute une gamme d'autres médicaments aux enfants aux prises avec divers troubles névrotiques ou psychotiques, ou avec des problèmes de comportement.

L'administration de médicaments aux enfants qui rencontrent des problèmes de comportement est un moyen de traitement radical, si l'on tient compte du fait que plusieurs médicaments ont des effets secondaires indésirables et souvent mal connus. En outre, le médicament lui-même ne fait que soulager des symptômes sans enrayer la cause profonde du mal. Les médicaments ont bien sûr leur place dans le traitement de certains troubles émotifs chez l'enfant, mais leur utilisation ne devrait pas se faire à l'exclusion d'une psychothérapie quand les enfants présentent des troubles importants.

Le stress et le pouvoir d'adaptation chez l'enfant

Bien des gens ont tendance à romancer l'enfance et la perçoivent comme une période insouciante et merveilleuse de la vie. Et pourtant, tous les enfants vivent des tensions, et certains d'entre eux plus que les autres. Le stress normal de l'enfance peut prendre plusieurs formes: maladie, naissance de frères ou de sœurs, relations difficiles avec un aîné ou un cadet, frustration de l'enfant qui ne peut avoir ni faire ce qu'il veut, absences temporaires des parents, etc. Certains enfants doivent affronter des tensions plus graves: divorce ou mort d'un ou des parents, hospitalisation, abus physique ou sexuel de la part d'un adulte, pauvreté, désastres naturels (comme une inondation ou une tornade) ou catastrophes d'origine humaine (comme la guerre), etc. Comme nous l'avons souligné précédemment, certains observateurs croient que les pressions de la vie moderne imposent tout un nouvel éventail de fardeaux à l'enfant et l'obligent à grandir trop vite (Elkind, 1981). Deux des nouvelles tensions auxquelles l'enfant d'aujourd'hui fait face sont la peur d'une guerre nucléaire (voir l'encadré 9.3) et la dégradation de l'environnement due à la pollution.

Plusieurs chercheurs ont tenté d'évaluer les conséquences du stress chez l'enfant. Ils ont étudié, entre autres, l'impact de la séquestration dans un camp de concentration, de la séparation d'avec les parents en temps de guerre, d'un enlèvement et de diverses autres expériences qui sont classées sous la rubrique de la négligence parentale. Tous ces événements difficiles, et d'autres encore, peuvent affecter le développement affectif de l'enfant. Dans bien des cas, une expérience est stressante en raison de son impact sur les interactions entre l'enfant et les membres de sa famille ou d'autres personnes importantes. Quand ces interactions sont perturbées, et que l'enfant se sent délaissé ou mal aimé par ses parents, le stress qui en résulte risque d'avoir des conséquences particulièrement graves.

La façon dont un enfant réagit à une expérience stressante dépend de plusieurs facteurs. D'abord, il y a l'expérience elle-même; la nature de l'événement stressant influe sur la réaction d'un enfant, comme nous l'avons noté précédemment en étudiant ses réactions à la mort d'un parent et au divorce. L'âge influe également, comme nous l'avons vu en décrivant comment les réactions de l'enfant au divorce parental changent avec l'âge. Le sexe de l'enfant est un autre facteur d'influence puisqu'en général, les garçons sont plus vulnérables au stress que les filles. La réussite académique d'un enfant semble également reliée à sa capacité d'affronter le stress, mais la nature de cette relation demeure encore mal comprise. D'autres facteurs semblent également influencer la réaction au stress, mais ils ont fait l'objet de peu d'études. Il s'agit des *différences héréditaires*, des *différences de tempérament* et de l'*intelligence* (Rutter, 1983).

L'enfant invulnérable

Certains enfants sont invulnérables au stress. Ils ne se laissent jamais abattre et survolent les circonstances les plus pénibles qui perturbent gravement le développement affectif de la plupart des enfants. C'est le cas de l'enfant de parents schizophrènes qui est exempt de troubles affectifs, de l'enfant du ghetto qui réussit socialement ou de l'enfant négligé ou maltraité qui connaît des relations intimes et une vie satisfaisantes. En dépit des circonstances difficiles de leur vie, ces enfants sont créateurs, pleins de ressources, indépendants, compétents et agréables à vivre. Quelle est leur recette?

Encadré 9.3

Comment la crainte d'une guerre nucléaire affecte-t-elle le développement de l'enfant?

«Si je suis à l'école quand la bombe va nous tomber dessus et que je me cache et que je survis et retourne à la maison pour m'apercevoir que toute ma famille est disparue, et tout le reste, à quoi ça servirait de continuer à vivre?»

«Supposons que ma famille est assez chanceuse pour survivre, nous ne pourrions durer longtemps. Les animaux et les plantes seraient détruits; sinon, ils seraient devenus radioactifs. Qui voudrait en manger?»

Ces réponses ont été données par deux des 3500 écoliers américains (de la deuxième année du primaire jusqu'au début des études collégiales) qu'on a interrogés au cours des 20 dernières années sur leurs prévisions, leurs opinions et leurs sentiments concernant une éventuelle guerre nucléaire (Schwebel, 1982, p. 609). De toute évidence, les enfants pensent à l'«impensable» plus que ne le réalisent la plupart des adultes, et s'inquiètent à ce sujet.

Les enfants réagissent différemment selon leur âge; ce sont les plus jeunes qui sont les plus vulnérables. L'enfant de 4 à 6 ans peut craindre la guerre nucléaire, mais il ne comprend pas ce qu'elle implique. Un bambin de 6 ans a avoué que chaque fois qu'il entendait passer un avion, il se demandait si c'était «l'avion de guerre» (Yudkin, 1984). Ce n'est que vers l'âge de 9 ans que l'enfant peut saisir les dangers d'une guerre nucléaire et apprécier les efforts accomplis par les adultes en vue de l'éviter. L'adolescent considère souvent que ses craintes ne sont prises au sérieux ni par ses parents ni par ses professeurs ni par les dirigeants politiques.

Comment de telles inquiétudes affectent-elles le développement de l'enfant? Celui-ci risque d'éprouver un sentiment d'impuissance et de résignation cynique s'il croit que les adultes, qui sont tellement plus forts que lui, ne peuvent rien faire pour empêcher une telle catastrophe. Cela peut être particulièrement nocif à une période de la vie où il importe d'acquérir un sentiment de maîtrise et d'identité. Croire qu'il n'y aura peut-être pas de futur peut également faire obstacle à un développement affectif sain; comme le demandaient certains enfants au cours des années 1960, «Que vas-tu faire *si* tu deviens grand?» Cette attitude nuit au processus de maturation normal de planification de l'âge adulte qui amène à différer des plaisirs présents en vue de s'assurer des satisfactions futures. Selon certains observateurs, cette attitude explique en grande partie la consommation de drogues, la promiscuité sexuelle et d'autres comportements «au jour le jour» chez les adolescents (Escalona, 1982, Schwebel, 1982; Yudkin, 1984).

Un point de vue différent est exprimé par Robert Coles, psychiatre de l'Université de Harvard, qui croit que la peur d'un conflit nucléaire se retrouve surtout chez les enfants de familles libérales aisées dont les parents éprouvent eux-mêmes des inquiétudes à ce sujet (Butterfield, 1984). Coles n'a pas observé beaucoup d'anxiété de cette nature chez les enfants issus de minorités ethniques, de la classe ouvrière ou d'un milieu économiquement défavorisé. Les soucis plus pressants de ces enfants en ce qui a trait aux réalités présentes refoulent peut-être les inquiétudes concernant des difficultés éventuelles. De plus, les enfants de milieux défavorisés se sentent peut-être moins en mesure de contrôler leur vie et espèrent si peu pouvoir faire quoi que ce soit pour empêcher le déclenchement d'une guerre qu'ils n'en parlent pas, même s'ils éprouvent des inquiétudes à ce sujet.

Comment les parents, les enseignants et les autres adultes peuvent-ils aider l'enfant à affronter des inquiétudes aussi globales? Cela dépend beaucoup de l'âge de l'enfant, et de la mesure dans laquelle celui-ci est disposé à parler de ses craintes. L'enfant de moins de 7 ans a généralement besoin d'être rassuré et de se faire dire qu'il vaut mieux ne pas s'inquiéter, étant donné qu'il y a tant de questions qui dépassent son entendement. Dès que l'enfant semble capable de mieux comprendre, c'est-à-dire vers l'âge de 9 ans, l'adulte doit tenter de découvrir ce qu'il pense réellement et lui fournir des informations qui, sans minimiser la gravité des craintes éprouvées, lui permettent d'espérer que les efforts fournis par beaucoup de personnes en vue de prévenir une guerre nucléaire, ne seront pas vains. Certains jeunes gens acquerront un sentiment de maîtrise sur leur vie en s'engageant eux-mêmes dans diverses actions, comme l'envoi de lettres aux gouvernants ou la participation à des programmes éducatifs et politiques destinés à sensibiliser l'opinion publique. Plutôt que d'être traumatisés par leurs peurs, les enfants peuvent donc utiliser celles-ci comme un outil de croissance, d'identité, de maîtrise et de renforcement (Schwebel, 1982).

Plusieurs études ont identifié des «facteurs amortisseurs» qui réduisent les effets des événements stressants (Rutter, 1984; Garmezy, 1983; Anthony, 1974). En voici quelques-uns:

La personnalité de l'enfant.   L'enfant inébranlable est capable de faire face aux changements, optimiste, amical, sensible aux autres et indépendant. Il a une haute estime de lui-même. Mais nous ne savons toujours pas si sa prédisposition à avoir une telle personnalité est innée ou s'il l'a acquise en réponse à certains des facteurs suivants.

La famille de l'enfant.   Cet enfant a généralement une bonne relation avec ses parents s'ils se soutiennent l'un l'autre. À défaut de cela, il entretient un rapport étroit avec au moins un de ses parents, un autre membre de la famille ou un autre adulte qui est près de lui, qui s'intéresse à lui, s'en occupe et en qui il peut avoir confiance.

Des situations propices aux apprentissages.   L'enfant invulnérable a souvent eu à résoudre des problèmes sociaux. Il a été exposé à des modèles positifs (parents, aînés ou autres) qui lui ont appris à faire face aux frustrations et à tirer le meilleur parti d'une situation difficile. Il a lui-même relevé des défis, trouvé des solutions, et appris qu'il peut influencer le cours des choses et exercer un contrôle sur sa vie.

Le nombre limité de facteurs de risque.   L'enfant qui n'a été exposé qu'à un des nombreux facteurs étroitement reliés à un trouble mental (comme la discorde entre les parents, un statut social peu élevé, le surpeuplement à la maison, une mère atteinte d'un trouble mental, un père criminel ou un séjour en foyer nourricier ou dans une institution) est souvent en mesure de surmonter le stress. Mais quand il doit simultanément faire face à deux de ces facteurs ou plus, les risques qu'il en soit perturbé sont au moins quatre fois plus élevés (Rutter, cité par Pines, 1979). Quand l'enfant n'est pas assailli de tou-

tes parts, il arrive souvent à rassembler ses forces pour faire face aux circonstances adverses.

Diverses expériences positives.   Des succès rencontrés dans divers domaines (comme le sport ou la musique) peuvent contribuer à atténuer les effets d'une vie familiale pénible, et un mariage heureux peut compenser des relations difficiles vécues en bas âge.

Tous ces résultats de recherche ne signifient évidemment pas que ce qui survient au cours de la vie d'un enfant n'a pas d'importance. En général, les enfants qui ont des antécédents difficiles ont plus de mal à s'adapter que ceux qui sont issus d'un milieu favorable. Mais l'aspect encourageant de ces résultats tient au fait que ce qui se produit durant l'enfance ne détermine pas fatalement le cours de la vie d'une personne (Dagan, 1984). Nombreux sont ceux qui ont la force de surmonter les pires épreuves et chacun de nous réécrit constamment l'histoire de sa vie.

Résumé

1   L'enfant d'âge scolaire traverse une période de latence, c'est-à-dire une période de tranquilité psychosexuelle relative en comparaison des périodes plus agitées de l'âge préscolaire et de l'adolescence. Les enfants s'engagent néanmoins dans des jeux sexuels, ils se masturbent et posent des questions d'ordre sexuel.

2   L'enfant d'âge scolaire doit résoudre le conflit entre compétence et infériorité, la quatrième crise du développement affectif selon Erikson. Les enfants s'initient au savoir-faire nécessaire à la survie dans leur propre culture et éprouvent un sentiment d'infériorité s'ils réussissent systématiquement moins bien que leurs pairs.

3   Les sociétés enfantines font partie de toutes les cultures et leur existence est rappor-

tée dans les documents historiques de tous les temps. Les enfants plus âgés transmettent à leurs cadets les mythes, les chansons, les blagues et les jeux traditionnels. La technologie et l'exposition télévisuelle précoce aux problèmes des adultes poussent les enfants à grandir trop vite; il en résulte pour plusieurs une enfance écourtée et stressante.

4   Le groupe de pairs prend une place importante pour l'enfant d'âge scolaire, car il passe de plus en plus de temps en compagnie de ses amis. Le groupe d'amis est important pour le développement de l'identité, des attitudes et des valeurs, parce qu'il constitue un agent de socialisation. L'influence du groupe est grande, et la position qu'un enfant occupe dans le groupe exerce une influence considérable sur son image de soi.

5   Les liens d'amitié sont plus importants qu'auparavant. L'enfant y trouve des occasions de donner et de recevoir.

6   L'image de soi comporte trois dimensions: la reconnaissance de soi, la définition de soi, et l'estime de soi. Coopersmith a identifé quatre facteurs qui influencent la formation de l'image de soi: la signification, la compétence, la moralité et le pouvoir.

7   Bien qu'on rencontre des préjugés raciaux chez de jeunes enfants, des études récentes indiquent qu'ils sont moins marqués que par le passé. Des techniques comme le récit d'histoires positives à propos d'enfants de minorités ethniques et la méthode du «casse-tête» peuvent contribuer à réduire la discrimination raciale.

8   Le sexisme est une forme de discrimination qui consiste à considérer les membres d'un sexe (habituellement les hommes) comme supérieurs à ceux de l'autre sexe. Les enfants semblent devenir moins sexistes de nos jours.

9   Bien qu'il consacre une grande partie de son temps à ses compagnons, l'enfant subit encore, dans une large mesure, l'influence de sa famille. Les situations familiales dans lesquelles les enfants grandissent sont très variées: famille nucléaire, famille où la mère travaille à l'extérieur du foyer, famille où les parents sont divorcés, famille monoparentale. Dans n'importe laquelle de ces situations familiales, une atmosphère d'amour et de soutien permet d'entretenir d'excellents espoirs à propos du développement de l'enfant.

10   Les enfants d'une même famille s'influencent considérablement les uns les autres, soit directement par leurs interactions, soit indirectement par l'impact qu'ils exercent sur leurs relations respectives avec leurs parents.

11   Il n'est pas rare de rencontrer des troubles émotifs chez les enfants, tels que: la conduite délictuelle (mensonge, vol), l'hyperactivité, les problèmes de développement à incidence physique (incontinence, tics nerveux, bégaiement), la phobie de l'école, la dépression et l'autisme. Parmi les méthodes de traitement, il y a la psychothérapie, la thérapie familiale, la thérapie behaviorale et la pharmacothérapie.

12   Le stress normal de l'enfance peut prendre plusieurs formes et affecter le développement affectif d'un enfant. Certains enfants semblent invulnérables au stress et capables de «survoler» les circonstances les plus pénibles.

PARTIE V

L'ADOLESCENCE

L'apparence de l'adolescent se transforme à la suite des bouleversements hormonaux de la puberté. Son mode de pensée change également, grâce à sa plus grande capacité d'abstraction. Ses perceptions et ses sentiments se modifient dans presque tous les domaines. Toutes les dimensions du développement sont touchées chez l'adolescent qui fait face à une tâche de taille: l'élaboration de son identité adulte.

Le chapitre 10 porte sur le développement physique et intellectuel qui se produit de 12 à 20 ans. Nous y examinerons d'abord la façon dont l'adolescent intègre sa nouvelle apparence physique à son image de soi. Nous évaluerons l'impact du caractère hâtif ou tardif de la maturation et jetterons un coup d'œil sur les problèmes de santé qui affectent l'adolescent. Nous étudierons ensuite la façon dont les progrès intellectuels accomplis permettent à l'adolescent de réfléchir à des idées abstraites, à des questions d'éthique et au choix d'une carrière. Nous examinerons enfin le rôle respectif de l'école et du travail dans la vie de l'adolescent.

Au cours de cette période où l'adolescent observe les gens et les événements extérieurs de même que son monde intérieur, son comportement devient souvent capricieux et imprévisible, comme nous le verrons au chapitre 11. Dans sa recherche d'une identité, il croit souvent qu'il doit perdre ses parents pour se trouver lui-même; il a tendance à rompre les liens avec l'autre génération, voyant en ses parents non pas des guides éclairés, mais des entraves à son évolution. Nous observerons comment l'adolescent se tourne vers ses amis pour trouver un soutien affectif, tout en continuant d'adhérer aux valeurs de ses parents. Nous examinerons une tâche primordiale de l'adolescence: la définition d'une identité sexuelle. Nous étudierons enfin quelques difficultés qui se posent au cours de cette étape de la vie, sans oublier de mentionner les forces vives de l'adolescent.

CHAPITRE 10

L'adolescence

Le développement physique et intellectuel

L'adolescence comprend les années qui relient l'enfance à l'âge adulte. Dans la société occidentale, elle débute vers l'âge de 12 ou 13 ans, et se termine vers la vingtième année. Les changements biologiques qui annoncent le passage de l'enfance à l'adolescence entraînent une augmentation rapide de la taille et du poids, une modification des proportions corporelles ainsi que la maturité sexuelle et la capacité de procréer.

Il est plus facile de déterminer le moment où l'adolescence commence à se manifester que celui où elle prend fin; la première transition est reliée à des changements corporels précis, alors que la seconde se caractérise avant tout par des changements affectifs et sociaux. C'est pourquoi, certains affirment que «le début de l'adolescence est biologique et sa fin, culturelle» (Conger et Peterson, 1984, p. 92). Dans certaines sociétés, l'adolescence se termine avec la fin de la puberté. Intellectuellement, une personne atteint la maturité lorsqu'elle est capable de pensée abstraite. Socialement, l'individu parvient à l'âge adulte quand il est en mesure de subvenir à ses besoins, quand il a choisi une carrière et déterminé un mode de vie, en couple ou célibataire, avec ou sans enfant. Au Québec, la majorité légale est atteinte à 18 ans; entre autres, cette accession à l'âge adulte habilite le jeune à voter, à se marier, à s'enrôler dans l'armée et à obtenir un permis de conduire, sans la permission de ses parents. Psychologiquement, on devient adulte quand on découvre sa propre identité, quand on cesse de dépendre de ses parents affectivement et financièrement, quand on se forge un système de valeurs et quand on est en mesure de créer des liens d'amitié et d'amour empreints de maturité. Certaines personnes restent toujours des adolescents, et même des enfants, peu importe leur âge chronologique.

Dans le présent chapitre, nous étudierons les changements spectaculaires qui surviennent à l'adolescence et les réactions psychologiques qu'ils provoquent, lesquelles sont grandement influencées par les normes culturelles. Nous observerons également l'évolution du mode de pensée de l'adolescent qui devient capable de pensée abstraite tout en conservant des vestiges de la pensée égocentrique. Nous verrons comment ses processus mentaux influent sur son raisonnement moral. De plus, comme le développement cognitif de l'adolescent influence sa vie scolaire et son orientation professionnelle, nous l'observerons aussi à l'école, au travail et dans sa recherche d'une carrière. Le travail fournit à l'adolescent des occasions de tester son identité; nous examinerons plus en profondeur cette recherche d'identité dans le prochain chapitre.

L'adolescence en tant que stade du développement

L'adolescence telle que nous la connaissons est un phénomène relativement récent. Avant le XXe siècle, on ne la considérait pas du tout comme un stade du développement. Les enfants traversaient la période de la puberté et entraient immédiatement dans le monde adulte comme apprentis. De nos jours, l'intervalle entre la puberté et l'âge adulte est plus long et a acquis son caractère propre. Cette période dure plus longtemps parce que les jeunes atteignent la maturité physique plus tôt qu'il y a un siècle et aussi parce que notre société complexe a prolongé la période d'éducation, ce qui maintient l'individu dans un état de dépendance financière.

Dans plusieurs sociétés primitives contemporaines, les enfants accèdent encore brusquement au monde des adultes à un âge prédéterminé, ou encore à l'apparition d'événements précis, comme l'apparition des premières règles chez la fille. Les rites pubertaires prennent des formes diverses. Il peut, par exemple, s'agir d'épreuves de force et d'endurance exigentes qui comportent des mutilations, comme la circoncision (chez les garçons) et l'excision ou clitoridectomie (chez les filles), le limage des dents, le perçage des oreilles, les tatouages ou encore de rites sacrificiels. Dans d'autres cas, l'initiation à la vie adulte consiste en rites et cérémonies qui n'infligent pas de douleur aux initiés; elle comporte des bénédictions religieuses, des séparations d'avec la famille ou des actes de magie. La Bar Mitzva, célébrée en l'honneur des garçons juifs qui ont atteint l'âge de 13 ans, et le bal des débutantes à 18 ans sont aussi des rites qui marquent des étapes vers l'âge adulte, tout comme, dans notre société, les cérémonies de fin d'études secondaires et collégiales, l'obtention du permis de conduire et l'abandon de la virginité. Dans notre civilisation occidentale, il n'y a cependant pas de rite d'initiation *unique* pour marquer l'accession au statut d'adulte.

Le développement physique

Les changements physiologiques à l'adolescence

Le moment de la maturation

N'importe quelle classe des premières années du secondaire présente des contrastes étonnants.

Des fillettes dont la poitrine n'a pas encore fait son apparition côtoient de jeunes femmes qui ont déjà des seins et leur taille définitive; des garçons maigrelets côtoient de jeunes hommes qui ont une moustache et de larges épaules. Ces différences individuelles sont normales.

Bien qu'il soit plus constant que le moment de leur apparition, l'ordre d'apparition des manifestations pubertaires peut varier d'une personne à une autre. La séquence habituelle apparaît au tableau 10.1.

L'éventail d'âge où la puberté peut se manifester couvre une période de 6 à 7 ans, tant chez les filles que chez les garçons. La **puberté** est une «étape du développement biologique qui débute avec l'apparition des caractères sexuels secondaires (présentés au tableau 10.2) et qui se termine lorsque le jeune est capable de procréer» (Katchadourian, Lunde et Trotter, 1982, p. 427). Cette capacité de procréer correspond à la maturation des organes sexuels primaires (présentés au tableau 10.3) qui assurent la fonction de reproduction. Depuis les premiers mois de la phase prénatale, l'organisme humain n'a pas connu de bouleversements sexuels aussi importants que ceux qui se produisent à la puberté.

Tableau 10.1 Séquence habituelle des changements physiologiques à l'adolescence

Changements chez la fille	Âge à la première manifestation	Changements chez le garçon	Âge à la première manifestation
Développement des seins	de 8 à 13 ans	Accroissement des testicules et du scrotum	de 10 à 13 ans et demi
Poils pubiens	de 8 à 14 ans	Poils pubiens	de 10 à 15 ans
Poussée de croissance	de 9 ans et demi à 14 ans et demi (point culminant moyen: 12 ans)	Poussée de croissance	de 10 ans et demi à 16 ans (moyenne: 14 ans)
Menstruations	de 10 à 16 ans et demi (moyenne: 12 ans et demi)	Accroissement du pénis, de la prostate et des vésicules séminales	de 11 à 14 ans et demi (moyenne: 12 ans et demi)
Poils axillaires	Environ deux ans après les poils pubiens	Mue	À peu près en même temps que l'accroissement du pénis
Activité accrue des glandes sébacées (acné)	À peu près en même temps que les poils axillaires	Première éjaculation	Environ un an après le début de l'accroissement du pénis
		Barbe et poils axillaires	Environ deux ans après l'apparition des poils pubiens
		Activité accrue des glandes sébacées (acné)	À peu près en même temps que les poils axillaires

L'âge moyen de l'apparition des premiers changements pubertaires chez les filles est de 10 ans, et celui des menstruations de 12 ans. Mais la fillette normale peut manifester les premiers signes de la puberté dès l'âge de 7 ans et jusqu'à l'âge de 14 ans, les menstruations pouvant survenir entre l'âge de 9 ans et de 16 ans. Chez les garçons, l'âge moyen d'apparition des premiers signes pubertaires est de 12 ans, et celui des premières éjaculations de 14 ans. L'éventail d'âge normal va cependant de 9 à 16 ans pour l'apparition des premiers signes pubertaires, et de 11 à 18 ans pour l'apparition de spermatozoïdes mûrs dans le sperme (Chumlea, 1982). Comme nous le verrons, le caractère hâtif ou tardif de la maturation a des conséquences psychologiques et sociales chez le jeune.

Nous ne connaissons pas les mécanismes précis qui déclenchent le processus de maturation. Tout ce que nous savons, c'est qu'à un moment biologiquement déterminé (moment apparemment régi par l'interaction des gènes, par l'état de santé d'un individu et par l'environnement), la glande pituitaire envoie un message aux gonades, ou glandes sexuelles. À la réception de ce message, les ovaires de la fille intensifient brusquement leur production d'œstrogènes et les testicules du garçon celle d'androgènes et de testostérones. Ces hormones stimulent la maturation sexuelle.

La tendance séculaire.   En se basant sur des sources historiques, des spécialistes du développement ont conclu à l'existence d'une **tendance séculaire** du processus de maturation physique et sexuelle. La population d'aujourd'hui atteint la taille adulte et la maturité sexuelle plus tôt que jadis.

Cette tendance séculaire a débuté il y a environ 100 ans et semble maintenant terminée. On a constaté chez les classes moyennes et supérieures que la courbe de croissance avait atteint un plateau il y a quelques décennies, ce qui reflète probablement une amélioration du niveau de vie de la majorité de la population américaine (Schmeck, 1976). Des modifications dans la taille et l'âge de maturation se sont produites chez les enfants vivant en Amérique du Nord, en Europe occidentale et au Japon, mais non dans certains pays (Chumlea, 1982). L'explication la plus évidente semble être celle de l'influence d'un niveau de vie plus élevé. Les enfants en meilleure santé, mieux nourris et mieux soignés parviennent à maturité plus tôt

et deviennent plus grands et plus gros. C'est pourquoi durant les famines et les crises économiques, la tendance séculaire est souvent inversée (Tanner, 1968).

Examinons maintenant les principales caractéristiques associées à la puberté chez les jeunes Nord-Américains, à savoir le début des menstruations chez la fille, la présence de spermatozoïdes mûrs dans le sperme chez le garçon, de même que l'apparition et l'accentuation des caractères sexuels secondaires.

La poussée de croissance pubertaire.   L'un des premiers signes de la puberté est la **poussée de croissance pubertaire**, accroissement rapide de la taille et du poids qui se produit entre 9 ans et demi et 14 ans et demi chez la fille (habituellement vers l'âge de 10 ans) et entre 10 ans et demi et 16 ans chez le garçon (généralement vers 12 ou 13 ans). Peu après sa poussée de croissance, l'adolescent atteint la maturité sexuelle. La plupart des filles atteignent leur taille adulte vers 14 ou 15 ans et la majorité des garçons vers l'âge de 18 ans (Elkind, 1984).

Avant la poussée de croissance pubertaire, les garçons sont un peu plus grands que les filles, mais la différence n'est que de 2 %; entre 11 et 13 ans, les filles sont plus grandes, plus lourdes et plus fortes. Après leur poussée de croissance, cependant, les garçons redeviennent plus gros et plus grands que les filles, et la différence est maintenant plus marquée (environ 8 %) (voir le tableau 10.2). La poussée de croissance semble avoir un caractère plus intense chez le garçon, et son apparition tardive entraîne une période de croissance plus longue, car la croissance prépubertaire connaît un rythme plus accéléré que la croissance postpubertaire.

Chez les filles comme chez les garçons, la poussée de croissance de l'adolescence est générale, modifiant pratiquement toutes les dimensions corporelles, tant au niveau du squelette qu'à celui du système musculaire. Même les yeux connaissent une croissance plus rapide durant cette période, ce qui entraîne à cet âge de nombreux cas de myopie. Les mâchoires s'allongent et deviennent plus épaisses; comme le nez, elles deviennent plus protubérantes; les incisives prennent leur place définitive. Tous ces changements sont, par ailleurs, plus importants chez les garçons que chez les filles.

Avant l'adolescence, les garçons sont en général un peu plus forts que les filles, mais la différence est minime. Après la poussée de crois-

Tableau 10.2 La croissance physique des adolescents de 12 à 17 ans

	Taille (cm)		Masse (kilos)	
Âge	Garçons	Filles	Garçons	Filles
12 ans	145,6	146,9	38,2	38,7
13 ans	152,0	152,2	43,4	43,9
14 ans	159,3	156,8	49,0	48,1
15 ans	166,8	159,0	54,6	49,8
16 ans	170,6	159,4	58,4	50,2
17 ans	172,0	159,5	60,7	50,3

Valeurs des 50e centiles de la taille et de la masse des enfants canadiens-français de 12 à 17 ans.

Source: Étude de la croissance et du développement physique de l'enfant d'âge scolaire, Centre de recherche sur la croissance humaine, Université de Montréal. Ces données ont été publiées antérieurement dans: Demirjian, A., Jenicek, M. et Dubuc, M.B., «Les normes staturo-pondérales de l'enfant urbain canadien-français d'âge scolaire», *Canadian Journal of Public Health,* vol. 63, 1972, p. 14-30.

sance de l'adolescence, le jeune homme acquiert beaucoup plus de force et d'endurance que la jeune fille, grâce à l'accroissement plus marqué du volume de ses muscles, de son cœur et de ses poumons, et grâce à sa plus grande capacité de transport d'oxygène dans le sang. Il n'est toutefois pas rare de rencontrer des femmes plus fortes que bien des hommes, à cause de leur constitution ou d'un taux d'activité physique plus élevé.

Garçons et filles croissent différemment durant l'adolescence, d'où des proportions corporelles différentes. Dans l'ensemble, le mâle devient plus gros, ses épaules plus larges, ses jambes plus longues par rapport au tronc, et ses avant-bras plus longs par rapport au haut des bras et à sa grandeur totale (Tanner, 1964). Le pelvis de la femme s'élargit pour faciliter la gestation, et des couches adipeuses se déposent sous l'épiderme, créant ainsi des rondeurs.

Les menstruations.   Le signe le plus frappant de la maturation sexuelle chez la fille est le début des menstruations, c'est-à-dire la chute mensuelle du tissu qui tapisse l'intérieur de la matrice non fertilisée. Les menstruations apparaissent assez tardivement dans la séquence de changements physiologiques de l'adolescence, c'est-à-dire vers l'âge de 12 ans et demi, après que la poussée de croissance pubertaire se soit ralentie. Cela se produit environ deux ans après que le développement des seins et la poussée utérine aient débuté. Habituellement, les premières règles se produisent de façon irrégulière,

sans ovulation, et bon nombre de jeunes filles ne sont pas fertiles pendant une période de 12 à 18 mois suivant leurs premières menstruations. Il arrive cependant qu'il y ait conception peu de temps après les premières menstruations.

L'âge moyen d'apparition s'est abaissé régulièrement au cours du dernier siècle. Cette tendance séculaire, maintenant stabilisée, résulte apparemment de l'amélioration des conditions du milieu. L'âge moyen auquel les filles connaissent leurs premières menstruations n'a pas changé au cours des 30 dernières années (Zacharias, Rand et Wurtman, 1976). Le climat n'a que peu ou pas d'effet sur le phénomène (l'âge des premières menstruations est très voisin pour les filles du Nigéria et celles des peuples Inuit), mais d'autres facteurs exercent sur lui une influence plus marquée. Les filles issues des milieux urbains parviennent à maturité plus tôt que celles des milieux ruraux, tout comme celles qui proviennent de familles restreintes et celles qui souffrent d'obésité sévère. Les filles nées durant les premiers mois de l'année ont leur première menstruation plus tôt que celles nées dans les derniers mois, et les filles qui habitent à haute altitude ont leurs règles plus tard (Zacharias et Wurtman, 1969). Plusieurs de ces facteurs d'influence semblent reliés au niveau socioéconomique de la famille et plus particulièrement à l'alimentation.

Les facteurs génétiques semblent également jouer un rôle dans le moment d'apparition des premières menstruations. Ce phénomène se déclenche à 2,8 mois d'intervalle chez les jumelles identiques, à 12 mois d'intervalle chez les jumelles non identiques, à 12,9 mois d'intervalle chez les sœurs non jumelles. Cet intervalle est de 18,6 mois chez les filles sans lien de parenté (Hiernaux, 1968).

Une avenue de recherche, fort intéressante et particulièrement pertinente en raison de l'augmentation des activités athlétiques chez les jeunes filles au cours des dernières années, étudie le rapport entre l'exercice physique et les menstruations. Les athlètes, les danseuses et les nageuses qui s'entraînent intensivement ont souvent leurs premières règles relativement tard, parfois après l'âge de 18 ans (Frisch, Wyshak et Vincent, 1980). Cette apparition tardive des menstruations peut être due à une réduction des tissus adipeux résultant des exercices intensifs, au stress lié à l'entraînement ou à une diminution du flot sanguin. Quoi qu'il en soit, chez la plupart des athlètes féminines qui ont connu des menstruations irrégulières, tout rentre dans l'ordre une fois qu'elles ont mis fin à leur entraînement et ces femmes ont plus tard des grossesses normales (Shangold, 1978).

La réaction psychologique d'une jeune fille à ses menstruations dépend de plusieurs choses. Parmi les facteurs les plus importants, il y a la façon dont cet événement est perçu par son milieu et par sa famille. Nous examinerons ces facteurs quand nous étudierons l'impact psychologique de certains des changements qui surviennent à l'adolescence.

Les caractères sexuels primaires. Les organes de reproduction primaires sont les ovaires, les trompes de Fallope, l'utérus et le vagin chez la fille, et les testicules, le pénis, le scrotum, la prostate et les vésicules séminales chez le garçon (tel qu'indiqué au tableau 10.3). C'est au développement progressif de ces organes qu'on réfère quand on parle des caractères sexuels primaires.

La maturation des caractères sexuels primaires chez le garçon se manifeste par la présence de sperme dans les urines et par des éjaculations nocturnes. Ce type d'écoulements est normal chez la plupart des jeunes qui n'ont pas d'activités sexuelles régulières. Les premières éjaculations ne sont pas nécessairement fertiles et il peut s'écouler plusieurs années avant qu'elles le deviennent. Sous l'influence des hormones mâles, des spermatozoïdes vont apparaître dans le sperme et le rendre fertile. Cela se produit très généralement entre 11 et 18 ans.

Tableau 10.3 Les organes sexuels primaires

Fille	Garçon
Ovaires	
Trompes de Fallope	Testicules
Utérus	Pénis
Vagin	Scrotum
	Vésicules séminales
	Prostate

Les écoulements de sperme augmentent généralement durant l'adolescence. Lors d'une étude longitudinale, on a constaté par exemple que seulement 2 % des garçons de 11 et 12 ans avaient du sperme dans leurs urines, comparativement à 24 % des garçons de 15 ans (Richardson et Short, 1979).

Les caractères sexuels secondaires. Quand on parle de *caractères sexuels secondaires*, on parle des traits physiques apparents qui différencient l'homme de la femme et qui, contrairement aux caractères sexuels primaires, ne sont pas impliqués dans la fonction de reproduction. Parmi ces caractères, on trouve le changement du registre vocal, l'apparition de la pilosité, la poussée des seins chez la fille, l'élargissement des épaules chez le garçon, etc. Le tableau 10.4 en donne une description plus complète. Le moment de l'apparition de ces signes varie, mais l'ordre dans lequel ils se manifestent est passablement constant.

Le premier signe de la puberté chez la fille est généralement le développement des seins: les mamelons grossissent et deviennent protubérants; les aréoles, cercles pigmentés entourant les mamelons, s'accroissent elles aussi et les

Tableau 10.4 Les caractères sexuels secondaires

Filles	Garçons
Seins	Poils pubiens
Poils pubiens	Poils axillaires
Poils axillaires	Barbe
Développement du pelvis	Mue
Mue	Changements cutanés
Changements cutanés	Élargissement des épaules

seins prennent une forme conique, puis arrondie. La poitrine est généralement formée à l'apparition des premières règles. Certains garçons connaissent un accroissement temporaire de la poitrine, qui se résorbe normalement de 12 à 18 mois après son apparition.

Le développement du système pileux est aussi un signe de maturation. Des poils raides, fins et légèrement plus foncés que les autres poils apparaissent dans la région du pubis. Quelques mois et parfois quelques années plus tard, ces poils deviennent plus gros et crépus. Les *poils axillaires* apparaissent aux aisselles. Puis, à la grande joie des garçons, la barbe fait son apparition. Les jeunes filles qui voient du poil pousser sur leur visage, la plupart du temps au-dessus de la lèvre supérieure, en sont généralement consternées, mais ce phénomène est parfaitement normal, surtout chez celles qui ont un teint et des cheveux foncés. Les poils pectoraux ne poussent habituellement que vers la fin de l'adolescence et sont considérés comme un signe de virilité par bon nombre de jeunes gens. Les filles, de leur côté, s'inquiètent parfois de voir quelques poils apparaître entre leurs seins ou autour de leurs mamelons, mais encore là, ce phénomène est tout à fait normal.

Garçons et filles connaissent des changements cutanés à l'adolescence. Le changement le plus évident qui se produit au niveau de l'épiderme est l'éruption de boutons et de comédons reliés à l'acné. Ce fléau des adolescents est dû à une activité accrue des glandes sébacées qui rend la peau plus huileuse, à l'élargissement des pores et au changement de texture de la peau. Affectant surtout les garçons, l'acné serait peut-être relié à l'augmentation de la quantité de testostérone dans le sang, une substance hormonale mâle.

La mue, changement dans le timbre de la voix du garçon comme de la fille, est due en partie au développement du larynx et en partie (surtout chez les garçons) aux hormones mâles.

L'impact psychologique des changements physiques

L'adolescence est sans doute la période la plus troublante de la vie. À un moment où l'adolescent est extrêmement conscient de lui-même et persuadé que tout le monde observe chacun de ses gestes, son corps ne cesse de le trahir. À son grand embarras, le garçon change de timbre de voix ou a une érection aux moments les plus

La plupart des jeunes se préoccupent plus de leur apparence physique que de tout autre aspect de leur personne. (Éric Dubé / Publiphoto)

inopportuns. La fille peut s'inquiéter de la taille de ses seins et de la possibilité de tacher ses vêtements quand elle est menstruée. Il n'est guère étonnant que les bouleversements physiques qui surviennent à l'adolescence aient de nombreuses répercussions psychologiques.

Les effets d'une maturation hâtive ou tardive

Un des grands paradoxes de l'adolescence concerne le conflit entre le désir ardent du jeune de trouver son identité et d'affirmer son unicité d'une part et, d'autre part, son envie d'être exactement comme ses amis. Tout ce qui le distingue de la foule dérange l'adolescent.

C'est pourquoi une entrée très précoce ou très tardive dans la puberté est difficile à vivre pour l'adolescent. Selon des recherches classiques qui remontent aux années 1950 et des études plus récentes effectuées dans les années 1960 et 1970, le moment de la maturation a des conséquences psychologiques importantes, surtout chez les garçons. Une puberté très hâtive ou très tardive peut entraîner divers types de problèmes et aucune des deux situations n'est totalement avantageuse ou désavantageuse.

La maturation hâtive ou tardive chez le garçon.   Des recherches ont montré que le garçon qui atteint la maturité tôt serait plus équilibré, plus détendu, plus jovial, plus naturel, plus populaire et moins impulsif que celui dont la puberté retarde; ce garçon aurait plus de chances de jouer un rôle de chef à l'école. Suivant d'autres études cependant, il se préoccuperait davantage de l'amour d'autrui, il serait plus circonspect et se laisserait davantage arrêter par les règles et par les usages. De son côté, le garçon qui connaît une maturité tardive serait plus enclin à se sentir incompétent, rejeté et dominé par les autres, à être dépendant et agressif, à souffrir d'insécurité, à se révolter contre ses parents et à avoir une opinion défavorable de lui-même (Mussen et Jones, 1957; Peskin, 1967; 1973; Siegel, 1982). Au plan cognitif, des études indiquent que le garçon qui atteint sa puberté tôt aurait généralement une performance intellectuelle légèrement supérieure à celle des pubères tardifs et il la conserverait jusqu'à l'âge adulte (Gross et Duke, 1980; Tanner, 1978). Apparamment plusieurs de ces différences disparaîtraient à l'âge adulte (Jones, 1957).

Les deux situations présentent des avantages et des inconvénients. Le garçon qui a une puberté précoce verrait son estime de soi augmenter en raison de ses succès aux plans sportif et social, mais l'obligation que lui font sentir les autres de se montrer plus mature qu'il ne l'est en réalité pourrait lui causer des difficultés. En outre, il risquerait d'avoir trop peu de temps pour se préparer aux changements soudains et intenses de l'adolescence. Le garçon à maturation tardive se sentirait et se comporterait plus longtemps comme un enfant, mais il aurait la chance de profiter d'une enfance plus longue où il ne serait pas encore obligé d'affronter les exigences nouvelles de l'adolescence; il pourrait acquérir de la souplesse en devant faire face aux difficultés liées à sa taille plus petite et à son air plus «bébé» (Peskin, 1973).

La maturation hâtive ou tardive chez la fille.   Les deux situations comporteraient des inconvénients pour la fille également. La fille à maturation hâtive serait moins sociable, moins expressive, moins équilibrée, plus introvertie et plus timide (Jones, 1958; Peskin, 1973). Par ailleurs, elle s'adapterait mieux une fois parvenue à l'âge adulte (Jones et Mussen, 1958; Peskin, 1973).

La jeune fille qui a ses règles différerait de plusieurs façons de ses compagnes du même âge qui n'en ont pas encore fait l'expérience. Elle serait plus consciente de sa féminité: elle s'inté-resserait davantage aux relations avec l'autre sexe et à ses atours; quand elle dessinerait un personnage féminin, elle mettrait sa poitrine davantage en évidence. De plus, elle ferait souvent preuve d'une plus grande maturité quant à certains traits de personnalité (Grief et Ulman, 1982).

Plus grande que les garçons et plus développée que ses compagnes, l'adolescente précoce rencontrerait des difficultés reliées à sa peur de se faire remarquer; la résolution de ces problèmes pourrait lui fournir une précieuse expérience dont elle pourra se servir quand elle rencontrera d'autres difficultés. La fille qui devient pubère tôt risquerait aussi de devoir faire face aux inquiétudes de son entourage à propos de sa sexualité. Les parents et les enseignants, par exemple, auraient tendance à se montrer plus sévères et plus désapprobateurs envers la fille dont le corps a atteint la maturité physique qu'envers celle qui ressemble encore à une enfant.

L'impact psychologique de la menstruation

Même si la plupart des jeunes filles sont renseignées par leur mère sur le phénomène des menstruations, il y a encore un nombre considérable d'adolescentes qui n'ont pas été préparées à cet événement important et mémorable de leur vie (Tampax Report, 1981). Cela est regrettable, car des études laissent entendre que les filles qui ont été préparées à leurs premières menstruations accueillent celles-ci plus positivement (Koff, Rierdan et Sheingold, 1980).

Malheureusement, la plupart des femmes nord-américaines ont un souvenir négatif de cette expérience féminine universelle, et les filles qui ont déjà leurs règles ont une attitude plus négative à cet égard que celles qui n'en ont pas encore fait l'expérience. Les filles qui connaissent une puberté hâtive ont une perception plus négative des menstruations que celles qui atteignent leur maturité plus tard, peut-être parce qu'elles y sont moins préparées, ou simplement parce qu'elles se sentent différentes de leurs amies.

Il est probable que le tabou culturel qui frappe le phénomène des menstruations dans notre société, et qui en fait un sujet difficile à aborder ouvertement, vise à l'établissement de rituels pour célébrer l'accession de la jeune fille au monde des femmes (Grief et Ulman, 1982).

Aux États-Unis, environ deux tiers des gens (hommes ou femmes) considèrent qu'une femme doit cacher le fait qu'elle est menstruée et s'abstenir de parler de ses règles au travail ou dans tout autre contexte social (Tampax, 1981). Une équipe de chercheurs en est venue à conclure que notre société traite le début des menstruations non pas comme un rite de passage, mais comme une épreuve au plan de l'hygiène corporelle. On insiste trop auprès des adolescentes sur la propreté et l'importance d'une odeur agréable, et on néglige de développer chez elles un sentiment de fierté à l'égard de leur féminité (Whismant et Zegans, 1975).

Comment aider à faire de la menstruation une expérience plus positive? Comme nous pouvions nous y attendre, les filles qui éprouvent peu de malaises durant leurs menstruations développent une attitude plus positive à leur égard (Shainess, 1961). D'autres facteurs affectent probablement l'attitude de la jeune fille, comme la durée des règles, leur caractère régulier ou irrégulier et l'abondance des saignements. Il y a donc des chances que la découverte de moyens pratiques en vue de faire face à ces aspects de la menstruation contribuera à améliorer la perception que s'en fait une jeune fille.

Il y a d'autres façons de favoriser une attitude positive chez la jeune fille face à la menstruation: aborder le sujet avec elle dès que ses seins et les poils pubiens ont commencé à se développer, célébrer sa première menstruation par un rite familial quelconque, s'assurer qu'elle puisse poursuivre ses activités habituelles durant ses règles (sports, natation, bains), lui dire que ce qui lui arrive est tout à fait normal, l'encourager à poser des questions et entretenir une attitude ouverte à ce sujet chez *tous* les membres de la famille.

Le souci de l'apparence physique

La plupart des jeunes se préoccupent plus de leur apparence physique que de tout autre aspect de leur personne, et plusieurs d'entre eux en sont insatisfaits (Siegel, 1982). Les garçons veulent être grands et avoir de larges épaules, tandis que les filles veulent être sveltes et avoir une poitrine plantureuse. Tout ce qui porte un garçon à penser qu'il a l'air féminin (une constitution menue ou l'absence de barbe, par exemple) ou une fille à croire qu'elle a l'air masculin (une forte ossature, par exemple, ou du poil sur le visage) les rend l'un et l'autre malheureux.

Les adolescents des deux sexes se préoccupent de leur poids, de leur teint et de leurs traits (nez trop gros, menton trop petit, joues trop rebondies, etc.), mais les filles ont tendance à se montrer plus insatisfaites de leur apparence que les garçons du même âge, ce qui reflète probablement l'accent que met notre société sur les attributs physiques de la femme (Siegel, 1982; Clifford, 1972).

Bien que les adultes en fassent souvent fi, les préoccupations de l'adolescent à propos de son apparence physique peuvent avoir des répercussions à long terme. D'abord, l'apparence de l'adolescent joue effectivement un rôle très important dans sa vie sociale, laquelle influe à son tour sur son estime de soi. Il est dommage que les traits de notre visage, sur lesquels nous n'avons pas de contrôle (sauf en recourant à la chirurgie esthétique) exercent une telle influence sur la façon dont les autres nous acceptent. Il est malheureusement tout à fait vrai que la plupart des gens attribuent toutes sortes de traits de personnalité désirables aux personnes qui sont physiquement attrayantes (Dion, Berscheid et Walster, 1972).

En outre, la façon dont nous nous sommes perçus à l'adolescence influence la façon dont nous nous percevons à l'âge adulte. Les adultes qui se sont considérés séduisants durant leur jeunesse ont une meilleure opinion d'eux-mêmes et sont plus heureux que les gens moins avantagés à ce niveau. Ce n'est pas avant le milieu de la quarantaine que disparaissent ces différences (Berscheid, Walster et Bohrnstedt, 1973).

Comme nous avons pu le constater, les changements d'ordre physique qui surviennent à l'adolescence exercent un impact majeur sur le bien-être psychologique d'une personne.

Les problèmes de santé à l'adolescence

Au plan de la santé physique, l'adolescence est une période fondamentalement tranquille. Les problèmes physiques les plus fréquents au cours de ces années sont habituellement reliés à des difficultés psychologiques ou au mode de vie. Cela se voit, par exemple, dans le fait que les principales causes de mortalité chez les adolescents ne sont pas les maladies, mais les accidents, l'homicide et le suicide. Ce phénomène se manifeste également dans la nature des problèmes rencontrés à l'adolescence: troubles alimentaires, abus de drogues et maladies transmises sexuellement. Examinons l'ampleur de ces problèmes.

La mortalité: les taux et les causes

Lorsqu'un adolescent meurt, il s'agit généralement d'une mort accidentelle et ceci est vrai aussi pour les filles, mais dans une proportion moindre. Le tableau 10.5 présente les taux de décès pour 100 000 habitants chez les jeunes de 5 à 19 ans. Ajoutons que ce sont les accidents d'automobile qui sont responsables surtout des cas de mortalité dans la catégorie «accidents», à l'adolescence.

Les troubles alimentaires

Les adolescents, surtout les jeunes filles, prennent parfois de l'embonpoint au moment de la puberté et se mettent à livrer un long combat pour retrouver le poids considéré comme idéal pour le maintien de la santé et de la beauté. Au cours des dernières années, deux types de troubles alimentaires ont pris de l'ampleur: l'*anorexie nerveuse* et la *boulimie*. Ces deux problèmes reflètent les normes rigoureuses de notre société en ce qui a trait à la beauté féminine, lesquelles exaltent la minceur avant tout. Ils reflètent aussi des dispositions pathologiques individuelles chez celui ou celle qui adopte des habitudes alimentaires des plus étranges en vue de se conformer à ces normes. Ces deux troubles affectent essentiellement les adolescentes et les jeunes femmes.

L'anorexie nerveuse.   Il arrive souvent que le problème apparaisse à la suite d'une remarque faite à une adolescente à propos des «quel

Tableau 10.5   Causes de décès selon le sexe, pour les jeunes de 5 à 19 ans (taux pour 100 000 habitants)

Causes	Garçons	Filles
Tous les accidents	30,3	13,2
Toutes les tumeurs malignes	5,0	4,1
Suicides	7,0	1,5
Maladies cardio-vasculaires	1,4	1,7
Homicides	1,4	0,9

Source: Statistique Canada, 1987.

ques kilos» qu'elle pourrait se permettre de perdre. Elle commence par perdre les kilos en question, puis continue obsessivement, refusant souvent de manger jusqu'à ce qu'elle ait perdu 25 % de son poids original ou même plus. Elle peut même en mourir.

Voilà le scénario typique de l'apparition de l'**anorexie nerveuse,** laquelle affecte des personnes de différents âges. Elle peut se manifester dès l'âge de 9 ans chez certains, dans la trentaine et même plus chez d'autres. Le patient typique est une jeune fille brillante, amicale, sage et attrayante, vivant dans une famille apparemment affectueuse, stable, éduquée et aisée. Il arrive souvent qu'une telle famille accorde une grande importance à la nourriture. La jeune fille elle-même a tendance à s'y intéresser fortement, prenant plaisir à manger, à parler de nourriture et à inciter les autres à manger. Elle aime se gaver, mais s'astreint par la suite à des jeûnes prolongés, à des vomissements provoqués, à des exercices ardus ou à un usage abusif de laxatifs. La perte d'appétit est souvent accompagnée d'autres symptômes: arrêt des menstruations, augmentation du système pileux et hyperactivité.

Les causes de l'anorexie sont encore inconnues. Selon certains chercheurs, il s'agirait d'un trouble physique dû à une déficience d'une substance chimique essentielle dans le cerveau, ou à un dérangement de l'hypothalamus. Selon d'autres, il s'agirait plutôt d'un trouble psychologique relié à un état dépressif, à la peur de vieillir ou à une atmosphère familiale extrêmement malsaine. D'autres enfin y voient une réaction sociologique d'une personne particulièrement vulnérable à une pression sociale excessive (prônant un idéal de minceur). Jusqu'à présent, aucune de ces hypothèses n'a été démontrée d'une façon concluante et la recherche se poursuit dans ce domaine (Yager, 1982).

La boulimie.   La **boulimie** est un autre trouble alimentaire qui affecte le plus souvent des adolescentes ou des jeunes femmes. Elle se caractérise par des crises de gloutonnerie au cours desquelles une personne mange des quantités astronomiques de nourriture (jusqu'à 5000 calories en une seule séance), lesquelles sont ensuite évacuées à l'aide de vomissements ou de laxatifs. La personne atteinte de boulimie est souvent déprimée et susceptible de connaître des complications physiques telles que la perte de cheveux, des problèmes dentaires et des troubles gastriques. Certains boulimiques sont aussi ano rexiques; d'autres maintiennent un poids normal. Ce syndrome n'est pas du tout rare. Selon des statistiques conservatrices, la boulimie affecterait 5 % de l'ensemble de la population américaine (Nagelberg, Hale et Ware, 1983). Dans plusieurs enquêtes récentes, bon nombre de femmes de niveau collégial ont dit qu'il leur arrivait de faire des excès de table et de recourir ensuite à des laxatifs (Herzog, 1982). Bien que les boulimiques n'aiment habituellement pas dévoiler leurs habitudes alimentaires, des études récentes indiquent qu'il y a plusieurs jeunes femmes qui admettent ouvertement se livrer à cette méthode malsaine de contrôle du poids (Squire, 1983).

La consommation et l'abus de drogues

Depuis le commencement des temps, les hommes ont cherché à soulager les maux de la chair et de l'esprit au moyen de nombreux «médicaments». Les gens ont toujours compté sur les drogues pour adoucir leurs chagrins, soigner leur mauvaise santé ou se remonter le moral. Les anciens Grecs s'enivraient; en Chine et en Inde, on utilisait la marijuana bien avant la naissance du Christ, et au XVIe siècle, la cocaïne était denrée courante chez les Incas. Les Amérindiens étaient tellement accoutumés au tabac qu'ils n'entreprenaient pas de longs voyages sans en apporter une provision et au XIXe siècle, un nombre incalculable de Nord-Américaines consommaient régulièrement du sirop opiacé et en donnaient à leurs bébés (Brecher, 1972).

Si le recours aux drogues a toujours existé, pourquoi sommes-nous aujourd'hui si inquiets de voir nos contemporains les utiliser? Pour une raison seulement: c'est qu'un nombre considérable de jeunes en font usage. Certaines drogues ne sont peut-être pas nocives quand elles sont prises avec modération, mais la modération n'est pas le fait des adolescents. Durant ces années de crise d'identité, ceux-ci cherchent souvent dans la drogue une solution miracle à leurs problèmes, mettant ainsi leur santé physique et psychologique à rude épreuve sans toutefois échapper à leurs problèmes. L'usage des drogues parmi les jeunes semble en récession depuis le sommet atteint dans les années soixante, mais beaucoup trop de jeunes gens en consomment encore, qu'il s'agisse de produits licites, comme l'alcool et le tabac, ou illicites, comme la marijuana, le LSD, la cocaïne, les amphétamines, les barbituriques et l'héroïne.

En vue de dresser un tableau de la consommation de drogues chez les adolescents, l'Institut national américain sur l'usage des drogues parraine depuis 1975 des enquêtes d'envergure nationale auprès des finissants des écoles secondaires publiques et privées. L'enquête montre qu'au cours de la dernière décennie, la consommation de drogues illicites a diminué chez les adolescents, les baisses les plus sensibles touchant la consommation de marijuana, de stimulants, de calmants, d'hallucinogènes, d'héroïne et autres substances opiacées. L'usage de la cocaïne est demeuré à peu près stationnaire depuis 1979 et celui des inhalants a légèrement augmenté. On note également une baisse de la consommation de tabac et d'alcool chez ces mêmes étudiants depuis 1979 (Johnston, Bachman et O'Malley, 1985).

Malgré cette tendance encourageante, il y a encore lieu de s'inquiéter de la consommation de drogues chez les jeunes. En 1984, 62 % des finissants d'écoles secondaires américaines avaient déjà touché à au moins une drogue illégale; 40 % d'entre eux avaient fait usage d'une drogue illégale autre que la marijuana et au moins 5 % fumaient de la marijuana régulièrement (c'est-à-dire 20 fois ou plus au cours du mois précédent); environ 5 % consommaient de l'alcool chaque jour et 18,7 % fumaient du tabac quotidiennement (Johnson et coll., 1985). Aucune étude comparable n'a encore été réalisée au Québec. Toutefois, les données disponibles indiquent des taux de consommation moins élevés qu'aux États-Unis. Selon des recherches du M.S.S.Q., de 18 % à 25 % des adolescents ont déjà consommé des dérivés du cannabis (marijuana et haschisch), et de 3 % à 5 % ont expérimenté des drogues dites dures (résultats cités par S. Ouellet et M. West, Coup de Pouce, août 1987, *La drogue expliquée aux parents*, p. 18-23).

Les comportements des jeunes dans l'usage de la drogue sont assez semblables à ceux des adultes (Lennard, 1971). Tout comme ces derniers, les jeunes prennent des barbituriques et des stimulants pour échapper à leurs soucis, à la dépression et aux tensions de la vie quotidienne. Les compagnies pharmaceutiques, tout comme les adolescents qui s'adonnent à la drogue, préconisent l'emploi de ces substances comme remèdes à tous les maux humains. Le danger de s'en remettre à une panacée chimique provient du fait que l'usage de drogues voile la nature des problèmes réels que les jeunes gens doivent affronter et peut oblitérer la nécessité pour eux de changer les systèmes sociaux ou d'en créer de nouveaux (Lennard et coll., 1971).

Jetons un coup d'œil à la consommation des trois drogues les plus courantes chez les adolescents: l'alcool, la marijuana et le tabac.

L'alcool. Beaucoup de gens qui s'inquiètent de l'usage illicite de la marijuana restent bouche bée lorsqu'on leur rappelle que la consommation d'alcool est interdite à la plupart des élèves du secondaire et à plusieurs collégiens. Or, ce problème est beaucoup plus grave que le précédent, car l'alcool est sans doute la drogue la plus consommée.

La consommation d'alcool a diminué depuis 1979 chez les adolescents américains: en 1984, 93 % des finissants du secondaire y avaient goûté et 67 % en avaient consommé au cours du mois précédent. En 1979, 7 % des finissants du même niveau buvaient quotidiennement en comparaison de 5 % en 1984; 41 % d'entre eux s'adonnaient à une beuverie occasionnelle (ayant bu à la suite cinq consommations ou plus, au moins une fois au cours des deux semaines précédentes), en comparaison de 39 % en 1984. Les garçons sont deux fois plus susceptibles que les filles de boire quotidiennement ou de boire une bonne quantité d'alcool en une seule occasion, et les élèves qui ne s'orientent pas vers les études collégiales boivent plus que ceux qui s'y dirigent. La plupart des jeunes gens (56 %) ont pris leur premier verre avant d'atteindre leurs études secondaires (Johnston et coll., 1985). Une enquête menée au Québec par la R.A.A.Q. montre qu'en 1950, environ 67 % de la population de 15 ans et plus consommait de l'alcool. En 1977, ce pourcentage avait augmenté à 80 %. Aujourd'hui près de 80 % des jeunes de 15 à 20 ans en consomment (Régie de l'assurance automobile du Québec, 1988, p. 3).

L'adolescent type qui s'adonne à la boisson a des parents et des amis qui boivent, il est plus susceptible de fumer la cigarette et la marijuana, il n'est pas religieux et ne réussit guère en classe. Une enquête parrainée par l'Institut national américain sur l'alcoolisme a révélé qu'il n'y a pas de rapport entre la consommation d'alcool et le statut socio-économique (Rachal et coll. 1980).

La plupart des adolescents boivent modérément et occasionnellement, et n'ont pas de problèmes d'alcool. Mais certains jeunes, tout comme certains adultes, abusent de cette puissante drogue psychoactive. La révélation la plus troublante de l'enquête dont nous venons de parler porte sur la forte proportion de jeunes pour qui l'alcool constitue un problème. Plusieurs parmi les jeunes interrogés s'étaient enivrés au moins quatre fois au cours de l'année précédente ou avaient eu un différend avec leurs amis, les autorités scolaires ou la police au moins deux fois durant l'année, à cause de beuveries. Plus d'un jeune sur quatre pouvait être classé parmi ceux qui avaient des problèmes d'alcool.

La plupart des adolescents commencent à boire parce que cela leur paraît être un comportement adulte et ils continuent de le faire pour les mêmes motifs que les adultes: pour agrémen-

L'alcool est facile à obtenir et sa consommation pose de graves problèmes dans toutes les couches de la société. La plupart des adolescents boivent modérément, mais certains d'entre eux en abusent et s'exposent à subir tous les effets dévastateurs de l'alcoolisme. (Jock Pattle / Design Conceptions)

ter les réunions sociales, pour apaiser leur anxiété et pour échapper à leurs problèmes. La consommation d'alcool chez les jeunes est étroitement liée au comportement délinquant (Akers, 1970) et beaucoup d'adolescents boivent manifestement pour les raisons qui poussent à adopter des comportements antisociaux. L'habitude de boire n'est pas la cause de la délinquance, mais les deux procèdent des mêmes besoins.

En relâchant les inhibitions, l'alcool conduit plusieurs jeunes gens (comme leurs aînés) à prendre plus de risques. Les dangers de la conduite en état d'ébriété sont bien connus; et pourtant, les statistiques alarmantes persistent. En 1981, 21 % des 9000 conducteurs adolescents impliqués dans des accidents mortels aux États-Unis avaient consommé de l'alcool. Malheureusement, le problème semble s'aggraver: le pourcentage des conducteurs de 16 à 19 ans impliqués dans des accidents mortels qui ont été pris en défaut lors d'un alcootest est passé de 20 % en 1977, à 28 % en 1981 (Lowman, Verdugo, Malin et Aitken, 1983) (voir à ce sujet l'encadré 10.1).

La marijuana. La marijuana est connue dans le monde entier depuis des siècles, mais son usage parmi les jeunes des classes moyennes occidentales est un phénomène assez récent. Bien que sa consommation ait connu une baisse constante depuis 1979, la marijuana est encore, de loin, la drogue illégale la plus répandue en Amérique du Nord. Le pourcentage des adoles-

cents qui en ont fait usage est demeuré stationnaire (60 % environ), mais la consommation occasionnelle (c'est-à-dire survenue au cours du mois précédent une enquête américaine) chez les finissants du secondaire est passée de 37 % (en 1979) à 25 % (en 1984), et la consommation quotidienne est passée de 11 % (en 1978) à 5 % (en 1984). Cette baisse est probablement reliée au fait que beaucoup plus d'adolescents (soit 66 % en 1984 en comparaison de 33 % en 1977) croient de nos jours que la consommation régulière de marijuana comporte des risques sérieux (Johnston et coll., 1982, 1985).

L'adolescent commence à fumer de la marijuana par curiosité, pour faire comme ses amis et pour plonger dans l'âge adulte. Mais la mari a un atout particulier: comme elle n'est pas associée à la génération des parents, sa consommation fournit un moyen accessible de se moquer des valeurs des adultes et de démontrer son indépendance. Les étudiants qui tiennent le plus à réussir, qui considèrent les études comme une clef du succès et qui sont satisfaits de leur vie académique sont moins portés à fumer de la marijuana (Tec, 1972).

En 1981, le Comité de l'académie américaine de pédiatrie sur l'usage des drogues a mis les gens en garde contre les effets nocifs de la marijuana. Une forte consommation de cannabis peut causer des problèmes cardiaques et pulmonaires, augmenter les risques d'accidents routiers et affecter la mémoire ainsi que la capacité d'apprentissage. Elle risque également de

Encadré 10.1

Boire et conduire, c'est mourant!

Les accidents d'automobiles sont, et de loin, la plus grande cause de décès chez les jeunes. Quand on analyse le moment où se produisent les accidents, on voit que 50 % d'entre eux surviennent les vendredi, samedi et dimanche. Chez les jeunes de 16 à 20 ans, ce chiffre augmente à 56 %.

Un conducteur d'âge moyen dont le taux d'alcool se situe entre 80 et 100 mg par 100 millilitres de sang (environ trois bières pour une personne de 70 kg), court environ cinq fois plus de risques de mourir dans un accident qu'un conducteur sobre. Un jeune conduisant avec ce même taux d'alcool court 20 fois plus de risques. Chez les 16-17 ans en particulier, ce risque augmente à 165 fois.

Est-on assez mature, à 16 ou 17 ans, pour conduire un véhicule? Si on élevait l'âge minimum requis pour consommer de l'alcool dans les endroits publics à 21 ans, empêcherait-on les jeunes de conduire sous l'effet de l'alcool?

Source: Régie de l'assurance automobile du Québec, 1988, p.7, 16 et 17.

diminuer la motivation, de nuire au rendement académique et de donner lieu à des difficultés familiales. Le Comité ajoute toutefois que bien que les preuves scientifiques des dangers de la marijuana chez les jeunes s'accumulent, il n'est pas prouvé que chaque usager en subira les effets nocifs. En fait, bien que le grand consommateur de marijuana semble effectivement s'exposer à divers dangers, peu de données nous permettent d'affirmer que la personne qui en fait un usage occasionnel en sera affectée (Comité sur l'usage de drogues, 1981).

Comme il s'avère difficile de résoudre les multiples problèmes physiques et sociaux liés à une consommation abusive de marijuana, le Comité mentionné précédemment insiste sur la nécessité de décourager la consommation de marijuana chez les jeunes adolescents de façon à diminuer les risques qu'ils n'en deviennent de grands consommateurs. À cette fin, on recommande d'informer les enfants d'âge scolaire sur les effets physiques et psychologiques des drogues psychotropes, y compris l'alcool. Les pédiatres qui ont fait partie de ce Comité s'inquiètent aussi beaucoup à propos des puissances commerciales qui transmettent des messages en faveur de l'usage des drogues chez les enfants et les jeunes adolescents. Parmi celles-ci, on retrouve les éditeurs de certaines revues et bandes dessinées, des compagnies de disques et des musiciens rock et enfin, les commerces qui vendent divers objets reliés à la consommation de drogues, lesquels sont conçus et présentés pour attirer les jeunes.

Le tabac.   Si l'on voulait représenter une scène cocasse et typique de l'adolescence d'il y a quelques années, il suffirait d'imaginer deux jeunes garçons cachés derrière la grange pour griller une cigarette. Les sourires amusés et indulgents avec lesquels on acceptait auparavant les espiègleries qui amenaient les jeunes à la consommation régulière de tabac se sont transformés en inquiétudes depuis que nous avons pris conscience des dangers que son usage représente pour la santé. La publication, en 1964, du rapport du Chirurgien général des États-Unis a mis en lumière les relations qui existent entre l'usage du tabac et le cancer du poumon, les crises cardiaques, l'emphysème et d'autres maladies.

Les adolescents ont compris le message. La plupart des jeunes de 13 à 18 ans savent que le tabagisme est une cause de cancer et qu'il accroît les risques de crise cardiaque (Lieberman, 1970).

Malgré cela, un adolescent sur quatre fume, et plusieurs jeunes fumeurs disent qu'ils vont arrêter de fumer dans cinq ans ou moins, apparemment inconscients de l'énorme difficulté que rencontrent bien des gens qui veulent perdre cette habitude. Effectivement, beaucoup d'hommes de science sont d'avis qu'il ne s'agit pas d'une simple habitude, mais d'une dépendance physiologique réelle (Brecher, 1972).

Contrairement à la situation qui prévalait il n'y a pas si longtemps, les filles sont maintenant plus nombreuses à fumer que les garçons. Aux États-Unis, 14,7 % des filles du niveau secondaire fument au moins la moitié d'un paquet de cigarettes par jour, comparativement à 13,1 % des garçons (Johnston et coll., 1982; Johnston, O'Malley et Bachman, 1984). La proportion des fumeuses serait encore plus importante au Québec. Si l'on continue dans cette voie, un des aspects de l'égalité auquel les femmes vont parvenir sera une chance égale à celle des hommes de contracter les maladies associées à l'usage du tabac, telles que le cancer du poumon et la crise cardiaque, comme les rapports préliminaires de santé l'indiquent déjà (Brody, 1973).

Pourquoi les jeunes se mettent-ils à fumer? La plupart se laissent simplement aller à cette habitude. Il est rare que la première cigarette que l'enfant fume vers l'âge de 10 ou 12 ans soit agréable, et pourtant il se force souvent à en fumer une deuxième. Ceux qui deviendront des fumeurs contractent généralement cette habitude vers l'âge de 14 ans.

Les adolescents les plus susceptibles de fumer sont les filles et ceux dont les parents et les amis fument. Si l'un de leurs parents fume, il y a deux fois plus de chances qu'ils deviennent fumeurs que si aucun d'eux ne fume. Si les deux parents fument, ou l'un des parents et un grand frère ou une grande sœur, il y a quatre fois plus de chances qu'ils deviennent fumeurs. Enfin, si son meilleur ami fume, il y a neuf chances sur dix que l'adolescent suive ses traces (NICHHD, 1978).

Le fait de fumer est lié à un phénomène de classe: les jeunes qui n'ont pas l'intention de faire leurs études collégiales sont deux fois plus enclins à fumer que ceux qui se dirigent vers le collège (McAlister et coll., 1979). Ce facteur ressort également dans les études menées au Québec. Il est également relié à la personnalité: l'adolescent qui fume est plus porté à la révolte, tolère mieux l'ambiguïté, veut être plus vieux, réussit moins bien en classe, s'implique moins dans les activités parascolaires et s'adonne moins aux sports (McAlister et coll., 1979). Il est paradoxal que les adolescents qui ont tendance à se révolter contre les valeurs de l'adulte, s'empressent de s'adonner à une activité qu'ils associent au monde des adultes et d'imiter ainsi les personnes mêmes contre lesquelles ils s'insurgent.

Plusieurs moyens ont été mis en œuvre pour tenter de détourner les jeunes de l'usage du tabac. La seule démarche qui semble fructueuse jusqu'ici consiste à faire appel à l'influence des pairs. Puisque les pressions de ces derniers semblent si efficaces quand il s'agit d'entraîner l'adolescent à prendre l'habitude de fumer, il se peut qu'on puisse utiliser cette même influence avec autant de succès pour le convaincre des dangers de la cigarette (par exemple, lors de campagnes antitabagisme menées dans les écoles secondaires).

Les maladies transmises sexuellement (MTS)

Le taux des **maladies transmises sexuellement** (MTS), appelées aussi **maladies vénériennes,** a monté en flèche dans toutes les catégories d'âge depuis 20 ans. La recrudescence des principales maladies vénériennes, dont les plus connues sont la syphilis et la gonorrhée, a eu des effets particulièrement graves chez les adolescents. Les trois quarts des 8 à 10 millions de cas de MTS rencontrés chaque année aux États-Unis surviennent chez les jeunes de 15 à 24 ans (USDHHS, 1980).

La gonorrhée. Bien que son incidence ait diminué depuis 1975, la *gonorrhée* demeure la maladie contagieuse la plus souvent signalée aux États-Unis. En 1983, plus de 900 000 cas de gonorrhée ont été rapportés chez nos voisins du Sud; les jeunes hommes de 20 à 24 ans y sont les plus touchés, suivis des jeunes femmes de 15 à 19 ans (*Morbidity and Mortality Weekly Report,* 29 juin 1984). Le traitement consiste en doses massives de pénicilline et de tétracycline. «Au Québec, la moitié des cas de gonorrhée se retrouvent chez les jeunes de 15 à 19 ans. Cette maladie, qui ne présente parfois aucun symptôme, peut entraîner la stérilité si elle n'est pas soignée.» (C. Lord, 1986, p. 14)

La chlamydia. La *chlamydia* (qui est une bactérie) est considérée comme la principale cause des *urétrites non spécifiques* et des infections de l'appareil reproducteur chez les deux sexes. «L'infection causée par la chlamydia prend actuellement des allures d'épidémie. On estime que 8 à 10 % des femmes actives sexuellement, âgées de 17 à 25 ans, en sont présentement atteintes.» (C. Lord, 1986, p. 14)

La salpingite. La complication grave la plus fréquente d'une gonorrhée ou d'une chlamydia non traitées est la *salpingite,* ou infection des trompes utérines. Cette infection peut causer des lésions de l'utérus et des trompes de Fallope, et entraîner la stérilité et parfois même la mort à la suite d'une grossesse extra-utérine (l'œuf fécondé se fixant hors de l'utérus). On rapporte annuellement environ un million de cas de ce type d'infection, dont 25 % requièrent une hospitalisation. «En l'an 2000, une femme sur deux aura été atteinte d'une infection des trompes utérines due principalement à la gonorrhée ou à la chlamydia; 10 % de celles qui auront contracté une salpingite risqueront de devenir stériles de façon permanente.» (M. Tessier, 1984, citée par C. Lord, 1986, p. 14)

La syphilis. La troisième maladie contagieuse souvent rapportée aux États-Unis (après la gonorrhée et la varicelle) est la *syphilis*; son taux a connu une hausse entre 1977 et 1982, puis a commencé à diminuer en 1983, où l'on a signalé 32 698 cas de cette maladie.

L'herpès simplex. L'*herpès simplex* (ou herpès génital) est une affection chronique qui se manifeste périodiquement et qui est souvent très douloureuse. Il est causé par un virus dont une autre souche est à l'origine d'éruptions au visage. L'herpès génital est connu depuis des siècles, mais il est maintenant plus fréquent ou mieux diagnostiqué. Il n'y a pas de statistiques précises sur son incidence, mais nous savons qu'il s'agit d'une maladie hautement contagieuse, 300 000 nouveaux cas étant rapportés chaque année. Cette affection est plus dérangeante que dangereuse, mais elle peut être fatale au nouveau-né si le virus devient actif chez la mère au moment de l'accouchement. Le virus peut aussi causer la mort des personnes souffrant d'une déficience du système immunitaire. On n'a pas encore trouvé de traitement efficace pour éliminer cette affection.

Le syndrome immuno-déficitaire acquis (SIDA). Le *syndrome immuno-déficitaire* *acquis* se caractérise par un arrêt brutal du système immunitaire de l'organisme qui rend la personne atteinte vulnérable à diverses maladies. Actuellement aux États-Unis, **70 % des victimes du SIDA sont des hommes**, homosexuels, ayant plusieurs partenaires sexuels. Parmi les autres victimes potentielles de cette maladie, il y a les consommateurs de drogues prises par voies intraveineuses et les hémophiles qui doivent recevoir régulièrement des transfusions sanguines. On a consacré beaucoup d'efforts au cours des dernières années pour informer, sensibiliser et modifier les habitudes sexuelles des personnes à risque, et les résultats commencent à se faire sentir. À San Francisco, par exemple, l'épidémie est en régression dans la communauté homosexuelle. En attendant d'en connaître davantage sur le virus et sur ses mécanismes de transmission, les campagnes de sensibilisation et de prévention demeurent le moyen le plus efficace pour contrôler la progression de la maladie.

Les répercussions des MTS chez les adolescents.   Les causes de prolifération des maladies vénériennes chez les jeunes sont nombreuses: l'accroissement de l'activité sexuelle, le remplacement du préservatif par des contraceptifs oraux, l'opinion rassurante qui veut que les maladies vénériennes soient faciles à guérir, la tendance à se croire à l'abri de la contagion, et enfin l'acceptation du risque fait que l'attrait des rapports sexuels est plus grand que la répulsion pour les maladies vénériennes.

Il y a lieu de s'inquiéter de l'épidémie de MTS chez les jeunes. La jeune fille semble plus vulnérable que la femme plus âgée aux infections des organes génitaux causées par les MTS, lesquelles peuvent entraîner des complications graves et même dangereuses. De plus, les adolescents sont plus susceptibles de retarder le recours aux soins médicaux et de négliger d'assurer un suivi au traitement. Enfin, il y a plus de chances qu'il y ait un diagnostic erroné des MTS dans ce groupe d'âge (Center for Disease Control, 1983).

La plupart des jeunes connaissent les données essentielles au sujet de ces maladies: ils savent qu'elles se transmettent par contact sexuel, que n'importe qui peut les contracter et qu'elles sont graves (Sorensen, 1973). Ils hésitent cependant souvent à chercher de l'aide, car ils craignent que leurs parents ne soient mis au courant. Par ailleurs, ils éprouvent de la honte et de la gêne à l'idée de devoir en avertir leurs

partenaires sexuels. Les campagnes d'information en vue d'éliminer les maladies vénériennes visent généralement le dépistage et le traitement rapides de ces maladies. On ne réussira pas à ralentir la progression de cette épidémie tant qu'on n'accordera pas une importance au moins égale à sa prévention et qu'on ne sensibilisera pas le public à l'obligation morale de ne pas communiquer la maladie aux autres (voir l'encadré 10.2).

Le développement intellectuel

L'acquisition majeure qui permet à l'adolescent de dépasser le mode de pensée infantile est la capacité de raisonnement hypothétique, qui lui permet maintenant de dire: «Qu'est-ce qui arrive si...». L'adolescent peut désormais penser en fonction de ce qui *pourrait* être vrai plutôt qu'en fonction de ce qu'il voit dans une situation concrète, et imaginer une multitude de scénarios possibles. Bien que ses capacités intellectuelles soient souvent limitées par des vestiges d'un mode de pensée égocentrique (signe révélateur de son immaturité cognitive), l'adolescent est capable de penser d'une façon plus large aux questions morales et à la planification de son avenir.

Le stade des opérations formelles de Piaget

Comme l'illustrent les différentes réactions des enfants au récit suivant raconté par Peel (1967), l'adolescence marque le début d'un nouveau stade de développement intellectuel: le **stade des opérations formelles.**

> «Seuls les pilotes courageux peuvent survoler les hautes montagnes. Survolant les Alpes, un pilote de chasse est entré en collision avec un téléphérique, ce qui a rompu un des câbles et causé la chute de quelques cabines sur les glaciers situés au-dessous. Plusieurs personnes périrent dans cet accident.»

Un enfant encore au stade des *opérations concrètes* a réagi à ce récit en déclarant: «Je crois que ce pilote n'était pas très habile au pilotage; il aurait dû continuer à se battre.» Une seule explication possible venait à l'esprit de cet enfant: la cause la plus vraisemblable de cet acci-

Encadré 10.2

Comment se protéger contre les MTS?

Suivre les recommandations suivantes ne mettra pas une personne complètement à l'abri des MTS, mais elle minimisera les risques de les contracter et maximisera les chances d'obtenir un traitement approprié.

- Se soumettre régulièrement à un examen médical. Toute personne qui a une vie sexuelle active devrait demander de subir des tests de dépistage des MTS.
- Connaître son partenaire sexuel. Plus une personne fait preuve de discrimination, moins elle s'expose à contracter une maladie vénérienne. Le partenaire avec qui nous entretenons une relation suivie est plus susceptible de nous tenir au courant de tout problème médical dont il serait victime.
- Utiliser un condom lors d'une relation sexuelle.
- Utiliser un spermicide vaginal (mousse, crème ou gelée); en supprimant plusieurs bactéries, ces substances aident à prévenir les MTS.
- Se renseigner sur les symptômes des MTS: pertes vaginales ou péniennes, inflammation, irritation ou douleur dans la région génitale ou anale; sensation de brûlure durant l'émission de l'urine; douleur lors de la relation sexuelle; plaies, bosses ou éruptions sur la bouche, dans la région génitale ou ailleurs sur le corps; douleur dans le bas-ventre ou dans les testicules; pertes ou irritations oculaires; fièvre ou engorgement glandulaire.
- Vérifier la présence de tels symptômes chez son partenaire.
- Recourir à des soins médicaux dès l'apparition d'un de ces symptômes.
- Laver la région génitale et la région anale avec de l'eau et du savon immédiatement avant et après une relation sexuelle; l'homme doit uriner après s'être lavé.
- S'abstenir de tout contact sexuel si l'on soupçonne la présence d'une MTS chez soi ou chez son partenaire. L'abstinence est la mesure préventive la plus sûre en pareil cas.
- La personne qui a contracté une MTS doit en informer sans tarder tous ses partenaires sexuels récents pour qu'ils puissent se faire traiter et évitent de lui redonner la maladie ou de transmettre celle-ci à une autre personne.

Adaptation de Upjohn, 1984; Fondation américaine pour la prévention des maladies vénériennes, inc., 1985. Pour plus d'informations, s'adresser à votre Centre local de services communautaires (CLSC).

dent était l'incompétence du pilote. De son côté, un jeune qui était parvenu au stade des *opérations formelles* selon Piaget put envisager différentes explications possibles de la collision: «Le pilote n'avait peut-être pas été averti de la présence d'un téléphérique sur son parcours; peut-être volait-il trop bas; ou bien sa boussole avait été endommagée par quelque chose qui s'était passé avant ou après le décollage, ce qui expliquerait pourquoi il avait dévié de son parcours et est entré en collision avec le câble.»

Il est possible de suivre le passage du stade opératoire concret au stade opératoire formel en observant le cheminement de la pensée d'un enfant qui tente de résoudre le *problème du pendule*, un problème classique proposé par Piaget. On présente à l'enfant un pendule formé d'un objet suspendu à une ficelle. On lui montre ensuite qu'on peut faire varier la longueur de la ficelle, le poids de l'objet, la hauteur du point d'où l'objet est relâché et la force utilisée pour mettre cet objet en mouvement. On demande alors à l'enfant de dire lequel (ou lesquels) de ces facteurs détermine la vitesse à laquelle se déplace l'objet.

La première fois que Justin vit le pendule, il n'avait pas encore 7 ans. À cet âge, il était encore incapable de formuler un plan pour tenter de résoudre le problème posé; il ne faisait que proposer une solution après l'autre, au petit bonheur. Il allongea d'abord le pendule et le poussa légèrement; puis il le raccourcit et le poussa avec force, et enfin, il cessa complètement d'imprimer un mouvement à l'objet. Non seulement cette méthode d'approche était complètement incohérente, mais l'enfant ne pouvait ni comprendre ni rapporter ce qui s'était passé. Il était convaincu que le fait de pousser accélérait le mouvement du pendule et, même si ce n'était pas le cas, il rapportait ce fait comme s'il l'avait observé.

La deuxième fois qu'on présenta le problème du pendule à Justin, il avait 11 ans. Sa plus grande maturité se reflétait dans sa façon d'aborder le problème. Il considéra quelques solutions possibles et il s'approcha même de la bonne réponse. Il ne s'astreignit cependant pas à mettre chaque solution à l'épreuve de façon systématique. Il varia la longueur de la corde, puis la pression exercée sur l'objet, croyant que ces deux facteurs influençaient la vitesse à laquelle l'objet se déplaçait. Il ne comprenait pas encore l'importance de faire varier un seul facteur à la fois en maintenant les autres constants.

Ce n'est qu'à l'adolescence que Justin a pu aborder le problème du pendule d'une façon systématique. Il était en mesure de poser le problème au niveau de son principe: la vitesse du pendule pouvait être influencée par n'importe lequel des quatre facteurs, ou encore par une combinaison de certains d'entre eux. Il s'est donc appliqué à concevoir une expérience qui lui permettrait de vérifier tous les cas possibles, maintenant un facteur constant pendant qu'il en faisait varier un autre. Grâce à cette méthode, il a pu déterminer qu'il n'y avait qu'un seul facteur, à savoir la longueur de la corde, qui influençait la vitesse du pendule. Cette description des différentes approches suivies par les enfants en fonction de leur âge pour résoudre le problème du pendule a été tirée et adaptée de l'ouvrage de Ginsburg et Opper, 1979.

La façon dont Justin aborde maintenant ce problème démontre qu'il est parvenu au stade des opérations formelles, un niveau de développement cognitif que l'enfant atteint selon Piaget vers l'âge de 12 ans. Justin peut désormais penser en fonction de ce qui pourrait être vrai et non seulement en fonction de ce qu'il voit dans une situation concrète. Comme il est maintenant en mesure d'imaginer une variété potentiellement infinie de possibilités, il devient pour la première fois capable de raisonner au niveau hypothético-déductif: il analyse le problème ou la situation, il en dégage l'ensemble des causes possibles et les met une à une à l'épreuve pour éliminer celles qui ne sont pas valables. Ce processus de raisonnement systématique vaut pour toutes sortes de problèmes. L'individu peut désormais intégrer ce qu'il a appris par le passé à ses problèmes actuels et à ses projets d'avenir. Il applique ce mode de pensée à la routine quo-

Si cette expérience scientifique ne se déroule pas telle que prévue, ces étudiants pourront émettre diverses hypothèses pour expliquer ce qui s'est passé, car ils ont atteint un niveau de développement intellectuel qui leur permet d'imaginer une variété infinie de possibilités. (Jeff Lowenthal / Woodfin Camp et Associés)

tidienne de même qu'à l'élaboration de théories politiques et philosophiques complexes.

Au fur et à mesure que les structures neurologiques de l'adolescent se développent, son environnement social s'élargit et les occasions d'expérimentation s'offrent à lui. L'interaction de ces facteurs est essentielle à l'atteinte du niveau le plus élevé du développement cognitif. Selon Piaget, il se peut que les jeunes ne parviennent jamais à ce stade, en dépit du fait qu'ils aient connu un développement neurologique suffisant, si leur culture et leur éducation ne les ont pas incités à appliquer le raisonnement hypothético-déductif à certains types de problèmes.

Dans de nombreux pays, on s'est intéressé au fonctionnement intellectuel des adolescents. Au Québec, notamment dans l'étude de Torkia-Lagacé (1981), cette question est reprise et analysée en fonction de la réussite scolaire, en particulier dans les cours de sciences du niveau collégial. Selon les résultats de l'étude, 41,9 % des étudiants de première année du collégial inscrits en sciences pures, 29,3 % de ceux inscrits en sciences de la santé et 12 % de ceux inscrits en d'autres concentrations ont atteint le niveau opératoire formel. L'auteur associe le nombre d'échecs des collégiens à un niveau de développement cognitif insuffisant. Cette explication n'est cependant pas généralement acceptée. Les conditions dans lesquelles se serait déroulée l'expérimentation n'auraient pas favorisé une

Encadré 10.3

L'impact des facteurs autres qu'intellectuels sur la réussite scolaire

Une étude de Blouin (1987) montre l'impact des facteurs autres qu'intellectuels sur la réussite scolaire. Cette étude, centrée plus particulièrement sur la réussite en mathématiques, identifie quatre dimensions personnelles susceptibles d'améliorer sensiblement la réussite: 1) avoir une perception réaliste des conditions nécessaires pour réussir; 2) connaître et savoir utiliser des méthodes de travail adéquates; 3) se percevoir comme capable de réussir (ou dominer ses réactions d'anxiété); 4) présenter et maintenir un niveau de motivation suffisant (Blouin, 1987, p. VII). Par ailleurs, la qualité de l'environnement familial et scolaire complémente les qualités personnelles de l'adolescent et contribue à sa réussite académique.

démarche rationnelle du sujet (Ledoux, 1982 et Godefroid, 1982). Par ailleurs, l'explication proposée est trop réduite et ne tient pas compte des conditions psychologiques familiales, culturelles et financières des jeunes qui présentent des problèmes académiques (Desautels, 1982).

Par ailleurs, selon Kohlberg et Gilligan (1971), près de la moitié des adultes américains n'accèdent jamais au stade opératoire formel. Leurs conclusions sont fondées sur l'analyse de plusieurs études qui portent sur le degré de succès obtenu par des individus d'âges variés à différentes tâches qui font appel aux opérations formelles. Lors d'une de ces expériences, par exemple, le problème du pendule fut posé à 265 sujets. Voici les pourcentages, présentés en tranches d'âges, de ceux qui l'ont réussi:

— de 10 à 15 ans: 45 %
— de 16 à 20 ans: 53 %
— de 21 à 30 ans: 65 %
— de 45 à 50 ans: 57 %

Il semble donc que plusieurs adultes n'atteignent pas le stade des opérations formelles, du moins tel que mesuré par la tâche du pendule. Les résultats ne permettent toutefois pas de conclure hors de tout doute à un déclin des capacités dans le groupe des 45-50 ans; celui-ci peut simplement refléter un effet de cohorte ou une variation échantillonnale. Les études transversales ne nous font voir que les différences entre les groupes d'âge et non les changements qui surviennent avec l'âge. Comme nous l'avons souligné au chapitre 1, il nous faut recourir à des études longitudinales pour observer ce type de changements.

Nous voyons donc que vers la fin de l'adolescence, la plupart des individus sont capables de pensée abstraite, laquelle permet d'ouvrir de nombreuses portes. La pensée formelle permet

en effet à l'adolescent d'analyser des doctrines philosophiques et politiques, d'inventer parfois ses propres théories et d'échafauder des plans en vue de réformer la société.

Des traces d'immaturité se manifestent cependant dans la tendance de l'adolescent à perdre le contact avec la réalité et à se croire capable de tout accomplir uniquement par la pensée, sans s'astreindre aux étapes concrètes des réalisations. Il n'est donc pas étonnant que lors d'un marchethon récemment organisé en vue de recueillir des fonds pour la protection de l'environnement, des jeunes aient laissé des montagnes de rebuts sur leur parcours, obligeant des employés municipaux à nettoyer le tout. Cette contradiction flagrante entre la pensée et l'action n'est pas apparue aussi clairement aux jeunes qui avaient pris part à l'événement (Elkind, 1984).

La capacité de penser de façon abstraite se répercute également sur le plan affectif. L'adolescent est désormais capable d'orienter ses émotions vers des idéaux abstraits et non seulement vers les gens: «Alors qu'auparavant il pouvait aimer sa mère ou haïr un compagnon, il est maintenant en mesure d'aimer la liberté ou de détester l'exploitation. L'adolescent a adopté un nouveau mode de vie: le possible et l'idéal s'emparent de son esprit et de son cœur.» (Ginsburg & Opper, 1979, p. 201)

L'égocentrisme de l'adolescent

L'adulte est souvent incapable de comprendre ou d'accepter le comportement de l'adolescent. Il est utile de situer cette conduite dans le cadre des changements du mode de pensée qui surviennent à l'adolescence, comme l'explique d'une façon fort perceptive et sympathique le psychologue David Elkind (1984). Ces changements affectent les réactions de la jeune personne aux bouleversements physiques qu'elle vit au cours de cette période, et expliquent plusieurs comportements qui apparaissent pour la première fois et d'une façon frappante au début de l'adolescence. La compréhension des causes profondes de tels comportements peut aider les parents et les enseignants à améliorer la communication qui est souvent difficile au cours de ces années. Examinons quelques-uns des comportements de l'adolescent et les processus mentaux qui les sous-tendent:

- *La critique de ceux qui représentent l'autorité.* L'adolescent est maintenant capable d'imaginer un monde idéal. Ce faisant, il réalise que les personnes qu'il considérait quasi parfaites sont très éloignées de cet idéal et tente de rapprocher la réalité de l'idéal en relevant tous les défauts qu'il remarque autour de lui. Les parents qui ne se sentent pas personnellement visés mais qui voient dans cette critique une phase nécessaire du développement cognitif et social de leurs adolescents, seront en mesure d'y répondre d'un ton objectif et de rappeler à ceux-ci qu'il n'y a rien ni personne (pas même un adolescent!) de parfait.

- *Le goût de l'argumentation.* L'adolescent aime mettre en pratique sa capacité nouvellement acquise de voir toutes les nuances d'une question. L'adulte qui encourage les discussions sur les principes et qui y participe tout en évitant soigneusement celles qui portent sur des facteurs liés à la personnalité, peut aider l'adolescent à améliorer sa capacité de raisonnement sans se laisser entraîner dans des querelles de famille.

- *La conscience de soi excessive.* Quand Hugues entend ses parents qui chuchotent, il «sait» qu'ils parlent de lui. Quand Amélie rencontre deux garçons qui rient sous cape, elle «sait» qu'ils se moquent d'elle. Cette conscience de soi extrême de l'adolescent tient en grande partie de la notion d'auditoire imaginaire. L'adolescent peut maintenant se mettre dans l'esprit d'une autre personne et penser à ce qu'elle pense. Cependant, comme il a du mal à faire la différence entre ce qui l'intéresse et ce qui intéresse autrui, il suppose que tous les autres pensent à la même chose que lui: à lui-même. Il se crée un auditoire imaginaire, c'est-à-dire un observateur

aussi préoccupé de ses pensées et de son comportement qu'il l'est lui-même. Pour étudier ce phénomène, on a soumis une série de questions à près de 700 élèves de quatrième et de sixième année du primaire, ainsi que de première et de cinquième secondaire. Les situations présentées étaient variées: le jeune découvre une grosse tache sur son vêtement au tout début d'une soirée mondaine où tous sont dans une tenue impeccable, ou bien il doit aller devant la classe parler de son passe-temps favori ou lire un texte qu'il a composé. On constata que les jeunes de première secondaire (surtout les filles) étaient plus conscients d'eux-mêmes et moins disposés à parler de leur personne devant un auditoire que les élèves plus jeunes ou plus vieux. Ce résultat appuie l'hypothèse de l'auditoire imaginaire, une caractéristique du début de l'adolescence (Elkind et Bowen, 1979).

L'auditoire imaginaire nous suit dans une certaine mesure jusqu'à l'âge adulte. Qui d'entre nous, par exemple, ne s'est jamais tourmenté à propos de la toilette qu'il porterait lors d'une soirée, pensant que tous les autres feraient attention à celle-ci, pour réaliser au cours de la rencontre en question que la plupart des personnes invitées étaient si préoccupées de l'impression qu'elles feraient elles-mêmes qu'elles remarquaient à peine les vêtements choisis par les autres. Comme cette conscience de soi est particulièrement angoissante à l'adolescence, Elkind insiste sur l'importance pour l'adulte d'éviter de critiquer ou de ridiculiser un jeune adolescent en public.

- *L'égocentrisme.* La conviction qu'a l'adolescent (et tout particulièrement le jeune adolescent) d'être un être spécial, unique et non soumis aux lois naturelles qui régissent le reste du monde a été appelée *fabulation personnelle* par Elkind. Cette croyance explique une bonne partie des comportements autodestructeurs adoptés par l'adolescent qui se croit magiquement à l'abri des dangers qui menacent les autres. La fabulation personnelle fait qu'une fille pense qu'elle ne peut devenir enceinte, *elle*, qu'un garçon croit qu'il ne peut se faire tuer sur la route, *lui*, ou que ceux qui font usage de drogues ne peuvent en devenir dépendants, *eux*. «Ces choses n'arrivent qu'aux autres, pas à moi»; voilà le mécanisme inconscient qui permet de comprendre pourquoi beaucoup d'adolescents prennent des risques. La tâche de l'adolescent consiste à conserver le sentiment de son unicité, tout en acquérant une conscience réaliste de sa soumission à l'ordre naturel des choses.

- *L'indécision.*   L'adolescent a de la difficulté à prendre des décisions, même celles qui touchent les choses les plus simples, car il prend soudain conscience de la multiplicité des choix qui existent dans pratiquement tous les aspects de la vie.

- *L'hypocrisie apparente.*   Le jeune adolescent a tendance à ne pas reconnaître la différence entre l'expression d'un idéal et le travail accompli pour y parvenir. Il peut participer à une manifestation contre la pollution tout en polluant lui-même l'environnement au cours de l'événement. Comprendre que «le seul fait de penser à quelque chose ne suffit pas à le réaliser» et que les valeurs doivent se manifester dans les actes pour que les choses changent fait partie de la maturation. Plus l'adolescent parle de ses théories personnelles et écoute celles des autres jeunes gens, plus il parvient rapidement à une pensée adulte (Looft, 1971). Au fur et à mesure que le processus de pensée de l'adolescent mûrit, celui-ci devient de plus en plus capable de réfléchir sur sa propre identité, d'établir des relations adultes avec d'autres, et de déterminer comment et où il se situe dans la société.

Le développement moral de l'adolescent

Ce n'est que lorsqu'ils sont parvenus au stade piagétien des opérations formelles que les adolescents peuvent atteindre les stades les plus avancés du développement moral tels que décrits par Kohlberg. Pour comprendre les principes moraux universels, il faut être capable de raisonnement abstrait. L'accession aux stades avancés du développement cognitif n'est pas une garantie de développement moral, mais elle en est une condition nécessaire. Kohlberg et Gilligan (1971) affirment que l'individu ne peut passer d'un stade conventionnel de raisonnement moral à un stade postconventionnel avant d'avoir saisi le caractère relatif des principes moraux. Il doit comprendre que chaque société crée sa propre définition du bien et du mal, et que ce qui représente une conduite tout à fait acceptable dans une culture donnée peut être considéré comme une faute grave aux yeux d'une autre. Plusieurs jeunes gens découvrent la notion de relativisme durant leurs études collégiales ou au début de leurs études universitaires, ce qui explique probablement pourquoi ces étudiants se situent souvent au niveau postconventionnel du raisonnement moral. C'est en partie à cause de la grande importance accordée à l'influence des études postsecondaires sur le développement moral qu'on a reproché aux théories de Kohlberg d'être élitistes.

Les deux premiers stades de raisonnement moral de Kohlberg (voir le tableau 8.4) sont généralement caractéristiques de la pensée enfantine, bien qu'il arrive que certains adolescents, délinquants ou pas, de même que des adultes pensent encore en fonction des critères d'intérêt personnel propres au stade 2. La plupart des adolescents, comme la plupart des adultes, se situent au niveau de la moralité conventionnelle (niveau II). Ils se conforment aux conventions sociales, se sentent portés à défendre le statu quo et pensent en fonction de ce qu'il faut faire pour plaire aux autres ou pour obéir aux lois. Quand on écoute les discours sur «la loi et l'ordre» au cours des campagnes électorales, on constate que bon nombre d'adultes en sont restés au stade 4.

Les diverses façons dont les adolescents réagissent aux dilemmes moraux posés par Kohlberg illustrent les différences dans leur mode de raisonnement. C'est le raisonnement suivi et non pas la conclusion produite en réponse à un dilemme moral qui permet de déterminer le niveau de développement moral d'une personne. En gardant ceci à l'esprit, voyons l'évolution du développement moral en fonction de la valeur attribuée à la vie humaine (Kohlberg, 1968):

Stade 1:   Lorsqu'on demande à Thomas, âgé de 10 ans: «Vaut-il mieux sauver la vie d'une seule personne importante ou celles de beaucoup de gens peu importants?», il répond: «Tous ceux qui ne sont pas importants, parce qu'un homme n'a qu'une maison, peut-être beaucoup de meubles, mais beaucoup de gens ont un lot énorme de meubles...»
Il confond la valeur des gens avec la valeur de leur propriété.

Stade 2:   On demande à Thomas, qui a 13 ans, si un médecin doit laisser mourir une femme moribonde qui demande à mourir parce qu'elle souffre beaucoup. Il répond: «Peut-être que ce serait bon de la délivrer de sa douleur, elle serait mieux ainsi. Mais son mari ne voudrait pas; ça n'est pas comme un animal. Si votre chien meurt, vous pouvez vous arranger sans lui; ce n'est pas quelque chose dont vous avez vraiment besoin. Bien sûr, vous pouvez trouver une nouvelle femme, mais ce n'est vraiment pas la même chose.»

Il pense à la valeur d'une femme en fonction de ce qu'elle fait pour son mari.

Stade 3: À 16 ans, Thomas répond à la même question en disant: «Ce serait peut-être mieux pour elle, mais pas pour son mari — c'est une vie humaine, il ne s'agit pas d'un animal; ce dernier n'a d'ailleurs pas de relation équivalente à celle qu'un être humain entretient avec sa famille...»

Il fait siens les sentiments proprement humains d'affection et d'amour du mari, mais il ne saisit pas encore que la vie de la femme aurait de la valeur même si son mari ne l'aimait pas ou même si elle n'avait pas de mari.

Stade 4: Gabriel, un garçon de 16 ans, répond en disant: «Je ne sais pas. D'une façon, c'est un meurtre; ce n'est pas le droit ni le privilège de l'homme de décider qui doit vivre et qui doit mourir. Dieu a donné la vie à tout le monde sur la terre et vous enlevez à cette personne quelque chose qui est venu directement de Dieu; vous détruisez quelque chose qui est très sacré; d'une façon, c'est une partie de Dieu et c'est presque détruire quelque chose de divin que de tuer une personne.»

Il considère la vie comme sacrée parce qu'elle a été créée par Dieu, une autorité.

Stade 5a: Parvenu à 20 ans, Gabriel dit: «Il y a de plus en plus de gens dans le monde médical qui croient que prolonger la vie artificiellement est une épreuve pour tous, tant pour la personne qui sait qu'elle va mourir que pour sa famille. Quand on maintient une personne en vie au moyen d'un poumon ou d'un rein artificiel, cet être est plutôt un légume qu'un être humain. Si c'est son choix à elle, je crois qu'elle a, en tant qu'être humain, certains droits et privilèges qu'il faut respecter.»

Il évalue maintenant la vie en termes de droits humains égaux et universels, dans un contexte de relativité, se préoccupant de la qualité de cette vie et des conséquences pratiques de la décision à prendre.

Stade 5b (ou 6): À 24 ans, Françoise répond: «Une vie humaine l'emporte sur tout autre principe moral ou juridique, quelle que soit la personne en cause. Une vie humaine a une valeur en soi, peu importe qu'un individu donné lui en attribue ou non.»

Comme alternative au stade précédent (5a) où l'on considère les droits universels de la personne humaine, Françoise considère la valeur de la vie humaine comme un absolu et non en fonction d'une autorité sociale ou divine. Il y a dans sa pensée, ici aussi, un caractère universel qui transcende les frontières culturelles.

Kohlberg croit fermement qu'on peut enseigner aux gens à élever leur pensée morale, non pas en leur faisant la morale ou en prêchant, ni en les récompensant ou en les punissant, mais en les plaçant face à des dilemmes moraux difficiles et en les aidant à élaborer leur pensée au sujet de ces questions. On peut aussi les aider en les mettant en relation avec des gens qui sont parvenus au stade suivant ou en leur fournissant l'occasion de jouer le rôle de personnages qui ont des orientations morales différentes. L'interaction sociale avec des pairs est essentielle à la réorganisation et à la restructuration des modes antérieurs de pensée. Les adolescents qui se classent bien sur les plans de la participation et de l'interaction sociales progressent plus rapidement à travers les stades du développement moral que ceux qui sont socialement inactifs, que ce soit par manque d'occasions ou par répugnance psychologique (Keasey, 1971). Arbuthnot (1975) a trouvé que le jeu de rôles, chez les étudiants de 17 à 21 ans, peut soit accélérer, soit retarder le progrès de leur jugement moral. Les étudiants qui jouent le rôle de personnages dont le raisonnement moral se situe à un niveau plus élevé que le leur améliorent leur façon de penser. Le mode de pensée de ceux qui jouent des personnages situés à des niveaux inférieurs sur le plan moral régresse. Par conséquent, parents et enseignants qui veulent faire progresser le raisonnement moral des jeunes gens devraient leur donner l'occasion de discuter, d'interpréter et d'assumer des rôles de personnages qui font face à des dilemmes moraux. Au chapitre 12, nous présentons une critique de cette séquence développementale du raisonnement moral.

La poursuite ou l'abandon des études secondaires

Bien que plusieurs adolescents tiennent à y aller surtout pour les occasions qu'elle fournit de s'adonner à diverses activités et de voir leurs amis, l'école demeure l'expérience centrale dans l'évolution intellectuelle de la plupart des jeunes. En plus des apprentissages quotidiens de base, l'école secondaire fournit à ceux-ci un aperçu des choix de carrières futures. L'étudiant prend connaissance des possibilités qui s'offrent à lui, observe ce que font ses compagnons de classes et est entouré d'adultes qui peuvent l'aider à répondre à ses questions.

La scolarité est obligatoire au Québec jusqu'à l'âge de 16 ans. Cependant, des adolescents ne termineront pas leurs études secondaires. En 1986, 72,4 % des adolescents obtenaient leur D.E.S. (diplôme d'études secondaires). Parmi les 27,6 % de jeunes qui ne terminent pas leurs études secondaires, certains retourneront plus tard à l'école, par le biais des cours aux adultes. De ce nombre, le tiers environ obtiendront leur D.E.S. (MEQ, 1987).

L'adolescent qui abandonne ses études avant d'obtenir son diplôme d'études secondaires prend une décision grave qui risque d'hypothéquer le reste de sa vie. Il s'expose à divers problèmes d'ordre social et professionnel. Dans notre société hautement technologique, le nombre d'emplois destinés aux travailleurs peu scolarisés diminue chaque jour et nombreux sont les employeurs qui refuseront d'embaucher une personne qui n'a pas terminé ses études secondaires, quel que soit l'emploi offert. Plus de jeunes poursuivent leurs études que jadis, mais les décrocheurs sont encore trop nombreux. Il importe d'encourager les adolescents à terminer leurs études secondaires d'autant plus que les décrocheurs possèdent habituellement les habiletés intellectuelles nécessaires pour obtenir leur diplôme d'études secondaires.

Qui décroche?

Le nombre annuel de décrocheurs québécois est passé de 63 000 en 1976 à 31 000 en 1986, soit une diminution de la moitié des abandons avant l'obtention du D.E.S.; en 1987, la probabilité d'abandonner les études secondaires avant d'obtenir un diplôme était de 28 % (MEQ, 1988).

Le jeune décrocheur est plus souvent un garçon (trois fois sur cinq), âgé de 17 ans (trois fois sur quatre) et accusant un retard dans son cheminement scolaire (MEQ, 1988).

Pourquoi décrocher?

Les raisons que le décrocheur donne de son interruption d'études n'ont rien d'étonnant, mais ne semblent pas donner une image exhaustive de la situation. Deux ans après leur abandon, on a demandé à de jeunes Américains pourquoi ils avaient mis fin à leurs études. Les réponses faisaient mention de leurs piètres résultats académiques (36 %), du fait qu'ils n'aimaient pas l'école (25 %), d'une expulsion ou d'une suspension (13 %) ou de l'obligation d'aider financièrement leur famille. Les jeunes filles attribuèrent leur abandon des études à un mariage ou à un projet de mariage (31 %), au fait que «l'école n'est pas faite pour elles» (31 %), à de mauvais résultats académiques (30 %), à une grossesse (23 %) ou à un emploi (11 %) (*National Center for Education Statistics*, 1983) [1].

Il est difficile de mettre le doigt sur les raisons précises de l'abandon des études. Même si plus de la moitié des filles interrogées lors de l'enquête mentionnée précédemment ont attribué leur abandon à une grossesse ou à un mariage, il se peut que celles-ci aient pris cette décision parce qu'elles ne réussissaient pas dans leurs études ou ne s'y intéressaient pas. Si telles étaient les véritables raisons, à quoi pouvait-on les attribuer? Les explications données par les garçons n'en disaient pas plus long sur les motifs profonds de leur abandon de l'école. D'autres chercheurs ont attribué le décrochage à des facteurs tels que le manque de motivation et d'estime de soi, un piètre encouragement de la part des parents dans ce domaine, des attentes peu optimistes de la part des professeurs et des problèmes disciplinaires à la maison et à l'école (Rule, 1981).

Qu'arrive-t-il au décrocheur?

Le décrocheur a de la difficulté à se trouver un emploi. En 1982, 27 % des garçons et 31 % des filles qui avaient abandonné leurs études secondaires aux États-Unis étaient à la recherche d'un emploi. Les jeunes femmes qui ne recherchaient pas un emploi (32 %) étaient ménagères à temps plein. Parmi les sujets qui travaillaient, seulement 14 % des jeunes hommes et 3 % des jeunes femmes exerçaient un emploi qui exigeait

---

1 La somme de ces pourcentages dépasse 100 % car les sujets pouvaient donner plus d'une raison.

une formation. Les emplois typiquement occupés par ces jeunes touchaient le service aux tables, le travail manuel, le travail en usine, le travail de magasin ou de bureau, la garde d'enfants et le travail agricole. Plus de la moitié des décrocheurs regrettaient d'avoir quitté l'école très peu de temps après l'avoir fait, et un faible pourcentage d'entre eux participaient à des programmes de formation (NCES, 1983).

L'orientation professionnelle

Il y a une progression typique dans le choix d'une carrière. À l'âge de 6 ans, Geneviève veut devenir une astronaute; à 12 ans, elle réalise qu'elle n'irait pas très loin en astronautique parce que les mathématiques et les sciences sont les matières dans lesquelles elle réussit le moins; à 15 ans, après avoir fait du travail bénévole dans un hôpital, elle envisage une profession qui l'amènerait à travailler auprès des gens, peut-être la psychiatrie. À la fin de ses études secondaires, elle abandonne l'idée de faire sa médecine; mais comme elle sent qu'elle pourrait atteindre ses objectifs en service social, elle décide d'orienter ses études collégiales dans ce sens.

Cette progression dans l'orientation professionnelle de Geneviève a suivi trois étapes: l'étape de l'*imaginaire*, l'étape de la *conjecture* et l'étape du *réalisme* (Ginzberg et coll., 1951). Durant la période de l'imaginaire, qui couvre les années de l'école primaire, les choix reposent sur l'action et sur l'excitation plutôt que sur des bases réalistes, et les décisions sont plus émotives que pratiques. Au moment de la puberté, la période des conjectures correspond à un effort plus réaliste en vue d'accorder les intérêts, les habiletés et les valeurs. Vers la fin du secondaire, la période du réalisme amène le jeune à planifier ses études en fonction des exigences de la carrière choisie.

Des études récentes indiquent toutefois que plusieurs finissants du secondaire ne sont pas réalistes dans la planification de leurs études et de leur carrière. Dans l'État du Texas, on a demandé à plus de 6000 finissants du secondaire d'énumérer leurs trois premiers choix de carrières, de préciser leurs préférences quant au type de travail qui les attirait (travail solitaire ou travail en équipe; travail intérieur ou extérieur; travail avec des personnes, des choses ou des idées; intérêt pour le voyage) et d'indiquer leurs plans d'études.

À une période de leur vie où ils devaient faire des choix déterminants concernant leurs études et leur travail, ces finissants du secondaire avaient des connaissances très limitées sur le monde du travail. Comme on pouvait s'y attendre, ils étaient mieux renseignés sur leur première option et de moins en moins sur leurs deux autres choix. Mais même chez ceux qui croyaient avoir une bonne compréhension de leur premier choix de carrière, environ la moitié seulement se proposaient de faire les études requises. Certains semblaient décidés de faire des études qui débordaient les exigences de la profession choisie, alors que d'autres ne projetaient pas d'obtenir la formation nécessaire. En outre, la plupart de ces étudiants ne semblaient

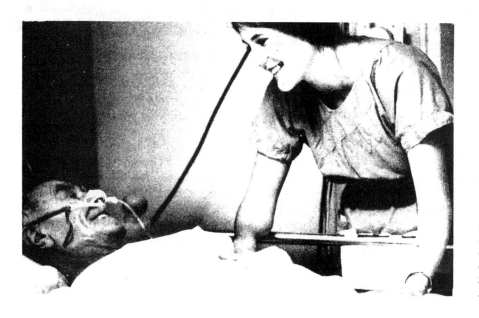

Chez l'adolescent, la recherche d'une identité est étroitement liée aux aspirations professionnelles (Sherry Suris / Photo Researchers Inc.)

pas harmoniser leur orientation professionnelle et leurs intérêts (Grotevant et Durrett, 1980).

Les facteurs qui influent sur le choix d'une carrière

Chez l'adolescent, la recherche d'identité, que nous aborderons au chapitre 11, est étroitement liée aux aspirations professionnelles. La question «Qui serai-je?» s'apparente beaucoup à «Que ferai-je?» et fait partie des préoccupations primordiales des jeunes de cet âge. Le choix d'une carrière est crucial: s'il est judicieux, la personne aura le sentiment de faire quelque chose d'utile et de bien faire son travail, et elle en tirera un sentiment de fierté. Si, au contraire, un individu a le sentiment que son travail n'a aucune importance pour qui que ce soit et qu'il n'y est pas très compétent, la base même de son équilibre émotif risque d'en être ébranlé. Plusieurs facteurs agissent sur les efforts que fait un individu pour trouver un travail qui ait un sens pour lui. Le milieu socio-économique, les ambitions et l'encouragement des parents, le niveau scolaire, les aptitudes individuelles, la personnalité, le sexe, la race, les valeurs sociales et le hasard des expériences de la vie sont des variables qui influencent le choix d'une carrière.

Le milieu socio-économique. Le genre de foyer dans lequel nous avons grandi a fortement influé sur les aspirations professionnelles de la plupart d'entre nous. En général, plus notre rang social est bas, moins nos aspirations sont élevées. La plupart des gens se sentent plus à l'aise dans des situations familières; donc, par le fait même, avec des gens qui appartiennent au même milieu social qu'eux. Les enfants qui grandissent dans les quartiers ouvriers ont plus de chances de connaître des adultes qui sont plombiers, postiers et coiffeurs que des médecins, des avocats et des professeurs. Ils se familiarisent en même temps avec ces employés et avec leurs emplois, lesquels leur apparaissent alors plus accessibles. Bien que les jeunes gens visent souvent des niveaux socio-économiques supérieurs à ceux de leurs parents, ils n'aspirent en général qu'à l'échelon supérieur immédiat.

Il y a plusieurs raisons pour lesquelles certains jeunes ont des aspirations professionnelles limitées. Peut-être considèrent-ils qu'étant donné leur situation, les professions les plus prestigieuses leur sont inaccessibles. Si ses parents refusent ou sont incapables de l'aider financièrement et moralement, l'étudiant risque d'abandonner ne sachant pas à qui s'adresser pour trouver l'appui nécessaire.

En outre, les ambitions parentales exercent une influence considérable quand il s'agit de déterminer si telle profession est intéressante ou non. Quand le jeune choisit un travail qui s'écarte sensiblement de ce que ses parents considèrent «approprié» à leur classe sociale, ceux-ci auront tendance à le décourager. Il est rare de nos jours de voir des parents tenter de dissuader leur enfant qui vise «haut» et qui entreprend une carrière traditionnelle prestigieuse; la réaction la plus fréquente des parents est la consternation quand leur enfant opte pour une occupation qu'ils considèrent «inférieure» à leur niveau. S'il doute qu'il en soit ainsi, le lecteur n'a qu'à observer les réactions de plusieurs parents des classes supérieure ou moyenne-supérieure au moment où leur fille leur annonce qu'elle a l'intention d'aller cultiver des légumes et de faire de la couture dans une ferme communautaire, ou lorsque leur fils leur apprend qu'il veut vivre simplement en exerçant un travail manuel à temps partiel afin de consacrer le plus de temps possible à la peinture ou à la poésie. Les parents craignent souvent que de tels choix ne leur valent, à eux et à leur enfant, la désapprobation générale. De plus, quand les revenus de l'occupation envisagée sont minces, ils craindront que leur enfant ne puisse vivre dans le même environnement que les autres compagnons de sa classe sociale, qu'il ne puisse se payer les mêmes avantages sociaux et éducatifs, ni les mêmes loisirs (Conger et Peterson, 1984).

Les parents. Lorsque les parents n'encouragent pas leurs enfants à poursuivre leurs études et qu'ils ne sont pas disposés à les aider, les adolescents ont d'autant plus de difficulté à s'en tirer. Certains parviennent quand même à se maintenir aux études en travaillant, en faisant des emprunts ou en décrochant des bourses. D'une façon générale, cependant, l'encouragement moral et l'appui financier des parents ont une influence sur les aspirations aussi bien que sur la réussite des enfants. Quand les parents se montrent ambitieux en ce qui a trait à leurs enfants et les récompensent pour leur succès à l'école, les enfants choisissent des occupations supérieures à celles de leurs parents (Bell, 1963). L'attitude encourageante des parents contribue plus que le milieu social à rendre les enfants ambitieux et à les stimuler.

Encadré 10.4

L'adolescent et le travail

«Le travail rémunéré aide-t-il au développement de l'adolescent?» La plupart des parents seraient prêts à répondre d'emblée par l'affirmative à cette question, invoquant tout un éventail de raisons: l'exercice d'un emploi rémunéré apprend au jeune à se prendre en main financièrement; il l'aide à acquérir de bonnes habitudes face au travail; il lui donne l'occasion de prendre connaissance des carrières qui s'offrent à lui. Selon des recherches récentes, cependant, de telles opinions seraient erronées. Il semble que le travail favorise peu le développement académique, social et professionnel de l'adolescent (Steinberg, 1982; Greenberger et coll. 1980).

Le pourcentage des étudiants qui travaillent est plus élevé de nos jours qu'à toute autre période au cours des 25 dernières années: aux États-Unis, environ la moitié des étudiants du secondaire et presque le tiers des élèves du niveau collégial exercent un emploi rémunéré (Cole, 1980). Certains travaillent parce que leur famille a besoin d'un revenu supplémentaire; d'autres, parce qu'ils recherchent l'indépendance qu'un revenu personnel leur confère.

Et pourtant, la bonne vieille vertu nord-américaine du travail ne soutient pas sa réputation, du moins à cette période de la vie. L'adolescent qui exerce un emploi n'est pas plus indépendant que celui qui ne travaille pas quand il doit prendre des décisions d'ordre financier ou autre (Greenberger et coll., 1980). La plupart des étudiants qui travaillent à temps partiel n'acquièrent pas, dans l'exercice de leur emploi, le type d'habiletés dont ils auront besoin plus tard (Hamilton et Crouter, 1980). Et ceux qui travaillent durant leurs études secondaires n'ont pas plus de chances de gagner un meilleur salaire plus tard que s'ils ne l'avaient pas fait (Steinberg, 1982).

Il semble donc que le travail ne contribue pas toujours au développement de l'adolescent. Au contraire, il comporterait bon nombre de «coûts cachés». Les adolescents qui travaillent, surtout ceux qui le font plus de 15 ou 20 heures par semaine, connaissent une baisse dans leurs résultats scolaires, dans leur intérêt pour l'école et dans leur présence aux cours. En outre, il y a une corrélation entre l'exercice d'un emploi et certains comportements antisociaux: certains jeunes travailleurs dépensent l'argent qu'ils gagnent pour acheter de l'alcool ou de la drogue, acquièrent une attitude cynique face au travail et sont enclins à tromper ou à voler leurs employeurs une fois qu'ils ont exercé un emploi donné pendant six ou sept mois. L'adolescent qui travaille a tendance à passer moins de temps dans sa famille et à se sentir moins proche de celle-ci. De plus, il a peu de contacts avec des adultes au travail et est habituellement exposé à des rôles professionnels stéréotypés (Greenberger et coll., 1980).

Il se peut que ces corrélations ne soient pas dues au travail en soi, mais aux facteurs qui incitent certains adolescents à travailler. Autrement dit, il se peut que l'adolescent soit déjà désintéressé de l'école, éloigné de sa famille et porté à boire et à consommer de la drogue dès qu'il peut s'en payer. Quoi qu'il en soit, le travail ne semble pas aider ce type d'adolescents à mieux mener leur vie. Une des raisons de ce phénomène tient probablement au fait que le type d'emploi qu'un jeune peut obtenir n'offre habituellement pas beaucoup d'intérêt ni de débouchés, et qu'il n'a aucun rapport avec les buts poursuivis dans la vie. Par conséquent, bien que certains adolescents sur le marché du travail apprennent effectivement à gérer leur argent et leur temps, à trouver un emploi et à s'entendre avec diverses personnes, l'expérience du travail semble moins importante qu'une base académique solide.

Il semble donc que l'adulte qui veut aider l'adolescent à se préparer à sa future carrière fait mieux de l'encourager à poursuivre ses études et à y réussir, que de l'inciter à travailler après l'école.

Le niveau d'éducation des parents, qui varie en fonction du milieu social, économique et culturel, constitue un excellent indicateur de l'éducation des enfants. Ainsi, Cliche (1976) affirme que «seulement 9,8 % des enfants dont le père a un niveau d'instruction élémentaire et la mère un niveau secondaire atteignent l'université comparativement à 51 % de ceux dont le père et la mère ont fréquenté l'université» (p. 89).

En fait, les seuls facteurs économiques n'expliquent pas ces corrélations: «L'instruction est définie en termes strictement utilitaires par la population pauvre et l'utilité immédiate d'un gain rapide semble l'emporter sur l'utilité à long terme de l'instruction.» (Cliche, 1976)

Quel rôle la carrière des parents joue-t-elle? Celle-ci semble souvent exercer une influence considérable. Un compte rendu d'ouvrages sur cette question a révélé que la profession exercée par un homme influe sur l'orientation professionnelle de son fils, mais non sur celle de sa fille (Conger et Peterson, 1984). Un chercheur a observé que 43,6 % des fils de médecins optent pour la médecine; 27,7 % des fils d'avocats font leur droit et les fils de professionnels en sciences physiques ou sociales manifestent les mêmes tendances (Werts, 1966, 1968). Selon des recherches récentes, les filles dont la mère travaille à l'extérieur ont des aspirations plus élevées en ce qui a trait à leur carrière et à leurs réalisations que celles dont la mère demeure à la maison (Hoffman, 1979).

L'école. Le genre d'école que les étudiants fréquentent peut avoir une influence sur le choix de leur carrière. Des études portant sur des élèves du secondaire ont montré que les fils de travailleurs manuels ont des ambitions scolaires et professionnelles plus élevées quand ils vont à des écoles fréquentées surtout par des jeunes de familles aisées que lorsqu'ils vont à l'école avec des enfants de milieux défavorisés. De même, les fils de professionnels ont des objectifs plus élevés quand ils vont à l'école avec des jeunes gens d'un milieu semblable que lorsqu'ils fréquentent des écoles où l'on rencontre une forte proportion d'étudiants issus de familles des milieux défavorisés (Boyle, 1966; Wilson, 1959). Cette influence est plus marquée dans les grands centres à population hétérogène.

La personnalité. Huey Long, un politicien américain qui a fait l'objet de bien des controverses, s'est montré effronté et égoïste toute sa vie. Il était prêt à presque tout pour attirer l'attention. Il manipulait les gens pour servir ses propres fins et établissait ses propres règles de conduite. Williams (1969, p. 37) dit à son sujet: «Voilà des qualités qui sont loin de rendre une personne ordinaire sympathique; mais chez un politicien, elles sont considérées comme géniales.»

Le politicien à succès typique a une personnalité bien différente de celle du physicien nucléaire type. La personne nerveuse, énergique et extrovertie a plus de chances de réussir dans la politique, la vente ou la vie militaire qu'en comptabilité ou en recherche scientifique. Une personne timide et réfléchie sera plus heureuse dans la peau d'une bibliothécaire que dans celle d'une avocate.

La plupart des emplois supposent des traits de personnalité précis de même que des talents particuliers. Les individus qui se connaissent assez bien pour choisir des emplois qui conviennent à leur personnalité ont de meilleures chances de réussir. Une étude portant sur 638 finissants du cours secondaire, intelligents et décidés à poursuivre leurs études, a montré que les étudiants s'étaient fait des idées précises des types de personnalité compatibles avec diverses occupations et qu'ils percevaient leur propre personnalité en fonction de stéréotypes professionnels (Holland, 1963 a, 1963 b). Ils considéraient les ingénieurs comme des bâtisseurs pratiques et utiles, les physiciens comme des intellectuels engagés, les professeurs comme des êtres patients et dévoués, les comptables comme des gens précis mais ternes, les artistes comme des individus créateurs et capricieux, et ceux qui œuvrent dans le milieu des affaires comme des

Cet étudiant semble travailler sérieusement à l'atteinte de son objectif professionnel. Cependant, plusieurs étudiants du secondaire manquent de réalisme dans l'élaboration de leurs plans d'études et dans le choix d'une carrière: ils sont peu renseignés sur le type de formation dont ils ont besoin et souvent, ils n'harmonisent pas leur orientation professionnelle, leurs intérêts et leurs habiletés. (Michal Heron / Woodfin Camp et Associés)

personnes intelligentes, actives et ambitieuses (Holland, 1963 a). Les jeunes filles qui manifestaient un intérêt pour les carrières scientifiques se jugeaient douées d'un esprit analytique, curieux, précis et minutieux, alors que celles qui s'intéressaient au travail social se percevaient comme accommodantes, capables d'accepter les autres, amicales et compréhensives. Les garçons qui envisageaient une carrière commerciale se considéraient comme agressifs, dominateurs, énergiques et *aucunement* artistes, idéalistes, tranquilles ou scientifiques. Enfin, les garçons qui avaient des penchants artistiques se voyaient comme des êtres rêveurs, idéalistes, sensibles et manquant d'esprit pratique (Holland, 1963 b).

Les gens ont également tendance à choisir des occupations où les tâches correspondent à leurs aptitudes. Les jeunes gens qui manifestaient un intérêt pour les métiers spécialisés disaient que c'était le travail manuel et le maniement d'outils ou d'appareils qui leur procuraient le plus de satisfaction; les filles attirées par la comptabilité affirmaient que c'était dans la résolution de problèmes numériques qu'elles étaient le plus compétentes (Holland, 1963 b).

L'effort constant de l'adolescent pour se définir, pour façonner son identité et pour se manifester comme une personne qu'on reconnaît et qu'on admire est un aspect important de l'adolescence. Nous aborderons cette question plus en détail dans le prochain chapitre.

Résumé

1   L'*adolescence* est une période de transition entre l'enfance et l'âge adulte. Elle débute avec la pubescence, une période de croissance physique accélérée et de maturation des caractères sexuels primaires et secondaires. Cette période prépubertaire dure environ deux ans et prend fin à l'avènement de la puberté proprement dite, moment où la maturité sexuelle et la capacité de reproduction sont complètement acquises. La fin de l'adolescence n'est pas nettement définie; dans les sociétés occidentales, il n'existe aucun signe indiquant qu'on est parvenu à la condition d'adulte. Dans certaines cultures, l'adolescence se termine à la puberté, et ce moment est marqué par les *rites pubertaires* qui peuvent prendre des formes variées.

2   L'adolescence est marquée par des changements physiologiques spectaculaires. Le plus remarquable et évident est l'apparition des *règles* chez la fille. Le garçon fait l'expérience d'*éjaculations nocturnes*. Les garçons et les filles connaissent une croissance accélérée au niveau de la taille, du poids et du développement musculaire et osseux; on appelle ce phénomène *poussée de croissance de l'adolescence*.

3   Il y a une *tendance séculaire* dans la croissance et la maturation qui fait que les enfants parviennent à la maturité sexuelle et à leur taille d'adulte plus tôt qu'auparavant. Cette tendance découle en partie de l'amélioration des conditions de vie que nous connaissons aujourd'hui (alimentation et soins médicaux). Cette tendance semble actuellement parvenue à un plateau.

4   Les caractères sexuels primaires sont les organes reproducteurs du garçon et de la fille. Ceux-ci s'accroissent graduellement durant l'adolescence. Les caractères sexuels secondaires se développent aussi: développement des seins chez la jeune fille, élargissement des épaules chez le garçon, mue, changements cutanés et augmentation du système pileux chez les membres des deux sexes.

5   Les modifications corporelles rapides qui surviennent agissent sur l'image de soi de l'adolescent et sur sa personnalité. Le caractère *hâtif* ou *tardif* de la maturation revêt une importance particulière, surtout chez le garçon: cette influence est marquée au cours de l'adolescence, mais semble disparaître une fois arrivé l'âge adulte.

6   Les adolescents sont généralement en bonne santé; les décès dans ce groupe d'âge sont dus surtout aux accidents de la route. Cependant, des problèmes de santé tels que l'anorexie, la boulimie, l'abus de drogues et d'alcool, et les maladies transmises sexuellement affectent un nombre assez considérable d'adolescents.

7   Les années de l'adolescence correspondent au stade des *opérations formelles* de Piaget, au cours duquel l'adolescent acquiert

la capacité de penser de façon abstraite. Cette évolution permet aux jeunes gens de faire preuve de souplesse face aux problèmes, de raisonner sur des hypothèses, d'en tirer des conclusions (déductions) et de procéder à une évaluation systématique de ses hypothèses. Comme l'environnement semble jouer un rôle plus important dans l'atteinte de ce stade que dans celle des stades piagétiens antérieurs, ce ne sont pas tous les individus qui y parviennent.

8   Bien que l'adolescent ne soit pas égocentrique dans le même sens que l'enfant, ce concept s'applique quand même à lui. Parmi les manifestations de l'égocentrisme à l'adolescence, il y a: la critique de l'autorité, le goût de l'argumentation, une conscience de soi excessive, l'égocentrisme proprement dit, l'indécision et une hypocrisie apparente.

9   La plupart des adolescents se situent aux stades conventionnels du raisonnement moral (stades 3 et 4 de Kohlberg).

10   Les études secondaires représentent l'expérience intellectuelle centrale de la plupart des adolescents.

11   La recherche de l'identité de l'adolescent est étroitement associée au choix d'une carrière; ce choix est influencé par le niveau socio-économique de la famille, par l'attitude et le niveau d'éducation des parents, ainsi que par le sexe et la personnalité de l'adolescent.

12   Bien qu'un nombre considérable d'adolescents exercent aujourd'hui un emploi rémunéré, le travail semble peu profiter au développement éducatif, social ou professionnel de plusieurs d'entre eux.

CHAPITRE 11

L'adolescence

La personnalité et le développement social

«Qui suis-je?» Voilà une question que chacun de nous s'est posée à maintes reprises et de diverses façons depuis l'enfance. Cette question devient centrale à l'adolescence et demeurera importante tout au long de notre vie. Le thème auquel elle réfère est la recherche d'une *identité*, c'est-à-dire la prise de conscience chez chacun de nous de l'éventail unique d'habiletés, de croyances, d'attitudes et d'expériences qui fait de lui un être différent de tous les autres. Cette question surgit plus ou moins clairement chez le nourrisson qui se rend compte qu'il est un être distinct de sa mère, puis des autres personnes et objets de son entourage. Elle continue à se poser avec de plus en plus d'acuité à mesure que l'enfant prend connaissance des limites de soi, qu'il se départit de sa pensée égocentrique et qu'il développe sa personnalité.

Période de convergence des points culminants de toutes les dimensions du soi (physique, cognitive et socio-affective), l'adolescence est le moment où le problème de l'identité s'expose de la façon la plus criante. Le corps y atteint les proportions de l'âge adulte: jamais plus, dans le cours normal des événements, notre apparence ne se modifiera autant et aussi rapidement qu'à la puberté. L'accession à la pensée abstraite nous permet de voir différemment l'univers et la place que nous y occupons: pour la première fois de notre existence, nous pouvons regarder notre vie par rapport au passé, au présent et à l'avenir. L'élan vers la maturité affective et sociale est axé sur l'acquisition d'une identité dotée de diverses facettes — identité sexuelle, identité professionnelle et identité idéologique.

Dans le présent chapitre, nous explorerons cette recherche d'une identité. Nous étudierons la place que quatre théoriciens lui ont accordée dans leur explication du développement à l'adolescence, les études qui ont tenté d'en identifier les divers éléments et le rôle qu'elle joue dans les relations que l'adolescent entretient avec ses parents et avec ses pairs. Nous aborderons ensuite divers problèmes de l'adolescence, tout particulièrement ceux qui sont reliés à la grossesse chez l'adolescente et à la délinquance juvénile. Pour terminer, nous insisterons sur les forces du moi de l'adolescent que l'analyse des conflits intra-psychiques nous fait trop souvent oublier.

Les perspectives théoriques sur le développement de la personnalité

On a élaboré plusieurs théories pour tenter d'expliquer ce qu'est l'adolescence et ses effets sur le développement ultérieur de l'individu. Voici les plus importantes.

G. Stanley Hall: l'adolescence, une période tumultueuse

G. Stanley Hall (1844-1924), le premier psychologue à avoir formulé une théorie sur l'adolescence (1916), soutient que les changements physiques majeurs qui surviennent durant cette période entraînent des bouleversements importants au plan psychologique. Selon lui, l'adolescence est une *phase tumultueuse*, une période d'émotions hésitantes et contradictoires dont le jeune individu peut sortir moralement plus fort qu'auparavant, reproduisant dans son développement individuel, l'évolution générale de l'espèce humaine toute entière.

Comme nous le soulignerons plus loin dans ce chapitre, la conception de Hall selon laquelle l'adolescence est une période inévitablement orageuse est largement acceptée par plusieurs observateurs de la jeunesse, mais fortement contestée par d'autres.

Sigmund Freud: le stade génital de la sexualité parvenue à maturité

Selon le modèle psychosexuel de Freud, le **stade génital** de la sexualité arrivée à maturité caractérise l'adolescence. Il s'agit du réveil des pulsions sexuelles du stade phallique, qui sont maintenant canalisées vers des voies d'expression socialement acceptées: relations hétérosexuelles avec des personnes étrangères à la famille. À cause des changements physiologiques résultant de la maturation sexuelle, les adolescents ne refoulent plus leur sexualité comme ils le faisaient au cours du stade de latence; leurs pulsions biologiques les en empêchent maintenant.

Alors que toutes les formes infantiles de la sexualité ne visaient que le plaisir, les changements qui surviennent à la puberté font maintenant de la reproduction une composante importante de la sexualité, selon Freud, et exigent une certaine transition. Il y a une recrudescence de la masturbation au début de l'adolescence, laquelle peut préparer le jeune à connaître le plaisir sexuel avec un partenaire; une fois cette étape franchie, le besoin de masturbation diminue. Toujours selon la théorie freudienne, la jeune femme doit passer de l'orgasme clitoridien obtenu au moyen de la masturbation à l'orgasme vaginal atteint lors du coït (Freud, 1925; 1931; 1953).

L'adolescent type passe par un stade d'homosexualité, qui peut se manifester par la pratique du culte du héros envers un adulte ou par une relation d'amitié particulière, qui est le signe avant-coureur de rapports empreints de maturité avec des personnes de l'autre sexe. Mais avant que ces relations matures puissent s'établir, les jeunes gens doivent d'abord se libérer de leur dépendance vis-à-vis de leurs parents.

Des penseurs contemporains ont remis en question plusieurs points de la théorie freudienne. Par exemple, l'explication que donne Freud des effets de la puberté chez la jeune femme est démentie par des études qui ont démontré que l'orgasme clitoridien n'est pas un vestige de l'enfance, mais qu'il caractérise la réponse sexuelle de plusieurs femmes tout à fait normales et équilibrées (Masters et Johnson, 1966). D'autres recherches contredisent également la notion freudienne du rôle de la masturbation, puisque les adolescents plus âgés (de 16 à 19 ans) et ceux qui ne sont plus vierges sont plus enclins à se masturber que les jeunes adolescents de 13 à 15 ans et que ceux qui sont encore vierges (Sorensen, 1973).

Anna Freud: les mécanismes de défense du moi à l'adolescence

Anna Freud (1895-1982) reconnaît davantage que son père l'importance du rôle joué par la période de l'adolescence dans la formation du caractère. Selon elle, les modifications glandulaires à l'origine des transformations physiologiques ont également un effet sur le fonctionnement psychologique. La libido, énergie fondamentale qui alimente la pulsion sexuelle, ressuscite et menace l'équilibre entre le ça et la moi (id-ego) qui caractérisait les années de latence. Le conflit qui en résulte engendre une anxiété qui suscite des mécanismes de défense (dont plusieurs sont décrits dans notre étude de la théorie freudienne au chapitre 1). Il y a deux

«Qui suis-je?» Voilà la question qui exprime le thème central de l'adolescence, période où le jeune poursuit sa quête d'une identité; cette recherche influence son apparence, son mode de pensée et ses relations avec autrui, et est influencée par ceux-ci. (Dario Perla / International Stock Photo)

mécanismes de défense du moi particulièrement importants à l'adolescence selon Anna Freud (1946): ce sont l'*intellectualisation* et l'*ascétisme*.

L'**intellectualisation** réfère à l'attrait de bon nombre d'adolescents pour les discussions abstraites interminables sur des sujets tels que la religion, la politique, la philosophie ou le sens de la vie. Bien qu'une bonne partie de la substance de ces débats soit reliée à la recherche d'une identité et de valeurs, ainsi qu'à une aptitude accrue de l'adolescent à se servir de la pensée abstraite, Anna Freud considère cet intellectualisme comme un mécanisme de défense; en effet, l'adolescent n'essaie pas de résoudre de vrais problèmes quand il se livre à de telles spéculations, mais se sert des mots et des concepts pour répondre à des besoins instinctifs fondamentaux suscités par les bouleversements physiques qu'il vit.

L'**ascétisme** est un autre mécanisme de défense. Certains adolescents exercent un contrôle excessif sur eux-mêmes et renoncent à des plaisirs simples, tels que leurs aliments favoris ou de beaux vêtements. Plus tard, en prenant confiance dans leur capacité de se contrôler en général, ils se relâchent et deviennent moins sévères envers eux-mêmes.

Erik Erikson: le conflit entre l'identité et la confusion d'identité

Erik Erikson (1950, 1965, 1968) considère le conflit entre l'**identité et la confusion d'identité** comme la principale crise de l'adolescence. La croissance physique accélérée et la maturité sexuelle nouvellement acquise annoncent l'approche de l'âge adulte aux jeunes gens. Ceux-ci commencent à s'interroger sur le rôle qu'ils jouent ou qu'ils sont appelés à jouer dans la société des adultes. Durant l'enfance, ils ont fait face au dilemme entre la *compétence* et l'*infériorité* et ont acquis les habiletés dont ils ont besoin pour «réussir» dans leur milieu. Ils doivent maintenant utiliser ces habiletés pour orienter leur choix de carrière. Il s'agit là, selon Erikson, d'une dimension importante de la recherche d'une identité.

Selon Erikson (1950, 1965, 1968), le danger primordial lié à ce stade est celui de la confusion d'identité. Il affirme que cette confusion peut s'exprimer par la tendance d'une jeune personne à prendre énormément de temps pour parvenir à l'état adulte, et il présente Hamlet comme l'«exemple par excellence» de ce type d'adolescent. Les adolescents peuvent également manifester leur confusion en adoptant impulsivement des lignes de conduite irréfléchies ou en régressant vers des attitudes infantiles pour éviter de résoudre les conflits. Erikson considère l'esprit de clan de l'adolescent et sa non-acceptation du droit à la différence comme des moyens d'échapper à une identité confuse. Il voit également dans le fait de «tomber en amour» une tentative de mieux définir son identité. En devenant intime avec une autre personne et en partageant avec elle ses sentiments et ses pensées, l'adolescent ouvre à l'autre sa propre identité, il la perçoit reflétée par l'être aimé et devient ainsi plus apte à se définir lui-même.

Cette séquence décrit l'évolution du garçon. Selon Erikson, la jeune fille met son identité de côté au moment où elle se prépare à se définir à travers l'homme qu'elle épousera. Tout en soutenant que l'identité doit précéder l'intimité (laquelle sera atteinte au début de l'âge adulte, lors de la 6e crise du développement psychosocial), Erikson ajoute que la jeune femme accomplit ces deux tâches en même temps. Son schéma est donc principalement axé sur l'homme, comme celui de Freud.

Des recherches récentes, notamment celles de James Marcia et de ses collaborateurs qui sont présentées dans la prochaine section, explorent les différences entre le développement de l'identité masculine et celui de l'identité féminine. Il s'agit là d'un domaine qui a été longtemps négligé, tant au plan théorique qu'empirique.

La recherche d'une identité

Au cours du périple qu'il doit accomplir en vue de découvrir son identité personnelle, l'adolescent oscille constamment entre l'enfance et la maturité. Erikson (1960) insiste sur le fait que l'effort de l'adolescent pour se comprendre lui-même et pour comprendre le monde dans lequel il vit n'est pas «une sorte de malaise lié à la maturation». Il représente plutôt un processus vital et sain qui contribue à renforcer le moi en devenir. Bien sûr, la recherche de l'identité ne prend pas fin à l'adolescence; elle se poursuit toute la vie. Au cours de ces années, cette quête prend cependant une importance primordiale.

Les études sur le concept d'identité

Plusieurs recherches sur l'identité chez l'adolescent se sont inspirées de la théorie d'Erikson. Ces travaux ont permis d'identifier plusieurs états d'identité, de relier ces états à certains aspects de la personnalité, et d'explorer les différences entre l'identité de l'homme et de la femme. Le chercheur le plus célèbre dans ce domaine est le psychologue James Marcia, lequel définit l'identité comme «une organisation interne, auto-construite et dynamique de pulsions, d'habiletés, de croyances et d'expériences individuelles » (1980, p. 159).

Marcia a retenu les deux éléments qu'Erikson jugeait essentiels à la formation de l'identité, à savoir la crise et l'engagement, et il a défini quatre états d'identité distincts selon que chacun de ses éléments est présent ou absent chez un adolescent (voir le tableau 11.1). Par le terme *crise*, Marcia entend une période de prise de décision consciente; l'*engagement* est un investissement personnel dans un travail ou dans un ensemble de croyances (idéologie). Il a conçu une interview semi-structurée d'une durée de 30 minutes (voir le tableau 11.2) qui permet d'évaluer l'état d'identité d'un individu. Suivant les réponses qu'il fournit, celui-ci est classé dans l'une des catégories suivantes (Marcia, 1966):

L'identité en phase de réalisation.   Après avoir consacré beaucoup de temps a réfléchir

Tableau 11.1 Critères pour définir le sens d'identité

Sens d'identité	Position face à un travail ou à une idéologie	
	Crise (examen de plusieurs possibilités)	Engagement (adhésion à un plan d'action)
Découverte d'une identité	présente	présent
Refus d'une identité propre	absente	présent
Confusion d'identité	présente ou absente	absent
Moratoire	en état de crise	présent, mais vague

Source: adaptation de Marcia, 1980.

activement aux questions importantes qui se posent à lui (période de crise), l'individu en voie de réalisation a fait des choix fondamentaux et il est maintenant sérieusement engagé dans ses choix. Son identité est *forte et souple*. Il est réfléchi, mais pas au point de ne plus pouvoir agir. Il a un bon sens de l'humour et fonctionne bien dans les situations stressantes. Il est capable d'entretenir des relations intimes et il est ouvert aux idées nouvelles tout en maintenant ses normes personnelles.

L'identité forclose.   La personne forclose est un individu actuellement engagé mais qui n'a pas vécu de crise d'identité importante. Elle a plutôt endossé directement les choix et les projets d'autres personnes, typiquement ceux des parents. Cette personne peut devenir une ménagère dévouée à l'image de sa mère ou bien un notaire conservateur comme le veut son père. Son identité est *forte mais rigide*. Elle est généralement heureuse et sûre d'elle, parfois suffisante, et possède un sens bien ancré des liens familiaux. Elle croit à la loi et à l'ordre, aime suivre un chef influent, et tombe dans le dogmatisme quand ses idées sont menacées.

L'identité diffuse.   Qu'elle ait ou non traversé une période de crise, cette personne a refusé de s'engager. C'est le «séducteur» qui évite systématiquement les relations durables ou l'être instable qui demeure incapable de se fixer des buts précis dans la vie. *Se laissant aller à la dérive*, cette personne est souvent superficielle ou malheureuse, isolée parce qu'elle n'entretient pas de relations véritablement intimes.

L'identité en moratoire.   Cette personne est en période de prise de décisions (crise) et s'achemine vraisemblablement vers un engagement et vers la réalisation de son identité. Dans cet état de *lutte ambivalente*, la personne a tendance à être pleine d'allant, loquace et partagée. Elle est proche du parent du sexe opposé, compétitive et sujette à l'anxiété. Elle recherche l'intimité et comprend ce qu'elle implique, mais n'entretient pas nécessairement de relation intime avec une autre personne.

Ces quatres états d'identité ont été reliés à plusieurs aspects de la personnalité, dont l'anxiété, l'estime de soi, le raisonnement moral et diverses façons de se comporter avec les autres. Ces états ne sont pas permanents et évoluent avec la personne (Marcia, 1979).

Tableau 11.2 Interview sur l'état du développement d'un sens d'identité

▓▓▓▓▓▓▓▓▓▓▓▓▓▓▓▓▓▓▓▓▓▓▓▓▓▓▓▓▓▓▓▓▓▓▓▓

Exemple de question au sujet du choix d'un travail

«Seriez-vous prêts à abandonner le projet de _____ si quelque chose de mieux se présentait?»

Réponses types

La prise de conscience de l'identité: «C'est possible, mais j'en doute. Je ne peux voir ce que pourrait être ce «quelque chose de mieux» pour moi.»

Le refus d'une identité propre: «Pas vraiment. J'ai toujours voulu faire ça. Les miens sont heureux de ce choix, et moi aussi.»

La confusion d'identité: «Certainement. Si quelque chose de mieux se présentait, je serais tout de suite prêt(e) à changer d'occupation.»

Le «moratoire»: «Je crois que si je savais mieux ce qui en est, il me serait plus facile de répondre. Il faudrait que cette nouvelle occupation soit reliée à la première...»

Exemple de question à propos de l'engagement idéologique

«As-tu déjà éprouvé des doutes en ce qui concerne tes croyances religieuses?»

Réponses types

La prise de conscience de l'identité: «Oui. Je me suis même demandé si Dieu existe ou non. J'ai cependant trouvé une réponse assez satisfaisante à cette question. Mon point de vue est que...»

Le refus d'une identité propre: «Non, pas vraiment. Dans notre famille, on est pas mal d'accord sur ces questions.»

La confusion d'identité: «Je ne sais pas. Peut-être. Tout le monde passe par là, mais ça ne me préoccupe pas beaucoup. J'imagine que tous les êtres se valent.»

Le «moratoire»: «Oui. Je pense que c'est ce qui m'arrive maintenant. Je ne comprends vraiment pas comment il se peut que Dieu existe alors qu'il y a tant de mal dans le monde.»

▓▓▓▓▓▓▓▓▓▓▓▓▓▓▓▓▓▓▓▓▓▓▓▓▓▓▓▓▓▓▓▓▓▓▓▓

Source: Marcia, 1966.

Les différences entre garçons et filles

Il y a plusieurs années, Freud expliquait certaines différences entre l'homme et la femme en ces termes: «La biologie est déterminante». Plus récemment, des psychologues ont ajouté une dimension à ce truisme en disant: «La socialisation est déterminante». Quelles qu'en soient les causes, il existe des différences entre la fille et le garçon dans la recherche d'une identité. Même les premiers théoriciens, comme Freud et Erikson, reconnaissaient que l'acquisition d'une identité prenait des chemins différents chez l'homme et chez la femme, mais ce n'est qu'au cours des dernières années que des chercheurs se sont intéressés à la recherche de l'identité chez la femme.

Après avoir observé des femmes dans différents contextes, Carol Gilligan (1983) en est venue à conclure que la femme se définit moins en fonction de la découverte d'une identité distincte qu'en fonction de ses relations avec autrui. Elle s'évalue par rapport aux responsabilités qu'elle assume et à sa capacité de s'occuper des autres aussi bien que d'elle-même. Ce n'est pas tant par la compétition qu'elle acquiert son identité que par la coopération.

Marcia (1979) a modifié ses interviews originales pour pouvoir aborder des points relatifs à l'identité de la femme. Un des changements effectués a été l'ajout de questions sur les attitudes à l'égard des relations sexuelles prémaritales, sur la perception du rôle de la femme et sur des préoccupations concernant le mode de vie. Ce chercheur en est venu à une conclusion surprenante: alors que chez les hommes, ce sont les individus en «moratoire» qui sont le plus près d'une identité en voie de réalisation, chez les femmes ce sont les forcloses.

Marcia présumait que la *stabilité* de l'identité est si importante chez les femmes qu'il est tout aussi approprié pour celles-ci de trouver cette identité tôt dans la vie sans qu'elles aient à fournir un trop gros effort, que de s'efforcer de forger leur propre identité. Il attribue ses résultats aux pressions sociales qui s'exercent sur la femme relativement au maintien des valeurs sociales. Il soutient également que la femme n'attend pas d'avoir défini son identité pour développer sa capacité d'entretenir des liens intimes, comme c'est le cas dans le schéma eriksonien axé sur l'homme; pour elle, l'identité et l'intimité s'acquièrent ensemble. Ceci semble corroboré par d'autres études qui indiquent que l'intimité est plus importante pour la fille que pour le garçon, même dans les amitiés chez les enfants d'âge scolaire (Cooke, 1979). C'est à la même constatation qu'en sont venues des recherches qui ont démontré que chez la femme, c'est la dimension interpersonnelle et sexuelle qui est la plus importante dans la définition d'une identité, alors que chez l'homme, c'est plutôt l'idéologie (Bilsker, Schiedel et Marcia, 1988).

Une partie des différences entre le modèle masculin et le modèle féminin peut être attribuable à des différences dans l'approche parentale vis-à-vis les garçons et les filles; plusieurs études ont montré que différentes méthodes d'éducation sont associées à différents états d'identité (Marcia, 1980). Les relations parents-enfant connaissent des changements majeurs au cours de l'adolescence, c'est-à-dire au moment même où s'accentue le besoin chez le jeune d'affirmer son identité.

Les relations avec les parents

Au cours du processus de formation de son identité, l'adolescent doit redéfinir ses relations avec ses parents. Il doit se distancier de sa famille, abandonner l'identité enfantine qui faisait de lui «le fils ou la fille des Leblanc» et acquérir une identité distincte, tout en maintenant les liens familiaux (Siegel, 1982). Ce processus de séparation d'avec les parents et d'acquisition d'une identité individuelle (séparation — individuation) est normal et sain, mais il est souvent douloureux pour les parents qui sentent qu'eux et leurs valeurs sont rejetés. Le rejet est souvent temporaire, partiel ou superficiel; les valeurs de l'adolescent sont plus proches de celles de ses parents qu'on ne le croit généralement, comme nous le verrons en examinant l'influence exercée par les parents et par les pairs.

L'ambivalence: indépendance ou dépendance

Les jeunes gens se trouvent souvent en état de conflit avec leurs parents car ils tiennent, d'une part, à être indépendants d'eux et ne peuvent, d'autre part, s'empêcher de voir jusqu'à quel point ils sont vraiment dépendants. Dans leur recherche d'indépendance, les adolescents repoussent souvent les tentatives que font leurs parents pour les guider, ils rejettent leurs opinions comme irrémédiablement dépassées et sans intérêt, et ils disent et font délibérément des

choses qui les choqueront. Comme le souligne Erikson (1950): «Dans leur recherche d'un nouveau sentiment de continuité et d'identité, les adolescents doivent livrer à nouveau bien des batailles déjà menées durant les années précédentes et, pour ce faire, ils doivent attribuer à des gens qui ne leur veulent que du bien le rôle d'ennemis.» (p. 261)

Chez beaucoup de jeunes gens, cette attitude se maintiendra durant toutes les années de collège. Allport (1964) pense que la plupart des gens ne sont pas capables de se comporter avec leurs parents de façon adulte avant l'âge de 23 ans environ. Souvenons-nous des paroles de Mark Twain: «Quand j'avais 14 ans, mon père ne savait rien, mais quand j'ai eu 21 ans, j'ai été étonné de voir tout ce que le vieux avait pu apprendre au cours de ces sept années.»

Alors qu'ils tentent de trouver leurs propres valeurs au sein d'une société qui les embrouille, les jeunes s'inquiètent à propos de la sincérité des personnes qu'ils prennent comme modèles. Ils sont prompts à accuser parents et maîtres d'hypocrisie chaque fois qu'ils décèlent un écart quelconque entre les idéaux que ceux-ci proclament et leur comportement. L'image qu'ils se faisaient antérieurement de leurs parents en tant que modèles parfaits et omniscients s'efface pour ne plus jamais resurgir. Dès lors, les parents ne sont plus que des gens comme les autres. L'effondrement de ces modèles idéaux représente un choc pénible pour les enfants qui avaient prêté à leurs parents beaucoup plus de pouvoir que quiconque pourrait jamais en avoir. Quels êtres parfaits nous aurions pu devenir, si seulement nos parents avaient été parfaits, si seulement ils nous avaient élevés de façon parfaite! Comme Oscar Wilde l'a dit un jour: «Les enfants commencent par aimer leurs parents. Puis, après un certain temps, ils les jugent. Il leur arrive rarement, si jamais ils le font, de leur pardonner.»

Les adolescents ont besoin de se sentir libres de prendre leurs propres décisions. Ils veulent connaître les positions de leurs parents, mais tiennent également à tirer leurs propres conclusions. Tout en cherchant des réponses à leurs questions, ils veulent qu'on les écoute, qu'on les respecte et, par-dessus tout, qu'on les prenne au sérieux.

Les adolescents ont tendance à avoir les mêmes attitudes politiques et religieuses que leurs parents (Bealer, Willits et Maida, 1964). Les étudiants contestataires des années 1960 pro-

Encadré 11.1

Pour une meilleure communication entre l'adolescent et ses parents P. 10 #8

Bien qu'elle puisse être une période éprouvante tant pour le jeune qui la traverse que pour l'adulte qui vit avec lui, l'adolescence risque moins de devenir un terrain de batailles si les deux parties en cause font des efforts spéciaux pour se comprendre l'une l'autre. Voici des lignes directrices qui aideront à améliorer la communication.

Au parent
- Accordez toute votre attention à votre enfant qui veut vous parler. Évitez alors de lire, de regarder la télé ou de vous occuper à d'autres tâches.
- Écoutez calmement et appliquez-vous à entendre et à comprendre le point de vue de votre enfant.
- Adressez-vous à votre enfant aussi courtoisement et agréablement que vous le feriez s'il s'agissait d'un étranger. Le ton de votre voix influencera le ton de la conversation.
- Comprenez ce que ressent votre enfant, même si vous n'approuvez pas toujours son comportement. Essayez de ne pas porter de jugement.
- Soyez prêt à aborder n'importe quel sujet. Soyez un parent à qui il est possible de poser des questions.
- Évitez de déprécier, d'humilier et de ridiculiser votre enfant qui pose des questions ou qui affirme des choses qui vous semblent naïves ou stupides.
- Encouragez votre enfant à mettre ses idées à l'essai lors d'une conversation, en évitant de juger celles-ci. Écoutez ses opinions et exprimez ensuite les vôtres le plus simplement et le plus honnêtement possible. L'amour et le respect mutuel peuvent coexister avec des points de vue divergents.
- Aidez votre enfant à bâtir sa confiance en soi en l'encourageant à participer à des activités de son choix (et non du vôtre).
- Efforcez-vous de souligner souvent et d'une façon appropriée les «bons coups» de votre enfant. Nous prenons souvent les bonnes choses pour acquises et mettons l'accent sur les mauvaises; et pourtant, chaque personne a besoin d'être appréciée.
- Encouragez votre enfant à prendre part aux décisions de la famille et à la résolution des difficultés familiales.
- Comprenez que votre enfant a besoin de contester vos opinions et vos manières d'agir pour effectuer une séparation qui est essentielle à l'affirmation de sa propre identité d'adulte.

À l'adolescent
- Évite de regarder tes parents comme des ennemis. Il est probable qu'ils t'aiment et veulent ton plus grand bien, même si tu n'es pas nécessairement d'accord avec leur façon de te le manifester.
- Essaie de comprendre que tes parents sont des êtres humains qui ont leurs propres insécurités, leurs propres besoins et sentiments.
- Écoute tes parents avec un esprit ouvert et essaie de voir les situations à partir de leur point de vue.
- Partage ce que tu ressens avec tes parents de façon qu'ils puissent mieux te comprendre.
- Assume tes responsabilités à la maison et à l'école; ils seront ainsi plus enclins à t'accorder l'indépendance que tu veux et dont tu as besoin.
- Accompagne tes critiques à l'égard de la famille, de l'école et du gouvernement de suggestions pratiques en vue d'améliorer les choses.
- Sois aussi courtois et prévenant envers tes parents que tu le serais envers les parents de tes amis.

Source: National Institute of Mental Health, 1981

venaient généralement de familles libérales et engagées. Quoique les parents aient souvent été consternés par le radicalisme et l'illégalité de certaines actions de leurs enfants, les étudiants eux-mêmes étaient portés à considérer qu'ils ne faisaient que mener à terme les idées de leurs parents (Keniston, 1967).

Les conflits entre générations portent moins souvent sur de grands principes que sur une question d'à-propos. Les adolescents veulent poser des gestes pour lesquels leurs parents ne les croient pas prêts. Une fois que parents et enfants parviennent à un certain équilibre entre ce qui est permis et ce qui ne l'est pas, ce conflit, de type plutôt temporaire, disparaît.

Une étude effectuée au Québec en 1980 par la maison Sorecom confirme ce faible écart idéologique entre les générations. «Les jeunes, dans l'Histoire, ont toujours été *vus* comme des idéalistes. Ceux que nous avons rencontrés sont modérés, ils ne rêvent pas de refaire le monde et projettent plutôt de répéter les modes de vie qu'ils connaissent. Est-ce l'indice d'une satisfaction réelle ou d'un désir d'adaptation?» Les auteurs penchent en faveur de la seconde hypothèse: «Les jeunes recherchent l'harmonie, la paix, la réalisation de soi. Cette recherche requiert toutes les énergies et semble les mener à des choix qui leur éviteront les luttes et les frustrations.»

La révolte à l'adolescence

Le caractère orageux de l'adolescent est en grande partie dû au besoin qu'éprouve le jeune de se séparer de ses parents. Selon l'anthropologue américaine Margaret Mead, la *révolte de l'adolescent* est particulièrement marquée dans notre société, mais elle n'est pas inévitable. Après avoir observé qu'à Samoa dans le Pacifique Sud, les jeunes filles connaissent une adolescence sereine, Mead (1928) a avancé l'idée qui veut que l'expérience de l'adolescence soit déterminée par la façon dont une communauté fait face aux changements physiques et comportementaux qui surviennent à l'adolescence. Lorsqu'une communauté décrète, comme à Samoa, que le passage de l'enfance à l'âge adulte doit se faire de façon graduelle et sereine, la condition d'adulte est acceptée facilement. Dans les sociétés qui permettent au jeune enfant d'être témoin de l'activité sexuelle des adultes, d'assister à la naissance des bébés, d'être étroitement associé à la mortalité des membres du groupe,

d'exécuter des travaux utiles, d'avoir des comportements assurés et même dominateurs, de s'adonner à des jeux sexuels et de savoir précisément en quoi consistera son rôle d'adulte, l'adolescence est relativement dépourvue de tensions.

Toutefois, les conclusions de Mead sur le passage «en douceur» de l'adolescence à l'âge adulte à Samoa ont été récemment remises en question. Freeman (1983) a rapporté les résultats de plusieurs études qui montrent que la délinquance se manifeste plus souvent à l'adolescence qu'à toute autre période de la vie, à Samoa comme aux États-Unis, en Angleterre et en Australie. Malgré ces résultats, l'adolescence se présente rarement comme une période de rébellion ouverte. La plupart des adolescents ne sont ni sauvagement rebelles et distants, ni extrêmement dociles; ils se situent quelque part entre ces deux pôles, et la plupart des désaccords entre les parents et les jeunes donnent lieu à moins de conflits que la mythologie populaire veut le faire croire.

Les parents de ces jeunes gens sont probablement horrifiés et choqués par l'allure «punk» de leurs enfants, ce qui est justement la réaction que souhaitent ceux-ci. La recherche d'une identité bien distincte de celle des parents est un aspect nécessaire de l'adolescence, mais ne se fait pas toujours d'une façon aussi flamboyante. (Bob Krist / Black Star)

La révolte de l'adolescence constitue peut-être un exemple de confirmation de nos attentes: si nous nous attendons à ce que les jeunes se montrent insupportables et leur transmettons cette image négative dans les médias, ils risquent de soutenir leur réputation et de jouer le rôle qu'on attend d'eux (Bandura, 1964). L'image que plusieurs personnes entretiennent de l'adolescent turbulent «type» provient également de la tendance de certains chercheurs à ne s'intéresser qu'à une faible proportion de la population adolescente. Par conséquent, nous possédons de nombreuses données sur les jeunes des milieux favorisés, mais très peu sur les adolescents de la classe moyenne. Les chercheurs ont également été enclins à insister sur les problèmes des jeunes qui souffrent de troubles affectifs, qui sont radicalement incroyants ou encore dévotement attachés à des religions «excentriques», ou qui affichent des convictions politiques extrémistes. Parmi ceux qui font des études supérieures, nous possédons beaucoup plus de données sur les étudiants en lettres et en sciences sociales que sur ceux qui étudient en sciences pures, en administration ou qui optent pour des cours techniques. De plus, les recherches qui ont porté sur le développement de l'adolescent se sont surtout intéressées aux sujets de sexe masculin; c'est pourquoi nous savons très peu de choses sur la façon dont les filles s'acheminent vers la maturité. Somme toute, notre connaissance de l'adolescent normal demeure encore très limitée. À partir des quelques données dont nous disposons au sujet des jeunes gens «ordinaires», nous pouvons affirmer que les adolescents ne sont *pas* dans un chaos, ne sont *pas* profondément dérangés, ne sont *pas* à la merci de leurs impulsions, ne sont *pas* hostiles aux valeurs de leurs parents, ne sont *pas* engagés activement dans la politique, ne sont *pas* révoltés (Adelson, 1979; Siegel, 1982). Ils vivent une des transitions les plus importantes de leur vie, avec des degrés variables de grâce et de facilité. Une des choses qui peut les soutenir au cours de cette période est la présence accrue d'amis de leur âge.

Les relations avec les pairs

Les adolescents américains passent plus de la moitié de leur temps avec leurs *pairs*, c'est-à-dire avec des personnes de leur âge, tant à l'école qu'en dehors de celle-ci. L'âge devient un puissant facteur de rapprochement à cette période de la vie; l'adolescent se sent plus à l'aise avec d'autres adolescents et est plus porté à s'identifier à eux qu'à toutes les autres personnes de sa race, de sa religion, de sa communauté ou de son sexe. Victime d'un «chauvinisme de génération», il a tendance à croire que la plupart des autres adolescents partagent ses valeurs et que la majorité des gens plus âgés ne le font pas. Il passe ses meilleurs moments avec ses amis, se sent libre, ouvert, intéressé et motivé en leur présence. Il n'est donc pas étonnant que ceux-ci soient les personnes dont il recherche le plus la compagnie (Csikszentmihalyi et Larson, 1984; Sorensen, 1973). Les pairs jouent indéniablement un rôle important dans le développement de l'adolescent.

Le rôle des pairs à l'adolescence

Si le groupe de pairs n'existait pas il nous faudrait l'inventer, tant il est vrai que celui-ci remplit de multiples et précieuses fonctions à cette période de la vie. L'adolescent qui doit faire face aux changements physiques accélérés qui s'opèrent en lui peut se réconforter auprès d'autres personnes qui vivent les mêmes bouleversements que lui. Le seul fait d'observer ses semblables et la façon dont ils s'adaptent aux changements est rassurant et instructif. À une période où l'élan vers la maturité affective et sociale demande au jeune de remettre les normes des adultes en question et d'éviter d'accourir vers eux pour leur confier ses problèmes, il est bon d'avoir des amis du même âge qui peuvent offrir leur aide, leurs conseils et leur soutien affectif. L'adolescent qui met ses nouvelles valeurs à l'essai a moins de chances de se faire «démolir» ou ridiculiser par ses amis que par des adultes. Il peut donc utiliser le groupe de pairs comme une tribune où il lui est possible d'exprimer ses opinions et de définir sa position par rapport à des questions importantes.

Nous voyons donc que le groupe de pairs fournit un soutien à l'adolescent qui tente d'acquérir son autonomie et son indépendance à l'égard de ses parents; ce groupe constitue un lieu propice à l'expérimentation et une source de support et d'affection extérieure à la famille. Les adolescents sont en mesure de se comprendre mutuellement et de sympathiser entre eux

Chaque adolescent se rallie au groupe de pairs qui lui convient. Un attrait commun pour une activité ou pour toute autre dimension importante va entraîner la formation de cliques, dont la réunion pourra donner naissance à une bande. (L.L.T. Rhodes/Atoz Images)

parce qu'ils font face aux mêmes difficultés (Newman, 1982; Coleman, 1980).

La structure du groupe de pairs

Chaque adolescent se rallie au groupe de pairs qui lui convient. Un attrait commun pour la musique ou pour un mode d'habillement, pour les études (ou leur rejet) ou pour toute autre dimension importante va entraîner la formation de petits groupes, ou *cliques*. La **clique** est un sous-groupe de trois à neuf personnes qui ont des affinités aux plans de la pensée et du comportement, qui appartiennent habituellement au même sexe, à la même race et au même milieu socio-économique, et qui protègent souvent leur intimité en se montrant intolérants à l'égard de ceux qui pensent ou agissent différemment.

La réunion de deux ou trois cliques va former une **bande**; celle-ci est composée de 15 à 30 personnes, garçons et filles, qui se rassemblent lors de soirées, de danses, ou d'autres activités organisées. D'après une étude classique effectuée entre 1958 et 1960 à Sydney en Australie, les jeunes gens doivent appartenir à une clique pour faire partie d'une bande. La bande permet de passer des activités entre personnes du même sexe, aux activités hétérosexuelles. Une fois que les cliques qui composent la bande se sont bien amalgamées, des couples se forment et se séparent des autres, ce qui entraîne la dissolution de la bande (Dunphy, 1963).

Les membres d'une clique ou d'une bande s'influencent constamment les uns les autres.

Les adolescents les plus carrément non-conformistes sont susceptibles de joindre les rangs d'un groupe non-conformiste et de s'astreindre très fidèlement aux pratiques qui y sont en vigueur. Si les autres filles de la clique portent des jeans rapiécés et des espadrilles, Amélie ne se présentera pas à l'école en jupe et en souliers à talons hauts. Si les autres membres de la bande vont s'amuser au centre d'achats le soir, elle n'ira pas de plein gré passer ses soirées à la bibliothèque. Une fois devenus membres d'un groupe donné, les adolescents s'influencent les uns les autres quant à la façon de se vêtir, aux activités sociales, au comportement sexuel, à la consommation de drogues, à l'intérêt pour les études. En un mot, ils s'influencent mutuellement dans la plupart des dimensions de la vie quotidienne.

L'influence respective des parents et des pairs

L'influence des pairs n'est cependant pas toute puissante à l'adolescence. Les parents ont plus de poids qu'ils ne le réalisent, tout particulièrement en ce qui a trait aux questions importantes. Lors de deux études distinctes effectuées à un intervalle de 15 ans, on a demandé à des adolescents de choisir entre la solution proposée par les parents et la solution suggérée par les pairs à divers problèmes fréquemment rencontrés. Les résultats montrent que c'est la situation qui détermine si l'opinion des parents a préséance sur celle des pairs, ou vice-versa. S'il s'agit de décider de la façon de s'habiller, de résoudre des problèmes relatifs à l'école et d'autres problèmes journaliers, l'opinion des pairs pèse davantage dans la balance. Quand les décisions concernent un emploi, le traitement d'un problème moral ou encore une question relative à leur avenir, les sujets adoptent plutôt le point de vue de leurs parents (Brittain, 1963; Emmerick, 1978). Lorsque les parents et les pairs ont des valeurs semblables, et c'est souvent le cas, il n'y a pas de véritable conflit entre eux.

Le type de communauté où vit un adolescent influe considérablement sur sa tendance à se tourner de préférence vers les adultes ou vers les pairs pour déterminer sa ligne de conduite. Les résultats d'une étude menée récemment auprès de plusieurs centaines d'adolescents issus de diverses communautés de l'État de New York (un quartier urbain défavorisé où vivent plusieurs personnes appartenant à des minorités, une banlieue de la classe moyenne supérieure et une communauté rurale) indiquent qu'il est impossible de tirer des conclusions générales sur les adolescents, car il y a chez eux une trop grande diversité.

On a constaté lors de cette étude que l'adolescent de la ville qui fait face à des normes conflictuelles de la part de sa famille, de l'école et d'autres agents aura tendance à rejeter toutes ces valeurs et à créer les siennes, souvent dans le cadre d'une bande de copains. De son côté, l'adolescent qui vit en banlieue ou à la campagne est plus enclin à entretenir des valeurs proches de celles que prônent les adultes qui occupent une place importante dans sa vie. Bien qu'ils doivent remettre en question les valeurs des adultes qui l'entourent, les adolescents veulent des règles et des normes cohérentes qu'ils peuvent évaluer (Danni, 1983).

En acquérant de l'assurance personnelle, l'adolescent devient plus apte à se former des opinions et à s'en tenir à ses propres décisions quand il y a désaccord entre ses parents et ses pairs, manifestant ainsi une autonomie accrue (Newman, 1982).

L'importance de l'amitié à l'adolescence

«De quoi peux-tu bien parler si longtemps?» demandera le parent exaspéré à son enfant adolescent qui vient de s'entretenir pendant une heure au téléphone avec un ami qu'il vient de quitter au sortir de l'école. Partager ses pensées

et ses sentiments intimes est une dimension vitale de l'amitié à l'adolescence, tout particulièrement chez la fille. À toutes les étapes de la vie, les filles et les femmes ont tendance à être plus intimes avec leurs amies, à se confier davantage à elles et à compter davantage sur leur soutien affectif; les garçons et les hommes ont souvent plus d'amis, mais les relations qu'ils entretiennent sont rarement aussi intimes que celles des filles et des femmes.

L'intimité et la confiance qui imprègnent ces relations comblent le vide laissé par la séparation nécessaire d'avec les parents; les liens d'amitié qui se vivent à l'adolescence sont souvent plus étroits et plus intenses qu'à toute autre période de la vie (Berndt, 1982).

L'adolescent a tendance à choisir ses amis parmi les personnes qui ont des attitudes semblables, tout particulièrement en ce qui a trait à deux domaines centraux de sa vie: l'école et la culture adolescente. Cela n'est guère étonnant, car il est facile d'imaginer les conflits qui surgiraient entre un adolescent qui s'adonne consciencieusement à ses études et un autre qui fait volontiers l'école buissonnière; entre un jeune qui fréquente les bars le samedi soir et un autre qui va aux répétitions de sa chorale. Ceux qui se lient d'amitié aiment habituellement la même musique, portent des vêtements semblables, s'adonnent aux mêmes activités après l'école et ont un mode de consommation d'alcool et de drogues semblable.

Les gens sont enclins à choisir leurs amis parmi les personnes qui leur ressemblent déjà;

Les adolescents recherchent des âmes sœurs avec qui ils peuvent cheminer vers l'âge adulte. Les bons amis s'influencent les uns les autres et deviennent encore plus semblables. La similitude joue un rôle important dans les amitiés à l'adolescence. (Gilda Schiff 1983/Photo Researchers, Inc.)

ils s'influencent ensuite les uns les autres et deviennent encore plus semblables (Berndt, 1982). La similitude joue un rôle plus important dans les amitiés à l'adolescence que plus tard dans la vie, probablement parce qu'au moment où il s'efforce de se différencier de ses parents, l'adolescent a besoin du soutien de personnes qui ont des points en commun avec lui (Weiss et Lowenthal, 1976).

Une des explications de l'approfondissement des liens d'amitié à l'adolescence repose sur le développement cognitif. L'adolescent est plus en mesure qu'auparavant d'exprimer ses pensées et ses sentiments, et de les partager avec ses amis; il est aussi plus capable de considérer le point de vue de l'autre et peut donc mieux comprendre les pensées et les sentiments de ses amis, et d'y être plus sensible.

L'acquisition d'une identité sexuelle

Au cours de l'adolescence, la plupart des jeunes gens passent des amitiés étroites avec des personnes du même sexe à des liens amicaux ou amoureux avec des personnes de l'autre sexe. Il s'agit là d'une progression normale et saine dans le cheminement vers la maturité. Se percevoir comme un être sexué, faire face à ses élans sexuels et établir une relation amoureuse intime sont des aspects importants de l'acquisition d'une identité sexuelle.

L'image que les jeunes personnes se font d'elles-mêmes et de leurs rapports avec leurs pairs et leurs parents est liée à leur sexualité. À cet âge, l'activité sexuelle (baisers, caresses, attouchements et relations sexuelles) comble un certain nombre de besoins importants. Les échanges sexuels permettent aux adolescents de communiquer, de concrétiser leur recherche de nouvelles expériences, de prouver leur maturité, d'être en accord avec leur groupe de pairs, de trouver un dérivatif aux pressions qu'ils subissent et d'explorer les mystères de l'amour.

La sexualité prend plus d'importance au cours de l'adolescence, bien qu'une étude récente en soit arrivée à la conclusion qu'elle n'y est pas le premier centre d'intérêt. Kermis, Monge et Dusek (1975) ont demandé à 430 garçons et filles de la cinquième à la onzième année, de même qu'à 102 collégiens, d'énumérer et de classer par ordre de préférence les sujets qu'ils étaient intéressés à mieux connaître. Ce sont les arts, l'artisanat, les sports, la future carrière et la compréhension des gens qui se retrouvèrent en tête de liste, et non les questions reliées à la sexualité, comme le contrôle des naissances, les relations sexuelles et la procréation, ni même la rencontre ou la fréquentation amoureuse. Bien que ces chercheurs aient conclu que les adolescents ne sont pas «tourmentés par l'apparition de la sexualité», ils n'en considéraient pas moins celle-ci comme un sujet d'intérêt certain chez les jeunes.

Beaucoup d'adultes croient que la vie sexuelle des jeunes d'aujourd'hui n'est qu'une vaste orgie, ou que la plupart des jeunes filles prennent «la pilule» et qu'elles acceptent aussi facilement d'aller au lit avec un garçon que leur mère consentait à accorder un baiser. Il y a là beaucoup d'exagération, même s'il est vrai que les attitudes autant que le comportement des jeunes ont changé au cours de la dernière génération.

La communication avec les parents

Il semble évident, en effet, que des changements se soient produits tant chez les jeunes gens que chez leurs parents. Bien des parents se trouvent maintenant dans une phase de transition: ils sont conscients de l'activité sexuelle préconjugale de leurs enfants, mais ne sont pas capables de l'accepter pleinement. Il reste cependant que les principes des parents sont plus libéraux qu'auparavant, particulièrement vis-à-vis des filles. Les parents d'aujourd'hui sont plus portés à aider leur fille enceinte qu'à la punir ou à la rejeter. Ils s'inquiètent peut-être de l'endroit où il faut loger le petit ami de leur fille lorsqu'elle l'invite pour le week-end. Il y a 20 ans, ils n'auraient pas avoué être au courant de leurs liens sexuels, et jamais leur fille ne leur aurait fait de confidences à ce propos.

La communication au sujet de la sexualité demeure toutefois un problème. En général, les jeunes gens aimeraient parler ouvertement des questions sexuelles avec leurs parents, mais plusieurs raisons les en empêchent. Ils reprochent à leurs parents d'être eux-mêmes fermés et d'avoir des points de vue si différents qu'ils ne pourraient les comprendre. Ils craignent la désapprobation, les sermons ou les punitions de leurs parents, et ils croient que ceux-ci seraient peinés, déçus ou choqués de découvrir que leur enfant a perdu son «innocence». Enfin, ils sont gênés d'aborder ces questions ou désirent tout simplement préserver leur intimité.

Il y a plus de chances que les adolescents abordent ouvertement les questions sexuelles avec leurs parents si les deux générations défendent des principes semblables, que ceux-ci soient libéraux ou conservateurs. C'est surtout entre les mères et leurs filles que se produisent les échanges les plus fructueux au sujet des questions sexuelles (Hass, 1979).

S'il arrive aux parents et à leurs enfants de parler de sexualité, les conversations sont généralement abstraites et évasives. On a demandé à 625 adolescents de 15 à 18 ans: «Quels sujets à propos de votre vie sexuelle abordez-vous avec vos parents?» La réponse la plus fréquente (chez 45 % des garçons et 51 % des filles) fut: «Je ne parle que de la sexualité en général avec eux, pas de ma vie sexuelle en particulier.» (Hass, 1979, p. 175)

L'ambivalence qui caractérise les adolescents se manifeste dans leur façon d'envisager la communication sur la sexualité avec leurs parents. Tout en affirmant qu'ils aimeraient parler ouvertement et honnêtement de ces questions avec eux, ils n'aiment pas qu'on les questionne et ont tendance à considérer que leur vie sexuelle ne concerne qu'eux-mêmes. Par ailleurs, lorsque les parents sont de toute évidence conscients de l'activité sexuelle de leurs enfants, mais agissent comme s'ils l'ignoraient, ceux-ci se montrent souvent perplexes et irrités. Une adolescente de 16 ans disait:

«Si j'étais un parent, je ne ferais pas semblant d'ignorer ce qui se passe. Si ma fille rentrait à l'aube, portant sa blouse à l'envers et le pull d'un ami, je ne lui demanderais pas: «T'es-tu bien amusée au cinéma?» ... Je n'ai pas l'intention de rater mon coup en tant que parent!» (Sorensen, 1973, p. 61)

Les adolescents qui peuvent aborder librement les questions sexuelles avec leurs parents se montrent reconnaissants envers ceux-ci de leur attitude compréhensive et rassurante. Ces jeunes gens apprécient le fait que leurs parents consentent à dévoiler leurs propres principes à propos de la sexualité et à reconnaître qu'ils sont eux-mêmes des êtres sexués. Hass (1979) dit à ce propos:

«La communication entre parents et enfants devrait s'établir bien avant l'adolescence. Si ceux-ci ont su entretenir des relations empreintes de confiance et d'ouverture dans les autres domaines de la vie, la communication sur la sexualité bénéficiera de la même atmosphère.» (p. 178-179)

Les attitudes et les comportements sexuels actuels

Avant de parler des attitudes et des comportements sexuels de l'adolescent d'aujourd'hui, il importe de nous demander pourquoi toute recherche sur la sexualité est si difficile à effectuer et tout particulièrement quand elle porte sur

Il semble évident que les adolescents d'aujourd'hui sont plus actifs sexuellement et ont des attitudes plus libérales face à la sexualité que la génération précédente. Les deux changements les plus marqués dans les mœurs sexuelles sont l'acceptation des rapports sexuels prémaritaux dans le cadre d'une relation amoureuse, et un déclin (mais non l'abolition) du double système de normes. (Barbara Burnes/Photo Researchers, Inc.)

les jeunes gens. Pratiquement tous les projets de recherche, depuis les premières enquêtes entreprises par Kinsey durant les années 1940 jusqu'aux études récentes, ont été critiqués pour leur imprécision. Plusieurs pensent que les personnes qui y participent volontairement sont plus actives, plus intéressées et plus libérales en matière de sexualité que la moyenne des gens, et qu'ils ne constituent donc pas un échantillon représentatif de l'ensemble de la population. En outre, les critiques soutiennent qu'il n'y a aucune façon de corroborer ce que les gens disent de leur vie sexuelle; ceux-ci peuvent mentir pour camoufler ou pour amplifier le portrait véritable de leur activité sexuelle.

Lorsque les sujets sont des jeunes gens qui se font interroger par des adultes à propos de comportements qui ont été «traditionnellement considérés comme inconvenants et immoraux, sinon illégaux et scandaleux» (Dreyer, 1982, p. 564), les problèmes se multiplient. Par exemple, il faut souvent obtenir l'assentiment des parents avant de faire appel à la participation des sujets mineurs; les parents qui accordent une telle permission ne sont peut-être pas représentatifs de l'ensemble de la population.

Malgré leurs limitations, de telles recherches ont leur raison d'être: même si leurs résultats ne peuvent s'appliquer à l'ensemble de la population, ce type d'études permet de dégager des tendances générales à l'intérieur des groupes étudiés et de suivre l'évolution des mœurs sexuelles dans la société. Il nous faut toutefois garder à l'esprit que les attitudes changent peut-être plus que les comportements: bien qu'ils *semblent* sexuellement plus actifs qu'il y a une ou deux générations, il se peut que les adolescents d'aujourd'hui se comportent comme auparavant mais qu'ils soient plus disposés à parler de leurs activités sexuelles.

Lorsqu'on rencontre des adolescents du niveau collégial, on constate que ceux qui ont reçu de l'information sur la sexualité alors qu'ils étaient au niveau primaire ou secondaire ont les mêmes attitudes et le même niveau de connaissance vis-à-vis la sexualité que ceux qui n'ont reçu aucun cours d'éducation sexuelle. De plus, leurs expériences sexuelles sont très semblables, et généralement vécues sous le signe de la culpabilité et de l'anxiété (Goyette, 1981).

La masturbation

Pour les parents, un des sujets les plus difficiles à aborder avec leurs enfants est la masturbation. Dans notre société, la plupart des adultes éprouvent plus d'anxiété à parler de cette question que de tout autre aspect de la sexualité (Roberts, Kline et Gagnon, 1978). C'est peut-être la raison pour laquelle les chercheurs se sont si peu intéressés à cette activité presque universelle. La masturbation est la première activité sexuelle à laquelle s'adonnent la plupart des adolescents; elle introduit ces derniers aux sensations physiques que procure la stimulation sexuelle. Les attitudes ont toutefois changé, de sorte qu'aujourd'hui, l'opinion dominante sur la masturbation rejoint celle qui est ici exprimée par un spécialiste en éducation à la sexualité:

> «La masturbation est une pratique courante et normale chez les adultes, les adolescents et les enfants, et quelle que soit sa fréquence elle ne cause aucun tort physique. Elle constitue une expression saine de la sexualité, sauf lorsqu'elle devient un comportement mécanique et compulsif adopté dans le but de fuir la vie plutôt que d'en jouir.» (Gordon, 1973, p. 25)

Selon des études récentes, les jeunes gens se masturbent plus qu'auparavant, du moins sont-ils plus disposés à l'admettre. Les thérapeutes considèrent généralement qu'il s'agit là d'une situation saine. Une personne apprend à connaître son corps en se masturbant, et apprendre à se procurer à soi-même des plaisirs sensuels contribue à améliorer les relations sexuelles avec un partenaire (Kinsey, 1953; LoPiccolo et Lobitz, 1972; Barbach, 1975). La pratique de la masturbation à l'adolescence comporte un autre avantage: elle permet de libérer les tensions sexuelles sans obliger le jeune à vivre une relation pour laquelle il n'est pas prêt au plan affectif. Une étude québécoise révèle qu'une majorité d'étudiants et d'étudiantes ont déjà expérimenté la masturbation ainsi que les caresses et les attouchements hétérosexuels (Goyette, 1981).

L'orientation sexuelle

C'est à l'adolescence que se manifeste habituellement l'*orientation sexuelle* d'une personne, c'est-à-dire son *hétérosexualité* (attraction sexuelle pour les personnes de l'autre sexe) ou son *homosexualité* (attraction sexuelle pour les personnes du même sexe). Plusieurs jeunes gens (surtout les garçons) vivent une ou plusieurs expériences homosexuelles au cours de leur adolescence, habituellement avant l'âge de 15 ans

(Dreyer, 1982). Cependant, rares sont ceux qui en font une pratique régulière. Lors d'une étude, seulement 3 % des adolescents et 2 % des adolescentes vivaient des relations homosexuelles suivies, même si environ 15 % des garçons et 10 % des filles avaient eu des contacts de cette nature au cours de l'adolescence. En dépit du fait que l'homosexualité soit plus visible de nos jours qu'elle ne l'était jadis, plus de gens affichant ouvertement leur attrait pour les personnes du même sexe, la recherche indique qu'elle est demeurée stable ou qu'elle a même connu un déclin au cours des 30 dernières années (Chilman, 1980).

La plupart des adolescents acceptent les relations homosexuelles chez les autres, même s'ils ne s'y adonnent pas eux-mêmes: les filles les acceptent autant chez les garçons que chez les filles, mais les garçons les admettent plus facilement chez les filles que chez leurs semblables (Hass, 1979).

Il existe de nombreuses théories sur les causes de l'homosexualité. Certains chercheurs l'attribuent à des influences hormonales, d'autres aux interactions familiales ou à un apprentissage simple, mais aucune de ces explications n'est soutenue par un nombre suffisant de preuves. En 1980, l'Association des psychiatres américains (A.P.A.) a retiré l'homosexualité de la liste officielle des troubles mentaux, mais continue de la considérer comme «un trouble d'orientation sexuelle». Plusieurs thérapeutes croient que cette définition ne s'applique qu'aux homosexuels qui «veulent changer leur orientation sexuelle, celle-ci étant pour eux une source de troubles et de conflits».

Les attitudes et les comportements hétérosexuels

Depuis le début des années 1920 jusqu'à la fin des années 1970, nous avons été témoins d'une *évolution* plutôt que d'une révolution sexuelle, et celle-ci s'est manifestée au plan des comportements comme à celui des attitudes. Une tendance continue à accepter plus d'activités sexuelles dans plus de situations s'est fait sentir. Les deux changements majeurs dans ce domaine ont été l'approbation des relations sexuelles prémaritales dans le cadre d'une relation amoureuse et l'amenuisement de l'écart qui existe entre les normes de comportements sexuels appliquées aux filles, d'une part, et aux garçons, d'autre part. Certains signes d'une sta-

bilisation ou même d'un renversement de ce courant semblent se manifester, mais entretemps les adolescents d'aujourd'hui continuent d'être sexuellement plus actifs et plus libéraux que ceux de la génération qui les a précédés.

Les attitudes à l'égard de la sexualité. Les changements sont plus frappants au niveau des attitudes qu'à celui des comportements. En 1969, la plupart des études indiquaient que moins de la moitié des étudiants du niveau collégial approuvaient les relations sexuelles prémaritales (Mussen, Conger et Kagan, 1969); en 1979, 90 % des étudiants et 83 % des étudiantes du même niveau les approuvaient (Mahoney, 1983). Les étudiants du secondaire d'aujourd'hui ont des attitudes analogues. La plupart des garçons ne croient pas que les filles devraient demeurer vierges avant d'avoir trouvé le garçon qu'elles désirent épouser, ne considèrent pas que leur future compagne doit nécessairement être vierge et ne perdent pas le respect qu'ils éprouvent pour une fille si celle-ci couche avec un garçon avant le mariage (Sorensen, 1973). Bien que ces résultats semblent sonner le glas de la règle du double système de normes, les garçons se montrent encore plus libéraux que les filles en matière de sexualité, tant sur le plan des attitudes que sur celui du comportement.

Les adolescents ont habituellement des idées bien arrêtées sur ce qui est bien ou mal en matière de sexualité. Pour plusieurs d'entre eux, l'idéal demeure la sexualité dans le cadre d'une relation amoureuse: ils ont tendance à désapprouver la promiscuité et à condamner l'exploitation du sentiment, comme c'est le cas quand un garçon fait une déclaration d'amour mensongère à une fille pour avoir des rapports sexuels avec elle (Dreyer, 1982; Hass, 1979; Sorensen, 1973).

Comparaison entre les attitudes et les comportements. Plusieurs adolescents ont des attitudes ambivalentes à l'égard de leurs propres activités sexuelles et de celles des autres, et il y a souvent des divergences entre ce qu'ils croient et ce qu'ils font. Comme l'indique une étude récente conduite auprès de 3500 étudiants du niveau secondaire, plusieurs adolescents entretiennent des valeurs et des attitudes en accord avec une conduite sexuelle responsable, mais ne sont pas tous capables de traduire ces attitudes dans leur comportement personnel (Zabin, Hirsch, Smith et Hardy, 1984, p. 185): 83 % des jeunes gens interrogés qui ont une vie sexuelle active donnent un «âge idéal pour les premiers rapports sexuels» plus élevé que celui auquel ils les ont eux-mêmes vécus, et 88 % des jeunes mères donnent un «âge idéal pour le premier enfant» plus élevé que celui où elles ont elles-mêmes vécu cette expérience.

Les comportements sexuels. Un des change- *p.11 #7* ments les plus frappants dans les mœurs sexuelles est l'abaissement de l'âge des premiers rapports sexuels chez les adolescents d'aujourd'hui. À l'âge de 15 ou 16 ans, environ 25 % des adolescentes et des adolescents américains de race blanche, 50 % des adolescentes de race noire et environ 90 % des adolescents de race noire ne sont plus vierges (Chilman, 1980). Au Québec, près de la moitié des collégiens ont déjà eu des relations sexuelles (43,1 %) et quatre cégépiens sur cinq qualifient leur attitude générale à l'égard de la sexualité de «permissive» ou «très permissive» (Goyette, 1981). Même si la plupart des adolescents ne vivent pas la promiscuité sexuelle et ont des rapports sexuels avec une personne à la fois, le fait qu'ils commencent si tôt leur vie sexuelle active signifie qu'ils vont avoir, au cours de l'adolescence, plus de partenaires sexuels que n'en ont eus leurs parents à la même période.

Les changements les plus marqués dans le *p.11* comportement sexuel à l'adolescence sont sur- *#7* venus chez les filles qui ont maintenant une vie sexuelle plus active que jadis. Les adolescents des deux sexes diffèrent encore dans ce domaine: la fille a tendance à avoir ses premières relations sexuelles avec un petit ami, alors que le garçon est plutôt enclin à vivre cette expérience avec une partenaire occasionnelle; le premier partenaire sexuel de la fille a habituellement trois ans de plus qu'elle, alors que la première partenaire du garçon a généralement environ un an de plus que lui (Dreyer, 1982; Zelnik et Shah, 1983; Zelnik, Kantner et Ford, 1981).

Au cours des 50 dernières années, les personnes des deux sexes ont fait état d'une augmentation marquée des relations sexuelles prémaritales. Une légère baisse manifestée cependant chez les hommes du niveau collégial durant les années 1970 serait peut-être reliée au déclin du double système de normes. Par le passé, les garçons étaient plus susceptibles d'avoir des rapports sexuels avec des filles dont ils n'étaient pas amoureux. Quand plus de jeunes filles se mirent à accepter l'idée de rapports sexuels dans le cadre d'une relation amoureuse,

plusieurs garçons n'étaient pas prêts à s'engager dans de telles relations et elles rencontrèrent des difficultés à se trouver des partenaires stables. C'est ce qui aurait entraîné une diminution légère et temporaire de la fréquence des rapports sexuels chez les garçons (Mahoney, 1983).

Nous avons souligné plus haut le fait que les adolescents désapprouvent la promiscuité sexuelle. Sur ce point, leur comportement semble se conformer à leurs attitudes: parmi un groupe de jeunes gens sexuellement actifs âgés de 15 à 19 ans, 20 % des garçons et 45 % des filles ont affirmé n'avoir eu qu'un seul partenaire sexuel, et seulement 24 % des garçons et 6 % des filles ont dit en avoir eu plus de cinq (Hass, 1979). En général, les adolescents ont donc tendance à entretenir des relations sexuelles dans le cadre d'une relation amoureuse stable, et ils se montrent habituellement fidèles à leur relation. Bien que les adolescents semblent avoir des rapports sexuels plus tôt que jadis, rares sont ceux qui les vivent à la légère. Pour la majorité des adolescents comme pour la plupart des adultes, la dimension affective de la sexualité importe plus que son contenu purement physique.

Les problèmes à l'adolescence

Bien que la plupart des individus surmontent très bien cette période, plusieurs problèmes graves surgissent au cours de l'adolescence. Nous avons souligné au chapitre précédent les problèmes reliés à l'abus de drogues, aux troubles alimentaires, aux maladies transmises sexuellement et à l'abandon de l'école. Il existe deux autres problèmes à l'adolescence qui ont de graves répercussions à long terme: il s'agit de la grossesse non désirée et de la délinquance juvénile.

La grossesse à l'adolescence

Aux États-Unis, le taux de natalité chez les adolescents est parmi les plus élevés au monde. Si ce courant n'est pas renversé, 40 % des adolescentes qui ont aujourd'hui 14 ans, deviendront enceintes au moins une fois avant la vingtaine, 20 % auront au moins un enfant durant cette même période et environ 15 % subiront au moins un avortement (Guttmacher Institute, 1981).

Au cours des années 1970, le taux de natalité chez les adolescentes a connu une baisse attribuable en partie à l'accessibilité de l'avortement et en partie au nombre plus restreint de filles dans ce groupe d'âge. Dans le même temps, le taux d'adolescentes non mariées a connu une hausse, l'augmentation de 40 % à 65 % chez les filles de race blanche surcompensant la diminution de 14 % enregistrée chez celles de race noire (National Center for Health Statistics, 1984). Presque la moitié (46 %) de toutes les naissances hors du mariage se retrouvent chez les adolescentes, bien que ces dernières ne représentent que 8 % des femmes fertiles sexuellement actives. Huit grossesses sur dix chez les adolescentes non mariées et deux naissances hors-mariage sur trois ne sont pas désirées.

La plupart des adolescentes non mariées choisissent de mettre fin à leur grossesse en recourant à l'avortement; cela représente le tiers de tous les avortements pratiqués aux États-Unis (Alan Guttmacher Institute, 1981).

Les conséquences de la grossesse chez les adolescents

Parmi les adolescentes américaines qui mènent leur grossesse à terme, 9 sur 10 gardent l'enfant plutôt que de le donner en adoption ou de le placer en foyer nourricier. Cette proportion plus élevée que par le passé reflète probablement l'impact de la légalisation de l'avortement: l'accessibilité de l'avortement conduit à une diminution du nombre de naissances non désirées.

Il y a moins de mariages «forcés» qu'autrefois chez les adolescents. Nous ne pouvons que nous en réjouir, car les parents adolescents ont de deux à trois fois plus de chances de se séparer que les jeunes gens qui remettent leur mariage à plus tard et/ou ont des enfants dans la vingtaine (McCarthy et Menken, 1979).

Plusieurs mères adolescentes élèvent leur enfant elles-mêmes. Le fait que les responsabilités parentales incombent à des adolescents est lourd de conséquences pour les jeunes parents eux-mêmes, pour les bébés et pour la société en général. Les jeunes mères sont plus vulnérables à plusieurs complications de la grossesse, et risquent davantage d'avoir un accouchement difficile (McKenry et coll., 1979). Elles sont deux fois plus susceptibles que les autres mères d'avoir un bébé de faible poids et prématuré; il y a de deux à trois fois plus de risques que leur

bébé meure au cours de la première année, ou qu'il souffre de troubles neurologiques (McKenry et coll., 1979). La recherche récente semble toutefois indiquer que la plupart des problèmes de santé que rencontrent les jeunes mères sont dus à des facteurs sociaux plutôt qu'à des facteurs médicaux.

Un des principaux problèmes de la mère adolescente est sa situation financière défavorable. Des études qui ont tenté d'évaluer les effets de la pauvreté et de l'insuffisance de soins prénataux ont révélé que ce sont ces deux facteurs, plutôt que l'âge de la mère, qui sont responsables de l'issue défavorable de tant de grossesses chez les adolescentes (Zuckerman et coll., 1983; Chilman, 1982; Mednick, Baker et Sutton-Smith, 1979).

Même s'ils ont bénéficié des meilleurs soins et s'ils se portent bien, la mère adolescente et son enfant font souvent face à d'énormes difficultés. Parce que la majorité des jeunes mères ne terminent pas leurs études secondaires, elles sont souvent sans emploi et doivent recourir à l'assistance sociale pour assurer leur subsistance. Elles démarrent ou poursuivent ainsi un cycle de dépendance qui sape leur motivation au travail et au développement personnel (Jaslow, 1982; Furstenberg, 1976). De toute évidence, la maternité peut entraîner des effets désastreux chez l'adolescente, à un point tel qu'il y a plus de cas de suicides chez les filles enceintes non mariées que chez les autres filles du même âge (McKenry et coll., 1979).

La vie du jeune père s'en trouve aussi affectée. Un adolescent qui a connu la paternité avant l'âge de 18 ans est beaucoup moins susceptible de terminer ses études secondaires que les autres garçons de son âge (Card et Wise, 1978). Les enfants de ces jeunes parents ont plus de risques d'avoir un Q.I. peu élevé et de piètres résultats scolaires. En outre, ils sont plus susceptibles de devenir eux-mêmes des parents adolescents plus tard (Baldwin et Cain, 1980).

Pourquoi les adolescentes deviennent-elles enceintes?

À une époque où les moyens contraceptifs ont été améliorés, pourquoi tant de jeunes filles deviennent-elles enceintes? Les jeunes mères observées par Furstenberg (1976) ne différaient pas beaucoup de leurs compagnes de classe en ce qui a trait à leur activité sexuelle, ce qui laisse supposer qu'elles ne s'étaient pas adonnées aux

Encadré 11.2

Comment prévenir la grossesse chez les adolescentes

Comme la grossesse à l'adolescence risque d'avoir des effets désastreux chez la mère, le père et l'enfant, il revient aux parents, aux éducateurs et aux dirigeants politiques de faire tout ce qui relève de leur compétence pour éviter que des enfants mettent des enfants au monde. Les lignes directrices suivantes sont basées sur des résultats de recherches et sur des recommandations de la part de personnes œuvrant auprès des adolescents.

1 Les parents doivent parler de la sexualité avec leur enfant dès le bas âge, lui inculquer des attitudes positives et saines à cet égard et se montrer disposés à répondre à toutes ses questions. Un enfant ainsi éduqué aura tendance à retarder les activités sexuelles (relations sexuelles complètes) jusqu'à un moment opportun (Jaslow, 1982).

2 L'école, les églises et les médias doivent offrir une éducation sexuelle réaliste qui donne des informations sur les risques et sur les répercussions d'une grossesse à l'adolescence, sur les diverses méthodes contraceptives et sur les endroits où l'adolescent peut obtenir des services de planning familial (Guttmacher Institute, 1981).

3 Des programmes de counseling animés par des pairs doivent être organisés en vue d'inciter les jeunes filles qui ont une vie sexuelle active à utiliser une méthode contraceptive, car des études indiquent que celles-ci se montrent plus ouvertes à des filles de leur âge qu'à des conseillères adultes (Jay, Durant, Shoffitt, Linder et Litt, 1984).

4 Des programmes communautaires destinés à inciter les jeunes gens à retarder les activités sexuelles doivent être mis sur pied. De tels programmes aident l'adolescent à résister à la pression du groupe qui le pousse à être sexuellement plus actif qu'il ne le veut, lui suggèrent des façons appropriées de dire «non» et lui offrent des conseils en résolution de problèmes (Howard, 1983).

5 On doit préserver le caractère confidentiel du recours de l'adolescent aux services de planning familial. C'est le point auquel les jeunes adolescents accordent le plus d'importance dans le choix d'une clinique de planning familial (Zabin et Clark, 1981). Plusieurs adolescentes affirment qu'elles refuseraient de s'adresser à une clinique qui insiste pour prévenir les parents, ou pour obtenir leur consentement (Jaslow, 1982).

Voici des messages précis qui doivent être transmis aux adolescentes (Gordon et Everly, 1985).

1 Si quelqu'un vous dit: «Si tu m'aimes vraiment, tu vas vouloir faire l'amour avec moi», méfiez-vous.

2 Faire l'amour n'est pas une preuve d'amour.

3 Ce n'est pas romantique de faire l'amour sans méthode contraceptive, c'est stupide.

4 Dire «non» est une méthode contraceptive tout à fait acceptable.

5 Il est parfaitement normal d'éviter les relations sexuelles prématurées.

6 Le *machisme* est une façon de blesser et d'exploiter une personne pour se donner de l'assurance.

7 Plus de 85 % des adolescents qui font l'amour avec une fille vont ensuite la laisser tomber.

8 Une fille qui croit n'avoir aucune valeur à moins d'être aimée par un garçon, ne vaudra pas tellement plus quand elle sera aimée si jamais elle se rend jusque là.

9 Les composantes les plus importantes d'une relation amoureuse sont le sentiment d'aimer et d'être aimé, le respect et le souci de soi et de l'autre, le sens de l'humour et une communication honnête qui respecte les pensées et les expériences intimes de l'autre.

relations sexuelles parce qu'elles voulaient un bébé, mais qu'elles s'étaient retrouvées enceintes par accident.

Des données récentes indiquent que les jeunes filles sont particulièrement susceptibles de devenir enceintes au cours des mois qui suivent leurs premières relations sexuelles. La moitié des premiers cas de grossesse chez les adolescentes se produisent au cours des six mois qui suivent les premiers rapports sexuels et un cas sur cinq durant le premier mois (Zabin, Kantner et Zelnik, 1979). Bien que les jeunes aient des rapports sexuels de plus en plus tôt, ils ont rarement recours aux méthodes contraceptives avant d'avoir eu des relations sexuelles pendant un an ou plus. Plus l'adolescente est jeune lorsqu'elle commence à avoir une activité sexuelle, plus elle tarde à utiliser une méthode de contraception. Une majorité des collégiens rapportent ne pas avoir utilisé de moyen contraceptif efficace lors de leur premier coït (Goyette, 1981).

La classe sociale est un facteur qui influe sur les activités sexuelles prémaritales et sur l'utilisation d'une méthode contraceptive. L'adolescente dont les parents n'ont pas terminé leurs études secondaires est plus susceptible d'avoir des relations sexuelles que celle dont les parents sont plus instruits. En outre, elle est moins encline à utiliser un moyen contraceptif lors du premier rapport sexuel, et à le faire régulièrement par la suite. Lorsqu'elle essaie de prévenir une grossesse, elle est moins portée à recourir à une méthode recommandée par les autorités médicales, telle que la pilule, le stérilet ou le diaphragme (Ford, Zelnik et Kantner, 1979).

La grossesse chez les adolescentes résulte habituellement du fait qu'elles n'utilisent aucune méthode contraceptive. Shah, Zelnik et Kantner (1975) ont interrogé près de 1000 adolescentes qui avaient une vie sexuelle active et 80 % d'entre elles ont dit avoir eu des rapports sexuels sans prendre de précautions. Parmi ces jeunes filles, 70 % ont déclaré qu'elles n'avaient utilisé aucun contraceptif parce qu'elles croyaient qu'il était impossible qu'elles deviennent enceintes. Certaines avaient des idées erronées au sujet de la reproduction, pensant qu'elles ne pouvaient concevoir un enfant parce qu'elles étaient trop jeunes, parce qu'elles n'avaient des rapports sexuels que rarement ou parce que ce n'était pas le bon moment du cycle menstruel. Même si plus de la moitié des adolescentes américaines ont suivi des cours d'éducation sexuelle (qui traitent, entre autres, du

cycle menstruel), seulement le tiers d'entre elles connaissent la période de leur cycle menstruel où elles ont toutes les chances de devenir enceintes (Zelnik, 1979).

À ces facteurs, il faut aussi ajouter la fabulation personnelle. Près du tiers des adolescentes croient qu'une fille qui ne veut pas de bébé n'en aura pas (Sorensen, 1973). Voici ce qu'a déclaré une jeune fille de 18 ans à ce propos:

> «Quand j'ai une relation sexuelle, je ne relie pas ce fait avec celui de devenir enceinte parce que, vous savez, je n'ai jamais été enceinte; et même si beaucoup de mes amies l'ont été, je ne puis tout simplement pas m'imaginer que cela puisse m'arriver à moi.» (Sorensen, 1973, p. 324)

Une autre raison importante qui explique que les adolescentes n'aient pas recours à la contraception réside dans le manque d'accessibilité des contraceptifs. Environ 3 filles sur 10 ont dit qu'elles ne savaient pas où trouver des contraceptifs, qu'elles pensaient qu'ils étaient trop chers ou qu'elles ne connaissaient pas leur existence (Shah, Zelnik et Kantner, 1975). Peut-être la libéralisation de la vente des condoms en distributeurs automatiques, prévue d'abord comme moyen de freiner la transmission des M.T.S., aura-t-elle comme effet indirect de rendre ce moyen contraceptif plus accessible aux jeunes.

Certaines adolescentes ne connaissent pas les méthodes qui sont les plus efficaces, à savoir la pilule, le stérilet et le diaphragme. D'autres craignent que leurs parents ne découvrent leurs contraceptifs. D'aucunes répugnent à l'idée de réduire la spontanéité de l'acte sexuel en paraissant trop bien préparées. Quelques-unes trouvent ces moyens trop embarrassants ou oublient de prendre les mesures adéquates. Certaines pensent que cette responsabilité revient à leur ami. Enfin, comme l'avortement est maintenant plus facile d'accès, certaines se disent qu'elles peuvent avoir recours à ce moyen le cas échéant.

L'expression «Je ne suis pas une fille comme ça» résume une des principales raisons qui poussent bien des filles à ignorer la contraception (Cassell, 1980). Ces filles croient que les relations sexuelles sont condamnables et qu'elles ne devraient pas en avoir, ou elles ne s'avouent pas à elles-mêmes qu'elles sont sexuellement actives, ou encore elles prennent constamment la résolution que ce soir ce sera différent. Elles se persuadent, en leur for intérieur, qu'elles ne voulaient pas «aller jusqu'au bout». Elles protègent leur amour-propre en se disant qu'elles étaient tellement amoureuses qu'elles ne pouvaient faire autrement. Il est acceptable d'avoir des relations sexuelles sans préméditation, mais les activités sexuelles soigneusement préparées sont des choses auxquelles seules les «mauvaises filles» se livrent.

Furstenberg (1976) a pu confirmer la persistance de cette attitude chez les jeunes filles quand il a découvert que près de la moitié des adolescentes enceintes qu'il a interrogées ont déclaré qu'il était d'une grande importance qu'une femme attende d'être mariée pour avoir des relations sexuelles.

Si une jeune fille se sent coupable ou mal à l'aise face à la sexualité, elle est moins susceptible d'utiliser une méthode contraceptive efficace (Byrne et Fisher, 1983; Herold et Goodwin, 1981). Elle est embarrassée à l'idée de se présenter à une clinique de planning familial et d'y subir un examen gynécologique. Elle est moins susceptible d'utiliser une méthode contraceptive qui lui demande de toucher à ses organes génitaux (comme le diaphragme) et d'obtenir des renseignements sur la contraception en faisant des lectures personnelles. Elle a également plus tendance à croire que les contraceptifs oraux sont difficiles à obtenir.

Au cours des dernières années, il y a eu une nette amélioration dans le domaine de la contraception chez les jeunes, tant au niveau de la qualité des méthodes elles-mêmes qu'au niveau de la régularité avec laquelle elles sont utilisées. Au Québec, par l'intermédiaire des C.L.S.C. et des D.S.C. qui mettent sur pied des programmes d'information sur la contraception, on retrouve des intervenants dans les écoles secondaires et les cégeps. Les conseillers tentent de sensibiliser les adolescents à la contraception et visent à leur faire saisir l'importance de l'intégrer à leur sexualité. Zelnik et Kantner (1977) ont constaté que le pourcentage des adolescentes qui utilisent les deux moyens contraceptifs les plus efficaces (la pilule et le stérilet) a presque doublé entre 1971 et 1976, peut-être parce que les services de planning familial en ont facilité l'accès. Ce progrès a toutefois un effet négatif: les garçons sont moins enclins de nos jours à prendre leurs responsabilités en matière de contraception, puisque plusieurs d'entre eux prennent pour acquis que leur amie a pris ses précautions. Plus de 60 % des garçons qui avaient eu des rapports sexuels durant le mois précédant une enquête n'avaient pas usé de préservatif, moyen contraceptif d'usage le plus courant chez les jeunes

gens (Sorensen, 1973). Certains garçons craignent que l'usage d'un préservatif ne rebute leur partenaire et ne la fasse changer d'avis. Une éducation auprès des garçons qui met l'accent sur l'importance d'une contraception responsable, est une façon prometteuse d'arrêter l'accroissement du taux de grossesses à l'adolescence (Scales, 1977).

Les besoins des jeunes parents célibataires

La prévention de la grossesse est une préoccupation importante chez ceux à qui le bien-être des adolescents tient à cœur. Des recherches ont démontré que les lignes directrices énumérées dans l'encadré 11.2 ont un impact dans ce domaine.

Les adolescents (filles et garçons) qui ont déjà conçu un enfant ont besoin de divers types d'aide. La jeune fille enceinte doit pouvoir se confier à une personne qui saura l'écouter, la rassurer et sympathiser avec elle. Qu'elle décide de se faire avorter ou de poursuivre sa grossesse, elle vit de douloureux conflits intérieurs. Au moment même où elle a le plus grand besoin d'appui affectif, elle en reçoit souvent très peu. Il peut arriver que son ami, terrifié par ses responsabilités, se détourne d'elle. Sa famille est souvent en colère contre elle. Elle risque de se

Bien que la plupart des adolescentes enceintes optent pour l'avortement, bon nombre de celles qui décident de poursuivre leur grossesse s'occupent elles-mêmes de leur enfant. Les conséquences de l'arrivée d'un enfant à l'adolescence sont énormes, tant pour les jeunes parents que pour l'enfant et la société toute entière. (Gracieuseté de Children's Defense Fund)

retrouver séparée de ses amis en raison de l'interruption de ses études. Pour se voir soulagée de ces tensions, la jeune fille enceinte devrait pouvoir s'entretenir de ses difficultés avec un conseiller intéressé, sympathique et compétent.

Les programmes qui permettent à la jeune fille enceinte de poursuivre ses études peuvent aider celle-ci à se former en vue d'un travail éventuel et à se préparer à ses responsabilités parentales. Au Québec, plusieurs écoles secondaires ont mis sur pied des programmes spéciaux et des garderies pour les enfants des mères adolescentes pour qu'elles puissent poursuivre leurs études. On offre également des cours sur le soin et l'éducation des enfants à l'intention des jeunes mères, et occasionnellement des pères (Purnick, 1984). La valeur des cours de formation destinés aux futures jeunes mères a été démontrée lors d'un autre programme au cours duquel 80 mères adolescentes à faible revenu ont reçu un entraînement, soit sous la forme de visites à domicile bihebdomadaires en compagnie d'un étudiant diplômé, soit dans le cadre d'une formation rémunérée d'assistantes éducatrices dans une garderie. Lorsque les bébés des jeunes mères ayant suivi l'une ou l'autre de ces formations furent comparés à ceux d'un groupe témoin, ils obtinrent de meilleurs résultats: leur poids était supérieur, ils étaient plus avancés au plan moteur et avaient plus d'interactions avec leur mère. Ce sont les mères qui travaillaient comme assistantes éducatrices et leurs bébés, qui manifestèrent le plus de progrès: les mères connurent un taux inférieur de nouvelle grossesse, un taux de retour à l'école ou au travail supérieur, et leurs bébés furent ceux qui évoluèrent le mieux (Field, Widmayer, Greenberg et Stoller, 1982).

Bien que les conséquences d'une grossesse non désirée soient avant tout supportées par la mère, la vie du père adolescent s'en trouve souvent affectée elle aussi. Le garçon qui se sent affectivement engagé vis-à-vis de son amie enceinte a lui aussi des décisions à prendre. Il peut vouloir assumer les frais de l'avortement. Il peut aussi prendre le parti, plus lourd de conséquences, d'épouser sa petite amie, mesure qui aura des répercussions sur ses projets scolaires et professionnels. Le père adolescent a aussi besoin de quelqu'un à qui parler, de quelqu'un qui puisse l'aider à mettre de l'ordre dans ses sentiments et à prendre la meilleure décision en fonction de lui-même, de son amie et de l'enfant qu'ils ont engendré.

La délinquance juvénile

Il existe deux sortes de délinquance juvénile. Un premier type de délinquant est celui qui commet un délit considéré comme tel seulement en fonction de son âge. Il s'agit, par exemple, d'une jeune personne qui a fait l'école buissonnière, qui s'est sauvée de la maison, qui est sexuellement active, ou qui ne s'est pas pliée aux ordres de ses parents. En ce qui la concerne, son crime est d'avoir posé un geste qui n'est pas permis à son âge.

Il y a aussi la personne qui a commis un acte considéré comme criminel, quel que soit l'âge de son auteur: vol, viol ou meurtre. Si la personne a moins de 16 ou 18 ans (selon le pays), elle sera traitée de façon différente du criminel adulte. Le procès peut se faire à huis-clos; le délinquant a plus de chances d'être entendu et condamné par un juge plutôt que par un jury, et la peine est habituellement plus douce. La loi canadienne sur les jeunes contrevenants (1984) autorise les policiers à porter des accusations contre les jeunes de 12 à 18 ans, lorsqu'ils ont commis des actes contrevenant à la loi fédérale. Le tableau 11.3 donne quelques informations sur le nombre d'accusations portées contre de jeunes délinquants au Canada. Toutefois, ces don-

Tableau 11.3   Données sur la délinquance juvénile au Canada

Nombre d'accusations pour infractions aux lois fédérales (jeunes de moins de 18 ans*) (Statistique Canada, 1987)

	1981-1982	1983-1984	1985-1986
Canada	93 452	89 746	109 140
Québec	26 888	28 375	24 326
Ontario	23 028	19 794	23 895

Nombre de jeunes ayant comparu pour infractions aux lois fédérales (jeunes de moins de 18 ans*) (Statistique Canada, 1987).

	1981-1982	1983-1984	1985-1986
Canada	31 211	34 823	47 392
Québec	5 979	5 908	5 894
Ontario	11 672	10 598	15 662

* Ces données excluent les accusations et les comparutions concernant les jeunes de moins de 14 ans, au Québec.

nées sont partielles: elle ne concernent que les tribunaux d'adolescents poursuivis en vertu de la loi fédérale, et on n'y retrouve pas les arrestations pour infractions aux lois provinciales et municipales, dont relèvent souvent les «bonnes mœurs»!

Des études portant sur des populations adultes démontrent que beaucoup de jeunes gens commettent des fautes qui correspondent à la définition légale de la délinquance, mais que peu d'entre eux reçoivent de la part de la police un traitement qui les amènerait à être considérés comme de jeunes criminels (Perlman, 1964). Les jeunes issus de milieux socialement et économiquement défavorisés commettent probablement plus de crimes que ceux issus d'un milieu moyen, et risquent beaucoup plus de se retrouver avec un casier judiciaire pour délits mineurs. Étant donné qu'une bonne partie des actes de délinquance des adolescents des milieux moyen et favorisé ne sont jamais portés à l'attention des autorités, il est impossible d'évaluer le taux de délinquance dans ces milieux.

On constate qu'il y a beaucoup plus d'arrestations chez les garçons et les hommes, que chez les filles et les femmes. Les femmes ont toutefois tendance à rattraper les hommes dans ce domaine. Selon des données américaines, l'augmentation du taux de criminalité chez les filles de moins de 18 ans porte sur les délits suivants: vol, fraude, contrefaçon, achat ou possession de marchandises volées, détournement de fonds, prostitution, délit dirigé contre la famille et les enfants, et conduite en état d'ébriété. Chez les garçons de moins de 18 ans, l'augmentation concerne les délits suivants: détournement de fonds, prostitution, usage de drogues, délit contre la famille et les enfants, et conduite en état d'ébriété.

Les filles ont de plus en plus tendance à commettre les mêmes actes de délinquance que les garçons. Alors qu'autrefois, les filles se faisaient surtout arrêter pour inconduite (fugue, délits sexuels, indiscipline), il leur arrive de plus en plus de se rendre coupables de crimes avec violence.

La famille du délinquant

Les parents du jeune délinquant lui sont généralement hostiles ou indifférents; ils sont rarement affectueux. Ces parents négligent leurs enfants ou les frappent, les soumettent à une autorité arbitraire et leur prodiguent rarement des conseils sûrs et consistants. Malheureux, souffrant d'insécurité et incapables de faire face aux difficultés de la vie, ils offrent un bien piètre exemple aux enfants. Il arrive souvent qu'ils soient séparés ou insatisfaits de leur mariage. Dans bien des cas, ils sont tellement préoccupés par leurs propres problèmes affectifs ou sociaux qu'il leur reste peu de temps, d'énergie et de sensibilité à consacrer à ceux de leurs enfants. Comme la plupart des recherches dans ce domaine ont porté sur les familles de garçons d'un milieu défavorisé nous possédons relativement peu de données sur les délinquants de la classe moyenne et sur les filles délinquantes (Cavan et Ferdinand, 1975).

Les traits de personnalité du délinquant

Les enfants issus des milieux défavorisés ou de foyers malheureux ne deviennent pas tous délinquants ou criminels. Qu'est-ce qui fait qu'un enfant se retrouve en difficulté alors qu'un autre, élevé dans le même milieu, agit conformément aux lois? La recherche récente s'est davantage intéressée au profil psychologique des délinquants qu'au contexte dont ils sont issus.

Après avoir étudié 55 délinquants qui ont séjourné à l'Institut psychiatrique de l'Illinois, on a pu conclure que la délinquance n'est pas un phénomène de classe, mais qu'elle résulte plutôt de problèmes affectifs qui peuvent toucher les jeunes gens de toutes les couches de la société. Les délinquants des milieux aisés sont amenés chez le psychiatre, alors que ceux qui proviennent de foyers démunis tombent aux mains de la police.

Quatre types de jeunes délinquants ont été identifiés: le délinquant *impulsif* qui ne se contrôle pas et agit sans réfléchir; le délinquant *narcissique* qui est centré sur lui-même et qui, considérant que certaines personnes lui ont fait du mal, est persuadé que la seule façon possible pour lui de conserver son estime de soi est de se venger de celles-ci; le délinquant *apathique émotivement* qui est passif, indifférent et solitaire; enfin le délinquant *déprimé* qui commet un délit pour dissiper son malaise intérieur (Offer, Ostrov, & Marohn, 1973).

D'autres études récentes ont porté sur les causes physiques à l'origine de la délinquance. Quatre-vingt-dix-sept garçons qui fréquentaient une école de réforme ont été divisés en deux groupes: ceux qui s'étaient rendus coupables de crimes violents (voie de fait, viol et meurtre) et les délinquants moins violents ou non violents (qui avaient causé des incendies, s'étaient battus à coups de poing ou avaient proféré des menaces). Ceux qui avaient fait preuve de violence présentaient un dossier médical plus chargé, avaient subi plus de blessures à la tête en bas âge, avaient été maltraités et avaient plus fréquemment manifesté des troubles neurologiques (comme des évanouissements ou des chutes, qui sont souvent des symptômes d'épilepsie). De plus, ces individus étaient plus sujets aux troubles psychiatriques, comme la paranoïa (méfiance obsessive à l'égard des autres), les illusions et les hallucinations. L'identification des facteurs physiques à l'origine de la délinquance pourrait permettre de traiter certains jeunes délinquants au moyen de médicaments tels que les anticonvulsifs et les antidépresseurs (Lewis, Balla, Pincus et Shanok, 1979).

L'impact de la délinquance juvénile

L'examen du problème de la délinquance juvénile nous conduit à nous poser les deux questions suivantes: «Comment aider le jeune à mener une vie productive et respectueuse des lois?» et «Comment pouvons-nous protéger la société contre la délinquance juvénile?» Jusqu'à présent, on n'a pas trouvé de réponses claires à ces questions.

Beaucoup de gens croient que la recrudescence de la délinquance juvénile est attribuable au fait que l'on traite légalement les jeunes délinquants de façon différente des adultes. Il y a donc deux opinions contraires à propos de la façon dont on doit traiter les jeunes délinquants. Certains considèrent que l'on doit, lorsqu'on inflige une peine, tenir compte des besoins du jeune coupable et qu'il faut favoriser les solutions sociales, comme les périodes de probation et l'orientation thérapeutique. D'autres revendiquent que la punition soit prononcée sur la base de la gravité de la faute plutôt que sur celle de l'âge et des besoins particuliers de la jeune personne qui l'a commise. Cette dernière opinion semble se répandre de plus en plus et donnera probablement lieu à bien des changements dans la façon de traiter les jeunes coupables (Chambers, 1975).

Une analyse longitudinale des dossiers judiciaires de plus de 6000 adultes de Racine, au Wisconsin, a révélé que les individus (tout particulièrement les hommes) qui avaient été punis pour délinquance durant leur jeunesse, avaient souvent commis des délits plus graves et plus fréquents par la suite; la conduite des filles n'avait pas empiré, mais ne s'était pas améliorée non plus. À la consternation de tous, ni les efforts des travailleurs sociaux ni les programmes sociaux n'avaient aidé à diminuer la gravité des crimes futurs de ces sujets (Shannon, 1982).

Les auteurs de cette recherche ont aussi conclu qu'il était presque impossible de prédire quels adolescents allaient continuer à commettre des actes criminels à l'âge adulte, à l'exception d'un groupe relativement restreint de délinquants invétérés qui avaient souvent eu affaire à la justice avant l'âge de 18 ans. En vérifiant les dossiers et en interviewant les individus qui se situaient alors au milieu de la vingtaine ou au début de la trentaine, les chercheurs constatèrent que plus de 90 % des hommes et de 65 % à 70 % des femmes en cause avaient commis des actes de délinquance durant leur jeunesse. Parmi ceux qui avaient été arrêtés par la police ou avaient commis des actes pour lesquels ils auraient pu être arrêtés, seulement 5,3 % des sujets plus âgés et 8,1 % des jeunes eurent un dossier criminel par la suite.

Comment se fait-il que la plupart de ces personnes respectaient maintenant la loi? La majorité d'entre elles affirmèrent qu'elles avaient réalisé que ce qui leur était apparu amusant à l'adolescence ne leur convenait plus. Moins de 8 % des sujets attribuèrent leur bonne conduite à la peur d'être poursuivis. Il semble donc que la maturité amène la plupart des gens à réévaluer leurs attitudes et leurs comportements, et que la société doive continuer à explorer des façons d'aider ceux qui ne parviennent pas à se tirer seuls du bourbier de la délinquance et de l'aliénation sociale.

Les forces du moi des adolescents

Heureusement, la vie de l'adolescent comporte beaucoup d'aspects positifs. L'adolescence normale est excitante. Tout semble possible: on se trouve au seuil de l'amour et d'une carrière, et sur le point de participer activement à la vie de la société; on commence à apprendre à connaître la personne la plus intéressante du monde, soi-même. Peu d'adolescents, pourtant, perçoivent et apprécient leurs attributs positifs.

Des chercheurs qui avaient distribué des feuilles blanches à 100 élèves du secondaire en leur demandant de faire la liste de leurs points forts, ont trouvé que sur un total de 19 catégories (voir le tableau 11.4), l'étudiant moyen n'identifiait que sept points forts. Et Otto et Healy (1966) de dire:

Tableau 11.4 Catégories de points forts des adolescents

1 *Santé* — Le fait d'être généralement en bonne santé, d'y veiller, de la conserver, et d'avoir de l'énergie et de la vitalité.

2 *Sens esthétique* — Entre autres, la capacité de reconnaître et d'apprécier la beauté dans la nature, les objets et les gens.

3 *Aptitudes ou ressources spéciales* — Adresse ou habiletés particulières comme l'aptitude à réparer les objets, à cultiver les plantes avec succès, ou encore du talent pour les mathématiques ou la musique, etc.

4 *Satisfaction dans le travail* — Le fait d'apprécier le travail et les responsabilités, la capacité de s'entendre avec ses compagnons de travail, la fierté dans son travail et la satisfaction importante que procure ce dernier.

5 *Aptitudes sociales* — Le fait d'avoir suffisamment d'amis des deux sexes, le sens de l'humour dans les relations sociales et la capacité d'amuser les autres.

6 *Sports en tant que spectacles; lecture* — Le fait d'assister aux matchs de football ou de baseball ou de s'intéresser à ces sports; la lecture de livres, de romans, de pièces de théâtre, etc.

7 *Relations avec sa famille et les autres* — Le fait de s'entendre avec ses frères et sœurs et ses parents, la capacité de discuter de ses problèmes avec son père ou sa mère, le fait de se sentir près des siens et d'être loyal envers eux, etc.

8 *Créativité et imagination* — La capacité de faire montre de créativité et d'imagination à l'école, à la maison ou dans sa famille, l'expression de ses capacités créatrices par l'écriture, etc.

9 *Sens des responsabilités et confiance que l'on inspire* — La capacité de respecter les rendez-vous, la confiance que les autres nous accordent, le fait de tenir ses promesses et la persévérance qui permet de mener une tâche à bonne fin.

10 *Forces spirituelles* — La présence aux cérémonies et aux rencontres religieuses, l'appartenance à une église, le support moral que procurent les croyances religieuses, le sentiment d'être près de Dieu, la pratique de la prière, de la méditation, etc.

11 *Sens de l'organisation* — L'aptitude à diriger les activités d'un club, d'une équipe ou d'une organisation, la capacité de donner ou d'exécuter des ordres, le fait d'avoir des projets à court et à long terme, etc.

12 *Forces intellectuelles* — L'intérêt porté aux idées nouvelles, qu'elles viennent des gens, des livres ou d'autres sources, le goût d'apprendre et de continuer à s'épanouir intellectuellement, etc.

13 *Autres forces de la personnalité* — La capacité de prendre des risques, l'amour de l'aventure ou de la découverte, la capacité de tirer profit d'un échec ou d'une crise, etc.

14 *Forces affectives* — L'aptitude à donner et à recevoir chaleur, affection ou amour, la capacité d'encaisser la colère des autres, le fait d'être conscient de leurs sentiments, la capacité d'empathie, etc.

15 *Arts d'expression* — La participation à des œuvres dramatiques, la danse, populaire ou autre, la sculpture, la maîtrise d'un instrument de musique, etc.

16 *Relations interpersonnelles* — Le fait de s'entendre avec la plupart de ses maîtres, la patience et la compréhension vis-à-vis des autres, l'aide à autrui, la capacité de traiter les gens comme des personnes à part entière, quels que soient leur sexe, leurs croyances ou leur origine raciale, le fait d'être choisi comme confident, etc.

17 *Éducation, formation et domaines connexes* — La facilité à obtenir de bonnes notes, l'acquisition de compétences spéciales comme la dactylographie, l'art de la vente ou le dessin mécanique, etc.

18 *Passe-temps, artisanat, etc.* — Le fait d'avoir des violons d'ingres et intérêts: philatélie, numismatique, couture, tricot, coiffure, etc.

19 *Sports et activités* — La participation à la natation, au football, au tennis, au basket-ball, etc., de même qu'aux activités de plein air, comme le camping, la marche, etc., le plaisir que procurent ces activités et l'adresse qu'elles exigent.

Source: Otto et Healy, 1966.

«Ceci dénote une perception limitée des forces de sa propre personnalité qui n'est pas très différente de celle des adultes. Au cours d'études semblables, des adultes ont énuméré, en moyenne, six points forts, mais ils étaient en même temps capables de remplir une ou plusieurs pages avec la liste de leurs «problèmes» ou de leurs «faiblesses».» (p. 293)

La plupart des adolescents, garçons et filles, ont considéré que leurs points forts avaient trait aux domaines des relations humaines, de l'intelligence ou de l'affectivité. Les filles ont mentionné plus souvent la qualité de leurs rapports sociaux et de leur sens des responsabilités, alors que les garçons parlaient plus volontiers de sports et d'activités extérieures. Même si les listes des garçons et des filles se sont révélées quelque peu différentes, les ressemblances étaient plus nombreuses que les divergences.

Ces auteurs ont trouvé plus de points forts aux adolescents que ceux-ci ne s'en sont eux-mêmes découverts. Voici la liste qu'ils nous proposent de ces «ressources ou forces» propres aux adolescents; elles sont qualitativement différentes de celles des adultes, et se présentent en combinaisons uniques et distinctes:

1 Ils ont beaucoup d'énergie ou de détermination et de vitalité.

2 Ils sont idéalistes et vraiment soucieux de l'avenir de leur pays et du monde.

3 Le plus souvent, ils ont tendance à remettre en question des valeurs contemporaines, des philosophies, des théologies et des institutions.

4 Ils ont une finesse sensorielle et perceptive particulièrement développée.

5 Ils sont courageux et capables de prendre des risques.

6 Ils ont un sentiment d'indépendance.

7 Ils possèdent un sens aigu de la justice et détestent l'intolérance.

8 Plus souvent qu'autrement, ils se montrent responsables et dignes de confiance.

9 Ils sont souples et s'adaptent facilement au changement.

10 Ils sont habituellement ouverts, francs et honnêtes.

11 Ils ont un plus grand sens de la loyauté envers les organisations et les causes que la moyenne des gens.

12 Ils ont un sens de l'humour qui trouve souvent à s'exprimer.

13 Ils ont, plus souvent qu'autrement, une attitude optimiste et positive face à la vie.

14 Ils réfléchissent souvent sérieusement et profondément.

15 Ils sont conscients des sentiments des autres et ils s'y montrent sensibles.

16 Ils sont engagés dans une recherche sincère et continue de leur identité.

Si nous pouvons aider plus d'adolescents à identifier leurs points forts et à les utiliser au moment où ils se préparent à s'engager dans la vie d'adulte, leur recherche d'identité n'en sera que plus féconde et enrichissante.

Encadré 11.3

La vie quotidienne de l'adolescent

Que fait l'adolescent au cours d'une journée typique? Avec qui se tient-il? Où passe-t-il son temps? Comment se sent-il en s'adonnant à ses activités? Pour pouvoir répondre à ces questions, 75 étudiants du secondaire d'une banlieue de Chicago ont porté, pendant une semaine, un récepteur de recherche de personne (de type Pagette), qui sonnait à des moments inattendus de la journée, sauf durant leur sommeil. À partir des réponses obtenues, les auteurs de cette étude ont pu faire une description de l'adolescent moderne (Mihaly Csikszentmihalyi et Reed Larson, 1984).

L'adolescent est à la maison 41 % du temps, et sa pièce favorite est sa chambre à coucher; le deuxième endroit le plus fréquenté est l'école (32 %) (surtout la classe); le reste du temps (27 %), l'adolescent est chez un ami, au travail, en automobile ou dans un endroit public quelconque. Pendant ses périodes de loisirs (40 %), il fréquente des amis, regarde la télé, lit ou participe à des sports ou à des jeux; pendant les périodes consacrées aux soins personnels (31 %), il mange, se rend d'un endroit à un autre, fait des commissions ou accomplit ses tâches, et se repose; ce sont les activités productives telles que les travaux scolaires ou un emploi qui occupent la plus petite partie de son temps (29 %).

L'adolescent américain à plus de périodes de loisirs que ses semblables japonais ou soviétiques, mais il consacre à peu près autant d'heures à l'école ou au travail que l'adulte américain moyen en passe au travail. L'adolescent américain passe plus de la moitié de ses heures éveillées avec d'autres adolescents (amis [29 %] et compagnons de classes [23 %]) plus du quart de son temps (27 %) seul, moins du cinquième (19 %) avec sa famille, seulement 5 % environ avec un de ses parents ou les deux (seulement une demi-heure par semaine, environ, seul en présence de son père!). Il passe très peu de temps avec les professeurs à l'extérieur de la classe. Son existence est imprégnée d'un «chauvinisme de génération». Bien qu'il s'agisse en partie d'un choix personnel de la part de l'adolescent, les chercheurs laissent entendre que les adultes ne sont souvent pas disposés à consacrer beaucoup de temps et d'énergie à intégrer les jeunes à leurs activités, même s'ils ont tendance à craindre l'influence du groupe de pairs sur leur enfant.

Comment se sent l'adolescent? La plupart du temps, il se sent bien (71 %), mais son humeur change rapidement, en grande partie en fonction des situations et des expériences vécues. Les moments où il est le plus heureux sont ceux où il s'adonne à des activités qui lui demandent de se dépasser, à des activités qui comportent des règles qu'il doit apprendre, à des choses qui lui donnent un feed-back sur la qualité de sa performance (comme jouer au football ou faire de la musique, danser ou échanger des traits d'humour dans un groupe). Il est plus heureux quand il fait des travaux scolaires ou un travail rémunéré que lorsqu'il regarde la télé, lit, pense ou se repose. Il aime également se détendre loin de la supervision d'un adulte (errer avec des amis au centre d'achats ou dans un autre lieu public, chez un ami, ou dans un centre de jeunes).

L'adolescent aime avant tout être avec ses amis, puis avec sa famille ou seul et finalement avec ses compagnons de classes. Il a plus de plaisir avec ses amis à faire des farces, à bavarder et à batifoler qu'à la maison, où il s'adonne habituellement aux activités plus sérieuses ou plus routinières de la vie quotidienne. Si la famille insufflait plus de plaisir à la vie de chaque jour, l'adolescent voudrait peut-être y passer plus de temps. Mais pas nécessairement. L'adolescent doit se séparer de sa famille durant cette période, et il y parvient souvent en provoquant des conflits, dont plusieurs tournent autour de la prise d'autonomie. Il se sent beaucoup plus libre et plus sociable avec ses amis, qui lui fournissent une précieuse source de soutien affectif.

Celui qui traverse le plus positivement cette période du développement est, selon les auteurs de cette recherche, l'adolescent qui apprend à organiser sa vie quotidienne. Chez certains, cela signifie canaliser des habiletés et des talents particuliers dans des activités productives. Chez d'autres, cela signifie surmonter des obstacles tels que la maladie, la pauvreté et la discrimination. Chez tous, cela signifie découvrir et exploiter ses ressources intérieures et extérieures pour se réaliser pleinement dans un monde exigeant.

Résumé

1 Il existe diverses interprétations théoriques de l'adolescence. G. Stanley Hall perçoit l'adolescence comme une période *orageuse* et *stressante*, marquée par des émotions hésitantes et contradictoires. Sigmund Freud situe les adolescents au *stade génital,* stade de maturation de la sexualité adulte. Ce stade est déterminé par des facteurs biologiques et commence quand les pulsions sexuelles résurgentes ne sont plus refoulées comme elles l'étaient durant la période de latence. La gratification sexuelle est désormais orientée vers l'établissement de liens hétérosexuels satisfaisants avec des personnes étrangères à la famille, et vers la découverte d'un partenaire convenable en vue de la procréation. Anna Freud a approfondi l'étude des mécanismes de défense chez l'adolescent. Selon elle, les mécanismes de défense les plus importants à ce stade sont l'*intellectualisation* et l'*ascétisme.* La cinquième crise décrite par Erik Erikson porte sur le conflit entre l'*identité et la confusion d'identité* chez l'adolescent.

2 La tâche la plus importante qui incombe à l'adolescent est la recherche de son identité. James Marcia a étudié la formation de l'identité chez une personne et il a mis en évidence quatre états d'identité distincts: l'identité en phase de réalisation, l'identité forclose, l'identité diffuse et l'identité en moratoire.

3 Les rapports entre adolescents et parents ne sont pas toujours faciles. Les jeunes vivent souvent un conflit entre leur désir d'indépendance vis-à-vis de leurs parents et la constatation de leur degré de dépendance. La plupart des désaccords entre les parents et les jeunes gens donnent lieu à moins de conflits que la mythologie populaire le donne à croire.

4 Les pairs, souvent regroupés en cliques et en bandes, jouent un rôle majeur pour l'adolescent. Ceci n'empêche cependant pas les parents d'exercer encore une influence importante sur lui. Les liens d'amitié deviennent souvent plus intimes à l'adolescence.

5 Les expériences sexuelles des adolescents ont des répercussions sur leur identité naissante. Beaucoup de conflits entre les parents et leurs enfants adolescents portent sur la sexualité. Les jeunes ont tendance à avoir des relations monogamiques qui ont un sens pour eux, plutôt que des rapports avec plusieurs partenaires.

6 Les attitudes et les comportements sexuels sont plus libéraux que par le passé. Une tendance continue à accepter plus d'activités sexuelles dans plus de situations se fait sentir. Les deux changements les plus marqués dans les mœurs sexuelles ont été: l'acceptation des rapports sexuels prémaritaux dans le cadre d'une relation amoureuse et un déclin du double système de normes.

7 Une grossesse non désirée a des conséquences importantes à l'adolescence, et parfois dramatiques. Bien que la plupart des adolescentes américaines non mariées qui deviennent enceintes recourent à l'avortement, 90 % de celles qui décident de poursuivre leur grossesse s'occupent elles-mêmes de leur enfant, avec tout ce que cela implique de changements dans leur vie. Les adolescentes deviennent enceintes parce qu'elles n'utilisent pas de moyens contraceptifs, ceux-ci leur étant d'ailleurs souvent difficiles d'accès.

8 Deux grandes questions se posent à celui qui aborde le problème de la délinquance juvénile: «Comment aider le jeune délinquant à mener une vie productive et respectueuse des lois?» et «Comment pouvons-nous protéger la société contre la délinquance juvénile?»

9 Malgré toutes les difficultés que pose la découverte d'une identité personnelle, sexuelle, sociale et professionnelle, l'adolescence est une voie d'accès au monde des adultes à la fois intéressante, excitante et positive.

PARTIE VI

LE JEUNE ADULTE

Comme nous le verrons dans les deux prochains chapitres, une personne change et évolue de diverses façons entre 18 ans et 40 ans. Au cours de ces deux décennies, le jeune adulte prend plusieurs décisions qui affecteront le reste de sa vie en ce qui a trait à sa santé, à son bonheur et à ses succès. C'est à ce stade de la vie que la plupart des individus vivent d'importantes transitions: ils quittent la maison de leurs parents, entreprennent leur premier emploi, se marient, ont et élèvent leurs enfants. Il n'est donc guère étonnant que plusieurs spécialistes du développement considèrent ces années comme les plus stressantes de tout le cycle de la vie!

Comme nous le verrons au chapitre 12, qui est consacré au développement physique et intellectuel du jeune adulte, nos habitudes alimentaires, notre consommation d'alcool et de tabac, les exercices physiques que nous faisons, notre façon de surmonter le stress sont tous des choix relatifs à notre mode de vie qui peuvent exercer un impact majeur sur notre état physique présent et futur. Nous examinerons également les répercussions des décisions concernant les études supérieures et le choix d'une carrière, deux domaines reliés au développement intellectuel du jeune adulte.

Dans le chapitre 13, nous étudierons deux approches différentes du développement socio-affectif de l'adulte: la théorie d'Erikson, laquelle se réfère à l'âge chronologique et laquelle a inspiré plusieurs études intensives de l'adulte, et une autre théorie, qui se réfère aux événements vécus plutôt qu'à l'âge chronologique pour expliquer nos attitudes et nos comportements. Ces deux approches nous aideront à mieux comprendre certains des choix fondamentaux du jeune adulte: se marier ou rester célibataire, avoir ou non des enfants, choisir un mode de vie sexuelle ou encore lier des amitiés.

CHAPITRE 12

Le jeune adulte

Le développement physique et intellectuel

«Le temps! je n'en ai jamais assez pour faire tout ce que je veux faire et tout ce qu'il faudrait que je fasse!» Voilà une rengaine souvent entendue chez les jeunes adultes. Chez l'étudiante qui doit suivre un nombre effarant de cours pour se préparer à la faculté de médecine. Chez le jeune avocat qui travaille 80 heures par semaine pour se tailler une place au soleil et qui tente de se réserver du temps pour sa vie personnelle. Chez le cadre moyen, père de quatre enfants, qui s'exclame: «Mon patron trouve que je néglige ma carrière parce que je me préoccupe du bien-être de mes enfants!» Ou encore chez la mère célibataire qui, écrasée par sa tâche et par ses difficultés financières, sait qu'elle hypothèque sa santé en fumant trop et en mangeant trop peu.

La personne qui doit faire face à de telles situations établit quotidiennement ses priorités. Elle prend des décisions majeures qui affectent sa santé, sa carrière et ses relations avec autrui. De toute évidence, elle continue d'évoluer sur divers plans. Il est difficile d'imaginer qu'il fut un temps où l'on s'intéressait au développement de la personne jusque vers l'âge de 20 ans, à partir duquel on parlait de déclin. Comme nous le verrons dans le présent chapitre et dans ceux qui suivront, le développement intellectuel, émotif et même physique se poursuit à l'âge adulte. Des progrès importants sont accomplis chez le jeune adulte (qu'on situe entre 18 et 40 ans), chez l'adulte (de 40 à 65 ans) et chez l'adulte vieillissant.

Certains des pas franchis sont reliés aux nouveaux rôles importants assumés par l'adulte: rôles de travailleur, d'époux et de parent. Ces rôles influent sur nos attitudes et sur nos comportements; inversement, nos attitudes et nos comportements influent sur la façon dont nous assumons ces rôles, et même sur notre décision de les exercer, ou non. Dans le présent chapitre et dans les chapitres subséquents, nous verrons comment les questions qui gravitent autour de ces rôles nous touchent et la façon dont la qualité de notre engagement face à ces rôles affecte notre entourage.

Les interactions entre les divers aspects du développement (physique, intellectuel, émotif et social) apparaîtront clairement au cours du présent chapitre. Nous verrons, par exemple, l'influence de la personnalité et de certains comportements spécifiques sur l'état de santé d'une personne. Nous étudierons des questions relatives au développement intellectuel du jeune adulte: la mesure de l'intelligence, la présence ou l'absence de stades dans le développement cognitif de l'adulte, la comparaison entre le développement moral de la femme et celui de l'homme. Nous verrons également l'impact des études postsecondaires sur le développement intellectuel et la personnalité. Le chapitre se termine par l'examen d'une des questions les plus cruciales de ce stade de la vie: le choix d'une carrière, ainsi que la formulation et la poursuite d'objectifs qui y sont reliés. Cela nous conduira à aborder, dans le prochain chapitre, les stades du développement à l'âge adulte et diverses questions relatives au choix d'un mode de vie.

Le développement physique du jeune adulte

Le fonctionnement physique et sensoriel

Le jeune adulte type est le spécimen physique idéal. La force, l'énergie et l'endurance sont les caractéristiques de cette période de la vie. À partir du milieu de la vingtaine, alors que la plupart des fonctions corporelles ont atteint leur plein développement, jusque vers l'âge de 50 ans, le vieillissement est si graduel qu'on le remarque à peine.

Les jeunes de 18 ans sont aujourd'hui généralement plus grands que leurs parents à cause de la tendance séculaire de croissance dont il a été question au chapitre 10. Entre 30 et 45 ans, la taille est stable; après cet âge, on observe une diminution minime de la taille (Tanner, 1978).

La force musculaire atteint son apogée entre 25 et 30 ans environ; la force musculaire décroîtra ensuite progressivement de 10 % entre 30 et 60 ans. L'affaiblissement affecte surtout les muscles du dos et des jambes, un peu moins ceux des bras (Bromley, 1974). La dextérité manuelle atteint un sommet au début de l'âge adulte; l'agilité des doigts et des mains commence à diminuer après le milieu de la trentaine (Troll, 1975).

C'est aussi au début de l'âge adulte que les sens sont les plus aiguisés. L'acuité visuelle est à son meilleur vers l'âge de 20 ans et ne commence à décroître que vers 40 ans. C'est l'âge auquel une tendance à la presbytie commence typiquement à se manifester, obligeant les gens à porter des lunettes pour lire. L'ouïe est à son zénith vers l'âge de 20 ans; à partir de ce moment, elle perd graduellement de sa finesse, particulièrement en ce qui a trait à la perception des sons aigus. La sensibilité tactile, le goût et l'odorat ainsi que la sensibilité à la température et à la douleur restent stables jusqu'à l'âge de 45 ou 50 ans.

L'état de santé

Les jeunes adultes sont les personnes les plus en santé de la population. Ils sont beaucoup moins sujets aux rhumes et aux infections respiratoires que lorsqu'ils étaient enfants et, s'ils les contractent, ils s'en débarrassent facilement. Il ont généralement perdu leurs allergies de jeunesse et ont moins d'accidents. Beaucoup de jeunes adultes ne sont jamais gravement malades ou incommodés. Très peu souffrent d'affections chroniques. Moins de 1 % se voient contraints de limiter leurs activités à cause d'une maladie chronique.

Les femmes rendent visite au médecin plus souvent que les hommes. Cela s'explique en partie par le grand nombre de consultations médicales que requiert le fonctionnement de leur système reproducteur. Elles ont à consulter des médecins quand la grossesse tarde à venir, au cours de la grossesse ou lors d'un avortement, ou encore pour subir des tests routiniers comme le frottis vaginal (test PAP), qui sert à détecter les cancers du col de l'utérus. Un autre facteur explique la tendance chez les femmes à consulter un médecin plus souvent que les hommes: celles-ci sont apparemment plus attentives à leur corps (Duffy, 1979). Elles perçoivent les symptômes plus tôt que les hommes, en tiennent compte plus rapidement et sont capables de les décrire avec plus de précision.

Le jeune adulte type est le spécimen physique idéal, bien que rares soient ceux qui déploient la force et la maîtrise dont fait preuve l'athlète canadien Gaétan Boucher. (Nick Didlick/Agence UPI)

La moitié environ de toutes les affections aiguës rencontrées au début de l'âge adulte touchent le système respiratoire, et 20 % d'entre elles proviennent de blessures. Les malaises chroniques les plus fréquents se rencontrent plus souvent dans les familles à faible revenu. Parmi eux, on trouve les problèmes de dos ou de la colonne vertébrale, l'arthrite, les troubles auditifs et l'hypertension. Les principales raisons qui amènent les personnes de ce groupe d'âge à être hospitalisées sont l'accouchement, les accidents et les maladies du système digestif ou génitourinaire (Ministère américain de la santé, de l'éducation et du bien-être, 1983).

Les effets du mode de vie sur la santé

Le fait d'avoir une bonne santé n'est pas une simple question de chance; notre état de santé reflète souvent notre mode de vie. Selon la définition de l'Organisation mondiale de la santé (donnée au chapitre 2), la santé est «un état global de bien-être physique, moral et social, et non seulement une absence de maladie ou d'infirmité» (Danish, 1983). Nous pouvons tenter d'atteindre un tel état de bien-être en nous conformant à certaines habitudes saines comme une bonne alimentation et la pratique régulière d'exercices physiques, et en mettant fin à des habitudes nocives comme une consommation excessive de tabac ou d'alcool. Comme nous le verrons plus loin en examinant des facteurs de risques spécifiques, certaines activités sont directement reliées à certaines maladies spécifiques. D'autres facteurs exercent une influence indirecte, mais tout aussi puissante. Par exemple, il y a un rapport entre la santé et la scolarité, le niveau économique, le sexe et le statut matrimonial.

Plus le niveau d'instruction est élevé, meilleur est l'état de santé général des gens (Fuchs, 1974). Pourquoi en est-il ainsi? D'abord, les gens les plus scolarisés viennent souvent de familles plus aisées, ce qui leur permet de mieux manger, d'obtenir au départ de meilleurs soins préventifs et de meilleurs traitements médicaux. En second lieu, une meilleure instruction est susceptible d'entraîner des conditions de travail et des habitudes de vie plus saines: les individus scolarisés et prospères font plus d'exercices et ils consomment moins d'aliments dont le taux de cholestérol est élevé. La formation scolaire peut contribuer à accroître la confiance en soi et à diminuer le stress, un facteur qui est à l'origine ou qui contribue à l'aggravation de maladies comme l'hypertension, les crises cardiaques, les attaques d'apoplexie et les ulcères. Enfin, il se peut bien que les personnes assez averties pour reconnaître les avantages qu'offre

une bonne formation soient également conscientes de l'importance d'un mode de vie sain et équilibré.

Plusieurs problèmes de santé sont associés à la pauvreté. Les maladies cardiaques comptent parmi ceux-ci. Lors d'une étude récente effectuée à Los Angeles, on a constaté que les personnes qui vivent dans des quartiers défavorisés risquent davantage de mourir de troubles cardiaques que celles qui jouissent d'un niveau économique plus élevé. Cette tendance se manifeste chez les individus des deux sexes et de divers groupes ethniques. On ne sait pas si ce sont de meilleurs soins de santé ou un mode de vie plus sain qui contribue le plus à diminuer les risques de troubles cardiaques chez les gens qui vivent dans l'aisance, mais ces deux facteurs paraissent importants (Frerichs, Chapman, Nourjah et Macs, 1984).

L'état de santé général de la femme est généralement meilleur que celui de l'homme. Il se peut que cet avantage soit en partie attribuable à un facteur biologique lié aux hormones. Toutefois, il semble que le phénomène soit surtout attribuable aux différences observées entre le style de vie des hommes et celui des femmes. Avec l'évolution des modes de vie, l'impact de ce facteur devient de plus en plus évident. Plus les femmes adoptent des modes de vie comparables à ceux des hommes, plus leur vulnérabilité s'accroît. Aujourd'hui, par exemple, s'il y a plus de femmes qui meurent du cancer du pou-

Les gens mariés jouissent d'une meilleure santé que les gens séparés ou veufs. (Joel Gordon, 1979)

mon ou d'une crise cardiaque, c'est probablement parce qu'elles fument et boivent davantage.

La plus grande participation des femmes au monde du travail est un changement qui semble avoir des répercussions positives sur leur santé. La femme qui allie travail et mariage a des chances de jouir d'une meilleure santé que celle qui n'est pas mariée ou ne travaille pas; de plus, la travailleuse mariée qui a des enfants serait en aussi bonne santé que la travailleuse mariée qui n'a pas d'enfants (Verbrugge et Madans, 1985).

Comme nous venons de le voir, le mariage est favorable à la santé de la femme qui travaille. Cette corrélation positive entre le mariage et la santé se retrouve chez la plupart des gens. Au cours des dernières décennies, certains observateurs ont soutenu que le mariage est plus favorable à la santé des hommes qu'à celle des femmes (Bernard, 1973), mais ça ne semble pas être le cas. L'analyse des données obtenues lors des recensements américains de 1960 et de 1970, de même que des enquêtes sur la santé publique, indiquent que les gens mariés (hommes et femmes) jouissent d'une meilleure santé que les gens séparés ou veufs (Verbrugge, 1979). Chez les gens mariés, le taux d'affections chroniques est faible; lorsque ceux-ci doivent aller à l'hôpital, ils n'y séjournent généralement pas longtemps. Les célibataires et les veufs semblent être un peu plus vulnérables aux affections que les gens mariés. Ce sont les personnes divorcées ou séparées qui ont la moins bonne santé: elles connaissent un taux élevé d'affections aiguës et de maladies chroniques qui limitent leurs activités sociales.

Plusieurs facteurs complémentaires expliquent la relation qui existe entre le mariage et l'état de santé: les gens mariés sont généralement plus prudents, leur mode de vie est plus sain et ils peuvent s'apporter un support et un réconfort mutuels dans les périodes de grand stress. D'autres facteurs peuvent aussi conditionner la relation entre le mariage et l'état de santé. La recherche se poursuit dans ce domaine.

Les taux et les causes de décès.   En dépit de l'excellent état de santé qui caractérise l'individu durant cette époque de la vie, le taux de mortalité attribuable à toutes sortes de causes s'accroît nettement après l'âge de 30 ans. À tout âge, la mortalité est plus forte chez les hommes que chez les femmes et, chez les jeunes adultes, le taux de mortalité chez l'homme est presque trois fois plus élevé que chez la femme. Le grand nombre de morts accidentelles chez les hommes explique en grande partie ce phénomène. Les maladies cardio-vasculaires sont aussi une cause de mortalité importante chez les hommes de plus de 30 ans. Par ailleurs, on note depuis une dizaine d'années une augmentation du nombre de décès chez les femmes attribuables au cancer (du sein, de l'utérus, des ovaires, du transit gastro-intestinal) et aux maladies cérébro-vasculaires (congestions cérébrales) (Statistique Canada, 1981).

Les comportements directement reliés à l'état de santé

Nous sommes dans une large mesure les maîtres de notre destin et exerçons un contrôle indéniable sur notre état de santé. Certains de nos comportements affectent d'une façon évidente notre bien-être: conduire d'une façon imprudente, négliger de boucler sa ceinture de sécurité, se suicider, fréquenter des criminels. En outre, plusieurs études ont démontré que les gestes que nous accomplissons quotidiennement peuvent nous aider considérablement à nous maintenir en santé et à prolonger notre vie, ou à diminuer nos forces et à abréger nos jours.

L'examen de l'impact de nos comportements sur notre état de santé fait ressortir les interrelations entre les aspects physiques, intellectuels et socio-affectifs de notre développement. Ce que nous faisons affecte notre condition physique. Souvent, nous *savons* ce qu'il faut faire pour être en bonne santé, mais notre personnalité, notre environnement social et nos états affectifs l'emportent sur nos connaissances et nous conduisent à adopter des comportements qui menacent notre santé.

Les personnes qui abusent de l'alcool ou de drogues et celles qui ont plusieurs partenaires sexuels, par exemple, sont beaucoup plus susceptibles que beaucoup d'autres de contracter des maladies infectieuses (Pankey, 1983). Une étude portant sur 7000 personnes âgées de 20 à 70 ans a permis de constater qu'il y avait chez elles un rapport direct entre leur état de santé et leur degré de fidélité à de saines habitudes de vie (voir le tableau 12.1) (Belloc et Breslow, 1972). Celles qui respectaient les sept règles, ou habitudes saines, étaient celles qui jouissaient du meilleur état de santé, suivies de celles qui en respectaient six, puis cinq, et ainsi de suite. Dans le contexte actuel, il conviendrait d'ajou-

Tableau 12.1 Sept habitudes saines

1 Prendre un petit déjeuner.

2 Prendre des repas réguliers.

3 Manger avec modération de façon à avoir un poids normal.

4 Éviter de fumer.

5 Éviter de boire de l'alcool ou en consommer modérément.

6 S'adonner à des exercices avec modération.

7 Dormir régulièrement sept à huit heures par nuit.

ter à cette liste l'utilisation d'un condom lors des rapports sexuels, chez la personne qui n'a pas de partenaire sexuel stable. Jetons maintenant un coup d'œil sur quelques comportements qui ont un impact considérable et direct sur la santé: l'usage du tabac et de l'alcool, l'exercice physique, le régime alimentaire et la réaction au stress.

L'usage du tabac. Le fumeur s'expose à des risques plus élevés de cancers, de maladies cardiaques et d'autres troubles susceptibles d'abréger sa vie. Le tabagisme est relié au cancer du poumon, du larynx, de la bouche, de l'œsophage, de la vessie, des reins, du pancréas et du col de l'utérus; il est également associé à certains troubles gastro-intestinaux tels que les ulcères, aux infarctus et à des maladies respiratoires, comme la bronchite et l'emphysème pulmonaire (Koop et Luoto, 1982; Kikendall, Evaul et Johnson, 1984; MacDougall et coll., 1983; Trevathan et coll., 1983; *U.S. Department of Health and Human Services*, 1980).

En outre, même le non-fumeur peut souffrir des effets nocifs du tabac. Nous avons parlé, au chapitre 2, des effets que peut avoir l'habitude de fumer d'une femme enceinte sur l'enfant qu'elle porte. Des études récentes ont aussi révélé que les non-fumeurs qui vivent dans un lieu où se fument quotidiennement plus de deux paquets de cigarettes absorbent une quantité de fumée équivalente à celle qu'ils inhaleraient en fumant de une à deux cigarettes par jour (Matsukura et coll., 1984). Les enfants dont la mère fume sont plus sujets aux troubles pulmonaires (Tager et coll. 1983). De plus, le non-fumeur qui vit avec un gros fumeur et l'enfant dont la mère fume sont plus exposés au cancer du poumon (Correa et coll., 1983).

Les effets du tabagisme sur le fumeur luimême sont connus depuis plusieurs années et,

fort heureusement, plusieurs personnes ont saisi le message. Aux États-Unis, il y a actuellement une personne sur trois qui fume, ce qui représente le plus faible pourcentage observé depuis qu'on compile des statistiques dans ce domaine, soit depuis 1955 (USDHHS, 1980). Les personnes plus scolarisées sont moins portées à fumer, et entre 1965 et 1980 le pourcentage des fumeurs et des fumeuses âgés de 25 à 44 ans a diminué respectivement de 28 % et de 24 % (USDHHS, 1983). La personne qui veut cesser de fumer a souvent recours à un conseiller, à des programmes de modification du comportement ou à l'hypnotisme. Devant les taux de succès relativement peu élevés des programmes officiels, plusieurs fumeurs mettent fin à cette habitude par leurs propres moyens. Sur un échantillon de 75 fumeurs qui n'ont recouru à aucune aide pour cesser de fumer, plus de 65 ont réussi à le faire (Schachter, 1982).

L'usage de l'alcool. L'alcool est omniprésent dans notre société. Tous les médias nous livrent une publicité qui associe le whisky, la bière et le vin au plaisir de vivre. L'adulte qui veut se montrer hospitalier offrira souvent un verre de vin, une bière ou une autre boisson alcoolisée. En Amérique du Nord, l'usage de l'alcool fait partie de la norme. Deux tiers des Américains âgés de plus de 18 ans disent en consommer au moins occasionnellement, et le non-buveur se croit souvent obligé de donner les raisons de son abstinence.

Les effets bénéfiques de l'alcool demeurent une question controversée (Hasktell et coll., 1984). Ce qui est unanimement reconnu, cependant, ce sont les effets nocifs de l'alcool sur des millions de personnes et sur leur entourage. Aux États-Unis, l'alcool pose des problèmes sérieux à un adulte sur dix, soit à 10 millions d'individus. Douze pour cent des travailleurs québécois seraient aux prises avec un problème de toxicomanie. L'alcool demeure de loin la drogue la plus répandue, et sa consommation augmente encore. Au Québec, les personnes sans emploi sont parmi les plus sujettes à l'alcoolisme; 14 % des hommes et 9 % des femmes sans emploi sont aux prises avec une dépendance alcoolique. Un usage excessif de l'alcool peut, à long terme, entraîner des problèmes physiques graves, tels que la cirrhose du foie, le cancer et l'arrêt cardiaque. La consommation d'alcool chez la femme enceinte peut causer divers problèmes au bébé. L'abus de l'alcool est l'une des principa-

Encadré 12.1

L'alcool vous pose-t-il des problèmes?

L'alcoolisme ne saurait être surmonté avant d'être reconnu. Voici un questionnaire qui peut servir à évaluer les difficultés que nous pose l'alcool.

Premiers symptômes

Oui   Non

____ ____ Commencez-vous à mentir ou à vous sentir coupable à propos de votre consommation d'alcool?

____ ____ Avalez-vous gloutonnement vos consommations?

____ ____ Avez-vous l'habitude de prendre quelques verres avant d'aller boire avec d'autres?

____ ____ Devez-vous boire à certains moments — par exemple, avant les repas ou des événements spéciaux, à la suite d'une déception ou d'une querelle?

____ ____ Buvez-vous quand vous vous sentez fatigué, déprimé ou inquiet?

____ ____ Est-ce que cela vous ennuie que des membres de votre famille ou des amis vous parlent de votre consommation d'alcool?

____ ____ Est-ce que vous avez des trous de mémoire et des pertes de conscience occasionnels?

Symptômes intermédiaires (accentuation des premiers symptômes)

Oui   Non

____ ____ Faites-vous plus de promesses et contez-vous plus d'histoires à propos de votre consommation d'alcool?

____ ____ Y a-t-il plus de moments où vous éprouvez le besoin de prendre un verre?

Oui   Non

____ ____ Quand vous êtes sobre, regrettez-vous ce que vous avez dit ou fait en prenant un verre?

____ ____ Vous arrive-t-il plus souvent de boire seul et de fuir vos parents ou vos amis intimes quand vous prenez un verre?

____ ____ Vous retrouvez-vous avec «la gueule de bois» le lundi matin après les beuveries auxquelles vous vous êtes adonné durant le week-end?

____ ____ Vous arrive-t-il de vous mettre au régime sec pour contrôler votre consommation d'alcool?

____ ____ Vos trous de mémoire et vos pertes de conscience deviennent-ils plus fréquents?

Symptômes avancés (phase avancée de l'alcoolisme)

Oui   Non

____ ____ Buvez-vous pour vivre et vivez-vous pour boire?

____ ____ Vous enivrez-vous lors des occasions importantes, comme les repas ou les rendez-vous spéciaux?

____ ____ Vos beuveries durent-elles plusieurs jours?

____ ____ Vous arrive-t-il de vous mettre à trembler le matin et de prendre un petit verre pour que cela cesse?

____ ____ Avez-vous très souvent des trous de mémoire et des pertes de conscience?

____ ____ Avez-vous cessé de vous occuper de votre famille et des autres personnes de votre entourage?

Texte reproduit avec la permission des Laboratoires Ayerst, division du *American Home Products Corporation*.

les causes des accidents mortels de la route. On lui impute également bon nombre de morts à la suite de noyades, de suicides, d'incendies et de chutes, ainsi que de nombreux cas de violence familiale (*National Institute on Alcohol Abuse and Alcoholism*, 1981).

En outre, l'abus de l'alcool est responsable de nombreux problèmes de santé. Le buveur est plus susceptible que le non-buveur de souffrir de troubles hépatiques, d'autres affections gastro-intestinales (y compris les ulcères), de maladies cardiaques, de troubles du système nerveux et d'autres problèmes médicaux (*Harvard School Health Letter*, 1978).

Nombreux sont ceux qui ne réalisent pas à quel point leur consommation abusive de l'alcool nuit à leur santé physique et psychologique. Ce n'est qu'une fois le problème reconnu qu'une personne peut faire quelque chose pour s'en sortir. (Le questionnaire de l'encadré 12.1 vous aidera à voir s'il y a lieu de vous inquiéter de votre consommation d'alcool.) Jusqu'à présent, l'approche la plus efficace des problèmes reliés à l'abus de l'alcool est celle des Alcooliques Anonymes, qui met l'accent sur la reconnaissance des problèmes, sur l'abstinence totale et sur le soutien affectif de la part d'autres personnes vivant les mêmes difficultés (Zimberg, 1982).

L'exercice physique.   Les vêtements les plus à la mode de nos jours sont les souliers de course, le costume de jogging et le collant; récemment, la vidéocassette des exercices de Jane Fonda a dominé la liste des best-sellers américains pendant plus de deux ans (Sunshine, 1985). Le désir d'avoir un physique agréable et d'être en bonne forme amène des millions de personnes à entreprendre des programmes d'exercices. Nombreux sont ceux qui découvrent qu'en plus d'être agréables, les exercices physiques peuvent contribuer considérablement à améliorer leur état de santé.

Du tiers à la moitié des Américains s'adonnent régulièrement à des exercices (Lee, Franks, Thomas et Paffenberger, 1981). Qu'elles fassent de la marche rapide, de la course, du saut, de la danse, de la natation, du vélo ou du ski, ces personnes améliorent grandement leur état de santé général. Elles maintiennent un poids idéal, renforcent leur musculature, leur cœur et leurs poumons, diminuent leur pression sanguine, se protègent contre les infarctus, le cancer et l'ostéoporose (une raréfaction du tissu osseux qui affecte surtout les femmes à partir de la quarantaine, et qui peut entraîner des fractures des os); de plus, elles se libèrent de l'anxiété et de la dépression, et ont des chances de vivre plus longtemps (Garabant et coll., 1984; Lee et coll., 1981; McCann et Holmes, 1984; Notelovitz et Ware, 1983).

Parce qu'on entend parfois parler d'infarctus qui surviennent lors d'exercices physiques, certaines personnes se demandent si les bénéfices de tels exercices l'emportent sur les risques. Une étude récente peut les rassurer à ce sujet.

On a comparé des hommes qui faisaient du jogging, jouaient des simples au tennis, fendaient du bois ou s'adonnaient à d'autres exercices exigeants pendant deux heures et demie par semaine, à des hommes qui faisaient moins de 20 minutes d'exercices par semaine; les risques de mort subite furent trois fois plus élevés chez ces derniers que chez les hommes qui faisaient régulièrement de l'exercice. Les arrêts cardiaques chez les hommes actifs furent plus fréquents pendant les exercices violents, ce qui s'accorde avec la perception que se font les gens des dangers de ces exercices. Dans l'ensemble cependant, cette étude, comme d'autres recherches dans ce domaine, laisse fortement entendre que les bénéfices de l'exercice physique l'emportent sur les risques (Siscovick, Weiss, Fletcher et Lasky, 1984).

Certains des autres risques auxquels l'exercice nous expose, comme les fractures et les foulures, peuvent souvent être évités par le choix d'exercices qui conviennent à notre constitution et à notre mode de vie, ainsi que par l'établissement d'un programme d'entraînement judicieux qui prévoit des périodes d'échauffement et de détente.

Le régime alimentaire.   «Tu es ce que tu manges.» Ce dicton résume l'importance primordiale du régime alimentaire pour le maintien de la santé physique et mentale. Trois des sept habitudes saines citées précédemment sont reliées à l'alimentation: prendre un bon petit déjeuner, prendre des repas réguliers plutôt que des casse-croûte et manger modérément pour maintenir un poids normal (Belloc et Breslow, 1972). La qualité et la quantité des aliments que nous consommons déterminent pour une bonne part notre apparence, notre perception de nous-mêmes, notre condition physique et l'incidence de certaines maladies comme le diabète et la goutte. Regardons de plus près quelques aspects de la santé reliés au régime alimentaire.

Le poids.   Dans une société qui valorise la minceur et juge les personnes d'après leur beauté physique, l'obésité occasionne des problèmes psychologiques sérieux. Elle a aussi des effets nuisibles sur l'état de santé physique d'une personne. Le poids est un résultat direct de notre consommation des calories contenues dans nos aliments et de la dépense des calories exigées par l'exercice; et dans la plupart des cas, une personne devient obèse tout simplement parce qu'elle absorbe plus de calories qu'elle n'en a besoin. On dit des individus dont le poids dépasse de 10 % leur poids «idéal» (selon leur grandeur et leur constitution physique) qu'ils font de l'embonpoint; le terme obèse est réservé à ceux qui dépassent d'au moins 20 % leur poids idéal.

L'obésité comporte de tels risques pour la santé qu'aux États-Unis, l'Institut national de la santé (1985) demande que les 34 millions de personnes qui présentent une obésité marquée reçoivent le même type d'attention que les individus qui souffrent d'autres affections qui constituent une menace pour leur vie. Un degré moindre d'obésité peut également nuire à la santé, tout particulièrement s'il y a présence d'autres facteurs menaçants, comme le diabète ou l'hypertension. Parmi les problèmes de santé physique reliés à l'obésité, il y a l'hypertension, les maladies cardiaques et certains cancers.

Une recherche récente a confirmé les dangers de l'obésité: parmi 8006 hommes (japonais) âgés de 45 à 68 ans, on a observé des taux de mortalité plus élevés chez les sujets les plus gras et chez les plus maigres. Ces derniers, cependant, avaient commencé à perdre du poids dès la vingtaine, probablement à cause de troubles qui ont fini par les emporter. Par conséquent, les auteurs de l'étude en question concluent que les personnes qui sont déjà minces ou qui perdent volontairement du poids ont de meilleures chances de survie que celles qui font de l'embonpoint (Rhoads et Kagan, 1983).

Le cholestérol.   Les preuves se sont accumulées au cours des dernières années en ce qui a trait à l'existence d'un lien entre un taux élevé d'une substance grasse appelée *cholestérol* et les troubles cardiaques. Le cholestérol qui se dépose dans les vaisseaux sanguins risque d'obstruer ceux-ci au point d'empêcher le sang de se rendre au cœur, provoquant ainsi un infarctus.

La relation qu'on soupçonnait depuis longtemps entre le cholestérol et les troubles cardiaques a été confirmée par des recherches récentes, et plus particulièrement par une vaste étude effectuée pendant une période de sept ans auprès de 4000 hommes d'âge mûr qui présentaient un taux élevé de cholestérol. Tous les sujets de cette étude ont été soumis à un régime à faible teneur en cholestérol et certains d'entre eux ont pris des médicaments destinés à abaisser leur taux de cholestérol. Le résultat le plus encourageant de cette recherche est la constatation d'une diminution des risques de troubles cardiaques et de mortalité à la suite d'une réduction du taux de cholestérol (*Lipid Research Clinics Program*, 1984a; 1984b).

Comme il semble que le déterminant principal du taux de cholestérol soit le type et la quantité d'aliments que nous absorbons, une association américaine a formulé une série de recommandations sur le régime alimentaire auquel l'ensemble de la population devrait se conformer dès l'âge de 2 ans (*American Heart Association*, 1984). Le régime qui y est proposé met l'accent sur le poisson et la volaille, plutôt que sur la viande rouge; sur le lait entièrement ou partiellement écrémé, et le yogourt; et le fromage blanc, plutôt que sur les fromages à pâte dure; sur la margarine et l'huile, plutôt que sur le beurre; sur une consommation réduite de matières grasses et d'huile en général; et enfin, sur une consommation modérée de jaunes d'œuf.

Les risques de cancer.   D'importantes recherches effectuées à l'échelle mondiale laissent fortement présumer l'existence d'un lien entre les habitudes alimentaires et les risques de contracter certains types de cancer. Par exemple, le taux de cancer du sein est plus élevé chez les femmes japonaises qui vivent aux États-Unis que chez celles qui vivent au Japon. D'autre part, les taux de cancer de l'estomac et de l'œsophage sont plus élevés au Japon qu'aux États-Unis. Ces données laissent croire à un lien entre le cancer du sein et un régime alimentaire riche en matières grasses; d'autre part, les cancers de l'estomac et de l'œsophage seraient reliés à la consommation de poisson salé, fumé ou mariné (Gorbach, Zimmerman et Woods, 1984).

Ces résultats, en conjonction avec d'autres relations apparentes entre le régime alimentaire et l'incidence du cancer, ont conduit la Société américaine du cancer à émettre une série de directives nutritionnelles destinées à réduire les risques de cancers (*American Cancer Society*, 1984). On y encourage une consommation modérée d'alcool ainsi que le contrôle du poids, le taux de cancer étant plus élevé chez les personnes obèses.

Le stress.   «Le chagrin l'a emportée.» «Ça me rend malade de penser à cela.» Ces affirmations souvent entendues sont mises par plusieurs sur le compte de croyances superstitieuses. Mais leur fondement scientifique commence à être reconnu, car ceux qui font de la recherche médicale découvrent de plus en plus de liens entre le stress et la maladie. Le **stress** peut se définir comme une réponse du corps à une demande. Qu'un événement devienne, ou non, un agent stressant dépend de la façon dont une personne l'interprète. Le stress est, bien sûr, une composante inévitable de la vie. Un certain degré de stress est essentiel, et même énergisant. Comme l'affirme l'un des pionniers de la recherche sur le stress, «L'absence complète de stress, c'est la mort.» (Selye, 1980, p. 128)

Jetons maintenant un coup d'œil sur deux liens qui ont été faits entre le stress et la maladie: nous verrons d'abord la façon dont les gens réagissent à divers événements de leur vie et examinerons ensuite le rapport entre le mode d'adaptation et les maladies cardiaques.

Les événements de la vie et la maladie. En examinant les événements de la vie survenus avant l'apparition de la maladie chez 5000 personnes hospitalisées, deux psychiatres ont constaté que plus il y avait eu de changements dans la vie d'un individu, plus la probabilité qu'une maladie surgisse dans les deux années subséquentes était élevée (Holmes et Rahe, 1976). Chose surprenante, plusieurs des événements à l'origine du stress semblent avoir un caractère très positif, comme le fait de se marier, d'avoir un bébé, d'acquérir une nouvelle maison ou de connaître une réussite personnelle exceptionnelle. Même les événements heureux exigent que l'individu puisse s'adapter aux changements qu'ils entraînent; ces changements engendrent des tensions, lesquelles semblent le rendre plus vulnérable.

À partir de l'évaluation faite par des personnes interrogées au sujet du degré d'adaptation dont elles ont dû faire preuve pour affronter divers événements survenus au cours de leur vie, des chercheurs ont attribué une valeur numérique à chacun de ces événements (voir le tableau 12.2). La recherche indique que les individus qui doivent vivre des changements annuels dont l'évaluation s'élève, pour une même année, à 200 points ou plus, selon cette échelle, sont susceptibles d'être victimes de tensions insupportables. Ceux-ci devraient tenter d'éviter tout autre changement majeur ou demander l'aide d'une personne qui saura les aider à s'adapter aux circonstances difficiles auxquelles ils doivent faire face.

Bien que leur documentation sur le rapport qui existe entre les événements de la vie et la maladie soit intéressante, les conclusions de

Tableau 12.2 Les événements de la vie et leur importance dans un «bilan annuel du stress»

Événement	Valeur
Décès du conjoint	100
Divorce	73
Séparation	65
Emprisonnement	63
Décès d'un membre de la famille immédiate	63
Accident ou maladie	53
Mariage	50
Perte d'un emploi	47
Réconciliation conjugale	45
Retraite	45
Changement d'état de santé d'un membre de la famille	44
Grossesse	40
Problèmes sexuels	39
Arrivée d'un nouveau membre dans la famille	39
Changement de situation financière	38
Décès d'un ami intime	37
Changement d'emploi	36
Changement dans la fréquence des querelles avec le conjoint	35
Saisie d'un bien hypothéqué	30
Changement de responsabilité au travail	29
Départ d'un enfant	29
Problèmes avec la belle-famille	29
Un grand succès personnel	28
Début ou arrêt du travail du conjoint	26
Changement dans les habitudes	24
Difficultés avec le patron	23
Changement d'heures de travail	20
Changement de résidence	20
Changement d'école	20
Changement dans les loisirs	19
Changement dans l'activité sociale	18
Changement dans les habitudes de sommeil	16
Changement important du nombre de rencontres familiales	15
Changement dans les habitudes alimentaires	15
Vacances	13
Délits mineurs	11

Source: Adapté de T.H. Holmes et R.H. Rahe. «The Social Readjustment Rating Scale», *Journal of Psychosomatic Research*, 11 (août 1976), p. 213. Avec la permission des auteurs et de Pergamon Press Ltd.

Holmes et de Rahe posent quelques difficultés. La plus grosse lacune se situe peut-être dans leur façon de considérer l'être humain comme quelqu'un qui *réagit* plutôt qu'il n'*agit*. Leur approche néglige l'importance de l'interprétation individuelle d'un événement particulier, c'est-à-dire de la signification que lui donne une personne. Par exemple, le divorce n'a pas le même impact sur celui qui en prend l'initiative que sur celui qui le subit. De plus, Holmes et Rahe négligent le fait que le stress résulte parfois de l'*absence* de changements: ennui, stagnation au travail ou relations personnelles insatisfaisantes. Bref, ces chercheurs laissent sans réponse la question suivante: «Pourquoi le stress rend-il certaines personnes malades alors qu'il réussit très bien à d'autres?»

Un des éléments de réponse repose dans la part de contrôle exercé par une personne sur les événements qui lui arrivent. Plus elle sent qu'elle exerce un contrôle sur ce qui lui arrive, moins elle risque de tomber malade. Plusieurs études sur des êtres humains et sur des animaux montrent l'importance du lien qui unit la *perception* du contrôle exercé sur l'environnement, à l'apparition de divers types de maladies dont le cancer (Matheny et Cupp, 1983; Laudenslager et coll., 1983; Sklar et Anisman, 1981).

L'absence de contrôle peut également expliquer d'autres résultats obtenus lors d'une étude menée en Californie auprès de 100 personnes d'âge mûr, issues de la classe moyenne. Chez elles, les contrariétés de la vie quotidienne permettaient de mieux prédire leur état de santé physique et psychologique que les événements importants survenus dans leur vie (Lazarus, 1981). Cela peut être attribuable au fait que la plupart des gens croient qu'ils *devraient* pouvoir exercer un contrôle sur les événements mineurs: éviter les embouteillages, protéger leurs biens pour éviter les pertes et les vols, etc. Lorsqu'ils ne parviennent pas à contrôler de telles choses, ils se sentent fautifs.

La gestion du stress.   Notre façon d'interagir avec l'environnement influe sur notre état de santé. Dans une étude effectuée auprès de 227 hommes d'âge mûr, les 36 sujets qui avaient été victimes d'un infarctus avaient éprouvé plus d'inquiétude, de tristesse, d'anxiété, de fatigue et de désintérêt face aux rapports sexuels que les autres au cours de l'année qui avait précédé leur infarctus (Crisp, Queenan et D'Souza, 1984). Une autre recherche menée auprès de 2320 hommes qui avaient survécu à un infarctus, a permis de constater que les hommes isolés et stressés risquaient plus de mourir, au cours des trois années suivant l'infarctus, que ceux qui étaient plus sociables et moins stressés (Ruber-

man, Weinblatt, Goldberg et Chaudhary, 1984). Il se peut que l'état d'esprit des sujets «à risques élevés» de ces deux groupes d'hommes les ait conduits à fumer davantage et à manger d'une façon moins saine, et qu'il ait aussi affecté leur système hormonal au point de provoquer des troubles cardiaques.

Un autre important domaine de recherches s'intéresse aux personnes qui présentent un *mode de comportement de type A* (voir le chapitre 8). L'individu qui appartient à cette catégorie de personnes a tendance à être impatient, enclin à la compétition et agressif; il agit comme s'il courait toujours contre la montre et doit constamment relever des défis. La personne qui appartient au *type B* est plus détendue et moins pressée. Sur le plan de la santé, le type A (typiquement un homme) est plus susceptible que le type B d'être victime d'un infarctus au cours de la trentaine ou de la quarantaine. Les cas d'infarctus sont rares chez le type B avant l'âge de 70 ans, et ce même s'il fume, mange des aliments gras et ne fait pas d'exercice (Friedman et Rosenman, 1974).

Comme plusieurs études n'ont pas relevé de relation étroite entre le comportement du type A et les risques d'infarctus, certains chercheurs ont resserré leur objet d'étude. Par exemple, ils ont tenté d'étudier un aspect du mode de comportement du type A: l'*hostilité* découlant du *cynisme*, c'est-à-dire le manque de confiance dans la bonté fondamentale des autres et la croyance que les autres sont habituellement mesquins, égoïstes et peu fiables (Williams, Barefoot et Shekelle, 1984; Barefoot, Dahlstrom et Williams, 1983). Selon les auteurs de ces études, de telles attitudes s'acquerraient en bas âge et refléteraient une résolution disharmonieuse de la première crise eriksonienne: le dilemme entre *la confiance ou la méfiance.*

La vigilance constante dont a besoin celui qui ne fait pas confiance à son entourage peut avoir des effets d'ordre physiologique; par exemple, elle peut entraîner une sécrétion trop élevée de *testostérone*, à laquelle on impute une obstruction des artères qui conduit souvent à un infarctus. L'individu qui appartient au type A a aussi une sécrétion beaucoup plus abondante que le type B d'une hormone appelée *noradrénaline*, substance qui peut provoquer la formation de caillots de sang responsables d'infarctus (Rosenman, 1983). Cela peut être dû au fait que le type A, percevant son environnement comme plus stressant et plus confrontant, réa-

Le stress est, bien sûr, une composante inévitable de la vie. Un certain degré de stress est essentiel, et même énergisant. Terminer à temps un travail, chercher un emploi ou organiser ses finances peuvent être sources de tensions. Qu'un événement devienne ou non un agent stressant dépend de la façon dont une personne l'interprète. (Susan Rosenberg/Photo Researchers, Inc.)

git aux plus petits événements comme si sa vie était en jeu.

Comme nous l'avons noté au chapitre 8, le mode de comportement du type A se manifeste souvent dès l'enfance. Bien qu'il soit possible de modifier ce mode de comportement à l'âge adulte (ce qui se fait souvent chez les personnes qui ont déjà été victimes d'un infarctus et veulent en prévenir un deuxième), il est préférable de trouver des façons d'aider l'enfant qui manifeste de telles dispositions à affronter la vie d'une façon plus calme. Le défi à relever ici pour la personne de type A consiste à conserver l'énergie et l'élan qui lui permettent de réussir, tout en tempérant son mode de réaction de façon à rester en bonne santé. Elle apprendra, par exemple, à ralentir son rythme de travail, à se montrer plus patiente, à consacrer du temps à la détente et à la relaxation, ou encore à réduire ses niveaux de colère et de haine. En un mot, il doit opérer un réaménagement en profondeur de son style de réaction à l'environnement.

Le cycle menstruel

Le fait que les troubles cardiaques touchent beaucoup plus d'hommes que de femmes (du

moins jusqu'à leur ménopause) serait en grande partie dû à la protection hormonale dont jouit la femme durant les années où son organisme produit de l'œstrogène. Ce serait là un bénéfice majeur du cycle menstruel, puissant régulateur des fluctuations hormonales que connaît l'organisme de la femme pendant quelque 40 années, soit entre l'âge de 12 ans et de 50 ans, environ. Au cours des dernières années, de plus en plus de recherches ont été entreprises pour déterminer les effets des hormones sur l'état physiologique, intellectuel et affectif de la femme.

Un indice de l'importance fondamentale de ces effets nous est fourni par le niveau de fonctionnement des cinq sens (la vue, l'ouïe, le goût, l'odorat et le toucher) à différentes phases du cycle menstruel. L'acuité visuelle s'accentue au moment de l'ovulation (vers le milieu du cycle); l'ouïe est maximale au début des menstruations et au moment de l'ovulation; l'odorat s'affine au milieu du cycle et décline durant la menstruation; la sensibilité à la douleur atteint son niveau le plus bas juste avant la menstruation. Aucun effet n'est apparu en ce qui a trait au goût (Parlee, 1983).

Certaines études démontrent que les fonctions intellectuelles de la femme ne sont pas affectées par le cycle menstruel: on n'a pas décelé chez les femmes de différences statistiquement significatives dans les résultats obtenus à des épreuves qui mesuraient la perception, la mémoire, la résolution de problèmes, le raisonnement inductif, la formation de concepts et la créativité. Certaines femmes ont toutefois présenté des niveaux plus élevés d'anxiété et de dépression avant leurs menstruations. Ce phénomène est apparu dans plusieurs études différentes, tout particulièrement dans celles qui ont mis l'accent sur le syndrome prémenstruel (Golub, 1975).

Le syndrome prémenstruel (SPM)

Même si les femmes et les médecins ont pris conscience depuis plusieurs siècles des divers changements physiologiques qui se produisent durant le cycle menstruel, lesquels affectent parfois l'humeur de la femme, ce n'est que récemment que les symptômes associés à de tels changements ont été décrits comme des phénomènes médicaux. **Le syndrome prémenstruel** (SPM) se caractérise par des symptômes qui peuvent apparaître jusqu'à deux semaines avant le début des règles, pour disparaître durant ou après celles-ci.

De 30 % à 90 % des femmes souffriraient de ces symptômes à l'occasion, mais très rares sont celles qui les ressentent régulièrement d'une façon assez marquée pour que leur vie en soit sensiblement affectée. Parmi ces symptômes, il y a les maux de tête, le gonflement et une sensibilité accrue des seins, le gonflement de l'abdomen, la moiteur des mains et des pieds, la fatigue, la dépression, l'irritabilité, l'acné, la constipation et d'autres malaises encore (Reid et Yen, 1981; Harrison, 1982).

Ce ne sont pas tous les médecins qui reconnaissent l'existence du syndrome prémenstruel; ceux qui le font ne s'entendent pas sur le traitement indiqué et fournissent peu d'informations sur l'efficacité des divers régimes proposés. La FDA (*Food and Drug Administration*) américaine n'approuve l'usage d'aucun médicament spécifique pour traiter le SPM. Certains médecins prescrivent la progestérone; d'autres, s'inquiétant des effets à long terme possibles de cette hormone, recommandent plutôt des vitamines et des minéraux. Un régime alimentaire sain et des exercices physiques sont souvent recommandés; comme ils devraient de toute façon faire partie de la vie de tous, hommes ou femmes, leur recommandation semble pertinente. Jusqu'à ce que nous ayons obtenu des preuves plus concrètes de la sûreté et de l'efficacité des autres traitements, les femmes qui souffrent du syndrome prémenstruel doivent continuer de s'éduquer elles-mêmes, recourir à l'aide de praticiens compréhensifs et rechercher ce qui donne les meilleurs résultats chez elles.

Le fonctionnement intellectuel du jeune adulte

Le bon sens nous dit que l'adulte a un mode de pensée qui diffère de celui de l'enfant. Nous savons que nous pouvons tenir avec lui des types de conversation différents, que nous pouvons nous attendre à ce qu'il comprenne des écrits beaucoup plus complexes et à ce qu'il puisse résoudre des problèmes que nous ne penserions jamais soumettre à un enfant, ni même à un adolescent. Mais dans quelle mesure le bon sens est-il juste? Et s'il existe des différences entre la pensée de l'adulte et celle de l'enfant, sur quoi reposent-elles?

Les questions auxquelles nous tentons de répondre lorsque nous étudions le fonctionnement intellectuel à l'âge adulte sont beaucoup plus complexes que celles que nous avons abordées pour comprendre le développement intellectuel de l'enfant. Quand nous pensons au développement intellectuel de l'enfant et de l'adolescent, nous nous intéressons généralement à la façon dont la pensée progresse d'un niveau à un autre, aux différences qualitatives entre les différents niveaux et à la façon dont les habiletés s'accroissent. Chez l'adulte, nous nous posons plutôt des questions semblables aux questions suivantes. Nous tenterons de fournir certaines réponses à ces questions dans la présente section, et d'autres éléments de réponses suivront dans les chapitres consacrés à l'adulte et à l'adulte vieillissant.

1 Qu'arrive-t-il aux habiletés cognitives telles que mesurées par les tests standardisés de quotient intellectuel? Déclinent-elles, demeurent-elles stationnaires ou s'améliorent-elles? Les divers aspects du fonctionnement cognitif évoluent-ils de la même façon? Notre méthode de cueillette de données influe-t-elle sur nos conclusions? S'il y a effectivement un déclin, pourquoi se produit-il, et que pouvons-nous faire pour y remédier?

2 Devons-nous continuer à nous référer à des stades pour caractériser le mode de pensée adulte?

3 Pour l'évaluation des habiletés décrites par Piaget et la mesure psychométrique de l'intelligence à l'âge adulte, est-il valable d'utiliser des tâches originellement conçues pour les enfants et les adolescents? Y a-t-il d'autres tâches plus appropriées?

4 Y a-t-il de nouveaux types d'intelligence qui émergent à l'âge adulte, comme des habiletés nouvelles en résolution de problèmes pratiques et la sagesse?

5 Quelles répercussions toutes ces questions ont-elles sur les politiques sociales, comme la planification de l'éducation des adultes et l'établissement de l'âge de la retraite?

Approfondissons maintenant quelques-unes de ces questions, en n'oubliant pas que notre étude du fonctionnement intellectuel à l'âge adulte se poursuivra au cours des chapitres 14 et 16.

Les recherches sur l'intelligence à l'âge adulte

Le fonctionnement intellectuel atteint un niveau élevé chez les jeunes adultes qui manifestent une nouvelle souplesse de pensée et, à bien des égards, une amélioration continue de leurs performances intellectuelles. Durant plusieurs années, on a cru que l'activité intellectuelle générale atteignait son apogée vers l'âge de 20 ans, pour décroître ensuite. Cette théorie se fondait sur les résultats d'études transversales, qui consistaient à administrer des tests d'intelligence à divers groupes de personnes d'âges différents, et qui ont démontré que ce sont les jeunes adultes qui réussissaient le mieux (Doppelt et Wallace, 1955; Jones et Conrad, 1933; Miles et Miles, 1932).

Ces différences que l'on observe dans toute étude transversale peuvent cependant ne refléter que des *différences de générations*. C'est-à-dire que les gens qui sont nés plus récemment peuvent disposer d'une plus grande banque d'informations parce qu'ils sont plus scolarisés et peuvent avoir développé davantage leurs aptitudes intellectuelles qu'ils ne l'auraient fait s'ils étaient nés 20 ou 30 ans plus tôt. Les études transversales présentent un tableau beaucoup plus morne du fonctionnement intellectuel à l'âge adulte que les études longitudinales et semblent sous-estimer les capacités intellectuelles des personnes âgées. Les études longitudinales, où les mêmes individus sont évalués périodiquement pendant plusieurs années, indiquent habituellement un accroissement apparent de l'intelligence générale jusque dans la cinquantaine au moins (Owens, 1966; Bayley et Oden, 1955).

Cattell (1965) et Horn (1967, 1968, 1970) ont suggéré qu'on fasse une distinction entre intelligence «fluide» et intelligence «cristallisée». Selon ces auteurs, l'**intelligence fluide** comprend les processus de perception de relations, de formation de concepts, de raisonnement et d'abstraction. On la mesure au moyen de tâches où le problème posé est soit nouveau pour tout le monde, soit un élément de culture extrêmement commun. On demande aux gens de regrouper des lettres et des chiffres, de former des couples de mots qui ont un lien entre eux ou de se rappeler une série de chiffres. On considère

que ce type d'intelligence dépend de la maturation neurologique et qu'il est relativement étranger aux influences de l'éducation et de la culture. Mesuré par des tests comme les matrices progressives de Raven, ce type d'intelligence atteint son plein épanouissement avant la vingtaine et décroît ensuite.

Par ailleurs, selon ces mêmes auteurs, l'**intelligence cristallisée** comporte des tâches qui ont nécessairement fait l'objet d'un apprentissage particulier, et qui dépendent donc davantage de l'éducation et des antécédents culturels. Elle se mesure au moyen de tests de vocabulaire, de connaissances générales et de problèmes sociaux. Les gens continuent d'améliorer leur rendement à ces tests d'intelligence cristallisée jusque vers la fin de leur vie. Jusqu'à présent, toutefois, une grande partie de la recherche de base sur l'intelligence fluide et sur l'intelligence cristallisée a consisté en des études transversales; par conséquent, on ne doit pas perdre de vue les restrictions qui s'appliquent à cette méthode d'évaluation.

Des données d'études longitudinales laissent croire qu'il y aurait des progrès accomplis en ce qui a trait à certaines des habiletés reliées à l'intelligence cristallisée. Mais encore ici, nous devons nous rappeler que de telles études posent des difficultés quant à l'interprétation de leurs résultats. Comme les sujets sont évalués plus d'une fois, les scores plus élevés obtenus lors des tests subséquents sont peut-être attribuables aux «effets de la pratique». Les progrès accomplis peuvent donc ne pas refléter les progrès de l'intelligence cristallisée. Nous examinerons au chapitre 16 l'approche séquentielle de K. Warner Schaie, qui tente de remédier aux inconvénients de ces deux méthodes de cueillette des données, car les répercussions d'un présumé déclin de l'intelligence revêtent une importance particulière chez l'adulte vieillissant.

Les stades du développement cognitif à l'âge adulte

Comme nous l'avons déjà souligné, l'étude du développement s'est limitée pendant de nombreuses années à l'enfance et à l'adolescence. L'étude du développement cognitif n'a pas échappé à ce plafonnement. Piaget lui-même n'a mené sa théorie que jusqu'à la période opératoire formelle, qu'il situait à l'adolescence. Mais qu'advient-il ensuite? Cessons-nous de nous développer intellectuellement une fois parvenus à l'âge adulte? L'accession au stade des *opérations formelles* est-elle le point culminant du développement cognitif? Plusieurs psychologues contemporains du développement répondent par un non retentissant à toutes ces questions et proposent diverses approches du développement intellectuel à l'âge adulte (Kramer, 1983).

Dans un article récent, Lefèbvre-Pinard (1980) a passé en revue plusieurs points de vue théoriques suivant lesquels la pensée opératoire formelle, telle que caractérisée par Piaget, ne constitue pas l'état d'équilibre final de la pensée. Les tenants de cette conception du développement cognitif chez l'adulte insistent tous sur l'irréductibilité de la diversité de la pensée humaine aux seules structures opératoires formelles. On trouve trois grandes approches du développement cognitif chez l'adulte. L'une repose essentiellement sur une analyse des différents *niveaux de stratégies cognitives* accessibles à l'adulte (Chandler, 1976). L'autre insiste sur le *caractère dialectique* ou dynamique de la pensée adulte, et l'oppose au caractère ensembliste de la pensée de l'adolescent (Riegle, 1973, 1976). Ces deux grandes voies d'approche sont encore jeunes et demandent à être systématisées et étayées empiriquement.

La troisième approche du développement et du fonctionnement cognitif adulte repose sur l'idée qui veut que la *façon d'aborder* la connaissance change avec le temps. Dans cet ordre d'idée, Schaie (1977, 1978) a proposé un modèle en cinq stades du développement intellectuel. Celui-ci s'effectuerait en une série de transitions, à partir de «ce que je dois savoir» (acquisition des habiletés durant l'enfance et l'adolescence), en passant par «la façon dont je devrais utiliser ce que je sais» (intégration des habiletés acquises dans un cadre pragmatique), jusqu'à la phase du «pourquoi savoir?» (recherche d'un sens et d'un but qui aboutit à la «sagesse»). Les expériences vécues exercent donc une influence considérable sur le développement cognitif. La séquence des stades décrits dans les paragraphes suivants est présentée sous la forme d'un graphique à la figure 12.1.

1 **L'acquisition (enfance et adolescence).** Les enfants et les adolescents acquièrent des connaissances et des habiletés en grande partie pour eux-mêmes; ils tiennent peu compte du contexte et de la possibilité de jouer un rôle dans la société. C'est le *stade de l'acquisition*, où le jeune individu accomplira de son mieux les tâches spécifiques auxquelles il est soumis, tout simplement pour montrer ce dont il est capable et sans se préoccuper de la signification que ces tâches peuvent avoir dans sa vie personnelle.

2 **La réalisation personnelle (à partir de l'âge de 18 ans ou du début de la vingtaine jusqu'au début de la trentaine).** Le passage au *stade de la réalisation personnelle* se produit lorsque la personne ne se contente plus d'acquérir des connaissances pour elles-mêmes, mais doit utiliser celles-ci pour devenir compétente et atteindre ainsi son indépendance. À ce stade, c'est dans les tâches qui ont un lien avec les objectifs personnels qu'elle poursuit qu'elle fonctionne le mieux.

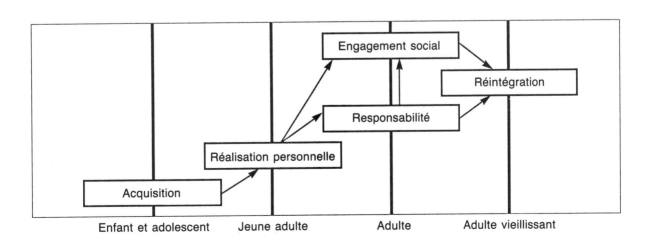

Figure 12.1   Les stades du développement cognitif à l'âge adulte

3 La responsabilité (de la fin de la trentaine au début de la soixantaine). Au *stade de la responsabilité*, un individu poursuit des objectifs à long terme et tente de résoudre des problèmes concrets et quotidiens reliés aux responsabilités qu'il assume envers d'autres personnes (comme des membres de sa famille ou des employés). Ce stade contraste avec ce que Schaie appelle «le style libre de la période d'acquisition et le style «entrepreneur» du stade de la réalisation personnelle» (p. 134).

4 L'engagement social (de la trentaine ou de la quarantaine jusqu'à la vieillesse). Au *stade de l'engagement social*, l'individu qui assume la responsabilité de systèmes sociaux (en politique ou en affaires par exemple), en plus de celle de sa famille, doit intégrer des relations complexes à plusieurs niveaux.

5 La réintégration (chez l'adulte vieillissant). La personne parvenue au *stade de la réintégration* peut relâcher son action et ses responsabilités sociales; ses fonctions cognitives se voient parfois limitées par des changements d'ordre biologique. Elle sélectionne davantage les tâches auxquelles elle consacre son énergie. Elle se préoccupe du but de ses actions et est moins encline à s'adonner à des tâches qui n'ont pas de sens pour elle.

La description de ces stades est utile à celui qui veut mesurer le fonctionnement intellectuel de l'adulte. Les tests psychométriques traditionnels permettent d'évaluer les individus qui se situent dans les deux premiers stades, mais ne conviennent pas nécessairement à l'évaluation de ceux qui se situent dans les trois derniers. Il est donc essentiel d'élaborer de nouvelles stratégies pour mesurer la compétence intellectuelle de l'adulte jusqu'à la vieillesse. Selon Schaie, cette tâche «sera aussi considérable que celle qu'a affrontée Binet quand il a entrepris de mesurer l'intelligence de l'enfant d'âge scolaire» (p. 135).

Le développement moral

Selon la description de l'évolution du raisonnement moral proposée par Kohlberg (voir chapitre 8), les stades 5a ou 5b du raisonnement moral n'apparaissent généralement pas avant la fin de la vingtaine ou même plus tard, quand l'individu y parvient. Alors que le développement moral chez l'enfant dépend essentiellement du développement cognitif, l'atteinte des niveaux supérieurs de raisonnement moral dépend plutôt de la nature et de la variété des expériences personnelles, sociales et morales de l'adulte.

Pour que les gens puissent atteindre les plus hauts niveaux du raisonnement moral, il est indispensable qu'ils vivent des expériences qui les amènent à transformer leur façon d'évaluer ce qui est juste et bien. D'habitude, les expériences qui provoquent ce type de changement sont fortement investies affectivement, ce qui active un processus de réflexion et de réévaluation du problème rencontré qui provoque des changements beaucoup plus profonds et durables que ce que permet une simple discussion. Au fur et à mesure que les gens vivent ces expériences, ils sont progressivement amenés à se décentrer et à considérer davantage le point de vue des autres, surtout lorsqu'il est question de conflits sociaux et moraux.

Bielby et Papalia (1975) ont remarqué que des adultes invoquent spontanément des expériences personnelles pour étayer leurs réponses aux problèmes moraux de Kohlberg (chapitre 8). Celui atteint du cancer, par exemple, était plus porté à excuser l'homme qui vole un médicament coûteux pour sauver la vie de sa femme et il justifiait sa réponse en mentionnant sa propre maladie ou celle d'un être cher.

Selon Kohlberg, deux expériences notoires contribuent tout particulièrement à promouvoir le développement moral. Ce sont la rencontre de valeurs conflictuelles après le départ de la maison familiale (spécialement au collège) et l'expérience de la responsabilité permanente du bien-être d'autres personnes (d'où l'importance de l'expérience parentale) (Kohlberg, 1973). À cause des engagements éthiques qu'elle demande, l'évolution morale constitue un des défis les plus exigeants de l'âge adulte.

Malgré la centralité des expériences concrètes vécues à l'âge adulte, le niveau cognitif atteint par un individu semble fixer la limite de son évolution morale. Une personne qui fonctionne sur la base d'une pensée préopératoire ou même opératoire concrète peut difficilement atteindre un niveau de moralité postconventionnelle. Ce niveau fait appel à un niveau plus avancé de fonctionnement cognitif qui permet de dégager les principes moraux abstraits en jeu dans diverses situations et de relativiser les points de vue qu'on peut adopter devant les problèmes qu'elles posent.

Les différences entre l'homme et la femme en ce qui a trait au développement moral

La question des différences entre l'homme et la femme en ce qui a trait au développement moral donne lieu à l'une des controverses les plus animées en psychologie du développement. Sigmund Freud était d'avis que les principes moraux chez la femme ne peuvent être aussi fortement enracinés que chez l'homme, parce que l'angoisse de castration qui conditionne le mode de résolution de l'Œdipe et la formation du surmoi n'affecte pas la fille autant que le garçon, étant donné la différence des sexes (voir le chapitre 7). Plus récemment, la théorie de Kohlberg a été remise en question pour avoir mis de l'avant un tableau contemporain de l'infériorité morale de la femme. Les critiques de Kohlberg mettent en doute les résultats de certaines études du raisonnement moral à l'âge adulte qui montrent que les hommes obtiennent des scores supérieurs à ceux des femmes.

Une revue récente de la littérature sur le sujet n'a toutefois relevé aucune différence de raisonnement moral entre les femmes et les hommes sur l'ensemble du cycle de la vie. Seules quelques différences isolées sont apparues chez les enfants et les adolescents, et celles-ci sont généralement inconsistantes d'une étude à l'autre. Les différences mineures qui sont apparues chez l'adulte ont, il est vrai, systématiquement favorisé les hommes. Mais comme ceux-ci étaient généralement plus instruits et qu'ils se situaient à un niveau professionnel plus élevé que celui des femmes, les résultats obtenus ne peuvent pas être attribués au seul facteur «sexe». Dans l'ensemble, la littérature montre qu'il y a plus de ressemblances que de différences entre le raisonnement moral de l'homme et celui de la femme (Walker, 1984).

L'absence de différences reliées au sexe en ce qui concerne le développement moral ne signifie cependant pas que la femme et l'homme perçoivent de la même façon les questions morales. Il est clair que la femme ne définit pas la moralité de la même façon et qu'elle ne fonde pas ses décisions morales sur les mêmes bases que l'homme. Carol Gilligan (1982), une des critiques les plus connues des travaux de Kohlberg, soutient que l'approche de ce dernier fait fi des perspectives et préoccupations traditionnelles de la femme. Alors que notre société associe la maturité chez l'homme au jugement et à l'affir-

mation de soi, elle évalue l'épanouissement de la femme en termes d'attention à l'autre et d'abnégation. C'est donc le conflit entre son propre bien et celui des autres qui représente traditionnellement le dilemme moral fondamental de la femme.

Pour étudier l'évolution morale des femmes, Gilligan a choisi d'observer leur raisonnement dans un domaine de la vie où elles ont souvent des décisions à prendre: le contrôle des naissances. Elle a fait subir une interview et présenté les dilemmes de Kohlberg à 29 femmes qui avaient fait appel à des services de consultation pour un avortement ou une grossesse. Ces femmes ont pu parler de leur grossesse et de la façon dont elles ont pris leur décision par rapport à cette question.

Les résultats de l'étude montrent que ces femmes tiennent un langage nettement moral. La procédure utilisée nous éclaire sur le stade de développement auquel elles sont parvenues (Gilligan, 1982). À cause de l'éducation traditionnelle des filles, la moralité implique chez les femmes un choix entre l'égoïsme et le sens des responsabilités, de même que l'obligation de tenir compte de l'autre et d'éviter de lui faire du tort. Les gens qui se soucient des autres sont des êtres responsables, alors que ceux qui font du tort aux autres ont un comportement égoïste et immoral. Alors que les hommes accordent plus d'importance aux grands principes comme la justice et l'équité, les femmes sont plus portées à s'intéresser aux *personnes* en cause.

Voici une séquence du développement moral de la femme, telle que décrite par Gilligan.

Niveau 1: la préoccupation concrète de la survie individuelle.   La femme s'intéresse à son propre bien, à ce qui lui convient le mieux.

Transition 1: de l'égoïsme à la responsabilité.   La femme prend conscience des liens qui l'unissent aux autres et veut tenir compte de l'autre (le bébé qu'elle porte, par exemple) de même que de son propre bien au moment de prendre une décision.

Niveau 2: la bonté et l'oubli de soi.   Cette sagesse féminine conventionnelle dicte à la femme de renoncer à ses propres désirs, de se conformer à la volonté des autres et de rechercher leur approbation. La femme se considère responsable des actes d'autrui et tient les autres responsables de ses propres choix. Elle est dans une position de dépendance et dans sa recherche indirecte du pouvoir, elle en arrive souvent à manipuler les autres en faisant appel à leur sentiment de culpabilité.

Transition 2: de la bonté à l'honnêteté. Elle évalue ses décisions non plus en fonction des réactions d'autrui, mais par rapport à ses propres intentions et aux conséquences de ses choix. Son nouveau sens moral l'incite à tenir compte de ses propres besoins de même que de ceux des autres. Elle tient à être «bonne» en se montrant responsable vis-à-vis des autres, mais elle veut également être «honnête» en se montrant responsable vis-à-vis d'elle-même. L'intérêt pour elle-même devient une préoccupation majeure, mais à un niveau différent.

Niveau 3: la moralité de la non-violence. En considérant le précepte selon lequel il faut éviter de causer du tort à autrui (et à soi-même) comme une loi qui régit tout jugement ou acte moral, la femme établit une «équivalence morale» entre elle et les autres, et peut ainsi assumer la responsabilité de ses choix par rapport aux questions et dilemmes d'ordre moral.

Gilligan illustre de façon frappante deux conceptions contrastantes de la moralité: celle de Kohlberg fondée sur les droits, et la sienne fondée sur l'idée de responsabilité. Quand Abraham, l'un des patriarches de l'Ancien Testament, accepte de sacrifier son fils pour prouver sa foi en Dieu, il obéit à une morale de type kohlbergien. La conception de Gilligan d'un sens moral fondé sur le respect de la personne trouve aussi une illustration dans la Bible: il s'agit de la femme qui a réussi à prouver au roi Salomon qu'elle était bien la mère du bébé qu'une rivale convoitait en acceptant de donner l'enfant à cette femme plutôt que de le voir mourir.

En reconnaissant mieux les aspects spécifiques à la morale de la femme, on peut mieux comprendre les différences qui existent entre les hommes et les femmes en matière de relations interpersonnelles, ainsi que dans la manière d'envisager, de traiter et de résoudre les problèmes sociaux ou moraux.

L'expérience des études collégiales et universitaires

Qui va au collège ou à l'université?

Il y a divers types d'étudiants qui fréquentent le collège et l'université: l'étudiant qui vient de terminer ses études secondaires et veut y obtenir le diplôme nécessaire à la poursuite de la profession qu'il a déjà choisie; la personne qui a travaillé quelques années après les études secondaires et qui désire explorer différents domaines d'études afin de mieux s'orienter pour l'avenir; celui qui voit dans les études supérieures un moyen d'avoir un revenu plus élevé dans les années futures; la personne qui désire entrer en contact avec de nouveaux amis et peut-être rencontrer un mari ou une femme; la femme qui a interrompu ses études pour se marier et avoir des enfants et qui, maintenant que ceux-ci vont à l'école, peut se préparer à exercer une carrière; ou encore le retraité qui, libéré de l'obligation de subvenir aux besoins de sa famille, a enfin plus de temps pour élargir ses horizons intellectuels.

Au Québec, les jeunes finissants du secondaire sont de plus en plus nombreux à entreprendre des études collégiales. Ils sont passés de 47 % en 1981, à 63 % en 1986. En 1972, 41,2 % des hommes s'inscrivaient à un programme d'études collégiales; en 1986, 55,9 % le faisaient. Du côté des femmes, ce pourcentage est passé de 36,5 % à 69,5 % au cours de la même période (MEQ, 1988).

Le développement de la personnalité et des capacités intellectuelles durant ces années

Pour étudier l'évolution intellectuelle des jeunes au cours de leurs années d'études, Perry (1970) a interviewé 67 étudiants de Harvard et de Radclif au sujet de cette période de leur vie étudiante. Par la façon dont les étudiants ont répondu aux exigences du programme et de la vie sociale de ces années d'études, ils ont montré qu'ils avaient évolué dans leur mode de pensée. Au départ d'une grande rigidité, leur pensée est devenue relativement souple et, jusqu'à un certain point, engagée:

- Le collégien entretient d'abord une conception du monde très polarisée; chaque question comporte une solution unique connue d'une autorité chargée de nous la transmettre.
- Puis, ayant l'occasion de rencontrer un large éventail de points de vue, autant à l'intérieur du programme d'études qu'au contact des autres étudiants, il adopte ensuite peu à peu une position qui lui permet de considérer le pluralisme et l'incertitude comme des phénomènes légitimes. Il considère toutefois cet état

Les étudiants vont au collège et à l'université pour diverses raisons et y évoluent généralement sur les plans intellectuel et social. Un des changements constatés est le passage de la rigidité à la souplesse intellectuelle et morale, puis à un engagement et à l'autodétermination. (Jim Anderson 1983/Woodfin Camp et Associés)

de choses comme temporaire et s'attend à ce qu'on trouve un jour *la* bonne réponse.

- Il en vient ensuite à percevoir le caractère relatif de tout savoir et de toute valeur, se rendant compte que chaque société, chaque culture et chaque individu doit se forger son propre système de valeurs.
- Il reconnaît finalement la signification du relativisme pour ses propres options et devient capable d'affirmer son identité en définissant ses valeurs et ses engagements personnels.

Les collégiens sont plus portés à faire des progrès d'abord dans les domaines qui leur tiennent le plus à cœur (par exemple ceux qui se rattachent à leur orientation de carrière). La consultation d'orientation scolaire et professionnelle gagnerait à tenir compte de l'évolution de l'étudiant dans son passage de la rigidité à la souplesse et à l'autodétermination (Kurfiss, 1977).

Madison (1969) s'est appuyé sur des données biographiques recueillies auprès des étudiants eux-mêmes pour formuler ses théories du développement de la personnalité au cours des années collégiales et universitaires. L'analyse de ces données a permis de conclure que cette période constitue vraiment un lieu de transition entre l'enfance et l'âge adulte. L'un des impacts majeurs des études postsecondaires est de permettre une remise en question des notions incorrectes acquises au cours de l'enfance et de les remplacer par des notions plus adultes. Ce faisant, l'adolescent en vient progressivement à définir son identité d'adulte.

Les personnes changent au contact de la réalité riche et complexe qu'offre la vie étudiante. La diversité des idées et des points de vue qui s'y rencontrent provoque une remise en question des valeurs et des perceptions de la réalité. On peut suivre l'évolution de l'étudiant en observant son cheminement dans le choix d'une spécialisation et d'une carrière. Trixie, une des étudiantes suivies par Madison, avait d'abord opté pour une carrière d'astronome, se fondant sur l'image qu'elle s'était faite de l'astronomie avant d'arriver au collège (l'aventure, la recherche, la gloire, le pouvoir, etc.). Au collège, elle a découvert la psychologie, une discipline qui correspondait davantage à ses intérêts pour la personne, y compris elle-même, et pour la recherche. Les découvertes qu'elle a faites au collège sur son propre compte de même qu'au sujet des disciplines qui s'offraient à elle, lui ont permis de préciser son choix de carrière de façon à mieux répondre à ses intérêts fondamentaux et aux exigences de la réalité.

L'évolution différente du garçon et de la fille

Des études montrent que les garçons et les filles ont tendance à évoluer différemment au cours de leurs études, tant sur le plan intellectuel que sur celui de la personnalité.

Lors d'une étude menée auprès de 3347 étudiants qui fréquentaient six collèges réputés, 61 % des hommes ont dit se sentir prêts à accéder aux études supérieures comparativement à seulement 49 % des femmes. Plus d'hommes que de femmes s'attendaient à obtenir un doctorat, à faire des études de médecine, de droit ou d'administration. Même si les femmes faisaient généralement de meilleurs travaux et prenaient de meilleures notes de cours, elles étaient plus nerveuses et insécures que leurs confrères lors des examens (Leland et coll., 1979). À quoi attribuer cet état de chose? Selon les auteurs de l'étude, cela serait en grande partie attribuable au fait que les femmes sous-estiment leurs aptitudes intellectuelles et leurs capacités de remplir adéquatement certaines fonctions ou certains postes traditionnellement occupés par des hommes. Le problème en serait donc un de confiance en soi et non pas d'aptitudes. Si ces femmes qui représentent une élite craignent d'entretenir des aspirations élevées, il est fort probable que les autres se comporteront de la même manière.

Intrigués par le fait que les filles, qui ont un rendement scolaire supérieur aux garçons durant les cours primaire et secondaire, obtiennent des résultats inférieurs à ceux-ci une fois parvenues aux niveaux supérieurs, Sternglanz et Lyverger-Ficek (1975) ont observé des étudiants et des assistants de 60 classes différentes de niveau collégial pour déterminer les différences en fonction du sexe. Ils ont découvert qu'il y avait plus de garçons dans toutes les classes sauf dans celles où c'était des femmes qui donnaient les cours. Là, il y avait autant de garçons que de filles. Ils ont également constaté que les garçons participaient plus activement au cours (questions, réponses, échanges avec le professeur), sauf encore une fois dans les classes dirigées par une femme. Là, les étudiants des deux sexes se comportaient de façon analogue. Les enseignants masculins ou féminins traitaient les étudiants des deux sexes de la même manière; les différences comportementales des étudiantes n'étaient donc pas directement attribuables à l'attitude des professeurs.

Selon les auteurs de cette étude, il est possible que les étudiantes se soient senties plus à l'aise avec un professeur féminin, peut-être parce que celle-ci leur offre un modèle d'identification plus naturel et plus conciliant que ce qu'un professeur homme peut offrir. Si tel était le cas, il faudrait accélérer les programmes de discrimination positive qui visent à augmenter le nombre d'enseignantes aux niveaux collégial et universitaire, pour atteindre un ratio «enseignants/enseignantes» plus représentatif du ratio «hommes/femmes» dans la population en général.

Par ailleurs, même s'il y a de nos jours plus de femmes qui poursuivent des objectifs professionnels ambitieux et qui sont soutenues dans leurs efforts, la femme connaît souvent un état de confusion quant à son identité. Elle veut s'affirmer aux plans intellectuel et professionnel, tout en continuant d'assumer son rôle traditionnel d'épouse et de mère. Cette confusion traduit peut-être une période intermédiaire de l'évolution des mentalités: la femme occupe de plus en plus de postes de responsabilité en société, mais elle demeure encore dans l'imagerie populaire la pourvoyeuse principale des soins au foyer. On peut s'attendre à ce qu'il y ait, dans l'avenir, une séparation de plus en plus nette de ces rôles.

L'abandon des études postsecondaires

Plusieurs raisons peuvent inciter les jeunes gens à abandonner leurs études collégiales ou universitaires. Ils quittent le collège ou l'université parce qu'ils ont modifié leur orientation professionnelle, parce qu'ils n'aiment pas l'établissement où ils s'étaient inscrits, parce qu'ils veulent se rapprocher de l'être aimé ou se marier, ou parce qu'ils ont échoué dans leurs études. La décision d'abandonner les études avant l'obtention du diplôme visé peut résulter de divers facteurs liés autant au milieu scolaire qu'à la vie personnelle de l'étudiant ou à son origine sociale.

Timmons (1978) a choisi au hasard un échantillon de 432 étudiants inscrits à une importante université et a étudié les réponses que ceux-ci avaient données au début de leur année scolaire lors d'un questionnaire qui portait sur leur orientation. Il compara ensuite les profils de ceux qui avaient abandonné les études à ceux des autres étudiants. Les «drop-out» avaient manifesté une insatisfaction plus marquée face à leur vie en général au moment de leur entrée à l'université. Les garçons semblaient se conformer aux ambitions de leurs parents plutôt qu'à leur goûts personnels et se montraient moins intéressés aux cours que les autres. Les filles qui avaient quitté les études ne s'entendaient pas aussi bien avec leurs parents que les autres étudiantes et elles étaient plus portées à se sentir perdues et isolées. Pour certains de ces étudiants, l'abandon des études représentait une façon de se séparer de leurs parents et de définir leur propre identité.

La décision de quitter les études a souvent des effets positifs. Plusieurs jeunes gens gagnent davantage à travailler pendant un certain temps, à s'inscrire à une institution qui leur convient mieux ou simplement à prendre le temps de mûrir, qu'ils ne gagnent à continuer de fréquenter un établissement qui ne répond pas à leurs aspirations. Les collèges devraient, entre autres, permettre aux étudiants qui décident d'abandonner de prendre un congé spécial, d'étudier à temps partiel ou bien d'obtenir des crédits pour des études personnelles, diverses expériences de vie ou des tâches accomplies dans d'autres institutions. Cope et Hannah (1975) incitent les collèges à «laisser les étudiants entrer ou sortir quand ils le jugent nécessaire, leur permettant ainsi de réviser leur orientation, de se détendre, de se marier, de s'amuser, mais aussi de retourner aux études et de continuer à se former en temps opportun» (p. 110).

Une étude effectuée dans un collège important du Québec (cégep du Vieux-Montréal) trace un tableau légèrement différent du phénomène d'abandon des études. Selon ses auteurs (Blouin, Dufresne et Robitaille, 1975), l'abandon de cours et l'échec par absence indiquent une prédisposition à l'abandon scolaire, plus que le simple fait de l'échec comme tel. Parmi tous les facteurs explicatifs invoqués par les étudiants qui ont abandonné leurs études, les auteurs ont particulièrement analysé les relations entre l'abandon des études et la motivation scolaire ainsi que l'origine sociale du jeune. Ils notent un facteur important qui conditionne l'abandon des études: le faible degré de motivation des «déserteurs» à l'endroit des études et de l'enseignement lui-même. L'étude met en évidence deux grands facteurs de désintérêt. Chez le «démissionnaire académique», le désintérêt et l'abandon des études résultent des difficultés rencontrées face aux exigences académiques du collège; chez le «décrocheur volontaire», le désintérêt et l'abandon proviennent d'un manque de stimulation de la part du milieu collégial dans son ensemble que même ses bonnes performances académiques n'arrivent pas à compenser. Les conditions de l'abandon scolaire paraissent différer d'un milieu socio-culturel à l'autre. Le démissionnaire provient généralement d'un milieu peu favorisé, ses parents ont un niveau de scolarité moins élevé que celui du décrocheur volontaire et ses chances de retour aux études sont faibles.

Le décrocheur provient généralement d'un milieu plus favorisé et il est davantage susceptible de retourner aux études (Blouin, Dufresne et Robitaille, 1975).

Les études ne doivent pas nécessairement prendre fin au début de la vingtaine. Elles peuvent se poursuivre au cours de l'âge adulte et même s'étendre sur l'ensemble du cycle de la vie. Les étudiants adultes inscrits à temps partiel dans les collèges, les écoles techniques ou les universités sont d'ailleurs de plus en plus nombreux, et on prévoit qu'ils deviendront aussi importants en nombre que les étudiants réguliers. Nous aborderons la question des programmes éducatifs réservés aux adultes dans des chapitres ultérieurs.

L'évolution de la carrière

C'est au cours de ces années que la plupart des gens se lancent dans leur premier emploi à temps plein, ce qui leur permet de façonner un aspect important de leur identité, d'atteindre l'indépendance financière et de démontrer leur aptitude à assumer leurs responsabilités d'adultes. Le travail a toutefois commencé à jouer un rôle majeur dans le développement d'une personne bien avant ce moment, et continuera de le faire longtemps après. Les enfants pensent à ce qu'ils feront quand ils seront grands et même si leurs projets sont souvent peu réalistes, plusieurs carrières sont nées du rêve d'un enfant. Les adolescents mettent beaucoup d'énergie dans la recherche d'une identité professionnelle. Plusieurs adultes remettent en question leur choix de carrière; ils se réorientent soit volontairement, soit sous la contrainte des aléas du marché du travail. Enfin, les adultes vieillissants doivent faire face à la retraite et à tout ce qu'elle comporte.

À chaque phase du cycle de la vie, le travail est étroitement lié à tous les aspects du développement: intellectuel, physique et socio-affectif. Divers facteurs reliés à tous ces plans influent sur le type d'emploi que nous exerçons et notre vie professionnelle influence à son tour notre développement dans les autres domaines de notre vie. Nous verrons dans le prochain chapitre combien le travail est étroitement associé à l'élaboration des structures de vie, lorsque nous examinerons quelques théories du développement à l'âge adulte. Pour le moment, jetons un coup d'œil sur quelques aspects importants du travail chez le jeune adulte, notamment sur la façon dont l'âge et le sexe influencent les attitudes et la performance, et sur la façon dont la vie professionnelle et la vie familiale s'entrecroisent.

Les attitudes et les comportements selon l'âge

Dans quelle mesure le stade de la vie auquel se situe une personne influence-t-il son attitude face au travail et son rendement professionnel? Un nombre impressionnant de recherches sur divers aspects de cette question ont fait ressortir plusieurs effets reliés à l'âge, comme en témoigne une revue de plus de 185 études sur le sujet (Rhodes, 1983).

L'attitude du jeune adulte face à son travail. En général, les effets de la pression exercée par la nécessité de se «tailler» une carrière se font sentir chez le jeune adulte. De façon générale, plus on est jeune, moins on se satisfait de l'emploi occupé. Après 60 ans, cependant, les résultats sont contradictoires. Certaines études rapportent plus de satisfaction au travail qu'avant 60 ans, d'autres rapportent qu'il y en a moins. Le jeune travailleur est moins engagé face à son travail et à son employeur et change plus facilement d'emploi qu'il ne le fera plus tard.

Des chercheurs ont analysé l'évolution de la satisfaction au travail en se centrant sur des composantes bien précises de la satisfaction, à savoir les possibilités d'avancement, les relations avec les supérieurs hiérarchiques et les collègues, et enfin le salaire. Aucune différence liée à l'âge n'est apparue, sauf en ce qui concerne la satisfaction face au salaire où les résultats variaient d'une étude à l'autre. Dans l'ensemble, aucun facteur de satisfaction générale n'a pu être identifié. Il se peut que la relation entre l'âge et la satisfaction générale au travail dépende de la nature de l'emploi exercé (Rhodes, 1983).

Les différences reliées à l'âge reflètent peut-être également les réalités suivantes: le jeune adulte est encore à la recherche de la voie qui lui convienne le mieux. Sachant qu'il peut changer de direction plus facilement à son âge que plus tard, il considère ses emplois avec un œil plus critique qu'il ne le fera à un âge plus avancé où il se sera davantage engagé dans un travail particulier.

Les gens plus âgés accordent habituellement plus de valeur au travail et croient qu'une personne doit travailler fort pour réussir dans la vie. Il semble qu'il s'agisse là d'un exemple de différences entre les générations plutôt que de l'effet de l'âge même. Il existe cependant plus d'une explication pour rendre compte des changements qui se produisent d'un groupe d'âge à un autre quant aux besoins de la personnalité qui sont associés au travail. Le jeune travailleur, par exemple, accorde plus d'importance à sa réalisation personnelle que le travailleur plus âgé: il se soucie davantage du niveau d'intérêt de son travail, de la possibilité de développer ses habiletés et des chances d'avancement. De son côté, le travailleur plus âgé accorde plus d'importance au fait d'avoir des superviseurs et des collègues de travail sympathiques, et de recevoir de l'aide au travail.

Le rendement professionnel du jeune adulte. Les données sur la relation entre l'âge et le rendement professionnel sont variées. En ce qui a trait à l'absentéisme, par exemple, les résultats d'études sont contradictoires. Mais si nous faisons une distinction entre les absences *évitables* (c'est-à-dire celles qui sont volontaires de la part du travailleur et non excusées par l'employeur) et les absences *inévitables* (comme celles qui sont dues à la maladie), l'impact de l'âge devient manifeste. Le jeune travailleur a plus d'absences évitables que son collègue plus âgé, peut-être en raison d'un niveau d'engagement moins élevé face au travail. Comme on pouvait s'y attendre, le travailleur plus âgé a plus d'absences inévitables, qui sont probablement dues à un état de santé moins florissant et à une convalescence plus importante à la suite d'accidents.

Lorsque nous examinons la façon dont les gens exécutent leur travail, le tableau n'est pas évident là non plus. Il se peut que le facteur-clé soit l'expérience, plutôt que l'âge chronologique: il se peut que le rendement supérieur d'un travailleur d'âge mûr soit attribuable au fait qu'il exerce son métier depuis plus longtemps plutôt qu'à son âge plus avancé. Dans certains domaines, comme les mathématiques, les gens semblent donner leur meilleur rendement durant la trentaine, alors que d'autres scientifiques ont tendance à connaître deux points culminants: le premier, vers la fin de la trentaine ou le début de la quarantaine et le second, de 10 à 15 ans plus tard (Lehman, 1953; Pelz et Andrews, 1966).

Comme nous le verrons dans notre étude de l'adulte et de l'adulte vieillissant, plusieurs travailleurs continuent de se montrer très productifs à un âge très avancé. En général, les différences de rendement professionnel reliées à l'âge dépendent dans une large mesure de la façon dont la performance est évaluée et des exigences du travail exercé. Un travail qui nécessite des réflexes rapides, par exemple, sera généralement mieux exécuté par un jeune travailleur, alors que l'emploi qui requiert de la maturité et du jugement sera exercé avec plus de succès par un travailleur plus âgé.

Les attitudes et les comportements selon le sexe

Le sexe d'un individu a souvent plus de répercussions sur sa carrière éventuelle que ses aptitudes, ses intérêts ou sa personnalité. Bien des femmes ont consacré une partie considérable de leur vie à prendre soin des enfants et de la maison, tâches qui sont rarement reconnues comme un choix professionnel, mais que l'on considère plutôt comme une chose que les femmes «sont supposées» faire, peu importent leurs intérêts et leurs talents personnels. Les efforts actuels en vue de faire admettre socialement l'importance sociale et la valeur économique du travail au foyer, pourraient un jour en faire un travail rémunéré et dotable d'avantages sociaux; ils pourraient même avoir pour résultat d'amener plus d'hommes à choisir de consacrer une partie de leur vie au soin de leurs enfants et de leur foyer.

Il faut préciser que, de nos jours, nombre de femmes passent une grande partie de leur vie à travailler à l'extérieur du foyer. Neuf femmes sur dix occupent un emploi à un moment quelconque de leur vie et, en 1980, les femmes représentaient près de la moitié de la main-d'œuvre active selon Statistique Canada.

Les lois sur l'égalité des chances au travail insistent sur le droit de l'homme et de la femme d'être traités sur un pied d'égalité quant à l'embauche, au salaire, à l'avancement et au perfectionnement. À l'heure actuelle toutefois, la réalité salariale et occupationnelle des femmes au travail est encore loin de cet objectif. Plus de femmes occupent des emplois moins bien rémunérés et elles reçoivent souvent, à travail égal, un salaire inférieur à celui d'un homme. Cette situation s'explique en partie par les préjugés sociaux, et en partie par l'arrivée récente des femmes sur le marché du travail qui fait qu'elles ont en moyenne moins d'expérience et d'ancienneté que les hommes, deux facteurs importants dans la fixation du salaire de l'employé(e). Ces deux facteurs conditionnent aussi le poste qu'un individu peut occuper dans l'organisation hiérarchique d'une entreprise. Les cadres intermédiaires d'une entreprise sont généralement recrutés parmi les employés qui y travaillent depuis plusieurs années. Par ailleurs, il ne faut pas ignorer l'impact du facteur économique sur la situation de la femme au travail. Les emplois traditionnellement occupés par les femmes l'ont été dans le secteur manufacturier. Or c'est un

La plupart des femmes travaillent pour des raisons financières, mais aussi pour d'autres avantages, comme la reconnaissance sociale et la possibilité de mettre leurs talents en œuvre. De nos jours, de plus en plus de femmes sortent des sentiers battus pour exercer des emplois non traditionnels. (Bruce Roberts, 1983/Photo Researchers, Inc.)

secteur d'emploi mal rémunéré qui n'offre pratiquement pas d'opportunités d'avancement. Enfin, une scolarisation insuffisante a longtemps bloqué aux femmes l'accès aux carrières prestigieuses les mieux rémunérées.

Le tableau des carrières féminines s'est sensiblement modifié au cours des dernières années (voir le tableau 12.3). Plus de femmes exercent des professions où elles étaient absentes auparavant, dans des domaines tels que le droit, la comptabilité, les finances et les affaires. Ce changement s'explique en bonne partie par la scolarisation accrue des femmes. Ainsi, à l'Université Laval (Ste-Foy), le nombre de femmes qui s'inscrivent à un baccalauréat n'a cessé d'augmen-

Tableau 12.3 Changements dans la nature des emplois exercés par les femmes entre 1972 et 1980

Occupation	Pourcentage de femmes	
	1972	1980
Comptables	21,7	36,3
Informaticiens	16,8	25,7
Ingénieurs	0,8	4,0
Avocats et juges	3,8	12,8
Spécialistes en sciences de l'éducation physique	10,0	20,3
Médecins	10,1	13,4
Infirmiers	97,6	96,5
Spécialistes en sciences sociales	21,3	36,0
Écrivains, artistes, animateurs	31,7	39,3
Gérants et administrateurs (à l'exception des fermes)	17,6	26,1
Préposés aux ventes	68,9	71,1
Commis de bureau	75,6	80,1
Secrétaires	99,1	99,1
Artisans	3,6	6,0
Menuisiers	0,5	1,5
Électriciens	0,6	1,2
Préposés à l'installation des téléphones	1,9	8,7
Opérateurs (machinerie)	27,0	30,7
Chauffeurs d'autobus	34,1	44,9
Ouvriers (sauf les fermiers)	6,3	11,6
Ouvriers en construction	0,5	2,8
Jardiniers	2,2	5,2

Source: U.S. Bureau of the Census (1981), Statistical abstract of the United States (1981), (102ᵉ édition), Washington, D.C., U.S. Government Printing office. Adaptation de Conger et Petersen, 1984, p. 491.

ter et atteignait la proportion de 59 % en septembre 1987, avec une importance non négligeable dans des domaines considérés comme traditionnellement masculins (64 % de femmes en droit; 62 % en médecine et 57 % en sciences de l'administration). Les filles sont toutefois encore beaucoup plus nombreuses que les garçons dans les secteurs traditionnellement féminins et sous-représentées dans les sciences et le génie (environ 40 % et moins). Malgré l'amélioration générale de la situation, les femmes hésitent encore à s'engager dans des études de deuxième cycle. Selon les mêmes statistiques de l'admission pour le trimestre d'automne 1987 à l'Université Laval, il y avait 50 % de femmes inscrites en maîtrise et 34 % inscrites à un doctorat.

Au total, certaines des disparités professionnelles et salariales sont attribuables à la discrimination qui existe dans le monde du travail. D'autres sont la conséquence des attentes de la société, lesquelles exercent une influence sur les ambitions que nourrissent les femmes par rapport à leurs propres réalisations. La «peur du succès» constituerait, selon Horner (1970), une entrave majeure à la réussite chez la femme. Plusieurs étudiantes douées auraient l'impression, consciente ou inconsciente, que le succès professionnel n'est pas compatible avec la féminité. Tout en recherchant ostensiblement la réussite dans leur carrière, ces femmes craindraient d'y parvenir. Il leur arriverait durant leurs études de refuser de révéler leurs bonnes notes, préférant parler de leurs échecs. Elles changeraient souvent leurs projets de carrière pour des objectifs qu'elles considèrent plus traditionnels, plus féminins et moins ambitieux. Les femmes dont le père a réussi dans sa profession ou en affaires auraient plus tendance à redouter le succès que celles qui proviennent de foyers des milieux défavorisé ou moyen, et dont le père n'a pas connu le succès. Il est possible, enfin, que les femmes refusent de sacrifier à une carrière tout ce que les hommes qui ont réussi ont dû sacrifier dans leur vie.

De nos jours, l'importance du travail rémunéré pour le bien-être de la femme est de plus en plus reconnue. Par le passé, les relations qu'entretenait une femme (tout particulièrement celles avec son époux et avec ses enfants) étaient considérées comme le facteur qui contribuait le plus à son estime de soi. Des études récentes, comme une importante recherche effectuée dans la région de Boston auprès de 300 femmes âgées de 35 à 55 ans, ont révélé que le sentiment de

Encadré 12.2

Le travail et la famille

Étant donné l'importance vitale du travail pour l'image de soi, il est étonnant de constater que lorsqu'on leur demande de se définir, les gens ne mentionnent habituellement pas leur travail en priorité. De plus, les travailleurs mariés qui ont des enfants situent leur rôle professionnel au-dessous de leurs rôles d'époux et de parents (Veroff, Douvan et Kulka, 1981).

Et pourtant, même si les gens accordent plus d'importance à leur rôle familial qu'à leur rôle professionnel, les personnes qui pourraient se permettre d'arrêter de travailler affirment habituellement qu'elles continueraient de le faire même si elles n'avaient pas besoin d'argent (Veroff et coll., 1981; General Wills, 1981). Cela est particulièrement vrai chez les femmes, qui tirent plusieurs avantages de leur travail en plus du salaire, dans une société qui sous-estime le travail ménager. Ainsi, au cours des dernières années, il y a eu une augmentation explosive du nombre de familles à deux revenus.

Nous vivons actuellement une période de transition en ce qui a trait au rôle professionnel et au rôle familial de l'homme et de la femme. Il n'y a jamais eu autant de femmes sur le marché du travail: aux États-Unis, dans les foyers où l'homme travaille, la femme travaille aussi dans deux cas sur trois (Conference Board, 1984). Ces couples, où l'homme et la femme poursuivent tous deux des carrières hors du foyer et partagent les tâches du ménage, représentent un changement considérable dans l'organisation familiale traditionnelle, et rencontrent à la fois des avantages et des inconvénients.

Un des principaux avantages est, bien sûr, l'accroissement du revenu familial. Ainsi, la plupart des acheteurs de maisons neuves sont, aux États-Unis, des couples à deux revenus; le salaire de la femme fait souvent passer le revenu familial d'un niveau modeste à un niveau moyen ou même élevé. Une travailleuse américaine sur huit gagne la moitié, ou plus, du revenu total de la famille et une sur trois gagne entre 30 % et 50 % de ce revenu (Conference Board, 1984). Mais la famille où l'homme et la femme travaillent à l'extérieur comporte beaucoup d'autres avantages: une relation plus égalitaire entre mari et femme, des rapports plus étroits entre père et enfants, un sens d'intégrité pour la femme qui tire profit de ses talents et une capacité accrue chez chaque partenaire d'agir et de s'épanouir dans son rôle professionnel comme dans son rôle familial.

Par ailleurs, ce mode de vie entraîne beaucoup de tensions: demande accrue de temps et d'énergie, conflits entre les exigences du travail et celles de la famille, rivalité possible entre l'homme et la femme, angoisse et culpabilité éprouvées à l'idée que les besoins des enfants ne sont peut-être pas comblés. Une des sources de tensions provient du fait que le mari et la femme d'une famille à deux carrières ont à combiner trois systèmes de rôle: le système de travail de l'épouse, celui de l'époux et le système commun de la famille. Chaque rôle exerce des pressions sur l'individu à des moments différents: dans la famille, par exemple, quand il y a de jeunes enfants, et au travail quand l'un essaie de parvenir à un poste supérieur. Les couples doivent décider de leur priorité: la famille, la carrière du mari ou celle de l'épouse. La difficulté qu'il y a à établir des priorités parmi ces rôles est la source de bien des tensions pour ces couples. Comme ces changements fondamentaux qui affectent l'organisation familiale sont relativement récents, l'homme et la femme d'aujourd'hui qui veulent mener de front la carrière et la vie familiale ont peu de modèles à qui se référer pour apprendre à résoudre les nombreux conflits de rôles et les autres problèmes qui découlent de leur mode de vie.

Une des questions auxquelles doivent faire face les couples travailleurs qui tentent de trouver des solutions à leurs difficultés est la répartition des tâches domestiques. Bien que les femmes qui travaillent à l'extérieur soient encore les premières à assumer la responsabilité des travaux domestiques et du soin des enfants, une vague de changements se manifeste dans les foyers d'aujourd'hui (Nock et Kingston, 1984). Selon une analyse de huit entrevues effectuées entre 1967 et 1977 auprès de 1223 femmes mariées qui avaient des enfants (âgées de 30 à 44 ans lors de la première entrevue), les femmes qui travaillent à l'extérieur ont moins de responsabilités domestiques que celles qui demeurent à la maison à temps plein, particulièrement en ce qui a trait au soin des enfants, au lavage de la vaisselle et à l'entretien de la maison (Maret et Finlay, 1984). Une tendance à mieux répartir les tâches se fait sentir: la femme est de moins en moins obligée d'assumer seule la responsabilité de toutes les tâches domestiques étudiées. Chose étonnante, ce ne sont pas tant les attitudes de l'homme et de la femme face aux rôles dévolus à cette dernière qui déterminent la quantité de tâches ménagères qu'elle doit assumer, mais l'importance de son revenu en comparaison de celui du mari: plus la contribution de l'épouse au revenu familial est importante, moins elle assume de tâches domestiques.

Pour surmonter les tensions générées par leur mode de vie, les couples qui travaillent recourent à un large éventail de soutiens (Olds, 1983; Skinner, 1983). Ils utilisent une partie de leur revenu additionnel pour se payer diverses formes d'aide: pour le soin des enfants, pour les travaux ménagers, pour des services qui leur épargnent temps et énergie (service de lessive, repas au restaurant, fours à micro-ondes, etc.). Ils recourent à diverses ressources de leur milieu: les programmes offerts aux enfants après l'école, les fins de semaine et l'été; les amis qui ont un mode de vie semblable et qui peuvent leur apporter une aide affective et pratique; les membres de la famille qui peuvent aider de diverses façons. Ils organisent leur vie de façon à consacrer du temps à leurs enfants, à leur vie de couple et à leur vie personnelle. Ils confient plus de responsabilités à leurs enfants. Ils apprennent à compartimenter leur vie, laissant au bureau les soucis professionnels et à la maison les préoccupations familiales. Enfin, le fait de se remémorer constamment les avantages de leur mode de vie les aide à ne pas perdre courage quand les tensions du travail et de la vie familiale les écrasent.

Quand plus de couples auront adopté ce mode de vie, la société modifiera probablement ses institutions de façon à les soulager, eux et leur famille, des tensions qu'ils éprouvent. On peut dire, à cet égard, que les couples qui travaillent et qui ont actuellement des enfants, subissent les difficultés propres aux périodes de transition. On pourrait, par exemple, réaménager leur milieu de vie et de travail, de façon à faciliter la mise en commun des services domestiques et à rendre ainsi plus facile le partage de leur temps entre le foyer et le milieu de travail. Plus d'emplois pourraient être établis sur une base à temps partiel ou être partagés, plus d'employeurs pourraient offrir des services de garde défrayés, par exemple, par un impôt spécial réservé aux personnes sans enfants... Il faudrait, en fait, apporter beaucoup d'autres changements pour répondre aux besoins des parents, des enfants et de la société en général.

fierté et de pouvoir de la femme est plus étroitement relié à son travail rémunéré qu'à sa vie personnelle, tout particulièrement si elle occupe un poste de prestige (Barruch, Barnett et Rivers, 1983). En outre, les femmes sont aussi enclines que les hommes à éprouver des tensions économiques, psychologiques et physiques à la suite de la perte d'un emploi, comme l'indique une étude menée en Indiana auprès d'anciens employés d'une entreprise qui a dû fermer ses portes en 1982 (Perrucci et Targ, 1984). Les femmes comme les hommes ont déclaré avoir souffert de divers malaises physiques après la perte de leur emploi, tels que des maux de tête, des troubles gastriques et de l'hypertension, et les uns comme les autres sentaient qu'ils n'exerçaient plus le même contrôle sur leur vie.

Le travail et la carrière jouent un rôle considérable dans la vie de la plupart des individus. Ils ont un impact important sur le développement de la personnalité, tout particulièrement

au début de l'âge adulte, où la majorité des gens formulent les objectifs professionnels qu'ils poursuivront pendant de nombreuses années. Au chapitre 13, lorsque nous étudierons quelques-unes des recherches et des théories sur le développement socio-affectif du jeune adulte, nous verrons l'importance primordiale du travail et des relations interpersonnelles entre 18 et 40 ans.

Résumé

1   L'état de santé physique et les capacités sensorielles du jeune adulte sont généralement excellents. Ce sont les accidents qui font le plus de morts parmi les jeunes adultes.

2   Il y a une relation entre l'état de santé et le niveau de scolarité, le revenu, le sexe et

le statut matrimonial. Des comportements spécifiques, tels que la consommation de tabac et d'alcool, l'exercice physique, le régime alimentaire et la façon de réagir au stress sont également associés à l'état de santé.

3   On a observé des variations hormonales en relation avec le cycle menstruel. Ces fluctuations semblent avoir une influence sur l'humeur, mais non pas sur le fonctionnement intellectuel. Il faut tenir compte de facteurs culturels pour expliquer ces résultats.

4   Les fonctions intellectuelles se situent généralement à un niveau élevé au début de l'âge adulte. Selon Cattell, il y a deux types d'intelligence: l'intelligence fluide et l'intelligence cristallisée. Ces deux formes d'intelligence évoluent différemment sous l'influence de facteurs différents.

5   Selon K. Warner Schaie, le développement cognitif de l'enfance à la vieillesse comporte cinq stades: l'acquisition de connaissances, la réalisation de soi, la responsabilité, l'engagement social et la réintégration.

6   Selon Carol Gilligan, les travaux de Kohlberg ne rendent pas compte des préoccupations et des perspectives traditionnelles de la femme. Alors que l'homme s'intéresse plutôt à la notion de justice, la femme s'intéresse d'abord à l'individu.

7   L'expérience des études postsecondaires a un impact sur le développement intellectuel et sur la personnalité du jeune adulte. Elle l'amène à remettre en question ses croyances et ses valeurs.

8   L'évolution de la carrière est importante au début de l'âge adulte. Le jeune travailleur se sent généralement moins satisfait de sa situation que le travailleur plus âgé.

9   Comme l'homme, la femme travaille pour diverses raisons: le revenu, la reconnaissance de ses capacités et la satisfaction de ses besoins personnels. Bien qu'il y ait de plus en plus de femmes qui occupent des emplois intéressants et non-traditionnels, la plupart d'entre elles exercent encore des emplois peu rémunérés.

10   Il existe de plus en plus de familles à deux carrières, où le mari et la femme travaillent hors du foyer. Quand il y aura plus de couples qui auront adopté ce mode de vie, la société modifiera sans doute ses institutions de façon à réduire les tensions liées à l'établissement de priorités entre les rôles d'époux, de parent et de travailleur.

CHAPITRE 13

Le jeune adulte

La personnalité et
le développement social

Les changements socio-affectifs qui surviennent au début de l'âge adulte, que nous avons quelque peu arbitrairement situé entre 18 et 40 ans, sont si considérables qu'il est particulièrement difficile de comprendre le peu d'attention qui leur a été accordée. De nos jours, rares sont ceux qui croient que notre personnalité cesse de se développer au moment où notre corps atteint sa taille définitive et la plupart des spécialistes du développement soutiennent maintenant que l'être humain est susceptible de changer tant qu'il vit. Dans le présent chapitre, et dans ceux qui suivront, nous étudierons les principales recherches et théories sur le développement à l'âge adulte qui ont surgi au cours des dernières décennies. Ces travaux ont adoptés diverses approches, dont les deux plus connues sont: le modèle de la crise normative et le modèle axé sur la chronologie des expériences cruciales de la vie.

Le **modèle de la crise normative** a eu une influence considérable en psychologie du développement. Selon les tenants de cette approche, il existe un «plan de base» inhérent au développement de la personne: une série de crises propres à chacune des phases de la vie doivent être résolues. Si elles le sont, la personne peut passer à la phase suivante; sinon, le développement est ralenti. Les chercheurs qui décrivent et expliquent le développement à la lumière de ce modèle, postulent une séquence typique de changements socio-affectifs reliés à l'âge d'un individu. Dans le présent chapitre, nous examinerons les séquences développementales dégagées chez le jeune adulte par Erikson, Bühler, Levinson et Vaillant.

Dans le **modèle axé sur la chronologie des expériences cruciales de la vie,** le développement ne dépend pas des crises qui surviennent à certains stades ni ne suit un plan établi. Il se fonde plutôt sur le moment de la vie où se produisent certains événements majeurs, ce qui permet de mieux comprendre la grande variabilité qu'il y a d'une personne à une autre. Selon ce modèle (dont Bernice Neugarten est la principale représentante), lorsque des événements inattendus surviennent (comme la relocalisation d'une entreprise qui oblige des travailleurs à déménager ou à se chercher un nouvel emploi), ou quand des événements attendus se produisent plus tôt ou plus tard que prévu (comme le célibat ou le veuvage à l'âge de 35 ans), il en résulte des tensions qui affectent le développement. Ce modèle ne s'intéresse donc pas à l'âge chronologique en soi, mais aux normes liées à l'âge dans une culture donnée.

Dans le présent chapitre, nous étudierons ces deux approches, qui s'appuient l'une et l'autre sur des recherches. Nous examinerons également quelques décisions et événements importants de cette période de la vie, comme ceux qui gravitent autour de l'amour, de la sexualité, de l'expérience parentale et de l'amitié. Bien qu'elle ait déjà été abordée au chapitre 12, la question du travail et de la carrière nous apparaît si intimement reliée aux sujets explorés dans le présent chapitre qu'elle sera de nouveau examinée.

Le modèle de la crise normative: théorie et recherche

Comme nous l'avons vu dans les chapitres sur l'enfance et sur l'adolescence, Sigmund Freud et Erik Erikson ont décrit une série de stades de la vie où l'individu doit résoudre des questions cruciales. Freud s'est arrêté à l'adolescence dans ses théories sur le développement, mais Erikson a poursuivi sa description et identifié trois crises à l'âge adulte: la première chez le jeune adulte, la deuxième chez l'adulte d'âge mûr et la troisième chez l'adulte vieillissant. S'inspirant des recherches d'Erikson, Vaillant va s'attacher à comprendre davantage comment évoluent les styles adaptatifs de l'adulte (Houde, 1986).

Les théories du développement à l'âge adulte

La théorie d'Erikson: l'intimité ou l'isolement

Ayant acquis le sens de l'identité au cours de l'adolescence, le jeune adulte est maintenant prêt à fusionner son identité avec celle d'une autre personne. Il peut désormais se consacrer à une relation étroite et intime avec elle. Parvenus à ce point, les gens sains sont prêts à prendre le risque de se rendre vulnérables en s'engageant dans des relations qui sont affectivement exigeantes, comme une amitié intime ou une relation amoureuse. Les gens qui évitent systématiquement ces engagements de peur de mettre leur identité en péril, risquent de se confiner progressivement à un état d'isolement et de repliement sur eux-mêmes plutôt inconfortable. En apprenant à répondre aux exigences souvent conflictuelles de l'intimité et de la rivalité, les jeunes adultes se forgent un sens moral qu'Erikson considère comme la marque d'un adulte.

Ce n'est pas avant ce stade que la «vraie génitalité» peut s'épanouir parce que, jusqu'à ce moment, la vie sexuelle des individus a été dominée soit par la quête de leur propre identité, soit par des «luttes phalliques ou vaginales qui font de la vie sexuelle une sorte de combat génital» (Erikson, 1950, p.264). Dorénavant, le jeune adulte peut, selon Erikson, aspirer à l'«utopie de la génitalité»; celle-ci devrait comporter l'orgasme réciproque lié à un rapport amoureux hétérosexuel, au sein duquel la confiance mutuelle règne et où les cycles du travail, de la procréation et de la récréation sont régis en fonction du but ultime qui consiste à permettre aux enfants nés de cette union de bien traverser tous les stades de leur propre évolution. Dans l'idée d'Erikson, il ne s'agit pas là d'une utopie purement sexuelle, mais plutôt d'une réalisation totale.

Au cours des dernières années, Erikson a reformulé quelques-unes de ses positions initiales pour les situer dans une perspective plus actuelle. Dans le climat sexuel plus libéral d'aujourd'hui, par exemple, il distingue les *rapports intimes*, qui peuvent se vivre lors de rencontres occasionnelles, de l'*intimité*, qui se caractérise par une réciprocité empreinte de maturité et qui dépasse la sexualité (Hall, 1983). Malgré cela, son point de vue demeure limitatif. Parce que son modèle d'une sexualité idéale s'attache essentiellement aux rapports hétérosexuels qui aboutissent à l'orgasme mutuel et ultimement à la procréation, cet idéal de sexualité demeure hors de portée des homosexuels, des célibataires et de ceux qui sont sans enfant. Erikson s'est récemment prononcé sur les répercussions de la décision de ne pas avoir d'enfants; il invite ceux qui ne veulent pas d'enfants à reconnaître qu'ils défient un besoin instinctif, qu'ils risquent d'éprouver un sentiment de frustration et de perte à la suite de leur décision et qu'ils doivent canaliser leur instinct de procréation dans d'autres directions (Hall 1983).

Le point de vue d'Erikson sur le début de l'âge adulte comporte d'autres limitations. Parmi celles-ci, il y a l'idée selon laquelle le jeune adulte découvre son identité au cours de l'adolescence; or, la quête d'identité semble se poursuivre pendant la plus grande partie de la période correspondant au début de l'âge adulte. Autre faiblesse de la conception d'Erikson: selon lui, la question de l'évolution de la carrière ne préoccupe pas tellement l'individu au début de l'âge adulte, mais se présente surtout durant l'adolescence. Les données recueillies par les chercheurs qui s'intéressent au développement de l'adulte démontrent que l'évolution professionnelle a au moins autant d'importance que le développement interpersonnel à cette époque de la vie qu'à l'adolescence, qu'elle suscite tout

Ayant acquis le sens de son identité au cours de l'adolescence, le jeune adulte peut désormais se consacrer à une relation étroite et intime qui peut lui demander des sacrifices et des compromis. Chez la femme, l'expérience de l'intimité précède souvent l'acquisition de l'identité. (Ginger Chih/Peter Arnold, Inc.)

autant d'émotivité et qu'elle constitue une partie importante de la quête d'identité.

La théorie de Bühler: l'évolution des objectifs de vie

Dans se théorie des cinq phases du développement humain, qui met l'accent sur le développement à l'âge adulte, Bühler (1933) insiste sur l'établissement d'objectifs. Pour elle, «accomplir quelque chose, quelque part et d'une certaine manière, voilà le but inhérent à l'activité» (Bühler, 1967; de Houde, 1986, p. 17).

L'adolescence et le début de l'âge adulte (de 16 à 25 ans environ).   C'est au cours de ces années que les individus en viennent à comprendre que leur vie leur appartient. Ils s'intéressent à l'analyse des expériences vécues jusque-là, et il se peut qu'ils écrivent leur première autobiographie. Ils se montrent idéalistes et caressent de vastes desseins: ils veulent un partenaire à aimer, un Dieu en qui croire, des réponses à leurs questions sur le sens de leur vie et la possibilité de réaliser leurs rêves. Les gens maîtrisent cette phase de façon adéquate s'ils font preuve de suffisamment de maturité pour analyser et peser leurs propres aptitudes aussi bien que leurs besoins, pour clarifier les valeurs auxquelles ils adhèrent et veulent consacrer leur vie, pour faire face aux problèmes et aux conflits normaux, et pour s'adapter aux changements d'attitudes et de circonstances. Ainsi, les tâches développementales de cette phase sont liées à l'élargissement des activités et dimensions de la personne, et à la tentative de déterminer les objectifs de vie à atteindre (Houde, 1986).

Bühler (1986) nous présente David, jeune adulte de 22 ans, comme une personne qui maîtrise bien cette phase. Étudiant en sciences, ses plans d'avenir immédiat portent sur l'obtention de son baccalauréat et sur la recherche d'un travail qui lui fera gagner assez d'argent pour pourvoir à ses besoins. Il projette ensuite de donner des cours au collège, d'épouser sa fiancée et enfin de devenir professeur.

Le début et le mileu de l'âge adulte (de 26 à 40 ans environ).   Les gens passent maintenant d'une phase de tentatives dans la définition des objectifs à une phase où culmine la capacité de déterminer et de spécifier les buts à atteindre (Houde, 1986). Idéalement, ils deviennent capables de formuler principes et objectifs visés avec plus de précision, et ils ont une meilleure idée

de leur potentiel de développement. Il s'agit d'une période de la vie qui est riche et où s'effectue généralement un choix par rapport au mariage et à la venue des enfants; c'est une époque où l'individu se trouve à l'apogée de ses capacités sexuelles, à un point stable de sa carrière et parmi tout un cercle d'amis. Pourtant, bien que ce soit là l'idéal, peu de gens sont capables de surmonter les obstacles qui contrent leurs efforts en vue de mener une vie stable. Ils sont parfois déçus parce qu'ils ont l'impression d'avoir choisi la mauvaise carrière ou le mauvais conjoint. Il arrive qu'ils n'aient pas encore la maturité nécessaire à l'intégration de leur vie dans un style de vie déterminé. Parfois enfin, les conflits affectifs absorbent tellement d'énergie psychique qu'il ne leur en reste pas suffisamment pour leur adaptation à la vie. L'expérience de la réussite aide un individu à atteindre les objectifs de cette phase, alors que celle de l'échec peut lui faire perdre ses moyens.

Les autres phases du développement proposées par Bühler seront présentées aux chapitre 15 et 17.

Les recherches sur le développement à l'âge adulte

S'inspirant des travaux d'Erikson, plusieurs chercheurs ont observé des adultes dans le but d'identifier des stades de développement spécifiques. Nous étudierons deux importants projets de recherches: l'étude longitudinale de Grant, décrite par Georges Vaillant (1977), dans laquelle on a observé un groupe d'étudiants de l'Université de Harvard de l'âge de 18 ans jusque dans la cinquantaine; et une étude séquentielle effectuée par Daniel Levinson et ses collègues (1978) qui, grâce à des tests et à des entrevues intensives, ont étudié le passé et le présent d'hommes âgés de 35 à 45 ans pour en faire ressortir les expériences-clés (voir le tableau 13.1). Les aspects de ces études qui s'appliquent au jeune adulte seront étudiés dans le présent chapitre et ceux qui portent sur l'âge mûr, au chapitre 15.

Bien que nous présentions une critique exhaustive de cette approche au chapitre 15, nous tenons à faire dès maintenant quelques mises en garde. La conclusion qui a émergée de ces recherches et selon laquelle il y a une séquence prévisible de stades (reliés à l'âge) tout au long de la vie adulte, a influencé la façon dont plusieurs personnes perçoivent aujourd'hui le

Tableau 13.1   Trois perspectives sur les stades du développement chez l'adulte

Erikson (1950)	Vaillant (1977)	Levinson (1978)
Intimité ou isolement *(de 18 à 40 ans)* L'assurance de son identité, acquise durant l'adolescence, permet au jeune adulte de fusionner son identité à celle d'autres personnes. Le jeune adulte résout les conflits entre l'intimité, la compétition et l'exclusivité, et développe son sens moral. Il est prêt à vivre une relation hétérosexuelle dont le but ultime consiste à procurer un milieu nourricier à ses enfants.	*Déroulement de la vie adulte* *Période d'établissement* *(de 18 à 30 ans)* Passer de la domination parentale à l'autonomie, se trouver un conjoint, élever ses enfants, établir et approfondir des amitiés. *Période de consolidation* *(de 25 à 35 ans)* Faire ce qu'il y a à faire, consolider sa carrière, raffermir son mariage, poursuivre ses objectifs sans les remettre en question. *Période de transition (vers 40 ans)* Quitter l'activité fébrile et compulsive de l'apprentissage professionnel pour explorer son monde intérieur.	*Élaborer une structure de vie* *Phase novice du début de l'âge adulte (de 17 à 33 ans)* a *Transition du jeune adulte* *(de 17 à 22 ans)* b *Entrée dans le monde adulte* *(de 22 à 28 ans)* Élaborer une première structure de vie, choisir une occupation, se marier, établir son foyer et sa famille, se joindre à des groupes civiques et sociaux, poursuivre son rêve d'avenir et trouver un mentor qui aidera à trouver des façons de réaliser ce rêve. c *Transition de la trentaine* *(de 28 à 33 ans)* *Devenir autonome (du milieu à la fin de la trentaine)* Se dégager du pouvoir et de l'autorité des autres, rechercher l'indépendance et le respect, renoncer au mentor. *Établissement (33 à 40 ans)* Élaborer une deuxième structure de vie, s'engager plus à fond dans le travail et la famille, se fixer un échéancier pour la réalisation de ses objectifs, se tailler une place dans la société.

développement à l'âge adulte. Ce concept est bien exprimé, mais discutable. Si nous prenons au pied de la lettre les conclusions de ces chercheurs, nous nous attendrons à un modèle de développement universellement suivi par tous les individus. Cela n'est pas le cas. Alors que l'âge d'un enfant ou d'un adolescent nous permet de déterminer avec une certaine justesse le stade de développement auquel il se situe, l'âge chronologique d'un adulte nous en dit moins long que sa personnalité et son histoire personnelle. Comme nous le verrons en étudiant l'impact des événements sur le développement d'une personne, nous vivons tous des expériences uniques qui contribuent considérablement à nous façonner. Nos traits de personnalité, qui manifestent une certaine stabilité au fil des années, affectent aussi le cours de notre vie. En outre, il est trompeur de voir le développement de l'adulte comme une série de stades distincts, car plusieurs questions ressurgissent à maintes reprises tout au long de l'âge adulte, tant sur le plan de la réflexion que sur celui de l'action.

Enfin, il est hasardeux de faire des généralisations à partir d'études qui se basent sur des échantillons qui ne sont pas très représentatifs; les recherches dont il est ici question ne concernent que des groupes restreints d'hommes de race blanche, issus de la classe moyenne. Comme nous le verrons dans notre étude des travaux de Carol Gilligan (et, au chapitre 15, de ceux de Lillian Rubin, de Grace Baruch et de

Rosalind Barnett), les recherches effectuées auprès des femmes font ressortir chez celles-ci des modes de développement différents. En outre, comme nous le soulignons dans notre examen critique des études de Grant et de Levinson (au chapitre 15), tous les hommes évalués sont nés durant les années 1920 et 1930, ce qui signifie que les résultats obtenus ont été marqués par l'influence de ces générations.

L'apport le plus important de ces premières études du développement de l'adulte est probablement d'avoir souligné, tant aux chercheurs qu'aux gens en général, l'importance du développement après l'adolescence. Bien que nous devions garder à l'esprit les limites de ces recherches, leur étude nous aide à identifier des filons dans le développement de plusieurs adultes.

L'étude longitudinale de Grant

Dans le but d'étudier la façon dont l'homme adulte évolue et modifie son univers pour s'adapter à la vie, Grant entreprit en 1938 une recherche auprès d'un groupe de 268 étudiants de Harvard, âgés de 18 ans. Tous étaient considérés en bonne santé physique et psychologique, et paraissaient particulièrement autonomes. Cette recherche était une des premières grandes études sur l'adulte et est connue sous le nom de «The Grant Study of Adult Development». Les sujets ont été suivis jusqu'en 1969 et soumis à une quantité impressionnante d'épreuves physiques, physiologiques, psychologiques et psychométriques, auxquelles s'ajoutèrent des entrevues portant sur la famille, la carrière et les valeurs. En 1967, Vaillant choisit 95 sujets masculins; il revit les données accumulées sur chacun d'eux par la fondation Grant et les rencontra en entrevues afin d'étudier comment ils s'étaient adaptés et continuaient de s'adapter aux circonstances de la vie (Houde, 1986). Il tira de ses études une série de conclusions-clés. Il y affirme que la vie n'est pas façonnée par des événements traumatisants isolés, mais par la qualité de relations suivies avec des personnes de notre entourage; les gens changent et évoluent toute la vie; et enfin, les mécanismes auxquels un individu fait appel pour s'adapter aux circonstances de sa vie déterminent son niveau de santé mentale (Vaillant, 1977). Cette recherche a permis d'identifier plusieurs **mécanismes de défense du moi** couramment employés par les gens, c'est-à-dire leurs façons caractéristiques de s'adapter

aux situations. Vaillant a regroupé ces mécanismes en quatre catégories: les mécanismes *matures* (comme le sens de l'humour ou l'altruisme), les mécanismes *psychotiques* (déformations de la réalité), les mécanismes *immatures* (apparition de douleurs sans fondement physique) et les mécanismes *névrotiques* (comme exprimer sa colère à son patron en entretenant des préjugés contre un groupe de collègues).

Bien qu'il arrive souvent que des mécanismes matures et des mécanismes névrotiques soient utilisés par des adultes sains, Vaillant a constaté que les hommes qui se servent davantage du premier type de mécanismes réussissent mieux sur divers plans. Ils sont plus heureux, tirent plus de satisfaction de leur travail, entretiennent des amitiés plus profondes, font plus d'argent, sont en meilleure santé physique et mentale et s'adaptent mieux en général.

Comment savoir si un mécanisme de défense est adapté ou pathologique? Selon Houde (1986), on ne peut répondre à cette question sans considérer les circonstances qui préludent à l'apparition du mécanisme, et ses effets sur le mode de relation que la personne entretient avec son entourage. De façon générale, une réaction défensive est d'autant plus adaptée qu'elle donne lieu à un fonctionnement souple, orienté vers le présent et qui procure des gratifications partielles.

Le développement des hommes qui ont participé à cette étude correspond à la séquence développementale proposée par Erikson. Vaillant ajoute cependant un stade à cette séquence, entre la crise 6 (intimité ou isolement) et la crise 7 (générativité ou stagnation, qu'Erikson a située à l'âge mûr et que nous étudierons au chapitre 15). Il s'agit de la *consolidation de la carrière*, qui survient entre la vingtaine et la quarantaine et qui touche l'homme comme la femme.

Le fait que ce stade survient après le stade de l'intimité, mais avant celui de la générativité, nous donne des indices sur les causes des difficultés rencontrées par tant de couples vers la septième année de vie commune: certains individus se désintéressent d'une relation intime bien établie pour se consacrer entièrement à leur carrière; il peut en résulter un dépérissement de la relation de couple. Les problèmes peuvent devenir particulièrement aigüs si les deux conjoints se situent à des points différents de cette séquence: l'un veut encore se concentrer sur la relation avec l'autre alors que le second s'intéresse davantage à sa carrière, ou bien, l'un se consacre totalement à sa carrière alors que l'autre est prêt à passer au stade de la générativité, c'est-à-dire à se préoccuper de l'orientation de la prochaine génération.

Les études de Levinson

Dans une autre étude sur le développement à l'âge adulte, Levinson, Darrow, Klein, Levinson et Mckee (1974) ont interviewé longuement 40 hommes de 35 à 45 ans qui s'adonnaient à quatre types d'occupations différentes; il s'agissait d'ouvriers d'industrie payés à l'heure, de cadres d'entreprises commerciales, de biologistes qui œuvraient dans le milieu académique et de romanciers. Les interviews portèrent sur de nombreux aspects de la vie de ces hommes: l'éducation, le travail, la religion, la politique,

les loisirs, de même que les relations avec les parents, les frères et sœurs, l'épouse, les enfants et les pairs. Les intervieweurs s'intéressèrent tout particulièrement à la période qui couvre la fin de l'adolescence jusqu'à l'âge adulte, et s'attachèrent à saisir les rapports entre les différents aspects de la vie et leur mode d'évolution. Les sujets passèrent également des tests de personnalité.

À partir de cette recherche multidisciplinaire menée par des psychologues, des psychiatres et des sociologues, Levinson (1977) a élaboré sa théorie selon laquelle l'édification d'une *structure de vie* représente le but du développement à l'âge adulte. Cette structure comporte un aspect externe: la participation au système socio-culturel, en ce qui a trait à la spiritualité, à l'héritage ethnique et racial, à la famille et à

Tableau 13.2 Les phases des saisons de jeune adulte et du mitan de la vie, selon Levinson

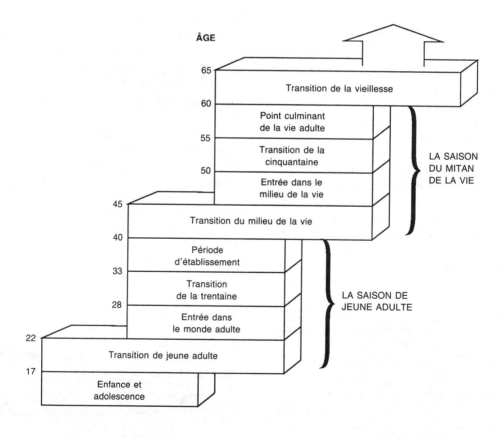

Source: Traduction libre du tableau de Levinson, 1978, p. 57.

Tiré de: Les temps de la vie: le développement psychosocial de l'adulte selon la perspective du cycle de vie, Renée Houde (1986), p. 78.

l'occupation, de même qu'à des circonstances ou événements sociaux tels que les guerres et les crises économiques. Elle comporte aussi un aspect interne: les valeurs, les rêves et la vie affective de l'individu. La structure de vie permet de saisir concrètement comment s'effectue l'insertion de la personne dans son univers (Houde, 1986).

En élaborant sa structure de vie, l'individu traverse des périodes stables qui durent généralement de six à huit ans, et au cours desquelles il fait des choix et vit en fonction de ceux-ci. Il connaît également des périodes de transition, qui empiètent sur les périodes précédentes et qui durent de quatre à cinq ans; ces phases de transition lui permettent de réévaluer sa vie et d'explorer les nouvelles possibilités qui s'offrent à lui avant d'accéder au stade suivant. Les stades que nous découvrons plus loin se déroulent au début de l'âge adulte et caractérisent la période du mitan de la vie. Les trois premiers définissent la phase *novice* du mitan, alors que le dernier définit la phase d'*établissement* de cette même période.

La phase novice[1]

La transition de jeune adulte (de 17 à 24 ans).   Durant cette période, qui peut durer de trois à cinq ans, le jeune homme[2] accède à l'âge adulte; il quitte la maison parentale et acquiert une plus grande indépendance financière et émotive. Les jeunes gens qui entrent au collège, à l'université ou dans les forces armées se placent dans une situation institutionnelle intermédiaire entre le statut de l'enfant qui vit dans sa famille et le véritable statut d'adulte.

L'entrée dans le monde adulte (de 22 à 28 ans).   Vers le début de la vingtaine, l'équilibre se déplace; le jeune homme est maintenant un «apprenti adulte» et se sent plus à sa place dans le monde adulte que dans sa famille. Il doit maintenant élaborer sa première structure de vie: des relations avec les femmes, conduisant habituellement au mariage (ou à l'union libre) et aux enfants; l'engagement dans le travail menant au choix d'une occupation; l'établissement d'un foyer; les relations avec des amis et avec la famille; et enfin, l'engagement dans divers organismes civiques ou sociaux.

Certains hommes se montrent hésitants durant ces années et élaborent une structure de vie vague qui ne leur demande pas d'investir beaucoup d'énergie; quelques-uns s'engagent à fond dans le mariage, une occupation et la poursuite d'autres objectifs, assurant ainsi une certaine continuité entre le stade précédent et le suivant; d'autres, enfin, conjuguent stabilité et changement, s'engageant pleinement dans un domaine de leur vie (comme le travail ou le mariage), mais non pas dans les autres.

Ce stade comporte deux dimensions importantes: le *rêve* et le *mentor*. Bien des gens parviennent à l'âge adulte en caressant un *rêve* d'avenir, rêve souvent associé à leurs activités professionnelles. La vision qu'ils ont d'eux-mêmes en tant que futurs romanciers célèbres ou futurs lauréats du Prix Nobel leur sert d'aiguillon et de stimulant durant une bonne partie de l'âge adulte. Beaucoup de crises propres à cette période surgissent quand l'individu se rend compte que ces rêves longtemps poursuivis ne se réaliseront jamais. La façon dont les gens réorientent leurs objectifs — par exemple en se fixant un but plus accessible — permet de prévoir comment ils pourront faire face à la vie.

Plusieurs individus sont fortement influencés dans leur carrière par un *mentor*, c'est-à-dire par une personne plus âgée qui établit avec eux une relation complexe et vitale. Le mentor a généralement de huit à quinze ans (une demi-génération) de plus que son protégé. L'intérêt qu'il porte à ce dernier lui permet de le guider, de l'inspirer et de lui transmettre sa sagesse, son soutien moral ainsi qu'une aide pratique dans sa carrière comme dans sa vie personnelle. Les mentors des sujets observés par Levinson étaient presqu'exclusivement des hommes, ce qui n'étonne personne, étant donné la domination masculine qui prévaut dans la plupart des carrières. La majorité des femmes d'affaires qui réussissent ont elles aussi des hommes comme mentors (Hennig et Jardim, 1977). Comme elles sont de plus en plus nombreuses à connaître le succès dans leur carrière, il y a de plus en plus de chances qu'elles servent de guides à des travailleurs plus jeunes.

La transition de la trentaine (de 28 à 33 ans).   À quelques années près, l'âge de 30 ans

---

1 Les âges sont approximatifs.

2 Bien que les femmes puissent avoir un mode de développement analogue, ces chercheurs n'ont étudié que les hommes, et leurs conclusions ne portent que sur les hommes.

marque souvent une période de transition critique durant laquelle l'individu jette un second regard sur sa vie. Il se demande si les choix qu'il a faits au cours de la vingtaine étaient judicieux; il peut prendre des engagements sérieux pour la première fois de sa vie.

Certaines personnes traversent cette période de transition en douceur et évoluent avec aisance, même lorsqu'elles doivent modifier leur vie; d'autres connaissent une crise de croissance, trouvant leur structure de vie actuelle insupportable, mais n'étant pas en mesure d'en élaborer une meilleure. Les problèmes matrimoniaux sont fréquents au cours de cette période et le taux de divorce atteint un sommet. Le rôle du travail n'est plus le même à partir du moment où l'homme change d'emploi, obtient une promotion ou se fixe, après une période d'incertitude. Certains entreprennent une psychothérapie qui les aidera à clarifier leurs objectifs.

Levinson (1977) considère que cette étape est d'une importance primordiale. Si les choix qui sont faits à ce moment sont judicieux, ils assureront un fondement solide à la structure de vie. S'ils ne le sont pas, ils peuvent menacer l'équilibre de la période qui suit. Même les meilleures structures continueront cependant de changer au cours de la vie.

Au cours d'interviews auprès d'hommes et de femmes, Sheehy (1976) a constaté que plusieurs femmes vivent elles aussi une transition vers l'âge de 30 ans. C'est le moment, par exemple, où une femme de carrière peut opter pour une vie centrée sur le foyer et les enfants, celui où une femme qui restait au foyer décide de retourner aux études et de se préparer à poursuivre une carrière.

Pour résumer, la phase novice (de 17 à 33 ans) comporte quatre tâches majeures (Houde, 1986):

- construire un rêve de vie et lui faire de la place dans la structure de vie;
- établir une relation avec un *mentor*;
- élaborer sa vie professionelle ou son *travail*;
- développer une *relation amoureuse, se marier, fonder une famille*.

La phase d'établissement (de 33 à 40 ans)

Le début de la trentaine est une période où se stabilise le style de vie et s'élabore une deuxième structure de vie: les jeunes adultes s'attachent plus profondément à leur carrière, à leur famille et à d'autres aspects importants de leur vie. Ils se fixent des objectifs précis (un poste de professeur, un certain niveau de revenu, un spec-

tacle solo) avec une échéance précise, qui correspond souvent à l'âge décisif de 40 ans. Ils élaborent un plan de vie qui leur permettra de se faire une place au soleil et d'affirmer leurs racines dans leur famille, leur milieu de travail et leur communauté. En même temps, ils continuent de travailler à leur avancement: ils améliorent leur qualité de vie, développent leurs habiletés et leur créativité et contribuent davantage à la vie de la société. Ces deux tâches peuvent sembler contradictoires, car une personne ne peut avancer si elle investit trop dans la stabilité; une part de jonglerie et une constante réévaluation des priorités sont donc nécessaires.

La remise en question

Vers la fin de la trentaine survient une période où l'homme est plus sensible aux contraintes qui découlent des choix effectués. Des difficultés peuvent alors apparaître dans ses relations avec sa femme, ses enfants, sa maîtresse, son patron, ses amis ou ses collègues de travail. Par contre, au niveau professionnel, il acquiert une plus grande confiance en ses capacités. Il n'a plus besoin du mentor qui l'a aidé à traverser une période de transition. Levinson a identifié cinq modèles de comportement au cours de cette période.

La séquence A: l'avancement à l'intérieur d'une structure de vie stable. Vingt-deux des 40 hommes observés par Levinson suivaient ce modèle, connaissant un succès conforme à leurs attentes. L'avancement est habituellement provoqué par un événement-clef, comme une promotion ou toute autre forme de réussite, qui confère la reconnaissance extérieure et accroît l'estime de soi.

La séquence B: un échec ou un déclin important à l'intérieur d'une structure de vie stable. Sept hommes vivaient ce modèle. L'échec peut être évident ou n'être ressenti que par l'individu lui-même (ce dernier continuant d'être considéré par les autres comme un être qui réussit).

La séquence C: un changement de structure de vie ou l'éclatement. Cinq hommes trouvent leur vie si intolérable qu'ils envisagent la possibilité d'un changement radical: abandonner leur emploi, quitter leur femme ou se mettre à voyager. Ces hommes vivent un dilemme déchirant: maintenir le statu quo et être malheureux, ou blesser des êtres qui leurs sont chers sans connaître pour autant le bonheur. Qu'ils effectuent un changement majeur ou non, ces hommes risquent de traverser une période de crise qui peut durer de huit à dix ans.

La séquence D: un avancement qui entraîne un changement de structure de vie. Une promotion, un succès ou une augmentation importante du revenu ont projeté trois hommes dans un nouveau mode de vie qui comportait de nouveaux rôles et de nouvelles relations. L'avancement est alors un cadeau qui peut entraîner de grandes tensions. L'homme qui sait évoluer et répondre aux nouvelles exigences en tirera profit, alors que celui qui n'y parvient pas s'effondrera sous son succès.

La séquence E: une structure de vie instable. Trois hommes ont connu une vie en perpétuel changement au cours de la trentaine en raison de diverses circonstances extérieures et de difficultés intérieures, ce qui les a amenés à vivre ces années comme une période de conflits et d'insatisfaction.

Ainsi, ce petit échantillon de 40 hommes n'appartenant qu'à quatre groupes professionnels nous donne un aperçu de la diversité qui peut caractériser cette période de la vie. La manière dont une personne résout (ou ne résout pas) les questions qui se posent alors affectera la façon dont elle effectuera son passage vers l'âge mûr, où elle devra réévaluer la structure de vie adoptée antérieurement et en élaborer une nouvelle pour les années à venir.

Le développement de la femme au début de l'âge adulte

Il n'existe aucune étude du développement de la femme à l'âge adulte comparable à celles effectuées par Levinson et par Vaillant. On a donc peu exploré la psychologie de la femme adulte et, quand on a tenté de le faire, on a constaté que la vie des femmes résiste encore plus que celle des hommes aux classifications et aux explications. Toutefois, on note que l'homme et la femme diffèrent beaucoup par la voie empruntée pour découvrir leur identité. Traditionnellement, l'homme se «trouve» en se séparant de sa famille d'origine, en devenant autonome et en poursuivant ses objectifs individuels. Bien que cette approche ait été considérée comme idéale, plusieurs auteurs qui se sont intéressés à la femme soutiennent que celle-ci découvre son identité non pas en rompant ses relations avec les siens, mais en assumant des responsabilités et en maintenant les liens d'attachement qui caractérisent de telles relations (Gilligan, 1982;

Baruch, Barnett et Rivers, 1983; Notman, 1980; Chodorow, 1978).

Une des causes d'une telle disparité dans le mode de développement est peut-être le fait que c'est presque toujours la femme qui s'occupe des bébés et des jeunes enfants. À leur tour, les fillettes observent leur mère et s'identifient à elle; il en résulte que leur personnalité se définit dès l'enfance par rapport aux autres, plus que ce n'est le cas chez le garçon (Chodorow, 1974).

Le travail est un autre point sur lequel les femmes diffèrent. Jusqu'à relativement récemment, la femme se définissait davantage par rapport à ses rôles de fille, d'épouse ou de mère que par rapport à son travail. Ses activités professionnelles ont été la plupart du temps discontinuées en raison des exigences de l'éducation des enfants et des attentes de la société. Rares sont les femmes qui ont poursuivi à l'âge adulte la carrière dont elles rêvaient, et qui ont trouvé des guides pour les appuyer dans la réalisation de leurs rêves. Il se peut que cette situation soit en train de changer, étant donné les nouvelles attentes de la société à l'égard de la femme.

Plusieurs jeunes femmes d'aujourd'hui constatent cependant qu'il existe un conflit entre les deux types d'attentes. Encouragées à penser à leur réalisation professionnelle, elles se rendent compte que la société (et les hommes en particulier) s'attend encore à ce qu'elles assument les tâches ménagères et le soin des enfants qui lui ont traditionnellement été dévolus. À cet égard, nous vivons une période de transition, et les jeunes adultes d'aujourd'hui (femmes et hommes) sont en train d'écrire une page d'histoire psychologique et sociologique.

Vaillant et Levinson insistent sur l'importance de la réussite et de la séparation, et dévalorisent l'attachement à d'autres personnes qui a représenté une partie importante de la vie de la majorité des femmes. De nos jours, les femmes qui sont encouragées à se réaliser dans leur travail se sentent souvent contraintes de mettre en veilleuse une dimension importante de leur personnalité: l'engagement face aux autres. Comme le souligne Gilligan, «les descriptions actuelles du développement de l'adulte négligent un aspect important: il s'agit de la progression des relations vers une interdépendance empreinte de maturité» (1982, p.155).

Gilligan (1982) a interviewé quatre femmes de 27 ans qui poursuivaient une carrière ambitieuse. Quand elle leur a demandé de se définir, aucune de ces femmes qui connaissaient le succès n'a fait mention de ses performances académiques et professionnelles. Les quatre femmes se sont plutôt décrites par rapport à une relation (comme futures mères, épouses, enfants adoptées ou amoureuses), illustrant la fusion, chez elles, de l'identité et de l'intimité. Les hommes interviewés par Gilligan se sont définis par rapport à leurs réalisations individuelles. Ces deux domaines sont des dimensions importantes du développement de l'adulte. Plutôt que de dévaloriser la perspective de la femme, il nous faut considérer le besoin d'un individu de se réaliser en tirant profit de ses talents et le besoin de s'occuper des autres (aussi bien que de soi) comme deux tâches vitales de l'âge adulte.

Le modèle axé sur la chronologie des événements importants: l'optique de Neugarten

Les profils que Vaillant et Levinson nous brossent du développement à l'âge adulte relient l'évolution d'un individu à son âge. Selon Neugarten, l'âge d'un adulte nous dit peu de choses sur sa personnalité; celui-ci n'est qu'un indicateur imparfait du fonctionnement adulte, parce que le développement de l'adulte ne s'opère pas suivant une séquence fixe de stades. Ce sont plutôt les événements cruciaux qu'il a vécus et la façon dont il les a intégrés qui permettent le mieux de comprendre la structure de sa personnalité et son mode de fonctionnement.

Les types d'événements et leur moment d'occurrence

Au cours de l'enfance et de l'adolescence, des changements internes signalent la transition d'un stade du développement à un autre: le bébé dit son premier mot, fait son premier pas, perd sa première dent de lait; les bouleversements physiques qui surviennent chez l'adolescent signalent son entrée dans la puberté. À l'âge adulte, cependant, la maturation physiologique et intellectuelle influe moins sur l'évolution d'un individu que les événements extérieurs, comme un mariage, la paternité ou la maternité, un divorce, le veuvage ou la retraite; le jeune adulte passe «d'une horloge biologique à une horloge sociale» (Danish et D'Augelli, 1980,

p.111). Ainsi, la ménopause a généralement un rôle moins important dans la vie d'une femme qu'un changement au niveau de son travail.

Il existe deux types d'événements qui affecteront le développement d'un adulte: ceux que nous prévoyons (ou *événements normatifs*) et ceux auxquels nous ne nous attendons ordinairement pas (ou *événements non normatifs*). Parmi les événements normatifs, il y a le mariage et la paternité ou la maternité au début de l'âge adulte, le veuvage et la retraite à un âge plus avancé. Cependant, «les événements de la vie d'une personne sont rarement aussi réglés que le laisse entendre l'étude sociologique du cycle vital qui met l'accent sur les changements réguliers de statut» (Brim et Ryff, 1980, p.376). Ainsi, la vie des gens est remplie d'événements non normatifs, comme un accident, une promotion inattendue ou la perte d'un emploi due à la fermeture d'une entreprise, un changement brusque de situation financière à la suite d'un héritage imprévu ou d'une crise du marché boursier, ou un changement instantané de réputation causé par un exploit remarquable ou par un scandale notoire.

Le moment où se produit un événement influe sur sa normalité. Traditionnellement, la plupart des adultes possèdent un sens du moment de la vie où certaines activités sont jugées acceptables (Neugarten, Moore et Lowe, 1965). Les gens sont habituellement très conscients de leur propre rythme et se décrivent comme «précoces», «retardataires» ou «à temps» par rapport au moment où ils se sont mariés, ont entrepris une carrière, ont eu des enfants ou se sont retirés. Ainsi, un événement habituellement normatif, comme le mariage ou la retraite, devient non normatif quand il s'éloigne trop du calendrier habituel; quand, par exemple, une personne se marie à 14 ans ou à 41 ans, ou qu'elle prend sa retraite à 41 ans ou à 91 ans.

Notre «horloge sociale» est influencée par notre environnement, comme en témoignent les écarts entre les gens de classes sociales différentes. Tout le cycle vital est accéléré chez les individus de la classe ouvrière; ceux-ci ont tendance à quitter l'école, à entreprendre leur premier emploi, à se marier, à avoir des enfants et à devenir grands-parents plus tôt que les gens de la classe moyenne (Neugarten, 1968). Au cours des dernières années, notre société est devenue plus nuancée en ce qui a trait à l'âge «idéal» (Neugarten et Hagestad, 1976). Nous acceptons mieux qu'une femme ait son premier enfant ou soit grand-mère à 40 ans, qu'une personne prenne sa retraite à 50 ans ou travaille encore à 75 ans, qu'un sexagénaire se promène en jeans et qu'une jeune adulte de 30 ans soit présidente d'une entreprise.

Il faut également distinguer entre l'événement individuel et l'événement culturel. L'événement *individuel* est ce qui arrive à une personne ou à une famille, comme une grossesse ou une promotion au travail. L'événement *culturel* façonne le contexte bioculturel dans lequel évoluent les gens; comme exemples, il y a une crise économique, un tremblement de terre, une guerre, une famine ou un accident nucléaire.

Les réactions aux événements de la vie

Quel que soit le type d'événement dont nous parlions (normatif ou non normatif, individuel ou culturel), le facteur-clé est la façon dont un individu y réagit. La manière dont les gens font face à tout événement de leur vie influe sur l'impact qu'il exercera sur leur développement. Un événement peut stimuler une personne et en conduire une autre à la dépression.

La manière de réagir d'un individu dépend de plusieurs facteurs internes et externes. La compréhension cognitive d'un événement est importante (c'est-à-dire la façon dont une personne l'interprète); une bonne santé physique peut augmenter la capacité de surmonter le stress; la personnalité affecte également le degré de souplesse et le pouvoir d'adaptation d'un individu. La capacité d'adaptation est aussi influencée par le vécu d'une personne (celle qui a déjà surmonté des événements stressants s'adapte généralement mieux), par le niveau de soutien social (l'individu qui peut faire appel à des personnes qui comprennent ce qu'il vit et lui offrent un soutien affectif s'en tire mieux que les gens isolés), et par la capacité de prévoir un événement (d'où le bien-fondé des exercices anti-incendies, des cours prénataux et de la préparation à la retraite (Brim et Ryff, 1980; Danish et D'Augelli, 1980; Danish, Smyer et Nowak, 1980).

Dans la prochaine section, nous examinerons la façon dont les gens font face à divers événements de leur vie, comme l'union libre, le mariage, le divorce, l'expérience de parent et de beau-parent. Notre étude portera d'abord sur un sentiment qui précède généralement tous ces événements, à savoir: l'amour.

Le choix d'un mode de vie personnel

C'est durant cette période du début de l'âge adulte que la plupart des gens décident de vivre conjugalement (dans le mariage ou l'union libre) ou dans le célibat, et d'avoir ou non des enfants. Ce sont également les années où l'on met ses décisions à exécution. Pour la plupart des jeunes adultes, une relation intime avec une personne du sexe opposé (une relation amoureuse) représente un aspect fondamental de la vie, que cette relation les amène ou non au mariage et à avoir ou non des enfants.

L'amour

L'amour (pourquoi nous devenons amoureux, avec qui, et ce qu'est ce sentiment) a longtemps été un des thèmes favoris des poètes, des romanciers et des auteurs de chansons. Depuis une dizaine d'années, il a également suscité un intérêt croissant chez les spécialistes des sciences humaines, qui ont fait des découvertes très éclairantes sur cette chose que l'on appelle «l'Amour».

Le mariage a de bonnes chances de réussir quand les conjoints sont dans la vingtaine ou plus vieux, sont issus de la même classe sociale, pratiquent la même religion et se connaissent depuis longtemps. (B. Burch/Réflexion photothèque)

Qu'est-ce qui fait que deux personnes se choisissent l'une l'autre pour créer un lien amoureux? Il arrive souvent qu'une personne épouse le garçon ou la fille qui habite la maison voisine ou sur la même rue, mais ce phénomène reflète peut-être moins une préférence pour ce qui est familier que le fait qu'«il faut bien rencontrer son futur conjoint si l'on veut le choisir» (Barry, 1970, p.43). L'amour de soi doit également jouer un rôle dans le choix d'un partenaire, puisque les amoureux ont tendance à se ressembler à plusieurs points de vue: l'apparence physique, la santé physique et mentale, l'intelligence, la popularité, la cordialité, le degré de bonheur individuel et conjugal de leurs parents, le statut socio-économique, la race, la religion, le niveau d'instruction et le revenu (Burgess et Wallin, 1953; Walster et Walster, 1978).

Plus les attributs de l'homme et de la femme s'équilibrent dans un rapport amoureux, plus ceux-ci ont tendance à être heureux (Walster et Walster, 1978). Cela ne signifie pas que les deux conjoints doivent se ressembler à tous les points de vue. L'harmonie peut être atteinte de plusieurs façons; ainsi, une femme très intelligente qui a de la difficulté à s'entendre avec les gens peut apprécier la cordialité et le caractère amical d'un homme moins doué qu'elle sur le plan intellectuel. Lorsqu'un homme et une femme découvrent que leur relation semble favoriser l'un au détriment de l'autre, ils réagissent ordinairement de l'une des trois façons suivantes: ils tentent de créer un rapport plus équitable (celui qui se sent lésé exige davantage ou bien celui qui se sent coupable donne davantage), ils en viennent à reconnaître que, si l'on tient compte d'autres aspects, le rapport est plus juste qu'il ne le semble, ou encore ils mettent fin à leur relation (Walster et Walster, 1978).

Les études qui ont porté sur une réalité aussi fuyante que l'amour nous aident à dissiper les nombreux mythes qui ont été inventés à propos de cet aspect majeur de la vie de la plupart des gens. Par exemple, en étudiant la qualité de l'amour à l'âge adulte, Neiswender, Birren et Schaie (1975) ont fait les constatations suivantes:

- L'homme et la femme n'ont pas des façons différentes de vivre l'amour.
- L'amour conjugal n'est pas qualitativement différent de l'amour vécu en dehors des liens du mariage; il n'est ni plus réaliste, ni plus intense.
- L'amour n'est pas réservé aux jeunes. Même si, selon la génération, les gens peuvent vivre quelque peu différemment l'expérience amoureuse, les gens âgés aiment aussi intensément que les jeunes.

Ces chercheurs ont réparti 24 couples, qui avaient tous été jugés très «en amour», selon quatre groupes d'âge: les adolescents (dont l'âge moyen était de 19 ans), les jeunes adultes (28 ans en moyenne), les personnes d'âge mûr (50 ans en moyenne) et les personnes âgées (73 ans en moyenne). Ils ont identifié six aspects d'une relation amoureuse, chacun pouvant s'exprimer par une phrase typique:

- Affectif: «Grâce à lui, je me sens complète.»
- Cérébral: «Je crois qu'elle prend de bonnes décisions.»
- Physique: «Notre rapport sexuel est à la fois puissant et tendre.»
- Verbal: «Il a de la facilité à se confier à moi.»
- Actif: «C'est plus agréable d'effectuer les tâches difficiles lorsqu'on est deux.»
- Fantaisiste: «Je passe mon temps à rêver et à imaginer ce que l'avenir nous réserve.»

Les quatre premières composantes de l'amour, lesquelles font intervenir le cœur, l'esprit, le corps et la parole, se sont révélées être d'égale importance; les deux dernières jouent un rôle nettement moins significatif. Les auteurs de cette étude ont découvert que l'importance des différents aspects de l'amour varie au cours du cycle de la vie, ce qui permet d'envisager une étude de l'évolution de l'amour. Au début de l'âge adulte, par exemple, l'intimité physique en constitue un aspect important, et elle jouera un rôle de plus en plus marqué jusqu'à l'âge mûr. Les jeunes adultes et les gens d'âge mûr sont les plus réalistes face aux points forts et aux faiblesses des personnes aimées, comparativement aux adolescents et aux personnes âgées, qui sont plus portés à idéaliser ceux qu'ils aiment.

Walster et Walster (1978) décrivent deux différentes formes d'amour: la *passion* et la *camaraderie*. L'amour passionné, celui qui est véhiculé par les chansons populaires et les stéréotypes romantiques, est selon eux «un état émotif frénétique fait de sentiments confus: tendresse et attrait sexuel, allégresse et douleur, angoisse et apaisement, altruisme et jalousie» (p.2). La camaraderie, de son côté, est un sentiment moins intense mais tout aussi profond et souvent même plus profond que l'amour; elle se caractérise par «une affection amicale et un profond attachement» (p.2). Après avoir interviewé et ou évalué plus de 100 000 personnes, Walster et Walster ont constaté que l'amour passion est passablement éphémère, celui-ci ne durant que de six mois à deux ans et demi chez la plupart des couples. Au fur et à mesure que l'intensité, l'insécurité et la nouveauté de l'amour-passion s'estompent, l'amour, s'il persiste, se transforme en camaraderie. Les personnes qui vivent cette sorte d'amitié amoureuse prennent plaisir à être ensemble, s'engagent toutes les deux face à un avenir commun, et se témoignent mutuellement confiance et loyauté.

Le mariage

Le mariage est le plus populaire de tous les états civils. Au Québec, en 1981, près de 81 % de la population étaient ou avaient été mariés (Recensement Canada, 1981) et, pour la majorité, le premier mariage remontait au début de l'âge adulte; en 1985, cependant, cette proportion était passée à 55 % (Statistique Canada, 1986). Comme on le voit, le nombre total de mariages a diminué régulièrement entre 1981 et 1985. Par ailleurs, la proportion de mariages religieux a aussi chuté pendant la dernière décennie; de 89 % en 1977, elle est passée à 77 % en 1983 (B.S.Q., 1985). Pour la très grande majorité des mariages célébrés en 1983, les nouveaux mariés en étaient à leur premier mariage (84 % des hommes et 87 % des femmes), et leur âge moyen était de 26,5 ans et de 24,5 ans chez les hommes et les femmes respectivement.

Comment prévoir la réussite d'un mariage?

Qu'est-ce qu'un mariage réussi? Pour répondre à cette question, plusieurs chercheurs se sont appuyés sur l'évaluation que les gens font de leur propre mariage, sur l'absence de recours à un conseiller matrimonial et sur le nombre d'années passées ensemble. Tous ces critères ont cependant des points faibles. Les gens sont parfois loin de se montrer honnêtes envers eux-mêmes; certains reconnaissent plus facilement qu'ils ont des problèmes et cherchent de l'aide; d'autres supportent plus facilement le malheur, et il arrive qu'un couple se maintienne pendant 60 ans en dépit du fait que les conjoints se rendent réciproquement la vie impossible. Il n'en reste pas moins que ces critères sont encore les meilleurs dont on dispose pour évaluer l'état d'une relation conjugale.

L'âge auquel on se marie est aussi un facteur de prévision important. On constate un taux de divorce élevé chez ceux qui se marient avant la vingtaine. Le mariage prématuré peut, en effet, nuire aux aspirations scolaires ou professionnelles, limiter les possibilités de développement des partenaires et enfermer ceux-ci dans une relation que ni l'un ni l'autre n'a la maturité de maîtriser. Les gens qui attendent jusqu'à la fin de la vingtaine ou plus tard pour se marier ont de meilleures chances de succès (Kieren et coll., 1975; Troll, 1975).

Le mariage a le plus de chances de réussir quand les deux partenaires pratiquent une même religion, quand ils sont issus du même milieu socio-économique, quand le choix se fait sans la pression d'une grossesse et quand les deux conjoints se connaissent depuis longtemps (Stephens, 1968; cité par Kieren et coll., 1975).

Les facteurs de personnalité constituent un élément important du succès conjugal. En s'appuyant sur des tests de personnalité, on a caractérisé les gens heureux en ménage comme des individus «émotivement stables, respectueux des autres, souples, de bonne compagnie, sûrs d'eux-mêmes et affectivement dépendants» (Burgess et Wallin, 1963, cités par Barry, 1970).

Si l'on se fie à l'ensemble des recherches, les facteurs relatifs à l'homme ont exercé plus d'influence sur le succès de la vie de couple que ceux qui se rapportent à la femme (Barry, 1970). Il serait ainsi généralement plus important pour l'avenir d'une union que l'homme ait entretenu des rapports étroits avec son père, que ses parents aient été heureux en ménage, que son niveau scolaire et socio-économique soit élevé, qu'il soit affectivement équilibré et que sa compagne le considère comme ayant un haut niveau de maturité affective et jouant bien son rôle de mari. S'il en est ainsi, c'est peut-être que, selon la tradition, les femmes sont plus disposées à travailler à la réussite de l'union que les hommes ne le sont, parce que cela est plus important pour elles selon leur conception personnelle d'une vie réussie. Maintenant que plus de femmes cherchent à acquérir une identité professionnelle et qu'un plus grand nombre d'entre elles optent pour le célibat, il se peut bien qu'elles adoptent une attitude plus indépendante à l'égard de leur vie de couple, ce qui atténuerait ces différences.

Le développement affectif dans la vie de couple

Une relation intime réciproque entre adultes aide les gens à évoluer sur le plan affectif. Les rapports avec les parents peuvent avoir été et continuer d'être intimes, mais les relations enfant-parent ne sauraient avoir la même réciprocité que les liens entre individus d'une même génération. Un individu peut avoir entretenu des rapports étroits avec ses frères ou sœurs, des ami(e)s du même sexe ou des amoureux(ses), mais le mariage fait intervenir un nouveau type d'engagement. L'effort qu'il fait pour respecter cet engagement aide souvent chacun des partenaires à se développer plus complètement.

L'influence favorable du mariage sur le développement de la personnalité a été démontrée par une étude menée auprès de jeunes hommes qui avaient été délinquants et mêlés à des affaires de drogues à l'école secondaire. Ceux qui se sont mariés jeunes et ont eu un enfant avant l'âge de 23 ans ont fait preuve d'une meilleure adaptation et d'une estime de soi plus élevée que des pairs qui ont eu les mêmes antécédents, mais sont restés célibataires (Bachman, O'Malley et Johnston, 1978). Bien qu'il soit possible que les hommes qui ont continué à faire preuve d'inadaptation aient été moins susceptibles de se marier, il sera intéressant de vérifier l'hypothèse selon laquelle «le mariage et l'expérience parentale peuvent offrir une expérience de socialisation positive qui aide les jeunes gens inadaptés à assumer leurs rôles d'adultes» (Doherty et Jacobson, 1982).

Comme le disait un conseiller matrimonial, «le mariage, réussi ou non, permet des apprentissages: il incite une personne à évoluer, lui permet de découvrir des choses sur elle-même et l'encourage à penser à l'autre» (Vahanian, 1985). Les gens s'épanouissent, par exemple, au sein d'une relation qui leur permet de partager leurs pensées les plus intimes. En exprimant à fond leurs idées, leurs sentiments et leurs projets d'avenir, ils clarifient leurs propres positions, changent souvent et évoluent dans leur façon d'être ensemble. Ils évoluent également grâce aux adaptations constantes que le mariage exige. Mari et femme doivent mettre sur pied des systèmes pour en arriver à la prise de décision sur les questions qui les concernent tous les deux. Ils ont à faire des choix importants pour leur vie. Par exemple, ils auront à décider s'ils veulent poursuivre une carrière tous les deux et la façon dont ils agenceront, si tel est le cas, leur vie professionnelle et leur vie familiale; ils devront choisir d'avoir ou non des enfants et, le cas échéant, quand et combien; ils auront aussi à déterminer comment ils désirent structurer leur vie familiale et gérer leur budget, à quoi consacrer leurs loisirs, et enfin le type de rapports

qu'ils désirent entretenir avec les familles des deux partenaires et avec leurs amis.

Les problèmes dans ces domaines peuvent se transformer en crises qui joueront un rôle de catalyseurs dans un processus de maturation, ou qui n'engendreront qu'une discorde dont aucun des partenaires ne saura tirer avantage. Les gens capables de surmonter ces crises par eux-mêmes ou à l'aide de professionnels, apprennent souvent à mieux se connaître et font preuve par la suite d'une maturité accrue. Quand c'est le cas, le couple resserre souvent les liens qui l'unissent.

Les avantages du mariage

L'existence d'une forme ou d'une autre de mariage à travers l'histoire et dans toutes les sociétés du monde démontre qu'il s'agit là d'un besoin humain. L'union matrimoniale est habituellement considérée comme le meilleur moyen de garantir une éducation ordonnée des enfants et, par là même, la conservation de l'espèce. Dans la plupart des sociétés, le mariage procure aussi des avantages économiques, assurant une saine division du travail, et une unité de consommation et de travail souple. Il fournit un débouché accessible et normalisé pour l'activité sexuelle. En fait, dans une société aussi changeante et fragmentée que la nôtre, le mariage devrait idéalement fournir un refuge où chacun des partenaires puisse se reposer sur la certitude de trouver en l'autre une source presque constante d'amitié, d'affection et de camaraderie. La fréquence des divorces montre bien à quel point il est difficile d'atteindre cet idéal, mais le nombre des remariages chez les divorcés indique que les gens continuent de tendre vers ce but.

Il semble que le mariage rende les gens heureux, à moins que ce ne soit les gens heureux qui aient tendance à se marier. Campbell, Converse et Rodgers (1975) ont questionné plus de 2000 adultes américains sur la qualité de leur vie. Les hommes et les femmes mariés de tout âge témoignent plus de satisfaction et de sentiments généraux de bien-être par rapport à leur mode de vie que les célibataires, les divorcés ou les veufs. Parmi tous les groupes, les plus heureux étaient les gens dans la vingtaine, mariés et sans enfants et, en tête de liste, venaient les jeunes femmes mariées. Après le mariage, les femmes disent ressentir beaucoup moins de tensions, alors que les jeunes maris, tout en se déclarant heureux, affirment en ressentir davantage. Selon toute apparence, la femme considérerait souvent le mariage comme un acquis important et une source de sécurité, alors que pour l'homme, le mariage représenterait plutôt une responsabilité.

D'une façon générale, toutefois, le mariage est un facteur de santé. Dans tous les pays industrialisés, les gens mariés vivent plus longtemps, et ceci est particulièrement évident chez les hommes. Les hommes divorcés et les veufs ont un taux de mortalité plus élevé que les célibataires, dont le taux se rapproche plus de celui des hommes mariés. Fuchs (1974) laisse entendre que si les divorcés et les veufs présentent un taux aussi élevé, c'est parce qu'ils éprouvent moins le désir de vivre après la perte de leur épouse. Cette théorie trouve un appui dans l'analyse des statistiques sur la mortalité: comparativement aux célibataires et aux gens mariés, il y a en proportion beaucoup plus de veufs qui meurent des suites de comportements autodestructeurs comme le tabagisme, l'alcoolisme et le suicide; cette différence est beaucoup moins prononcée dans les cas où le décès est attribuable à une affection qui ne dépend pas directement des habitudes de comportement, comme les lésions vasculaires, le diabète et la leucémie.

Ces données ne nous disent pas vraiment si c'est le mariage qui apporte santé et bonheur aux gens ou si ce sont les gens heureux et en bonne santé qui ont plus de chances de se marier et de rester mariés. Il se peut que de telles personnes attirent plus facilement des compagnons de vie, investissent davantage dans leur union, tant affectivement que physiquement. C'est ce que laisse entendre une recherche longitudinale qui a permis de suivre, pendant une période de cinq ans, plus de 4000 hommes mariés, séparés ou divorcés. Les hommes séparés ou divorcés se situaient, bien avant la rupture de leur mariage, à un niveau de bien-être psychologique inférieur à celui des hommes qui sont restés mariés (Erbes et Hadderson, 1984).

D'autre part, le mariage offre une multitude d'appuis sociaux: même dans un mariage qui n'est pas «au beau fixe», les conjoints se tiennent mutuellement compagnie, prennent habituellement soin l'un de l'autre durant une maladie et font beaucoup d'autres choses qui facilitent la vie quotidienne. La disparition de ces soutiens à la suite d'une mort ou d'une séparation peut rendre le veuf ou le conjoint divorcé plus vulnérable aux troubles physiques et mentaux (Doherty et Jacobson, 1982). Une vie de couple réussie offre plusieurs avantages comme: 1) le sentiment d'être aimé; 2) le sentiment d'être

compris; 3) le sentiment d'être accepté; 4) une protection contre les stress; 5) les enfants; 6) l'expression de la sexualité et 7) un foyer bien à soi (Wright, 1986). Ce sont généralement les raisons qui poussent à s'investir dans une relation de couple.

Les types de mariage

Lors d'une étude classique sur le mariage, Cuber et Harroff (1965) ont interviewé plus de 200 personnes mariées depuis 10 ans ou plus et qui n'avaient jamais sérieusement songé à se séparer. Ils ont pu identifier cinq types de mariage: le mariage conflictuel, le mariage routinier, le mariage passif (où la routine s'est installée dès le début), le mariage dynamique et le mariage total (qui ressemble au mariage dynamique, mais témoigne d'une plus grande intensité).

Le *mariage conflictuel* se vit au gré de querelles et de plaintes perpétuelles. Le besoin de conflits et de tensions que ce couple semble éprouver cimente l'union, qui dure souvent durant toute une vie, transformée en un vaste champ de batailles. (Lorsqu'on lui a demandé si elle n'avait jamais pensé au divorce, une femme a répondu: «Au divorce? Jamais! Mais au meurtre, tous les jours!»)

Dans le *mariage routinier*, mari et femme jettent un regard nostalgique sur leurs premiers jours de mariage, se remémorant leur amour, leurs rapports sexuels excitants et leur identification intense l'un à l'autre. À présent, ils se retrouvent plutôt ancrés dans une routine assommante. Ils font ensemble les gestes de la vie: ils élèvent leurs enfants, et maintiennent leur ménage et leurs obligations sociales. Bien qu'il y ait peu de conflits dans un tel mariage, on n'y trouve pas, non plus, beaucoup d'intimité et de passion.

Le *mariage passif* ressemble au mariage routinier, sauf que dans ce cas la passivité s'est installée dès le début. Mari et femme semblent s'être retrouvés ensemble parce que chacun des deux voulait se marier, mais ni l'un ni l'autre n'avait paru souhaiter s'engager émotivement d'une façon intense envers l'autre. Bien des membres de telles unions consacrent leurs vraies forces vitales à leur carrière ou aux enfants et trouvent dans le mariage un fond de scène commode pour la poursuite de leurs objectifs principaux.

Les conjoints qui vivent le *mariage dynamique* considèrent l'autre comme leur source de joie fondamentale, tout en conservant quand même une identité séparée. Ils prennent plaisir à faire des choses ensemble, à partager leurs sentiments, et ils considèrent que leur relation constitue ce qu'il y a de plus important dans leur vie. Lorsqu'il y a conflit, celui-ci porte généralement sur un point important, plutôt que sur des questions triviales, et il a tendance à se résoudre rapidement.

Le *mariage total* ressemble au mariage dynamique, mais témoigne d'une plus grande intensité. La réciprocité du couple domine toute la vie des partenaires, et leur existence même semble se fusionner. Mari et femme partagent tous les aspects de leur existence, et ils ne connaissent que peu de sujets de tension.

L'établissement de ces divers types de mariage tient compte des relations entre partenaires et de l'idée que les gens se font du mariage «normal», plutôt que de la personnalité des conjoints. À l'occasion, un mariage se transformera d'un type en un autre, mais généralement l'union reste à l'intérieur d'un même type. Cette classification nous aide à mieux saisir la nature des relations durables dont les gens sont capables, et la multiplicité des formes que le mariage peut prendre.

Depuis quelques années, on porte plus d'attention à la femme victime de mauvais traitements et à son besoin de protection. Un changement au niveau des attitudes commence à se manifester: dans plusieurs endroits, on a mis sur pied des centres où les femmes battues peuvent se réfugier avec leurs enfants si nécessaire. Le système juridique devient aussi plus attentif aux besoins de ces familles. (Arthur Tress/Photo Researchers, Inc.)

La violence entre conjoints

Dans notre société de plus en plus violente, la violence physique exercée contre la femme représente une forme d'agressivité qu'on accepte souvent comme partie intégrante de beaucoup de mariages «heureux». Environ 25 % des sujets d'un échantillon national américain ont affirmé qu'ils approuvaient le recours à la violence physique entre conjoints dans certaines circonstances (Stark et McEvoy, 1970). Une recherche expérimentale a montré que les sujets recommandaient un châtiment beaucoup moins sévère lorsqu'on leur disait que l'homme qui frappait une femme était son époux, que lorsqu'ils croyaient qu'il s'agissait d'un ami occasionnel (Straus, 1976).

Il existe peu de données sur la fréquence des batailles entre époux, mais une étude portant sur 600 candidats au divorce a montré que plus d'une femme sur trois mentionnait l'«abus physique» parmi les motifs de divorce. Les hommes qui maltraitent leur femme sont souvent des individus socialement isolés qui ont une piètre estime d'eux-mêmes, qui ont des problèmes sexuels, qui sont démesurément jaloux et qui nient ou minimisent la fréquence et l'intensité de leurs comportements violents, rejetant habituellement le blâme sur la femme (Bernard et Bernard, 1984; Harris et Bologh, 1985).

La violence entre époux accable plus fréquemment les foyers où sévissent le chômage et la pauvreté, et où les valeurs culturelles admettent l'utilisation de la violence comme moyen d'expression de l'agressivité (Lystad, 1975). Il arrive très souvent qu'une femme battue considère qu'elle mérite les mauvais traitements que lui inflige son mari; dans d'autres cas, la femme est consciente de la nature pathologique de sa situation, mais évite de quitter son mari de peur d'être battue encore plus violemment et même de se faire tuer.

Malheureusement, «c'est en observant comment leurs parents s'y prennent pour régler leurs différends que les enfants élevés dans un foyer où l'on recourt à la violence apprennent que celle-ci est un moyen admis de résoudre les difficultés et qu'amour et violence vont de pair» (Goode, 1971, par Byles, 1982, p.13). Depuis quelques années, on porte plus d'attention à la femme victime de sévices et à son besoin de protection. La nouvelle loi canadienne sur l'agression sexuelle devrait permettre à tous, hommes et femmes, d'intenter des poursuites en justice, avec plus de chances d'obtenir gain de cause.

Un changement au niveau des attitudes commence à se manifester: dans plusieurs endroits, on a mis sur pied des centres où les femmes battues peuvent se réfugier avec leurs enfants si nécessaire («Maisons de femmes»), et le système juridique devient plus attentif aux besoins de ces familles.

Le divorce

Les États-Unis connaissent l'un des plus hauts taux de divorce au monde. Ce taux a augmenté régulièrement au cours des 50 dernières années jusqu'au point où, en septembre 1976, le nombre de divorces prononcés durant les 12 mois précédents dépassait le million pour la première fois dans l'histoire de ce pays (Newsday 1976). Entre 1965 et 1976, le taux de divorce y a doublé, passant de 2,5 à 5,0 pour mille habitants, et il a continué d'augmenter en 1977 et en 1978 (Glick et Norton, 1977; Wegman, 1979).

Une tendance analogue a aussi été observée au Québec où 8,7 % des mariages se soldaient par un divorce en 1969, 44,3 % en 1981, 42 % en 1982 et 39,1 % en 1983. Si ces données se maintiennent, elles permettent d'affirmer que 40 % des mariages québécois finiront par un divorce, ce qui représente l'un des pourcentages les plus élevés, comparativement à d'autres pays: au début des années 1980, ce pourcentage était de 37 % au Canada, de 27 % en RFA, de 25 % en France et de 43 % en Suède (B.S.Q. 1985).

La «crise de la septième année» dans la vie d'un couple n'est pas qu'un thème folklorique, puisque cette période correspond à un sommet dans la courbe des divorces. Le taux de divorces est plus élevé dans les périodes de prospérité nationale et, pour diverses raisons, il est supérieur dans les mariages entre adolescents, entre personnes dont les parents ont été malheureux ou divorcés, chez les couples sans enfant, entre les gens de race noire et dans les mariages où la mariée était enceinte (Kimmel, 1974).

Plusieurs raisons peuvent expliquer la hausse du taux de divorce. Grâce à son indépendance financière accrue, la femme a moins tendance à entretenir une union malheureuse; les conjoints qui envisagent le divorce rencontrent moins d'obstacles légaux, religieux ou sociaux qu'auparavant; selon la sagesse actuelle, rester ensemble «pour le bien des enfants» n'est pas toujours la meilleure solution; et enfin, la baisse du taux de natalité facilite le retour à la vie de célibataire (Berscheid et Campbell, 1981).

La hausse du taux de divorces est un cercle vicieux. Elle est aiguillonnée par les changements dans les attitudes sociales, lesquels se produisent parce que de plus en plus de gens divorcent. La montée du taux de divorces semble résulter surtout du fait que les gens attendent de plus en plus de choses du mariage. En même temps que les fondements économiques et sociaux perdent de l'importance, les raisons émotives en prennent. Au fur et à mesure que les gens s'en vont vivre plus éloignés de leur famille, ils se tournent vers leur partenaire pour trouver ce que leurs parents, les autres membres de la famille et leurs vieux amis leur apportaient. La personne mariée d'aujourd'hui s'attend à ce que son partenaire soit un enrichissement dans sa vie, qu'il l'aide à exploiter ses potentialités et qu'il fasse office de compagnon affectueux et de meilleur ami. Ces exigences nouvelles sont rarement toutes satisfaites; elles constituent plutôt un idéal, une mesure étalon contre laquelle on juge la valeur d'une relation de couple.

Lorsqu'un mariage ne répond pas aux aspirations des partenaires, peu nombreux sont ceux qui considèrent qu'il serait honteux ou immoral de chercher à divorcer. Le divorce n'est plus, comme auparavant, un stigmate social. On constate tout de même que la séparation ne va pas de soi, particulièrement dans un milieu où les traditions religieuses sont encore très fortes. Quelle qu'en soit la cause, la rupture de toute relation intime est douloureuse, surtout s'il s'agit d'un mariage dans lequel les deux partenaires avaient déjà mis beaucoup d'espoirs. Les effets sont encore plus sensibles lorsqu'il y a des enfants en cause. Les individus engagés dans un mariage malheureux font face à un sentiment d'échec lié à divers facteurs, qui vont de l'inaptitude à trouver le bon conjoint à l'incapacité de faire du mariage un succès. De nos jours, la différence réside dans le fait que les gens sont moins enclins à accepter la situation créée par un mariage malheureux qu'ils auraient pu l'être autrefois. Ils sont plus portés à reconnaître que le mariage ne s'améliorera pas spontanément et que la situation risque de nuire à la personnalité des époux et de leurs enfants. Ils ont donc plus tendance à réagir. Certains couples s'adressent à des conseillers matrimoniaux professionnels. Cette démarche peut les aider à résoudre leurs problèmes et à sauver le mariage, ou elle peut amener les individus en cause à la conclusion que la séparation est la solution qui convient le mieux à leur situation et qu'ils doivent s'engager dans cette voie de la meilleure façon possible.

Bohannon (1971) soutient que tout divorce a six facettes: émotive (détérioration de la relation), légale, économique, parentale (tout ce qui a trait aux besoins des enfants), communautaire (modifications des rapports avec les gens et les institutions extérieures à la famille) et psychique (besoin qu'éprouve l'individu de retrouver son autonomie personnelle). Dans un mariage, certains de ces problèmes sont plus épineux que d'autres, mais tous sont causes de tension. Et Bohannon (1971) d'ajouter: «Ils sont d'autant plus douloureux et inquiétants sur le plan personnel que la société est mal équipée pour y faire face de façon satisfaisante et, devant certains d'entre eux, totalement impuissante.» (p.34).

Toujours selon Bohannon, «le divorce «réussi» commence avec la reconnaissance, de la part des deux conjoints, du fait qu'ils n'ont aucun avenir constructif ensemble» (p.62). La décision de se séparer peut avoir un caractère positif, et être signe de progrès, de maturité, d'une meilleure compréhension de soi et de ses besoins, et d'une nouvelle perception de ce que l'on doit faire pour réussir son mariage. L'adaptation subséquente de l'individu dépend largement de ses sentiments envers lui-même et le partenaire, et de la façon dont le divorce a été vécu.

Peu importe à quel point le divorce a été «réussi», il y a toujours une période pénible d'adaptation. La personne divorcée se trouve en quelque sorte coupée de ses amis antérieurs, tout particulièrement de ceux qui entretenaient des liens d'amitié avec les deux époux, et des membres de la belle-famille avec lesquels elle peut avoir été en rapport intime. Elle se trouve en butte à un certain degré d'ambivalence et d'isolement social, de même qu'à une foule de problèmes d'ordre pratique qui se rattachent au soin des enfants, à la nécessité de faire face à des obligations financières, au besoin de trouver de nouveaux amis, d'établir de nouvelles relations avec les membres du sexe opposé et d'accepter la signification psychologique personnelle du divorce.

Le conjoint qui prend l'initiative du divorce éprouve souvent des sentiments de tristesse, de culpabilité, d'appréhension, de soulagement et de colère. Néanmoins, il ou elle (surtout elle, car c'est plus souvent la femme qui enclenche le processus du divorce) est dans un meilleur état affectif que l'autre conjoint au cours des mois qui suivent la séparation; en effet, en plus d'éprouver plusieurs des sentiments énumérés précédemment, le conjoint qui subit le divorce doit surmonter la douleur du rejet et un sentiment d'impuissance face au déroulement de sa vie (Pettit et Bloom, 1984; Kelly, 1982). La colère, la dépression et une désorganisation de la pensée et du fonctionnement général caractérisent souvent la période qui suit le divorce; le soulagement, un attachement persistant à l'exconjoint et l'espoir d'une nouvelle chance compensent en partie ces difficultés (Kelly, 1982).

Les gens divorcés ont tendance à se remarier. Quatre personnes divorcées sur cinq se remarient, ordinairement moins de deux ou trois ans après le divorce. Entre 1967 et 1975, on a pu relever une tendance chez les gens à se marier plus tard et à divorcer plus tôt, et à réduire la période qui sépare le remariage du second divorce (Glick et Norton, 1977). Chez les couples qui en sont à leur deuxième mariage, le taux de divorce est aussi élevé que chez ceux qui vivent leur premier mariage; mais les décisions de divorcer et de se remarier, ou non, semblent se prendre plus rapidement. Sans doute la personne remariée se rend-elle compte plus rapidement de la situation et veut-elle la régler plus vite, soit en cherchant un partenaire plus conforme à ses attentes, soit en optant pour une vie de célibat potentiellement plus heureuse.

L'augmentation actuelle du nombre de divorces ne signifie pas que les gens ne veulent pas être mariés. Elle reflète plutôt leur désir de trouver le bonheur dans un mariage réussi, et leur conviction que la douleur et le choc du divorce sont peut-être nécessaires pour accéder à un bonheur plus grand.

Le célibat

Le nombre de célibataires québécois augmente constamment depuis quelques années et si cette tendance se maintient, le Bureau de la Statistique du Québec prévoit qu'ils seront bientôt majoritaires (B.S.Q., 1985). Le tableau 13.3 donne quelques indications concernant le statut matrimonial de la population du Québec.

Ce n'est pas tout le monde qui veut se marier. Des gens qui, à une époque, se seraient crus contraints de se marier semblent se sentir maintenant libres de rester célibataires. Certains réclament la liberté de faire des expériences nouvelles, et ne veulent pas mettre d'entraves à cette liberté en assumant les obligations financières et affectives du mariage. Comme ils n'ont pas

Tableau 13.3   État matrimonial selon le groupe d'âge et le sexe (Québec 1981)

Groupe d'âge et sexe	Céliba-taires	Mariés			Veufs	Divorcés	Total
		Légalement	Union libre	Total			
Hommes							
0-14 ans	100 %	—	—	—	—	—	100 %
14-19 ans	98,8 %	0,5 %	0,7 %	1,2 %	—	—	100 %
20-24 ans	73,8 %	16,9 %	9,0 %	25,9 %	—	0,2 %	100 %
25-29 ans	32,6 %	55,1 %	10,9 %	66,0 %	0,1 %	1,4 %	100 %
30-34 ans	16,3 %	73,6 %	7,4 %	81,0 %	0,1 %	2,6 %	100 %
35-39 ans	10,9 %	79,5 %	5,7 %	85,2 %	0,2 %	3,7 %	100 %
Femmes							
0-14 ans	100 %	—	—	—	—	—	100 %
14-19 ans	94,5 %	2,3 %	3,1 %	5,4 %	0,1 %	—	100 %
20-24 ans	53,1 %	33,8 %	12,3 %	46,1 %	0,1 %	0,7 %	100 %
25-29 ans	22,3 %	65,2 %	9,3 %	74,5 %	0,3 %	2,9 %	100 %
30-34 ans	13,2 %	75,6 %	5,7 %	81,3 %	0,7 %	4,9 %	100 %
35-39 ans	10,0 %	78,0 %	4,3 %	82,3 %	1,3 %	6,4 %	100 %

Source: Bureau de la Statistique du Québec, 1985, p. 107.

à se demander quelle influence leurs actes auront sur leur conjoint et leurs enfants, les célibataires sont plus libres de prendre des risques sociaux, économiques et physiques. Ils peuvent plus facilement décider de se déplacer à travers le pays ou à travers le monde, de prendre des chances en acceptant de nouveaux genres de travail et de consacrer plus de temps à la poursuite d'intérêts personnels, comme continuer leurs études ou s'engager dans des activités créatrices. Certains restent célibataires parce qu'ils aiment vivre seuls et préfèrent ne pas avoir à passer beaucoup de temps avec les autres. Étant donné le taux d'échec élevé des mariages à l'adolescence, la décision de plusieurs jeunes adultes de remettre le mariage à plus tard a des chances de diminuer les taux de divorce.

La plupart des célibataires de moins de 30 ans veulent se marier un jour, et la plupart finissent par le faire. Après 30 ans cependant, leur nombre diminue, surtout chez la femme. Après cet âge, les gens commencent à se forger une indépendance économique et un avenir professionnel, et sont souvent conscients qu'ils n'ont pas besoin de se marier pour connaître maintes sources de satisfaction dans la vie. Ils font preuve d'un sens critique plus développé et ont moins tendance à faire fi des défauts de conjoints éventuels. En outre, les femmes font face à une constante diminution du nombre de candidats éligibles, en raison de la tendance persistante des hommes à rechercher des femmes plus jeunes qu'eux.

L'interview de plus de 60 hommes et femmes célibataires, âgés de 22 à 62 ans, a permis d'identifier plusieurs aspects positifs du célibat et plusieurs aspects négatifs du mariage qui amènent bien des gens à opter pour le célibat. Parmi les aspects positifs du célibat, on trouve les chances de carrière accrues, l'indépendance personnelle, la disponibilité sexuelle, un mode de vie excitant, la mobilité, la liberté de changer et les occasions qui s'offrent à eux d'entretenir des amitiés à long terme, d'avoir des expériences diverses, d'assumer une pluralité de rôles, et de conserver une autonomie psychologique et sociale. Parmi les aspects négatifs du mariage, on trouve les limitations inhérentes à une relation monogamique (le sentiment d'être pris au piège, les obstacles à l'épanouissement personnel, l'ennui, les soucis, la colère, la nécessité d'assumer un rôle imposé et celle de répondre à des attentes), le manque de communication, la frustration sexuelle, le manque d'amis, et les limites dans la possibilité de se déplacer et dans l'accessibilité à de nouvelles expériences (Stein, 1976).

Les problèmes que rencontrent les célibataires couvrent tout un éventail de difficultés, depuis des questions d'ordre pratique comme obtenir un emploi, trouver une place pour vivre et assumer toutes ses responsabilités personnelles, jusqu'aux questions impondérables comme celles qui touchent la définition de leur place en société, leur degré d'acceptation par les parents et les amis, et l'influence de leur statut de célibataires sur l'estime qu'ils se portent.

Les célibataires qui veulent jouir de certains des bénéfices d'une vie familiale, sans se marier, trouvent des moyens astucieux pour satisfaire leurs aspirations. Certains se groupent en «communautés d'individus, libres de tout engagement, qui ne sont pas des amis intimes ou proches, mais qui s'organisent entre eux sur la base d'un partage de besoins et de services mutuels» (Adams, 1971, p.496). Une des structures sociales qui peut répondre à leurs besoins est la «famille élargie» délibérément créée par certains groupes communautaires ou paroissiaux. Ces «familles» sont formées de personnes d'âges et de structures familiales variés (personnes mariées, célibataires, divorcées et veuves) qui se rassemblent régulièrement et offrent à leurs membres le même genre d'appui pratique et psychologique que procurent les familles biologiques (Olds, 1975).

Le concubinage ou l'union libre

Le **concubinage** (ou **l'union libre**), c'est-à-dire le fait pour un couple non marié de vivre ouvertement ensemble, est un phénomène social relativement récent. Comme l'indique le tableau 13.3, c'est chez les jeunes adultes que le pourcentage des personnes vivant en union libre est le plus important, dans le groupe d'âge 25-29 ans chez les hommes (11 %) et dans le groupe 20-24 ans chez les femmes (12 %) (B.S.Q. 1985, p. 82).

Pourquoi tant de couples décident-ils de vivre ensemble? L'accroissement du décalage entre maturité physiologique et maturité sociale (résultant de la tendance séculaire à une maturation sexuelle plus hâtive et de la tendance sociale à une éducation plus poussée) fait que beaucoup de jeunes désirent avoir des relations sexuelles intimes alors qu'ils n'envisagent pas encore la possibilité du mariage. Le fait de vivre ensemble aide beaucoup de jeunes adultes à mieux se connaître, à comprendre ce qu'entraîne une relation intime, et à se faire une idée plus nette de ce qu'ils attendent du mariage et de leur compagnon ou compagne de vie. Pour bon nombre d'entre eux, cette expérience en est une de maturation.

Bien qu'il soit assez fréquent que des couples non mariés vivent ensemble, cet arrangement est habituellement transitoire et aboutit à un mariage ou à une séparation. (A. Gardon/Réflexion photothèque)

Pourtant, ces unions ne sont pas sans difficultés. Certains problèmes sont semblables à ceux que rencontrent les jeunes mariés: la dépendance excessive envers l'autre, la difficulté dans l'établissement de rapports sexuels satisfaisants, le sentiment de réduction de son identité personnelle et l'éloignement progressif des autres amis. D'autres problèmes sont propres au concubinage, tels que la jalousie, le désir d'un engagement qui n'existe pas ou la tentative chez certains de cacher la situation à leur entourage. La culpabilité que certains jeunes peuvent ressentir viendrait surtout du fait de leur manque d'honnêteté envers leurs parents et non pas de la liaison elle-même. En fait, ces couples ne rencontrent presque pas de problèmes avec les autres (amis, autorités scolaires ou logeurs). Les avantages semblent d'ailleurs l'emporter sur les difficultés: plus de la moitié des jeunes en cohabitation interviewés lors d'une enquête menée à l'Université Cornell considéraient leur union comme très réussie et plus de 80 % avaient l'impression de s'épanouir dans un climat agréable (Macklin, 1972). La plupart des gens se disent satisfaits, quel que soit le type d'arrangement prémarital choisi (concubinage ou non); lorsqu'il y a des regrets, la femme se montre plus encline à regretter d'avoir vécu la cohabitation, alors que l'homme regrettera plutôt de ne pas l'avoir connue (Watson; 1983).

Macklin (1972) insiste sur la nécessité d'aider la société à s'adapter à ce nouveau phénomène. Les parents ont besoin d'aide pour comprendre les raisons sous-jacentes au choix de ce type d'union et pour apprendre à ne pas le percevoir d'emblée comme malsain ou immoral. De leur côté, les étudiants devraient pouvoir avoir recours plus tôt à la consultation psychologique qui, s'ils le désirent, peut les aider à comprendre la complexité des relations intimes et à en tenir compte dans le choix de leur style de vie.

La sexualité au début de l'âge adulte

En entrant dans la vingtaine, le jeune adulte fait face à des tâches qui ont toutes un lien avec sa sexualité: trouver l'indépendance, la compétence, la responsabilité et l'égalité. C'est au cours de ces années que la plupart des gens prennent des décisions majeures concernant leur vie sexuelle. Auront-ils des rapports sexuels occasionnels ou opteront-ils pour la monogamie? Exprimeront-ils leur sexualité dans des relations hétérosexuelles, homosexuelles ou bisexuelles? Bon nombre des questions qui se posent durant la trentaine sont aussi reliées à la sexualité: la décision de se marier après un célibat prolongé, la décision d'avoir un enfant, une incursion dans les rapports extra-maritaux qui se fait souvent durant la «crise de la septième année» de mariage, les changements de comportements sexuels à la suite d'un divorce.

Jetons maintenant un coup d'œil sur les ramifications psychologiques de la sexualité, tant au niveau des individus que de leurs relations.

La sexualité avant le mariage

De plus en plus de jeunes gens ont des expériences sexuelles avant le mariage, et plus les gens se marient tard, moins il y a de chances qu'ils aient gardé leur virginité jusqu'au jour de leur mariage. Selon une analyse récente, les rapports sexuels prémaritaux font maintenant partie du cours normal des choses chez les Américaines. Quatre-vingt-deux pour cent des femmes dans la vingtaine qui ne se sont jamais mariées ont eu des rapports sexuels, et plus de la moitié (53%) d'entre elles ont une vie sexuelle active (Tanfer et Horn, 1985).

Chez les jeunes gens, l'activité sexuelle est généralement reliée à une relation amoureuse et la promiscuité est rare. Il y a plus de rapports sexuels occasionnels chez les célibataires plus âgés et chez les personnes séparées ou divorcées. Les jeunes adultes qui s'abstiennent des relations sexuelles prémaritales le font pour diverses raisons: des scrupules religieux ou moraux, la peur de la grossesse et des maladies transmises sexuellement, la peur de l'opinion des autres ou la crainte des répercussions négatives sur un futur mariage. Les femmes sont plus nombreuses que les hommes à exprimer ces craintes, démontrant la persistance du «deux poids, deux mesures» dans ce domaine.

La sexualité dans le mariage

Il est étonnant de constater à quel point nous sommes peu renseignés sur la sexualité dans le mariage. Comme le souligne un chercheur, la seule forme de sexualité totalement admise dans notre société «demeure encore plus un sujet de blagues qu'un sujet de recherche scientifique» (Greenblat, 1983, p.289). Ce que nous savons, c'est que les rapports sexuels sont habituellement plus fréquents au cours de la première année du mariage qu'ils ne le seront à toute autre époque, et que plus ils sont fréquents alors, plus ils le seront plus tard. Dix ans après le mariage, 63 % des couples font l'amour au moins une fois par semaine et 18 % le font trois fois par semaine, ou plus, comparativement à 83 % et 45 % respectivement chez les couples mariés depuis moins de deux ans (Blumstein et Schwartz, 1983).

Maris et femmes ont aujourd'hui des rapports sexuels plus fréquents que les époux des mêmes catégories d'âge au cours des dernières décennies. Ce qui est plus important, toutefois, c'est que maintenant, les gens mariés semblent retirer plus de plaisir de l'aspect sexuel du mariage que cela n'a été longtemps le cas, du moins en Amérique (Hunt, 1974).

Cette transformation est attribuable à plusieurs facteurs d'ordre social. Depuis le début du XXᵉ siècle, on constate l'apparition d'une attitude généralement plus libérale de la part des conseillers matrimoniaux, du clergé et de la profession médicale, qui se défont des croyances anciennes sur la perversité du sexe. On soutient de plus en plus que l'activité sexuelle (surtout dans le mariage) est normale, saine et agréable.

La presse, les revues professionnelles et les sexologues mettent maintenant à la disposition du public plus de renseignements à propos de la sexualité.

L'efficacité accrue des méthodes contraceptives et l'accessibilité à des avortements légaux et sécuritaires ont également contribué à cette transformation des mœurs, en libérant maris et femmes de la crainte de la grossesse non désirée. Le mouvement de libération de la femme a aussi aidé bien des femmes à reconnaître leur sexualité.

Le développement sexuel dans la vie de couple. L'un des domaines les plus importants du développement personnel des deux conjoints se rapporte à la relation sexuelle. L'adaptation sexuelle exige souvent un renversement total des attitudes et du comportement antérieurs. Après avoir repoussé les désirs physiques et peut-être même s'être senti coupable de les avoir éprouvés ou d'y avoir consenti, le couple marié cherche désormais à adopter une philosophie de liberté sexuelle complète. Certains couples ont de la difficulté à s'adapter à ce changement et introduisent leurs inhibitions sexuelles dans le lit conjugal.

Mari et femme doivent apprendre à s'informer l'un l'autre de leurs besoins sexuels. Au lieu de s'attendre à ce que l'autre devine ce qui sera sexuellement agréable, chaque partenaire doit se mettre à l'écoute de sa propre sensibilité et de son rythme corporel pour informer ensuite son compagnon de ce qu'il trouve le plus satisfaisant. Ceux qui ont eu des expériences sexuelles antérieures doivent comprendre que les besoins physiques, les attitudes et les sentiments du partenaire actuel peuvent être assez différents. Comme Kieren, Henton et Marotz (1975) le soulignent, les partenaires doivent, si nécessaire, «modifier certaines de leurs valeurs et de leurs idées sur la sexualité pour les rapprocher de celles du partenaire» (p.198). Il leur faut prendre des décisions sur la limitation des naissances et, s'ils se proposent d'espacer les naissances de leurs enfants ou de ne pas en avoir du tout, ils doivent trouver la méthode contraceptive la plus satisfaisante pour le mari comme pour la femme (voir le tableau 13.4). Enfin, l'acte sexuel peut exiger que les deux partenaires ajustent leur routine quotidienne. Au lieu de ne lui consacrer que le temps qui reste après d'autres activités, les couples peuvent raffermir les liens qui les unissent sexuellement en se réservant du temps l'un à l'autre.

La période de temps nécessaire à une bonne adaptation sexuelle varie d'un couple à l'autre et dépend souvent d'autres aspects du mariage. Il se peut que les problèmes liés à la relation sexuelle soient le symptôme d'autres difficultés conjugales ou qu'ils soient simplement le fait de la naïveté sexuelle du couple. Dans l'un ou l'autre cas, les conseillers maritaux professionnels pourront parfois aider le couple à atteindre une relation sexuelle plus satisfaisante.

La sexualité en dehors du mariage

L'infidélité prend des sens divers dans différentes cultures et, même à l'intérieur d'une même culture, la signification qu'on lui donne peut varier beaucoup d'une personne à l'autre. Cuber et Harroff (1965) ont constaté que l'infidélité se produit dans tous les types de mariage sauf dans le mariage total, mais pour des motifs forts différents. Dans le mariage conflictuel, il arrive qu'un des partenaires s'adonne à une activité sexuelle occasionnelle pour se venger de l'autre; l'un des conjoints d'un mariage routinier peut faire une escapade en se rappelant certains moments plus intenses de sa vie passée ou simplement parce qu'il recherche une relation plus vivante; l'un des membres d'un mariage passif peut se voir entraîné dans l'adultère par ennui; un partenaire d'un mariage dynamique peut faire preuve d'un excès de vitalité dans un esprit d'émancipation bohème qui peut être, ou non, partagé ouvertement avec le conjoint.

Il n'est pas aisé de connaître l'ampleur des activités sexuelles extra-maritales en raison de la difficulté d'obtenir des informations justes sur les pratiques sexuelles et aussi du manque de représentativité des échantillons étudiés dans ce domaine. En général, cependant, il semble que les rapports sexuels hors mariage soient plus courants qu'auparavant et que les gens mariés s'y adonnent plus jeunes; l'augmentation est particulièrement sensible chez les femmes.

Dans les enquêtes de Kinsey menées il y a plus de 30 ans, 51 % des hommes et 26 % des femmes disaient s'adonner à des rapports sexuels extra-maritaux (Kinsey, Pomeroy et Martin, 1948; Kinsey, Pomeroy, Martin et Gebhard, 1953). De nos jours, selon des évaluations basées sur plusieurs études plus récentes, de 50 % à 75 % des hommes et de 34 % à 43 % des femmes auraient eu des rapports sexuels extra-conjugaux vers l'âge de 40 ou 50 ans (Nass, Libby et Fisher, 1984; Thompson, 1983). La plus

Tableau 13.4 Les méthodes contraceptives

Méthodes	Utilisateur	Taux d'efficacité	Avantages	Inconvénients
Contraceptifs oraux	Femme	Excellent	Usage facile et sans inconvénient d'ordre esthétique.	Frais continus; effets secondaires; exige une attention quotidienne.
Dispositif intra-utérin (stérilet)	Femme	Excellent	Exige peu de surveillance; pas de frais d'usage.	Effets secondaires, dont des hémorragies importantes; expulsion possible.
Diaphragme avec crème ou gelée	Femme	Très bon	Pas d'effets secondaires; frais continus minimes pour la gelée et coût initial modeste pour le diaphragme.	Doit être enlevé et replacé; inconvénients d'ordre esthétique.
Capuchon cervical	Femme	Très bon	Peut être toléré deux à trois semaines sans être enlevé; achat et essayage initial peu coûteux; pas de frais continus.	Ne convient pas à toutes les femmes; insertion parfois difficile.
Condom	Homme	Très bon	Usage facile; protection contre les maladies transmises sexuellement.	Frais continus; interruption du rapport sexuel pour le placer et diminution des sensations.
Mousse vaginale	Femme	Bon	Usage facile; achat sans prescription.	Frais continus.
Crèmes, gelées, comprimés et suppositoires vaginaux	Femme	Moyen à bon	Usage facile; achat sans prescription.	Frais continus; désagréable ou irritant pour certaines personnes.
Coït interrompu	Homme	Moyen	Aucun frais; aucune préparation.	Frustration sexuelle.
Ogino-Knauss	Homme et femme	Faible à moyen	Aucun frais; autorisé par l'Église catholique.	Exige une grande motivation, de la coopération et de l'intelligence; inutilisable pour les femmes à cycle irrégulier; inutilisable en période post-partum.
Sympto-thermique	Femme	Bon à très bon	Aucun frais; autorisé par l'Église catholique.	Exige une grande motivation, une certaine rigueur et de l'intelligence; inutilisable en période post-partum.
Avortement	Femme	Excellent	Permet d'éviter la grossesse non désirée quand les autres méthodes ont échoué.	Peut être coûteux; complications médicales ou psychologiques possibles; moralement inacceptable pour certaines.

Tableau 13.4   *(suite)*

Méthodes	Utilisateur	Taux d'efficacité	Avantages	Inconvénients
Stérilisation	Homme ou femme	Excellent	Élimination définitive des préoccupations en matière de contraception.	Possibilité de complications chirurgicales, médicales ou psychologiques.

Source: Katchadourian, Lunde et Trotter, *La sexualité humaine*, Les Éditions HRW ltée, 1982, p. 166.

forte augmentation d'activité sexuelle en dehors du mariage s'est produite chez les femmes de 18 à 24 ans qui sont trois fois plus susceptibles, de nos jours, d'avoir une aventure sexuelle que les femmes de cet âge il y a une génération. C'est probablement là le signe du passage d'une moralité «deux poids deux mesures» à une moralité à critère unique.

Le commentaire suivant de Hunt (1974) est toujours approprié:

> «La majorité des gens a toujours désiré avoir des rapports sexuels hors mariage, occasionnellement du moins, et l'a caché; dans le climat actuel de franche discussion, ces désirs se manifestent verbalement et sous forme d'un appétit avoué pour les expériences de changement. En même temps, la plupart des gens continuent de désapprouver de tels comportements parce qu'ils croient que, lorsqu'ils passent de la fantaisie à la réalité, ils ébranlent et mettent en péril la relation humaine la plus importante de leur vie.» (p.256)

Une enquête auprès de 800 personnes mariées a permis de constater que les gens qui avaient eu de nombreuses expériences sexuelles avant le mariage étaient plus portés à avoir des aventures hors mariage, surtout si celui-ci était un tant soit peu malheureux (Athanasiou et Sarkin, 1974).

Il semble donc que malgré les sanctions morales, religieuses et légales qui prévalent contre l'adultère, et en dépit des périls que la plupart des gens y voient pour leur mariage, l'aventure extra-conjugale conserve bien de l'attrait pour plusieurs personnes mariées.

L'expérience parentale

Jamais auparavant l'expérience parentale n'a été aussi librement choisie, et le choix de ne pas avoir d'enfants aussi largement accepté qu'aujourd'hui. Pourtant, la plupart des gens dans la trentaine ont des enfants; ils voient là une expérience importante et ils en tirent une grande satisfaction (Veroff, Douvan et Kulka, 1981).

Tous ne sont pas touchés de la même façon par l'expérience parentale. En général, hommes et femmes ont des points de vue différents sur cette question: les femmes ont tendance à penser que le plus bel aspect de cette expérience est l'amour et la chaleur de la relation avec l'enfant, alors que les hommes mettent plutôt l'accent sur leur rôle d'éducateur. Quand on l'interroge sur les changements qu'entraîne l'arrivée d'un enfant dans la vie d'une personne, la femme parle de la difficulté de répondre aux attentes de la société face au rôle maternel et des limites que cela impose à sa liberté.

Les personnes interrogées en 1976 se sentaient moins compétentes dans leur rôle de parents que les parents interrogés en 1957, sans doute parce que les parents d'aujourd'hui se sentent beaucoup plus responsables de l'évolution de leurs enfants, tant sur les plans affectif et intellectuel que sur le plan physique. Les parents contemporains se sentent davantage un devoir de veiller au bonheur et à la réussite de leurs enfants. Comme ces résultats ne sont jamais garantis, ils éprouvent souvent des sentiments de frustration et de culpabilité. Au fur et à mesure que l'enfant grandit, l'expérience parentale devient plus facile et les parents plus âgés qui constatent que leurs enfants s'en sont bien tirés sont moins anxieux et plus détendus face à leur progéniture.

La naissance du premier enfant constitue une transition importante dans la vie d'un couple. Le passage d'une relation intime entre deux individus à un rapport qui fait intervenir une troisième personne (un être totalement dépendant des deux premiers) ne peut que changer à la fois les gens eux-mêmes et leur relation de couple. Nous verrons l'influence de divers facteurs sur ces changements. Nous examinerons les répercussions de l'arrivée d'un enfant sur les individus et sur les couples, et verrons comment

Malgré toutes les ten-sions d'ordre physique, psychologique et finan-cier liées aux responsabi-lités parentales, la majorité des parents tirent une grande satis-faction de cette expé-rience qui contribue à leur développement et n'est jamais ennuyeuse. (Michal Heron/Woodfin Camp et Associés)

l'expérience parentale contribue au développe-ment de l'adulte, que ses enfants soient ses enfants biologiques, qu'ils soient adoptés ou qu'ils proviennent du conjoint. Enfin, nous abor-derons le cas de ceux qui n'ont pas d'enfants: l'impact de la décision de ne pas avoir d'enfants et les effets de l'infertilité chez les personnes qui aimeraient en avoir.

Pourquoi les gens ont-ils des enfants?

Pendant des siècles et partout dans le monde, le fait d'avoir des enfants a été traditionnelle-ment considéré comme «le point d'aboutisse-ment, sinon comme le premier motif du mariage. Il était convenu qu'un couple se mariait, faisait des enfants et, plus tard, jouissait de la présence de ses petits enfants» (McGary, 1975, p.289). Dans les sociétés de l'ère préindustrielle, il fal-lait que les familles soient nombreuses. On avait besoin des enfants pour aider au travail de la famille et pour prendre soin ensuite des vieux parents. Étant donné l'importance des motifs économiques et sociaux qui militaient en faveur de la procréation, la paternité et surtout la mater-nité étaient enveloppées d'une aura extraordi-naire. N'était vraiment épanouie que la femme qui avait connu la maternité; la permission de

prendre du plaisir dans la sexualité n'était accor-dée qu'à la femme qui en considérait avant tout la fonction procréatrice; seule la femme qui dési-rait avoir des enfants passait pour normale.

Aujourd'hui, toutefois, les raisons économi-ques et culturelles qui exigeaient que tout le monde fût parent sont en voie de disparaître. La surpopulation constitue l'un des problèmes majeurs de notre planète. Les progrès technolo-giques réduisent le besoin en main-d'œuvre. L'amélioration des soins médicaux assure la sur-vie de la majorité des enfants. Les pensions de vieillesse et d'autres programmes gouvernemen-taux garantissent le bien-être des gens âgés. En outre, il est devenu évident que le fait d'avoir des enfants peut avoir des effets négatifs aussi bien que positifs sur la relation de couple.

Pourquoi, alors, décider d'avoir des enfants? (L'encadré 13.1 présente quelques «bonnes» et «mauvaises» raisons d'avoir des enfants.) Une équipe de chercheurs a étudié 199 couples mariés, allant de conjoints sans enfants à des parents de quatre enfants. Les principaux motifs d'avoir des enfants étaient le désir d'une relation intime avec un autre être humain et le désir de participer à l'éducation d'un enfant. Les principaux obstacles mentionnés étaient les dépenses encourues par l'éducation d'un enfant[3] et la crainte que la venue d'un enfant

---

3 Selon des données récentes, une famille américaine à revenu moyen (comportant deux enfants et où l'épouse travaillait à temps partiel) dépensait presque 100 000 $ U.S. en 1981 pour élever un enfant de la naissance à la fin de ses études collégia-les (Espenshade, 1984).

Encadré 13.1

«Bonnes» et «mauvaises» raisons d'avoir des enfants

Une étude du degré de bien-être des femmes âgées de 35 à 55 ans a conduit Grace Baruch, Rosalind Barnett et Caryl Rivers (1983) à conclure que certaines raisons d'avoir des enfants sont meilleures que d'autres. Les femmes qui ont des enfants pour les «mauvaises raisons» énumérées ci-dessous s'attirent des difficultés majeures, autant pour elles-mêmes que pour leur famille.

* *Les enfants vont donner un sens à ma vie.* C'est mettre le lourd fardeau de sa valeur personnelle sur les épaules des enfants.
* *Je serai une bonne fille si j'ai des enfants.* Une femme qui a des enfants pour plaire à ses parents risque d'être malheureuse si elle ne vit pas la vie qu'elle veut mener. En outre, elle ne résout pas la question de son identité personnelle, ni ne fournit un modèle sain à ses enfants.
* *Je ne peux être une vraie femme si je n'ai pas d'enfants.* Lorsqu'on a comparé des femmes qui projetaient d'avoir des enfants à d'autres qui n'en désiraient pas, aucune différence significative n'est ressortie en ce qui a trait à la présence de symptômes névrotiques ou à «l'identité féminine».
* *L'enfant va renflouer mon mariage.* Comme l'arrivée d'un enfant entraîne des conflits même dans une union heureuse (comme nous le verrons au prochain chapitre), elle risque de détériorer encore plus un mariage chancelant.

Comment donc la femme prendra-t-elle une décision aussi importante que celle d'avoir un enfant? Selon les auteures de cette recherche, celle-ci doit se demander si elle aime réellement la présence des enfants, si l'idée de faire partie d'une famille avec des enfants lui plaît, si elle croit être en mesure de concilier le travail (si celui-ci occupe une place importante) et le soin des enfants (ce qui constitue une tâche réalisable, mais qui exige une bonne dose de souplesse et d'acceptation du compromis). Elle peut aussi se demander si elle pense pouvoir être une mère non pas parfaite, mais raisonnablement bonne.

Par dessus tout, une femme doit comprendre ce qu'un enfant ne peut pas lui apporter. Un enfant peut enrichir sa vie et lui apporter des expériences variées, mais celle qui s'attend à ce que l'arrivée d'un enfant lui assure le bonheur manque de réalisme... celle-ci ne cherche pas au bon endroit.

ne nuise à la poursuite d'études ou d'objectifs professionnels (Campbell, Townes et Beach, 1982).

Lors d'une étude d'envergure internationale effectuée dans neuf pays, des parents ont donné diverses raisons d'avoir des enfants. Les motifs qui apparaissent en tête de liste sont l'amour, le plaisir et la stimulation. Les autres sources de satisfaction rapportées par ces sujets sont reliées à la croissance personnelle: l'état de parent donne un but à la vie, représente une expérience d'apprentissage et d'accomplissement personnel, permet de perpétuer le nom de la famille et de s'immortaliser. Le fait d'avoir des enfants est également considéré comme une façon de conférer leur véritable statut d'adulte aux parents et de donner l'occasion à ces derniers d'accomplir quelque chose d'utile. Bien que peu de parents aient directement parlé de la valeur morale de l'expérience parentale (qui oblige à

donner la priorité aux besoins d'autrui et à devenir moins égocentrique), 13 % des mères et 11 % des pères interrogés ont souligné que celle-ci a fait d'eux des personnes meilleures et moins égoïstes (Hoffman et Manis, 1979).

Les théoriciens de la psychanalyse prétendent que les femmes ont un désir profond d'enfanter et d'allaiter; elles remplaceraient ainsi leur propre mère, et leurs bébés seraient des substituts du pénis qu'elles n'auront jamais. Les psychologues du moi, tel Erikson, définissent le fait d'être parent en fonction de l'acquisition des capacités et de la croissance de ressources personnelles, et insistent sur le *désir d'engendrer*, souci de produire et de guider la génération suivante, comme un besoin fondamental de développement. Les sociologues fonctionnalistes attribuent la reproduction au besoin d'immortalité des gens, besoin qu'ils assouvissent en se remplaçant par leurs propres enfants.

Une autre interprétation encore y voit une fonction naturelle commune à tout le monde animal. Il faut aussi considérer l'importance des pressions culturelles qui forcent bien des gens à avoir des enfants pour obéir au postulat — véhiculé par les mass-média, les écoles, les employeurs, les familles, les églises et d'autres institutions sociales — selon lequel tous les gens normaux désirent avoir des enfants.

Le moment d'avoir des enfants

La plupart des adultes qui peuvent avoir des enfants choisissent de le faire. Mais ils ont aujourd'hui tendance à avoir une famille moins nombreuse et à attendre plus longtemps que jadis pour mettre leurs enfants au monde, habituellement parce qu'ils consacrent plus de temps à leur formation et à l'établissement de leur carrière. Plus de femmes de nos jours ont leur premier enfant après l'âge de 30 ans: leur nombre a doublé en une génération (Rogers et O'Connell, 1984).

Ces changements ne semblent pas accidentels: des enquêtes américaines révèlent que chez les femmes d'aujourd'hui, l'âge jugé idéal pour avoir un premier enfant est plus tardif qu'auparavant; ce sont les femmes les plus récemment mariées, les plus scolarisées et les plus féministes qui situent le plus tard cet âge idéal (Pebley, 1981). C'est le niveau de scolarité de la femme au moment du mariage qui est le plus important facteur de prédiction de l'âge qu'elle aura à son premier accouchement: plus il est élevé, plus le premier bébé tardera à venir (Rindfuss et St.John, 1983).

L'arrivée du premier enfant: un moment de transition

Les femmes comme les hommes éprouvent plusieurs sentiments conflictuels au moment où ils se préparent à devenir parents. Même s'ils ont planifié l'événement, leur joie et leur excitation n'empêchent généralement pas une certaine ambivalence. La grossesse les oblige à penser à leur responsabilité à l'égard d'un être totalement dépendant; elle impose un sentiment de permanence du mariage qui effraie parfois, et elle réveille souvent chez chacun d'eux le besoin d'être rassuré et entouré. La grossesse a aussi un impact sur la vie sexuelle d'un couple: elle peut accroître l'intimité entre les conjoints, ou créer des barrières.

Au cours d'une première grossesse, les futurs parents affrontent plusieurs tâches: développer un lien affectif avec l'enfant qui s'en vient, faire face à leurs relations avec leurs propres parents, surmonter leur propre besoin d'attention, régler diverses questions d'ordre pratique reliées aux finances, au logement, au soin de l'enfant, et ainsi de suite. Ces tâches aident chacun d'eux à acquérir un sens de soi comme personne et comme parent (Valentine, 1982).

L'arrivée d'un premier enfant constitue une transition plus abrupte et un changement qui a des répercussions plus étendues que le mariage, tant au niveau des activités quotidiennes qu'à celui des perspectives. Les premières études sur l'impact perturbateur de cette transition ont révélé que la naissance ou l'adoption d'un premier enfant représente une crise difficile qui bouleverse considérablement les parents de même que leur relation de couple (LeMasters, 1957; Dyer, 1963). Selon des études plus récentes, cependant, cet événement constitue certes un moment de transition qui entraîne certaines difficultés, mais il représente généralement une expérience positive (Hobbs et Cole, 1976; Hobbs et Wimbish, 1977).

La femme a habituellement plus de difficulté que l'homme à s'adapter à l'expérience parentale, puisque c'est elle qui subit le plus de changements. En dépit des changements importants qui se produisent dans les rôles attribués à l'homme et à la femme, une très grande partie de la responsabilité envers les enfants retombe encore, dans la plupart des foyers, sur les épaules de la mère. Après avoir connu une vie sociale et professionnelle plus ou moins active, elle aura sans doute plus de difficulté que son conjoint à s'adapter à son nouveau rôle de parent, car son univers social devient limité, au moins à court terme, à son bébé et à son conjoint. Selon une étude menée auprès de 271 couples des milieux moyen et ouvrier, dont le premier bébé avait entre 6 et 56 semaines, les principaux problèmes auxquels les femmes doivent faire face sont la fatigue due au manque de sommeil et de repos, la sensation de nervosité et d'irritabilité, et l'inquiétude à propos de leur apparence. Les femmes qui avaient le mieux réagi à la venue de leur bébé étaient celles qui jouissaient d'une très bonne santé, qui avaient connu une grossesse et

Encadré 13.2

Vaut-il mieux avoir ses enfants tôt, ou tard?

Les avantages d'avoir ses enfants tôt

- Les jeunes parents ont généralement plus d'énergie physique, ce qui leur permet de récupérer plus facilement lorsqu'ils doivent se lever la nuit, passer la nuit au chevet d'un bébé malade ou répondre aux exigences du travail et de la famille.
- Les jeunes mères rencontrent généralement moins de problèmes de santé durant la grossesse et l'accouchement. Selon les statistiques, les femmes qui deviennent enceintes après l'âge de 35 ans sont plus susceptibles de souffrir de toxémie, d'hypertension et de maladies du rein, et courent plus de risques de porter un enfant atteint d'une anomalie congénitale.
- Les jeunes parents sont généralement plus enjoués et ils demeurent psychologiquement plus proches de leurs enfants quand ceux-ci atteignent l'adolescence et l'âge adulte.
- Les jeunes parents peuvent profiter des premières années de leurs enfants pour poursuivre des études, occuper un emploi moins exigeant ou à temps partiel; lorsque les enfants demanderont moins de temps et d'attention, ils pourront se consacrer davantage à leurs occupations professionnelles.
- Les jeunes parents ont plus de temps en réserve si la grossesse se fait attendre. Certains couples plus âgés qui n'arrivent pas à concevoir un enfant au moment où ils l'ont décidé voient le temps filer. Plus la grossesse se fait attendre, plus leur anxiété croît, ce qui risque d'aggraver le problème.
- Les jeunes mères ont eu moins de temps pour s'adonner à des activités considérées comme des facteurs de risque pour la femme enceinte, comme une consommation excessive d'alcool, le tabagisme et les excès de table. L'hypertension et les troubles circulatoires qui y sont reliés, de même que l'intolérance au glucose et le diabète sont également plus susceptibles de se manifester au milieu de l'âge adulte.
- Il y a moins de risques que des jeunes parents aient échafaudé des attentes irréalistes pour leurs enfants que les personnes qui ont à attendre longtemps avant d'avoir leur premier enfant.

Les avantages d'avoir ses enfants plus tard

- Les parents plus âgés ont eu plus de temps pour réfléchir à leurs objectifs, c'est-à-dire à ce qu'ils attendent de leur vie familiale et professionnelle.
- Les parents plus âgés ont plus de maturité et peuvent mettre leurs expériences de vie à profit comme parents.
- Le parent plus âgé n'a pas à interrompre une carrière à peine entreprise.
- Comme ils ont eu le temps de s'installer dans leur carrière, les parents plus âgés n'ont pas à y mettre autant d'insistance au moment où les besoins de leurs enfants risquent d'être les plus pressants.
- Comme ils ont déjà prouvé qu'ils peuvent réussir au travail, les parents plus âgés n'ont pas le sentiment que leurs enfants font obstacles à leur réussite professionnelle; ils peuvent donc se détendre et profiter davantage des moments qu'ils passent avec eux.
- Les parents plus âgés sont généralement en meilleure posture financière, ce qui leur permet de mieux faire face aux dépenses liées à l'éducation des enfants, de se procurer des services qui leur épargnent temps et argent, et de profiter plus souvent des services de garde.
- Le parent plus âgé est généralement en meilleure position pour obtenir un congé de maternité ou de paternité, une diminution de ses heures de travail, un arrangement qui lui permette de travailler à la maison, ou d'autres avantages. Conscient de son apport à l'entreprise, l'employeur peut être davantage disposé à faire des concessions pour le garder à son service.

Source: Olds, S.W. (1983), *The Working Parents Survival Guide*, New York, Bantam.

un accouchement faciles, qui étaient mariées depuis un certain temps et qui n'avaient pas un niveau de scolarité très élevé (Russel, 1974).

À part la difficulté de s'habituer à l'interruption du sommeil et du repos qu'ils connaissent au même titre que leurs épouses, les préoccupations des nouveaux pères sont différentes: ils acceptent mal d'avoir à modifier leurs plans à cause du bébé, de devoir travailler davantage et gagner un revenu plus élevé, et de faire face à l'intrusion des beaux-parents dans l'éducation de leur enfant. Ceux qui se sont préparés à l'événement en suivant des cours, en faisant des lectures ou en s'occupant des enfants des autres ont plus tendance à prendre plaisir à la paternité, de même que ceux qui considèrent le rôle de père comme le rôle le plus important de leur vie et qui désirent avoir d'autres enfants (Russel, 1974). Les couples qui étaient heureux en mariage au moment où ils participèrent à l'étude en question (leur bébé ayant de 6 à 56 semaines à cette époque) et qui avaient planifié la naissance de leur premier enfant témoignaient des réactions les plus positives face à leurs responsabilités parentales.

L'expérience parentale comme phase du développement

Comme l'ont souligné certains chercheurs, il est plus facile d'accéder au statut de parent que d'assumer à long terme les responsabilités parentales (Miller et Nyers-Walls, 1983). Pourtant, malgré toutes les difficultés de cette tâche, la plupart des parents sont heureux de l'être, comme l'indique une enquête nationale effectuée aux États-Unis: 90 % des 2102 parents interrogés ont affirmé qu'ils chosiraient de nouveau d'avoir des enfants (General Mills American Family Report, 1977).

Quiconque lit les ouvrages scientifiques sur l'expérience parentale risque toutefois d'en tirer une image déformée, car la plupart des chercheurs mettent moins l'accent sur les joies et la satisfaction à tirer de l'éducation des enfants, que sur les tensions et les frustrations qu'elle comporte. Il s'agit peut-être d'une réaction à une attitude nataliste de notre société qui a eu tendance à glorifier les processus de l'enfantement et de l'éducation des enfants. Il ne faudrait toutefois pas que notre effort pour équilibrer l'image que nous nous faisons de l'expérience parentale nous fasse perdre de vue le rôle qu'elle joue dans le développement de ceux qui la vivent.

Un des aspects les plus positifs de l'expérience parentale est le fait qu'elle n'est jamais ennuyeuse. Au moment où les parents commencent à s'adapter aux soins du nourrisson, celui-ci se métamorphose en un aventureux trottineur qui requiert une surveillance vigilante. Au moment où ses parents ont fait ce saut, le trottineur devient un enfant d'âge préscolaire. Les changements se poursuivent sans cesse, offrant la possibilité d'une expérience de croissance créatrice au parent qui doit adopter de nouvelles attitudes et de nouveaux comportements, revivre sa propre enfance, résoudre des questions laissées en suspens et s'adapter à la personnalité unique de chaque enfant (voir le tableau 13.5).

Les gens ne réagissent évidemment pas tous de la même manière aux tensions physiques, psychologiques et financières de la condition de parent. Certains sont incapables de relever le défi et maltraitent, négligent ou abandonnent leurs enfants; ou bien, ils deviennent eux-mêmes victimes de troubles physiques ou affectifs. La majorité des parents s'adaptent toutefois relativement bien à leur condition. Ils recourront souvent à l'aide de parents, d'amis ou de voisins, ou feront appel à des services professionnels et consulteront des volumes ou des articles sur l'éducation des enfants. En trouvant des façons de résoudre les conflits entre leurs divers rôles (de parents, de travailleurs, d'époux, etc.), les parents efficaces font généralement ce qui suit: ils définissent leur situation d'une façon positive; ils établissent clairement que dans toute situation conflictuelle, ce sont leurs responsabilités parentales qui sont prioritaires; ils sont capables de compartimenter leur vie (c'est-à-dire de se concentrer sur un type de responsabilité à la fois); enfin, ils sont disposés à faire des compromis en ce qui a trait aux normes qu'ils se sont fixées (Myers-Walls, 1984; Miller et Myers-Walls, 1983; Paloma,1972).

Les parents adoptifs se développent essentiellement comme les parents naturels, même s'ils font face à des expériences et rencontrent des attitudes particulières à leur situation. Ils doivent de plus relever des défis spéciaux: l'acceptation de leur propre infertilité (si c'est là le motif de l'adoption), la conscience du fait qu'ils ne répètent pas l'expérience de leurs propres parents, le besoin de traiter de la question de l'adoption avec leurs enfants et la nécessité de maîtriser la jalousie qu'ils peuvent ressentir lorsque leurs enfants expriment de la curiosité au sujet de leurs vrais parents.

Tableau 13.5   Les étapes de l'expérience parentale

Ce que les enfants, selon leur âge, attendent de leurs parents				
Nourrisson et trottineur	**Enfant d'âge préscolaire**	**Enfant d'âge scolaire**	**Adolescent**	**Jeune adulte**
Soin global: nourriture, vêtements, toilette, protection contre la douleur, etc. Liens affectifs. Sentiment de sécurité découlant de l'assurance qu'on s'occupe de lui. Début d'un sentiment de contrôle sur sa vie, favorisé par les réponses des parents.	Continuer à prendre soin de lui tout en encourageant son indépendance et son autonomie. L'aider à canaliser son agressivité. L'aider à acquérir une identité sexuelle. L'aider à bien accepter son corps. L'encourager à développer ses aptitudes intellectuelles et particulièrement son langage.	L'aider à faire l'équilibre entre l'information venant de l'extérieur et les apprentissages faits à la maison. L'aider à se fixer des objectifs et à les poursuivre. L'aider à développer son raisonnement moral. L'encourager à réussir (sur les plans académique, athlétique, social, etc.). Encourager ses habiletés et talents particuliers. L'aider à acquérir une haute estime de soi.	L'aider à vivre sa sexualité d'une façon positive. L'aider à devenir indépendant de ses parents et des autres représentants de l'autorité. L'encourager à formuler son propre code de valeurs. L'encourager et l'aider à poursuivre ses objectifs académiques et professionnels.	L'encourager à adopter un style de vie indépendant. Savoir que les parents peuvent être consultés comme des amis qui partageront leur sagesse et leur expérience sans diriger la vie de leurs enfants et projeter sur eux leurs propres besoins de réussir. Fournir des modèles dans l'exercice de divers rôles (relations intimes, intégration du travail et de la famille, etc.) et dans la découverte du bonheur.

Comment se développe l'adulte dans son rôle de parent				
Avant la naissance du premier enfant	**Enfant d'âge préscolaire**	**Enfant d'âge scolaire**	**Adolescent**	**Jeune adulte**
Préciser ses raisons d'avoir des enfants. Planifier sa vie comme parent. **Nourrisson et trottineur** Résoudre les conflits entre les objectifs personnels (carrière, confort) et les besoins de l'enfant (présence, régularité des soins, etc.). Se percevoir non plus comme l'enfant de ses parents, mais comme le parent de ses enfants. Se donner physiquement et affectivement.	Apprendre à modifier ses comportements parentaux pour s'adapter aux besoins de l'enfant (permettre une plus grande indépendance, par exemple). Entretenir sa relation de couple malgré les exigences de temps et d'énergie des enfants. Poursuivre plus intensément ses objectifs professionnels au moment où l'enfant commence à se détacher.	Acquérir une connaissance réaliste des aptitudes de l'enfant et distinguer entre son propre besoin de réussir et celui de l'enfant. Apprécier l'enfant pour ce qu'il est et non pour sa disposition à se conformer aux fantasmes de ses parents. Apprendre à se sensibiliser aux besoins affectifs des autres. Participer à la vie scolaire et parascolaire de l'enfant. Retrouver la fraîcheur de l'enfance et	Réexaminer ses valeurs en réponse aux remises en question de l'adolescent. Apprendre à être souple. Apprendre à être ferme dans l'imposition de limites nécessaires. Voir l'adolescent comme un être qui deviendra bientôt un adulte, qui a ses propres intérêts et n'a pas à être le miroir de ses parents. Poursuivre ses propres objectifs professionnels tout	Apprécier la relation avec le jeune adulte qui se trouve être son enfant. L'accepter comme un être indépendant qui doit prendre ses propres décisions et apprendre en faisant des erreurs. Apprendre à offrir son aide tout en évitant l'intrusion et le contrôle. Rebâtir sa vie de couple (ou sa vie de personne seule) sur la nouvelle base créée par le départ des enfants. Repenser ses objectifs person-

Harmoniser sa relation avec ses propres parents: encourager ceux-ci à jouer leur rôle de grands-parents tout en ne dépendant pas d'eux pour prendre ses décisions comme parent.	Savoir consulter les ouvrages, les médias, les experts en éducation des enfants, sans trop dépendre d'eux. Se pardonner de ne pas être un parent parfait.	savoir regarder le monde avec des yeux d'enfant. Réécrire l'histoire de sa propre enfance en offrant à ses enfants des chances qu'on n'a pas eues.	en ne négligeant pas les besoins de ses enfants.	nels après que les responsabilités parentales ont pris fin. Assumer son rôle de grand-parent en laissant son enfant jouer son rôle de parent.

L'influence des enfants sur l'union des parents

Les études qu'il a faites sur des parents des classes défavorisée, moyenne et favorisée ont amené Feldman (1971) à conclure que «les responsabilités parentales exercent une forte influence sur les rapports entre les parents» (p.24). L'une des principales sources de désaccord parmi les couples était la nature différente de leurs conceptions sur la façon d'élever les enfants. Comme le souligne Feldman, «les conflits à propos de l'éducation des enfants ne peuvent généralement pas être résolus par un compromis; lorsqu'un bébé crie, on ne peut le prendre une fois et le laisser pleurer la fois suivante» (p.9). Nos attitudes face à l'éducation des enfants sont souvent profondément enracinées, provenant de notre propre enfance, de nos antécédents culturels et économiques et d'une foule d'expériences diverses vécues au cours des années. Et pourtant, c'est une question que la plupart des couples de fiancés et de jeunes mariés prennent très peu de temps à débattre.

Les couples qui étaient le plus susceptibles de connaître un accroissement de satisfaction conjugale à la suite de la naissance de leur premier enfant étaient ceux qui s'étaient connus longtemps avant de se marier et qui, une fois mariés, n'étaient pas devenus trop dépendants l'un de l'autre, mais avaient conservé leurs intérêts individuels. En outre, les femmes qui étaient le plus portées à percevoir la naissance de leur premier enfant de façon positive étaient celles qui ne s'étaient pas montrées très heureuses au cours de leur grossesse, mais qui avaient manifesté des attitudes «maternelles», comme le désir d'allaiter leur bébé, une préoccupation à propos de ses pleurs et une volonté de tenir compte de

l'enfant d'abord dans la façon d'envisager l'alimentation de ce dernier, et qui s'attendaient à ce que leur mari joue un rôle important dans les soins à apporter à l'enfant.

Plusieurs études ont relevé «un déclin du bonheur conjugal à l'arrivée du premier enfant et une augmentation perceptible de celui-ci au moment où les enfants ont tous quitté le foyer» (Feldman et Feldman, 1977, p.1). Bien sûr, cela ne se produit pas chez tous les couples. Dans l'étude faite par Hobbs en 1974, par exemple, les conjoints affirment que leur relation de couple s'est améliorée (42 %) ou qu'elle est restée stationnaire (43,5 %) après la naissance de leur premier enfant. Il est toutefois possible que les parents qui n'ont pas répondu au questionnaire de Hobbs soient ceux qui ont connu le plus de crises et qu'ils aient, par leur abstention, influencé les résultats de cette étude.

Qu'est-ce qui distingue les couples dont les rapports se sont améliorés lorsqu'ils sont devenus parents, de ceux qui ont connu un déclin de satisfaction dans leur relation? Il y a moins de chances que les enfants menacent l'équilibre de l'union de leurs parents si ces derniers ont désiré ardemment avoir des enfants, s'ils peuvent faire appel à des ressources extérieures pour les aider à s'occuper des enfants et s'ils peuvent consacrer du temps, de l'énergie et de l'argent aux soins des enfants. Ces chercheurs ont constaté que le déclin de satisfaction entre les conjoints au cours des années consacrées à l'éducation des enfants se manifeste plus fréquemment au sein du milieu défavorisé que parmi les foyers du milieu moyen, ce qui est peut-être dû à la pauvreté des ressources des familles du milieu défavorisé (Rollins et Galligan, 1978).

Il est intéressant de noter que même si l'état de parent a un effet négatif sur les liens qui unis-

Encadré 13.3

La famille reconstituée

Avec les taux élevés de divorce et de remariage que nous connaissons actuellement, les familles qui réunissent «tes enfants, mes enfants et nos enfants» se multiplient. Aux États-Unis, il y a actuellement 35 millions d'adultes qui sont «beaux-parents» d'un enfant sur cinq, et plusieurs d'entre eux réussissent à braver les tabous et à établir des relations chaleureuses avec des enfants qui ne sont pas à eux.

La famille «reconstituée» diffère de la famille «naturelle». D'abord, elle comporte des effectifs plus nombreux: ex-conjoints, parents absents, grands-parents, tantes, oncles et cousins des deux «côtés». Par ailleurs, elle est souvent menacée par «la colère, la culpabilité, la jalousie, les conflits de valeurs, les perceptions fausses et la peur» (Einstein, 1979, p.64). Bref, elle doit supporter un fardeau que ne connaît pas la famille «naturelle». De toute évidence, elle ne peut s'attendre à fonctionner de la même manière que celle-ci. En raison des attentes irréalistes et du manque de préparation à faire face aux situations et aux difficultés particulières qui surgissent, 40 % de ces familles aboutissent au divorce après moins de cinq ans de vie commune.

Parmi les tensions majeures que doit affronter la famille reconstituée, il y a les pertes de proches (à la suite d'un décès ou d'un divorce) qui peuvent amener tant les enfants que les adultes à craindre de faire confiance et d'aimer; le fatras des différentes histoires de familles, qui risque de compliquer les relations présentes; les liens déjà établis entre les enfants et leurs parents biologiques et la loyauté envers un parent absent ou décédé, qui peuvent nuire à la formation des liens avec le nouveau conjoint du parent (tout particulièrement quand les enfants se promènent entre deux foyers); et enfin, la disparité fréquente en ce qui a trait au stade de la vie où se situent les nouveaux conjoints, comme celle qui existe entre le père d'adolescents et sa nouvelle épouse qui n'a jamais eu d'enfants (Visher et Visher, 1983).

Voici quelques stratégies qui aideront la famille reconstituée à surmonter ces difficultés (Visher et Visher, 1983; Berman, 1981):

- *Avoir des attentes réalistes.* La famille reconstituée doit se rappeler qu'elle diffère de la famille biologique. Elle doit s'accorder le temps nécessaire à la formation de relations amicales. Elle doit voir les aspects positifs de ses différences: au lieu de résister aux contrastes entre les deux foyers, par exemple, elle peut y voir un accroissement des ressources et des expériences.
- *Développer de nouvelles relations au sein de la famille.* La famille doit établir de nouvelles traditions et développer de nouvelles façons d'agir qui lui conviendront. Elle peut planifier des activités de façon à permettre aux enfants de passer des moments seuls avec le parent biologique, des moments avec le «beau-parent», des moments avec les deux parents; elle doit aussi prévoir des périodes où le couple se retrouve seul. Il sera parfois profitable de déménager dans un endroit qui ne rappelle pas une vie passée.
- *Comprendre les émotions des enfants.* Les parents doivent demeurer sensibles et réagir aux peurs, à la douleur et au ressentiment que peuvent éprouver les enfants au moment où ils amorcent avec euphorie une nouvelle vie de couple.
- *Maintenir une relation courtoise avec l'ex-conjoint.* Les enfants s'adaptent mieux à un divorce quand ils maintiennent des liens étroits avec leurs deux parents biologiques, quand ceux-ci ne les utilisent pas pour se blesser l'un l'autre, et quand ils n'entendent pas un parent ou son nouveau conjoint insulter le parent absent.
- *Rechercher un soutien extérieur.* Partager ses sentiments, ses frustrations et ses victoires avec d'autres personnes plongées dans une situation analogue peut aider un couple à voir sa propre situation d'une façon plus réaliste et à profiter de l'expérience des autres.

La famille reconstituée permet à des personnes qui ont été meurtries par des épreuves affectives de créer de nouvelles relations qui leur apporteront les avantages de toute bonne famille qui s'occupe de ses membres. Ce but n'est pas toujours facile à atteindre, même pour les familles biologiques, mais ceux qui sont prêts à relever le défi sauront y parvenir.

sent un couple, il peut influencer positivement l'image de soi des parents et les rôles qu'ils assument dans le monde du travail (Feldman et Feldman, 1977), ce qui semble indiquer que le fait de devenir parent peut véritablement contribuer au développement d'un individu.

Ne pas avoir d'enfants

Parmi les adultes qui n'ont pas d'enfants, il y a ceux qui aimeraient en avoir mais qui ne le peuvent pas pour diverses raisons d'ordre physiologique (dont il a été question au chapitre 2), et ceux qui choisissent de ne pas en avoir. De plus en plus de couples se retrouvent dans ces deux catégories.

Sans enfant par infertilité

Les taux d'infertilité ont augmenté au cours des 20 dernières années: de 10 à 15 % des couples américains qui veulent un enfant sont incapables d'en concevoir (National Center for Health Statistics, 1984). Cette augmentation est due à divers facteurs: le nombre croissant de couples qui retardent la conception du premier enfant jusqu'à ce que la femme soit dans la trentaine (ne réalisant pas que la fertilité diminue avec l'âge), l'augmentation des infections vénériennes et les effets secondaires de certaines méthodes contraceptives, comme la pilule et le stérilet (Brody, 1984).

L'infertilité entraîne divers problèmes psychologiques. Les personnes qui se sont toujours crues capables de se reproduire ont habituellement de la difficulté à accepter de ne pas pouvoir faire ce que les autres font si naturellement et si facilement. Elles ont tendance à s'irriter contre elles-mêmes, contre leur conjoint et contre les médecins, à se déprécier et à se laisser abattre par leur incapacité d'exercer un contrôle sur leur vie. Leurs rapports sexuels en souffrent souvent, car ceux-ci deviennent une question de faire des enfants plutôt que de s'exprimer leur affection (Porter et Christopher, 1984; Liebmann-Smith, 1985).

Les couples infertiles gagnent souvent à recourir à une aide professionnelle ou au soutien d'autres couples plongés dans la même situation qu'eux. Il arrive fréquemment qu'à l'issue d'une telle consultation, le couple infertile décide de demeurer sans enfant plutôt que de recourir à l'adoption ou à des méthodes de conception alternatives (décrites au chapitre 2).

Sans enfant par choix

De plus en plus de gens choisissent de ne pas avoir d'enfants du tout. Une interview de 52 épouses qui avaient choisi de ne pas avoir d'enfants a permis d'identifier deux voies: celle où un couple décide avant le mariage de ne jamais avoir d'enfant et celle où il ne cesse de remettre à plus tard la conception, pour en arriver finalement à un point où il prend la décision de ne jamais avoir d'enfant (Veevers, 1973).

Qu'est-ce qui pousse les gens à prendre cette décision? Certains couples en viennent très tôt à la conclusion qu'ils n'ont pas l'étoffe pour faire de bons parents et qu'ils préfèrent avoir des contacts avec les enfants des autres plutôt que de prendre la pleine responsabilité de leurs propres enfants. Dans d'autres cas, les gens sont tellement pris par leur carrière qu'ils ne veulent pas se dérober à leurs occupations pour élever une

Parmi les couples qui décident de ne pas avoir d'enfants, il y a ceux qui prennent cette décision avant de se marier et ceux qui en arrivent à cette option parce qu'ils ont trop retardé le moment de la conception. Bien qu'il soit mieux accepté de nos jours, ce choix n'est pas toujours socialement approuvé. (Palmer-Brilliant/The Picture Cube)

famille. Certains couples ont l'impression que le fait d'avoir des enfants pourrait nuire au lien qui les unit. D'autres savourent la liberté de pouvoir voyager ou prendre des décisions impromptues et ne veulent pas assumer les charges financières qu'entraîne la venue des enfants.

L'étude comparative de 42 couples qui avaient choisi soit d'avoir des enfants, soit de ne pas en avoir, a permis de constater que ces couples se ressemblaient passablement quant à leurs antécédents familiaux et à leur niveau de bonheur conjugal, mais différaient dans leur façon d'agir entre eux (Feldman, 1981). Les couples sans enfants entretenaient des attitudes moins traditionnelles à l'égard de la femme et s'adonnaient davantage à des activités agréables communes. Il se peut que les époux qui ont des enfants n'éprouvent pas autant le besoin de se parler ou de faire des choses ensemble parce qu'une partie de leurs besoins interpersonnels sont comblés par leurs interactions avec leurs enfants.

Cependant, comme un certain nombre d'études ont montré que les ménages sans enfants ont le bonheur plus facile et que les couples sont plus heureux avant la naissance des enfants et après que ceux-ci ont quitté le foyer, il est probablement profitable de rappeler aux couples qui ont des enfants de faire des efforts particuliers pour se retrouver seuls, pour se parler davantage et pour faire plus de choses ensemble.

Le bonheur conjugal des deux groupes étudiés par Feldman reflète peut-être le fait que tous ces couples ont choisi leur mode de vie actuel. Comme les enfants qui n'ont pas été désirés sont accablés de toutes sortes de handicaps, contractent plus fréquemment des maladies, obtiennent des notes plus basses à l'école et présentent plus de problèmes de comportement (Dytrych, Matejeck, Schuller, David et Friedman, 1975), la décision que prennent certaines personnes de ne pas avoir d'enfants est sans doute la plus sage tant pour elles-mêmes que pour l'enfant et la société.

L'amitié chez le jeune adulte

Au cours de ces années, le jeune adulte qui tombe en amour et se marie ou vit une union libre, qui s'installe dans sa carrière et/ou qui élève ses enfants, sent souvent qu'il n'a pas

beaucoup de temps à consacrer à ses amis. Mais ceux-ci continuent tout de même à jouer un rôle important dans sa vie. Une étude de l'amitié à travers le cycle vital a même révélé que les jeunes mariés ont plus d'amis que les adolescents, les gens d'âge mûr et les personnes âgées (Weiss et Lowenthal, 1973).

Afin d'identifier les caractéristiques de l'amitié par rapport à celles de la relation amoureuse, une équipe de chercheurs a interrogé 150 personnes, dont les deux tiers étaient des étudiants du niveau collégial, les autres faisant partie du même milieu socio-économique (Davis, 1985). Ils ont constaté que l'amitié se caractérise par la confiance, le respect, le plaisir d'être avec l'autre, la compréhension et l'acceptation réciproque, la disposition à s'aider et à se confier l'un à l'autre et enfin, par la spontanéité ou la liberté d'être soi-même. Selon les sujets de cette étude, les liens d'amitié sont plus stables que les liens qui unissent deux époux ou deux amants, même si les rapports amoureux comportent plus d'éléments (tous ceux qui précèdent, en plus de l'attraction sexuelle et d'un niveau de préoccupation pour l'autre qui peut aller jusqu'à l'abnégation). Bien que la plupart des sujets interrogés aient affirmé que leurs amis les plus intimes étaient du même sexe qu'eux, 27 % d'entre eux comptaient comme meilleurs amis des personnes de l'autre sexe.

Cette disposition à franchir la barrière des sexes dans les liens d'amitié est ressortie lors d'une autre étude menée auprès d'Américains et d'Australiens dont l'âge moyen se situait au milieu de la trentaine. En général, les femmes qui ont participé à cette étude entretenaient des liens d'amitié plus intimes que les hommes et encore une fois, les meilleurs amis de la majorité des sujets étaient du même sexe. Cependant, les hommes et les femmes qui avaient des attitudes non conventionnelles partageaient plus de choses entre eux qu'avec des personnes du même sexe ayant des attitudes et des comportements conventionnels. L'auteur de cette étude définit le non conventionnalisme comme la tendance à vouloir changer des choses, à rechercher un plaisir ou un bonheur plus profond, à exercer plus de contrôle sur sa vie et à éprouver une satisfaction générale face à la vie tout en étant prêt à prendre des risques. Les femmes et les hommes qui répondent à cette description ont plus d'amis des deux sexes et se confient davantage à eux; leurs amis des deux sexes jouent un rôle important dans leur vie, mais une certaine dose de solitude leur est nécessaire; ils n'ont pas besoin d'avoir constamment des gens autour d'eux (Bell, 1981).

Au début de l'âge adulte, les gens doivent tenir compte d'une nouvelle dimension dans leurs amitiés: le fait de faire partie d'un couple rend plus difficile la création ou le maintien de rapports amicaux. Il arrive souvent que les jeunes mariés soient indifférents aux amis que l'un et l'autre avaient lorsqu'ils étaient célibataires; ils doivent alors décider s'ils rencontreront ces amis séparément, si chacun va tenter de supporter les amis de l'autre ou s'ils peuvent en arriver à un compromis quelconque. Le fait que les liens d'amitié se créent plus difficilement entre quatre personnes qu'entre deux représente également un problème souvent rencontré par les couples. Souvent, les gens se lient facilement d'amitié avec l'un des membres d'un couple, mais pas avec l'autre. Or, dans notre société centrée sur le couple, il n'est pas facile de rencontrer l'un des conjoints sans rencontrer l'autre. Une façon dont plusieurs couples en arrivent à maintenir des rapports amicaux à quatre personnes est l'acceptation du fait que dans ce contexte, les liens amicaux se situent à un niveau d'intimité inférieur à celui de l'amitié qui s'établit entre deux êtres. Ces rapports amicaux qu'ils entretiennent avec les autres répondent à leur besoin de sortir des limites du couple et de la famille. Ils leur font éviter l'isolement, leur permettent de se rencontrer dans un contexte extérieur et sont une source de stimulation pour chacun des couples qui se rencontrent (Leefeldt et Callenbach, 1979).

Les liens que le jeune adulte forge tant avec ses amis qu'avec les membres de sa famille durent souvent toute la vie. Ces relations continueront de l'influencer à l'âge mûr et durant la vieillesse et les changements qu'il vivra alors dans toutes les dimensions de sa vie influenceront à leur tour ses relations, comme nous le verrons au cours des prochains chapitres.

Résumé

1   Deux des principales approches de l'étude de l'âge adulte sont le modèle de la crise normative et le modèle axé sur la chronologie des événements importants. Selon le premier modèle, qui a inspiré entre autres les travaux d'Erikson et de Levinson, il y a un plan de base inhérent au développement humain et à chaque stade de la vie survient une crise à surmonter. Le second

modèle, inspiré des travaux de Neugarten, est axé sur la chronologie des événements de vie cruciaux, c'est-à-dire sur l'importance du moment où de tels événements se produisent.

2   La sixième crise psychosociale, selon Erikson, réside dans le conflit intimité-isolement. Selon ce chercheur, s'ils veulent se développer de façon satisfaisante, les jeunes adultes doivent fusionner leur identité avec celle d'une autre personne dans une relation hétérosexuelle étroite et intime qui conduit à la procréation. Les effets négatifs de cette période peuvent se manifester dans l'isolement et le repli sur soi.

3   Les études sur le développement à l'âge adulte indiquent que le développement se poursuit pendant toute la vie adulte, en même temps que les «crises» du départ de la maison, du choix d'une carrière, de la fondation d'une famille et de l'adoption d'objectifs pour toute la vie.

4   L'étude longitudinale de Grant a révélé que l'homme qui utilise des mécanismes d'adaptation «matures» réussit mieux sur plusieurs plans que ceux qui recourent à des mécanismes «immatures». Elle a aussi fait ressortir l'existence d'une période de consolidation de la carrière dans la trentaine.

5   Selon Levinson, le but du développement de l'adulte consiste à élaborer une structure de vie. Ses études menées auprès de 40 hommes ont montré qu'il y a une alternance de périodes de transition et de périodes de stabilité tout au long de la vie adulte. Il a dégagé quatre stades du début de l'âge adulte, à savoir: la transition du jeune adulte (de 17 à 24 ans), l'entrée dans le monde adulte (de 22 à 28 ans), la transition de la trentaine (de 28 à 33 ans) et l'établissement (de 32 à 40 ans). Le mentor et le rêve de vie jouent un rôle important au début de l'âge adulte.

6   Les différences développementales majeures entre l'homme et la femme se situent dans la voie empruntée pour découvrir leur identité. Traditionnellement, l'homme trouve son identité en se séparant des siens et en devenant autonome, alors que la

femme a tendance à se trouver à travers ses relations avec autrui.

7   Il y a deux types d'événements de la vie: ceux qui sont attendus (ou normatifs) et ceux qui sont imprévus (ou non normatifs). Le moment où se produit un événement détermine sa «normativité». L'événement qui s'éloigne trop du calendrier habituel est généralement plus stressant que celui qui survient au moment prévu.

8   Au début de la vie adulte, la plupart des gens décident de se marier ou de rester célibataires, la majorité optant pour le mariage. Les époux ont tendance à avoir des antécédents comparables. Le mariage est plus susceptible de réussir quand les conjoints sont dans la vingtaine avancée ou plus vieux, sont issus de la même classe sociale, pratiquent la même religion, se connaissent depuis longtemps et ne sont pas contraints à se marier par une grossesse imprévue. Les gens évoluent émotivement et socialement durant le mariage, ceux-ci se disant généralement plus satisfaits de leur vie que les personnes célibataires, divorcées ou veuves.

9   Le divorce est habituellement suivi d'une période d'adaptation douloureuse, même pour le conjoint qui en a pris l'initiative; mais quatre personnes divorcées sur cinq se remarient, généralement de 2 à 3 ans après le divorce.

10 De nos jours, un plus grand nombre d'individus se sentent libres de rester célibataires jusqu'à un âge avancé ou de ne jamais se marier. Parmi les avantages de la vie de célibataire, il y a la chance d'explorer les carrières professionnelles et de voyager, et le sentiment de ne dépendre que de soi. Parmi les aspects négatifs possibles, il y a

l'augmentation du stress liée surtout au fait de devoir subvenir seul à ses besoins.

11 L'union libre, c'est-à-dire la vie de couple hors mariage, est un phénomène social relativement récent et de plus en plus répandu. Cette forme d'union est une source de maturation, mais ne se vit pas sans difficultés.

12 Le jeune adulte doit prendre diverses décisions concernant sa vie sexuelle. L'harmonie sexuelle est l'une des dimensions les plus importantes de la vie d'un couple. Maris et femmes ont des rapports sexuels plus fréquents et plus variés qu'autrefois. Il semble que les rapports sexuels hors mariage soient plus courants qu'auparavant et que les gens mariés s'y adonnent plus jeunes. Les mariages «ouverts» éprouvent autant de difficultés (mais d'un autre ordre) que les mariages «fermés».

13 Le fait d'avoir un enfant marque une transition importante dans la vie d'un couple, qui peut aller du partage des responsabilités réciproques jusqu'à l'acceptation de l'entière responsabilité d'une nouvelle vie. Les couples d'aujourd'hui choisissent d'avoir moins d'enfants que par les années passées, car les pressions économiques et culturelles qui visaient à obliger tout un chacun à être parents s'atténuent. Un nombre croissant de gens n'ont pas d'enfants, soit par choix, soit par infertilité.

14 Les amitiés individuelles jouent un rôle très important au début de l'âge adulte. Les gens établissent également des liens d'amitié en tant que couples. Bien que difficiles, ces rapports amicaux permettent au couple de se lier à d'autres personnes et d'éviter l'isolement. Ils représentent une source additionnelle de stimulation.

PARTIE VII

L'ADULTE D'ÂGE MÛR

Quand l'âge mûr commence-t-il? Est-ce le jour où nous passons le cap de la quarantaine? Où notre fils ou notre fille nous inflige une défaite au tennis? Où notre aîné nous annonce ses fiançailles? Où nous constatons que les agents de police ne cessent de rajeunir? Comme nous le verrons au cours des deux prochains chapitres, l'âge mûr comporte plusieurs jalons qui ne sont pas reliés à l'âge chronologique. Encore une fois, nous fixerons des limites d'âge quelque peu arbitraires pour situer cette période de la vie entre 40 et 65 ans environ. Nous étudierons ce qui distingue cette période de celle qui la précède et de celle qui la suit.

Au chapitre 14, qui porte sur le développement physique et intellectuel, nous examinerons l'état de santé de l'adulte, et tout particulièrement quelques phénomènes propres à l'âge mûr, comme la ménopause et les changements physiques qui se manifestent chez les personnes des deux sexes. Puis, nous étudierons les caractéristiques de l'intelligence à l'âge adulte, c'est-à-dire la façon dont les processus mentaux de l'adulte diffèrent de ceux des individus plus jeunes, surtout en ce qui a trait à la créativité et aux réalisations. Nous examinerons enfin des questions reliées au travail, comme le «burn-out», le chômage et le défi que représente un changement de carrière au milieu de la vie.

Au chapitre 15, nous explorerons la fameuse «crise de l'âge mûr». Nous verrons que certains résultats de recherche attestent de l'existence du phénomène, et que certains autres indiquent qu'on en a beaucoup exagéré l'importance. Nous aborderons ensuite une question controversée relative au développement socio-affectif de la personne: «La personnalité se fixe-t-elle au début de l'âge adulte ou continue-t-elle de changer au fil des années?» Enfin, nous examinerons les relations que l'adulte d'âge mûr entretient avec les personnes importantes de son entourage: son conjoint, ses amis, ses enfants et ses parents. Comme nous pourrons le constater, cette période de la vie est d'une grande richesse et d'une grande diversité.

CHAPITRE 14

L'adulte d'âge mûr

Le développement physique et intellectuel

«¡Salud, amor y pesetas — y el tiempo para gustarlo!» Ce toast espagnol («Santé, amour et argent... et le temps d'en jouir!») a servi d'inspiration aux auteurs d'un ouvrage sur l'âge mûr (Hunt et Hunt, 1974); ils l'ont utilisé comme titre de chapitre parce qu'il «résumait de façon idéale ce que cet âge peut offrir» (p. 23). Voient-ils cette période de la vie avec des lunettes teintées de rose? Veulent-ils farder le visage de ces années qui représentent pour plusieurs d'entre nous la lourdeur, les rides, l'embonpoint, les malaises et les douleurs, de même que la constatation, tout aussi pénible, du fait que nous ne sommes plus très jeunes? Il semble plutôt qu'ils expriment l'avis de bien des gens qui, parvenus à cet âge, considèrent en fait cette période comme la meilleure de leur vie.

Les personnes d'âge mûr jouissent généralement d'une assez bonne santé physique et mentale. Financièrement, ils sont en meilleure posture que jamais. Le fait d'avoir vécu assez longtemps pour accumuler une expérience sociale, professionnelle et personnelle précieuse, applicable à toutes sortes de situations, est l'un des plus grands atouts de cet âge.

Cette «fleur de l'âge» a pourtant aussi ses propres crises. L'adulte parvenu à l'âge mûr constate que son corps n'est plus ce qu'il a été. Les rides marquent cette peau autrefois lisse; la taille s'épaissit; des malaises mineurs (majeurs parfois) entraînent toutes sortes d'élancements; et les muscles ne sont plus toujours aussi souples qu'ils avaient coutume de l'être. Traditionnellement, les hommes s'inquiètent plus des changements au niveau de leurs capacités physiques, particulièrement en ce qui a trait à la puissance sexuelle, alors que les femmes sont plus troublées par la transformation de leur apparence par les rides, les chairs moins fermes et les cheveux gris.

Tous ces signes de vieillissement peuvent nuire à la personne qui se cherche un emploi et réduire de plus en plus ses chances de demeurer sur le marché du travail (et ce, en dépit des lois condamnant la discrimination d'âge dans l'embauche).

Le travail influe considérablement sur l'état global d'une personne durant cette phase de la vie. C'est le moment de faire l'inventaire; la personne d'âge mûr réévalue ses aspirations professionnelles antérieures et son état d'esprit se fonde souvent sur son sentiment d'avoir atteint, ou non, ses objectifs. Une étude classique menée au milieu des années 1960 auprès de 100 hommes et femmes d'âge mûr qui occupaient des postes de prestige a révélé que ces personnes vivaient une période très heureuse de leur vie (Neugarten, 1967). Des recherches plus récentes effectuées auprès de personnes d'âge mûr qui se situaient à des niveaux socio-économique moins favorisés ont relevé plus d'insatisfaction et de difficulté de vivre (Farrell et Kosenberg, 1981). Certains individus réagissent à cette réévaluation en se situant différemment par rapport au temps, en modifiant complètement leurs objectifs et en adoptant une nouvelle carrière ou un nouveau mode de vie.

Au sein de la famille, les gens d'âge mûr se sentent souvent coincés entre les générations. Ils sont encore responsables des enfants, mais doivent endosser une nouvelle responsabilité, souvent plus lourde psychologiquement, celle de leurs vieux parents. Ils sont souvent l'objet de pressions de la part des individus situés aux deux pôles de l'évolution chronologique, et il peut leur arriver de se sentir écrasés par les responsabilités. Leur mariage est remis en question, tout particulièrement au moment où les enfants quittent la maison. Se retrouvant dans ce «nid vide», mari et femme peuvent découvrir qu'il n'y a plus rien qui les retient ensemble désormais. Ou bien, hypothèse plus heureuse, ils revivront l'atmosphère de leur lune de miel.

La réévaluation de soi-même et de sa vie est, bien sûr, un processus continu. Elle a cependant un caractère particulier à l'âge mûr puisque, à cet âge, l'individu se rend compte que les décisions et les événements passés ont façonné sa vie jusqu'à maintenant, et l'ont plus ou moins orienté dans une certaine direction. À cette croisée des chemins, il doit prendre la décision soit de continuer dans la même voie, soit de transformer sa vie de fond en comble et de changer de direction tandis qu'il en est encore temps. Il se regarde dans le miroir et se demande: «Qu'est-ce que je veux faire de ce qui me reste de la vie? Où vais-je? Quel est le sens de la vie? Quel est le sens de ma vie?»

Dans le présent chapitre, nous examinerons quelques-unes des questions d'ordre physique et intellectuel qui se posent aux gens d'âge mûr. Comme nous le verrons, l'état de santé et le fonctionnement sensoriel de ces derniers sont assez bons, bien que certains signes de déclin commencent à se manifester. Et pour la première fois au cours du cycle vital, la mortalité est plus souvent due à des causes naturelles qu'à des accidents.

Dans notre étude du fonctionnement intellectuel, nous mettrons l'accent sur les caractéristiques de l'intelligence à l'âge mûr. Nous examinerons aussi le rôle du travail durant cette période de la vie, la satisfaction et les tensions qu'il apporte et le défi que représente le changement de carrière à l'âge mûr. Dans le prochain chapitre, nous explorerons davantage l'expérience subjective de l'âge mûr en abordant les principales questions d'ordre affectif et social qui s'y présentent.

Le fonctionnement physique

Du début de l'âge adulte jusqu'à l'âge mûr, des changements biologiques se produisent, mais ils sont si graduels qu'on les remarque à peine jusqu'au jour où on réalise avoir le souffle court après avoir parcouru une distance qu'on franchissait aisément auparavant. De façon générale, les gens se rappellent ce dont ils étaient capables, notent les différences et sentent qu'ils ont vieilli.

Le fonctionnement sensoriel

La vue

C'est à l'âge mûr que plusieurs personnes deviennent tellement presbytes que, pour la première fois de leur vie, elles doivent avoir recours à des lunettes pour lire. Dans la quarantaine, on observe une légère perte d'environ 10 % de l'acuité visuelle, de la convergence et de l'accommodation. Les personnes d'âge mûr ont besoin d'environ 30 % de plus de luminosité pour compenser la diminution de la quantité de lumière qui parvient à leur rétine (Belbin, 1967). La myopie, toutefois, atteint un niveau stable.

L'ouïe

Il y a également une perte graduelle de l'audition durant cette période. La diminution de la capacité d'entendre la voix commence à se manifester au cours de la vingtaine, et la capacité d'entendre les sons de fréquence supérieure diminue d'environ 10 % entre les âges de 20 et 40 ans. La plupart des défaillances de l'ouïe au cours de ces années passent inaperçues, car elles se rapportent à des niveaux de sons qui ont peu d'importance dans l'environnement sonore quotidien. Le vieillissement de l'ouïe se produit à des âges beaucoup plus avancés chez certaines tribus africaines que chez les populations blanches d'Europe et d'Amérique, probablement parce que les gens des pays occidentaux subissent les conséquences d'une vie passée dans un environnement de pollution sonore (Timiras, 1972).

Les gens d'âge mûr connaissent une légère diminution des capacités sensorielles, de la force physique et de la coordination maximales, mais ces changements affectent rarement la vie de l'individu de façon sensible. (Photothèque ONF)

Le goût et l'odorat

Le nombre des papilles gustatives diminue après un accouchement, et la sensibilité gustative décroît à partir de l'âge mûr (Soddy et Kidson, 1967). Il semble aussi y avoir une chute constante du sens de l'odorat, lequel atteint un plateau entre les âges de 37 et 51 ans, pour reprendre par la suite (Smith, 1942).

Il est relativement facile de compenser la plupart des pertes de capacité sensorielle qui adviennent à l'âge mûr. Elles sont rarement assez importantes pour modifier la vie d'un individu de façon sensible.

Le fonctionnement psychomoteur

Un commentateur sportif, parlant d'une patineuse olympique élégante et fort douée, faisait remarquer qu'elle arrivait à la fin de sa carrière. «Après tout, disait-il, elle a maintenant 26 ans». Dans les domaines où l'on exige autant du point de vue physique, un individu atteint l'âge mûr très tôt. Quant à la majorité d'entre nous, la diminution graduelle de la force et de la coordination a moins de conséquences. Bien que, durant l'âge mûr, il y ait un déclin progressif de 10 % environ de la force physique (dont l'apogée se situe au cours de la vingtaine), il arrive souvent qu'on ne s'en rende pas compte, car peu de gens ont réellement besoin de leur force et de leur coordination maximales dans la vie quotidienne.

Bien sûr, moins nous faisons de choses, moins nous pouvons en faire. Les personnes qui mènent une vie sédentaire connaissent une diminution des niveaux de tonus musculaire et d'énergie qui les rend encore moins enclines à faire de l'exercice. Les gens qui se sont efforcés de demeurer actifs à l'âge adulte font preuve d'une résistance et d'une souplesse dont ils se féliciteront jusqu'à un âge avancé. À la lumière d'études récentes sur la valeur de l'exercice physique, bon nombre de personnes deviennent plus actives à l'âge mûr qu'elles ne l'étaient durant leur jeunesse et s'en portent beaucoup mieux.

Le temps de réaction simple est au plus rapide à l'âge de 25 ans et se maintient à ce niveau jusque vers 60 ans, alors que les réflexes commencent à ralentir (Woodworth et Scholsberg, 1954). Dans le cas des habiletés motrices complexes, par opposition aux plus simples, la question se complique. Les habiletés motrices complexes s'améliorent durant l'enfance et l'adolescence, puis se détériorent progressivement une fois que les individus sont parvenus à leur croissance maximale. On en trouve un exemple dans la conduite de l'automobile qui fait appel à plusieurs aptitudes, y compris la coordination et la rapidité d'exécution des gestes appropriés, et la résistance à l'éblouissement. Après l'âge de 30-35 ans environ, chacune de ces habiletés particulières décroît (DeSilva, 1938; cité par Soddy et Kidson, 1967). Et pourtant, la conduite automobile est meilleure à cet âge qu'elle ne l'était auparavant (McFarland et coll., 1964). L'amélioration qui résulte de l'expérience fait plus que compenser les pertes consécutives au vieillissement.

Il en est ainsi dans d'autres domaines. Les ouvriers spécialisés de l'industrie ne perdent pas leurs aptitudes durant la quarantaine et la cinquantaine. En réalité, ils sont normalement plus productifs que jamais, en partie parce qu'ils sont généralement plus consciencieux et plus soigneux (Belbin, 1967). On a trouvé, par exemple, que les gens de 45 à 54 ans donnaient un rendement plus constant dans le triage du courrier que ceux de 35 à 44 ans. De plus, les ouvriers d'âge mûr sont moins sujets aux accidents de travail qui les rendraient inaptes; cela est sans doute dû à leur expérience et à leur jugement, lesquels font plus que compenser le déclin des habiletés motrices (Hunt et Hunt, 1974).

L'état de santé

En Amérique du Nord, l'adulte d'âge mûr typique jouit d'une assez bonne santé. Lors d'une enquête américaine récente, 80 % des sujets de 45 à 64 ans ont affirmé que leur état de santé était bon ou excellent, et seulement 6 % se sont plaints de ne pas pouvoir poursuivre leurs activités habituelles en raison de malaises chroniques. Les individus qui avaient fait des études collégiales et les sujets de race blanche jouissaient d'un meilleur état de santé que ceux qui n'avaient pas complété leurs études secondaires ou qui appartenaient à des minorités, ce qui montre l'effet des conditions socio-économiques sur la qualité des soins de santé et sur les habitudes de vie (USDHHS, 1982).

Plusieurs problèmes de santé qui surgissent à l'âge mûr sont dus à la perte du surplus d'énergie qui fournit un soutien dans les moments de tension ou dans les cas de dysfonction de l'un des systèmes corporels. Bien que certains des changements résultent directement du vieillissement, des facteurs reliés au mode de vie (comme ceux que nous avons soulignés au chapitre 12) peuvent influer sur le moment où ils se produisent et sur leur ampleur. Les gens ne vieillissent pas tous au même âge et le déclin des systèmes corporels est graduel. Voici quelques-uns des principaux changements physiques qui marquent cette période selon Weg (1981) et Schanche (1973):

- le cœur d'une personne de 40 ans ne peut faire circuler que 23 litres de sang à la minute dans une situation de stress, comparativement à celui de l'individu de 20 ans qui peut en faire circuler jusqu'à 40;
- les reins perdent de leur capacité de concentrer les urines;
- l'appareil gastro-intestinal sécrète moins d'enzymes, ce qui peut causer plus de risques d'indigestions ou favoriser la constipation;
- le diaphragme s'affaiblit, ce qui entraîne une expansion du thorax;
- chez l'homme, la prostate, glande située autour de la partie initiale de l'urètre et en-dessous de la vessie, augmente de volume, ce qui provoque souvent des troubles de la vessie et des problèmes sexuels;
- la capacité sexuelle de l'homme diminue.

Les maladies les plus courantes de l'âge mûr sont l'asthme, la bronchite, le diabète, les désordres nerveux et mentaux, l'arthrite et les rhumatismes, les troubles de la vue et de l'ouïe, et les dérangements ou maladies des systèmes circulatoire, respiratoire, digestif et génito-urinaire. Ces malaises ne font cependant pas nécessairement apparition au moment de l'âge mûr: «D'après les chiffres de la compagnie d'assurance-vie La Métropolitaine, les deux cinquièmes de toutes les personnes de 15 à 44 ans souffrent déjà de l'un ou l'autre de ces malaises chroniques, et [...] entre les âges de 45 et 64 ans, ces malaises n'atteignent que les trois cinquièmes [de la population].» (Hunt et Hunt, 1974, p. 25)

L'*hypertension* affecte beaucoup de personnes d'âge mûr et augmente chez elles les risques d'infarctus ou de troubles cardio-vasculaires. Le dépistage et le traitement de l'hypertension aident à prévenir plusieurs décès dus aux défaillances du système cardio-vasculaire.

Les taux et les causes de mortalité

L'âge mûr est la première période de la vie où la mortalité est plus souvent attribuable à une cause naturelle qu'accidentelle. Avec l'augmentation de la longévité, la mort d'une personne d'âge mûr semble encore prématurée, mais elle n'est pas aussi inattendue que durant l'enfance ou au début de l'âge adulte.

De nos jours, les gens sont moins susceptibles de mourir à l'âge mûr que ne l'étaient leurs grands-parents. Depuis 1950, il y a eu une diminution de 25 % de la mortalité à l'âge mûr. Celle-ci est principalement attribuable à la baisse du nombre de décès causés par les maladies cardiaques. Les décès dus aux troubles du système cardio-vasculaire en général ont également diminué; ceux-ci constituent la deuxième cause de mortalité entre 45 et 65 ans. De nos jours, le cancer est la première cause de décès surtout en raison d'une augmentation de 250 % du nombre de cancers du poumon. Les accidents sont la troisième cause de mortalité dans ce groupe d'âges, et pour la première fois ce sont les accidents autres que ceux de la route qui occasionnent le plus de décès. Le phénomène peut résulter d'une diminution des capacités physiques des personnes d'âge mûr, ou d'une diminution du temps qu'elles passent sur la route.

Les différences entre les sexes

Ici encore, les décès sont plus nombreux chez les hommes que chez les femmes. Comme au début de l'âge adulte, les hommes sont deux fois plus nombreux que les femmes à mourir entre 45 et 65 ans. Par ailleurs, les principales causes de décès varient en fonction du sexe. Au Canada, en 1985, les principales causes de décès chez les hommes âgés de 45 à 64 ans étaient les maladies cardio-vasculaires (8119 décès), puis les tumeurs malignes (7772 décès) et les accidents (1206 décès). Chez les femmes, les principales causes de décès étaient les tumeurs malignes (6340 décès), puis les maladies cardio-vasculaires (2593 décès) et les maladies cérébro-vasculaires (649 décès) (Statistique Canada, 1987).

Les femmes vont chez le médecin une fois et demie plus souvent que les hommes, sont plus souvent hospitalisées et subissent plus d'interventions chirurgicales (Lewis et Lewis, 1977). Peut-on attribuer leur longévité au fait qu'elles recourent plus promptement que les hommes aux soins médicaux?

Certains hommes d'âge mûr paraissent plutôt préoccupés de leur état de santé. Ils se tournent vers l'exercice, les diètes, les médicaments et vers d'autres moyens encore pour conserver à leur corps un niveau désirable d'apparence et de rendement. Malgré tous les efforts investis, quand un symptôme apparaît les hommes ont tendance à en sous-estimer l'importance et négligent de consulter leur médecin. En général, les femmes s'occupent plus adéquatement de leur santé et de celle des membres de leur famille. En tant que mères, épouses et filles de parents devenus vieux, elles voient à assurer les soins médicaux à toute la famille. Plus encore que les médecins, les femmes pourraient être considérées comme les principaux agents de santé dans l'ensemble de la population (Lewis et Lewis, 1977).

La ménopause. Cet événement biologique qui survient dans la vie de toutes les femmes est marqué par l'arrêt définitif des menstruations et par l'impossibilité de donner naissance à des enfants. Il se produit généralement vers l'âge de 50 ans, mais cet âge moyen admet des variations individuelles importantes (Upjohn, 1983). La période de deux à cinq ans environ durant laquelle le corps de la femme est l'objet des diverses transformations qui aboutissent à la **ménopause,** est techniquement désignée sous le nom de *climatère* ou âge critique.

La ménopause résulte du déclin de la production d'hormones œstrogènes, déclin qui met fin à l'ovulation. Son déclenchement peut être soudain ou graduel; la femme peut ne remarquer rien d'autre que la cessation des menstruations, ou elle peut ressentir l'un ou l'autre d'une cinquantaine de symptômes différents, susceptibles d'être associés à la ménopause.

La ménopause n'a généralement pas de répercussions psychologiques. Cependant, certaines femmes en éprouvent des symptômes physiques. Parmi les symptômes qu'occasionne la ménopause, les seuls qui semblent directement reliés à la diminution des œstrogènes sont les «bouffées de chaleur» (souvent suivies de frissons), l'amincissement des muqueuses des parois vaginales qui peut rendre les relations sexuelles très douloureuses, et le dérangement de la fonction urinaire qui résulte du rétrécissement des tissus.

Un des effets à long terme de la réduction d'œstrogènes est l'ostéoporose, une raréfaction du tissu osseux qui augmente les risques de frac-tures. Cette affection atteint une femme ménopausée sur quatre, et est une cause majeure de fractures chez les personnes âgées; elle peut être en grande partie évitée grâce à des mesures prises au début et au milieu de l'âge adulte (*National Institute on Aging,* 1983).

Souvent, l'administration d'œstrogènes synthétiques réussit à chasser ces problèmes reliés à la ménopause. On a imputé à cette thérapie une hausse des risques de cancer de l'endomètre (paroi de l'utérus), mais des recherches récentes laissent entendre que lorsque les œstrogènes s'accompagnent de progestérone synthétique, les risques de souffrir de ce type de cancer tombent à un taux inférieur à ceux qu'on rencontre chez les femmes qui ne consomment aucune hormone (Bush et coll. 1983; Hammond et coll., 1979). Mais comme nous possédons encore peu d'informations sur les effets à long terme du traitement combinant les œstrogènes et la progestérone, celui-ci ne peut être considéré comme le remède sans risque (*National Institute of Health,* 1984).

Au cours des dernières années, on a accordé plus d'attention à la possibilité de prévenir l'ostéoporose dès le début et le milieu de l'âge adulte. Celle-ci affecte surtout les femmes de race blanche, celles qui ont eu une ménopause précoce (à la suite d'une **hystérectomie,** ou ablation de l'utérus), les femmes maigres, les fumeuses et celles qui ne consomment pas assez de calcium ou ne font pas assez d'exercice. Les mesures préventives proposées comportent donc un programme d'exercices où l'on se porte sur ses jambes (comme la marche ou la course), une consommation accrue de calcium, l'incitation à cesser de fumer et, dans certains cas, l'administration d'hormones (*National Institute of Health,* 1984).

On imputait jadis à la ménopause de nombreux problèmes psychologiques, et tout particulièrement la dépression; mais selon la recherche récente, il n'y a aucune raison d'attribuer des troubles psychiques à ce phénomène normal (McKinley et coll., 1984). Une étude classique au cours de laquelle on a interrogé des centaines de femmes sur leurs attitudes face à la ménopause a permis de constater que les femmes qui étaient passées par là avaient une attitude beaucoup plus positive que les autres (Neugarten, Wood, Kraines et Loomis, 1963). Typiquement, ces femmes disent jouir d'une meilleure santé et d'un meilleur moral. De plus, elles se disent soulagées d'un lot de malaises et de douleurs (Neugarten, 1968).

Les problèmes psychologiques de la femme d'âge mûr sont plus susceptibles d'être causés par des pressions du milieu qui lui rappellent que la ménopause sonne le glas de sa jeunesse. Dans les sociétés où la femme âgée est valorisée, on rencontre peu de problèmes associés à la ménopause (Ballinger, 1981). C'est surtout l'attitude du milieu face au vieillissement, et non pas les modifications hormonales, qui conditionne le bien-être de la femme ménopausée.

L'andropause. Malgré le fait que l'homme conserve la capacité d'engendrer assez tard dans la vie (jusqu'à 70 ou 80 ans), il se produit vraiment des transformations biologiques chez les hommes d'âge mûr. Parmi celles-ci, notons une chute du taux de production de la testostérone, une diminution de la fertilité et de la fréquence de l'orgasme, et un accroissement de l'impuissance (Beard, 1975). De plus, il semble bien que les hommes connaissent des variations cycliques dans la production des hormones (Kimmel, 1974).

Environ 5 % des hommes d'âge mûr connaîtraient divers symptômes, tels que la dépression, la fatigue, des problèmes sexuels et divers malaises physiques vaguement définis (Henker, 1981). Comme on n'a découvert aucune relation entre les taux d'hormones et les changements d'humeur (Doering, Kraemer, Brodie et Hamburg, 1974), il est probable que les malaises dont se plaignent les hommes relèvent autant de la pression du milieu que ceux des femmes. Certains des problèmes peuvent être reliés à des événements perturbateurs, comme une maladie du conjoint, des difficultés professionnelles, le départ des enfants ou le décès d'un parent.

L'adaptation aux changements physiques: des normes différentes chez l'homme et la femme. Le principe des «deux poids, deux mesures», appliqué au vieillissement dans notre société, permet aux hommes de s'en tirer plus facilement que les femmes dans plusieurs domaines, tout particulièrement en ce qui a trait à l'apparence physique. Les lignes sur le visage, les rides et les cheveux gris peuvent être signes de force et de maturité chez l'homme, alors qu'ils ne contribuent qu'à rendre la femme sexuellement inéligible et sans attraits. En perdant le «look» de sa jeunesse, la femme perd son pouvoir d'attraction (Sontag, 1972). Certains homosexuels peuvent également souffrir de la perte de leurs attraits avec l'âge (Berger, 1982). Par ailleurs, les personnes d'âge mûr sont sou-

vent désavantagés face aux jeunes sur le marché du travail.

Ces difficultés s'ajoutent aux pertes réelles dues au vieillissement. Quand il devient trop lourd, le fardeau qu'elles imposent peut parfois conduire à ce qu'on a appelé la «crise de l'âge mûr» (voir chapitre 15).

Le fonctionnement intellectuel

Les gens d'âge mûr et même ceux qui sont parvenus à un âge avancé peuvent continuer à apprendre beaucoup, tant au plan factuel qu'à celui des habiletés générales; ils peuvent aussi se souvenir de ce qu'ils connaissent déjà. Il n'y a aucun signe de déclin du fonctionnement intellectuel avant l'âge de 60 ans, et on observe même des améliorations dans certains domaines tels que le vocabulaire et les connaissances générales. Les personnes d'âge mûr peuvent acquérir de nouvelles habiletés avec facilité, à moins qu'elles ne se croient plus capables de le faire.

Dans notre étude du fonctionnement intellectuel à l'âge mûr, nous devons nous rappeler les points que nous avons soulignés au chapitre 12 concernant la nature de l'intelligence et la façon de la mesurer à l'âge adulte.

La mesure de l'intelligence à l'âge adulte

Traditionnellement, on a utilisé le même type de tests psychométriques pour mesurer l'intelligence chez l'adulte comme chez l'enfant. Les jeunes, surtout les adolescents, sont généralement intéressés à donner leur plein rendement lors de ces tests, surtout parce que les résultats obtenus déterminent en partie les possibilités d'admission à l'université et la poursuite des objectifs de carrière. L'adulte, surtout celui d'un âge avancé, est généralement moins sensible à ce genre d'incitatifs et il est très difficile de savoir à quel point son rendement aux tests de Q.I. s'en trouve affecté. Le facteur motivationnel constitue donc l'une des premières difficultés d'application de ces tests chez l'adulte. Par ailleurs, il n'est pas certain que les épreuves utilisées couvrent bien l'ensemble des aptitudes intellectuelles chez l'adulte puisqu'elles ont d'abord et avant tout été développées pour mesurer le rendement intellectuel chez l'enfant et l'adolescent. Comme il n'est pas garanti que la structure de l'intellect demeure invariante de l'adolescence à l'âge adulte, les tests de Q.I. n'ont pas nécessairement chez l'adulte la validité qu'ils ont chez l'enfant et l'adolescent. Cela peut occasionner des difficultés liées à l'interprétation des scores obtenus. Les moins bons résultats observés chez l'adulte aux épreuves qui touchent à l'intelligence fluide sont-ils dus à un déclin du fonctionnement de la mémoire et du raisonnement, ou bien sont-ils dus au fait que les épreuves utilisées ne permettent pas d'évaluer adéquatement ces aptitudes (mémoire, raisonnement) chez l'adulte? Cette question demeure ouverte dans l'état actuel de la recherche.

Les tests standards de Q.I. montrent que le rendement augmente chez l'adulte sur plusieurs composantes du fonctionnement intellectuel, généralement celles qui touchent à l'intelligence cristallisée. Par exemple les habiletés verbales continuent à se développer, surtout chez les gens qui utilisent régulièrement leurs capacités intellectuelles, que ce soit au travail ou par le truchement de la lecture ou d'autres sources de stimulation intellectuelle. Pas surprenant que les adultes qui obtiennent les meilleurs scores de fonctionnement intellectuel soient aussi plus instruits, en meilleure santé et mieux nantis; enfants, leurs scores de Q.I. étaient déjà élevés.

De tels résultats proviennent de plusieurs études où l'on a évalué l'intelligence de sujets à différents moments du cycle de la vie, depuis l'âge préscolaire jusqu'au début de la quarantaine. On y a observé un accroissement du rendement intellectuel à toutes les périodes de l'évaluation, surtout aux épreuves qui touchent à l'intelligence cristallisée. Ceci témoigne d'un développement mental durant l'âge mûr et, vraisemblablement, même au-delà (Kangas et Bradway, 1971). C'est l'aspect positif des résultats. Par contre, les résultats indiquent aussi qu'un trop faible niveau d'attentes face à quelqu'un provoque souvent un fléchissement du rythme de développement intellectuel chez cette personne. Ce phénomène est particulièrement visible chez les femmes de la cohorte étudiée. Même celles dont le rendement intellectuel était élevé durant l'enfance ont connu des améliorations inférieures à celles des hommes, peu importe leurs Q.I. avant l'âge adulte. Généralement, plus le Q.I. est élevé en bas âge, plus les gains enregistrés à l'âge adulte sont importants à en juger par ce qui se produit chez les hommes. Plusieurs sont d'avis que le plafonnement hâtif du développement intellectuel chez les femmes de cette cohorte est lié en bonne partie au fait qu'on attendait de la femme qu'elle se limite à bien jouer son rôle d'épouse au foyer et de mère. Cela excluait la poursuite des études à un niveau avancé et, à fortiori, l'exercice d'une profession hors du foyer. Or, ce sont là des sources de valorisation et de stimulation intellectuelle importantes.

Les caractéristiques de l'intelligence à l'âge adulte

Tout comme nous avons constaté que la pensée de l'enfant d'âge scolaire diffère de celle du petit enfant et que les processus mentaux de l'adolescent diffèrent de ceux de l'enfant, il nous faut reconnaître que l'adulte d'âge mûr a un mode de pensée différent de celui de ses benjamins. L'intelligence de l'adulte déborde de beaucoup le stade de la logique formelle que Piaget considérait comme le niveau culminant de la pensée.

La pensée adulte se caractérise par son pragmatisme. Elle tolère la présence de certaines contradictions mineures pour autant qu'elles n'entravent pas la poursuite d'un objectif pratique. Comme le souligne Labouvie-Vief (1980), la formulation et la manipulation ludique d'interminables chaînes de «si... alors...» ne sont plus un signe d'adaptation quand les impératifs de la vie commandent des prises de décisions et des actions concrètes. Une personne doit en venir à mettre ses capacités intellectuelles au service des objectifs qu'elle poursuit concrètement, et à accepter les contradictions mineures, l'imperfection et le compromis comme des réalités inévitables de la vie adulte.

Le caractère spécifique de la pensée adulte transparaît dans les réponses qu'apportent des personnes d'âges différents à diverses tâches de résolution de problèmes. On a demandé à 48 adultes âgés de 20 à 79 ans de résoudre deux types de problèmes: un problème traditionnel, qui apparaît régulièrement dans les tests d'intelligence, et un problème pratique qui reflète le type de situation concrète qu'affrontent régulièrement les adultes (N.W. Denny et A.M. Parler).

Dans la première tâche, on présente au sujet 42 images d'objets courants en lui demandant de trouver celle à laquelle pense l'expérimentateur en posant des questions auxquelles on peut répondre par «oui» ou «non». Les sujets sont évalués d'après le nombre de questions posées avant de trouver la bonne réponse, et d'après le pourcentage de questions qui permettent d'éliminer plus d'une image à la fois (comme «Est-ce un animal?», comparativement à «Est-ce la vache?», qui n'élimine qu'un item).

Dans la tâche pratique, on décrit au sujet neuf situations de la vie quotidienne: 1) un aspirateur acheté d'un colporteur cesse de fonctionner après deux ou trois semaines d'usage, 2) la cave est inondée, 3) le réfrigérateur n'est pas froid, 4) son fils de 8 ans n'est pas encore revenu de l'école une heure et demie plus tard qu'à l'heure habituelle, 5) il est pris sur la route durant une tempête de neige, etc. Après chaque situation, on lui demande ce qu'il ferait si la chose lui arrivait. Les scores obtenus variaient selon que les sujets en étaient ou non arrivés à une solution, et selon que la solution produite faisait appel aux ressources du sujet lui-même ou à une aide extérieure.

Les résultats observés ont permis de dégager un aspect central du fonctionnement de l'intelligence à l'âge adulte. À mesure que l'individu avance en âge, son rendement aux tâches abstraites diminue, mais il augmente aux tâches pratiques jusque dans la cinquantaine. Les gens d'âge mûr sont donc devenus plus habiles pour résoudre des problèmes pragmatiques, peut-être parce que ce sont les problèmes les plus fréquemment rencontrés après avoir quitté les études et le domicile familial pour gagner le marché du travail.

La créativité

La productivité créatrice atteint un sommet à l'âge mûr. C'est à 40 ans que Frank Lloyd Wright a conçu le Roble House de Chicago; à 44 ans que Molière a joué *Le Misanthrope*; vers 52 ans que Léonard de Vinci a peint la Joconde; à 57 ans que Haendel a composé le Messie; et vers l'âge de 40 ans que Louis Pasteur a élaboré sa théorie sur l'origine bactériologique de certaines maladies.

L'étude de Dennis (1966) sur la créativité chez les humanistes, les hommes de science et les artistes montre que c'est habituellement dans la quarantaine ou peu après, que l'inventivité atteint son apogée. L'étude montre aussi que la productivité reste relativement élevée chez bien des gens de 60 et 70 ans. Comme Lehman (1953), Dennis a également constaté que les divers types de productions créatrices atteignent leur point culminant à des âges différents. En général, plus une production a un caractère original et inventif, plus elle a de chances d'avoir été créée dans la vingtaine ou la trentaine, alors que les travaux

Louis Pasteur avait environ 40 ans quand il élabora sa théorie sur l'origine bactérienne de certaines maladies. Les hommes de science atteignent habituellement le point culminant de leur production à l'âge mûr et même plus tard, alors que les musiciens, les poètes et les mathématiciens ont tendance à créer leurs chefs-d'œuvre durant leur jeunesse. (The Bettman Archive)

qui exigent de vastes connaissances et un traitement approfondi de l'information se font à un âge plus avancé.

Lehman a mis l'accent sur les différents aspects de la créativité d'une personne selon l'époque de la vie où elle se situe. Il attribua l'originalité de la jeunesse à divers facteurs tels que la force physique, la santé florissante, l'acuité sensorielle, la capacité de concentration et par une préoccupation moindre face aux questions d'ordre pragmatique. Selon lui, le mode de pensée d'une personne se transforme considérablement avec l'âge. La souplesse, l'ouverture aux idées nouvelles et une propension à envisager des problématiques et des façons de voir auxquelles personne n'a encore jamais pensé, aident à comprendre la saisissante créativité d'un Mozart ou d'un Pascal. À l'âge mûr, un engagement pratique et suivi dans des activités de recherche permet d'étayer, d'articuler et de développer les intuitions de jeunesse jetées à grands traits sur la table de travail.

Pour l'essentiel, il faut retenir que la deuxième moitié de la vie n'est généralement pas une période de déclin intellectuel, et qu'elle peut même être d'une grande fécondité. La meilleure façon de conserver sa vigueur intellectuelle à un âge avancé est encore l'activité intellectuelle. La lecture, l'écriture ou les programmes d'éducation continue offrent d'excellents stimulants intellectuels.

L'éducation permanente

Une ménagère de 41 ans s'inscrit en droit pour concrétiser un rêve de jeunesse. Un mécanicien de l'automobile âgé de 56 an suit de soir, un cours libre de philosophie. Un médecin de 49 ans participe à un séminaire sur les progrès récents de l'endocrinologie. Ces trois étudiants sont des exemples du développement spectaculaire de l'éducation aux adultes.

Selon Arbeiter (1976-1977), l'étudiant adulte type possède un niveau d'instruction relativement élevé et il provient d'un milieu socio-économique moyen, sinon aisé. Au Québec, 32 % des finissants au niveau collégial s'inscrivent à l'éducation permanente, comparativement à 20 % chez ceux qui n'ont pas terminé leurs études collégiales.

Les adultes d'âge mûr reprennent le chemin de l'école pour plusieurs raisons. Certains veulent parfaire leur formation pour devenir plus

Les adultes d'âge mûr reprennent le chemin de l'école pour se préparer à une nouvelle carrière, pour accroître leur compétence dans leur travail actuel ou pour utiliser d'une façon plus productive leurs années de retraite. (Frank Siteman/The Picture Cube)

compétents au travail, ou pour avoir de l'avancement. D'autres le font pour se tenir à jour dans leur secteur de compétence. D'autres encore ont changé d'orientation et ont décider d'entreprendre une seconde carrière qui nécessite de la formation. Enfin, certains le font pour se préparer à la retraite, pour répondre à un intérêt personnel et pour bien d'autres raisons encore.

L'éducation continue s'est révélée une vraie bénédiction pour les collèges et les universités qui risquaient de se trouver en manque d'étudiants à cause de la dénatalité et d'un désintérêt pour les études post-collégiales. De plus en plus de collèges et d'universités se montrent disposés à accorder des équivalences pour l'expérience pratique de la vie. Les calendriers et les horaires s'assouplissent pour offrir aux étudiants l'occasion de s'inscrire à temps partiel et d'exécuter une grande partie de leurs travaux de façon indépendante. Certains cours sont même offerts sur cassettes vidéo à emporter chez soi.

Il n'y a pas que les collèges et les universités qui offrent de la formation aux adultes. Certains cours sont organisés par les Commissions scolaires locales, par des organisations communautaires, des industries, des syndicats, des associations professionnelles et des agences gouvernementales.

Enfin, Stubblefield (1977) propose d'encourager les «projets d'études personnels», surtout chez les personnes qui sont plus intéressées à acquérir des connaissances qu'à obtenir des crédits. Grâce aux conseils d'un guide, ces étudiants pourraient élaborer leur propre programme d'études. Celui-ci pourrait comporter des activités supervisées, du travail en bibliothèque, de même que du bénévolat dans un domaine d'application connexe. D'après Stubblefield, la formation continue n'est plus un choix dans nos sociétés où la technologie est de plus en plus répandue, complexe et rapidement changeante; l'éducation continue est devenue une nécessité.

Le travail à l'âge mûr

La situation professionnelle de la personne d'âge mûr répond typiquement à l'une ou l'autre des deux descriptions suivantes: ou bien le travailleur se trouve au faîte de sa carrière, gagnant plus d'argent, exerçant plus d'influence et inspirant plus de respect qu'à aucune autre période de sa vie; ou bien il est sur le point d'entreprendre une nouvelle carrière, vraisemblablement après avoir réévalué les efforts investis dans son travail actuel et les résultats produits.

Les gens qui suivent la première voie en recueillent des avantages personnels et laissent également la société tirer profit de leurs années d'expérience dans le domaine choisi. La plupart des détenteurs de postes, des chefs de file dans le monde des affaires, des «géants» dans la carrière académique et des autres personnalités éminentes de notre société ont tendance à être des personnes d'âge mûr. La réussite spectaculaire d'individus qui ont beaucoup moins de 40 ans ou beaucoup plus de 65 ans attire généralement l'attention de façon particulière. Comme l'indiquent Hunt et Hunt (1974), «dans les sociétés «traditionnelles», c'étaient les aînés qui détenaient le pouvoir mais, dans la plupart des sociétés modernes, le pouvoir, la richesse et le prestige ont tendance à se concentrer chez les gens d'âge mûr» (p. 102).

En général, c'est parce qu'ils aiment ce qu'ils font et qu'ils ont accumulé de l'expertise et du savoir-faire dans leur domaine d'activité que les gens parviennent à des postes de commande durant l'âge mûr.

Le stress professionnel

Le lien étroit entre la satisfaction au travail et la longévité indique l'importance de la dimension professionnelle pour le maintien de la santé et du bien-être (Holt, 1982). L'insatisfaction professionnelle éprouvée par certains individus est souvent due à diverses tensions (voir le tableau 14.1). Ces tensions semblent s'exprimer par divers troubles physiques et émotifs, mais il est difficile d'associer des malaises précis au stress professionnel. Des chercheurs ont toutefois relevé la présence de certains patterns de symptômes associés à des occupations spécifiques (Colligan, Smith et Hurrell, 1977; Holt, 1982; Murray 1974).

Le burn-out. Le **burn-out** se caractérise par un épuisement physique et affectif, et par un sentiment d'impuissance professionnelle. Ce syndrome, qui menace tout particulièrement les personnes dont une partie importante du travail consiste à apporter de l'aide aux gens (comme le médecin, l'enseignant, le travailleur social ou le politicien), est une réponse à un stress quotidien constant. Les symptômes du burn-out apparaissent graduellement, et on retrouve parmi eux la fatigue, l'insomnie, les maux de tête, les rhumes persistants, les troubles gastriques, l'abus

Tableau 14.1 Sources de stress professionnel

Les conditions de travail énumérées ici sont présentées dans l'ordre dans lequel 915 employées de bureau les ont placées. Dans la plupart des cas, les tensions mentionnées ressemblent à celles dont se plaignent les autres catégories de travailleurs, mais il y a des différences. Alors que ces femmes situent le salaire insuffisant au deuxième rang des sources de stress, cet item apparaît généralement au huitième ou au neuvième rang chez les hommes. Le harcèlement sexuel est presque toujours un problème de femme. Chose étonnante, le «cumul des responsabilités professionnelles et familiales» est condidéré comme peu stressant et vient après les conditions de travail elles-mêmes.

1. Peu d'avancement
2. Salaire insuffisant
3. Travail répétitif et monotone
4. Aucune participation aux prises de décision
5. Trop d'heures de travail (heures supplémentaires)
6. Problèmes avec les superviseurs
7. Description imprécise du travail
8. Absence de soutien de la part du patron
9. Inaptitude ou répugnance à exprimer sa frustration ou sa colère
10. Quotas de production
11. Difficulté de concilier le travail et la famille
12. Pauses insuffisantes
13. Harcèlement sexuel

Adaptation de *Working Women Education Fund*, 1981, p. 9.

d'alcool ou de drogues et des relations difficiles avec autrui. La victime du burn-out peut quitter subitement son emploi, s'éloigner de sa famille et de ses amis, et sombrer dans la dépression (Maslach et Jackson, 1985; Briley, 1980).

Le burn-out frappe les personnes qui sont les plus engagées dans leur travail et qui se sentent frustrées devant leur incapacité d'aider les autres autant qu'elles le désirent. Il reflète donc l'impact considérable d'un sentiment d'impuissance et d'absence de contrôle. Parmi les façons de se sortir du burn-out, il y a la diminution des heures de travail et l'augmentation des moments de repos. D'autres techniques éprouvées de réduction du stress, comme l'exercice physique, la musique, la relaxation et la méditation, aident souvent la victime du burn-out.

Le chômage

L'événement le plus stressant auquel un travailleur puisse faire face est sans doute la perte invo-

La satisfaction au travail est étroitement reliée à la longévité. Les tensions liées au travail se manifestent souvent par divers troubles physiques et émotifs. Participer à une grève, par exemple, est souvent éprouvant sur les plans physique, affectif et financier. (D. Alix/Publiphoto)

lontaire, soudaine et inattendue de son emploi. De nombreuses recherches sur le chômage effectuées depuis les années 1930 surtout auprès des hommes, ont montré que l'inactivité prolongée est associée à des troubles physiques et mentaux, de même qu'à des difficultés familiales.

Deux des principales sources de stress reliées au chômage sont la perte du revenu et les difficultés financières qui en résultent, et les répercussions de cette perte sur l'image de soi du travailleur. L'individu qui trouve son identité dans son travail, celui qui se définit comme pourvoyeur, ou encore celui qui fixe sa valeur personnelle d'après son revenu, perdent plus qu'une paye en perdant leur emploi. Ils perdent une partie de leur être et de l'estime qu'ils se portent (Voydanoff, 1983).

La capacité de faire face au chômage dépend de plusieurs facteurs. Les individus qui s'en tirent le mieux sont: ceux qui ont des ressources financières provenant d'épargnes ou de revenus d'autres membres de la famille; ceux qui, plutôt que de se blâmer et de se considérer comme des ratés, envisagent la perte de leur emploi d'une façon objective; ceux qui peuvent compter sur la compréhension et sur le pouvoir d'adaptation de leur famille et enfin, ceux qui peuvent recourir à des ressources extérieures, comme à l'aide d'amis.

Le contexte dans lequel un travailleur perçoit la perte de son emploi est déterminant. La personne qui parvient à voir ce changement imposé comme une occasion de faire autre chose ou une incitation à la croissance personnelle s'en tirera positivement et évoluera sur les plans

affectif et professionnel. Par exemple, un ingénieur de 45 ans, se retrouvant sans travail à la suite d'une réduction de la production dans l'industrie aérospatiale, retourne à ses anciennes amours et devient portraitiste et professeur aux Beaux-Arts; son épouse, qui avait fait son droit, mais ne l'avait jamais pratiqué parce qu'elle s'était consacrée à l'éducation de leurs quatre enfants, travaille maintenant comme conseillère juridique. Ce couple, en affrontant positivement une situation stressante, a fait ce que plusieurs personnes d'âge mûr font, que ce soit à la suite d'une mise à pied, d'un sous-emploi ou d'une insatisfaction à l'égard de l'emploi exercé. Non seulement ces gens changent-ils d'emploi, mais ils modifient totalement leur orientation professionnelle.

Le changement de carrière

À l'âge de 40 ans, le président d'une société multimillionnaire quitte son poste prestigieux pour aller étudier l'architecture et se retrouver finalement à la tête de sa propre compagnie d'architectes. Une ménagère de 50 ans, qui a eu divers emplois à temps partiel tout en s'occupant de l'éducation de ses enfants, s'inscrit en sciences sociales; elle y obtient une maîtrise et décroche un emploi d'animatrice communautaire qu'elle trouve intéressant et qui lui permet de faire appel à ses expériences antérieures.

Les exemples de changement de carrière à l'âge mûr se multiplient de nos jours. Étant donné l'accroissement de l'espérance de vie, plusieurs personnes d'âge mûr se rendent compte qu'elles ne veulent pas continuer à faire la même chose pendant leurs 20 prochaines années et décident de changer complètement de direction. D'autres se voient contraintes par un congédiement imprévu dû à des changements technologiques ou économiques, d'entreprendre une seconde carrière.

Plusieurs événements qui surviennent fréquemment à l'âge mûr peuvent influer sur le style de vie et plus particulièrement sur la carrière. Dans un résumé des différents facteurs qui ont un effet sur la carrière, «la désertion du nid» par les enfants se présente comme l'un des événements les plus marquants (Heald, 1977). Dans la plupart des cas, comme nous le verrons au chapitre 15, le lien conjugal se resserre au moment où les plus jeunes enfants quittent la maison et où le couple se retrouve seul. Dans d'autres ménages, les conjoints qui considé-

Encadré 14.1

Une nouvelle façon de planifier sa vie

Richard N. Bolles, conseiller en orientation professionnelle et auteur d'un best-seller américain intitulé *What Color Is your Parachute?* (Bolles, 1984), a écrit en 1978 un autre ouvrage dont le titre est *The Three Boxes of Life*. Les boîtes dont il est question dans ce livre sont les trois dimensions de la vie d'une personne: les études, le travail et les loisirs. Selon Bolles, l'importance relative de ces dimensions change avec l'âge, comme le montre la figure 14.1: les 20 premières années, ou à peu près, sont consacrées aux études; les 40 années qui suivent sont principalement consacrées au travail et les dernières années de la vie sont réservées aux loisirs.

Le problème que pose cette façon de voir, c'est qu'en nous engageant aussi exclusivement dans une seule dimension de la vie à la fois, nous n'en profitons pas aussi pleinement que nous le pourrions. Autre lacune tout aussi importante: nous ne nous préparons pas à vivre l'étape suivante. Ainsi, en nous concentrant si intensément pendant tant d'années aux études et au travail, nous ne savons plus comment nous amuser. Il en résulte qu'au moment de la retraite, où nous avons tout le loisir que nous pouvons désirer, plusieurs d'entre nous ne savent qu'en faire. Si, par contre, nous intégrions les trois dimensions à chaque étape de notre vie (tel qu'indiqué au bas de la figure 14.1), nous mènerions une vie beaucoup plus riche et plus satisfaisante.

Des efforts ont déjà été faits dans cette direction par des jeunes gens qui optent pour des programmes combinant les études collégiales et le travail, ou qui font une pause au cours de leurs études pour travailler, pour voyager ou pour se délasser; par des adultes qui retournent aux études à l'âge mûr ou qui prennent une année sabbatique pour s'adonner à une activité qui les intéresse; et enfin, par des personnes retraitées qui s'adonnent à des études ou qui entreprennent une nouvelle carrière. Tous ces gens sont encore des pionniers, cependant, et doivent nager à contre-courant pour sortir des «boîtes» que notre société a édifiées.

Pour faciliter une telle intégration, la société doit entreprendre une réévaluation complète de ses normes et de ses valeurs, réévaluation à laquelle tant de personnes se consacrent à l'âge mûr. Sur le plan individuel, une telle remise en question aide à réorganiser sa vie d'une façon plus satisfaisante, comme nous le verrons au chapitre 15. Peut-être notre société changerait-elle pour le mieux en procédant à une semblable réévaluation de ses priorités.

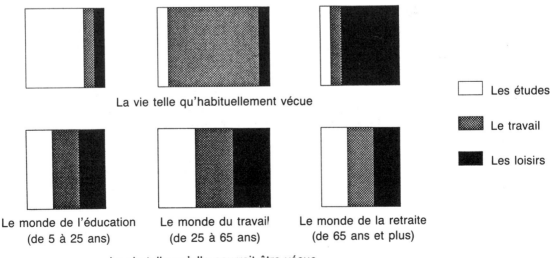

La vie telle qu'habituellement vécue

Les études

Le travail

Les loisirs

Le monde de l'éducation (de 5 à 25 ans)

Le monde du travail (de 25 à 65 ans)

Le monde de la retraite (de 65 ans et plus)

La vie telle qu'elle pourrait être vécue

Figure 14.1   Les trois boîtes de la vie (Adaptation de Bolles, 1979).

raient les enfants comme leur principal intérêt commun trouvent désormais qu'ils n'ont plus de raison de vivre ensemble et se séparent. Quoi qu'il advienne, cette période de transition amène souvent l'individu à se libérer des préoccupations familiales et à réévaluer ses objectifs professionnels.

La question financière peut également entraîner un changement de direction dans la carrière. Le couple qui a enfin fini de payer son hypothèque ou dont le dernier enfant a terminé ses études, a désormais moins d'obligations financières; chacun des conjoints peut opter pour un travail qui, bien que moins rémunérateur, correspond davantage à ses aspirations personnelles. D'autres couples se rendent soudainement compte qu'ils n'ont pas préparé leur retraite et consacrent leurs énergies renouvelées à accumuler un pécule alors qu'ils sont encore en mesure de toucher un salaire intéressant.

D'autres événements sont sources d'angoisse. L'homme qui voit son épouse travailler à l'extérieur pour la première fois peut avoir du mal à considérer celle-ci comme une partenaire égale et comme une personne qui a des activités extérieures auxquelles il ne participe pas. L'excitation qu'elle ressent face à sa nouvelle carrière peut l'amener à désirer faire un travail plus intéressant. Il arrive aussi que le travailleur d'âge mûr se sente bousculé par les collègues plus jeunes intéressés à franchir les échelons de la carrière et préfère changer complètement d'emploi plutôt que d'affronter la compétition.

Quelle que soit la raison qui pousse les gens à changer de carrière à l'âge mûr, ce phénomène devient de plus en plus courant et fait apparaître la nécessité d'utiliser les ressources du domaine de l'orientation pour aider les adultes d'âge mûr à reconnaître les possibilités qui s'offrent à eux et à comprendre comment ils peuvent en tirer le meilleur parti. Parfois, ce sont les travailleurs eux-mêmes qui opposent la plus forte résistance au changement. Belbin et Belbin (1966) ont découvert que «c'est un problème énorme que celui d'amener les ouvriers plus âgés à se recycler», et que plusieurs travailleurs qui avaient perdu leur emploi étaient plus portés à rechercher des emplois inférieurs qu'à se soumettre à un entraînement en vue d'un autre travail spécialisé.

Dans une étude portant sur 37 personnes de 30 à 55 ans qui avaient volontairement abandonné des carrières de cols blancs ou de professionnels, on a constaté que les membres de ce groupe étaient satisfaits de leur nouvel emploi même quand il s'accompagnait d'une diminution de revenu et d'une augmentation de la charge de travail physique. Ces gens avaient quitté leur emploi parce qu'ils s'ennuyaient, parce qu'ils trouvaient leur travail insignifiant, ou parce qu'ils se sentaient exploités et qu'ils vivaient des conflits de valeurs avec leurs employeurs. Ils étaient unanimes à dire que la diminution de leur revenu était plus que compensée par l'amélioration de la qualité de leur vie (Roberts, cité par Entine, 1974).

Résumé

1   L'objectif principal de l'âge mûr consiste à réévaluer sa personne et sa vie. Bien qu'il n'y ait pas d'indice biologique ni de signe universellement reconnu de comportement propre à l'âge mûr, on considère que celui-ci couvre approximativement les années entre 40 et 65 ans.

2   La plupart des personnes d'âge mûr sont en bonne santé et la majorité des changements physiques qui surviennent entre le début de l'âge adulte et l'âge mûr sont relativement insignifiants. On observe généralement une légère diminution des capacités sensorielles, de la force physique et de la coordination, mais ces transformations affectent rarement la vie de l'individu de façon sensible.

3   Bien qu'ils aient connu une baisse au cours des dernières générations, les taux de mortalité augmentent au cours de l'âge mûr et sont plus souvent attribuables à des causes naturelles qu'accidentelles. Les principales causes de décès entre 35 et 64 ans sont le cancer, les maladies cardiaques et les troubles cardio-vasculaires. Comme aux périodes antérieures de la vie, les décès à l'âge mûr sont plus nombreux chez les hommes que chez les femmes.

4   Les femmes vont chez le médecin plus souvent que les hommes. Elles sont plus souvent hospitalisées et subissent plus d'interventions chirurgicales. Dans l'ensemble, elles s'occupent mieux que les hommes de leur santé et de celle des membres de leur famille.

5 La ménopause, ou arrêt des menstruations et de la capacité de reproduction, survient à l'âge moyen de 49,2 ans. Elle résulte d'une diminution de la production d'oestrogènes, qui détermine la fin de l'ovulation et qui provoque divers symptômes physiques comme les «bouffées de chaleur», l'amincissement des muqueuses des parois vaginales et le dérangement de la fonction urinaire. L'ostéoporose atteint une femme ménopausée sur quatre; il s'agit d'une raréfaction du tissu osseux qui augmente les risques de fractures. Selon la recherche récente, rien ne permet de dire que la ménopause a des répercussions psychologiques.

6 Chez les hommes comme chez les femmes, les problèmes reliés au vieillissement sont souvent amplifiés par les attitudes du milieu. Faire face au vieillissement est particulièrement difficile dans les sociétés qui vouent un culte à la jeunesse.

7 Les rendements à plusieurs épreuves des tests d'intelligence s'améliorent au cours de l'âge adulte, particulièrement aux épreuves qui touchent à l'intelligence cristallisée. Bien que les personnes d'âge mûr mettent parfois plus de temps à accomplir certaines tâches ou qu'elles soient moins habiles à résoudre des problèmes nouveaux, l'aptitude à résoudre des problèmes pragmatiques atteint son point culminant durant cette période de la vie.

8 La productivité créatrice atteint un niveau élevé chez les érudits et les hommes de science au cours de la maturité.

9 Les programmes d'éducation permanente touchent de plus en plus de gens de plus de 40 ans.

10 Alors que plusieurs personnes d'âge mûr sont au sommet de leur carrière, d'autres décident de changer d'orientation professionnelle à la suite d'une réévaluation de leurs priorités. Les stress professionnels affectent le bien-être physique et émotif de bon nombre de travailleurs. Les principales sources de stress sont la perte d'emploi, des conditions de travail inadéquates et un sentiment d'impuissance professionnelle chronique.

11 L'intégration des études, du travail et des loisirs peut enrichir chaque période du cycle de la vie.

CHAPITRE 15

L'adulte d'âge mûr

La personnalité et
le développement social

La première chose qu'évoque l'âge mûr chez bon nombre d'entre nous est la *crise du midi* qui se manifeste généralement au début de la quarantaine. Bien que cette crise ne touche pas tous les gens dans la quarantaine, le concept de «crise du midi» est utile en psychologie dans la mesure où il permet de saisir la dynamique de la personnalité à l'âge mûr. Dans ce chapitre, nous examinerons les principaux changements qui surviennent chez la personne pendant cette période du développement.

Comme nous l'avons souligné au chapitre 13, l'âge chronologique d'un adulte nous renseigne moins sur son évolution que la nature et le moment d'occurrence des événements qu'il a déjà vécus et qu'il vit actuellement. Par exemple, un groupe d'hommes dans la trentaine, qui avaient connu un succès précoce, étaient aux prises avec des questions généralement associées à l'âge mûr: «Est-ce que ça vaut la peine?», «Quelle est la prochaine étape?» et «Qu'est-ce que je vais faire du reste de ma vie?» (Taguiri et Davis, 1982, cité dans Baruch, Barnett et Rivers, 1983).

Les gens d'âge mûr réagissent aux événements qui surviennent habituellement à cette époque de la vie, non pas parce qu'ils ont passé le cap de la quarantaine, mais en raison de l'importance que ces événements ont pour eux. L'importance des événements repose souvent sur la signification qu'ils prennent par rapport au monde qui nous entoure; et quand ce monde change, l'impact des événements change aussi. Quand la vie de la femme gravitait autour de l'enfantement et de l'éducation des enfants, la ménopause avait une signification différente de celle qu'elle a à notre époque. Quand les gens mouraient plus jeunes, ceux qui leur survivaient se sentaient vieux à un âge plus précoce, car la mort de proches du même âge nous rappelle que l'heure de la fin sonnera peut-être bientôt pour nous aussi.

Dans le présent chapitre, nous présenterons le modèle de la crise normative appliqué à l'âge mûr. Nous trouverons des illustrations de cette approche dans la théorie d'Erikson et dans les travaux de Peck qu'elle a inspirés, de même que dans les recherches de Levinson et de Vaillant.

Nous étudierons également quelques dimensions importantes de l'âge mûr, comme la vie matrimoniale, le départ des enfants et les changements qui marquent souvent la relation parents-enfant au moment où les parents vieillissent et deviennent plus dépendants. Le modèle de la crise normative et le modèle axé sur la chronologie des événements, que nous avons décrits au chapitre 13 dans notre étude du jeune adulte, sont des prismes à travers lesquels nous pouvons aussi observer l'adulte d'âge mûr.

La perspective de la crise normative: théorie et recherche

Dans cette section, nous verrons quelques applications de la perspective de la crise normative à l'âge mûr: la description que fait Erikson du dilemme entre la générativité et la stagnation, l'extension que fait Peck de la théorie d'Erikson à quatre dimensions centrales du développement à l'âge mûr, et enfin les études de Levinson et de Vaillant sur l'homme d'âge mûr.

La crise VII dans le modèle d'Erikson: générativité ou stagnation

Vers l'âge de 40 ans, l'individu doit choisir entre **la générativité ou la stagnation.** La générativité réfère à l'intérêt manifesté pour l'établissement et l'éducation de la génération suivante. Une personne peut exprimer cette propension fondamentale à encourager le développement des jeunes en mettant des enfants au monde et en les éduquant, en enseignant ou en guidant de jeunes protégés. Ainsi, l'adulte d'âge mûr qui devient le mentor d'un jeune adulte (comme le décrit Levinson) satisfait son propre besoin de veiller à la génération montante, alors que son protégé profite de ses conseils.

Erikson soutient que le désir d'avoir des enfants est «instinctif» et que ceux qui, volontairement ou involontairement, n'ont pas d'enfants, doivent reconnaître le sentiment de perte qu'ils éprouvent. Il insiste toutefois sur la possibilité d'exprimer sa générativité dans un travail et dans la préparation de l'avenir à travers la politique, le souci de protéger l'environnement ou des activités bénévoles. Il voit aussi l'avantage, pour un monde surpeuplé, de pouvoir compter sur des gens qui n'ont pas d'enfants et qui expriment leur générativité en prenant soin des enfants des autres, que ce soit directement ou par le truchement de leurs activités professionnelles (Hall, 1983).

Comme pour les autres stades Eriksoniens, c'est l'atteinte d'un *équilibre* entre les deux alternatives qui importe. Ainsi, un certain degré de stagnation peut s'avérer nécessaire pour régénérer la créativité d'une personne; mais une stagnation excessive peut conduire à la complaisance et même à l'invalidité physique ou psychologique. Dans sa conception des tâches du milieu de la vie, Erikson ne tient pas suffisamment compte du fait que la plupart des gens parvenus à cet âge ont eu des enfants; ils ont donc pris soin d'autres personnes pendant de nombreuses années et peuvent maintenant avoir besoin de s'occuper d'eux-mêmes pendant un certain temps avant d'être en mesure de penser de nouveau aux autres. Mais cette orientation peut aussi être le signe d'une stagnation, chez des personnes préoccupées avant tout d'elles-mêmes. L'esprit qui se dégage de ce stade est le souci de laisser sa «marque», quelque chose qui subsiste derrière soi pour les générations à venir.

Robert Peck: quatre aspects centraux du développement à l'âge mûr

Partant de la théorie d'Erikson, Peck (1955) identifie quatre aspects du développement psychologique à l'âge mûr, qu'il considère indispensables à une adaptation adéquate. Il ne relie pas tant ces aspects du développement à l'âge chronologique, comme aux circonstances de la vie d'une personne qui déterminent les questions auxquelles elle doit faire face. Ainsi, la célibataire de 45 ans qui postule un emploi de cadre supérieur qui l'obligerait à déménager dans une ville où elle ne connaît personne fait face à des questions différentes de celles qu'affronte une femme du même âge qui travaille et qui doit répondre à sa fille récemment séparée qui lui demande de prendre soin de son enfant. Nous pouvons toutefois évaluer la façon dont ces deux femmes s'adaptent aux circonstances de leur vie à partir des quatre critères suivants [1]:

1   **Valoriser la sagesse au lieu des ressources physiques.** La «sagesse», définie comme l'habileté à faire les meilleurs choix dans la vie, semble dépendre en grande partie de l'expérience de la vie, et des occasions qu'on a eues de connaître une grande variété de relations et de situations. À un moment donné, entre les dernières années de la trentaine et les dernières années de la quarantaine, les personnes les mieux adaptées en viennent à reconnaître que la sagesse qu'elles possèdent alors fait plus que compenser la diminution de leur force physique, de leur vitalité et de leur séduction de jeunesse.

2   **Socialiser les relations humaines plutôt que de les sexualiser.** Les gens réévaluent le rôle des hommes et des femmes dans leur vie, les considèrent avant tout comme des individus, des amis et des compagnons plutôt que comme des objets sexuels.

3   **Développer une flexibilité plutôt qu'un appauvrissement affectif.** La capacité de déplacer les investissements affectifs, d'une personne à une autre et d'une activité à une autre, devient particulièrement importante à l'âge mûr. C'est l'époque où les gens risquent de faire l'expérience de la séparation dans leurs relations par suite de la mort de parents ou d'amis, et par suite de la maturation et de l'émancipation des enfants. Il se peut également qu'ils doivent changer leurs activités à cause d'incapacités physiques.

---

1 Nous nous inspirons de la terminologie de Renée Houde pour décrire ces quatre critères, tout autre essai de traduction nous apparaissant terne après la lecture de son texte.

L'étude du développement de la personnalité à l'âge mûr

Si ces personnes plongées dans une conversation ont résolu la deuxième tâche que Robert Peck considère essentielle à une adaptation réussie à l'âge mûr, elles sont maintenant capables de se regarder comme des individus plutôt que comme des objets sexuels. Elles sont en mesure de «socialiser» plutôt que de «sexualiser» leurs rapports humains.(Richard Hutchings/Photo Reasearchers, Inc.)

4 **Développer une flexibilité mentale plutôt que de faire preuve de rigidité mentale.** Une fois parvenus à l'âge mûr, bien des gens ont fini par trouver un ensemble de réponses aux questions que pose la vie. Du moment qu'ils laissent ces réponses les dominer plutôt que de continuer à en rechercher de nouvelles, ils deviennent figés dans leurs habitudes et fermés aux idées nouvelles. Ceux qui restent ouverts se servent de leur expérience et des réponses qu'ils ont déjà trouvées pour se guider provisoirement vers la résolution de nouvelles questions.

Aucun de ces modes d'adaptation ne se manifeste nécessairement pour la première fois durant l'âge adulte. Certains peuvent être le fait d'une personnalité arrivée à maturité dès le début de l'âge adulte; s'ils ne sont pas apparus à l'âge mûr, toutefois, il est douteux que l'individu puisse en arriver par la suite à un ajustement émotif réussi.

Le concept de «crise du midi» est dans une large mesure un produit des études menées auprès des classes de finissants des années 1939 à 1944 de l'Université de Harvard. Mais en quoi consiste exactement cette crise? D'abord connue sous le nom de «crise de la quarantaine», l'expression est devenue un cliché auquel on a vite recours pour tenter d'expliquer une dépression, une aventure amoureuse, un changement de carrière ou à peu près tout événement qui survient dans la vie d'un individu entre les âges de 35 et 55 ans. Formulée d'abord par des auteurs comme Jung (1968) et Jacques (1967), cette expression réfère généralement à une période d'agitation affective qui se manifeste parfois au niveau du comportement et annonce le début de l'âge mûr. La «crise de la quarantaine» peut s'étendre sur plusieurs années; le moment précis et la durée varient d'un individu à l'autre.

Le psychologue suisse Calr Jung soutenait que le passage de l'extériorisation (en vue de se tailler une place dans la société) à l'intériorisation (afin de trouver en soi les réponses aux questions qui se posent) est un élément crucial de l'adaptation à l'âge mûr. Selon lui, «ce que le jeune a trouvé et doit trouver à l'extérieur, l'homme parvenu au midi de la vie doit le trouver en lui-même» (Jung, 1966, p. 114).

La recherche de ces réponses suppose souvent une période de remise en question des objectifs antérieurs, de perte momentanée de ses amarres et de transition vers la seconde moitié de la vie. La crise est étroitement liée à la prise de conscience du fait qu'on commence à vieillir. La première partie de la vie adulte est passée: on a fondé une famille, on s'est installé dans une carrière, on s'est émancipé de ses parents et l'on se sent libéré de la charge quotidienne des enfants qui ont grandi. Entré dans la «fleur de l'âge» avec l'idée d'un épanouissement possible, l'individu constate maintenant que le temps fuit. Il sait que l'avenir a des limites et qu'il ne peut réaliser tout ce qu'il avait un jour espéré accomplir.

Cette prise de conscience ne comporte pas nécessairement un traumatisme. Pour plusieurs personnes, elle ne constitue qu'une transition parmi d'autres qui, bien qu'elle exige une adap-

Encadré 15.1

Notre personnalité se fixe-t-elle en bas âge ou change-t-elle au fil des années?

Cette question nous plonge dans l'une de ces controverses à propos desquelles les opinions ont changé au cours des années. Pendant fort longtemps, la plupart des psychologues croyaient que la personnalité se fixe avant l'âge adulte, pour ne plus jamais changer en substance par la suite. Puis, au cours des années 1970, la psychologie s'est mise à souligner la capacité de changement constante et apparemment illimitée de la personne tout au long de la vie (Rubin, 1981). De nos jours, deux courants s'affrontent: les uns soutiennent qu'il survient toujours des changements, à moins que quelque chose n'entrave le développement (Brim et Kagan, 1980); les autres croient plutôt que la personnalité est stable, à moins que certains événements ne provoquent des changements (Costa et McCrae, 1981). En outre, certains chercheurs affirment que les changements que nous connaissons (comme une augmentation de l'estime de soi ou du sentiment de contrôle résultant de nos succès) sont plus intéressants que nos éléments stables (comme les traits fondamentaux du tempérament, tels que l'humeur dominante, l'impulsivité, l'hostilité, etc.) (Brim et Kagan, 1980). Jetons un coup d'œil sur les résultats de recherches qui corroborent l'un ou l'autre de ces points de vue.

Certaines études longitudinales laissent entendre qu'à plusieurs égards, nous restons les mêmes: l'adolescent pétillant deviendra un quadragénaire jovial; l'étudiant revendicateur deviendra un adulte récriminateur; la jeune adulte qui sait s'affirmer défendra facilement ses points de vue une fois parvenue à la trentaine; et la personne qui réussit à surmonter les difficultés de la jeunesse sera également en mesure d'affronter les problèmes de l'âge avancé (Block, 1981; Costa et McCrae, 1981; Eichorn, Clausen, Haan, Honzik et Mussen, 1981; Haan et Day, 1974; Livson,1976; Noberini et Neugarten, 1975).

Cela ne signifie aucunement que les gens ne changent ni n'évoluent de diverses façons. Nous changeons, et certains des changements que nous connaissons semblent caractéristiques de certaines époques de la vie. Par exemple, bien qu'un adulte qui faisait preuve d'impulsivité durant son enfance soit plus agité et plus impatient que les autres adultes, il se montre souvent moins impulsif qu'il ne l'était plus jeune (Stewart et Olds, 1973). Bien que des faits démontrent que les gens deviennent plus intérieurs et introspectifs quand ils atteignent l'âge mûr (Neugarten, 1977), une personne qui était plutôt extrovertie durant sa jeunesse sera encore vraisemblablement plus ouverte que ses pairs à l'âge adulte.

Un des changements typiques de l'âge mûr est la tendance de l'homme et de la femme à adopter les attitudes qui sont associées au sexe opposé. Ainsi, l'homme se met souvent à exprimer plus ouvertement ses sentiments, à s'intéresser davantage aux relations intimes et à se montrer plus protecteur, alors que la femme se met à s'affirmer davantage, à avoir plus confiance en elle et à miser sur la réussite sociale (Cytrynbaum et coll., 1980; Neugarten, 1968; Chiriboga et Thurnher, 1975).

À quoi attribuer ces changements? Certains observateurs laissent entendre que des changements hormonaux survenant à l'âge mûr atténueraient les différences entre les sexes; ils appuient leur hypothèse sur l'observation de changements semblables à diverses époques de l'histoire (Rossi, 1980). Cependant, la plupart des experts en sciences sociales attribuent plutôt ces changements à des exigences culturelles, comme celles qui sont reliées à l'éducation des enfants et aux responsabilités familiales (Gutmann, cité par Cytrynbaum et coll., 1980). Durant les premières phases de la vie familiale traditionnelle, l'homme consacre le meilleur de ses énergies à son travail, alors que la femme prend soin de ses enfants et de son époux. Quand les enfants devenus plus vieux se sont émancipés, la femme se sent libre de développer ses capacités et de penser à se réaliser. À peu près au même moment, l'homme commence à remettre en question la place qu'occupe le travail dans sa vie. Ainsi, chacun des conjoints passe dans l'univers de l'autre.

Du moins, c'est ainsi que les choses se passaient. Il sera intéressant d'observer ce qui se produira quand les jeunes adultes d'aujourd'hui atteindront l'âge mûr. Maintenant que la jeune femme s'intéresse davantage à ses réalisations et concilie plus souvent le travail et la maternité, et que le jeune homme se montre plus protecteur depuis qu'il participe plus activement à l'éducation des enfants, il se peut que nous n'observions plus les mêmes métamorphoses dans la personnalité des gens parvenus à la maturité. Les changements dont nous avons été témoins sont peut-être moins reliés au sexe d'une personne qu'à la réévaluation des priorités qui surviennent à l'âge mûr, laquelle amène à poser des questions telles que: «N'y a-t-il pas d'autres choses intéressantes à faire dans la vie?» «Ne devrais-je pas vivre d'autres expériences pendant qu'il en est encore temps?»

tation, se fait en douceur. Une personne peut sortir de cette période de remise en question avec une conscience et une compréhension accrues d'elle-même et des autres, ainsi qu'une sagesse, une force, un courage et une capacité d'aimer et de jouir de la vie qu'elle ne connaissait pas auparavant.

La notion de «crise du midi» s'est en grande partie élaborée sur la base d'études effectuées sur des hommes, à savoir les sujets de l'étude Grant. Après avoir discuté les apports de ces études à la compréhension du développement de l'adulte d'âge mûr et les avoir complétées par les résultats d'études récentes portant plus spécifiquement sur les femmes d'âge mûr, nous ferons un retour sur cette notion de «crise du midi».

L'étude Grant sur les hommes de l'Université de Harvard

Après le stade de la consolidation de la carrière, qui est habituellement franchi au cours de la trentaine, bon nombre d'hommes abandonnent «l'activité fébrile, compulsive et irréfléchie de l'apprentissage professionnel pour se remettre à explorer leur monde intérieur» (Vaillant, 1977, p. 220). Comme l'adolescence, cette transition est souvent stressante, en raison des exigences qu'impose l'accession à un nouveau stade de la vie. Ces années tumultueuses sont souvent marquées par la difficulté des relations avec les enfants adolescents et parfois par un état dépressif déclaré. Selon Vaillant, une bonne partie de l'expérience douloureuse de l'âge mûr est toutefois attribuable à la maturité, car elle démontre la capacité d'une personne parvenue à cette étape de sa vie d'affronter les problèmes qu'elle a refoulés au cours des années où elle n'était pas assez forte pour le faire. Une fois qu'ils ont affronté ces difficultés, nombreux sont ceux qui sont capables d'utiliser cette période de leur vie

pour trouver de nouvelles réponses à de vieux besoins. Durant cette «seconde adolescence», plusieurs personnes réévaluent leur vie antérieure, font face à des sentiments qu'ils réprimaient depuis fort longtemps à l'égard de leurs parents et révisent leurs attitudes face à la sexualité.

Bien qu'elle soit parfois pénible à vivre, cette transition atteint rarement les dimensions d'une crise. En outre, les hommes observés lors de l'étude de Grant n'étaient pas plus susceptibles de divorcer, d'être insatisfaits de leur travail ou d'être déprimés à l'âge mûr qu'à toute autre période du cycle vital. Parvenus à la cinquantaine, les hommes les plus adaptés du groupe percevaient les années qui s'étaient écoulées entre 35 et 49 ans comme les plus heureuses de leur vie, même lorsqu'ils les comparaient à la période plus calme qu'ils avaient connue entre 21 et 35 ans.

L'influence d'Erikson se fait sentir de diverses façons dans cette étude, y compris dans l'accent qui y est mis sur la générativité. Les hommes les mieux adaptés de l'échantillon sont également ceux qui faisaient preuve du plus haut niveau de générativité, telle que définie par les critères suivants: ils assumaient des responsabilités envers d'autres personnes au travail, ils donnaient de l'argent aux œuvres de charité et ils élevaient des enfants dont la réussite académique égalait celle de leur père.

Bien qu'elle nous fournisse peu d'informations sur la cinquantaine, cette étude la décrit comme une période de la vie généralement plus douce et plus paisible que la précédente. Vaillant y a observé certains des traits mentionnés par d'autres chercheurs, comme la diminution de l'écart entre les sexes avec l'âge (à laquelle Brim (1974) réfère quand il parle du «caractère unisexué de l'âge avancé»), et la tendance chez les hommes à se montrer plus protecteurs et à s'exprimer davantage.

Les travaux de Levinson sur les hommes d'âge mûr

Levinson et ses collaborateurs (1978) ont noté l'existence d'une transition entre le début et le milieu de l'âge adulte, suivie d'une période stable d'entrée dans l'âge mûr, survenant toutes deux durant la quarantaine.

La *transition de la quarantaine* constitue selon Levinson la transition la plus importante du cycle de vie. Elle comporte trois tâches essentielles (Houde, 1986):

- *réévaluer son passé*; il s'agit de réviser sa structure de vie en considérant le fait de sa mort et en voulant utiliser autrement le temps («moment de désillusion»);
- *modifier sa structure de vie*; il s'agit de réajuster le travail, le rêve de vie, les relations avec le mentor et les relations amoureuses;
- *atteindre une plus grande individuation*; il s'agit de composer avec les polarités déjà présentes en soi, mais qui veulent maintenant se faire entendre: jeune-vieux, destruction-création, masculin-féminin, attachement-séparation.

Bien qu'ils n'aient pas suivi leurs sujets au-delà de la quarantaine, ces chercheurs ont esquissé une séquence de stades hypothétiques, susceptibles de se présenter durant la cinquantaine et la soixantaine. Voici donc les stades du développement à l'âge mûr dégagés par Levinson.

La transition vers l'âge mûr

En passant du début au milieu de l'âge adulte, l'homme remet en question pratiquement tous les aspects de sa vie et se pose des questions telles que:

> «Qu'est-ce que j'ai fait de ma vie? Qu'est-ce que je reçois de ma femme, de mes enfants, de mes amis, de mon travail et de mon milieu, et qu'est-ce que je leur donne? Et moi, à quoi est-ce que j'aspire vraiment pour moi-même et pour les autres? Quelles sont mes vraies valeurs et comment se reflètent-elles dans ma vie? Quels sont mes plus grands talents? Sont-ils exploités ou gaspillés? Qu'est-ce que j'ai fait de mes rêves de jeunesse et qu'est-ce que je veux en faire maintenant? Comment vivre de façon à tenir compte de mes désirs, de mes valeurs, de mes aspirations et de mes talents actuels?» (Levinson, 1977, p.107)

Trente-deux des quarante hommes interviewés disaient traverser un moment de crise modérée ou grave au cours duquel il leur arrivait souvent de penser et d'agir de façon irrationnelle. Selon Levinson, une réévaluation aussi exhaustive de sa vie entraîne nécessairement un bouleversement affectif, car elle amène à remettre en question pratiquement toutes les valeurs et les priorités qu'on s'était fixées jusqu'à présent. Une telle réévaluation est saine, cependant, car elle permet de réviser les choix faits antérieurement et donne une occasion d'encourager des aspects du soi qui ont pu être négligés. Les personnes qui surmontent bien cette transition reconnaissent les illusions qu'elles ont nourries par le passé et sont en mesure de se faire une idée plus réaliste d'elles-mêmes.

L'entrée dans l'âge mûr (de 45 à 50 ans)

Vers le milieu de la quarantaine, un homme se met à se construire une nouvelle structure de vie, ce qui peut l'amener à faire de nouveaux choix: entreprendre une nouvelle carrière ou restructurer son travail actuel, vivre avec une nouvelle compagne, ou modifier la relation qu'il entretient avec son épouse. Selon Levinson, certaines personnes ne résolvent jamais les tâches du mitan de la vie: elles risquent alors de vivre un âge mûr borné, ou de se tenir occupées et d'avoir une vie très organisée, mais qui ne soulève pas leur enthousiasme. Les individus qui s'en tirent le mieux considèrent que l'âge mûr est la période la plus satisfaisante et la plus créatrice de leur vie; elle offre l'occasion de cultiver de nouvelles facettes de leur personnalité.

Une esquisse du développement au-delà de l'âge mûr

Se basant sur la théorie qu'ils ont élaborée à partir de leurs observations d'hommes de 35 à 45 ans, Levinson et ses collaborateurs ont émis l'hypothèse de l'existence des trois stades de développement suivants au-delà de la période de l'âge mûr:

La transition de la cinquantaine (de 50 à 55 ans). Au cours de cette période, un homme peut modifier la structure de vie qu'il s'est bâtie au milieu de la quarantaine; s'il a trop peu changé lors de la transition du milieu de la vie et a élaboré une structure de vie qui ne le satisfait pas, il se peut qu'il traverse maintenant sa crise de l'âge mûr. Selon Levinson et ses colla-

Tableau 15.1   Quatre conceptions du développement à l'âge mûr

Erikson (1950)	Peck (1955)	Vaillant (1977)	Levinson (1978)
Crise VII: générativité ou stagnation	**Quatre tâches indispensables à une adaptation adéquate à l'âge mûr**		**Stades du développement de l'homme à l'âge mûr**

Erikson (1950)

Crise VII: générativité ou stagnation

La propension à encourager le développement de la génération suivante conduit la personne d'âge mûr à jouer le rôle de mentor auprès de jeunes adultes. Le désir d'avoir des enfants est «instinctif»; l'adulte qui n'en a pas doit donc reconnaître le sentiment de perte qu'il éprouve et exprimer sa générativité d'autres façons, soit en s'occupant directement des enfants des autres, soit en guidant des protégés au travail. Une certaine stagnation peut permettre un répit qui mènera à une plus grande créativité. Mais une inertie excessive risque d'entraîner une invalidité physique ou psychologique.

Peck (1955)

Quatre tâches indispensables à une adaptation adéquate à l'âge mûr

1. *Valoriser la sagesse plutôt que les ressources physiques*[1]

   Une personne réalise que le savoir qu'elle a acquis avec les années lui permet de faire des choix plus sages et fait plus que compenser la diminution de sa force et de ses attraits physiques.

2. *Socialiser au lieu de sexualiser les relations humaines*

   Une personne apprend à apprécier la personnalité unique de chacun plutôt que de considérer les êtres qui l'entourent d'abord comme hommes ou femmes.

3. *Acquérir une flexibilité émotionnelle plutôt que de s'appauvrir sur le plan émotif*

   Le départ de parents et d'amis impose des ruptures de liens importants. Une personne doit acquérir la capacité de diversifier ses investissements émotifs. Des limites physiques exigent aussi parfois de changer d'activités.

4. *Acquérir une flexibilité mentale plutôt que de faire preuve de rigidité mentale*

   La souplesse permet à une personne de se servir de ses expériences passées pour résoudre de nouveaux problèmes.

Vaillant (1977)

Transition du milieu de la vie

Comme l'adolescence, cette période de transition entraîne des tensions. Un individu fait preuve de maturité s'il fait face à des difficultés camouflées depuis des années. Plusieurs des sujets réévaluaient leur passé, révisaient leurs attitudes face à la sexualité et saisissaient cette occasion de trouver de nouvelles réponses à d'anciens besoins. Les hommes les plus adaptés étaient ceux qui démontraient le plus de générativité; ils considéraient ces années (de 35 à 49 ans) comme les plus heureuses de leur vie.

La paisible cinquantaine

Les hommes deviennent plus protecteurs et expriment davantage leurs émotions. Les différences de comportement traditionnelles entre l'homme et la femme s'atténuent. C'est une période généralement paisible de la vie.

Levinson (1978)

Stades du développement de l'homme à l'âge mûr

Transition du milieu de la vie

La personne remet sa vie en question (valeurs, désirs, talents et objectifs), réévalue ses priorités et ses choix antérieurs, décide de la direction à prendre, reconnaît les illusions de sa jeunesse et acquiert une image réaliste d'elle-même.

Entrée dans le milieu de la vie (de 45 à 50 ans)

Cette réévaluation conduit à l'élaboration d'une nouvelle structure de vie impliquant de nouveaux choix. Certains hommes se confinent alors dans une vie bornée ou très affairée et très structurée, mais ennuyeuse.

Transition de la cinquantaine (de 50 à 55 ans)[2]

L'homme qui n'a pas traversé sa crise de l'âge mûr plus tôt le fait parfois à ce moment. D'autres modifient les structures de vie qu'ils s'étaient bâties au milieu de la quarantaine. Une personne ne peut traverser l'âge mûr sans connaître une crise au moins modérée.

Point culminant de la vie adulte (de 55 à 60 ans)

L'homme complète le «mitan de sa vie» et vit une période de grand épanouissement.

Transition de la vieillesse (de 60 à 65 ans)

Parachèvement de l'âge mûr et préparation à la vieillesse.

1 Nous nous sommes inspirés ici de la terminologie utilisée par Renée Houde dans son volume intitulé *Les temps de la vie* (1986).
2 Il s'agit ici de projections.

borateurs (1978), «il est impossible de traverser l'âge mûr sans vivre une crise au moins modérée, soit au cours de la transition du milieu de la vie, soit au cours de celle de la cinquantaine» (p.62).

L'élaboration d'une seconde structure de vie pour l'âge mûr (de 55 à 60 ans).   Durant cette période stable, un homme vit le point culminant de son âge mûr. Celui qui peut se renouveler et enrichir sa vie considère la fin de la cinquantaine comme une période de grandes satisfactions.

La transition vers la vieillesse (de 60 à 65 ans).   La personne arrive ici à un point tournant du cycle de vie; le moment de parachever l'âge mûr et de se préparer à la vieillesse, de se défaire d'une ancienne structure de vie pour préparer la suivante (Houde, 1986).

Les recherches sur le développement de la femme d'âge mûr

Les théories du développement de l'adulte qui ont eu le plus d'influence, c'est-à-dire les théories d'Erikson, de Vaillant et de Levinson, sont toutes basées sur l'homme. Au cours des dernières années, d'autres chercheurs ont mis l'accent sur l'expérience féminine de l'âge mûr et ont montré qu'elle diffère du modèle masculin sur plusieurs points (Barnett et Baruch, 1978; Baruch, Barnett et Rivers, 1983; Notman, 1980; Rubin, 1979; Sheppard et Seidman, 1982).

La maîtrise et le plaisir: deux indicateurs du bien-être

Grace Baruch et Rosalind Barnett ont observé près de 300 femmes âgées entre 35 et 55 ans (l'âge moyen du groupe étant de 43,6 ans), dont le degré de scolarisation moyen si situait au niveau collégial, et dont le revenu variait entre 4500$ et plus de 50 000$ (Barnett, 1985; Baruch, Barnett et Rivers, 1983). Ces chercheures ont d'abord interviewé 60 femmes (travailleuses célibataires, travailleuses mariées avec ou sans enfants, travailleuses divorcées ayant des enfants

et ménagères mariées avec ou sans enfants) pour identifier les sources de plaisir, de problème et de conflit qu'elles rencontrent dans leur vie. Elles ont ensuite rédigé un questionnaire qu'elles ont soumis à un échantillon aléatoire de 238 autres femmes faisant partie d'une des six catégories énumérées précédemment.

Cette recherche a fait ressortir les deux dimensions fondamentales qui déterminaient le niveau de santé mentale de ces femmes: il s'agit du degré de contrôle ou de *maîtrise* exercé sur leur vie, et du degré de *plaisir* qui en découle. Aucun de ces deux critères n'est relié à l'âge; les femmes les plus âgées de cet échantillon se sentaient aussi bien dans leur peau que les plus jeunes. Aucune évidence, non plus, de l'existence d'une crise du midi ni d'une relation directe entre le niveau de bonheur de ces femmes et le mariage, les enfants ou la ménopause. Une association vitale a toutefois émergé: la combinaison du travail et des relations intimes.

Le travail rémunéré s'est avéré le meilleur facteur prédictif du sentiment de maîtrise sur leur vie; des relations positives avec le mari et avec les enfants (y compris une vie sexuelle satisfaisante) étaient le facteur qui permettait le mieux de prédire le degré de plaisir éprouvé. Les femmes qui démontraient le plus haut niveau de maîtrise et de plaisir étaient celles qui étaient mariées, travaillaient et avaient des enfants; les femmes qui se situaient au niveau le moins élevé étaient celles qui étaient mariées, mais ne travaillaient pas ni n'avaient d'enfants. Donc, il semble que le cumul de plusieurs rôles favorise le bien-être de la femme, en dépit des tensions entraînées par un engagement actif dans plusieurs champs d'activités importants. Il est encore plus stressant pour une femme de ne pas être suffisamment engagée, de ne pas avoir assez de choses à faire, d'avoir un travail qui ne présente pas assez de défis et d'avoir trop peu d'obligations personnelles ou professionnelles, que d'être engagée à fond dans toutes ces activités.

Cette étude donne un aperçu plus optimiste de la situation de la femme d'âge mûr que d'autres recherches, comme celle de Lillian B. Rubin (1979), qui a interviewé 160 femmes (de 35 à 54 ans) qui avaient quitté un emploi rémunéré pour se marier et élever des enfants. Bien qu'elle n'ait pas observé que le départ des enfants ou la ménopause provoquent une crise, l'auteure de cette dernière étude a constaté que plusieurs des femmes qu'elle a interviewées

La femme qui s'est bien adaptée au travail, au mariage et à la maternité accueillera probablement avec sérénité des transitions telles que la ménopause, le départ des enfants et la retraite. (Ray Ellis/Photo Reasearchers, Inc.)

avaient de la difficulté à vivre la transition du milieu de la vie et à passer de leurs occupations d'épouses et de mères à d'autres formes d'engagement. Après une période de remise en question, cependant, la plupart d'entre elles parvenaient à se bâtir une nouvelle vie. Elles retournaient aux études, se trouvaient un emploi et envisageaient l'avenir avec optimisme.

L'évaluation de la recherche sur le développement

Les difficultés que nous rencontrons à décrire le développement de la femme à partir de constatations faites auprès d'une population exclusivement masculine représentent une lacune importante des études sur le développement de l'adulte. D'autres questions touchent à la généralisabilité des résultats obtenus à des personnes de races, de générations et de statuts socio-économiques différents; d'autres concernent la notion même de crise de l'âge mûr; d'autres enfin, touchent à la validité du modèle «idéal» qu'on dépeint.

Ces résultats peuvent-ils se généraliser à d'autres populations?

Les sujets qui ont participé à ces études étaient, pour la plupart, des hommes de race blanche issus de milieux favorisés. L'échantillon de Vaillant ne comptait aucun Noir; seulement 5 des 40 sujets de Levinson étaient des Noirs, et la plupart de ces sujets provenaient des classes moyenne ou supérieure. De plus, les sujets d'âge mûr étaient tous nés durant les années 1920 ou 1930. Par conséquent, les constatations qu'on a faites à leur sujet ne sont pas nécessairement applicables à des hommes de races, de générations et de niveaux socio-économiques différents, ni à des femmes.

La question de la *génération* est intéressante. Les renseignements que nous possédons sur le développement «normal» à l'âge mûr sont basés sur des études menées auprès de gens qui sont nés durant la crise économique des années 1930, ou qui étaient en bas âge à cette époque; ces personnes faisaient donc partie d'une génération qui a profité de l'expansion économique qui a succédé à la Seconde Guerre mondiale.

Peut-être ces hommes ont-ils connu une réussite professionnelle qui dépassait de beaucoup leurs attentes, pour se retrouver assez tôt victimes d'un burn-out. Leur développement aurait donc été plutôt inhabituel que typique (Rossi, 1980). En outre, si les générations futures arrivent à mieux intégrer les études, le travail et les loisirs durant tout le cycle vital, et changent plus couramment de carrière à l'âge mûr, leur évolution peut s'avérer fort différente.

Même si nous n'appliquons les résultats obtenus qu'à la population étudiée, nous devons encore nous demander s'il est vrai que l'âge mûr annonce une période de crise chez pratiquement tous les gens, comme le soutien Levinson et comme le laisse entendre Vaillant. C'est à cette question que nous nous arrêterons maintenant.

La crise de l'âge mûr est-elle inévitable?

«La crise de l'âge mûr n'est qu'une invention des médias; aucun âge ne donne sur une crise!» s'est récemment exclamé un psychologue américain (Schlossberg, 1985). Bien d'autres sont d'accord pour dire que bien qu'il représente une transition vers la deuxième moitié de la vie qui peut être stressante, l'âge mûr ne prend pas l'allure d'une crise pour tout le monde (Farrel et Rosenberg, 1981; Rossi, 1980; Brim, 1977; Layton et Siegler, 1978).

D'abord, une crise est moins reliée à l'âge qu'aux circonstances de la vie d'une personne. Les processus qui sous-tendent la «crise du midi» sont ceux qui entrent en jeu tout au long du cycle de la vie. Si plusieurs événements stressants surviennent en même temps dans la vie d'une personne, les risques que celle-ci connaisse une période de crise augmentent. Les épreuves, comme une maladie, un accident, la perte d'un emploi ou la mort d'un proche, provoquent souvent une crise. Si un individu se sent incompétent au travail, insatisfait dans ses relations avec autrui, ou peu attrayant (ou, qui pis est, les trois), les conditions sont propices à l'apparition d'une crise.

Lors d'une autre étude, on a comparé 300 hommes qui entraient dans l'âge mûr à 150 hommes plus jeunes; même si seulement 12 % des sujets plus âgés traversaient la «vraie» crise du midi, les deux tiers rencontraient certaines difficultés d'adaptation (Farrell et Rosenbert, 1981). Les auteurs de cette recherche identifient quatre voies possibles à l'âge mûr: *la voie de la transcendance et de la générativité* (empruntée par 32 % des sujets) est celle des personnes qui ont le sentiment de contrôler leur destin et qui ont une image positive d'elles-mêmes; *la voie de l'anti-héroïsme et de la dissidence* (empruntée par 12 % des sujets) est la voie de ceux qui, se remettant en question et exprimant ouvertement leur insatisfaction face à leur vie et à leur travail, sont les plus susceptibles de vivre une crise de l'âge mûr; *la voie du pseudo-équilibre* (empruntée par 26 % des sujets) est celle des gens qui ont l'air d'avoir le contrôle et d'être satisfaits, mais qui nient et fuient la détresse qu'ils éprouvent; enfin, *la voie du désenchantement ou de l'autoritarisme* (empruntée par 30 % des sujets) est l'option qu'adoptent les individus conservateurs, conformistes et remplis de préjugés.

Comme elle porte sur des hommes de différentes conditions sociales, cette étude permet d'identifier des rapports entre la voie qu'emprunte un homme à l'âge mûr et le niveau socio-économique auquel il se situe. Le travailleur non spécialisé, par exemple, risque beaucoup plus que le professionnel ou le cadre de la classe moyenne de vivre des tensions au cours de l'âge mûr. L'homme socio-économiquement défavorisé est plus susceptible de nier ses difficultés ou de les exprimer en adoptant une attitude autoritaire, ce qui le place dans l'une des deux dernières voies décrites plus haut.

Le modèle «idéal» décrit est-il sain?

Vaillant et Levinson décrivent tous deux l'homme mûr idéal. Levinson et ses collègues (1978) fondent leur modèle sur le concept de «rêve de vie» (expliqué au chapitre 13) et sur la mesure dans laquelle un homme réalise ou modifie sa vision originale de la réussite. Dans ce modèle, les relations qu'un homme entretient avec son mentor ou avec une femme «spéciale» sont plus valorisées pour leur contribution à la poursuite de son objectif que pour elles-mêmes. (Il n'est donc pas étonnant de constater que même les hommes les plus «sains» de cet échantillon entretenaient rarement des liens d'amitié étroits, que ce soit avec des hommes ou avec des femmes.) Donc, selon ce modèle, un développement sain repose principalement sur la réussite personnelle et sur l'émancipation, et non sur l'attachement.

Vaillant (1977) insiste lui aussi sur l'importance du travail pour une saine adaptation à la vie et minimise l'importance des relations interpersonnelles. À preuve, cette formulation renversante d'une des questions posées lors des interviews: «Voici ma question la plus difficile: pouvez-vous décrire votre femme?» (p.387). Pourquoi ces chercheurs supposent-ils qu'il sera si difficile pour ces hommes, qui sont brillants et qui ont généralement réussi dans la vie, de décrire la personne avec qui ils partagent leur vie?

Ces hommes, qui ont peu d'amis et qui ont si peu de contacts avec leur épouse qu'il leur est difficile de la décrire, donnent une image de limitation affective. Comme le souligne Gilligan (1982b), non seulement ce modèle ne s'applique pas aux femmes, dont la vie se caractérise par un riche réseau de relations, mais il présente une image discutable de l'évolution d'un homme sain. Il est paradoxal, et triste, que l'homme manifeste souvent un regain d'intérêt pour les relations intimes (avec son épouse, ses enfants, ses protégés et ses collègues de travail) à l'âge mûr, au moment où ses enfants vont quitter la maison quand ils ne l'ont pas déjà fait, et où son épouse s'est souvent adaptée à l'absence d'intimité dans son mariage (en se rapprochant de ses amies, de ses enfants ou d'autres hommes).

Cette prise de conscience tardive du besoin d'intimité aide à comprendre pourquoi, comme nous le verrons, l'homme a tendance à éprouver du regret face au départ de ses enfants, alors que la femme accueille souvent celui-ci avec soulagement (Rubin, 1979). Elle explique peut-être aussi pourquoi l'homme et la femme ont souvent de la difficulté à communiquer entre eux.

Si cette recherche sur le développement de l'adulte comporte autant de lacunes, pourquoi a-t-elle retenu à ce point l'attention des chercheurs professionnels et de l'ensemble de la population? C'est apparemment en raison de son message primordial: l'adulte continue à changer, à se développer et à évoluer au cours de l'âge mûr, et probablement au delà. Que nous évoluions ou non de la façon dont le laissent entendre les recherches effectuées jusqu'à présent, celles-ci ont permis de remettre en question l'idée que l'histoire d'une personne s'écrit tôt et que rien d'important ne se produit plus à partir de l'âge mûr, en ce qui concerne la personnalité ou l'affectivité. Nous examinerons maintenant l'évolution des relations que l'adulte d'âge mûr entretient avec les personnes importantes de son entourage.

Les relations avec l'entourage

Tout comme les changements intérieurs que connaît un individu affectent les relations qu'il entretient avec les autres, les changements qui surviennent dans ces relations influent sur sa personnalité. Nous examinerons les liens qui unissent la personne d'âge mûr avec les gens de sa propre génération, comme son conjoint ou ses partenaires sexuels, ses amis et ses frères et sœurs. Nous jetterons aussi un coup d'œil sur les relations qu'elle entretient avec ses enfants et avec ses parents âgés.

Les relations intra-génération

Le mariage

Les rapports matrimoniaux à l'âge mûr sont très différents de ce qu'ils étaient autrefois. À une époque où l'espérance de vie était plus courte, où il n'était pas rare que les femmes meurent en accouchant, une vie de couple qui durait 25, 30 ou 40 ans était un cas exceptionnel. Le plus souvent, le mariage était interrompu par la mort de l'un des conjoints et le survivant se remariait souvent avec une personne dans la même situation. Ordinairement, dans ce type de mariage, ou dans le cas de deux conjoints qui parvenaient ensemble à la vieillesse, les maisons fourmillaient d'enfants. Les gens avaient des enfants plus tôt et plus tard dans leur vie, ils en avaient un plus grand nombre et pouvaient s'attendre à ce que ces enfants restent à la maison jusqu'à ce qu'ils se marient. En conséquence, il arrivait plutôt rarement qu'un homme et une femme d'âge mûr se retrouvent seuls au cours de leur mariage (le tableau 15.2 présente la situation matrimoniale des adultes de 40 à 65 ans).

Aujourd'hui, cela se présente beaucoup plus souvent. Même si plus de mariages se soldent par un divorce, le couple qui est parvenu à s'entendre pour rester ensemble peut souvent espérer partager la même vie pendant 20 ans ou plus après le départ du dernier enfant.

Comment la plupart des gens vivent-ils cette étape postparentale de leur vie conjugale? Les études sur cette question ont donné des résul-

Tableau 15.2   État matrimonial selon le groupe d'âge et le sexe. Québec, 1981 (Bureau de la Statistique du Québec, 1985, p. 107)

Groupe d'âge et sexe	Céliba-taires	Mariés			Veufs	Divorcés	Total
		Légalement	Union libre	Total			
Hommes							
40-44 ans	9,6 %	81,4 %	4,2 %	85,6 %	0,5 %	4,3 %	100 %
45-49 ans	9,3 %	82,1 %	3,3 %	85,4 %	0,9 %	4,4 %	100 %
50-54 ans	9,3 %	82,3 %	2,6 %	84,9 %	1,8 %	4,0 %	100 %
55-59 ans	9,2 %	82,6 %	2,0 %	84,6 %	2,9 %	3,3 %	100 %
60-64 ans	8,7 %	82,6 %	1,5 %	84,1 %	4,8 %	2,5 %	100 %
Femmes							
40-44 ans	9,1 %	78,8 %	3,2 %	82,0 %	2,5 %	6,4 %	100 %
45-49 ans	9,2 %	78,0 %	2,5 %	80,5 %	4,6 %	5,7 %	100 %
50-54 ans	9,5 %	75,5 %	2,0 %	77,6 %	8,3 %	4,6 %	100 %
55-59 ans	10,1 %	70,8 %	1,4 %	72,2 %	14,2 %	3,5 %	100 %
60-64 ans	11,5 %	62,7 %	1,1 %	63,8 %	22,4 %	2,3 %	100 %

tats contradictoires, ce qui indique qu'à l'âge mûr, la vie matrimoniale connaît une grande diversité de formes (Troll, Miller et Atchley, 1979).

Une étude menée auprès d'adultes mariés, dont certains depuis 20 ans, a fait ressortir une baisse générale de la satisfaction conjugale et une perte d'intimité (Pineo, 1961). Pour expliquer ce désenchantement, Pineo part de la prémisse qu'au moment du mariage, le couple connaît l'apogée de son bonheur. Comme les conjoints ne se marieraient pas s'ils ne nourrissaient l'un envers l'autre des sentiments extrêmement positifs, cette relation peut difficilement s'améliorer; donc, elle doit forcément aller en se détériorant. Cette théorie ne tient pas compte des nombreuses relations qui semblent s'approfondir avec les années, au fur et à mesure que mari et femme partagent les joies comme les peines, apprennent à faire face aux aspects complexes de leurs personnalités, et se façonnent une intimité de plus en plus grande. Il se peut qu'un tel regain de l'intimité ne se manifeste pas avant le cap des 20 ans de vie commune (et le départ des enfants, comme l'ont démontré d'autres études). Comme l'étude dont il est ici question n'est pas allée aussi loin dans le temps, il se peut qu'elle n'ait pu déceler cette évolution.

Selon d'autres chercheurs, la notion de baisse progressive de la satisfaction conjugale est inadéquate. Au lieu de cela, on peut voir des hausses et des baisses circonstancielles de satisfaction face à différents aspects du mariage, tels que la sexualité, les enfants et l'argent. Ordinairement, une fois que les enfants ont dépassé l'âge de l'école, le mariage semble s'améliorer sur les plans de la camaraderie, de l'argent, de la sexualité, du partage des tâches et des relations avec les enfants (Burr, 1970).

D'autres recherches laissent entendre qu'après le départ des enfants, le couple est aussi heureux qu'au moment de la lune de miel (Feldman et Feldman, 1977; Campbell, 1975; Brim, 1968; Deutscher, 1964). Au cours de ces années postparentales, mari et femme peuvent respirer, maintenant qu'ils se sont acquittés de leurs devoirs envers leurs enfants. Durant cette «seconde lune de miel», ils retrouvent une intimité qu'ils ne connaissaient plus depuis des années, la liberté d'être spontanés, ont moins de soucis d'argent et une nouvelle occasion de se connaître l'un l'autre comme individus.

L'évolution des rapports matrimoniaux au fil des années n'est pas toujours reliée à la présence ou à l'absence des enfants, et certains des changements qui y surviennent touchent autant les couples sans enfants que ceux qui ont une progéniture. Les jeunes mariés sont généralement fortement attirés l'un vers l'autre et éprouvent l'amour passion dont parlent Walster et Walster (1978). Comme le mystère entre deux personnes s'émousse au contact de la vie quoti-

Encadré 15.2

Comment améliorer les rapports matrimoniaux à l'âge mûr

Certains des événements normatifs de l'âge mûr risquent de causer des tensions dans le couple. Dès qu'un des conjoints vit un stress, ses proches risquent d'être affectés eux aussi. La personne la plus touchée est habituellement le conjoint. Comme l'affirmait un époux: «Quand ma femme est heureuse, je ne suis pas toujours heureux. Mais quand elle est malheureuse, je suis sûr d'être malheureux moi aussi.»

Les conjoints peuvent s'aider mutuellement à surmonter le stress en se manifestant leur amour et leur soutien, en s'aidant à comprendre ce qui se passe et en cherchant ensemble une solution. L'exercice suivant les aidera à communiquer à propos de ce qui leur cause de l'anxiété. Il est recommandé par le Service de coopération de l'université de Pennsylvanie dans le cadre d'un programme intitulé *Renforcez vos liens familiaux*.

Dans cet exercice, chaque conjoint prend connaissance individuellement des changements énumérés dans la liste, évalue le degré de stress que chacun des événements lui a déjà causé, ou est susceptible de lui causer dans le futur, et indique ses réponses. Puis, les deux conjoints examinent ensemble chacun des items et confrontent leurs réponses, se posant des questions telles que: «Pourquoi, selon toi, avons-nous évalué cet item de la même façon, ou différemment?» «Comment pouvons-nous nous aider l'un l'autre à surmonter ce stress?» et «Où pourrions-nous nous adresser pour obtenir de l'aide?»

Homme Évaluation du stress			**Femme** Évaluation du stress			
Beaucoup	Moyennement	Peu	Beaucoup	Moyennement	Peu	
☐	☐	☐	☐	☐	☐	Le départ des enfants.
☐	☐	☐	☐	☐	☐	Le grisonnement ou la chute des cheveux.
☐	☐	☐	☐	☐	☐	Le retour au travail ou aux études de la femme.
☐	☐	☐	☐	☐	☐	Le chômage ou le retour au travail de l'homme.
☐	☐	☐	☐	☐	☐	Le sentiment de ne plus faire partie des «jeunes loups» au travail.
☐	☐	☐	☐	☐	☐	Les rides se multiplient.
☐	☐	☐	☐	☐	☐	Je commence à faire de l'embonpoint.
☐	☐	☐	☐	☐	☐	La mort d'un parent.
☐	☐	☐	☐	☐	☐	Le début de la ménopause.
☐	☐	☐	☐	☐	☐	Le mal de dos.
☐	☐	☐	☐	☐	☐	Le mariage d'un enfant.
☐	☐	☐	☐	☐	☐	Un collègue plus jeune obtient une promotion que je désirais.
☐	☐	☐	☐	☐	☐	L'arthrite apparaît.
☐	☐	☐	☐	☐	☐	L'infarctus d'un frère ou d'une sœur.
☐	☐	☐	☐	☐	☐	Mon appétit sexuel change.
☐	☐	☐	☐	☐	☐	Je deviens grand-parent.
☐	☐	☐	☐	☐	☐	Mon travail m'ennuie.

dienne, l'attraction diminue, mais l'attachement s'approfondit. Une union qui s'est montrée solide au fil des années a des chances d'être meilleure que jamais à ce moment (Troll et Smith, 1976).

Pour un mariage qui a été chancelant depuis des années, l'âge mûr peut cependant représenter un moment de crise. Les enfants se sont envolés et les individus sentent qu'ils se sont acquittés de leur responsabilité de parents. Ils se regardent et constatent que l'un des deux, ou les deux, ont changé et qu'ils n'ont plus grand chose en commun. Ils voient se profiler les quelques 25 ans qui leur restent à vivre et se demandent s'ils veulent vraiment les vivre ensemble. Si la réponse est négative, c'est le divorce.

Les couples d'âge mûr se séparent souvent pour les mêmes raisons que les couples plus jeunes: le mariage ne répond pas à leurs attentes et ils envisagent de plus en plus facilement de mettre fin à une relation qui ne les satisfait pas. Cela est d'autant plus vrai que le divorce est de plus en plus accepté, même chez les couples plus âgés, et que les lois sur le divorce dans notre pays se sont assouplies.

La sexualité

Les différents mythes entourant la sexualité à l'âge mûr, dont plusieurs sont partagés par les gens d'âge mûr eux-mêmes, ont contribué à appauvrir cette période de la vie chez plusieurs personnes. Et pourtant, grâce aux progrès récents survenus dans le domaine de la santé et des soins médicaux, grâce à une attitude plus libérale envers la sexualité adoptée par toutes les couches de la société, grâce à de nouvelles études de l'activité sexuelle, nous sommes devenus de plus en plus conscients du fait que la sexualité à l'âge mûr, loin d'être un simple souvenir ou une incursion occasionnelle dans les plaisirs d'antan, peut faire partie intégrante de la vie. L'enquête approfondie la plus récente effectuée à l'échelle nationale aux États-Unis (Hunt, 1974) a révélé que les gens d'âge mûr ont des activités sexuelles plus fréquentes et plus variées que jamais auparavant.

Si l'activité sexuelle est vraiment différente après 40 ans, c'est en partie en raison des changements physiologiques qui se produisent chez l'homme. Chez ce dernier, la poussée sexuelle n'est ordinairement plus aussi fréquente que lorsqu'il était plus jeune: un homme qui recherchait avidement l'activité sexuelle à tous les jours peut maintenant se montrer satisfait de passer de trois à cinq jours sans orgasme. L'érection spontanée se produit moins fréquemment et l'homme doit plus souvent recourir à la stimulation directe. L'orgasme est plus lent à venir et parfois ne vient pas. Enfin, l'homme a besoin d'une période de récupération plus longue après l'orgasme avant d'être capable d'une autre éjaculation.

Cependant, les hommes qui ont été sexuellement actifs au cours de leurs jeunes années et pendant toute la trentaine ont tendance à conti-

La sexualité à l'âge mûr, loin d'être un simple souvenir ou une incursion occasionnelle dans les plaisirs d'antan, peut faire partie intégrante de la vie. (Joel Gordon, 1978)

nuer dans la même veine durant l'âge mûr et même la vieillesse (Masters et Johnson, 1966). Très souvent, la diminution de l'activité sexuelle est attribuable à l'une des six raisons suivantes, lesquelles ne sont pas d'ordre physiologique: la monotonie de la relation sexuelle, les préoccupations liées aux affaires ou les inquiétudes financières, la fatigue mentale ou physique, l'abus du boire ou du manger, les infirmités physiques et mentales de l'un des deux partenaires et la peur d'échouer associée à l'une ou l'autre de ces causes (Masters et Johnson, 1966).

Les couples qui sont conscients de la possibilité de ces entraves à l'épanouissement sexuel, qui se rendent compte des changements normaux dus à l'âge et qui sont capables de réorganiser leur vie sexuelle en fonction de ceux-ci peuvent encore éprouver de grandes satisfactions. Hunt et Hunt (1974) font plusieurs recommandations afin d'améliorer la vie sexuelle des couples d'âge mûr: utiliser une substance lubrifiante lorsque les mécanismes naturels de lubrification de la femme s'avèrent inadéquats; procéder à des jeux d'approche sexuelle plus élaborés et plus imaginatifs pour exciter les deux partenaires; porter une attention plus grande à la condition physique générale; profiter de la possibilité de prolongation de l'activité sexuelle par suite de la plus grande latence de l'orgasme chez l'homme; continuer à s'adonner à une activité sexuelle régulière et fréquente.

Les liens entre frères et soeurs

Une femme devient veuve à 53 ans; son frère, qu'elle ne voyait qu'environ une fois par mois quand son époux vivait, se fait maintenant un devoir de la visiter chaque semaine. Celui-ci l'assiste dans l'entretien de sa maison et dans l'organisation de ses finances, et l'invite à participer avec lui et son épouse à plusieurs activités sociales. Voilà un scénario qui, avec plusieurs variantes, se rencontre fréquemment chez les frères et soeurs d'âge mûr; ceux-ci restent généralement en contact et s'entraident de diverses façons.

Lors d'une enquête américaine effectuée auprès d'adultes d'âge mûr, on a constaté que quelque 85 % d'entre eux ont au moins une soeur ou un frère vivants (la moyenne étant de deux) qu'ils rencontrent au moins plusieurs fois par année et souvent une fois par mois, ou plus. Il est très rare que les membres d'une même famille perdent complètement le contact. Plus des deux tiers se sentent proches ou extrême-ment proches de leurs frères et soeurs, et tirent une grande satisfaction de ces relations; 78 % affirment qu'ils s'entendent bien ou très bien avec eux (Cicirelli, 1980, cité dans Cicirelli, 1982).

La rivalité entre frères et soeurs, qui se manifeste parfois durant l'enfance, s'estompe généralement à l'âge adulte, où il y a souvent un rapprochement entre les membres d'une même famille. Ce sont les soeurs qui maintiennent le plus de liens, suivies des frères et des soeurs, puis des frères entre eux. Cependant, certains problèmes surgissent parfois à l'âge mûr à propos de questions reliées au soin des parents âgés ou aux héritages, surtout si la relation laissait déjà à désirer. Le lien entre frères et soeurs est généralement le rapport social qui dure le plus longtemps, et il revêt encore plus d'importance à un âge avancé, comme nous le verrons au chapitre 17.

L'amitié

Il semble parfois qu'à l'âge mûr, les gens aient moins de temps et d'énergie à consacrer à l'amitié qu'aux autres époques de leur vie. Ils sont souvent fortement engagés avec la famille, le conjoint, les enfants et les parents qui avancent en âge, et il arrive parfois qu'ils «se préoccupent de façon presque obsessionnelle» de la sécurité de leur retraite (Weiss et Lowenthal, 1976). Il en résulte que les individus d'âge mûr ont tendance à avoir moins d'amis que les jeunes mariés ou les gens parvenus à l'âge de la retraite, et que leurs amitiés sont moins complexes que celles des groupes d'âge qui les précèdent ou qui les suivent, c'est-à-dire qu'ils disposent d'un nombre plus restreint de qualificatifs pour décrire les dimensions de leurs rapports amicaux. Il se peut qu'à cette époque, les gens soient tout simplement trop affairés pour consacrer autant de temps à leurs amis qu'ils le faisaient auparavant ou le feront plus tard.

L'amitié existe toutefois encore à l'âge mûr. Une bonne partie des amis qu'on a à l'âge mûr sont des amis de vieille date et une fois parvenus au milieu de la quarantaine, la plupart des gens ont autant d'amis qu'ils désirent en avoir (Hurlock, 1968). Il leur arrive encore de se faire de nouveaux amis. À cet âge, hommes et femmes s'engagent assez souvent dans des organisations officielles (Troll, 1975), et ont l'occasion d'y rencontrer de nouvelles personnes et de se lier d'amitié avec elles. La similitude des circonstances de la vie, comme l'âge des enfants,

Une bonne partie des amis qu'on a à l'âge mûr sont des amis de vieille date et une fois atteint le milieu de la quarantaine, le cercle d'amis est bien établi. (M. Faugère/Publiphoto)

la durée du mariage ou le statut professionnel, favorise parfois davantage la création des liens d'amitié que l'âge chronologique (Troll, 1975).

Alors qu'étant plus jeunes, les gens fondent souvent leurs amitiés sur le rapprochement et la commodité, ces facteurs deviennent moins importants quand ils ont atteint l'âge mûr. Parmi 150 couples d'âge mûr appartenant à la classe moyenne et qui avaient connu un déménagement moins de cinq ans avant le moment de l'enquête, la plupart ont désigné comme leur «meilleur ami» une personne du milieu où ils vivaient auparavant (Hess, 1971). Celui qui était nommé en deuxième lieu, cependant, avait tendance à être l'un des nouveaux voisins.

Ce que les amitiés perdent en quantité à l'âge mûr, elles le gagnent souvent en qualité, au moment où les gens se tournent vers leurs amis pour trouver un soutien affectif et, souvent, des conseils pratiques qui les aideront à résoudre les questions qui se posent concernant leurs enfants qui grandissent et leurs parents qui vieillissent.

Les relations entre les générations

La nécessité de répondre aux besoins de ses enfants qui sont maintenant des adolescents ou de jeunes adultes oblige la personne d'âge mûr à redéfinir ses tâches parentales; celles-ci requièrent des attitudes et des comportements diffé-

rents de ceux qu'exigeait le soin de jeunes enfants. Au même moment, l'adulte d'âge mûr doit souvent redéfinir ce que signifie pour lui être un fils ou une fille, car son rôle à l'égard de ses propres parents est souvent inversé, ceux-ci ayant parfois besoin de son aide comme jamais auparavant. Voyons ce qu'entraînent ces nouvelles exigences et la façon dont les gens y font face.

Les relations avec les enfants

Les deux périodes de la vie les plus propices aux crises émotionnelles, l'âge mûr et l'adolescence, doivent souvent se vivre côte à côte. Après tout, ce sont des adultes d'âge mûr qui sont les parents des enfants parvenus à l'adolescence. Tout en ayant à surmonter les difficultés particulières liées à leur âge, ils doivent vivre quotidiennement avec des jeunes aux prises avec des changements d'ordre physique, affectif et social. En fait, il arrive parfois que les parents voient leurs fantaisies d'adolescence, enfouies depuis longtemps, remonter à la surface lorsqu'ils se rendent compte que leurs enfants accèdent à l'indépendance et à la maturité sexuelle. En outre, le fait de voir leurs enfants aborder l'âge adulte oblige les parents à prendre conscience de la longueur du chemin déjà parcouru. Le contraste entre les perspectives d'avenir de leurs enfants et leur propre passé engendre parfois des sentiments d'hostilité et de jalousie chez les parents et, parfois, la tentation de s'identifier de façon excessive aux fantaisies de leurs enfants (Vahanian, 1980).

Un autre défi que les parents d'âge mûr doivent relever consiste à accepter leurs enfants tels qu'ils sont, et non pas tels qu'ils ont espéré et rêvé qu'ils deviennent. L'acceptation de la réalité est une tâche importante dans l'éducation des enfants comme dans les autres domaines de la vie. À l'âge mûr, les gens se rendent bien compte qu'ils ne peuvent contrôler complètement leurs enfants, qu'ils ne sauraient en faire des copies exactes ni même des versions améliorées d'eux-mêmes. Pour le meilleur ou pour le pire, les caractères de leurs enfants sont passablement formés maintenant, et leur orientation peut se révéler très différente de celle que leurs parents voulaient les voir adopter.

Cette acceptation est si difficile pour bon nombre de parents, et le besoin de se détacher si fort chez plusieurs jeunes, que la période de l'adolescence est parfois un moment difficile à traverser pour tous les membres de la famille.

Le point de désaccord le plus fréquent chez les couples d'âge mûr interviewés par Lowenthal et Chiriboga (1972) était l'éducation des enfants. Comme l'avoue un père de trois enfants, peu après le départ de son cadet pour le collège, «ils rendent les dernières années qu'ils passent à la maison si misérables que leur départ n'est pas un événement traumatisant, mais un soulagement!». Peut-être est-ce là la façon dont la nature s'y prend pour préparer les parents à voir partir leurs enfants!

L'abandon du nid.   Depuis longtemps, on entend parler de la crise du «nid vide» que traversent les femmes qui ont consacré une bonne part de leurs énergies à la maternité. La recherche récente nous montre, cependant, que bien que certaines femmes connaissent cette crise, bien plus nombreuses sont celles qui se sentent libérées à la suite du départ des enfants (Barnett, 1985; Brecher et coll., 1984; Rubin, 1979). Il semble que cette étape soit particulièrement difficile pour les pères qui regrettent de ne pas avoir consacré plus de temps à leurs enfants quand ils étaient là (Rubin, 1979), pour les parents dont les enfants ne se sont pas émancipés comme ils le souhaitaient (Harkins, 1978) et pour les femmes qui ont négligé de se préparer au départ de leurs enfants en réorganisant leur vie (autour d'un travail ou d'une autre forme d'engagement) pour s'adapter à la nouvelle situation (Targ, 1979).

Parmi un groupe de 54 hommes et femmes (des classes moyenne et défavorisée) dont le cadet était sur le point de quitter la maison, seulement trois femmes et deux hommes considéraient cette phase de transition comme la période la moins satisfaisante de leur vie (Lowenthal et Chiriboga, 1972). Et même parmi ces derniers, aucun n'a fait mention du départ de ses enfants pour expliquer son insatisfaction. Par ailleurs, 13 des parents interrogés considéraient la période de l'adolescence de leurs enfants comme le moment le plus éprouvant de leur vie, en raison des problèmes qu'ils rencontraient avec ceux-ci et, parfois, des conflits qui surgissaient entre les conjoints à propos des enfants. L'attitude de ces parents à l'égard de l'abandon du nid pourrait se résumer dans ces propos d'une mère:

«Je considère mon travail de mère terminé. Je n'ai plus à les discipliner; c'est à eux de se prendre en mains maintenant [...] J'espère pouvoir demeurer leur mère, mais nous nous traiterons désor-

mais en adultes. Je me sens maintenant beaucoup plus détendue par rapport à tout cela.» (pp. 9-10)

Il existe maintenant un autre type de crise de l'abandon du nid, laquelle est provoquée par la persistance des enfants à demeurer à la maison au moment où leurs parents s'attendent à les voir partir, ou par le retour au bercail des enfants devenus adultes, lequel entraîne parfois des tensions entre ceux-ci et leurs parents (Lindsey, 1984).

Même après que les années de soin actif des enfants ont pris fin et que tous les enfants ont déserté le nid familial, les parents demeurent des parents. Nous pouvons quitter notre conjoint et notre emploi, mais tant que nos enfants sont vivants, nous continuerons d'être leurs parents. À l'âge mûr, le rôle de parent de jeunes adultes (et de grand-parent de leurs enfants) soulève de nouvelles questions et requiert de nouvelles attitudes et de nouveaux comportements. La difficulté que rencontrent plusieurs parents à traiter leurs enfants en adultes est illustrée dans une histoire racontée par Elliott Roosevelt à propos du comportement de sa mère, Eleanor, lors d'un repas officiel. À un ami qui lui demanda plus tard ce que sa mère lui avait dit à l'oreille au cours de ce repas, Elliott, qui avait alors plus de 40 ans, répondit: «Elle m'a dit de manger mes petits pois».

Peu de recherches ont été faites sur les rapports des parents d'âge mûr avec leurs enfants adultes. Certaines études indiquent que les jeunes mariés entretiennent des rapports étroits avec leurs parents d'âge mûr, qui les aident souvent financièrement et leur rendent divers services, tels que la garde de leurs enfants ou l'aménagement de leur premier foyer. Parents et enfants se visitent fréquemment et les jeunes couples passent beaucoup de temps à parler de leurs parents. En général, les parents continuent de donner à leurs enfants plus qu'ils ne reçoivent d'eux (Troll, Miller et Atchley, 1979). Cela reflète probablement la vigueur relative de l'adulte d'âge mûr et les besoins persistants du jeune adulte, qui traverse ce que certains psychologues considèrent comme les années les plus stressantes de sa vie (Pearlin, 1980).

Les rôles changent habituellement au moment où les enfants ont atteint l'âge mûr, comme nous le verrons dans la prochaine section.

Les relations avec les parents.   Une femme de 45 ans affirme: «Ma mère est ma meilleure amie. Je peux lui parler de tout ce qui me concerne». Un homme de 50 ans rend visite à son père chaque soir, au retour du travail; il lui transmet des nouvelles et lui demande ses opinions sur l'entreprise familiale dont il s'est retiré. Une femme de 40 ans, récemment divorcée, voit ses parents plus souvent qu'elle ne l'a jamais fait en 15 ans de vie conjugale et a besoin de leur aide comme jamais depuis son départ de la maison familiale. Un homme de 55 ans, qui ne peut parler au téléphone avec sa mère sans tomber dans une discussion orageuse, s'exclame: «Si elle peut mourir! Comme ça, je vais me sentir coupable et en finir avec ça!» Des conjoints dans la soixantaine consacrent le temps qu'ils projetaient passer à voyager et à s'amuser avec leurs petits-enfants à s'occuper de leurs vieux parents.

Les relations que les gens d'âge mûr entretiennent avec leurs parents varient énormément et reflètent souvent les liens antérieurs. Ces rapports ne sont toutefois pas statiques; ils évoluent constamment avec les années et changent souvent au cours de l'âge mûr. C'est alors que bien des gens deviennent capables, pour la première fois, de regarder leurs parents objectivement sans les idéaliser au point de ne pouvoir admettre leurs déficiences, ni se montrer amers envers eux à cause de leurs erreurs et de leurs insuffisances. L'avènement de la maturité aide les gens à percevoir leurs parents plutôt comme des individus dans leur propre droit, avec leurs forces et leurs faiblesses.

Il y a encore autre chose qui se produit vers cette époque. Les enfants regardent soudainement leurs parents et réalisent jusqu'à quel point ils ont vieilli. N'étant plus des piliers d'énergie sur lesquels on s'appuie, les parents commencent eux-mêmes à s'appuyer. Ils se mettent à rechercher l'avis de leurs enfants pour prendre des décisions. La perte de leurs moyens physiques et de leur capacité de gagner de l'argent peut les amener à dépendre des autres tant pour l'appui financier que pour l'exécution de leurs tâches quotidiennes. Puis, quand ils deviennent malades, infirmes ou séniles, leurs enfants sont appelés à prendre la responsabilité entière de leur vie. Les enfants d'âge mûr doivent souvent prendre des décisions quant à l'hébergement de leurs parents, et il peut se révéler pénible de faire le partage entre leurs responsabilités envers leurs parents et celles vis-à-vis de leur conjoint et de leurs enfants.

Malgré les tensions qu'entraînent de telles situations, le portrait qui se dégage d'un ensem-

À l'âge mûr, bien des personnes deviennent capables de regarder leurs parents objectivement, sans les idéaliser ni exagérer leurs insuffisances. Les relations que les gens d'âge mûr entretiennent avec leurs parents varient énormément et reflètent souvent les liens antérieurs et une inversion des rôles, l'enfant devenant celui qui s'occupe de ses parents. (Ira Krschenbaum/ Stock, Boston)

ble croissant de recherches sur les rapports entre les enfants d'âge mûr et leurs parents est celui d'une relation bien vivante et solidement ancrée dans des années d'attachement (Cicirelli, 1983; Cantor, 1983; Robinson et Thurnher, 1981; Lang et Brody, 1983).

Parents et enfants se voient et se parlent souvent, s'entendent généralement bien et ont relativement peu de conflits. Dans une étude, 87 % des enfants adultes interrogés se sentaient proches ou très proches de leur père, et 91 % de leur mère (Cicirelli, 1981). L'aide est réciproque: il arrive souvent que les parents des milieux favorisés ou moyens continuent d'aider financièrement leurs enfants parvenus à l'âge mûr, tandis que parmi les familles de milieux défavorisés, c'est le contraire qui se produit (Troll et coll., 1979). Les enfants malheureux en mariage, divorcés ou devenus veufs se rapprochent souvent de leurs parents, trouvant chez eux un appui affectif (et parfois financier) que leur conjoint ne leur apporte plus. Mais, éventuellement, ce sont les enfants d'âge mûr qui en viennent à aider leurs parents vieillissants.

Les adultes et leurs parents âgés préfèrent ordinairement se rapprocher les uns des autres sans vivre sous le même toit. Comme les deux générations veulent garder leur indépendance, ils ne décident généralement de vivre ensemble que si cela se révèle absolument nécessaire. Le plus souvent, ce besoin se fait sentir lorsque l'un des parents a perdu son conjoint et que la maladie ou la pauvreté l'empêchent de vivre seul, ou de trouver un endroit convenable pour vivre. Quand deux générations cohabitent, ce sont habituellement la fille et sa mère qui se retrouvent ensemble, ce qui reflète la tendance qu'ont celles-ci à entretenir des rapports mutuels plus étroits que tous les autres membres de la famille (Troll et coll., 1979).

Il semble que ce soit l'affection plus que le devoir qui pousse les gens d'âge mûr à aider leurs parents. Ceux qui se sentent contraints de le faire éprouvent plus de sentiments négatifs à l'égard de leurs parents, sentiments qui s'intensifient en proportion de l'aide accordée (Cantor, 1983; Robinson et Thurnher, 1981). Bien qu'ils soient généralement agréables et connaissent peu de tensions, les rapports entre ces deux générations sont souvent mis à l'épreuve par le fardeau qu'impose le soin de vieux parents devenus dépendants. Lors d'une étude récente, plus de la moitié des adultes interrogés éprouvaient des tensions reliées à l'aide qu'ils apportaient à leurs parents, et chez plus du tiers des sujets, ces tensions étaient considérables (Cicirelli, 1983). Le stress prenait le plus souvent la forme d'un épuisement physique ou émotif et d'un sentiment de ne pouvoir satisfaire les parents, quelle que soit l'importance de l'aide accordée.

C'est lorsque les parents jouissent encore d'une bonne santé et qu'ils sont vigoureux que les deux générations s'entendent le mieux. S'ils deviennent malades (et tout particulièrement s'ils souffrent de sénilité), leurs enfants ont tendance à devenir anxieux et à éprouver des sentiments négatifs à leur endroit.

Pourquoi en est-il ainsi? Une des raisons est sans doute la déception éprouvée par la personne d'âge mûr qui réalise que ses parents ne sont plus des piliers sur lesquels elle peut s'appuyer; ce sont eux qui doivent maintenant compter sur elle. Cette déception se transforme en un sentiment de colère, puis de culpabilité. Puis, il y a l'inquiétude (parfois justifiée) de l'individu d'âge mûr de voir sa vie affectée par les

exigences de ses parents qui l'obligent à leur consacrer le temps, l'argent et l'énergie qu'il réservait pour lui-même, pour son conjoint, pour ses enfants ou pour ses petits enfants.

Les besoins des parents âgés semblent tomber dans la catégorie des exigences non normatives et non anticipées. Les nouveaux parents, par exemple, s'attendent à prendre leur enfant complètement en charge sur les plans physique, affectif et financier, et à voir leurs responsabilités diminuer graduellement avec les années. Pour une raison ou pour une autre, rares sont les gens qui s'attendent à devoir s'occuper de leurs parents; les enfants n'envisagent généralement pas la possibilité que leurs parents deviennent invalides et ne s'y préparent donc pas; au moment où l'invalidité s'impose comme un fait accompli, elle devient un événement qui nuit à leurs plans et à la prise en charge de leurs autres responsabilités. Étant donné que le groupe d'âge qui augmente le plus rapidement de nos jours est celui des vieillards de 85 ans et plus, plusieurs personnes parvenues à la cinquantaine ou à la soixantaine se trouvent aujourd'hui dans une position que peu de gens ont connu au cours des générations précédentes.

Le moment où ces besoins se font sentir compte pour beaucoup. Pour les gens d'âge mûr qui envisagent de se libérer bientôt de la responsabilité de leurs propres enfants (ou qui en sont déjà déchargés) et qui ont un sens aigu du fait que le temps dont ils disposent encore est limité, le besoin de s'occuper des parents âgés peut donner le sentiment qu'ils n'auront jamais la chance de réaliser leurs rêves. Le sentiment d'être «liés», d'être incapables de prendre des vacances ou de faire des projets est, pour certaines personnes d'âge mûr, l'aspect le plus difficile que comporte le soin des parents âgés (Robinson et Thurnher, 1981).

Et pourtant, les enfants s'occupent de leurs parents et ne les abandonnent pas. C'est lorsqu'ils sont inspirés par l'amour, et non par le devoir, que les soins prodigués sont les plus bénéfiques aux parents comme aux enfants. C'est pourquoi, un psychologue spécialisé dans les rapports entre les générations insiste sur le fait qu'il est moins fructueux de faire appel au sens du devoir des enfants que d'encourager les comportements d'attachement (comme des visites ou des appels téléphoniques) (Cicirelli, 1983). C'est en gardant le contact avec leurs parents que les gens peuvent prendre connaissance de leurs besoins, et ils y répondent habituellement.

Les programmes gouvernementaux, comme la pension de vieillesse, le supplément de revenu garanti, l'assurance-hospitalisation et l'aide sociale, diminuent le besoin de soutien financier de la part des parents âgés, et ont soulagé plusieurs personnes d'âge mûr d'un lourd fardeau. Le succès de ces programmes laisse croire qu'il serait bon d'augmenter l'aide aux personnes âgées et d'instaurer de nouveaux services, tels que: des centres de jour où les personnes âgées peuvent passer la journée gratuitement ou moyennant un déboursé minime, des services de transport et d'accompagnement, des services d'aide à domicile (comme la préparation des repas ou les soins du ménage) et l'aide ponctuelle d'auxiliaires permettant aux gens qui ont la responsabilité constante de leurs vieux parents de s'échapper à l'occasion. (Certains des programmes déjà mis sur pied seront étudiés plus en détail au chapitre 17.) Des services peuvent aussi être offerts aux adultes qui ont la charge de leurs parents: des groupes de counseling et d'entraide, qui offrent un soutien affectif fort nécessaire, fournissent des informations sur les ressources du milieu et aident les gens à acquérir les habiletés dont ils ont besoin pour s'occuper de leurs parents âgés. La flexibilité des horaires de travail peut aider autant les personnes qui ont la charge de leurs parents que celles qui doivent s'occuper de leurs jeunes enfants (Cantor, 1983; Cicirelli, 1983; Robinson et Thurnher, 1982). C'est en répondant à tous ces besoins que notre société démontrera l'importance qu'elle accorde à la famille. Comme nous le verrons dans les deux prochains chapitres, les besoins des aînés prennent de plus en plus d'importance à notre époque où ce segment de la population s'accroît à un rythme sans précédent.

Résumé

1 La septième crise psychosociale selon Erikson se présente à l'âge mûr; elle oppose la générativité à la stagnation. La générativité pousse l'individu à participer à l'établissement et à l'orientation de la génération suivante. Celui qui ne parvient pas à développer un sens de la générativité souffre souvent de stagnation, de complaisance excessive envers soi, et possiblement de sénilité physique et psychologique.

2 Partant de la théorie d'Erikson, Robert Peck identifie quatre tâches liées au développement psychologique, indispensables à une adaptation adéquate à l'âge mûr: la valorisation de la sagesse plutôt que des capacités physiques; la socialisation plutôt que la «sexualisation» des rapports humains; la flexibilité plutôt que l'appauvrissement affectif; et la flexibilité mentale au lieu de la rigidité mentale.

3 Bien que certains traits de la personnalité demeurent stables durant l'âge adulte, il se produit des changements à ce niveau. La personne d'âge mûr a tendance à s'intéresser davantage à sa vie intérieure, et l'homme comme la femme sont enclins à adopter des attitudes traditionnellement associées au sexe opposé.

4 D'après les résultats des études de Vaillant et de Levinson conduites auprès d'hommes exerçant diverses professions, le début de la quarantaine est une période de transition qui peut entraîner des tensions, qui ne sont pas nécessairement vécues comme une crise par tout le monde.

5 Les stades du développement à l'âge mûr sont, selon Levinson: la transition vers l'âge mûr (de 40 à 45 ans), l'entrée dans l'âge mûr (de 45 à 50 ans), la transition de la cinquantaine (de 50 à 55 ans), l'élaboration d'une seconde structure de vie pour l'âge mûr (de 55 à 60 ans) et la transition vers la vieillesse (de 60 à 65 ans).

6 Comme les études de Vaillant et de Levinson ont en grande partie porté sur des hommes de race blanche et de milieux favorisés qui sont nés durant les années 1920 et 1930, leurs résultats sont difficilement généralisables aux femmes, aux autres groupes ethniques et socio-économiques, ou encore aux autres cohortes.

7 La maîtrise et le plaisir sont deux dimensions primordiales du bien-être de la femme d'âge mûr.

8 Les résultats de la recherche sur la qualité des rapports matrimoniaux à l'âge mûr sont contradictoires. Il semble que les rapports entre conjoints s'améliorent à certains égards et se détériorent à d'autres points de vue.

9   Les gens d'âge mûr s'adonnent à des activités sexuelles plus fréquentes et plus variées que jamais auparavant.

10   Les liens entre frères et sœurs d'âge mûr sont généralement étroits.

11   À l'âge mûr, les gens ont tendance à consacrer moins de temps à leurs amis et à la formation de nouvelles amitiés; ils réservent plutôt leurs énergies pour la famille, le travail et la préparation de la retraite.

12   De nombreuses études indiquent que les années qui suivent le départ des enfants représentent l'une des périodes les plus heureuses pour le couple. L'abandon du nid risque toutefois d'être difficile pour le père qui n'a pas consacré assez de temps à ses enfants, pour les parents dont les enfants ne se sont pas émancipés et pour la mère qui a négligé de se préparer à cette étape de sa vie.

13   Les rapports entre les adultes d'âge mûr et leurs parents se caractérisent souvent par de solides liens d'affection. À l'âge mûr, les gens ont tendance à percevoir leurs parents d'une façon plus objective. Les soins qu'exigent certains parents âgés peuvent devenir une importante source de stress pour l'adulte.

PARTIE VIII
L'ADULTE VIEILLISSANT

L e développement et la croissance se poursuivent au-delà de 65 ans. Dans les deux prochains chapitres, nous verrons comment chaque adulte vieillissant affronte d'une façon très personnelle les défis, anciens et nouveaux, qui se présentent à lui.

Dans le chapitre 16, consacré au fonctionnement physique et intellectuel, nous examinerons les théories qui tentent d'expliquer le processus du vieillissement. Nous verrons ensuite que la plupart des adultes vieillissants sont en bonne santé physique et qu'ils jouissent également d'une bonne santé mentale. Bien sûr, certains d'entre eux souffrent de problèmes physiques ou mentaux; nous décrirons ces problèmes, ainsi que les façons de les prévenir ou de les traiter. Nous explorerons aussi la controverse concernant le fonctionnement intellectuel durant la vieillesse et verrons que si certaines habiletés sont susceptibles de décliner avec l'âge, de nombreuses données montrent que la personne âgée qui demeure intellectuellement active demeure en possession de ses habiletés et peut même en accroître le potentiel. Elle peut y parvenir en s'adonnant à un travail, à l'étude ou à des activités bénévoles.

Dans le chapitre 17, nous étudierons différents modèles de vieillissement heureux et examinerons les relations que l'adulte qui vieillit entretient avec son conjoint, ses enfants, ses petits-enfants et ses frères et sœurs. Nous verrons également les moyens par lesquels il s'adapte à la perte de son conjoint, et le rôle de la sexualité durant la vieillesse. Nous examinerons enfin la vie de la personne âgée dans sa communauté ou dans son foyer d'accueil, et décrirons l'expérience du vieillissement chez d'autres peuples. Il devient plus clair que jamais que malgré l'existence de modèles communs dans l'expérience humaine, chacun de nous est un individu, et que les différences individuelles s'accentuent avec l'âge.

CHAPITRE 16

L'adulte vieillissant

Le développement physique et intellectuel

«Le meilleur temps pour penser à la vieillesse est lorsque vous êtes encore jeunes, parce que vous pouvez alors faire beaucoup pour augmenter vos chances d'en profiter quand elle se présentera. Si vous projetiez passer le reste de votre vie dans un autre pays, vous vous renseigneriez le plus possible à son sujet... La vieillesse se compare à un pays étranger... Vous en profiterez davantage si vous vous êtes préparé à y séjourner.» (Skinner et Vaughan, 1983, p. 20)

Au moment où il exprimait ce point de vue, B.F. Skinner avait 81 ans et habitait donc ce «pays étranger» où la plupart d'entre nous peuvent s'attendre à vivre un jour. Nous avons avantage à nous renseigner le plus possible sur ce qui nous attend, et encore plus sur ce que nous pouvons faire *maintenant* pour faire de notre vieillesse la période la plus heureuse possible. La connaissance de cet âge de la vie peut aussi nous aider à nous entendre avec ceux qui y sont déjà parvenus (parents, grands-parents et autres) et à contribuer à leur bien-être.

Malgré que les différences individuelles deviennent de plus en plus marquées avec l'âge, les généralisations basées sur l'âge abondent au sujet de la vieillesse. Cette période de la vie suscite tellement d'appréhension que nous n'entendons presque plus le mot «vieux»; on parle plutôt des «aînés», des «gens de l'âge d'or», des «personnes âgées», des «personnes du troisième âge», etc.

Qu'y a-t-il de si terrible à propos de la vieillesse que nous ne puissions plus en parler sans recourir à tous ces euphémismes? Quelle part des croyances que nous entretenons à son sujet est fondée? Que pouvons-nous raisonnablement attendre de notre propre vieillesse?

Il y a peu de stéréotypes sur la vieillesse qui soient positifs. L'un veut qu'elle soit un temps de tranquillité, un «âge d'or» de paix et de sérénité où les gens peuvent récolter les fruits d'une vie de labeur. Un autre stéréotype positif dresse le portrait du retraité en bonne santé et sans souci qui passe ses hivers en Floride et ses étés à jouer au golf (Pollack, 1985, p. A27).

La plupart des stéréotypes, toutefois, sont négatifs. Les vieilles personnes sont généralement perçues comme des êtres qui ont une mauvaise coordination, qui sont presque toujours fatigués et qui sont des victimes faciles de l'infection. On a l'impression que les personnes âgées ont beaucoup d'accidents à la maison et qu'elles passent une bonne partie de leur temps au lit. On considère souvent que les vieillards vivent à l'hôpital, dans des foyers ou d'autres institutions qui «conviennent» à des êtres dont la santé et les capacités diminuent régulièrement. On les pense moins intelligents qu'ils ne l'étaient quand ils étaient plus jeunes, incapables de se souvenir des choses les plus simples, d'apprendre de nouveaux faits ou d'acquérir de nouvelles habiletés. On ne leur prête aucun intérêt ou désir quant aux relations sexuelles. Ils sont perçus comme isolés de leur famille et de leurs amis, toujours assis à regarder la télévision ou à écouter la radio, au lieu d'occuper leurs loisirs à des activités productives. On prétend que leur personnalité est bien différente de ce qu'elle était et qu'ils sont devenus grognons, qu'ils se lamentent sur leur sort, qu'ils sont susceptibles et irritables (Butler, 1975; Saul, 1974).

Aucun de ces stéréotypes composites ne décrit tous les adultes vieillissants. Certains répondent à la première description, positive, de la personne âgée; d'autres correspondent plutôt à la deuxième, plus sombre. Celle-ci correspond à la perception dominante de la vieillesse, et elle conduit souvent à l'**âgisme**, une perception négative de la personne âgée qui finit par lui être préjudiciable dans les faits (Wasylenki, 1982).

En dépit des milliers de vieillards vigoureux, productifs et enjoués, les préjugés négatifs à leur endroit sont si répandus et si bien ancrés, qu'ils continuent à se perpétuer et même à fleurir. Le médecin qui présume qu'un cardiaque de 75 ans ne s'intéresse plus à la sexualité et qui, par conséquent, n'aborde pas le sujet avec lui, prive son patient d'un aspect positif de sa vie. Le fils ou la fille adulte qui adopte envers ses parents qui vieillissent une attitude condescendante et trop protectrice, les incite à l'infantilisme. Le travailleur social qui considère la dépression comme un effet attendu du vieillissement abandonne virtuellement un client âgé. Les attitudes de ce genre ont une influence profonde sur la façon de vivre des vieillards. D'ailleurs, ces points de vue se reflètent dans les sentiments que les vieillards nourrissent envers eux-mêmes. Bon nombre de personnes âgées comptent parmi les plus ardents tenants des mythes sur le vieillissement, devenant elles-mêmes victimes de leurs propres «préjugés de jeunesse»!

Quelle est donc la vérité sur la vieillesse? Au cours des dernières années, la discipline scientifique de la **gérontologie,** étude des personnes âgées et du processus de vieillissement, s'est développée. La **gériatrie,** branche de la médecine qui s'occupe des vieillards, attire plus de praticiens. De plus en plus de gens étudient maintenant les aspects biologiques, psychologiques et sociologiques du vieillissement.

Cet intérêt récent à l'égard du vieillissement et des personnes âgées découle en grande partie du fait que la proportion des vieillards dans notre société est beaucoup plus grande aujourd'hui qu'elle ne l'a jamais été. Grâce aux progrès de la médecine, il y a plus de personnes qui atteignent des âges avancés. Les vieux citoyens ont une plus grande présence dans notre culture et il est important qu'on les aide socialement et individuellement à profiter de la vie.

Le phénomène du vieillissement de la population humaine est sensible à l'échelle mondiale. Selon Bibeau (1982), le nombre de personnes âgées est appelé à doubler entre 1970 et l'an 2000, et plus de 15 % de la population mondiale aura plus de 65 ans à la fin du siècle. Le pourcentage des personnes de plus de 65 ans représente actuellement un peu plus de 8 % de la population canadienne, et ce pourcentage passera à 12 % à la fin du siècle (Wasylenki, 1982).

Plusieurs facteurs ont contribué au vieillissement de la population, dont les taux élevés de natalité à la fin du XIXe siècle et de la première partie du XXe siècle, et l'immigration massive qu'on a connue au début de ce siècle. De plus, les progrès de la médecine ont produit une diminution du nombre de décès en bas âge et une augmentation de l'espérance de vie.

Ces changements démographiques ont des répercussions d'une portée considérable. D'abord, notre société devra instaurer de nombreux services en vue de soutenir les personnes âgées qui seront dans l'incapacité de subvenir à leurs besoins. De plus, dans la mesure où les personnes âgées seront plus nombreuses aux bureaux de scrutin et qu'elles constitueront un groupe de consommateurs plus important, il faut s'attendre à ce qu'il y ait des changements aux programmes gouvernementaux, à la programmation des émissions télévisées, à la mise en marché de nouveaux produits, à l'habitation, etc. La liste des changements potentiels dus au vieillissement de la population est pratiquement illimitée.

D'un point de vue théorique, les spécialistes du développement humain qui étudient le cycle de la vie, depuis la conception jusqu'à la mort, deviennent conscients du fait que la vieillesse est une période normale d'évolution qui possède ses propres caractéristiques et ses propres objectifs de développement. Dans le présent chapitre, nous étudierons le fonctionnement physique et intellectuel chez l'adulte vieillissant et leur impact sur son bien-être émotif et social (celui-ci sera traité plus en détail au chapitre suivant).

Le début de la vieillesse

À 50 ans, certains diront: «J'espère que je ne deviendrai jamais aussi vieux que je me sens». D'autres, à 85 ans, parlent de faire des économies pour leurs «vieux jours». Comme nous l'avons noté pour d'autres périodes du cycle de la vie, il n'y a pas de frontière nette entre la fin de l'âge mûr et le début de la vieillesse. Malgré cela, les gérontologues tentent non seulement de définir la vieillesse, mais de diviser le groupe d'âge auquel elle correspond en plusieurs catégories.

Il y a les «jeunes vieux» (de 55 à 75 ans) qui se distinguent, d'une part, des gens d'âge mûr par le fait qu'ils ont déjà pris leur retraite et, d'autre part, des vieillards véritables par leur vigueur persistante et leur engagement dans des activités sociales (Neugarten, 1975). Un autre gérontologue parle de la «première vieillesse» (de 65 à 74 ans) et de la «vieillesse avancée» (75 ans et plus), période où les changements physiologiques deviennent plus marqués (Butler, 1975).

Le défaut de toute classification selon l'âge, c'est de ne pas tenir compte du fait que la diversité que nous avons observée à toutes les étapes de la vie se manifeste encore et qu'elle semble même plus prononcée qu'au cours des années antérieures. La **sénescence,** cette période de la vie au cours de laquelle on devient vieux, commence à des moments différents pour chaque personne. Le début du ralentissement des fonctions arrive tôt pour certains et tard pour d'autres; or, ce vieillissement physique est un des facteurs principaux qui détermine le commencement de la «vieillesse». L'âge chronologique est un indice moins valable que la façon dont une personne se sent ou agit.

Pour les besoins de l'exposé, nous avons fixé quelque peu arbitrairement à 65 ans le début de la vieillesse. C'est l'âge où les gens commencent à recevoir leur pension de vieillesse; c'est le moment où plusieurs industries et commerces incitent leurs employés à prendre leur retraite, et celui où les individus peuvent bénéficier des privilèges de «l'âge d'or».

Les causes du vieillissement

Éos, déesse de la mythologie grecque, demanda un jour à Zeus de laisser vivre éternellement Tithon, le mortel qu'elle aimait. Zeus accepta et accorda l'immortalité à Tithon. Les amoureux vécurent heureux, mais pas pour toujours. Tithon se mit à vieillir au point de devenir tellement invalide qu'il ne pouvait plus bouger. On lui refusa la grâce de mourir et on dit qu'il vit encore aujourd'hui. Son amante finit par mettre au rancart «ce légume imbécile et sans défense». Éos avait commis une grave erreur en oubliant de demander à Zeus d'accorder à son amant la jeunesse éternelle en même temps que l'immortalité.

Concients de la tragédie que représente une vie trop prolongée, les gérontologues parlent souvent d'ajouter de la vie aux années, et non seulement des années à la vie. Similairement, la recherche sur le vieillissement a pour objectif de comprendre le processus de vieillissement surtout pour accroître le nombre de nos années les plus vigoureuses et les plus productives (Hayflick, 1974).

Il existe plusieurs théories du vieillissement, mais aucune ne rencontre un accord unanime. Si nous ignorons encore exactement pourquoi notre corps voit ses capacités décroître lorsque nous avançons en âge, nous savons que le vieillissement est un processus complexe soumis à l'influence de plusieurs facteurs différents, y compris l'hérédité, l'alimentation, les maladies et les conditions du milieu. Si vous avez judicieusement choisi vos ancêtres et vécu sainement, vous resterez alerte plus longtemps et vivrez plus vieux. Cela n'explique toutefois pas le processus du vieillissement. Qu'arrive-t-il à nos cellules? En quoi les cellules de l'adulte qui vieillit diffèrent-elles de celles de la personne encore jeune? À quoi attribuer ces différences?

La plupart des théories du vieillissement biologique se rallient à l'une des deux approches suivantes. Selon la théorie du *vieillissement programmé,* le vieillissement répond à un programme développemental préétabli pour chaque espèce, et il n'est sujet qu'à des modifications mineures. La théorie du *vieillissement par usure* suppose que le vieillissement résulte de l'accumulation des «avaries» subies par l'organisme humain. Ces deux conceptions ont des implications pratiques fort différentes. Si notre mode de vieillissement répond à un programme lié à un code génétique, il n'y a pas grand-chose que nous puissions faire pour retarder ce processus. Par contre, si ce sont les tensions subies par notre corps qui sont à l'origine du vieillissement, il peut être possible de prolonger notre vie en éliminant certaines sources de tensions. La vérité se situe probablement dans la fusion de ces deux points de vue différents.

La théorie du vieillissement programmé

Comme chaque espèce a un mode de vieillissement et une espérance de vie qui lui sont propres, le vieillissement doit «s'incorporer» en quelque sorte à l'organisme. En observant les cellules de plusieurs animaux d'espèces différentes, Léonard Hayflick (1974) a constaté que les cellules normales ne se divisent qu'un nombre limité de fois (environ 50 fois chez les cellules humaines). Selon ce chercheur, cette limitation détermine le cycle vital qui, chez les humains, dépasse rarement 110 années. Il se peut que nous naissions avec des gènes qui deviennent «nocifs» avec l'âge, entraînant une détérioration de l'organisme. Notre système immunitaire souffrirait d'une telle détérioration, ce qui affecterait notre corps tout entier.

La théorie du vieillissement par usure

Comparant notre corps à une machine dont les pièces finissent par s'user à la suite d'un usage prolongé, cette théorie soutient que les tensions internes et externes (y compris l'accumulation dans l'organisme des produits non métabolisés) aggravent le processus d'usure. En vieillissant, les cellules perdent de leur capacité de réparer ou de reconstituer leurs éléments endommagés et finissent donc par mourir. Nous savons, par ailleurs, que les cellules du cœur et du cerveau ne se régénèrent pas, même durant l'enfance. Quand elles sont endommagées, elles meurent. Le même phénomène semble se produire pour les autres cellules durant la vieillesse.

Ces processus peuvent se combiner de diverses façons. La programmation génétique imposerait une limite supérieure à la durée de la vie humaine, et l'usure imposée au corps déterminerait jusqu'à quel point une personne peut s'approcher de cette limite (environ 110 ans). Les stress intenses et soutenus, les mutations génétiques et les affections du système immunitaire sont des exemples de sources d'usure.

Le fonctionnement physique

Le vieillissement physique varie considérablement d'un individu à l'autre. Un septuagénaire peut saisir chaque mot d'une conversation qui ne lui est pas destinée, alors que son épouse du même âge a du mal à entendre les mots qu'on lui crie. Une octogénaire court son 5 km par jour, alors qu'une autre n'arrive pas à se rendre à l'épicerie du coin. Entre ces extrêmes, il y a place pour tous les intermédiaires. Dans de nombreux cas, l'adulte vieillissant peut recourir à divers appareils, comme des lunettes, des appareils auditifs et des médicaments pour pallier certains des déficits auxquels il fait face. En outre, certaines habitudes de vie, comme le régime alimentaire et l'exercice, peuvent contribuer considérablement à retarder et même à prévenir certaines pertes.

Les capacités sensorielles

Les facultés sensorielles et perceptuelles décroissent avec l'âge. Ici encore, les pertes observées varient grandement d'un individu à l'autre.

La vue

L'âge mûr entraîne la presbytie, mais cette tendance se stabilise vers l'âge de 60 ans. De plus, avec l'aide de lunettes ou de verres de contact, la plupart des personnes âgées peuvent voir assez bien. Les individus âgés de plus de 65 ans rencontrent d'autres problèmes visuels. Leur acuité visuelle a des chances de se situer à 20/70 ou moins; ils ont de la difficulté à percevoir la profondeur ou la couleur et à s'adapter aux changements d'éclairage brusques. Ils deviennent particulièrement sensibles à la lumière éblouissante et voient moins bien qu'avant dans l'obscurité. Ils souffrent souvent d'une *cataracte*, c'est-à-dire d'une opacité du cristallin qui empêche de voir clairement les objets. Ces problèmes sont responsables de nombreux accidents, à la maison comme à l'extérieur. Ils empêchent beaucoup de personnes âgées de conduire un véhicule (tout particulièrement la nuit) et de s'adonner à certaines activités agréables, comme la lecture et les passe-temps qui exigent de bons

Bien qu'elles aident la plupart des adultes vieillissants à voir assez bien, les lunettes ne semblent pas avoir réglé tous les problèmes de cet homme. Les troubles visuels affectent les activités quotidiennes de nombreuses personnes âgées. (Mimi Forsyth/Monkmeyer)

yeux. Quand ils ne sont pas trop graves, les troubles visuels peuvent être éliminés, au moins en partie, par des verres correcteurs, des techniques chirurgicales qui permettent l'exérèse du cristallin, divers traitements et des changements environnementaux (tels que suggérés dans l'encadré 16.3). Cependant, ces problèmes entraînent souvent la cécité: la moitié des cas de cécité légalement enregistrés aux États-Unis se trouvent chez les 65 ans et plus (White House Conference on Aging, 1971).

L'ouïe

Les vieillards souffrent de diminution auditive marquée, particulièrement pour les hautes fréquences. L'aptitude à saisir la parole diminue également avec l'âge (Riley et coll., 1968). Bon nombre de personnes âgées éprouvent des difficultés particulières à suivre une conversation quand les bruits parasites, qu'ils proviennent d'un poste de radio, d'un téléviseur, ou encore de l'extérieur, nuisent à la perception des sons. De même, la conversation simultanée de plusieurs personnes parvient parfois aux oreilles des personnes âgées sous forme d'un murmure inaudible.

Il en résulte que les adultes vieillissants se sentent souvent isolés. Effectivement, une recherche récente a montré que des étudiants qu'on avait plongés sous hypnose dans un état de surdité partielle temporaire se sont mis à s'imaginer que d'autres personnes parlaient d'eux ou qu'elles les excluaient volontairement de leurs conversations (Zimbardo, Andersen et Kabat, 1981). Il se peut donc que les gens qui souffrent de véritables troubles auditifs éprouvent de tels sentiments et développent une personnalité qui les rend difficiles à vivre, accentuant ainsi leur isolement. Une fois de plus, on voit à quel point le fonctionnement physique affecte le développement affectif.

Bien que les appareils auditifs puissent compenser jusqu'à un certain point la perte d'acuité auditive, seulement 5 % des adultes vieillissants y recourent (NCOA, 1978) et ce, pour la même raison que les gens d'âge mûr. Il est difficile de s'adapter à de tels appareils, tout particulièrement parce qu'ils amplifient les bruits de fond autant que ceux que l'usager veut entendre. De plus, plusieurs personnes considèrent que porter de tels appareils signifie: «Je vieillis».

Les autres sens

Quand les vieillards se plaignent de ce que leur nourriture ne goûte plus aussi bon, ce peut être dû à la diminution du nombre de papilles gustatives sur la langue et à l'atrophie du bulbe olfactif, un organe situé à la base du cerveau qui permet la perception des odeurs (Bromley, 1974). Ce que nous appelons le *goût* se fonde en grande partie sur les odeurs que nous percevons. Les résultats d'une étude récente effectuée auprès de presque 2000 personnes âgées de 5 à 99 ans sont significatifs: l'odorat est à son point culminant entre 30 et 60 ans, il diminue légèrement entre 60 et 80 ans, après quoi il connaît une chute marquée. Parmi les gens de plus de 80 ans, plus de quatre personnes sur cinq souffrent d'une baisse importante de l'odorat, et plus de la moitié ont pratiquement perdu ce sens (Doty et coll., 1984). Comme la nourriture perd alors sa saveur, les gens âgés mangent moins et souffrent souvent de sous-alimentation.

L'appareil vestibulaire qui aide au maintien de la posture et de l'équilibre semble aussi perdre de son efficacité. Il faut peut-être voir là une des raisons pour lesquelles les vieillards font souvent des chutes. L'étourdissement est une cause habituelle de chute chez les personnes âgées, et les décès consécutifs à ces chutes sont plus fréquents que ceux dus aux accidents de la circulation (Rodstein, 1964).

Le toucher et la perception du mouvement semblent également diminuer avec l'âge, mais il n'est pas prouvé que la perception de la douleur, de la chaleur et du froid décline.

Les changements anatomiques et physiques

Beaucoup de modifications qui se produisent au cours de la vieillesse sautent aux yeux de tous, même de l'observateur le plus distrait. La peau devient plus pâle et plus tachée; elle se parchemine et perd de son élasticité. Puisque la graisse sous-cutanée fond et que les muscles s'atrophient, la peau, qui a perdu son élasticité, a tendance à pendre, à former des plis et des rides. Les varices sont plus fréquentes. Les cheveux se font plus rares chez les hommes comme chez les femmes, et ceux qui restent blanchissent.

Les vieillards rapetissent, car les disques intervertébraux s'atrophient, et le léger affaissement de la stature qui en résulte se trouve amplifié par la tendance à se courber. L'ostéoporose,

Patricia Moore, âgée de 32 ans, s'est déguisée en vieille dame pour faire l'expérience de certaines difficultés auxquelles font face les personnes âgées. Elle portait des verres de contact et de la ouate dans les oreilles pour réduire sa vue et son ouïe, et se déplaçait avec une canne ou une marchette. Elle dirige une compagnie de design industriel où elle conseille des manufacturiers de produits destinés aux personnes âgées. (Photo de gauche: Bruce Byers; ci-haut: Helen Marcus, 1985)

raréfaction du tissu osseux dont souffrent certaines femmes après la ménopause, peut être à la source de la «bosse de veuve» qui apparaît à l'arrière du cou. La composition chimique des os change et entraîne un risque plus grand de fracture.

Le corps des vieillards s'adapte moins rapidement au froid et se glace plus facilement. Le fait d'avoir froid et d'être soumis à de mauvaises conditions de vie peut entraîner une température corporelle excessivement basse, ce qui constitue un risque grave pour les personnes âgées. Les vieillards ne tolèrent pas non plus la chaleur et ne peuvent travailler aussi efficacement dès que la température est le moindrement élevée. Les réflexes sont plus lents et l'incontinence (perte du contrôle de la vessie ou des intestins) se produit parfois, au grand embarras de l'individu.

Tous les systèmes et organes corporels sont plus vulnérables à la maladie, mais la modification la plus sérieuse affecte le fonctionnement du cœur. Après 55 ans, le rythme cardiaque ralentit et devient plus irrégulier; des dépôts de graisse s'accumulent autour de cet organe et

entravent son fonctionnement; la pression artérielle monte. Dans l'ensemble, le système digestif garde une efficacité relative. Les muscles lisses des organes internes continuent de bien fonctionner, et le foie et la vésicule biliaire tiennent le coup. Quand il y a obésité, celle-ci affecte le système circulatoire, les reins et le métabolisme des sucres; elle est cause de dégénérescence et a tendance à raccourcir la vie.

Les cycles de sommeil changent avec l'âge. Le vieillard dort moins que la personne plus jeune; mais le changement majeur dans ce domaine (qui affecte plus l'homme que la femme) est la tendance à se réveiller au beau milieu de la nuit (National Institute on Aging, 1981; Webb, 1982).

Les problèmes dentaires

Les problèmes de dentition et de gencives deviennent plus fréquents chez les vieillards. C'est la perte des dents qui constitue le problème dentaire le plus courant, particulièrement chez les vieillards les moins fortunés. On remarque que ce phénomène se retrouve plus souvent chez les femmes ainsi que chez les personnes âgées qui vivent dans les centres d'accueil et hospitaliers. Ainsi, 72 % des Québécois de plus de 65 ans n'ont plus une seule dent (Brodeur, Simard et Kandelman, 1982).

La santé dentaire semble dépendre à la fois des aspects héréditaires de la dentition, et des habitudes alimentaires et des soins dentaires de toute une vie. Une étude a révélé qu'en moyenne, au Québec, les personnes âgées n'ont pas vu le dentiste depuis 13 ans, et cela est d'autant plus vrai que la personne vit en dehors des grands centres urbains, qu'elle est plus âgée, moins scolarisée et moins fortunée (Brodeur et autres, 1982). Selon cette même étude, seulement 42 % des Québécois de plus de 65 ans ressentent le besoin de recourir à des soins dentaires même si, selon les dentistes qui participaient à la recherche, 95 % d'entre eux avaient besoin de traitements dentaires. La perte des dents a de graves répercussions sur les habitudes alimentaires. Les gens qui ont des dents avariées ou manquantes trouvent plusieurs aliments peu appétissants et difficiles à mastiquer; il en résulte qu'ils mangent moins ou se tournent vers des aliments plus mous, qui sont souvent moins nutritifs (Wayler, Kapur, Feldman et Chauncey, 1982).

La réserve organique

Notre corps possède des réserves dans lesquelles il peut puiser en cas de nécessité. Dans les circonstances normales, nous n'utilisons pas nos organes, ni nos systèmes corporels, jusqu'à la limite. Nous gardons des réserves qui serviront dans les situations plus exigeantes. Cette capacité de chaque organe de déployer de quatre à dix fois plus d'effort qu'en temps normal s'appelle la *réserve organique*. Lorsque nous faisons des exercices physiques, notre cœur peut travailler jusqu'à six fois plus fort qu'en temps normal; le sixième d'un rein et le quart du foie peuvent, poussés à la limite, accomplir le travail d'un rein et d'un foie complets; un poumon incomplet peut faire le travail habituellement effectué par les deux poumons. Cette réserve contribue à maintenir l'*équilibre homéostatique*, c'est-à-dire à maintenir les fonctions vitales à un niveau optimal (Fries et Crapo, 1981).

Avec l'âge, nos réserves diminuent. Nous ne le remarquons pas dans les circonstances habituelles, mais quand il faut faire face à une demande stressante, nous ne pouvons y répondre aussi rapidement que par le passé. Ainsi, la jeune personne qui doit dégager son entrée l'hiver s'essoufflera un peu, mais elle pourra aussitôt monter en voiture pour aller skier; au contraire, le pelletage risque à lui seul d'épuiser la réserve cardiaque d'une personne plus âgée. Par ailleurs, les jeunes survivent presque toujours à une pneumonie, alors que les vieillards risquent fort d'y succomber.

Simplement pour survivre comme piétons, nous avons besoin de réserves. Nous devons pouvoir entendre et voir les autos qui approchent, et compter sur des réflexes rapides, sur une activité cardiaque vigoureuse et sur des muscles qui réagissent vite pour nous en tirer indemnes. Parce que ses réserves ont diminué dans tous ces domaines de fonctionnement, la personne âgée risque davantage d'être victime d'accidents de la route. À mesure que ses réserves déclinent, elle devient moins apte à s'occuper d'elle-même et plus susceptible de dépendre des autres.

L'état de santé

En s'éveillant un bon matin, Charlotte M., âgée de 77 ans, s'est sentie fatiguée parce qu'elle avait mal dormi. Un mal de tête et une occlusion des narines, apparemment causée par la détérioration des cartilages de l'arrière du cou, l'avaient empêchée de dormir. Une chute récente lui avait laissé une raideur dans le bas du dos et dans le genou, et elle était quelque peu incommodée par sa digestion. Malgré cela, elle ne se considère pas comme une vieille dame malade. Elle considère que ses symptômes ne sont pas sérieux. Elle s'en montre agacée, mais refuse de les laisser nuire à la vie active qu'elle mène comme vendeuse. Aucun des malaises de Charlotte n'est propre aux personnes de son âge.

> «Le problème particulier, chez les personnes âgées, vient de ce qu'une maladie donnée s'ajoute ordinairement à un certain nombre de maladies chroniques déjà installées dans un organisme qui a perdu une grande partie de son potentiel de réserve. Les patients âgés ont donc des mécanismes fragiles, pour lesquels une maladie, même «insignifiante», peut entraîner des conséquences graves.» (Estes, 1969, p. 124)

Malgré les changements physiques qui accompagnent inévitablement le vieillissement, la plupart des personnes âgées se portent assez bien. D'après les résultats d'une enquête, 90 %

Ce maçon septuagénaire, qui continue d'exercer son métier, n'est pas un cas isolé. La santé physique de la plupart des adultes vieillissants est relativement bonne, et le stéréotype qui présente la vieillesse comme une période de la vie marquée par la maladie et la dépendance ne se fonde pas sur la réalité. (Alan Carey/The Image Works)

d'entre elles disent jouir d'une santé passable, bonne ou excellente, et 80 % d'une santé bonne ou excellente. La majorité des adultes de plus de 65 ans ne sont pas empêchés de vaquer à des activités importantes par des problèmes de santé. Seulement 40 % le sont, comparativement à 20 % chez les gens de 45 à 64 ans. Ce n'est qu'à partir de l'âge de 85 ans que plus de la moitié des gens font état de telles limitations, et même les personnes de 85 ans et plus sont habituellement en mesure de voir à leurs besoins quotidiens. Seule une proportion relativement petite de ces dernières doivent se faire aider pour manger, faire leur toilette, s'habiller ou prendre leur bain. Nous voyons donc que le stéréotype du vieillard malade et dépendant ne se base pas sur la réalité, même quand il s'agit des gens d'un âge très avancé (Bureau du recensement américain, 1983).

Les personnes âgées qui ont un revenu plus élevé ont des chances de jouir d'une meilleure santé que les gens moins bien nantis; celles qui vivent en milieu rural risquent davantage de souffrir de maladies chroniques (de longue durée) qui limitent leurs activités, et aux États-Unis les vieillards de race blanche sont généralement en meilleure santé que ceux de race noire. Cette disparité est probablement due à des différences quant au mode de vie, aux soins préventifs et à l'accès à des soins médicaux adéquats.

Les maladies chroniques augmentent toutefois avec l'âge et sont source d'invalidité: plus de 80 % des gens de 65 ans et plus souffrent d'au moins une maladie chronique. Les problèmes les plus courants sont l'arthrite, le rhumatisme, les troubles cardiaques, l'hypertension et des maux affectant les jambes, les hanches, le dos et la colonne vertébrale. Parmi les autres causes majeures de maladies, il y a les accidents et les problèmes dus au stress, comme l'hypertension, les tentatives de suicide et les abus de médicaments.

Au début du siècle, les principaux problèmes de santé dont souffraient les adultes vieillissants étaient les troubles aigus (qui apparaissent rapidement et présentent des symptômes passablement graves), mais de nos jours, les gens de plus de 65 ans sont moins souvent victimes de rhumes, de grippes et de troubles digestifs aigus que les personnes plus jeunes. Cela peut être dû au fait qu'ils présentent une meilleure immunité contre les microbes ordinaires; il se peut également que, puisqu'ils sortent moins, ils risquent moins de les attraper, ou encore qu'ils soient moins conscients des symptômes ou moins portés à leur prêter attention. Toutefois, si une maladie aiguë les frappe, elle entraîne généralement plus de jours d'activité restreinte que chez une personne plus jeune.

Malgré cette différence, on observe en moyenne moins de 10 jours de maladie par année chez les gens dépassant 65 ans (Estes, 1969). Les travailleurs de plus de 65 ans se comparent à leurs collègues plus jeunes quant au nombre annuel de congés de maladie déclarés, soit de quatre à cinq jours (Bureau du recensement américain, 1983).

Les adultes vieillissants doivent recourir plus souvent aux soins médicaux que leurs cadets. Ils ne consultent un médecin qu'un peu plus fréquemment que l'ensemble de la population, mais sont hospitalisés environ deux fois plus que les gens plus jeunes, séjournent deux fois plus longtemps à l'hôpital et prennent deux fois plus de médicaments prescrits. Les coûts de ces soins augmentent rapidement.

Les personnes âgées qui vivent en maison de repos ont généralement plus de 80 ans, sont célibataires, de sexe féminin et limitées dans leur capacité de prendre soin d'elles-mêmes. Certaines d'entre elles pourraient demeurer dans leur milieu si on leur procurait des soins de santé élémentaires et une aide dans certaines activités de la vie quotidienne. Nous parlerons plus en détail de la vie en institution au chapitre 17.

Le fonctionnement psychomoteur

Les personnes âgées sont capables de faire la plupart des choses que font les jeunes, mais elles les font plus lentement (Birren, Woods et Williams, 1980). Elles n'ont plus leur force d'antan, et elles sont grandement limitées dans les activités qui exigent de l'endurance et la capacité de transporter de lourds fardeaux. Le ralentissement général de leur système se répercute sur la rapidité et la précision de leurs réactions. Les activités physiques ne connaissent pas toutes le même rythme de ralentissement. Celles qui exigent de l'endurance et de la force musculaire sont les plus touchées (Salthouse, 1976).

Le ralentissement dans le traitement de l'information par le système nerveux central est un facteur important du taux élevé d'accidents chez les vieillards (Birren, 1974). Ces derniers prennent plus de temps à évaluer leur environnement, à considérer tous les facteurs pertinents et à prendre une décision suffisamment rapidement pour poser le bon geste dans des délais raisonnables. Cette lenteur dans le traitement de l'information se manifeste dans tous les aspects de leur vie. Elle explique qu'ils réussissent moins bien aux tests d'intelligence, particulièrement lorsque ceux-ci comportent des limites de temps. Elle réduit leur aptitude à apprendre de nouvelles choses et à retrouver dans leur mémoire l'information qu'ils détiennent déjà (Birren et coll., 1980). La plupart des adultes vieillissants reconnaissent ce ralentissement et font des efforts particuliers pour faire preuve de prudence dans leurs activités quotidiennes.

S'ajoutant à la perte d'efficacité de la coordination sensorimotrice, le ralentissement de la vitesse de réaction des personnes âgées a des conséquences pratiques en ce qui a trait à la conduite automobile. Comparativement aux conducteurs d'âge mûr, les gens de plus de 65 ans ont beaucoup plus que leur part d'accidents. De fait, on dit que les risques associés aux conducteurs de plus de 70 ans sont «très similaires à ceux des adolescents» (Zylman, 1972). Et pourtant, la capacité de conduire peut être le facteur déterminant entre une participation sociale active et un isolement forcé des vieillards. Plutôt que de les dissuader de conduire, nous devons adopter des mesures qui les protègent eux ainsi que les autres, et qui permettent à ceux qui en sont capables de continuer à conduire. Ces mesures comprendraient le réexamen périodique de la vue, de la coordination sensorimotrice et du temps de réaction des conducteurs âgés. On pourrait aussi songer à déphaser les heures de travail des personnes âgées de façon qu'elles ne se trouvent pas sur la route aux heures de pointe. Il ne faudrait pas exclure, non plus, la possibilité de raccourcir la journée de travail, afin de tenir compte du fait que plusieurs conducteurs âgés n'ont pas la vue assez bonne pour conduire quand il fait noir. Par ailleurs, l'amélioration des services de transport en commun ne peut que bénéficier à ce groupe de citoyens.

La société doit prendre conscience du ralentissement qui accompagne la sénescence et concevoir un environnement plus favorable aux adultes âgés, en *leur accordant le temps dont ils ont besoin pour vivre dans la sécurité et le confort*. Par exemple, les informations peuvent leur être présentées plus lentement et simplement, et leur être répétées. «Ce n'est pas que le monde devienne trop complexe pour la personne âgée; ce qui devient plus critique, c'est la façon expéditive dont on demande à cette dernière d'assimiler ce qu'elle doit savoir pour s'en tirer avec succès.» (Schaie, 1981, p. 206)

L'importance de l'exercice physique

Trois fois par semaine, la salle communautaire d'une maison de repos située en Indiana se remplit de personnes âgées; parmi celles-ci, certaines marchent sans aide, mais plusieurs doivent recourir à une canne, à une «marchette» ou à une chaise roulante. Ces vieillards se présentent à leurs classes d'exercices régulières. Ils font divers exercices «assis»: étirements, base-ball à l'aide de balles et de bâtons imaginaires, lancement d'un ballon mou, etc. (Smith, 1985).

Ces gens suivent les conseils de spécialistes qui recommandent un programme d'exercices physiques échelonné sur tout le cycle de la vie. L'exercice est aussi bénéfique à la personne âgée qu'aux plus jeunes, car plusieurs des changements physiques communément associés au «vieillissement normal», sont maintenant attribués à l'inactivité. Certains des avantages spécifiques de l'exercice durant la vieillesse sont énumérés dans l'encadré 16.1, de même que des suggestions à l'intention de ceux qui s'engagent dans un programme d'activités physiques.

L'espérance de vie et les causes de mortalité

Dans la Rome antique et durant le moyen âge, l'espérance de vie se situait entre 20 et 30 ans.

Encadré 16.1

Les bienfaits de l'exercice

Comme nous l'avons souligné tout au long de ce volume, l'exercice est l'un des meilleurs moyens qu'on puisse prendre pour améliorer et conserver notre apparence et notre santé physique. Bon nombre des bienfaits de l'exercice dont nous avons parlé aux chapitres 12 et 14 sont recueillis durant la vieillesse. Par exemple, il semble que la pratique régulière d'exercices physiques à l'âge adulte aide à prévenir l'hypertension et les maladies cardiaques (Blair, Goodyear, Gibbons et Cooper, 1984). De plus, elle contribuerait à réduire les pertes de rapidité, d'endurance et de force physique, et elle contribuerait aussi à maintenir le niveau d'activité de certaines fonctions internes comme la circulation et la respiration. Elle améliorerait également la performance cognitive (Bromley, 1974; Birren et coll., 1980). En outre, les avantages d'ordre psychologique de l'exercice physique, comme l'amélioration de l'image de soi, contribuent à maintenir une bonne santé mentale.

Quelques effets bénéfiques de l'exercice physique chez l'adulte vieillissant

- Il augmente la force et le rythme des contractions du muscle cardiaque, assurant ainsi un meilleur passage de l'oxygène du sang au cœur.
- Il aide à prévenir les accidents: une bonne vigueur musculaire aide l'adulte qui vieillit à éviter les chutes.
- La souplesse des muscles et des articulations contribue à réduire les risques d'entorses et de déchirures des tissus musculaires.
- De bons abdominaux et des muscles lombaires souples aident à prévenir ou à soulager les maux de la région postérieure du dos.
- Les exercices pratiqués après un infarctus aident à prévenir d'autres attaques.
- L'exercice aide à soulager l'anxiété et la dépression légère.
- Il aide à prévenir l'ostéoporose.
- Il contribue à soulager les symptômes de l'arthrite.
- Il accroît la vigueur mentale: la personne âgée qui fait de l'exercice assimile l'information plus rapidement.
- L'augmentation de la vigueur et de l'endurance permet à la personne âgée de travailler d'une façon plus efficace (Pardini, 1984).

Comment l'adulte vieillissant doit-il s'engager dans un programme d'exercices?

- En premier lieu, il subira un examen médical.
- Puis, il choisira une activité qu'il aime. Parmi les activités appropriées, on trouve: la marche rapide, la natation, la danse aérobique, les quadrilles, le tennis, le jogging, la course sur place, le saut à la corde, l'aviron, le vélo et le ski de fond.
- Il s'organisera pour s'y adonner au moins trois fois par semaine, durant une période minimale de 15 à 30 minutes sans interruption.
- Si possible, il invitera un ami à s'inscrire au même programme, ce qui en fera une activité sociale où les partenaires s'encourageront mutuellement à demeurer fidèles à leur plan d'action.

Quel est l'objectif souhaitable?

Un des objectifs recommandés est une heure de marche rapide ou de natation tous les deux jours, à laquelle s'ajoutent des exercices quotidiens d'étirement et d'assouplissement. Une période de 20 à 30 minutes tous les deux jours suffira pour les activités plus vigoureuses, comme le jogging. Quel qu'il soit, l'objectif doit être atteint graduellement (Pardini, 1984).

Les personnes qui ont entrepris un programme de cette nature plus tôt dans la vie jouiront d'une nette avance. Non seulement ont-elles récolté les fruits de l'exercice physique dès leur jeunesse, mais encore elles ont des chances d'être en meilleure forme durant leur vieillesse.

Au milieu du XIXe siècle, les Américains pouvaient en moyenne espérer atteindre l'âge de 40 ans. Au début du XXe siècle, cet âge est passé à 49 ans.

Vers 1981, l'espérance de vie à la naissance était de 71,0 ans pour les Québécois et de 78,7 ans pour les Québécoises. Pour les Canadiens, elle était de 71,9 ans chez les hommes et de 78,9 ans chez les femmes. À la même époque aux États-Unis et en France, elle était respectivement de 70,0 ans et de 70,4 ans pour les hommes, et de 77,5 ans et de 78,5 ans pour les femmes. C'est en Islande que l'espérance de vie est la plus élevée, avec 73,7 ans pour les hommes et 79,7 ans pour les femmes (B.S.Q., 1985).

L'augmentation de la durée moyenne de la vie est attribuable à deux voies principales des progrès médicaux. La première est la chute spectaculaire de la mortalité infantile qui s'est produite au cours de la première moitié du XXe siècle. L'autre est l'utilisation de nouveaux médicaments et de nouvelles technologies médicales pour le traitement de nombreuses maladies qui faisaient autrefois des victimes chez les personnes de tous âges. Il en résulte que plus de gens atteignent maintenant un âge avancé. Il semble toutefois exister une limite de longévité: selon de nombreux gérontologues, elle se situerait aux environs de 110 ans (en dépit des affirmations extravagantes de ceux qui affirment avoir 140 ans ou plus). De plus, l'individu moyen qui a atteint 80 ans aujourd'hui ne peut s'attendre à vivre beaucoup plus longtemps que les vieillards de 80 ans des siècles précédents (Bromley, 1974).

La chute du taux de mortalité observée en Amérique depuis le début du siècle s'est accompagnée de changements dans les causes principales de mortalité. Ceux-ci résultent en bonne partie de l'amélioration des mesures sanitaires, des politiques de vaccination contre plusieurs maladies qui faisaient jadis beaucoup de victimes (telles que la diphtérie et la coqueluche) et de l'usage généralisé des antibiotiques contre la bronchite, la grippe et la pneumonie. De plus, la population dans son ensemble a atteint un niveau de vie plus élevé. Elle se nourrit mieux et se trouve mieux informée à propos des questions de santé.

Des éléments indésirables ont malheureusement accompagné ces améliorations: l'usage abusif du tabac et la multiplication des agents cancérigènes dans l'alimentation, le milieu de travail et l'air que nous respirons ont entraîné une augmentation du nombre de décès dus au cancer. Par ailleurs, l'accélération du rythme de vie a entraîné une augmentation des cas d'hypertension et de maladie cardiaque. Enfin, le fait même qu'il y ait maintenant plus de personnes qui atteignent un âge avancé signifie qu'il y a plus de victimes potentielles des affections et des maladies typiques de la vieillesse.

Soulignons pour terminer que l'espérance de vie varie selon qu'on est un homme ou une femme. La vulnérabilité de l'homme, déjà observée durant la période prénatale, persiste jusque dans la vieillesse.

En 1900, l'espérance de vie des hommes était de deux ans inférieure à celle des femmes. Mais comme la baisse du taux de mortalité a été deux fois plus importante chez les femmes que chez les hommes depuis le début du siècle, les femmes nées en 1981 au Québec peuvent espérer vivre 6,7 années de plus que les hommes.

La santé et la maladie mentale chez l'adulte vieillissant

La plupart des personnes âgées, comme la plupart des autres personnes, jouissent d'un bon équilibre émotionnel. Ainsi, ils veulent généralement vivre leur vie activement, être autonomes dans la mesure du possible et maintenir des relations satisfaisantes avec les autres personnes. La vieillesse peut être une période de consommation et de productivité agréable, ainsi qu'une période de consolidation des aptitudes et des connaissances acquises au cours de la vie. Cependant, les ressources affectives des personnes âgées sont souvent épuisées par les nombreuses crises auxquelles elles doivent faire face: perte de santé, d'emploi, de revenus et perte de personnes aimées. Les personnes âgées dépensent beaucoup d'énergie psychique à panser ces pertes, à s'adapter aux changements qu'elles commandent et à restructurer leur vie.

Bien que la plupart des vieillards soient psychologiquement sains, le nombre de cas de maladies mentales est élevé au cours de la vieillesse; 25 % des personnes admises pour la première fois dans les établissements de soins psychiatriques sont âgées de 65 ans ou plus (Wasylenki, 1982). Cela est en partie attribuable à une augmentation des dépressions reliées aux nombreux stress de la vie, et en partie au nombre accru de troubles cérébraux organiques.

En dépit des besoins, les personnes âgées constituent moins de 3 % de la clientèle des psychiatres en pratique privée, et moins de 4 %

des patients vus en clinique psychiatrique externe (Wasylenki, 1982). Cette situation a plusieurs causes. Les personnes âgées qui pourraient profiter d'une certaine forme de psychothérapie ne sont pas toujours conscientes que les symptômes qui les rendent malheureuses, comme la dépression, représentent une forme de maladie qu'on peut traiter. Par ailleurs, certaines peuvent vouloir résoudre elles-mêmes leurs problèmes et refusent d'admettre qu'elles ont besoin d'aide. Il arrive aussi qu'elles soient effrayées à l'idée d'avoir une maladie mentale et pensent qu'avoir recours à des traitements psychiatriques signifie qu'elles sont «folles». Elles peuvent également avoir une conception erronée de la psychothérapie: par exemple, une femme âgée croyait qu'une visite chez le psychiatre l'obligerait à entreprendre une analyse, traitement long et coûteux, alors qu'en réalité le traitement est souvent offert sur une base limitée et à court terme. Bien des personnes âgées considèrent enfin que demander de l'aide est une perte de temps à leur âge et qu'elles sont «trop vieilles pour changer». Les autres membres de la famille partagent souvent ces opinions, ce qui les empêche de fournir au vieillard l'aide dont il aurait besoin.

Même les personnes âgées qui veulent ou demandent de l'aide n'en reçoivent pas toujours. Dès qu'il s'agit d'un praticien de la santé autre qu'un psychiatre ou d'un thérapeute qui n'appartient pas au réseau des établissements publics, les traitements sont coûteux, et les services de santé mentale peu dispendieux n'existent pas dans tous les milieux. À ces difficultés s'ajoutent les problèmes de déplacement des personnes âgées. En outre, les praticiens qui traitent les personnes âgées ne sont pas toujours sensibles à leurs problèmes ou ont des idées toutes faites à leur sujet. Certains cliniciens qualifient de sénilité irréversible des troubles qui se soignent, et à ce manque de connaissance s'ajoutent des craintes face aux multiples problèmes associés à cet âge. D'autres considèrent que c'est une perte de temps que de soigner des personnes qui doivent bientôt mourir de toute façon; et d'autres éprouvent tellement de difficulté à faire face à leur propre vieillissement et à la mort inévitable qu'ils sont incapables de traiter des clients âgés.

Malgré tout, les personnes âgées peuvent tirer profit de certaines formes de thérapies. L'une d'elle est la thérapie cognitive. Celle-ci vise à aider la personne âgée aux prises avec la dépression en améliorant certaines fonctions comme la concentration, l'attention et la mémoire, en amenant la personne âgée à se percevoir de façon réaliste, et en la dirigeant vers des activités intéressantes (Ledger, 1978). La thérapie de groupe peut être particulièrement utile, car elle offre la possibilité de partager des inquiétudes communes et aide à surmonter la solitude (Butler, 1975).

On assiste au Canada à l'élaboration de programmes d'action communautaire afin d'augmenter les services de prévention en santé mentale auprès des personnes âgées. Un programme de «counseling» *par les pairs*, actuellement en vigueur à Victoria (Colombie-Britannique), stimule l'entraide entre personnes âgées; l'expérience montre que plus nombreux sont les participants au programme d'entraide, plus on atteint de personnes âgées qui ont besoin d'être aidées (France et McDowell, 1982).

Les maladies mentales

Si la maladie mentale peut frapper à tout âge, certains types de troubles mentaux sont particulièrement fréquents chez les personnes âgées. Certains sont irréversibles et peuvent être reliés à une détérioration organique du cerveau; d'autres sont réversibles s'ils sont bien traités. Plusieurs de ces troubles sont considérés comme des formes de démence, terme qui englobe une grande diversité d'affections qui se caractérisent par la tendance à l'oubli (tout particulièrement à propos d'événements récents), la confusion et des changements de personnalité. La démence n'est évidemment pas une conséquence inévitable du vieillissement; la plupart des personnes âgées jouissent d'une bonne santé mentale, comme nous l'avons souligné précédemment. En outre, l'amnésie ne signale pas nécessairement la démence. On utilisait autrefois le terme *sénilité* pour décrire certaines formes de démence; on ne le fait plus, car il ne s'agit pas d'un diagnostic médical mais d'un terme passe-partout qui sert à désigner un large éventail de symptômes.

La maladie d'Alzheimer. La **maladie d'Alzheimer,** qui bouleverse la personnalité de l'individu qui en est victime et détériore ses facultés intellectuelles, sa conscience et même sa capacité de contrôler ses fonctions corporelles, est devenue l'une des maladies les plus redoutées des adultes vieillissants. Elle affecte tous les aspects du fonctionnement.

Les symptômes.   Les premiers signes de la maladie passent souvent inaperçus: ils peuvent prendre la forme d'une tendance à déformer un message téléphonique, de l'incapacité à jouer une partie de cartes ou de tennis, ou de crises d'extravagance. Le premier symptôme important à se manifester est la perte de la mémoire. Viennent ensuite la confusion, l'irritabilité, l'agitation, l'affaiblissement du jugement, de la capacité de concentration, du sens de l'orientation et des aptitudes verbales. Au fur et à mesure que cette maladie progresse, les symptômes deviennent plus marqués et plus incommodants. Vers la fin, le malade ne peut ni comprendre ni utiliser le langage, ne reconnaît plus les membres de sa famille et est incapable de manger sans aide.

On estime qu'aux États-Unis, la maladie d'Alzheimer affecte entre un demi million et un million et demi d'individus, c'est-à-dire de 20 à 30 % de ceux qui atteignent le cap des 85 ans. Le temps de survie des victimes varie; généralement parlant, plus la maladie se manifeste tôt, moins la survie est longue. Quand le syndrome frappe des personnes âgées de 55 à 70 ans, la survie moyenne est de 8,5 ans; mais certains individus vivent jusqu'à 20 ans avec cette maladie (Heston et White, 1983; Association de la maladie d'Alzheimer et des troubles connexes, non daté).

Le diagnostic.   Chez la personne vivante, le diagnostic de la maladie d'Alzheimer se fait souvent par élimination; le seul moyen de faire un diagnostic définitif est d'examiner le cerveau lors d'une autopsie (Heston et White, 1983; Kokmen, 1984). Le cerveau d'une personne atteinte de cette maladie présente un enchevêtrement des fibres nerveuses, une perte de cellules et un certain nombre d'autres modifications. Bien qu'ils soient associés jusqu'à un certain degré à un vieillissement normal, ces changements sont plus prononcés chez les victimes de ce syndrome, et ils sont plus susceptibles de se produire dans la région du cerveau associée avec la mémoire (l'hippocampe) (Hyman, VanHoesen, Damasio et Barnes, 1984).

Les causes.   L'origine de cette maladie est encore inconnue, mais elle semble être liée à un facteur héréditaire: environ le tiers des cas du syndrome d'Alzheimer seraient attribuables à l'hérédité, tout particulièrement lorsqu'ils se manifestent tôt (Kolata, 1981; Kokmen, 1984). Il se peut qu'un trouble cérébral spécifique en

soit responsable, comme une anomalie dans la production d'acétylcholine (substance organique) ou une autre anomalie d'ordre biochimique (Kokmen, 1984; Sajdel-Sulkowska et Marotta, 1984; Heston et White, 1983; Coyle, Price et DeLong, 1983).

Le traitement.   À l'heure actuelle, il n'existe aucun moyen de guérir le syndrome d'Alzheimer. De nombreuses recherches sont effectuées dans ce domaine, allant de l'utilisation de médicaments en vue d'améliorer la mémoire (Harbaugh et coll., 1984; Thal, Fuld, Masur et Sharpless, 1983), jusqu'aux greffes de tissu cérébral fœtal dans le cerveau de rats âgés atteints de la maladie (Gage, Bjorklund, Stenevi et Kelly, 1984).

Pour le moment, certains médicaments peuvent réduire l'agitation et les symptômes de dépression, et aider le patient à dormir. Ce dernier doit avoir une bonne alimentation, absorber une quantité suffisante de liquide, et il lui est recommandé de suivre un programme d'exercices approprié. Les aide-mémoire peuvent améliorer son fonctionnement quotidien. L'aide la plus efficace envers le malade et sa famille est sans doute le soutien affectif et social qu'offrent le counseling professionnel et les groupes d'entraide (Kokmen, 1984; Heston et White, 1983; LaBarge, 1981; Lazarus et coll., 1981).

Autres affections irréversibles.   La plupart des autres formes de démence chez la personne âgée sont causées par une série d'attaques mineures. Avec le syndrome d'Alzheimer, les troubles cardio-vasculaires sont responsables d'environ 80 % des types de démence de la vieillesse (NIA, 1980; *Task Force*, parrainée par la NIA, 1980). Ces attaques peuvent souvent être prévenues grâce au dépistage et au contrôle de l'hypertension, à un régime à faible teneur en sel et à des médicaments (NIA, 1984).

Les affections réversibles.   Nombreuses sont les personnes âgées qui refusent de consulter pour des troubles mentaux, parce qu'elles croient que ceux-ci sont dus à leur âge et qu'il n'y a rien à faire pour les soulager. Tel n'est souvent pas le cas. On trouve une centaine d'affections qui peuvent être guéries, ou considérablement atténuées, si elles sont correctement diagnostiquées et traitées. Parmi les plus courantes, notons la dépression, l'intoxication par les médicaments, les troubles infectieux ou métaboliques, la malnutrition, l'anémie, l'alcoolisme, une insuffisance thyroïdienne et certaines blessures à la tête (NIA, 1980; *Task Force* parrainée par la NIA, 1980).

L'intoxication médicamenteuse.   Un problème grave auquel les personnes âgées doivent faire face est l'*intoxication médicamenteuse.* Comme la personne âgée peut recourir gratuitement au Québec à un éventail de plus en plus large de substances pharmaceutiques de toutes sortes pour soigner ses différents problèmes, il n'est pas rare de voir une personne âgée absorber une douzaine de médicaments différents prescrits par les médecins qu'elle a consultés. Les médicaments absorbés sont souvent incompatibles, et les doses ordinairement prescrites sont souvent excessives en raison du poids réduit et de la stature des personnes âgées (Henig, 1979). Les effets secondaires de ces substances médicamenteuses s'apparentent parfois aux symptômes de la sénilité.

La dépression.   La *dépression* est un autre problème sérieux qui menace la personne âgée. Lorsque sa santé se détériore, lorsqu'il se voit affligé de divers maux et douleurs plus ou moins gênants, lorsqu'il a survécu à la mort de son conjoint, de ses frères et de ses sœurs, de ses amis et parfois même de ses enfants, lorsqu'il se rend compte qu'il n'exerce pratiquement plus aucun contrôle sur sa propre vie, l'individu a tendance à sombrer dans la dépression. Il n'est donc pas étonnant qu'environ le tiers des gens âgés de plus de 65 ans souffrent d'une dépression grave au cours des trois années qui suivent de tels événements (Heston et White, 1983). La dépression désorganise souvent la personne qui en est atteinte. Elle la rend distraite, insouciante, apathique, incapable de se concentrer et désintéressée du monde qui l'entoure. Souvent, elle ne s'alimente plus convenablement, ajoutant la malnutrition aux autres problèmes (Cohen, 1981). Tout cela peut être à l'origine d'un véritable cercle vicieux:

> «Une personne connaît un léger ralentissement dû à son état dépressif, lequel est perçu comme un signe de détérioration mentale. Comme elle est déjà déprimée, celle-ci se met à penser qu'elle est vraiment victime d'une telle détérioration, ce qui l'amène à se comporter d'une façon encore plus étrange et la plonge dans un état de dépression plus grave. Il en résulte une dépression masquée par des symptômes de sénilité. On traite de plus en plus la personne en question comme si elle était victime d'un affaiblissement des facul-

tés mentales, ce qui en fait un être malheureux et parfois même un candidat au suicide.» (Beck, cité par Ledger, 1978, p. 21)

Wasylenki (1982) souligne que les divers états dépressifs représentent environ la moitié de tous les problèmes d'ordre mental des personnes âgées. Les réseaux de soutien de la part de la famille et des amis, dont nous parlerons plus en détail au chapitre 17, contribueront souvent à prévenir la dépression, ou à soulager ceux qui en sont déjà atteints. L'aide existe, qu'elle prenne la forme d'antidépresseurs, d'une psychothérapie ou de divers services médicaux et communautaires (Cohen, 1981).

Le fonctionnement intellectuel

Les aptitudes intellectuelles de l'adulte vieillissant

Eugénie B., âgée de 75 ans, est restée interdite récemment en entendant l'une des amies de sa fille lui dire à quel point elle la trouvait «alerte». La vieille dame jugea, à juste titre, un tel commentaire condescendant et gratuit. Lorsqu'on considère que le président des États-Unis en poste jusqu'en 1988, Ronald Reagan, a terminé son mandat à plus de 70 ans, que Golda Meir a occupé le poste de premier ministre d'Israël alors qu'elle en avait environ 75, et que plusieurs personnes âgées jouissent d'une vie intellectuelle riche et stimulante, souvent jusqu'à plus de 90 ans, on ne peut que se surprendre devant le nombre d'individus qui croient que la personne âgée qui possède tous ses esprits est un cas d'exception rare. La croyance qui veut que le vieillissement s'accompagne d'un déclin majeur du fonctionnement intellectuel est encore largement répandue.

Y a-t-il un déclin intellectuel durant la vieillesse?

Pour répondre à cette question, il nous faut regarder les résultats obtenus aux tests d'intelligence par des personnes de différents âges, les types d'épreuves utilisées et les méthodes employées pour recueillir les données. Il nous faut également explorer les données concernant les différents types d'intelligence.

Mythe

La distinction entre l'intelligence *fluide* et l'intelligence *cristallisée* (décrites au chapitre 12) est au cœur de cette controverse. Comme ils considèrent que les habiletés fluides, c'est-à-dire celles auxquelles l'individu fait appel pour résoudre des problèmes nouveaux, sont le pivot de l'intelligence, d'une part, et comme l'intelligence fluide décline avec le vieillissement, d'autre part, Horn et ses collègues (1976; 1977) considèrent qu'il y a un déclin du fonctionnement intellectuel chez l'adulte vieillissant. À l'opposé, Schaie et Baltes (1977) soutiennent que l'intelligence s'étend aux habiletés cristallisées et que, bien qu'il y ait une diminution générale des habiletés fluides, les habiletés cristallisées, c'est-à-dire celles qui dépendent de l'apprentissage et de l'expérience passée, demeurent intactes et peuvent même se raffiner durant la vieillesse. En outre, ces chercheurs insistent sur l'émergence de *nouvelles* habiletés avec l'âge, comme la sagesse. Enfin, les études de Baltes sur les programmes de formation laissent entendre qu'on peut améliorer la performance aux épreuves d'intelligence fluide grâce à des interventions assez brèves, comme en fait foi l'analyse du projet d'enrichissement à l'intention des adultes présentée dans l'encadré 16.2.

En somme, il semble que plusieurs habiletés intellectuelles résistent fort bien à l'âge, et que l'image d'un déclin intellectuel «global» durant la vieillesse soit peu fondée. Nous examinerons les recherches sur le fonctionnement intellectuel à travers le cycle de la vie: tout d'abord, les études *psychométriques*, qui utilisent des tests d'intelligence standardisés et qui ont donné prise à la controverse dont on vient de faire état; ensuite, les recherches sur le *traitement de l'information*, qui mettent l'accent sur la perception, l'apprentissage, la résolution de problèmes et la mémoire.

Les tests psychométriques

Les premières études.

Comme nous l'avons souligné au chapitre 12, les études transversales et les études longitudinales font ressortir différents types de changements dans le fonctionnement intellectuel de l'adulte. Les premières études transversales ont amené les chercheurs à conclure que l'intelligence s'améliore tout au long de l'enfance, qu'elle atteint un sommet durant l'adolescence ou au tout début de l'âge adulte, puis qu'elle commence à décroître à partir de l'âge mûr. Les études longitudinales qui suivirent ont plutôt montré que l'intelligence s'accroît jusqu'à l'âge de 50 ans, qu'elle demeure alors stable jusque vers l'âge de 60 ans, pour ensuite décliner *lentement*.

Les études séquentielles de Schaie.

Afin de résoudre les divergences entre ces deux méthodes de cueillettes des données et d'éviter leurs inconvénients (principalement, l'*effet de cohorte* présent dans les études transversales et l'*effet d'entraînement* qui se fait sentir dans les études longitudinales), K. Warner Schaie et ses collègues ont élaboré une nouvelle approche capable de détecter les variations de rendement intellectuel qui ne sont dues ni aux différences entre les générations ni à l'effet d'entraînement (Schaie et Herzog, 1983; Schaie, 1979; Schaie et Strother, 1968).

En 1956, ces chercheurs ont entrepris une étude désormais classique auprès de 500 sujets volontaires choisis au hasard (25 hommes et 25 femmes se situant dans chaque intervalle de cinq ans à partir de 20 ans jusqu'à 70 ans). Tous les sept ans, les sujets originaux étaient réévalués et de nouveaux sujets introduits dans la recherche. En 1984, on avait évalué plus de 2000 individus à l'aide d'une batterie de tests d'intelligence. Les tâches faisaient appel à divers types d'habiletés: la compréhension sémantique (reconnaître des synonymes), les relations spatiales (imaginer l'aspect d'un objet en rotation dans l'espace), le raisonnement inductif (résoudre des problèmes logiques), les nombres (résoudre des problèmes mathématiques) et la fluidité verbale (écrire en cinq minutes le plus grand nombre possible de mots commençant par la lettre «S»). Comme toutes ces épreuves étaient minutées, les résultats obtenus reflétaient la rapidité en plus des aptitudes intellectuelles.

Les principales constatations faites par cette étude sont les suivantes: il existe des différences individuelles considérables liées au processus du vieillissement; certaines habiletés déclinent avec l'âge alors que d'autres demeurent stables ou s'améliorent; et enfin, les facteurs culturels et environnementaux influencent le fonctionnement intellectuel de l'adulte vieillissant (comme celui de l'individu plus jeune).

Les constatations
- *Les variations (différences individuelles).* Chez certains, les aptitudes intellectuelles se mettent à décliner durant la trentaine, alors que chez d'autres, ce déclin ne se manifeste pas avant les 70 ans; le tiers environ des gens de plus de 70 ans réussis-

Encadré 16.2

Peut-on améliorer la performance des personnes âgées aux tests d'intelligence?

Comme le soulignent Willis et Baltes (1980), nous ignorons ce que *peut* faire la personne âgée; nous ne savons que ce qu'elle *fait* dans certaines conditions. Nous avons parlé précédemment des différences individuelles en ce qui a trait à la performance intellectuelle des gens. Il existe un autre type de variabilité qui intrigue les chercheurs depuis quelques années; il s'agit de la variabilité de la performance chez une même personne, ce qu'on a appelé «plasticité».

Nous avons tous fait l'expérience de mieux réussir une tâche en certaines occasions: les résultats d'un examen peuvent être influencés par un manque de sommeil ou d'étude, par une grippe, par la température trop basse ou trop élevée de la salle d'examen, par des motivations inconscientes, etc. Conscients des diverses influences qui s'exercent sur le rendement des personnes âgées aux tests d'intelligence, Baltes et ses collègues ont tenté de vérifier si le fait de créer des conditions de test optimales et de fournir un entraînement spécial aux sujets âgés peut modifier leur performance.

Les performances accomplies par les adultes avancés en âge qui ont pris part à ces recherches permettent de tirer deux conclusions: d'abord, l'univers typique de la personne âgée est pauvre sur le plan cognitif; deuxièmement, dans des conditions favorables, la personne âgée peut mettre en œuvre une réserve intellectuelle (comparable à la réserve organique servant au fonctionnement physique) qui lui permet d'améliorer son rendement. Il s'agit là d'un concept fort intéressant pour l'avenir des adultes vieillissants dont le nombre ne cesse d'augmenter dans notre société.

Ces conclusions se fondent en grande partie sur un projet d'enrichissement réalisé à l'Université d'État de Pennsylvanie, auquel ont participé des petits groupes de personnes âgées de 60 à 80 ans. Certains des sujets ont été soumis à maintes reprises à des tests, de façon qu'ils puissent se familiariser avec ce type d'expérience; d'autres reçurent un entraînement dans des aspects précis des habiletés fluides (par exemple, dans les *figures à compléter*, où le sujet doit identifier les relations qui existent entre les formes d'un motif et tracer l'élément manquant); d'autres enfin furent assignés à un groupe témoin. Les sujets des deux premiers groupes furent évalués trois fois: une semaine, un mois et six mois après l'entraînement, alors que le groupe témoin ne le fut qu'au bout de six mois. Lors de l'évaluation effectuée six mois après l'entraînement, les sujets du premier groupe (c'est-à-dire ceux qui s'étaient familiarisés avec la situation de «testing») démontrèrent une certaine amélioration. Pour leur part, les sujets soumis à un entraînement firent preuve de progrès marqués, même dans des épreuves liées à des aspects de l'intelligence fluide auxquels ils n'avaient pas été initiés (Bleiszner, Willis et Baltes, 1981; Willis, Bleiszner et Baltes, 1981; Plemons, Willis et Baltes, 1978).

Ces résultats sont particulièrement intéressants, car ils démontrent que la pratique et l'entraînement peuvent améliorer le rendement intellectuel même dans les tâches qui font appel à l'intelligence fluide qui tend à décliner chez l'adulte vieillissant. Tout comme un athlète qui prend de l'âge doit s'entraîner plus intensivement pour atteindre les résultats qu'il obtenait au cours des années antérieures, peut-être faut-il que l'intellectuel vieillissant fournisse des efforts supplémentaires pour maintenir le niveau de rendement intellectuel de sa jeunesse. Le fait que cela semble maintenant possible signifie que la vieillesse n'est pas nécessairement une période de déclin intellectuel pour les individus qui sont prêts à y mettre un petit effort supplémentaire.

---

sent mieux aux tests d'intelligence que le jeune adulte moyen. Le fonctionnement intellectuel d'un individu est influencé par des facteurs tels que l'état de santé, le type de travail, le niveau de scolarité, etc. La plupart des adultes américains bien portants ne manifestent aucune détérioration mentale sensible avant l'âge de 60 ans, mais «si un individu vit assez longtemps, il risque de connaître éventuellement un déclin intellectuel» (Baltes, 1985, p. 10).

- *Le caractère multidirectionnel des changements.* Tel que souligné au chapitre 12, l'intelligence fluide se met à diminuer dès la trentaine, alors que l'intelligence cristallisée demeure stable ou augmente même jusqu'à l'âge de 70 ans ou plus. À partir de là, cette dernière diminue aussi, mais ce déclin peut être attribuable à l'augmentation du temps de réaction et non aux habiletés du sujet.

- *Les influences culturelles et environnementales.* Le mode de vieillissement diffère d'une génération à une autre, en raison des différents contextes environnementaux où elles évoluent. Par exemple, les individus des jeunes générations nord-américaines possèdent, en moyenne, un niveau de scolarité plus élevé que leurs prédécesseurs, ils ont été exposés à plus d'informations par le truchement de la télévision, ils ont subi plus de tests (et plus récemment), ils jouissent d'une meilleure santé et sont plus susceptibles d'exercer un emploi de col blanc, qui fait appel aux aptitudes intellectuelles, qu'un travail de col bleu, qui repose sur le travail physique. Tous ces facteurs contribuent à accentuer les différences entre les générations.

Les facteurs qui influent sur le rendement aux tests

Si les données des études qui montrent qu'il y a un déclin du rendement intellectuel à partir d'un âge avancé sont valables, on peut déjà entrevoir toute une série de raisons pour expliquer les résultats plus faibles des personnes âgées. Dans des conditions optimales, la performance devrait nous permettre d'évaluer la compétence d'une personne. Les conditions idéales sont toutefois difficiles à réunir, tout particulièrement au cours de la vieillesse, où plusieurs facteurs peuvent contribuer à réduire la performance d'un sujet et nous amener à sous-estimer sa compétence.

Les facteurs physiques.   Il se peut que le cerveau, tout comme le reste du corps, connaisse un ralentissement avec l'âge. Les piètres résultats obtenus par les personnes âgées aux tests d'intelligence fluide appuient cette hypothèse (Hooper, Fitzgerald et Papalia, 1971). En outre, étant donné la diminution de leurs capacités auditives et visuelles, les vieillards éprouvent souvent de la difficulté dans la compréhension des consignes ou dans l'exécution des tâches. Leur rendement est également affecté par l'amoindrissement de leurs capacités de coordination et de leur agilité. Certains états physiologiques semblent favoriser le rendement aux

tests: les sujets qui sont en bonne forme physique et qui n'éprouvent pas de fatigue, de même que ceux dont la pression artérielle est relativement basse, ceux qui sont moins souvent victimes de maladies et ceux qui présentent moins de signes de ralentissement ou de défaillance neurophysiologique réussissent tous mieux aux tests d'intelligence (Schaie et Gribbin, 1975; Furry et Baltes, 1973).

La mort semble se faire précéder d'un signe avant-coureur qui prendrait la forme d'une diminution des facultés intellectuelles. En évaluant périodiquement des personnes âgées et en comparant la dernière évaluation des personnes décédées à l'évaluation correspondante de celles encore en vie, les chercheurs ont découvert le phénomène de la *chute finale*. Celui-ci se caractérise par une baisse soudaine du fonctionnement intellectuel peu avant la mort (Riegel et Riegel, 1972; Reimanis et Green, 1971; Jarvik, 1962). La chute finale n'est pas nécessairement liée à l'âge, puisqu'on l'observe également quand la mort frappe en bas âge.

Les moins bons résultats des vieillards aux tests d'intelligence peuvent résulter d'un phénomène apparenté à la chute finale.

Les facteurs psychologiques.   Les attitudes jouent également un rôle crucial. Les personnes âgées se montrent toujours plus prudentes que les jeunes à moins qu'elles ne soient spécifiquement encouragées à prendre des risques. Dans ces conditions, elles peuvent ne pas répondre aux questions à moins d'être tout à fait certaines de la réponse (Botwinick, 1966). Elles présentent aussi des signes d'anxiété, surtout si elles ne sont pas familières avec la situation d'évaluation. C'est aussi le cas quand elles se savent chronométrées, puisqu'elles sont habituellement bien conscientes d'être plus lentes qu'auparavant. Les personnes âgées, surtout les femmes, ont également tendance à sous-estimer leurs aptitudes à résoudre les problèmes (Carey, 1958). Elles ne s'attendent pas à bien réussir et peuvent donc se comporter de manière à réaliser leurs propres prévisions. Même si cette attitude n'a rien à voir avec la tâche en question, elle empêche le sujet âgé de réussir aussi bien qu'il le pourrait.

Les facteurs liés aux tests.   La rapidité est-elle une caractéristique essentielle de l'intelligence? C'est ce que laissent croire la plupart des tests occidentaux, qui évaluent le sujet sur son aptitude à compléter les tâches dans une limite de temps donnée. Les sujets âgés réussissent moins bien aux tests qui exigent de la rapidité. Lorsqu'ils sont évalués dans des conditions qui font appel à leur *capacité* de résolution de problèmes seulement (quand on leur accorde tout le temps dont ils ont besoin), ils ont plus de succès que lorsque le temps est limité (Schaie et Herzog, 1983; Bromley, 1974; Horn et Cattel, 1966). S'il est vrai que tous les processus physiques et psychologiques du corps ralentissent avec l'âge, comme le prétend Birren (1974), on aurait là l'explication des moins bons résultats obtenus par les personnes âgées aux tests. Il faudrait alors se demander si la vitesse est une caractéristique essentielle de ce qu'on appelle l'intelligence, ou s'il ne s'agit que d'un trait auquel notre culture accorde une importance excessive.

Il faut également se demander jusqu'à quel point les épreuves utilisées pour évaluer l'intelligence de l'adulte vieillissant sont appropriées. Les tests d'intelligence ont été conçus à l'origine dans le but de vérifier si les enfants acquièrent, ou non, les nouvelles habiletés qui caractérisent le développement intellectuel durant l'enfance et l'adolescence. Or, l'adulte manifeste son niveau d'intelligence par la façon dont il applique ces capacités dans la vie quotidienne. D'abord, il évalue une situation donnée en se renseignant sur cette situation; puis il agit de façon à atteindre ses objectifs et enfin, il évalue le succès obtenu de façon à pouvoir appliquer ce qu'il a appris à son action future. Pour évaluer les aptitudes intellectuelles d'une personne âgée, il faudrait élaborer des tests aptes à mesurer sa capacité de faire face à des situations de la vie réelle. Nous devrions pouvoir prédire, par exemple, l'aptitude du sujet âgé à bien tenir son carnet de chèques, à déchiffrer un horaire des chemins de fer ou à prendre des décisions judicieuses à propos de ses problèmes de santé (Schaie, 1976).

Cette approche respecterait la tendance de l'adulte vieillissant à penser en termes pratiques, basés sur la réalité. Lors d'une étude récente destinée à mesurer le fonctionnement de femmes âgées aux tâches piagétiennes de conservation, plusieurs femmes âgées de 65 à 87 ans ont mal justifié leurs réponses parce qu'elles traitaient les questions des épreuves en termes concrets plutôt qu'en fonctions des principes abstraits en cause. Par exemple, une femme à qui on avait demandé s'il y a le même espace dans des maisons de formes différentes faites à partir du même nombre de blocs, a répondu dans les termes suivants: «Quand tu te mets à faire de la fantaisie, tu perds toujours de l'espace, parce qu'il faut un vestibule en haut comme en bas, ce qui enlève de l'espace.» (Roberts, Papalia-Finlay, Davis, Blackburn et Dellmann, 1982, p. 191). Idéalement, elle aurait dû exprimer l'idée que la superficie de la maison varie en fonction de la longueur de ses côtés.

Le traitement de l'information

«Je n'arrive pas à me rappeler si j'ai mis ou non du sucre dans ce gâteau», de dire Léonie qui, à 73 ans, exerce le métier de traiteur. «Ce doit être que je vieillis vraiment, pour oublier des choses aussi élémentaires.» Et pourtant, Léonie se souvient des numéros de téléphone d'un grand nombre d'amis, de parents et de clients; elle n'oublie jamais un rendez-vous et connaît la plupart de ses recettes par cœur. Est-ce que sa mémoire flanche réellement ou serait-ce qu'elle éprouve de la difficulté à se concentrer parce qu'elle est absorbée par des inquiétudes au sujet de sa santé? Une mémoire défaillante est traditionnellement considérée comme un signe de vieillissement mais, là encore comme en ce qui a trait aux autres aptitudes, les personnes âgées présentent d'énormes différences individuelles.

Le *traitement de l'information*, qui est une autre approche du fonctionnement intellectuel, s'intéresse aux mécanismes complexes grâce auxquels nous apprenons et nous nous rappelons des choses apprises. Les changements qui surviennent avec l'âge semblent affecter plusieurs phases du processus d'acquisition et de traitement des connaissances en mémoire: la perception; la mémoire à court terme; la mémoire à long terme; la reconnaissance, le rappel ou le repêchage; et enfin, l'aptitude à utiliser le matériel repêché (Welford, 1958; cité dans Inglis et coll., 1968).

La *perception* est centrale pour l'acquisition de connaissances et l'adaptation. Si une défectuosité de l'œil ou de l'oreille empêche quelqu'un de percevoir l'information correctement, cette personne se trouve dans l'impossibilité de stocker en mémoire de l'information visuelle ou auditive.

La *mémoire à court terme* (MCT) contient l'information actuellement active et accessible à la conscience de la personne. Sa capacité est limitée à 7 unités d'information (plus ou moins 2), en moyenne (Miller, 1956). La principale cause d'oubli en MCT est l'interférence dûe à l'arrivée d'informations nouvelles, et le principal moyen de maintenir actif le matériel qui se trouve en MCT est de se le répéter (répétition de maintien) (Craik et Tulving, 1972). La mémoire à court terme semble aussi fidèle chez l'adulte vieillissant que chez l'individu plus jeune: le premier est tout aussi capable que son cadet de se rappeler un numéro de téléphone qu'il vient de regarder assez longtemps pour pouvoir le signaler.

Quand un élément d'information représenté en MCT passe en *mémoire à long terme* (MLT), il crée une trace-mémoire relativement permanente. Ici se manifestent des différences liées à l'âge: le jeune adulte réussit mieux que l'adulte vieillissant à se rappeler d'informations au bout de plusieurs heures ou de plusieurs jours (Krauss, 1981; Craik, 1977).

La façon dont nous organisons les items dans notre esprit au moment de l'apprentissage constitue un aspect important de la mémoire. L'adulte vieillissant semble avoir de la difficulté à organiser l'information reçue. Un chercheur a constaté que le sujet jeune réussit mieux à se rappeler une matière qui se prête à l'organisation; mais quand on lui fournit un schéma d'organisation (comme l'ordre alphabétique), l'adulte plus âgé s'en tire aussi bien (Hultsch, 1971). La personne âgée éprouve apparemment de la difficulté à organiser la matière par elle-même, mais elle est capable de mettre en pratique les suggestions qu'on lui fait à ce sujet.

Un autre facteur potentiellement relié à la perte de mémoire durant la vieillesse concerne le repêchage de l'information entreposée en mémoire, plutôt qu'un malfonctionnement du système d'entreposage lui-même. Lors d'une expérience, des vieillards rencontraient des difficultés quand il s'agissait de se rappeler ce qu'ils avaient appris, mais ils réussissaient aussi bien que les jeunes quand ils devaient le reconnaître (Hultsch, 1971). Si on leur posait des questions, ils pouvaient avoir de la difficulté à trouver par eux-mêmes les bonnes réponses; mais si on les plaçait devant des problèmes à choix multiples, ils pouvaient reconnaître les bonnes réponses. En un mot, l'information en mémoire demeure *disponible*, mais elle devient *plus difficilement accessible* chez la personne âgée.

La lenteur générale des réponses des personnes âgées constitue un facteur critique dans l'apprentissage et la mémoire. Dans une étude, on a demandé à des sujets de trois groupes d'âge différents (de 19 à 21 ans, de 33 à 43 ans et de 58 à 85 ans) de mémoriser des listes qui comportaient de un à sept items. On leur demandait ensuite si un certain item faisait partie de la liste. Les sujets de tous les groupes ne firent que peu d'erreurs, indiquant par là qu'ils avaient eu autant de succès dans l'encodage que dans l'entreposage de l'information. Même si les vieillards se montraient capables de repêcher

L'adulte vieillissant peut lui aussi prendre le virage informatique. L'étudiant âgé a plus de chances de réussir quand on tient compte du ralentissement de ses fonctions physiques et psychologiques, en lui accordant tout le temps dont il a besoin pour ses apprentissages. (James Balog/Black Star)

l'information aussi exactement que les jeunes et les personnes d'âge mûr, ils ne pouvaient toutefois le faire aussi rapidement. Le groupe des plus jeunes répondait deux fois plus vite que le groupe d'âge mûr ou celui des vieillards, et c'était ce dernier qui était le plus lent. Ces temps de réponse plus long peuvent s'expliquer par un ou plusieurs des facteurs suivants: 1) le processus de fouille en MLT est plus lent; 2) la prise de décision est plus lente; 3) l'exécution de la réponse est plus lente (Anders, Fozard et Lillyquit, 1972).

Les personnes âgées sont capables d'acquérir de nouvelles habiletés et de nouvelles connaissances, mais cet apprentissage leur demande plus de temps qu'aux plus jeunes. Elles apprennent mieux quand le matériel est présenté lentement, en détail et sur une période de temps prolongée entrecoupée d'intervalles, plutôt que sous forme concentrée (Chown, 1972). Leur capacité d'apprentissage dépend en grande partie de la nature de la tâche, de sa conformité aux expériences passées, et de la méthode d'entraînement utilisée. Les personnes âgées ne peuvent acquérir beaucoup de vitesse dans les tâches rythmiques complexes, ou dans celles qui exigent de la coordination sensorimotrice. Il leur est particulièrement difficile d'acquérir de nouvelles habiletés qui exigent le désapprentissage d'habitudes profondément enracinées. La personne qui, par exemple, a déjà appris la dactylographie sur une machine ordinaire éprouve plus de difficulté à apprendre à écrire sur une machine braille que celle qui n'a aucune expérience de la dactylographie (Chown, 1972). Les personnes âgées peuvent trouver difficile d'apprendre quand le matériel leur est présenté oralement et rapidement; elles réussissent beaucoup mieux quand elles sont en mesure de contrôler leur rythme d'apprentissage.

Il arrive souvent que l'incapacité de se rappeler les choses les plus courantes provoque un sentiment de détresse chez les vieillards. Ceux-ci ont alors l'impression qu'ils se dirigent inexorablement vers un état de détérioration mentale. Il existe cependant différentes techniques ou trucs qui peuvent aider la personne âgée aux prises avec des troubles de cette nature à se rafraîchir la mémoire. Au lieu de tenter de mémoriser la liste de ses rendez-vous, l'homme d'affaires aura recours à un agenda; la personne qui doit prendre quotidiennement différents médicaments déposera ceux-ci dans des endroits où elle est sûre de passer au cours de la journée; il pourra être utile de rédiger des listes de choses «à faire». Si les hommes d'affaires ont recours à ces aide-mémoire, il n'y a aucune raison pour que les personnes âgées n'en fassent pas autant.

Les conclusions de la recherche

Pourquoi certaines personnes réussissent-elles mieux que d'autres aux tests d'intelligence? Pourquoi certains adultes de plus de 65 ans apprennent-ils mieux que d'autres, et se rappellent-ils mieux des informations assimilées? Comment maintenir un niveau élevé d'intelligence jusqu'à un âge avancé? Les réponses à toutes ces questions émergent de nombreuses recherches sur le fonctionnement intellectuel de l'adulte vieillissant.

Une des principales constatations qui ressort de ces études est que l'expression «ce qui n'est pas utilisé se perd» semble s'appliquer autant aux facultés intellectuelles qu'aux capacités sexuelles (comme nous le verrons au chapitre 17 dans notre section sur la sexualité de l'adulte vieillissant). La poursuite d'activités intellectuelles tout au long de la vie aidera à maintenir un niveau de rendement élevé, quelle que soit la forme que prennent ces activités: lectures, conversations stimulantes, mots croisés, bridge, échecs, jeux de vocabulaire ou retour aux études.

L'éducation de l'adulte vieillissant

Maintenant qu'elles ont plus de loisirs, nombreuses sont les personnes âgées qui en profitent pour apprendre toutes sortes de choses. Certaines s'adonnent à des activités personnelles reliées à la santé, à l'aménagement de la maison, à l'art ou à l'artisanat, à divers passe-temps, etc. (Hiemstra, 1976), alors que d'autres s'inscrivent dans des programmes d'études reconnus. Comme la probabilité qu'une personne âgée retourne aux études augmente avec son niveau de scolarité, et que le niveau moyen de scolarisation augmente régulièrement, nous serons probablement témoins d'une augmentation constante du nombre d'adultes vieillissants qui retourneront aux études.

Plusieurs raisons incitent la personne âgée à étudier: elle veut comprendre et suivre les changements technologiques et socio-culturels, se préparer à une nouvelle carrière, faire de sa retraite une période plus intéressante et plus riche, acquérir des habiletés pour vivre d'une

Encadré 16.3

Comment contribuer au bien-être des personnes âgées?

Bon nombre des découvertes sur la vieillesse peuvent être appliquées dans la vie quotidienne. Les suggestions qui suivent vous aideront à contribuer au bien-être des personnes âgées de votre entourage.

- *Quand la personne souffre de troubles auditifs.* Parlez un peu plus fort que d'habitude, mais évitez de crier. Parlez normalement, mais pas trop vite. Parlez à une distance de un à deux mètres, sous un bon éclairage, de façon à permettre à votre interlocuteur de se servir des mouvements de vos lèvres et de vos gestes pour vous comprendre. Évitez de mâcher, de manger ou de vous couvrir la bouche en parlant. Éteignez la radio et la télévision. Si votre interlocuteur ne saisit pas ce que vous dites, reformulez votre idée en utilisant des phrases brèves et simples.

- *Quand la personne souffre de troubles visuels.* Installez une lumière forte au-dessus de tous les escaliers utilisés par la personne âgée, (la plupart des chutes survenant sur la marche du haut). Vérifiez si l'éclairage des endroits de travail et de lecture est suffisant. Gardez le plancher dégagé et évitez de déplacer les meubles. Aidez cette personne à se débarrasser des objets inutiles et faites ressortir ceux qu'elle utilise fréquemment à l'aide de collants de couleurs vives. Parmi les cadeaux qui lui seront utiles, il y a des verres filtrants (qu'elle portera à l'extérieur pour s'adapter plus facilement à l'éclairage intérieur), une petite lampe de poche (qui l'aidera à lire les menus, les programmes de théâtre, etc.), une loupe qu'elle peut enfiler sur une chaîne ou mettre dans une poche, des lectures à gros caractères, un magnétophone et des cassettes.

- *Encouragez-la à faire de l'exercice.* Participez avec elle à des activités que vous aimez tous les deux, comme la marche, le vélo, la danse, le patinage, ou autres. Faites-en une activité hebdomadaire. Renseignez-vous sur les ressources du milieu auprès d'un Centre local de services communautaires (CLSC), ou d'un service de l'éducation des adultes. Une carte de membre d'un centre d'activités sportives ou des accessoires servant à l'activité choisie constituent d'excellents cadeaux.

- *Facilitez sa mémorisation.* Quand vous lui donnez des informations, essayez de les lui présenter de plusieurs façons (oralement et par écrit). Montrez-vous patient et rassurant face à ses trous de mémoire, vous souvenant qu'il arrive aussi aux jeunes d'oublier des choses. Apprenez et enseignez-lui des trucs mnémotechniques. Offrez-lui un calepin et un crayon pour prendre des notes et faire des listes, un calendrier pour y inscrire ses rendez-vous, un carnet à garder près du téléphone ou dans la cuisine.

- *Encouragez sa vivacité mentale.* Jouez avec elle à des jeux qui exigent un effort mental (questionnaires, jeux de vocabulaire, jeux de cartes, etc.). Accompagnez-la au cinéma et au théâtre. Partagez vos impressions sur des lectures communes. Renseignez-vous sur les programmes d'éducation des adultes offerts près de chez elle. Posez-lui des questions sur des sujets qu'elle connaît. Autres suggestions de cadeaux: des jeux, des livres, des billets de spectacles.

- *Enrichissez-vous à son contact.* Enregistrez des entrevues où vous l'interrogez sur ses souvenirs d'enfance, sur des membres de sa famille, sur ses expériences, sur des sujets qu'elle connaît, sur ses opinions sur la vie. Vous enrichirez ainsi vos connaissances et votre conscience, et de son côté, la personne âgée se rendra compte de la valeur de sa sagesse et de ses souvenirs.

façon autonome et se consacrer à des activités qu'elle a dû mettre de côté durant les années où elle devait gagner sa vie et élever sa famille (Willis, 1985).

Pour répondre aux besoins de cette population étudiante croissante, il nous faut améliorer les programmes d'éducation continue. De même qu'il existe maintenant en Europe une

Université du troisième âge, on a instauré aux États-Unis un programme d'été innovateur, peu coûteux et donné à l'université même («Elder-hôtellerie»), dans lequel on offre des cours adaptés aux personnes de plus de 65 ans. Les étudiants s'inscrivent à plusieurs sessions d'une ou deux semaines pour étudier Shakespeare, la géographie, le tissage, la musique ancienne et divers autres sujets. Ce programme, qui a pris naissance à l'Université du New Hampshire, est en train de se propager partout; il est maintenant offert dans des universités québécoises (durant la saison estivale, par exemple, à une période ou les campus universitaires seraient autrement désertés).

Certains programmes devraient comprendre des séances de formation professionnelle qui visent l'amélioration des compétences pour permettre aux personnes sans emploi, à celles qui sont sous-employées, ou encore à celles qui s'ennuient, de trouver du travail dans de nouveaux emplois. On devrait s'occuper particulièrement des vieilles dames qui n'ont jamais eu d'emploi rémunéré et qui doivent maintenant travailler, pour des raisons financières ou psychologiques. Il faut découvrir quelles sont les compétences socio-culturelles que les vieillards d'aujourd'hui n'ont pu acquérir, et prendre ensuite les moyens de les aider à les développer.

Ces programmes devraient être conçus en fonction des étudiants âgés. Bien que de tels cours puissent coûter plus cher, les résultats montreront qu'ils en valent la peine. L'employeur qui, par exemple, subventionne des programmes pour personnes âgées peut en tirer un profit, puisque le coût supplémentaire de cette formation spéciale peut être largement compensé par le faible taux de rotation chez les employés âgés.

La présentation des cours doit tenir compte des changements physiologiques qui se produisent chez les vieillards. La documentation écrite devrait être imprimée en gros caractères. La matière audiovisuelle devrait être claire et facile à comprendre pour des étudiants dont les habiletés perceptuelles, ne sont plus aussi vives qu'elles l'ont été. L'apprentissage programmé pourrait offrir un médium intéressant puisqu'il se prête à la répétition et qu'il permet un temps de réponse suffisamment long.

Les cours pour personnes âgées devraient également tenir compte des besoins psychologiques de ce type d'étudiants. Pour faire échec à la prudence excessive et à la tendance qu'ont les personnes âgées à fuir le risque, il faudrait

encourager et récompenser la participation le plus possible en minimisant notamment la compétition entre les étudiants ainsi que l'importance accordée à la notation. Les animateurs suggéreront des moyens pour organiser mentalement la matière de façon qu'elle se mémorise mieux. Il faudra introduire dans les cours mêmes des mécanismes qui permettent aux étudiants d'exercer un certain contrôle sur le rythme de leur apprentissage. Il sera préférable parfois d'offrir des cours séparés aux étudiants âgés.

Souvent, ces derniers se découragent parce qu'ils n'apprennent pas aussi rapidement que les plus jeunes, ou qu'ils le faisaient auparavant. Les professeurs se doivent de percevoir ces sentiments et d'encourager les étudiants âgés à continuer leur apprentissage en leur faisant comprendre que, même si cela leur prend un peu plus de temps, ils peuvent devenir à la fin tout aussi compétents que leurs jeunes collègues.

Le travail et la retraite

Un vendeur de 72 ans perd son poste à la suite du décès de son employeur; il reçoit trois offres d'emploi et en choisit une. Une femme de 65 ans travaille en tant qu'aide-infirmière pour aider les parents dans les soins des nouveau-nés. Un médecin de 81 ans est le seul de son quartier qui fasse encore des visites à domicile.

Bien qu'elle soit habituellement volontaire, la retraite représente une transition importante. Dans l'échelle d'évaluation de l'adaptation sociale de Holmes et Rahe (1967), la retraite se situe au dixième rang dans une liste de 43 événements qui peuvent donner lieu à un important stress («crise»). Cependant, il arrive souvent que la retraite soit moins stressante que la période d'inquiétude qui la précède.

Certains attendent avec impatience leur retraite, alors que d'autres la redoutent. Les individus ont différentes réactions face à la retraite selon qu'ils aiment plus ou moins leur tra... qu'ils ont plus ou moins besoin d'argent ont décidé de se retirer ou qu'ils on... de le faire, qu'ils se sont préparé... ment, qu'ils ont d'autres int... la vie, et ainsi de suite. En... vidu est instruit et plus... élevé, moins il dé... personnes qui fo... exige un grand eff... de prendre leur retrai... santé a tendance à s'a... 1977; Shanas et coll., 1...

En 1985, on a estimé que les travailleurs de 65 ans et plus représentaient 1,2 % de la population active au Québec. Toutefois, avec un indice de fécondité de 1,6, ce groupe d'âge devra augmenter sa participation et retarder le moment de la retraite. Actuellement, on cherche à abaisser l'âge de la retraite. Pour renverser cette tendance, il faudra un changement de mentalité important et une volonté politique manifeste.

En 1976, 24 % des nouveaux retraités s'étaient prévalu d'un programme de retraite anticipée (Baillargeon, 1982). Une étude conduite par Baillargeon et Bélanger (1981) a montré que les deux principaux facteurs qui déterminent la décision de quitter le marché du travail avant l'âge règlementaire de la retraite sont le secteur de travail et la situation financière de la personne. Plus le travail est rémunérateur et gratifiant, plus on retarde l'âge de la retraite. Ce résultat confirme le vieil adage selon lequel «mieux vaut être riche et en bonne santé, que pauvre et malade».

Bon nombre de recherches sur l'impact de la retraite ont mis l'accent sur le travailleur de sexe masculin. Avec la place grandissante du travail dans la vie des femmes, cependant, cette situation change et on accorde de plus en plus d'attention à l'importance du travail et de la retraite dans la vie de la femme.

L'adaptation à la retraite dépend bien sûr de sa santé et de ses revenus, mais elle dépend aussi de la façon dont une personne s'y est préparée. Planifier sa retraite signifie l'organiser de façon à la rendre agréable et productive, prendre des mesures pour s'assurer une sécurité financière et discuter avec son conjoint de la façon dont on entend vivre cette période de la vie.

Comment faire de la retraite une expérience positive

Les années qui suivent la retraite sont souvent des années heureuses. Bon nombre de personnes y savourent leurs premiers longs moments de loisir depuis l'enfance, prennent plaisir à s'adonner à des activités qu'elles n'avaient jamais eu le temps d'entreprendre auparavant, et sont heureuses de passer plus de temps avec leur famille et leurs amis. Comment les individus et la société peuvent-ils aider les personnes âgées à mieux profiter de cette période de leur vie? Jetons un regard sur quelques-unes des mesures que nous pouvons prendre à cet égard.

La planification de la retraite.   Les individus qui prennent le temps de réfléchir à la vie qu'ils mèneront lorsqu'ils auront cessé de travailler et qui planifient activement cette période de leur vie sont ceux qui se préparent la retraite la plus heureuse. Pour inciter plus de personnes à se préparer à la retraite, plusieurs organismes communautaires ont commencé à offrir des ateliers

En travaillant bénévolement dans cette école, cette personne âgée s'aide elle-même tout en aidant les étudiants. En effet, l'adulte vieillissant qui continue de travailler intellectuellement maintient un rendement plus élevé que celui qui cesse ses activités intellectuelles. (Irene Bayer/Monkmeyer)

Au cours des années qui suivent la retraite, bon nombre de personnes savourent leurs premiers longs moments de loisir depuis l'enfance et prennent plaisir à s'adonner à des activités qu'elles n'avaient jamais eu le temps d'entreprendre auparavant. (Alon Reininger/Leo De Wys, Inc.)

aux hommes et aux femmes qui ont franchi le cap de la cinquantaine; de nouveaux ouvrages qui traitent de cette question paraissent régulièrement, et un nombre croissant de compagnies créent des programmes pour leurs employés qui approchent du moment de la retraite.

La recherche confirme que «ces programmes de préretraite peuvent améliorer la productivité et le moral des travailleurs, qui peuvent ainsi prendre des décisions réalistes quant au moment de se retirer, plutôt que de croupir dans la peur de cette grande inconnue qu'est la retraite» (Ossofsky, 1979, p. 63).

Un programme de planification bien conçu devra aider le travailleur à prendre conscience du rôle qu'il a à jouer dans la préparation de sa retraite, à se rendre compte du contrôle qu'il exerce sur son avenir et de ce qu'il peut faire maintenant (acheter une maison, par exemple, ou choisir une meilleure police d'assurance), à se renseigner sur la façon de s'y prendre pour s'assurer une sécurité financière (de façon à augmenter le revenu qui provient des pensions de vieillesse) et enfin, à se préparer tant émotivement que physiquement à la retraite.

Il existe, aux États-Unis, un programme créé par le Conseil national sur le vieillissement (1979) en collaboration avec des compagnies et des associations syndicales, qui aide les travailleurs à planifier leur retraite et qui aborde avec eux diverses questions telles que le changement de style de vie, les problèmes financiers, la santé, les relations interpersonnelles, les conditions de vie, les nouvelles carrières et les services communautaires. Ici, au Québec, divers organismes commencent à offrir de tels programmes. Ainsi, par exemple, Télé-Université (Université du Québec) offre aux personnes retraitées et préretraitées un cours de gérontologie intitulé «L'espoir, c'est la vie». Ce programme propose à la personne âgée d'apprendre à mieux vivre, en accord avec soi-même et dans ses rapports avec autrui.

L'art d'utiliser les moments de loisir.   Certaines personnes à la retraite prennent plaisir à faire la grasse matinée, à aller à la pêche quand ils en ont envie, à aller au cinéma l'après-midi ou à visiter des parents ou des amis, alors que d'autres trouvent plus satisfaisant de mettre leur expérience personnelle à profit de façon plus structurée. Pour ces derniers et pour tous ceux qui peuvent bénéficier de leur savoir, divers programmes ont été créés afin d'utiliser ces précieuses ressources, tels que, par exemple, le programme appelé «Nouveaux horizons», mis à la disposition des personnes retraitées par le gouvernement canadien. Ce programme subventionne des activités non existantes dans un milieu, mais élaborées et proposées par un groupe de retraités, et dont les objectifs permettront au plus grand nombre possible de personnes âgées de ce milieu d'être moins isolées et plus actives. Les nombreux clubs de l'Âge d'Or, bien implantés un peu partout au Québec, assurent également la diffusion de cet art de vivre chez les personnes qui vieillissent.

Dans une enquête réalisée entre 1977 et 1981 par le Laboratoire de gérontologie sociale de l'Université Laval auprès d'un échantillon de personnes retraitées de la ville de Québec, on a vérifié l'hypothèse qui veut que plus une personne âgée est financièrement et socialement favorisée, et que meilleures sont sa santé et sa scolarisation, plus cette personne possède des activités ainsi que des loisirs dynamiques et bien structurés. De plus, cette étude a permis de constater que la femme retraitée qui a séjourné sur le marché du travail, comparée à la ménagère de carrière et à l'homme retraité, est probablement celle qui sait le mieux s'occuper. De par son histoire de vie (elle est plus souvent qu'autrement célibataire ou veuve), elle a appris à la fois à meubler utilement son temps libre quand elle est à la maison et à s'intéresser à ce qui se passe à l'extérieur de son domicile. Elle a aussi beaucoup d'amis et fait souvent du bénévolat (Delisle, 1982, p. 35).

Il est possible d'atténuer certaines crises du développement, au cours de la vie, par une planification appropriée. Actuellement, les jeunes adultes se consacrent à la poursuite de leurs études et, ensuite, à l'établissement d'une carrière. Les adultes d'âge moyen se préoccupent surtout de gagner leur vie. Les personnes âgées sont fort embarrassées lorsqu'elles doivent consacrer tout leur temps à des loisirs. Une combinaison plus équilibrée du travail, du loisir et de l'étude aux différents âges de la vie, atténuerait chez les jeunes adultes, l'empressement à «s'établir» et diminuerait, chez les personnes d'âge mûr, le fardeau que représente le fait de veiller aux besoins de leurs enfants et de leurs parents vieillissants, ce qui assurerait par conséquent aux plus âgés une situation sociale plus stimulante, où ils se sentiraient plus utiles.

Résumé

1   La plupart des stéréotypes qui touchent aux personnes âgées sont négatifs. L'âgéisme réfère aux attitudes préjudiciables à l'endroit de la personne âgée.

2   En raison de l'augmentation du nombre relatif de personnes âgées dans la population nord-américaine, le processus du vieillissement retient davantage l'attention qu'auparavant. La gérontologie est l'étude de la personne âgée et du processus du vieillissement, et la gériatrie, une branche de la médecine qui s'intéresse à l'adulte vieillissant.

3   La sénescence, cette période de la vie durant laquelle on devient vieux, commence à un âge différent pour chaque individu; la coutume de fixer à 65 ans le début de la vieillesse est arbitraire.

4   La plupart des théories du vieillissement se rallient à l'une des deux approches suivantes: le vieillissement résulte soit de l'exécution d'un programme génétique, soit de l'accumulation des avaries subies par l'organisme. Ces deux catégories de facteurs influent très probablement sur le vieillissement.

5   Les facultés sensorielles et perceptuelles décroissent avec l'âge, mais l'importance de ce déclin varie énormément d'un individu à l'autre. Des changements anatomiques et physiques se produisent, ainsi qu'un ralentissement général des fonctions. On constate également un déclin de la réserve organique avec l'âge.

6   La santé de la majorité des personnes âgées est relativement bonne, mais le taux de maladies et le nombre de jours d'hospitalisation sont plus élevés chez eux que parmi les groupes plus jeunes. Bien que la majorité des individus âgés souffrent d'une ou de plusieurs maladies chroniques, la plupart n'en sont pas gravement incommodés.

7   L'exercice physique comporte de nombreux avantages physiques et psychologiques. On recommande à l'adulte vieillissant de s'adonner à des exercices physiques réguliers.

8   L'espérance de vie s'est accrue de façon marquée depuis le début du siècle. Les enfants nés au Québec en 1981 peuvent s'attendre à vivre jusqu'à 74,8 ans en moyenne. Les principales causes de mortalité chez les personnes âgées sont les maladies cardio-vasculaires, le cancer et les maladies respiratoires et cérébro-vasculaires (Statistique Canada, 1987).

9 Même si la plupart des personnes âgées jouissent d'une bonne santé mentale, le taux de maladies mentales est plus élevé dans ce groupe d'âge que chez les gens plus jeunes. Il y a des affections irréversibles, comme la maladie d'Alzheimer, et des affections réversibles, comme l'intoxication médicamenteuse et la dépression. Comme on croit souvent (à tort) que ces problèmes sont inévitablement liés au vieillissement, il arrive souvent que les personnes qui en souffrent ne reçoivent pas les soins requis.

10 Le déclin des facultés intellectuelles chez l'adulte vieillissant est un sujet controversé. Alors que les études psychométriques transversales montrent une détérioration mentale avec l'âge, les études longitudinales montrent plutôt que l'intelligence demeure stable jusqu'vers l'âge de 60 ans. Les études séquentielles de Schaie donnent une image plus complexe de la situation: le fonctionnement intellectuel de l'adulte vieillissant se caractérise par l'importance des différences individuelles, le caractère multidirectionnel des changements et l'influence des facteurs culturels et environnementaux.

11 Les personnes âgées peuvent continuer à apprendre. Elles démontrent une grande plasticité cognitive dans leur performance intellectuelle, lorsqu'exposées à un environnement intellectuel facilitant.

12 De nombreux facteurs (physiques, psychologiques et facteurs liés aux tests) peuvent influer sur le rendement aux tests d'intelligence. C'est pourquoi, la performance ne nous permet pas toujours d'évaluer avec précision la compétence d'un sujet.

13 Apprentissage et mémoire vont de pair, puisqu'il faut avoir appris quelque chose pour s'en souvenir. Les études démontrent que les vieillards sont réellement capables d'acquérir de nouvelles connaissances et de nouvelles habiletés, pourvu qu'on leur présente la matière à assimiler de façon lente, dans le détail et sur une longue période entrecoupée d'intervalles. On distingue la mémoire à court terme de celle à long terme. La première semble aussi fidèle chez la personne âgée que chez le jeune adulte, alors que la deuxième connaît un déclin chez la personne âgée. Ce déclin résulte d'une difficulté à organiser le matériel présenté, à repêcher les informations mémorisées et à faire le tout rapidement.

14 La poursuite des activités mentales est essentielle au maintien de la vivacité intellectuelle. Les programmes d'éducation de l'adulte prennent de l'ampleur de nos jours.

15 La retraite constitue une transition majeure dans la vie d'une personne. Cette transition peut être facilitée par une bonne planification et par l'apprentissage de façons intéressantes de profiter de ses loisirs.

CHAPITRE 17

L'adulte vieillissant

La personnalité et le développement social

«J'ai toujours trouvé les couchers de soleil plus spectaculaires que les levers de soleil», d'affirmer Louis, âgé de 83 ans, à sa nouvelle épouse Hélène qui vient d'avoir 81 ans. Après avoir connu tous les deux le veuvage et la solitude pendant quelques années, Louis et Hélène ont fait connaissance lors d'une danse organisée par l'Âge d'Or. Aujourd'hui, après deux années de vie commune, Hélène lance d'un air enjoué: «C'est la relation la plus harmonieuse que j'aie connue. Louis et moi avons beaucoup d'affinités intellectuelles et nous nous amusons beaucoup. Je trouve que nous sommes chanceux d'avoir atteint cette étape de notre vie, et notre histoire prouve qu'il n'est jamais trop tard pour trouver l'amour et l'harmonie sexuelle.»

L'amour et la sexualité comptent parmi les dimensions personnelles et sociales les plus importantes tout au long du cycle de la vie, y compris la vieillesse, et peuvent contribuer grandement au bonheur. Les pertes vécues par Louis et Hélène au départ de leurs conjoints sont typiques de cette période de la vie. Mais non moins caractéristiques sont cette vigueur et ce goût de vivre qui leur ont permis de s'ouvrir à une nouvelle relation amoureuse. Comme nous le constaterons tout au long de ce chapitre, les pertes qui accompagnent le vieillissement sont nombreuses, tout comme le sont les ressources déployées par la personne âgée pour les surmonter.

Bien que les problèmes associés au vieillissement soient importants, il nous faut cependant également tenir compte des aspects positifs du fait d'avoir de nombreuses années derrière soi. Comme le soulignent les gérontologues Robert Butler et Myrna Lewis (1982), la vieillesse constitue une étape importante du développement d'une personne, et la principale tâche qui incombe à celle parvenue à la vieillesse consiste à clarifier, à approfondir et à utiliser l'expérience et les connaissances acquises par le passé. Il est possible de s'épanouir et de s'adapter durant la vieillesse, comme à tous les autres stades de la vie, à la condition de se montrer souple et réaliste, de ménager ses forces, et de s'adapter activement aux changements et aux pertes qui surviennent. Certains sentiments deviennent prépondérants chez plusieurs personnes âgées: le temps devient plus précieux, le désir de laisser un héritage à ses enfants (ou au monde) et une volonté de partager les fruits de son expérience (de façon à donner un sens à sa vie).

La personne âgée qui se porte bien, qui a l'occasion de faire preuve de compétence et qui a le sentiment de contrôler sa vie se perçoit généralement positivement et peut s'adapter plus sereinement que les autres aux pertes qui accompagnent inévitablement cette étape de la vie: la mort d'êtres chers, la perte de rôles professionnels, et la perte plus ou moins importante de la force physique et des capacités sensorielles. Le vieillissement heureux est possible, et nombreuses sont les personnes qui vivent positivement cette dernière étape de la vie.

Dans ce chapitre, nous étudierons deux théories du développement psychologique chez la personne âgée et nous examinerons des tentatives de définition du «vieillissement heureux». Nous aborderons également certaines dimensions affectives et sociales de la vieillesse, comme les relations que la personne âgée entretient avec sa famille et ses amis, et l'impact du mode de vie et d'habitation sur sa vie. En prenant connaissance des ingrédients d'un vieillissement harmonieux, nous serons plus en mesure de restructurer notre mode de pensée et nos valeurs culturelles de façon à profiter au maximum des dernières années de notre vie.

Les perspectives théoriques sur le développement de l'adulte vieillissant

La théorie d'Erik Erikson: intégrité personnelle ou désespoir

Issue de la résolution harmonieuse des sept crises du développement, l'intégrité personnelle suppose un amour du moi humain (par opposition au soi individuel), une expérience qui permet d'imposer un ordre et une signification spirituelle au monde matériel (Erikson, 1966). Cet amour du moi comporte l'acceptation de la vie passée, sans regrets pour les rêves qui n'ont pas été réalisés ou les expériences qui auraient pu être différentes. Il implique également l'acceptation des parents comme des êtres qui ont fait leur possible et qui méritent par conséquent notre amour, même s'ils n'étaient pas parfaits. Cet amour comporte aussi l'acceptation de la mort comme la fin inévitable d'une vie qu'on a vécue de son mieux.

La personne qui n'a pas atteint ce niveau d'acceptation et de détachement est en proie au désespoir, le temps qui lui reste n'étant plus suffisant pour commencer une autre vie et pour explorer des voies différentes qui l'amèneraient à se réaliser intégralement (Erikson, 1963). L'importance relative du sentiment d'intégrité doit bien sûr l'emporter sur l'importance du sentiment de désespoir pour que cette crise trouve une issue harmonieuse.

Pour Erikson, la vieillesse est une période propice au jeu, où la personne retrouve sa nature d'enfant essentielle à la créativité. Le potentiel créateur des personnes âgées a longtemps été sous-estimé, mais il trouve à s'exprimer davantage aujourd'hui.

La théorie de Robert Peck: les trois tâches de la vieillesse

Peck (1955) a élargi l'étude d'Erikson qui traite du développement psychologique des personnes âgées en mettant l'accent sur trois tâches importantes dont elles doivent s'acquitter pour connaître un sain développement psychologique, c'est-à-dire pour parachever leur intégrité personnelle.

1 **La différenciation du moi versus le souci du rôle professionnel.** Pour Peck, la question qui suit exprime l'enjeu majeur de la première tâche dont doit s'acquitter la personne âgée: «Ma valeur me vient-elle uniquement de l'emploi que j'exerce, ou est-ce que je tire ma valeur, comme individu, des multiples rôles que je joue (parent, époux(se), bénévole, etc.)?»

Il s'agit là d'une question cruciale pour ceux qui sont au seuil de la vieillesse. Au moment de la retraite, tout particulièrement, les individus ont à se redéfinir hors du cadre professionnel. Plus ils arriveront à se reconnaître des attributs personnels dont ils sont fiers, plus ils réussiront à conserver leur vitalité et leur sentiment d'identité. La femme dont les rôles principaux ont été ceux d'épouse et de mère, traverse cette crise lorsque ses enfants quittent la maison ou à la mort de son époux. Qu'ils se soient consacrés à la vie familiale ou au travail, ceux qui veulent s'adapter à cette perte doivent s'interroger, et trouver d'autres intérêts pour remplacer ceux qui donnaient une orientation et une structure à leur vie. Ils doivent reconnaître que leur moi est plus riche et plus diversifié que la somme de leurs fonctions professionnelles.

2 **Le dépassement du corps versus le souci du corps.** Le déclin qui accompagne généralement le vieillissement annonce une seconde crise. Les personnes qui ont toujours considéré la santé comme un élément essentiel au bonheur peuvent être plongées dans le désespoir par l'affaiblissement de leurs facultés, ou par l'apparition de douleurs ou de malaises physiques. Par contre, celles qui tirent leur satisfaction des relations interpersonnelles et des activités qui n'exigent pas une santé parfaite, peuvent supporter plus facilement les malaises physiques. Il faut donc, dès le début de l'âge adulte, chercher à diversifier ses sources de satisfaction, et investir dans des activités et des loisirs qu'on puisse pratiquer même à un âge avancé de ses possibilités mentales et sociales, lesquelles peuvent s'accroître avec l'âge, en même temps que le perfectionnement d'attributs tels que la force, la beauté, la coordination musculaire et d'autres vertus physiques, lesquelles sont menacées de décroître au cours des années.

Le potentiel créateur de l'adulte vieillissant est souvent sous-estimé. La vieillesse est une période où nous pouvons retrouver notre âme d'enfant, essentielle à la créativité. (Nilo Lima/Photo Researchers, Inc.)

3 Le dépassement du moi versus le souci du moi.   Les personnes âgées doivent faire face au fait qu'elles vont mourir. S'adapter à l'idée de la mort «constitue probablement la tâche la plus importante du troisième âge» (Peck, 1955; dans Neugarten, 1968, p. 91). Comment les individus peuvent-ils se détacher du moi réel pour acquérir une attitude positive devant la certitude de la mort prochaine? Essentiellement en constatant qu'ils ont pu réaliser quelque chose de durable, en tirant une fierté et de la satisfaction des enfants qu'ils ont élevés, des contributions qu'ils ont faites à la culture, ou encore des relations personnelles qu'ils ont nouées et entretenues. C'est donc le sentiment d'avoir contribué au bonheur ou au bien-être des autres qui permet à une personne qui s'approche de la mort d'acquérir un sentiment de pérennité et de transcender la finitude de sa condition humaine.

Les recherches sur la personnalité de l'adulte vieillissant

La personnalité change-t-elle ou demeure-t-elle stable?

La pièce était remplie de gens venus rendre leurs derniers hommages à Jeanne L., qui venait de s'éteindre à l'âge de 88 ans. Il y avait là des personnes âgées qui la connaissaient depuis plus de 60 ans et d'autres, plus jeunes, qui l'avaient connue au cours de la dernière décennie. À entendre les conversations tenues par les amis de longue date, il était clair que Jeanne avait été une femme non conformiste, déterminée, pleine de ressources, capable de faire face aux difficultés et dotée d'un sens de l'humour empreint d'ironie, durant sa jeunesse comme sa vieillesse. Sa fille avait organisé ce service pour pouvoir se rappeler la mère qu'elle avait connue avant les sept dernières années au cours desquelles la vieille dame était devenue exigeante, colérique, sarcastique et extravagante. Où est la vérité? La personnalité de Jeanne avait-elle changé ou était-elle demeurée stable?

Comme nous l'avons souligné au chapitre 15, cette question est fort controversée. La personnalité comporte, bien sûr, de nombreuses facettes et la conclusion que nous formulons sur sa tendance au changement ou sur sa stabilité dépend essentiellement de la dimension abordée. Selon les résultats de recherches effectuées par Bernice Neugarten et ses collègues, les jeunes personnes bien adaptées demeurent tout aussi adaptées durant leur vieillesse; celles qui présentent des difficultés d'adaptation durant leur jeune âge, continuent d'en présenter à un âge avancé. Ces résultats montrent la stabilité de la personnalité (1973; 1968; Neugarten, Havighurst et Tobin, 1965).

Ces mêmes chercheurs ont toutefois noté la présence de certains changements en ce qui a trait à d'autres caractéristiques. Après 40 ans, les gens deviennent plus introspectifs et leurs attitudes moins stéréotypées (Neugarten et coll., 1973, 1977). L'adulte vieillissant devient plus attentif à lui-même et à ses propres besoins. C'est peut-être là une réaction au fait d'avoir passé tant d'années à s'occuper des autres; cette tendance peut aussi résulter d'une augmentation des besoins durant la vieillesse. Les changements remarqués chez Jeanne L. au cours des dernières années de sa vie, par exemple, étaient probablement davantage reliés à la détérioration de sa santé physique et mentale, et à l'état de dépression qui en découlait, qu'à son âge.

Plusieurs recherches ont montré que les gens constatent chez eux un changement de personnalité avec l'âge (Carol Ryff et coll., 1984; 1982; Ryff et Heinke, 1983; Ryff et Baltes, 1976). Conformément au modèle d'Erikson, les femmes et les hommes interrogés ont dit s'être préoccupés avant tout de l'intimité au début de l'âge adulte, de la générativité à l'âge mûr et de l'intégrité durant la vieillesse. Les femmes ont aussi fait état d'un déplacement de leur système de valeurs; les valeurs *instrumentales*, comme l'ambition et le courage, avaient diminué d'importance, pour laisser place vers la fin de l'âge mûr à des valeurs terminales comme le sentiment d'accomplissement, la liberté et l'enjouement. Leur centre de préoccupations s'était donc déplacé du faire à l'être. Les hommes d'âge mûr mettaient, quant à eux, déjà l'accent sur des valeurs terminales, le passage «instrumental — terminal» s'étant probablement produit plus tôt chez eux.

Ces mêmes gens disaient cependant ne pas avoir changé sur certains aspects de leur personnalité comme l'impulsivité, la modestie et le sens de l'ordre. Nous voyons donc que certains aspects de la personnalité changent, alors que d'autres demeurent stables. Les aspects dominants de notre personnalité exercent une influence considérable sur notre capacité d'adaptation, y compris au cours de la vieillesse.

Le vieillissement heureux

La personne âgée qui regarde évoluer le monde en se berçant sur son balcon peut s'adapter aussi sainement au vieillissement que celle qui se tient occupée du matin au soir. Il existe plus d'une façon de vieillir harmonieusement, et le modèle

que nous adoptons dépend souvent de notre personnalité et des circonstances de notre vie. L'inconvénient des deux principales théories qui tentent d'expliquer le vieillissement harmonieux, la *théorie du désengagement* et la *théorie de l'activité*, est qu'elles tentent toutes deux d'une façon dogmatique et exclusive de décrire *la* manière de bien vieillir. Examinons ces deux modèles.

La théorie du désengagement

Samuel G. était un membre actif de plusieurs organisations politiques; même après avoir pris sa retraite, il poursuivit ses activités pendant un certain temps, participant à des réunions, écrivant des articles de journaux et se joignant chaque semaine à un groupe d'amis pour jouer au poker. Puis, il se retira graduellement de toutes ces activités, même de la partie de cartes hebdomadaire. Il se conforma au modèle du désengagement, longtemps considéré par certains comme la seule façon «correcte» de vieillir (Cumming et Henry, 1961).

Selon la **théorie du désengagement,** le fait de vieillir s'accompagne d'un désengagement réciproque entre l'individu et la société: la personne âgée réduit volontairement le nombre de ses activités et de ses engagements, et la société encourage la ségrégation des groupes d'âge en incitant l'adulte vieillissant à se retirer. La théorie soutient que ce désengagement est normal et qu'il va de paire avec la préoccupation accrue de l'individu pour sa propre personne et sa moins grande disponibilité affective vis-à-vis des autres. La diminution du nombre d'interactions sociales aiderait les personnes âgées à maintenir leur équilibre, et serait bénéfique à la fois à l'individu et à la société. Lorsque les personnes âgées accueillent bien ce désengagement et qu'elles y contribuent volontairement, leur moral est bon.

La théorie du désengagement a suscité beaucoup de recherches qui, pour la plupart, contredisent ses prédictions. D'une part, le désengagement n'est ni inévitable, ni universel, ni voulu par les personnes âgées. D'autre part, une activité intense n'a pas d'effet négatif sur le moral de la personne âgée (Maddox, 1968; Havighurst et Tobin, 1965; Reichard, Livson et Peterson, 1962).

Les critiques reprochent à cette théorie de ne pas reconnaître le fait que le désengagement ne semble pas tant relié à l'âge avancé lui-même qu'à divers facteurs associés au vieillissement, tels que les malaises physiques, le veuvage, la retraite et les difficultés financières. Plutôt que d'être un effet inévitable du vieillissement, le désengagement est dû à l'environnement social. Par exemple, tant que l'individu travaille et qu'il est, par conséquent, économiquement actif, il continue de participer à diverses activités liées à son travail (activités syndicales, relations avec les collègues, lectures pertinentes, etc.). Lorsqu'il perd ou quitte son emploi, il a tendance à abandonner les activités qui s'y rattachent.

Le fait de sentir sa fin prochaine peut aussi amener un individu à réduire ses activités. On a évalué le degré d'engagement de 80 personnes âgées et, deux ans plus tard, comparé le niveau des sujets qui étaient morts dans l'intervalle à celui des individus qui vivaient encore. Ceux qui étaient morts avaient manifesté des signes de désengagement deux ans auparavant, mais pas les autres. Le désengagement est probablement une réalité de fin de parcours observable pendant les deux dernières années de la vie environ, et non pas pendant les 25 ou 30 dernières années comme on l'avait d'abord laissé entendre (Lieberman et Coplan, 1970).

La théorie de l'activité

Après avoir vendu son commerce, qu'aucun de ses enfants ne voulait reprendre, Florence P. consacra ses énergies à des projets communautaires. Elle assuma la présidence de l'A.F.É.A.S. (Association féminine d'éducation et d'action sociale), s'impliquant tout particulièrement dans le dossier de la qualité de vie des personnes âgées, devint responsable provinciale de la vente des cartes de l'UNICEF et travailla à l'implantation d'une bibliothèque dans son quartier. Après le décès de son époux, elle renoua avec un copain d'enfance et se mit à voyager régulièrement avec lui.

La vie de Florence est une illustration de la **théorie de l'activité** selon laquelle plus la personne âgée demeure active, plus elle vieillit harmonieusement. Ce point de vue est totalement différent de celui adopté dans la théorie du désengagement. Suivant la théorie de l'activité, la personne âgée qui vieillit le mieux est celle qui se comporte autant que possible comme auparavant, en conservant le plus d'activités possible et en trouvant un substitut à chaque rôle perdu. Les rôles individuels (travailleur, conjoint, parent, ami, etc.) sont les principales sources de satisfaction dans la vie, et leur perte progressive peut conduire à un appauvrissement important de la qualité de vie de la personne.

Une équipe de chercheurs a établi trois catégories d'activités: les activités *informelles*, qui comportent l'interaction sociale avec les parents, amis et voisins; les activités *formelles*, qui comportent la participation aux organismes bénévoles; et les activités *solitaires* qui comportent la lecture, la télévision et les passe-temps. Dans une première étude, ils ont interviewé 411 personnes, dont les âges allaient de 52 ans à plus de 75 ans, afin d'évaluer leur niveau d'activité et le degré de satisfaction qu'elles retiraient de la vie. Ils ont constaté qu'il y avait peu de relations entre le type d'activités pratiquées et la satisfaction qu'on retire de la vie (Lemon, Bengston et Peterson, 1972).

Dans une étude subséquente, cependant, conduite auprès de plus de 1000 personnes âgées, on a pu observer une relation plus nette entre le type d'activités pratiquées et la satisfaction face à la vie. Les activités informelles étaient positivement associées à la satisfaction: plus ils avaient de rapports avec leurs amis et avec leur famille, plus les gens étaient heureux. Les activités solitaires n'avaient aucun effet. Quant aux activités formelles, leur impact était négatif, possiblement à cause des frictions qu'elles occasionnent souvent (Longino et Kart, 1982). Ces résultats demandent encore à être reproduits, mais ils laissent déjà entrevoir l'importance des activités informelles pour les personnes âgées.

Les patterns de vieillissement observés

Qu'est-ce qui détermine la façon dont un individu s'adapte à la vieillesse? Selon une étude classique, les deux facteurs-clés sont sa personnalité et ses modalités d'adaptation passées. Son niveau d'activité et d'engagement au moment où il fête ses 65 ans aurait peu d'effets sur sa façon de s'adapter.

Dans une étude désormais classique, la *Kansas City Study of Adult Life*, on a analysé les types de vieillissement en fonction de la personnalité, du niveau d'activité et de la satisfaction retirée de la vie. Après avoir interviewé longuement 159 hommes et femmes âgés de 50 à 90 ans, les chercheurs ont établi quatre principaux types de personnalité qu'ils ont reliés à divers niveaux d'activité se rapportant à 11 rôles sociaux différents (parent, conjoint, grand-parent, membre d'une famille, travailleur, responsable des tâches domestiques, citoyen, ami, voisin, membre de divers organismes et membre d'une église). Ils ont ensuite évalué les sujets quant au degré de satisfaction qu'ils retiraient de la vie. L'analyse des réponses des 59 sujets âgés de 70 à 79 ans a permis d'identifier, chez eux, huit types de vieillissement (Neugarten, Havighurst, et Tobin, 1965).

Le pattern prédominant de vieillissement harmonieux se caractérisait par un niveau d'activité assez élevé et par un certain rétrécissement de la vie sociale, c'est-à-dire que ces gens devenaient moins actifs socialement et remplissaient moins de rôles.

Les quatre principaux types de personnalité qui se conformaient aux huit types de vieillissement étaient:

- *Les personnes bien intégrées* (17 personnes). Celles-ci se caractérisaient par un bon fonctionnement, une vie intérieure complexe, un moi compétent, des capacités cognitives intactes et des niveaux élevés de satisfaction. Elles se divisaient en trois sous-groupes. Les *réorganisateurs* étaient très actifs; ils réorganisaient leur vie, remplaçant les anciennes activités par de nouvelles, et s'engageaient encore dans des projets très divers. Les *réfléchis* avaient un niveau moyen d'activité; ils étaient sélectifs et consacraient leur énergie à un ou deux rôles dont ils retiraient de la satisfaction (comme le retraité qui assumait ses rôles d'homme de maison, de parent et d'époux). Les *désengagés* avaient un faible niveau d'activité; ils s'étaient retirés, par choix personnel, dans une vie centrée sur eux-mêmes et s'en montraient satisfaits.

- *Les personnes «blindées»* (15 personnes). Celles-ci étaient portées à l'effort, ambitieuses et toujours mesurées. Elles se répartissaient en deux groupes. Il y avait celles qui s'accrochaient aussi longtemps qu'elles le pouvaient au mode de vie de l'âge mûr; leur niveau d'activité était moyen ou élevé, et la satisfaction qu'elles retiraient de la vie était grande. Les autres, plus *repliées*, essayaient de se défendre contre le vieillissement en conservant leur énergie et en limitant leurs interactions sociales et leurs expériences. Elles se montraient assez ou très satisfaites de leur vie malgré un niveau d'activité faible ou moyen.

- *Les personnes passives - dépendantes* (11 personnes).   Celles-ci se divisaient en deux

groupes. Les individus en *quête de support* avaient des besoins marqués de dépendance; du moment qu'ils pouvaient compter sur l'aide d'une ou deux personnes, leur niveau de satisfaction de même que leur niveau d'activité restaient moyens ou élevés. Les *apathiques* semblaient avoir été passifs toute leur vie; ils avaient peu d'activités et retiraient une satisfaction faible ou moyenne de la vie.

- *Les personnes non intégrées* (7 personnes). Celles-ci avaient un style désorganisé de vieillissement. Elles souffraient de troubles psychologiques, d'un manque de contrôle sur leurs émotions et d'une détérioration des processus de pensée. Elles parvenaient à demeurer dans la collectivité, mais leurs niveaux d'activité et de satisfaction étaient bas.

Comme nous l'indique la variété des modes de vieillissement adoptés par les sujets de cette étude, il existe d'énormes différences individuelles dans la façon de vivre sa vieillesse. À plusieurs points de vue, l'adulte vieillissant se compare au jeune adulte. Il est influencé par des facteurs comme l'état de santé, le statut professionnel, les ressources financières et le statut familial; sa personnalité détermine la façon dont il réagit à ces facteurs; il choisit les activités qui l'aident à se sentir bien dans sa peau (parce qu'elles conviennent à ses aptitudes ou à ses valeurs); et enfin, la capacité de l'adulte vieillissant de faire face aux stress de la vie diffère d'un individu à l'autre.

En outre, la vie de la plupart des gens semble s'articuler le long d'un fil conducteur. Nous ne changeons pas totalement de personnalité en vieillissant; notre façon de réagir à la vie semble demeurer relativement stable et consistante dans le temps. Comme le souligne Neugarten, «la vieillesse n'est pas un niveleur des différences individuelles sauf, peut-être, à la toute fin de la vie. En s'adaptant aux changements biologiques et sociaux, l'adulte vieillissant continue à puiser dans ce qu'il a été et dans ce qu'il est.» (1973, p. 329)

Les relations avec les autres

Comme nous l'avons vu précédemment, les recherches ont confirmé le sentiment qu'ont la plupart des gens du rôle crucial que jouent les liens avec les amis et avec la famille dans leur vie. Cela s'applique aussi bien à la vieillesse qu'aux étapes antérieures de la vie. La majorité des adultes vieillissants entretiennent des rapports importants avec leur entourage: leur conjoint, leurs frères et sœurs, leurs enfants, leurs amis, leurs petits-enfants et, parfois, leurs parents très âgés et leurs arrières-petits-enfants.

Lors d'une étude récente menée auprès de 800 individus âgés de 45 à 89 ans vivant toujours dans leur communauté (et non en institution), la presque totalité des sujets (96 %) ont affirmé entretenir un lien très étroit avec un ou plusieurs membres de la famille, et 85 % ont dit avoir au moins un ami intime (Babchuk, 1978-79). Le nombre de rapports étroits diminuait après l'âge de 70 ans, probablement en raison du décès du conjoint et de la difficulté qu'éprouvent certaines personnes âgées à former de nouveaux liens. Les personnes mariées avaient tendance à entretenir plus de relations étroites que les célibataires, les femmes plus que les hommes, et les individus exerçant un emploi de niveau élevé plus que les travailleurs non spécialisés. Généralement parlant, même parmi ceux qui ont moins de rapports intimes avec autrui, il apparaît que la vie de la plupart des gens s'enrichit du contact de personnes qui s'occupent d'eux et dont ils se sentent proches.

La famille demeure la principale source de soutien affectif, et la cellule familiale de l'adulte vieillissant possède des traits qui lui sont propres (Brubaker, 1983). D'abord, elle comporte généralement plusieurs générations: la plupart du temps au moins trois, et souvent quatre ou cinq. La présence de tant de personnes constitue certes un enrichissement, mais peut aussi devenir une source de tensions. Deuxièmement, les rapports familiaux de la personne âgée ont une longue histoire, ce qui comporte aussi des avantages et des inconvénients. Une longue habitude de faire face aux stress peut donner à l'adulte vieillissant le sentiment qu'il peut affronter tout ce que la vie lui apportera; d'autre part, nombreuses sont les personnes âgées qui traînent des choses non réglées depuis leur enfance ou le début de l'âge adulte. De plus, certains événements de la vie sont pratiquement l'apanage de la famille âgée, comme l'éloignement des enfants devenus adultes, le fait de devenir grand-parent, la retraite et l'expérience du veuvage après une longue vie commune. Tous ces événements ne manquent pas d'affecter tous les membres de la famille.

Examinons maintenant le rôle que jouent les rapports de la personne âgée avec sa famille et ses amis, tant à l'intérieur de sa propre génération qu'avec les personnes des autres générations.

Les rapports intra-génération

Le mariage

«Une des choses merveilleuses de la vie conjugale à notre âge, affirme une octogénaire, est la possibilité de nous parler chaque matin de nos malaises et de sentir que chacun se préoccupe de l'autre. Pas besoin de parler de tout ça à Pierre, Jean, Jacques.»

La durée de la vie conjugale s'est accrue avec l'espérance de vie. Il y a un certain nombre d'années, il n'était pas rare de voir une femme mourir lors d'un accouchement, et la grippe ou la pneumonie faisaient souvent des victimes. Les conjoints survivants se remariaient; la mort mettait souvent un terme aux tensions d'une vie conjugale prolongée. De nos jours, les couples qui parviennent à leur cinquantième anniversaire de mariage sont plus nombreux, mais plusieurs mariages de longue date sont interrompus par la mort ou par un divorce (comme nous le verrons plus loin). En raison des différences quant à l'espérance de vie

Les couples qui vivent encore ensemble après de nombreuses années de vie commune se disent heureux de leur sort. D'après les conjoints âgés interrogés, les aspects les plus satisfaisants du mariage sont l'amitié et la possibilité de se confier mutuellement leurs véritables sentiments. Bien sûr, l'amour, le plaisir et la sensualité occupent encore une place importante à un âge avancé. (Paul Fusco/Magnum Photos, Inc.)

et aux attentes sociales, beaucoup plus d'hommes âgés sont mariés et vivent avec leur épouse, comparativement aux femmes âgées, dont plusieurs connaissent le veuvage. Le tableau 17.1 présente quelques données sur la situation matrimoniale après 65 ans.

Les couples qui vivent encore ensemble après de nombreuses années de mariage sont moins portés que les jeunes couples à déclarer que leur union comporte bien des problèmes. Il s'agit peut-être chez certains d'un déni des difficultés qui existent mais, dans plusieurs cas, cela semble correspondre à la réalité. Maintenant que le divorce est accessible à tous, les conjoints qui sont demeurés ensemble jusqu'à la vieillesse ont tendance à constituer les unions les plus heureuses. La décision de divorcer se prend habituellement au cours des premières années du mariage, et les couples qui demeurent ensemble en dépit des difficultés sont généralement ceux qui ont su surmonter leurs différends et qui vivent une relation satisfaisante.

Le bonheur conjugal des adultes vieillissants est aussi lié à d'autres facteurs (Schram, 1979). Les études sur la satisfaction face à la vie conjugale mesurent peut-être la capacité d'adaptation des individus, et peut-être la personne qui se dit heureuse de sa vie matrimoniale se montre-t-elle satisfaite de la vie en général. Cette satisfaction peut découler de facteurs autres que la vie commune, comme le travail, la réduction des tensions dues à l'éducation des enfants, ou une situation financière plus favorable. Une autre explication plausible serait que les gens sentent peut-être inconsciemment qu'ils ont à justifier le fait d'avoir poursuivi leur vie conjugale tant d'années en se déclarant heureux en ménage.

Qu'est-ce qui fait un mariage heureux? D'après les individus interrogés, les aspects les plus satisfaisants du mariage sont l'amitié et la possibilité de se confier mutuellement leurs véritables sentiments. Ils étaient encore romantiques, affirmant que le fait d'être en amour est le facteur le plus important de la réussite d'un mariage. Selon eux, le respect et le partage d'intérêts communs sont deux caractéristiques importantes d'un mariage heureux. La plupart des difficultés sont attribuables à des différences aux plans des valeurs, de la conception de la vie et des intérêts (Stinnett, Carter et Montgomery, 1972).

Certains de ces problèmes sont dûs aux changements de personnalité qui surviennent après 40 ans et qui amènent la femme et l'homme dans des directions opposées (Zube,

Tableau 17.1   État matrimonial selon le groupe d'âge et le sexe, Québec, 1981 (Bureau de la Statistique du Québec, 1985, p.107)

Groupe d'âge et sexe	Céliba- taires	Mariés			Veufs	Divorcés	Total
		Légalement	Union libre	Total			
Hommes							
65-69 ans	9,1 %	...			81,4 %	7,7 %	1,9 %	100 %
70-74 ans	9,4 %	...			77,6 %	11,7 %	1,3 %	100 %
75-79 ans	9,7 %	...	1,1 %	70,4 %	19,1 %	0,9 %	100 %
80-84 ans	9,8 %	...			59,3 %	30,3 %	0,6 %	100 %
85-89 ans	9,1 %	...			46,3 %	44,3 %	0,3 %	100 %
90 ans et plus	8,8 %	...			31,6 %	59,1 %	0,5 %	100 %
Femmes							
65-69 ans	13,8 %	...			52,9 %	31,8 %	1,5 %	100 %
70-74 ans	15,3 %	...			40,6 %	43,2 %	0,9 %	100 %
75-79 ans	16,0 %	...	0,6 %	28,6 %	54,8 %	0,5 %	100 %
80-84 ans	16,2 %	...			17,8 %	65,7 %	0,3 %	100 %
85-89 ans	16,5 %	...			10,0 %	73,3 %	0,2 %	100 %
90 ans et plus	17,0 %	...			5,1 %	77,7 %	0,2 %	100 %

1982). L'homme devient moins pris par son travail et s'intéresse davantage aux rapports intimes, alors que la femme éprouve souvent le désir de consacrer du temps à sa croissance personnelle et à son expression. Peu avant ou après sa retraite, l'homme se tourne souvent vers son épouse avec des sentiments qu'il qualifie de «tendres», mais que sa compagne considère plutôt «étouffants» (Troll, Miller et Atchley, 1979).

La retraite marque le début d'une nouvelle étape de la vie conjugale. Lors d'une étude, des femmes qui n'avaient pas travaillé à l'extérieur ont trouvé des avantages et des inconvénients à la retraite du mari. Elles déploraient la perte de leur liberté, trouvaient que leur époux prenait trop de leur temps et que les moments passés ensemble étaient plus nombreux qu'elles ne le souhaitaient. Par ailleurs, elles se sentaient appréciées dans leurs nouvelles «fonctions» et leur moral était bon (Keating et Cole, 1980). Chez les couples vieillissants, il arrive souvent que la femme sente qu'elle a plus de pouvoir qu'auparavant. Cela peut refléter des changements survenus dans la société tout entière (où les femmes ont plus de rôles à jouer et sont davantage respectées), plutôt que des changements dus à l'âge seul.

Généralement parlant, les changements qui surviennent avec l'âge adoucissent les rapports matrimoniaux. Lorsque l'homme et la femme sont libérés de leurs rôles de pourvoyeurs et d'éducateurs, ils deviennent plus intéressés à leurs personnalités respectives qu'à leurs rôles et fonctions, et le plaisir de se retrouver ensemble devient une dimension primordiale de la vie commune (Zube, 1982).

Le divorce

Nous n'entendons pas souvent parler de couples de 60 ou 70 ans qui divorcent. Cette décision se prend habituellement beaucoup plus tôt dans la vie.

Malgré l'augmentation du nombre de divorces chez les adultes vieillissants au cours des 20 dernières années, il n'y a que 3,6 % des femmes et 5,5 % des hommes âgés qui sont divorcés et non remariés (B.S.Q., 1985; voir le tableau 17.1). L'augmentation des taux de divorces au cours des dernières décennies risque de hausser le pourcentage de gens âgés divorcés.

Chez les adultes vieillissants, les hommes et les femmes divorcés ou séparés éprouvent beaucoup moins de satisfaction face à la vie familiale que les gens mariés, veufs ou célibataires. Les hommes divorcés ou séparés tirent moins de satisfaction de leurs amitiés et de leurs activités non reliées au travail que ceux qui font partie des autres catégories, mais tel n'est pas le cas chez les femmes. Chez les uns comme chez les autres, cependant, les taux de maladies mentales et de mortalité sont plus élevés, ce qui peut refléter l'insuffisance des réseaux de soutien à l'égard des personnes âgées divorcées (Uhlenberg et Myers, 1981). Les adultes vieillissants divorcés rencontrent souvent plusieurs des difficultés auxquelles font face les veufs et les célibataires, dont nous parlerons dans les prochaines sections.

Le veuvage

«Tant que votre mari est là, vous n'êtes pas vieille», disait récemment une femme de 75 ans qui venait de se retrouver veuve, «mais une fois que vous l'avez perdu, la vieillesse s'installe rapidement». Une étude du mariage chez les personnes âgées est nécessairement liée à une étude du veuvage, lequel représente l'une des plus dures épreuves qu'elles doivent subir, tout particulièrement pour les femmes. Plus de 30 % des femmes de plus de 65 ans et plus des deux tiers de celles qui dépassent 80 ans sont veuves; chez les hommes, seulement un dizième de ceux qui dépassent 65 ans et un cinquième de ceux qui ont plus de 75 ans le sont (B.S.Q., 1985; voir le tableau 17.1).

Ce phénomène est dû principalement au fait que les femmes vivent plus longtemps que les hommes et épousent généralement des hommes plus vieux qu'elles. De plus, les veufs ont deux fois plus de chances que les veuves de se remarier, étant donné le plus grand nombre de femmes libres. Comme nous le verrons dans la prochaine section, les femmes ont moins tendance à se remarier que les hommes. Ainsi, la majorité des 7 millions de personnes âgées qui vivent seules aux États-Unis (soit environ 30 % de celles qui ont plus de 65 ans) sont des femmes. Nous examinerons les répercussions d'un tel état de choses lorsque nous parlerons de l'habitation.

Bien que nous explorions les aspects spécifiques du deuil au chapitre 18, nous jetterons maintenant un coup d'œil sur certains effets de la perte du conjoint sur la vie quotidienne du survivant.

L'adaptation au décès du conjoint.   Paul, qui vient de perdre son épouse après 56 ans de mariage, affirme: «Une des choses les plus difficiles que j'ai à vivre maintenant, c'est de sentir que je ne suis plus important pour personne. Mes enfants m'aiment, mais ils ont leur propre famille et leur propre vie à vivre. J'ai de bons amis, mais eux aussi ont changé. Personne ne peut remplacer Lucienne.»

Lorsque l'un des conjoints meurt après de nombreuses années de mariage, celui qui survit doit faire face à une multitude de problèmes émotifs et pratiques. Dans le cas d'un mariage heureux, le survivant subit la perte d'un amant, d'un confident, d'un bon ami et d'un fidèle compagnon. Un grand vide affectif se crée dans la vie du survivant. Même dans le cas d'un couple malheureux, le survivant ressent cette perte. D'abord, le rôle d'époux n'existe plus. Cette perte est particulièrement difficile pour la personne dont la vie était organisée en fonction des soins et de la présence à assurer au conjoint, mais elle affecte également le travailleur qui n'a plus personne à retrouver après son travail. Alors que les hommes deviennent généralement veufs à un âge avancé, la moitié environ de toutes les femmes deviennent veuves avant d'atteindre 56 ans. C'est donc à l'âge mûr que les femmes doivent le plus souvent faire face à la perte du conjoint, et la vieillesse est la période où elles intègrent leur statut de veuves dans la vie quotidienne (Balkwell, 1981).

La vie sociale du survivant change également. Parents et amis viennent soutenir et consoler la personne en deuil immédiatement après le décès du conjoint, mais ils retournent ensuite chez eux reprendre leurs occupations. Le veuf ou la veuve se trouve alors seule pour restructurer entièrement sa vie. Certaines personnes ont de la difficulté à écouter des amis affligés leur confier leur chagrin, car cela leur rappelle trop qu'elles aussi sont vulnérables. Ainsi, elles sont portées à éviter le veuf ou la veuve à un moment où leur présence serait des plus appréciées.

Les problèmes rencontrés par les hommes et par les femmes sont différents. Alors que les veufs des deux sexes sont généralement plus vulnérables à la maladie mentale et particulièrement à la dépression que les gens mariés (Balkwell, 1981), les hommes risquent davantage de mourir moins de six mois après le décès de leur épouse (Parkes, Benjamin et Fitzgerald, 1969) et les femmes de souffrir de maladies chroniques qui les rendent invalides (Verbrugge, 1979).

Les problèmes sociaux rencontrés diffèrent également. Si le veuf comme la veuve ont souvent l'impression d'être «la cinquième roue du carrosse» lorsqu'ils sont avec des couples d'amis, les hommes cherchent plutôt à rencontrer d'autres femmes et à se remarier, alors que les femmes se rapprochent plutôt d'autres veuves et éprouvent de la difficulté à créer des relations hétérosexuelles (Brecher et coll., 1984; Lopata, 1977; 1979).

La vie sans le conjoint.   Les individus qui semblent le mieux s'adapter au veuvage sont ceux qui se tiennent occupés, qui reprennent d'anciens rôles ou se mettent à en exercer de nouveaux (s'engageant dans un travail rémunéré ou une activité bénévole, par exemple), ceux qui rencontrent souvent leurs amis et ceux qui profitent des programmes communautaires, comme les groupes d'entraide (Balkwell, 1981; Vachon et coll., 1980; Barrett, 1978).

Comme toute autre crise de la vie, le veuvage touche les personnes de différentes façons, selon leur personnalité et les circonstances de leur vie. Un des gros problèmes auxquels font face les veufs des deux sexes est le manque d'argent. Si l'homme était le principal pourvoyeur, sa veuve se retrouve privée de son revenu. De son côté, l'homme qui se retrouve veuf doit maintenant payer pour de nombreux services qu'assumait son épouse. Même lorsque les deux conjoints travaillaient, la perte d'un des revenus est souvent importante (Lopata, 1977; 1979).

Mais les plus grandes difficultés sont d'ordre affectif. La douleur causée par la perte du conjoint est longue à guérir (comme nous le verrons au chapitre 18 en abordant le deuil et le chagrin). Les gens peuvent toutefois se préparer à toutes les circonstances de la vie (y compris le veuvage) en acquérant tôt un sens profond de leur identité personnelle et de l'autonomie. La femme sera moins terrassée par la perte de son mari si elle a l'habitude d'avoir ses propres intérêts et de voir aux aspects pratiques (y compris les questions financières) de sa vie. De son côté, l'homme s'en tirera mieux s'il sait faire la cuisine et la lessive, et organiser ses activités sociales.

Le remariage

Après la mort de son épouse (amie d'Agnès D.), Richard L. décide d'aller vivre dans une autre ville. Quelques années plus tard, lors d'une visite chez son fils, il appelle Agnès D., devenue veuve elle aussi, et l'invite à dîner au restaurant. Comme le rappelle cette dernière,

> «Nous avons commencé à correspondre et à nous téléphoner. Avant même que je me rende trop compte de ce qui se passait, nous avons décidé de nous marier. Je n'aurais jamais imaginé que cela m'arriverait. Mais plus ça allait, plus il me manquait quand il n'était pas là. Plus nous nous voyions, plus nous nous apprécions l'un l'autre. Nous sommes heureux d'avoir décidé de vivre ensemble.» (Vinick, 1978, p. 361)

Ce fait vécu illustre un phénomène de plus en plus répandu. Chaque année, plus de 35 000 couples dont au moins l'un des conjoints dépasse 65 ans s'unissent par les liens du mariage.

Dans le but d'approfondir la question du remariage chez les personnes âgées, Vinick (1978) a interviewé 24 couples âgés qui s'étaient remariés passé l'âge de 60 ans. Pour la majorité d'entre eux, le premier mariage avait été interrompu par la mort du conjoint et non par le divorce; la plupart s'étaient connus au cours de leur précédent mariage, ou bien avaient fait connaissance par l'intermédiaire d'un ami ou d'un parent. Dans la plupart des cas, c'était l'homme qui avait pris l'initiative de la relation. Même si la plupart de ces couples n'avaient pas connu le coup de foudre, plus de la moitié s'étaient mariés moins d'un an après s'être rencontrés comme célibataires.

Parmi ces couples âgés, les hommes étaient portés à attribuer leur décision de se remarier à leur désir de rompre la solitude et de créer des liens de camaraderie, alors que les femmes mentionnaient plus volontiers leurs sentiments envers leur nouveau conjoint ou les qualités de celui-ci. La plupart d'entre eux avaient reçu l'appui de leurs enfants adultes, mais certains s'étaient heurtés aux réactions négatives de leurs amis, qui éprouvaient de l'envie à leur égard ou se sentaient abandonnés.

Presque tous ces sujets, remariés depuis une période qui variait entre deux et six ans, avaient une vie conjugale très heureuse. La plupart de ceux qui se montraient insatisfaits disaient qu'ils avaient été contraints à se remarier par des circonstances incontrôlables. Ces derniers représentaient toutefois une faible minorité. La réponse typique des personnes interrogées peut se résumer comme suit:

> «Nous sommes comme des enfants. Nous badinons, nous nous amusons. Nous allons danser et aimons rencontrer notre famille. Nous profitons de la vie ensemble. Quand une personne a quelqu'un à ses côtés, elle est heureuse.» (Vinick, 1978, p. 362)

Le bonheur des femmes avait tendance à dépendre de facteurs externes: l'approbation des amis, des revenus suffisants et un logement adéquat. Celui des hommes était davantage relié à des états intérieurs (leur vision du remariage, les ententes avec leurs enfants) ou dépendait de leur état de santé physique et mental au moment de l'enquête. Ces unions étaient généralement plus calmes que les mariages précédents, et se caractérisaient par l'attitude tolérante des conjoints les uns envers les autres. La sérénité de ces derniers était en grande partie attribuable à l'absence des points de tension qui marquent les premiers rapports conjugaux: l'éducation des enfants, la poursuite d'une carrière et les relations avec les beaux-parents.

Une autre étude effectuée auprès de 100 couples mariés depuis au moins cinq ans et dont l'époux avait plus de 65 ans et l'épouse plus de 60 ans lors du mariage, a permis d'identifier plusieurs facteurs qui contribuent au bonheur conjugal des personnes âgées remariées (McKain, 1972). La plupart de ces couples s'étaient connus avant que l'un ou l'autre ne devienne veuf, et ce sont ceux qui s'étaient bien connus avant leur mariage qui étaient les plus heureux. Les couples les plus satisfaits de leur vie matrimoniale avaient aussi reçu l'approbation de leurs parents et amis, possédaient un revenu suffisant, ne vivaient pas dans la maison où l'un d'eux avait habité avec son ex-époux et s'étaient bien adaptés aux changements de rôles entraînés par le vieillissement (comme la retraite, le départ des enfants et l'incapacité de conduire un véhicule).

Non seulement le remariage chez les personnes âgées améliore le sort des individus eux-mêmes, mais il soulage la société d'un lourd fardeau. Les personnes âgées célibataires, par exemple, ont plus tendance que celles qui sont mariées à recourir aux services communautaires ou à vivre en institution. Pour des raisons autant humanitaires que pratiques, il est donc de l'intérêt de la société d'encourager les personnes âgées à se remarier. Vinick suggère, par exemple, de favoriser les rencontres d'hommes et de femmes dans les résidences pour personnes âgées ou dans les associations de citoyens âgés, de multiplier les programmes qui réunissent les hommes et les femmes, comme les repas communautaires, et enfin de permettre aux personnes veuves de conserver leur pension et leurs bénéfices sociaux même si elles se remarient.

Le célibat

Le nombre de personnes âgées qui n'ont jamais été mariées est relativement faible. Seulement 10 % des hommes et environ 15 % des femmes sont dans cette condition (B.S.Q., 1985; voir le tableau 17.1). On peut dire que ces personnes constituent un «type distinct de personnalité sociale» (Gubrium, 1975). Des interviews menées auprès de 22 célibataires âgés de 60 à 94 ans en vue de connaître leurs impressions sur la vieillesse ont révélé que ceux-ci souffraient moins de la solitude que la personne type de ce groupe d'âge. Ces données peuvent signifier que la solitude est davantage la conséquence d'avoir connu l'amour puis de l'avoir perdu, que celle de ne l'avoir jamais connu. Elles peuvent également signifier que certaines personnes choisissent de ne pas se marier parce qu'elles ne ressentent pas le besoin qu'ont la plupart des individus d'avoir une relation aussi intime. Ces célibataires âgés semblaient moins troublés par la vieillesse que la plupart des personnes âgées; ils étaient plus indépendants, avaient moins de relations sociales et se montraient habituellement satisfaits de leur vie.

Nous voyons donc que l'adulte vieillissant peut s'épanouir dans divers modes de vie et qu'il n'existe pas telle chose que la meilleure façon de trouver le bonheur durant la vieillesse.

Les relations sexuelles

Jusqu'à tout récemment, la plupart des commentaires à propos de la sexualité des personnes âgées se ralliaient à l'une ou l'autre des attitudes suivantes: «Ne sont-ils pas mignons!», ou «Ils pourraient franchement penser à autre chose à leur âge!». Selon un de nos stéréotypes les plus ancrés à propos de la vieillesse, l'adulte vieillissant *est* et *doit* être asexué, et celui qui ne l'est pas est pervers. Cependant, les chercheurs qui ont recueilli des informations sur le comportement sexuel des personnes âgées au cours des dernières années ont constaté que la sexualité peut être une force vitale tout au long de la vie. Pour bon nombre de gens, cette découverte a été aussi révolutionnaire que les premiers énoncés de Freud sur la sexualité de l'enfant!

Nous sommes des êtres sexués de la naissance à la mort. Notre sexualité peut s'exprimer de diverses façons (par le toucher, les rapprochements, l'affection, l'intimité) (Kay et Neelley, 1982). Bien que nous choisissions, à divers moments de notre vie, d'investir notre énergie

Les personnes qui ont eu une vie sexuelle active au cours de leur jeunesse sont portées à être actives sexuellement durant leur vieillesse. (Jay Hoops/De Wys)

sexuelle dans des activités et des rapports non sexuels, celle-ci continue d'exister. Même si la maladie ou divers malaises nous empêchent parfois d'y répondre, nos désirs sexuels sont toujours là. Le sexe n'apporte pas que des satisfactions d'ordre physique. Une vie sexuelle active est un témoignage d'amour et d'affection pour les deux partenaires, de même que le reflet de leur vitalité continue.

L'expression physique de la sexualité chez les personnes âgées représente un aspect normal et sain du fonctionnement humain. C'est avec les travaux de Masters et Johnson et les découvertes de l'Étude longitudinale de l'Université de Duke que sont apparues les premières données réellement scientifiques relatives à la sexualité chez les personnes âgées. Deux études plus récentes font ressortir le large éventail des expériences sexuelles à un âge avancé.

Après avoir interviewé des hommes et des femmes de plus de 60 ans, Masters et Johnson (1966, 1981) en sont arrivés à la conclusion que les personnes qui ont eu une vie sexuelle active

Encadré 17.1

Que savez-vous de la sexualité chez la personne âgée?

Répondez aux questions suivantes par ''V'' si vous croyez l'énoncé vrai, par ''F'' si vous le croyez faux ou par ''?'' si vous ne connaissez pas la réponse. Vous trouverez les bonnes réponses à la page suivante. Demandez-vous jusqu'à quel point vos attitudes à l'égard des personnes âgées de votre entourage ainsi que de votre propre vieillissement ont été influencées par le niveau de vos connaissances sur la question.

1 Les activités sexuelles nuisent souvent à la santé de l'adulte vieillissant. _____

2 L'homme de plus de 65 ans prend généralement plus de temps qu'un homme plus jeune pour avoir une érection, et celle-ci est moins ferme. _____

3 La femme âgée peut trouver les rapports sexuels douloureux parce que la lubrification vaginale est plus lente et moins abondante, et les tissus vaginaux moins élastiques. _____

4 Les rapports sexuels augmentent les risques d'infarctus chez les gens de plus de 65 ans. _____

5 La majorité des hommes dépassant 65 ans sont incapables d'avoir des relations sexuelles. _____

6 Les gens qui ont été sexuellement actifs durant leur jeunesse ont plus de chances de l'être durant leur vieillesse. _____

7 La majorité des femmes âgées n'ont plus de réactions sexuelles. _____

8 Les médicaments n'ont aucun effet sur les pulsions sexuelles. _____

9 L'homme vieillissant maintient ses érections plus longtemps parce qu'il éprouve moins le besoin d'éjaculer. _____

10 La raison la plus fréquente de la baisse des activités sexuelles chez les gens âgés est le manque d'intérêt de la femme pour les rapports sexuels. _____

11 Les sédatifs, les somnifères et l'alcool diminuent les réactions sexuelles. _____

12 L'abus du tabac peut réduire les besoins sexuels. _____

13 Ce sont plus souvent des facteurs sociaux ou psychologiques que des facteurs physiques et biologiques qui amènent les personnes âgées à mettre fin à leurs activités sexuelles. _____

14 L'abus de la masturbation peut entraîner la confusion mentale et la démence précoce chez la personne âgée. _____

15 La femme ménopausée éprouve invariablement moins de satisfaction sexuelle. _____

16 À moins de souffrir d'une invalidité grave, l'homme et la femme peuvent maintenir leur intérêt pour le sexe et poursuivre leurs activités sexuelles jusqu'à 80 ou 90 ans et plus. _____

17 La masturbation peut aider l'homme et la femme âgée à maintenir leurs réactions sexuelles. _____

Adaptation de White, 1982

au cours de leur jeunesse sont portées à être actives sexuellement durant leur vieillesse. Le facteur le plus important de la vitalité sexuelle à un âge avancé est la pratique continue d'activités sexuelles au cours des années. Un homme sain qui a toujours eu une bonne activité sexuelle peut généralement poursuivre une certaine forme d'expression sexuelle jusqu'à l'âge de 70 ou 80 ans. Les femmes sont physiologiquement capables d'activités sexuelles toute leur vie. Un obstacle important à la vie sexuelle des femmes âgées est le manque de partenaires intéressés.

La sexualité chez les adultes vieillissants prend une forme différente. Les personnes âgées ne ressentent pas autant de tension sexuelle; leurs relations sexuelles sont, par conséquent, moins fréquentes et l'expérience perd de son intensité. Chez l'homme de plus de 60 ans, l'excitation, l'érection et l'éjaculation prennent plus de temps. Certains des signes physiologiques qui accompagnent l'excitation, comme l'afflux sanguin et la tonicité accrue des muscles, se manifestent à un degré moins élevé. Les réactions sexuelles des femmes âgées sont également affaiblies. L'engorgement mammaire, l'érection des mamelons, la tonicité accrue des muscles, l'engorgement du clitoris et des lèvres ainsi que d'autres signes d'excitation sexuelle sont moins intenses. Cependant, les femmes âgées peuvent encore atteindre l'orgasme, surtout si elles ont eu une vie sexuelle active au cours des années. Compte tenu de ces changements, les femmes comme les hommes âgés peuvent continuer à profiter d'une sexualité satisfaisante durant la vieillesse.

Bien qu'il soit nécessaire de pousser plus loin la recherche pour évaluer les attitudes et les capacités sexuelles des personnes âgées, il est évident que l'expression sexuelle représente un aspect agréable et normal de la vie pour bien des personnes âgées. Elle pourrait jouer un rôle encore plus important si les jeunes comme les vieux en appréciaient les bienfaits. Les personnes âgées doivent accepter leur propre sexualité sans honte ni gêne. Les personnes plus jeunes doivent éviter de ridiculiser ou de traiter avec condescendance les personnes âgées qui manifestent une sexualité saine. Les travailleurs des secteurs médical et social doivent tenir compte de l'activité sexuelle des individus lorsqu'ils prescrivent des traitements (et éviter autant que possible les médicaments qui nuisent aux fonctions sexuelles); ils doivent aussi savoir com-

ment aborder les questions sexuelles (comme dans le cas d'un patient cardiaque qui peut être gêné d'aborder le sujet). Les personnes qui conçoivent les logements pour personnes âgées doivent prévoir des lieux discrets où hommes et femmes pourront se rencontrer. L'encadré 17.1 vous permet de vérifier vos connaissances sur la sexualité de l'adulte vieillissant.

Les relations entre frères et sœurs

«Je te défends bien d'inviter mon frère Claude à mes funérailles», de dire Alice L. à sa fille. «S'il n'est pas intéressé à moi de mon vivant, il n'a pas à l'être quand je serai morte.» Heureusement, un autre membre de la famille est intervenu, avec succès, pour rétablir entre le frère et la sœur l'amitié qui les liait avant une querelle qui les a éloignés l'un de l'autre pendant de nombreuses années. Durant les dernières années de leur vie, Alice et Claude ont entretenu des rapports très harmonieux. Comme nous l'avons déjà souligné, les relations entre frères et sœurs sont habituellement les liens les plus durables que les gens entretiennent au cours de leur vie (Cicirelle, 1980). Plus de 75 % des personnes de plus de 65 ans ont au moins un frère ou une sœur, ce qui leur confère une place importante dans le réseau de soutien de la personne âgée (Scott et Roberto, 1981).

Les quelques recherches récentes sur les relations entre frères et sœurs âgés laissent croire que les enfants d'une même famille ont, durant la vieillesse, fondamentalement le même type de relations qu'à l'âge mûr. Souvent, ils sont devenus plus rapprochés au début ou au milieu de l'âge adulte qu'ils ne l'avaient été quand ils grandissaient ensemble, après avoir consolidé leur identité dans leur carrière et leur famille. Ils font souvent des efforts spéciaux pour renouveler leurs liens après que leurs enfants les aient quittés, et bien qu'elles puissent persister la vie durant, les traces de rivalité ont tendance à être compensées par une intimité émotive et des rapports affectueux (Cicirelli, 1980; Scott et Roberto, 1981; Ross, Dalton et Milgram, 1980).

Quel impact les frères et sœurs ont-ils les uns sur les autres? Quand ils jettent un regard rétrospectif sur leur vie, les adultes vieillissants qui sont proches de leurs frères et sœurs se sentent en paix avec la vie et avec eux-mêmes, alors que ceux qui se sont brouillés avec les autres membres de leur famille sont troublés, comme s'ils avaient enfreint leur système de valeurs familiales. Les frères et sœurs qui se «retrou-

---

Réponses aux questions de l'encadré 17.1

1) F; 2) V; 3) V; 4) F; 5) F; 6) V; 7) F; 8) F; 9) V; 10) F; 11) V; 12) V; 13) V; 14) F; 15) F; 16) V; 17) V.

vent» sentent généralement qu'ils ont accompli une tâche importante (Ross, Dalton et Milgram, 1980). Les sœurs jouent un rôle particulièrement important dans le maintien des relations familiales; elles se confrontent et se stimulent les unes les autres, et apportent un soutien affectif à leurs frères. Les hommes âgés qui ont des sœurs perçoivent la vie d'une façon plus positive et nourrissent généralement moins d'inquiétudes face au vieillissement (Cicirelli, 1977).

Bien qu'ils se sentent plus près de leurs enfants et de leurs petits-enfants et qu'ils soient plus susceptibles d'obtenir de l'aide de leurs enfants que de leurs frères et sœurs, les adultes vieillissants se tournent habituellement vers ces derniers avant toute autre personne. Comme il y a de plus en plus de gens qui décident de ne pas avoir d'enfants ou d'en avoir seulement un ou deux, les relations qu'ils entretiendront avec leurs frères et sœurs une fois devenus vieux deviendront probablement plus importantes tant pour le soutien affectif que pour l'aide pratique (Scott et Roberto, 1981; Cicirelli, 1980).

L'amitié

Nos rapports avec les autres sont importants tout au long de notre vie, y compris pendant la vieillesse. La plupart des personnes âgées ont des amis intimes, et celles qui ont de bons cercles d'amis retirent plus de satisfaction de la vie (Babchuk, 1978-79; Lemon, Bengston et Peterson, 1972).

L'importance des rapports intimes. Il y a un facteur encore plus important que le fait même d'avoir des amis: c'est la nature de cette amitié. Celui qui entretient des rapports intimes et stables avec une personne à laquelle il peut confier ses vrais sentiments et ses pensées les plus profondes est capable de surmonter plus facilement les vicissitudes de la vieillesse (Lowenthal et Haven, 1968). Il est plus important, si l'on veut conserver une bonne santé mentale et un bon moral, d'avoir un confident qu'une vie sociale intense ou un rôle important. Lorsqu'on peut parler de ses inquiétudes et de ses souffrances, on peut mieux surmonter les crises de la vieillesse, comme le veuvage, la retraite et la diminution des interactions sociales. La seule situation à laquelle une oreille sympathique ne semble pas pouvoir remédier est une mauvaise santé physique.

Au cours de la vieillesse, le choix des amis repose sur les mêmes critères que par le passé.

Par exemple, les personnes âgées ont tendance à se lier d'amitié avec des personnes qui vivent dans leur voisinage. De plus, comme durant les jeunes années, la similitude constitue un facteur primordial: les amis seront vraisemblablement du même sexe, ils auront le même statut matrimonial, la même origine ethnique, le même statut socio-économique et feront partie du même groupe d'âge (Rosow, 1970).

Il arrive souvent qu'un changement de statut influe sur les liens d'amitié. Les individus qui se retrouvent veufs ou qui prennent leur retraite plus tôt que la plupart de leurs amis voient leur vie sociale se restreindre (Blau, 1961). Ils s'intègrent moins bien qu'auparavant. Le veuf ou la veuve ne trouve plus sa place parmi les couples; quant à celui qui a pris une retraite précoce, il a du mal non seulement à rencontrer ses amis qui travaillent toujours, mais aussi à s'intégrer à leurs conversations qui portent presque infailliblement sur leurs activités professionnelles. Lorsque ceux-ci changeront à leur tour de statut, veufs et retraités réintégreront leurs cercles d'amis.

Le statut social influe également sur les rapports amicaux. Les individus d'un niveau socio-économique moyen ont plus d'amis et sont plus portés à faire la distinction entre les amis et les voisins que ceux qui font partie de la classe ouvrière; ces derniers ont tendance à se lier d'amitié avec des personnes de leur voisinage, et confondent souvent amis et voisins (Rosow, 1970; Babchuk, 1978, 1979).

Les différences entre les sexes dans les rapports amicaux. Au cours de la vieillesse comme durant les autres périodes de la vie, les hommes et les femmes n'accordent pas la même importance à l'amitié. Les femmes recherchent plus que les hommes un confident ou une confidente. S'il arrive qu'un homme se confie à quelqu'un, c'est généralement à son épouse. La femme mariée aura, pour sa part, tendance à se confier à l'un de ses enfants, à un parent ou à un ami plutôt qu'à son époux (Babchuk, 1978-79; Lowenthal et Haven, 1968).

Lors d'une étude sur les couples âgés remariés, 8 des 24 hommes interrogés ont déclaré ne pas avoir d'amis, alors que toutes les femmes de l'échantillon ont dit avoir au moins un(e) ami(e) (Vinick, 1978). Même les hommes qui ont des amis voient ces derniers moins souvent après le décès de leur épouse ou une fois retraités, alors que les femmes plongées dans de telles situations sont portées à créer des liens avec d'autres femmes. C'est sans doute pour cette raison que ces dernières se plaignent moins de la solitude que les hommes après le décès du conjoint. Les hommes voient plus de personnes (les amis et les enfants y compris) que les femmes dans des conditions habituelles, mais comptent moins d'amis intimes qu'elles. Les femmes âgées, de leur côté, ont tendance à avoir presque autant de contacts avec leurs bons amis qu'avec leurs époux (Powers et Bultena, 1976).

La différence entre les sexes quant à la qualité des rapports amicaux n'est pas attribuable au fait que les femmes vivent plus longtemps que les hommes et qu'elles ont donc moins de chances de se voir ravir des amis intimes par la mort. Il y a plus d'hommes que de femmes qui disent n'avoir jamais eu d'amis intimes. En outre, lorsqu'une femme voit de bons amis mourir ou déménager, elle est beaucoup plus portée qu'un homme à se faire de nouveaux amis intimes. Qu'elles traversent une période heureuse ou un moment plus difficile, les femmes accordent la même valeur à l'amitié, alors que les hommes sont portés à rechercher les rapports amicaux quand ils sont dans l'adversité. L'homme qui vient de perdre son épouse ou de prendre sa retraite, qui a des problèmes de santé ou des soucis financiers est plus porté à avoir un ami intime que celui qui ne connaît pas ces problèmes.

Bien que les rapports intimes ne soient pas essentiels au bonheur des personnes âgées et que certains individus semblent relativement heureux même s'ils n'ont pas d'amis, le fait d'avoir des amis devient pour plusieurs une vraie bénédiction quand ils ont atteint un âge avancé.

Les rapports inter-générations

La majorité des rapports avec les autres générations s'établissent à l'intérieur de la famille. À un âge avancé, c'est surtout avec les enfants et les petits-enfants que ces échanges se font, bien que les relations avec les parents très âgés et les arrières-petits-enfants soient de plus en plus fréquents. Les adultes vieillissants d'aujourd'hui ont été appelés «les véritables pionniers de notre temps» (Plath, cité dans Shanas, 1980). L'appartenance à une famille de quatre générations constitue en effet une nouvelle caractéristique de l'adulte vieillissant; cette situation est vécue par la moitié de toutes les personnes de plus de 65 ans qui ont des enfants vivants (Shanas, 1980).

Être parent à un âge avancé

Dans notre société, la relation qui unit les personnes âgées à leurs enfants est complexe. Il n'y a pas chez nous de passage naturel à un cycle de soins comme c'est le cas dans certaines sociétés primitives, où les personnes âgées s'attendent à être soignées personnellement dans les maisons de leurs enfants. Les relations enfants-parents macèrent dans un mélange complexe d'amour et de ressentiment, de tiraillements entre le devoir envers les parents et les obligations à l'égard du conjoint et de ses propres enfants, entre le désir d'agir correctement et celui de conserver le même mode de vie.

La plupart des enfants d'âge adulte aident leurs parents de bien des façons. Hill (1965) a analysé les patterns d'aide apportée par une génération à une autre chez plus de 100 familles composées de trois générations. La génération des grands-parents recevait beaucoup d'aide de la part des enfants et des petits- enfants d'âge adulte. Cette aide comportait la gratification affective, la gestion de la maison et l'aide apportée au cours de la maladie. Les grands-parents étaient plus susceptibles de recevoir de l'aide que d'en apporter.

Naturellement, l'aide entre les générations fonctionne dans les deux sens. Les parents de personnes handicapées peuvent conserver leur rôle protecteur toute la vie. Les personnes âgées aident parfois leurs enfants en s'occupant des petits-enfants dont les parents travaillent ou suivent des cours. Elles peuvent accueillir un enfant séparé ou divorcé en attendant qu'il réorganise sa vie. Dans ces cas, il pourra être avantageux à la fois pour les parents et pour les enfants d'âge adulte de vivre sous le même toit. Ces derniers cas s'appliquent plutôt à des grands-parents d'âge mûr qu'à ceux d'âge avancé.

Dans la plupart des cas, les enfants d'âge adulte ne vivent pas avec leurs vieux parents. La majorité des personnes âgées ne veulent pas vivre avec leurs enfants, quoique cela soit moins vrai chez celles qui ont perdu leur conjoint(e) (Shanas, 1969). L'enquête de Lopata (1973) sur les veuves a révélé que la plupart des femmes admettaient qu'il leur serait difficile de vivre dans la famille de leurs enfants mariés. Elles savaient qu'elles ne pourraient pas s'empêcher de critiquer la façon dont ils élèvent leurs propres enfants, leurs relations conjugales, leur gestion financière et d'autres aspects de leur vie quotidienne. Elles savaient que les conseils qu'elles se croiraient obligées de donner seraient rarement appréciés.

Malheureusement pour les personnes âgées, les jeunes et le patrimoine culturel, on ne tire pas suffisamment profit de l'expérience et des témoignages des personnes âgées. Le flétrissement rapide des savoirs traditionnels causé, entre autres, par l'évolution rapide des technologies, risque de nous faire perdre une partie de notre mémoire culturelle.

Il y a d'autres facteurs pour lesquels parents et enfants d'âge adulte ne vivent pas ensemble. De nos jours, les gens vivent dans des appartements plus petits qu'auparavant, ce qui complique souvent l'addition d'un nouveau locataire dans la maisonnée. Les personnes âgées elles-mêmes peuvent être incommodées du fait de devoir partager la chambre d'un des enfants. Leur vie sociale se trouve limitée du fait que l'intimité est plus rare; elles peuvent s'offusquer de devoir rendre compte à leurs enfants de leur emploi du temps; la personne âgée peut avoir une telle crainte de devenir une charge ou une intruse qu'elle en perd toute spontanéité.

Même si les parents âgés et leurs enfants ne partagent pas le même toit, ils se voient souvent. La plupart des parents âgés vivent à proximité d'au moins un de leurs enfants. Une étude faite en 1974 a révélé que 8 personnes âgées sur 10 avaient vu un de leurs enfants au cours de la dernière semaine (Rabushka et Jacobs, 1980).

Habituellement, c'est d'abord chez ses enfants que la personne âgée va chercher l'aide dont il a besoin. Comme nous l'avons souligné au chapitre 15, la nécessité de s'occuper de leurs parents impose souvent de lourdes contraintes aux enfants d'âge mûr ou avancé. Ces tensions les amènent parfois à infliger des mauvais traitements aux personnes âgées dont ils ont la charge.

Les mauvais traitements infligés aux personnes âgées

Des études troublantes ont commencé à faire état des mauvais traitements dont sont victimes certaines personnes âgées qui vivent sous la dépendance de leurs enfants. Tout comme le phénomène des enfants maltraités a été reconnu comme un problème social majeur au cours des années 1960 et celui de la violence conjugale durant les années 1970, les mauvais traitements infligés à un nombre croissant de vieillards sans défense sont devenus une préoccupation sociale

pressante des années 1980 (Pedrick-Cornell et Gelles, 1982).

Ces mauvais traitements peuvent prendre la forme de la négligence: privation de nourriture, d'un abri convenable, de vêtements, de soins médicaux, d'argent ou d'autres biens. L'abus peut également être de nature psychologique: les vieillards se voient ridiculisés par leurs enfants ou menacés de violence ou d'abandon. Il peut aussi se manifester par de véritables actes de violence: certains vieux parents se font battre, frapper ou brûler.

En raison des difficultés que posent la définition et la dénonciation de ces abus, les données statistiques sur la question varient considérablement (allant d'un demi million à deux millions et demi de cas par année aux États-Unis) (Pedrick-Cornell et Gelles, 1982). Le nombre de cas réels de mauvais traitements infligés aux personnes âgées dépasse probablement autant le nombre de cas rapportés qu'en ce qui concerne les abus dont sont victimes les enfants et les conjoints.

La personne âgée victime de violence est souvent une femme invalide d'un âge très avancé; dans bien des cas, la personne abusive est sa fille d'âge mûr, qui la perçoit comme la cause de tensions accablantes (Pedrick-Cornell et Gelles, 1982). Au Québec en particulier, les deux-tiers des victimes sont des femmes âgées de moins de 80 ans, habituellement dépendantes physiquement (Bélanger, 1981). Bien qu'aucune étude n'ait démontré l'existence d'une histoire de la violence familiale, plusieurs observateurs du phénomène ont le sentiment que les personnes qui s'en prennent à leurs parents ont été elles-mêmes battues durant leur enfance.

Tout comme dans les cas de mauvais traitements infligés aux enfants et aux conjoints, il nous faut aborder le problème du point de vue de la victime et de celui de la personne abusive (Hooyman, Rathbone-McCuan et Klingbeil, 1982). Pour protéger la personne âgée, il nous faut trouver des moyens d'identifier et de dénoncer les abus, de séparer la victime de sa famille lorsque c'est nécessaire et possible, d'atténuer son isolement en favorisant ses contacts avec la communauté et de lui offrir les services légaux, sociaux ou autres dont elle a besoin. Parallèlement, des services auprès des personnes abusives contribueront à réduire leur stress et leur offriront des options qui leur permettront de soigner plutôt que de maltraiter les personnes dont elles ont la charge. Parmi ces services, il y a les cours de formation, le support affectif, le counseling, l'aide financière et un service qui permet aux individus responsables de personnes âgées de prendre un congé d'un jour, d'un week-end ou d'une semaine. Parfois, la meilleure solution sera la mise en institution de la personne âgée, une option que nous examinerons plus loin dans ce chapitre.

Les crimes contre les personnes âgées

Bon nombre de personnes âgées ne sortent pas le soir, ne portent pas leur argent sur elles et n'utilisent pas le système de transport public par crainte des agressions. Cette peur constitue un sérieux obstacle à leurs déplacements et affecte ainsi leur vie quotidienne et leur santé mentale. Les craintes des personnes âgées se fondent en partie sur la conscience qu'elles ont de leur fragilité et de leur capacité réduite de se protéger en fuyant un attaquant éventuel ou en se défendant contre lui. Bien que les taux actuels des trois actes criminels les plus violents — meurtre, viol et voies de fait — soient peu élevés chez les personnes âgées, 25 % de ces dernières ont déclaré lors d'une enquête que la peur des agressions constitue un grave problème de l'adulte vieillissant (Institut national sur le vieillissement (NIA) 1982; Conseil national sur le vieillissement, 1981).

Les types d'actes criminels qui menacent davantage la personne âgée que les délits cités ci-dessus sont la fraude, le vol de chèques dans le courrier, le vandalisme, le vol de sacs à main et le harcèlement de la part des adolescents (NIA, 1982). Bon nombre de vieillards se laissent duper par d'habiles escrocs qui leur dérobent leurs économies; plusieurs de ces délits ne sont pas rapportés parce que les victimes craignent de s'attirer des ennuis.

La personne âgée sans enfant

Une des raisons que les gens donnent pour avoir des enfants est l'assurance d'avoir des soins et une présence durant leur vieillesse. Comme nous l'avons vu, cependant, le fait d'avoir une progéniture ne garantit pas toujours la réalisation de cet objectif. Le facteur crucial qui influe sur le niveau de satisfaction et de soins durant la vieillesse n'est pas tant la présence d'enfants que celle d'un conjoint. Les gens mariés sont beaucoup moins susceptibles de vivre en institution; la présence ou l'absence d'enfants n'a aucun effet à ce chapitre (Johnson et Catalano, 1981).

Comment la vie se passe-t-elle pour la personne âgée qui n'a pas d'enfant? Très peu de recherches ont été effectuées sur le vécu des cinq millions d'Américains les plus âgés qui sont sans enfant, soit environ 20 % de la population américaine de plus de 65 ans. Les études qui se sont penchées sur cette question ont produit peu d'évidences qui démontrent les avantages psychologiques ou matériels d'avoir des enfants pour les personnes d'un âge avancé (Keith, 1983; Glenn et McLanahan, 1981; Johnson et Catalano, 1981). Les gens âgés sans enfant ne sont ni plus isolés, ni plus négatifs face à la vie, ni plus craintifs devant la mort que ceux qui ont une progéniture. Le moral de la plupart des adultes vieillissants dépend davantage du nombre de contacts avec leurs amis qu'avec leurs enfants (Keith, 1983; Glenn et McLanahan, 1981).

Les gens âgés qui ont des enfants, cependant, s'adressent à ceux-ci pour solliciter leur aide. Que font ceux qui n'en ont pas? Même s'ils ont un cercle d'amis et de voisins plus large que ceux qui sont parents, les vieillards sans enfant ne se tournent pas de ce côté quand ils sont malades. Les liens du sang prévalent encore dans ces situations: ils s'adresseront à leurs frères et sœurs ou, si ces derniers sont morts ou incapables de leur venir en aide, à leurs «enfants», c'est-à-dire à leurs nièces et neveux, ou à des parents éloignés (Johnson et Catalano, 1981). Toutes ces personnes ne répondent pas autant à l'appel que les enfants ou les frères et sœurs, mais elles mettent la main à la pâte quand il s'agit de coordonner les services destinés aux personnes âgées de leur famille. Il arrive souvent qu'elles le fassent par respect pour leurs propres parents. En général cependant, même si les parents âgés apprécient leurs enfants et leurs petits-enfants, c'est la présence ou l'absence d'un conjoint qui demeure le facteur déterminant du niveau de satisfaction face à la vie et de la qualité des soins reçus durant la vieillesse.

Le rôle des grands-parents

Les grands-parents d'aujourd'hui sont plus susceptibles de dessiner des chaises berçantes que de s'y asseoir, de commercialiser des biscuits que d'en faire, et de porter un ensemble de jogging qu'un tablier. Cela est en parti dû au fait que les gens deviennent maintenant habituellement grands-parents pour la première fois au milieu de l'âge mûr, à une moyenne d'âge de 50

Cette femme qui aide son petit-fils à réparer sa bicyclette est un exemple vivant du grand-parent moderne. Le lien entre le grand-parent et son petit-enfant ajoute un élément particulier à la vie de l'un comme de l'autre; il y introduit habituellement plaisir, chaleur et attention, sans comporter les responsabilités liées à la relation parent-enfant. (Jonathan L. Barkan/The Picture Cube)

ans chez la femme, et de 52 ans chez l'homme (Troll, 1983). Ce phénomène est également attribuable au fait que le rôle de grand-parent passe habituellement après d'autres rôles chez l'adulte vieillissant.

Le rôle de grand-parent est important pour les 75 % d'individus de plus de 65 ans qui ont des petits-enfants, de même que pour leurs enfants et leurs petits-enfants. Il doit l'être en effet, puisque 75 % des grands-parents voient leurs petits-enfants au moins une fois par semaine, ce qui signifie qu'une génération ou l'autre prend l'initiative d'une visite hebdomadaire (Troll, 1983). Cette importance revêt diverses formes.

Selon Lillian E. Troll, qui a mené des recherches approfondies sur les rapports familiaux durant la vieillesse, les grands-parents jouent le rôle de «gardiens» de la famille (1980; 1983). Ils demeurent à la périphérie de la vie de leurs enfants et petits-enfants en s'y impliquant à des degrés divers, mais ils y jouent rarement un rôle prépondérant, sauf quand le besoin se fait sentir. Dans les moments de crise, comme après un divorce ou lorsque la maladie ou des difficultés financières se font sentir, ils entrent en scène et jouent un rôle plus actif auprès de leurs petits-enfants. Durant les périodes heureuses, bien qu'ils semblent moins étroitement impliqués, les grands-parents veillent toujours et s'assurent que tout va bien.

Durant les périodes paisibles, le rôle du grand-parent prend diverses formes. Une étude classique a fait ressortir cinq principaux types

de grands-parents: le type *conventionnel*, qui laisse l'éducation des enfants aux parents et se contente de garder les enfants à l'occasion et de leur offrir des gâteries spéciales; le *boute-en-train*, qui aime s'amuser avec ses petits-enfants; le *parent suppléant*, qui s'occupe des petits-enfants, habituellement parce que les parents travaillent tous les deux; la *source de sagesse familiale*, qui assume un rôle d'autorité et de transmission d'aptitudes ou de ressources spéciales; et le *personnage éloigné*, qui ne voit ses petits-enfants qu'occasionnellement lors des vacances ou des anniversaires (Neugarten et Weinstein, 1964).

Le type de grand-parent que sera une personne semble dépendre de son âge et de celui de ses petits-enfants. Les grands-parents plus jeunes suivent des modèles plus variés, alors que ceux qui ont plus de 65 ans appartiennent plutôt aux types conventionnel ou distant. Ce phénomène peut refléter des différences liées à la génération (les personnes de différentes époques ne voient pas les rôles de la même façon), mais il peut aussi refléter le fait qu'en vieillissant, les grands-parents deviennent moins bien portants et perdent le goût de passer la journée au zoo ou de jouer avec leurs petits-enfants.

Il existe aussi des différences entre les sexes dans la façon d'exercer le rôle de grand-parent. La femme a tendance à entretenir des rapports plus étroits et plus chaleureux avec ses petits-enfants, et à remplir plus souvent que l'homme la fonction de substitut parental; les parents de la mère sont souvent plus proches de leurs petits-enfants que les parents du père, et c'est souvent la mère de la mère qui est le grand-parent favori de l'enfant (Hagestad, 1982, 1978; Kahana et Kahana, 1970).

L'âge des petits-enfants influe également. Lors d'une autre étude classique, des enfants de différents âges (de 4 à 5 ans, de 8 à 9 ans et de 11 à 12 ans) ont exprimé leurs préférences quant aux types de grands-parents. Les enfants plus jeunes préféraient les grands-parents qui leur donnaient de l'affection, de la nourriture et des cadeaux (ceux du type conventionnel). Les enfants de 8 et 9 ans préféraient ceux avec lesquels ils pouvaient avoir une relation mutuelle et mettaient l'accent sur les activités partagées; les boute-en-train représentaient donc leur type préféré. Les enfants plus vieux préféraient le style bienveillant et manifestaient moins d'intérêt pour les relations mutuelles (Kahana et Kahana, 1970). Les grands-parents se sentent de plus en plus distants à l'égard de leurs petits-enfants à mesure que ceux-ci vieillissent (Kahana et Coe, 1969). Les divers types de grands-parents semblent donc correspondre à différents moments du développement du grand-parent et de l'enfant.

Questions sociales relatives au vieillissement

Le revenu

Plusieurs personnes âgées s'inquiètent de leur sécurité financière même si elles ont des ressources suffisantes. Mais nombreux aussi sont ceux qui connaissent de réelles difficultés financières. En général, la personne âgée a un revenu inférieur à celui des adultes plus jeunes; plus elle vieillit, plus son revenu diminue passée la cinquantaine. Le revenu moyen de la famille âgée est inférieur à celui de la famille plus jeune, mais il faut tenir compte du fait que la famille âgée est habituellement moins nombreuse. Quand nous prenons ce facteur en considération, nous constatons que le revenu moyen de la famille âgée n'est que légèrement inférieur à celui des autres familles.

La situation financière de la famille âgée s'est améliorée au cours des 15 dernières années, ce qui fait que moins de personnes âgées vivent actuellement dans la pauvreté. Cette amélioration est en partie due à des programmes sociaux,

comme l'Assurance-maladie, l'Allocation-logement, le Supplément de revenu garanti et d'autres programmes, qui ont contribué à compenser la réduction du revenu de la personne âgée et la hausse de ses frais médicaux.

Malgré la diminution du nombre de personnes âgées qui vivent dans l'indigence de nos jours, trop de gens vieillissent encore dans la pauvreté, et la plupart sont des femmes. Parmi les autres groupes économiquement défavorisés, il y a les «véritables vieillards» (qui ont dans les 80 et 90 ans), les célibataires, les personnes veuves ou divorcées, les habitants des petites villes et du milieu rural, les personnes qui vivent seules, les chômeurs, les assistés sociaux et les gens qui appartiennent aux minorités ethniques.

Bon nombre de ces personnes font face à la pauvreté pour la première fois de leur vie. Plus jeunes, elles étaient en mesure de gagner un revenu suffisant pour subvenir à leurs besoins. Maintenant, elles ne peuvent plus travailler et, même si elles ont fait des économies, l'inflation les a rongées et leurs pensions ne suffisent plus à rencontrer les frais de subsistance. Certaines personnes âgées bénéficient toutefois de divers programmes sociaux, comme les habitations à loyer modique (HLM), les soins dentaires, les prothèses et les médicaments gratuits pour celles qui sont bénéficiaires de l'aide sociale.

Grâce aux progrès de la médecine, l'espérance de vie s'est accrue. Il faut donc maintenant réaliser des progrès économiques pour assurer des conditions de vie acceptables à un plus grand nombre de personnes âgées. Butler (1975) recommande un système de pension universelle qui permettrait d'«englober tous les régimes de retraite individuels et publics». Ce système serait ajusté aux hausses du coût de la vie et financé aux deux tiers par des revenus d'impôts; l'autre tiers proviendrait des sociétés de fiducie. Grâce à un tel programme, la pauvreté ne viendrait plus s'ajouter aux autres problèmes de la vieillesse.

L'habitation

Contrairement à un autre préjugé qui veut que les personnes âgées vivent généralement en institutions, 94 % des 65 ans et plus vivent à domicile. Les autres se trouvent dans les centres d'accueil (5 %) et dans les hôpitaux (1 %). Cette situation n'est pas propre au Québec; elle se rencontre un peu partout en Amérique du Nord. Les politiques mises de l'avant par les gouvernements pour favoriser le maintien à domicile des personnes âgées ne suffisent pas encore pour prendre adéquatement la relève du réseau de soutien que constituaient autrefois la famille et les institutions religieuses (Lecours et Roy, dans *Santé mentale au Canada*, Vol. 30, No 3, sept. 1982).

Les personnes âgées qui vivent dans leur milieu sont portées à se loger dans les vieux quartiers des villes et dans les vieilles banlieues (Shanas, 1969). Une enquête américaine sur l'habitation a révélé que les personnes âgées vivent dans des conditions équivalentes à celles de la population plus jeune; seulement 3 % d'entre elles ont mentionné qu'elles ne pouvaient effectuer une réparation majeure qui s'imposait sur leur habitation par manque d'argent (Rabushka et Jacobs, 1980).

L'organisation de la vie devient souvent un problème important pour les personnes qui avancent en âge. Celles qui ont un compagnon (un conjoint, un frère, une sœur ou un ami) et qui jouissent d'une assez bonne santé peuvent organiser elles-mêmes leur vie. La fierté d'être propriétaires, le sentiment d'indépendance, et l'attrait et les avantages qu'offre un environnement familier incitent les personnes âgées à demeurer où elles sont lorsque c'est possible. Ce n'est cependant pas toujours le cas. Une personne peut devenir infirme et incapable de gravir les trois escaliers qui mènent à son logement. Un quartier peut se détériorer et devenir dangereux pour les personnes âgées qui sont des proies faciles pour les voyous. Une incapacité physique ou mentale peut empêcher une personne seule de gérer ses propres affaires.

De telles difficultés amèneront certaines personnes âgées à vivre en institution; mais au cours des dernières années, une planification sociale innovatrice a permis à un nombre croissant d'entre eux de continuer à vivre dans leur milieu.

L'aide aux personnes âgées qui veulent rester dans leur milieu

Corinne n'était pas heureuse dans la maison de repos où elle a passé les dernières années de sa vie, et rêvait de louer une chambre dans une maison privée où elle pourrait retrouver l'indépendance qui lui manquait tant. Malheureusement, l'importance des soins dont elle avait besoin et la difficulté de trouver une maison qui convenait l'ont obligée à demeurer dans cette maison jusqu'à sa mort. La plupart des personnes âgées éprouvent ce désir de demeurer dans

leur milieu. Celles qui le font connaissent un taux de bien-être plus élevé que celles qui vivent en institution, même lorsque leur état de santé est à peu près le même (Chappell et Penning, 1979).

La mise sur pied de services relativement mineurs, comme la préparation de repas, le transport et les soins médicaux à domicile permettra parfois à la personne âgée de rester chez elle. Dans d'autres cas, cependant, un déménagement s'impose à la personne qui ne doit ni ne veut être complètement prise en charge, mais qui souffre d'une infirmité qui l'empêche à des degrés divers de s'occuper d'elle-même. Cette personne voudra habituellement demeurer dans le même quartier, préserver le plus possible son indépendance, avoir son intimité, se sentir en sécurité et avoir des contacts sociaux (Lawton, 1981; Brody, 1978). Divers modes d'habitation traditionnels ou innovateurs peuvent répondre aux besoins des personnes âgées qui jouissent d'une certaine autonomie fonctionnelle (Hare et Haske, 1983-84; Lawton, 1981). En voici quelques-uns:

- *Le condominium.* Accessibles uniquement aux personnes qui ont d'importants revenus, ces résidences offrent des logements indépendants et des services d'entretien ménager, de lessive, de préparation de repas, et autres, auxquels le résident peut recourir. Des services plus importants y sont parfois offerts, dont des soins médicaux dispensés par un personnel spécialisé. Ce mode de vie se retrouve également dans des *résidences* pour personnes du «troisième âge». Il s'agit alors de studios ou de logements offerts en location à une clientèle à revenu moyen.

- *L'hôtel.* Les chambres d'hôtel sont principalement choisies par les hommes âgés qui ne se sont jamais mariés.

- *La pension.* Une pension est une chambre louée dans une maison privée. Les pensions aussi sont en grande majorité occupées par des hommes célibataires. Cet arrangement est beaucoup moins fréquent qu'au début du siècle, probablement à cause de la réduction des dimensions des habitations modernes et d'un besoin d'intimité croissant.

- *La coopérative.* Ce type d'habitation communautaire totalement administrée par les résidents (sans l'aide d'agences) se rencontre très rarement. Un petit nombre d'établissements de ce genre ont réuni avec succès des personnes d'âges variés; mais en raison du niveau de responsabilité et de la continuité qu'elle exige, cette option est peu répandue.

- *L'annexe résidentielle.* Une annexe résidentielle est généralement un pavillon indépendant qu'on aménage à proximité d'une résidence unifamiliale c'est-à-dire sur son terrain. L'annexe résidentielle permet aux personnes âgées de vivre à proximité de leurs enfants, tout en respectant l'intimité des personnes qui cohabitent. Elle réduit les dépenses de temps et d'argent des personnes responsables et assure sécurité et bien-être aux résidents âgés.

On estime qu'environ 40 % des personnes âgées qui vont vivre en maisons de repos n'auraient pas besoin d'être complètement prises en charge, mais qu'elles ne trouvent pas de meilleures solutions (Baldwin, cité dans Hinds, 1985). Il apparaît donc important, pour des raisons tant humanitaires qu'économiques, d'expérimenter de nouvelles formules comme celles que nous avons énumérées précédemment, et de concevoir d'autres types d'habitation qui répondront aux besoins des adultes vieillissants.

Un exemple de projet innovateur est celui mis sur pied au début des années 1970 à Saskatoon en Saskatchewan, appelé l'*Evergreen Neighbourly Services*. Ce programme fait appel à des bénévoles qui aident les personnes âgées à la manière de voisins et ce, en collaboration avec un centre d'accueil, qui fournit au besoin du personnel spécialisé.

Evergreen poursuit quatre grands objectifs: 1) procurer un sentiment de sécurité aux personnes âgées qui veulent demeurer dans leur foyer; 2) mettre un peu de vie dans leur existence (centres d'intérêt, activités et buts); 3) éviter que les problèmes pratiques, reliés à la santé ou à la capacité personnelle, accablent les gens et les forcent à quitter leur maison pour aller vivre dans un établissement spécialisé; 4) implanter un réseau d'aide communautaire pour les personnes âgées auquel participent des bénévoles, des groupes communautaires, des églises et des organismes de services. Après une dizaine d'années d'existence, ce programme soulève encore l'enthousiasme. Il offre aussi une courroie de transmission connue et rassurante entre les personnes âgées du quartier et les différents organismes d'aide (Harshman F., 1982, p. 4-5).

La vie dans les institutions

La plupart des personnes âgées ne veulent pas vivre en institution, et la plupart des familles ne veulent pas y placer leurs parents. La personne âgée interprète souvent le placement en institution comme un abandon systématique de la part de ses enfants. Ceux-ci hésitent souvent avant d'en arriver à cette solution et ils en éprouvent, par la suite, de la culpabilité. Cependant, il arrive qu'en raison des besoins de la personne âgée ou de la situation familiale des enfants, le placement en institution semble être la seule solution.

Bien que seulement 5 % des personnes de plus de 65 ans vivent en institution, 20 % des gens âgés effectuent, un jour ou l'autre, un séjour à l'hôpital pour des troubles physiques ou mentaux, dans une maison de convalescence ou dans un centre d'accueil (Kastenbaum et Candy, 1973). Le taux de fréquentation des centres d'accueil a d'ailleurs doublé depuis 1966.

Comment se compose la clientèle des maisons de repos? La plupart des résidents sont très vieux (70 % ont plus de 70 ans, et la moyenne d'âge est de 82 ans); ce sont généralement des femmes incapables de s'occuper d'elles-mêmes et veuves. Moins de la moitié d'entre eux peuvent se déplacer seuls; plus de la moitié sont atteints de troubles mentaux, et le tiers souffrent d'incontinence (B.R.A., 1983; Moss et Halamandaris, 1977). En raison du vieillissement de la population et de l'augmentation plus importante de l'espérance de vie des femmes par rapport à celle des hommes, cette population est probablement appelée à s'accroître.

La décision de placer un parent en institution est souvent prise à contrecœur. Les centres d'accueil (organismes publics) et les foyers privés «de luxe» sont très bien tenus. Ces derniers ne sont cependant pas à la portée de toutes les bourses et les listes d'attente sont longues. Les clients de ces institutions et leurs familles sont généralement satisfaits des soins reçus. Les plaintes les plus fréquentes concernent la qualité des repas, mais même sur cette question, seulement 14 % des personnes interrogées lors d'une enquête américaine ont exprimé leur mécontentement.

Malgré ces données encourageantes, la société ne peut se permettre d'avoir trop bonne conscience à propos du sort réservé aux clients des foyers «privés», où se retrouvent les gens moins fortunés et tous ceux qui ne peuvent attendre une place dans un foyer public. L'impuissance des clients âgés, souvent invalides, et le peu de solutions de rechange dont ils disposent ouvrent la porte à tous les abus. Des enquêtes assez récentes ont dévoilé certains faits

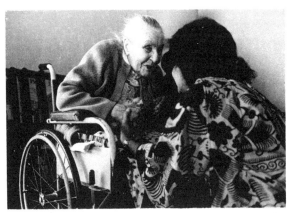

Lors de nos visites chez la personne âgée qui vit en institution, nous pouvons proposer des activités qui font appel à ses forces, à ses intérêts et à ses souvenirs. (Karen R. Preuss/Taurus Photos)

scandaleux: certains propriétaires de foyers faisaient des économies aux dépens de leurs clients âgés, le personnel de ces établissements était insuffisant, les repas n'étaient pas convenables, et on administrait des médicaments de façon excessive pour rendre les patients dociles (Mendelson, 1974).

Le foyer idéal

Le foyer modèle devrait permettre à ses locataires âgés de prendre une bonne partie des décisions à propos des soins reçus et de la vie quotidienne en général. Langer et Rodin (1976) ont produit une démonstration frappante de l'importance, pour les personnes âgées vivant en institution, de participer aux décisions de la maison et d'exercer un contrôle sur leur propre vie.

Deux groupes de personnes âgées qui vivaient dans un foyer bien coté prirent part à cette expérience. On dit aux 47 personnes du premier groupe qu'elles devaient voir à la qualité des soins reçus, prendre les décisions à propos de leur emploi du temps et changer les choses qu'elles n'aimaient pas. On leur fit également choisir une plante en leur disant qu'elles devaient s'en occuper. Aux 44 personnes qui composaient le deuxième groupe, on déclara que le personnel était responsable des soins donnés et voyait à la bonne marche de l'établissement. On leur présenta une plante en leur disant que l'infirmière viendrait en prendre soin.

Avant le début de l'expérience, tous les sujets durent répondre à un questionnaire et dire s'ils se sentaient heureux et actifs, et jusqu'à quel point ils croyaient maîtriser leur propre vie.

Diverses autres mesures furent prises par des infirmières qui n'étaient pas au courant de l'expérience en question. Les deux groupes eurent des résultats comparables. Trois semaines après le début de l'expérience, cependant, un autre test fit ressortir des profils très différents. Dans le groupe qu'on avait encouragé à prendre des responsabilités, 93 % des sujets devinrent plus actifs, plus alertes et plus heureux, et s'engagèrent dans différents types d'activités. Dans l'autre groupe, toutefois, 71 % des sujets devinrent plus faibles et moins mobiles. Ces données confirment l'hypothèse de Seligman (1974) selon lequel la perte de contrôle sur sa propre vie peut conduire à la dépression et même à la mort.

La possibilité de prendre des décisions et d'exercer un contrôle sur la vie quotidienne est donc un élément essentiel d'un bon foyer. Parmi les autres aspects primordiaux, il y a un personnel professionnel spécialisé dans le soin de la personne âgée, un bon programme d'assurances et une structure qui permette de procurer les divers niveaux de soins requis (Kayser-Jones, 1982). Idéalement, un foyer devrait être vivant, chaleureux et attrayant, et respecter les normes de sécurité et d'hygiène; il doit offrir des activités stimulantes et la possibilité de faire des contacts avec des personnes des deux sexes et d'âges variés; on doit y respecter l'intimité des gens et leur donner la chance d'avoir une vie sexuelle active s'ils le désirent; on doit enfin y offrir une gamme de services sociaux, thérapeutiques et de réadaptation. Les gens âgés seront plus heureux dans un tel contexte, de même que leurs visiteurs. L'encadré 17.2 contient des suggestions à l'intention de ceux qui rendent visite à une personne âgée dans une maison de repos.

Les modèles de vieillissement selon les sociétés

Dans une société, la personne âgée est admirée pour sa sagesse; dans une autre, elle est abandonnée sur une banquise; dans une troisième, elle est tout simplement ignorée. La façon dont un peuple perçoit et traite ses aînés influence l'expérience du vieillissement au même titre que le mode de vie, l'état de santé, le régime alimentaire, l'importance accordée aux exercices physiques, les soins médicaux, et ainsi de suite.

Encadré 17.2

Comment agrémenter nos visites chez la personne âgée

Il est souvent pénible de visiter une personne âgée placée en institution. Il est douloureux pour les membres de la famille d'être témoins de la détérioration de ses facultés mentales, d'entendre ses plaintes qui sont parfois plus liées aux pertes physiques et affectives qu'elle a subies qu'au contenu manifeste de la revendication, de sentir l'intensité de la dépression dont elle peut souffrir. Une enquête auprès de personnes qui rendent visite à des résidents âgés vivant en institution a montré que bon nombre de ces visiteurs prennent plaisir à moins de la moitié de leurs visites, en grande partie pour les raisons énumérées ci-dessus (York et Calsyn, 1977).

Bien qu'il soit souvent difficile de modifier substantiellement la situation de la personne âgée, le visiteur peut aider à réduire la monotonie de ses visites. Il peut suggérer des activités qui stimuleront la personne âgée, même celle qui connaît une détérioration de ses facultés sensorielles et mentales. Les suggestions qui suivent, adaptées au niveau de fonctionnement du résident d'un foyer, pourront le stimuler et le réconforter tout en gratifiant son visiteur.

- *Faire appel aux forces de la personne âgée.* Sachant que sa mère était douée en français et en mathématiques, Jean lui demande d'épeler des mots et de résoudre des problèmes de mathématiques à sa portée. Nous pouvons aussi demander des conseils au vieillard dans des domaines qu'il connaît, comme la cuisine, la pêche ou divers travaux.
- *Même s'il se rétrécit, nous devons aller dans le monde du vieillard plutôt que de tenter de l'amener dans le nôtre.* Plutôt que d'essayer de parler des événements mondiaux, il est bon d'aborder des questions qui le touchent de plus près.
- *Lui donner l'occasion de prendre des décisions.* Demander à la personne de choisir la destination d'une ballade; lui faire choisir sa toilette; lui demander conseil à propos du choix d'un cadeau à offrir à un membre de la famille.
- *Savoir écouter.* Porter attention au vieillard qui a le goût de parler, même si nous avons déjà entendu ses propos. Éviter de juger ou d'argumenter. Rester sensible aux sentiments qui se cachent derrière ses mots. Écouter ses plaintes sans nous sentir obligés d'y répondre. Le simple fait d'écouter avec une oreille sympathique et compréhensive suffit parfois à le soulager.
- *Faire appel à ses souvenirs.* Même si elle oublie ce qui s'est passé il y a cinq minutes, la personne âgée peut avoir des souvenirs très précis du passé lointain. Nous pouvons lui demander de nous apprendre de vieilles chansons, de nous parler de ses frères et sœurs, de nous décrire les fêtes d'antan, de nous parler de son premier emploi ou de sa première rencontre avec son époux, et ainsi de suite.
- *Faire un projet ensemble et en parler pendant sa réalisation.* Nous pouvons classer de vieux documents avec elle ou faire un album de photos, des arrangements floraux, des décorations de Noël, des petits travaux de tricot ou de couture, ou des casse-tête.
- *Enregistrer la personne âgée.* Cela nous permettra de recueillir des documents oraux que nous pourrons transmettre aux descendants de la famille. En même temps, l'aîné appréciera probablement cette occasion de passer sa vie en revue, de la structurer et de réfléchir à ses points forts. Nos questions lui permettront de revoir des décisions et des moments cruciaux de sa vie, des réalisations dont elle est fière, un savoir qu'elle est heureuse de transmettre et des événements qu'elle a vécus ou dont elle a été témoin.
- *Stimuler les sens du vieillard.* Nous pouvons élargir le monde perceptuel de la personne âgée en portant des couleurs vives, en lui offrant des livres et des calendriers bien illustrés ou des décorations saisonnières, en lui jouant ses airs favoris, en portant ou en lui offrant un parfum agréable, en lui apportant ses aliments préférés (après entente avec le personnel médical) et surtout en l'embrassant, en lui tenant les mains, en la massant ou en la touchant de diverses autres façons réconfortantes.

Nos visites sont importantes pour la personne âgée qui vit en institution, loin des endroits et des personnes qu'elle fréquentait auparavant. Les suggestions données précédemment contribueront à rendre ces rencontres plus agréables et enrichissantes.

Les minorités ethniques

Tous les problèmes reliés au vieillissement sont encore plus lourds pour la personne issue d'une minorité ethnique. Celle-ci risque d'être plus pauvre, moins en santé et moins bien soignée. C'est généralement une personne moins scolarisée, susceptible d'avoir souvent connu le chômage et des conditions d'habitation difficiles. Son espérance de vie est généralement moins longue.

Plusieurs personnes âgées des minorités ethniques de l'Amérique du Nord, et particulièrement celles qui sont nées à l'étranger, tirent mal profit des services communautaires et gouvernementaux qui s'offrent à elles. Certaines y voient une forme d'aumône que leur fierté les empêche d'accepter. D'autres hésitent à quitter leur quartier ou n'ont pas les moyens de le faire. D'autres encore ont du mal à s'exprimer dans la langue du pays, ou craignent de se heurter à l'incompréhension des gens en matière d'alimentation, d'habitation ou de traditions familiales. Les organismes qui s'occupent des personnes âgées doivent donc être à l'écoute de leurs difficultés et se rendre chez elles si celles-ci n'osent pas faire les premiers pas (Gelfand, 1982).

Les modes de vieillissement chez d'autres peuples

Chaque jour, un fermier russe très avancé en âge monte et descend des pentes raides pour aller travailler aux champs une demi-journée. Une Équatorienne très âgée occupe son temps à ramasser des brins de laine de mouton pour filer. Un Cachemirien aux cheveux blancs danse vigoureusement à un mariage. Ces trois personnes âgées sont des exemples typiques de la population âgée dans trois endroits du monde: Abkhasia dans le sud de l'Union soviétique, Vilcabamba dans les Andes (en Équateur) et la principauté de Hunza au Cachemire pakistanais (Leaf, 1973). Les modes de vieillissement varient beaucoup d'une culture à une autre. Comme il est impossible de décrire tous ces modes, nous ne citerons que quelques exemples de personnes âgées dans ces trois sociétés où les individus semblent vivre et conserver leur vigueur plus longtemps qu'ailleurs dans le monde.

Alors que des données originales indiquaient que plusieurs membres de ces sociétés avaient bien au-dessus de 100 ans et parfois

Cette Équatorienne âgée traverse quotidiennement une rivière à dos d'âne pour aller travailler aux champs. Nous pouvons tirer plusieurs leçons de sociétés où les personnes âgées sont généralement vigoureuses, en bonne santé et respectées. (John Launois/Black Star)

même de 150 ans, rien ne permet d'affirmer, d'après des recherches ultérieures, que la limite d'âge qui prévaut dans notre société (soit environ 110 ans) ait été dépassée chez ces peuples, ou qu'on y trouve plus de vieillards qui dépassent l'âge de 90 ans que dans la nôtre (Palmore, 1984; Fries et Crapo, 1981). Même si bon nombre des supposés centenaires de ces collectivités se sont plutôt avérés des «jeunes» de 70 ou 80 ans, nous pouvons sûrement tirer plusieurs leçons du vieillissement heureux de ces personnes qui sont généralement vigoureuses, en bonne santé et respectées.

Qu'y a-t-il de particulier dans la vie de ces trois collectivités pour qu'il s'y trouve tant de personnes âgées en bonne santé? Plusieurs aspects de leur vie, tant physiques que psychologiques, sont très différents de ceux que nous connaissons. D'abord, le statut social de la personne âgée y est élevé. Les vieux vivent avec les membres de leur famille qui les respectent, les admirent et apprécient la contribution utile qu'ils apportent à la famille et à la collectivité. Ensuite, la retraite obligatoire n'existe pas dans ces sociétés. Les individus peuvent travailler aussi longtemps qu'ils en sont capables.

Leurs tâches quotidiennes consistent à cueillir le thé, à nourrir les volailles, à sarcler, à faire la lessive, à faire le ménage, à soigner les animaux et à prendre soin des jeunes enfants.

À Hunza, un conseil de personnes âgées composé de 20 hommes sages se réunit chaque jour pour résoudre les litiges entre les citoyens. Et enfin, ces individus ont une conception différente de la vie. Ils prévoient vivre longtemps et ils évaluent l'espérance normale de vie à 100 ans plutôt qu'à 70 ans. Ils se considèrent jeunes plus longtemps. Un grand nombre d'entre eux se considèrent jeunes jusqu'à l'âge de 80 ans.

Les principales distinctions d'ordre physique se situent au niveau de l'alimentation et de l'exercice. Dans les trois collectivités dont nous avons fait mention, les individus mangent moins que nous. En 1968, l'Académie nationale américaine des sciences recommandait aux hommes de plus de 55 ans de consommer 2400 calories par jour et 1700 calories aux femmes du même âge. Au lieu de cela, l'Américain moyen consomme quelque 3300 calories par jour. Dans les trois collectivités précitées, les individus se contentent, toute leur vie, d'une diète qui comporte peu de calories; leur mode d'alimentation exerce indubitablement une influence sur la santé des personnes d'âge mûr et des personnes âgées. Ces dernières consomment moins de 2000 calories par jour et, à Vilcabamba, elles se contentent de 1200. Dans ce village et à Hunza, les gens mangent peu de graisses animales (viande et produits laitiers). Ces habitudes diététiques semblent retarder le développement de l'artériosclérose, une maladie qui se manifeste par l'épaississement et le durcissement des artères et qui fait beaucoup de victimes en Amérique du Nord parmi la population âgée. Les Abkhasiens mangent un peu plus de viande et de produits laitiers, mais leur diète contient tout de même peu de graisses animales. Les personnes âgées boivent régulièrement du vin du pays, en consommant deux ou trois verres par jour avec les repas. Ils boivent un peu de vodka également. L'obésité n'existe pas chez les deux premiers groupes, et on n'en note que quelques cas occasionnels chez les Abkhasiens.

Un autre facteur qui contribue à la santé de ces peuples est le niveau élevé d'activité physique. Les activités normales de la vie quotidienne (la marche et l'escalade en terrain montagneux, les travaux de la ferme, le rassemblement des moutons, la chasse et d'autres occupations quotidiennes) conservent le tonus musculaire et la santé cardiovasculaire.

L'influence de certains facteurs génétiques est aussi probable. Il arrive souvent que les personnes très âgées, en Amérique du Nord comme dans ces régions, aient des parents qui ont eux-mêmes vécu très vieux, ce qui nous permet de supposer que les individus qui vivent longtemps sont peut-être favorisés génétiquement. Peut-être sont-ils exempts de gènes porteurs de maladies fatales ou graves. L'hérédité est un facteur particulièrement important dans les collectivités isolées comme Vilcabamba et Hunza, où il y a de nombreuses unions consanguines.

La longévité est également liée à l'intérêt actif porté aux personnes du sexe opposé. Une étude de 15 000 sujets âgés de plus de 80 ans a révélé qu'à quelques exceptions près, seuls les individus mariés atteignent un âge très avancé (Leaf, 1973).

La leçon la plus précieuse que ces communautés peuvent nous donner ne porte pas tant sur la façon d'atteindre un âge très avancé que sur celle d'améliorer la qualité de nos vieux jours. À une époque où de plus en plus de personnes vivent jusqu'à un âge avancé, il nous faut tenter de découvrir la façon de faire de ces dernières années de la vie une période fructueuse et satisfaisante.

Résumé

1   Dans la société nord-américaine, l'attitude prédominante chez tous les groupes d'âge envers les vieillards en est une négative. Elle affecte les sentiments que les personnes âgées se portent, ainsi que la façon dont la société les traite.

2   Le huitième et dernier stade de la théorie du développement psychosocial d'Erikson a pour objet l'intégrité personnelle ou le désespoir. La personne âgée peut soit parvenir à accepter sa vie et sa mort prochaine, soit devenir désespérément craintive à l'idée de mourir.

3   Peck a dégagé trois tâches psychologiques importantes que la personne âgée doit effectuer pour s'assurer un vieillissement heureux: la différenciation du moi versus le souci du rôle professionnel; le détachement du corps versus la préoccupation du corps; et le détachement du moi versus la préoccupation du moi.

4   Certains aspects de la personnalité demeurent stables durant la vieillesse, alors que d'autres changent.

5 Les deux principales théories du vieillisse-ment heureux sont la théorie du désenga-gement et la théorie de l'activité. La théorie du désengagement soutient que le vieillis-sement normal et heureux passe par un retrait réciproque de la personne âgée et de la société. Selon la théorie de l'activité, plus l'adulte vieillissant demeure actif, plus il vieillit harmonieusement. Les re-cherches démontrent qu'il existe divers modèles de vieillissement heureux (et mal-heureux).

6 Les relations avec autrui occupent une place importante durant la vieillesse comme aux autres périodes de la vie.

7 La durée du mariage s'accroît avec l'aug-mentation de l'espérance de vie. Le divorce est relativement peu courant chez les cou-ples âgés qui ont, pour la plupart, une vie conjugale passablement heureuse.

8 Étant donné les différences quant à l'espé-rance de vie des hommes et des femmes, et la tendance des hommes à épouser des femmes plus jeunes qu'eux, les femmes sont plus susceptibles que leurs compa-gnons de connaître le veuvage. Le veuvage n'affecte pas toutes les personnes de la même façon, et celles qui s'y adaptent le mieux sont souvent celles qui mènent une vie active et engagée.

9 Le remariage durant la vieillesse est sou-vent une expérience fort positive.

10 Les personnes âgées qui ne se sont jamais mariées se sentent moins seules que celles qui ont perdu leur conjoint(e). Elles se montrent également plus indépendantes que les personnes âgées en général.

11 Contrairement au préjugé populaire qui veut que les personnes âgées soient des êtres asexués, plusieurs d'entre elles ont une vie sexuelle active même si elles ne connaissent pas la même fréquence ni la même intensité sexuelle que durant leur jeunesse.

12 Il arrive souvent que les rapports entre frè-res et sœurs deviennent plus étroits durant la vieillesse. Les femmes jouent un rôle par-ticulièrement important dans le maintien de ces liens.

13 La plupart des personnes âgées ont des amis; les liens d'amitié contribuent à la satisfaction retirée de la vie et à l'adapta-tion au vieillissement.

14 Bien que les parents âgés et leurs enfants adultes ne cohabitent généralement pas, ils se voient quand même souvent et s'aident mutuellement.

15 Les mauvais traitements infligés aux per-sonnes âgées deviennent un sujet de préoc-cupation croissante. Les crimes les plus fréquents dont elles sont victimes sont la fraude, le vol de chèques dans le courrier, le vandalisme, le vol de sacs à main et le harcèlement de la part des adolescents. La personne âgée la plus susceptible d'en être victime est la femme très âgée et invalide.

16 Le fait d'avoir ou de ne pas avoir d'enfants n'est pas associé à d'importants avantages matériels ou psychologiques durant la vieillesse. Quand il a besoin d'aide, l'adulte vieillissant se tourne d'abord vers son conjoint, puis vers ses frères et sœurs ou vers d'autres membres de sa famille.

17 Le rôle des grands-parents varie d'une société à l'autre; dans notre société, il y a plusieurs types de grands-parents.

18 L'adulte vieillissant a souvent un revenu inférieur à celui de l'adulte plus jeune. Bien que la situation financière des aînés se soit améliorée au cours des dernières années, plusieurs connaissent des difficul-tés financières pour la première fois de leur vie.

19 Comme un nombre considérable de person-nes âgées qui vont vivre en institution n'ont pas besoin d'être complètement prises en charge, il est important d'expérimenter de nouvelles formes d'habitation adaptées qui répondront à leurs besoins de santé, de sécurité et d'autonomie.

20 Seulement 5 % des personnes de plus de 65 ans vivent en institution à un moment ou à un autre. La plupart sont des femmes très âgées et invalides.

21 Les personnes âgées des minorités ethni-ques connaissent tous les problèmes reliés au vieillissement, mais de façon plus aiguë.

22   Le vieillissement dans d'autres cultures peut être une expérience très différente du vieillissement dans notre société. Les sociétés où les vieillards sont respectés, actifs et utiles, comptent un grand nombre de personnes âgées heureuses et en santé.

PARTIE IX
LA FIN DE LA VIE

J usqu'à présent, nous avons abordé les expériences les plus courantes de chaque étape du cycle vital, de la conception jusqu'à la vieillesse. L'achèvement de ce cycle est, bien sûr, une expérience universelle: la mort.

Dans ce dernier chapitre, nous examinerons quelques-unes des questions importantes relatives à la mort: Comment les individus la perçoivent-ils aux différentes étapes de leur vie? Comment affrontent-ils leur propre mort imminente et celle de leurs proches? Que pouvons-nous faire pour faciliter l'expérience de la mort? Nous parlerons également du «droit à la mort» et de sa signification par le biais de l'euthanasie et du suicide. Comme nous le verrons, la mort fait partie intégrante du cycle vital et sa compréhension nous aide à mieux saisir la vie dans son ensemble.

CHAPITRE 18

La fin de la vie

La mort

La mort a inspiré quelques-unes des plus grandes œuvres musicales, picturales, poétiques, dramatiques et romanesques que le monde ait connues. Les philosophes ont réfléchi sur le mystère qu'elle représente et ont fondé sur elle leur approche de la vie. La conception de la mort détermine le système de valeurs de plusieurs religions. La mort constitue enfin un véritable défi pour les hommes de science de diverses disciplines.

Autrefois, la mort faisait partie de la vie quotidienne de la plupart des individus. Ceux-ci pouvaient s'attendre à voir mourir plusieurs de leurs enfants dès la petite enfance. Ils voyaient des parents et des amis succomber à un éventail terrifiant de maladies fatales. La plupart craignaient la mort, mais acceptaient sa présence sur leur tête.

Depuis le début du vingtième siècle, cependant, la mort, moins présente, semble refoulée à l'arrière-plan de la vie de l'homme ordinaire. Grâce aux progrès médicaux, les enfants ont plus de chances de parvenir à l'âge adulte, les adultes d'atteindre un âge avancé et les vieillards de venir à bout de maladies jadis fatales.

Comme la mort est devenue moins menaçante, plusieurs personnes ont pu la reléguer au fond de leur conscience. Nous sommes moins souvent appelés à côtoyer la mort. Les soins de l'agonisant et du défunt, par exemple, n'incombent plus à la famille, mais à des professionnels. Le malade va à l'hôpital pour mourir, et ce sont les entrepreneurs de pompes funèbres qui préparent son corps pour l'ensevelissement. Il est même rare que nous parlions directement de la mort; nous recourons plutôt à des euphémismes comme «trépasser», «s'éteindre» ou «aller rejoindre le créateur».

Plus la mort devient taboue, plus cela signifie qu'on essaie de refouler la crainte qu'elle nous inspire. «Nous ne fuyons pas la mort; elle est un sujet de préoccupation pour notre société, qui la nie tout en étant obsédée par sa présence», affirme Pattison (1977). Ce dernier dénonce le traitement «pornographique» réservé à la mort par la culture populaire, comme dans certains films d'horreur ou certains spectacles violents présentés à la télévision. Ces spectacles «nous présentent des morts dues à des désastres ou à la guerre, mais n'abordent pas le domaine des sentiments et se cantonnent dans les statistiques impersonnelles, l'humour noir et la fiction» (Feifel, 1977, p. 5).

Depuis quelques années cependant, nous assistons à la naissance d'une nouvelle attitude face à la mort, laquelle cherche à comprendre l'expérience de la mort, à explorer les questions affectives, morales et pratiques qui l'entourent, et à essayer de faire de cet aboutissement inévitable de la vie l'expérience la plus positive possible. La **thanatologie,** c'est-à-dire l'étude de l'expérience de la mort, suscite l'intérêt de tous ceux qui comprennent à quel point il est important d'intégrer la mort à leur vie.

Le stade terminal de la vie est une étape importante et précieuse du cycle de la vie: «Être instruit sur la mort comme sur la vie ne signifie pas qu'il faille entretenir une préoccupation morbide face à la mort. La prise de conscience du fait que chacun de nous doit mourir crée un intérêt commun; elle nous aide à concentrer notre attention et notre énergie sur le présent et l'avenir immédiat, et à voir l'absurdité de plusieurs de nos valeurs et de nos pratiques sociales.» (Bromley, 1974, p. 287)

Nous pouvons nous familiariser avec la mort alors que nous sommes encore bien portants grâce à l'observation des mourants, à la littérature et aux arts, et grâce aussi à la discussion franche et à la recherche scientifique. En nous préparant à aborder le dernier stade de notre vie, nous pouvons en faire une expérience positive (il s'agit en fait de notre dernière chance de mettre en valeur nos plus grandes qualités) plutôt qu'une expérience négative, comme elle l'est actuellement pour la plupart des gens.

Mourir comporte au moins trois aspects: l'aspect *biologique*, l'aspect *social* et l'aspect *psychologique* (Bromley, 1974). Les débats actuels de la médecine portent sur le moment réel de la mort *biologique*: est-ce quand le cœur cesse de battre, quand la respiration s'arrête ou quand l'activité électrique du cerveau cesse? Les critères de la mort ont pris une nouvelle importance avec la mise au point d'appareils médicaux qui prolongent indéfiniment les signes de vie fondamentaux. Il est possible de maintenir en vie pendant des années des personnes qui sont dans un profond coma, même si elles ont subi des lésions cérébrales irréversibles et qu'il est impossible qu'elles reprennent conscience.

Les aspects *sociaux* de la mort gravitent autour de ses conséquences juridiques, comme la redistribution du pouvoir et de la fortune, et autour des rites funèbres. Un grand problème de la société nord-américaine est qu'il existe peu de conventions relatives aux réactions que devraient avoir les individus qui sont sur le point de mourir ou de perdre un proche. Les quelques pratiques établies que nous ayons ont souvent des effets indésirables chez les personnes les plus directement touchées par la mort, surtout quand ces pratiques consistent à isoler les mourants dans des hôpitaux ou des maisons de repos, à refuser de discuter avec eux de leur état de santé, à nous détacher d'eux avant la mort en les visitant le moins souvent possible et à les laisser ainsi seuls face à leur mort imminente.

Les aspects *psychologiques* de la mort comprennent nos sentiments à l'égard de notre propre mort imminente et de celle des êtres qui nous sont chers. Étant donné l'érosion qu'a connu la religion et plus particulièrement le dogme d'une vie après la mort, la plupart des individus, de nos jours, ont beaucoup de difficulté à saisir le sens de la mort. Il nous faut adopter une approche plus positive qui considère la mort comme une phase naturelle et prévue du cycle vital.

Dans ce chapitre, nous aborderons la mort dans le cadre du cycle de la vie, en examinant la perception que la personne se fait de la mort aux différentes étapes de sa vie et en abordant diverses autres questions relatives à la mort. Ces dernières années, bon nombre d'observateurs ont décrit la façon dont les individus affrontent leur propre mort imminente, et plusieurs efforts ont été déployés pour faciliter ce processus. Parmi ceux-ci, il y a les programmes de sensibilisation à la mort, la mise sur pied de centres pour les malades en phase terminale et des services de soutien à l'intention des agonisants et de leur famille. Nous nous arrêterons à la personne qui pleure la perte d'un être cher, aux diverses formes que peut prendre son chagrin et aux moyens de l'aider à vivre son deuil. Enfin, nous aborderons plusieurs questions dont les médias font considérablement état de nos jours, à savoir la prolongation artificielle de la vie, l'euthanasie et le suicide (tout particulièrement chez les adolescents).

Les attitudes dominantes face à la mort à différents stades du cycle de la vie

Un sujet qui intéresse aussi bien les thanatologues que les spécialistes du développement est la façon dont les individus d'âges différents conçoivent la mort et l'influence qu'exercent leur développement cognitif et affectif, de même que leurs diverses expériences personnelles, sur leur perception de la mort.

L'enfance

L'enfant de 2 ou 3 ans est rarement bouleversé par la vue d'un animal mort ou la nouvelle de la mort d'une personne, car il n'a habituellement aucune idée de ce qu'est la mort. Les enfants dif-fèrent énormément les uns des autres quant à l'âge où ils commencent à comprendre la mort et quant à leur façon de réagir à ce phénomène. Maria Nagy (1948) est la première personne à avoir approfondi la perception de la mort chez l'enfant. En observant des enfants hongrois peu de temps après la Seconde Guerre mondiale, elle a découvert que leur idée de la mort évoluait entre les âges de 3 et de 10 ans; sa thèse a depuis lors été corroborée par certains chercheurs et réfutée par d'autres.

Selon Nagy, la perception de la mort chez l'enfant traverse trois stades reliés à l'âge. Durant le *premier stade*, c'est-à-dire avant l'âge de 5 ans, l'enfant considère la mort comme une continuation de la vie et croit qu'elle est un phénomène temporaire et réversible. L'enfant voit donc la mort comme une séparation, mais croit que la personne qui est décédée peut revenir. À ce stade, l'enfant a également l'impression que l'être qui est mort mange, entend, voit et pense, mais qu'il ne fait pas ces choses aussi bien que

*Les attitudes face à la mort changent avec l'âge.
L'enfant de moins de 3 ans est rarement bouleversé par la vue d'un animal mort, en partie
parce qu'il croit que la mort est temporaire et
réversible. L'enfant plus vieux, comme ces jeunes
qui regardent un oiseau mort, prend conscience
du caractère permanent de la mort et est plus susceptible d'en être perturbé. (David S. Stickler/The
Picture Cube)*

les êtres vivants. Au *deuxième stade*, lequel se
situe entre les âges de 5 et 9 ans environ, l'enfant
reconnaît que la mort est définitive, mais ne saisit pas son caractère inévitable et ne se conçoit
pas comme mortel. Il lui arrive souvent de per-
sonnifier la mort, de lui donner la forme d'un
squelette, d'un clown, d'un ange ou d'un fan-
tôme. Au *troisième stade*, qui débute vers l'âge
de 9 ou 10 ans, l'enfant prend conscience du fait
que la mort n'épargne personne et que lui aussi
mourra.

Ces stades ne s'appliquent toutefois pas
invariablement à tous les enfants. Un garçon de
6 ans, ébranlé par la prise de conscience du
caractère inévitable de sa propre mort, dit à sa
mère: «Mais j'avais projeté de vivre pour toujours, tu sais» (Kastenbaum, 1972, p. 281). Et
une fillette de 4 ans d'affirmer: «Chaque jour, j'ai
peur de mourir... J'aimerais ne jamais devenir
vieille... comme ça, je ne mourrais jamais, n'est-
ce pas?» (Anthony, 1965, p. 324). En outre, il
semble qu'en général, les enfants nord-
américains ne personnifient pas la mort comme
le faisaient les enfants hongrois observés par
Nagy (Koocher, 1973). (Les adultes, pour leur

part, personnifient souvent la mort comme une
douce consolatrice, une sinistre moissonneuse
ou une vieille ridée [Kastenbaum et Aisenberg,
1972].)

Les antécédents sociaux, économiques et
culturels des enfants influencent leur conception
de la mort. Les enfants de familles pauvres sont
portés à associer la mort à la violence, alors que
les enfants de la classe moyenne la relient plutôt à la maladie et à la vieillesse (Blucbond-
Langner, 1977).

Des recherches ont corroboré l'évolution
décrite par Nagy et l'ont reliée au développement cognitif de l'enfant (Koocher, 1975). Avant
l'âge de 6 ou 7 ans, l'enfant aborde les causes
de la mort en termes magiques et égocentriques.
Il dira qu'on meurt si «on mange une sale bes-
tiole» ou si «on va se baigner seul malgré la
défense de sa mère». Il ne peut saisir le concept
de mort, car celle-ci ne fait pas partie de son
expérience personnelle; même si l'un de ses proches est mort, lui-même n'a pas connu la mort.

L'idée de réincarnation se rencontre fréquemment chez les enfants. Il arrive que des
enfants croient que les personnes qui meurent
redeviennent des bébés et recommencent leur
vie: un enfant de 5 ans, qui avait perdu son père
deux ans plus tôt, demande à sa mère: «Est-ce
que papa est revenu au monde?» Souvent, les
enfants croient que les êtres et les animaux morts
peuvent revenir à la vie «si on les amène à la
salle d'urgence» ou «si on les garde bien au
chaud et qu'on leur donne à manger». Cette
croyance en la renaissance, où prime le caractère transitoire de la mort, est entretenue par les
contes d'enfants comme *Le Petit Chaperon
rouge*, dans lequel la grand-mère qui est morte
ressort en vie du ventre du loup et par les dessins animés qui présentent régulièrement des
personnages qui tombent d'un avion ou d'une
falaise, qui périssent dans des explosions ou sont
aplatis par un rouleau compresseur, mais qui
réapparaissent en pleine forme à la séquence
suivante.

Entre 7 et 11 ans, l'enfant énumère des causes plus concrètes de mort, telles que le «cancer», un «coup de fusil», la «drogue» ou un
«poison». Il peut intégrer les expériences des
autres dans ses conceptions et a maintenant
conscience de la nature irréversible de la mort.
Vers l'âge de 7, 8 ou 9 ans, au moment où
l'enfant commence à saisir le concept de mort,
il est souvent tourmenté par diverses questions
à propos de la mort.

Au début de l'adolescence, vers l'âge de 12 ans, presque tous les jeunes se rendent compte que la mort attend tous les êtres et qu'il ne faut pas la voir comme un châtiment ou un acte de violence, mais comme une partie du cycle normal de la vie. Parvenus à ce stade, les jeunes adoptent des explications plus générales et abstraites de la mort, l'attribuant, par exemple, à la «maladie», à la «vieillesse» et aux «accidents».

Bluebond-Langner (1977), qui a étudié des enfants leucémiques en phase terminale, soutient que toutes les perceptions de la mort qui apparaissent au cours des stades décrits par Nagy (séparation, personnification et phénomène biologique universel) apparaissent à tous les stades du développement. La façon dont l'enfant perçoit la mort est influencée par ses expériences et ses préoccupations sociales, psychologiques et intellectuelles. C'est l'expérience, plutôt que l'âge, qui détermine sa compréhension du phénomène de la mort; c'est pourquoi les enfants atteints de maladies incurables prennent souvent conscience très jeunes de leur propre mort.

Que nous ont appris ces enfants leucémiques sur la meilleure façon d'aider d'autres enfants voués à une mort prochaine? Comme l'expérience personnelle influe fortement sur la compréhension que l'enfant acquiert de la mort, Bluebond-Langner suggère d'introduire le concept de mort très tôt dans la vie de l'enfant, et de lui donner l'occasion de parler de la mort et des problèmes qui l'entourent. La mort d'un animal favori ou même la mort d'une fleur peuvent fournir un point de départ naturel à ce type d'échanges. Les deux principaux sujets d'inquiétude des enfants vis-à-vis de la mort d'un de leurs proches sont la peur d'être abandonnés et le sentiment de culpabilité éprouvé à l'idée d'avoir causé d'une certaine façon la mort.

Il arrive souvent que les enfants, tout particulièrement les adolescents, soient déprimés après la mort d'un de leurs parents; mais en général, les jeunes enfants manifestent un état d'affliction moins grave et moins prolongé que les adultes. Il n'y a pas de lien particulier entre la mort d'un parent et les troubles de comportement ou la délinquance d'un enfant. Bien souvent, les enfants réagissent davantage aux nombreux problèmes familiaux engendrés par le décès d'un de leurs parents qu'à la mort elle-même (Rutter, 1979). Parmi ces problèmes, on trouve les soucis financiers, l'instabilité des soins donnés aux enfants, les nombreux déménagements qui entraînent la famille dans des quartiers étrangers ou même dans des villes différentes, et l'inaptitude de la veuve ou du veuf affligé et déprimé à tenir compte des besoins de ses enfants.

L'adolescence

Il est rare que les circonstances de la vie amènent les adolescents à acquérir une attitude empreinte de maturité face à la mort. Pour eux, la mort est encore bien lointaine. Ils pensent rarement à la mort ou au temps qu'il leur reste à vivre. Ils pensent plutôt à la façon dont ils entendent vivre leur vie. «Les adolescents font des soldats courageux», affirme Pattison (1977, p. 23), «car ils sont beaucoup plus préoccupés de se montrer braves et glorieux qu'ils ne craignent l'anéantissement.» Comme ils éprouvent le besoin d'exprimer leur identité fraîchement découverte, les adolescents entretiennent souvent une idée très romantique de la mort.

En outre, bon nombre d'entre eux ont encore une pensée empreinte d'égocentrisme et sont en proie à la fabulation personnelle (que nous avons décrite au chapitre 10). Ils se croient capables de prendre à peu près n'importe quel risque sans danger. En fait, animés d'un esprit d'entêtement rebelle, certains adolescents font des escapades afin de faire exactement ce que leurs parents et d'autres adultes leur déconseillent de faire. Ils font de l'auto-stop, conduisent imprudemment ou font l'expérience de drogues puissantes; les résultats de leurs écarts de conduite sont souvent tragiques.

Lorsque les adolescents sont atteints d'une maladie fatale, ils affrontent la mort «de manière contradictoire tout comme ils semblent affronter la vie» (Feifel, 1977, p. 177). Le mysticisme et l'intérêt intense pour la religion qui caractérisent bien des adolescents deviennent encore plus marqués. Mais en même temps, les jeunes condamnés à mourir ont souvent tendance à nier leur véritable condition et à s'exprimer comme s'ils allaient guérir alors qu'en fait, ils savent qu'il n'en est rien. Cette dénégation et le refoulement des émotions qui l'accompagne sont des subterfuges qui aident bon nombre de jeunes gens malades à affronter ce coup fatal porté à leurs attentes face à la vie. Les adolescents malades sont beaucoup plus portés à être en colère que déprimés. Ils pensent beaucoup moins au suicide que les adultes plongés dans une situation semblable et ont plus tendance que ceux-ci à chercher à blâmer les autres. Leur colère face à l'injustice de leur sort se tourne souvent contre leurs parents, les médecins, les amis ou le monde en général. Bon nombre d'entre eux ont recours à l'«humour noir» pour atténuer la tension qui les accable; dans un hôpital américain, plusieurs adolescents cardiaques à qui on venait d'implanter des stimulateurs cardiaques se surnommaient «EverReady», «Dry Cell» et «Hot Shot» (Galdston, 1977).

Bien sûr, les adolescents ne se comportent pas tous de la même façon. La nature de leurs réactions à la nouvelle de leur mort imminente reflète souvent le type de personnalité qu'ils avaient avant de devenir malades. Comme le dit Schowalter (1977): «Certains patients sont paisibles, d'autres enragés; certains posent des questions, d'autres pas; certains évoluent, d'autres régressent. Il ne faut pas s'attendre à des réactions uniformes de la part des adolescents mourants, mais à une gamme de comportements aussi vaste que celle que nous rencontrons dans la vie.» (p. 202)

Dans son compte rendu au sujet des attitudes face à la mort de 90 collégiens qui ont répondu à un questionnaire paru dans la revue *Psychology Today*, Shneidman (1977) soutient que la perception que les individus ont de la mort a subi de nombreuses modifications au cours des dernières générations. Les collégiens d'aujourd'hui, dit-il, «se considèrent comme le centre de leur univers et croient exercer un certain contrôle sur leur propre mort» (p. 71). Ils reconnaissent que la mort fait partie de la vie et sont convaincus qu'ils peuvent influencer leur propre destin. Ils croient presque tous (96 %) que les facteurs psychologiques ont un rôle important à jouer et qu'ils peuvent même causer la mort, et la moitié d'entre eux croient que la plupart des individus sont les artisans de leur propre mort, qu'ils agissent consciemment ou non.

À partir de la fin de l'adolescence et tout au long de l'âge adulte, l'opinion générale exprimée par les sujets (issus de tous les groupes d'âge) qui ont répondu au questionnaire est simplement que la mort est «le processus qui vient clore le cycle vital». Seulement 30 % des collégiens croient à une vie après la mort et ces derniers déclarent que l'effet le plus fâcheux de la mort est qu'elle enlève la capacité d'avoir des expériences.

Le début de l'âge adulte

L'attitude des jeunes adultes face à la mort ne diffère pas tellement de celle des adolescents.

Le taux de mortalité des jeunes adultes est également très faible. Ces derniers sont rarement troublés par la mort d'un proche ou le pressentiment de leur propre mort. Leur préparation à la vie autonome a généralement pris fin (éducation, formation, fréquentations) et ils mènent maintenant une vie adulte. Engagés depuis peu dans leur carrière, le mariage et les responsabilités parentales, ils sont impatients de vivre cette vie à laquelle ils se sont préparés pendant tant d'années.

C'est pourquoi les jeunes adultes qui se retrouvent soudainement malades ou grièvement blessés réagissent plus violemment à l'idée de leur mort imminente que les individus qui se situent à tout autre stade du cycle vital (Pattison, 1977). Ils se sentent extrêmement frustrés lorsqu'ils se voient incapables de réaliser leurs rêves. Avoir travaillé si fort, pour rien! Cette frustration se transforme en rage et cette colère fait souvent des jeunes adultes des patients très difficiles à traiter.

Un autre facteur contribue à faire d'eux des patients gênants: c'est le fait que les employés d'hôpitaux chargés des soins aux malades sont habituellement de jeunes adultes eux aussi, qui ont de la difficulté à voir des personnes de leur âge aux prises avec la mort. Comme le souligne Kastenbaum (1977), les adultes sont souvent évasifs quand ils abordent la question de la mort. Ils n'aiment pas penser à l'éventualité de leur propre mort.

L'âge mûr

Lorsqu'on demanda à Saul Alinsky, un animateur social de Chicago, ce qui l'avait incité à consacrer sa vie aux problèmes de la classe ouvrière, il parla de l'époque où il avait souffert d'une maladie grave: «J'ai pris conscience du fait que j'allais mourir. Je l'avais toujours su de façon abstraite, bien sûr, mais pour la première fois de ma vie, j'en avais une connaissance intime. Et je décidai qu'avant de mourir, je ferais quelque chose qui changerait vraiment le monde.»

C'est généralement au milieu de la vie que les individus comprennent vraiment qu'ils vont mourir un jour. Après la mort de leurs parents, ils font partie de la génération la plus âgée. Lorsqu'ils parcourent les rubriques nécrologiques (ce qu'ils font plus souvent qu'auparavant), ils trouvent de plus en plus de noms familiers. Leur corps leur rappelle également qu'ils ne sont plus aussi jeunes, agiles et vigoureux qu'ils l'ont déjà été.

Cette connaissance intime de leur propre mort amène les personnes d'âge mûr à acquérir une perception différente du temps. Auparavant, elles envisageaient leur vie en fonction du nombre d'années qu'elles avaient vécues; maintenant, elles considèrent plutôt le nombre d'années qu'il leur reste à vivre (Neugarten, 1967).

La découverte intime de la certitude de la mort est souvent à l'origine d'un changement de vie important. Prenant conscience de la finitude de leur vie terrestre, les individus se réévaluent et font le point sur leur carrière, leur mariage, leurs relations avec leurs enfants, leurs amitiés, leurs valeurs, leur emploi du temps. Sentant que la vie est courte et qu'il n'en tient qu'à eux de tirer le meilleur profit des années qu'il leur reste à vivre, ils effectuent des changements de vie importants. Il arrive également qu'ils modifient simplement leur point de vue et insistent davantage sur les aspects positifs de leur situation.

«La tendance à accorder plus de valeur en vieillissant à certaines choses élémentaires (telles que l'amour et l'affection, l'intuition, les plaisirs des sens, la nature et les enfants) résulte probablement de la restructuration et de la reformulation des concepts de temps, de soi et de mort.» (Butler et Lewis, 1982, p. 39)

L'âge avancé

La vieille dame de 79 ans semblait toute petite et fragile dans son lit d'hôpital. «Ne t'en fais pas pour moi quand je serai partie», dit-elle à sa fille. «Je n'ai pas peur de la mort. J'ai surtout peur de continuer à vivre dans cette situation.»

Cette dame traduisait le sentiment de bon nombre de personnes âgées en s'exprimant ainsi. Elle s'était retrouvée seule après la mort de son mari et de ses amis intimes; la maladie l'empêchait de poursuivre les activités auxquelles elle s'adonnait depuis des années et sa peur de devenir un fardeau pour les siens la disposait à accueillir la mort. En général, les personnes âgées sont moins angoissées face à la mort que les personnes d'âge mûr (Bengston, Cuellar et Ragan, 1975). Avec les années et les décès d'amis et de parents, les individus restructurent leurs conceptions et leurs sentiments en prévision de leur propre mort. Les vieillards se sentent souvent comme des étrangers dans un monde dont ils ne partagent plus les valeurs. Leurs problèmes physiques et certaines autres difficultés propres à la vieillesse réduisent le plaisir qu'ils retirent de la vie. Ainsi, des facteurs positifs et négatifs se combinent pour préparer les personnes âgées à la mort. En général, celles qui ont l'impression d'avoir bien rempli leur vie acceptent mieux l'idée de leur propre mort que celles qui s'interrogent encore sur le sens de leur vie.

Les réactions à l'approche de la mort

Comment les gens réagissent-ils à l'approche de leur propre mort? Grâce à quels processus en arrivent-ils à accepter le fait que leur vie prendra bientôt fin? Quels changements psychologiques connaissent-ils lorsque leur mort est imminente? Quelle importance prend leur évaluation du sens de la vie? Pour répondre à des questions de cette nature, des spécialistes ont observé de près des êtres à l'article de la mort et ont élaboré diverses théories pour tenter d'expliquer les changements psychologiques qui surviennent chez eux à l'approche de la dernière heure.

Les changements psychologiques précédant la mort

Avant même que les signes physiologiques de la mort apparaissent, on constate souvent l'apparition de modifications psychologiques. Au chapitre 16, nous avons fait mention d'une «chute terminale» du fonctionnement intellectuel, qui se produit juste avant la mort (Riegel et Riegel, 1972; Riemanis et Green, 1971). Certains changements affectent la structure de la personnalité au cours de cette période.

Il est possible qu'un «déclin du système entier» survienne chez les individus à l'approche de la mort. Des chercheurs ont étudié 80 personnes âgées de 65 à 91 ans pendant une période de trois ans et leur ont administré une série de tests psychologiques. Ils ont ensuite comparé les résultats des sujets morts moins d'un an après la dernière séance de tests avec les résultats de ceux qui ont vécu pendant trois ans en moyenne après les derniers tests (Lieberman et Coplan, 1970).

Les sujets qui devaient mourir au cours de l'année avaient des résultats inférieurs aux tests d'aptitudes cognitives. Ils manifestaient également des différences au niveau de la personnalité: ils étaient moins introspectifs, moins agressifs, plus fidèles à l'image qu'ils avaient d'eux-mêmes. Ceux qui traversaient une crise quelconque et à qui il ne restait que peu de temps à vivre se montraient plus effrayés et préoccupés par la mort que ceux qui étaient tourmentés par des crises semblables mais avaient encore un bon moment à vivre. Les personnes dont la mort approchait mais qui avaient une vie relativement stable, ne manifestaient pas de crainte particulière ou d'inquiétude à l'égard de la mort. Ces modifications laissent supposer l'existence d'une relation entre les changements qui surviennent aux niveaux physiologique et psychologique. Ces transformations ne sont pas essentiellement reliées à la maladie. Les sujets qui se rétablissaient de maladies graves ne connaissaient pas les mêmes modifications de la personnalité que ceux qui sont morts plus tard des suites des mêmes maladies.

Les personnes âgées qui ont participé à cette étude parlaient assez librement de la mort. Bon nombre d'entre elles s'en étaient fait une idée personnelle qu'elles avaient intégrée à leur philosophie de la vie. La mort n'est cependant pas le pôle central autour duquel s'organise toute la dernière décennie de la vie. C'est au cours des deux dernières années de vie qu'elle exerce son action la plus significative et la plus importante.

La découverte du sens de la vie

Le héros de la nouvelle de Tolstoï, *La Mort d'Ivan Ilitch*, est tourmenté par une maladie qu'il sait fatale. Désespéré, il ne cesse de se demander:

> «Quel est le sens de tout cela? Pourquoi? Il n'est pas possible que la vie soit si insensée et si horrible. Mais si elle l'a été, pourquoi dois-je agoniser et mourir dans la souffrance? Il y a quelque chose qui ne va pas! [...] Tournant son visage vers le mur, il continua de ruminer la même question: Pourquoi, dans quel but toute cette horreur?» (p. 462)

Encore plus grande que la souffrance physique d'Ivan Ilitch est la torture mentale qui s'empare de lui au moment de l'agonie, où il devient de plus en plus convaincu qu'il a gâché sa vie, que sa vie n'a eu aucun sens et que, par conséquent, sa mort est également insensée.

Des scientifiques contemporains étudient en laboratoire les données livrées par Tolstoï sous une forme littéraire. Leurs découvertes confirment la thèse du grand écrivain. Selon Frankl

(1965), l'individu doit découvrir un sens à sa propre mort s'il veut croire que sa vie en a un. Inversement, plus grand est l'objectif de vie d'une personne, moins elle craint la mort.

Pour vérifier cette théorie, Durlak (1973) a appliqué à 39 femmes, dont l'âge moyen était de 76 ans, des échelles conçues pour évaluer les sentiments des individus à propos de leur «objectif de vie» et de leur «peur de la mort». Il découvrit une corrélation négative importante entre la «peur de la mort» et l'«objectif de vie», résultat qui appuie la théorie de Frankl.

L'examen rétrospectif de la vie

> «Ils vivent de souvenirs plutôt que d'espoirs, car ce qui leur reste à vivre ne compte guère en comparaison de leur long passé. Cela explique, d'ailleurs, leur loquacité. Ils parlent continuellement du passé parce qu'ils aiment les souvenirs.» (Aristote, *La Rhétorique*)

Le film de Bergman *Les fraises sauvages* illustre les effets bénéfiques de l'examen rétrospectif de la vie. En rêvant et en pensant à son passé et à sa mort, un vieux médecin se rend compte à quel point il a été dur et froid toute sa vie, et devient plus chaleureux et plus ouvert pendant ses derniers jours. Ce film insiste sur le fait qu'une personnalité peut effectivement changer à n'importe quel moment du cycle de la vie, y compris durant la vieillesse.

La tendance des personnes âgées à parler des gens, des événements et des sentiments du passé était considérée comme un effet du vieillissement et un signe que leur mémoire des événements récents s'affaiblissait. Butler (1961) prétend que ces réminiscences font partie d'un processus normal de rétrospective de la vie, lequel aide les individus à affronter des conflits non réglés, et donne une importance et un sens nouveau à la vie, puisqu'il les prépare ainsi à affronter la mort: «Ce retour en arrière de l'individu peut avoir des effets positifs tels que la réparation d'anciens torts, la réconciliation avec ses ennemis, l'acceptation de la finitude de la vie, un sens de la sérénité, le sentiment d'avoir fait de son mieux et la fierté qui en découle. Il permet aux individus d'organiser l'emploi du temps qui leur reste et de régler les questions d'héritage affectif et matériel.» (Butler et Lewis, 1974). L'encadré 18.1 décrit quelques-unes des techniques d'évocation des souvenirs utilisées dans les thérapies axées sur l'examen rétrospectif de la vie.

Encadré 18.1

Techniques d'évocation des souvenirs

Les méthodes d'évocation de souvenirs décrites dans cet encadré sont utilisées dans les thérapies axées sur l'examen rétrospectif de la vie. Il s'agit de techniques efficaces et agréables, qui peuvent aussi s'avérer fructueuses en dehors de la situation thérapeutique. Quand elles sont employées dans le cadre d'un projet en cours avec un membre de la famille ou un ami plus jeune, elles peuvent jeter un pont entre les générations, aider la personne âgée à réviser sa vie d'une façon créative et le jeune à obtenir des informations et des points de vue qui lui permettront de mieux aborder sa propre vieillesse.

- *Les autobiographies écrites ou enregistrées.* Les événements, les expériences et les personnes qui apparaissent dans ces autobiographies sont importants. Ce qui est passé sous silence a aussi une grande importance. (Un professionnel prospère rédigea une autobiographie détaillée dans laquelle il ne faisait pratiquement aucune mention de ses deux enfants parvenus alors à l'âge mûr. Quand son thérapeute se mit à explorer cette omission, l'homme lui révéla qu'il s'était brouillé avec ses deux enfants et profita de sa thérapie pour entrer en contact avec les sentiments qu'il éprouvait à leur égard.)
- *Les pèlerinages (en personne ou par correspondance).* Quand c'est possible, la personne âgée peut retourner dans les lieux où elle est née et où elle a passé sa jeunesse, son adolescence et le début de son âge adulte. Elle peut prendre des photos et des notes pour mettre de l'ordre dans ses souvenirs. Si elle est incapable d'effectuer un tel périple, elle peut entrer en contact avec des gens qui habitent encore ces endroits. À défaut de cela, elle fera appel à ses souvenirs. (Une femme qui en voulait encore à ses parents parce qu'ils lui défendaient d'aller dans le grenier durant son enfance et s'était imaginé pendant de nombreuses années qu'ils voulaient lui cacher quelque chose, découvrit ainsi qu'il n'y avait jamais eu d'escaliers pour se rendre au grenier dans la maison familiale et que c'était par mesure de sécurité qu'on lui en avait interdit l'accès.)
- *Les retrouvailles.* Les rencontres de compagnons de classes, de membres de la famille ou d'une organisation permettent aux gens de reprendre contact avec des pairs et d'autres personnes qui ont occupé une place importante dans leur vie.
- *La généalogie.* Faire l'arbre généalogique de la famille peut donner à une personne un sens de la continuité de son histoire et atténuer sa peur de mourir en lui faisant connaître la façon dont plusieurs membres de la famille sont morts. Cette recherche est intéressante en soi, amenant la personne âgée à mettre des annonces dans les journaux, à visiter des cimetières et à se plonger dans les archives familiales et publiques.
- *Les albums, lettres et autres souvenirs.* Les divers objets et souvenirs qu'une personne a conservés ont habituellement une signification particulière pour elle. Quand elle a l'occasion d'en parler, la personne âgée se rappelle d'événements, de personnes et d'expériences affectives depuis longtemps oubliés.
- *La récapitulation de sa vie.* En récapitulant sa vie, la personne âgée prend conscience de sa contribution personnelle au monde. De telles rétrospectives peuvent donner lieu à la publication de livres, de poèmes, d'œuvres musicales, etc.
- *L'accent mis sur son identité ethnique.* En se concentrant sur les traditions et sur les expériences propres à son ethnie, une personne âgée peut apprécier son héritage et le transmettre aux générations futures.

Adaptation de Lewis et Butler, 1974

La théorie d'Elizabeth Kübler-Ross

Kübler-Ross (1969) est un médecin qui a travaillé auprès de malades en phase terminale et qui les a encouragé à parler d'eux-mêmes; elle passe généralement pour avoir suscité le vif intérêt qui se manifeste actuellement à l'égard de la mort. En rencontrant des patients condamnés à une mort prochaine, elle se rendit compte que la plupart d'entre eux appréciaient la chance qu'ils avaient de parler ouvertement de leur état. Elle constata également que même ceux qui n'avaient pas été informés de la gravité de leur cas savaient qu'ils allaient mourir. Après avoir conversé avec 500 patients en phase terminale, Kübler-Ross a émis l'hypothèse selon laquelle l'individu condamné à une mort imminente traverse cinq stades: le refus, la colère, le marchandage, la dépression et l'acceptation finale.

1 Le refus. La plupart des individus réagissent violemment lorsqu'ils apprennent qu'ils vont mourir. Leur première réaction est de se dire: «Oh non, pas moi!» Quand l'entourage nie aussi la réalité, le patient n'a personne à qui se confier et se sent, par conséquent, abandonné et isolé. Si on lui laisse quelque espoir en lui annonçant la nouvelle et qu'on l'assure qu'il ne sera pas abandonné quoi qu'il arrive, le choc initial et la réaction de refus peuvent disparaître assez rapidement.

2 La colère. Après avoir pris conscience de ce qui leur arrive, la plupart des individus se mettent en colère et se demandent: «Pourquoi moi?» Ils deviennent envieux des personnes de leur entourage qui sont jeunes et en bonne santé. Ils ne s'en prennent pas vraiment aux personnes elles-mêmes, mais à la jeunesse et à la santé qu'ils n'ont pas. Ils doivent exprimer leur rage pour pouvoir la surmonter.

3 Le marchandage. Ensuite, ils se mettent à penser: «Oui, c'est bien vrai, *mais*...» Le *mais* est généralement une tentative pour gagner du temps. Ils prient Dieu: «Si vous me laissez vivre jusqu'à ce que ma fille reçoive son diplôme... ou jusqu'au mariage de mon fils... ou jusqu'à la naissance de mon petit-enfant... je serai une meilleure personne... ou je ne demanderai plus rien... ou j'accepterai mon sort.» Ce marchandage révèle que le patient reconnaît que le temps est compté et que sa vie achève. Quand il laissera tomber le *mais*, il pourra dire: «Oui, moi.»

4 La dépression. À ce stade, la personne a besoin de pleurer, de s'affliger de la perte de sa propre vie. En exprimant le fond de son angoisse, elle peut surmonter la dépression beaucoup plus rapidement que si elle se sent obligée de cacher sa peine.

5 L'acceptation. Enfin, la personne peut se dire: «Mon heure va bientôt sonner et c'est bien ainsi.» Ce n'est pas nécessairement un moment heureux, mais ceux qui ont surmonté leurs angoisses et leur colère à l'égard de la mort et qui ont réglé leurs affaires inachevées finissent par éprouver un sentiment de paix avec eux-mêmes et le reste du monde. Kübler-Ross (1972) déclare: «Les personnes qui ont pu accompagner des patients à travers ce stade, et connaître le merveilleux sentiment de paix intérieure et extérieure qu'ils dégagent, se rendront vite compte que travailler avec des agonisants n'est pas un emploi morbide et déprimant mais peut, au contraire, représenter une expérience enrichissante.» (p. 259)

Les cinq stades de Kübler-Ross ne s'appliquent toutefois pas invariablement à tous les individus et ne doivent pas être considérés comme l'unique façon de «bien mourir». Butler et Lewis (1982) ont noté que les personnes qu'ils ont observées ne traversent pas ces stades dans un ordre aussi précis que le modèle théorique le propose. Ils soulignent que bien qu'ils offrent des jalons utiles pour comprendre le phénomène

Elizabeth Kübler-Ross est un médecin qui a travaillé auprès des malades en phase terminale et qui les a encouragés à parler de ce qu'ils ressentaient face à leur mort imminente. Pionnière dans ce domaine, elle a contribué à susciter un intérêt pour le phénomène et l'expérience de la mort. Elle a proposé l'existence de cinq stades conduisant à l'acceptation de la mort. (Laurence Nelson/Black Star)

de la mort, ces stades ne doivent pas être perçus de façon trop rigide.

De son côté, Leviton (1977) prétend que chaque être a une façon de mourir qui lui est propre, et qu'il peut être aussi normal et sain qu'une personne meure dans un état de refus et de colère que dans un état d'acceptation. Selon Leviton:

> «Elizabeth Kübler-Ross est sans doute la personne qui a le plus contribué à rendre les gens conscients des besoins des individus à l'article de la mort. Elle a formulé l'hypothèse selon laquelle la personne qui voit venir la mort traverse cinq stades psychologiques avant de mourir. Par ailleurs, elle a déclaré en termes explicites qu'il fallait mettre cette théorie à l'épreuve dans des conditions plus rigoureuses. Que s'est-il passé? Nous voyons non seulement des novices, mais des éducateurs expérimentés et des thanatologues, accepter l'hypothèse des cinq stades comme parole d'évangile. Les personnes qui soignent les agonisants se voient forcées de considérer qu'elles ont «échoué» lorsque leurs patients n'ont pas atteint l'état d'acceptation, but ultime du cinquième stade de Kübler-Ross.» (p. 259)

Les façons d'aider la personne à affronter la mort

Comme on reconnaît de plus en plus que la mort peut être mieux vécue si les individus la comprennent, y réfléchissent et ne la combattent pas comme un événement étranger, bon nombre d'approches ont été conçues pour faire de la mort une expérience plus humaine et pour lui accorder la place qui lui revient dans le cycle de la vie. C'est ainsi qu'ont surgi divers programmes de sensibilisation à la mort, des centres de soins palliatifs pour accueillir le malade en phase terminale et des groupes ainsi que des services de soutien à l'intention de l'agonisant et de sa famille.

Les programmes de sensibilisation à la mort

«Pourquoi mon cochon d'Inde est-il mort? Quand sera-t-il de nouveau en vie?» «Qu'est-ce que je peux dire à mon amie quand elle me dit qu'elle va se tuer?» «Jusqu'à quel point dois-je informer un patient condamné de sa maladie et du temps qu'il lui reste à vivre?»

Voilà quelques-unes des questions qui sont abordées dans les *cours de sensibilisation à la mort* qui sont maintenant offerts à divers groupes d'individus. Certains éducateurs se sont rendu compte qu'il est important de comprendre nos attitudes face à la mort, de nous familiariser avec la manière dont diverses cultures l'abordent et de nous ouvrir aux répercussions affectives de la mort, tant chez la personne qui doit mourir que chez celles qui survivent. Des cours sur la mort sont donnés à des étudiants des niveaux secondaire, collégial et universitaire, aux travailleurs sociaux, aux médecins, aux infirmières et à d'autres professionnels qui s'occupent des individus voués à une mort prochaine et de ceux qui leur survivent, ainsi qu'à tous ceux qui s'intéressent à cette question. Même les jeunes enfants sont parfois sensibilisés au phénomène de la mort par leurs éducateurs, lorsque le sujet cadre bien avec le programme scolaire ou avec l'expérience des enfants. Les cours de sensibilisation à la mort aident les individus de tous les âges à faire face à cette réalité, tant dans leur vie personnelle que dans leur vie professionnelle.

Que peuvent nous apprendre les cours sur la mort? Les objectifs de ces cours varient selon l'âge et les besoins des étudiants, mais certains valent pour chacun de nous. Voici quelques-uns des objectifs les plus importants, tirés d'une liste proposée par Leviton (1977):

- aider l'enfant à avoir le moins d'angoisse possible face à la mort;
- aider l'individu à se former un système de croyances personnel à propos de la vie et de la mort;
- aider l'individu à considérer la mort comme le terme naturel du cycle de la vie;
- aider l'individu à se préparer à sa propre mort et à celle de ses proches;
- aider l'individu à être à l'aise avec les personnes mourantes, et à traiter celles-ci avec bonté et intelligence jusqu'au terme de leur vie;
- aider autant les profanes que les professionnels de la santé (les médecins et les infirmières, par exemple) à avoir une perception réaliste du professionnel et de ses devoirs envers les malades en phase terminale, et envers leur famille;
- aider à comprendre les mécanismes du deuil et les réactions des différents groupes d'âge à la perte d'un être cher;

- aider à comprendre et à venir en aide à une personne qui veut se suicider;
- aider l'individu à faire un choix judicieux du type de funérailles qu'il désire pour lui-même et pour les membres de sa famille;
- aider à faire de la mort une expérience la plus positive possible en insistant sur le fait qu'il est important de réduire la douleur du malade, de lui offrir des soins personnels et chaleureux, d'amener les parents et les amis à en prendre soin, et à demeurer sensible à ses besoins et à ses désirs.

Il existe aussi des programmes plus spécialisés. Ainsi, l'Université du Québec à Montréal offre une formation multidisciplinaire de deuxième cycle sur la mort. De plus, une nouvelle revue intitulée *Frontières* propose des articles sur la mort, les phases qui y conduisent et le deuil. Ces projets de l'U.Q.A.M. s'adressent principalement aux intervenants auprès des mourants et de leurs proches.

D'autres chercheurs se préoccupent de sensibiliser les enfants à la mort. Le psychologue et éducateur Gerald P. Koocher a constaté que les enfants sont habituellement intéressés à parler de la mort avec des adultes qui s'y intéressent, et recommande l'intégration de cours de sensibilisation à la mort dans les activités faites en classe et à la maison. Il insiste sur l'importance d'une atmosphère chaleureuse et aidante créée par un adulte conscient du niveau cognitif de l'enfant et sensible à ses sentiments et à son vécu. Il existe des programmes innovateurs destinés à favoriser la compréhension de la mort chez l'enfant; parmi ceux-ci, il y a une exposition récemment mise sur pied au Musée pour enfants de Boston, laquelle présente des diaporamas, des cassettes vidéo, des animaux vivants et des animaux morts, des chansons, des histoires, des jeux et des objets reliés aux rites mortuaires. Le musée en question encourage les parents à participer avec leurs enfants à cette exposition afin de les aider à comprendre le matériel présenté (Kamien, 1984).

Les programmes de sensibilisation à la mort peuvent contribuer à apaiser l'anxiété de l'enfant face à la mort à deux niveaux: au niveau cognitif, qui est relativement impersonnel, et au niveau affectif, qui est plus personnel. Sur le plan cognitif, l'éducateur peut soulever la question de la mort dans les classes de sciences humaines, en amenant les enfants à comparer diverses pratiques et croyances relatives à la mort, ou dans les classes de sciences de la nature, où il peut parler des différences entre le vivant, le non-vivant et le mort. Sur le plan affectif, l'éducateur peut réagir à la mort du parent d'un élève, d'un de ses proches ou de son animal (chien, chat, etc.) pour le soutenir dans cette épreuve. Il peut même encourager l'enfant à écrire des messages de sympathie lorsque l'occasion s'y prête. Parents et éducateurs doivent savoir aider l'enfant à aborder une question aussi difficile tout en évitant de créer une anxiété plus grande que celle qui existe déjà.

Les centres pour malades en phase terminale

«J'avais la conviction de plus en plus profonde», écrit Norman Cousins dans son livre *Anatomy of an Illness* (1979), «que l'hôpital n'est pas un endroit qui convient à une personne gravement malade.» (p. 29) Plusieurs des personnes qui se préoccupent du sort des malades en phase terminale sont convaincues que les hôpitaux ne conviennent pas à ce type de patients. L'hôpital type est organisé en fonction du traitement des maladies aiguës; on vise à y guérir les malades et à donner congé à ces derniers lorsqu'ils sont guéris. Ces objectifs deviennent inaccessibles dans le cas des malades condamnés. Par conséquent, ces patients sont souvent soumis à des tests et des traitements inutiles, ils reçoivent moins d'attention que les patients qui sont plus aptes à guérir et doivent se soumettre à des règlements qui ne conviennent pas à leur situation.

Pour répondre aux besoins particuliers de ce type de malades, on a mis sur pied des maisons ou centres pour malades en phase terminale. La plupart de ces centres ont été conçus en Amérique du Nord sur le modèle du *St. Christopher's Hospice*, créé en 1948 en banlieue de Londres par Cicely Saunders, un travailleur social intéressé au domaine médical. Son objectif était de faire de l'hospice un «établissement intermédiaire entre l'hôpital et la maison, qui combine les techniques de l'un et l'atmosphère chaleureuse et accueillante ainsi que la disponibilité de l'autre» (Saunders, 1977, p. 160).

On utilise souvent l'expression «soins palliatifs» pour parler des soins dispensés aux malades en phase terminale. Ces soins peuvent se donner dans un hôpital ou une autre institution, à la maison, ou dans les deux contextes. Ils se caractérisent par leur chaleur, leur personnalisation et leur orientation «familiale». Les employés et les auxiliaires bénévoles doivent aider à soulager la douleur, et à traiter les symptômes des malades, faire en sorte qu'ils soient le plus à l'aise et le plus alertes possible, manifester de l'intérêt et de la bienveillance aux malades et à leur famille, aider les membres de ces familles à affronter la maladie et éventuellement la mort d'un des leurs. Médecins, infirmières, travailleurs sociaux, psychologues, prêtres, membres de la famille, amis et auxiliaires bénévoles travaillent tous ensemble pour atténuer les divers types de souffrances qui accablent le malade voué à une mort prochaine. Au Québec, les politiques mises de l'avant par le Ministère des affaires sociales favorisent plutôt une approche qui vise à maintenir les malades en phase terminale dans leur milieu de vie. On reconnaît la nécessité d'apporter au mourant et à sa famille tout le support indispensable dans une telle situation; actuellement, il existe dans trois centres hospitaliers du Québec une unité de soins spéciaux (ou palliatifs) réservée aux malades en phase terminale. Le phénomène du SIDA risque de créer une pression de plus en faveur de la décentralisation des soins palliatifs et une incitation à ouvrir des maisons pour les mourants.

Dans une étude comparative des soins offerts dans les hôpitaux et dans les centres de soins palliatifs aux personnes atteintes de cancer en phase terminale, la principale différence constatée se situait dans la disposition d'esprit des patients et de leur famille. Les malades soignés en hospice et les membres de leur famille se sont montrés plus satisfaits des soins reçus que ceux qui étaient traités en milieu hospitalier. Cependant, on ne releva aucune différence entre les deux groupes de patients en ce qui a trait à la douleur, aux symptômes, aux activités de la vie quotidienne, aux états affectifs ni aux dépenses encourues. La différence observée semble donc refléter la plus grande attention portée par le personnel de l'hospice à aider les patients et leur famille à affronter la mort imminente (Kane et coll., 1984).

Les groupes et les services de soutien

Au Québec, on assiste depuis quelques années à la création d'organismes qui visent à venir en aide aux malades en phase terminale ainsi qu'à leur famille. Ces regroupements de citoyens bénévoles sont assez semblables à ceux qu'on retrouve aux États-Unis, et dont il est question dans les paragraphes suivants.

L'association «Make Today Count»

«Le taux de mortalité de toute génération est de 100 %. Nous sommes tous destinés à mourir. La différence, c'est que moi je sais ce qui va probablement m'emporter, alors que la plupart des gens l'ignorent. Nous ne jouissons d'aucune garantie concernant la durée de notre vie. Mais je crois que c'est vraiment la qualité de la vie qui importe, non la longueur.» (Kelly, 1978, p. 63)

Ainsi s'exprimait Orville Kelly, un homme chez qui on avait diagnostiqué un cancer dans sa phase terminale. Se rappelant les difficultés qu'il avait eues à accepter le diagnostic et le changement de vie qu'il entraînait avant d'en arriver à ce point de vue, il fonda *Make Today Count*, une association qui permet à des personnes atteintes de maladies graves de se rencontrer et d'exprimer leurs sentiments et leur difficulté de vivre avec la menace constante de la mort. Cette association comprend maintenant plus de 80 groupes répartis dans 30 états américains.

Le projet «Shanti»

Le service téléphonique de *Shanti* répond jour et nuit aux appels qui proviennent de tous les coins des États-Unis. Une personne peut demander à un volontaire d'annoncer à une dame âgée sa mort prochaine et d'en avertir les membres de sa famille; une autre fait appel à l'aide de quelqu'un qui pourra donner du support et des renseignements à un malade à propos des traitements de chimiothérapie qu'il doit subir; une troisième aimerait qu'on aide l'épouse d'un homme condamné à une mort prochaine à surmonter sa propre douleur et à assister le mieux possible son mari malade. Ce projet, dont le nom vient d'un mot sanskrit qui signifie «paix intérieure», a été mis sur pied à San Francisco par Charles Garfield, un psychologue profondément intéressé à découvrir des moyens d'offrir une aide aux personnes vouées à une mort prochaine, ainsi qu'aux membres de leur famille.

Les personnes bénévoles qui travaillent au projet *Shanti* ont entre 22 et 73 ans, et ont des antécédents personnels et religieux variés. Les principales qualités requises sont «la volonté, la force émotive, la formation et la sensibilité nécessaires à une approche humaine de la mort et de la souffrance qui ne fasse appel ni à l'évasion ni à la dénégation» (Garfield et Clark, 1978, p. 364).

Le deuil, les rites mortuaires et le chagrin

Il n'existe pas de rites mortuaires universels en Amérique qui permettent aux personnes en deuil d'exprimer leur chagrin et de «combler le vide causé par la perte d'un être cher» (Butler et Lewis, 1977, p. 41). Les personnes affligées par cette épreuve doivent se montrer courageuses, sécher leurs larmes et poursuivre leurs activités. Mais pour surmonter la souffrance et pouvoir réorganiser sa vie, il faut d'abord pouvoir exprimer cette souffrance. Dans cette section, nous abordons les principaux aspects du processus de deuil et les types de réactions à la mort les plus courants. Dans un premier temps, voici comment nous pourrions définir les termes utilisés en tête de cette section:

Le deuil. Le deuil fait référence à un fait objectif, c'est-à-dire au changement de statut de celui qui reste: l'épouse se retrouve veuve, l'enfant orphelin, la mère n'a plus d'enfant ou un enfant de moins, le frère peut devenir fils unique. Même lorsqu'il n'y a pas de véritable changement de statut — dans le cas, par exemple, où un enfant de famille nombreuse meurt — les survivants sont quand même privés de la présence de cette personne.

Les rites mortuaires. Ce terme réfère à la conduite adoptée par la personne en deuil ou la communauté éprouvée par la perte d'un être cher. Chez les Irlandais, les parents et les amis veillent le corps du défunt et portent des toasts à sa mémoire. Les Juifs observent le shiva: pendant la semaine qui suit le décès, les membres de la famille voilent tous les miroirs de la maison, cessent de porter des chaussures et restent chez eux pour accueillir les visiteurs qui ont coutume d'apporter des cadeaux et de la nourriture. Il y a également la coutume de mettre les drapeaux en berne pour souligner la mort d'un personnage public. L'abandon de plusieurs de ces traditions par la société moderne peut, dans certains cas, priver les personnes en deuil du support dont elles ont besoin pour surmonter leur chagrin.

Le chagrin. Le chagrin réfère à la réaction émotive de la personne affligée; cette réaction peut s'exprimer de diverses façons, allant d'une impression de vide à un sentiment de rage.

Jetons un regard sur différentes formes possibles de chagrin.

Le chagrin par anticipation

Il arrive souvent que les parents et les amis d'un individu qui est atteint depuis longtemps d'une maladie incurable se préparent à la perte de cet être, et qu'ils présentent plusieurs symptômes classiques d'affliction avant même qu'il ne meure. Cette réaction permet souvent aux survivants d'affronter l'événement douloureux plus facilement lorsqu'il se produit. Cependant, si cette affliction les éloigne du malade, elle peut engendrer chez celui-ci un sentiment d'isolement dévastateur.

Le chagrin normal

Il est généralement possible de prédire l'évolution de ce type de chagrin; la personne affligée connaît habituellement des accès d'émotions fortes dans un ordre comparable à celui des réactions de l'individu face à sa propre mort imminente. Schutlz (1978) a identifié trois phases dans l'expression d'un chagrin normal:

1 La *phase initiale* se manifeste pendant quelques semaines après la mort. Pendant cette période, le survivant a souvent une réaction de choc et d'incrédulité. Il se montre souvent stupéfait et confus. Puis, une fois qu'il a vraiment pris conscience de la perte de l'être cher, la torpeur du début cède la place à un profond sentiment de tristesse, lequel s'exprime souvent par des pleurs presque constants. Vers la fin de cette phase, il arrive que la personne affligée craint de ne pouvoir surmonter sa peine et de s'acheminer vers une dépression nerveuse. Certains recourent à l'alcool ou aux calmants pour soulager leur angoisse. Des symptômes physiques apparaissent fréquemment: une respiration saccadée, une sensation de vide dans l'abdomen, la perte de l'appétit et l'insomnie.

2 La *phase intermédiaire* débute trois semaines environ après la mort. C'est le moment où les personnes qui avaient entouré la veuve ou l'être le plus touché par le deuil sont retournées à leurs occupations et laissent ceux-ci reprendre leur vie quotidienne en l'absence du défunt. Cette phase dure environ un an. La veuve revit la mort de son époux; elle ressasse chaque détail de l'événement en pensée ou dans ses conversations, cherchant de façon obsessive le sens de cette mort. Il lui arrive à l'occasion de sentir que son époux est présent: elle entend sa voix, sent sa présence dans la maison et voit même son visage. Avec le temps, toutes ces sensations s'atténuent.

3 La *phase de résolution* commence environ un an après la mort de l'être cher. Même si son épouse lui manque encore, le veuf sait que la vie doit continuer; il devient socialement plus actif, sort davantage, fréquente plus de monde, reprend certaines activités qui l'intéressaient par le passé et en découvre parfois de nouvelles. Bien des individus se sentent plus forts et fiers d'eux-mêmes une fois qu'ils sont parvenus à cette étape et qu'ils se rendent compte qu'ils ont surmonté une épreuve qu'ils avaient toujours envisagée avec effroi.

Le chagrin morbide

Le chagrin est considéré comme pathologique lorsque les réactions analogues à celles que nous venons de décrire se manifestent de façon plus intense et prolongée. Dans d'autres cas, le chagrin morbide prendra un visage différent: la personne éprouvée manifeste d'abord un sentiment de bien-être qui ne convient pas à la situation éprouvante qu'elle vit. Le refoulement de son chagrin entraîne parfois des troubles physiques comme l'asthme ou la colite. Après cette période initiale de calme apparent, cette personne change souvent de caractère: elle devient haineuse, irritable et si passive qu'elle doit être forcée pour entreprendre une activité quelconque. Elle peut tomber dans la dépression, l'hypocondrie, la phobie ou la panique, ou bien être envahie par un sentiment de culpabilité, se tenant responsable de la mort de l'être cher.

La thérapie à l'intention de la personne en deuil

Avec l'appui des parents et des amis, la plupart des personnes éprouvées par un deuil peuvent s'adapter à la perte de l'être cher et reprendre une vie normale après avoir surmonté la crise qu'elle engendre. Elles n'oublient pas le disparu, bien sûr, et peuvent connaître des périodes de tristesse, tout particulièrement lors d'anniversaires ou de congés, mais elles parviennent à se ressaisir et à poursuivre leurs occupations. Chez un

individu sur quatre, cependant, il semble indiqué de recourir à un type d'aide (Schulz, 1978).

Les thérapeutes professionnels tenteront d'aider l'individu en deuil à exprimer sa peine et ses sentiments d'abandon ou de culpabilité, de haine ou de rage. Ils l'inciteront à analyser son rapport avec le défunt et à intégrer sa disparition dans sa vie de façon à pouvoir se sentir libre de créer de nouveaux liens et de nouvelles façons d'agir, tant avec les amis qu'avec les parents survivants. Schulz (1978) soutient que ce travail peut généralement s'accomplir en huit ou dix séances de thérapie.

Nous devons être aptes à envisager l'éventualité de la mort de ceux que nous aimons, tout comme il nous faut accepter la finitude de notre propre vie terrestre. La mort vient boucler le cycle de notre vie, mettre un point final à nos œuvres, aux multiples transformations que nous avons subies et à l'évolution que nous avons connue depuis le moment de notre conception.

Questions controversées relatives à la mort

Dès sa naissance, un nouveau-né manifeste plusieurs anomalies, dont l'une est le syndrome de Down, qui empêche à jamais ceux qui en sont atteints de connaître un fonctionnement intellectuel normal. Un autre trouble dont souffre ce bébé entrave la déglutition et par conséquent, son alimentation. Le médecin demande aux parents s'ils veulent que leur bébé subisse une intervention chirurgicale qui fera disparaître l'obstruction; sinon, l'enfant mourra.

Une fillette a été battue si violemment par son beau-père que les neurochirurgiens s'entendent pour diagnostiquer des lésions cérébrales irréversibles: l'enfant ne pourra ni marcher, ni parler, ni même penser. L'avocat qui représente le beau-père en question fait des démarches auprès des autorités de l'hôpital pour empêcher qu'on accède à la demande de la mère de la victime qui veut que le respirateur qui maintient sa fillette en vie soit débranché; son client craint d'être accusé d'homicide. Si le personnel de l'hôpital décide de débrancher les appareils qui maintiennent la respiration et le battement cardiaque de l'enfant, qui doit-on tenir responsable de sa mort, le beau-père ou les employés de l'hôpital?

Une patiente âgée de 55 ans est atteinte d'un cancer fatal. Grâce à des soins médicaux, elle peut vivre encore quelques années, mais il y a de fortes chances pour qu'elle devienne si affaiblie qu'elle soit condamnée à rester confinée à son lit. Elle demande à son médecin de lui donner un médicament très puissant. Celui-ci sait qu'une dose excessive de ce médicament entraînera la mort de la patiente et il soupçonne cette dernière de vouloir mettre fin à ses jours au moment qu'elle aura choisi.

Ce sont là quelques exemples seulement des nombreux problèmes d'éthique qui gravitent autour de la mort. Les patients eux-mêmes, leur famille et les personnes qui les soignent doivent souvent faire face à des choix difficiles. Il s'agit souvent de déterminer si la qualité de la vie doit primer sur sa longueur. Bon nombre de problèmes ont été engendrés par les progrès technologiques qui créent des situations qui ne se présentaient pas autrefois.

Par exemple, avant la découverte des antibiotiques, les vieillards succombaient souvent assez rapidement et sans trop de mal à la pneumonie, qu'on surnommait parfois «l'ami des vieilles personnes». Aujourd'hui, la pneumonie se soigne et les personnes âgées survivent à cette maladie, mais il leur arrive souvent de souffrir d'une longue suite de séquelles affaiblissantes et incommodantes. Avant l'invention du respirateur, mort biologique et mort physiologique se confondaient. De nos jours, la décision de maintenir un être en vie grâce à des moyens artificiels a de nombreuses répercussions. Depuis peu, on assiste également à de nombreuses transplantations d'organes, ce qui ouvre la porte à un domaine inexploré. Plus la vie devient complexe, plus la mort le devient également.

D'innombrables questions surgissent. Un médecin doit-il administrer un médicament s'il sait qu'en plus de soulager la douleur de son patient, il risque de raccourcir ses jours? Lors d'un accouchement difficile, que fait le médecin qui doit prendre la décision de sauver la mère ou l'enfant? L'avortement est-il un meurtre? Y a-t-il une ligne de démarcation entre une manœuvre opératoire effectuée sur le corps de la mère et la destruction d'un nouvel être?

Un être humain a-t-il droit d'attenter à sa propre vie? Si oui, dans quelles circonstances? Quelle est la responsabilité légale de ceux qui l'aideraient à le faire? Peuvent-ils être accusés de meurtre?

De quelle façon le médecin qui a diagnostiqué une maladie fatale doit-il annoncer la nouvelle à son patient? Doit-il fixer approximativement le temps qui lui reste à vivre de façon

à ce que celui-ci puisse régler ses affaires et mieux se préparer à la mort? Le fait de connaître le pronostic n'aura-t-il pas comme effet de hâter la mort?

Qui peut décider qu'une vie ne vaut plus la peine d'être vécue? Qui détermine qu'on doit cesser de traiter un patient? Ce dernier? Sa famille? Le médecin? Un comité composé d'employés de l'hôpital? Quels sont les abus possibles? Comment les prévenir?

Il n'y a pas de réponses simples à ces questions. Chaque problème demande à être résolu par toutes les personnes concernées. Comme chaque réaction est unique, la réponse doit l'être également.

L'euthanasie et le droit à la mort

Le 18 mars 1983, un homme de 79 ans se rend à l'hospice où séjourne son épouse âgée de 62 ans qui souffre de la maladie d'Alzheimer à un stade avancé. Cette femme, qui connaissait il y a quelques années encore de brillants succès en affaires, est maintenant confinée à son lit, gémissant sans arrêt et incapable de parler. Son époux l'amène en chaise roulante dans une cage d'escalier et la tue d'une balle de pistolet. Le procureur en fonction qualifie cet acte de «meurtre classique au premier degré». Mais le jury d'accusation refuse d'inculper l'époux, et celui-ci est acquitté (Malcolm, 1984).

Au début de la soirée du 14 septembre 1983, un infirmier diplômé de 27 ans entre dans la chambre d'hôpital d'un vieillard de 78 ans plongé dans le coma, et débranche le respirateur qui maintient le patient en vie. Au bout de quelques minutes seulement, celui-ci rend l'âme. Ce matin-là, son épouse et ses filles avaient demandé au médecin traitant de débrancher l'appareil en question, mais avaient essuyé un refus. Connaissant les volontés de la famille et le diagnostic qui faisait état d'une lésion cérébrale irréversible, et sachant que la mort de ce patient est imminente, l'infirmier décide d'agir. Il plaide coupable à l'accusation de pratique illégale de la médecine et se voit confisquer son permis d'exercer son métier durant un an (*New York Times*, 1985; Malcolm, 1984).

Dans les deux cas cités précédemment, l'époux et l'infirmier ont pratiqué l'*euthanasie*. La première intervention est un exemple d'**euthanasie active,** laquelle consiste à poser un geste délibéré dans l'intention de hâter la mort.

Tableau 18.1   Sondage sur le prolongement de la vie à l'aide d'appareils

En juin 1984, on posa à 1593 adultes la question suivante: «La technologie médicale permet maintenant aux médecins de prolonger la vie de plusieurs malades en phase terminale. Croyez-vous que le médecin devrait cesser d'utiliser ces appareils si son patient le lui demande, même si cela entraîne sa mort?» Voici les réponses obtenues.

	Oui	Non	Indécis
Total	77%	15%	8%
Homme	78	15	7
Femme	77	14	9
de 18 à 44 ans	80	14	6
45 ans et plus	73	16	11
$12 499 ou moins	69	19	12
$12 500 — $24 999	75	17	8
$25 000 — $34 999	84	12	4
$35 000 — $49 999	83	11	4
$50 000 ou plus	83	13	4
Études secondaires non complétées	66	20	14
Études secondaires complétées	78	15	7
Études collégiales non complétées	87	9	4
Études collégiales complétées	81	13	5
États du Nord-est	75	16	9
États du Midwest	77	16	7
États du Sud	73	9	18
États de l'Ouest	85	8	7
Blanc	80	13	7
Noir	60	30	9
Libéral	88	11	3
Modéré	77	15	3
Conservateur	76	17	7

Source: New York Times, 23 septembre 1984, p. 28.

L'**euthanasie passive** consiste à ne pas fournir à une personne un traitement qui pourrait prolonger sa vie; c'est ce qu'a fait l'infirmier en décidant de ne pas utiliser le respirateur pour maintenir son patient en vie.

La plupart des gens ne sont pas partisans du maintien systématique de la vie, comme l'indique le tableau 18.1. Lors d'un sondage réalisé en 1984 par le *New York Times*, 77 % des adultes interrogés étaient d'avis que les médecins ne devraient pas recourir à des techniques médicales sophistiquées pour prolonger la vie de malades en phase terminale. En 1983, la Commission présidentielle chargée d'étudier les problèmes d'éthique reliés à la recherche médicale, biomédicale et comportementale, a recommandé qu'on permette aux patients en possession de leurs facultés mentales et aux membres de la famille agissant au nom de personnes inaptes, le droit de refuser un traitement médical qui maintient des malades en vie sans leur donner l'espoir de guérir ou d'améliorer leur état. Bien qu'elle soutienne qu'il est défendu de mettre délibérément fin à la vie, la Commission autorise les médecins à donner des analgésiques susceptibles d'abréger la vie, à la condition qu'ils soient prescrits dans le but de soulager la douleur (Schmeck, 1983).

Malgré notre souci de préserver la qualité de la vie en plus de la prolonger, nous devons toutefois respecter les volontés du malade qui désire vivre le plus longtemps possible, quel que soit son état. Il nous faut également nous garder de l'âgéisme. Si une personne âgée veut recourir à des techniques complexes qu'elle croit susceptibles d'améliorer sa vie en plus de la prolonger, on ne doit pas lui refuser l'accès à celles-ci en raison de son âge avancé. Chaque individu est unique et l'unique juge de ce qui est bon pour lui.

Ces dernières années, un nombre croissant de personnes se sont mises à rédiger des *testaments biologiques*, dans lesquels elles énoncent leurs volontés concernant les mesures qu'elles veulent (ou ne veulent pas) prendre advenant une maladie grave. De tels documents, qui sont considérés légaux dans certains pays et non dans d'autres, offrent à la personne un moyen de s'assurer que les décisions qu'elle prend au moment où elle est en bonne santé et en possession de ses facultés seront respectées.

Le suicide

Comme le souligne un thanatologue, «Personne ne peut parler d'une façon totalement impartiale d'un sujet aussi complexe que le suicide» (Schneidman, 1984, p. 319). Dans certains milieux, la décision de mettre fin à ses jours est perçue comme une option rationnelle dans certaines circonstances, et le suicide est considéré comme un droit à défendre et même à encourager. C'est le point de vue adopté dans un ouvrage publié par un organisme britannique à

Les taux de suicides chez les adolescents ont connu une augmentation au cours des dernières années, ce qui en fait la troisième cause de mortalité chez les sujets de ce groupe d'âge. Bon nombre de jeunes qui tentent de se suicider ne veulent pas vraiment mourir, mais il arrive souvent qu'à cause de leur impulsivité ou d'une erreur de calcul fatale, ils meurent avant que des secours ne leur parviennent. (Hays/Monkmeyer)

l'intention des malades en phase terminale, lequel contient tous les renseignements utiles à ceux qui veulent se donner la mort le moins douloureusement possible (Borders, 1980). Selon un autre point de vue, bien que nous puissions faire preuve d'empathie pour chaque personne qui attente à ses jours, nous devons tenter de contrecarrer tout projet de suicide qui n'a pas encore été mis à exécution (Schneidman, 1984). Dans cette perspective, le suicide ne représente pas tant une volonté de mourir qu'un désir de se débarrasser d'une douleur physique ou affective insoutenable, et il revient à la société de trouver des moyens de réduire cette douleur. Dans l'encadré 18.2, nous décrivons des façons dont les membres de la famille, les amis et les thérapeutes peuvent aider des personnes suicidaires.

Le phénomène du suicide chez les jeunes

En raison de querelles constantes avec ses parents qui désapprouvent sa relation avec son ami, une jeune fille de 16 ans rompt avec celui-ci. Le lendemain matin, sa sœur découvre son corps sans vie près d'un flacon vide de somnifères. Un adolescent de 18 ans, découragé par les suites d'un accident de la route qui a nécessité qu'on lui ampute les jambes, se donne la mort par balle.

Ces deux adolescents font partie du nombre croissant de personnes qui ne trouvent pas d'autres moyens de se sortir de leurs difficultés que de mettre fin à leurs jours.

Pourquoi les jeunes se suicident-ils?

Qu'est-ce qui rend la vie insoutenable pour tant d'adolescents? Les suicidaires se sentent seuls, isolés et étrangers, et considèrent qu'ils ne sont pas aimés de leurs parents ni de leurs pairs. Certains spécialistes croient que l'augmentation du taux de suicides chez les adolescents est attribuable au stress important que subissent les jeunes d'aujourd'hui (Elkind, 1984). Bon nombre de ces jeunes gens ne veulent pas vraiment mourir. Ils ne veulent que changer leur vie, et la tentative de suicide est leur façon d'implorer l'attention et l'appui de leur entourage. Il arrive souvent qu'à cause de leur impulsivité ou d'une erreur de calcul fatale, ils meurent avant que les secours ne leur parviennent.

Quel profil pouvons-nous tracer du jeune qui tente de se suicider? Après deux ans d'application d'un programme de prévention du suicide chez les jeunes à partir d'un hôpital qui dessert une population urbaine constituée de Noirs de milieu défavorisé, Kohn et coll. (1977) ont publié une étude au sujet d'un groupe de 65 adolescents qui avaient tenté de se suicider. La moyenne d'âge de ces jeunes âgés de 7 à 19 ans était de 16 ans, et les trois quarts étaient des jeunes filles.

On a observé une tendance à l'isolement chez ces jeunes; la moitié d'entre eux passaient pour être des «solitaires». Les trois quarts réussissaient très mal à l'école: 19 % avaient doublé au moins une classe et 35 % avaient abandonné l'école ou faisaient régulièrement l'école buissonnière. Il y en avait aussi 35 % qui présentaient des problèmes de comportement ou de discipline. Dans un sous-groupe de 25 jeunes qui reçurent une évaluation psychologique, on établit à 60 % le nombre des sujets qui souffraient d'un léger dysfonctionnement cérébral: celui-ci entraînait des difficultés d'apprentissage. Ils avaient une image de soi défavorable et un sentiment de découragement, comme dans tous les cas où le rendement scolaire d'un jeune s'avère

Encadré 18.2

Comment prévenir le suicide

Quand une personne s'est suicidée, ses parents et ses amis sont souvent accablés par la culpabilité, en plus du chagrin. «Pourquoi n'étais-je pas au courant?» se demandent-ils, ou «Pourquoi n'ai-je rien fait?» Très souvent, la personne qui a l'intention de se suicider n'en parle à personne, mais il arrive aussi que des indices apparaissent bien avant que le geste ne soit posé. En fait, la tentative de suicide est parfois un appel au secours, et certains individus meurent parce que leur projet réussit au-delà de leurs intentions. La personne qui veut aider à prévenir un suicide doit apprendre à déceler les signes avertisseurs du suicide et connaître les types d'interventions qui s'avèrent souvent efficaces.

Les signes avertisseurs du suicide

- L'individu se tient à l'écart de sa famille ou de ses amis.
- Il parle de la mort, de l'au-delà et/ou du suicide.
- Il donne des objets auxquels il tient.
- Il fait un usage excessif de drogues et/ou d'alcool.
- Il connaît des changements de personnalité: colère, ennui, apathie, etc.
- Il néglige son apparence comme il n'en avait pas l'habitude.
- Il a du mal à se concentrer au travail ou à l'école.
- Il se retire de son travail, de l'école ou d'autres activités habituelles.
- Il se plaint de problèmes physiques même si les examens ne révèlent rien d'anormal.
- Il connaît des changements importants dans ses habitudes de vie: régime alimentaire, sommeil, etc.

Les façons d'intervenir

- Parler avec cette personne de ses pensées suicidaires. Le fait d'aborder la question n'influencera pas celui qui n'y pensait pas déjà et aidera dans tous les cas à exprimer ouvertement des sentiments existants.
- Inciter les personnes de son entourage à faire quelque chose: ses parents, son conjoint ou d'autres membres de sa famille, un ami intime, un thérapeute ou un conseiller. Il vaut mieux dévoiler un secret que laisser mourir une personne.
- Faire de son mieux pour atténuer les tensions quotidiennes qui lui semblent si intolérables: appeler l'amoureux qui la rejette, lui prêter de l'argent, plaider sa cause auprès d'un employeur, etc.
- Lui montrer que d'autres choix s'offrent à elle, même si aucun d'eux ne lui semble idéal. (Par exemple, un thérapeute parla sans porter de jugement à une adolescente enceinte qui pensait au suicide, lui présentant diverses possibilités qui s'offraient à elle: recourir à un avortement, donner son bébé en adoption, le garder avec elle, en parler à ses parents, en parler avec le père de l'enfant et se suicider. La jeune fille se mit à peser le pour et le contre de ces options et le suicide n'apparut plus en tête de liste. Elle et son thérapeute commencèrent à discuter du sens de la vie [Schneidman, 1984, p. 325-326]). Selon Schneidman, il importe de rappeler au client que «la vie est souvent le meilleur choix parmi des options boiteuses. La clé d'un fonctionnement harmonieux consiste souvent à choisir la solution la moins mauvaise parmi celles qui sont réalisables» (p. 325).
- Faire des pressions pour renforcer la législation sur le contrôle de la possession d'armes. La baisse des taux de suicides qu'ont connue l'Angleterre et le pays de Galles entre 1960 et 1975 est apparemment reliée à l'élimination du gaz naturel, qui était souvent utilisé à ces fins. Aux États-Unis et en Australie, le nombre de suicides causés par l'abus de barbituriques a diminué proportionnellement à la baisse du nombre de prescriptions données par les médecins. Comme le nombre de suicides commis au moyen d'armes à feu a augmenté au cours des dernières années, une législation qui restreindrait davantage leur utilisation entraînerait

Encadré 18.2   *(suite)*

probablement une diminution de ces morts tragiques. Comme le suicide est souvent un acte impulsif, la personne déprimée qui n'a pas de moyens à sa portée pour le commettre peut couper court à son projet, ou du moins le retarder assez longtemps pour qu'une aide lui parvienne. En outre, une personne qui a un penchant pour une méthode peut hésiter à en utiliser une autre (Eisenberg, 1980).

mauvais. De plus, ces jeunes étaient issus de familles perturbées: on constatait un taux élevé de séparation et de divorce chez les parents (59 % provenaient de familles monoparentales); on remarquait aussi que plusieurs jeunes avaient des parents alcooliques (31 % des jeunes avaient au moins un parent alcoolique) et qu'un grand nombre d'enfants vivaient éloignés de leurs parents (25 %). En plus d'ajouter un nouvel élément (le dysfonctionnement cérébral léger), cette étude confirme d'autres recherches qui ont découvert que les adolescents qui tentent de se donner la mort ont connu un mode d'existence très différent de celui des autres gens.

Lors d'une étude menée auprès de 40 adolescents âgés de 12 à 19 ans qui recevaient des soins psychiatriques à la suite d'une tentative de suicide, on a constaté que tous ces jeunes gens avaient souffert de troubles affectifs avant d'attenter à leurs jours. La dépression, l'abus de drogues et l'instabilité de la personnalité étaient les troubles les plus souvent diagnostiqués. Ces adolescents avaient tendance à réagir fortement à une perte, à mal contrôler leur rage et à se montrer impulsifs (Crumley, 1979).

En étudiant les jeunes femmes qui ont tenté de se suicider, Cantor (1977) a constaté que celles-ci font preuve d'impulsivité, et supportent mal la frustration et le stress. Souvent, les jeunes femmes suicidaires sont en conflit avec leurs parents et elles ne peuvent compter sur leur appui. Elles ne peuvent ni communiquer avec leur père ni compter sur son aide. Bon nombre d'entre elles sont des aînées et plusieurs ont souffert de l'absence de leur père, tout particulièrement au cours de l'adolescence.

Les jeunes suicidaires peuvent être aidés par des amis qui savent offrir le type d'attention dont les êtres déprimés ont besoin, qui sont prêts à les assister lorsqu'il le faut et qui peuvent parler ouvertement avec eux de leur projet de suicide. Selon Cantor (1977):

«La plupart des jeunes qui tentent de se suicider sont profondément malheureux et veulent chan-

ger leur vie. Mais ils ne veulent pas vraiment mourir. Ils veulent que leur vie change suffisamment pour qu'il devienne possible de la poursuivre.» (p. 442)

Le phénomène du suicide chez les adultes

Il y a aussi des adultes qui se suicident quand la vie leur apparaît si sombre qu'ils ne veulent plus affronter le futur. La dépression ou une maladie physique invalidante précipitent souvent cette décision tragique. Bien qu'en chiffres absolus, la majorité des suicides soient commis par des individus de sexe masculin et de race blanche âgés entre 15 et 34 ans, le taux de suicides le plus élevé dans l'ensemble de la population américaine touche les hommes âgés de race blanche. Chez les femmes de race blanche, les taux les plus élevés se situent à l'âge mûr, alors que chez les hommes comme chez les femmes de race noire, c'est au début de l'âge adulte (c'est-à-dire entre 25 et 35 ans) qu'ils atteignent leur point culminant (USDHHS, 1982; *Morbidity and Mortality Weekly Report*, June 21, 1985). Par conséquent, bien qu'il y ait des différences liées à la race et au sexe, ce sont les personnes âgées qui connaissent les taux de suicides les plus élevés.

Selon Lépine (1982), le taux de suicides chez les personnes âgées au Canada n'est pas significativement disproportionné par rapport à leur nombre. En effet, en 1977, le taux officiel de suicides chez les personnes âgées représentait 10 % du total des suicides, alors que ce groupe constituait 9 % de la population. Par contre, il se pourrait que la proportion véritable des suicides dans ce groupe d'âge soit plus importante, étant donné que plusieurs morts volontaires chez les vieillards ne sont pas toujours reconnues comme telles; dans bien des cas, elles seront plutôt attribuées aux conséquences d'un abus accidentel de médicaments ou au fait d'avoir oublié de prendre un médicament d'une importance vitale. Et pourtant, il semble que les personnes âgées qui se donnent la mort le font en toute connaissance de cause, si l'on se fonde sur le fait qu'une tentative sur deux parmi ce groupe d'âge est fructueuse, à comparer à une sur sept seulement chez les adolescents. Au Canada, le taux de suicides semble plafonner entre l'âge de 65 ans et de 69 ans tant chez les hommes que chez les femmes, alors qu'aux États-Unis, le taux continue d'augmenter de façon linéaire. Le phénomène du suicide chez les personnes âgées au Canada suit la même tendance que dans les autres groupes d'âge, c'est-à-dire que sa proportion augmente au fur et à mesure qu'on se déplace vers l'ouest, et il se produit trois fois plus souvent chez les hommes que chez les femmes (Lépine, 1982). Selon une étude américaine, les vieillards qui ont le plus tendance à attenter à leurs jours sont les hommes de race blanche qui ont entre 80 et 90 ans (*National Council on Aging*, 1978). Le taux de suicides des hommes âgés de race blanche est presque trois fois plus élevé que celui des hommes de couleur et cinq fois plus élevé que celui de toutes les femmes du même âge (Flaste, 1979).

Qu'est-ce qui pousse tant de personnes âgées au suicide? Il est plausible que ce soit la «progression irréversible des pertes» qu'elles subissent: «Le travail a pris fin et les amis ont disparu. Le conjoint est décédé. Les enfants sont partis. Même le passé échappe à la mémoire qui devient défaillante. La maladie et ses souffrances ont succédé au bien-être physique; le mépris de soi a remplacé l'estime de soi. L'espoir s'est évanoui. La passivité et l'impuissance s'installent.» (Flaste, 1979, p. C 2)

Certains attribuent le taux élevé de suicides chez les hommes âgés de race blanche au contraste qui existe entre le succès que ceux-ci ont connu durant leur jeunesse et le déclin de la vieillesse. Un autre facteur d'explication pourrait bien être l'identification excessive de ces hommes à leur rôle professionnel; bien souvent, l'arrêt du travail entraîne chez eux une perte de leur identité.

L'état dépressif de la personne âgée peut souvent être atténué par une psychothérapie, par des mesures pratiques qui visent à réduire le sentiment d'isolement du vieillard ou par une médication appropriée. Dans certains cas, particulièrement lorsque la personne est atteinte d'une maladie qui la fait souffrir ou la rend invalide, tous les efforts sont vains. Il y a de plus en plus d'individus à travers le monde qui prônent l'adoption de lois qui reconnaîtraient «le droit à la mort», qui feraient disparaître les connota-

tions criminelles du suicide et accorderaient aux individus parvenus à la maturité le droit de mettre fin à leurs jours s'ils le jugent bon.

Pour la plupart d'entre nous, bien sûr, la mort survient à un moment et d'une façon qui ne relèvent pas de notre choix. Sa venue marque la fin inévitable du cycle du développement humain. Le cercle se referme; c'est le point d'aboutissement de toutes nos actions ainsi que des changements et de l'évolution que nous avons connus depuis le moment de notre conception.

Résumé

1. Depuis quelques années, on manifeste un intérêt croissant dans notre société pour le phénomène de la mort. La thanatologie a pour objet l'étude de la mort et du processus qui y conduit.

2. Mourir comporte au moins trois aspects: l'aspect biologique (l'arrêt des processus organiques), l'aspect social (les implications légales de la mort) et l'aspect psychologique (les réactions émotives à la mort).

3. Les modifications psychologiques qui précèdent la mort affectent le fonctionnement intellectuel et la personnalité du malade. Au cours de l'examen rétrospectif de sa vie, l'individu se remémore son passé, évalue son existence et se prépare à mourir.

4. Elizabeth Kübler-Ross est une pionnière de l'étude de la mort. Elle soutient que l'individu traverse cinq stades avant d'accepter l'imminence de sa mort: le refus, la colère, le marchandage, la dépression et l'acceptation. Ces stades ne s'appliquent toutefois pas invariablement à tous les individus, et les mourants ne parviennent pas tous au stade de l'acceptation.

5. L'objectif des programmes de sensibilisation à la mort, qui s'adressent à divers groupes d'individus, est d'aider les gens à comprendre leurs attitudes devant ce phénomène, à se familiariser avec la manière dont diverses cultures l'abordent, et à être conscients des besoins des personnes qui vont bientôt mourir et de celles qui leur survivent.

6 Des services de soins palliatifs ont été institués pour fournir aux malades en phase terminale et à leur famille les soins et l'attention dont ils ont besoin. Ces services sont offerts dans les hôpitaux ou autres institutions (comme les maisons pour mourants), ou à la maison.

7 On assiste depuis quelques années à la création d'organismes et de services de soutien qui visent à aider les personnes à affronter la mort, comme *Make Today Count* et le projet *Shanti* aux États-Unis.

8 Le deuil est le changement de statut objectif de celui qui a perdu un être cher. Les rites mortuaires réfèrent à la conduite adoptée par la personne en deuil. Le chagrin est la réaction émotive de la personne affligée.

9 Le chagrin normal, qui est une réaction émotive de la personne éprouvée par un deuil, s'exprime en trois étapes. Durant la phase initiale, qui dure quelques semaines, la personne a une réaction de choc et d'incrédulité. Au cours de la phase intermédiaire, qui dure environ un an, elle doit apprendre à vivre en l'absence de l'être cher. La phase de résolution débute généralement un an après la mort de ce dernier; le survivant devient plus actif et reprend goût à la vie. Le quart environ des personnes éprouvées par un deuil gagneraient à recourir à une thérapie afin de réussir à surmonter leur affliction.

10 L'euthanasie active consiste à poser un geste délibéré dans l'intention de hâter la mort. L'euthanasie passive consiste à s'abstenir d'utiliser un traitement susceptible de prolonger la vie. Des enquêtes récentes révèlent que la majorité des gens s'opposent à l'utilisation de techniques médicales sophistiquées en vue de prolonger la vie des malades en phase terminale. Le testament biologique renferme les volontés d'une personne advenant une maladie grave.

GLOSSAIRE

Abréaction   Réaction d'extériorisation par laquelle un enfant se libère d'un refoulement affectif (ex.: mentir, voler).

Accomodation   Processus grâce auquel l'enfant modifie un schème initial pour s'adapter à de nouveaux objets ou de nouvelles situations.

Accouchement naturel (ou préparé)   Accouchement impliquant une préparation de la future mère: connaissances sur la physiologie de la reproduction et de l'accouchement, apprentissage de techniques de respiration, de relaxation et d'assouplissement physique. Cette préparation facilite l'accouchement et réduit ou élimine le besoin de médication.

Accoutumance (ou habituation)   Forme d'apprentissage simple qui consiste à s'habituer à un son, à une sensation visuelle ou à tout autre stimulus.

Acquisition du langage   Processus grâce auquel l'enfant apprend les règles grammaticales d'une langue.

Adaptation   Processus à deux volets grâce auquel l'enfant crée de nouvelles structures qui lui permettent d'affronter efficacement son environnement. L'adaptation comprend l'assimilation et l'accommodation.

ADN (acide désoxyribonucléique)   Molécules véhiculant l'information génétique qui détermine la constitution des cellules.

Âgisme   «Tendance généralisée à stéréotyper la personne âgée et à user de discrimination à son égard.» (Wasylenki, 1982, p. 20.)

Allèles   Paire de gènes complémentaires, l'un étant fourni par le père et l'autre par la mère, qui détermine la forme, la couleur, etc. d'un caractère héréditaire particulier. Si les deux gènes d'une paire d'allèles sont identiques, on dit que l'individu est *homozygote* quant aux caractères hérités; s'ils sont différents, on dit qu'il est *hétérozygote*.

Allèles multiples   Gènes existant sous trois formes alléliques, ou davantage.

Altruisme   (Voir *Comportement prosocial*.)

Amniocentèse   Procédure médicale prénatale qui consiste à prélever du liquide amniotique et à l'analyser afin de déceler la présence d'anomalies congénitales.

Androgyne   Type de personnalité intégrant des caractéristiques typiquement «masculines» et «féminines».

Androspermatozoïde   Spermatozoïde porteur d'un Y.

Angoisse de la séparation   Détresse éprouvée par l'enfant lorsque la personne qui en prend normalement soin le quitte.

Animisme   Attitude qui consiste à attribuer des pensées, des intentions, etc., à des objets inanimés.

Anorexie nerveuse   Trouble qui se manifeste par une perte ou une diminution importante de l'appétit, voire par un refus inconscient de s'alimenter.

Anoxie   Manque d'oxygène qui peut affecter le fœtus et être la cause de lésions cérébrales congénitales.

Appariement   Mode de sélection d'un échantillon qui consiste à former des groupes de sujets comparables sur plusieurs plans.

Apprentissage   Changement de comportement qui résulte de l'expérience.

Approche du traitement de l'information   Cette approche s'intéresse aux processus qui soustendent le comportement intelligent. Elle conçoit les gens comme des manipulateurs de symboles.

Approche piagétienne de l'intelligence   Approche qui définit l'intelligence comme un processus d'adaptation et qui étudie les changements qualitatifs qui surviennent au cours du développement dans le fonctionnement de l'intelligence.

Approche psychométrique de l'intelligence   Approche qui décompose l'intelligence en un certain nombre de facteurs ou d'aptitudes mentales, et qui cherche à mesurer jusqu'à quel point un individu possède chacune de ces aptitudes.

Aptitudes mentales de base   Nom donné par Thurstone aux facteurs, ou composantes de base, de l'intelligence.

Artificialisme   Terme utilisé par Piaget pour désigner l'impression qu'a l'enfant que l'univers est l'œuvre de l'homme.

Ascétisme   Mécanisme de défense décrit par Anna Freud et qui est caractérisé par l'abnégation.

Assimilation   Intégration d'un nouvel objet, d'une nouvelle expérience ou d'un nouveau concept à un ensemble de schèmes déjà existants.

Attachement   Relation affective réciproque et active qui s'établit entre deux individus; l'interaction entre ces deux personnes contribue à renforcer et à affermir ce lien.

Autisme chez le jeune enfant   Forme de psychose qui se manifeste chez certains enfants et qui se caractérise par le repli sur soi, par des troubles de langage et par la manifestation d'un intérêt excessif aux objets.

Autonomie versus honte et doute Deuxième alternative critique dans le développement de la personnalité selon la théorie d'Erikson; entre 18 mois et 3 ans, l'enfant acquiert soit le sens de son autonomie (indépendance, affirmation de soi), soit un sentiment de honte et de doute.

Autosomes Chromosomes non sexuels; l'être humain en possède 22 paires.

Avortement provoqué Interruption délibérée de la grossesse.

Avortement spontané (ou fausse couche) Expulsion hors de l'utérus d'un embryon ou d'un fœtus qui ne peut survivre à l'extérieur du sein maternel.

Babillage Stade des vocalisations préverbales, qui commence vers le troisième ou le quatrième mois; il est caractérisé par la répétition de sons simples composés de consonnes et de voyelles (ex.: «ma-ma-ma-ma»).

Bande Groupe constitué de deux ou trois cliques. (Voir *cliques*.)

Bébé d'un poids insuffisant Bébé qui pèse moins que 90 % du poids des bébés du même âge de gestation; il n'est pas nécessairement prématuré.

Bégaiement Ce trouble se manifeste par la répétition saccadée et par l'arrêt involontaire de certains sens; également appelé balbutiement.

Behaviorisme Approche qui étudie l'effet des événements sur le comportement observable de l'individu.

Biographie de bébé Journal tenu pour suivre le développement d'un bébé; l'information la plus ancienne que nous possédions au sujet des jeunes enfants provient de biographies de bébés.

Biopsie des villosités chorioniques Technique récente de diagnostic prénatal qui consiste à prélever et à analyser un fragment de tissu provenant d'une ou de plusieurs villosités chorioniques.

Blastocyste Forme embryonnaire résultant de la division cellulaire du zygote et consistant en une sphère creuse, à paroi épithéliale, remplie de fluide.

Boulimie Trouble de l'alimentation qui se manifeste par un appétit insatiable et par l'ingestion de nourriture en quantité excessive.

Bouton embryonnaire Masse cellulaire épaisse à partir de laquelle le bébé se développe.

Burn-out Syndrome qui se caractérise par un épuisement affectif et un sentiment d'impuissance professionnelle.

Ça Dans la théorie freudienne de l'appareil psychique, terme qui désigne la source inconsciente des désirs; le ça est régi par le «principe de plaisir», il cherche à obtenir la gratification immédiate et est présent à la naissance. (Voir aussi *Moi* et *Surmoi*.)

Capacité de représentation Capacité d'utiliser un système de symboles (comme le langage ou l'imagerie mentale) pour évoquer en pensée des situations ou des objets absents.

Caractères sexuels primaires Caractères sexuels directement reliés aux organes de reproduction. (Voir *Caractères sexuels secondaires*.)

Caractères sexuels secondaires Changements physiologiques qui surviennent à l'adolescence et qui ne sont pas reliés directement aux organes de reproduction. Ces changements touchent, par exemple, le développement des seins chez la fille, l'élargissement des épaules chez le garçon, les changements cutanés, la mue et le développement du système pileux. (Voir *Caractères sexuels primaires*.)

Caryotype Arrangement caractéristique des chromosomes d'une cellule spécifique d'un individu; les photographies des chromosomes provenant d'un des tissus de cet individu sont découpées et disposées selon leur taille et leur structure; elles illustrent les anomalies chromosomiques du patient.

Causalité Principe suivant lequel certains événements sont la cause d'autres événements.

Centration Tendance à ne percevoir dans un ensemble qu'un seul aspect d'une situation et à en négliger les autres dimensions; cette tendance est une des caractéristiques de la pensée préopératoire.

Césarienne Opération chirurgicale qui consiste à pratiquer une incision dans la paroi abdominale afin d'extraire le bébé de l'utérus de sa mère.

Changement quantitatif Changement observé au moment de la mesure d'un trait, qu'il s'agisse d'une aptitude mentale, d'une attitude ou encore de la taille d'un individu.

Changement qualitatif Changement observé dans l'organisation et le fonctionnement d'un système, par exemple la pensée.

Chromosomes sexuels Paire de chromosomes qui détermine le sexe d'un nouvel être; XX chez la fille et XY chez le garçon.

Classification Capacité de regrouper des stimuli en catégories d'après certaines caractéristiques (par exemple, la couleur ou la forme).

Climatère Terme médical employé pour désigner la période de la ménopause et les changements qui l'accompagnent. (Voir *ménopause*.)

Clique Sous-groupe de trois à neuf personnes qui ont des affinités sur le plan de la pensée et du comportement, qui sont habituellement du même sexe, de la même race et du même milieu socio-économique. (Voir *bande*.)

Cohabitation Le fait pour deux individus de vivre ensemble et d'entretenir des relations sexuelles sans être mariés devant la loi.

Col de l'utérus   Partie la plus étroite de la cavité utérine.

Compensation   Terme qui désigne, chez Piaget, un processus qui conduit à la compréhension de la conservation de la quantité, du poids ou du volume. Le processus permet de comprendre qu'un changement sur une dimension (par exemple, plus haut) peut être compensé par un changement opposé sur une autre dimension (par exemple, plus étroit).

Compétence ou infériorité   Quatrième crise du développement de la personnalité selon Erikson. Elle se produit durant les années médianes de l'enfance. Au cours de cette période, l'enfant jette les bases d'un sentiment de compétence ou d'infériorité.

Complexe d'Œdipe   Selon Freud, attachement érotique, durant le stade phallique de l'enfant mâle à sa mère; peut entraîner une rivalité envers le père.

Comportement agressif   Action qu'on accomplit dans le but, conscient ou pas, de nuire ou de blesser.

Comportement prosocial (ou *Altruisme*)   Action qu'on accomplit afin d'aider une autre personne et ce, sans attendre de récompense ultérieure.

Concubinage   (Voir *Cohabitation* ou *Répondant*.)

Conditionnement classique   Apprentissage grâce auquel un stimulus antérieurement neutre (stimulus conditionnel) acquiert la capacité de déclencher une réponse (réponse conditionnelle) par association à un stimulus inconditionnel qui provoque habituellement une réponse particulière (réponse inconditionnelle).

Conditionnement instrumental (ou opérant)   Apprentissage grâce auquel une réponse continue à se produire parce qu'elle a été l'objet de renforcement.

Confiance fondamentale ou méfiance fondamentale   Première crise dans le développement de la personnalité selon la théorie d'Erikson; de la naissance à l'âge de 12 à 18 mois, le nourrisson jette les bases d'un sentiment de confiance ou de méfiance envers le monde; les situations liées à l'accès à la nourriture sont déterminantes par rapport à la résolution de cette crise.

Confirmation des prévisions   Processus selon lequel les gens font ce que l'on attend d'eux.

Conservation   Terme utilisé par Piaget pour désigner la capacité de comprendre que deux quantités de matière égales restent égales (en substance, poids ou volume) malgré la transformation de la configuration de départ d'une de ces quantités, pourvu que rien ne soit enlevé ou ajouté.

Conservation du genre   Prise de conscience par l'enfant du fait qu'il est un garçon ou une fille pour la vie.

Consultation génétique   Service qui a comme objectifs de découvrir les causes d'une anomalie qui affecte un enfant, d'établir des modèles de transmission héréditaire et d'évaluer les possibilités pour un couple d'avoir des enfants normaux.

Controverse de l'inné et de l'acquis   Controverse opposant ceux qui soutiennent que la nature (l'hérédité et les facteurs innés) explique tout le développement, à ceux qui croient que le milieu (l'environnement et les facteurs acquis) en est l'unique facteur déterminant.

Cordon ombilical   Cordon qui relie l'embryon au placenta.

Corrélation   Valeur numérique (de -1,0 à +1,0) qui indique la direction et l'amplitude de la relation qui unit deux variables.

Craintes des étrangers   Phénomène souvent observé durant la seconde moitié de la première année; le nourrisson manifeste de la crainte face à des personnes et à des endroits qui ne lui sont pas familiers et proteste quand on veut le séparer de ses parents.

Crise de la «quarantaine»   Période de remise en question des objectifs antérieurs et de transition vers la seconde moitié de la vie. Cette crise est étroitement liée à la prise de conscience du fait qu'on commence à vieillir.

Décalage horizontal   Terme utilisé par Piaget pour décrire l'incapacité de l'enfant d'appliquer sa compréhension d'un type de conservation à un autre type fondé sur le même principe.

Décentration   Activité qui consiste à considérer plusieurs dimensions d'une situation pour tirer une conclusion.

Dépression névrotique   Réaction à un stress affectif qui rend l'individu triste et désintéressé des gens et des activités.

Développement céphalo-caudal   Principe selon lequel le contrôle des membres supérieurs du corps se développe avant celui des membres inférieurs.

Développement cognitif   Développement des capacités perceptives, motrices, représentationnelles et logiques de la personne. Selon Piaget, les quatre principaux stades du développement cognitif sont: le stade sensori-moteur, le stade préopératoire, le stade des opérations concrètes et le stade des opérations formelles. À chaque stade, l'organisation et la structure de la pensée d'un enfant diffèrent qualitativement.

Développement proximodistal   Principe selon lequel le contrôle des parties centrales du corps se développe avant celui des extrémités.

Développement psychosexuel   Hypothèse fondamentale de la théorie freudienne voulant que la personnalité se développe en passant par une série ordonnée de stades, au cours desquels la source de la gratification (le plaisir) se déplace d'une région du corps à l'autre (orale, anale, génitale) avec des changements correspondants dans l'agent de gratification.

Développement psychosocial   Aspect du développement de la personnalité lié aux influences culturelles et sociales. C'est l'objet de la théorie d'Erikson.

Différences individuelles   Écarts observés dans le rythme de développement ou le niveau de fonctionnement atteint par tel ou tel individu.

Différences liées au sexe   Différences biologiques ou psychologiques observées entre les garçons et les filles.

Données   Informations recueillies lors d'une recherche.

Échantillon   Sous-groupe de la population étudiée.

Échantillon de normalisation   Groupe représentatif et assez nombreux de sujets soumis à un test en phase de normalisation; les normes ou performances moyennes sont établies à partir des résultats obtenus par ces sujets.

Échantillon formé au hasard   Mode de sélection d'un échantillon grâce auquel chaque membre d'une population donnée a des chances égales d'être choisi.

Échantillonnage temporel   Méthode qui consiste à enregistrer pendant une période de temps donnée le nombre de fois que se manifeste un certain type de conduite tel que les comportements violents, les gazouillis, les pleurs, etc.

Échelle d'Apgar   Technique médicale servant à évaluer l'état d'adaptation du nouveau-né au moment de la naissance; vérifie si tout est normal en ce qui concerne le rythme cardiaque, la respiration, la couleur, le tonus musculaire et l'irritabilité réflexe.

Échelle de Bayley   Test d'intelligence normalisé pour bébés.

Échelle d'évaluation du comportement néonatal de Brazelton   Test utilisé pour mesurer les réactions du nouveau-né à son environnement.

Ectoderme   Feuillet supérieur du bouton embryonnaire à l'origine de la couche externe de la peau, des ongles, des cheveux, des dents, des organes sensoriels et du système nerveux.

Égocentrisme   Attitude mentale typique du stade préopératoire, caractérisée par l'incapacité de considérer le point de vue de l'autre.

Égocentrisme de l'adolescent   Chez un adolescent, certitude de l'importance qu'acquièrent, aux yeux des autres, son apparence et son comportement.

Éjaculation nocturne   Émission de sperme au cours du sommeil.

Embryon   Nom donné à l'organisme en gestation entre la deuxième et la douzième semaine de la vie intra-utérine.

Empreinte   Selon Lorenz (1957), forme d'apprentissage rapide, instinctuel et inné, qui se produit durant une période critique de la vie d'un organisme.

Encoprésie   Incontinence fécale.

Endoderme   Feuillet inférieur du bouton embryonnaire à l'origine de la formation du système digestif, du foie, du pancréas, des glandes salivaires et du système respiratoire.

Énurésie   Incontinence nocturne, ou le fait de mouiller son lit ou ses vêtements.

Envie du pénis   Hypothèse freudienne selon laquelle la femme envie le pénis masculin et désire en posséder un.

Équilibre   Terme piagétien désignant le rapport harmonieux entre l'assimilation et l'accommodation.

États (du bébé)   Variations périodiques qui «ponctuent» la journée d'un bébé et correspondent aux divers cycles de ce dernier (éveil, sommeil, activités, etc.).

Étude corrélationnelle   Étude qui nous donne la direction et l'amplitude des relations des variables.

Étude du développement humain   Étude des aspects quantitatifs et qualitatifs de l'évolution d'un individu donné dans le temps. À l'origine, cette science s'attachait à enregistrer des comportements observables et à élaborer des normes chronologiques du développement; aujourd'hui, elle tente de remonter à la cause des comportements.

Étude expérimentale   Étude au cours de laquelle on manipule systématiquement certains aspects de l'environnement ou de la situation expérimentale pour mesurer leur effet sur tel ou tel aspect du comportement.

Étude longitudinale   Étude au cours de laquelle on mesure un individu ou un groupe à plusieurs reprises dans le temps pour voir son évolution.

Étude naturaliste   Observation des individus dans leur habitat naturel, sans manipulation de l'environnement.

Étude séquentielle   Étude qui combine les stratégies longitudinale et transversale: deux groupes ou plus (par exemple, des adolescents et des adolescentes) sont mesurés à plusieurs reprises. Les données recueillies permettent d'étudier l'évolution de chaque groupe et de comparer les groupes l'un à l'autre.

Étude transversale   Étude au cours de laquelle deux groupes de sujets ou plus (par exemple, des adolescents et des adolescentes) sont mesurés à un même point dans le temps pour être comparés l'un à l'autre.

Euthanasie active   Le fait de poser un geste délibéré dans l'intention d'abréger les jours d'une personne victime d'une maladie dégénérescente.

Euthanasie passive   Le fait de laisser mourir une personne en s'abstenant de lui donner un traitement qui pourrait prolonger sa vie.

Événements non normatifs Événements qui ne surviennent qu'à une minorité d'individus mais qui peuvent avoir un impact important sur ceux-ci.

Expérience en laboratoire Expérience dans laquelle le sujet est amené en laboratoire et soumis à certaines conditions contrôlées.

Expérience menée sur le terrain Expérience menée dans un contexte familier.

Expérimentation naturelle Comparaison d'un sujet ou d'un groupe de sujets exposés à un événement se produisant naturellement (comme l'hospitalisation) avec un sujet ou un groupe de sujets qui n'ont pas vécu l'expérience en question.

Extinction Processus par lequel une réponse cesse de se produire ou revient à son niveau initial lorsqu'elle n'est plus renforcée.

Façonnement Renforcement de réponses qui s'approchent de plus en plus du comportement souhaité.

Facteur rhésus (Rh) Substance protéique contenue dans le sang de la plupart des individus. Lorsque le sang du fœtus en contient (Rh positif) et non le sang de la mère (Rh négatif), cette dernière peut fabriquer des anticorps qui risquent d'attaquer le fœtus et causer un avortement spontané.

Fécondation Union d'un spermatozoïde et d'un ovule formant une cellule unique appelée zygote.

Fidélité (d'un test) Un test est fidèle lorsque la personne qui le subit plusieurs fois obtient des résultats analogues.

Fixation Selon Freud, il s'agit d'un arrêt dans le développement susceptible de se produire lorsque les besoins d'un enfant à un stade du développement n'ont pas été satisfaits ou l'ont été de manière excessive.

Fœtoscopie Grâce aux ultra-sons, cette technique permet d'examiner directement une partie du fœtus et de détecter certaines anomalies.

Fœtus Produit de la conception enfermé dans l'utérus, de la douzième semaine à la naissance.

Follicule Petit sac contenant l'ovocyte.

Fonction symbolique Se manifeste dans le langage, dans le jeu symbolique et dans l'imitation différée; dénote la présence d'un système de représentation qui rend l'enfant capable de remplacer des stimuli par des symboles; se développe entre les âges de 2 et 4 ans.

Fontanelle Espaces membraneux compris entre les os du crâne des jeunes enfants et qui ne s'ossifient que progressivement au cours de la croissance.

Formation réactionnelle Selon Freud, mécanisme de défense selon lequel l'individu agit de façon contraire à ce qu'il désire réellement.

Fratrie Ensemble des frères et sœurs d'une famille.

Gamète Cellule reproductrice sexuée (spermatozoïde ou ovule).

Gazouillement Stade des vocalisations préverbales qui se situe à 6 semaines environ et qui se caractérise par des cris aigus, des gazouillis et des roucoulements.

Gène Particule logée dans le chromosome et servant à transmettre les caractères héréditaires.

Générativité versus stagnation Septième crise du développement psychosocial selon Erikson. L'individu d'âge mûr qui ne s'intéresse pas assez à l'établissement et à la formation de la génération suivante, risque de sombrer dans la stagnation.

Génétique du développement comportemental Étude scientifique des interactions entre l'hérédité et l'environnement à l'origine des différences entre les individus.

Génotype Ensemble des caractères héréditairement transmis qui déterminent le phénotype d'un individu.

Gériatrie Branche de la médecine qui s'occupe des vieillards.

Gérontologie Étude des personnes âgées et du processus de vieillissement.

Groupe expérimental Individus qui sont soumis à une manipulation expérimentale (ou traitement).

Groupe témoin Individus qui sont comparables à ceux du groupe expérimental, mais qui n'ont pas reçu le traitement dont on veut mesurer les effets.

Habiletés mentales primaires Une des composantes de base de l'intelligence selon Thurstone.

Habituation (Voir *Accoutumance*.)

Hérédité Ensemble des facteurs hérités génétiquement qui sont à l'origine des différences entre les individus.

Hérédité autosomique dominante Modèle de transmission génétique selon lequel le gène hérité est dominant et se manifeste chez l'individu qui le possède.

Hérédité autosomique récessive Modèle de transmission génétique selon lequel un trait n'apparaît que si l'individu a reçu le même gène récessif de chaque parent; si un seul gène a été hérité, celui-ci ne se manifestera pas, mais pourra être transmis à la génération suivante.

Hérédité liée au sexe Schéma héréditaire selon lequel les caractéristiques sont véhiculées par le chromosome X; ces caractéristiques sont transmises par la femelle et exprimées dans le mâle de l'espèce.

Hérédité multifactorielle Modèle de transmission génétique selon lequel un trait est transmis soit par certaines combinaisons de gènes, soit par l'interaction de facteurs du milieu et de prédispositions héréditaires.

Hétérozygote   Qui possède deux allèles différents quant à un trait donné.

Holophrases   Phrases d'un mot qui sont utilisées vers l'âge de 1 an.

Homozygote   Qui possède deux allèles identiques quant à un trait donné.

Hypothèse   Explication possible d'un phénomène qu'on tente de comprendre.

Hystérectomie   Ablation de l'utérus.

Identité   Principe suivant lequel un individu ou un objet demeure essentiellement le même malgré certaines modifications à son apparence extérieure.

Identité versus confusion (d'identité)   Cinquième crise du développement psychosocial selon Erikson. Au cours de cette phase développementale, l'adolescent doit en arriver à se former une identité propre.

Identité sexuelle   Prise de conscience, par l'enfant, du sexe auquel il ou elle appartient.

Identification   Adoption des traits, des croyances, des attitudes, des valeurs et des comportements d'une autre personne ou d'un groupe de personnes; une des dimensions les plus importantes du développement de la personnalité chez le petit enfant.

Imitation différée   Imitation d'un comportement qui est faite en l'absence du modèle qui l'a produit.

Imitation invisible   Imitation à l'aide de parties du corps que le bébé ne peut voir (comme sa bouche).

Imitation visible   Imitation où le bébé peut voir ses propres gestes, comme ceux qu'il fait avec ses mains ou avec ses pieds.

Influences normatives liées à l'âge   Influences qui s'exercent d'une façon très semblable sur tous les individus d'un groupe d'âge donné.

Influences normatives liées à la génération   Influences biologiques et environnementales qui touchent toutes les personnes d'une génération particulière.

Initiative ou culpabilité   Troisième crise dans le développement de la personnalité selon Erikson, au cours de laquelle l'enfant de 3 à 6 ans acquiert l'esprit d'initiative quand, en essayant d'accomplir de nouvelles choses, il ne se sent pas écrasé par l'échec.

Innéisme   Point de vue suivant lequel les caractères et les compétences propres à une espèce sont hérités génétiquement.

Intégrité personnelle versus désespoir   Huitième et dernière crise dans le développement de la personnalité selon Erikson; avec le sentiment de l'intégrité du moi, l'individu qui vieillit accepte l'imminence de la mort; l'attitude opposée est le désespoir ou le refus d'accepter sa vie et, partant, sa fin prochaine.

Intellectualisation   Mécanisme de défense de l'adolescent décrit par Anna Freud et caractérisé par des débats intellectuels abstraits; il est relié au besoin de l'adolescent de se découvrir une identité et des principes.

Intelligence   Ensemble des compétences qui permettent à l'individu de s'adapter aux situations qu'il rencontre. Elle s'exprime chez un individu dans sa capacité d'acquérir, de mémoriser et d'utiliser ses connaissances, de saisir des concepts aussi bien concrets qu'abstraits, de comprendre les relations entre les objets, les événements et les idées et d'appliquer cette compréhension, et enfin de pouvoir utiliser tout ce savoir dans le vie quotidienne.

Intelligence cristallisée   Selon Cattell et Horn, aspect de l'intelligence qui permet d'effectuer des tâches qui ont nécessairement fait l'objet d'un apprentissage particulier et qui dépendent donc grandement de l'éducation et des antécédents culturels.

Intelligence fluide   Selon Cattell et Horn, aspect de l'intelligence qui permet de fonctionner adéquatement dans des situations nouvelles.

Interview   Méthode de recherche qui consiste à recueillir de l'information qualitative (opinion, perception, etc.) d'un individu.

Intimité versus isolement   Sixième crise dans le développement de la personnalité selon Erikson; elle se produit au début de l'âge adulte alors que le jeune adulte cherche à s'engager vis-à-vis des autres; s'il n'y réussit pas, il peut éprouver un sentiment d'isolement et en venir à se replier sur lui-même.

Invariants fonctionnels   Selon Piaget, ensemble des fonctions psychobiologiques qui demeurent inchangées mais qui affectent le développement et le fonctionnement cognitif à tous les stades de la vie.

Jaunisse physiologique   Type de jaunisse due à l'immaturité du foie, atteignant environ la moitié des nouveau-nés; elle donne une coloration jaune à la peau et aux globes oculaires.

Jeu cognitif   Jeu qui permet d'évaluer et d'élever le niveau de développement cognitif de l'enfant.

Jeu non social   Type d'activités ludiques où le jeu présente un caractère essentiellement individuel, solitaire.

Jeu social   Type d'activités ludiques où le jeu comporte un caractère coopératif, c'est-à-dire de groupe.

Jeu symbolique   Selon Piaget, jeu où l'enfant donne à un objet le rôle d'un autre objet.

Jumeaux hétérozygotes (non identiques)   Jumeaux nés de l'union de deux ovules différents et de deux spermatozoïdes différents.

Jumeaux monozygotes (identiques) Jumeaux nés d'un seul ovule.

Langage socialisé Langage qui vise à la communication.

Langage télégraphique Langage qui omet certains éléments grammaticaux du discours, mais possède tout de même un sens.

Lanugo Fin duvet qui recouvre le fœtus dans le sein maternel et qui n'est pas toujours disparu au moment de la naissance.

Liquide amniotique Fluide utérin dans lequel baigne l'embryon.

Loi de l'effet Loi selon laquelle un organisme tend à répéter un comportement qui est suivi d'une expérience agréable (renforcement) et à ne pas répéter un comportement qui est suivi d'une expérience désagréable (punition).

Longueur moyenne des énoncés (LMÉ) Longueur moyenne des énoncés, calculée à partir du nombre de morphèmes assemblés.

Maladie d'Alzheimer Maladie qui bouleverse la personnalité de l'individu atteint et qui détériore ses facultés intellectuelles, sa conscience et même sa capacité de contrôler ses fonctions corporelles. C'est une des maladies les plus redoutées des adultes vieillisants.

Maladies transmises sexuellement (MTS) Maladies transmises lors d'un rapport sexuel.

Maturation Processus biologique par lequel un organe ou un système du corps est amené à maturité.

Mécanisme d'acquisition du langage Structures mentales innées qui permettent à l'enfant de se construire un système de règles linguistiques.

Mécanismes de défense Processus psychologiques inconscients qui protègent le moi contre des représentations et désirs inconscients inacceptables et anxiogènes.

Méconium Première selle du nouveau-né produite à partir des matières accumulées dans l'intestin du fœtus.

Mémoire à court terme (ou immédiate) Système qui permet de représenter activement un nombre limité d'éléments d'information pendant une courte durée.

Mémoire à long terme Système mémoire utilisé pour l'entreposage à long terme de l'information; semble bien résister au vieillissement.

Mémoire de reconnaissance visuelle Capacité de stocker et de reconnaître un stimulus visuel.

Mémoire sensorielle Conscience fugitive d'images, de sons, etc. qui ne durent qu'une fraction de seconde.

Ménarche Première menstruation chez la jeune fille.

Ménopause Période qui marque l'arrêt définitif des menstruations et la perte de la capacité d'avoir des enfants; en Amérique, l'âge moyen du début de cette période est de 49,2 ans, mais il existe de grandes variations interindividuelles.

Mésoderme Feuillet intermédiaire du bouton embryonnaire qui se développe pour former la couche interne de la peau, les muscles, le squelette, le système excréteur et le système circulatoire.

Métamémoire Compréhension du fonctionnement de sa propre mémoire.

Méthode clinique Méthode flexible et individualisée qui consiste à observer le sujet pendant qu'on le questionne.

Méthode de bissection Méthode parfois utilisée pour déterminer la fidélité d'un test; elle consiste à construire un test de manière à ce que le score obtenu à la première moitié des épreuves soit comparable au score obtenu pour l'autre moitié.

Méthode d'observation interactive Méthode de recherche qui fait appel à l'interaction. Elle comprend la méthode clinique et la méthode de l'interview.

Méthode expérimentale L'étude expérimentale consiste dans la manipulation d'une ou de plusieurs variables indépendantes afin d'examiner leur effet sur des variables dépendantes; elle emploie des techniques de contrôle rigoureuses et est susceptible d'être reproduite de façon exacte par d'autres chercheurs.

Méthode Montessori Méthode mise au point par Maria Montessori, fondée sur la nécessité de fournir à l'enfant un environnement organisé en fonction de ses besoins en stimulations sensorielles, intellectuelles et sociales.

Méthode scientifique Principes gouvernant toute recherche scientifique.

Méthode séquentielle Méthode consistant à mesurer à plusieurs reprises des individus appartenant à différents groupes de sujets.

Milieu Ensemble des composantes de l'environnement où l'individu évolue.

Mnémotechniques (stratégies) Techniques visant à améliorer la rétention de l'information.

Modèle axé sur la chronologie des expériences cruciales de la vie Approche basée sur l'idée que le développement psychologique n'obéit à aucun «plan de base»; il dépend essentiellement du moment où l'individu vit (âge des premières relations sexuelles, du mariage, de la perte du conjoint, etc.).

Modèle de la crise normative Approche selon laquelle il existe un «plan de base» inhérent au développement de la personne: une série de crises propres à chacune des phases de la vie doivent être résolues.

Modèle sexuel (adoption d'un)   Adoption par l'enfant des attitudes, des rôles et des comportements sexuels qui sont propres au genre auquel il appartient.

Modèle tridimensionnel de l'intelligence   Selon le modèle proposé par Guilford (1959), l'intelligence se compose de 120 aptitudes intellectuelles différentes qui résultent de l'interaction de trois facteurs principaux; les *opérations* (la façon dont nous traitons une information), les *contenus* (le type d'information auquel est appliquée une opération) et les *produits* (les résultats de l'application de telle opération à tel contenu).

Modification du comportement   Utilisation des méthodes de conditionnement instrumental pour façonner le comportement.

Moi   Selon Freud, le moi représente la raison ou le sens commun et fait le pont entre le ça et le surmoi.

Moniteur fœtal électronique   Appareil qui enregistre les battements de cœur du fœtus au cours du travail et de l'accouchement lui-même.

Moralité de contrainte   Premier des deux stades piagétiens du développement moral; il se caractérise par la rigidité.

Moralité de coopération   Deuxième et dernier stade du développement moral selon Piaget; il se caractérise par la flexibilité.

Morphème   Plus petite unité signifiante du discours.

Naissance sans violence   Technique d'accouchement proposée par le Dr Leboyer, grâce à laquelle on atténue le traumatisme de la naissance en prenant des dispositions pour que l'entrée du bébé dans le monde se fasse dans une atmosphère empreinte de calme et de douceur.

Normes   Performances moyennes par rapport auxquelles on évalue la performance individuelle.

Observation naturaliste   Méthode de recherche qui consiste à étudier les sujets dans leur contexte naturel, sans manipulations expérimentales.

Opération   Terme employé par Piaget pour désigner une action abstraite et intériorisée.

Organisation   Terme piagétien désignant l'intégration de tous les processus cognitifs en un seul système global.

Ostéoporose   Raréfaction du tissu osseux qui augmente les risques de fractures.

Ovulation   Fonction essentielle de l'ovaire qui consiste à libérer un ovule; se produit chez la femme non enceinte à tous les 28 jours environ, de la puberté à la ménopause.

Ovule   Cellule germinale de la femme, élaborée dans l'ovaire.

Parents autoritaires   Parents qui tentent de contrôler le comportement et les attitudes de leurs enfants, et de les obliger à se conformer à des normes de conduite établies et généralement rigides.

Parents directifs   Parents qui essaient d'orienter les activités de leurs enfants de façon rationnelle en insistant sur les problèmes qui se posent plutôt que sur la peur qu'ont les enfants d'être punis ou de perdre leur affection.

Parents permissifs   Parents qui ont peu d'exigences et qui, dans la mesure du possible, laissent leurs enfants régir leur propre conduite.

Parlé prélinguistique   Précurseur du langage, incluant les pleurs, le gazouillis, le babil et les sons imités.

Période critique   Moment où un phénomène donné risque d'avoir le plus de répercussions.

Période néonatale   Période qui comprend les deux à quatre premières semaines de la vie.

Permanence de l'objet   Prise de conscience du fait qu'un objet ou une personne continuent d'exister même s'ils sont hors du champ perceptif.

Perspective humaniste   Conception selon laquelle chaque personne a en elle-même la capacité de prendre sa vie en charge, de voir à son développement et d'assumer cette responsabilité de manière saine et positive, grâce à des caractéristiques typiquement humaines: le choix, la créativité, l'estime et la réalisation de soi.

Perspective mécaniste   Conception qui assimile l'homme à la machine et qui perçoit celui-ci comme un être qui réagit plutôt qu'il n'agit.

Perspective organismique   Conception selon laquelle les individus sont les agents de leur développement; ses tenants mettent l'accent sur les changements qualitatifs et voient le développement comme une suite de discontinuités qui se produisent selon un ordre fixe de stades.

Perspective psychanalytique   Approche qui s'intéresse aux pulsions et aux motivations inconscientes qui sous-tendent le comportement.

Pharmacothérapie   Technique thérapeutique qui fait appel à l'administration de substances médicamenteuses.

Phase de latence   Selon Freud, période de tranquillité psycho-sexuelle relative qui se présente après la résolution du complexe d'Œdipe, durant la période médiane de l'enfance et avant l'apparition de la puberté.

Phase embryonnaire   Deuxième phase de la grossesse (entre 2 et 12 semaines), caractérisée par la croissance rapide de l'embryon et par la différenciation des parties du corps et des systèmes organiques.

Phase fœtale   Phase finale de la grossesse, de la douzième semaine au moment de l'accouchement, caractérisée par la croissance rapide de l'organisme.

Phase germinale   Première phase de la grossesse (période de deux semaines débutant à la fécondation), au cours de laquelle l'organisme se divise, devient plus complexe et s'implante dans la paroi de l'utérus.

Phénotype   Ensemble des caractères observables d'un individu; peut différer du génotype.

Phobie   Peur irrationnelle face à certains objets ou situations.

Placenta   Organe qui fournit oxygène et nourriture à l'être en gestation dans l'utérus et qui sert à le débarasser de ses déchets corporels.

Population   Ensemble des individus membres du groupe étudié et auxquels on veut pouvoir généraliser les conclusions de l'étude.

Poussée de croissance pubertaire   Accroissement rapide de la taille qui se produit habituellement chez les filles entre 9 ans et demi et 14 ans et demi, et entre 10 ans et demi et 16 ans chez les garçons.

Préjugé   Opinion préconçue.

Prématuré   Bébé né avant la trente-septième semaine de la grossesse, si l'on considère que la grossesse a débuté immédiatement après la dernière période de menstruation de la mère.

Préparation à l'accouchement   Méthode obstétrique qui consiste à remplacer les traditionnels réflexes de peur et de douleur face aux sensations des contractions utérines par de nouveaux réflexes respiratoires et musculaires.

Projection   Selon Freud, mécanisme de défense par lequel un individu attribue à d'autres celles de ses propres pensées qui lui paraissent inacceptables.

Psychothérapie   Technique thérapeutique qui tente d'éclairer le patient sur les traits de sa personnalité et sur les relations qu'il entretient avec les autres.

Puberté   «Étape du développement biologique qui débute avec l'apparition des caractères sexuels secondaires et qui se termine lorsque le jeune est capable de procréer.» (Katchadourian, Lunde et Trotter, 1982, p. 427)

Punition   Événement aversif qui, administré à la suite d'un comportement, diminue la probabilité que ce comportement soit répété.

Quotient intellectuel (Q.I.)   Résultat mathématique obtenu par l'application d'une formule inventée par Binet et qui représente le rapport entre l'âge mental d'une personne et son âge chronologique, multiplié par 100; soit

$$Q.I. = \frac{A.M.}{A.C.} \times 100.$$

Rang dans la fratrie   Place qu'occupe l'enfant dans la famille à la naissance.

Rappel   Processus par lequel un individu retrouve et accède à une information préalablement stockée en mémoire.

Réaction circulaire primaire   Deuxième sous-stade de la période sensori-motrice selon Piaget; reproduction active par l'enfant d'un résultat obtenu une première fois par hasard.

Réaction circulaire secondaire   Troisième sous-stade de la période sensori-motrice; début de l'action intentionnelle: à ce stade, le bébé cherche à obtenir des résultats.

Réaction circulaire tertiaire   Cinquième sous-stade de la période sensori-motrice durant lequel le bébé essaie de nouveaux modèles de comportement en vue d'atteindre un objectif et apprend par tâtonnements.

Reconnaissance   Processus par lequel un individu accède à une information préalablement mémorisée à partir d'un indice (mot, objet, etc.) présent dans l'environnement.

Réflexe   Réaction involontaire à la stimulation; d'après Piaget, premier sous-stade de la période sensori-motrice, caractérisé par un comportement fondé sur de telles réactions involontaires.

Réflexe de la marche   Réflexe primitif grâce auquel le nouveau-né exécute des pas comme s'il marchait véritablement.

Refoulement   Mécanisme de défense qui consiste à dissocier une représentation anxiogène de sa charge affective, et à lui bloquer inconsciemment l'accès à la conscience.

Renforçateur   Stimulus qui suit un comportement et qui a pour effet d'augmenter la probabilité que ce comportement soit reproduit.

Renforcement   Procédure visant l'augmentation de la fréquence d'apparition d'un comportement.

Renforcement intermittent   Procédure consistant à ne pas récompenser systématiquement un comportement chaque fois qu'il se produit.

Renforcement négatif   Procédure consistant à récompenser l'émission d'un comportement souhaité en soustrayant l'individu qui l'a émis à une situation désagréable.

Renforcement positif   Procédure consistant à récompenser l'émission d'un comportement désiré en donnant un renforcateur à celui qui l'a émis.

Régression   Selon Freud, mécanisme de défense caractérisé par des comportements appartenant à des niveaux d'âge antérieurs.

Réponse conditionnelle   Dans le conditionnement répondant, réponse initialement associée à un stimulus inconditionnel et qui a été progressivement associée à un stimulus conditionnel.

Réponse de détresse empathique innée   Pleurs du nourrisson qui entend un autre bébé pleurer.

Réponse inconditionnelle   Dans le conditionnement répondant (ou classique), réponse automatique (non apprise) à un stimulus inconditionnel.

Réversibilité   Capacité d'inverser une opération donnée afin de rétablir la situation originale.

Rôles sexuels   Attitudes et comportements considérés comme typiquement masculins ou féminins dans une culture donnée.

Sac amniotique   Membrane remplie de liquide qui contient et protège le bébé en gestation, et qui lui donne assez d'espace pour bouger.

Sage-femme   Personne ayant reçu une formation en soins prénataux et postnataux.

Schème   Unité cognitive fondamentale permettant de représenter des actions, des objets, des concepts, etc.

Schizophrénie   Trouble psychologique caractérisé par une perte de contact avec la réalité et par l'apparition de divers symptômes, tels que des hallucinations, des fantasmes et d'autres types de perturbations de la pensée.

Sénescence   Déclin, vieillissement de l'organisme; commence à des âges différents selon les individus.

Séparation-individuation   Processus par lequel l'enfant se rend compte qu'il est un être distinct de son entourage, et plus particulièrement de la figure maternelle.

Sexisme   Ensemble de préjugés, favorables ou défavorables, fondés sur le sexe de la personne.

Sociogramme   Représentation graphique des relations au sein d'un groupe.

Spermatozoïde   Cellule reproductrice mâle.

Sperme   Liquide formé par les spermatozoïdes et les sécrétions des glandes génitales mâles.

Stade anal   D'après la théorie de Freud, stade du développement psychosexuel (de 12-18 mois à 3 ans) durant lequel la principale zone érogène se situe au niveau de l'anus.

Stade des opérations concrètes   Troisième stade du développement cognitif selon Piaget; se situe entre 7 et 11 ans; période durant laquelle l'enfant accède à une pensée logique, mais pas encore abstraite.

Stade des opérations formelles   Quatrième et dernier stade du développement cognitif selon Piaget; caractérisé par la capacité de penser abstraitement.

Stade génital   Terme freudien pour désigner le stade psychosexuel de la maturité sexuelle, normalement atteint au cours de l'adolescence.

Stade oral   Selon Freud, premier stade du développement psychosexuel chez le nourrisson (pre-mière année de la vie), au cours duquel les lèvres et la bouche constituent la zone érogène dominante; l'accès aux aliments représente alors la source primordiale de gratification.

Stade phallique (ou prégénital)   Selon Freud, stade du développement psychosexuel au cours duquel la région génitale constitue la zone érogène dominante pour le petit enfant.

Stade préopératoire   Deuxième stade du développement cognitif selon Piaget; se situe entre 2 et 7 ans environ; l'enfant commence à utiliser des symboles, mais sa pensée demeure rudimentaire en raison de son égocentrisme.

Stade sensori-moteur   D'après la terminologie de Piaget, premier des stades du développement cognitif (de la naissance à 2 ans), durant lequel l'enfant prend contact activement avec son entourage et apprend ainsi à connaître le monde.

Stagnation versus générativité   Septième crise du développement de la personnalité d'après la théorie d'Erikson; cette crise du milieu de l'âge adulte est caractérisée par une alternative entre le souci de servir de guide à la génération qui suit et un sentiment de stagnation (appauvrissement personnel).

Stéréotype   Jugement porté sur une personne, non pas en fonction de ce qu'elle est, mais en fonction de ce que nous savons déjà du groupe auquel elle appartient.

Stéréotypes sexuels   Préjugés (ou opinion arrêtées) selon lesquels les garçons et les filles ont, et doivent avoir des traits qui les distinguent les uns des autres.

Stimulus conditionnel   Dans le conditionnement répondant (ou classique), stimulus neutre au départ qui, après une association répétée avec un stimulus inconditionnel, en vient à produire la réponse associée au stimulus inconditionnel.

Stimulus inconditionnel   Stimulus qui entraîne automatiquement une réponse réflexe.

Stimulus neutre   Stimulus qui n'entraîne aucune réponse spécifique.

Stress   Réponse du corps à une demande.

Structure de l'intellect   (Voir *Modèle tridimensionnel de l'intelligence.*)

Sublimation   Selon Freud, mécanisme de défense caractérisé par l'intégration de pulsions anxiogènes en substituant à leur but et à leur objet primitifs, un but et un objet représentant une valeur sociale positive.

Surmoi   Selon Freud, composante de la personnalité qui représente l'instance morale et qui se construit en grande partie par l'identification au parent du même sexe.

Structure de l'intellect   (Voir *Modèle de Guilpard.*)

Symbiose (phase de)   Selon Mahler, phase de relation intime entre le bébé et sa mère, caractérisée par une dépendance et un bénéfice mutuels.

Syndrome de détresse respiratoire   Trouble respiratoire affectant surtout les bébés prématurés; à l'origine d'environ 10 % des cas de mortalité infantile.

Syndrome de Down   Affection due à la présence d'un chromosome 21 supplémentaire; elle se caractérise par l'arriération mentale, de même que par une malformation du cœur et d'autres anomalies physiques.

Syndrome de mort subite   Cause principale de mortalité chez les bébés âgés de 6 mois à 1 an en Amérique du Nord; personne ne connaît encore la cause exacte de ce syndrome.

Syndrome d'intoxication alcoolique du fœtus   Ce syndrome affecte les enfants de femmes qui font une consommation excessive d'alcool au cours de leur grossesse.

Syndrome prémenstruel   Trouble dont les symptômes se manifestent avant le début des règles et qui se caractérise par des malaises physiques et des tensions psychologiques.

Tempérament   Manière propre à un invidu d'aborder les gens et les situations.

Tendance séculaire relative à la maturation   Tendance observée chez la génération actuelle à une maturation plus hâtive que chez les générations précédentes.

Tératogène (facteur)   Facteur susceptible de causer des malformations congénitales.

Testicule   Gonade mâle, glande productrice de spermatozoïdes.

Test de dépistage du développement de Denver   Test destiné à dépister les enfants qui ne se développent pas normalement. Il s'adresse aux enfants de 1 mois à 6 ans, et mesure quatre types de comportements: dispositions personnelles et sociales, motricité fine, motricité large et langage.

Thanatologie   Étude de la mort et du processus qui y conduit.

Théorie   Ensemble de concepts abstraits et organisés, appliqués à un domaine particulier; vise à expliquer et à prédire divers phénomènes.

Théorie behaviorale   Cette approche fait appel aux principes de la théorie de l'apprentissage pour tenter de modifier le comportement; on la désigne aussi sous le nom de «modification du comportement».

Théorie bifactorielle   Théorie suivant laquelle l'intelligence se compose de deux types de facteurs: le facteur g qui se manifeste dans tous les actes intelligents, et un ensemble de facteurs spécifiques s qui sont responsables des performances observées dans les tâches spécifiques.

Théorie de l'activité   En gérontologie, théorie qui soutient que pour bien vieillir, un individu doit rester aussi actif que possible.

Théorie de l'apprentissage   Théorie qui met l'accent sur le rôle de l'environnement dans le développement.

Théorie de l'apprentissage social   Théorie selon laquelle les comportements s'acquièrent par l'imitation de modèles et sont maintenus grâce au renforcement.

Théorie du désengagement   Théorie du vieillissement selon laquelle le fait de vieillir s'accompagne d'un désengagement réciproque de la personne âgée et de la société.

Tic nerveux   Mouvement musculaire répété involontairement.

Traitement   Manipulation expérimentale.

Traumatismes de la naissance   Lésions cérébrales causées par le manque d'oxygène, un accident mécanique ou une maladie à la naissance.

Trompe de Fallope   Chez la femme, oviducte ou conduit par lequel l'ovule, en quittant l'ovaire, accède à l'utérus; c'est là que se produit la fertilisation.

Trophoblaste   Enveloppe externe du blastocyste.

Type A   Type de personnalité qui se caractérise par son agressivité, son impatience et son esprit de compétition, et qu'on a associé aux risques de maladies coronariennes. (Voir *Type B.*)

Type B   Type de personnalité calme et détendue. (Voir *Type A.*)

Ultra-sons   Méthode de sondage ou d'exploration de l'utérus en vue de tracer les contours de fœtus et de s'assurer que la grossesse suit un cours normal.

Union libre   (Voir *Cohabitation.*)

Utérus ou matrice   Organe en forme de poire situé dans la cavité pelvienne et destiné à contenir l'œuf fécondé jusqu'à son développement complet.

Validité (d'un test)   Un test est valide s'il mesure bien ce qu'il veut mesurer.

Variable dépendante   Variable sur laquelle on observe l'effet des variables manipulées (variables indépendantes).

Variable indépendante   Variable manipulée par l'expérimentateur.

Vernix casoesa   Substance graisseuse qui protège le fœtus contre l'infection et qui sèche quelques jours après la naissance de l'enfant.

Zygote   Organisme unicellulaire provenant de l'union de deux gamètes, mâle et femelle (spermatozoïde et ovule).

BIBLIOGRAPHIE DE L'ADAPTATION FRANÇAISE

ATKINSON, R., ATCKINSON, R., SMITH, E. et HILGARD, E. *Introduction à la psychologie*, 2e éd., Éd. Études Vivantes, Montréal, 1987.

BAILLARGEON, R. «Les déterminants de la prise de retraite hâtive», *Santé Mentale au Canada*, vol. 30, n° 3, sept. 1982, p. 23-25.

BAILLARGEON, R. et BÉLANGER, L. *Travailleurs âgés et la prise de retraite hâtive*, Laboratoire de gérontologie sociale, Université Laval, Sainte-Foy, 1981.

BECK, C., SULLIVAN, E. et TAYLOR N. «Stimulating transition to post-conventional morality, the pickering high school study», *Interchange*, vol. 4, n° 3, 1972, p. 28-37.

BÉLANGER, L. *et al.* «Violence et personnes âgées: Rapport du comité», *Les cahiers de l'association québécoise de gérontologie*, vol. 1, 1981.

BERNARD, J.-M. *Les nouvelles configurations de la structure d'âge maternel et de la parité comme facteur important de la diminution de la mortalité infantile et périnatale au Québec (1965-1974)*, Communication présentée au 42e congrès de l'ACFSA.

BESNER, L. «Neuf recettes pour fabriquer un bébé», *Québec-Science*, vol. 21, n° 6, fév. 83, p. 28-35.

BIBEAU, G. «Une société en mal de vieillir», *Santé Mentale au Canada*, vol. 30, n° 3, sept. 1982, p. 2.

BLOUIN, A., DUFRESNE, J.-P. et ROBITAILLE, J. *L'abandon des études au CÉGEP du Vieux-Montréal*, Rapport publié par le Centre de ressources didactiques, Service de Recherche, Collection Recherche, n° 9, Cégep du Vieux-Montréal, Montréal, 1975.

BLOUIN, Y. *Éduquer à la réussite en mathématiques: fondements théoriques et résultats de recherche*, Cégep F.-X. Garneau, Sillery, 1987.

BRODEUR, J.M., SIMARD, P. et KANDELMAN, D. *Étude sur la santé bucco-dentaire des personnes de 65 ans et plus au Québec*, École de médecine dentaire, Université Laval, Sainte-Foy, 1982.

BUREAU DE LA STATISTIQUE DU QUÉBEC. *Le Québec Statistique, édition 1985-1986*, 58e édition de l'Annuaire du Québec, Les Publications du Québec, Québec, 1985.

BYLES, J.-A. «Nouveau regard sur la violence familiale à Hamilton», *Société Mentale au Canada*, vol. 30, n° 4, déc. 1982, p. 12-15.

CAOUETTE, C.-E. «Psychologie de l'enfant de milieu défavorisé», *Santé Mentale au Canada*, vol. 27, n° 3, 1979, p. 10-14.

CLICHE, P. *Un schéma explicatif de la pauvreté*, Projet Doris, document n° 2, ministère des Affaires sociales, Direction générale de la planification, Service de la statistique, Gouvernement du Québec, 1976.

CLOUTIER, R. et TESSIER, R. *La garderie québécoise, analyse fonctionnelle des facteurs d'adaptation*, Les Éditions Laliberté, Sainte-Foy, 1981.

CLOUTIER, R. «Le cycle de la relation parent-enfant», tiré de *Les Crises de la vie adulte*, Décarie éditeur, Ville Mont-Royal, 1986.

COMITÉ DE LA PROTECTION DE LA JEUNESSE. *Rapport d'activités 1986-1987*, Gouvernement du Québec, 1987.

COMITÉ DE LA SANTÉ MENTALE DU QUÉBEC. *Avis sur la prévention du suicide*, Québec, ministère des Affaires sociales, 1982.

CORIN, E. «Les stratégies sociales d'existence des personnes âgées: utilisation dynamique de l'analyse des réseaux sociaux», *Santé Mentale au Canada*, vol. 30, n° 3, sept. 1982.

COMMUNAUTÉ URBAINE DE QUÉBEC. *Portrait socio-économique des municipalités de la Communauté Urbaine de Québec*, Service de promotion industrielle, Québec, 1987.

DEKONINCK, M., SAILLANT, F. et DUNNIGAN, L. *Essai sur la santé des femmes*, Conseil du statut de la femme, Éditeur officiel du Québec, Québec, 1981.

DELISLE, M.-A. «L'aménagement du temps et les loisirs des personnes âgées», *Santé Mentale au Canada*, vol. 30, n° 3, sept. 1982, p. 33-35.

DEMERS, J. *Le Tessier 1983, répertoire des documents audiovisuels canadiens de langue française*, Centrale des bibliothèques, MECQUE, Montréal, 1983.

DESAUTELS, J. «Le stade formel: Aristote l'avait-il atteint? Les obstacles à l'apprentissage sont nombreux et variés», *Revue Impact*, n° 1, CEQ, Québec, mai 1982, p. 9-16.

DIRECTION DES PROGRAMMES, SERVICE DU PRIMAIRE. *Guide Pédagogique Préscolaire*, Gouvernement du Québec, ministère de l'Éducation, 1982.

DUNNIGAN, L. *Analyse des stéréotypes masculins et féminins dans les manuels scolaires au Québec*, Conseil du statut de la femme, Québec, sept. 1975.

ERIKSON, E.H. *Enfance et Société*, Delachaux et Niestlé, Neuchâtel, 1966.

FABIA, J. «Cigarettes pendant la grossesse, poids de naissance et mortalité périnatale», *Canadian Medical Association Journal*, vol. 109, déc. 1973.

FOREST, M. «Le suicide chez les jeunes», *Psychologie Préventive*, vol. n° 2, 1982.

FRANCE, H., et McDOWELL, C. «L'entraide chez les personnes âgées: modèle de counseling par les pairs», *Santé Mentale au Canada*, vol. 30, n° 3, sept. 1982.

GAGNÉ, F. et SHORE, B. «Pourquoi le loup s'attaque-t-il à la bergerie?», *Vie Pédagogique*, juin 1987, p. 4-8.

GAGNON, C., DENIS, S., RICHER, M. et LACHANCE, L. *Passe-Partout*, numéro hors-série, Gouvernement du Québec, ministère de l'Éducation, Service général des moyens d'enseignement, 1978.

GODEFROI, J. «La pensée formelle?... mais c'est ce que mesure mon test», *Revue Impact*, n° 1, CEQ, Québec, mai 1982, p. 6-8.

GOLDMAN, R. J. *Religious thinking from childhood to adolescence*, Routledge and Kegan Paul, London, 1964.

GOLDMAN, R. J. *Readiness for religion: a developmental basis of religion education*, The Seabury Press, New York, 1970.

GOUIN-DÉCARIE, T. *Intelligence et affectivité chez le jeune enfant*, 2e éd., Delachaux et Niestlé, Neuchâtel, 1966.

GOULET, L. *Notes de cours 350-102*, (non publiées), Cégep Limoilou, 1975.

GOUPIL, G. et ARCHAMBAULT, J. «En classe, j'aime, je n'aime pas», *Vie Pédagogique*, n° 50, oct. 1987, p. 4-7.

GOYETTE, A. *Enquête sur les connaissances sexuelles des étudiants(es) des CÉGEP du Saguenay-Lac-St-Jean*, rapport final d'une recherche, Cégep de Chicoutimi, 1981.

GUAY, M., CHAYER, H. *et al.* *Avortement thérapeutique dans la région 03*, dossier inédit, Québec, 18 oct. 1978.

HARSHMAN, F. «Aide à domicile pour les personnes âgées: un exemple futuriste», *Santé Mentale au Canada*, vol. 30, n° 3, sept. 1982.

HOUDE, R. *Les temps de la vie: le développement psychosocial de l'adulte selon la perspective du cycle de vie*, Gaétan Morin éditeur, Chicoutimi, 1986.

HOWE, L. T. «Religious understanding from a piagetian perspective», *Religious Education*, vol. LXXIII, n° 5, 1978, p. 569-581.

INFANTE-RIVARD, C. et PAYETTE, M. «La carie, la malocclusion, les maladies péridentaires: étude longitudinale», *Journal of the Canadian Dental Association*, n° 11, 1980, p. 719-725.

JACQUART, A. dans F. Séguin, *Le sel de la science*, entretien avec Albert Jacquard, Québec-Science Éditeur, Sillery, 1980.
JELIU, G. «Facteurs de vulnérabilité et prévention psycho-sociale en pédiatrie», tiré à part de l'*Union Médicale*, tome 108, n° 11, nov. 1979.

KATCHADOURIAN, H. A., LUNDE, D. T. et TROTTER, R. *La Sexualité humaine*, Les Éditions HRW, Montréal, 1982.

LAMBERT-LAGACÉ, L. *Comment nourrir son enfant*, Les Éditions de l'Homme, Montréal, 1980.
LARIVÉE, S. «La catéchèse scolaire, un écueil au développement cognitif», *Revue des Sciences de l'Éducation*, vol. III, n° 3, 1981, p. 449-474.
LECOURS, W. et ROY, J. «Violence et marginalisation des personnes âgées dans la société d'aujourd'hui», *Santé Mentale au Canada*, vol. 30, n° 3, sept. 1982.
LEDOUX, C. «La pensée formelle est-elle vraiment inexistante chez les étudiants du collège 1?», *Revue Impact*, n° 1, CEQ, mai 1982, p. 2-4.
LEFEBVRE-PINARD, M. «Existe-t-il des changements cognitifs chez l'adulte?», *Revue Québécoise de Psychologie*, vol. 1, n° 2, 1980, p. 58-69.
LEGAULT, G. *Rapport final: évaluation de l'impact des interventions en milieu économique faible au niveau préscolaire*, Gouvernement du Québec, ministère de l'Éducation, Direction générale du Développement Pédagogique, 1981.
LÉPINE, L. *Le suicide chez les personnes âgées au Canada*, Direction générale des politiques, de la planification et de l'information, ministère de la Santé nationale et du bien-être social, Ottawa, 1982.
LÉVESQUE, H. *Ces travailleurs et travailleuses qu'on dit âgés*, Commission de la santé et de la sécurité du travail, vol. 6, n° 10, déc. 1987, p. 6-10.
LORD, C. «L'amour en herbe», *La Gazette des Femmes*, sept.-oct. 1986, p. 9-14.

MALCUIT, G., GRANGER, L. et LAROCQUE, A. *Les thérapies behaviorales*, P.U.L., Québec, 1972.
M.E.Q. *Indicateurs sur la situation de l'enseignement primaire et secondaire*, Direction de la recherche et du développement, Québec, 1988.

ODENT, M. «Le phénomène Leboyer», *Revue de Psychosomatique*, numéro spécial, *La naissance*, janv. 1976.
OFFICE DES SERVICES DE GARDE A L'ENFANCE. *Rapport Annuel 1980-81*, Éditeur officiel du Québec, Québec, 1981.

O.N.F. *L'avortement histoire secrète*, (54 min.), Montréal.

PIAGET, J. *La naissance de l'intelligence*, 2e éd., Delachaux et Niestlé, Neuchâtel, 1966.
PIÉRON, H. *Vocabulaire de psychologie*, P.U.F., Paris, 1979.

RAPOPORT, D. «Pour une naissance sans violence: résultats d'une première enquête», *Bulletin de Psychologie*, numéro spécial, Psychologie clinique II, année XXIX, n° 322, mars-avril 1976.
RÉGIE DE L'ASSURANCE AUTOMOBILE DU QUÉBEC. *Boire et conduire, c'est mourant*, Direction des communications, Québec, 1988.
ROPEL, J.-P. «L'intelligence existe-t-elle?», *Québec-Science*, vol. 18, n° 6, fév. 1980, p. 14.

SAMSON, J.-M. «L'éthique, l'éducation et le développement du jugement moral», *Cahiers de Recherche Éthique*, n° 2, 1982, p. 5-55.
SECRÉTARIAT A LA CONDITION FÉMININE. *Les Québécoises: faits et chiffres*, ministère du Conseil exécutif, Gouvernement du Québec, 1985.
SHERROD, K., VIETZE, P. et FRIEDMAN, S. *Infancy*, Belmont, CA, Brooks/Cole, 1978.
SORECOM, INC. *Les valeurs des jeunes Québécois*, Étude conduite par Sorecom pour le compte du ministère de l'Éducation, Québec, 1980.
STATISTIQUE CANADA. *Estimations annuelles postcensitaires de la population suivant l'état matrimonial, l'âge, le sexe et composantes de l'accroissement, Canada, provinces et territoires au 1er juin 1985*, vol. 3, 3e éd., ministère des Approvisionnements et services, Ottawa, 1986.
STATISTIQUE CANADA. «Mariages et divorces», *La statistique de l'état civil*, vol. II, ministère des Approvisionnements et services, Ottawa, 1986.
STATISTIQUE CANADA. *Annuaire du Canada 1988*, ministère des Approvisionnements et services, Ottawa, 1988.
STATISTIQUE CANADA. *Profils (caractéristiques de la population et des logements)*, ministère des Approvisionnements et services, Ottawa, 1987.

TESSIER, R. «Les enfants en difficulté d'adaptation et d'apprentissage: analyse des facteurs de risque», dans *Enfance, Revue de la Recherche*, ministère des Affaires sociale, Gouvernement du Québec, 1980, p. 1-68.
TORKIA-LAGACÉ, M. *La pensée formelle chez les étudiants de collège I: objectif ou réalité*, Rapport final d'une recherche, Cégep Limoilou, Québec, 1981.

WASYLENKI, D. «La psychogériatrie et ses problèmes», *Santé Mentale au Canada*, vol. 30, n° 3, sept. 1982, p. 18-22.
WRIGHT, J. *La survie du couple*, Éd. La Presse, Montréal, 1985.

BIBLIOGRAPHIE DES TITRES ANGLAIS

ABRAMOVITCH, R., CORTER, C. et LANDO, S. «Sibling interaction in the home», *Child Development*, 1979, p. 997-1003.

ABRAMOVITCH, R., PEPLER, D. et CORTER, C. «Patterns of sibling interaction among preschool-age children», dans M.E. Lamb (éd.), *Sibling relationships: Their nature and significance across the lifespan*, Hillsdale, NJ: Lawrence Erlbaum, 1982.

ABRAMS, B. «TV ads show struggle to replace bygone images of today's mothers», *The Wall Street Journal*, 5 oct. 1984, p.35.

ABRAVNEL, E. et SIGAFOOS, A. D. «Exploring the presence of imitation during early infancy», *Child Development*, 1984, p. 381-392.

ABROMS, K. et BENNETT, J. «Paternal contributions to Down's syndrome dispel maternal myths», ERIC, 1979.

ABROMS, K. I. et BENNETT, J. W. «Changing etiological perspectives in Downs syndrome: Implications for early intervention», *Journal of the Division for Early Childhood*, 1981, p. 109-112.

ABT ASSOCIATES. *Children at the center (Vol 1): Summary findings and policy implications of the National Day Care Study*, Washington, DC: U.S. Department of Health, Education, and Welfare, 1978.

ACHENBACH, T. M. *Developmental psychopathology*, 2e éd., New York: Wiley, 1982.

ACTION FOR CHILDREN'S TELEVISION. «Treat TV with T.L.C., one page flyer», Newtonville, MA: ACT, s. d.

ADAMS, M. «The single woman in today's society: A reappraisal», *American Journal of Orthopsychiatry*, 1971, p. 776-786.

ADELSON, J. «Adolescence and the generation gap», *Psychology Today*, 1979, p. 33-37.

AHAMMER, I. «Social learning theory as a framework for the study of adult personality development», dans P. B. Baltes et K. W. Schaie (éd.), *Life-span developmental psychology: Personality and socialization*, New York: Academic Press, 1973, p. 253-284.

AHRONS, C. R. *The continuing coparental relationship between divorced spouses*, document présenté lors de la réunion annuelle de l'American Orthopsychiatric Association, Toronto, Canada, 1980.

AINSWORTH, M. D. S. «Object relations, dependency, and attachment: A theoretical review of the infant-mother relationship», *Child Development*, 1969, p. 969-1025.

AINSWORTH, M. D. S. «Infant-mother attachment», *American Psychologist*, 1979, p. 932-937.

AINSWORTH, M. D. S. «Attachment: Retrospect and prospect», dans C. M. Parkes et J. Stevenson-Hinde (éd.), *The place of attachment in human behavior*, New York: Basic Books, 1982.

AINSWORTH, M. D. S. et BELL, S. «Attachment, exploration, and separation: Illustration by the behavior of one-year olds in a strange situation», *Child Development*, 1970, p. 49-67.

AINSWORTH, M. D. S. et BELL, S. «Infant crying and maternal responsiveness: A rejoinder to Gewirtz and Boyd», *Child Development*, 1977, p. 1208-1216.

AINSWORTH, M. D. S., BLEHAR, M. C., WATERS, E. et WALL, S. *Patterns of attachment: A psychological study of the strange situation*, Hillsdale, NJ: Erlbaum, 1978.

AKERS, R. L. «Teenage drinking and drug use», dans E. D. Evans (éd.), *Adolescents: Readings in behavior and development*, Hinsdale, IL: Dryden Press, 1970, p. 267-288.

ALAN GUTTMACHER INSTITUTE. *Teenage pregnancy: The problem that hasn't gone away*, New York, 1981.

ALDRICH, C. A. «A new test for hearing in the newborn: The conditioned reflex», *American Journal of Diseases of Children*, 1928, p. 36-37. (Reproduit dans Lipsitt et Werner, 1981, p. 129.)

ALEMI, B., HAMOSH, M., SCANLON, J. W., SALZMAN-MANN, C. et HAMOSH, P. «Fat digestion in very low-birth-weight infants: Effect of addition of human milk to low-birth-weight formula», *Pediatrics*, oct. 1981, p. 484-489.

ALFORD, B. et BOYLE, M. *Nutrition during the life cycle*, Englewood Cliffs, NJ: Prentice-Hall, 1982.

ALMY, M. *The early childhood educator at work*, New York: McGraw-Hill, 1975.

ALMY, M., CHITTENDEN, E. et MILLER, P. *Young children's thinking: Some aspects of Piaget's theory*, New York: Teachers College, 1966.

AMERICAN ACADEMY OF PEDIATRICS. «Juice in ready-to-use bottles and nursing bottle caries», *News & Comment*, 1978, p.1.

AMERICAN ACADEMY OF PEDIATRICS. «ABC's television movie "Surviving" depicts the tragedy of teen suicide-medical group prescribes caution in viewing», Elk Grove Village, II, 1er fév. 1985.

AMERICAN ACADEMY OF PEDIATRICS, COMMITTEE STATEMENT. «The ten-state nutrition survey: A pediatric perspective», *Pediatrics*, 1973, p. 1095-1099.

AMERICAN ACADEMY OF PEDIATRICS, COMMITTEE ON DRUGS. «Effects of medication during labor and delivery on infant outcome», *Pediatrics*, 1978, p. 402-403.

AMERICAN ACADEMY OF PEDIATRICS, COMMITTEE ON RADIOLOGY. «Radiation of pregnant women», *Pediatrics*, janv. 1978, p. 117-118.

AMERICAN CANCER SOCIETY. «Diet, nutrition, and cancer prevention: A guide to food choices», NIH Publication n° 85-2711, Public Health Service, U. S. Department of Health and Human Services, nov. 1984.

AMERICAN FOUNDATION FOR THE PREVENTION OF VENEREAL DISEASE, INC. *Venereal disease prevention for everyone*, New York: AFPVD, 1985.

AMERICAN HEART ASSOCIATION. *Eating for a healthy heart: Dietary treatment of hyperlipidemia*, Dallas: American Heart Association, 1984.

AMERICAN HERITAGE DICTIONARY OF THE ENGLISH LANGUAGE. W. Morris (éd.), Boston: Houghton Mifflin, 1971.

AMERICAN PSYCHIATRIC ASSOCIATION. *Diagnostic and statistical manual of mental disorders*, 3e éd., Washington, DC: American Psychiatric Association, 1980.

ANASTASI, A. *Psychological testing*, 3e éd., New York: Macmillan, 1968.

ANASTASI, A. *Psychological testing*, 4e éd., New York: Macmillan, 1976.

ANDERS, T., CARASKADON, M. et DEMENT, W. «Sleep and sleepiness in children and adolescents», dans I. Litt (éd.), *Adolescent medicine. Pediatric clinics of North America*, 1980, p. 29-44.

ANDERS, T. R., FOZARD, J. L. et LILLYQUIST, T. D. «Effects of age upon retrieval from short-term memory», *Developmental Psychology*, 1972, p. 214-217.

ANDERSON, A. M. «The great Japanese IQ increase», *Nature*, 20 mai 1982, p. 180-181.

ANDERSON, J. N. «Attachment behavior out of doors», dans N. Blurton Jones (éd.), *Ethological studies of child behavior*, London: Cambridge, 1972.

ANGIER, N. «Helping children reach new heights», *Discover*, mars 1982, p. 35-40.

ANTHONY, E. J. et KOUPERNIK, C., éd. *The child in his family: Children at psychiatric risk*, vol. 3, New York: Wiley, 1974.

ANTHONY, S. «The child's idea of death», dans T. Talbot (éd.), *The world of the child*, New York: Anchor, 1965, 1968.

APGAR, V. «A proposal for a new method of evaluation of the newborn infant», *Current Researches in Anesthesia and Analgesia*, 1953, p. 260-267.

ARBEITER, S. «Profile of the adult learner», *College Board Review*, hiver 1976, p. 20-27.

ARCHER, C. J. «Children's attitudes toward sex-role division in adult occupational roles», *Sex Roles*, 1984, p. 1-10.

AREND, R., GOVE, F. et SROUFE, L. A. «Continuity of individual adaptation from infancy to kindergarten: A predictive study of egoresiliency and curiosity in preschoolers», *Child Development*, 1979, p. 950-959.

ARIES, P. *Centuries of childhood*, New York: Vintage, 1962.

ARNON, S., MIDURA, T., DAMUS, K., WOOD, R. et CHIN, J. «Intestinal infection and toxin production by *Clostridium botulinum* as one cause of SIDS», *Lancet*, 17 juin 1978, p. 1273-1276.

ARONSON, E., STEPHAN, C., SIKES, J., BLANEY, N. et SNAPP, M. *The jigsaw classroom*, Beverly Hills, CA: Sage, 1978.

ARONSON, E. et BRIDGEMAN, D. «Jig-saw groups and the desegregated classroom: In pursuit of common goals», *Personality and Social Psychology Bulletin*, 1979, p. 438-446.

ASH, P., VENNART, J. et CARTER, C. «The incidence of hereditary disease in man», *Lancet*, avril 1977, p. 849-851.

ASHER, S. «Childrens peer relations», dans M. Lamb (éd.), *Social and personality development*, New York: Holt, 1978, p. 91-113.

ASHER, S., RENSHAW,.P., GERACI, K. et DOR, A. *Peer acceptance and social skill training: The selection of program content*, document présenté lors de la réunion biennale de la Society for Research in Child Development, San Francisco, mars 1979.

ASLIN, R. N., PISONI, D. B. et JUSCZYK, P. W. «Auditory development and speech perception in infancy», dans P. H. Mussen (éd.), *Handbook of child psychology*, 4ᵉ éd., NY: Wiley, 1983, p. 573-687.

ATHANASIOU, R. et SARKIN, R. *Archives of Sexual Behavior*, 1974, p. 207-224.

ATKINSON, R. C. et SHIFFREN, R. M. «Human memory: A proposed system and its control processes», dans K. W. Spence et J. T. Spence (éd.), *The psychology of learning and motivation: Advances in research and theory*, vol. 2, New York: Academic Press, 1968.

ATKINSON, R. C. et SHIFFREN, R. M. «The control of short-term memory», *Scientific American*, 1971, p. 82-90.

AXELROD, R. et SCARR, S. «Human intelligence and public policy», *Scientific American*, 1985.

AZRIN, N. et FOX, R. M. *Toilet training in less than a day*, New York: Pocket Books, 1981.

BABCHUK, N. «Aging and primary relations», *International Journal of Aging and Human Development*, 1978-1979, p. 137-151.

BABSON, S. G. et CLARKE, N. G. «Relationship between infant death and maternal age», *The Journal of Pediatrics*, 1983, p. 391-393.

BACHMAN, J. G., O'MALLEY, P. M. et JOHNSTON, J. *Youth in transition*, vol. 6, Ann Arbor, ML: Institute for Social Research, 1978.

BAKWIN, H. «Sleepwalking in twins», *Lancet*, 29 août 1970, p. 446-447.

BAKWIN, H. «Car-sickness in twins», *Developmental Medicine and Child Neurology*, 1971a, p. 310-312.

BAKWIN, H. «Constipation in twins», *Journal of Diseases of Children*, 1971b, p. 179-181.

BAKWIN, H. «Nail-biting in twins», *Developmental Medicine and Child Neurology*, 1971c, p. 304-307.

BAKWIN, H. «Enuresis in twins», *American Journal of Diseases of Children*, 1971d, p. 222-225.

BALDWIN, W. et CAIN, V. S. «The children of teenage parents», *Family Planning Perspectives*, 1980, p. 34.

BALKWELL, C. «Transition to widowhood: A review of the literature», *Family Relations*, 1981, p. 117-127.

BALLINGER, C. B. «The menopause and its syndromes», dans J. G. Howells (éd.), *Modern perspectives in the psychiatry of middle age*, New York: Brunner/Mazel, 1981, p. 279-303.

BALTES, P. B. «The aging of intelligence: On the dynamics between growth and decline», *Scientific American*, 1985.

BALTES, P. B., REESE, H. W. et LIPSITT, L. «Lifespan developmental psychology», dans M. R. Rosenzweig et L. Porter (éd.), *Annual Review of Psychology*, vol. 31, Palo Alto, CA: Annual Reviews Inc., 1980.

BALTES, P. et SCHAIE, K. «Aging et IQ: The myth of the twilight years», *Psychology Today*, 1974, p. 35-38.

BALTES, P. B. et SCHAIE, K. W. «On the plasticity of intelligence in adulthood and old age: Where Horn and Donaldson fail», *American Psychologist*, 1976, p. 720-725.

BANDURA, A. «The stormy decade: Fact or fiction?», *Psychology in the School*, 1964, p. 224-231.

BANDURA, A. «Relationship of family patterns to child behavior disorders», Progress report, USPHS, Project No. M-1734, Stanford University, 1980.

BANDURA, A., GRUSER, J. E. et MENLOVE, F. L. «Vicarious extinction of avoidance behavior», *Journal of Personality and Social Psychology*, 1967, p. 16-23.

BANDURA, A.et HUSTON, A. «Identification as a process of incidental learning», *Journal of Abnormal and Social Psychology*, 1961, p. 311-318.

BANDURA, A., ROSS, S. A. «Transmission of aggression through imitation of aggressive models», *Journals of Abnormal and Social Psychology*, 1961, p. 575-582.

BANDURA, A., ROSS, D. et ROSS, S. A. «Imitation of film-mediated aggressive models», *Journal of Abnormal and Social Psychology*, 1963, p. 3-11.

BANE, M. J. «A profile of the family in the 1980's», dans *Focus on the family: New images of parents and children in the 1980's*, Boston: Wheelock College Center for Parenting Studies, 1980.

BARBACH, L. G. *For yourself: The fulfillment of female sexuality*, Garden City, NY: Doubleday, 1975.

BAREFOOT, J. C., NAISTROM, W. G. et WILLIAMS, R. B. «Hostility, CHD incidence, and total mortality: A 25-year follow-up study of 255 physicians», *Psychosomatic Medicine*, 1983, p. 59-63.

BARFIELD, R. E. et MORGAN, J. N. *Early retirement: The decision and the experience and a second look*, Ann Arbor: Institute for Social Research, 1974.

BARFIELD, R. E. et MORGAN, J. N. «Trends in satisfaction with retirement», *The Gerontologist*, 1978, p. 19-23.

BARKER, P. *Basic child psychiatry*, 3ᵉ éd., Baltimore: University Park Press, 1979.

BARNES, A., COLTON, T., GUNDERSON, J., NOLLER, K., TILLEY, B., STRAMA, T., TOWNSEND, D., HATAB, P. et O'BRIEN, P. «Fertility and outcome of pregnancy in women exposed in utero to diethylstilbestrol», *New England Journal of Medicine*, 1980, p. 609-613.

BARNETT, R. «We've come a long way-but where are we and what are the rewards? Presentation at conference», *Women in Transition*, New York University's School of Continuing Education, Center for Career and Life Planning, New York, 2 mars 1985.

BARNETT, R. C. et BARUCH, G. K. «Women in the middle years: A critique of research and theory», *Psychology of Women Quarterly*, 1978, p. 187-197.

BARR, H. M, STREISSGUTH, A. P., MARTIN, D. C. et HERMAN, C. S. «Infant size at 8 months of age: Relationship to maternal use of alcohol, nicotine, and caffeine during pregnancy», *Pediatrics*, 1984, p. 336-341.

BARRETT, C. J. «Effectiveness of widows groups in facilitating change», *Journal of Counseling and Clinical Psychology*, 1978, p. 20-31.

BARRY, W. A. «Marriage research and conflict: An integrative review», *Psychological Bulletin*, 1970, p. 41-54.

BARUCH, G., BARNETT, R. et RIVERS, C. *Lifeprints*, New York: McGraw-Hill, 1983.

BATTELLE, P. «The triplets who found each other», *Good Housekeeping*, fév. 1981, p. 74-83.

BATTLE, H. «Relations between personal values and scholastic achievement», *Journal of Experimental Education*, 1957, p. 27-41.

BAUER, D. «An exploratory study of developmental changes in children's fears», *Journal of Child Psychology and Psychiatry*, 1976, p. 69-74.

BAUGHMAN, E. E. *Black Americans*, New York: Academic Press, 1971.

BAUMRIND, D. «Harmonious parents and their preschool children», *Developmental Psychology*, 1971, p. 99-102.

BAUMRIND, D. et BLACK, A. E. «Socialization practices associated with dimensions of competence in preschool boys and girls», *Child Development*, 1967, p. 291-327.

BAYER, A. E. «Birth order and attainment of the doctorate: A test of an economic hypothesis», *American Journal of Sociology*, 1967, p. 540-550.

BAYLEY, N. «Mental growth during the first three years», *Genetic Psychology Monographs*, 1933, p. 1-93.

BAYLEY, N. «Consistency and variability in the growth of intelligence from birth to 18 years», *Journal of Genetic Psychology*, 1949, p. 165-196.

BAYLEY, N. «Comparisons of mental and motor test scores for age 1-15 months by sex, birth order, race, geographic location, and education of parents», *Child Development*, 1965, p. 376-411.

BAYLEY, N. «Research in child development: A longitudinal perspective», *Merrill-Palmer Quarterly of Behavior and Development*, 1965, p. 184-190.

BAYLEY, N. et ODEN , M. «The maintenance of intellectual ability in gifted adults», *Journal of Gerontology*, 1955, p. 91-107.

BEARD, R. J. «The menopause», *British Journal of Hospital Medicine*, 1975, p. 631-637.

BEAUTRAI S, A. L., FERGUSSON, D. M. et SHANNON, F. T. «Life events and childhood morbidity: A prospective study», *Pediatrics*, 1982, p. 935-940.

BECKER, R. F., KING, J. E. et LITTLE, C. R. D. «Experimental studies in nicotine absorption during pregnancy, IV: The postmature neonate», *American Journal of Obstetrics and Gynecology*, 1968, p. 1109-1119.

BEHRMAN, R. E. et VAUGHAN, V. C. *Nelson textbook of pediatrics*, 12ᵉ éd., Philadelphia: W. B. Saunders, 1983.

BELBIN, E. et BELBIN, R. *New careers in middle age*, compte rendu du 7ᵉ Congrès international de gérontologie, Vienne: Verlag der Wiener Medizinischen Akademie, 1966, p. 77-82.

BELBIN, R. M. «Middle age: What happens to ability?», dans R. Owen (éd.), *Middle age*, London: BBC, 1967.

BELL, G. D. «Processes in the formation of adolescents' aspirations», *Social Forces*, 1963, p. 179-195.

BELL, R. R. «Friendships of women and men», *Psychology of Women Quarterly*, 1981, p. 402-417.

BELL, S. et AINSWORTH, M. D. S. «Infant crying and maternal responsiveness», *Child Development*, 1972, p. 1171-1190.

BELLOC, N. B. et BRESLOW, L. «Relationship of physical health status and health practices», *Preventive Medicine*, 1972, p. 409-421.

BELSKY, J. «The interrelation of parental and spousal behavior during infancy in traditional nuclear families: An exploratory analysis», *Journal of Marriage and the Family*, nov. 1979, p. 749-755.

BELSKY, J. «Mother-father-infant interaction: A naturalistic of servational study», *Developmental Psychology*, 1979, p. 601-607.

BELSKY, J. «A family analysis of parental influence on infant exploratory competence», dans F. A. Pederson (éd.), *The father-infant relationship: Observational studies in a family setting*, New York: Praeger, 1980.

BELTRAMINI, A. U. et HERTZIG, M. E. «Sleep and bedtime behavior in preschool-aged children», *Pediatrics*, 1983, p. 153-158.

BEM, S. L. «The measurement of psychological androgyny», *Journal of Consulting and Clinical Psychology*, 1974, p. 155-162.

BEM, S. L. «Probing the promise of androgyny», dans A. G. Kaplan et J. P. Bean (éd.), *Beyond sex-role stereotypes: Readings toward a psychology of androgyny*, Boston: Little, Brown, 1976.

BENGSTON, V., CUELLAR, J. A et RAGAN, P. «Group contrasts in attitudes toward death: Variation by race, age, occupational status and sex», document présenté lors de la rencontre annuelle de la Gerontological Society, Louisville, KY, 29 oct. 1975.

BENNETT, F. C., ROBINSON, N. M. et SELLS, C. J. «Growth and development of infants weighing less than 800 grams at birth», *Pediatrics*, 1983, p. 319-323.

BERENDA, R. W. *The influence of the group on the judgments of children*, New York: King's Crown Press, 1959.

BERGER, R. M. *Gay and gray: The older homosexual male*, Urbana: University of Illinois Press, 1982.

BERMAN, C. *Making It as a Stepparent: New Roles/New Rules*, New York: Bantam, 1981.

BERNARD, J. *The future of marriage*, New York: World, 1973.

BERNARD, J. L. et BERNARD, M. L. «The abusive male seeking treatment: Jekyll and Hyde», *Family Relations*, 1984, p. 543-547.

BERNDT, T. J. «The features and effects of friendship in early adolescence», *Child Development*, 1982, p. 1447-1460.

BERSCHEID, E. S. et CAMPBELL, B. «The changing longevity of heterosexual close relationships», dans M. J. Lerner et S. C. Lerner (éd.), *The justice motive in social behavior*, New York: Plenum, 1981.

BERSCHEID, E., WALSTER, E. et BOHRNSTEDT, G. «The happy American body, a survey repport», *Psychology Today*, 1973, p. 119-131.

BIELBY, D. et PAPALIA, D. «Moral development and perceptual role-taking egocentrism: Their development and interrelationship across the life span», *International Journal of Aging and Human Development*, 1975, p. 293-308.

BIERMAN, K. L. et FURMAN, W. «The effects of social skills training and peer involvement on the social adjustment of preadolescents», *Child Development*, 1984, p. 151-162.

BILLER, H. B. «The father and sex role development», dans M. E. Lamb (éd.), *The role of the father in child development*, New York: Wiley-Interscience, 1981.

BILSKER, D., SCHIEDEL, D. et MARCIA, J. E. «Sex difference in identity formation. Sex Roles», s. d.

BIRCH, H. G. «Functional effets of fetal malnutrition», *Hospital Practice*, mars 1971, p. 134-148. (Reproduit dans Zeskind et Ramey, 1981.)

BIRD, C. *The case against college*, New York: McKay, 1975.

BIRNS, B. «The emergence and socialization of sex differences in the earliest years», *Merrill-Palmer Quarterly*, 1976, p. 229-254.

BIRREN, J. E. «Translations in gerontology — from lab to life: Psychophysiology and speed of response», *American Psychologist*, 1974, p. 808-815.

BIRREN, J. E., WOODS, A. M. et WILLIAMS, M. V. «Behavioral slowing with age: Causes, organization, and consequences», dans L. W. Poon (éd.), *Aging in the 1980s*, Washington, DC: American Psychological Association, 1980.

BLACK, J. K. «Are young children really egocentric?», *Young Children*, sept. 1981, p. 51-55.

BLACKBURN, J. A. «The influence of personality, curriculum, and memory correlates on formal reasoning in young adults and elderly persons», *Journal of Gerontology*, 1984, p. 207-209.

BLAIR, S. N., GOODYEAR, N. N., GIBBONS, L. W. et COOPER, K. H. «Physical fitness and incidence of hypertension in normotensive men and women», *Journal of the American Medical Association*, 1984, p. 487-490.

BLAKESLEE, S. «Brain studies shed light on disorders», *The New York Times*, Section 12, 11 nov. 1984, p. 45.

BLAU, Z. S. «Structural constraints on friendship in old age», *American Sociological Review*, 1961, p. 429-439.

BLAUVELT, H. «Dynamics of the mother-newborn relationship in goats», dans B. Schaffner (éd.), *Group processes*, New York: Macy Foundation, 1955.

BLIESZNER, R., WILLIS, S. L. et BALTES, P. B. «Training research on induction ability: A short-term longitudinal study», *Journal of Applied Developmental Psychology*, 1981, p. 247-265.

BLOCK, J. «Some enduring and consequential structures of personality», dans A. I. Rabin et al. (éd.), *Further Explorations in Personality*, New York: Wiley-Interscience, 1981.

BLOCK, J. H. «Another look at sex differentiation in the socialization behaviors of mothers and fathers», dans F. Wenmark and J. Sherman (éd.), *Psychology of women: future direction of research*, New York: Psychological Dimensions, 1978.

BLOOM, B. S. et SOSNIAK, L. A. «Talent development vs. schooling», *Educational Leadership*, nov. 1981.

BLUEBOND-LANGNER, M. «Meanings of death to children», dans H. Feifel (éd.), *New meanings of death*, New York: McGraw-Hill, 1977, p. 47-66.

BLUEMENTHAL, R. «Veterans accept $180 million pact on Agent Orange», *The New York Times*, 8 mai 1984, p. A1, B4.

BLUMSTEIN, P. et SCHWARTZ, P. *American couple: Money, work, sex*, New York: Morrow, 1983.

BOGATZ, G. et BALL, S. *The second year of Sesame Street: A continuing evaluation*, New Jersey: Educational Testing Service, 1971.

BOHANNAN, P. «The six stations of divorce», dans P. Bohannan (éd.), *Divorce and after*, New York: Anchor, 1971.

BOLLES, R. N. *The three boxes of life*, Berkeley, CA: Ten Speed Press, 1979.

BORDERS, W. «British ''Right to Die'' group plans to publish a manual on suicide», *The New York Times*, 7 mars 1980, p. A18.

BOSTON CHILDREN'S MEDICAL CENTER. *Pregnancy, birth, and the newborn baby*, Boston: Delacorte, 1972.

BOSWELL, D. et WILLIAMS, J. «Correlates of race and color bias among preschool children», *Psychological Reports*, 1975, p. 147-154.

BOTWINICK, J. «Cautiousness in advanced age», *Journal of Gerontology*, 1966, p. 347-353.

BOTWINICK, J., WEST, R. et STORANDT, M. «Predicting death from behavioral performance», *Journal of Gerontology*, 1978, p. 755-762.

BOWER, T. G. R. «Repetitive processes in child development», *Scientific American*, 1976, p. 38-47.

BOWES, W., BRACKBILL, Y., CONWAY, E. et STEINSCHNEIDER, A. «The effects of obstetrical medication on fetus and infant», *Monographs of the Society for Research in Child Development*, 1970, p. 3-25.

BOWLBY, J. *Maternal care and mental health*, Geneva: WHO, 1951.

BOWLBY, J. «The nature of the childs tie to his mother», *International Journal of Psychoanalysis*, 1958, p. 1-23.

BOYLE, R. P. «The effect of the high school on students' aspirations», *American Journal of Sociology*, 1966, p. 628-639.

BRACKEN, M., HOLFORD, T., WHITE, C. et KELSEY, J. «Role of oral contraception in congenital malformations of offspring», *International Journal of Epidemiology*, 1978, p. 309-317.

BRAZELTON, T. B. *Neonatal behavioral assessment scale*, Philadelphia: Lippincott, 1973.

BRECHER, E. et THE EDITORS OF CONSUMER REPORTS. *Licit & illicit drugs*, Mount Vernon, NY: Consumers Union, 1972.

BRECHER, E. et THE EDITORS OF CONSUMER REPORTS BOOKS. *Love, Sex, and Aging: A Consumers Union Report*, Boston: Little, Brown, 1984.

BRESLAU, N., WEITZMAN, M. et MESSENGER, K. «Psychological functioning of siblings of disabled children», *Pediatrics*, mars 1981, p. 344-353.

BRIDGES, K. M. B. «Emotional development in early infancy», *Child Development*, 1932, p. 324-341.

BRILEY, M. «Burnout stress and the human energy crisis», *Dynamic Years*, juillet-août 1980, p. 36-39.

BRIM, O. G. «Adult socialization», dans J. Clausen (éd.), *Socialization and society*, Boston: Little, Brown, 1968.

BRIM, O. G. «Theories of the male mid-life crisis», document présenté à la 82e convention annuelle de l'American Psychological Association, New Orleans, 1974.

BRIM, O. G. «Theories of the male mid-life crisis», dans N. Schlossberg et A. Entine (éd.), *Counseling adults*, Monterey, CA: Brooks/Cole, 1977.

BRIM, O. G., Jr. et KAGAN, J. (éd.). *Constancy and change in human development*, New York: Wiley-Interscience, 1980.

BRIM, O. G., Jr. et RYFF, C. D. «On the properties of life events», dans P. B. Baltes et O. G. Brim, Jr. (éd.), *Life-span development and behavior*, vol. 3, New York: Academic Press, 1980.

BRITTAIN, C. «Adolescent choices and parent-peer crosspressures», *American Sociological Review*, 1963, p. 385-391.

BRODBECK, A. J. et IRWIN, O. C. «The speech behavior of infants without families», *Child Development*, 1946, p. 145-156.

BRODY, E. B. et BRODY, N. *Intelligence*, New York: Academic, 1976.

BRODY, E. M. «Community housing for the elderly», *The Gerontologist*, 1978, p. 121-128.

BRODY, J. «Sperm found especially vulnerable to environment», *The New York Times*, 10 mars 1981, p. C1.

BRODY, J. E. «Most pregnant women found taking excess drugs», *The New York Times*, 18 mars 1973.

BRODY, J. E. «Effects of exercise on menstruation», *The New York Times*, 1ᵉʳ sept. 1982.

BRODY, J. E. «Personal health», *The New York Times*, 8 fév. 1982, p. C6.

BRODZINSKY, D. «The role of conceptual tempo and stimulus characteristics in children's humor development», *Developmental Psychology*, 1975, p. 843-850.

BROMLEY, D. B. *The psychology of human aging*, 2ᵉ éd., Middlesex, England: Penguin, 1974.

BRONFENBRENNER, U. *Two worlds of childood: U.S. and U.S.S.R.*, New York: Russell Sage, 1970.

BRONFENBRENNER, U., BELSKY, J. et STEINBERG, L. «Daycare in context: An ecological perspective on research and public policy», document préparé pour l'Office of the Assistant Secretary for Planning and Evaluation, Department of Health, Education, and Welfare, 1977.

BRONSON, F. H. et DESJARDINS, C. «Aggressive behavior and seminal vesicle function in mice: Differential sensitivity to androgen given neonatally», *Endocrinology*, 1969, p. 871-975.

BRONSTEIN, A. et PETROVA, E. «An investigation of the auditory analyzer in neonates and young infants», *Zh. vyssh. nerv. Deiatel*, 1952, p. 333-343.

BROOKS, J. et LEWIS, M. «Infants' reponses to strangers: Midget, adult, child», *Child Development*, 1976, p. 323-332.

BROOKS, J. et WEINRAUB, M. «A history of infant intelligence tests», dans M. Lewis (éd.), *Origins of intelligence*, New York: Plenum, 1976, p. 19-58.

BROPHY, J. E. et GOOD, T. L. «Feminization of American elementary schools», *Phi Delta Kappan*, 1973, p. 564-566.

BROPHY, J. E. et GOOD, T. L. *Teacher-student relationships*, New York: Holt, 1974.

BROWN, J. E. *Nutrition for your pregnancy*, Minneapolis: University of Minnesota Press, 1983.

BROWN, J., LAROSSA, G., AYLWARD, G., DAVIS, D., RUTHERFORD, P. et BAKEMAN, R. «Nurserybased intervention with prematurely born babies and their mothers. Are there effects?», *Journal of Pediatrics*, 1980, p. 487-491.

BROWN, P. et ELLOITT, H. «Control of aggression in a nursery school class», *Journal of Experimental Child Psychology*, 1965, p. 103-107.

BROWN, R. «Development of the first language in the human species», *American Psychologist*, 1973a, p. 97-106.

BROWN, R. *A first language: The early stages*, Cambridge, MA: Harvard, 1973 b.

BROWN, R., CAZDEN, C. B. et BELLUGI, U. «The childs grammar from I to III», dans J. P. Hill (éd.), *Minnesota Symposia on Child Psychology*, vol. 2, Minneapolis: University of Minnesota Press, 1969.

BRUBAKER, T. «Introduction», dans T. Brubaker (éd.), *Family relationships in later, life*. Beverly Hills, CA: Sage, 1983.

BRUCE, P. R., COYNE, A. C. et BOTWINICK, J. «Adult age differences in metamemory», *Journal of Gerontology*, 1982, p. 354-357.

BRUNER, J. S. «The course of cognitive growth», *American Psychologist*, 1964, p. 1-15.

BRYANT, B. K. «Sibling relationships in middle childhood», dans M. E. Lamb et B. Sutton-Smith (éd.), *Sibling relationships: Their nature and significance across the lifespan*, Hillsdale, NJ: Lawrence Erlbaum, 1982.

BUCKWALD, S., ZOREN, W. A. et EGAN, E. A. «Mortality and follow-up data for neonates weighing 500 to 800 g at birth», *American Journal of Diseases of Children*. 1984, p. 779-782.

BÜHLER, C. «The development structure of goal setting in group and individual studies», dans C. Bühler et F. Massarek (éd.), *The course of human life*, New York: Springer, 1968.

BURGESS, E. W. et WALLIN, P. *Engagement and marriage*, Philadelphia: Lippincott, 1953.

BURKE, B. S., BEAL, V. A., KIRKWOOD, S. B. et STUART, H. C. «Nutrition studies during pregnancy», *American Journal of Obstetrics and Gynecology*, 1943, p. 38-52.

BURR, W. «Satisfaction with various aspects of marriage over the life cycle», *Journal of Marriage and the Family*, 1970, p. 29-37.

BUSH, T. L. , COWAN, L. D. BARRETT-CONNOR, E., CRIQUI, M. H., KARON, J. M., WALLACE, R. B., TYROLER, H. A. et RIFKIND, B. M. «Estrogen use and all-cause mortality: Preliminary results from the Lipid Research Clinics programs follow-up study», *Journal of the American Medical Association*, 1983, p. 903-906.

BUSTILLO, M., BUSTER, J. E., COHEN, S. W., HAMILTON, F., THORNEYCROFT, I. H., SIMON, J. A., RODI, I. A., BOYERS, S., MARSHALL, J. R., LOUW, J. A., SEED, R. et SEED, R. «Delivery of a healthy infant following nonsurgical ovum transfer», *Journal of the American Medical Association*, 1984, p. 889.

BUTLER, F. «Over the garden wall/I let the baby fall», *The New York Times Magazine*, 16 déc. 1973, p. 90-95.

BUTLER, R. «Re-awakening interests», *Nursing Homes: Journal of American Nursing Home Association*, 1961, p. 8-19.

BUTLER, R. *Why survive? Being old in America*, New York: Harper & Row, 1975.

BUTLER, R. et LEWIS, M. *Aging and mental health*, 2ᵉ éd., St. Louis: C. V. Mosby, 1977.

BUTLER, R. N. et LEWIS, M. I. *Aging and mental health*, 3ᵉ éd., St. Louis: C. V. Mosby, 1982.

BUTTERFIELD, E. et SIPERSTEIN, G. «Influence of contingent auditory stimulation upon non-nutritional suckle», dans J. Bosma (éd.), *Oral sensation and perception: The mouth of the infant*. Springfield, IL: Charles C. Thomas, 1972.

BUTTERFIELD, F. «Experts disagree on children's worries about nuclear war», *The New York Times*, 16 oct. 1984, p. A16.

BYRNE, D. et FISCHER, W. A. (éd.), *Adolescents, sex and contraception*, Hillsdale, NJ: Lawrence Erlbaum, 1983.

CADORET, R., CUNNINGHAM, L., LOFTUS, R. et EDWARDS, J. «Studies of adoptees from psychiatrically disturbed biologic parents», *Journal of Pediatrics*, 1975, p. 301-306.

CALDERONE, M. S. et JOHNSON, E. W. *The family book about sexuality*, New York: Harper & Row, 1981.

CALHOUN, L. G. et SELBY, J. W. «Voluntary childlessness, involuntary childlessness, and having children: A study of social perceptions», *Family Relations*, 1980, p. 181-183.

CALIFORNIA DEPARTMENT OF HEALTH. *Nutrition in pregnancy and lactation*, Maternal and Child Health Branch, 1977.

CAMPBELL, A. «The American way of mating: Marriage si; children only maybe», *Psychology Today*, 1975, p. 37-43.

CAMPBELL, A., CONVERSE, P. E. et RODGERS, W. L. *The quality of American life: Perceptions, evaluations, and satisfactions*, New York: Russell Sage, 1975.

CAMPBELL, F. L., TOWNES, B. D. et BEACH, L. R. «Motivational bases of chilldbearing decisions», dans G. L. Fox (éd.), *The childbearing decision: Fertility, attitudes, and behavior*, Beverly Hills, CA: Sage, 1982.

CAMPBELL, J. D. «Peer relations in childhood», dans M. Hoffman et L. Hoffman (éd.), *Review of child development research*, New York: Russell Sage, 1964.

CAMPOS, J. J., LANGER, A. et KROWITZ, A. «Cardiac responses on the visual cliff in prelocomotor human infants», *Science*, 1970, p. 196-197.

CANTOR, M. H. «Strain among caregivers: A study of experience in the United States», *The Gerontologist*, 1983, p. 597-604.

CANTOR, P. «Suicide and attempted suicide among students: Problem, prediction and prevention», dans P. Cantor (éd.), *Understanding a child's world*, New York: McGraw-Hill, 1977.

CARD, J. J. et WISE, L. L. «Teenage mothers and teenage fathers: The impact of early childbearing on the parents personal and professional lives», *Family Planning Perspectives*, 1978, p. 199.

CAREY, G. «Sex differences in problem-solving performance as a function of attitude differences», *Journal of Abnormal and Social Psychology*, 1958, p. 156-160.

CARGAN, L. «Singles: An examination of two stereotypes», *Family Relations*, 1981, p. 377-385.

CARLSON, B. E. «The fathers contribution to child care: Effects on childrens perceptions of parental roles», *American Journal of Orthopsychiatry*, 1984, p. 123-136.

CARROLL, J. L. et REST, J. R. «Moral development», dans B. Wolman (éd.), *Handbook of developmental psychology*, Englewood Cliffs, NJ: Prentice-Hall, 1982.

CARTER, D. et WELCH, D. «Parenting styles and childrens behavior», *Family Relations*, 1981, p. 191-195.

CARTER, H. et GLICK, P. *Marriage and divorce: A social and economic study*, Cambridge: Harvard, 1970.

CASEY, P. H., BRADLEY, R. et WORTHAM, B. «Social and nonsocial home environment of infants with nonorganic failure-to-thrive», *Pediatrics*, 1984, p. 348-353.

CASSELL, C. *Swept away*, New York: Simon and Schuster, 1984.

CATTELL, P. *The measurement of intelligence of infants and young children*, New York: The Psychological Corporation, 1947.

CATTELL, R. B. *The scientific analysis of personality*, Baltimore: Penguin Books, 1965.

CAVAN, R. et FERDINAND, T. *Juvenile Delinquency*, 3ᵉ éd., Philadelphia: Lippincott, 1975.

CAZDEN, C. D. «Suggestions from studies of early language acquisition», dans R. H. Anderson et H. G. Shane (éd.), *As the twig is bent: Readings in early childhood education*, Boston: Houghton Mifflin, 1971.

CENTER FOR DISEASE CONTROL. «CDC Surveillance Summaries», vol. 32, 1983.

CERVANTES, L. F. «Family back-ground, primary relationships, and the high school dropout», *Journal of Marriage and the Family*, 1965, p. 218-223.

CHAMBERS, M. «Radical changes urged in dealing with youth crime», *The New York Times*, 30 nov. 1975, p. 1, 58.

CHANDLER, M. «Egocentrism and antisocial behavior: The assessment and training of social perspective-taking skills», *Developmental Psychology*, 1973, p. 326-332.

CHAPPELL, N. L. et PENNING, M. J. «The trend away from institutionalization», *Research on Aging*, 1979, p. 161-187.

CHARLES, L., SCHAIN, R. J., ZELNIKER, T. et GUTHRIE, D. «Effects of methylphenidate on hyperactive children's ability to sustain attention», *Pediatrics*, 1979, p. 412-418.

CHESS, S. «Mothers are always the problem — or are they? Old wine in new bottles», *Pediatrics*, 1983, p. 974-976.

CHESS, S. et THOMAS, A. «Infant bonding: mystique and reality», *American Journal of Orthopsychiatry*, 1982, p. 213-222.

CHILMAN, C. S. *Adolescent sexuality in a changing American society: Social and psychological perspectives*, Bethesda, MD: U.S. Department of Health, Education and Welfare, Public Health Service, National Institute of Health, NIH Publication n° 80-1426, 1980.

CHILMAN, C. S. «Adolescent childbearing in the United States: Apparent causes and consequences», dans T. M. Field, A. Huston, H. C. Quay, et G. E. Finley (éd.), *Review of human development*, New York: Wiley, 1982.

CHIRIBOGA, D. A. et THURNHER, M. «Concept of self», dans M. F. Lowenthal, M. Thurnher, et D. A. Chiriboga and Associates, (éd.), *Four stages of life: A comparative study of women and men facing transitions*, San Francisco: Jossey-Bass, 1975.

CHODOROW, N. «Family structure and feminine personality», dans M. Z. Rosaldo et L. Lamphere (éd.), *Woman, culture, and society*, Stanford: Stanford University Press, 1974.

CHODOROW, N. *The reproduction of mothering*, Berkeley: University of California Press, 1978.

CHOMSKY, C. S. *The acquisition of syntax in children from five to ten*, Cambridge, MA: M.I.T., 1969.

CHOMSKY, N. *Language and mind*, 2ᵉ éd., New York: Harcourt Brace Jovanovich, 1972.

CHOWN, S. «The effect of flexibility — rigidity and age on adaptability in job performance», *Industrial Gerontology*, 1972, p. 105-121.

CHUMLEA, W. C. «Physical growth in adolescence», dans B. B. Wolman (éd.), *Handbook of developmental psychology*, Englewood Cliffs, NJ: Prentice-Hall, 1982.

CICIRELLI, V. G. «Family structure and interaction : Sibling effets on socialization», dans M. F. McMillan et S. Henao (éd.), *Child psychiatry: treatment and research*, New York: Brunner/Mazel, 1976a.

CICIRELLI, V. G. «Siblings teaching siblings», dans V. L. Allen (éd.), *Children as teachers: Theory and research on tutoring*, New York: Academic Press, 1976b.

CICIRELLI, V. G. «Relationship of siblings to the elderly person's feeling and concerns», *Journal of Gerontology*, 1977, p. 317-322.

CICIRELLI, V. G. «Adult children's views on providing services for elderly parents», rapport remis au NRTA-AAARP Andrus Foundation, déc. 1980.

CICIRELLI, V. G. «Interpersonal relationships of siblings in the middle part of the life span», document présenté lors de la réunion biennale de la Society for Research in Child Development, Boston, MA, avril 1981.

CICIRELLI, V. G. «Sibling influence throughout the lifespan», dans M. E. Lamb et B. Sutton-Smith (éd.), *Sibling relationships: Their nature and significance across the lifespan*, Hillsdale, NJ: Lawrence Erlbaum, 1982.

CLARKE-STEWART, A. *Child care in the family: A review of research and some propositions for policy*, New York: Academic, 1977.

CLARKE-STEWART, K. A. «And daddy makes three: The father's impact on mother and young child», *Child Development*, 1978, p. 466-478.

CLAUSEN, J. A. «Adolescent antecedents of cigarette smoking: Data from the Oakland growth study», *Social Science and Medicine*, 1978, p. 357-382.

CLAYTON, V. et OVERTON, W. «The role of formal operational thought in the aging process», document présenté lors de la réunion annuelle de la Gerontological Society, Miami, 1973.

CLEMENT, J., SCHWEINHART, L. J., BARNETT, W. S., EPSTEIN, A. S. et WEIKART, D. P. *Changed lives: The effects of the Perry Preschool Program on youths through age 19*, Ypsilanti, MI: High-Scope Educational Research Foundation, 1984.

CLIFFORD, E. «Body ratification in adolescence», *Perceptual and Motor Skills*, 1971, p. 119-125.

CLINICAL PEDIATRICS. «NIH Consensus Development Conference», *Clinical Pediatrics*, 1979, p. 535-538.

COBRINICK, P., HOOD, R. et CHUSED, E. «Effects of maternal narcotic addiction on the newborn infant», *Pediatrics*, 1959, p. 288-290.

COHEN, G. D. «Depression and the elderly», DHHS Publication n° (ADM) 81-932, 1981.

COHEN, L. B., DELOACHE, J. et STRAUSS, M. «Infant visual perception», dans J. Osofsky (éd.), *Handbook of infant development*, New York: Wiley, 1979.

COHN, V. «New method of delivering babies cuts down "torture of the innocent"», *Capital Times*, 5 nov. 1975.

COLBY, A., KOHLBERG, L., GIBBS, J. et LIEBERMAN, M. «A longitudinal study of moral development», *Monograph of the Society for Research in Child Development*, 1983, n° 200.

COLE, S. «Send our children to work?», *Psychology Today*, 1980, p. 44.

COLEMAN, J. «Friendship and the peer group in adolescence», dans J. Adelson (éd.), *Handbook of adolescent development*, New York: Wiley, 1980.

COLLIGAN, M. J., SMITH, M. J. et HURRELL, J. J. «Occupational incidence rates of mental health disorders», *Journal of Human Stress*, 1977, p. 34-39.

COLLINS, R. C. et DELORIA, D. «Head Start research: A new chapter», *Children Today*, 1983, p. 15-19.

COMBS, J. et COOLEY, W. «Dropouts: In high school and after school», *American Educational Research Journal*, 1968, p. 343-363.

COMMITTEE ON ADOLESCENCE. «Teenage suicide», *Pediatrics*, 1980, p. 144-146.

COMMITTEE ON DRUGS. «Marijuana», *Pediatrics*, 1980, p. 652-656.

COMMITTEE ON DRUGS OF THE AMERICAN ACADEMY OF PEDIATRICS. «Psychotropic drugs in pregnancy and lactation», *Pediatrics*, 1982, p. 241-243.

COMMITTEE ON NUTRITION OF THE AMERICAN ACADEMY OF PEDIATRICS. «Nutrition aspects of obesity in infancy and childhood», *Pediatrics*, 1981, p. 880-883.

COMMITTEE ON NUTRITION OF THE AMERICAN ACADEMY OF PEDIATRICS. «The use of whole cows milk in infancy», *Pediatrics*, 1983, p. 253-255.

COMMITTEE ON NUTRITION OF THE AMERICAN ACADEMY OF PEDIATRICS. «Toward a prudent diet for children», *Pediatrics*, 1983, p. 78-80.

COMMITTEE ON PEDIATRIC ASPECTS OF PHYSICAL FITNESS, RECREATION, AND SPORTS. «Competitive athletics for children of elementary school age», *Pediatrics*, 1981.

CONDON, W. et SANDER, L. «Synchrony demonstrated between movements of the neonate and adult speech», *Child Development*, 1974, p. 456-462.

CONFERENCE BOARD, INC. *The Working Woman: A Progress Report*, New York: Consumer Research Center, 1984.

CONGER, J. J. et PETERSON, A. C. *Adolescence and Youth*, New York: Harper & Row, 1984.

CONSUMER REPORTS. «Osteoporosis», oct. 1984, p. 576-580.

COONS, S. et GUILLEMINAULT, C. «Development of sleepwake patterns and non-rapid eye movement sleep stages during the first six months of life in normal infants», *Pediatrics*, 1982, p. 783-798.

COOPERSMITH, S. *The antecedents of self-esteem*, San Francisco: Freeman, 1967.

COPE, R. et HANNAH, W. *Revolving college doors: The causes and consequences of dropping out, stopping out and transferring*, New York: Wiley, 1975.

CORMAN, H. H. et ESCALONA, S. K. «Stages of sensorimotor development: A replication», *Merrill-Palmer Quarterly*, 1969, p. 351-361.

CORREA, P., PICKLE, L. W., FONTHAM, E., LIN, Y. et HAENSZEL, W. «Passive smoking and lung cancer», *Lancet*, 10 sept. 1983, p. 595-597.

CORRIGAN, S. A. et MOSKOWITZ, D. S. «Type A behavior in preschool children: Construct validation evidence for the MYTH», *Child Development*, 1983, p. 1513-1521.

CORTER, C. M. «The nature of the mother's absence and the infant's response to brief separation», *Developmental Psychology*, 1976, p. 428-434.

CORTER, C. M., RHEINGOLD, H. L. et ECKERMAN, C. O. «Toys delay the infant's following of his mother», *Developmental Psychology*, 1972, p. 138-145.

COSTA, P. T. et McCRAE, R. R. «Still stable after all these years: Personality as a key to some issues in adulthood and old age», dans P. B. Baltes et O. G. Brim, Jr. (éd.), *Lifespan development and behavior*, vol. 3, New York: Academic Press, 1981.

COSTANZO, P. R. et SHAW, M. E. «Conformity as a function of age level», *Child Development*, 1966, p. 967-975.

COUNCIL ON SCIENTIFIC AFFAIRS OF THE AMERICAN MEDICAL ASSOCIATION. «Exercise programs for the elderly», *Journal of the American Medical Association*, 1984, p. 544-546.

COUSINS, N. *Anatomy of an illness as perceived by the patient*, New York: Norton, 1979.

COYLE, J. T., PRICE, D. L. et DELONG, M. R. «Alzheimer's disease: A disorder of cortical cholinergic innervation», *Science*, 1983, p. 1184-1190.

CRATTY, B. *Perceptual and motor development in infants and children*, Englewood Cliffs, NJ: Prentice-Hall, 1979.

CRISP, A. H., QUEENAN, M. et DSOUZA, M. F. «Myocardial infarction and the emotional climate», *Lancet*, 1984, p. 616-618.

CROAKE, J. W. «Fears of children», *Human Development*, 1969, manifest p. 239-247.

CROAKE, J. W. «The changing nature of children's fears», *Child Study Journal*, 1973, p. 91-105.

CROW, L. D., MURRAY, W. I. et SMYTHE, H. H. *Educating the culturally disadvantaged child*, New York: McKay, 1966.

CRUMLEY, F. «Adolescent suicide attempts», *Journal of the American Medical Association*, 1979, p. 2404-2407.

CSIKSZENTMIHALYI, M. et LARSON, R. *Being adolescent: Conflict and growth in the teenage years*, New York: Basic Books, 1984.

CUBER, J. F. et HAROFF, P. D. *Sex and the significant Americans*, Baltimore, MD: Penguin, 1965.

CUMMING, E. et HENRY, W. *Growing old*, New York: Basic Books, 1961.

CURZON, M. E. J. «Dental implications of thumbsucking», *Pediatrics*, 1974, p. 196-200.

CYTRYNBAUM, S., BLUUM, L., PATRICK, R., STEIN, J., WADNER, D. et WILK, C. «Midlife development: A personality and social systems perspective», dans L. Poon (éd.), *Aging in the 1980s*, Washington, D.C.: American Psychological Association, 1980.

DAMON, W. *The social world of the child*, San Francisco: Jossey-Bass, 1977.

DANISH, S. J. «Musings about personal competence: The contributions of sport, health, and fitness», *American Journal of Community Psychology*, 1983, p. 221-240.

DANISH, S. J. et D'AUGELLI, A. R. «Promoting competence and enhancing development through life development intervention», dans L. A. Bond et J. C. Rosem (éd.), *Competence and coping during adulthood*, Hanover, NH: University Press of New England, 1980.

DANISH, S. J., SMYER, M. A. et NOWAK, C.A. «Developmental intervention: Enhancing life-event processes», dans P. B. Baltes et O. G. Brim, Jr. (éd.), *Life-span development and behavior*, vol. 3, New York: Academic Press, 1980.

DARWIN, C. *The origin of species by means of natural selection*. London: nouvelle édition avec ajouts et corrections, 1982, New York: Appleton, 1859.

DAVID, R. J. et SIEGEL, E. «Decline in neonatal mortality, 1968 to 1977: Better babies or better care?», *Pediatrics*, 1983, p. 531-540.

DAVIS, B. W. *Visits to remember: A handbook for visitors of nursing home residents*, University Park, PA: Pennsylvania State University Cooperative Extension Service, 1985.

DAVIS, K. E. «Near and dear: Friendship and love compared», *Psychology Today*, fév. 1985, p. 22-30.

DECASPER, A. et FIFER, W. «Newborns prefer their mother's voices», *Science*, 1980, p. 1174-1176.

DECKER, M. D., DEWEY, M. J., HUTCHESON, R. H. et SCHAFFNER, W. «The use and efficacy of child restraint devices», *Journal of the American Medical Association*, 1984, p. 2571-2575.

DEFRAIN, J. et ERNST, L. «The psychological effects of sudden infant death syndrome on surviving family members», *Journal of Family Practice*, 1978, p. 985-989.

DEFRAIN, J., TAYLOR, J. et ERNST, L. *Coping with sudden infant death*, Lexington, MA: D. C. Heath, 1982.

DENNEY, N. W. «Free classification in preschool children», *Child Development*, 1972, p. 1161-1170.

DENNEY, N. W. et LENNON, M. L. «Classification: A comparison of middle and old age», *Developmental Psychology*, 1972, p. 210-213.

DENNEY, N. W. et PALMER, A. M. «Adult age differences on traditional and practical problem-solving measures», *Journal of Gerontology*, 1981, p. 323-328.

DENNIS, W. «A bibliography of baby biographies», *Child Development*, 1936, p. 71-73.

DENNIS, W. «Causes of retardation among institutional children: Iran», *Journal of Genetic Psychology*, 1960, p. 47-59.

DENNIS, W. «Creative production between the ages of 20 and 80», *Journal of Gerontology*, 1966, p. 8.

DEUTSCHER, I. «The quality of postparental life», *Journal of Marriage and the Family*, 1964.

DEVRIES, M. W. et SAMEROFF, A. J. «Culture and temperament: Influences on infant temperament in three East African societies», *American Journal of Orthopsychiatry*, 1984, p. 83-96.

DICKSON, W. P. «Referential communication performance from age 4 to 8: Effects of referent type, context, and target position», *Developmental Psychology*, 1979, p. 470-471.

DION, K. K., BERSCHEID, E. et WALSTER, E. «What is beautiful is good», *Journal of Personality and Psychology*, 1972, p. 285-290.

DIPBOYE, W. J. et ANDERSON, W. F. «Occupational stereotypes and manifest needs of high school students», *Journal of Counseling Psychology*, 1961, p. 296-304.

DOERING, C. H., KRAEMER, H. C., BRODIE, H. K. H. et HAMBURG, D. A. «A cycle of plasma testosterone in the human male», *Journal of Clinical Endocrinology and Metabolism*, 1975, p. 492-500.

DOHERTY, W. et RYDER, R. «Parent effectiveness training (P.E.T.): Criticisms and caveats», *Journal of Marital and Family Therapy*, oct. 1980, p. 409-419.

DOHERTY, W. J. et JACOBSON, N. S. «Marriage and the family», dans B. Wolman (éd.), *Handbook of developmental psychology*. Englewood Cliffs, NJ: Prentice-Hall, 1982.

DOLL et PETO. «The Causes of Cancer», *Journal of the National Cancer Institute*, juin 1981.

DONALDSON, M. *Children's minds*, New York: Norton, 1979.

DOPPELT, J. E. et WALLACE, W. L. «Standardization of the Wechsler Adult Intelligence Scale for older persons», *Journal of Abnormal and Social Psychology*, 1955, p. 312-330.

DOTY, R. L. «Smell identification ability: Changes with age», *Science*, déc. 1984, p. 1441-1443.

DREYER, P. H. «Sexuality during adolescence», dans B. B. Wolman (éd.), *Handbook of developmental psychology*, Englewood Cliffs, NJ: Prentice-Hall, 1982.

DUFFY, M. «Calling the doctor: Women complain about illness more often than men», *New York Daily News*, 8 fév. 1979.

DUNN, J. «Sibling relationships in early childhood», *Child Development*, 1983, p. 787-811.

DUNN, J. et KENDRICK, C. *Siblings: Love, envy and understanding*, Cambridge, MA: Harvard University Press, 1982.

DURIAK, J. A. «Relationship between attitudes toward life and death among elderly women», *Developmental Psychology*, 1973, p. 146.

DYER, E. «Parenthood as crisis: A re-study», *Marriage and family living*, 1963, p. 196-201.

DYTRYCH, Z., MATEJCEK, Z., SCHULLER, V., DAVID, H. P. et FRIEDMAN, H. L. «Children born to women denied abortion», *Family Planning Perspectives*, 1975, p. 165-171.

ECKERMAN, C. O. et STEIN, M. R. «The toddler's emerging interactive skill», dans K. H. Rubin et H. S. Ross (éd.), *Peer relationships and social skills in childhood*, New York: Springer-Verlag, 1982.

EDWARDS, C. P. «The comparative study of the development of moral judgment and reasoning», dans R. Monroe, R. Monroe et B. B. Whiting (éd.), *Handbook of crosscultural human development*, New York: Garland, 1977.

EGBUONO, L. et STARFIELD, B. «Child health and social status», *Pediatrics*, mai 1982, p. 550-557.

EGELAND, B. et STROUFE, L. A. «Attachment and early maltreatment», *Child Development*, 1981, p. 44-52.

EHRHARDT, A. A. et MONEY, J. «Progestin induced hermaphroditism: I.Q. and psychosocial identity», *Journal of Sexual Research*, 1967, p. 83-100.

EICHORN, D. H., CLAUSEN, J. A., HAAN, N., HONZIK, M. P. et MUSSEN, P. H. *Present and past in midlife*, New York: Academic Press, 1981.

EIMAS, P., SIQUELAND, E., JUSCZYK, P. et VIGORITO, J. «Speech perception in infants», *Science*, 1971, p. 303-306.

EINSTEIN, E. «Stepfamily lives», *Human Behavior*, avril 1979, p. 63-68.

EISENBERG, A., MURKOFF, H. E. et HATHAWAY, S. E. *What to expect when you're expecting*, New York: Workman, 1984.

EISENBERG, L. «Adolescent suicide: On taking arms against a sea of troubles», *Pediatrics*, 1980, p. 315-320.

EISENSON, J., AUER, J. J. et IRWIN, J. V. *The psychology of communication*, New York: Appleton-Century-Crofts, 1963.

ELKIND, D. «Quantity concepts in college students», *Journal of Social Psychology*, 1962, p. 459-465.

ELKIND, D. «Egocentrism in adolescence», *Child Development*, 1967, p. 1025-1034.

ELKIND, D. «Understanding the young adolescent», *Adolescence*, 1978, p. 127-134.

ELKIND, D. *The hurried child*, Reading, MA: Addison-Wesley, 1981.

ELKIND, D. *All grown up and no place to go*, Reading, MA: Addison-Wesley, 1984.

ELKIND, D. et BOWEN, R. «Imaginary audience behavior in children and adolescents», *Developmental Psychology*, 1979, p. 38-44.

EMANUEL, I., SEVERK L., MILHAM, S. et THULINE, H. «Accelerating aging in young mothers of children with Down's syndrome», *Lancet*, 1972, p. 361-363.

EMMERICH, W., GOLDMAN, K. S., KIRSH, B. et SHARABANY, R. *Development of gender constancy in economically disadvantaged children*, Rapport du Educational Testing Service, Princeton, New Jersey, 1976.

EMERICK, H. «The influence of parents and peers on choices made by adolescents», *Journal of Youth and Adolescence*, 1978, p. 175-180.

ENGELBERG, S. «Why motorists won't buckle up», *The New York Times*, 26 sept. 1984, p. C1, C8.

ENTINE, A. *Americans in middle years: Career options and educational opportunities*, California: Ethel Percy Andrus Gerontological Center, 1974.

ERBES, J. T. et HEDDERSON, J. J. C. «A longitudinal examination of the separation/divorce process», *Journal of Marriage and the Family*, 1984, p. 937-941.

ERICSON, A., KÄLLÉN, B. et WESTERHOLM, P. «Cigarette smoking as an etiologic factor in cleft lip and palate», *American Journal of Obstetrics and Gynecology*, 1979, p. 348-351.

ERIKSON, E. H. *Childhood and society*, New York: Norton, 1950.

ERIKSON, E. H. *Childhood and society*, New York: Norton, 1963.

ERIKSON, E. H. (éd.) *The challenge of youth*, New York: Anchor, 1965.

ERIKSON, E. H. «Youth: Fidelity and diversity», dans E. H. Erikson (éd.), *The challenge of youth*, New York: Anchor, 1965.

ERIKSON, E. H. *Identity: Youth and crisis*, New York: Norton, 1968.

ERON, L. D. «Prescription for reduction of aggression», *American Psychologist*, 1980, p. 244-252.

ERON, L. D. «Parent-child interaction, television violence, and aggression in children», *American Psychologist*, 1982, p. 197-211.

ESCALONA, S. «Growing up with the threat of nuclear war: Some indirect effets on personality development», *American Journal of Orthopsychiatry*, oct. 1982, p. 600-607.

ESPENSCHADE, A. «Motor development», dans W. R. Johnson (éd.), *Science and Medicine of Exercise and Sports*, New York: Harper & Row, 1960.

ESPENSHADE, T. J. «The economic consequences of divorce», *Journal of Marriage and the Family*, 1979, p. 615-625.

ESPENSHADE, T. J. *Investing in children: New estimates of parental expenditures*, Washington, DC: Urban Institute, 1984.

ESTES, C. L. *The aging enterprise: A critical examination of social policies and services for the aged*, San Francisco: Jossey-Bass, 1979.

ESTES, E. H. «Health experience in the elderly», dans E. Busse et E. Pfeiffer (éd.), *Behavior and adaptation in late life*, Boston: Little, Brown, 1969.

ETAUGH, C. et HARLOW, H. «School attitudes and performances of elementary school children as related to teacher's sex and beha-

vior», document présenté à la rencontre annuelle de la Society for Research in Child Development, Philadelphie, mars 1973.

ETZIONI, A. «Safeguarding the rights of human subjects», *Human Behavior*, 1978, p. 14.

EVANS, E. D. *Contemporary influences in early childhood education*, 2ᵉ éd., New York: Holt, 1975.

EVANS, G. «The older the sperm ...», *Ms. Magazine*, 1976, p. 48-49.

EVELETH, P. B. et TANNER J. M. *Worldwide variation in human growth*, Cambridge, England: Cambridge University Press, 1976.

EYSENCK, H. J. et PRELL, D. B. «The inheritance of neuroticism: An experimental study», *Journal of Mental Science*, 1951, p. 441-466.

FAGAN, J. F. «Infants' delayed recognition memory and forgetting», *Journal of Experimental Child Psychology*, 1973, p. 424-450.

FAGAN, J. F. «Infant memory», dans T. M. Field, A. Huston, H. Quay, L. Troll et G. Finley (éd.), *Review of human development*, New York: Wiley-Interscience, 1982.

FAGAN, J. F. et McGRATH, S. K. «Infant recognition memory and later intelligence», *Intelligence*, 1981, p. 121-130.

FALBO, T. «Only children in America», dans M. E. Lamb et B. Sutton-Smith (éd.), *Sibling relationships: Their nature and significance across the life-span*, Hillsdale, NJ: Lawrence Erlbaum, 1982.

FALLOT, M. E., BOYD, J. E. et OSKI, F. A. «Breast-feeding reduces incidence of hospital admissions for infection in infants», *Pediatrics*, juin 1980, p. 1121-1124.

FANTZ, R.L., FAGAN, J. et MIRANDA, S. B. «Early visual selectivity», dans L. Cohen et P. Salapatek (éd.), *Infant perception: From sensation to cognition: Basic visual processes*, vol. 1, New York: Academic Press, 1975, p. 249-341.

FARRELL, M. P. et ROSENBERG, S. D. *Men at midlife*, Boston: Auburn House, 1981.

FEAGANS, L. «A current view of learning disabilities», *The Journal of Pediatrics*, 1983, p. 487-493.

FEAZELL, C. S., MAYERS, R. S. et DESCHNER, J. «Services for men who batter: Implications for programs and policies», *Family Relations*, 1984, p. 217-223.

FEIFEL, H. *New meanings of death*, New York: McGraw-Hill, 1977.

FEIN, G. «Pretend play in childhood: An integrative review», *Child Development*, 1981, p. 1095-1118.

FEINBERG, M., SMITH, M. et SCHMIDT, R. «An analysis of expressions used by adolescents at varying economic levels to describe accepted and rejected peers», *Journal of Genetic Psychology*, 1958, p. 133-148.

FEINGOLD, B. B. *Introduction to clinical allergy*, Springfield, IL: Charles C. Thomas, 1973.

FELDMAN, H. «A comparison of intentional parents and intentionally childless couples», *Journal of Marriage and the Family*, 1981, p. 593-600.

FETTERLY, K. et GRAUBARD, M. S. «Racial and educational factors associated with breast-feeding-United States, 1969 and 1980», *Morbidity and Mortality Weekly Report*, Centers for Disease Control, 23 mars 1984, p. 153-154.

FIELD, D. «The importance of the verbal content in the training of Piagetian conservation skills», *Child Development*, 1977, p. 1583-1592.

FIELD, D. «Can preschool children really learn to conserve?», *Child Development*, 1981, p. 326-334.

FIELD, T. «Interaction behaviors of primary versus secondary caretaker fathers», *Developmental Psychology*, 1978, p. 183-184.

FIELD, T., WIDMAYER, S., GREENBERG, R. et STOLLER, S. «Effects of parent training on teenage mothers and their infants», *Pediatrics*, 1982, p. 703-707.

FIELD, T. M. et ROOPNARINE, J. L. «Infant-peer interaction», dans T. M. Field, A. Huston, H. C. Quay, L. Troll et G. Finley (éd.), *Review of human development*, New York: Wiley, 1982.

FISKE, E. B. «Learning disabled: A new awareness», *The New York Times*, Section 12, 11 nov. 1984, p. 1, 44, 58.

FITNESS FINDERS. *Feelin' good*, Spring Arbor, MI: Fitness Finders, 1984.

FLASTE, R. «In youngsters' books, the stereotype of old age», *The New York Times*, 7 jan. 1977, p. A12.

FLAVELL, J. H. *Cognitive development*, Englewood Cliffs, NJ: Prentice-Hall, 1977.

FLAVELL, J. H., BEACH, D. et CHINSKY, J. «Spontaneous verbal rehearsal in a memory task as a function of age», *Child Development*, 1966, p. 283-299.

FLAVELL, J. H., SPEER, J. R., GREEN, F. L. et AUGUST, D. L. «The development of comprehension monitoring and knowledge about communication», *Monograph of the Society for Research in Child Development*, 1981, n° 192.

FLEMING, T. J. et FLEMING, A. *Develop your child's creativity*, New York: Associated Press, 1970.

FOMON, S. J., FILER, L. J., JR., ANDERSON, T. A. et ZIEGLER, E. E. «Recommendations for feeding normal infants», *Pediatrics*, 1979, p. 52-59.

FORD, J., ZELNIK, M. et KANTNER, J. *Differences in contraceptive use and socio-economic groups of teenagers in the United States*, document présenté lors de la réunion annuelle de l'American Public Health Association, New York, 4-8 nov. 1979.

FORMAN, M. R., GRAUBARD, B. I., HOFFMAN, H. J., BEREN, R., HARLEY, E. E. et BENNETT, P. «The Pima infant feeding study: Breast feeding and gastroenteritis in the first year of life», *American Journal of Epidemiology*, 1984, p. 335-349.

FOX, N. A. et DAVIDSON, R. J. (éd.). *The psychobiology of affective development*, Hillsdale, NJ: Erlbaum, 1984.

FRANKENBURG, W. K., DODDS, J. B., FANDAL, A. W., KAZUK, E. et COHRS, M. «Denver Developmental Screening Test: Reference manual», Denver: University of Colorado Medical Center, 1975.

FRANKENBURG, W. K., FANDAL, A. W., SCIARILLO, W. et BURGESS, D. «The newly abbreviated and revised Denver Developmental Screening Test», *The Journal of Pediatrics*, 1981, p. 995-999.

FRANKL, V. *The doctor and the soul*, New York: Knopf, 1965.

FREEMAN, D. *Margaret Mead and Samoa*, Cambridge, MA: Harvard University Press, 1983.

FREUD, A. *The ego and the mechanism of defense*, New York: International Universities Press, 1946.

FREUD, S. *A general introduction to psychoanalysis*, (J. Riviere, trad.), New York: Perma-books, 1953.

FREUDENBERGER, H. J. et RICHELSON, G. *Burn-Out: The High Cost of High Achievement*, Garden City, NY: Anchor Press, 1980.

FRIEDMAN, M. et ROSENMAN, R. H. *Type A behavior and your heart*, New York: Knopf, 1974.

FRIES, J. F. et CRAPO, L. M. *Vitality and aging*, San Francisco, CA: W. H. Freeman, 1981.

FRISCH, H. «Sex stereotypes in adult-infancy play», *Child Development*, 1977, p. 1671-1675.

FRISCH, R. E., WYSHAK, G. et VINCENT, L. «Delayed menarche and amenorrhea in ballet dancers», *New England Journal of Medicine*, 1980, p. 17-19.

FRISCH, T. A. et BURKHEAD, J. D. «Behavioral reactions of children to parental absence due to imprisonment», *Family Relations*, 1981, p. 83-88.

FRUEH, T. et McGHEE, P. «Traditional sex role development and amount of time spent watching television», *Developmental Psychology*, 1975, p. 109.

FUCHS, F. «Genetic amniocentesis», *Scientific American*, 1980, p. 47-53.

FUCHS, V. R. *Who shall live? Health, economics and social choice*, New York: Basic Books, 1974.

FURMAN, W. «Children's friendships», dans T. M. Field, A. Huston, H. C. Quay, L. Troll et G. E. Finley (éd.), *Review of human development*, New York: Wiley-Interscience, 1982.

FURMAN, W. et BIERMAN, K. L. «Developmental changes in young children's conceptions of friendship», *Child Development*, 1983, p. 549-556.

FURRY, C. A. et BALTES, P. B. «The effect of age differences in ability-extraneous performance variables on the assessment of intelligence in children, adults, and the elderly», *Journal of Gerontology*, 1973, p. 73-80.

FURSTENBERG, F. F., JR. «The social consequences of teenage parenthood», *Family Planning Perspectives*, juillet-août 1976, p. 148-164.

GAENSBAUER, T. et HIATT, S. *The psychobiology of affective development*, Hillsdale, NJ: Lawrence Erlbaum, 1984.

GAGE, F. H., BJORKLUND, A., STENEVI, U., DUNNET, S. B. et KELLY, P. A. T. «Intrahippocampal septal grafts ameliorate learning impairments in aged rats», *Science*, 1984, p. 533-536.

GAMER, E., THOMAS, J. et KENDALL, D. Dans F. Rebelsky (éd.), *Life: The continuous process*, New York: Knopf, 1975.

GALDSTON, K. «The effects of the cardiac pacemaker in adolescence», dans E. M. Pattison (éd.), *The experience of dying*, Englewood Cliffs, NJ: Prentice-Hall, 1977.

GALTON, F. *Hereditary genius: An inquiry into laws and consequences*, New York: St. Martin's Press, 1979.

GALTON, F. *Inquiries into human faculty and development*, London: Macmillan, 1983.

GARAI, J. E. et SCHEINFELD, A. «Sex differences in mental and behavioral traits», *Genetic Psychology Monographs*, 1968, p. 169-299.

GARDNER, H. «Exploring the mystery of creativity», *The New York Times*, 29 mars 1979, p. C1, C17.

GARDNER, R. *Understanding children*, New York: Jason Aronson, 1973.

GARFIELD, C. et CLARK, R. «The SHANTI project; A community model of psychosocial support for patients and families facing life-threatening illness», dans C. Garfield (éd.), *Psychosocial care of the dying patient*, New York: McGraw-Hill, 1978, p. 355-364.

GARMEZY, N. «Stressors of childhood», dans N. Garmezy et al. (éd.), *Stress, coping and development in children*, New York: McGraw-Hill, 1983.

GARN, S. M. «Growth and development», dans E. Ginzberg (éd.), *The nations's children*, New York: Columbia University Press, 1966, p. 24-42.

GARVEY, C. et HOGAN, R. «Social speech and social interaction: Egocentrism revisited», *Child Development*, 1973, p. 562-568.

GAVOTOS, L. A. «Relationships and age differences in growth measures and motor skills», *Child Development*, 1959, p. 333-340.

GEBER, M. et DEAN, R. F. A. «The state development of newborn African children», *Lancet*, 1957, p. 1216-1219.

GEBER, M. «Longitudinal study and psychomotor development among Baganda children», *Proceedings of the XIV International Congress of Applied Psychology*, 1962, p. 50-60.

GELFAND, D. E. *Aging: The ethnic factor*, Boston, MA: Little, Brown, 1982.

GELLER, E., RITVO, E. R., FREEMAN, B. J. et YUWILER, A. «Preliminary observations of the effect of fenfluramine on blood serotonin and symptoms in three autistic boys», *New England Journal of Medicine*, 1982, p. 165-169.

GELMAN, R., BULLOCK, M. et MECK, E. «Preschoolers' understanding of simple object transformations», *Child Development*, 1980, p. 691-699.

GENERAL MILLS AMERICAN FAMILY REPORT. *Raising children in a changing society*, Minneapolis, MN: General Mills, 1977.

GENERAL MILLS, INC. *The General Mills American family report 1980-81: Families at work: Strengths and strains*, Minneapolis, MN: General Mills, 1981.

GERTNER, J. M. «Control of growth hormone secretion and treatment of growth disorders», document présenté dans le cadre du séminaire pour les auteurs en sciences et en médecine travaillant sur le thème «Les progrès dans les domaines de l'endocrinologie développementale et pédiatrique en 1984», subventionné par l'Endocrine Society, New York, 3 avril 1984.

GESELL, A. «Maturation and infant behavior patterns», *Psychological Review*, 1929, p. 307-319.

GESELL, A. et AMATRUDA, C. S. *Developmental diagnosis*, 2e éd., New York: Hoeber-Harper, 1947.

GEWIRTZ, H. B. et GEWIRTZ, J. L. «Caretaking settings, background events, and behavior differences in four Israeli childrearing environments: Some preliminary trends», dans B. M. Foss (éd.), *Determinants of infant behavior*, vol. 4, London: Methuen, 1968.

GIBBS, J. C., WIDAMAN, K. F. et COLBY, A. «Construction and validation of a simplified group-administerable equivalence to the Moral Judgment Interview», *Child Development*, 1982, p. 895-910.

GIL, D. G. «Violence against children», *Journal of Marriage and the Family*, 1971, p. 637-648.

GILLIGAN, C. *In a different voice: Psychological theory and women's development*, Cambridge, MA: Harvard University Press, 1983.

GINOTT, H. *Between parent and child*, New York: Macmillan, 1965.

GINSBERG, H. et OPPER, S. *Piaget's theory of intellectual development*, 2e éd., Englewood Cliffs, NJ: Prentice-Hall, 1979.

GINZBURG, E. et al. *Occupational choice: An approach to a general theory*, New York: Columbia University Press, 1951.

GLASS, R. H. et ERICSSON, R. J. *Getting pregnant in the 1980s: New advances in infertility treatment and sex preselection*, Berkeley: University of California Press, 1982.

GLEASON, J. B. «Do children imitate?», *Proceedings of the International Conference on Oral Education of the Deaf*, vol. 2, 1967, p. 1441-1448.

GLENN, N. D. et McLANAHAN, S. «The effects of offspring on the psychological well-being of older adults», *Journal of Marriage and the Family*, 1981, p. 409-421.

GOERTZEL, V. et GOERTZEL, M. G. *Cradles of eminences*, Boston: Little, Brown, 1962.

GOLBUS, M., LOUGHMAN, W., EPSTEIN, C., HALBASCH, G., STEPHENS, J. et HALL, B. «Prenatal genetic diagnosis in 3000 amniocenteses», *New England Journal of Medicine*, 1979, p. 157-163.

GOLD, D. et ANDRES, D. «Developmental comparison between adolescent children with employed and non-employed mothers», *Merrill-Palmer Quarterly*, 1978a, p. 243-254.

GOLD, D. et ANDRES, D. «Relations between maternal employment and development of nursery school children», *Canadian Journal of Behavioral Science*, 1978b, p. 116-129.

GOLD, D. et ANDRES, D. et GLORIEUX, J. «The development of Francophone nursery-school children with employed and non-employed mothers», *Canadian Journal of Behavioral Science*, 1979, p. 169-173.

GOLDEN, M., BIRNS, B. et BRIDGER, W. «Review and overview: Social class and cognitive development», document présenté lors de la réunion biennale de la Society for Research in Child Development, Philadelphia, 1973.

GOLDEN, N. L., SOKOL, R. J., KUHNERT, B. R. et BOTTOMS, S. «Maternal alcohol use and infant development», *Pediatrics*, 1982, p. 931-934.

GOLDSCHMID, M. L. et BENTLER, P. M. «The dimensions and measurement of conservation», *Child Development*, 1968, p. 787-815.

GOLEMAN, D. «1528 little geniuses and how they grew», *Psychology Today*, 1980, p. 28-53.

GOLEMAN, D. «The aging mind proves capable of lifelong growth», *The New York Times*, 21 fév. 1984, p. C1, C5.

GOLEMAN, D. «Studies of children as witnesses find surprising accuracy», *The New York Times*, 6 nov. 1984, p. C1, C4.

GOLUB, S. «The effect of premenstrual anxiety and depression on cognitive functioning», document présenté lors de la rencontre annuelle de l'American Psychological Association, Chicago, 1975.

GOODENOUGH, F. L. *Mental testing: Its history, principles, and applications*, New York: Rinehart, 1949.

GORBACH, S. L., ZIMMERMAN, D. R. et WOODS, M. *The Doctors' Anti-Breast Cancer Diet*, New York: Simon and Schuster, 1984.

GORDON, D. et YOUNG, R. «School phobia: A discussion of etiology, treatment, and evaluation», *Psychological Bulletin*, 1976, p. 783-804.

GORDON, J. «Nutritional individuality», *American Journal of Diseases of Children*, 1975, p. 422-424.

GORDON, M., CROUTHAMEK, C., POST, E. M. et RICHMAN, R. A. «Psychosocial aspects of constitutional short stature: Social competence, behavior problems, self-esteem, and family functioning», *The Journal of Pediatrics*, 1982, p. 477-480.

GORDON, S. *The sexual adolescent*, North Scituate, MA: Duxbury Press, 1973.

GORDON, S. et EVERLY, K. «Increasing self-esteem in vulnerable students: A tool for reducing pregnancy among teenagers», *Impact '85*, Syracuse, NY: Ed-U Press, 1985.

GORDON, T. *P.E.T., parent effectiveness training*, New York: Wyden, 1970.

GOTTESMAN, I. I. «Differential inheritance of the psychoneuroses», *Eugenics Quarterly*, 1962, p. 223-227.

GOTTESMAN, I. I. «Heritability of personality. A demonstration», *Psychology Monographs*, 1963.

GOTTESMAN, I. I. «Personality and natural selection», dans S. G. Vandenberg (éd.) *Methods and goals in human behavior genetics*, New York: Academic Press, 1965, p. 63-80.

GOTTESMAN, I. I. et SHIELDS, J. «Schizophrenia in twins: 16 years consecutive admission to a psychiatric clinic», *British Journal of Psychiatry*, 1966, p. 809-818.

GOULD, R. «The phases of adult life: A study in developmental psychology», *American Journal of Psychiatry*, 1972, p. 521-531.

GOULD, R. *Transformations*, New York: Simon and Schuster, 1978.

GRANT, W. V. «Trends in college enrollments: 1972 to 1982», *Statistical Highlights of the National Center for Educational Statistics*, Pub. n° NCES 84-403, 1984.

GRAZIANO, A. M. et MOONEY, K. C. «Behavioral treatment of "nightfears" in children: maintenance and improvement at 2 1/2 to 3-year follow-up», *Journal of Counseling and Clinical Psychology*, 1982, p. 598-599.

GRAY, J. A., LEAN, J. et KEYNES, A. «Infant androgen treatment and adult open-field behavior: Direct effects and effects of injections of siblings», *Physiology and Behavior*, 1969, p. 177-181.

GREENBERG, M. et MORRIS, N. «Engrossment: The newborn's impact upon the father», *American Journal of Orthopsychiatry*, 1974, p. 520-531.

GREENBERG, S. B. «Attitudes toward increased social, economic and political participation by women as reported by elementary and secondary students», document présenté à la convention de lAERA, Chicago, 1972.

GREENBERGER, E., STEINBERG, L., VAUX, A. et McAULIFFE, S. «Adolescents who work: Effects of part-time employment on family and peer relations», *Journal of Youth and Adolescence*, 1980, p. 189-202.

GREENBLAT, C. S. «The salience of sexuality in the early years of marriage», *Journal of Marriage and the Family*, 1983, p. 289-299.

GREGORY, D. *Nigger*, New York: Dutton, 1964.

GREIF, E. B. et ULMAN, K. J. «The psychological impact of menarche on early adolescent females: A review of the literature», *Child Development*, 1982, p. 1413-1430.

GRIFFITHS, R. *The abilities of babies*, New York: Exposition, 1954.

GRIMWADE, J. D., WALKER, D. W. et WOOD, D. «Sensory stimulation of the human fetus», *Australian Journal of Mental Retardation*, 1970, p. 63-64.

GROSS, R. T. et DUKE, P. «The effect of early versus late physical maturation on adolescent behavior», dans I. Litt (éd.), Symposium sur la médecine de l'adolescence, *The Pediatric Clinics of North America*, 1980, p. 71-78.

GROSSMANN, B. et WRIGHTER, J. «The relationship between selection-rejection and intelligence, social status, and personality among sixth grade girls», *Sociometry*, 1948, p. 346-355.

GROTEVANT, H. et DURRETT, M. «Occupational knowledge and career development in adolescence», *Journal of Vocational Behavior*, 1980, p. 171-182.

GRUEN, G., KORTE, J. et BAUM, J. «Group measure of locus of control», *Developmental Psychology*, 1974, p. 683-686.

GUBRIUM, F. F. «Being single in old age», *International Journal of Aging and Human Development*, 1975, p. 29-41.

GUILFORD, J. P. «Three faces of intellect», *American Psychologist*, 1959, p. 469-479.

GUILFORD, J. P. *Way beyond the I. Q*, Buffalo, NY: Creative Education Foundation and Brearly Limited, 1977.

GUILFORD, J. P. «Cognitive psychology's ambiguities: Some suggested remedies», *Psychological Review*, 1982, p. 48-59.

GURUCHARRI, C. et SELMAN, R. «The development of interpersonal understanding during childhood, preadolescence, and adolescence: A longitudinal follow-up study», *Child Development*, 1982, p. 924-927.

GUTTMACHER, A. F. *Pregnancy, Birth, and Family Planning*, New York: Viking, 1973.

GUTTMACHER INSTITUTE. *Teenage pregnancy: The problem that hasn't gone away*, New York: Alan Guttmacher Institute, 1981.

HAAN, N. et DAY, D. «A longitudinal study of change and sameness in personality development: Adolescence to later adulthood», *International Journal of Aging and Human Development*, 1974, p. 11-39.

HACKMAN, E., EMANUAL, I., VANBELLE, G. et DALING, J. «Maternal birth weight and subsequent pregnancy outcome», *Journal of the American Medical Association*, 1983, p. 2016-2019.

HAGESTAD, G. O. «Patterns of communication and influence between gradparents and grandchildren in a changing society», document présenté lors de la réunion de The World Conference of Sociology, Uppsala, Suède, 1978.

HAGESTAD, G. O. «Issues in the study of intergenerational continuity», document présenté au National Council on Family Relations Theory and Methods Workshop, Washington, DC, 1982.

HAGMAN, R. R. «A study of fears of children of preschool age», *Journal of Experimental Education*, 1932, p. 110-130.

HAIRE, D. «The cultural warping of childbirtn», *International Childbirth Education Association News*, 1972, p. 35.

HALL, E. «A conversation with Erik Erikson», *Psychology Today*, 1983, p. 22-30.

HALL, E. «Sandra Scarr: What's a parent to do?», *Psychology Today*, 1984, p. 59-63.

HALL, E. G. et LEE, A. M. «Sex differences in motor performance of young children: Fact or fiction?», *Sex Roles*, 1984, p. 217-230.

HALL, G. S. *Adolescence*, New York: Appleton, 1916.

HALL, G. S. *Senescence: The last half of life*, New York: Appleton, 1922.

HAMILTON, S. et CROUTER, A. «Work and growth: A review of research on the impact of work experience on adolescent development», *Journal of Youth and Adolescence*, 1980, p. 323-338.

HAMMOND, C. B., JELOVSEK, F. R., LEE, K. L., CREASMAN, W. T. et PARKER, R. T. «Effects of long-term estrogen replacement therapy. II: Neoplasia», *American Journal of Obstetrics and Gynecology*, 1979, p. 537-547.

HARBAUGH, R. E., ROBERTS, D. W., COOMBS, D. W., SAUNDERS, R. L. et REEDER, T. M. «Preliminary report: Intercranial cholinergic drug infusion in patients with Alzheimer's disease», *Neurosurgery*, 1984, p. 514-518.

HARE, P. H. et HASKE, M. «Innovative living arrangements: A source of long-term care», *Aging*, déc.-janv. 1983-1984, p. 3-8.

HARKINS, E. «Effects of empty nest transition on self-report of psychological and physical well-being», *Journal of Marriage and the Family*, 1978, p. 549-556.

HARLEY, J. P., MATTHEWS, C. G. et EICHMAN, P. «Synthetic food colors and hyperactivity in children: A double-blind challenge experiment», *Pediatrics*, 1978, p. 975-983.

HARLOW, H. F. et HARLOW, M. K. «The effect of rearing conditions on behavior,» *Bulletin of the Menninger Clinic*, 1962, p. 213-224.

HARLOW, H. F. et ZIMMERMAN, R. R. «Affectional responses in the infant monkey», *Science*, 1959, p. 421-432.

HARMIN, M. et SIMON, S. B. «Values», dans S. B. Simon et H. Kirschenbaum (éd.), *Readings in values clarification*, Minneapolis: Holt, Rinehart & Winston, 1973.

HARMON, R., SUWALSKY, J. et KLIEN, R. «Infant's preferential response for mother versus unfamiliar adult», *Journal of the American Academy of Child Psychiatry*, 1979, p. 437-449.

HARRIS, B. «Whatever happened to little Albert?», *American Psychologist*, 1979, p. 151-161.

HARRIS, R. et BOLOGH, R. W. «The dark side of love: Blue- and white-collar wife abuse», dans *Victimology*, 1985.

HARRISON, M. *Self-help for pre-menstrual syndrome*, Cambridge, MA: Matrix Press, 1982.

HARRISON, M. R., GOLBUS, M. S., FILLY, R. A., NAKAYAMA, D. K. et DELORIMIER, A. A. «Fetal surgical treatment», *Pediatric Annals*, 1982, p. 896-903.

HARTLEY, R. E. «Sex-role pressures and the socialization of the male child», *Psychological Reports*, 1959, p. 457-468.

HARTMANN, E. «The strangest sleep disorder», *Psychology Today*, 1981, p. 14-18.

HASKELL, W. L., CAMARGO, C., WILLIAMS, P. T., VRANIZAN, K. M., KRAUSS, R. M., LINDGREN, F. T. et WOOD, P. D. «The effect of cessation and resumption of moderate alcohol intake on serum high-density-lipoprotein subfractions», *The New England Journal of Medicine*, 29 mars 1984, p. 805-810.

HARTUP, W. H. «Peer relations», dans T. D. Spencer et N. Kass (éd.), *Perspectives in child psychology: Research and review*, New York: McGraw-Hill, 1970.

HARVARD MEDICAL SCHOOL HEALTH LETTER. «Alcoholism-Part II», *Harvard Medical School Health Letter*, 1978, p. 1-2.

HARYETT, R. D., HANSEN, R. C. et DAVIDSON, P. O. «Chronic thumbsucking: A second report on treatment and its physiological effects», *American Journal of Orthodontics*, 1970, p. 164.

HASS, A. *Teenage sexuality: A survey of teenage sexual behavior*, New York: Macmillan, 1979.

HAUGH, S., HOFFMAN, C. et COWAN, G. «The eye of the very young beholder: Sex typing of infants by young children», *Child Development*, 1980, p. 598-600.

HAWKE, S. et KNOX, D. «The one-child family: A new life-style», *The Family Coordinator*, 1978, p. 215-219.

HAY, D. F., PEDERSEN, J. et NASH, A. «Dyadic interaction in the first year of life», dans K. H. Rubin et H. S. Ross (éd.), *Peer relationships and social skills in childhood*, New York: Springer-Verlag, 1982.

HAYDEN, A. et HARING, N. «Early intervention for high risk infants and young children. Programs for Down's syndrome children», dans T. D. Tjossem (éd.), *Intervention strategies for high risk infants and young children*, Baltimore: University Park Press, 1976, p. 573-607.

HAYES, L. A. et WATSON, J. S. «Neonatal imitation: Fact or artifact?», *Developmental Psychology*, 1981, p. 655-660.

HAYFLICK, L. «The strategy of senescence», *The Gerontologist*, 1974, p. 37-45.

HAYNES, H., WHITE, B. L. et HELD, R. «Visual accommodation in human infants», *Science*, 1965, p. 528-530.

HAYNES, S. G. et FEINLEIB, M. «Women, work, and coronary heart disease. Prospective findings from the Framingham Heart Study», *American Journal of Public Health*, 1980, p. 133.

HEALD, J. «Mid-life career influences», *Vocational Guidance Quarterly*, 1977, p. 309-312.

HELMREICH, R. «Birth order effects», *Naval Research Reviews*, 1968.

HENIG, R. M. «Ageism's angry critic», *Human Behavior*, 1979, p. 43-46.

HENKER, F. O. «Male climacteric», dans J. G. Howells (éd.), *Modern perspectives in the psychiatry of middle age*, New York: Brunner/Mazel, 1981.

HENLY, W. L. et FITCH, B. R. «Newborn narcotic withdrawal associated with regional enteritis in pregnancy», *New York Journal of Medicine*, 1966, p. 2565-2567.

HENNING, M. et JARDIM, A. *The managerial woman*, Garden City, NY: Anchor Press, 1977.

HERBST, A. L., KURMAN, R. J., SCULLY, R. E. et POSKANZER, D. D. «Clear-cell adenocarcinoma of the genital tract in young females», *New England Journal of Medicine*, 1971, p. 1259-1264.

HEROLD, E. S. et GOODWIN, M. S. «Premarital sexual guilt and contraceptive attitudes and behavior», *Family Relations*, avril 1981, p. 247-253.

HERZOG, D. B. «Bulimia: The secretive syndrome», *Psychosomatics*, mai 1982, p. 481-487.

HERZOG, D. B. «Bulimia in the adolescent», *American Journal of the Diseases of Children*, nov. 1982, p. 985-989.

HESS, J. L. «The scandal of care for the old», *The New York Times*, 12 janv. 1975.

HESTON, L. L. «Psychiatric disorders in foster-home-reared children of schizophrenic mothers», *British Journal of Psychiatry*, 1966, p. 819-825.

HESTON, L. L. et WHITE, J. A. *Dementia*, New York: W. H. Freeman, 1983.

HETHERINGTON, E. M. «A developmental study of the effects of sex of the dominant parent on sex role preference, identification and imitation in children», *Journal of Personality and Social Psychology*, 1965, p. 188-194.

HETHERINGTO N, E. M. «Effects of father absence on personality development in adolescent daughters», *Developmental Psychology*, 1972, p. 313-326.

HETHERINGTON, E. M. «Divorce: A child's perspective», *American Psychologist*, 1979, p. 851-858.

HETHERINGTON, E. M. «Children and divorce», dans R. Henderson (éd.), *Parent-child interaction: Theory, research and prospect*, New York: Academic Press, 1980.

HETHERINGTON, E. M., COX, M. et COX, R. «Beyond father absence: Conceptualizing of effects of divorce», document présenté lors de la réunion biennale de la Society for Research in Child Development, Denver, 1975.

HETHERINGTON, E. M. et PARKE, R. *Child psychology: A contemporary viewpoint*, 2e éd., New York: McGraw-Hill, 1979.

HIEMSTRA, R. *Lifelong learning*, Lincoln, NE: Professional Educators Publications, 1976.

HIER, D. B. et CROWLEY, W. F. «Spatial ability in androgendeficient men», *New England Journal of Medicine*, 1982, p. 1202-1205.

HIERNAUX, J. «Ethnic differences in growth and development», *Eugenics Quarterly*, 1968, p. 12-21.

HILL, R. «Decision making and the family life cycle», dans E. Shanas et G. Streib (éd.), *Social structure and the family: Generational relations*. Englewood Cliffs, NJ: Prentice-Hall, 1965.

HINDS, M. deC. «For older people, communal living has its rewards», *The New York Times*, 31 janv. 1985.

HINGSON, R., ALPERT, J. J., DAY, N., DOOLING, E., KAYNE, H., MORELOCK, S., OPPENHEIMER, E. et ZUCKERMAN, B. «Effects of maternal drinking and marijuana use of fetal growth and development», *Pediatrics*, 1982, p. 539-546.

HIRSCH, J. «Can we modify the number of adipose cells?», *Postgraduate Medicine*, 1972, p. 83-86.

HOBBS, D. et COLE, S. «Transition to parenthood: A decade replication», *Journal of Marriage and the Family*, 1976, p. 723-731.

HOBBS, D. et WIMBISH, J. «Transition to parenthood by black couples», *Journal of Marriage and the family*, 1977, p. 677-689.

HOCHSCHILD, A. R. *The Unexpected Community*, Englewood Cliffs, NJ: Prentice-Hall, 1973.

HOCHSCHILD, A. «Disengagement theory: A critique and proposal», *American Sociological Review*, 1975, p. 553-569.

HOFFERTH, S. L. «Day care in the next decade: 1980-1990», *Journal of Marriage and the Family*, août 1979, p. 649-658.

HOFFMAN, L. «Maternal employment», *American Psychologist*, 1979, p. 859-865.

HOFFMAN, L. W. et MANIS, J. «The value of children in the United States: A new approach to the study of fertility», *Journal of Marriage and the Family*, 1979, p. 583-596.

HOFFMAN, M. L. «Moral development», dans P. H. Mussen (éd.), *Carmichael's manual of child psychology*, New York: Wiley, 1970.

HOGAN, R. et EMLER, N. «Moral development», dans M. E. Lamb (éd.), *Social and personality development*, New York: Holt, 1978, p. 200-203.

HOLLAND, J. L. «Explorations of a theory of vocational choice: Part 1. Vocational images and choice», *Vocational Guidance Quarterly*, 1963, p. 232-239.

HOLLAND, J. L. «Explorations of a theory of vocational choice: Part II. Self-descriptions and vocational preferences», *Vocational Guidance Quarterly*, 1963, p. 17-24.

HOLLINGSHEAD, A. *Elmstown's youth: The impact of social classes on youth*, New York: Wiley, 1949.

HOLMES, F. «An experimental investigation of a method of overcoming children's fear», *Child Development*, 1936, p. 6-30.

HOLMES, L. «Genetic counseling for the older pregnant women: New data and questions», *New England Journal of Medicine*, 1978, p. 1419-1421.

HOLMES, T. H. et RAHE, R. H. «The social readjustment rating scale», *Journal of Psychosomatic Research*, 1976, p. 213.

HOLT, R. R. «Occupational stress», dans L. Goldberger et S. Breznitz (éd.), *Handbook of stress*, New York: The Free Press, 1982.

HOOPER, F. H., FITZGERALD, J. et PAPALIA, D. «Piagetian theory and the aging process: Extensions and speculations», *Aging and Human Development*, 1971, p. 3-20.

HOOYMAN, N. R., RATHBONE-McCUAN, E. et KLINGBEIL, K. «Serving the vulnerable elderly», *The Urban and Social Change Review*, 1982, p. 9-13.

HONZIK, M. P. «Value and limitations of infant tests: An overview», dans M. Lewis (éd.), *Origins of intelligence*, New York: Plenum, 1976, p. 59-96.

HONZIK, M. P., MACFARLANE, J. W. et ALLEN, L. «The stability of mental test performance between two and 18 years», *Journal of Experimental Education*, 1948, p. 309-323.

HORN, J. «The Texas Adoption Project: Adopted children and their intellectual resemblance to biological and adoptive parents», *Child Development*, 1983, p. 268-275.

HORN, J. L. «Intelligence-Why it grows, why it declines», *Transaction*, 1967, p. 23-31.

HORN, J. L. «Organization of abilities and the development of intelligence», *Psychological Review*, 1968, p. 242-259.

HORN, J. L. «Organization of data on life-span development of human abilities», dans L. R. Goulet et P. . Baltes (éd.), *Life-Span developmental psychology: Theory and research*. New York: Academic Press, 1970.

HORN, J. L. et CATTELL, R. B. «Age differences in primary mental ability factors», *Journal of Gerontology*, 1966, p. 210-220.

HORN, J. L. et DONALDSON, G. «On the myth of intellectual decline in adulthood», *American Psychologist*, 1976, p. 701-719.

HORN, J. L. et DONALDSON, G. «Faith is not enough: A response to the Baltes-Schaie claim that intelligence does not wane», *American Psychologist*, 1977, p. 369-373.

HORNER, M. «The motive to avoid success and changing aspirations of college women», publié par *Change Magazine*, New Rochelle, N.Y., *Women on campus, 1970: A Symposium*, Ann Arbor, MI: Center for the Continuing Education of Women, 1970.

HORNEY, K. *New ways in psychoanalysis*, New York: Norton, 1939.

HOWARD, M. «Postponing sexual involvement: A new approach», *SIECUS Report*, mars 1983, p. 5-6, 8.

HOYENGA, K. B. et HOYENGA, K. T. *The question of sex differences*, Boston: Little, Brown, 1979.

HUDEC, T., THEAN, J., KUEHL, D. et DOUGHERTY, R. «Tris (dichloropropyl) phosphate, a mutagenic flame retardant: Frequent occurrence in human seminal plasma», *Science*, 1981, p. 951-952.

HULTSCH, D. F. «Organization and memory in adulthood», *Human Development*, 1971, p. 16-29.

HUNT, M. M. *Sexual behavior in the 1970's*, New York: Dell, 1974.

HUNT, B. et HUNT, M. *Prime time*, New York: Stein et Day, 1974.

HUTT, C. *Males and females*, Middlesex, England: Penguin Books, 1972.

HYMAN, B. T., VAN HOESEN, G. W., DAMASIO, A. R. et BARNES, C. L. «Alzheimer's disease: Cellspecific pathology isolates hippocampal formation», *Science*, 1984, p. 1168-1170.

IANNI, F. A. J. «Home, school, and community in adolescent education», ERIC/CUE Urban Diversity Series, n° 84, 1983.

IOFFE, F., CHILDIAEVA, R. et CHERNICK, V. «Prolonged effect of maternal alcohol injection on the neonatal electroencephalogram», *Pediatrics*, 1984, p. 330-335.

INHELDER, B. et PIAGET, J. *The early growth of logic in the child*, New York: W. W. Norton, 1964.

INGLIS, J., ANKUS, M. N. et SYKES, D. H. «Age-related differences in learning and short-term-memory from childhood to the senium», *Human Development*, 1968, p. 42-52.

INOUYE, E. «Similar and dissimilar manifestations of obsessive-compulsive neuroses in monozygotic twins», *American Journal of Psychology*, 1965, p. 1171-1175.

INSTITUTE OF MEDICINE. *Report of a study: Legalized abortion and the public health*, The Institute, mai 1975.

IVEY, M. et BARDWICK, J. «Patterns of affective fluctuation in the menstrual cycle», *Psychosomatic Medicine*, 1968, p. 336-345.

IWANAGA, M. «Development of interpersonal play structures in 3, 4, and 5 year old children», *Journal of Research and Development in Education*, 1973, p. 71-82.

IZARD, C. E. *The face of emotions*, New York: Appleton-Century-Crofts, 1971.

IZARD, C. E. *Human emotions*, New York: Plenum, 1977.

IZARD, C. E. (éd.). *Measuring emotions in infants and children*, Cambridge, England: Cambridge University Press, 1982.

IZARD, C. E., HUEBNER, R. R., RESSER, D., McGINNES, G. C. et DOUGHERTY, L. M. «The young infant's ability to produce discrete emotional expressions», *Developmental Psychology*, 1980, p. 132-140.

JACOBSON, J. L., JACOBSON, S. W., FEIN, G. G., SCHWARTZ, P. M. et DOWLER, J. K. «Prenatal exposure to an environmental toxin: A test of the multiple effects model», *Developmental Psychology*, 1984, p. 523-532.

JACOBSON, J. L. et WILLE, D. E. «Influence of attachment and separation experience on separation distress at 18 months», *Developmental Psychology*, 1984, p. 477-484.

JAQUES, E. «The mid-life crisis», dans R. Owen (éd.), *Middle age*, London: BBC, 1967.

JACQUES, J. M. et CHASON, K. J. «Cohabitation: Its impact on marital success», *The Family Coordinator*, 1979, p. 35-39.

JANERICK, D. et JACOBSON, H. «Seasonality in Down syndrome: An endocrinological explanation», *Lancet*, 5 mars 1977, p. 515-516.

JARVIK, L. «Biological differences in intellectual functioning», *Vita Humana*, 1962, p. 195-203.

JARVIK, L. F., KALLMAN, F. et KALBER, N. M. «Changing intellectual functions in senescent twins», *Acta Genetic Statistica Medica*, 1957, p. 421-430.

JASLOW, C. K. «Teenage pregnancy. An ERIC/CAPS Fact Sheet», Ann Arbor, MI: Counseling and personnel Services Clearinghouse, 1982.

JASLOW, P. «Employment, retirement and moral among older women», *Journal of Gerontology*, 1976, p. 212-218.

JAY, M. S., DURANT, R. H., SHOFFITT, T., LINDER, C. W. et LITT, I. F. «Effect of peer counselors on adolescent compliance in use of oral contraceptives», *Pediatrics*, 1984, p. 126-131.

JEFFCOATE, J. A., HUMPHREY, M. E. et LLOYD, J. K. «Disturbance in the parent-child relationship following preterm delivery», *Developmental Medicine and Child Neurology*, 1979, p. 344-352.

JELLIFFE, D. et JELLIFFE, E. *Fat babies: Prevalence, perils and prevention*, London: Incentive Press, 1974.

JELLIFFE, D. B. et JELLIFFE, E. F. P. «Recent scientific knowledge concerning breastfeeding», *Rev. Epidem. et Sante Publ.*, 1983, p. 367-373.

JENSEN, A. R. «How much can we boost IQ and scholastic achievement?», *Harvard Educational Review*, 1969, p. 1-123.

JERSILD, A. T. «Emotional development», dans L. Carmichael (éd.), *Manual of child psychology*, New York: Wiley, 1946.

JERSILD, A. T. et HOLMES, F. «Children's fears», *Child Development Monographs*, 1935.

JOHNSON, C. L. et CATALANO, D. J. «Childless elderly and their family supports», *The Gerontologist*, 1981, p. 610-618.

JOHNSTON, L. D., BACHMAN, J. G. et O'MALLEY, P. M. *Student drug use, attitudes, and beliefs. National trends 1975-1982*, Rockville, MD, National Institute on Drug Abuse, 1982.

JONES, H. et CONRAD, H. «The growth and decline of intelligence: A study of a homogeneous group between the ages of 10 and 60», *Genetic Psychology Monographs*, 1933, p. 223-298.

JONES, K. L., SMITH, D. W. , ULLELAND, C. et STREISSGUTH, A. P. «Pattern of malformation in offspring of chronic alcoholic mothers», *Lancet*, 1973, p. 1267-1271.

JONES, M. C. «The late careers of boys who were early- or late-maturing», *Child Development*, 1957, p. 115-128.

JONES, M. C. «The study of socialization patterns at the high school level», *Journal of Genetic Psychology*, 1958, p. 87-111.

JONES, M. C. et MUSSEN, P. H. «Self-conceptions, motivations, and interpersonal attitudes of early and late maturing girls», *Child Development*, 1958, p. 491-501.

JOST, H. et SONTAG, L. «The genetic factor in autonomic nervous system function», *Psychosomatic Medicine*, 1944, p. 308-310.

JUNG, C. G. *Modern man in search of a soul*, New York: Harcourt, Brace, and World, 1933.

JUNG, C. G. «Two essays on analytic psychology», *Collected Works*, vol. 7, Princeton, NJ: Princeton University Press, 1966.

JUNG, C. G. *The archetypes and the collective unconscious* (Bollingen Series XX; 2ᵉ éd.), Princeton: Princeton University Press, 1968.

KAGAN, J. «The concept of identification», *Psychological Review*, 1958, p. 296-305.

KAGAN, J. *Personality development*, New York: Harcourt Brace Jovanovich, 1971.

KAGAN, J. «Overview: Perspectives on human infancy», dans J. Osofsky (éd.), *Handbook of infant development*, New York: Wiley, 1979.

KAGAN, J. «Canalization of early psychological development», *Pediatrics*, 1982, p. 474-483.

KAGAN, J. *The nature of the child*, New York: Basic Books, 1984.

KAHANA, B. et KAHANA, E. «Grandparents from the perspective of the developing grandchild», *Developmental Psychology*, 1970, p. 98-105.

KAHANA, E. et COE, R. M. «Perceptions of grandparenthood by community and institutional aged», *Proceedings of the Seventy-seventh Annual Convention of the American Psychological Association*, 1969, p. 735-736, (résumé).

KAHN, A. J. et KAMERMAN, S. B. «For whom preschool education is unattainable, Letter to the Editor», *The New York Times*, 25 sept. 1984, p. A26.

KALLMAN, F. J. *Heredity in health and mental disorder*, New York: Norton, 1953.

KANE, R. I., WALES, J., BERNSTEIN, L., LEIBOWIRZ, A. et KAPLAN, S. «A randomized controlled trial of hospice care», *Lancet*, 21 avril 1984, p. 890-894.

KANGAS, J. et BRADWAY, K. «Intelligence at middle age: A thirty-eight year follow-up», *Developmental Psychology*, 1971, p. 333-337.

KAPLAN, M., EIDELMAN, A. I. et ABOULAFIA, Y. «Fasting and the precipitation of labor», *Journal of the American Medical Association*, 1983, p. 1317-1318.

KARNES, M. B., TESKA, J. A., HODGINS, A. S. et BADGER, E. D. «Educational intervention at home by mothers of disadvantaged infants», *Child Development*, 1970, p. 925-935.

KASTENBAUM, R. «Death and development through the life span», dans H. Feifel (éd.), *New meanings of death*, New York: McGraw-Hill, 1977, p. 17-45.

KASTENBAUM, R. *Death, society, and human experience*, St. Louis: Mosby, 1977.

KASTENBAUM, R. «The kingdom where nobody dies», dans S. Zart (éd.), *Readings in aging and death: Contemporary perspectives*, New York: Harper & Row, 1977. (Réédition de l'article paru dans le *Saturday Review*, déc. 1972.)

KASTENBAUM, R. et AISENBERG, R. *The psychology of death*, New York: Springer, 1972.

KASTENBAUM, R. et CANDY, S. «The 4 % fallacy: A methodological and empirical critique of extended care facilities population statistics», *Aging and Humand Development*, 1973, p. 15-22.

KASTENBAUM, R. et DURKEE, N. «Elderly people view old age», dans R. Kastenbaum (éd.), *New thoughts on old age*, New York: Springer, 1964.

KASTENBAUM, R. et DURKEE, N. «Young people view old age», dans R. Kastenbaum (éd.), *New thoughts on old age*, New York: Springer, 1964.

KATCHADOURIAN, J. et LUNDE, D. *Fundamentals of human sexuality*, 2ᵉ éd., New York: Holt, 1975.

KATZ, P. et ZALK, S. «Modification of children's racial attitudes», *Developmental Psychology*, 1978, p. 447-461.

KATZ, S., BRANCH, L. G., BRANSON, M. H., PAPSIDERO, J. A., BECK, J. C. et GREER, D. S. «Active life expectancy», *New England Journal of Medicine*, 1983, p. 1218-1224.

KAY, B. et NEELLEY, J. N. «Sexuality and the aging: A review of current literature», *Sexuality and Disability*, 1982, p. 38-46.

KAYSER-JONES, J. S. «Institutional structures: Catalysts of or barriers to quality care for the institutionalized aged in Scotland and the U.S», *Social Science Medicine*, 1982, p. 935-944.

KEARSLEY, R. B. «Cognitive assessment of the handicapped infant: the need for an alternative approach», *American Journal of Orthopsychiatry*, 1981, p. 43-54.

KEATING, N. et COLE P. «What do I do with him 24 hours a day? Changes in the housewife role after retirement», *The Gerontologist*, 1980, p. 84-89.

KEENEY, T. J., CANNIZZO, S. R. et FLAVELL, J. H. «Spontaneous and induced verbal rehearsal in a recall task», *Child Development*, 1967, p. 953-966.

KEITH, P. M. «A comparison of the resources of parents and childless men and women in very old age», *Family Relations*, 1983, p. 403-409.

KELLY, J. B. «Divorce: The adult perspective», dans B. Wolman (éd.), *Handbook of developmental psychology*, Englewood Cliffs, NJ: Prentice-Hall, 1982.

KELLY, O. «Living with a life-threatening illness», M. C. Garfield (éd.), *Psychosocial care of the dying patient*, New York: McGraw-Hill, 1978, p. 59-66.

KEMPE, C. H. et al. «The battered child syndrome», *Journal of the American Medical Association*, 1962, p. 17-24.

KENISTON, K. *All our children*, New York: Harcourt, Brace, Jovanovich, 1977.

KIEREN, D., HENTON, J. et MAROTZ, R. *Hers and his*, Hinsdale, IL: Dryden, 1975.

KIKENDALL, J. W., EVAUL, J. et JOHNSON, L. F. «Effect of cigarette smoking on gastrointestinal physiology and non-neoplastic digestive disease», *Journal of Clinical Gastroenterology*, 1984, p. 65-78.

KIMMEL, D. C. *Adulthood and aging*, New York: Wiley, 1974.

KINSEY, A. et al. *Sexual behavior in the human male*, Philadelphia: Saunders, 1948.

KINSEY, A. et al. *Sexual behavior in the human female*, Philadelphia: Saunders, 1953.

KLEIN, C. *The single parent experience*, New York: Walker, 1973.

KLEIN, R. P. et DURFEE, J. T. «Infants' reactions to strangers versus mothers», document présenté lors de la réunion annuelle de la Society for Research in Child Development, Denver, 1975.

KLEINBERG, F. «Sudden infant death syndrome», *Mayo Clinic Proceedings*, 1984, p. 352-357.

KOENIG, M. A. et ZELNIK, M. «The risk of premarital first pregnancy among Metropolitan-area teenagers: 1976 et 1979», *Family Planning Perspectives*, 1982, p. 239-247.

KOFF, E., RIERDAN, J. et SHEINGOLD, K. «Memories of menarche: Age and preparedness as determinants of subjective experience», document présenté lors de la réunion annuelle de l'Eastern Psychological Association, Hartford, CT, avril 1980.

KOHLBERG, L. «Moral development and identification», dans H. W. Stevenson (éd.), *Child Psychology*, University of Chicago Press, 1963, p. 277-332.

KOHLBERG, L. «The development of moral character and moral ideology», dans M. Hoffman et L. Hoffman (éd.), *Review of child development research*, vol. 1, New York: Russell Sage Foundation, 1964.

KOHLBERG, L. «A cognitive-developmental analysis of children's sex-role concepts and attitudes», dans E. E. Maccoby (éd.), *The development of sex differences*, Stanford, CA: Stanford University Press, 1966.

KOHLBERG, L. «The child as a moral philosopher», *Psychology Today*, 1968, p. 25-30.

KOHLBERG, L. «Continuities in childhood and adult moral development revisited», dans P. Baltes et K. W. Schaie (éd.), *Life-span developmental psychology: Personality and socialization*, New York: Academic Press, 1973.

KOHLBERG, L. et GILLIGAN, C. «The adolescent as a philosopher: The discovery of the self in a postconventional world,» *Daedalus*, automne 1971, p. 1051-1086.

KOHN, M. et ROSMAN, B. L. «Relationship of preschool social-emotional functioning to later intellectual achievement», *Developmental Psychology*, 1973, p. 445-452.

KOKMEN, E. «Dementia-Alzheimer type», *Mayo Clinic Proceedings*, 1984, p. 35-42.

KOLATA, G. «Clues to the cause of senile dementia», *Science*, 1981, p. 1032-1033.

KOOCHER, G. «Childhood, death, and cognitive development», *Developmental Psychology*, 1973, p. 369-375.

KOOCHER, G. «Why isn't the gerbil moving anymore?», *Children Today*, 1975, p. 181.

KOOP, C. E. et LUOTO, J. «The health consequences of smoking: Cancer. Overview of a report of the Surgeon General», *Public Health Reports*, 1982, p. 318-324.

KOOP, C. B. et McCALL, R. B. «Predicting later mental performance for normal, at-risk, and handicapped infants», dans P. B. Baltes et O. G. Brim (éd.), *Life-span development and behavior*, vol. 4, New York: Academic Press, 1982.

KOTELCHUCK, M. «The nature of the infants tie to his father», document présenté lors de la réunion de la Society for Research in Child Development, Philadelphia, 29 mars-1ᵉʳ avril 1973.

KOTELCHUCK, M. «Father caretaking characteristics and their influence on infant-father interaction», document présenté lors de la réunion annuelle de l'American Psychological Association, Chicago, sept. 1975.

KRAMER, D. «Post-formal operations? A need for further conceptualization», *Human Development*, 1983, p. 91-105.

KRAMER, J., HILL, K. et COHEN, L. «Infants' development of object permanence: A refined methodology and new evidence for Piaget's hypothesized ordinality», *Child Development*, 1975, p. 149-155.

KRAUS, R. et GLUCKSBERG, S. «Social and nonsocial speech», *Scientific American*, 1977, p. 100-105.

KREBS, D. et GILLMORE, J. «The relationship among the first stages of cognitive development, role-taking abilities, and moral development.», *Child Development*, 1982, p. 877-886.

KREUTLER, P. A. *Nutrition in perspective*, Englewood Cliffs, NJ: Prentice-Hall, 1980.

KREUTZER, M. et CHARLESWORTH, W. R. «Infant recognition of emotions», document présenté lors de la rencontre biennale de la Society for Research in Child Development, Philadelphia, 1973.

KREUTZER, M., LEONARD, C. et FLAVELL, J. «An interview study of children's knowledge about memory», *Monographs of the Society for Research in Child Development*, 1975, (1, n° série 159)

KÜBLER-ROSS, E. *On death and dying*, New York: Macmillan, 1969.

KÜBLER-ROSS, E. *On death and dying*. New York: Macmillan, (édition de poche) 1970.

KURFISS, J. «Sequentiality and structure in a cognitive model of college student development», *Developmental Psychology*, 1977, p. 565-571.

LABARGE, E. «Counseling patients with senile dementia of the Alzheimer type and their families», *Personnel & Guidance Journal*, nov. 1981, p. 139-142.

LABOUVIE-VIEF, G. «Beyond formal operations: Uses and limits of pure logic in life-span development», *Human Development*, 1980, p. 141-161.

LAMB, M. E. «Father-infant and mother-infant interaction in the first year of life», *Child Development*, 1977, p. 167-181.

LAMB, M. E. «Influence of the child on marital quality and family interaction during the prenatal, perinatal, and infancy periods», dans R. Lerner et G. Spanier (éd.), *Child influences on marital and family interaction: A life-span perspective*, New York: Academic Press, 1978.

LAMB, M. E. «Interactions between 18-month-olds and their preschool-aged siblings», *Child Development*, 1978a, p. 51-59.

LAMB, M. E. «The development of sibling relationships in infancy: A short-term longitudinal study», *Child Development*, 1978b, p. 1189-1196.

LAMB, M. E. «The development of father-infant relationships», dans M. E. Lamb (éd.), *The role of the father in child development*, 2ᵉ éd., New York: Wiley-Interscience, 1981.

LAMB, M. E. «The bonding phenomenon: Misinterpretations and their implications», *The Journal of Pediatrics*, 1982a, p. 555-557.

LAMB, M. E. «Early contact and maternal-infant bonding: One decade later», *Pediatrics*, 1982b, p. 763-768.

LAMB, M. E., CAMPOS, J. J., HWANG, C. P., LEIDERMAN, P. H., SAGI, A. et SVEJDA, M. «Maternal-infant bonding: a joint rebuttal», *Pediatrics*, 1983, p. 574-575.

LANCET. «Long-term outlook for children with sex chromosome abnormalities», *Lancet*, 3 juillet 1983, p. 27.

LANDESMAN-DWYER, S. et EMANUEL, I. «Smoking during pregnancy», *Teratology*, 1979, p. 119-126.

LANG, A. M. et BRODY, E. M. «Characteristics of middle-aged daughters and help to their elderly mothers», *Journal of Marriage and the Family*, fév. 1983, p. 193-202.

LANGER, E. et RODIN, J. «The effects of choice and enhanced personal responsiblity in an institutional setting», *Journal of Personality and Social Psychology*, 1976, p. 191-198.

LANGIONE, J. «Too weary to go on», *Discover*, 1981, p. 72-76.

LAUDENSLAGER, M. L., RYAN, S. M., DRUGAN, R. C., HYSON, R. L. et MAIER, S. F. «Coping and immunosuppression: Inescapable but not escapable shock suppresses lymphocyte proliferation», *Science*, 1983, p. 568-570.

LAWSON, A. et INGLEBY, J. D. «Daily routines of preschool children: Effects of age, birth order, sex and social class, and developmental correlates», *Psychological Medicine*, 1974, p. 399-415.

LAWTON, M. P. «Alternate housing», *Journal of Gerontological Social Work*, juin 1981, p. 61-79.

LAYTON, B. et SIEGLER, I. «Midlife: Must it be a crisis?», document présenté lors de la réunion annuelle de la Gerontological Society, Dallas, 1978.

LAZARUS, L. W., STAFFORD, B., COOPER, K., COHLER, B. et DYSKEN, M. «A pilot study of an Alzheimer's patients' and relatives discussion group». *The Gerontologist*, 1981, p. 353-357.

LAZARUS, R. S. «Little hassles can be hazardous to health», *Psychology Today*, 1981, p. 58-62.

LEAF, A. «Every day is a gift when you are over 100», *National Geographic*, 1973, p. 93-118.

LEAHY, R. «Development of preference and processes of visual scanning in the human infant during the first three months of life», *Developmental Psychology*, 1976, p. 250-254.

LEBOYER, F. *Birth without violence*, New York: Random House, 1975.

LEDGER, M. «Aging», *Pennsylvania Gazette*, juin 1978, p. 18-23.

LEE, P. R., FRANKS, P., THOMAS, G. S. et PAFFENBERGER, R. S. *Exercice and health: The evidence and its implications*, Cambridge, MA: Oelgeschlager, Gunn, and Hain, 1981.

LEE, R.V. «What about the right to say "no"?», *The New York Times Magazine*, 16 sept. 1973.

LEEFELDT, C. et CALLENBACH, E. *The art of friendship*, New York: Pantheon Books, 1979.

LEHMAN, H. C. *Age and Achievement*, Princeton, NJ: Princeton University Press, 1953.

LEHTOVAARA, A., SAARINEN, P. et JARVINEN, J. *Psychological studies of twins: I. GSR reactions*, Psychological Institute, University of Helsinki, 1965.

LEIB, S., BENFIELD, G. et GUIDUBALDI, J. «Effects of early intervention and stimulation on the preterm infant», *Pediatrics*, 1980, p. 83-90.

LELAND, C., *et al.* «Men and women learning together: co-educated in the 1980's», *Men/Women/College, The Educational Implications of Sex Roles in Transition*. 1ᵉʳ et 2 décembre 1978, à la Brown University; rapport publié par Ford, Rockefeller and Carnegie Foundations, 1979.

LEMASTERS, E. E. «Parenthood as crisis», *Marriage and Family Living*, 1957, p. 352-355.

LEMASTERS, E. E. «Parents without partners», dans E. E. LeMasters (éd.), *Parents in modern America*, Homewood, IL: Dorsey, 1970, p. 157-174.

LEMON, B., BENGSTON, V. et PETERSON, J. «An exploration of the activity theory of aging: Activity types and life satisfaction among inmovers to a retirement community», *Journal of Gerontology*, 1972, p. 511-523.

LENNARD, H. L. *et al. Mystification and drug misuse*, San Francisco: Jossey-Bass, 1971.

LENNEBERG, E. H. *Biological functions of language*, New York: Wiley, 1967.

LERNER, R. et LERNER, J. «Effects of age, sex, and physical attractiveness on child-peer relations, academic performance, and elementary school adjustment», *Developmental Psychology*, 1977, p. 585-590.

LESTER, R. et VAN THEIL, D. H. «Gonadal function in chronic alcoholic men», *Advances in Experimental Medicine and Biology*, 1977, p. 339-414.

LEVINGER, G. «Source of marital dissatisfaction among applicants for divorce», *American Journal of Orthopsychiatry*, 1966, p. 804-806.

LEVINSON, D. «The mid-life transition: A period in adult psychosocial development», *Psychiatry*, 1977, p. 99-112.

LEVINSON, D., DARROW, C., KLEIN, E., LEVINSON, M. et McKEE, B. *The seasons of a man's life*, New York: Ballantine, 1978.

LEVITON, D. «Death education», dans H. Feifel (éd.), *New meanings of death*, New York: McGraw-Hill, 1977, p. 253-272.

LEVY, D. M. *Maternal over-protection*, New York: Norton, 1966.

LEWIN, K., LIPPIT, R. et WHITE, R. K. «Patterns of aggressive behavior in experimentally created "social climates"», *Journal of Social Psychology*, 1939, p. 271-299.

LEWIS, C. et LEWIS, M. «The potential impact of sexual equality on health», *New England Journal of Medicine*, 1977, p. 863-869.

LEWIS, M. et BROOKS, J. «Self, other, and fear: Infants' reactions to people», dans H. Lewis et L. Rosenblum (éd.), *The origins of fear: The origins of behavior*, vol. 2, New York: Wiley, 1974.

LEWIS, M. et BROOKS-GUNN, J. «Toward a theory of social cognition: The development of self», dans I. Uzgiris (éd.), *Social interaction and communication during infancy*, San Francisco: Jossey-Bass, 1974, p. 7-20.

LEWIS, M. I. et BUTLER, R. N. «Life-review therapy: Putting memories to work in individual and group psychotherapy», *Geriatrics*, 1974, p. 165-173.

LICKONA, T. «An experimental test of Piaget's theory of moral development», document présenté lors de la réunion de la Society for Research in Child Development, Philadelphia, 1973.

LICKONA, T. (éd.). *Moral development and behavior*, New York: Holt, Rinehart & Winston, 1976.

LIEBERMAN, M. et COPLAN, A. «Distance from death as a variable in the study of aging», *Developmental Psychology*, 1970, p. 71-84.

LIEBERT, R. M. «Television and social learning: Some relationships between viewing violence and behaving aggressively», dans J. P. Murray, E. A. Rubinstein et G. A. Comstock (éd.), *Television and social behavior (Vol II)*. Washington, D.C.: U.S. Government Printing Office, 1972.

LINDSEY, R. «A new generation finds it hard to leave the nest», *The New York Times*, 15 janv. 1984, p. 18.

LINDSEY, R. «Increased demand for day care prompts a debate on regulation», *The New York Times*, 2 sept. 1984, p. 1, 52.

LINN, S., SCHOENBAUM, S. C., MONSON, R. R., ROSNER, B., STUBBLEFIELD, P. G. et RYAN, K. J. «No association between coffee consumption and adverse outcomes of pregnancy», *New England Journal of Medicine*, 1982, p. 141-145.

LIPID RESEARCH CLINICS PROGRAM. «The lipid research clinic coronary primary prevention trial results: I. Reduction in incidence of coronary heart disease», *Journal of the American Medical Association*, 1984a, p. 351-364.

LIPID RESEARCH CLINICS PROGRAM. «The lipid research clinic coronary primary prevention trial results: II. The relationship of reduction in incidence of coronary heart disease to cholesterol lowering», *Journal of the American Medical Association*, 1984b, p. 365-374.

LIPSITT, L. «Conditioning the rage to live», *Psychology Today*, 1980, p. 124.

LIPSITT, L. «Infant learning», dans T. M. Field, A Huston, H. Quay, L. Troll et G. Finley (éd.), *Review of human development*, New York: Wiley-Interscience, 1982.

LIPSITT, L. P., ENGEN, T. et KAYE, H. «Developmental changes in the olfactory threshold of the neonate», *Child Development*, 1963, p. 371-376.

LIPSITT, L. P. et LEVY, N. «Electrotactual threshold in the neonate», *Child Development*, 1959, p. 547-554.

LIPSITT, L. P. et WERNER, J. S. «The infancy of human learning processes», dans E. S. Gollin (éd.), *Developmental plasticity*, New York: Academic, 1981.

LIPTON, E. L., STEINSCHNEIDER, A. et RICHMOND, J. B. «Auditory discrimination in the newborn infant», *Psychosomatic Medicine*, 1963, p. 490.

LIVSON, F. «Sex differences in personality development in the middle adult years: A longitudinal study», document présenté lors de la rencontre annuelle de la Gerontological Society, Louisville, KY, 1976.

LOCKE, R. «Preschool aggression linked to TV viewing», *Wisconsin State Journal*, 7 janv. 1979, p. 2.

LODA, F. A. «Day Care», *Pediatrics in Review*, 1980, p. 277-281.

LOEHLIN, J., LINDZEY, G. et SPUHLER, J. *Race differences in intelligence*, San Francisco: W. H. Freeman, 1975.

LONGINO, C. F. et KART, C. S. «Explicating activity theory: A formal replication», *Journal of Gerontology*, 1982, p. 713-721.

LOPATA, H. «Living through widowhood», *Psychology Today*, 1973, p. 87-98.

LOPATA, H. «Widowhood et widowers», *The Humanist*, sept.-oct. 1977, p. 25-28.

LOPATA, H. *Women as widows*, New York: Elsevier, 1979.

LOPICCOLO, J. et LOBITZ, C. «The role of masturbation in the treatment of sexual dysfunction», *Archives of Sexual Behavior*, 1972, p. 163-171.

LORENZ, K. «Comparative study of behavior», dans C. H. Schiller (éd.), *Instinctive behavior*, New York: International Press, 1957.

LOWENTHAL, M. et CHIRIBOGA, D. «Transition to the empty nest: Crisis, challenge, or relief?», *Archives of General Psychiatry*, 1972, p. 8-14.

LOWENTHAL, M. et HAVEN, C. «Interaction and adaptation: Intimacy as a critical variable», dans B. Neugarten (éd.), *Middle age and aging*, Chicago: University of Chicago Press, 1968.

LOWERY, E. H. *Growth and development of children*, 5ᵉ éd., Chicago: Year book Medical Publishers, 1976.

LOWMAN, C., VERDUGO, N., MALIN, H. et AITKEN, S. «Patterns of alcohol use among teenage drivers in fatal motor vehicle accidents-United States, 1977-1981», *Morbidity and Mortality Weekly Report*, 8 juin 1983, p. 344-347.

LURIA, A. *The role of speech in the regulation of normal and abnormal behavior*, New York: Pergamon, 1961.

LUTJEN, P., TROUNSON, A., LEETON, J., FINDLAY, J., WOOD, C. et RENOU, P. «The establishment and maintenance of pregnancy using in vitro fertilization in a patient with primary ovarian failure», *Nature*, 1984, p. 174-175.

LYONS, R. «Choosing the baby's sex in advance», *The New York Times*, 29 mars 1984, p. C1, C8.

LYSTAD, M. «Violence at home: A review of literature», *American Journal of Orthopsychiatry*, 1975, p. 328-345.

MACCOBY, E. *The development of sex differences*, Stanford, CA: Stanford University Press, 1966.

MACCOBY, E. *Social development*, New York: Harcourt Brace Jovanovich, 1980.

MACCOBY, E. et JACKLIN, C. *The psychology of sex differences*, Stanford, CA: Stanford University Press, 1974.

MACDOUGALL, J. M., DEMBROSKI, T. M., SLAATS, S., HERD, J. A. et ELIOT, R.S. «Selective cardiovascular effects of stress and cigarette smoking», *Journal of Human Stress*, 1983, p. 13-21.

MACKLIN, E. «Heterosexual cohabitation among unmarried college students», *The Family Coordinator*, 1972, p. 463-471.

MADDOX, G. «Persistence of life style among the elderly», dans B. Neugarten (éd.), *Middle age and aging*, Chigago: University of Chicago Press, 1968.

MADISON, P. *Personality development in college*, Reading, MA: Addison-Wesley, 1969.

MAEROFF, G. I. «Interest in learning foreign languages rises», *The New York Times*, 29 oct. 1984, p. A1, A17.

MAHLER, M. S. «Autism and symbiosis, two extreme disturbances of identity», *The International Journal of Psychoanalysis*, 1958, p. 77-83.

MAHLER, M. S. «On early infantile psychosis: The symbiotic and autistic syndromes», *Journal of the American Academy of Child Psychiatry*, 1965, p. 554-568.

MAHLER, M. S., PINE, F. et BERGMAN, A. *The psychological birth of the human infant: Symbiosis and individuation*, New York: Basic Books, 1975.

MAHLER, M. S., SURER, M. et SETTLAGE, C.F. «Severe emotional disturbances in childhood: Psychosis», *American Handbook of Psychiatry*, 1959, p. 816-839.

MAHONEY, E. R. *Human sexuality*, New York: McGraw-Hill, 1983.

MALCOLM, A. H. «Many see mercy in ending empty lives», *The New York Times*, 23 sept.1984, p. 1, 56.

MALMQUIST, C. P. «Major depression in childhood: Why don't we know more?», *American Journal of Orthopsychiatry*, 1983, p. 262-268.

MAMAY, P. D. et SIMPSON, P. L. «Three female roles in television commercials», *Sex Roles*, 1981, p. 1223-1232.

MANNING, F. et FEYERABEND, C. «Cigarette smoking and fetal breathing movements», *British Journal of Obstetrics and Gynecology*, 1976, p. 262-270.

MANOSEVITZ, M., PRENTICE, N. M. et WILSON, F. «Individual and family correlates of imaginary companions in preschool children», *Developmental Psychology*, 1973, p. 72-79.

MARATSOS, M. «Nonegocentric communication abilities in preschool children», *Child Development*, 1973, p. 697-700.

MARCH OF DIMES BIRTH DEFECTS FOUNDATION. *Genetic counseling*, Public Health Education booklet, 1983.

MARCH OF DIMES BIRTH DEFECTS FOUNDATION. *Drugs, alcohol, tobacco abuse during pregnancy*, White Plains, New York, 1983a.

MARCIA, J. E. «Development and validation of ego identity status», *Journal of Personality and Social Psychology*, 1966, p. 551-558.

MARCIA, J. E. «Identity status in late adolescence: Description and some clinical implications», allocution présentée au symposium sur le développement de l'identité à Rijksuniversitat Groningen, Pays-Bas, juin 1979.

MARCIA, J. E. «Identity in adolescence», dans J. Adelson (éd.), *Handbook of adolescent psychology*, New York: Wiley, 1980.

MARET, E. et FINLAY, B. «The distribution of household labor among wowen in dual-earner families», *Journal of Marriage and the Family*, mai 1984, p. 357-364.

MARTIN, G. B. et CLARK, R. D. «Distress crying in neonates: Species and peer specificity», *Developmental Psychology*, 1982, p. 3-9.

MARTIN, J., MARTIN, O., LUND, C. et STREISSGUTH, A. «Maternal alcohol ingestion and cigarette smoking and their effects on newborn conditioning», *Alcoholism: Clinical and Experimental Research*, 1977, p. 243-247.

MARTINEZ, G. A. et DODD, D., A. «1981 milk feeding patterns in the United States during the first 12 months of life», *Pediatrics*, fév. 1983, p. 166-170.

MARWICK, C. et SIMMONS, K. «Changing childhood disease pattern linked with day-care boom», *Journal of the American Medical Association*, 1984, p. 1245-1251.

MASLACH, C. et JACKSON, S. E. «Burnout in health professions: A social psychological analysis», dans G. Sanders et J. Suls (éd.), *Social psychology of health and illness*, Hillsdale, NJ: Lawrence Erlbaum, 1985.

MASLOW, A. *Motivation and personality*, New York: Harper & Row, 1954.

MASLOW, A. *Toward a psychology of being*, Princeton, NJ: Van Nostrand, 1968.

MASNICK, G. et BANE, M. J. *The nations's families, 1960-1990*, Cambridge, MA: Joint Center of Urban Studies of MIT and Harvard University, 1980.

MASSON, J. M. *The assault on truth: Freud's suppression of the seduction theory*, New York: Farrar, Straus & Giroux, 1984.

MASTERS, W. H. et JOHNSON, V. E. *Human sexual response*, Boston: Little, Brown, 1966.

MASTERS, W. H. et JOHNSON, V. E. «Sex and the aging process», *Journal of the American Geriatrics Society*, 1981, p. 385-390.

MATAS, L., AREND, R. et SROUFE, L. A. «Continuity of adaptation in the second year: The relationship between quality of attachment and later competence», *Child Development*, 1978, p. 547-556.

MATHENY, K. B. et CUPP, P. «Control, desirability, and anticipation as moderating variables between life change and illness», *Journal of Human Stress*, 1983, p. 14-23.

MATSUKURA, S., TAMINATO, T., KITANO, N., SEINO, Y., HAMADA, H., UCHIHASHI, M., NAKAJIMA, H. et HIRATA, Y. «Effects of environmental tobacco smoke on urinary cotinine excretion in nonsmokers», *The New England Journal of Medicine*, 27 sept. 1984, p. 828-832.

MATTHEWS , K. A. et ANGULO, J. «Measurement of the Type A behavior pattern in children: Assessment of children's competitiveness, impatience-anger, and aggression», *Child Development*, 1980, p. 466-475.

MATTHEWS, K. A. et SIEGEL, J. M. «Type A behaviors by children, social comparison, and standards for self-evaluation», *Developmental Psychology*, 1983, p. 135-140.

MATTHEWS, K. A. et VOLKIN, J. I. «Efforts to excel and the Type A behavior pattern in children», *Child Development*, 1981, p. 1283-1289.

MAURER, D. et SALAPATEK, P. «Developmental changes in the scanning of faces by young children», *Child Development*, 1976, p. 523-527.

MAYER, J. «Fat babies grow into fat people», *Family Health*, 1973, p. 24-26.

MAYMI, C. R. «Women in the labor force», dans P. W. Berman et E. R. Ramey (éd.), *Women: A developmental perspective*, U. S. Department of Health and Human Services, NIH Publication n° 82-2298, 1982.

McALISTER, A., L., PERRY, C. et MACCOBY, N. «Adolescent smoking: Onset and prevention», *Pediatrics*, 1979, p. 650-658.

McCALL, R. «Challenges to a science of developmental psychology», dans S. Chess et A. Thomas (éd.), *Annual progress in child psychiatry an child development*, New York: Brunner/Mazel, 1978, p. 3-23. (Tiré de *Child Development*, 1977, p. 333-344.)

McCANN, I. L. et HOLMES, D. S. «Influence of aerobic exercise on depression», *Journal of Personality and Social Psychology*, 1984, p. 1142-1147.

McCARTHY, J. et MENKEN, J. «Marriage, remarriage, marital disruption, and age at first birth», *Family Planning Perspectives*, 1979.

McCARTNEY, K. «Effect of quality of day care environment on children's language development», *Developmental Psychology*, 1984, p. 244-260.

McCARY, J. L. *Freedom and growth in marriage*, Santa Barbara, CA: Hamilton, 1975.

McCASKILL, C. L. et WELLMAN, B. «A. A study of common motor achievements at the preschool ages», *Child Development*, 1938, p. 141-150.

McCLELLAND, D., CONSTANTIAN, C., REGALADO, D. et STONE, C. «Making it to maturity», *Psychology Today*, 1978, p. 42-53, 114.

McFARLAND, R. A., TUNE, G. B. et WELFORD, A. «On the driving of automobiles by older people», *Journal of Gerontoloty*, 1964, p. 190-197.

McGRAW, M. B. «Neural maturation as exemplified in achievement of bladder control», *Journal of Pediatrics*, 1940, p. 580-589.

McKAIN, W. C. «A new look at older marriages», *The Family Coordinator*, 1972, p. 61-69.

McKENRY, P. C., WALTERS, L. H. et JONHSON, C. «Adolescent pregnancy: A review of the literature», *The Family Coordinator*, 1979, p, 17-28.

McKINLAY, S. M. et McKINLAY, J. B. «Health status and health care utilization by menopausal women», dans L. Mastroianni et C. A. Paulsen (éd.), *Aging, reproduction, and the climateric*, New York: Plenum, 1985.

McKINLEY, D. *Social class and family life*, New York: Free Press of Glencoe, 1964.

MEAD, M. *Coming of age in Samoa*, New York: Morrow, 1928.

MEAD, M. *Sex and tempearment in three primitive societies*, New York: Morrow, 1935.

MENDELSON, M. A. *Tender loving greed*, New York: Knopf, 1974.

MEREDITH, N. V. «Body size of contemporary groups of eight-year-old children studied in different parts of the world», *Monographs of the Society for Research in Child Development*, 1969.

METZGER, B. E., RAVNIKAR, V., VILEISIS, R. A. et FREINKEL, N. «''Accelerated starvation'' and the skipped breakfast in late normal pregnancy», *Lancet*, 13 mars 1982 p. 588-592.

MICHOTTE, A. *Causalité, permanence et réalité phénoménales*, Louvain, Belgique: Publications Universitaires Belgium, 1962.

MILES, C. et MILES, W. «The correlation of intelligence scores and chronological age from early to late maturity», *American Journal of Psychology*, 1932, p. 44-78.

MILLER, B. et GERARD, D. «Family influences on the development of creativity in children: An integrative review», *The Family Coordinator*, 1979, p. 295-312.

MILLER, B. C. et MYERS-WALL, J. A. «Parenthood: Stresses and coping strategies», dans H. I. McCubbin and C. R. Figley (éd.), *Stress and the family. Vol. 1. Coping with normative transitions*, New York: Brunner/Mazel, 1983.

MILLER, E., CRADOCK-WATSON, J. E. et POLLOCK, T. M. «Consequences of confirmed maternal rubella at successive stages of pregnancy», *The Lancet*, 9 oct. 1982, p. 781-784.

MILLER, G. A. «The magical number seven, plus or minus two: Some limits on our capacity to process information», *Psychological Review*, 1956, p. 81-97.

MILLER, L. B. et BIZZELL, R. P. «Long-term effects of four preschool programs: Sixth, seventh, and eighth grades», *Child Development*, 1983, p. 727-741.

MILLER, V., ONOTERA, R. T. et DEINARD, A. S. «Denver Developmental Screening Test: Cultural variations in Southeast Asian children», *The Journal of Pediatrics*, 1984, p. 481-482.

MILLS, J., HARLAP, S. et HARLEY, E. E. «Should coitus in late pregnancy be discouraged?», *Lancet*, 1981, p. 136.

MINDE, K., SHOSENBERG, N., MARTON, P., THOMPSON, J. et BURNS, S. «Self-help groups in a premature nursery — A controlled evaluation», *Journal of Pediatrics*, 1980, p. 933-940.

MINDEL, C. H. «The elderly in minority families», dans T. H. Brubaker (éd.), *Family relationships in later life*, Beverly Hills, CA: Sage, 1983.

MIRANDA, S., HACK, M., FANTZ, R., FANAROFF, A. et KLAUS, M. «Neonatal pattern vision: Predictor of future mental performance?», *Journal of Pediatrics*, 1977, p. 642-647.

MITTLER, P. *The study of twins*, Baltimore: Penguin, 1971.

MONEY, J. et EHRHARDT, A. *Man & woman, boy & girl*, Baltimore: Johns Hopkins.

MONEY, J. et EHRHARDT, A. et MASICA, D. N. «Fetal feminization induced by androgen insensitivity in the testicular feminizing syndrome: Effect on marriage and maternalism», *John Hopkins Medical Journal*, 1968, p. 105-114.

MOORE, A. U. «Studies on the formation of the mother-neonate bond in sheep and goats», document présenté lors de la réunion annuelle de l'American Psychological Association, 1960.

MOORE, K. et MELTZOFF, A. «Neonate imitation: A test of existence and mechanism», document présenté lors de la réunion annuelle de la Society for Research in Child Development, Denver, 1975.

MOORE, N. EVERTSON, C. et BROPHY, J. «Solitary play: Some functional reconsiderations», *Developmental Psychology*, 1974, p. 830-834.

MORBIDITY AND MORTALITY WEEKLY REPORT. «Udpate: Acquired Immune Deficiency Syndrome (AIDS), United States», *New England Journal of Medicine*, 22 juin 1984, p. 337-339.

MORBIDITY AND MORTALITY WEEKLY REPORT. «Gonorrhea», *New England Journal of Medicine*, 29 juin 1984, p. 361-363.

MORBIDITY AND MORTALITY WEEKLY REPORT. «Syphillis — United States, 1983, 1984», p. 433-436, 441.

MORLAND, J. «A comparison of race awareness in northern and southern children», *American Journal of Orthopsychiatry*, 1966, p. 22-31.

MORRISON, J. R. et STEWART, M. A. «The psychiatric status of the legal families of adopted hyperactive children», *Archives of General Psychiatry*, 1973, p. 888-891.

MOSKOWITZ, B. A. «The acquisition of language», *Scientific American*, 1978, p. 92-108.

MOSS, F. et HALAMANDARIS, V. *Too old, too sick, too bad*, Germantown, MD: Aspen Systems Corp., 1977.

MOSS, H. A., ROBSON, K. S. et PEDERSON, F. «Determinants of maternal stimulation of infants and consequences of treatment of later reactions to strangers», *Developmental Psychology*, 1969, p. 239-246.

MURCHISON, C. et LANGER, S. «Tiedemann's observations on the development of the mental facilities of children», *Journal of Genetic Psychology*, 1927, p. 205-230.

MURPHY, C. M. et BOOTZIN, R. R. «Active and passive participation in the contact desensitization of snake fear in children», *Behavior Therapy*, 1973, p. 203-211.

MURPHY, D. P. «The outcome of 625 pregnancies in women subjected to pelvic radium roentgen irradiation», *American Journal of Obstetrics and Gynecology*, 1929, p. 179-187.

MURPHY, F. «In vitro fertilization: Hope for the infertile», *The Magazine* (Rush-Pesbyterian-St.Luke's Medical Center, Chicago), 1984, p. 21-26.

MURRAY, A. D., DOLBY, R. M., NATION, R. L. et THOMAS, D. B. «Effects of epidural anesthesia on newborns and their mothers», *Child Development*, 1981, p. 71-82.

MURRAY, R. M. «Psychiatric illness in doctors», *Lancet*, 1974, p. 1211-1213.

MUSSEN, P. H., CONGER, J. J. et KAGAN J. *Child development and personality*, New York: Harper & Row, 1969.

MUSSEN, P. H. et EISENBERG-BERG, N. *Roots of caring, sharing, and helping: The development of prosocial behavior in children*, San Francisco: Freeman, 1977.

MUSSEN, P. H. et JONES, M. C. «Self-conceptions, motivations, and interpersonal attitudes of late- and early-maturing boys», *Child Development*, 1957, p. 243-256.

MUSSEN, P. H. et RUTHERFORD, E. «Parent-child relations and parental personality in relation to young children's sex role preferences», *Child Development*, 1963, p. 589-607.

MYERS, N. et PERLMUTTER, M. «Memory in the years from 2 to 5», dans P. Ornstein (éd.), *Memory development in children*, Hillsdale, NJ: Lawrence Erlbaum, 1978.

MYERS-WALLS, J. A. «Balancing multiple role responsibilities during the transition to parenthood», *Family relations*, 1984, p. 267-271.

NAEYE, R. L. «Coitus and associated amniotic fluid infections», *New England Journal of Medicine*, 1979, p. 1198-1200.

NAGELMAN, D. B., HALE, S. L. et WARE, S. L. «Prevalence of eating disorders in college women», document présenté lors de la réunion annuelle de l'American Psychological Association, Anaheim, CA, 1983.

NAGY, M. «The child's theories concerning death», *Journal of Genetic Psychology*, 1948, p. 3-27.

NASS, G. D., LIBBY, R. W. et FISHER, M. P. *Sexual Choices: An Introduction to Human Sexuality*, 2ᵉ éd., Monterey, CA: Wadsworth Health, 1984.

NATHANSON, C. A. et LORENZ, G. «Women and health: The social dimensions of biomedical date», dans J. Z. Giele (éd.), *Women in the middle years*, New York: Wiley-Interscience, 1982.

NATIONAL ASSOCIATION OF WORKING WOMEN. «9 to 5 discovers possible new adverse pregnancy "cluster" at VDT worksite», 16 fév. 1984.

NATIONAL CENTER FOR EDUCATION STATISTICS. *Digest of educational statistics 1982*, Publication n° NCES82-407, Washington, D. C.: U. S. Government Printing Office, 1982.

NATIONAL CENTER FOR EDUCATION STATISTICS. *The condition of education*, Publication n° NCES84-401, Washington, DC: U. S. Government Printing Office, 1984.

NATIONAL CENTER FOR HEALTH STATISTICS. *High school dropouts: Descriptive information from high school and beyond*, National Center for Education Statistics Bulletin, U. S. Department of Education, 1983.

NATIONAL CENTER FOR HEALTH STATISTICS. «Annual summary of births, deaths, marriages, and divorces: U. S., 1983», *Monthly Vital Statistics Report*, DHHS Publication n° (PHS)84-1120, Public Health Service, Hyattsville, MD, 1984.

NATIONAL CENTER FOR HEALTH STATISTICS. *Trends in Teenage Child-bearing, United States 1970-1981*, Washington, DC: U. S. Government Printing Office, série 21, n° 41, stock n° 01702200-851-3, 1984.

NATIONAL COUNCIL ON AGING. *Fact book on aging: A profile of America's older population*, Washington, DC: NCOA, 1978.

NATIONAL COUNCIL ON AGING. *Fact sheet: NCOA retirement planning program*, Washington, DC: NCOA, 1979.

NATIONAL INSTITUTE OF CHILD HEALTH AND HUMAN DEVELOPMENT. «Smoking in children and adolescents», *Pediatric Annals*, 1978, p. 130-131.

NATIONAL INSTITUTE OF MENTAL HEALTH. *Plain Talk about Adolescence*, Rockville, MD:U. S. Dept. of Health and Human Services: U. S. Government Printing Office: 1981 0-339-618, 1981.

NATIONAL INSTITUTE ON AGING. *Senility: Myth or madness*, Washington, DC: U. S. Government Printing Office, 1980.

NATIONAL INSTITUTE ON AGING. *Aging and alcohol*, Washington, DC: U. S. Government Printing Office, 1981.

NATIONAL INSTITUTE ON AGING. *Sleep and aging*, Washington, DC: U. S. Government Printing Office, 1981.

NATIONAL INSTITUTE ON AGING. *Crime and the elderly*, U. S. Department of Health and Human Services, Public Health Service, 1982.

NATIONAL INSTITUTE ON AGING. *Age page: Osteoporosis: The bone thinner*, Bethesda, MD: U. S. Government Printing Office 2983-418-430, 1983.

NATIONAL INSTITUTE ON AGING. *Be sensible about salt*, Washington, DC: U. S. Government Printing Office, 1984.

NATIONAL INSTITUTE ON ALCOHOL ABUSE AND ALCOHOLISM. *Fact Sheet: Selected statistics on alcohol and alcoholism*, Rockville, MD: National Clearinghouse for Alcohol Information, oct. 1981.

NATIONAL INSTITUTES OF HEALTH. *Cesarean childbirth*, Consensus Development Conference Sumary, Bethesda, MD: U. S. Government Printing Office, 1981-0-341-132/3553, 1981.

NATIONAL INSTITUTES OF HEALTH. *Osteoporosis*, Consensus Development, Conference Statement, Bethesda, MD: U. S. Government Printing Office, 1984-421-432:4652, 1984.

NEAL, J. H. *Children's understanding of their parent's divorces*, dans L. A. Kurdek (éd.), *Children and divorce. New directions for child development*, n° 19, San Francisco: Jossey-Bass, 1983.

NEISSER, U. «Memory: What are the important questions?», dans U. Neisser (éd.), *Memory observed*, San Francisco: W. H. Freeman, 1982.

NEISWENDER, M., BIRREN, J. et SCHAIE, K. W. *Age and the experience of love in adulthood*, document présenté lors de la réunion annuelle de l'American Psychological Association, Chicago, 1975.

NELSON, K. «Structure and strategy in learning to talk», *Monographs of the Society for Research in Child Development*, 1973.

NELSON, K. «Individual differences in language development: Implications for development and language», *Developmental Psychology*, 1981, p.170-187.

NELSON, N., ENKIN, M., SAIGAL, S., BENNETT, K., MILNER, R. et SACKETT, D. «A randomized clinical trial of the Leboyer approach to childbirth», *New England Journal of Medicine*, 1980, p. 655-660.

NEUGARTEN, B. *The awareness of middle age*, dans R. Owen (éd.), *Middle age*, London: BBC, 1967.

NEUGARTEN, B. «Adult personality: Toward a psychology of the life cycle», dans B. Neugarten (éd.), *Middle age and aging*, Chicago: University of Chicago Press, 1968.

NEUGARTEN, B. «Personality change in late life: A developmental perspective», dans C. Eisdorfe et M. P. Lawton (éd.), *The psychology of adult development and aging*, Washington, DC: American Psychological Association, 1973.

NEUGARTEN, B. «The rise of the young-old», *The New York Times*, 18 janv. 1975.

NEUGARTEN, B. «Personality and aging», dans J. Birren et K. W. Shaie (éd.), *Handbook of the psychology of aging*, New York: Van Nostrand Reinhold, 1977, p. 626-649.

NEUGARTEN, B. et HAGESTAD, G. «Age and the life course», dans H. Binstock et E. Shanas (éd.), *Handbook of aging and the social sciences*, New York: Van Nostrand Reinhold, 1976.

NEUGARTEN, B., HAVIGHURST, R. et TOBIN S. «Personality and patterns of aging», dans B. Neugarten (éd.), *Middle age and aging*, Chicago: University of Chicago Press, 1968.

NEUGARTEN, B., MOORE, J. W. et LOWE, J. C. «Age norms, age constraints, and adult socialization», *American Journal of Sociology*, 1965, p. 710-717.

NEUGARTEN, B. et WEINSTEIN, K. «The changing American grandparent», *Journal of Marriage and the Family*, 1964, p. 199-205.

NEUGARTEN, B., WOOD, V., KRAINES, R. et LOOMIS, B. «Women's attitudes toward the menopause», *Vita Humana*, 1963, p. 140-151.

NEWMAN, H. H., FREEMAN, F. H. et HOLZINGER, K. J. *Twins: A study of heredity and environment*, Chicago: University of Chicago Press, 1937.

NEWMAN, P. R. «The peer group», dans B. Wolman (éd.), *Handbook of developmental psychology*, Englewood Cliffs, NJ: Prentice-Hall, 1982.

NEWSDAY. «The LI poll», dirigé par B. Bookbinder, 29 mai 1977, p. 4, 36.

NEW YORK TIMES. «College women and self-esteem», 10 déc. 1978, p. 85.

NEW YORK TIMES. «2 women go to jail to protect another's cash», 10 avril 1984, p. A19.

NEW YORK TIMES. «Saturday News Quiz», 7 juillet 1984, p. 16, 40.

NEW YORK TIMES. «Many see mercy in ending empty life», 23 sept. 1984.

NEW YORK TIMES. «Doctors rule out transplant from organs of hanged boy», 23 nov. 1984, p. A26.

NEW YORK TIMES. «Wisconsin board revokes license of nurse in mercy killing of man», 20 mars 1985, p. A16.

NISAN, M. et KOHLBERG, L. «Universality and variation in moral judgment: A longitudinal and cross-sectional study in Turkey», *Child Development*, 1982, p. 865-876.

NOBERINI, M. et NEUGARTEN B. «A follow-up study of adapation in middle-aged women», document présenté lors de la réunion annuelle de la Gerontological Society, Portland, 1975.

NOCK, S. L. et KINGSTON, P. W. «The family work day», *Journal of Marriage and the Family*, mai 1984, p. 333-343.

NOTELOVITZ, M. et WARE, M. *Stand Tall: The informed woman's guide to preventing osteoporosis*, Gainesville, FL: Triad, 1982.

NOTMAN, M. T. «Adult life cycles: Changing roles and changing hormones», dans J. E. Parsons (éd.), *The psychobiology of sex differences and sex roles*, New York: McGraw-Hill, 1980.

NOTMAN, M. T. «Changing roles for women at mid-life», dans W. H. Norman et T. J. Scaramella (éd.), *Midlife: Developmental and clinical issues*, New York: Brunner/Mazel, 1980.

NUMMEDAL, S. et BASS, S. «Effects of the salience of intention and consequence on children's moral judgments», *Developmental Psychology*, 1976, p. 475-476.

OFFER, D. et OFFER, J. B. «Normal adolescent males: The high school and college years», *Journal of the American College Health Association*, 1974, p. 209-215.

OFFER, D., OSTROV, E. et MAROHN R. C. *The phychological world of the juvenile delinquent*, New York: Basic Books, 1972.

OLDS, S. W. «Why can't you stay in the hospital with your child?», *McCall's*, mai 1975.

OLDS, S. W. «Choosing your own relatives», *McCall's*, oct. 1975, p. 38.

OLDS,S. W. «When parents divorce», *Woman's Day*, 10 juin 1980, p. 70, 108, 110.

OLDS, S. W. *The working parents survival guide*, New York: Bantam, 1983.

OLDS, S. W. et EIGER, M. S. *The complete book of breastfeeding*, New York: Bantam, 1973.

OELSNER, L. «More couples adopting victims of genetic defect», *The New York Times*, 8 mars 1979, p. A1, B14.

OPPEL, W. C., HARPER, P. A. et RIDER, R. V. «The age of attaining bladder control», *Pediatrics*, 1968, p. 614-626.

OPPIE, I. et OPPIE, P. *The lore and language of the school child*, Oxford: Clarendon, 1959.

ORENBERG, C. L. *DES: The complete story*, New York: St. Martin's Press, 1981.

ORNSTEIN, P. «Introduction: The study of children's memory», dans P. Ornstein (éd.), *Memory development in children*, Hillsdale, NJ: Lawrence Erlbaum, 1978, p. 1-19.

OSOFSKY, J. (éd.). *Handbook of infant development*, New York: Wiley, 1979.

OSOFSKY, J. «A special analytical perspective by the National Council on Aging», dans *Retirement preparation: Growing corporate involvement*, New York: Ruder & Finn, 1979.

OSTREA, E. M., JR. et CHAVEZ, C. J. «Perinatal problems (excluding neonatal withdrawal) in maternal drug addiction: A study of 830 cases», *Journal of Pediatrics*, 1979, p. 292-295.

OSWALD, P. F. et PELTZMAN, P. «The cry of the human infant», *Scientific American*, 1974, p. 84-90.

OTTO, H. et HEALY, S. «Adolescents' self-perception of personality strengths», *Journal of Human Relations*, 1966, p. 483-490.

OWENS, W. A. «Age and mental abilities: A second adult follow-up», *Journal of Educational Psychology*, 1966, p. 311-325.

PAFFENBARGER, R. S., HYDE, R. T., WING, A. L. et STEINMETZ, C. H. «A natural history of athleticism and cardiovascular health», *Journal of the American Medical Association*, 1984, p. 491-495.

PALMORE, E. B. «Longevity in Abkhazia: A reevaluation», *The Gerontologist*, 1984, p. 95-96.

PALOMA, M. M. «Role conflict and the married professional woman», dans C. Safilious-Rothschild (éd.), *Toward a sociology of women*, Lexington, MA: Xerox College Publishing, 1972.

PANKEY, G. A. «Life style compromised patients», document présenté au Medical Writers Seminar, New York, 5 oct. 1983.

PAPALIA, D. E. «The status of several conservation abilities across the life-span», *Human Development*, 1972, p. 229-243.

PAPALIA, D. et TENNENT, S. «Vocational aspirations in preschoolers: A manifestation of early sex-role stereotyping», *Sex Roles*, 1975, p. 197-199.

PARDINI, A. «Exercise, vitality and aging», *Aging*, avril-mai 1984, p. 19-29.

PARIS, S. G. et LINDAUER, B. K. «The role of inference in children's comprehension and memory for sentences», *Cognitive Psychology*, 1976, p. 217-227.

PARKE, R. «Some effects of punishment on children's behavior — Revisited», dans P. Cantor (éd.), *Understanding a child's world*, New York: McGraw-Hill, 1977.

PARKES, C. M., BENJAMIN, B. et FITZGERALD, R. «Broken heart: A statistical study of increased mortality among widowers», *British Medical Journal*, 1969, p. 740-743.

PARLEE, M. B. «Menstrual rhythms in sensory processes: A review of fluctuations in vision, olfaction, audition, taste, and touch», *Psychological Bulletin*, 1983, p. 539-548.

PARMALEE, A. H., WENNER, W. H. et SCHULZ, H. R. «Infant sleep patterns: From birth to 16 weeks of age», *Journal of Pediatrics*, 1964, p. 576.

PARTEN, M. «Social play among preschool children», *Journal of Abnormal and Social Psychology*, 1932, p. 243-269.

PATTISON, E. M. «The experience of dying», dans E. M. Pattison (éd.), *The experience of dying*, Englewood Cliffs, NJ: Prentice-Hall/Spectrum, 1977.

PAUKER, J. D. «Fathers of children conceived out of wedlock: Prepregnancy, high school, psychological test results», *Developmental Psychology*, 1971, p. 215-218.

PEARLIN, L. I. «Life strains and psychological distress among adults», dans N.J. Smelser et E. H. Erikson (éd.), *Themes of work and love in adulthood*, Cambridge, MA: Harvard University Press, 1980.

PEBLY, A. R. «Changing attitudes toward the timing of first birth», *Family Planning Perspectives*, 1981, p. 171-175.

PECK, R. C. «Psychological developments in the second half of life», dans J. E. Anderson (éd.), *Psychological aspects of aging*, Washington, DC: American Psychological Association, 1955.

PEDERSEN, F. A., RUBENSTEIN, J. L. et YARROW, L. J. «Father absence in infancy», document présenté lors de la réunion de la Society for Research in Child Development, Philadelphia, 29 mars-1er avril 1973.

PEDERSEN, F. A., CAIN, R. et ZASLOW, M. «Variation in infant experience associated with alternative family roles», dans L. Laosa et I. Sigel (éd.), *The family as a learning environment*, New York: Plenum, 1982.

PEDERSEN, F. A., RUBENSTEIN, J. L. et YARROW, L. J. «Infant development in father-absent families», *Journal of Genetic Psychology*, 1979, p. 51-61.

PEDRICK-CORNELL, C. et GELLES, R. J. «Elder abuse: The status of current knowledge», *Family Relations*, 1982, p. 457-465.

PEEL, E. A. *The psychological basis of education*, 2e éd., Edinburgh and London: Oliver and Boyd, 1967.

PELZ, D. C. et ANDREWS, F. M. *Scientists in organizations: Productive climates for research and development*, New York: Wiley, 1966.

PEPLER, D., CORTER, C. et ABRAMOVITCH, R. «Social relations among children: Siblings and peers», dans K. Rubin et H. Ross. (éd.), *Peer relationships and social skills in childhood*, New York: Springer-Verlag, 1982.

PERKINS, R. P. «Sexual behavior and response in relation to complications of pregnancy», *American Journal of Obstetrics and Gynecology*, 1979, p. 498-505.

PERRY, W. G. *Forms of intellectual and ethical development in the college years*, New York: Holt, 1970.

PERSSON-BLENNOW, I. et McNEIL, T. F. «Temperament characteristics of children in relation to gender, birth order, and social class», *American Journal of Orthopsychiatry*, 1981, p. 710-714.

PESKIN, H. «Pubertal onset and ego functioning», *Journal of Abnormal Psychology*, 1967, p. 1-15.

PESKIN, H. «Influence of the developmental schedule of puberty on learning and ego functioning», *Journal of Youth and Adolescence*, 1973, p. 273-290.

PETTIGREW, T. F. «Negro American intelligence», dans T. F. Pettigrew (éd.), *Profile of the Negro American*, Princeton, NJ: Van Nostrand, 1964, p. 100-135.

PETTIT, E. J. et BLOOM, B. L. «Whose decision was it? The effects of initiator status on adjustment to marital adjustment», *Journal of Marriage and the Family*, 1984, p. 587-595.

PFEIFFER, E. «Sexual behavior in old age», dans E. Busse et E. Pfeiffer (éd.), *Behavior and adaptation in late life*, Boston: Little, Brown, 1969.

PIAGET, J. *Judgment and reasoning in the child*, New York: Harcourt, Brace and World, 1926.

PIAGET, J. *The moral judgment of the child*, New York: Harcourt, Brace and World, 1932.

PIAGET, J. *Play, dreams, and imitation*, New York: Norton, 1951.

PIAGET, J. *The child's conception of number*, London: Routledge & Kegan Paul, 1952.

PIAGET, J. *The origins of intelligence in child*, New York: International Universities Press, 1952.

PIAGET, J. *The child's construction of reality*, London: Routledge & Kegan Paul, 1955.

PIAGET, J. «Comments on Vygotsky's critical remarks concerning *The Language and thought of the child* and *Judgment and reasoning in the child*», dans, L. S. Vygotsky, *Thought and language*, Cambridge, MA: M.I.T., 1962.

PIAGET, J. «Intellectual evolution from adolescence to adulthood», *Human Development*, 1972, p. 1-12.

PIAGET, J. et INHELDER, B. *The child's conception of space*, New York: Norton, 1967.

PIAGET, J. et INHELDER, B. *The psychology of the child*, New York: Basic Books, 1969.

PILPEL, H. F., ZECKERMAN, R. J. et OGG, E. *Abortion: Public issue, private decision*, New York: Public Affairs Committee, 1975.

PINEO, P. «Disenchantment in the later years of marriage», *Marriage and Family Living*, 1961, p. 3-11.

PINES, M. «Head Head Start», *The New York Times Magazine*, 26 oct. 1975.

PINES, M. «St-st-st-st-st-st-stuttering», *The New York Times Magazine*, 13 fév. 1977, p. 261.

PINES, M. «Superkids», *Psychology Today*, janv. 1979, p. 53-63.

PINES, M. «Can a rock walk?», *Psychology Today*, nov. 1983, p. 44-54.

PLEMONS, J., WILLIS, S. et BALTES, P. «Modifiability of fluid intelligence in aging: A short-term longitudinal training approach», *Journal of Gerontology*, 1978, p. 224-231.

PLOMIN, R. «Developmental behavioral genetics», *Child Development*, 1983, p. 253-259.

POGREBIN, L. C. *Growing up free*, New York: McGraw-Hill, 1980.

POLLACK, R. F. «A wrong way to see the aged«, *The New York Times*, 14 mars 1985, p. A27.

PORTER, N. L. et CHRISTOPHER, F. S. «Infertility: Towards an awareness of a need among family life practitioners», *Family Relations*, 1984, p. 309-315.

POWERS, E. et BULTENA, G. «Sex differences in intimate friendships of old age», *Journal of Marriage and the Family*, 1976, p. 739-747.

POZNANSKI, E. O. «The clinical phenomenology of childhood depression», *American Journal of Orthopsychiatry*, 1982, p. 308-313.

PRATT, K. C., NELSON, A. K. et SUN, K. H. *The behavior of the newborn infant*, Columbus, OH: Ohio State University Press, 1930.

PRECHTL, H. F. R. et BEINTEMA, D. J. *The neurological examination of the full-term newborn infant: Clinics in developmental medicine*, n° 12, London: Heinemann, 1964.

PRENTICE, N. et FATHMAN, R. «Joking riddles: A developmental index of children's humor», *Proceedings of the 80th Annual Convention of the American Psychological Association*, 1972, p. 119-120.

PRESTON, S. H. «Children and the elderly in the U.S», *Scientific American*, déc. 1984, p. 44-59.

PUGH, W. E. et FERNANDEZ, F. L. «Coitus in late pregnancy», *Obstetrics and Gynecology*, 1953, p. 636-642.

PULASKI, M. A. S. *Understanding Piaget: An introduction to children's cognitive development*, New York: Harper & Row, 1971.

PURNICK, J. «City tries to keep young mothers in school», *The New York Times*, 26 nov. 1984, p. B1.

QUINN, R., STAINES, G. et McCULLOUGH, M. *Job satisfaction: Is there a trend?*, U.S. Department of Labor, Manpower Research Monograph n° 30, Washington, DC, 1974.

RABUSHKA, A. et JACOBS, B. «Are old folks really poor? Herewith a look at some common views», *The New York Times*, 15 fév. 1980, p. A29.

RACHAL, J. V., GUESS, L. L., HUBBARD, R. L., MAISTO, S. A., CAVANAUGH, E. R., WADDELL, R. et BENRUD, C. H. *Adolescent drinking behavior, vol. I: The extent and nature of adolescent alcohol and drug use*, études nationales d'échantillons de 1974 et 1979, Research Triangle Park, NC: Research Triangle Institute, 1980.

RADIN, N. «The role of the father in cognitive, academic, and intellectual development», dans M. E. Lamb (éd.), *The role of the father in child development*, New York: Wiley-Interscience, 1981.

RAFFERTY, C. «Study of gifted from childhood to old age», *The New York Times*, 23 avril 1984, p. B5.

RASSIN, D. K., RICHARDSON, J., BARANOWSKI, T., NADER, P. R., GUENTHER, N., BEE, D. E. et BROWN, J. P. «Incidence of breast-feeding in a low socioeconomic group of mothers in the United States: Ethnic patterns», *Pediatrics*, 1984, p. 132-137.

RATHS, L. E., HARMIN, M. et SIMON, S. B. *Values and teaching*, Columbus, OH: Merrill, 1966.

RAVITCH, D. «The education pendulum», *Psychology Today*, 1983, p. 62-71.

RAYBURN, W. F. et WILSON, E. A. «Coital activity and premature delivery», *American Journal of Obstetrics and Gynecology*, 1980, p. 972-974.

READ, M. S., HABICHT, J-P., LECHTIG, A. et KLEIN, R. E. «Maternal malnutrition, birth weight, and child development», document présenté lors du International Symposium on Nutrition, Growth and Development, Valence, Espagne, 21-25 mai 1973.

REESE, H. W. «Relationships between self-acceptance and sociometric choices», *Journal of Abnormal and Social Psychology*, 1961, p. 472-474.

REESE, H. W. «Imagery and associative memory», dans R. V. Kail et J. W. Hagen (éd.), *Perspectives on the development of memory and cognition*, Hillsdale, NJ: Lawrence Erlbaum, 1977.

REESE, H. W. et OVERTON, W. «Models of development and theories of development», dans L. Goulet et P. Baltes (éd.), *Life-span developmental psychology*, New York: Academic, 1970, p. 115-145.

REEVES, R. «Journey to Pakistan», *The New Yorker*, 1er oct. 1984, p. 39-105.

REICH, W. «Ethical issues related to research involving elderly subjects», *Gerontologist*, 1978, p. 326-337.

REICHARD, S., LIVSON, F. et PETERSON, P. *Aging and personality: A study of 87 older men*, New York: Wiley, 1962.

REID, J. R., PATTERSON, G. R. et LOEBER, R. «The abused child: Victim, instigator or innocent bystander?», dans D. J. Berstein (éd.), *Response structure and organization*, Lincoln: University of Nebraska Press, 1982.

REID, R. L. et YEN, S. S. C. «Premenstrual syndrome», *American Journal of Obstetrics and Gynecology*, 1981, p. 85-104.

REIMANIS, G. et GREEN, R. «Imminence of death and intellectual decrement in the aging», *Developmental Psychology*, 1971, p. 270-272.

REINHOLD, R. «The early years are crucial», *The New York Times*, 21 oct. 1973.

RENDINA, I. et DICKERSCHEID, J. D. «Father involvement with first born infants», *Family Coordinator*, 1976, p. 373-379.

REST, J. R. «Longitudinal study of the defining issues test of moral judgment: A strategy for analyzing developmental change», *Developmental Psychology*, 1975, p. 738-748.

RHEINGOLD, H. L. «The modification of social responsiveness in institutionalized babies», *Monographs of the Society for Research in Child Development*, 1956, n° 63, p. 5-48.

RHEINGOLD, H. L. et ECKERMAN, C. O. «The infant separates himself from his mother», *Science*, 1970, p. 78-83.

RHOADS, G. G. et KAGAN, A. «The relationship of coronary disease, stroke, and mortality to weight in youth and middle age», *Lancet*, 5 mars 1983, p. 492-495.

RHODES, S. R. «Age-related differences in work attitudes and behaviors: A review and conceptual analysis», *Psychological Bulletin*, 1983, p. 328-367.

RICE, B. «Brave new world of intelligence testing», *Psychology Today*, 1979, p. 27-41.

RICHARDS, M. P. M. «Social interaction in the first week of human life», *Psychiatria, Neurologia, Neurochirugia*, 1971, p. 35-42.

RIEGEL, K. F. et RIEGEL, R. M. «Development, drop, and death», *Developmental Psychology*, 1972, p. 306-319.

RIESER, J., YONAS, A. et WILKNER, K. «Radial localization of odors by human newborns», *Child Development*, 1976, p. 856-859.

RILEY, M., FONER, A. et al. *Aging and society. Vol. I: An inventory of research findings*, New York: Russell Sage, 1968.

RINDFUSS, R. R. et ST. JOHN, C. «Social determinants of age at first birth», *Journal of Marriage and the Family*, 1983, p. 553-565.

ROBERTS, E. J., KLINE, D. et GAGNON, J. *Family life and sexual learning: A study of the role of parents in the sexual learning of children*, New York: Project on Human Sexual Development, Population Education, 1978.

ROBERTS, P., PAPALIA-FINLAY, D., DAVIS, E. S., BLACKBURN, J. et DELLMANN, M. «''No two fields ever grow grass the same way''': Assessment of conservation abilities in the elderly», *International Journal of Aging and Human Development*, 1982, p. 185-195.

ROBINSON, B. et THURNHER, M. «Taking care of aged parents: A family cycle transition», *The Gerontologist*, 1981, p. 586-593.

ROBINSON, M. J. *et al.* Dans S. M. Gellis (éd.), *The yearbook of pediatrics*, Chicago: Yearbook Medical Publishers, 1974.

ROBINSON, R. «Low-birth-weight babies», dans R. Robinson (éd.), *Problems of the newborn*, London: British Medical Assocation, 1972.

ROBSON, K. S. «The role of eye-to-eye contact in maternal-infant attachment», *Journal of Child Psychology and Psychiatry*, 1967, p. 13-25.

ROCHE, A. F. «The adipocyte-number hypothesis», *Child Development*, 1981, p. 31-43.

ROCHE, A. F. et DAVILA, G. H. «Late adolescent growth in stature», *Pediatrics*, 1972, p. 874-880.

RODSTEIN, M. «Accidents among the aged: Incidence, causes and prevention», *Journal of Chronic Diseases*, 1964, p. 515-526.

ROESLER, T. et DIESHER, R. «Youthful male homosexuality», *Journal of the American Medical Association*, 1972, p. 1018-1023.

ROGERS, C. C. et O'CONNELL, M. «Childspacing among birth cohorts of American women: 1905-1959», *Current Population Reports*, série P-20, n° 385, 1984.

ROGERS, C. R. *Client-centered therapy*, Boston: Houghton Mifflin, 1951.

ROHN, R., SARLES, R., KENNY, T., REYNOLDS, B. et HEALD, F. «Adolescents who attempt suicide», *Journal of Pediatrics*, 1977, p. 636-638.

ROLLIN, B. «Motherhood: Who needs it?», dans A. Skolnick et J. Skolnick (éd.), *Family in transition*, Boston: Little, Brown, 1971. (Tiré de *Look*, 22 sept. 1970, p. 15-17.)

ROLLIN, B. et GALLIGAN, R. «The developing child and marital satisfaction of parents», dans R. Lerner et G. Spanier (éd.), *Child influences on marital and family interaction: A life-span perspective*, New York: Academic, 1978, p. 71-105.

ROSE, R. J. et DITTO, W. B. «A developmental-genetic analysis of common fears from early adolescence to early adulthod», *Child Development*, 1983, p. 361-368.

ROSE, R. M., GORDON, T. P. et BERNSTEIN, I. S. «Plasma testosterone levels in the male rhesus: Influences of sexual and social stimuli», *Science*, 1972, p. 643-645.

ROSENMAN, R. H. «Type A behavior in corporate executives and its implications for cardiovascular disease.», document présenté au séminaire/atelier de Coping with Corporate Stress: Avoiding a Cardiovascular Crisis, New York: 14 juin 1983.

ROSENTHAL, M. K. «Vocal dialogues in the neonatal period», *Developmental Psychology*, 1982, p. 17-21.

ROSENTHAL, R. et JACOBSON, L. *Pygmalion in the classroom*, New York: Holt, 1968.

ROSOW, I. «Old people: Their friends and neighbors», *American Behavioral Scientist*, 1970, p. 59-69.

ROSS, H. G., DALTON, M. J. et MILGRAM, J. I. «Older adults' perceptions of closeness in sibling relationships», document présenté lors de la 33ᵉ réunion scientifique annuelle de la Gerontological Society, San Diego, CA, nov. 1980.

ROSS, J. B. et McLAUGHLIN, M. (éd.), *A portable medieval reader*, New York: Viking, 1949.

ROSSI, A. S. «Aging and parenthood in the middle years», dans P. B. Baltes et O. G. Brim, Jr. (éd.), *Life-span development and behavior*, vol. 3, New York: Academic Press, 1980.

ROVEE-COLLIER, C. et LIPSITT, L. «Learning, adaptation, and memory in the newborn», dans P. Stratton (éd.), *Psychobiology of the human newborn*, New York: Wiley, 1982.

RUBERMAN, W., WEINBLATT, E., GOLDBERG, J. D. et CHAUDHARY, B. S. «Psychosocial influences on mortality after myocardial infarction», *New England Journal of Medicine*, 1984, p. 552-559.

RUBIN, J., PROVENZANO, P. et LURIA, Z. «The eye of the beholder: Parent's view of sex of newborns», *American Journal of Orthopsychiatry*, 1974, p. 512-519.

RUBIN, K. «Nonsocial play in preschoolers: Necessary evil?», *Child Development*, 1982, p. 651-657.

RUBIN, K., MAIONI, T. L. et HORNUNG, M. «Free play behaviors in middle-class and lower-class preschoolers: Parten and Piaget revisited», *Child Development*, 1976, p. 414-419.

RUBIN, K., WATSON, K. et JAMBOR, T. «Free-play behaviors in preschool and kindergarten children», *Child Development*, 1978, p. 534-536.

RUBIN, K. H. «Decentration skills in institutionalized and non-institutionalized elderly», document présenté lors de la réunion annuelle de l'American Psychological Association, 1973.

RUBIN, L. B. *Women of a certain age*, New York: Harper Colophon, 1979.

RUBIN, Z. «Does personality really change after 20?», *Psychology Today*, 1981, p. 18-27.

RULE, S. «The battle to stem school dropouts», *The New York Times*, 11 juin 1981, p. A1, B10.

RUSSELL, C. «Transition to parenthood: Problems and gratifications», *Journal of Marriage and the Family*, 1974, p. 294-302.

RUSSELL, L. B. et RUSSELL, W. L. «Radiation hazards to the embryo and fetus», *Radiology*, 1952, p. 369-376.

RUTTER, M. «Parent-child separation: Psychological effects on the children», *Journal of Child Psychology and Psychiatry*, 1971, p. 233-260.

RUTTER, M. *The qualities of mothering: Maternal deprivation reassessed*, New York: Jason Aronson, 1974.

RUTTER, M. «Separation experiences: A new look at an old topic», *Pediatrics*, 1979, p. 147-154.

RUTTER, M. «Stress, coping, and development: Some issues and some questions», dans N. Garmezy et al. (éd.), *Stress, coping, and development in children*, New York: McGraw-Hill, 1983.

RUTTER, M. «Resilient children», *Psychology Today*, 1984, p. 57-65.

RYERSON, A. J. «Medical advice on child rearing», 1550-1900. *Harvard Educational Review*, 1961, p. 302-323.

RYFF, C. D. «Self-perceived personality change in adulthood and aging», *Journal of Personality and Social Psychology*, 1982, p. 108-115.

RYFF, C. D. et BALTES, P. B. «Value transition and adult development in women: The instrumentality-terminality sequence hypothesis», *Developmental Psychology*, 1976, p. 567-568.

RYFF, C. D. et HEINCKE, S. G. «Subjective organization of personality in adulthood and aging», *Journal of Personality and Social Psychology*, 1983, p. 807-816.

SACHS, B. P., McCARTHY, B. J., RUBIN, G., BURTON, A., TERRY, J. et TYLER, C. W. «Cesarean section», *Journal of the American Medical Association*, 1983, p. 2157-2159.

SADOWITZ, P. D. et OSKI, F. A. «Iron status and infant feeding practices in an urban ambulatory center», *Pediatrics*, 1983, p. 33-36.

SAGI, A. et HOFFMAN, M. «Empathic distress in newborns», *Developmental Psychology*, 1976, p. 175-176.

SAJDEL-SULKOWSKA, E. M. et MAROTTA, C. A. «Alzheimer's disease brain: Alterations in RNA levels and ribonuclease-inhibitor complex», *Science*, 1984, p. 947-949.

SALAPATEK, P. et KESSEN, W. «Visual scanning of triangles by the human newborn», *Journal of Experimental Child Psychology*, 1966, p. 155-167.

SALTZ, R. «Effects of part-time mothering on I.Q. and D.Q. of young institutionalized children», *Child Development*, 1973, p. 166-170.

SAMEROFF, A. «Can conditioned responses be established in the newborn infant?», *Developmental Psychology*, 1971, p. 1-12.

SANDERS, L. T. et SEELBACH, W. C. «Variations in preferred care alternatives for the elderly: Family versus nonfamily sources», *Family Relations*, 1981, p. 447-451.

SANDERS, C. «Dying they live: St. Christopher's Hospice», dans H. Feifel (éd.), *New meaning of death*, New York: McGraw-Hill, 1977, p. 153-179.

SANDOZ PHARMACEUTICALS. *Enquiry into aging: Answers to the questionnaire on retirement*, East Hanover, NJ: Sandoz, nov. 1976.

SCALES, P. «Males and morals: Teenage contraceptive behavior amid the double standard», *The Family Coordinator*, 1977, p. 211-222.

SCAMMON, R. E. «The first seriatim study of human growth», *American Journal of Physical Anthropology*, 1927, p. 329-336.

SCARF, M. «The fetus as guinea pig», *The New York Times Magazine*, 19 oct. 1975.

SCARR, S. et WEINBERG, R. «The Minnesota Adoption Study: Genetic differences and malleability», *Child Development*, 1983, p. 260-267.

SCHACTER, S. «Don't sell habit breakers short», *Psychology Today*, 1982, p. 27-34.

SCHAFFER, D. L. *Sex differences in personalities*, Belmont, CA: Brooks/Cole, 1971.

SCHAFFER, H. R. et EMERSON, P. «The development of social attachments in infancy», *Monographs of the Society for Research in Child Development*, 1964.

SCHAIE, K. W. «External validity in the assessment of intellectual development in adulthood», document présenté lors de la réunion annuelle de l'American Psychological Association, Washington, DC, 1976.

SCHAIE, K. W. «Toward a stage theory of adult cognitive development», *Journal of Aging and Human Development*, 1977-1978, p. 129-138.

SCHAIE, K. W. «The primary mental abilities in adulthood: An exploration in the development of psychometric intelligence», dans P. B. Baltes et O. G. Brim (éd.), *Life-span development and behavior*, vol. 2, New York: Academic Press, 1979.

SCHAIE, K. W. «Psychological changes from midlife to early old age: Implications for the maintenance of mental health», *American Journal of Orthopsychiatry*, 1981, p. 199-218.

SCHAIE, K. W. et BALTES, P. B. «Some faith helps to see the forest: A final comment on the Horn-Donaldson myth of the Baltes-Schaie position on adult intelligence», *American Psychologist*, 1977, p. 1118-1120.

SCHAIE, K. W. et GRIBBEN, K. «Adult development and aging», dans M. Rosenzweig et L. Porter (éd.), *Annual review of psychology*. Palo Alto, CA: Annual Reviews, 1975.

SCHAIE, K. W. et HERZOG, C. «Fourteen-year cohort sequential analyses of adult intellectual development», *Developmental Psychology*, 1983, p. 531-543.

SCHAIE, K. W. et STROTHER, C. «A cross-sequential study of age changes in cognitive behavior», *Psychological Bulletin*, 1968, p. 671-680.

SCHANCHE, D. «What really happens emotionally and physically when a man reaches 40?», *Today's Health*, mars 1973, p. 40-43, 60.

SCHLOSSBERG, N. «Does mid-life have a corner on the crisis market for women?», présenté à la conférence *Woman in Transition*, New York University's School of Continuing Education, Center for Career and Life Planning, New York, 2 mars 1985.

SCHMECK, H. M., JR. «Trend in growth of children lags», *The New York Times*, 10 juin 1976, p. 13.

SCHMECK, H. M., JR. «U.S. panel calls for patients' right to end life», *The New York Times*, 22 mars 1983, p. A1, C7.

SCHMITT, B. D. et KEMPE, C. H. «Abusing neglected children», dans R. E. Behrman et V. C. Vaughn (éd.), *Textbook of pediatrics*, Philadelphia: W. B. Saunders, 1983.

SCHMITT, M. H. «Superiority of breast-feeding: Fact or fancy?», *American Journal of Nursing*, juillet 1970, p. 1488-1493.

SCHULZ, R. *The psychology of death, dying, and bereavement*, reading, MA: Addison-Wesley, 1978.

SCHWARTZ, P. «Length of daycare attendance and attachment behavior in 18-month-old infants», *Child Development*, 1983, p. 1073-1078.

SCHWEBEL, M. «Effects of the nuclear war threat on children and teenagers: Implications for professionals», *American Journal of Orthopsychiatry*, 1982, p. 608-617.

SCOTT, J. P. *Animal behavior*, Chicago: University of Chicago Press, 1958.

SCOTT, J. P. et ROBERTO, K. A. «Sibling relationships in late life», document présenté lors de la 43e réunion annuelle du National Council on Family Relations, Milwaukee, oct. 1981.

SCRIMSHAW, N. S. «Malnutrition, learning and behavior», *American Journal of Clinical Nutrition*, 1976, p. 493-502.

SCULLY, C. «Down's syndrome», *British Journal of Hospital Medicine*, juillet 1973, p. 89-98.

SEARS, P. «Life satisfaction of Terman's gifted women: 1927-72. Comparison with the gifted men and with normative samples», document présenté à la 5e conférence annuelle, School of Education, University of Wisconsin, Madison, 1977.

SEARS, P. et BARBEE, A. «Career and life satisfaction among Terman's gifted women», dans *The gifted and the creative: A fifty-year perspective*, Baltimore: Johns Hopkins University Press, 1978.

SEARS, R. R., MACCOBY, E. E. et LEVIN, H. *Patterns of child rearing*, New York: Harper & Row, 1957.

SELIGMAN, M. «Giving up on life», *Psychology Today*, 1974, p. 81-85.

SELMAN, R. L. «A structural analysis of the ability to take another's social perspective: Stages in the development of role-taking ability», document présenté lors de la réunion de la Society for Research in Child Development, 1973.

SELMAN, R. L. et SELMAN, A. P. «Children's ideas about friendship: A new theory», *Psychology Today*, 1979, p. 71-80, 114.

SELYE, H. «The stress concept today», dans I. L. Kutash, L. B. Schlesinger et associés (éd.), *Handbook on stress and anxiety*, San Francisco: Jossey-Bass, 1980, p. 127-143.

SERRIN, W. «Experts say job bias against women persists», *The New York Times*, 25 nov. 1984, p. 1, 32.

SERUNIAN, S. et BROMAN, S. «Relationship of Apgar scores and Bayley mental and motor scores», *Child Development*, 1975, p. 696-700.

SEXTON, M. et HEBEL, R. «A clinical trial of change in maternal smoking and its effect on birth weight», *Journal of the American Medical Association*, 1984, p. 911-915.

SHAH, R., ZELNIK, M. et KANTNER, J. «Unprotected intercourse among unwed teenagers», *Family Planning Perspectives*, 1975, p. 39-44.

SHAINESS, N. «A re-evaluation of some aspects of feminity through a study of menstruation: A preliminary report», *Comprehensive Psychiatry*, 1961, p. 20-26.

SHANAS, E. «Older people and their families: The new pioneers», *Journal of Marriage and the Family*, 1980, p. 9-15.

SHANAS, E., TOWNSEND, P., WEDDERBURN, D., FRIIS, H., MILHOJ, P. et STEHOUWER, J. (éd.). *Old people in three industrial societies*, New York: Atherton, 1968.

SHANGOLD, M. «Female runners advised to follow common sense», *The New York Times*, 14 mai 1978, section 5, p. 2.

SHANNON, D. C. et KELLY, D. H. «SIDS and Near-SIDS (First of two parts)», *The New England Journal of Medicine*, 1982a, p. 959-965.

SHANNON, D. C. et KELLY, D. H. «SIDS and Near-SIDS (Second of two parts)», *The New England Journal of Medicine*, 1982b, p. 1022-1028.

SHANNON, L. W. *Assessing the relationship of adult criminal careers to juvenile careers*, Iowa City, IA: Iowa Urban Community Research Center. University of Iowa, 1982.

SHAPIRO, A. K., SHAPIRO, E. et WAYNE, H. L. «The symptomatology and diagnosis of Gilles de la Tourette's syndrome», *Journal of the American Academy of Child Psychiatry*, 1973, p. 702-723.

SHATZ, M. et GELMAN, R. «The development of communication skills: Modifications in the speech of young children as a function of listener», *Monographs of the Society for Research in Child Development*, 1973, série n° 152.

SHAYWITZ, S., COHEN, D. et SHAYWITZ, B. «Behavior and learning difficulties in children of normal intelligence born to alcoholic mothers», *Journal of Pediatrics*, 1980, p. 978-982.

SHEEHY, G. *Passages*, New York: Dutton, 1976.

SHEPPARD, S. et SEIDMAN, S. «Midlife women, the women's movement, and sexuality», document présenté lors de la 15e réunion nationale annuelle de l'American Association of Sex Educators, Counselors, and Therapists, New York, 12 mars 1982.

SHERMAN, A., GOLDRATH, M., BERLIN, A., VAKHARIYA, V., BANOOM F., MICHAELS, W., GOODMAN, P. et BROWN, S. «Cervical-vaginal adenosis after in utero exposure to synthetic estrogen», *Obstetrics and Gynecology*, 1974, p. 531-545.

SHERMAN, L. W. et BERK, R. A. «The Minneapolis domestic violence experiment», *Police Foundation Reports*, avril 1984, p. 1-8.

SHINN, M. «Father absence and children's cognitive development», *Psychological Bulletin*, 1978, p. 295-324.

SHIPMAN, G. «The psychodynamics of sex education», *Family Coordinator*, 1968, p. 3-12.

SHNEIDMAN, E. «The college student and death», dans H. Feifel (éd.), *New meanings of death*, New York: McGraw-Hill, 1977, p. 67-88.

SHORT, R. V. «Breast feeding», *Scientific American*, 1984, p. 35-41.

SIEGEL, O. «Personality development in adolescence», dans B. B. Wolman (éd.), *Handbook of developmental psychology*, Englewood Cliffs, NJ: Prentice-Hall, 1982.

SIEGLER, R. S. et RICHARDS, D. «The development of intelligence», dans R. Sternberg (éd.), *Handbook of human intelligence*, Cambridge: Cambridge University Press, 1982.

SIMNER, M. L. «Newborn's reponse to the cry of another infant», *Developmental Psychology*, 1971, p. 135-150.

SIMON, S. B. et OLDS, S. W. *Helping your child learn right from wrong: A guide to values clarification*, New York: Simon & Schuster, 1976.

SINGLETON, L. et ASHER, S. «Racial integration and children's peer preferences: An investigation of developmental and cohort differences», *Child development*, 1979, p. 936-941.

SISCOVICK, D. S., WEISS, N. S., FLETCHER, R. H. et LASKY, T. «The incidence of primary cardiac arrest during vigorous exercise», *The New England Journal of Medicine*, oct. 1984, p. 874-877.

SKEELS, H. M. «Adult status of children with contrasting early life experiences», *Monographs of the Society for Research in Child Development*, 1966, n° 3, p. 1-65

SKEELS, H. M. et DYE, H. B. «A study of the effects of differential stimulation on mentally retarded children», *Program of the American Association of Mental Deficiency*, 1939, p. 114-136.

SKINNER, B. F. *The behavior of organisms: An experimental approach*, New York: Appleton-Century, 1938.

SKINNER, B. F. et VAUGHAN, M. E. *Enjoy old age*, New York: Norton, 1983.

SKINNER, D. A. «Dual-career families: Strains of sharing», dans H. I. McCubbin et C. R. Figley (éd.), *Stress and the family. Vol. 1. Coping with normative transitions*, New York: Brunner/Mazel, 1983.

SKLAR, L. S. et ANISMAN, H. «Stress and cancer», *Psychological Bulletin*, 1981, p. 369-406.

SLATER, E., et SHIELDS, J. «Psychotic and neurotic illnesses in twins», *Medical Research Council Special Report*, Série n° 278, London: HMSO, 1953.

SLATER, P. «Parental role differentiation», dans R. L. Closer (éd.), *The family: Its structure and functions*, New York: St. Martin's, 1958.

SLOBIN, D. I. «Universals of grammatical development in children», dans W. Levelt et G. B. Flores d'Arcais (éd.), *Advances in psycholinguistic research*, Amsterdam: New Holland, 1971.

SMILANSKY, S. *The effects of sociodramatic play on disadvantaged preschool children*, New York: Wiley, 1968.

SMITH, C. G. «Age incidences of atrophy of olfactory nerves in man», *Journal of Comparative Neurology*, 1942, p. 477-508.

SMITH, D. W. et WILSON, A. A. *The child with Down's syndrome (mongolism)*, Philadelphia: Saunders, 1973.

SMITH, M. B. «Conflicting values affecting behavioral research with children», *Children*, 1967, p. 377-382.

SMOLLAR, J. et YOUNISS, J. «Social development through friendship», dans K. H. Rubin et H. S. Ross (éd.), *Peer relationships and social skills in childhood*, New York: Springer-Verlag, 1982.

SNOW, C. E. «Mother's speech to children learning language», *Child Development*, 1972, p. 549-565.

SNOW, C. E. «Mother's speech research: From input to interaction», dans C. E. Snow et C. A. Ferguson (éd.), *Talking to children: Language input and acquisition*, Cambridge: Cambridge University Press, 1977.

SNOW, C. E., ARLMAN-RUPP, A., HASSING, Y., JOBSE, J., JOOSTEN, J. et VERSTER, J. «Mother's speech in three social classes», *Journal of Psycholinguistic Research*, 1976, p. 1-20.

SNOW, M. E., JACKLIN, C. N. et MACCOBY, E. E. «Sex-of-child differences in father-child interaction at one year of age», *Child Development*, 1983, 227-232.

SNYDER, T. «College attendance after high shcool. Statistical Highlight of the National Center for Education statistics», Pub. n° NCES 84-402, 1984.

SODDY, K. et KIDSON, M. *Men in middle life, cross-cultural studies in mental health*, Philadelphia: Lippincott, 1967.

SOLOMONS, H. «The malleability of infant motor development», *Clinical Pediatrics*, 1978, p. 836-839.

SONTAG, L. W. et WALLACE, R. I. «Preliminary report of the Fels fund: A study of fetal activity», *American Journal of Diseases of Children*, 1934, p. 1050-1057.

SONTAG, L. W. et WALLACE, R. I. «Changes in the heart rate of the human fetal heart in response to vibratory stimuli», *American Journal of Diseases of Children*, 1936, p. 583-589.

SONTAG, S. «The double standard of aging», *Saturday Review*, 23 sept. 1972.

SORENSON, R. C. *Adolescent sexuality in contemporary America*, New York: World, 1973.

SOSTEK, A. J. et WYATT, R. J. «The chemistry of crankiness», *Psychology Today*, 1981, p. 120.

SPEARMAN, C. «General intelligence objectively determined and measured», *American Journal of Psychology*, 1904, p. 201-293.

SPIRO, M. E. *Children of the kibbutz*, Cambridge, MA: Harvard University Press, 1958.

SPITZ, R. A. «Hospitalism: An inquiry in the genesis of psychiatric conditioning in early childhood», dans D. Fenschel et al. (éd.),

Psychoanalytic studies of the child, vol. I, New York: International Universities Press, 1945, p. 53-74.

SPOCK, B. *Baby and child care*, New York: Pocket Books, 1976.

SQUIRE, S. *The slender balance*, New York: Putnam, 1983.

SROUFE, L. A. «Socioemotional development», dans J. Osofsky (éd.), *Handbook of infant development*, New York: Wiley, 1979.

SROUFE, L. A., FOX, N. E. et PANCAKE, V. R. «Attachment and dependency in a developmental perspective», *Child Development*, 1983, p. 1615-1627.

SROUFE, L. A. et WUNSCH, J. «The development of laughter in the first year of life», *Child Development*, 1972, p. 1326-1344.

STACEY, M., DEARDEN, R., PILL, R. et ROBINSON, D. *Hospitals, children and their families: The report of a pilot study*, London: Routledge & Kegan Paul, 1970.

STAMPS, L. «Temporal conditioning of heart rate responses in newborn infants», *Developmental Psychology*, 1977, p. 624-629.

STARFIELD, B. «Enuresis: Focus on a challenging problem in primary care», *Pediatrics*, 1978, p. 1036-1037.

STARK, R. et McEVOY, J. «Middle-class violence», *Psychology Today*, 1970, p. 52-65.

STARR, B. D. et WEINER, M. B. *The Starr-Weiner report on sex and sexuality in the mature years*, New York: Stein & Day, 1981.

STEIN, A. «Imitation of resistance to temptation», *Child Development*, 1967, p. 157-169.

STEIN, A. et FRIEDRICH, L. «Impact of television on children and youth», dans E. M. Hetherington (éd.), *Review of Child Development Research*, vol. 5, Chicago: University of Chicago Press, 1975.

STEIN, M. I. et HEINZE, S. J. *Creativity and the individual*, New York: Free Press, 1960.

STEIN, P. J. «Being single: Bucking the cultural imperative», document présenté lors de la 71ᵉ réunion annuelle de l'American Sociological Association, 3 sept. 1976.

STEINBERG, L. D. «Jumping off the work experience bandwagon», *Journal of Youth and Adolescence*, 1982, p. 183-206.

STENCHEVER, M. A., WILLIAMSON, R. A., LEONARD, J., KARP, L. E., LEY, B., SHY, K. et SMITH, D. «Possible relationship between in utero diethylstilbestrol exposure and male fertility», *American Journal of Obstetrics and Gynecology*, 1981, p. 186-193.

STERNGLANZ, S. et LYBERGER-FICEK, S. «An analysis of sex differences in academic interactions in the college classroom», document présenté lors de la réunion biennale de la Society for Research in Child Development, Denver, 1975.

STERNGLANZ, S. et SERBIN, L. «Sex role stereotyping in children's television programs», *Development Psychology*, 1974, p. 710-715.

STEVENSON, M.et LAMB, M. «Effects of infant sociability and the caretaking environment on infant cognitive performance», *Child Development*, 1979, p. 340-349.

STEWART, M. A. et OLDS, S. W. *Raising a hyperactive child*, New York: Harper & Row, 1973.

STEWART, R. B. «Sibling attachment relationships: Child-infant interactions in the Strange Situation», *Developmental Psychology*, 1983, p. 192-199.

STINNETT, N., CARTER, L. et MONTGOMERY, J. «Older persons' perceptions of their marriages», *Journal of Marriage and the Family*, 1972, p. 665-670.

STONE, L. J., SMITH, H. T. et MURPHY, L. B. *The competent infant: Research and commentary*, New York: Basic Books, 1973.

STRAUS, M. A. «Sexual inequality, cultural norms, and wife-beating», *Victimology*, 1976, p. 54-76.

STRAUSS, M., LESSEN-FIRESTONE, J., STARR, R. et OSTREA, E. «Behavior of narcotics-addicted new-borns», *Child Development*, 1975, p. 887-893.

STREIB, G. F. et SCHNEIDER, C. J. *Retirement in American society: Impact and process*, Ithaca: Cornell Unviersity Press, 1971.

STREISSGUTH, A. P., BARR, H. M. et MARTIN, D. C. «Maternal alcohol use and neonatal habituation assessed with the Brazelton Scale», *Child Development*, 1983, p. 1109-1118.

STREISSGUTH, A. P., MARTIN, D. C., BARR, H. M., SANDMAN, B. M., KIRCHNER, G. L. et DARBY, B. L. «Interuterine alcohol and nicotine exposure: Attention and reaction time in 4-year-old children», *Developmental Psychology*, 1984, p. 533-541.

STRICKLAND, D. M., SAEED, S. A., CASEY, M. L. et MITCHELL, M. D. *Science*, 1983, p. 521-522.

STUART, M. J., GROSS, S. J., ELRAD, H. et GRAEBER, J. E. «Effects of acetylsalicylic-acid ingestion on maternal and neonatal hemostasis», *New England Journal of Medicine*, 1982, p. 909-912.

STUBBLEFIELD, H. «Contributions of continuing education», *Vocational Guidance Quarterly*, 1977, p. 351-355.

SULLIVAN-BOLYAI, J., HULL, H. F., WILSON, C. et COREY, L. «Neonatal herpes simplex virus infection in King County, Washington», *Journal of the American Medical Association*, 1983, p. 3059-3062.

SULLIVAN, H. S. *The interpersonal theory of psychiatry*, New York: Norton, 1953.

SUOMI, S. et HARLOW, H. «Social rehabilitation of isolate-reared monkeys», *Developmental Psychology*, 1972, p. 487-496.

SUTTON-SMITH, B. «Birth order and sibling status effects», dans M. E. Lamb et B. Sutton-Smith (éd.), *Sibling relationships: Their nature and significance across the lifespan*, Hillsdale, NJ: Lawrence Erlbaum, 1982.

SZINOVACZ, M. «Female retirement: Effects on spousal roles and marital adjustment: A pilot study», document présenté lors de la réunion de la Society for the Study of Social Problems, San Francisco, 1978.

TAGER, I. B., WEISS, S. T., MUNOZ, A., ROSNER, B. et SPEIZER.,F. E. «Longitudinal study of the effects of maternal smoking on pulmonary function in children», *New England Journal of Medicine*, 1983, p. 699-703.

THE TAMPAX REPORT, A MAJOR NATIONAL STUDY ON MENSTRUATION. Lake Success, NY: Tampax, Inc., 1981.

TANFER, K. et HORN, M. C. «Contraceptive use, pregnancy and fertility patterns among single American women in their 20's», *Family Planning Perspectives*, 1985, p. 10-19.

TANNER, J. M. «The adolescent growth-spurt and developmental age», dans G. A. Harrison, J. S. Werner, J. M. Tannert et N. A. Barnicot (éd.), *Human biology: An introduction to human evolution, variation, and growth*, Oxford: Clarendon Press, 1964, p. 321-339.

TANNER, J. M. «Growing up», *Scientific American*, 1973, p. 35-43.

TANNER, J. M. *Fetus into man: Physical growth from conception to maturity*, Cambridge, MA: Harvard, 1978.

TANNER, J. M. *Growth adolescence*, 2e éd., Oxford: Scientific Publications, 1982.

TARD, D. B. «Toward a reassessment of women's experience at middle-age», *The Family Coordinator*, 1979, p. 377-382.

TAUTERMANNOVA, M. «Smiling in infants», *Child Development*, 1973, p. 701-704.

TEC, N. «Some aspects of high school status and differential involvement with marijuana», *Adolescence*, 1972, p. 1-28.

TERMAN, L. M. «Psychological approaches to the study of genius», *Papers on Eugenics*, 1947, p. 3-20.

TERMAN, L. M. et ODEN, M. H. *Genetic studies of genius, V. The gifted group at mid-life*, Stanford, CA: Stanford, 1959.

THAL, L. J., FULD,P. A, MASUR, D. M. et SHARPLESS, N. S. «Oral psycostigmine and lechithin improve memory in Alzheimer disease», *Annals of Neurology*, 1983, p. 491-496.

THOMAS, A. et CHESS, S. *Temperament and development*, New York: Brunner/Masel, 1977.

THOMAS, A., CHESS, S. et BIRCH, H. G. *Temperament and behavior disorders in children*, New York: New York University Press, 1968.

THOMPSON, A. P. «Extramarital sex: A review of the research literature», *Journal of Sex Research*, 1983, p. 1-22.

THOMPSON, R. A., LAMB, M. E. et ESTES, D. «Stability of infant-mother attachment and its relationship to changing life circumstances in an unselected middle-class sample», *Child Development*, 1982, p. 144-148.

THORNDIKE, E. L. *Animal intelligence*, New York: Macmillan, 1911.

THURSTONE, L. L. *Primary mental abilities*, Chicago: University of Chicago Press, 1938.

TIETZE, C. et LEWIT, S. «Legal abortion», *Scientific American*, 1977, p. 21-27.

TIMIRAS, P. S. *Developmental physiology and aging*, New York: Macmillan, 1972.

TIMMONS, F. «Freshman withdrawal from college: A positive step toward identity formation? A follow-up study», *Journal of Youth and Adolescence*, 1978, p. 159-173.

TOLSTOY, L. «The death of Ivan Illich», dans L. Tolstoy, *The death of Yvan Illych and other stories*, (1960), New-York: New American Library, 1946.

TOMLINSON-KEASEY, C. «Formal operations in females from eleven to fifty-six years of age», *Developmental Psychology*, 1972, p. 364.

TRAISMAN, A. S., et TRAISMAN, H. S. «Thumb and finger sucking: A study of 2650 infants and children», *Journal of Pediatrics*, 1958, p. 566.

TREVATHAN, E., LAYDE, P., WEBSTER, L. A., ADAMS, L. B., BENIGNO, B. B. et ORY, H. «Cigarette smoking and dysplasia and carcinoma in situ of the uterine cervix», *Journal of the American Medical Association*, 1983, p. 499-502.

TRIBICH, D. et KLEIN, M. «On Freud's blindness», *Colloquium*, 1981, p. 52-59.

TROLL, L. E. *Early and middle adulthood*, Monterey, CA: Brooks/Cole, 1975.

TROLL, L. E. *Early an middle adulthood*, 2e éd., Belmont, CA: Wadsworth, 1982.

TROLL, L. E. «Grandparenting», dans L. W. Poon (éd.), *Aging in the 1980s*, Washington, DC: American Psychological Association, 1980.

TROLL, L. E. «Grandparents: The family watchdogs», dans T. H. Brubaker (éd.), *Family relationships in later life*, Beverly Hills, CA: Sage, 1983.

TROLL, L. E., MILLER, S. et ATCHLEY, R. *Families in later life*, Belmont, CA: Wadsworth, 1979.

TROLL, L. E. et SMITH J. «Attachment through the life span», *Human Development*, 1976, p. 156-171.

TRONICK, E. «Stimulus control and the growth of the infants visual field», *Perception and Psychophysics*, 1972, p. 373-375.

TRONICK, E., KOSLOWSKI, B. et BRAZELTON, T. B. *Neonatal behavior among urban Zambians and Americans*, document présenté lors de la réunion biennale la Society of Research in Child Development, 4 avril 1971.

TROTTER, R. J. «Baby face», *Psychology Today*, août 1983, p. 14-20.

TSAI, M. et WAGNER, N. «Incest and molestation: Problems of childhood sexuality», *Resident and Staff Physician*, 1979, p. 129-136.

TURNER, J. et HELMS, D. *Contemporary adulthood*, Philadelphia: Saunders, 1979.

UHLENBERG, P. et MYERS. M. A. P. «Divorce and the elderly», *The Gerontologist*, 1981, p. 276-282.

UNIFORM CRIME REPORTS-1982. «Crime in the United States, U.S.», Department of Justice, Federal Bureau of Investigation, 1983.

THE UNIVERSITY OF TEXAS HEALTH SCIENCE CENTER AT DALLAS. «Radiation biologist works to protect fetus from chromosome damage», 4 mai 1983.

UPJOHN COMPANY, «The menopausal woman: An enlightened view», *Writer's guide to menopause*, Kalamazoo, MI: Upjohn Company, 1983.

UPJOHN COMPANY, *Writer's guide to sex and health*, Kalamazoo, MI: Upjohn Company, 1984.

U.S. BUREAU OF THE CENSUS. *Household and family characteristics*, Current Population Reports, Special Studies, Série P-20, N° 291, mars 1975.

U.S. BUREAU OF THE CENSUS. *Estimates of marital status of the population*, Population Estimates and Projections, Série P-25, N° 607, août 1975.

U.S. BUREAU OF THE CENSUS. *America in transition: An aging society*, Current Population Reports, Série P-23, N° 128, Washington, DC: Government Printing Office, 1983.

U.S. BUREAU OF THE CENSUS. *Marital status and living arrangements: March 1983*, Current Population Reports: Population characteristics, Série P-20, N° 389, 1984.

U.S. DEPARTMENT OF HEALTH AND HUMAN SERVICES. *The status of children, youth, and families, 1979*, DHHS Publication n° (OHDS) 80-30274, aoû 1980.

U.S. DEPARTMENT OF HEALTH AND HUMAN SERVICES. *Preterm babies*, DHHS Publication n° (ADM) 80-972, 1980.

U.S. DEPARTMENT OF HEALTH AND HUMAN SERVICES. *Smoking tobacco, and health*, DHHS Publication n° (PHS) 80-50150, 1980.

U.S. DEPARTMENT OF HEALTH AND HUMAN SERVICES. *The prevalence of dental caries in U.S. children, 1979-1980*, The National Dental Caries Prevalence Survey, NIH Publication n° 82-2245, déc. 1981.

U.S. DEPARTMENT OF HEALTH AND HUMAN SERVICES. *Prevention '82*, DHHS (PHS) Publication n° 82-50157, 1982.

U.S. DEPARTMENT OF HEALTH AND HUMAN SERVICES. *Head Start: A child development program*, Pamphlet (GPO: 1983 0-419-205: QL 3), Washington, DC, 1983.

U.S. DEPARTMENT OF HEALTH, EDUCATION AND WELFARE. *Vital Statistics of the U.S.*, 1960 (Vol. 3: Marriage and Divorce), Washington, DC, Public Health Service, 1964.

U.S. DEPARTMENT OF HEALTH, EDUCATION, AND WELFARE. *Health, United States, 1975*, DHEW Publication n° (HRA) 76-1232, Rockville, MD: National Center for Health Statistics, 1976.

U.S. DEPARTMENT OF HEALTH, EDUCATION, AND WELFARE. *Health U.S., 1979*, DHEW Publication n° (PHS) 80-1232, Hyattsville, MD: U.S.D.H.E.W., 1980.

U.S. DEPARTMENT OF LABOR. *Working mothers reach record number in 1984. Monthly Labor Review*, déc. 1984, p. 31-34.

UZGIRIS, I. C. «Patterns of cognitive development in infancy», Merrill-Palmer Institute Conference on Infant Development, Detroit, 9-12 fév. 1972.

UZGIRIS, I.C. et HUNT, J. *Assessment in infancy*, Urbana: University of Illinois, 1975.

VACHON, M., LYALL, W., ROGERS, J., FREEDMEN-LETOFKY, K. et FREEMAN, S. «A controlled study of self-help intervention for widows», *American Journal of Psychiatry*, 1980, p. 1380-1384.

VAILLANT, G. E. «Adaptation to life», Boston: Little, Brown, 1977.

VALDÉS-DAPENA, M. «Sudden infant death syndrome: A review of the medical literature, 1974-1979», *Pediatrics*, 1980, p. 597-614.

VALENTINE D. P. «The experience of pregnancy: A developmental process», *Family Relations*, 1982, p. 243-248.

VANDENBERG, S. G. «Hereditary factors in normal personality traits (as measured by inventories)», dans J. Wortes (éd.), *Recent advances in biological psychiatry*, vol. 9, New York: Plenum, 1965, p. 65-104.

VAUGHAN, V., McKAY, R. J. et BEHRMAN, R. *Nelson textbook of pediatrics*, 11ᵉ éd., Philadelphia: Saunders, 1979.

VEEVERS, J. E. «Voluntarily child-less lives», *Sociology and Social Research*, 1973, p. 356-365.

VERBRUGGE, L. «Marital status and health», *Journal of Marriage and the Family*, 1979, p. 467-485.

VEROFF, J., DOUVAN, E. et KULKA, R. *The inner American*, New York: Basic Books, 1981.

VINICK, B. «Remarriage in old age», *The Family Coordinator*, 1978, p. 359-363.

VISHER, E. et VISHER, J. «Stepparenting: Blending families», dans H. I. McCubbin et C. R. Figley (éd.), *Stress and the family. vol. 1. Coping with normative transitions*, New York: Brunner/Mazel, 1983.

VOYDANOFF, P. «Unemployement: Family strategies for adaptation», dans C. R. F. Figley et H. I. McCubbin (éd.), *Stress and the family: Vol II. Coping with catastrophe*, New York: Brunner/Mazel, 1983.

VUILLAMY, D. G. *The newborn child*, Edinburgh: Churchill Livingstone, 1973.

VUORI, L., CHRISTIANSEN, N., CLEMENT, J., MORA, J., WAGNER, M. et HERRERA, M. «Nutritional supplementation and the outcome of pregnancy. II. Visual habituation at 15 days», *Journal of Clinical Nutrition*, 1979, p. 463-469.

VYGOTSKY, L. S. *Thought and language*, Cambridge, MA: M.I.T., 1962.

WACHS, T. «Relation of infants' performance on Piaget's scales between 12 and 24 months adn their Stanford Binet performance at 31 months», *Child Development*, 1975, p. 929-935.

WALDROP, M. et HALVERSON, C. «Intensive and extensive peer behavior: Longitudinal and cross-sectional analyses», *Child Development*, 1975, p. 19-26.

WALLACH, M. A. et KOGAN, N. *Modes of thinking in young children: A study of the creativity-intelligence distinction*, New York: Holt, 1965.

WALLACH, M. A. et KOGAN, N. «Creativity and intelligence in children's thinking», *Transaction*, 1967, p. 38-43.

WALLERSTEIN, J. S. «Children and divorce», *Pediatrics in Review*, 1980, p. 211-217.

WALLERSTEIN, J. S. «Children of divorce: The psychological tasks of the child», *American Journal of Orthopsychiatry*, 1983, p. 230-243.

WALLERSTEIN, J. S. et KELLY, J. B. *Surviving the break-up: How children actually cope with divorce*, New York: Basic Books, 1980.

WALK, R. D. et GIBSON, E. J. «A comparative and analytical study of visual depth perception», *Psychology Monographs*, 1961, p. 170.

WALKER, L. J. «Sex differences in the development of moral reasoning: A critical review», *Child Development*, 1984, p. 677-691.

WALSTER, E. et WALSTER, G. W. *A new look at love*, Cambridge, MA: Addison-Wesley, 1978.

WASSERMAN, A. L. «A prospective study of the impact of home monitoring on the family», *Pediatrics*, 1984, p. 323-329.

WATSON, J. B. *«Psychology from the standpoint of a behaviorist»*, Philadelphia: Lippincott, 1919.

WATSON, J. B. et RAYNER, R. «Conditioned emotional reactions», *Journal of Experimental Psychology*, 1920, p. 1-14.

WATSON, R. E. L. «Premarital cohabitation vs. traditional courtship: Their effects on subsequent marital adjustment», *Family Relations*, 1983, p. 139-147.

WATSON, R. *et al.* «What price day care?», *Newsweek*, 10 sept. 1984, p. 14-21.

WAYLER, A. H., KAPUR, K. K., FELDMAN, R. S. et CHAUNCEY, H. H. «Effects of age and dentition status on measures of food acceptability», *Journal of Gerontology*, 1982, p. 294-299.

WEBB, W. B. «Sleep in older persons: Sleep structures of 50-to-60-year old men and women», *Journal of Gerontology*, 1982, p. 581-586.

WEBB, W. B. et BONNET, M. «Sleep and dreams», dans M. E. Meyer (éd.), *Foundations of contemporary psychology*, New York: Oxford University Press, 1979.

WEGMAN, M. E. «Annual summary of vital statistics-1982», *Pediatrics*, 1983, p. 755-764.

WEIFFENBACK, J. et THACH, B. «Taste receptors in the tongue of the newborn human: Behavioral evidence», document présenté lors de la réunion biennale de la Society for Research in Child Development, Denver, 1975.

WEISS, L. et LOWENTHAL, M. «Life-course perspectives on friendship», dans M. Lowenthal, M. Thurner et D. Chiriboga (éd.), *Four stages of life*, San Francisco: Jossey-Bass, 1975.

WEITZMAN, L., EIFLER, D., HOKADA, E. et ROSS, C. «Sex-role socialization in picture books for preschool children», *Journal of Sociology*, 1972, p. 1125-1150.

WELLMAN, H. et LAMPERS, J. «The naturalistic communicative abilities of two-year-olds», *Child Development*, 1977, p. 1052-1057.

WERNER, E., BIERMAN, L., FRENCH, F. E., SIMONIAN, K., CONNOR, A., SMITH, R. et CAMPBELL, M. «Reproductive and environmental casualties: A report on the 10-year follow-up of the children of the Kauai pregnancy study», *Pediatrics*, 1968, p. 112-127.

WERNER, H. et KAPLAN, B. *Symbol formation*, New York: Wiley, 1963.

WERNER, J. S.et SIQUELAND, E. R. «Visual recognition memory in the preterm infant», *Infant Behavior and Development*, 1978, p. 79-94. (Cité dans Lipsitt, 1982, p. 78.)

WERTS, C. E. «Social class and initial career choice of college freshmen». *Sociology of Education*, 1966, p. 74-85.

WERTS, C. E. «Paternal influence on career choice», *Journal of Counseling Psychology*, 1968, p. 48-52.

WHISNANT, L. et ZEGANS, L. «A study of attitudes toward menarche in white middle class American adolescent girls», *American Journal of Psychiatry*, 1975, p. 809-814.

WHITE, B. L. «Fundamental early environmental infuences on the development of competence», document présenté au Third Western Symposium on Learning: Cognitive Learning, Western Washington State College, Bellingham, WA, 21-22 oct. 1971.

WHITE, B. L. *The first three years of life*, Englewood Cliffs, NJ: Prentice-Hall, 1975.

WHITE, B. L., KABAN, B. et ATTANUCCI, J. *The origins of human competence*, Lexington, MA: D.C. Heath, 1979.

WHITE, C. «A scale for the assessment of attitudes and knowledge regarding sexuality in the aged», *Archives of Sexual Behavior*, 1982, p. 491-502.

WHITE HOUSE CONFERENCE ON AGING. *Aging and blindness*, Special Concerns Session Report, Washington, DC, 1971.

WILLERMAN, L. «Activity level and hyperactivity in twins», *Child Development*, 1973, p. 288-293.

WILLIAMS, J., BOSWELL, D. et BEST, D. «Evaluative responses of preschool children to the colors white and black», *Child Development*, 1975, p. 501-508.

WILLIAMS, R. B., BAREFOOT, J. C. et SHEKELLE, R. B. «The health consequences of hostility», dans M. A. Chesney, S. E. Goldston et R. H. Rosenman (éd.), *Anger: Hostility and behavior medicine*, New York: Hemisphere/McGraw-Hill, 1984.

WILLIAMS, T. H. *Huey Long*, New York: Knopf, 1969.

WILLIS, S. L. «Towards an educational psychology of the older adult learner: Intellectual and cognitive bases», dans J. E. Birren et K. W. Schaie (éd.), *Handbook of the psychology of aging*, 2ᵉ éd., New York: VanNostrand Reinhold, 1985.

WILLIS, S. L. et BALTES, P. B. «Intelligence in adulthood and aging», dans L. W. Poon (éd.), *Aging in the 1980s*, Wahsington, DC: American Psychological Association, 1980.

WILLIS, S. L., BLIESZNER, R. et BALTES, P. B. «Intellectual training research in aging: Modification of performance on the fluid ability of figural relations», *Journal of Educational Psychology*, 1981, p. 41-50.

WILSON, A. B. «Residential segregation of social classes and aspirations of high school boys», *American Sociological Review*, 1959, p. 836-845.

WILSON, G., McCREARY, R., KEAN, J. et BAXTER, J. «The development of preschool children of heroin-addicted mothers: A controlled study», *Pediatrics*, 1979, p. 135-141.

WILSON, R. S. «The Louisville Twin Study: Developmental synchronies in behavior», *Child Development*, 1983, p. 298-316.

WINICK, M. «Food and the fetus», *Natural History*, janv. 1981, p. 16-81.

WINICK, M., BRASEL, J. et ROSSO, P. «Nutrition and cell growth», dans M. Winick (éd.), *Nutrition and development*, New York: Wiley, 1972.

WOLF, T. M., SKLOV, M. C., WENZL, P. A., HUNTER, S. MacD. et BERENSON, G. S. «Validation of a measure of Type A behavior pattern in children: Bogalusa heart study», *Child Development*, 1982, p. 126-135.

WOLFENSTEIN, M. *Children's humor*, New York: Free Press, 1954.

WOLFF, P. H. «The causes, controls, and organizations of behavior in the newborn», *Psychological Issues*, 1966, n° 17, p. 1-105.

WOLFF, P. H. «The natural history of crying and other vocalizations in early infancy», dans B. Foss (éd.), *Determinants of infant behavior, IV*, London: Methuen, 1969.

WOODWORTH, R. et SCHLOSBERG, H. *Experimental psychology*, New York: Holt, 1954.

WORKING WOMEN EDUCATION FUND. *Health hazards for office workers*, Cleveland, OH: Working women education fund, 1981.

WRIGHT, J. T., WATERSON, E. J., BARRISON, I. G., TOPLIS, P. J., LEWIS, I. G., GORDON, M. G., MACRAE, K. D., MORRIS, N. F. et MURRAY-LYON, I. M. «Alcohol consumption, pregnancy, and low birthweight», *Lancet*, 26 mars 1983, p. 663-665.

YAGER, J. «Family issues in the pathogenesis of anorexia nervosa», *Psychosomatic Medicine*, mars 1982, p. 43-60.

YARROW, L. «Maternal deprivation: Toward and empirical and conceptual reevaluation», *Psychological Bulletin*, 1961, p. 459-490.

YARROW, M. R. «Altruism in children», New York Academy of Sciences, New York, 31 oct. 1978.

YLLO, K. et STRAUS, M. A. «Interpersonal violence among married and cohabiting couples», *Family Relations*, 1981, p. 339-347.

YOGMAN, M. J., DIXON, S., TRONICK, E., ALS, H. et BRAZELTON, T. B. «The goals and structure of face-to-face interaction between infants and their fathers», document présenté lors de la réunion biennalle de la Society for Research in Child Development, New Orleans, mars 1977.

YORK, J. L. et CALSYN, R. J. «Family involvement in nursing homes», *The Gerontologist*, 1977, p. 500-505.

YOUNISS, J. et VOLPE, J. «A relational analysis of children's friendship», dans W. Damon (éd.), *Social cognition*, San Francisco: Jossey-Bass, 1978, p. 1-22.

YUDKIN, M. «When kids think the unthinkable», *Psychology Today*, 1984, p. 18-25.

ZABIN, L. S. et CLARK, S. D. «Institutional factors affecting teenagers' choice and reasons for delay in attending a family planning clinic», *Family Planning Perspectives*, janv.-fév. 1983, p. 25-29.

ZACHARIAS, L., RAND, W. M. et WURTMAN, R. J. «A prospective study of sexual development and growth in American girls: The statistics of menarche», *Obstetrical and Gynecological Survey*, 1976, p. 323-337.

ZACHARIAS, L. et WURTMAN, R. J. «Age at menarche», *New England Journal of Medicine*, 1969, p. 868-875.

ZAJONC, R. B. «Family configuration and intelligence», *Science*, 1976 , p. 227-236.

ZELAZO, P. R. «An information-processing approach to infant cognitive assessment», dans *Developmental disabilities in preschool children*, Englewood Ciffs, NJ: Spectrum, 1981.

ZELAZO, P. R. et KEARSLEY, R. «The emergence of functional play in infants: Evidence for a major cognitive transition», *Journal of Applied Developmental Psychology*, 1980, p. 95-117.

ZELAZO, P. R., KOTELCHUCK, M., BARBER, L. et DAVID, J. *Fathers and sons: An experimental facilitation of attachment behaviors*, document présenté lors de la réunion biennale de la Society for Research in Child Development, New Orleans, mars 1977.

ZELNIK, M. «Sex education and knowledge of pregnancy risk among U. S. teenage women», *Family Planning Perspectives*, 1979, p. 355-357.

ZELNIK, M. et KANTNER, J. F. «Sexual and contraceptive experience of young women in the United States», *Family Planning Perspectives*, 1977, p. 55-71.

ZELNIK, M., KANTNER, J. F. et FORD, K. *Sex and pregnancy in adolescence*, Beverly Hills, CA: Sage, 1981.

ZELNIK, M. et SHAH, F. K. «First Intercourse among Young Americans», *Family Planning Perspectives*, 1983, p. 64-72.

ZESKING, P. S. et RAMEY, C. T. «Preventing intellectual and interactional sequelae of fetal malnutrition: A longitudinal, transactional, and synergistic approach to development», *Child Development*, 1981, p. 213-218.

ZIGLER, E., LEVINE, J. et GOULA, L. «Cognitive challenge as a factor in children's humor appreciation», *Journal of Personality and Social Psychology*, 1967, p. 332-336.

ZIMBARDO , P., ANDERSON, S. et KABAT, L. «Induced hearing deficit generates experimental paranoia», *Science*, 1981, p. 1529-1531.

ZIMBERG, S. «Psychotherapy in the treatment of alcoholism», dans E. M. Pattison et E. Kaufman (éd.), *Encyclopedia handbook of alcoholism*, New York: Gardner Press, 1982.

ZIMMERMAN, I. L. et BERNSTEIN, M. «Parental work patterns in alternate families: Influence on child development», *American Journal of Orthopsychiatry*, 1983, p. 418-425.

ZUBE, M. «Changing behavior and outlook of aging men and women: Implications for marriage in the middle and later years», *Family Relations*, 1982, p. 147-156.

ZUCKERMAN, B., ALPERT, J. J., DOOLING, E., HINGSON, R., KAYNE, H., MORELOCK, S. et OPPENHEIMER, E. «Neonatal outcome: Is adolescent pregnancy a risk factor?», *Pediatrics*, 1983, p. 489-493.

ZYLMAN, R. «Age is more important that alcohol in the collision involvement of young and old drivers», *Journal of Traffic Safety Education*, 1972, p. 7-8, 34.

INDEX